本书系国家社会科学基金项目"清代归化城土默特蒙古的人地关系研究"(项目编号:13XMZ014)成果

吴超 霍红霞 著

清代归化城土默特农牧业研究

上册

学苑出版社

图书在版编目（CIP）数据

清代归化城土默特农牧业研究/吴超,霍红霞著. —北京：学苑出版社，2019.12
ISBN 978-7-5077-5870-2

Ⅰ．①清… Ⅱ．①吴…②霍… Ⅲ．①农业经济史-研究-土默特右旗-清代②畜牧业经济-经济史-研究-土默特右旗-清代③农业经济史-研究-土默特左旗-清代④畜牧业经济-经济史-研究-土默特左旗-清代 Ⅳ．①F329.264

中国版本图书馆 CIP 数据核字（2019）第 299584 号

封面设计：徐道会
排版制作：冉红文化传媒

责任编辑：洪文雄
出版发行：学苑出版社
社　　址：北京市丰台区南方庄 2 号院 1 号楼
邮政编码：100079
网　　址：www.book001.com
电子信箱：xueyuanpress@163.com
销售电话：010-67601101（营销部）；010-67603091（总编室）
印 刷 厂：三河芝兰印刷有限公司
开　　本：850×1168　1/16
印　　张：57.5
字　　数：1068 千字
版　　次：2020 年 1 月北京第 1 版
印　　次：2020 年 1 月第 1 次印刷
定　　价：680.00 元

自 序

这是我主持的第二个国家哲学社会科学基金项目。此前我一直从事敦煌、黑水城出土文献整理和研究工作。2012年，学校提出科学研究工作要结合本地区的实际，为本地区的社会、经济、文化发展服务。为此，我把研究方向转到土默特地区的史学研究上。

友人赵雪波博士，自中国人民大学毕业后，回到包头，并把其研究方向放在归化城副都统衙门档案上。面对浩繁的土默特档案，他感到有点做不过来。因此，邀我从事土默特档案的研究工作。虽然档案学和文献学的研究有一定的关联，但要我放下一直从事的黑水城出土文献研究，确实难以割舍。从敦煌、黑水城文献的研究，转到清代归化土默特地区的档案研究上，跨度不可谓不大，其难度也是可以想见的。但是，出于学科发展的要求，经过深思熟虑后，我把研究重点放在了归化城副都统衙门档案上。

2012年10月，初次接触归化城副都统衙门档案，便对此留下深刻印象，并深深地被其吸引。在阅读大量档案的基础上，便着手准备本课题的研究工作。国内对归化城副都统衙门档案的研究尚处于起步阶段，区内仅有内蒙古大学、内蒙古师范大学、内蒙古社会科学院、内蒙古财经大学等科研院所的部分学者对归化城副都统衙门档案予以关注，国内其他科研院所虽然也有学者利用归化城副都统衙门档案，但是并没有形成较为系统的研究方向。经过同土默特左旗档案馆协商，内蒙古科技大学文法学院把归化城副都统衙门档案的研究作为本院重点攻关的科研课题，并形成科研团队。在此基础上，我结合自己的研究特长，以《清代归化城土默特农牧业研究》为题，申请了国家哲学社会科学基金项目，幸获资助。

获得国家社科基金资助以后，我的研究热情得到进一步提升。这既是对我工作能力的认可，亦是对区域文化研究重视的结果。但是总是担心不能很好地完成这项课题。

说实话，蒙古史，尤其是清代蒙古史，对我来讲完全是一陌生的研究领域，要从事本课题的研究，就需要大量地补习蒙古史知识。课题的完成时间又有限制，所以我只能边补习边研究。

在研究期间，虽然发生了很多事情，也牵涉了很多精力，但是我并没有停止本课题的研究工作。因身体原因，我于2015年9月调离包头，到扬州大学工作。虽然离开了内蒙古，但是研究工作却一直都在进行之中。

中国一直是一个以农为主的国家，生活在这片热土的人们大多从事农业以及和农业相关的行业，并由此创造了辉煌灿烂的农业文化。土地、水利是农业的根本，是农业得以发展、人们赖以生存的基石。中国数千年来，社会发展的变迁，均是围绕土地进行的。

归化城土默特地区，自古以来，就是中原民族与北方部族争夺的主要地区之一。这里有黄河之利，有阴山之险，有一望无垠的草原，有辛勤劳作的人民。他们在这片土地上生存、繁衍，共同创造了光彩夺目的河套文化、阴山文化和草原文化。无论是九原、云中，还是归化、绥远，都在本地区的发展中大放异彩。

《清代归化城土默特农牧业研究》，围绕斯土，探寻人与地的和谐共处。人，并不仅仅指蒙古人，而是指生活在这一区域的蒙古、汉、满、回等族人民。这些民族在本区域形成了杂居共处的格局，共同创造了独具归化城土默特特色的农牧文明——土默特文明。地，是人们生存的基石。而本区域的地，既有蒙古的户口地，又囊括了清政府圈占的土地，既有农田，又有牧场。

我的研究思路：在归化城副都统衙门档案的基础上，参照相关文献如《清史稿》《清实录》《绥远通志稿》《归绥县志》《土默特志》等文献，对本区域农牧业开发的构建进行探讨，以便从中找出某种规律，为农牧交错带、半农半牧区、干旱半干旱地区的人地关系提供可资借鉴的经验和教训。

当然，在探讨本地区人地关系的基础上，也对历史上本地区的某些问题做进一步的分析，如归化城土默特部是否带土投诚的问题、归化城土默特部的牧场问题、归化城土默特部的权力削弱等问题。

课题历经数年，终于完成了，心里的担子也稍减轻了一些。但这仅仅是工作的初步完成。由于时间的关系，很多问题并没有来得及叙述和考证，有些问题论述并不深刻。本人将在以后的时间里继续完善。本课题引用大量文献，是为读者在阅读时能够更全面地了解当时的状况，以免断章取义。由于学识所限，在论述过程中难免会有这样或者那样的错误，敬请批评指正。

吴超

2019年7月

目 录

上 册

绪 论 1
  一、关于人地关系 1
  二、有关清代归化城土默特的历史研究现状 3
    (一)有关土默特溯源问题 3
    (二)清代归化城土默特行政管理问题 6
    (三)归化城土默特的经济发展与环境问题 9
  三、研究方法 11
  四、归化城土默特自然地理概况 11
    (一)地理范围 11
    (二)自然环境 14

第一章 清代归化城土默特地区行政建置 19
  第一节 归化城土默特两翼旗的设置 19
    一、带土投诚和安堵如故 19
    二、废爵事件(俄木布谋反事件) 42
    三、归化城土默特两翼旗的设立 56
  第二节 绥远城土默特地区将军的设置 84
    一、建威将军的设置 84
    二、绥远城将军的设置 88
  第三节 归化城土默特地区道厅的设置 96
    一、封禁政策 97
    二、道厅的设立 103
    三、归绥道官吏、司属 109
    四、归绥道与土默特两翼旗的关系 114
  小结 119

第二章　清代归化城土默特基层社会组织 …… 121

第一节　归化城土默特蒙古的基层组织 …… 123
　　一、佐领制 …… 123
　　二、村社制 …… 129

第二节　归化城土默特民人基层社会组织 …… 142
　　一、牌甲 …… 142
　　二、民社 …… 153

第三节　归化城土默特地区的乡村 …… 158
　　一、蒙古族村庄 …… 158
　　二、汉人村落 …… 164

第四节　归化城土默特地区的街道及行社 …… 172
　　一、归化城土默特地区的街道 …… 172
　　二、归化城土默特土地契约所见街道 …… 177
　　三、归化城中的行社 …… 179

小结 …… 190

第三章　清代归化城土默特地区劳动力资源 …… 193

第一节　清代归化城土默特蒙古族人口 …… 193
　　一、清初归化城土默特蒙古人口 …… 193
　　二、康熙时期归化城土默特蒙古人口 …… 211
　　三、乾隆时期归化城土默特蒙古人口 …… 217
　　四、嘉庆以后归化城土默特蒙古人口 …… 220

第二节　清代归化城土默特地区的移民 …… 228
　　一、汉民 …… 229
　　二、旗民（满族、八旗蒙古）…… 239
　　三、回族 …… 243

小结 …… 248

第四章　归化城土默特地区土地资源 …… 249

第一节　归化城土默特地区的土地 …… 252
　　一、户口地（蒙丁地）…… 252
　　二、鳏寡孤独地 …… 267
　　三、公共游牧地 …… 272
　　四、大粮地 …… 277

五、十五沟地 ··· 278
　　　六、小粮地（代买米地） ··· 284
　　　七、台站地 ··· 287
　　　八、八旗马厂地 ··· 292
　　　九、公主地 ··· 299
　　　十、庄头地 ··· 301
　　　十一、翁衮岭等处官地 ··· 306
　　　十二、借牧地 ··· 309
　　　十三、召庙地（香火地） ··· 312
　　　十四、籍田 ··· 322
　　　十五、义地 ··· 324
　　　十六、六成地 ··· 326
　　　十七、教会地 ··· 343
　　第二节　归化城土默特地区的土地关系 ··· 348
　　　一、归化城土默特土地契约概况 ··· 348
　　　二、归化城土默特土地契约中的土地计量、货币问题 ·························· 352
　　　三、归化城土默特地区的土地契约 ··· 355
　　第三节　归化城土默特地区的水、地纠纷 ··· 446
　　　一、水利纠纷 ··· 446
　　　二、土地纠纷 ··· 457
　小结 ·· 473

下　册

第五章　归化城土默特地区的农业 ·· 475
　　第一节　清代归化城土默特蒙古的农业 ··· 476
　　　一、归化城土默特蒙古的畜牧业 ··· 478
　　　二、归化城土默特蒙古的农业（农耕） ··· 496
　　第二节　清代归化城土默特地区回民农业 ··· 506
　　第三节　归化城土默特地区的土地垦殖 ··· 508
　　　一、放垦前清政府在归化城土默特地区的土地政策 ·························· 509
　　　二、放垦前归化城土默特地区的土地垦殖 ····································· 525
　　　三、放垦前归化城土默特地区的粮价 ··· 534

四、清末归化城土默特地区的土地放垦 ………………………………… 556

第四节　归化城土默特地区的农牧业技术与农畜种类 ……………… 608
　　一、农耕技术、农作物 …………………………………………………… 608
　　二、水利技术 …………………………………………………………… 618
　　三、畜牧技术 …………………………………………………………… 619

附论：归化城土默特地区的林业、渔业 ……………………………………… 623

小结 ……………………………………………………………………………… 625

第六章　清代归化城土默特地区的自然灾害与赈济 ……………… 627
第一节　归化城土默特地区自然灾害 ……………………………………… 628
第二节　清政府的赈灾措施 ………………………………………………… 632
第三节　清代归化城土默特地区灾荒发生的原因分析 …………………… 647
小结 ……………………………………………………………………………… 650

第七章　清代归化城土默特地区的社会生活 ……………………… 651
第一节　清代归化城土默特地区的工商业 ………………………………… 651
　　一、归化城土默特地区的商业 ………………………………………… 654
　　二、归化城土默特地区的工业 ………………………………………… 684

第二节　归化城土默特地区的教育 ………………………………………… 694
　　一、绥远城官学 ………………………………………………………… 694
　　二、土默特官学 ………………………………………………………… 696
　　三、归化城厅学 ………………………………………………………… 699
　　四、文昌庙官学 ………………………………………………………… 700
　　五、书院 ………………………………………………………………… 700
　　六、义学 ………………………………………………………………… 702
　　七、私塾 ………………………………………………………………… 705
　　八、新式学堂 …………………………………………………………… 706
　　九、召庙教育 …………………………………………………………… 709

第三节　归化城土默特地区的司法问题 …………………………………… 710
　　一、归化城土默特司法问题的处理程序及制度 ……………………… 710
　　二、偷盗四项牲畜案件 ………………………………………………… 715
　　三、赌博案件 …………………………………………………………… 719
　　四、拐卖人口案件 ……………………………………………………… 723

　　　　五、诈骗案件 ……………………………………………………… 728
　　　　六、抢劫案件 ……………………………………………………… 730
　　第四节　归化城土默特地区的婚姻、家庭 …………………………… 733
　　　　一、土默特蒙古的婚姻问题 ……………………………………… 734
　　　　二、归化城土默特地区的立嗣过继问题 ………………………… 739
　　小结 ……………………………………………………………………… 742

第八章　清代归化城土默特地区的环境变迁 ……………………………… 743
　　第一节　清代归化城土默特地区环境的变化 ………………………… 743
　　　　一、土地沙化、盐碱化 …………………………………………… 744
　　　　二、森林资源减少 ………………………………………………… 748
　　第二节　归化城土默特地区生态环境变化反思 ……………………… 750
　　　　一、归化城土默特生态环境变化的原因 ………………………… 750
　　　　二、对归化城土默特地区生态环境变化的反思 ………………… 752

参考文献 …………………………………………………………………… 755
　　一、档案 ………………………………………………………………… 755
　　二、契约 ………………………………………………………………… 756
　　三、方志 ………………………………………………………………… 756
　　四、文史资料 …………………………………………………………… 758
　　五、古籍 ………………………………………………………………… 760
　　六、著作 ………………………………………………………………… 763
　　七、报纸杂志刊文 ……………………………………………………… 769
　　八、硕博士学位论文 …………………………………………………… 784

索引 ………………………………………………………………………… 787

后记 ………………………………………………………………………… 903

绪 论

本书拟以清代归化城土默特这一地域为研究对象，探讨生活在这一地域的蒙古族及其他各民族人与地之间的关系。旨在通过对这一地区人地之间互动关系的探讨，为今天本地域民族、社会经济的发展提供可资借鉴的经验教训。

一、关于人地关系

人地关系，简单地讲就是人类与地理环境之间的关系。这种关系几乎贯穿了人类社会发展的整个历程。有关人地关系的问题，长期以来一直是人们关注的跨学科问题，很多学科都对人地关系进行探讨。国内外众多学者都从不同的角度对人地关系进行了探索。中国对人地关系的研究重新予以重视和探讨则是始于 20 世纪 80 年代。经查阅相关文献，自 20 世纪 80 年代至今，有关人地关系的论文、论著有近 800 余篇（部）。

"人地关系……以哲学、历史学为主体的人文学科，主要从哲学、历史观及伦理层次展开理论思辨与逻辑论证，具有浓厚的主观和直觉色彩；而地理学、生态学、环境科学等与这一问题有密切关系的自然科学，则主要通过具体个案的分析，在实证研究层次上加以归纳、概括，所得出的常常是能够实证和实验的认识，并在此基础上升到哲学高度。"[①] 吴传钧《论地理学的研究核心——人地关系地域系统》[②]、王恩涌《人文地理学·绪论》[③]、龚建华等《区域可持续发展的人地关系探讨》[④]、王爱民等《我国人地关

---

① 鲁西奇：《人地关系理论与历史地理研究》，史学理论研究，2001 年，第 2 期，第 36—46 页。
② 吴传钧：《论地理学的研究核心——人地关系地域系统》，经济地理，1991 年，第 3 期，第 7—12 页。
③ 王恩涌：《人文地理学》，北京：高等教育出版社，2000 年，第 5—7 页。
④ 龚建华、承继成：《区域可持续发展的人地关系探讨》，中国人口·资源与环境，1997 年，第 1 期，第 7—11 页。

系研究进展述评》①、郑度《21世纪人地关系研究前瞻》②、乔家君《区域人地关系定量研究》③、王义民《论人地关系优化调控的区域层次》④、赵奎涛《明末清初以来大凌河流域人地关系与生态环境演变研究》⑤ 等均对古今中外人们对人地关系的认识进行了论述，其论述涉及中国古代天人观、天地观，西方人与地关系的理论、流派等。

吴传钧在《地理学的特殊研究领域和今后的任务》中提出："在人地关系这对矛盾中，人居于矛盾的主要方面。他通过活动（主要是生产活动）以不同方式和不同程度对自然环境（自然综合体和自然资源）施加影响，从而引起自然环境的各种变化。但被改变了的自然环境，可以对人类活动起着反馈作用，从而影响人类的活动和健康""在这一涉及到人—经济—自然的复杂体系中，可研究的内容是十分丰富的，包括各个矛盾方面及其相互作用机制的理论，建立表明有关过程的模式和有关评价的共同概念等，这是一个多学科相互交错研究的领域；而地理学家则着重研究人地关系的地域系统，这正是地理学研究的中心研究课题，也就是它研究的特殊领域。""在研究人地关系中，首先考虑把有关事物分成：人类活动对自然的冲击，自然环境的变化及连锁反应，被改变的自然环境对人类经济生产和社会活动的反作用及其后果等积累，也就是人—经济—自然系统的分类。再对每一类选定有关指标，据此加以分析。"⑥ 他在《论地理学的研究核心——人地关系地域系统》中提出："人地系统是由地理环境和人类活动两个子系统交错构成的复杂的开放的巨系统，内部具有一定的结构和功能机制。在这个巨系统中，人类社会和地理环境两个子系统之间的物质循环和能量转化相结合，就形成了发展变化的机制""具体地说，人地关系地域系统是以地球表层一定地域为基础的人地关系系统，也就是人与地在特定的地域中相互联系、相互作用而形成的一个动态结果。""研究人地关系必须重视它的时间和空间变化关系。与此有关的多变量识别指标，除了考虑空间和时间外，还要从自然和人文两个方面建立系统的变量识别指标加以分析。自然方面的包括自然条件、自然资源、自然灾害等；人文方面包括人口、心理行为、教育与就业、生产力布局、经济活动等。在有关的地和人两个系统间，在一定条件下，通过非线性的相互作用，能够产生协同现象或相干现象，于是由这两个系统交错构成的人地关系系统在

---

① 王爱民、刘加林：《我国人地关系研究进展述评》，热带地理，2001年，第4期，第364—369页。
② 郑度：《21世纪人地关系研究前瞻》，地理研究，2002年，第1期，第9—14页。
③ 乔家君：《区域人地关系定量研究》，人文地理，2005年，第1期，第81—85页。
④ 王义民：《论人地关系优化调控的区域层次》，地域研究与开发，2006年，第2期，第20—24页。
⑤ 赵奎涛：《明末清初以来大凌河流域人地关系与生态环境演变研究》，中国地质大学（北京），2010年博士学位论文。
⑥ 吴传钧：《地理学的特殊研究领域和今后的任务》，经济地理，1981年，第1期，第5—10页。

宏观上就能产生特定的时间结构和空间结构形成具有一定功能的自组织结构，表现出有序状态。""在人地关系系统中，人口与社会经济要素为一端，资源与自然环境为另一端，双方之间及各自内部存在着多种直接反馈作用，并密切交织在一起。它们的相互作用主要表现在两个方面：一是自然资源对人类活动的促进作用和自然灾害对人类活动的抑控作用；二是人类对自然系统投入可控资源，治理自然灾害，开发不可控资源，从而实现土地资源的产出。"①

当前，国内学者对人地关系的研究主要是在吴传钧的理论研究基础之上进行的。人地关系探讨的核心、基本问题，其实就是人类的生存问题，或者说人与环境之间的互动问题——这种互动既有良性互动，亦有非良性互动——即人类与环境如何协调发展的问题。

二、有关清代归化城土默特的历史研究现状

（一）有关土默特溯源问题

有关归化城土默特部的溯源问题，虽然学术界对其进行了较为深入的探讨，但均各持一说，没有形成统一的认识。薄音湖在《关于明代土默特的几个问题》中认为：当前对土默特进行溯源的几种观点——土默特即秃马惕、土默特即秃别干、土默特只表示"万"的意思，土默特无法溯源——均有一定的合理性，并对此进行了述评。② 晓克在《土默特史》中对土默特族源问题进行了总结。③ 笔者根据薄音湖和晓克等的论述，对归化城土默特蒙古族源问题予以简单的叙述。

薄音湖《关于明代土默特的几个问题》对"土默特名称溯源"，认为"土默特"一名出现于北元时期，用以指代土默特部落集团万户，入清指称归化城土默特及喜峰口外土默特旗。关于"土默特"名称的来历，主要有秃马惕和秃别干说。④

---

① 吴传钧：《论地理学的研究核心——人地关系地域系统》，经济地理，1991年，第3期，第7—12页。
② 薄音湖：《关于明代土默特的几个问题》，内蒙古社会科学，1988年，第6期，第54—58页。
③ 晓克：《土默特史》，呼和浩特：内蒙古教育出版社，2008年，第64—65页。
④ 薄音湖：《关于明代土默特的几个问题》，内蒙古社会科学，1988年，第6期，第54—58页。

1. 秃马惕说。很多学者认为秃马惕说滥觞于《蒙古源流》。① 屠寄《蒙兀儿史记》认为："今归化城土默特即其（秃马惕）遗种也。"② 荣祥《呼和浩特沿革纪要》一书中认为："现今土默特就是《多桑蒙古史》以及各种蒙古史书中所说的'秃马惕'。"③ 周良霄亦持相同的观点。④ 认为土默特一词源自秃马惕的还有叶新民《简明古代蒙古史》⑤、日本学者村上正二《〈蒙古秘史〉译注》等。⑥ 对于上述观点，张双福认为："考虑到蒙古语阳性词向阴性词演化的趋势，秃马惕（Tumad）一词读音完全有理由演变为土默特（Tumed）。由此可以得出结论：蒙元时期以前（包括蒙元时期）的秃马惕部与北元时期的土默特部其名称实为一脉相承的。即 Tumad（秃马惕）、Tumed（土默特）。"⑦ 薄音湖认为："在缺乏其他更确切例证的情况下，将土默特比附为秃马惕还是可以接受的。"⑧ 云和义认为，土默特是一支古老的蒙古部落，《黄金史纲》《蒙古源流》《蒙兀儿史记》所载的秃马惕就是土默特，土默特作为一个部落名称出现于15世纪，明朝汉文文献所载"满官嗔""满官正""满冠正""莽官镇"都是蒙古语"mongyuljin"的不同音译。在15世纪70年代，土默特和"蒙古勒津"这两个名称就已经通用了。⑨

在土默特名称溯源问题上，晓克认为："秃马惕与土默特两个名词之间有传承关系，但须考虑北元时期蒙古各部落的变化情况，……这一时期的蒙古部落有的冠以古老的部

---

① 黄静涛："特别有关的是它不但把'秃马敦'译成'土默特'，从而违反了'纽切其声'的原则，把蒙语的阳性讹成阴性语；而且把'豁里'也意译成'两'，既与原意乖剌，也与史实不符。"（黄静涛：《土默特历史问题丛说》，土默特史料（第8辑），1982年）薄音湖："以往论者曾指出，将二者视为同一，滥觞于清乾隆汉译本：《蒙古源流》的误译……但是如果查阅《蒙古源流》的原文，可以发现将秃马惕译作土默特并非误译，因为无论是库伦本还是殿本，以及其他各种抄本，这个词都写做 Tumed（土默特），而不是 Tumad（秃马惕）。所以认定秃马惕就是土默特的做法，《源流》的作者萨冈彻辰才肇其端。其实蒙古文史籍中把秃马惕（Tumad）写作土默特（Tumed）还可以再往前追溯一些。17世纪初（约1604—1627年间）成书的无名氏《黄金史纲》中，这个词也写作'Tumed'。这就是说，可以认为土默特即秃马惕的说法肇始于无名氏《黄金史纲》，而不是《蒙古源流》的作者萨冈彻辰。"（薄音湖：《关于明代土默特的几个问题》，内蒙古社会科学，1988年，第6期，第54—58页。）
② 屠寄：《蒙兀儿史记》卷28《孛罗忽勒等传》，上海：上海古籍出版社，1989年，第280页。
③ 荣祥：《呼和浩特沿革纪要》，内蒙古土默特左旗文化局，1981年。
④ 周良霄：《〈出使蒙古记〉注释》，北京：中国社会科学出版社，1983年，第84页。
⑤ 叶新民等：《简明古代蒙古史》，呼和浩特：内蒙古大学出版社，1990年。
⑥ 村上正二：《〈蒙古秘史〉译注》，东京：平凡社，1976年。他认为：秃马惕一词由于发音腭化而读成了 Tumed（土默特）见《蒙古秘史·成吉思汗传说》（第1册），第8节注9，东京：平凡社，1970年。作者认为秃马惕即唐代努图瓦地方的图瓦，属兀良哈族。
⑦ 张双福：《论蒙古语元音的阳性向阴性演化》，蒙古信息，2001年，第2期，第29—30页。
⑧ 薄音湖：《关于明代土默特的几个问题》，内蒙古社会科学，1988年，第6期，第54—58页。
⑨ 云和义：《北元至清代归化城土默特地区由牧转农的政策考探》，内蒙古农业科技，2013年，第2期，第5—6页。

落名称，有的则以新的名称命名。其中即使是那些冠以古老部落名称的部落，……主要也是名称的继承，而在部落人员构成上与此前的同名部落并没有明显、肯定的联系，……对于其名称，一般情况下只能从语言学角度对它与古老部落名称的联系进行研究，而不能理解为北元时期与元代甚至元以前的同名部落在人员构成上有明确的继承关系。然而，这也并不排除一些部落在人员构成方面与同名的古老部落依稀可见的继承关系。……他认为无论是从语音、词义的联系、地域上的重叠来看，还是从构成人群之间隐约的联系来看，秃马惕、土默特这两个名词之间的传承关系应该说是基本上可以肯定的。"①

2. 秃别干说。对于土默特一名源于秃马惕的说法，有学者提出了不同的意见。黄静涛："特别有关的是它不但把'秃马敦'译成'土默特'，从而违反了'纽切其声'的原则，把蒙语的阳性讹成阴性语；而且把'豁里'也意译成'两'，既与原意乖剌，也与史实不符。"②他认为秃马惕并非土默特，而是另一种与秃马惕名称近似的部族，或者与今土默特的早期历史不无某种关涉，这就是克烈部的秃马兀惕，或秃马亦惕。③土默特或者正是以土绵·秃别干的基本核心为族源，而也正是因此，尽管它部分成分发生了越来越复杂的变化，其部落名称却始终保留。④

冈田英弘认为：达延汗入赘前的察哈尔的满都鲁汗的未亡人满都海哈屯，出身于土默特的恩库特（Enggud），恩库特就是汪古惕，因此土默特万户是汪古王国的后身。⑤

金峰等人指出土默特是秃马惕错误音译的同时，还认为土默特是早期卫拉特联盟（1437—1502）中的组成部落。⑥而伯希和在《卡尔梅克史评注》先对帕拉斯《蒙古民族史料集》关于土默特为卫拉特成员的记载表示怀疑，他说"土默特人不会是卫拉特的一部分"，然后又说"十三世纪的秃马惕也许不可与现代土默特人相混"。⑦勒内·格鲁塞《草原帝国》在提及"土默特"的时候，认为土默特是"万"的意思。⑧薄音湖先生认为"土默特"如果是"万"的意思，则不存在土默特溯源的问题，因为从来没有只称

---

① 晓克：《土默特史》，呼和浩特：内蒙古教育出版社，2008年，第66—71页。
② 黄静涛：《土默特历史问题丛说》，土默特史料（第8辑），1982年，第35页；宝音德力根：《满官嗔——土默特部的变迁》，蒙古史研究（第5辑），第194页，注4。
③ 黄静涛：《土默特历史问题丛说》，土默特史料（第8辑），1982年，第35页。
④ 黄静涛：《土默特历史问题丛说》，土默特史料（第8辑），1982年，第50页。
⑤ 冈田英弘：《达延汗六万户的起源》，蒙古学情报资料，1985年，第2期，第9—13页。
⑥ 金峰：《卫拉特历史文献》，海拉尔：内蒙古文化出版社，1985年。
⑦ 引自薄音湖：《关于明代土默特的几个问题》，内蒙古社会科学，1988年，第6期，第54—58页。
⑧ 勒内·格鲁塞，蓝琪译，项英杰校：《草原帝国》，北京：商务印书馆，1999年，第631页，注释5。

作"万"的部落,而所谓土默特万户也就成了"众万之万户",于情理不通。①

此外还有土默特无法溯源的观点。李绍钦在《关于土默特渊源浅探》考察了蒙古社会的长期历史变迁之后,认为土默特部名的来历,既不是秃马惕,也不是秃别干,很难得出肯定的结论。②

上述观点大多是从语言学"蒙古语阳性词向阴性词"的角度考察"土默特"一词的发展演变,然后再结合相关文献记载(这些记载却十分模糊)来探讨土默特部的溯源问题。其论证虽然有一定的合理性,但是还缺乏足够的、必要的证据。因此在土默特溯源问题上还有进一步探讨的空间,这就需要在借助文献资料的同时,结合考古资料、人类学资料以及其他相关资料进行论证。

(二) 清代归化城土默特行政管理问题

清代归化城行政管理这一问题,在许多专著和论文中都有所涉及。③ 在众多涉及清政府对归化城行政管理的问题中,又可以分为以下几个方面:

1. "俄木布事件"

在论述清代(后金)对归化城土默特的统治问题时,首先所要论述的就是"俄木布事件"。目前学界对"俄木布事件"论述较多,大多认为"俄木布事件"是清(后金)制造的冤案,主要目的是为了控制归化城这个战略要地,在军事上掌握对敌的主动权,

---

① 薄音湖:《关于明代土默特的几个问题》,内蒙古社会科学,1988年,第6期,第54—58页。
② 李绍钦:《关于土默特渊源浅探》,土默特史料(第15辑),薄音湖对此观点有述评。薄音湖:《关于明代土默特的几个问题》,内蒙古社会科学,1988年,第6期,第54—58页。
③ 荣祥:《土默特沿革》,内蒙古土默特左旗,1981年;黄丽生:《由军事征掠到城市贸易:内蒙古归绥的社会经济变迁》,台湾师范大学历史研究所印行,1996年;土默特左旗《土默特志》编纂委员会:《土默特志》(上),呼和浩特:内蒙古人民出版社,1997年;乌云毕力格、成崇德、张永江:《蒙古民族通史》(第4卷),呼和浩特:内蒙古大学出版社,2002年,第253—254页;乌云毕力格、白拉都格其:《蒙古史纲要》(第3卷),呼和浩特:内蒙古人民出版社,2006年,第205页;曹永年等:《内蒙古通史》(第3卷),呼和浩特:内蒙古大学出版社,2007年,第43—47页;晓克:《土默特史》,呼和浩特:内蒙古教育出版社,2008年,第272—286页;《蒙古族简史》,编写组:《蒙古族简史》,北京:民族出版社,2009年,第173—188页;《蒙古族简史》,编写组:《蒙古族简史》,北京:社科文献出版社,2007年,第147—161页;达力扎布:《蒙古史纲要》,北京:中央民族大学出版社,2011年,第123、165、167页;郝维民、齐木德道尔吉:《内蒙古通史》(第5卷),北京:人民出版社,2011年,第140—144页等论著均对归化城土默特二旗、绥远城将军、归化城都统等有所涉及。当然,在其他一些论著中也有涉及,不再赘述。

同时也为了获取与明朝、外蒙古贸易带来的巨大经济利益。①

2. 土默特旗的设置及其属性

关于土默特旗的设置时间问题，一般认为土默特旗设置时间为崇德元年（1636），亦有认为设于崇德三年（1638）。如那日苏在《清代归化城土默特旗制的演替》中，根据出土的石碑资料认为土默特旗设置时间应为崇德三年（1638）。② 晓克亦持有此观点。③

关于土默特旗的属性问题，有的学者认为土默特旗是内属旗④，也有的学者认为土默特旗是特别旗。⑤ 有的学者认为土默特两旗是与其他蒙旗风格迥异的内属旗。⑥ 有的学

---

① 森川哲雄：《十七世纪前半叶的归化城》，蒙古学资料与情报，1985年，第3、4期，第12—19页；王玉海：《归化城土默特二旗的内属问题》，蒙古史研究（第5辑），1997年，第232—238页；齐木德道尔吉：《蒙古文档案与17世纪呼和浩特史实》，内蒙古大学学报（蒙古文版），2006年，第3期，第31页；乌仁其其格：《18至20世纪初归化城土默特财政研究》，内蒙古大学，2007年博士学位论文，第13页；张蕾：《试论清前期对归化城土默特的统治政策》，内蒙古师范大学，2006年硕士学位论文、张蕾：《"俄木布事件"与清初对归化城土默特之政策》，内蒙古师范大学学报，2007年，第1期，第16—18页；晓克：《16—17世纪蒙古土默特驻地变迁探讨》，内蒙古社会科学，2008年，第6期，第59—62页；晓克：《土默特史》，呼和浩特：内蒙古教育出版社，2008年；黄治国：《清代绥远城驻防研究》，中央民族大学，2009年博士学位论文；云和义：《北元至清代归化城土默特地区由牧转农的政策考探》，内蒙古农业科技，2013年，第2期，第5—6页；那日苏：《清代归化城土默特旗制的演替》，蒙古史研究（第8辑），2005年，第271—298页。均对俄木布事件进行论述。
② 那日苏：《清代归化城土默特旗制的演替》，蒙古史研究（第8辑），2005年，第271—298页。
③ 晓克：《16—17世纪蒙古土默特驻地变迁探讨》，内蒙古社会科学，2008年，第6期，第59—62页；晓克：《土默特史》，呼和浩特：内蒙古教育出版社，2008年，第273—274页。认为土默特两翼旗设置的时间应为崇德三年。
④ 黄静涛：清朝统治者把归化城土默特称为"内属蒙古"，直辖于理藩院，由旗籍清吏司专管。所以这个旗的参领、骁骑校等，都要经过绥远城将军拟定，转呈理藩院，引见之后，予以任用。不准旗内自专。（黄静涛：《土默特历史问题丛说》，土默特史料（第8辑），1982年，第78页）。呼格吉勒：自天聪九年（1635）以谋反罪废掉土默特部扎萨克以后，土默特两翼便沦为内属总管旗，直属理藩院旗籍清吏司（呼格吉勒：《论清朝前期呼和浩特·土默特地区土地的使用状况》，内蒙古师范大学学报，1992年，第2期，第10—17页）。
⑤ 纳古单夫：呼和浩特土默特一部二旗，虽有王公，但不授札萨克，不在内札萨克之内，一般列为特别旗，或称外札萨克。其旗务，借由归化城副都统管理，无盟长，会与归化城，听命于大臣的裁决。（纳古单夫：《内蒙古扎萨克旗制概述》，内蒙古社会科学，1992年，第2期，第52—58页）。
⑥ 那日苏：归化城土默特两旗历来都被列入"内属蒙古旗"，但与内属旗有明显区别，与外藩札萨克近似的特点。真正意义上的内属旗是随着清准战争的结束，绥远城的建立而完成的（那日苏：《清代归化城土默特旗制的演替》，蒙古史研究（第8辑），2005年，第271—298页）；乌仁其其格：归化城土默特两旗是与其他蒙古旗迥异的内属旗。贯彻清廷直接管辖与对蒙古官员从上而下削权并兴政策，彻底瓦解了当地蒙民传统政治权势，最终把土默特蒙古变成清廷直辖的特别地方行政区（乌仁其其格：《清代归化城土默特两翼旗权消弱问题研究》，内蒙古财经学院学报，2012年，第4期，第82—87页）。

者认为土默特旗是与扎萨克非常接近的蒙旗。① 有的学者认为在乾隆以前，归化城土默特二旗在设立之初，除了没有设扎萨克之外，在形式上与其他外藩扎萨克旗并无多大区别，但经过不断对土默特二旗的削权，完成了归化城土默特二旗向内属旗的转化过程，到乾隆二十八年（1763）这种改造基本完成。②

除了对归化城土默特旗的设置和属性进行探讨外，学者们还把研究的视角投向归化城土默特地区的行政建制③、土默特辅国公④的设置等问题上。

3. 绥远城的驻防问题

有关绥远城驻防问题的探讨，大多数学者认为归化城土默特地区靠近京师、长城一代，具有非常重要的国防战略价值。为了剥夺土默特蒙古的自治权，同时为了便于对西北的军事统治，而在此地建设绥远城。⑤

4. 道厅的设置问题

学者们对本地区道厅设置问题也给予了特别的关注，他们从清代内蒙古诸厅设置原

---

① 张永江：土默特人与扎萨克旗蒙古接近，在原属自己的旗地内安排生计，自行耕牧，战时奉调出征。此二旗在清初即被剥夺了自治权（张永江：《试论清代内蒙古蒙旗财政的类型与特点》，清史研究，2008年，第1期，第37—50页）。
② 王玉海：《归化城土默特二旗的内属问题》，蒙古史研究（第5辑），1997年，第232—238页。
③ 白初一：《清代归化城土默特两旗职官及户口初探》，昭乌达蒙族师专学报，1992年，第1期，第74—80页；白初一：《清代呼和浩特土默特地区行政建置初探》，昭乌达蒙族师专学报，1996年，第4期，第58—66页；李雅璇：《清代归化城土默特地区行政建置研究》，内蒙古师范大学，2011年硕士学位论文。
④ 宝日吉根：《土默特扎萨克旗与喇嘛扎布》，蒙古史研究（第3辑），1989年，第148—158页；王德胜：《居归化城之土默特辅国公考述》，内蒙古大学学报，2005年，第4期，第59—61页。
⑤ 黄丽生：《由军事征掠到城市贸易：内蒙古归绥的社会经济变迁》，台湾师范大学历史研究所印行，1996年，第531页；那日苏：《清代归化城土默特旗制的演替》，蒙古史研究（第8辑），2005年，第271—298页；边晋中：《清代绥远城驻防若干问题考述》，内蒙古师范大学，2006年硕士学位论文；黄治国：《试论清代在归化城设置驻防的经济原因》，兰州学刊，2008年，第12期，第136—138页；黄治国：《清代绥远城驻防研究》，中央民族大学，2009年博士学位论文；胡玉花：《清末民初绥远城驻防研究——以绥远城将军的职能演变为主要线索》，内蒙古大学，2011年硕士学位论文。对绥远城驻防的问题均有较为详细的论述。

因、沿革过程、官员的铨选、内部职能、管理情况等方面进行了论述。①

（三）归化城土默特的经济发展与环境问题

归化城土默特地区，历史上就是一农牧交错区，也是农业开发较早的地区之一。因此一些学者把研究视角放在归化城土默特地区的财政制度上，如乌仁其其格《18至20世纪初归化城土默特财政研究》②、张永江《试论清代内蒙古蒙旗财政的类型与特点》等③，对本地区的财政收支问题进行了研究。另外一些学者把研究视角放在了本地农业开发上，如周清澍《试论清代内蒙古农业的发展》，对清代内蒙古地区的农业发展进行了论述，其中涉及土默特地区农业的发展。④越来越多的学者对归化城土默特地区的农业进行了研究，分别对本地区的农牧业结构的变迁、经济类型转变⑤、农业发展、人

---

① 乌云格日勒：《略论清代内蒙古的厅》，清史研究，1999年，第3期，第99—104页；白初一：《清代呼和浩特土默特地区行政建制初探》，昭乌达蒙族师专学报，1997年，第4期，第58—65页；张永江：《论清代漠南蒙古地区的二元管理体制》，清史研究，1998年，第2期，第29—40页；乌云格日勒：《口外诸厅的变迁与清代蒙古社会》，山西大学学报，2007年，第2期，第24—28页；曹永年：《内蒙古通史》（第3卷），呼和浩特：内蒙古大学出版社，2007年；晓克：《土默特史》，呼和浩特：内蒙古教育出版社，2008年；张弓：《论清代绥远地区的厅》，内蒙古大学，2008年硕士学位论文；阿如汗：《内蒙古中西部诸厅之研究——以口外十二厅为中心》，内蒙古大学，2011年硕士学位论文。
② 乌仁其其格：《18至20世纪初归化城土默特财政研究》，内蒙古大学，2007年博士学位论文。
③ 张永江：《试论清代内蒙古蒙旗财政的类型与特点》，清史研究，2008年，第1期，第37—50页。
④ 周清澍：《试论清代内蒙古农业的发展》，内蒙古大学学报，1964年，第2期，第35—63页。
⑤ 肖瑞玲：《明清呼和浩特地区经济类型的变革》，内蒙古师范大学大学报，1992年，第4期，第38—46页；王建革：《农牧交错与结构变迁：清代内蒙古地区的农业与社会》，中国历史地理论丛（第3辑），2002年，第77—91页；王建革：《农业渗透与近代蒙古草原游牧业的变化》，中国经济史研究，2002年，第2期，第76—86页；王建革：《定居与近代蒙古族农业的变迁》，中国历史地理论丛，2000年，第2期，第25—44页；王建革：《清代蒙地的占有权、耕作权与蒙汉关系》，中国社会经济史研究，2003年，第3期，第81—91页；王建革：《近代蒙古族的半农半牧及其生态文化类型》，古今农业，2003年，第4期，第37—49页；赵之恒：《清代前期的封禁政策与内蒙古西部的土地资源环境》，内蒙古师范大学学报，2004年，第1期，第16—20页；张世满：《清代民族地区平原开发与边疆经略——以内蒙古土默川、后套平原开发为线索》，学术月刊，2009年，第4期，第133—138页；云和义：《北元至清代归化城土默特地区由牧转农的政策考探》，内蒙古农业科技，2013年，第2期，第5—6页；晶叶：《乾隆以来归化城土默特蒙古族社会变迁研究》，内蒙古大学，2013年硕士学位论文。

口①、蒙垦②、村落、佐领制、乡屯制、牌甲制③、土地问题④、地契⑤、香火地、寺院收支⑥等问题进行研究。

在探讨经济发展问题的同时,学者们亦注意到清代本地区的灾荒和环境问题。如牛敬忠《近代绥远地区的灾荒》⑦、乌仁其其格《清代呼和浩特地区社会救济事业初探》等⑧、樊如森《清中期以来绥远地区经济开发与土地沙化》⑨、郝润梅、雷军等《人类历

---

① 白贞:《土默特回回户口地浅证》,内蒙古社会科学,1985年,第2期,第53—57页;乌仁其其格:《18至20世纪初归化城土默特财政研究》,内蒙古大学,2007年博士学位论文;乌仁其其格:《近代内蒙古地区民族关系研究——以土默川蒙汉民族关系为例》,内蒙古师范大学学报,2010年,第4期,第60—65页;乌仁其其格:《近代归化城土默特蒙古人口问题浅析》,内蒙古大学学报,2012年,第3期,第10—17页;乌仁其其格:《内蒙古人口档案中的边疆村落社会——以察素齐为例》,清史研究,2014年,第1期,第118—127页;徐珍慧:《清代归化城土默特地区的农业地理初探》,内蒙古大学,2013年硕士学位论文。

② 李晓霞、呼格吉勒:《清末新政与归化城土默特地区的垦务》,内蒙古师范大学大学报,1998年,第1期;李玉伟:《略论清末绥远地区的蒙垦》,内蒙古社会科学,2001年,第3期;李玉伟:《试论清末绥远地区的蒙垦》,河套大学学报,2010年,第3期;刘亚丽:《清代以来绥远屯垦的沿革》,山西大学学报,2008年,第5期。

③ 杨选第:《清代归化城土默特地区的汉族移民与"犋牛"村名的产生》,内蒙古师范大学学报,2004年,第2期,第105—107页;田宓:《清代归绥地区的基层组织与乡村社会》,中国社会历史评论,第9卷,2008年,第343—356页;田宓:《清代归化城土默特地区的土地开发与村落形成》,民族研究,2012年,第6期,第86—100页。

④ 呼格吉勒:《论清朝前期呼和浩特·土默特地区土地的使用状况》,内蒙古师范大学学报,1992年,第2期,第10—17页;呼格吉勒:《清代呼和浩特·土默特地区的土地问题》,内蒙古师范大学学报,1992年,第3期,第55—62页;杨选第:《清前期归化城土默特地区官田租赋征收概述》,内蒙古师范大学大学报,1993年,第2期,第49—53页。

⑤ 黄时鉴:《清代包头地区土地问题上的租与佃》,内蒙古大学学报,1978年,第1期;金凤、金晨光:《土默特蒙古金姓考》,蒙古学信息,2003年,第1期,第44—47页;王旭:《清代内蒙古土默特地区土地租佃法律问题研究》,内蒙古大学,2004年硕士学位论文。牛敬忠:《清代归化城土默特地区的社会状况——以西老将营村地契为中心的考察》,内蒙古社会科学,2009年,第5期,第61—64页;高景哲:《清末民国土默特右旗的社会状况》,内蒙古大学,2012年硕士学位论文;徐鑫:《清代归化城土默特地区土地交易中的地谱》,内蒙古大学学报,2014年,第3期,第17—22页;钟佳倩:《蒙古金氏家族契约文书初探——以光绪年间土默特地区契约文书为例》,中国社会科学院研究生院,2012年硕士学位论文;孙丽丽:《从西老将营村地契看清朝土默特地区的地契制度》,内蒙古大学,2013年硕士学位论文。

⑥ 赵旭霞:《清代内蒙古地区寺院收支及其管理研究》,内蒙古师范大学,2008年硕士学位论文;斯日古楞:《清代内蒙古地区寺院土地问题研究》,内蒙古师范大学,2008年硕士学位论文;乌云:《乾隆初年土默特地区寺院香火地亩册探析》,内蒙古社会科学,2010年,第3期,第58—62页;乌云:《清至民国时期土默特地区藏传佛教若干问题研究》,内蒙古大学,2010年博士学位论文。

⑦ 牛敬忠:《近代绥远地区的灾荒》,内蒙古大学学报,2000年,第3期,第87—92页。

⑧ 乌仁其其格:《清代呼和浩特地区社会救济事业初探》,内蒙古大学学报,2007年,第3期,第9—14页。

⑨ 樊如森:《清中期以来绥远地区经济开发与土地沙化》,历史地理(第22辑),第234—243页。

史时期土默特平原生态环境变迁研究》①、衣保中、张立伟《清代以来内蒙古地区的移民开垦及其对生态环境的影响》② 等。

学者们的相关研究成果涉及清代归化城土默特地区政治、经济、文化等方面的内容，特别对清代归化城土默特地区的土地、人口、地契、行政建制、财政制度等方面进行了深入细致的研究，但是其研究成果大多集中在某一专题上，对清代归化城土默特蒙古农牧业开发的研究则缺乏连贯性、系统性和完整性。

三、研究方法

历史时期，归化城土默特地区是开发较早的地区之一，同时也是中原农耕民族与北方草原民族杂居交融的地区。这一时期，土默特平原经历了由草原生态环境到农耕生态环境的转变。随着本地区农业的发展、人口的增加，本区域逐渐变成以农耕为主的区域。生产经营方式的改变，在一定程度上对本区域生态环境产生了一定的影响。本书就是以本区域人地关系为研究对象，以本地区土地开发规模最大的清代为时间界限，探讨清代归化城土默特蒙古的人地关系。本书有助于我们进一步了解土默特蒙古在这一地区的活动全貌，以期为今天这一多民族共同生活的区域和谐、可持续发展提供可资借鉴的经验教训，同时为其他民族地区社会经济发展与环境之间的互动提供借鉴。

本书研究资料主要依据归化城副都统衙门档案，将正史、实录、志书、奏折等传世文献与实地调查密切结合起来，同时采用计量史学法、人文地理研究法，对清代土默特蒙古在土默特地区社会经济生活的各项指标进行定量分析。

四、归化城土默特自然地理概况

（一）地理范围

土默特地区居内蒙古中部偏西，北以阴山为屏，南以黄河为纽带，为北通蒙古，西通宁夏、甘肃、新疆，南通山西、陕西，东通京畿之要冲。

---

① 郝润梅、雷军等：《人类历史时期土默特平原生态环境变迁研究》，内蒙古师范大学学报，2004年，第5期，第93—96页。
② 衣保中、张立伟：《清代以来内蒙古地区的移民开垦及其对生态环境的影响》，史学集刊，2011年，第5期，第88—96页。

有关归化城土默特所辖范围,清代相关文献所载相差不大。如清《土默特志》卷1上《土默特全境图考》载:

> 土默特左右两翼旗,地广四百五十里,袤四百三十里,周径千余里。东至察哈尔蓝旗(又曰舌尔登察汗库连),南至边墙,西至乌拉特东公旗(又曰察汗鄂博),北至达尔汉贝勒旗(又曰托斯固鄂博),东南至杀虎口,西南至鄂尔多斯准格尔、达拉特两旗(又曰托托城),西北至茂明安并沙尔沁河岸,东北至四子王部落旗,所谓四至八到也。推之远脉则大青山由正西乌拉特旗入本旗包头镇境,蜿蜒分支辟脉,斜向东北四百余里,分入察哈尔镶蓝旗并四子旗部落境,诸岭联络由城东北向南至土默特境。黄河由西界乌拉特旗内苏吉等村,曲(入行)径和林格尔境斜向东南,流至清水河厅,西南出边墙,入偏关县界红河(亦名浑河),由杀虎口入境,向西北而盩向正西,由清河厅西南又入河口地方入黄河。大黑河即依克图根四子部落,并察哈尔旗入境,流至托克托城厅西入黄河。小黑河由哈拉沁沟流出,向西至浑津西入大黑河。清水河由大水口入境,向西入黄河。什拉乌素河由西沟门发源,向西流入黑河。哈达木力河由山后发源流出山前入黄河。①

《(乾隆)府厅州县图志》卷49载"归化城土默特二旗":

> 归化城土默特二旗(分左右),俱驻归化城,在杀虎口北二百里。本汉定襄、云中二郡地,后汉属云中郡。……隆庆间封俺答为顺义王,名其城曰归化。本朝天聪六年,土默特部落悉降。康熙三十五年,圣祖仁皇帝自白塔驻跸于此。其官并同内地,城周围二里。城东北二里,又有绥远城,周围二千丈余,并详山西。②

《大清会典则例》卷140载:

> 归化城土默特,疆理左右二旗,均驻扎归化,在杀虎口北二百里,东西距四百有三里,南北距三百七十里。③

《大清会典》卷79载:

> 归化城土默特,东至四子部落,西至鄂尔多斯,南至山西界长城,北至喀尔喀右翼及毛明安。东西四百有三里,南北三百七十里,至京千一百六十里。④

《(嘉庆)大清一统志》卷548《归化城土默特表》载:

---

① 清光绪年间刊本影印:《土默特志》卷1上《土默特全境图考》,台北:成文出版有限公司,1968年,第9—10页。
② 洪亮吉:《(乾隆)府厅州县图志》卷49,清嘉庆八年刻本,第759页。
③ 官修:《大清会典则例》卷140《理藩院》,影印文渊阁四库全书(第624册),台北:台湾商务印书馆,1986年,第2285页。
④ 允裪:《大清会典》卷79,影印文渊阁四库全书(第619册),台北:台湾商务印书馆,1986年,第363页。

归化城土默特左右二旗,俱驻归化城,在杀虎口北二百里。东西距四百零三里,南北距三百七十里。东至四子部落界一百三十八里,西至鄂尔多斯左翼前旗界二百六十五里,南至山西边城界二百十里,北至喀尔喀右翼界一百六十里,东南至镶蓝旗察哈尔界一百一十里,西南至鄂尔多斯左翼前旗界一百八十里,东北至四子部落界一百一十里,西北至茂明安界一百七十里,至京师一千一百六十里。①

显见《大清会典则例》和《大清一统志》所载是相同的,据此大约可推知归化城土默特地区东西距 403 里,南北距 370 里。而《土默特志》所载则与之稍有不同,载:

土默特地区居内蒙古中部偏西,……东西宽 175 公里,南北长 205 公里,面积为 21000 平方公里。②

这个记载虽然同清代文献所载有一定的差距,这同古今统计方法、行政区划的变化等有关,有一定的差别是可以理解的,也是合乎情理的。

蒙古各旗之间的界限是通过封堆的方式进行确定的。据《奏定土默特等旗界址章程》中,土默特两旗与四子王部落、达尔汗贝勒、茂明安旗等均有封堆为界:

一、茂明安与土默特两旗界址:自白衡果尔山所设封堆起,迤东至大小两毫赖设封堆二,转东北至哈达图河至南北二山山顶设封堆二,迤北至乌兰霍硕设封堆一,又北至克抽鄂博所设封堆,定为茂明安、达尔汗罕贝勒、土默特三旗交界。自克抽封堆西北之副都统衙门征租房西所设封堆二起,迤西为茂明安旗界,迤东为土默特旗界。

一、达尔汗贝勒与土默特两旗界址:自克抽封堆起向东北之山顶设封堆一,迤东于哈拉图、温都尔、茂盖图、库谢齐洛萨查鄂博、磨栋鄂博、哈达玛勒河源,奔砬图哈拉鄂博。霍拉保山、托速图山各设封堆。以托速图山定为达尔汗贝勒、土默特、四子部落王三旗交界,山迤北为达尔汗贝勒旗界,山迤南为土默特旗界。

一、四子部落王与土默特两旗界址:自托速图山起,向南至东巴彦封堆设封堆一,自巴彦封堆向西南至土默特所属之乌兰察布六扎萨克会盟处,又至乌兰察布泉源各设封堆。其泉源封堆迤东为四子部落王旗界,迤西为土默特旗界。

一、达尔汗贝勒、土默特两旗以哈达玛勒河源为正中交界,迤西至克抽封堆,迤东至托速图山,设立碣石,山之北为达尔汗贝勒旗界,山之南为土默特旗界。

一、土默特、茂明安两旗搭界之德勒格尔,共怼赛尔呼土克等处种耕居民,于田地处所各设立封堆,分清两旗地界,界东地地租交土默特,界西地地租交茂明安。

---

① 穆彰阿:《(嘉庆)重修大清一统志》,续修四库全书(第 624 册),上海:上海古籍出版社,2002 年,第 682 页。
② 土默特左旗《土默特志》编纂委员会:《土默特志》(上),呼和浩特:内蒙古人民出版社,1997 年,第 2 页。

一、土默特之乌兰呼土克、乌兰诺尔地方，由达尔汗贝勒旗向设之卡伦二处，改移设于该旗界内，所遗空地与锡勒格图呼图克图徒众内派人二名，拨给盘费，在移设两卡伦处驻扎，防守盗贼。

一、土默特、四子部落王、达尔汗贝勒、茂明安旗各交界处所，原立封堆相隔稍远者，均加立封堆，由各旗注档备查。

一、土默特、四子部落王、达尔汗贝勒、茂明安旗如有因事关交界报部者，先呈报将军、副都统详查转报，如有仍前径行报部者，严参治罪。

一、土默特、茂明安两旗搭界处所，已开地数、住居民数，饬由归化厅与副都统衙门派出之员察核。

一、土默特旗地亩，除河之南，渠之西不禁开垦外，其沙拉哈达、巴彦河迤北之地及沙拉图迤东，渠东之地均作为游牧，由将军、副都统会印，札饬土默特及各扎萨克永远遵行。①

该章程划定了地界，添设封堆，确立各旗边界，同时约定各旗在划定的范围内游牧生活。在设立封堆的同时，还立有界碑。如在哈达玛勒河源立碑，碑文如下：

钦差大人松筠查明原案断定：哈达玛勒河源系达尔汉贝勒、土默特两旗正中接壤界址，东至托速图山，西至克抽鄂博，山后为达尔汉所属，山前系土默特游牧。建立碑记，明白刻字，以杜越占。开列十条，奏，奉圣谕：办理甚属精细明白，著照所议行。钦此钦遵。刻镌碑文，建于哈达玛勒河源之处，永以为记。

□□□□□工料□费修建

道光十二年闰九月吉日②

通过封堆（设立界碑）划定了归化城土默特与周边各旗的辖地，同时把归化城土默特蒙古限制在固定的区域之内。

（二）自然环境

自然环境是多种因素构成的统一体，包括地形、气候、水、土壤和植被等。

1. 地形地貌③

土默特地区的地貌特征是：东临乌兰察布高原，西临鄂尔多斯台地，西与河套平原

---

① 张荣铮等整理：《钦定理藩部则例》卷10《地亩·奏定土默特地界章程》，天津：天津古籍出版社，1998年，第123—125页；土默特旗左旗《土默特志》编纂委员会：《土默特志》（上），呼和浩特：内蒙古人民出版社，1997年，第466—467页。
② 转引晓克：《土默特史》，呼和浩特：内蒙古教育出版社，2008年，第285页。
③ 本节参考土默特左旗《土默特志》编纂委员会：《土默特志》（上），呼和浩特：内蒙古人民出版社，1997年，第12—14页。

相接，大青山自西向东横贯全境。北山是起伏不大的丘陵地带，山南是冲积和洪冲积扇组成的山前倾斜平原，呈带状，东西分布，宽约6~10公里，微向南倾斜，坡度0.6~0.3。其南沿为扇前带，亦是地表水汇聚处，扇前带以南为黄河、大黑河冲积平原。冲积平原，其地势北部高，南部低，东部高，西部低，坡度自北向西南逐渐变缓。可分为6个区：

东南部，包括和林格尔、清水河、托克托。该区域位于吕梁山地、晋陕黄土高原北部。地表长期受水流侵蚀切割，沟壑纵横，地势起伏不平。其地貌为以低山为主体的自然景观。地势南高北低、东高西低。

东部，为呼和浩特一带。该区域大青山耸立于市区之北，大致呈东西向排列，南北宽30公里以上，海拔约为2000米，相对高差400~600米，构成外流水系与蒙古高原内陆湖盆间一座巨大分水岭，使呼和浩特一带获得丰富的地下水补给。大青山以南为呼和浩特冲积平原，平均海拔在1050米，由山麓向黄河倾斜。

西北部，为石拐、固阳东南一带。地势南高北低，南部为大青山，海拔在1600米至2100米。山区有少量的天然乔木和灌木。

西部，为耳沁窑至包头一带，属低山地形，山势陡峻，山脊呈锯齿状，东西向延伸，海拔1500米至1900米。沟谷呈南北向发育，下切较深。

中部，为萨拉齐至察素齐以东。该区域中低山地形，山脊呈东西向延伸，沟谷多南北向，海拔1600米至2317米。山前阶地，主要分布于较大沟谷两侧。阶面一般有更新统冲积砂卵石层覆盖，下部为更新统粉细砂，盖层前缘向后部变厚。该种堆积地形，主要有山间河谷及河谷洼地，分布山区，阶地发育，沟谷切割较深，地势低洼；山前倾斜平原，呈带状分布，西起刘宝窑子沟冲积扇，东至哈拉沁沟冲积扇；洪冲积扇前带，呈东西带状，分布于京包铁路以南，地势平展，略显低洼；冲积湖积平原、黄河冲积平原分布于哈素海退水渠以西，平坦开阔；湖沼洼地，分布于妥妥岱以南及哈素海一带，由潜水溢出和季节性洪水补给而形成；干河谷洼地，主要分布于沙尔沁乡东河至西此劳气一带，河谷源于和林格尔丘陵，向北延伸，地势亦沿此方向渐低。

北部，为大青山以北。主要为低山丘陵及波状丘陵地形。

2. 山川①

阴山山脉西起狼山、乌拉山，中为大青山、灰腾梁山，南为蛮汗山、凉城山、桦山，

---

① 本节参考土默特左旗《土默特志》编纂委员会：《土默特志》（上），呼和浩特：内蒙古人民出版社，1997年，第14—20页。

东为大马群山，东西绵延1200余公里。

大青山，为阴山山脉中段，近代所指大青山，几乎全部在土默特境内，西起包头昆都仑沟，东至卓资县与察右旗交界的红岱谷地，全长213公里，近于东西走向，山幅宽20至40公里。

蛮汗山，位于土默特东、东南，为阴山支脉，自旗下营延伸至和林格尔东，山脉呈北东—南西走向。

呼和浩特平原，习称土默川，西起昆都仑河，东至蛮汗山西麓，北起大青山南麓，南至和林格尔丘陵地带，东西最长处约200公里，南北最宽处约125公里，呈三角形。土默特川由南至北依次为河漫滩、黑河、大黑河冲积平原、山前洪冲积平原。

3. 河流湖泊①

（1）黄河

黄河，是土默特境内最大的河流，西自乌拉特前旗境内流入，东南至河口转直南下，于清水河老牛湾出境进入山西省。境内流程约250公里。水面宽130米至458米不等，水深1.4米至9.3米。水流平缓，适宜航运，最大径流量为1390立方米/秒，最小径流量为392立方米/秒。水位以3月和8月为高峰期，年平均冰封期93天。黄河在该区域的主要支流有大黑河、浑河，大青山、蛮汗山各沟水亦分别汇入黄河及其支流。

（2）大黑河

大黑河，蒙古语称伊克图尔根河。发源于卓资县十八台乡东淌子南山。自东向西流，在河口镇汇入黄河，全河流程236公里，集水面积17670平方公里。在土默特境内长148公里，最大洪峰为2000立方米/秒，最小洪峰为200立方米/秒。大黑河的主要支流有小黑河、什拉乌素河、宝贝河等。

（3）浑河

浑河，也称红河，蒙古语乌兰木伦。发源于山西平鲁县料八山，经杀虎口入和林格尔县境内，在清水河县王桂窑子乡岔口汇入黄河。在土默特境内流程200余公里，集水面积3400平方公里，平均径流量8.28立方米/秒，最大径流量808立方米/秒。土默特境内主要支流有石门沟水、马厂河、三道营子河、古力半河、清水河等。

（4）塔布河

塔布河为内陆河，位于大青山以北，又称召河、沙拉穆楞河。发源于固阳大庙乡大

---

① 本节本节参考土默特左旗《土默特志》编纂委员会：《土默特志》（上），呼和浩特：内蒙古人民出版社，1997年，第20—27页；王治和：《土默特境内的河流湖泊》，土默特史料（第18辑），1985年，第302—326页。

南沟西南山上，向东北流至水口子，最后流入呼和诺尔。全河长323公里。土默特境内为塔布河上游。流程为75公里，集水面积1300多平方公里。

(5) 主要沟水

大青山、蛮汗山沟系，各沟均有溪流，一般为间歇水，出山不远即消失，较大沟谷则清水长流，分别汇入黄河、大黑河和小黑河。

汇入黄河的沟水，主要有：五当沟河、苏尔哲河、冒带河。

汇入大黑河的沟水，主要有：古力半河、察苏河、朱尔沟水、黑牛沟水、哈尔几河、东白石头沟水、蓿麻湾沟水、石人湾沟水、吉庆营沟水。

汇入小黑河的沟水，主要有：乌素图沟水、坝口子沟水、扎达海河、哈拉沁沟水、哈拉更沟水、卯独沁沟水、奎素沟水、乌梁素沟水。

(6) 湖泊

土默特境内湖泊主要有哈素海、南海子、七星湖等。

哈素海：蒙古语名哈拉乌素。位于呼和浩特市西70公里。察素齐西南直线距离13.5公里。乔家营子、秦家营子二村分别在其南北，哈素、朝号二村又在其东西。水面高程985米，水面面积4.63平方公里，平均水深1米以上。海子周围沼泽面积27.33平方公里。主要水源来自大青山一些山沟水及灌溉渠道退水。一般在雨季水面扩大。此外地下水也较为丰富。流入哈素海的山沟水，从西到东排列有芦房沟、背锅沟、古雁沟、西白石头沟、小沟子、柏树沟、小万家沟、白只户沟，其中比较大的是西白石头沟。

南海子：在包头市郊区河东乡，水面高程999米，水面面积3.33平方公里，平均水深1.5米以上。系黄河故道遗留的牛轭湖，雨季水面扩大，与黄河直接相通，旱季水面缩小。海子及四周沼泽地，产鱼、芦苇及蒲草。

七星湖：位于托县哈拉板申村西，现有上下七星湖村。古代为当地最大湖泊，大黑河水流经该湖，汇入黄河。最早记载此湖，称沙陵湖，因西汉设沙陵县得名。《水经注》载："芒干水（今大黑河）又西南，注沙陵湖，湖水西南入于河水。"隋唐时称大黑河为金河或合罗川，该湖易名金河泊，相沿至辽金元。明代称天瑞泊。[①]清代称黛山湖，《清史稿》载："大黑河东自归化入，左会黄水，又西右会克鲁库，至厅东北会察苏河，径厅北，旧汇为黛山湖，古芒干水，合南源白道中溪塞水注沙陵湖者，又西入焉。又南入清水河。"[②] 嘉庆、道光、咸丰三朝黄河屡次改道，再加当地农垦发达，大小黑河及山沟

---

① 李贤：《明一统志》卷21《大同府》，影印文渊阁四库全书（第472册），台北：台湾商务印书馆，1986年，第475页。
② 赵尔巽：《清史稿》卷60《地理七》，北京：中华书局，1976年，第2042页。

水挟泥沙直湖中,水归黄河,泥沙沉淀淤澄,此后不见记述,大概其时湖已淤成沼泽地。即民国初年,就不见其湖泊面目了。

4. 气候①

土默特地区属于温带大陆性季风气候,四季气候变化明显,昼夜温差较大。冬季寒冷漫长,夏季短暂炎热。春秋两季气候变化剧烈。风沙较大。年平均气温 2.4℃~7℃,由北向南逐渐升高,南北相差 4℃左右。最冷月温-12℃~17℃,最热月温 17℃~23℃。无霜期北部山区为 75~109 天,南部平原地区为 113~135 天。日照年均 1600 小时。

土默特地区年降水量在 290~400 毫米,从东南向西北逐渐减少。降水少而集中,年际变化较大。降雨多集中在 7、8 月份,约占全年降水量的 50%。降雨地域分布是西南最少,年降雨量仅 308 毫米;平原地区年降雨量在 400 毫米左右,大青山区年降雨量在 430~500 毫米。

本地区的水面年平均蒸发量在 2000 毫米以上,从东向西逐渐增加;陆面年平均蒸发量 250~350 毫米,从东向西逐渐减少,与降水量的分布相一致。

---

① 本节参考土默特左旗《土默特志》编纂委员会:《土默特志》(上),呼和浩特:内蒙古人民出版社,1997 年,第 28—33 页;内蒙古统计局·区情概况:http://www.nmgtj.gov.cn/html/qqgk。

第一章　清代归化城土默特地区行政建置

有关归化城土默特地区的行政建置这个问题，很多专家和学者都做了较为详细的论述，但有许多问题还需进一步深入探讨。因此，笔者拟在吸收前辈学者研究成果的基础上，对此问题再加以论述。

第一节　归化城土默特两翼旗的设置

一、带土投诚和安堵如故

学者们在探讨清政府对归化城土默特的统治方略时，大多用"带土投诚"和"安堵如故"来描述，但仅用这两个词来说明其统治方略，似有难窥其径之嫌。鉴于此，本文在相关学者对该问题研究的基础上，通过对"带土投诚""安堵如故"的解读，进一步探讨清政府对归化城土默特的统治方略。

（一）是否"带土投诚"问题

"带土投诚"，指后金（清）统一全国的过程中，一些部族迫于后金强大的势力，为避免被武力征服，遭受重大的创伤，而选择主动归顺。后金（清政府）对这些主动归顺（带土）的部落，采取安排牧地、赐予牲畜等措施，让他们安居乐业。在后金（清）统一全国的过程中，有许多蒙古部落选择主动归顺，如蒙古科尔沁部、扎鲁特部等。那么，归化城土默特蒙古的投诚是否为主动归顺——"带土投诚"呢？

清（后金）廷和归化城土默特蒙古对是否"带土投诚"这一问题的认识实际上是有分歧的：归化城土默特蒙古认为其是"带土投诚"的，而清政府则认为其是"投诚"非"带土"。

有关归化城土默特部"带土投诚"的记载，则鲜见于清代的各种文献。笔者查阅归化城副都统衙门档案，仅发现两件档案如此记载。一件为光绪十年（1884）二月《绥远城将军归化城副都统为归化五厅客民编籍势必占碍游牧的奏折》载（摘录）：

> 圣鉴事，窃奴才等据所属土默特两翼十二参领联衔报称，情因职等转奉报，饬因晋抚条陈，口外七厅，关系重要，今昔治理不同，请将理事厅员仿照直隶成案改设抚民，要缺满汉兼用，编民立学以修边政等因。奏准。转行前来。遵查土默特两翼蒙古官兵先于崇德年间，带地投诚以来，原定四至界内，纵横千数里，其间青山前有五厅，耕种官地民户万数余家，此外均是蒙古户口田地、游牧草厂，其各厅集镇商贾村庄农民多系只身贸易佣工，每年春出冬归，并非土著。①

另一件为贻谷出任垦务大臣之初，土默特参领们在1904年12月提出整理土默特土地的呈文：

> 溯查当年招民垦种蒙地，而蒙古带土投诚，仍将地土赏给蒙古当差养赡，是蒙皇上格外之恩。②

这两则材料中的"带土投诚"均出自光绪时期，归化城土默特官员在公文中的陈述。这种陈述在一定程度上代表了归化城土默特蒙古是"带土"投降后金（清）政府观点。从清末归化城土默特官员还秉持这种"带土投诚"的理念可知，其影响是十分深远的。

其实，清政府则认为是其依靠武力征服归化城土默特地区的。据相关文献推知，清政府认为归化城土默特部并非"带土投诚"，如时任山西巡抚张之洞在《议编户籍疏》中称：

> 土默特一区本为林丹汗袭灭，而我太宗亲征所获，赏还该蒙古之地，岂可分疆而自为。③

张之洞认为归化城土默特地区是清征服后，赏还归化城土默特蒙古的土地。时任归绥道道员阿克达春亦如此认为：

> 查归化等厅之在土默特地面，与直隶张、独、多等厅之在察哈尔地面情形稍有不同者，察哈尔蒙古在本朝已编隶八旗，而土默特蒙古自命外藩，欲私分土，故边制更难于措手。溯查土默特蒙部，明季时实已为察哈尔林丹汗所袭灭，其部人或役属于察军，或逃匿于他处。我朝天聪年间，大军征破察哈尔，进师归化城。林丹汗由归化城

---

① 陈志明：《土默特历史档案集粹》，呼和浩特：内蒙古人民出版社，2007年，第31—32页。
② 土默特左旗《土默特志》编纂委员会：《土默特志》（上），呼和浩特：内蒙古人民出版社，1997年，第186页。
③ 张之洞：《议编户籍疏》，光绪十年四月丙午，中央档案馆明清部档。土默特左旗《土默特志》编纂委员会：《土默特志》（上），呼和浩特：内蒙古人民出版社，1997年，第429页。

西遁，土默特头目等始得集众投诚。我朝兴灭继绝，令其仍居土默特游牧，复其前明顺义王封爵。未几，该蒙人有与明边将通谋，欲邀截大兵归路，遂执其王，削其爵，因分土默特为两翼，而以投诚两头目世袭二都统，分统之。嗣后裁并为一副都统，又改为由京简放。当土默特投诚时，地已非其所有。而该参领等尚谓带地投诚，一若不知其地为我朝赏还之地。观其所称我朝定鼎，分界边墙，各守各土，不容越占等语，殊有乖于普天王土之义。①

据张之洞、阿克达春言论可知，他们对归化城土默特蒙古的"带土投诚"并不认可，而是认为"当土默特投诚时，地已非其所有"，土默特部仅是"集众投诚"，其土地的性质是清政府征服后赏还的，即归化城土默特蒙古投诚并没有带土。张之洞等人的论述虽然不能完全代表清政府，但至少是得到清政府认可或者默许的，甚至某种程度上是清政府真实意思的表达。

清政府和归化城土默特蒙古之间关于"带土投诚"问题的分歧，其实是双方所站的立场不同所导致的。

清政府认为归化城土默特蒙古是"投诚"非"带土"。有如下几点原因：

首先，明末清初，归化城土默特地区已经被察哈尔部占领，归化城土默特蒙古已经失去领地。虽然在俺答汗时期，土默特万户一度是漠南蒙古势力最大的部落，但是在俺答汗去世之后，土默特万户内部战乱迭起，特别是在经历"大板升之战"②之后，其势力急遽下降。

《国榷》记载了有关土默特部势力的衰弱：

蓟镇边外虎墩兔以逋贡责哈喇慎，兴兵伐之。虎墩兔为东夷长，故称憨，是名插汉部，与建州邻。哈喇慎，宣大边外为插属，岁贡憨夷，故责之。实以建州强，惧为所并，知卜矢兔弱，移牧而西。卜部竟夜遁陕西边外。插汉遂从新平口肆求索。③

这里的"卜矢兔"即"卜石兔"，是土默特第四代顺义王博硕克图汗，此处之"插汉部"，即察哈尔部。由此可见，察哈尔部势力远在土默特部之上。王雄对归化城土默特部势力衰落的原因进行了论述："自俺答封贡以来，土默特部安居宣大塞外六十余年，与明朝通贡互市，不事兵戈。'长鬈于缯絮面蘖，部落亦稍效板升，大边有诛茅构土室以居者，势益慵弱'，渐失其游牧民族剽悍刚勇之锐气。又自顺义王扯力克以来，内部

---

① 葛士濬：《皇朝经世文续编》卷32《户政九·赋役下》，载：张之洞：《口外各厅编查户籍无碍蒙古游牧疏》，上海：上海书局石印本，1898年，第633—634页。
② 有关大板升之战，可参阅晓克：《大板升之战及其影响》，内蒙古社会科学，2009年，第6期，第43—46页。
③ 谈迁：《国榷》卷88，天启七年三月丙申，北京：中华书局，1958年，第5367页。

屡为顺义王之袭封发生纷争,至卜石兔时,该部已基本分成以卜石兔和素囊为首的两派,诸部矛盾重重,散而无统。这与雄心勃勃,以攻掠兼并诸部为事的察哈尔林丹汗相比,显然处于劣势。林丹汗西进,土默特一触即溃,是这一力量强弱变化的最有力的证明。"①

察哈尔部林丹汗西进,势力较弱的土默特部则归顺于察哈尔部。清《土默特志》卷3《世袭》载:

> 姓博尔济吉特之土默特,其祖为元祖十六世孙阿尔坦,号格根汗。初由河套,徙丰州滩,筑城架屋,号曰拜牲,即板升也。有明通好,授顺义王印,名所居城曰归化。是生僧格,号杜稜汗,再传噶尔图,以游察哈尔,东徙邻喀喇沁,即今东路之土默特,其居西路者,自格根,凡四传至博硕克图汗,仍居归化。察哈尔胁之,率部落败察哈尔于赵城,又败于张家口。林丹汗兼之,伺其卒,袭有其众。我朝天聪六年,平察哈尔,移师归化城。②

文献所载"林丹汗兼之",即察哈尔部兼并了土默特部。"随着察哈尔林丹汗势力逐渐强大,土默特第四代顺义王博硕克图被林丹汗所败,弃归化城西走河套,林丹汗征服右翼三万户,并占据土默特经济文化中心归化城。"③林丹汗在袭击土默特部时"卜部竟夜遁陕西边外",而他的儿子俄木布却留下来,归顺了林丹汗。"林丹汗袭击时博硕克图等逃亡了,可是不清楚他的儿子俄木布为什么留在归化城。但俄木布为察哈尔而留在归化城,可能是做了土默特部在归化城的统治工具。"④显然,此时的土默特部已经被察哈尔部所兼并,没有逃走的部众仍然归俄木布统辖,但此时的俄木布仅是林丹汗管理土默特部的代理人。也就是说归化城土默特地区已经成为察哈尔部的领地,归化城土默特蒙古已经没有了领地。既然察哈尔部林丹汗在后金进攻下西遁,那么空出来的这片土地应是后金依靠武力征服而来,虽然土默特部并没有追随察哈尔部西遁,但不影响清政府依靠武力征服这块土地的性质。因而清政府也就认为这片领地应是后金的,并非土默特所有,故对土默特部的"带土投诚"并不认可。

其次,清(后金)是武力征服土默特地区的。从《满文老档》的记载来看,也是后金对这块土地的武力征服,并非土默特部的"带土投诚"。据《满文老档》载:

> (天聪六年)四月初一日,大军起行,往征察哈尔……(五月十一日)是日,大

---

① 王雄:《察哈尔西迁的有关问题》,内蒙古大学学报,1989年,第1期,第1—11页。
② 清光绪年间刊本影印:《土默特志》卷3《世袭》,台北:成文出版有限公司,1968年,第48—49页。
③ 乌仁其其格:《18至20世纪初归化城土默特财政研究》,内蒙古大学,2007年博士学位论文。
④ 森川哲雄:《十七世纪前半叶的归化城》,蒙古学资料与情报,1985年,第3、4期,第12—19页。

贝勒、莽古泰贝勒及诸贝子勒会汗处。召集八旗蒙汉诸大臣，汗谕之曰："我等原为征察哈尔而来，察哈尔不能御而遁走，而追之无及，今我兵马疲惫，引军还沈阳，以俟再举为佳乎？抑先往蒙古柏兴地方，复入明境为善耶？二者孰便，尔诸臣定议以奏。"……（二十六日）是日，前行诸贝勒遣图鲁什、劳萨往捉生，乃获扎喀寨蒙古人一名，与贝勒同往之六名差役送之前来。讯之去察哈尔知我兵进征消息，将其财富运往黄河，余者少，运者多。于是柏兴地方家家有人等语。于是，前遣兵乘夜进发。二十七日，攻取柏兴地方。是日，汗至格根汗之归化城驻营。军遂分入各村收聚人畜。二十八日，……每旗遣差役二人传谕左翼四旗，曰："仍往其境纵掠之。俟还军之时，尽焚其庐舍粮食。汗驻归化城以待。"①

《满文老档》所载"军遂分入各村收聚人畜""尽焚其庐舍粮食"，显然是洗劫了土默特地区，这并不是后金对投降部族应有的行为。同时《满文老档》还记载了这次洗劫行动的战果：

十旗所俘获数目：人一万八千九百一十五、驼十八、马骡四十二、牛五千九百四十一、驴七百九十七、羊及羯羊一万一千九百六十五，牲畜数一万八千七百五十五，共计人畜三万七千四百八十二。②

据上所述，后金是依靠武力征服占领了归化城土默特地区。如果是归化城土默特部"带土投诚"，清（后金）就不会对该地区进行如此毁灭性的洗劫。察哈尔部林丹汗在清（后金）进攻下西遁，土默特地区为后金占领。虽然归化城土默特部分部众没有追随察哈尔部西遁，而是散逃到深山之中，但不影响清政府依靠武力征服这块土地的性质。故清（后金）政府认为这片领地是其依靠武力从察哈尔部获得的，归化城土默特蒙古在投诚时，已经没有了领地。

虽然归化城土默特地区是被武力征服的，但是归化城土默特部却不是被武力征服的。"在后金统治者看来，土默特不是'带土投诚'自动归降，而是被他们武力征服的。"③晓克先生的这种"武力征服"的观点虽然有一定的合理性，但还需具体分析。笔者认为所谓的"武力征服"仅是指后金将察哈尔部从归化城土默特地区赶出去，并接管该地区而言——即后金依靠武力征服归化城土默特地区。对于归化城土默特蒙古是不是被武力征服的呢？据上文所载，均为"降"，而非依靠武力征服。察哈尔部西遁后，归化城土

---

① 中国第一历史档案馆、中国社会科学院历史研究所译注：《满文老档》，北京：中华书局，1990年，第1257—1285页。
② 中国第一历史档案馆、中国社会科学院历史研究所译注：《满文老档》，北京：中华书局，1990年，第1292页。
③ 晓克：《16—17世纪蒙古土默特驻牧地变迁探讨》，内蒙古社会科学，2008年，第6期，第59—62页。

默特蒙古部众分散逃到山林，此时后金虽然征服了归化城土默特地区，但是并没有实际控制归化城土默特蒙古部众。因此可以认为归化城土默特地区是被后金武力征服的，而归化城土默特蒙古则是主动投诚的。

再次，俄木布等人是"集众降"。清代文献记载俄木布投降后金时多为"集众降"，如《皇朝藩部要略》卷1《内蒙古要略一》载：

> 天聪六年（1632），大兵平察哈尔，移住归化城。博硕克图汗子俄木布与其部头目托博克、古禄格、杭高等，集众降。诏居之。①

《蒙古游牧记》卷2《内蒙古卓索图盟游牧所在》载：

> 阿尔坦汗四传至博硕克图汗。博硕克图汗卒，林丹汗袭其众。天聪六年，大军征察哈尔，林丹汗西奔唐古特。博硕克图子俄木布及其部头目古禄格、行高、讬博克等集众降。②

清《土默特志》卷3《世袭》载：

> 博硕克图子曰俄木布集众降，诏居守之。③

《（嘉庆）大清一统志》卷548《归化城土默特表》载：

> 默布济吉尔旧作俄木布楚虎尔。今俱改正。本朝天聪六年，太宗文皇帝亲征察哈尔，驻跸归化城。土默特部落悉降。④

所谓"集众降"，是说俄木布等人把本部落逃散的人重新集合起来后，投降清（后金）。因此，清政府认为俄木布等人仅是集土默特部众而降，并没有"带土"。

"集众降"是俄木布把本部落逃散的人重新集合起来后，投降清（后金）政权。在文献中，没有只言片语"带土"。显见清政府并没有把土默特部的投降看成是主动的、带土的投降，而是在武力威胁下的被迫投降。清政府甚至认为对土默特部来讲是一种解放，从察哈尔部的统治下解放出来，"1632年，林丹汗在西徙中，后金国的太宗并没有对察哈尔亲征，而是把归化城从林丹汗的桎梏中解放出来"。⑤而这种被解放出来的论述，在清《土默特志》卷5《赋税·附输田》有体现：

---

① 祁韵士：《皇朝藩部要略》卷1《内蒙古要略一》，中国边疆史志集成（第8册），北京：全国图书馆缩微复制中心，第56页。
② 张穆：《蒙古游牧记》卷2《内蒙古卓索图盟游牧所在》，台北：文海出版社，1965年，第119页。
③ 清光绪年间刊本影印：《土默特志》卷3《世袭》，台北：成文出版有限公司，1968年，第49页。
④ 穆彰阿：《（嘉庆）重修大清一统志》，续修四库全书（第624册），上海：上海古籍出版社，2002年，第682页。
⑤ 森川哲雄：《十七世纪前半叶的归化城》，蒙古学资料与情报，1985年，第3、4期，第12—19页。

土默特旗众，自被中朝收录救援，始有今日，故尺地、一民不能私为我有。①

所谓"收录救援"是归化城土默特旗众走投无路了，被后金政权收留。这些被后金政权收录救援出来的部众，可以说是被后金政权从察哈尔部解放的部众，怎么可能被看成"带土投诚"呢？

综上，清政府认为归化城土默特蒙古在投诚之前，就已经失去了对归化城土默特地区的统治，因此其投诚勉强可以看成是主动归顺。但由于此时归化城土默特蒙古已经没有领地。没有领地的归化城土默特蒙古的投诚，怎么可能被清政府看成是"带土投诚"呢？

归化城土默特蒙古为何认为其是"带土投诚"呢？笔者认为，有以下几点原因：

首先，归化城土默特地区本是其驻牧之地。明末，归化城土默特蒙古势力日趋衰微。察哈尔部西征，占领归化城土默特地区，兼并了归化城土默特部。但察哈尔部为了更好地统治这一地区，扶植归化城土默特部首领俄木布，作为察哈尔部在本区域的代理人继续统治这一地区。因此，察哈尔部并没有将归化城土默特部从其驻牧之地赶走，而是让其继续在此驻牧。故此时归化城土默特蒙古仍然实际控制这一区域。

其次，在后金和察哈尔部的战斗中，察哈尔部西遁，归化城土默特部众逃亡山林。在此情况下，后金政府占领归化城土默特地区，并对归化城及其周围进行了洗劫。迫于后金势力的强大，归化城土默特部首领俄木布等人聚集散落的部众，向后金投降。后金便把归化城土默特部众继续安置在这一地区。因此在后金武力征服这一地区后，归化城土默特蒙古仍然实际控制着这归化城土默特地区。

在上述因素的影响下，归化城土默特蒙古认为其并没有失去领地，其首领率部向后金（清）政府的投诚应被其视为"带土投诚"。

"带土投诚"与否，涉及归化城土默特蒙古是归顺还是归降的问题。而清政府对归顺和归降是有严格区分的，《清文献通考》卷191《兵考十三》载《御制优恤土尔扈特部众记》载：

> 归降、归顺之不同既明，则归顺、归降之甲乙可定。盖战而胜人不如不战而胜人之为尽美也。降而来归不如顺而来归之为尽美也。然则归顺者较归降者之宜优恤。……此远人向化，携孥挈属而徕，其意甚诚。②

---

① 清光绪年间刊本影印：《土默特志》卷5《赋税·附输田》，台北：成文出版有限公司，1968年，第82—83页。
② 官修：《清文献通考》卷191《兵考十三》，影印文渊阁四库全书（第636册），台北：台湾商务印书馆，1986年，第329—340页。

从《御制优恤土尔扈特部众记》的记载，可以看出清政府对于蒙古部众是有一定区分的，对主动归顺的蒙古部众给予更高的优恤。归化城土默特蒙古是在后金压力下投诚的，不是主动归顺，即清政府认为归化城土默特蒙古应为降而来归。

综上，笔者认为清政府和归化城土默特蒙古对是否"带土投诚"问题的分歧根源，在于两者所站的立场不同：清政府站在其立场上，认为归化城土默特蒙古是"投诚"非"带土"的见解具有一定的合理性；归化城土默特蒙古站在其立场上认为其是"带土投诚"亦有一定的合理性。但是，清政府对这一问题的认识，决定着事情的发展方向。清政府正是在这种"投诚"非"带土"的影响下，加上清初"俄木布事件"的影响，使得清政府对归化城土默特蒙古并不信任。而这种不信任是导致清政府对归化城土默特的统治方略，采取"安""堵"的根源。

（二）对"安堵如故"问题的分析

有关"安堵如故"的出处。笔者查阅相关文献，清《土默特志》卷2《源流》载"安堵如故"：

> 博硕克图汗子俄木布及其部头目古禄格、杭高、讬博克等率众降。诏安堵如故。①

森川哲雄在论述这一问题的时候是这样论述的：

> 满洲军一占领归化城，俄木布等及早就投降了太宗。但对他好像"安堵如故"，准许他照样在归化城居住。②

他所引用的"安堵如故"出自《钦定外藩蒙古回部王公表传》卷112《土默特辅国公喇嘛扎布列传》：

> 本朝天聪六年，大军征察哈尔，以林丹汗西奔唐古特，移师趋归化城。博硕克图汗子俄木布及其部头目古禄格、杭高、托博克等集众降，诏安堵如故。③

这条文献要早于上文所引清《土默特志》的文献，从行文来看，应是同一条文献。大约可以推知清《土默特志》在编写过程中，应是参考了《钦定外藩蒙古回部王公表传》。也就是说只有《钦定外藩蒙古回部王公表传》里面所载为"安堵如故"。其余大多是"诏居之"和"诏居守之"④。无论是"诏居之""诏居守之"，还是"安堵如故"，

---

① 清光绪年间刊本影印：《土默特志》卷2《源流》，台北：成文出版有限公司，1968年，第26页。
② 森川哲雄：《十七世纪前半叶的归化城》，蒙古学资料与情报，1985年，第3、4期，第12—19页。
③ 清国史馆编：《钦定外藩蒙古回部王公表传》卷112，传96《土默特辅国公喇嘛扎布列传》，见包文汉、奇·朝克图：《蒙古回部王公表传》（第1辑），呼和浩特：内蒙古大学出版社，1998年，第710页。
④ 见上文：《皇朝藩部要略》卷1《内蒙古要略一》、清《土默特志》卷3《世袭》的引文。

也就是让土默特部仍然居留该地。《土默特志》认为：

> 1632 年，后金皇太极率军西进，林丹汗渡河西走青海。博硕克图汗之子俄木布洪台吉率古禄格、杭高、托博克等重新集结部众，降附满洲。皇太极命"安堵如故"，即土默特作为一个整体归附后金，后金对其政制、领域、属众等均保留如故。①

这种认识有一定的合理性。从"安堵如故"的字面意思是可以这么理解的。但是，不能脱离具体的历史背景来理解这个词。据文献所载，"安堵如故"这个词最早见于《史记》卷 8《高祖》，载：

> 余悉除去秦法。诸吏人皆案堵如故。应劭曰："案，次第。堵，墙堵也。"②

可以讲，应劭的注是没有问题的，但是随着时间的发展，这个词的含义亦发生一定的变化。因此笔者认为清代对归化城土默特蒙古的"安堵如故"与《史记》所载安堵如故的意思并不一样，而是发生一定的变化。"堵"有墙堵的意思，但是"堵"还有"阻挡、塞住"的意思。《钦定外藩蒙古回部王公表传》里面的"安堵如故"这个词用得很恰当，但是这个词的重点应放在"堵"上。结合清政府在归化城土默特地区的一系列行动，我认为"阻挡、塞住"的意思，恰好能把清政府对归化城土默特警惕的心态表露无遗。

笔者试从以下几点来探讨清政府对归化城土默特两翼旗的安堵政策。

首先，从《清史稿》的记载来看土默特两翼旗。

在《清史稿·地理志》中，归化城土默特两翼旗既不在《内蒙古》③ 中，也不在《外蒙古》④，更不在《青海》⑤ 和《察哈尔》⑥ 中。据《清史稿》卷 77《内蒙古》载：

> 内蒙古：古雍、冀、幽、并、营五州北境。清兴，蒙古科尔沁部首内附。既灭察哈尔，诸部踵降，正其疆界，悉遵约束。有大征伐，并帅师以从。定鼎后，禄爵世及，岁时朝贡，置理藩院统之。部落二十有五，旗五十有一，并同内八旗。乾隆间，改归化城土默特入山西，仍有部落二十四，旗四十九。⑦

也就是在乾隆年间，归化城土默特划归山西，在此之前，归化城土默特是归入内蒙古的。《清史稿》卷 60《山西》载：

---

① 土默特左旗《土默特志》编纂委员会：《土默特志》（上），呼和浩特：内蒙古人民出版社，1997 年，第 113 页。
② 司马迁：《史记》卷 8《高祖》，北京：中华书局，1963 年，第 362 页；（应劭注）第 364 页。
③ 赵尔巽：《清史稿》卷 77《地理二十四》，北京：中华书局，1976 年，第 2395—2420 页。
④ 赵尔巽：《清史稿》卷 78《地理二十五》，北京：中华书局，1976 年，第 2421—2454 页。
⑤ 赵尔巽：《清史稿》卷 79《地理二十六》，北京：中华书局，1976 年，第 2455—2468 页。
⑥ 赵尔巽：《清史稿》卷 81《地理二十八》，北京：中华书局，1976 年，第 2479—2482 页。
⑦ 赵尔巽：《清史稿》卷 77《地理二十四》，北京：中华书局，1976 年，第 2395 页。

山西：……雍正元年，置归化厅。……六年……置归绥道。乾隆四年，增置绥远厅同知。二十五年，又以归绥所属地增置五通判。归化城、清水河、萨拉齐、和林格尔、托克托城。与归、绥二厅并属归绥道。①

在本章的记载中，并没有对归化城土默特二旗进行任何记载，而是记载了：归化城直隶厅、萨拉齐直隶厅、清水河直隶厅、丰镇直隶厅、托克托直隶厅、宁远直隶厅、和林格尔直隶厅、兴和直隶厅、陶林直隶厅、武川直隶厅、五原直隶厅、东胜直隶厅这口外十二厅。②

据笔者所查阅清代相关文献，有关归化城土默特两翼旗历史沿革及辖境的论述并不少，并不缺少归化城土默特两翼地理沿革的文献。为何《清史稿》没有归化城土默特两翼旗的地理志呢？笔者认为这并非编撰者的疏漏，而是有意为之。

《清文献通考》卷291《舆地考二十三·牧厂》对归化城土默特历史沿革进行了较为详细的叙述：

归化城土默特东西距四百三里，南北距三百七十里。东至四子部落界，西至鄂尔多斯左翼前旗界，南至山西边城界，北至喀尔喀右翼及茂明安界。左右翼二旗所辖疆理同，至京师一千一百六十里。汉定襄、云中二郡地，后汉属云中郡。后魏初建都于此，号盛乐城。后置云州，领盛乐、云中等郡。隋复置定襄郡。唐置单于大都护府。后唐时入辽，置丰州天德军，属西京道，金因之。元属大同路。明宣德初，筑玉林、云川等城，设兵戍守，后为蒙古所据。嘉靖间，小王子之族谙达，驻牧丰州滩，筑城架屋以居，谓之拜甡，是为西土默特。屡分道入寇，开拓疆土。东至喀喇沁界，西至鄂尔多斯，南至宣大。有众四十万。隆庆四年，内附，诏封为顺义王，名其城曰归化。其弟侄支庶等各自为部者，凡六十五人，各授都督、指挥、千百户等官有差。每年贡马、开市。万历九年，谙达子黄台吉袭王，十三年黄台吉子扯根袭王，三十二年扯根诸子互相争袭，部无定主。三十四年扯根之孙博硕克图始受封如故事。其后部落自相仇杀，复为察哈尔所侵。及其子温布嗣立国，遂衰破。本朝天聪八年，太宗文皇帝亲征察哈尔，驻跸归化城。土默特部落悉降。大军既灭察哈尔，命贝勒岳脱驻守归化城。会其属茂海，潜与喀尔喀通，伪称温木布为锡图根汗。事觉，诛茂海，执温布以还。崇德元年，其酋古禄格等来朝，命偕温布还。后编为二旗，即以古禄格为左翼都统，杭高为右翼都统，并世袭。后以土默特中无可任都统之人，定由京简用往管旗务。惟给土默特人等世袭职衔，随都统办事。乾隆二十六年，裁归化城都统一人，二

---

① 赵尔巽：《清史稿》卷60《地理七》，北京：中华书局，1976年，第2021页。
② 赵尔巽：《清史稿》卷60《地理七》，北京：中华书局，1976年，第2040—2044页。

十八年复裁一人，以土默特旗归驻扎绥远城之建威将军兼辖。仍设副都统二人，一驻绥远城，一驻归化城，协同将军管理。归化城土默特左翼旗，驻归化城外。设副都统等员管辖，隶于绥远城将军。归化城土默特右翼旗，驻归化城外。设副都统等员管辖，隶于绥远城将军。①

《方舆考证》卷99《外域一·扎萨克蒙古》，对归化城土默特二旗的建置沿革进行了记载：

汉定襄、云中二郡地，后汉属云中郡。北魏初建都于此，号盛乐城。后置云州，领盛乐、云中等郡。隋复置定襄郡。唐立单于大都护府。五代唐时入辽，置丰州天德军，属西京道。金因之。元属大同路。明宣德初，筑玉林、云山等城，设兵戍守，后为蒙古所据。嘉靖间，俺答筑城于丰州滩，采木架屋以居，谓之板升，汉言屋也，是为西土默特。隆庆中封俺答为顺义王，名其城曰归化。俺答，小王子之近支也。兄弟七人，长曰吉囊，驻牧套内，即鄂尔多斯。次即俺答，驻牧开元上都，黠而多智，自号都隆可汗，屡为蓟宣大一带边患，且掠太原，薄京师，最为强鸷。俺答有孤孙名把汉那吉，俺答与娶兀顺部女曰大成妣姬，把汉那吉又自聘搀金女，尚未及婚会。俺答有外孙女已聘鄂尔多斯矣。俺答闻其美，自娶之，号曰三娘子。鄂尔多斯怒，起兵相攻。俺答恐，乃夺把汉那吉所聘女与之。那吉恚恨而败狐堡，来降，诏授指挥使。俺答计中国必杀之，乃款塞。知其不死，乃大喜，遣使臣来定约称臣，岁纳土贡方物，诏那吉归。隆庆五年封俺答为顺义王。本朝天聪六年，征察哈尔，驻跸归化城，土默特部落悉降。九年灭察哈尔，命贝勒岳脱驻守归化城。格根汗之孙俄木布乳母之夫曰毛罕，潜与阿禄喀尔喀通，伪称俄木布为西土根罕。谋叛事觉，诛毛罕，执俄木布以还。崇德初，其酋古禄格来朝，命偕俄木布返，并还其世守顺义王印。以古禄格为左翼都统，杭高为右翼都统，并驻城中。其官制并同内地，贡道由杀虎口。今设归绥道，辖六厅，驻绥远城。归化城同知，雍正元年设。绥远城同知，乾隆四年设，城在归化城东北五里。和格尔通判，乾隆二十五年设，在归化城东南一百二十里。又清水通判，同上，在归化城西南二百六十里。又萨拉齐通判，同前，在归化城西北一百四十里。又托克托通判，同前，在归化城西南一百八十里。按归绥道乾隆六年，见前山西朔平府。疆域：二旗俱驻归化城，在杀虎口北二百里，东西距四百有三里，南北距三百七十里，东至四子部落界一百三十八里，西至鄂尔多斯左翼前旗界二百六十五里，南至山西边城界二百一十里，北至喀尔喀右翼界一百六十里。至京师一千一百六

---

① 官修：《清文献通考》卷291《舆地考二十三·牧厂》，影印文渊阁四库全书（第638册），台北：台湾商务印书馆，1986年，第558—559页。

十里。①

祁韵士在《皇朝藩部要略》卷1《内蒙古要略》,对归化城土默特也进行了较为详细的论述:

> 归化城土默特部,与土默特部右翼为同族。元太祖十六世孙阿尔坦,号格根汗,明嘉靖间,据丰州滩,筑成架屋以居,谓之拜牲,即明时讹为板升者。后通好于明,受顺义王印,因名所居曰归化城。有子九,长僧格,子噶尔图,以避察哈尔侵,自归化城徙居土默特,即右翼汗鄂木布楚琥尔父。而归化城土默特,自阿尔坦四传,为博硕克图汗。察哈尔部林丹汗强役属之,不从。偿偕喀喇沁诸部破其军,又奸赴明请赏兵,后卒。林丹汗袭有之。天聪六年,大兵平察哈尔,移驻归化城。博硕克图汗子俄木布,与其部头目托博克、古禄格、杭高等,集众降。诏居守之。②

《(嘉庆)大清一统志》卷548《归化城土默特》,对土默特的地理记载也较为详细:

> 归化城土默特,左右二旗,俱驻归化城,在杀虎口北二百里。东西距四百零三里,南北距三百七十里。东至四子部落界一百三十八里,西至鄂尔多斯左翼前旗界二百六十五里,南至山西边城界二百十里,北至喀尔喀右翼界一百六十里,东南至镶蓝旗察哈尔界一百一十里,西南至鄂尔多斯左翼前旗界一百八十里,东北至四子部落界一百一十里,西北至茂明安界一百七十里。至京师一千一百六十里。③

上述这四条文献可以说是清代文献对归化城土默特历史沿革记载最为详尽的资料了。而《大清会典》卷79《理藩院》对归化城土默特的记载则较为简单:

> 归化城土默特,东至四子部落,西至鄂尔多斯,南至山西界长城,北至喀尔喀右翼及毛明安。东西四百有三里,南北三百七十里,至京千一百六十里。④

《清通志》卷27《地理略》的记载则更为简单:

> 归化城土默特二旗,乾隆二十一年增设一旗,二十三年裁。⑤

故,《清史稿》在编撰《地理志》的时候是有足够的材料来编写归化城土默特两翼旗的地理志的,但是《清史稿》却并没有撰写。虽然它载"乾隆间,改归化城土默特入

---

① 许鸣磐:《方舆考证》卷99《扎萨克蒙古·外域一》,清济宁潘氏华鉴阁本,第4511页。
② 祁韵士:《皇朝藩部要略》卷1《内蒙古要略一》,中国边疆史志集成(第8册),北京:全国图书馆缩微复制中心,第55—56页。
③ 穆彰阿:《(嘉庆)重修大清一统志》,续修四库全书(第624册),上海:上海古籍出版社,2002年,第682页。
④ 允裪:《大清会典》卷79《理藩院》,影印文渊阁四库全书(第619册),台北:台湾商务印书馆,1986年,第733页。
⑤ 官修:《清通志》卷27《地理略》,影印文渊阁四库全书(第644册),台北:台湾商务印书馆,1986年,第291页。

山西",但是《清史稿》卷60《山西》并没有归化城土默特两翼旗的具体记载。但《清史稿》对归化城土默特二旗并非没有记载,在卷130《兵一》载:

> 归化城土默特左右二旗,崇德元年设,后置副都统,隶绥远城将军辖之。是为内蒙古兵制。①

据此推知,《清史稿》并没有把归化城土默特两翼旗作为地方行政建置,而是作为内蒙古兵制记载的。在地理志中没有归化城土默特两翼旗,仅有口外十二厅,这说明《清史稿》的编撰者仍然把归化城土默特两翼旗视为"兵"的单位,并没有将其等同于其他蒙旗。这也就不难理解为何《清史稿》没有归化城土默特两翼的地理志了。

据《清史稿》所载,大约可以窥知清政府对归化城土默特两翼旗已经不再同其他旗同等看待了,而是清政府兵源所在。而《清史稿》之所以载口外十二厅,应是归化城土默特两翼旗地位已经可有可无了,且由于大量的移民垦殖,该地区已经同口内没有什么区别,没有必要对其进行单独记载。当然这仅是笔者的推测,但至少《清史稿》在《地理志》中不载归化城土默特应是有其特殊原因的。

其次,安插蒙古部落,隔离、孤立归化城土默特两翼旗。

归化城土默特两翼旗周边,分别为四子部、茂明安、乌喇特、喀尔喀右翼、鄂尔多斯等蒙古部。

《清史稿》卷520《藩部三》载:

> 四子部落,在张家口外,至京师九百六十里。东西距二百三十五里,南北距二百四十里。东及北苏尼特,西归化城土默特,南察哈尔镶红旗牧厂。②

> 茂明安部,在张家口外,至京师千二百四十里。东西距百里,南北距百九十里。东喀尔喀右翼,西乌喇特,南归化城土默特,北瀚海。③

> 喀尔喀右翼部,在张家口外,至京师千一百三十里。东西距百二十里,南北距百三十里。东四子部落,西茂明安,南归化城土默特,北瀚海。④

> 乌喇特部,在归化城西,至京师千五百二十里。东西距二百十五里,南北距三百

---

① 赵尔巽:《清史稿》卷130《兵一》,北京:中华书局,1976年,第3876页。
② 赵尔巽:《清史稿》卷520《藩部三》、卷77《内蒙古》北京:中华书局,1976年,第14363、第2415页。记载大致相同。
③ 赵尔巽:《清史稿》卷520《藩部三》、卷77《内蒙古》,北京:中华书局,1976年,第14366、第2415页。记载大致相同。
④ 赵尔巽:《清史稿》卷520《藩部三》、卷77《内蒙古》,北京:中华书局,1976年,第14367—14368、第2417页。记载大致相同。

里。东茂明安及归化城土默特，西及南鄂尔多斯，北喀尔喀右翼。①

鄂尔多斯部，在河套内，至京师千一百里。东归化城土默特，西阿拉善，南陕西长城，北乌喇特。东西北三面皆距河，袤延二千余里。②

清政府在归化城周边安置的这些部落，大多都是迁徙而来。四子部落，原驻牧于呼伦贝尔，在1646年被安置到了归化城土默特东部，设置了四子王旗③；乌喇特三公旗，原本亦在呼伦贝尔游牧，1648年安置在了归化城土默特西部④；1643年，喀尔喀土谢图汗部本塔尔率部投附清朝，被安置在归化城土默特北部⑤；1664年，将原驻牧呼伦贝尔之茂明安部迁置于土默特西北境，是为茂明安旗⑥；1675年，清政府在平定布尔尼反清事件后，将察哈尔改编为总管旗，并将其从原驻地义州边外迁离，安置于宣化、大同边外。⑦

清政府经过这一系列的动作，将归化城土默特两翼辖境限制在"东西宽175公里，南北长205公里"⑧的范围之内。将归化城土默特两翼辖境限制在如此范围，就是突出了一个"堵"字。清政府为了"堵"归化城土默特两翼，把远在呼伦贝尔的蒙古四子部、茂明安、乌喇特、喀尔喀右翼以及察哈尔部分别安置在了归化城土默特两翼的周围。可见为了围堵归化城土默特两翼旗，清政府在安置其他蒙旗时也是大费周章。

（三）扎萨克旗对都统旗的孤立策略

归化城土默特两翼旗四周安插的蒙古部落均为扎萨克旗，而归化城土默特两翼则为

---

① 赵尔巽：《清史稿》卷520《藩部三》、卷77《内蒙古》，北京：中华书局，1976年，第14369、第2416页。记载大致相同。
② 赵尔巽：《清史稿》卷520《藩部三》、卷77《内蒙古》，北京：中华书局，1976年，第14372、第2417页。记载大致相同。
③ 齐木德道尔吉：《四子部落迁徙考》，蒙古史研究（第7辑），呼和浩特：内蒙古大学出版社，2003年。
④ 绥远通志馆：《绥远通志稿》卷1下《盟旗疆域沿革》（第3册），内蒙古自治区图书馆藏（稿本），第10—12页。
⑤ 赵尔巽：《清史稿》卷520《藩部三》，北京：中华书局，1976年，第14367—14368页。
⑥ 赵尔巽：《清史稿》卷520《藩部三》，北京：中华书局，1976年，第14366页。
⑦ 加·奥其尔巴特、吐娜：《新疆察哈尔蒙古历史与文化》，乌鲁木齐：新疆人民出版社，2001年，第30页。
⑧ 土默特左旗《土默特志》编纂委员会：《土默特志》（上），呼和浩特：内蒙古人民出版社，1997年，第2页。加·奥其尔巴特、吐娜：《新疆察哈尔蒙古历史与文化》，乌鲁木齐：新疆人民出版社，2001年，第30页；马大正：《清代西迁新疆之察哈尔蒙古的史料与历史》，民族研究，1994年，第4期；韩香：《清代察哈尔蒙古的西迁及其对新疆的开发》，中国边疆史地研究，1996年，第3期等，均是此数字。

都统旗，这两种旗的属性，使归化城土默特两翼孤立于周围蒙古各旗。

《清史稿》卷77《内蒙古》载：

> 四子部落一旗：扎萨克驻乌兰额尔济坡，……茂明安部一旗：扎萨克驻彻特塞里，……乌喇特部三旗：三扎萨克同驻哈达玛尔，……喀尔喀右翼部一旗：扎萨克驻塔尔浑河，以上统盟于乌兰察布。鄂尔多斯旧六旗。又增设一旗。共七旗：……七旗皆授扎萨克，自为一盟于伊克昭。①

这些蒙古部落设置的旗全是扎萨克旗。扎萨克旗"是在原有部落基础上，编佐设旗，划定牧地，以忠顺有功的蒙古王公、台吉为旗执政贝勒（扎萨克），官职爵位世袭，旗内土地和属民由扎萨克支配，根据清廷的法令和规定处理旗务"②。扎萨克旗享有较高的自治权。上述这些扎萨克旗，也是清政府认为忠顺的蒙古部落。

归化城土默特两翼旗，不是扎萨克旗，而是内属旗，是清政府直接统辖的蒙古地区，不授扎萨克，旗务一般由总管和都统管理，受政府派遣的将军、都统或其他大臣管理，官不得世袭，事不得自专。"呼和浩特土默特一部二旗，虽有王公，但不授扎萨克，不在内扎萨克之内，一般列为特别旗，或称外扎萨克。其旗务，皆由归化城副都统管理，无盟长，会于归化城，听命于大臣的裁决。不过清初土默特旗制与上述二十四部四十九旗相同，故历史文献亦称内蒙古二十五部五十一旗。"③ 也就是讲，内属蒙古旗，或者说都统旗，其权力受到清政府的限制，和扎萨克旗有着明显的区别。

四子部、茂明安、乌喇特、喀尔喀右翼会盟与乌兰察布，鄂尔多斯自成一盟，土默特二旗则没有参加任何盟。这显然是清政府对归化城土默特两翼旗与其他蒙古蒙旗区别对待。有关归化城会不会盟的问题，传世文献记载是相互抵牾的。《绥远通志稿》卷1，载归化城土默特两翼旗不会盟。④《土默特志》第5章《政治志》也认为归化城土默特两翼旗不会盟：

> 不属盟。盟长无权干预旗政。也不自成盟或等同盟，因而亦不会盟。即不得与各旗扎萨克定期会议，以调整彼此关系，共商军事、政治、土地、司法等要政，完全被从蒙古诸旗中隔绝开来。⑤

---

① 赵尔巽：《清史稿》卷77《地理二十四》，北京：中华书局，1976年，第2415—2417页。
② 那日苏：《清代归化城土默特旗制的演替》，蒙古史研究（第8辑），2005年，第271—298页。
③ 纳古单夫：《内蒙古扎萨克旗制概述》，内蒙古社会科学，1992年，第2期，第52—58页。
④ 绥远通志馆：《绥远通志稿》卷1（下）《盟旗疆域沿革》（第3册），内蒙古自治区图书馆藏（稿本），第26—27页。
⑤ 土默特左旗《土默特志》编纂委员会：《土默特志》（上），呼和浩特：内蒙古人民出版社，1997年，第349页。

清代亦有文献资料认为归化城土默特两翼旗会盟于本城。如《清文献通考》卷291《舆地考二十三·牧厂》载：

> 惟归化城土默特会盟集于本城，不设盟长，听简命大臣莅视。①

《大清会典》卷79《理藩院》载：

> 归化城土默特会盟，集于本城，不设盟长，听简命大臣裁决。②

《圣武记》卷3《外藩·国朝绥附蒙古记一》载：

> 惟归化城土默特，向隶将军、都统及各厅同知，不设扎萨克，故会盟集于本城，不设盟长，听简命大臣莅视。③

那日苏认为："归化城土默特两旗至少在乾隆二年（1737）前参加乌兰察布盟会盟。至1751年，漠南停派大臣，漠南六盟由盟长主持，而归化城土默特听简命大臣裁，会盟集于本城。而乾隆三年至十六年（1738—1751）的史料空缺，不好确定当时的情况，但可推测，此间归化城土默特两旗也应参加乌兰察布盟会盟。"④

但是，无论是归化城土默特两翼旗会盟于本城，还是乾隆二年（1737）之前会盟于乌兰察布，抑或是不会盟，它均是有别于其他蒙旗的。这种有别于其他蒙旗的性质，是对归化城土默特两翼旗的一种孤立。

从根本上来讲，扎萨克旗和都统旗是有很大区别的。扎萨克旗是清政府比较信任的蒙旗，而都统旗则是清政府并不十分信任的蒙旗。也正因为如此，清政府并不认可归化城土默特部的"带土投诚"，而在其投降之初，就发生了"俄木布事件"。其根本原因就是对归化城土默特部的不信任。也正是因为如此，所以才在归化城土默特周围安置了可以信赖的部族，其一是为了封堵归化城土默特，其二为了监视归化城土默特。

（四）圈占土地，限制归化城土默特蒙古的发展

土默特两翼旗设立之后，除了在四周安插其他蒙旗外，清政府还以不同的理由圈占归化城土默特牧地。如清政府从土默特牧地中划拨出为数巨大的"大粮地""代买米地""庄头地""驿站地""八旗马厂地""公主地""台站地""六成地"等等。

清《土默特志》卷5《赋税·附输田》载：

---

① 官修：《清文献通考》卷291《舆地考二十三·牧厂》，影印文渊阁四库全书（第638册），台北：台湾商务印书馆，1986年，第544页。
② 允裪：《大清会典》卷79《理藩院》，影印文渊阁四库全书（第619册），台北：台湾商务印书馆，1986年，第733页。
③ 魏源：《圣武记》卷3《外藩·国朝绥附蒙古记一》，长沙：岳麓书社，2004年，第93页。
④ 那日苏：《清代归化城土默特旗制的演替》，蒙古史研究（第8辑），2005年，第271—298页。

雍正十三年六月，归化城都统丹津协办，尚书通智等奏请将土默特境内闲旷膏腴之地八处作为大粮官地，饬交地方征粮以备军食。奉旨饬厅丈放征收赋役在案。一曰善岱垦地一千五百顷，原交托厅，后归萨厅，征米五千仓石。二曰西尔格，三曰补退，四曰什拉乌素，此三处共地七千顷，交萨托二厅，征米二万仓石。五曰清水河，垦地二万七千顷，交清厅，征米八万仓石。六曰特穆尔昂力行，七曰浑津，此二处垦地二千五百顷，交归厅，征米七千仓石。八曰厂木哈克，垦地二千五百顷，交和厅，征米八千仓石。以上八处共垦地四万顷，每亩以三升征米，共征米十二万仓石。①

此为"大粮地"，清政府还圈占了"小粮地"即代买米地。

清《土默特志》卷5《赋税·附输田》载：

乾隆三十七年，奏交五厅丈放代买米地一千五百九十三顷九十八亩。每年应征银三千五百两。②

代买米地的分布、大小，在归化城副都统衙门，乾隆三十九年（1774）八月六日的档案中有记载：

替众蒙古购买交纳米粮之地亩皆在归、和、清、托、萨五厅之中，由五厅催征，按时价购米交仓。其分布：归属共地一百九十九顷九十四亩五分，共征租银五百六十一两五钱五分；和属共地三百三十一顷六十五亩，共征租银六百五两八钱；清属共地四十五顷，共征租银六十七两五钱；托属共地二百一十三顷四十八亩，共征租银四百五十四两二钱六分；萨属共地八百三顷九十亩五分，共征租银一千八百一十两八钱九分。统共地一千五百九十三顷九十八亩，统共征租银三千五百两。③

清政府划拨庄头地，《土默旗特志》卷5《赋税·附输田》载：

嘉庆十四年丈放拨补庄头四旗厂地七百九十顷。④

《归化城厅志》卷6《田赋》亦载庄头地：

绥远城同知经征浑津黑河十三户庄头地，乾隆三年原奏准归化城十三庄垦地二百六十余顷，除一千九百余顷交地方官募民耕种，输租户部外，每庄头各给地六十顷有

---

① 清光绪年间刊本影印：《土默特志》卷5《赋税·附输田》，台北：成文出版有限公司，1968年，第83—84页。
② 清光绪年间刊本影印：《土默特志》卷5《赋税·附输田》，台北：成文出版有限公司，1968年，第86页。
③ 土默特左旗档案馆藏：归化城副都统衙门档案，归化城厅《查勘包头村水淹草场地亩（代买米地）应请萨厅会勘的呈文》，档案号：80—5—1581。
④ 清光绪年间刊本影印：《土默特志》卷5《赋税·附输田》，台北：成文出版有限公司，1968年，第86页。

零，共地七百八十九顷二十四亩七厘九毫八丝四忽。①

本节仅是为了说明清政府圈占归化城两翼旗大量的土地，清廷"驿站地""八旗马厂地""公主地""台站地""六成地"等另文论述。据清《土默特志》统计清政府圈占土地数量达 10 余万顷。②

在归化城土默特两翼旗的边界已经限定的情况下，又在其辖境圈占数量如此庞大的土地，大大压缩了土默特蒙古的生存空间。这无异于在归化城土默特内部嵌入一块飞地，且这种飞地不断蚕食、侵吞归化城土默特两翼土地，如清末贻谷清查绥远八旗马厂土地时，绥远八旗马厂竟然侵占归化城土默特蒙古牧厂达 1 万余顷。③ 显然，清政府圈占归化城土默特两翼旗的土地，阻碍了归化城土默特两翼旗的正常发展。

（五）削夺归化城土默特两翼的旗权

旗权削夺的一个重要表现就是都统的停袭。"自崇德元年（1636）授古禄格和杭高（杭高死后，改授讬博克）为都统以后，一直到乾隆十三年（1748）土默特左翼都统停袭，除康熙间一度停袭右翼都统外，一直皆为古禄格和讬博克两系世袭。"④ 雍正皇帝对归化城土默特两翼都统的世袭也是予以认可的，《清世宗实录》卷 12，雍正元年（1723）十月己酉条载：

> 谕归化城都统丹晋，前圣祖皇考由宁夏亲征漠北时，巡狩归化城地方，见归化城土默特两旗官兵士众萎靡，弓马不娴，法度废弛，因将两旗都统革退，另选在京副都统参领等员管辖。历年训练有方，军律严整，旧习渐改，是以数年来将在京选用之例停止。今尔保送之官兵人等，尽皆弓马娴熟，且两旗兵弁行伍整齐，凡有行围及出征等事，与内地兵丁一体效力，此皆我皇考教育所致也，归化城土默特两旗原在四十九扎萨克内，其都统、副都统等官，皆系国初归附之土默特公臣子孙世职，今既已弃谷从忠，允宜遵复旧例。⑤

清《土默特志》卷 2《源流》对这件事也有记载：

> （康熙）三十六年正月，助军驼。三月驾由归化城视师宁夏，以土默特士众萎

---

① 刘鸿逵纂修：《归化城厅志》卷 6《田赋》（第 3 册），内蒙古自治区图书馆藏（稿本），第 55 页。
② 清光绪年间刊本影印：《土默特志》卷 5《赋税·附输田》，台北：成文出版有限公司，1968 年，第 88 页。
③ 绥远通志馆：《绥远通志稿》卷 22（上）《垦务》（第 26 册），内蒙古自治区图书馆藏（稿本），第 31—45 页。
④ 王玉海：《归化城土默特二旗的内属问题》，蒙古史研究（第 5 辑），1997 年，第 232—238 页。
⑤ 官修：《清世宗实录》卷 12，雍正元年十月己酉条，北京：中华书局，1985 年，第 217 页。

靡，弓马不娴，皆由左翼都统阿喇纳及右翼都统阿弼达等军律废弛所致。诏削职，停右翼都统世袭，改用京员。①

康熙年间一度停袭右翼都统，是因为"归化城土默特两旗官兵士众萎靡，弓马不娴，法度废弛"，但实际情形如何，则不得而知。是不是康熙皇帝找的一个削弱归化城土默特两翼旗权的借口，也没有确实的证据。但有一点可以确定，清政府早就有削夺归化城土默特两翼旗权的想法。虽然雍正皇帝出于拉拢归化城土默特两翼旗的需要，一度恢复都统的承袭，但削夺归化城土默特两翼旗权的既定目的，随着清政府统治的稳固，被提上日程。《钦定大清会典则例》卷140《理藩院》载：

> 乾隆十三年，议准土默特左翼都统，自原任都统丹津病故无后，奉旨以在京旗员补授。右翼都统员阙，仍于土默特蒙古内补授。均由院办理。②

清《土默特志》卷2《源流》载：

> 乾隆元年，设马厂于归化城北。诏丹津董牧务。二年，卒。先是，丹津子达奈居京，由世袭佐领，历官散秩大臣，卒，无子，以丹津族子札什泰袭佐领。至是丹津妻请，即以札什泰为丹津嗣。诏停袭左翼都统，仍袭三等子，兼授三等侍卫。二十四年，谕曰：左翼古禄格所遗都统职，前因丹津无嗣停袭，著加恩，照右翼例改授三等男爵。③

乾隆二年（1737），丹津去世后，停袭左翼都统，这是对归化城土默特两翼旗削权的第一步。从乾隆二年（1737）停袭，到乾隆十三年（1748）议准土默特左翼都统由在京旗员补授。在这九年中间，归化城土默特左翼旗都统应是在京旗员补授，只是没有成为定章而已，直到乾隆十三年（1748）才正式议准，显然中间是有一过渡期的。接着在乾隆十九年（1754）又停袭右翼都统。据《大清会典则例》卷140《理藩院》载：

> 二十年奉旨，见出归化城都统班达尔什员阙，此都统原系伊祖杭久功绩所立，后因伊子以军务获罪革退，始将别支拖博克补授，嗣因伊族内不得其人，遂由京城大臣内简选管理四次，后又因伊等子孙内仍有可用之人，是以将根敦暨伊子班达尔什补授二次。今又出阙。都统有办事之责，非世职可比。若都统员阙，补授伊等子孙，不惟不能办事，且本旗台吉大员甚多，亦未必服伊管辖。应仍照从前别行简选补授。其班达尔什后嗣，著特恩赏给对品世职男爵，令其承袭。承袭后，若行走好，人去得，著

---

① 清光绪年间刊本影印：《土默特志》卷2《源流》，台北：成文出版有限公司，1968年，第33—34页。
② 官修：《钦定大清会典则例》卷140《理藩院》，影印文渊阁四库全书（第624册），台北：台湾商务印书馆，1986年，第412页。
③ 清光绪年间刊本影印：《土默特志》卷2《源流》，台北：成文出版有限公司，1968年，第36页。

保题参领，如果胜参领之任，著保题副都统。朕量其人才，即用为副都统、都统，无为不可。其应行承袭见今赏给男爵，及补授都统之人，著该衙门察奏。①

这一段记载，同《土默特志》卷2《源流》所载大致相同：

> 班尔什袭，入觐。赐孔雀翎，随扈五台山，以校射获优赉，十九年卒。诏，停袭右翼都统，改三等男，以子赛音弼里克图袭。二十年，谕曰："归化城右翼都统，原系国初土默特杭高所遗世职，后改授讬博克，嗣因子孙不胜其任，由京员补授四次。复念有可用之人，是以令根敦及子班达尔袭授是职。朕思都统有整饬军务之责，非闲散世职可比。班达尔什之子赛音弼里克图系前锋职，今若骤膺都统，不惟恐弗胜任，且旗内台吉大员甚多，亦恐未必服其调度。著将班达尔什所遗都统职，另简京员补授，其本支内加恩改授三等男爵，令赛音弼里克图袭。钦此。"②

都统一职改由京员补授，虽有"承袭后若行走好，人去得，著保题参领，如果胜参领之任，著保题副都统"这种所谓的保证，仅是清政府的一个托辞，是清廷给予归化城土默特蒙古的一种所谓的安抚而已，承袭之人能不能胜任完全由清政府说了算。清廷剥夺了归化城土默特两翼旗都统的世袭权。都统世袭权的停袭，是为了防止归化城土默特部族坐大，利于清政府对归化城土默特两翼旗的统治。

旗权削弱的另一个表现就是"裁"副都统、都统。

据《钦定大清会典则例》卷140《理藩院》载：

> 康熙二十二年题：准归化城土默特两旗副都统员阙，择在内贤能官员会同兵部引见补授，都统由院题请。③

早在康熙二十二年（1683），就已经开始削弱归化城土默特副都统的补授的权力。到乾隆年间，完全剥夺了归化城土默特蒙古副都统的补授权。

《钦定大清会典事例》卷976《理藩院十四·设官》载：乾隆十二年（1747），理藩院题准：

> （土默特）原设副都统四员，裁汰两员，每翼各留一员，具拣选补放专归兵部。④

在乾隆十二年（1747）裁汰归化城两翼副都统2人，这仅是削权第一步，并且副都

---

① 官修：《钦定大清会典则例》卷140《理藩院》，影印文渊阁四库全书（第624册），台北：台湾商务印书馆，1986年，第414页。
② 清光绪年间刊本影印：《土默特志》卷2《源流》，台北：成文出版有限公司，1968年，第43—44页。
③ 官修：《钦定大清会典则例》卷140《理藩院》，影印文渊阁四库全书（第624册），台北：台湾商务印书馆，1986年，第411页。
④ 赵云田点校：《钦定大清会典事例》卷976《理藩院十四·设官》，北京：中国藏学出版社，2006年，第182页。

统的任命是由兵部补放，收回了副都统的任命权。清廷削弱归化城土默特两翼旗权的步骤不会就此停下来。

《钦定大清会典事例》卷976《理藩院十四·设官》载：

(乾隆)二十六年议准：归化城土默特旗分，每翼各设都统一人，副都统一人。裁汰都统一人。其副都统二人，仍令分翼管理。都统一人综理两翼之事。①

《钦定大清会典事例》卷976《理藩院十四·设官》载：

(乾隆)二十八年，谕，归化城都统一缺，原系土默特蒙古世袭，后因习染颓弊，无可承袭之人，是以另赏世职。其都统一缺，由京拣员补放。但拣放之员，不谙彼处情形，未能整饬。归化城事本无多，著将都统裁汰，归绥远城将军管辖。副都统二员，分驻绥远城、归化城二处，协同将军办事。三十一年，裁汰绥远城副都统一员。②

乾隆二十六年（1761）、二十八年（1763）裁汰都统，在《清文献通考》卷291《舆地考二十三·牧厂》亦有记载：

乾隆二十六年，裁归化城都统一人，二十八年复裁一人，以土默特旗归驻扎绥远城之建威将军兼设。仍设副都统二人，一驻绥远城，一驻归化城，协同将军管理。③

《(嘉庆)大清一统志》卷534《外藩蒙古统部》载：

归化城土默特副都统一员，归绥远城将军管辖。旧设左右翼都统二员，由本处功臣子孙承袭。因事革退后，另拣京员补授。嗣于乾隆二十六年裁一员，二十八年复裁一员。④

《土默特志》卷2《源流》载：

至乾隆二十六年，裁归化城都统一人。二十八年，复裁一人。以土默特归驻扎绥远城之建威将军兼管，仍设副都统二人，一驻归化城，一驻绥远城，协同将军管理。⑤

上述文献均载乾隆二十六年（1761）裁归化城都统一人，二十八年（1763）复裁一人。但《清史稿》卷60，志35《地理七·山西》载：

---

① 赵云田点校：《钦定大清会典事例》卷976《理藩院十四·设官》，北京：中国藏学出版社，2006年，第183页。
② 赵云田点校：《钦定大清会典事例》卷976《理藩院十四·设官》，北京：中国藏学出版社，2006年，第184页。
③ 官修：《清文献通考》卷291《舆地考二十三·牧厂》，影印文渊阁四库全书（第638册），台北：台湾商务印书馆，1986年，第559页。
④ 穆彰阿：《(嘉庆)大清一统志》卷534《外藩蒙古统部》，续修四库全书（第624册），上海：上海古籍出版社，2002年，第492页。
⑤ 清光绪年间刊本影印：《土默特志》卷2《源流》，台北：成文出版有限公司，1968年，第44页。

> 归化城直隶厅……顺治三年置左右翼及四副都统。……二十五年，省协理，徙同知驻城。裁左右翼及副都统。余副都统一，同驻。①

《清史稿》所载不甚明晰，据《清高宗实录》卷685，乾隆二十八年（1763）四月甲寅条载：

> 归化城都统一缺，原系土默特蒙古世袭，因其习染颓弊，无可承袭之人，是以另赏世职。其都统一缺，由京拣选补放，但拣放之员不谙彼处情形，未能整饬，归化城事本无多，应将都统裁汰，归绥远城将军管理。副都统二员，分驻绥远城、归化城二处，协同将军办事。②

乾隆二十八年（1763），裁汰了归化城土默特两翼都统。也就是说裁汰都统的时间，文献所载是有出入的。但是基本可以确定的是在乾隆二十八年（1763），归化城土默特左右翼两都统都被裁汰。而所谓"习染颓弊"只不过是清政府找的"借口"罢了。此时仅剩的两个副都统也被削权。上文所引《清史稿》卷60《地理七》所载"余副都统一"，不知何时裁汰的一个副都统。《钦定大清会典事例》卷976《理藩院十四·设官》载：

> （乾隆）三十一年，裁汰归化城副都统一员。③

《（嘉庆）大清一统志》卷534《外藩蒙古统部》载：

> 归化城土默特副都统一员，归绥远城将军管辖。……副都统二员，乾隆三十一年裁一员。④

归化城副都统从四人变成一人，且归绥远将军管辖。从康熙朝开始就有削夺归化城土默特两翼旗权的构想，到乾隆朝的逐步推进直至完成。自乾隆二年（1737）停袭左翼都统，一步步地实施裁汰二名副都统，停袭右翼都统。从逐步裁汰两名都统，到乾隆三十一年（1767），裁汰一名副都统。至此，归化城土默特两翼旗仅剩一名副都统。由此可以看出，清政府是有计划、有目的的削夺归化城土默特两翼的旗权。对旗权的削夺，其实就是对旗权的"堵"。当然清政府对归化城土默特两翼旗的削权，并不仅仅体现在都统、副都统的任命和世袭上，还表现在对土默特地区管理上。

---

① 赵尔巽：《清史稿》卷60《地理七》，北京：中华书局，1976年，第2040页。
② 官修：《清高宗实录》卷685，乾隆二十八年四月甲寅条，北京：中华书局，1985年，第673—674页。
③ 赵云田点校：《钦定大清会典事例》卷976《理藩院十四·设官》，北京：中国藏学出版社，2006年，第184页。
④ 穆彰阿：《（嘉庆）大清一统志》卷534《外藩蒙古统部》，续修四库全书（第624册），上海：上海古籍出版社，2002年，第492页。

(六) 设绥远城监管归化城土默特

归化城土默特旗权的削弱，同归化城的地理位置有很大的关系。归化城地处清政府对西北地区控制的要冲，在清政府对准噶尔的战役中，归化城是重要的后方基地。清政府为了更有效地管控西北地区，在此修建了绥远城。修建绥远城的目的，除了军事上震慑漠南、漠北、漠西外，还有就是对归化城土默特的监视和管制。这也是清政府对归化城土默特两翼旗警惕和不放心的表现。乾隆以后，绥远城将军地位上升，归化城土默特两翼都统、副都统地位下降。自乾隆二十八年（1763）以后，归化城两翼旗仅存的一名副都统也为满人担任①，绥远城历代将军也多为旗人。②归化城副都统受绥远城将军管辖③，协助将军处理事务。这其实是加强绥远城将军对归化城土默特两翼的监督和管理，是对归化城土默特两翼旗不放心的具体体现，也是削权的体现。

(七) 藏传佛教在归化城土默特传播

"16世纪70年代，阿勒坦汗引入藏传佛教格鲁派（黄教），并由土默特部传遍整个蒙古地区。1579年（万历七年）在阿勒坦汗倡导下，土默特人开始在库库和屯兴建寺庙。明朝末年，本地区喇嘛庙不足10座，到清朝中期时，增加到百余座，仅归化城就有喇嘛2000多人。"④藏传佛教在归化城土默特地区的兴盛，同清政府在蒙古地区大力弘扬藏传佛教有关。《土默特志》写道：

> 在清廷鼓励支持下，土默特广建寺院，不少召庙有清帝御赐的寺名、寺额，于是本境寺院猛增到百余座，俗称"七大召，八小召，七十二个绵绵召"，而库库和屯（归化城）更是召庙密集之地，素有召城之称。清廷设置归化城喇嘛印务处，其掌印

---

① 土默特左旗《土默特志》编纂委员会：《土默特志》（上）之《历代归化城副都统表》，呼和浩特：内蒙古人民出版社，1997年，第337页。
② 土默特左旗《土默特志》编纂委员会：《土默特志》（上）之《历代绥远城将军表》，呼和浩特：内蒙古人民出版社，1997年，第434—435页。
③ 官修：《清文献通考》卷191《兵考十三》，影印文渊阁四库全书（第636册），台北：台湾商务印书馆，1986年，第324页；赵尔巽：《清史稿》卷117《职官四》，北京：中华书局，1976年，第3386页；官修：《清通典》卷36《职官》，影印文渊阁四库全书（第643册），台北：台湾商务印书馆，1986年，第320页；官修：《清通志》卷70《职官略》，影印文渊阁四库全书（第644册），台北：台湾商务印书馆，1986年，第623页。
④ 土默特左旗《土默特志》编纂委员会：《土默特志》（上），呼和浩特：内蒙古人民出版社，1997年，第829页。

扎萨克达喇嘛享有直接向皇帝上奏折的特权。①

这种政策导致的后果就是"土默特两翼喇嘛剧增，一般三丁之户，必有一人出家，甚至有半数当喇嘛的"②。其客观效果就是终清一代，归化城土默特两翼旗人口锐减。人口的减少，导致了归化城土默特两翼旗经济和军事实力的下降，而这种下降则正是清政府所乐见的。因为，归化城土默特两翼势力的下降，对清政府的统治威胁就会减少，甚至消失。这是利用宗教，从思想意识形态上对归化城土默特两翼进行"堵"。

那么如何理解"如故"呢？笔者认为所谓"如故"是针对归化城土默特蒙古的生活方式而言，即让归化城土默特蒙古在这一块地域范围内从事传统的畜牧业。而实际情况是民人大量涌入，导致大量的牧场变成农田，造成归化城土默特地区的畜牧业仅局限于一些不堪耕种的地区。由于归化城土默特蒙古需要承担兵役，因此只能靠租佃土地给民人收取租金维持生计，而仅局限于不堪耕种之地的归化城土默特畜牧业也就日趋衰微。所以，这个"如故"也没有能够真正实现。

二、废爵事件（俄木布谋反事件）

目前学界对"俄木布事件"论述较多，大多认为"俄木布事件"是清（后金）制造的冤案，主要目的是为了控制归化城这个战略要地，掌握对敌军事的主动权，同时为了获取与明朝、漠北、漠西蒙古贸易带来的巨大经济利益。③ 笔者在学者们研究成果的基础上，对"废爵事件"（俄木布谋反事件）进行简单的论述。

第一，梳理一下有关记载"俄木布反叛"的文献，其中比较可信的应该是档案、实录等资料。《清初内国史院满文档案译编》中，有关于"俄木布反叛事件"的记载：

---

① 土默特左旗《土默特志》编纂委员会：《土默特志》（上），呼和浩特：内蒙古人民出版社，1997年，第830页。
② 土默特左旗《土默特志》编纂委员会：《土默特志》（上），呼和浩特：内蒙古人民出版社，1997年，第830页。
③ 森川哲雄：《十七世纪前半叶的归化城》，蒙古学资料与情报，1985年，第3、4期，第12—19页；王玉海：《归化城土默特二旗的内属问题》，蒙古史研究（第5辑），1997年，第232—238页；齐木德道尔吉：《蒙古文档案与17世纪呼和浩特史实》，内蒙古大学学报（蒙古文版），2006年，第3期，第31页；乌仁其其格：《18至20世纪初归化城土默特财政研究》，内蒙古大学，2007年博士学位论文，第13页；张蕾：《试论清前期对归化城土默特的统治政策》，内蒙古师范大学，2006年硕士学位论文、张蕾：《"俄木布事件"与清初对归化城土默特之政策》，内蒙古师范大学学报，2007年，第1期，第16—18页；晓克：《16—17世纪蒙古土默特驻地变迁探讨》，内蒙古社会科学，2008年，第6期，第59—62页；晓克：《土默特史》，呼和浩特：内蒙古教育出版社，2008年；黄治国：《清代绥远城驻防研究》，中央民族大学，2009年博士学位论文；云和义：《北元至清代归化城土默特地区由牧转农的政策考探》，内蒙古农业科技，2013年，第2期，第5—6页；那日苏：《清代归化城土默特旗制的演替》，蒙古史研究（第8辑），2005年，第271—298页。均对俄木布事件进行论述。

(天聪九年八月二十六日）是日出师，和硕墨尔根戴青贝勒、岳托贝勒、萨哈廉贝勒、豪格贝勒征察哈尔部，获历代帝王所用玉玺。抵城后，兵部和硕贝勒岳托病，因率兵一千驻营防守归降察哈尔部众。①

接着是对该次事件的详细描述：

满洲三和硕贝勒兵入边后，和硕贝勒岳托驻归化城，时有土默特人密告：博硕克图之子遣往阿鲁部喀尔喀处，阿鲁部喀尔喀使者将与之同来。岳托贝勒遣阿尔津、吴巴海、喀木齐哈、尼堪四人往堵截阿鲁部使者所行之路。阿鲁部喀尔喀百人，明使者四人与博硕克图之子所遣使者同至。时博硕克图子乳母之父（夫）毛罕密遣人往告喀尔喀人曰：满洲兵在此，即当返回。阿鲁喀尔喀人闻信返还时，满洲兵阿尔津、吴巴海、喀木齐哈、尼堪等追及之，擒毛罕所遣十人、明使四人，获驼五十、马四十六、貂皮四百十二，又得乌朱穆秦部贸易人四十六名，驼三十七，马一百有八，貂皮二百二十。此前，毛罕独断专行，私称博硕克图汗之子为西土完汗，自称吴尔鲁克额齐克达尔汉贝勒，其妻子为大布精（大福晋），称阿南为杜稜洪台吉，称木苏札为洪台吉，又杀害自察哈尔来归满洲之希喇齐他特、吴班札尔固齐、齐他特台吉；与明沙河堡参将通谋，称明国为一路，喀尔喀为一路，土默特为一路，因遣使往喀尔喀。以此事之故，毛罕自身及其同伙尽被斩。又阿鲁部拜兴地方人与喀尔喀通谋藏匿喀尔喀马驼，因遣土默特人往战杀之。又将土默特男丁三千三百七十人分为十队，每队以官二员主之，授以条约。②

《清太宗实录》卷24，天聪九年（1635）八月庚辰条，也对这件事情进行了描述：

方三贝勒入边后，贝勒岳讬驻守归化城，有土默特人密告，言博硕克图之子遣人往阿禄部落喀尔喀处，还时，必有与之同来者。岳讬因遣阿尔津、吴巴海、喀木戚哈、尼堪四人侯于途。阿禄喀尔喀百人、明使者四人，果与博硕克图子所遣人同至。时，博硕克图子乳母之夫毛罕密遣人告喀尔喀人云："满洲兵在此，汝等当回。"阿禄喀尔喀人闻信遂还。阿尔津、吴巴海、喀木戚哈、尼堪等兵追及之，擒毛罕所遣十人及明使四人，获骆驼五十、马四十六、貂皮四百有奇，又得乌珠穆秦部落贸易人四十六名，骆驼三十七，马一百有八、貂皮二百二十。初，毛罕私称博硕克图之子为西土根汗，自称为吴尔隆额齐克达尔汉贝勒，称其妻为太布精，称阿南为杜稜台吉，其扎木苏等皆命以名，又杀害来归我国之察哈尔石喇祁他特、吴班札尔固齐、祁他特台

---

① 中国第一历史档案馆：《清初内国史院满文档案译编》，北京：光明日报出版社，1989年，第186页。
② 中国第一历史档案馆：《清初内国史院满文档案译编》，北京：光明日报出版社，1989年，第187—188页。

吉,又与明沙河堡参将通谋,称明国为一路,喀尔喀为一路,土默特为一路,因遣人往喀尔喀,为土默特人密告,事觉,斩毛罕并其党羽。以阿禄部民与喀尔喀人同谋藏匿马驼,遣土默特人往剿之。分土默特壮丁三千三百七十名为十队,每队以官二员主之,授以条约。①

比较档案和实录对同一件事情的记载,档案所载比实录所载内容多出"又得乌朱穆秦部贸易人四十六名,驼三十七,马一百有八,貂皮二百二十""毛罕独断专行"。档案和实录里面对这件事情的处理结果:斩毛罕及其同伙或者党羽。没有记载对博硕克图汗之子的处理情况。这个党羽或同伙显然不能包括博硕克图汗之子。

《皇朝藩部要略》卷1《内蒙古要略一》也对这件事情进行了记载:

> 比师还,贝勒岳托以疾驻归化城,有土默特人密告博硕克图子俄木布遣人往喀尔喀处,必有与同来者。岳托因遣阿尔津、武巴海、喀尔木哈、尼堪四人,候于途。喀尔喀百人及明使者四人,果与俄木布所遣同至。时,俄木布乳母之夫毛罕,密遣人告喀尔喀人云:"满洲兵在此,汝等当回。"喀尔喀人闻信遂还。阿尔津、武巴海等兵追及之,擒毛罕所遣之人十人及明使四人,获驼五十、马四十六、貂皮五十有奇。又得乌珠穆沁部贸易人四十六名,驼三十七、马一百有八、貂皮二百二十。初,毛罕称俄木布为西土格根汗,自称乌尔隆额齐克达尔汗贝勒,又杀害来归我国之察哈尔什喇奇塔特、武班札尔固齐、奇塔特台吉。又与明沙河堡参将通谋,称明国为一路、喀尔喀为一路、土默特为一路。于是斩毛罕,并其党羽,执俄木布归。令古禄格、托博克、杭高分守归化城,辖土默特部众。②

把这条文献,同档案、实录相较,该条文献所载同上述两条所载相差不大,但是在记载对这件事情处理上却发生了如下变化:

1. 档案和实录均载斩毛罕及其党羽(同伙),《皇朝藩部要略》却记载斩毛罕,并其党羽。"及"和"并"在某种程度上虽然可以通用,但是却有些许不同。《皇朝藩部要略》所载有两种理解,一是把其党羽也给斩杀了,二是收服了毛罕的党羽,并没有斩杀。

2. 档案和实录均没有记载如何处置的博硕克图汗子——俄木布。《皇朝藩部要略》记载的是"执俄木布归",也就是把俄木布给抓回去了。

3. 档案和实录所载为:"分土默特壮丁三千三百七十名为十队,每队以官二员主

---

① 官修:《清太宗实录》卷24,天聪九年八月庚辰条。北京:中华书局,1985年,第318页。
② 祁韵士:《皇朝藩部要略》卷1《内蒙古要略一》,中国边疆史志集成(第8册),北京:全国图书馆缩微复制中心,第55—56页。

之，授以条约。"《皇朝藩部要略》所载是"令古禄格、托博克、杭高分守归化城，辖土默特部众"。档案和实录所载分土默特壮丁，其实就已经有了削弱土默特部落权力的意味，并没有如《皇朝藩部要略》那样记载。

关于对俄木布处置的记载，见《清太宗实录》卷30，崇德元年（1636）六月乙丑条载：

> 乙丑，遣土默特部落贡使古禄格楚虎尔等还。以博硕克图汗子及博硕克图汗顺义王印，付之携去。①

该条虽然没有记载"执俄木布"，但是却记载了放"俄木布"和归还"顺义王印"。因此很容易理解俄木布应在毛罕事件之后被抓起来了。满文档案载后金在西征察哈尔时，获"历代帝王所用玉玺"，并没有载后金政权取得了"顺义王印"，而归还的"顺义王印"应是归化城土默特部投降时，主动上交给清政府的。也就是说《皇朝藩部要略》所载"执俄木布归"，应是对"遣土默特部落贡使古禄格楚虎尔等还，以博硕克图汗子，及博硕克图汗顺义王印，付之携去"的合理推测。同时也可证俄木布被废后，古禄格等人掌管归化城土默特事务。

是"顺义王印"，还是"传国玉玺"呢？有关"历代帝王玉玺"又被称为"传国玉玺"或"传国玺"，据文献所载，可知后金政府从察哈尔部获得的经过。《清史稿》卷232《鲍承先》载：

> （天聪九年）旋自察哈尔得元传国玺，承先请命工部制玺函，卜吉日，躬率群臣郊迎入宫，仍以得玺敕示满、汉、蒙古，上从之。②

《清世宗实录》卷55，雍正五年（1727）闰三月丁丑条载：

> 察哈尔部布尔尼者，元之遗裔。其先世纳款献传国玺，故荷特恩。③

《清世宗实录》卷89，雍正七年（1729）十二月丁卯条载：

> 历代传国玺也，当日元顺帝将此玺携归沙漠，是以明代求之未获。我太宗文皇帝天聪九年，察哈尔林丹汗之母，将此宝进献，至今藏于大内。④

由此可见"历代帝王玉玺"，应是天聪九年，后金征服察哈尔之时，林丹汗的母亲进献的玉玺。清政府获得此玉玺，是对其统治合法性的一个确认，该印藏于大内。"顺义王印"是明政府册封给归化城土默特部首领俺答汗的印，在放回俄木布时返还。

关于《皇朝藩部要略》的资料来源，包文汉在《清朝藩部要略稿本探究——代前

---

① 官修：《清太宗实录》卷30，崇德元年六月乙丑条，北京：中华书局，1985年，第385页。
② 赵尔巽：《清史稿》卷232《鲍承先》，北京：中华书局，1976年，第9367页。
③ 官修：《清世宗实录》卷55，雍正五年闰三月丁丑条，北京：中华书局，1985年，第840页。
④ 官修：《清世宗实录》卷89，雍正七年十二月丁卯条，北京：中华书局，1985年，第206页。

言》中写道：

> 这些资料有各地抄送的"旗册"，多至二百余旗，有内阁大库所藏的档案"红本"和"实录"，有理藩院所存外藩各部的"世谱"。这都是极其珍贵的第一手资料，来源既广泛又最直接，只有出任史官而又因工作需要才可能利用他们，而绝非一般人所能接触到的。①

因此《皇朝藩部要略》所载是最为接近事情的本来面目的。那么再看看其他文献对俄木布反叛事件的记载。

《清文献通考》卷291《舆地考》中也对这件事情进行了记载：

> 归化城土默特东西距四百三里，……本朝天聪八年，太宗文皇帝亲征察哈尔，驻跸归化城。土默特部落悉降。大军既灭察哈尔，命贝勒岳脱驻守归化城。会其属茂海，潜与喀尔喀通，伪称温木布为锡图根汗。事觉，诛茂海，执温布以还。崇德元年，其酋古禄格等来朝，命偕温布还。②

《（嘉庆）大清一统志》卷548《归化城土默特》，对这件事情进行了记载：

> 本朝天聪……九年大军灭察哈尔，命贝勒岳脱驻守归化城。格根汗之孙俄木布乳母之夫曰茂罕，潜与阿禄哈尔噶通，伪称俄木布为西土根汗。谋叛事觉，诛茂罕，执俄木布以还。崇德元年，其酋古禄格、杭高、托博克来朝，命偕俄木布返，并还其世所守顺义王印。③

《方舆考证》卷99《扎萨克蒙古·外域一》载"归化城土默特二旗"：

> 九年灭察哈尔，命贝勒岳脱驻守归化城。格根汗之孙俄木布乳母之夫曰毛罕，潜与阿禄喀尔喀通，伪称俄木布为西土根罕。谋叛事觉，诛毛罕，执俄木布以还。崇德初，其酋古禄格来朝，命偕俄木布返，并还其世守顺义王印。④

研读这几条文献，又会发现，这几条文献所载虽然同档案、实录、《皇朝藩部要略》记载大致相同，但是还是有细微的差别。

1. 在对这件事情处理上，也仅是诛毛罕。执俄木布以还，同档案、实录和《皇朝藩部要略》的记载是相同的。

2. 均没有记载斩其党羽，或并其党羽。

---

① 包文汉整理：《清朝藩部要略稿本》，《清朝藩部要略稿本探究——代前言》，黑龙江教育出版社，1997年，第6页。
② 官修：《清文献通考》卷291《舆地考》，影印文渊阁四库全书（第638册），台北：台湾商务印书馆，1986年，第558—559页。
③ 穆彰阿：《（嘉庆）大清一统志》卷548《归化城土默特》，续修四库全书（第624册），上海：上海古籍出版社，2002年，第683页。
④ 许鸣磐：《方舆考证》卷99《扎萨克蒙古·外域一》，清济宁潘氏华鉴阁本，第4511页。

3. 均记载崇德元年（1636）"其酋古禄格、杭高、托博克来朝，命偕俄木布返"。

4. 《大清一统志》《方舆考证》中记载了"还其世守顺义王印"。这一点仅实录有记载，在其他文献中没见记载。《大清一统志》《方舆考证》显然是采用了实录的观点。"顺义王印"则被《大清一统志》《方舆考证》结合，成了"世守顺义王印"。

清《土默特志》卷1、卷2、卷3，均有对这件事情的记载。清《土默特志》卷1（下）是这样记载的：

> 太宗文皇帝亲征察哈尔，驻跸归化城，土默特部落悉降。九年大军灭察哈尔，命贝勒岳脱驻守归化城。格根汗之孙俄木布乳母之夫曰茂罕，潜与阿薄贻尔喀通，伪称俄木布为西土根汗谋叛，事觉，诛茂罕，执俄木布以还。崇德元年，其酋古禄格、毛图来朝，命偕俄木布返，并还其世所守顺义王印，编为二旗。①

清《土默特志》卷2《源流》载：

> 九年，睿亲王多尔衮率师收林丹汗子额哲于黄河西讬里图地，贝勒岳讬留驻归化城。部人告罕言俄木布乳母之夫毛罕潜通明沙河堡守将，以归化城叛，伪称俄木布为西土根汗，且导明使，约喀尔喀兵为外应。贝勒岳讬遣谍往喀尔喀，兵在途追袭之，无脱者，执俄木布以归。谕古禄格、抗高、讬博克分守归化城，辖土默特部众。②

清《土默特志》卷3《世袭》载：

> 我朝天聪六年，……九年，睿亲王略林丹汗地，留贝勒岳讬于归化城。所部人告俄木布乳母夫通明将以叛，岳讬追袭喀尔喀兵，执俄木布归。因命其部目杭高、讬博克分守归化城。③

清《土默特志》所载比较简略，但是其内容没有超出上述所引文献。除了这些文献以外，《清史稿》也在多处对这件事情进行了记载。

《清史稿》卷216《诸王二·太祖诸子一·岳托》载：

> 九年，略明山西，岳托复以病留归化城。土默特部来告，博硕克图汗子俄布遣人偕阿噜喀尔喀及明使者至，将谋我。岳托伏兵邀之，擒明使者，令土默持捕斩阿噜喀尔喀匿马驼者。部分土默特壮丁，立队伍，授条约。④

《清史稿》卷228《尼堪》载：

---

① 清光绪年间刊本影印：《土默特志》卷1《沿革》，台北：成文出版有限公司，1968年，第20—21页。
② 清光绪年间刊本影印：《土默特志》卷2《源流》，台北：成文出版有限公司，1968年，第26—27页。
③ 清光绪年间刊本影印：《土默特志》卷3《世袭》，台北：成文出版有限公司，1968年，第49—50页。
④ 赵尔巽：《清史稿》卷216《诸王二·太祖诸子一·岳托》，北京：中华书局，1976年，第8983页。

> 九年，从贝勒岳托戍归化城，土默特部私与明通，岳托使尼堪及参领阿尔津伺塞上，得明使四辈、土默特使十辈，皆执以归。①

《清史稿卷》卷230《吴巴海》载：

> 吴巴海，瓜尔佳氏，自乌喇归太祖。……九年，从贝勒岳托率师镇归化城。土默特人评部长博硕克图，谓其子阴遣使与明通，岳托遣吴巴海及甲喇额真阿尔津等四人要诸途，毛罕私以告，喀尔喀人潜遁，吴巴海迫获之，并得明使。毛罕者，博硕克图子乳母之夫也，初从土默特来降，既而有叛志，号博硕克图子为汗，自号贝勒。吴巴海既执喀尔喀使人，遂杀毛罕。②

《清史稿》卷236《阿尔津》载：

> 阿尔津积战功，授甲喇额真，世职二等参将。……九年，伐察哈尔，阿尔津从贝勒岳托驻归化城。博硕克图汗子阴结喀尔喀等部贰于明，阿尔津获其使者，进世职一等甲喇章京。③

岳托、尼堪、吴巴海、阿尔津是"俄木布事件"的当事人，这四人的传记中均有对这件事情的描述，只有《吴巴海传》对这件事情的描述比较详细，其他三人对这件事情的描写则是一笔带过。而《吴巴海传》中也仅是记载了"杀毛罕"，却没有记载杀或者收服其党羽，同时并没有对博硕克图子俄木布进行处置的记载。其他三个人的传中则没有处置土默特人员的记载。

综上所述，从文献的记载来看，杀毛罕是可以确定的，对"俄木布"的处置仅是在软禁之后放回了土默特部，并归还了其顺义王印。晓克认为《清史稿》《归绥识略》以及别的史志对俄木布"谋叛"事件的记载，大多是依据《皇朝藩部要略》的记载加以演绎的。④ 这种见解是有一定道理的，但是《皇朝藩部要略》的资料来源正如包文汉所讲来自各地抄送的"旗册"，多至二百余旗，有内阁大库所藏的档案"红本"和"实录"，有理藩院所存外藩各部的"世谱"等，既然在《内国史院满文档案》和《清太宗实录》中有记载，那么《皇朝藩部要略》对"俄木布反叛"事件的记载应该来自《内国史院满文档案》和《清太宗实录》。故《清史稿》《归绥识略》以及其他史志对俄木布"谋叛"事件的记载，是对《内国史院满文档案》和《清太宗实录》记载的演绎。

《蒙古游牧记》对"俄木布反叛事件"记载，则有别于上述各种文献。《蒙古游牧记》卷2《内蒙古卓索图盟游牧所在》载：

---

① 赵尔巽：《清史稿》卷228《尼堪传》，北京：中华书局，1976年，第9259页。
② 赵尔巽：《清史稿》卷230《吴巴海传》，北京：中华书局，1976年，第9318—9319页。
③ 赵尔巽：《清史稿》卷236《阿尔津传》，北京：中华书局，1976年，第9450页。
④ 晓克：《土默特史》，呼和浩特：内蒙古教育出版社，2008年，第275页。

天聪六年，大军征察哈尔，林丹汗西奔唐古特。博硕克图子俄木布及其头目古禄格、行高、讬博克等集众降。俄木布寻以病废。①

《蒙古游牧记》记载俄木布被废的原因是"病"。当然这个"病"会有多种理解，给人以无限遐想。

第二，谈谈俄木布。记载博硕克图汗子俄木布的相关文献大多在上述所引文献中。而上述所引文献无法对俄木布进行完整的判断。晓克写道："有关蒙古文献把俄木布洪台吉（卜石兔汗子）称为宾图车臣俄木布，说他为人温和、忠厚。他与其从叔鄂木布楚琥尔台吉（噶尔图次子，东土默特旗主）一样，是一位非常虔诚的佛教徒。由于受其祖辈好佛的影响，俄木布平时也热衷于从事管理诸寺、供养众僧、出资译经、修建寺庙以及各种佛事活动。由于俄木布将精力倾注于佛事活动，其部内外大小事务，均由其乳母之夫，被称为乌尔隆额齐格达尔汉的毛罕全权处理。"②晓克的这段论述，其依据为《金轮千辐》，该书对元末至清初，蒙古各部落名称、起源和变迁进行了详细的记载，因此晓克的论述具有一定的合理性。

但查遍所有能搜集到的资料，均未发现能证明"俄木布"生卒年的文献。这就难免会产生下面的疑问：

1. 发生"俄木布反叛事件"时，俄木布有多大年龄？文献大都载"俄木布乳母"。在林丹汗袭击土默特时，博硕克图等逃亡了，可是不清楚他的儿子俄木布为什么留在归化城。既然有乳母，其父在逃亡的时候又把他留在了归化城。可能是因为俄木布年龄太小，逃亡不便的缘故？还是其他原因，不得而知。据其有乳母，大约可以推知俄木布的年龄不会太大，甚至可能是顽童。

2. 从文献所载来看，并没有发现"俄木布"在这次"反叛事件"所起到的作用。在整个事件中，起主要作用的是"毛罕"，而非"俄木布"。虽然档案、实录所载"博硕克图之子遣人往阿禄部落喀尔喀处"，但在这件事情被告发后，却不是"俄木布"遣人，而是"毛罕密遣人往告喀尔喀人曰：满洲兵在此，即当返回。"由此可推知，俄木布可能对整个事情并不知情。即毛罕在俄木布年龄尚幼时，凭借其是俄木布乳母之夫的便利，掌控着俄木布，以便掌管土默特的大权。这同晓克所讲"其部内外大小事务，均由其乳母之夫，被称为乌尔隆额齐格达尔汉的毛罕全权处理"异曲同工。

3. 试想，无论是不是俄木布策划、主使，反叛如果成功，最大的获益者是谁？毫无疑问是俄木布。文献载"毛罕私称博硕克图之子为西土根汗，自称为吴尔隆额齐克达尔

---

① 张穆：《蒙古游牧记》卷2《内蒙古卓索图盟游牧所在》，台北：文海出版社，1965年，第119页。
② 晓克：《土默特史》，呼和浩特：内蒙古教育出版社，2008年，第273—274页。

汉贝勒，称其妻为太布精，称阿南为杜稜台吉"，只不过是归化城土默特蒙古的习惯叫法，并不影响后金政权对这一区域的管辖。清政府对最大的获益者基本上没有任何处分，仅是"执以还"，再进一步解释，就是给软禁起来而已。在清的统治巩固之后，归化城土默特蒙古已经不能给清政府造成任何威胁，俄木布再无软禁的必要，因此把他释放。但清政府对毛罕却是诛杀，也就是后金认为"俄木布"不是这件事的策划、主使者，真正的策划、主使者应是毛罕，另一方面诛杀毛罕亦能起到震慑归化城土默特蒙古部众的作用。如果俄木布是一个成年人，即使俄木布是一个虔诚的佛教信徒，清（后金）还会这样认为吗？从这一点也可以推知俄木布的年龄不会太大。

4. 再从对俄木布的处置来看，在俄木布被抓不久，就让古禄格他们给带回了归化城土默特，并且把"顺义王印"返还。这种处理对于犯谋反罪名的俄木布来讲是不是太轻了？在古代"谋反"可是重罪。虽然在当时的社会背景下，后金政权需要依靠黄金家族的后裔来治理归化城土默特，俄木布博硕克图汗之子，黄金家族的后裔，但是博硕克图汗子并非俄木布一人，黄金家族后裔在归化城土默特也并非俄木布一人。清（后金）完全可以把俄木布杀掉，再扶持一个黄金家族后裔来治理归化城土默特。但是清政府（后金）却把俄木布给释放了。显然清政府也不认为俄木布参与或策划了谋反事件。

第三，有关古禄格的问题。关于古禄格这个人，晓克写道："在驻守归化城期间，和硕贝勒岳托见了他的姑表亲——归化城土默特的古禄格，古禄格这位来历颇为蹊跷的人物，出身于满洲叶赫部之主纳喇氏金台什家族……1619 年（天命四年），叶赫部金台什为后金所灭。1620 年，古禄格投附归化城卜石兔汗。古禄格在了解了和硕贝勒岳托驻守归化城的意图后，为了改变其寄人篱下的处境，准备伺机而动，迎合其需要，此后即发生了'废爵事件'。"① 从其论述来看，可以断定那个向清（后金）汇报俄木布等人向喀尔喀派遣使者的人就是古禄格。晓克的这段描述，笔者有以下几个疑问：

1. "和硕贝勒岳托见了他的姑表亲——归化城土默特的古禄格"。岳托和古禄格是不是姑表亲这是需要进一步考证。古禄格作为归化城土默特部的首领，在岳托驻守归化城期间，受到岳托的接见，也是合理的。

2. "古禄格在了解了和硕贝勒岳托驻守归化城的意图后，为了改变其寄人篱下的处境，准备伺机而动，迎合其需要，此后即发生了'废爵事件'"。姑且不论岳托和古禄格见面是否谈及这个问题，即使谈及这个问题，古禄格也未必有能力发动这次事件。这且不说后金把叶赫部灭了，古禄格逃到归化城土默特部，后金又追到归化城土默特。按常理来讲，清（后金）应是古禄格的仇人。归化城土默特在古禄格逃亡的时候收留了

---

① 晓克：《土默特史》，呼和浩特：内蒙古教育出版社，2008 年，第 274 页。

他，应当是他的恩人。古禄格怎么会为了仇人而背叛恩人呢？当然这仅是按常理推测，毕竟人心难测。

对于上述两点疑问，笔者进行如下探讨：

古禄格究竟是不是岳托的姑表亲，这就要先看古禄格的身世。

《皇朝藩部要略》卷1《内蒙古要略一》载：

> 古禄格姓纳喇，其先本姓土默特，因灭扈伦国之纳喇，遂以为姓，世隶叶赫部，叶赫亡，乃依归化城土默特。①

《钦定外藩蒙古回部王公表传》卷112《土默特辅国公喇嘛扎布列传》载：

> 古禄格，土默特人，姓纳喇，其先本姓土默特，因灭扈伦国之纳喇部，遂以为姓，世居叶赫部。古禄格以叶赫部亡，往依土默特部博硕克图汗于归化城，号楚琥尔。②

这两条文献所载，初看内容基本相同，但还是稍有差别。《皇朝藩部要略》载"世隶叶赫部"，《钦定外藩蒙古回部王公表传》则载"世居叶赫部"。"隶"和"居"的含义是不同的："隶"即隶属归顺，也就是古禄格先人归顺了叶赫部；居，则是居住，在此居住不一定归顺。

清《土默特志》中有二处古禄格身世的记载。清《土默特志》卷2《源流》载：

> 古禄格者，土默特人，姓纳喇，其先本姓土默特，因灭扈伦国之纳喇部，遂以为姓。世居叶赫部。叶赫部亡，依土默特博硕克图汗于归化城，号琥尔。③

清《土默特志》卷3《世袭》载：

> 至归化城之土默特非其同姓而来归我者，又有二宗，一古禄格，以功授左翼都统，一讬博克，亦以公代杭高子巴桑为右翼都统。皆土默特人，皆传其世，居归化城。④

孙进己等在《女真史》中写道：

> 叶赫部首领世祖星根达尔汉来自蒙古，本姓土默特，入居叫璋的地方，他灭掉扈伦（忽剌温）女真之一部也姓纳喇者，遂居其地，并改姓纳喇，后移居叶赫河一带，

---

① 祁韵士：《皇朝藩部要略》卷1《内蒙古要略一》，中国边疆史志集成（第8册），北京：全国图书馆缩微复制中心，第56页。
② 清国史馆编：《钦定外藩蒙古回部王公表传》卷112，传96《土默特辅国公喇嘛扎布列传》，见包文汉、奇·朝克图：《蒙古回部王公表传》（第1辑），呼和浩特：内蒙古大学出版社，1998年，第711页。
③ 清光绪年间刊本影印：《土默特志》卷2《源流》，台北：成文出版有限公司，1968年，第30页。
④ 清光绪年间刊本影印：《土默特志》卷3《世袭》，台北：成文出版有限公司，1968年，第51页。

故称叶赫。①

综上可知，古禄格的祖先为蒙古人，确系叶赫部逃往归化城土默特的人员，并且是"归化城土默特中非其同姓"而投降清政府的人员。古禄格因"本姓土默特"的缘故，逃往归化城土默特，并被收留是无疑的。但是岳托和叶赫部有关系吗？

《清史稿》卷223《杨吉砮》载：

> 杨吉砮，叶赫部长，孝慈高皇后父也。其先出自蒙古，姓土默特氏，灭纳喇部据其地，遂以地为姓。后迁叶赫河岸，因号叶赫。②

杨吉砮的祖先是蒙古人，是叶赫部长，姓土默特，是孝慈高皇后父。在《清太祖实录》中，亦对杨吉砮和孝慈高皇后进行记载。

《清太祖实录》卷2，丁亥年（1587）秋九月辛亥朔条载：

> 先是，上如叶赫国，其贝勒杨吉砮，识上为非常人。谓上曰："我有幼女，俟其长，当奉侍。"上曰："汝欲结姻盟，盍以长女妻我？"杨吉砮答曰："我非惜长女不予，恐此女未足事君。幼女仪容端重，举止不凡，堪为君配。"上遂聘之。至是，杨吉砮已卒，其子贝勒纳林布禄送妹来归。上率诸贝勒大臣迎之，大宴礼成。是为孝慈高皇后，即太宗皇帝母也。③

该文献所载孝慈皇后的父亲是叶赫部长杨吉砮，孝慈皇后的儿子是太宗皇太极。这条文献仅能说明，皇太极与叶赫部纳林布禄是甥舅关系。

《清太祖实录》卷2，丁酉年（1597）春正月壬辰朔条载：

> 叶赫贝勒布扬古，愿以妹归上。金台石愿以女妻上次子代善，上许焉。具鞍马铠胄为聘。更椎牛，刑白马，祀天。设卮酒、块土，及肉血骨各一器。④

《清太祖实录》卷10，天命十一年（1626）八月丙午条载：

> 上未成帝业时，先聚元妃佟甲氏。生子二：长褚英，号洪巴图鲁，后号阿尔哈图土门；次代善，号古英巴图鲁。⑤

代善是清太祖努尔哈赤的儿子，金台吉把女儿嫁给了代善，而金台吉是叶赫部长杨吉砮，这样代善就成了叶赫部金台吉的女婿，而岳托则是代善的儿子。据此来讲，似乎岳托和叶赫部确实有一定的亲属关系。

---

① 孙进己：《女真史》，长春：吉林文史出版社，1987年，第224—225页。
② 赵尔巽：《清史稿》卷223《杨吉砮》，北京：中华书局，1976年，第9235页。
③ 官修：《清太祖实录》卷2，丁亥年秋九月辛亥朔条，北京：中华书局，1985年，第36页。
④ 官修：《清太祖实录》卷2，丁酉春正月壬辰朔条，北京：中华书局，1985年，第42页。亦见赵尔巽：《清史稿》卷223《杨吉砮传》，北京：中华书局，1976年，第9235页。
⑤ 官修：《清太祖实录》卷10，天命十一年八月丙午条，北京：中华书局，1985年，第142页。

《清史稿》卷216《太祖诸子一·礼烈亲王代善》载：

> 克勤郡王岳托，代善第一子。初授台吉。……十一年，复从代善伐扎鲁特，斩其部长鄂尔齐图，俘其众。封贝勒。①

岳托是代善的儿子，从这个层面上来讲，岳托应当是叶赫部的外甥。金台什把女儿嫁给代善，晓克认为此女为"和硕贝勒岳托的生母"②。查阅文献并没有发现岳托生母为叶赫氏的记载。白钢在《代善研究》中写道"岳托为代善长子，母亲为嫡福晋李佳氏"。③ 代善四子为瓦克达、第七子满达海、第八子祜塞，生母为代善继福晋叶赫那拉氏。④ 刘潞《清太祖太宗时满蒙婚姻考》载有代善多位福晋⑤，杜家骥《天命后期八旗旗主考析》说"岳托与镶白旗主杜度一样，有嫡长身份，杜度为努尔哈赤长子褚英的嫡长子，岳托是努尔哈赤次子代善的嫡长子"⑥。故可推知岳托的生母并非叶赫氏。即岳托和叶赫部没有关系。即使岳托以继母叶赫氏的关系承认和叶赫部有姑表亲的关系，但古禄格和金台吉有没有血缘关系？还是古禄格本就是叶赫部一名普通部众？古禄格是叶赫部的逃到归化城土默特部的人员，他同叶赫氏究竟是什么样的亲缘关系尚未可知，虽然叶赫氏原本为蒙古，姓土默特，古禄格亦姓土默特，似乎有那么一点联系。但在一方是强势的征服者，一方是弱势的被征服者，两个没有任何血缘关系的人（或者说是所谓的远亲），强势的一方会因叶赫氏而认古禄格为所谓的姑表亲？因此，晓克所认为的古禄格为了迎合姑表亲岳托的意图，策划了"废爵事件"是有待进一步商榷的。

第四，有关战利品。在俄木布反叛事件中，岳托等人发动突袭，所获颇丰，除了擒获毛罕所遣十人及明使四人外，"获骆驼五十、马四十六、貂皮四百有奇，又得乌珠穆秦部落贸易人四十六名，骆驼三十七、马一百有八、貂皮二百二十"。同时可能还获得了数量不详的"阿鲁部拜兴地方人与喀尔喀通谋藏匿喀尔喀马驼"。明蒙通贡贸易由来已久，"不少蒙古部落就通过土默特等右翼部落，以其牲畜产品与明朝贸易，这并非秘密"⑦。"喀尔喀闻信遂还"，也就是喀尔喀人逃走了，但是喀尔喀的马驼等物藏起来了，如果仅仅只是驼、马，喀尔喀人骑马逃跑岂不更快？为何要把驼、马藏起来？显然这些驼马是负有货物的驼马。据获得驼马、貂皮等物推测，这应是通过土默特与明朝进行贸

---

① 赵尔巽：《清史稿》卷216《诸王二·太祖诸子一·礼烈亲王代善》，北京：中华书局，1976年，第8972—8976页。
② 晓克：《土默特史》，呼和浩特：内蒙古教育出版社，2008年，第274页。
③ 白钢：《代善研究》，东北师范大学，2014年硕士学位论文，第42页。
④ 白钢：《代善研究》，东北师范大学，2014年硕士学位论文，第43页。
⑤ 刘潞：《清太祖太宗时满蒙婚姻考》，故宫博物院院刊，1995年，第3期，第67—91页。
⑥ 杜家骥：《天命后期八旗旗主考析》，史学集刊，1997年，第2期，第25—30页。
⑦ 晓克：《土默特史》，呼和浩特：内蒙古教育出版社，2008年，第276页。

易的商队。晓克认为:"'喀尔喀百人''明使四人'未尝不是贸易之人,如果他们是'喀尔喀兵',怎么会与乌珠穆沁部贸易之人结伴而行呢?贸易而害怕满洲人是有原因的……严禁喀尔喀部与明互市……在这种情况下,与明朝贸易就只能瞒着满洲人,而以土默特为中介,在暗中进行。而且明朝边将一向就做着与蒙古的私市,以谋私利。使者云云,不过是商人或明朝边将派出做私市的手下而已。"① 此种见解是有道理的。

对俘虏处置也是有很大的疑问的。后金抓获俘虏之后,并没有记载其审讯过程及结果,而是简单的把毛罕杀掉,所擒获的"明使四人"也不知所终。显然这种处理方式有点迫不及待,甚至杀人灭口的感觉。

可能正是因为清政府察觉此次事件,并非所谓的反叛事件,而清政府此时正需要一件事情来确立其在该地区统治的权威即合法性,因此借此事件,将毛罕杀掉,将俄木布废除,以起到杀鸡骇猴的效果。清政府在该地区的统治稳固后,俄木布已经不能造成任何威胁,才将俄木布放回归化城土默特,并还其"顺义王印"。

第五,有关二封信。这二封信可能才是"俄木布事件"的关键。《皇清开国方略》卷22《太宗文皇帝》载:

> 天聪九年五月,喀尔喀车臣、土谢图二部,以一书函付察哈尔部索诺木台吉,云:遇天聪皇帝之人付之。又以书招察哈尔汗子额尔哲孔果尔哲。贝勒多尔衮征服察哈尔并得其书,以献其书,称述功德,期通信使。而贻额哲书,则劝其勿事我国,归附其部。书曰:玛哈撒嘛谛车臣汗、土谢图汗、车臣济农率大小贝勒,奏书于满洲国天聪皇帝,人君抚有大宝,以宣扬美名于诸国,当兴起教化,辑宁远人,我等虽不奋兴,然谊属同宗,倘念旧业尚存,互相通好,信使不绝,则我等共享太平之福,尊为有道之主也。遗察哈尔书曰:玛哈撒嘛谛车臣汗谕林丹汗子孔果尔额哲,在先哲珲贝勒送还,彼此缔盟,后因国乱不相往来,自尔汗弃世,闻举国全来附我。秋来即令哨卒侦探实耗,我等与尔汗原系同宗,满洲岂尔等之主耶。②

这两封信,一封是通过察哈尔部转交给后金皇帝的,一封是给察哈尔部的林丹汗的儿子孔果尔额哲的。此时林丹汗之子孔果尔额哲已经在鄂尔多斯南部归附了后金。在后金征服察哈尔部后,其所要征服的就是喀尔喀及土谢图汗。岳托等人获得这两封信之后,必然会对这件事情进行分析:

1. 这两封信是通过什么方式传递到察哈尔部孔果尔额哲手中的。

---

① 晓克:《土默特史》,呼和浩特:内蒙古教育出版社,2008年,第276—277页。
② 阿桂:《皇清开国方略》卷22《太宗文皇帝》,影印文渊阁四库全书(第34册),台北:商务印书馆,1986年,第332页。

2. 远在漠北的喀尔喀如何知道林丹汗去世的。

归化城土默特部处于漠北和鄂尔多斯中间，因此岳托他们就想当然的认为归化城土默特部起到了传递信息的作用。而这种信息的传递对后金政权非常不利。如果察哈尔部和喀尔喀部联合夹击后金，后金是非常危险的。但是这两封信在客观上却起到了离间的作用，即清政府（后金）因为这件事，对归化城土默特部和察哈尔部非常不信任。在当时的情况下，清政府也只能采取非常手段，来达到稳定其统治的目的。因此后金迅速采取行动，制造了"俄木布反叛"事件，借此削去俄木布的爵位，以达到震慑察哈尔部的目的。所以清政府在设置蒙旗的时候，其他蒙旗是扎萨克旗，察哈尔部则是都统旗，归化城土默特部则介于扎萨克与都统旗之间，既有别于扎萨克旗又有别于都统旗的一个特别旗。

综上所述，"俄木布事件"应是清政府制造的一起冤案，而《绥远通志稿》卷1（下）《盟旗疆域沿革》，也认为俄木布事件是诬告的，原文如下：

> 俄木布之失爵，实被诬告而非其罪。先是，土默特部既降清，而明尚未亡，适有部人杭高与古禄格者，欲陷其主以媚清将而希宠荣，乃伪密函，使俄木布乳母之夫茂罕，间道至明边投阿禄哈尔噶，求转与明庭。茂罕甫行，而杭高即赴清军贝勒岳脱营告密，追茂罕还杀之，而俄木布亦坐是被革。①

《绥远通志稿》认为俄木布被诬告，是有一定的道理的。但是说杭高与古禄格告密，不知其有何凭据？至于"间道至明边投阿禄哈尔噶，求转与明庭。茂罕甫行，而杭高即赴清军贝勒岳脱营告密"，应是对档案、实录等文献的演绎，未足为凭。至于晓克"古禄格与后金虽有灭部毁家之恨，但在原来的靠山将倾之际，在巨大的利益诱惑下，与杭高沆瀣一气，构陷旧主以向新主邀宠就不足为怪了"②，也仅是对这件事情的推测，并没有真凭实据，可备一说。至于其所载土默特蒙古中流传一卖主求荣的故事③，几乎每个民族都有类似的传说，并非归化城土默特蒙古中所独有。即便土默特蒙古中流传的这个故事是真实的，又怎么确定这个卖主求荣的人就是杭高和古禄格？所以这个传说更是不靠谱的。

---

① 绥远通志馆：《绥远通志稿》卷1下（第3册），内蒙古自治区图书馆藏（稿本），第32页。
② 晓克：《土默特史》，呼和浩特：内蒙古教育出版社，2008年，第277页。
③ 晓克：《土默特史》，呼和浩特：内蒙古教育出版社，2008年，第277页。

三、归化城土默特两翼旗的设立

（一）关于设立时间问题的讨论

关于土默特两翼设立的时间，一般认为设立崇德元年（1636）①，也有的学者认为土默特两翼设立的时间为崇德三年（1638）②。那么土默特两翼旗到底什么时候设置的呢？

1. 记载土默特两翼设立时间为崇德元年（1636）的文献，有如下 5 条：

《钦定外藩蒙古回部王公表传》卷 112《土默特辅国公喇嘛扎布列传》载：

> 崇德元年，诏编所属三千三百余丁为二旗，以古禄格为左翼都统，杭高为右翼都统领之。③

《清文献通考》卷 184《兵考六》载：

> 太宗文皇帝亲征察哈尔，驻跸归化城。其部众悉降。九年以贝勒岳托驻守归化城。崇德元年编为二旗，即以其长古禄格为左翼都统，杭高为右翼都统，并世袭。④

《（嘉庆）大清一统志》卷 548 载《归化城土默特表》：

> 崇德元年其酋古禄格、杭高、托博克来朝，命偕俄木布返，并还其世所守顺义王印，编为二旗，以古禄格为左翼都统，杭高为右翼都统。⑤

---

① 乌仁其其格：崇德元年（1636），清廷将归化城土默特所属三千三百余丁编为二旗，以固禄格为左翼都统，杭高为右翼都统，分别掌管二旗，并世袭。乌仁其其格：《18 至 20 世纪初归化城土默特财政研究》，内蒙古大学，2007 年博士学位论文。王玉海：崇德元年（1636），清开始在科尔沁等部大规模编设外藩扎萨克旗，外藩扎萨克旗制于是成了清统治蒙古的一种基本制度。与此同时，清也在归化城土默特部编设了两个旗。王玉海：《归化城土默特二旗的内属问题》，蒙古史研究（第 5 辑），1997 年，第 232—238 页。呼格吉勒：崇德元年（1636），清朝编土默特部为左、右两翼旗，以古禄格为左翼都统、杭高为右翼都统。呼格吉勒：《论清朝前期呼和浩特·土默特地区土地的使用状况》，内蒙古师范大学学报，1992 年，第 2 期，第 10—17 页。森川哲雄：实际上，满洲政府的反应是很快的。他们首先把归化城土默特旗三千三百七十名分成十队，各队置官员二名统辖。又在第二年（1636）将土默特分作两旗。森川哲雄：《十七世纪前半叶的归化城》，蒙古学资料与情报，1985 年，第 3、4 期，第 12—19 页。
② 那日苏：《清代归化城土默特旗制的演替》，蒙古史研究（第 8 辑），2005 年，第 271—298 页；晓克：《16—17 世纪蒙古土默特驻地变迁探讨》，内蒙古社会科学，2008 年，第 6 期，第 59—62 页；晓克：《土默特史》，呼和浩特：内蒙古教育出版社，2008 年，第 273—274 页。
③ 清国史馆编：《钦定外藩蒙古回部王公表传》卷 112，传 96《土默特辅国公喇嘛扎布列传》，见包文汉、奇·朝克图：《蒙古回部王公表传》（第 1 辑），呼和浩特：内蒙古大学出版社，1998 年，第 710 页。
④ 官修：《清文献通考》卷 184《兵考六》，影印文渊阁四库全书（第 636 册），台北：台湾商务印书馆，1986 年，第 152 页。
⑤ 穆彰阿：《（嘉庆）大清一统志》卷 548《归化城土默特》，续修四库全书（第 624 册），上海：上海古籍出版社，2002 年，第 683 页。

清《土默特志》卷1（下）所载是摘录《大清一统志》载《建置沿革山川考》①，故把该条文献等同于《大清一统志》不录。

《蒙古游牧记》卷2《内蒙古卓索图盟游牧所在》载归化城土默特：

> 崇德元年编所属为二旗，不设扎萨克。②

2. 记载含糊不清的文献，有以下2条：

《皇清藩部要略》卷1《内蒙古要略一》载：

> （崇德元年十一月）分土默特壮丁三千三百七十名为十队，每队以二官主之，授以条约。又授鄂尔多斯条约。凯旋后，赐土默特部托博克、古禄格，鄂尔多斯额璘臣济农之使臣绰尔济喇嘛、济农使臣卓哩克图、固噜台吉（额璘臣从弟）之使臣囊素喇嘛及其从人鞍马器物。后分土默特部为二旗，以古禄格为左翼都统，杭高为右翼都统。托博克授三等参领隶右翼。而博硕克图汗裔，分隶左右翼，称台吉。③

《清文献通考》卷291《舆地考二十三》载：

> 崇德元年，其酋古禄格等来朝，命偕温布还。后编为二旗，即以古禄格为左翼都统，杭高为右翼都统，并世袭。后以土默特中无可任都统之人，定由京简用往管旗务。惟给土默特人等世袭职衔，随都统办事。④

3. 记载为崇德三年（1638）的文献有：

1994年，呼和浩特旧城金鹏大厦对面发现一块石碑（现存内蒙古自治区考古研究所），石碑正面为满文和蒙文，背面为满文和汉文。满、蒙、汉三种文字内容基本一致，满文多了一部分出资官兵的名录。石碑的汉文如下：

> 恭惟我大清国中外一统，恩惠普及于绝域，万国感承，自古未有也。如归化城土默特籍贯，周围千里有余，东连察哈尔，西带银河，南镇杀虎口，北通喀尔喀，实为塞外保障、朔漠屏藩，一大形势也。昔察哈尔汗被我朝威灵劫输，败赴西番，有我土默特古鲁格楚库尔、抗拘、托波克等众未随落后，超于其众，即将散于山沟人丁收罗向化。荷蒙太宗圣祖恩赐，差遣额尔德尼达尔汉喇嘛前来，于崇德三年间创设两旗，编为佐领二十员，至古鲁格楚库尔、抗拘、托波克等众蒙授都统、副都统，赏给世袭子男等爵，镇守斯土。并本处什勒图纳奇拖音、杂雅班第达、胡图克图，并有吹斯克

---

① 清光绪年间刊本影印：《土默特志》卷1下《沿革》，台北：成文出版有限公司，1968年，第21页。
② 张穆：《蒙古游牧记》卷2《内蒙古卓索图盟游牧所在》，台北：文海出版社，1965年，第119页。
③ 祁韵士：《皇清藩部要略》卷1《内蒙古要略一》，中国边疆史志集成（第8册），北京：全国图书馆缩微复制中心，第67页。
④ 官修：《清文献通考》卷291《舆地考二十三·牧厂》，影印文渊阁四库全书（第638册），台北：台湾商务印书馆，1986年，第559页。

布,察哈尔□,察汗额尔德尼,第彦齐等觉世喇嘛,各建圣主万寿寺院,按季讽经。蒙圣主大广黄教,各寺赐名,由是以就无量等七大寺也。又蒙赏给总理归化城喇嘛班第印信,并授正印副印扎萨克大喇嘛,整领各寺。于康熙四十六年将七寺黑人徒弟编为十三个佐领。自创设两旗照管佐领二十员,后编陆续继生人丁及公中佐领并土默特与豪奇特台吉佐领通计六十有二也。粤稽太平召名曰旗庙,原为我土默特先人感承国家养育之恩,心秉诚为建皇上万寿之寺,于康熙十六年奉命,每旗派拨喇嘛各三十名,并授大喇嘛二名整领。至六十年,每旗又增喇嘛十名,共计八十名之数。住持以来,如有缺额,仍于旗内补足,以为常例。兹我土默特蒙古嵩呼皇上如天之威,地阜民安,乐业耕度,人人争光,个个勤勉,以继先人之遗风,以效往日之旧道。公举建塔至诚之念,随有乐善大人官员兵丁通信捐助数千余金,交令识见,明情喇嘛符合成式,以及经理人员实心监造,自甲戌起至丁丑止,即于其庙后建塔两座,工程告竣,尚剩余银。置产应计租课交令本庙永作宝塔香火矣。噫嘻,双塔并列,端然伟焕,远近瞻仰,如日月之光辉,至于隐彻非常之妙,难以举陈,而以蒙古字迹另石述焉,乃记斯庙斯塔之原由,兼禄土默特旗分佐领及地方纲纪略然总记,以垂后人,以继旧规而已。于是,勒石永垂不朽。

兵司骁骑校伊达木扎布撰文
义学教习国学生褚廷翰书丹
龙飞乾隆岁次丁丑(乾隆二十二年)七月上浣之吉①

文献所载引起人们对归化城土默特两翼旗的设置时间问题产生分歧,那么我们来分析一下这几条文献。

有四条文献明确记载土默特两翼旗设置的时间为崇德元年(1636),似乎可以相互印证。仔细研读材料,会发现这四条材料几乎如出一辙,均是沿用《钦定外藩蒙古回部王公表传》所载,只不过有所删减。

把《皇清藩部要略》和《清文献通考》所载视为记载不清。其所载均为"崇德元年(1636)……后编(分)土默特为二旗"。这个"后"是什么时候?崇德二年(1637)崇德三年(1638)等等,均在崇德元年(1636)之后。因此无法推知究竟这个后所指的时间是什么时候,故把这两条视为记载不清。

出土的石碑资料明确记载为"崇德三年(1638)间创设两旗",这似乎是确证。一般来讲出土文物资料的史料价值应高于传世文献。用二重证据法来证明,似乎能确定崇德三年(1638)为土默特两翼旗的设置时间。但是这块石碑的创设时间为"乾隆二十二

---

① 转引自那日苏:《清代归化城土默特旗制的演替》,蒙古史研究(第8辑),2005年,第271—298页。

年"，即1757年。从崇德元年（1636）或者崇德三年（1638）到乾隆二十二年（1757），有将近120年的时间，这个记载会没有偏差？

"土默特历史档案文献中存有部分土默特世袭官员家谱，其中《世管佐领福克津额之宗谱》和《世管佐领多尔济云隆之家谱》，分别是土默特左翼首任固山额真古禄格和土默特右翼固山额真托博克的系谱，他们为归化城土默特旗设立于崇德三年（1638）提供了有一个有力佐证。古禄格系谱所载第一人为古禄格楚琥尔，旁注为：'崇德三年（1638）楚琥尔收抚散民投诚有功，创设左右两翼二十佐领古禄格楚琥尔赏给三等子爵，特放都统。'托博克的系谱所载第一人为托博克，旁注为：'崇德三年（1638）间，该托博克收抚投诚，赏给头等轻车都尉。顺治四年（1647），因征喀尔喀地方立功，升授都统。'按照清廷的规定，凡世袭官员除却后，承袭者须向朝廷呈报家谱。"①这是家谱资料，应该可以佐证石碑资料。

那么，从分析家谱资料开始分析归化城土默特两翼旗设置的时间似乎是可行的。笔者查阅土默特左旗档案馆所藏归化城副都统衙门档案，发现最早记载关于归化城土默特家谱为乾隆五年（1740）四月十二日《承袭世管佐领的呈文（附特济家谱）》。②据相关文献，清政府很早就重视家谱世系的问题。

《清太宗实录》卷15，天聪七年（1633）八月癸卯条载：

> 若谓瓦尔喀与我，非系一国。尔国有孰知典故者，可遣一人来。予将以世系，明告而遣之。③

此中的"世系"，也称为"世次""世统"，指一姓世代相承的系统，也是家族世代相传的系统，由男性子孙排队列而成，这是类似家谱的资料。

《清世宗实录》卷42，雍正四年（1726）三月丁未条载：

> 谕镶黄旗大臣等，世袭官员，有舍兄而袭弟者。原袭职之初，或其兄情愿告退，或庸劣残疾，或非正室所出，因令其弟承袭，后遂专于此一支相继承袭，殊为屈抑。今后可将原立此官之人，查明共有子孙几人，俱带领引见，有庸劣疾病者。于本名下注明。各将家谱交送八旗。改定再进。④

《清世宗实录》卷54，雍正五年（1727）三月庚戌条载：

> 管理旗务王大臣等议覆。副都统博第奏言：旗下袭职，向于缺出后，方行传集参领、佐领、骁骑校、领催、族长等，取具家谱。其所送家谱，旗下无凭查对，不无遗

---

① 那日苏：《清代归化城土默特旗制的演替》，蒙古史研究（第8辑），2005年，第271—298页。
② 土默特左旗档案馆藏：归化城副都统衙门档案，档案号：80—17—29。
③ 官修：《清太宗实录》卷15，天聪七年八月癸卯条，北京：中华书局，1985年，第208页。
④ 官修：《清世宗实录》卷42，雍正四年三月丁未条，北京：中华书局，1985年，第621页。

漏错误。请嗣后凡系世职家谱，预取保结，校对钤印，存贮本旗衙门。遇有世职缺出，查对明晰，奏请承袭。从之。①

《清世宗实录》所述"家谱"均针对"八旗"世职承袭问题。据《钦定理藩部则例》卷3《袭职上》载：

> 内外扎萨克各旗，呈报承袭台吉、塔布囊人员，各开具等级源流，按其房分支派名数，全行绘谱报部，分别准驳承袭，不得含混呈报。……内外扎萨克及闲散汗、王、贝勒、贝子、公、扎萨克台吉、塔布囊之子，未经奏请预保，其出缺袭职时，由该盟长查明出缺之子，造谱全数报部，由部核定奏闻请旨。仍视其已未及岁、已未出痘，分别奏袭，带领引见。其借称遗言及阖旗公保，指请某人承袭者，均不准行。……内外扎萨克及闲散汗、王、贝勒、贝子、公、台吉、塔布囊等，如遇出缺人员无子，将其亲兄弟造谱，全数报部，请旨承袭。如无亲兄弟，将立官名下支分全数绘谱报部，恭候钦简。以上各谱，均须将曾经获咎及残废者，详细声叙，毋许含混。②

《钦定理藩部则例》卷4《袭职下》载：

> 凡世管佐领缺出，其子孙无论有职无职，年未及岁，俱拟定正陪，奏请承管。其补放驻防外省大臣官员之世管佐领，该旗将袭次佐领与家谱一并进呈，具奏请旨。……凡承管佐领将原立佐领之子孙，按其名数于家谱内尽行书写。如一谱不能尽书，即缮写二谱具奏。现在军前者，于本名下注明其应行列名之人。遇有患病缘事，及汉军在外倚亲居住，分应拟陪列名。毋庸带领引见者，亦子孙家谱本名下注明。凡逃走及汉军已归民籍者，俱于家谱内裁汰。倚亲居住，分应拟正调取拣选。③

此处，所载"内外扎萨克及闲散汗、王、贝勒、贝子、公、扎萨克台吉、塔布囊"应包含蒙古王公大臣。

《清高宗实录》卷117，乾隆五年（1740）五月壬戌条载：

> 现今察哈尔八旗袭补世管佐领，俱造家谱进呈，其属明白易看。嗣后归化城土默特袭补世管佐领之时，亦著造具家谱，一并进呈。④

从这条文献所载，归化城土默特应是在乾隆五年（1740）五月之后在补管世系佐领的时候，也需要造具家谱，一并进呈。在归化城副都统衙门档案中发现最早的家谱是乾

---

① 官修：《清世宗实录》卷54，雍正五年三月庚戌条，北京：中华书局，1985年，第824—825页。
② 张荣铮等整理：《钦定理藩部则例》卷3《袭职上》，天津：天津古籍出版社，1998年，第46—50页。
③ 张荣铮等整理：《钦定理藩部则例》卷4《袭职下》，天津：天津古籍出版社，1998年，第54—55页。
④ 官修：《清高宗实录》卷117，乾隆五年五月壬戌条，北京：中华书局，1985年，第711页。

隆五年（1740）四月十二日的《承袭世管佐领的呈文（附特济家谱）》。也就是说归化城土默特蒙古的家谱世系应当在乾隆五年（1740）五月之前就存在。至于是不是在袭补世管佐领时，进呈的家谱则不可知。虽然满八旗在袭补世职的时候需要报呈家谱，但不能据此认为乾隆五年（1740）之前归化城土默特蒙古袭补世职时需要进呈家谱。

土默特历史档案文献中存有的《世管佐领福克津额之宗谱》和《世管佐领多尔济云隆之家谱》，是民国时期的档案，这两件档案最初是蒙文记载的，中间是蒙汉两种文字续写的，直到民国初年才完全用汉文书写。① 也就是说这两件档案是不间断进行续写的。"归化城土默特两旗世管佐领承袭造谱始于乾隆五年（1740）"② 这是据《清高宗实录》推知的。但是在这条谕令之前，归化城土默特就已经有家谱存在了。因此归化城的家谱档案在乾隆五年（1740）之前就已存在。归化城土默特两旗世管佐领承袭造谱始于乾隆五年（1740），那么他们撰写家谱所依据的资料必是依据以前的家谱资料。从崇德元年（1636）到乾隆五年（1740），将近100年的时间，其中的家谱资料所载难免会出现记载偏差。虽然归化城土默特两翼固山额真为清廷要员，家谱的资料有一定的可信性，但是时间已经过了100余年，在编造承袭家谱时，难免出现这样或那样偏差。正如古禄格系谱所载古禄格楚琥尔所载"崇德三年（1638），楚琥尔收抚散民投诚有功"③，而根据文献所载，俄木布、古禄格等人收抚散民投诚的时间为崇德元年（1636）。据此可知，这些家谱所载虽然较为可信，但是并非没有偏差。因此家谱资料并不能完全作为凭据。

以100多年以后的可能有偏差的家谱资料和120多年以后可能有偏差的石碑资料，来说明归化城土默特两翼设置的时间为崇德三年（1638），显然其证据不是那么充分。

笔者认为归化城土默特两翼设置的时间，有一个渐进的过程。天聪六年（1632），博硕克图汗俄木布同托博克、古禄格、杭高等集众投降，诏居守之。④ 也就是此时把归化城土默特部原地安置。从天聪六年（1632）至崇德元年（1636）有四年的时间，在这段时间内，应是采取原有的治理模式，让俄木布管理归化城土默特部。在俄木布叛乱事件发生后，后金开始在归化城土默特部寻找新的代理人进行管理。

《皇清藩部要略》卷1《内蒙古要略一》载：

（崇德元年十一月）分土默特壮丁三千三百七十名为十队，每队以二官主之，授

---

① 那日苏：《清代归化城土默特旗制的演替》，蒙古史研究（第8辑），2005年，第271—298页。
② 那日苏：《清代归化城土默特旗制的演替》，蒙古史研究（第8辑），2005年，第271—298页。
③ 那日苏：《清代归化城土默特旗制的演替》，蒙古史研究（第8辑），2005年，第271—298页。
④ 祁韵士：《皇清藩部要略》卷1《内蒙古要略一》，中国边疆史志集成（第8册），北京：全国图书馆缩微复制中心，第56页。

以条约。①

在崇德元年（1636）俄木布事件发生以后，后金并非立即把其分设两翼旗，而是把归化城土默特部的壮丁3370人分为十队，每队设置两个官进行管理。这些壮丁，显然是土默特部精壮力量，也是归化城土默特部的几乎全部的军事力量，更是俄木布他们所倚靠的力量。后金这样做的目的，是削减归化城土默特部的军事力量，削弱俄木布等人对军队的控制权，所以把这些土默特壮丁分成10队。而每个队两个"官"的任命权，或者说授权，应该在后金政府。这样后金政府就把归化城土默特的军事力量控制在自己手中。

祁韵士的《钦定外藩蒙古回部王公表传》所载为诏编所属"三千三百余丁为二旗"。清代初期，实行军政合一的八旗制度，以不同颜色的旗来区分军队。祁氏记载把3300余丁编为二个旗，结合《皇清藩部要略》所载"分为十队"，"每队以二官主之"，更加说明此时的二旗仅仅是为了分散归化城土默特军事力量而采取的相应措施，可能还没有行政管理的职能。

晓克认为"古禄格等从盛京归来后，虽然取俄木布而代之，成为土默特部的新统治者，似乎已经成为定局，但是世袭都统尚待实授"。② 也就是仅仅授予了官职，并没有授予世袭的权力。上述文献中，也仅时间记载较为模糊的《清文献通考》载古禄格为左翼都统、杭高为右翼都统，并世袭。因此晓克的见解是有一定道理的。

有关古禄格、杭高都统职位具有世袭的权利，应在崇德元年（1636）之后。也就是说，崇德元年（1636）虽然分归化城土默特部为左右两翼旗，但此时的两翼旗的设置更多的是出于军事目的，而非是为了行政管理，当然此时也具有一定的行政管理职能。如《皇清藩部要略》卷2《内蒙古要略二》载：

（崇德）三年二月丁酉，亲征喀尔喀扎萨克图汗部。先是，正月庚辰，驻守归化城。土默特左翼部长古禄格遣札干等三人，奏言：臣等侦知归化城北，有喀尔喀扎萨克图汗、巴延达喇长子费瑚尔率兵及家口周围驻营，似欲侵犯我城，乞速发大兵以备之。③

此时古禄格的职衔是归化城土默特左翼部长，姑且认为这个左翼部长，即是左翼都统。该条文献说明古禄格此时驻守归化城是出于防守这一军事目的。

---

① 祁韵士：《皇清藩部要略》卷1《内蒙古要略一》，中国边疆史志集成（第8册），北京：全国图书馆缩微复制中心，第67页。
② 晓克：《土默特史》，呼和浩特：内蒙古教育出版社，2008年，第278页。
③ 祁韵士：《皇清藩部要略》卷2《内蒙古要略二》，中国边疆史志集成（第8册），北京：全国图书馆缩微复制中心，第88页。

《皇清藩部要略》卷2《内蒙古要略二》载：

(崇德三年) 六月庚申，更定蒙古衙门为理藩院，专治蒙古诸部事。是日，授土默特部章京古禄格等二十二人世职，各视其品级分别授之。①

在崇德三年（1638）六月庚辰这一天，授予古禄格等人世职。也就是他们的职位可以世袭。

《清初内国史院满文档案译编》崇德三年（1638）六月二十九日条载：

圣汗谕定蒙古衙门为理藩院。是日，土默特部落博硕克图汗所属，后察哈尔征服之，遂为察哈尔所属。及察哈尔为朕所败，奔唐古特部落时，尔古禄格未随之去，留而散居山谷间，朕遣额尔德尼达尔汉喇嘛，尔收其溃散之民来降，以尔所收之民，编为旗分，授尔固山额真，封为一等梅勒章京，准再袭十次。

杭古，尔原系蒙古土默特部落博硕克图汗所属，后察哈尔征服之，遂为察哈尔所属。及察哈尔为朕所败，奔唐古特部落时，尔未随之去，留而散居山谷间，朕遣额尔德尼达尔汉喇嘛，尔收其溃散之民来降，以尔所收之民，编为旗分，授尔固山额真，一等甲喇章京，准再袭六次。②

此次归化城土默特部被封的人员还有陶虎（二等甲喇章京、准再袭五次）、图美（二等甲喇章京、准再袭五次）、多尔济塔布囊（三等甲喇章京、准再袭四次）、特济（三等甲喇章京、准再袭四次）、拜都喇（三等甲喇章京、准再袭四次）、大诺尔布（三等甲喇章京、准再袭四次）、小诺尔布（三等甲喇章京、准再袭四次）。此外还有恩科依、伊苏德尔、达兰泰、阿希图、伯希、根都、弼礼克、詹噶、阿古、布颜岱、博金、阿布尼、瓦瓦等十三人被封为牛录章京，准再袭两次，伊等俱管牛录。③显然这次清政府是根据每个人功劳的大小分封官职及准限世袭的世职。

《清太宗实录》卷42崇德三年（1638）六月庚申条载：

先是，土默特部落古禄格、杭古、陶虎、图美、多尔济、特济、拜都喇、大诺尔布、小诺尔布等二十二人，原系土默特部落博硕克图汗所属。后察哈尔汗征服之，遂为察哈尔所属。及察哈尔汗逃奔汤古忒国，古禄格等遂散居山谷间。我国遣额尔德尼达尔汉喇嘛收其溃散之民遂来降。至是以其众编立旗分牛录，设固山额真、梅勒章

---

① 祁韵士：《皇清藩部要略》卷2《内蒙古要略二》，中国边疆史志集成（第8册），北京：全国图书馆缩微复制中心，第98页。
② 中国第一历史档案馆：《清内秘书院蒙古文档案汇编》（第1辑），光明日报出版社，1989年，第321—322页。
③ 中国第一历史档案馆：《清内秘书院蒙古文档案汇编》（第1辑），光明日报出版社，1989年，第321—322页。

京、牛录章京，仍依品级各授以世职。①

《东华录》崇德三，对这件事也进行了记载：

> （六月）庚申，定蒙古衙门为理藩院。授土默特部章京古禄格等世职，古禄格、杭古、陶虎、图美、多尔济、特济、拜都喇、大诺尔布、小诺尔布等二十二人，原系土默特部博硕克图汗人，察哈尔汗征服之，遂为察哈尔所属。及察哈尔汗奔汤古忒，古禄格等从行散居于山谷间，我国遣额德尼达尔汉喇嘛，收其溃散之民，遂来降。以其众编为固山牛录，设立固山额真、梅勒章京，仍依品级授世职。②

该条所载，同《皇清藩部要略》《清初内国史院满文档案译编》《清太宗实录》所载大致是一样的，但亦有些许区别。

《皇清藩部要略》所载为世职，也就是准许世袭的职位。《清初内国史院满文档案译编》是授"固山额真"，后面特别注明"准再袭十次"，其后所载清政府所授的官员均是如此注明。显然此次授予的不仅是官职，同时还包括世职。《清太宗实录》《东华录》所载虽然没有注明准许承袭的次数，但是其"仍依品级、各授以世职"也能说明是"官职"和"世职"同是授予的。"从《清实录》的记载看，崇德三年（1638）六月后，古禄格、杭高等人名前冠有'固山额真''章京'等职衔，而在天聪九年（1635）至崇德三年（1638）六月间，古禄格、杭高等人虽然频繁进贡，但他们的名字前后没有职衔。"③职衔能够说明一个人担任何种职务。但在《清太宗实录》中有关古禄格的名称很多，如天聪九年（1635）十一月辛酉"古禄格"④、崇德元年（1636）六月戊戌"土默特部落古禄格"⑤、崇德三年（1638）三月"土默特部落古禄格章京"⑥、崇德六年（1641）五月"驻防归化城固山额真古禄格章京"⑦、崇德六年（1641）八月"土默特部落头目古禄格"等。⑧这一方面说明清初职衔较为混乱，对于一些部落首领还没有形成比较固定的称谓，亦说明此时部落首领所承担的主要职责是比较庞杂的。

---

① 官修：《清太宗实录》卷42，崇德三年六月庚申条，北京：中华书局，1985年，第550页。
② 王先谦：《东华录》崇德三，续修四库全书（第369册），上海：上海古籍出版社，2002年，第150页。
③ 那日苏：《清代归化城土默特旗制的演替》，蒙古史研究（第8辑），2005年，第271—298页。
④ 官修：《清太宗实录》卷26，天聪九年十一月辛酉条，北京：中华书局，1985年，第333页。
⑤ 官修：《清太宗实录》卷30，崇德元年六月戊戌条，北京：中华书局，1985年，第383页。
⑥ 官修：《清太宗实录》卷41，崇德三年三月庚午条；卷42，崇德三年六月丁卯条；卷46崇德四年四月丙午条；卷49，崇德四年十月辛丑条，北京：中华书局，1985年，第537、第552、第608、第655页。
⑦ 官修：《清太宗实录》卷55，崇德六年三月壬寅条，北京：中华书局，1985年，第747页。
⑧ 官修：《清太宗实录》卷57，崇德六年八月甲辰条；卷61，崇德七年六月乙未条，北京：中华书局，1985年，第769、第845页。

上文所引，古禄格等人是崇德三年（1638）六月庚申授予的世职，而在崇德三年（1638）三月庚午就已经称古禄格为章京了。显然这个章京应当是官职而非世职。那么在崇德三年（1638）六月庚申的时候，授予其世职，附带着有官职，所变化的仅是此官职可以世袭。

综上所述，归化城土默特两翼旗的设置是有一个过程的，在崇德元年（1636），由于俄木布事件，后金政府开始着手对归化城土默特部进行改造，先是把壮丁分成十队，十队又分成两翼，这应为归化城土默特两翼旗的雏形。后金政府虽然此时任命官员（官职）管理两翼，更多的是出于军事目的。随着政治形势的逐步稳定，到崇德三年（1636）六月庚申，对已经任命官员的官职进行改造，并依据官员军功大小，把其官职附加了可以世袭的世职，至此归化城土默特两翼旗正式建成。

（二）归化城土默特两翼官署设置

自俄木布事件发生之后，清政府就开始着手对归化城土默特蒙古进行改造，编旗设佐进行治理。清政府在归化城土默特两翼官署设置如下：

1. 都统衙门

自崇德元年（1636）俄木布事件后，归化城土默特部就被分为两翼，至崇德三年（1638），归化城土默特两翼完成行政建置。归化城土默特两翼旗是都统旗，因此这两翼均设都统进行管理。都统是一旗的最高军政长官，其职责，据《清史稿》卷117《职官四》载：

> 各省驻防将军等官：将军，初制正一品。乾隆三十三年改从。都统，从一品。专城副都统，正二品。同城者分守各地。掌镇守险要，绥和军民，均齐政刑，修举武备。①

都统为从一品的武官，其职责是镇守险要、绥和军民、均齐政刑、修举武备。显见其具有军事行政职能。都统，又被称为固山额真，据《清史稿》卷130《兵一》载：

> （顺治）十七年，定八旗汉字官名，固山额真曰都统，梅勒章京曰副都统，甲喇章京曰参领，牛录章京曰佐领，昂邦章京曰总管，乌真超哈曰汉军。②

归化城土默特首任两翼都统分别为左翼古禄格、右翼都统杭高。从首任左翼都统古禄格开始，到乾隆二年（1737），末任左翼都统丹津去世后，停袭，左翼共有9任都统。从首任右翼都统杭高，到乾隆十九年（1754）末任都统班达尔什去世，右翼共有13任

---

① 赵尔巽：《清史稿》卷117《职官四》，北京：中华书局，1976年，第3383页。
② 赵尔巽：《清史稿》卷130《兵一》，北京：中华书局，1976年，第3862页。

都统。上述22任都统,其中由京员简任的有7名。根据《钦定外藩蒙古回部王公表传》《土默特志》列表如下①:

归化城土默特两翼都统表

	都统名	世次	授(袭)时间	备注
左翼	古禄格	首任	1636年授左翼都统 1639年授一等男爵 1644年晋三等子爵	姓纳喇,原居叶赫部,后依博硕克图汗
	锡喇布	古禄格四子,一次世袭	1666年,由佐领袭都统	古禄格长子乌把什袭三等子,召赴京,隶蒙古正白旗
	古睦德	锡喇布长子,二次世袭	1670年,由佐领袭都统	1686年以事罢职,召赴京,授佐领,隶蒙古正白旗
	阿喇纳	古禄格五子,三次世袭	1686年,由佐领袭都统	1697年以废弛军律削职
	古睦德	四次世袭	1697年复袭	
	丹津	古睦德长子,五次世袭	1704年,初授侍卫,兼在京佐领,袭职	1720年兼袭三等子爵,1737年卒,无嗣,停袭
	吉党阿	简任	1742年任都统	京员
	卓鼐	简任	1749年任都统	京员
	众佛保	简任	1750年任都统	京员
右翼	杭高	首任	1636年授右翼都统	
	巴桑	杭高子,一次袭		1647年因军务获罪削职
	托博克	继任	1647年授右翼都统	姓博尔济吉特,1636年授三等参领,1638年授一等轻车都尉,1640年晋一等参领
	古噜	托博克次子,一次袭	1670年由佐领袭职	兄瓦骝袭轻车都尉加三等男爵,1670年瓦骝卒,兼袭三等男爵
	拉察布	古噜长子,二次袭	1681年,由佐领袭职	兼袭三等男
	乌把什	托博克三子,三次袭	1682年,由佐领袭职	拉察布子什第袭三等男
	阿弼达	乌把什长子,四次袭	1696年,由副都统袭职	1697年以不事训练罪削职,改用京员
	札拉克图	简任	1697年任右翼都统	京员
	俄赫楚	简任		京员
	忠相	简任		京员
	塔勒玛山	简任		京员
	根敦	阿弼达长子,五次袭	1723年补袭	以副都统袭补都统
	班达尔什	根敦长子,六次袭	1736年由参领袭职	1754年卒,停袭,其子改授三等男爵

---

① 清国史馆编:《钦定外藩蒙古回部王公表传》卷112《土默特辅国公喇嘛扎布列传》,见包文汉、奇·朝克图:《蒙古回部王公表传》(第1辑),呼和浩特:内蒙古大学出版社,1998年,第711—718页;土默特左旗《土默特志》编纂委员会:《土默特志》(上),呼和浩特:内蒙古人民出版社,1997年,第336页。

2. 归化城副都统衙门

归化城副都统衙门，为归化城副都统办公处，衙署内设有前锋营、回事处等机构。①归化城副都统，初设二员，左右翼各一员，协助都统训练士兵，办理旗务，康熙三十三年（1694），在对噶尔丹开战之前，为了更好的笼络归化城土默特部，以便有稳定的大后方，又为两翼各增副都统一名，故此时归化城土默特两翼共有副都统四名。1747年裁归化城副都统二人，1767年再裁汰副都统一名，至此归化城土默特两翼就仅剩一名副都统，称归化城副都统（见上文）。改由京员简任，多为满员，受绥远城将军统辖，掌管土默特两翼军政事务。归化城副都统由京员任命，其触犯刑律、过失，亦要受到一定处分，如乾隆五十六年（1791）三月，归化城副都统七十五，因错拟庄头潘美殴死民人杨四子一案，降二级留用：

归化城副都统七十五

归化城副都统，世袭佐领骑都尉七十五，年六十一岁，西京城蒙古正蓝旗本佐领下人，乾隆十年三月初八日，由闲散承袭佐领，本年三月十九日，补袭骑都尉。二十年三月二十三日□□本旗印务章京。乾隆二十三年一月初七日，升授本旗副参领。乾隆三十四年十二月十一日升授本旗参领。乾隆三十六年十一月二十五日，恭遇恩诏，加一级。乾隆三十七年十二月起至三十八年十一月止，一年，兼理参领，任内事务，并无遗漏过失。记录一次，乾隆三十八年十二月起至三十九年十一月止，一年，兼理参领，任内事务并无过失记录。一次。乾隆四十年五月初一日恭遇恩诏，加一级。乾隆四十年十二月起至四十一年十一月止，一年，办理参领任内事务，并无遗漏过失。记录一次。乾隆四十一年五月初十日，升授本旗印务参领。乾隆四十一年十二月起至四十二年十一月止，一年，办理参领任内事务，并无遗漏过失。记录一次。乾隆四十二年十二月起至四十三年十一月止，一年，办理参领任内事务，并无遗漏过失。记录一次。乾隆四十一年十二月起至四十四年十月止，三年，办理佐领任内事务，并无遗漏过失。记录一次。乾隆四十三年十二月起至四十四年十一月止，一年，办理参领任内事务，并无遗漏过失。记录一次。乾隆四十五年正月初一日，恭遇恩诏，加一级。乾隆四十四年十二月起，至乾隆四十五年十一月止，一年，办理参领任内事务，并无遗漏过失。记录一次。乾隆四十五年十二月起至四十六年十一月止，一年，办理参领任内事务，并无遗漏过失。记录一次。乾隆四十六年十二月起至四十七年十一月止，一年，办理参领任内事务，并无遗漏过失。记录一次。乾隆四十八年十二月起至四十

---

① 土默特左旗《土默特志》编纂委员会：《土默特志》（上），呼和浩特：内蒙古人民出版社，1997年，第333页。

九年十一月止，一年，办理参领任内事务，并无遗漏过失。记录一次。乾隆五十年正月初一日，恭遇恩诏，加一级。乾隆五十年二月二十日署理镶黄旗汉军副都统，本年五月十二日，调署蒙古正红旗副都统。乾隆四十七年十二月起至五十年十一月止，三年，办理佐领任内事务并无遗漏过失。记录一次。乾隆五十年十二月十一日，升授归化城副都统，管理绥远城官兵事务。乾隆五十一年十二月三十日，□兵部咨闻因升归化城副都统，将加□汉改为纪录四次。乾隆五十五年正月初一日，恭遇恩诏，加一级。乾隆五十五年九月二十九日，准兵部咨闻因庄头潘美殴死民人杨四子一案错拟□于请实□奏奉旨降一级□用，送部引见，与十一月初四日兵部带领引见，奉旨见改降二级留任并无出兵□事以上并无遗漏舛错冒开情□□□□

乾隆五十六年三月十七日（有满文方印四方）①

经制册，即履历册。七十五由于错判案件，所以降级留任。该经制册详细记载了七十五的籍贯、履历。从其记载来看，七十五应是比较勤勉的官员，从乾隆十年（1745）三月，由闲散承袭佐领以来，至乾隆五十五年（1790）之前，并无过失记录。但是七十五并非归化城土默特部族人员，而是"西京城蒙古正蓝旗"人士。

乾隆朝以前，文献所载归化城副都统记载较为模糊，很难区分左右翼，1767年以后，归化城土默特仅一名副都统。笔者根据《清实录》、归化城副都统衙门档案、《清史稿》《土默特志》等资料的记载，对历任归化城副都统进行了统计，难免会有疏漏。表中凡没有标明出处的均采用《土默特志》所载。②

归化城副都统表

姓名	籍贯	任职时间	备注
托博克	土默特	1638（崇德三年）任副都统	《清史稿·地理七》《钦定外藩蒙古回部王公表传》、太平召石碑
席第		1675（康熙十四年）在任	《土默特志》卷2
马席希		1680（康熙十九年）9月，由参领升任	《清圣祖实录》卷92
绰尔济扎克		1680（康熙十九年）9月，由参领升任，康熙二十五年在任	《清圣祖实录》卷92、127
恩克依		1683（康熙二十二年）8月，病休	《清圣祖实录》卷43
阿迪		1684（康熙二十三年）由参领升任，至康熙三十六年三月任	《土默特志》卷2，《清圣祖实录》卷114、181

---

① 陈志明：《土默特历史档案集粹》，呼和浩特：内蒙古人民出版社，2007年，第9—10页。
② 土默特左旗《土默特志》编纂委员会：《土默特志》（上），呼和浩特：内蒙古人民出版社，1997年，第337页。

续表

姓名	籍贯	任职时间	备注
毕力克		1684（康熙二十三年）7月以前在任	《清圣祖实录》卷 116
多尔济		1696（康熙三十五年）在任	《土默特志》卷 2
阿毓玺		1699（康熙三十八年）7月在任	《清圣祖实录》卷 194
顾业礼		1709（康熙四十八年）5月，由护军参领升任	《清圣祖实录》卷 238
智勇		1709（康熙四十八年）3月前在任	《清圣祖实录》卷 237
苏永祚		1712（康熙五十一年）11月，革职	《清圣祖实录》卷 252
宗申保		1712（康熙五十一年）11月，袭叔父苏永祚之职	《清圣祖实录》卷 252
希福		1714（康熙五十三年）11月在任	《清圣祖实录》卷 261
颜寿		1718（康熙五十七年）3月前在任	《清圣祖实录》卷 278
桑厄		1718（康熙五十七年）5月，由参领升任	《清圣祖实录》卷 279
马尔齐衮布		1729（雍正七年）3月在任	《清世宗实录》卷 79
衮布		1731（雍正九年）在任，到雍正十九年都在任	《清世宗实录》卷 108、《平定准噶尔方略》前编卷 25、王先谦《东华录》雍正十九
夸兰大查布		1731（雍正九年）在任、雍正十九年在任	《清世宗实录》卷 108、王先谦《东华录》，雍正十九
五十六		1731（雍正九年）在任，乾隆十二年二月离任	《土默特志》卷 2、《清高宗实录》卷 285
席尔塔		1731（雍正九年）10月在任	《清世宗实录》卷 111
世禄		1735（雍正十三年）在任	《归绥县志》金石志
通智		1735（雍正十三年）在任	《归绥县志》金石志
益保		1735（雍正十三年）在任	《归绥县志》金石志
那兰保		1736（乾隆元年）12月离任，乾隆二年六月离任	《清高宗实录》卷 32、44
敦巴		1736（乾隆元年）12月以成都副都统接任，乾隆二年十月病退	《清高宗实录》卷 32、55
瞻岱		1737（乾隆二年）1月在任	《军机处满文月折包》档案号 03—1114—008，缩微号：079—0054
塔勒玛善		1737（乾隆二年）9月，由乌里雅斯太副都统改任	《清高宗实录》卷 50
西尔塔		1738（乾隆三年）11月在任	《清高宗实录》卷 80

续表

姓名	籍贯	任职时间	备注
四十六	土默特	1738（乾隆三年）至乾隆二十一年十月17日在任	归化城副都统衙门档案，档案号80—3—10、80—17—5、80—3—717，《清高宗实录》卷339
殷扎纳		1739（乾隆四年）2月在任	《清高宗实录》卷87
乌什尔卓		1740（乾隆五年）6月在任	归化城副都统衙门档案，档案号：80—3—264
萨拉里		1742（乾隆七年）12月在任	归化城副都统衙门档案，档案号：80—3—722
准提保		1743（乾隆八年）3月在任左翼副都统	《清高宗实录》卷187、213
六格		1744（乾隆九年）3月在任	《清高宗实录》卷213
音扎纳		1747（乾隆十二年）2月，由正蓝旗蒙古副都统改任，1748年在任	《清高宗实录》卷285、325
卓巴		1748（乾隆十三年）2月接任四十六	归化城副都统衙门档案，档案号：80—17—56
扎木素		1749（乾隆十四年）2月以前在任，左翼副都统	《清高宗实录》卷335
阿尔宾		1749（乾隆十四年）4月由镶白旗蒙古副都统调任，至乾隆二十二年八月在任	《清高宗实录》卷339、归化城副都统衙门档案，档案号：80—22—324.，档案号：80—6—2424
赛因弼里克图		1754（乾隆十九年），乾隆二十八年八月在任	《钦定外藩蒙古回部王公表传》卷113、《清高宗实录》卷519
莫尔浑	土默特	1756（乾隆二十一年）10月17日在任	归化城副都统衙门档案，档案号80—3—10
法起		1757（乾隆二十二年）12月在任	《清高宗实录》卷552
根敦	土默特	1758（乾隆二十三年）以副都统袭任都统	《钦定外藩蒙古回部王公表传》卷113
福禄		1760（乾隆二十五年）任职，28年4月离任	《清高宗实录》卷685、624
绰和诺	满洲	1763（乾隆二十八年）1月	一作朝和纳
富		1763（乾隆二十八年）在任	归化城副都统衙门档案，档案号：80—2—494
吉林		1763（乾隆二十八年）4月在任	《清高宗实录》卷685
吉福	满洲镶蓝旗	1764（乾隆二十九年）8月	亦作吉富勒克特、积富
贡楚克		1764（乾隆二十九年）11月在任	归化城副都统衙门档案，档案号：80—17—124

续表

姓名	籍贯	任职时间	备注
长青	满洲正蓝旗	1766（乾隆三十一年）10月	曾任侍卫，一作常青
伯成	满洲正黄旗	1771（乾隆三十六年）2月	加管理绥远城官兵，自伯成始
集福		1774（乾隆三十九年）7月由正红旗满洲副都统接任	《清高宗实录》卷770、771
吉善	蒙古正白旗	1779（乾隆四十四年）11月	一作积善
七十五	蒙古正蓝旗	1785（乾隆五十年）12月	云骑尉、参领
晓		1791（乾隆五十六年）12月在任	归化城副都统衙门档案，档案号：80—6—2465
宗室庆怡	满洲正蓝旗	1792（乾隆五十七年）12月	辅国公，一作庆仪
西拉布	满洲正蓝旗	1801（嘉庆六年）7月	云骑尉，在任病故
吉勒章阿	蒙古正黄旗	1807（嘉庆十二年）3月	一等侍卫
额尔奇	蒙古镶红旗	1808（嘉庆十三年）闰5月	笔帖式，一作额尔济
伯庆阿	满洲正白旗	1818（嘉庆二十三年）2月	笔帖式，一作伯卿阿
年德	满洲镶黄旗	1821（道光元年）7月	一说正蓝旗，因病告休
伊星阿	满洲镶白旗	1822（道光二年）11月	
富尔松阿	满洲正蓝旗	1827（道光七年）1月	在任病故
桓额	满洲镶白旗	1829（道光九年）3月	亦作桓格
宗室祥康	满洲正蓝旗	1829（道光九年）8月	光禄寺少卿
惠显	满洲镶黄旗	1832（道光十二年）2月	生员出身
锡林	满洲镶黄旗	1837（道光十七年）11月	侍卫，一作锡麟
特登额	满洲镶黄旗	1838（道光十八年）4月	原名敏登额，进士，谥恭慎
宗室成凯	满洲镶红旗	1844（道光二十四年）4月	一说满洲镶黄旗人
盛勋	汉军镶黄旗	1845（道光二十五年）4月	笔帖式出身，亦作盛壎
官格	旗人	1846（道光二十六年）3月	
德胜	蒙古镶白旗	1854（咸丰四年）9月	
桂成	满洲正白旗	1859（咸丰九年）3月	喀尔喀蒙古公主府裔
富勒珲	满洲镶白旗	1869（同治八年）	佐领，亦作富勒森
奎英	满洲正蓝旗	1874（同治十三年）	
福禄		1892（光绪二十八年）6月在任	归化城副都统衙门档案，档案号：80—22—678
奎成	蒙古正黄旗	1897（光绪二十三年）	亦作奎诚，革职
文瑞	满洲镶黄旗	1901（光绪二十六年）3月	监生

续表

姓名	籍贯	任职时间	备注
卓和纳		1902（光绪二十八年五月）在任	归化城副都统衙门档案，档案号：80—22—677
文哲珲	满洲正蓝旗	1905（光绪三十一年）8月	革职
三多	蒙古正白旗	1908（光绪三十四年）4月	轻车都尉
麟寿	旗人	1909（宣统元年）10月	三等男爵

3. 旗务衙门

归化城土默特旗务衙门，"设置于1735年（雍正十三年），内设兵司、户司，二司分掌兵、刑、吏、户、礼、工事。各设翼长一员，由参领兼任，称作关防参领，两司各有参领一至二员协助翼长，称作帮办参领"。①

旗务衙门位于议事厅巷内，为土默特兵户司及两翼参领办公的地方，是土默特两翼军政事务的执行机构。主要承担归化城都统（副都统）之命，草拟、翻译公文、管理财政收支、转达执行上命等。② 其主要办事机构，据清《土默特志》卷4载：

> 其衙署则北门内，南向者，土默特旗正都统衙门，人曰丹府。都统于乾隆间奉裁，旧衙为其子孙世守。久为归化税局所僦居。道东巷有旗务衙门，辕门、仪门，两堂具备，东为户司署，西为兵司署，东北为印房总理署，又东有旗库。其外，有汉稿房，专主汉文稿。其满蒙文件，均隶两司。③

户司在东厢，管理户口、田土事项；兵司在东厢，掌管命盗、斗殴、赌博等事项；印房总理署，在东北，专管官印及公文钤印事务；旗库，在印房之东，专司银钱、物资事项；汉稿房，设在外院，专主汉文稿；满蒙文件则隶属于兵户二司。④

"归化城土默特旗有一个十二参领议事厅，具体事务由十二参领轮流担任的领司翼长办理。"⑤ 归化城副都统衙门档案也载有"议事厅"⑥，晓克认为"议事，即全体参领承都统（或副都统）之命，集议所交办之事，或就应兴应革的旗务提出意见或建议，呈请都统（或副都统）采摘"。⑦

---

① 晓克：《土默特史》，呼和浩特：内蒙古教育出版社，2008年，第281页。
② 晓克：《土默特史》，呼和浩特：内蒙古教育出版社，2008年，第281页。
③ 清光绪年间刊本影印：《土默特志》卷4《法守》，台北：成文出版有限公司，1968年，第61页。
④ 参照土默特左旗《土默特志》编纂委员会：《土默特志》，呼和浩特：内蒙古人民出版社，1997年，第333页。
⑤ 那日苏：《清代归化城土默特旗制的演替》，蒙古史研究（第8辑），2005年，第271—298页。
⑥ 归化城副都统衙门档案《光绪三年四月户司每年收地铺帐》，档案号：80—6—2512；《光绪三十二年正月土默特旗库收房银簿》，档案号：80—6—2951。
⑦ 晓克：《土默特史》，呼和浩特：内蒙古教育出版社，2008年，第281页。

土默特两翼都统,副都统以下,设有参领、佐领、前锋校、骁骑校、防御、笔帖式等。据《钦定理藩部则例》卷6《设官》载:

> 归化城土默特两翼:左翼六甲,设参领六员,佐领三十员,前锋校十员,骁骑校三十员;右翼六甲,设参领六员、佐领三十员,前锋校十员,骁骑校三十员。外设南海子官渡防御一员,骁骑校一员;防守湖滩和硕官地防御一员,骁骑校一员。八品笔帖式三员,九品笔帖式四员。以上官员,设副都统一员管理,隶绥远城将军统辖。①

归化城土默特两翼共设有参领12员,为从三品武官。满语称之为"甲喇章京",蒙古族称之为"嘎勒达",其职责为掌管治所各种事项,并将事项布置给佐领执行。根据清代制度,"参领一员管辖佐领五员(参领兼任佐领一)"②,可知,土默特两翼共有佐领60员,同《理藩部则例》所载是吻合的。两翼旗务衙门兵司、户司、操演营翼长例由参领兼任。印房、旗库等处也由参领掌管。

佐领,左右翼各30员,共60员,为从四品武官。满语称之为"牛录章京",蒙古语称之为"章盖"。其主要职责为掌稽所治之户口、田宅、兵籍,岁时颁其教戒。据《清史稿》卷117《职官四》载:

> 佐领,随事为员。分四等:部落长率属归诚,爰及苗裔,曰勋旧佐领;功在旗常,锡之户口,曰优异世管佐领;止偕兄弟族众来归,授职相承,曰世管佐领;户口寥落,合编数姓,迭为是官,曰互管佐领。康熙十三年,复以各佐领余夫增编公中佐领。③

可见,佐领分四等,而这四等佐领又是根据其祖先投诚时的性质划分为世袭、互管和公中等。世袭佐领大多是同族之内的承袭,带有明显的宗法色彩。互管佐领,为较小部族的联合体。公中佐领,为各佐领增加的人口编成的。据《清通典》卷31《职官》载:

> 公中佐领,则以八旗户口蕃衍,于康熙十三年以各佐领拨出余丁,增编佐领,使旗员统之。有缺,则以本旗不兼部务之大臣、世爵及五品以上文武官内简选除授焉。④

---

① 张荣铮等整理:《钦定理藩部则例》卷6《设官》,天津:天津古籍出版社,1998年,第82页。
② 晓克:《土默特史》,呼和浩特:内蒙古教育出版社,2008年,第279页。
③ 赵尔巽:《清史稿》卷117《职官四》,北京:中华书局,1976年,第3369页;官修:《清通典》卷31《职官》,影印文渊阁四库全书(第642册),台北:台湾商务印书馆,1986年,第386页;官修:《清通志》卷68《职官略》,影印文渊阁四库全书(第645册),台北:台湾商务印书馆,1986年,第36页。记载略同。
④ 官修:《清通典》卷31《职官》,影印文渊阁四库全书(第642册),台北:台湾商务印书馆,1986年,第386页;官修:《清通志》卷68《职官略》,影印文渊阁四库全书(第645册),台北:台湾商务印书馆,1986年,第36页。

土默特两翼原有60佐领,在康熙年间,由于人口增多,又增加两个佐领,共计62个佐领。

《土默特志》第6章《军事志》对归化城土默特两翼佐领、参领人数的变化和勋旧、世管、互管、公中佐领进行了论述:

> 约当1674年,各佐丁口增加,遂以余夫编公中佐领24个,两翼共44佐领,左翼24佐领,右翼20佐领。1694年,以各台吉家仆编为勋旧佐领3个,左翼共25佐领,右翼22佐领。据《大清会典》载,同年奏准,将浩齐特2佐领编入右翼,共为24佐领,两翼参领各5员。1707年,以无量寺七大召黑徒编为13佐领,分隶于左右两翼。至此,土默特两翼参领增至12员,佐领、骁骑校各62员。额设兵丁5千名,兵制遂定。1742年,山西巡抚喀尔吉善等的奏折中说:"土默特两旗原设二十佐领,嗣后生齿众多,又编有四十个佐领,连浩齐特两佐领,共为六十二佐领。"到乾隆末年,据土默特历史文献档案载,浩齐特二佐领仍在右翼属下。嘉庆年间,土默特两翼缩减为60佐领,每翼30佐领,终清之世未变。[①]

归化城土默特两翼各设骁骑校30员,共60员,为从六品武官,其职责为协助佐领处理本佐事务。

前锋校,左右两翼各10员,分别在绥远城将军衙门和归化城都统(副都统)衙门当值。

笔帖式为掌文书的低级官员,两翼额设八品笔帖式3员、九品笔帖式4员。

渡口设置防御2员,骁骑校2员。

以上为土默特旗务衙署及其官员的设置情况。

(三)归化城土默特辅国公

有关归化城土默特辅国公,《钦定外藩蒙古回部王公表传》卷120《土默特辅国公喇嘛扎布列传》载:

> 喇嘛扎布,土默特人,姓博尔吉特。元太祖十六世孙阿尔坦裔。阿尔坦号格根汗,初由河套徙丰州滩,筑城架屋居之,曰拜牲,明史讹为板升者也。明通好,封顺义王,以归化名所居城,至今仍之。阿尔坦九子,长僧格,号杜棱汗,子噶尔图以避察哈尔东徙,邻喀喇沁,为土默特东路,即今驻牧巴颜和硕之土默特右翼扎萨克旗。其居西路者,自格根汗,凡四传,至博硕克图汗,仍居归化城。察哈尔强役属,博硕

---

① 土默特左旗《土默特志》编纂委员会:《土默特志》(上),呼和浩特:内蒙古人民出版社,1997年,第503页。

克图汗不从,偕喀喇沁部布彦台吉等,败察哈尔兵四万于土默特之赵城,又败其赴张家口请明赏兵三千,与察哈尔林丹汗交恶。博硕克图汗卒,林丹汗袭之,有其众。……博硕克图汗后裔分隶左右翼,称台吉。喇嘛扎布祖素尔巴勒济图,父达木巴,世居归化城,隶左翼。乾隆二十年,诏征归化城土默特兵千,随北路大军剿达瓦齐于伊犁,喇嘛扎布献马三百助。叙功,授一等台吉,命乾清宫行走。二十一年,奉命随承恩公明瑞赴巴里坤,徙厄鲁特达什达瓦部众于阿勒台,并以其女妻和托辉特郡王青衮咱卜。会青衮叛,诏随左副将军喀尔喀亲王成衮扎布,由乌里雅苏台进剿,侦青衮咱卜欲遁俄罗斯,复随参赞大臣纳穆扎尔等轻骑尾之,抵杭哈将噶斯,青衮咱卜就擒,捷闻。诏增设土默特一旗,封喇嘛扎布为辅国公,授扎萨克,隶乌兰察布盟。……二十五年,以不入觐及违例妄行罪,议削爵。谕曰:"喇嘛公扎布自封公爵以来,不思感激朕恩,奉公守法,乃日耽逸乐,恣意妄为,本应照议削爵,但念公爵究系从前勤劳所得,著加恩免削,其扎萨克及乾清门行走之处,一并革退,饬令回旗效力。"三十一年,卒,子索诺木旺扎勒袭。……四十九年,诏世袭罔替。①

由此可知,喇嘛扎布是博硕克图汗后裔,因其在乾隆二十一年(1756),征剿其女婿青衮咱卜,立下战功,而被封为土默特辅国公、扎萨克和乾清门行走。乾隆二十五年(1760),因"不入觐"和"妄行"之罪,削去扎萨克和乾清门行走职务,但是保留了世袭辅国公的爵位,故土默特辅国公仅是闲散辅国公。

归化城土默特辅国公所辖大青山后四苏木,"四苏木的蒙古人都居住在牧场内"②,说明归化城土默特旗这四个苏木蒙古人是以牧业为主的。据王治和《土默特境内的河流湖泊》载:

> 土默特境内的内陆河为塔布河。发源于固阳县大庙乡大南沟西南山顶,向东北倾。向东北流至水口子,转向北至红格尔苏木,又转向西北至崩巴图,向北至分岔处。右岔向东北至毛图,又转向西北入呼和诺尔。左岔恩和宝勒格(河)向北流入查干诺尔,经该诺尔调节后,再流入呼和诺尔。……召河庙附近,地势平坦,牧草茂盛,现仍为牧场。……该河从发源地北流约3公里入土默特境之白彦花滩,继续流约12公里,有一村坐落河之北岸,即土默公村(简称大公),清初土默特编旗实行都统制,阿拉坦汗后裔刺麻扎布以功封辅国公,划大青山后四苏木为其牧地,遂移帐驻牧

---

① 清国史馆编:《钦定外藩蒙古回部王公表传》卷120,传96《土默特辅国公喇嘛扎布列传》,见包文汉、奇·朝克图:《蒙古回部王公表传》(第1辑),呼和浩特:内蒙古大学出版社,1998年,第710页。
② 金峰:《呼和浩特史蒙古文献资料汇编》(第5辑),海拉尔:内蒙古文化出版社,1988,第236页。

于此。自后随该地的开垦，渐成村落。①

据《清史稿》卷211，表51《藩部世表表三》和《土默特志》载土默特辅国公世次表，列表如下②：

土默特辅国公世次表

辅国公	世次	世袭爵时间	备注
剌麻札布	阿勒坦汗裔，首封	1756年以军功封扎萨克辅国公	1760年以罪削扎萨克，为闲散公爵，1766年卒
索那木旺札勒	剌麻札布次子，一次袭	1766年袭爵	1784年诏世袭罔替
齐噜布	索那木旺札勒之子，二次袭	1815年袭爵	1855年卒
根丕勒多尔济	齐噜布子，三次袭	1858年袭爵	1875年卒
恭格巴勒	根丕勒多尔济子，四次袭	1876年袭爵	
色楞鲁勒精札布	贡格巴勒子，五次袭	1901年袭爵	1912年以翊赞共和，晋为镇国公，1947年卒

（四）归化城土默特两翼官员的选用

归化城土默特两翼官员中，有关都统、副都统，前文已论述其停世袭改用京员，故不予赘述。本节仅探讨佐领、前锋校、骁骑校等员的选用。

1. 世职、世爵的承袭

有关清代世爵、世职承袭制度的问题，雷炳炎发表了系列论文，对其进行了深入细致地探讨③，笔者在其相关论述的基础上予以简单的论述。

据《钦定理藩部则例》卷6《设官》载：

> 归化城土默特两翼额设：参领、佐领、防御、前锋校、骁骑校等官。遇有缺出，由绥远城将军拣定正陪送部，带领引见，补放。若佐领中有世袭者，即照袭职例办理。其余仍照例办理。至笔帖式，由该将军考取列名备文报部，由部转咨吏部，核准

---

① 王治和：《土默特境内的河流湖泊》，土默特史料（第18辑），1985年，第302—326页。
② 赵尔巽：《清史稿》卷211《藩部世表三》，北京：中华书局，1976年，第8747—8751页；土默特左旗《土默特志》编纂委员会《土默特志》，呼和浩特：内蒙古人民出版社，1997年，第338页。
③ 雷炳炎：《清代世爵世职承袭制度的几个问题》，北方论丛，2005年，第5期，第99—104页；《清初投诚归顺与世爵世职封赠述论》，求索，2005年，第12期，第223—225页；《清代八旗世爵世职群体的入仕考察》，安徽史学，2006年，第3期，第11—17页；《归降投诚与清初世爵世职封赠简论》，聊城大学学报，2006年，第2期，第32—37页；《清代异姓世爵世职封赠的阶段性变化及其特征》，求是学刊，2006年，第3期，第139—144页；《清代八旗异姓世爵世职教育述论》，黑龙江民族丛刊，2007年，第3期，第122—126页；《清代八旗异姓世爵世职群体教育述论》，湘潭大学学报，2007年，第5期，第131—134页；《清代世爵世职承袭人择选探论》，求索，2009年，第8期，第209—212页。

补授。①

这个规定所写其实是很模糊的,"遇有缺出,由绥远城将军拣定正陪送部,带领引见",知该缺非世袭职位。如是世袭"照世袭职例办理",那么这个"照世袭职例"是什么呢?据《钦定理藩部则例》卷 4《袭职下》载有"八旗佐领承袭条例"十九条,规定了:"凡世管佐领缺出,其子孙无论有职无职,年未及岁,俱拟定正陪,奏请承管""凡承管佐领将原立佐领之子孙,按其名数于家谱内尽行书写""凡承管佐领,该都统等拣选正陪各一人,有分支派内每支一人,带领引见""凡世管佐领获罪在十恶之内及因军前获罪,其子孙不准承管""凡世管佐领犯罪发遣,及入辛遮库人等遇有恩旨放还,放出包衣佐领者,除犯罪之人本身不准承管外,其子孙照常开列""凡世管佐领获罪,伊子孙不应承管,又无别支应管之人,如系阵亡人员之子孙,该旗具奏请旨""凡承管佐领之人年幼,伊族中有佐领者,令佐领署理""凡勋旧佐领、世管佐领,其原得佐领缘由,并佐领下人原系何地之人编入此佐领之处,查明造册""数姓互管之佐领缺出,如有一姓承管五世以上者,即于伊家族人等无论有无职官,拣选数人与本旗应补之人,一并带领引见,补放""立佐领之人子孙,与立佐领之人嫡亲之子孙,互相承管之优异,世管佐领系立佐领之人,著有功绩,始得优异""立佐领之人有嫡派子孙,而佐领系与立佐领之人亲兄弟子孙、伯叔之子孙、伯叔高祖之子孙,及远族家谱不能承继者,互相承管之世管佐领,非世管佐领、勋旧佐领可比""立两三个佐领之人嫡派子孙承管缺出,以出缺人之子孙拣选拟正""立佐领人绝嗣,有亲兄弟之子孙者,无论曾否承管佐领,一体给与余位""兄弟同领来归所编之世管佐领子孙,俱有分位,亦照补放兄弟同来归所编之勋旧佐领之例办理""族中人等编设世管佐领者,原属远族人等兼管,后因已满百人,另行编设佐领,伊等族中人均各有分""凡原管佐领有异姓管理数次之后,原管佐领之子孙复得管理者,此项缺出,仍将原管之人子孙遴选管理""勋旧佐领、世管佐领内,如有庸劣襄老不能办事者,带领引见,奏请革遴""世管佐领出差,伊族中有佐领者,令佐领署理""世管佐领升用外任,该旗将该佐领应否出缺,另行承管之处,声明具奏"等。② 另有"八旗承袭世职条例"7 条。

上述这些规定,本来是针对满族世管佐领的袭职问题。归化城土默特蒙古世管佐领的袭职亦是据此办理的。故这些规定同样适用于归化城土默特两翼。从世管佐领的袭职

---

① 张荣铮等整理:《钦定理藩部则例》卷 6《设官》,天津:天津古籍出版社,1998 年,第 82 页;清光绪年间刊本影印:《土默特志》卷 4《法守》,台北:成文出版有限公司,1968 年,第 118 页。
② 张荣铮等整理:《钦定理藩部则例》卷 4《袭职上》,天津:天津古籍出版社,1998 年,第 54—61 页。

来看，这套制度是以父系血缘为纽带建立起来的一套完整的袭职制度。这套制度对世代、嫡系、旁系、长幼进行了较为详尽的区分，同时对违法、绝嗣、残疾等各种情况进行了规定。从这些规定来看，基本上是以嫡长子袭职为基础的。由此亦可看出归化城土默特两翼佐领等世职的继承上，嫡系是有优先权的，当然别支在某些情况下也享有世职的承袭权。同时亦说明家谱在蒙古世职承袭上有着至关重要的作用。《清高宗实录》卷117，乾隆五年（1740）五月壬戌条载：

> 谕理藩院：现今察哈尔八旗袭补世管佐领，俱造具家谱进呈，甚属明白易看。嗣后归化城土默特袭补世管佐领之时，亦著造具家谱，一并进呈。①

该条不仅说明归化城土默特蒙古是造具家谱的，同时亦说明归化城土默特蒙古世职承袭是依据上述规定进行承袭的。

据上文所引，除了世职照袭职例办理外，其他世职，如轻车都尉，这是赏给有军功之人的世职，子孙可以承袭。云骑尉如果不是因为阵亡出缺，其子孙是不准承袭的。恩骑尉则是官员因为军前打仗阵亡或者其他功劳，所赏给的品级世职，袭次完时，赐予承袭者的世职，世袭罔替。②据《钦定大清会典事例》卷142《吏部·世爵》载：

> 诰敕：一等公，袭二十六次。二等公，袭二十五次。三等公，袭二十四次。一等侯兼一云骑尉，袭二十三次。一等侯，袭二十二次。二等侯，袭二十一次。三等侯，袭二十次。一等伯兼一云骑尉，袭十九次。一等伯，袭十八次。二等伯，袭十七次。三等伯，袭十六次。一等子兼一云骑尉，袭十五次。一等子，袭十四次。二等子，袭十三次。三等子，袭十二次。一等男兼一云骑尉，袭十一次。一等男，袭十次。二等男，袭九次。三等男，袭八次。一等轻车都尉兼一云骑尉，袭七次。一等轻车都尉，袭六次。二等轻车都尉，袭五次。三等轻车都尉，袭四次。骑都尉兼一云骑尉，袭三次。骑都尉，袭二次。云骑尉，袭一次。其承袭次数。除原立官袭职外。按次计算。如原立官未曾袭职。其承袭官作为原立官。③

《钦定大清会典事例》卷1134《八旗都统·袭爵》载：

> 国初定，班爵之等有八：曰公，曰侯，曰伯，曰子，曰男，曰轻车都尉，曰骑都尉，曰云骑尉。自公至轻车都尉，又各有三等。凡授爵自云骑尉始。敕书：阵亡者承袭，病故者不准。其效力军前所得云骑尉，准承袭一次。十八年题准：一等子袭十四

---

① 官修：《清高宗实录》卷117，乾隆五年五月壬戌条，北京：中华书局，1985年，第711页。
② 张荣铮等整理：《钦定理藩部则例》卷4《袭职上》卷5《袭职下》，天津：天津古籍出版社，1998年，第49、第61—62页。
③ 昆冈等修，刘启端等纂：《钦定大清会典事例》卷142《吏部·世爵》，续修四库全书（第800册），上海：上海古籍出版社，2002年，第381页。

次，二等袭十三次，三等袭十二次；一等男袭十次，二等袭九次，三等袭八次；一等轻车都尉袭六次，二等袭五次，三等袭四次；骑都尉袭二次，云骑尉袭一次。康熙九年题准：初授世爵准袭次数越十五次者，世袭罔替。①

综上所述，都统是否为世袭之职，完全由清廷决定承袭与否。世管佐领、勋旧佐领则要拟定正陪，奏请承管。世管佐领、勋旧佐领内如有庸劣衰老不能办事者，带领引见奏请革退，于其子弟及有份族人内择其才具明晰者奏请承管。上述佐领获罪在十恶之内者，及军前获罪，其子孙不准承袭。

2. 公中参领、佐领、骁骑校的选用

上文所引"归化城土默特两翼额设：参领、佐领、防御、前锋校、骁骑校等官。遇有缺出，由绥远城将军拣定正陪送部，带领引见，补放"。

《大清会典则例》卷140《理藩院》载：

> （康熙）三十三年，覆准归化城两旗，一旗二十五佐领，设参领五人。一旗二十二佐领，设参领四人。今将蒿齐忒二佐领归并二十二佐领。一旗共二十四佐领，应照例增设参领一人。行文该将军，将应补参领贤能之人，拟定正陪，咨送引见补授。四十年，覆准自都统以下至有职人等，有年老残疾人不及者，分别黜革。于台吉中遴选贤能按阙补授。四十五年，题准归化城防御以上员阙，于应升人员内遴选送院引见补授；参领佐领员阙，均从骁骑校内以次推升。若骁骑校员阙，遴选前锋、护军、领催、骁骑内，弓马精熟，能约束者录用。均令该都统会同将军保送到院引见补授。②

该条详细规定了归化城土默特都统以下各员任职首要条件是"贤能"，同时要对年老残疾的人员"黜革"。而归化城防御以上各员阙，要在"应升人员内遴选送院引见补授"，参领、佐领员阙，从骁骑校内以次推升。骁骑校员阙，遴选前锋、护军、领催、骁骑内，选取弓马精熟，能约束者录用。

《大清会典则例》卷140《理藩院》载：

> （雍正）三年，奏请归化城都统所请引见官员，每员阙送四五人引见之处，应否准行奉旨，此等人若在佐领内推升者，照尔等所请，只送二人前来。若于参领及阙旗内简选者，著照伊等所请，将送来人员引见，择其可用者照阙补用，其余可用者记

---

① 昆冈等修，刘启端等纂：《钦定大清会典事例》卷1134《八旗都统·袭爵》，续修四库全书（第813册），上海：上海古籍出版社，2002年，第611页。
② 官修：《大清会典则例》卷140《理藩院》，影印文渊阁四库全书（第624册），台北：台湾商务印书馆，1986年，第411页。

名，遇阙录用。①

《大清会典则例》卷140《理藩院》载：

> （乾隆）二十三年谕，向例归化城土默特补放参领以下等官，令其多选数人咨送引见者，诚恐蒙古多跋涉之劳耳。按归化城地近黑龙江，黑龙江补放索伦官员，止简选正陪，并未咨送多人。今补放土默特官，令其多送数员引见，虽蒙记名亦一时不能得阙，徒劳往返。嗣后补放土默特参佐领、护军校、骁骑校时，亦照黑龙江例，每阙著送正陪各一人。钦此。②

《钦定理藩部则例》卷7《擢授》载：

> 归化城土默特记名参领，由该将军认真考核，果系始终奋勉，遇有缺出，奏请坐补。如不核实查察，将年老力衰，始勤终惰之员，徇情滥行坐补者，查出，将该将军交部察议。

> 归化城土默特参领、佐领、护军校、骁骑校等官缺出，该处将应补人员，每缺拣选正陪各一人送部，带领引见，补放。③

据《理藩院则例》载参领、佐领缺出，如果台吉之中没有可以补缺的人，就在平民之内选取有勇略、能管辖的人补缺；骁骑校、领催、马甲缺出，在能当差并且有相当牲畜的人之内选拔补充。又载，公中佐领缺出，如其家有六品以上的官员，准与本旗应补官员一起拣选引见。④

骁骑校的选任依然是拟定正陪选用的。据《绥远城将军堃岫等奏拣选归化城土默特骁骑校拟定正陪折》载：

> 绥远城将军堃岫等奏，拣选归化城土默特骁骑校员缺，拟定正陪，恭折仰祈圣鉴事。窃查前准兵部咨开，嗣后六品以下武职由各该将军、副都统拣选，拟定正陪，奏请。钦定等因。奉旨：依议，钦此钦遵在案。兹查归化城土默特骁骑校阿勒滕、鄂齐尔因病出缺。臣等调集应行列选人员，公同拣选，得笔帖式巴雅尔，差使奋勉，堪以拟正。委笔帖式福林阿当差谨慎，堪以拟陪。骁骑校胡必泰因病出缺，拣选得前锋福寿当差去得，堪以拟正。前锋锡明泰当差有年，堪以拟陪。骁骑校穆特贺因病出缺，

---

① 官修：《大清会典则例》卷140《理藩院》，影印文渊阁四库全书（第624册），台北：台湾商务印书馆，1986年，第412页。
② 官修：《大清会典则例》卷140《理藩院》，影印文渊阁四库全书（第624册），台北：台湾商务印书馆，1986年，第414页。
③ 张荣铮等整理：《钦定理藩部则例》卷7《擢授》，天津：天津古籍出版社，1998年，第96页。
④ 张荣铮等整理：《钦定理藩部则例》卷4《袭职上》卷5《袭职下》，天津：天津古籍出版社，1998年，第44—53、54—64页。

拣选得委笔帖式苏冲阿，年力富强，堪以拟正。前锋松林人尚明白，堪以拟陪。合无。仰恳天恩俯准，将拟正骁骑校巴雅尔、福寿、苏冲阿给予补授，拟陪骁骑校福临阿、锡明泰、松林作为记名。可否之处，恭候钦定。除取具该员履历咨送理藩查照外，所有遵章拣选归化城土默特骁骑校员缺缘由，理合恭折具陈。伏乞皇上圣鉴训示。谨奏。宣统三年十一月二十二日，奉旨。著照所请该部知道。钦此。①

可见骁骑校缺出，由绥远城将军拟定正陪，调集应行列选人员，挑选奋勉、谨慎、年富力强之人担任。

上述各官职除了世职可以承袭之外，均需依靠功劳获得升迁。其升迁也多是逐级升迁，一般来讲马甲升领催，领催升前锋、前锋升骁骑校，骁骑校升防御、佐领，进而升到参领。当然这些人除了依靠功劳升迁，其本身还需要有勇有谋，有一定的管理能力，且有一定的资产方可补缺升迁。

清政府对官员的升转有着严格的规定，据《土默特志》卷4《法守》载：

> 其升转则上而参领，下而骁骑校、前锋校，每晋一阶，必咨送理藩院（今改部）带领引见一次。现在新例，参领、佐领仍前引见，云骑尉以下官员不引见，永著为例，通行在案。设有副都统，记名仍召见。前参领乌尔图纳逊亦复召见二次，有案。②

《土默特志》载有一份满文档案的译文，从这件译文亦能看出归化城土默特两翼佐领的变化，世管佐领的承袭制度等。录文如下：

> 归化城兵司呈：
>
> 为咨行事，乾隆四十四年十二月十一日，准镇守绥远城等处地方将军衙门来文内开：为请旨事，查得前据署理绥远城将军印务副都统伯成咨称，遵院奏查，钦命京师，各省无根由之公中佐领内，管过五次以上者，作为族中承袭佐领，管过四次以下者，作为公中佐领。查得崇德三年归化城左右两旗原立佐领二十一，陆续以滋生人丁所编佐领二十四，台吉勋旧佐领五，以沙毕那尔所编公中佐领十三，以上共有佐领六十二。其中除沙毕那尔十三佐领原为公中佐领，勿庸查外，原立二十佐领内，海狗所管一个佐领，传至固木布，因罪革退，作为公中佐领；阿西图所管一佐领，传至德金，因罪革退，作为公中佐领，现余十八佐领。以滋生人丁陆续所编佐领二十四，其中承管数代后作为世管佐领者九，现有十五个公中佐领。再，台吉勋旧佐领五，共世管佐领三十二。除将何等佐领根由、管理次数分晰造册具报外，再查参领章嘉所呈伊

---

① 《内阁官报》，1911年十一月二十七日，第145期5版。折奏：军政类《绥远城将军堃岫等奏拣选归化城土默特骁骑校拟定正陪折》。
② 清光绪年间刊本影印：《土默特志》卷4《法守》，台北：成文出版有限公司，1968年，第59—60页。

所管之佐领，究为原立佐领，抑系分编佐领之处，本处所有案牍内均载原立佐领二十个，并无二十一佐领。若将章嘉所管之佐领计入原立佐领，则多出一个，与原额不符。据康熙五十四年都统丹津等稽查报院之档册载，毕哩克佐领下滋生丁四百人内，二百丁编为一佐领，交锡拉布管理，又二百丁编为一佐领，交吴巴岱管理等因。于一处连写，故将锡拉布之二世孙章嘉现管佐领列入分编佐领册赍送，请院定夺等因递送前来。臣院等将京城八旗、外地各省勋旧佐领、世管佐领、分编佐领，曾经钦差八旗王、大臣等查核根由，议奏定办，得给佐领根据文凭。今署理将军伯成将此等佐领，八旗王、大臣得过原先如何定办，是否得给佐领根据文凭之处，文内并未陈明，且将章嘉所管之佐领，八旗王、大臣等原先如何定夺办理之处并未陈明，不可定夺。故咨覆查核在案。兹据绥远城将军宗室弘咨称，行文归化城副都统伯成，彻底清查其旗署所存案牍，八旗王、大臣等未曾查办土默特世袭根由，亦未曾得给佐领根据文凭。再，参领章嘉所管佐领，据康熙五十四年档册载，毕哩克佐领下滋生丁二百人编为一佐领，交章嘉之伯曾祖锡拉布管理。章嘉所管之佐领似为分编佐领，请院定夺办理等因前来。查得前将八旗东三省、察哈尔等处世管佐领、公中佐领均交钦差、王、大臣等议定照办，然该大臣等将土默特两旗共六十二佐领均遗漏未报。顷由臣院咨查，方查出遗漏之处报来，理应照王、大臣等所定之例查办。臣等详查该两旗所有佐领，除原先作为公中之沙毕那尔十三佐领外，所余勋旧佐领、世管佐领四十九个内，以台吉达木巴尔扎木苏等人之丁所编五佐领，虽交属下阿勒巴图异姓人管理一二次，均系以彼等之诸申、阿勒巴图所编佐领，相应将台吉达木巴尔札苏之两佐领、台吉阿济格诺尔布、固穆色楞、霍挥之三牛录仍作为勋旧佐领。原立二世佐领内，除将海狗、阿西图两佐领因罪作为公中佐领，毕哩克等十六佐领均为募集散民而编者，台吉阿木巴诺尔布一佐领，虽交伊所属之人管理三次，毕竟仅以彼等带来之丁所编者，相应请将毕哩克、柏都拉、伊苏德尔、伯齐、阿瑚、昂希、陶瑚、鄂巴尼、瓦洼、博恩金、达兰泰、特吉、根都、图牧、扎干多尔济、达布囊、台吉阿木巴诺尔等十七佐领均作为世管佐领。分编二十四佐领内，除已作为公中之十五佐领外，色楞等五佐领均由其原佐领分编。且自编佐领以来始终由彼等一家承管，未曾交异姓管理，相应请将色楞、巴图、班迪、固录、那木哈等五佐领仍作为世管佐领。原立二十佐领内有布延泰所管一佐领，虽亦系募集散民原立者，但因人员不散，将同旗根图格伊布佐领下人众合编，且交异姓管理两次。分编佐领内有锡拉布所管四佐领，均以异姓佐领下滋生之人编充，交彼等管理，并非其家原有者。此等佐领先前钦差、王、大臣等定办时均作为无根由之公中佐领，出缺后，将本家、本旗之众一并遴选补放，今不可作为其家世管佐领。然而，此等佐领一家承管六次至九次，去年军机大臣议奏，将无根由公中佐领内一家承管五次以上者作为族中承袭佐领等语。既有此例，请将布延泰、锡拉布、乌巴西岱、毕齐克图、噶尔玛等五佐领即照此例作为族中承袭佐领。如蒙皇上依臣所议，除交该将军勋旧佐领、世管佐领、族中承袭佐领根据文凭外，又查得前钦命王、大臣等查办佐领根由时，该归化城都统等遗漏未报，甚属不合，理应参劾议罪。惟年代久远，实漏都统、副都统均已作古，仅查议现任将军等，稍不公正，容请皇上之恩，均予宽宥。故将伊等佐领根由，各自缮单恭呈御览，应否之处，俟奉旨训示，钦遵施行。为此谨奏请旨。于乾隆四十四年十一月十三日奏交蒙古寺侍卫大臣兴福转奏，奉旨依议，钦此钦遵。为此咨行等因前来。将此欲咨归化城副都统衙门，等因呈请前来。即照院示，札付左右两旗参领，查各该甲喇所管勋旧佐领、世管佐领、族中承袭佐领根由，每佐领绘家谱三份保送等因札付去后，兹由左翼参领巴尔特等十二甲口赖各自查明，将五个勋旧佐领、二十二个世管佐领、五个族中承领分别各绘家谱三份，在家谱内写明缘由保送。相应请将该参领等所送三份佐领世袭家谱内，除一份存本衙门备查外，两份送署理将军衙门，转报理藩院。再，因各甲喇、牛录绘制家谱均需时日，且又办理班禅额尔德尼经过事宜，故稍微迟延之处，请一并咨称。

世管佐领、世袭佐领家谱共三十二份，装入密匣内。

乾隆四十五年十一月初二日①

据上，佐领的承袭、任命，先由将军等查明根由，呈请皇帝御览，然后皇帝批示。查明根由的依据便是家谱。因此，要求"每佐领绘家谱内写明缘由保送"，并要求参领等将所送的佐领世袭家谱，一份存档备查，二份送将军衙门转报理藩院。在一定程度上讲，参领的承袭、任命权完全被清廷掌控。

3. 笔帖式的选用

据上文所引"笔帖式，由绥远城将军考取列名备文报部，由部转咨吏部，核准补授。"笔帖式是要经过考试，只有那些蒙古文义通顺、字画端楷之人，才能录用。据《钦定理藩部则例》卷1《通例上》载：

蒙古贴写笔帖式，额设十六员，每旗二员。由部咨取本旗蒙古举人、贡生、生员、监生、官学生、唐古忒学生、亲军、护军、前锋、领催、马甲，造册送部，局门考试。择其蒙古文义通顺、字画端楷者取中，挨名补用。②

有关归化城土默特两翼补放参领以下各官，《土默特志》卷7《政典考》载：

---

① 转引自土默特左旗《土默特志》编纂委员会：《土默特志》（上），呼和浩特：内蒙古人民出版社，1997年，第403—405页。土默特左旗档案馆藏：归化城副都统衙门档案，兵司《为将续修之佐领家谱送部的呈文》，档案号：80—31—55。

② 张荣铮等整理：《钦定理藩部则例》卷1《通例上》，天津：天津古籍出版社，1998年，第2—3页。

归化城土默特两翼，额设参领、佐领、防御、前锋校、骁骑校等官。遇有缺出，由绥远城将军拣定正陪，送院带领引见补放。如佐领中有世袭者，即照袭职例办理，其余仍照例办理。至笔贴式由该将军考取，列名备文报院，由院转咨吏部核准补授。①

显然，笔帖式和贴写，是需要经过考试，然后绥远城将军备文报理藩院，转吏部核准补授的。而归绥道衙门设立的土默特贴写，则由土默特官学内挑选，如果五年没有过错，则该道员出具考语，呈报绥远城将军，遇有应升缺出，分别录用。②

第二节　绥远城土默特地区将军的设置

一、建威将军的设置

在绥远城设立之前，归化城土默特地区的军务主要由归化城安北将军负责处理。右卫建威将军是清政府为应付突变局势临时设立的军事机构，驻右卫（今山西右玉县）。此时在归化城设立的安北将军是协同右卫建威将军在此驻防。绥远城建成后，右卫建威将军移驻绥远城，为绥远城将军的前身。随着建威将军兼摄归化城将军，最后归化城将军一职被清政府废掉。

建威将军，在历史上设立的时间比较早，笔者查阅文献，在《史记》卷22《汉兴以来将相名臣年表》中即载有"云中太守韩次君为建威将军"③，其时为永光二年（公元前42年）七月。显见在西汉时期，是有建威将军这一职衔的。至于西汉之前，是否设有建威将军则不可考。以后历代均有建威将军这一职衔，清政府亦沿前代设立建威将军之例。据《清史稿》卷110，志85《选举五》载：

武职封赠之阶，初分三系。一曰满、汉，公、侯、伯，封光禄大夫，后改建威将军。……（乾隆）五十一年，改正一品建威将军。④

《清史稿》卷114《职官序·职官一》载：

（兵部）尚书掌厘治戎政，简核军实，以整邦枢。侍郎贰之。武选掌武职选授、品级、阶十有八：正一品授建威将军，公、侯、伯同。⑤

显见，清政府建威将军为武职正一品官。清初，建威将军并非驻防右卫，从康熙三

---

① 清光绪年间刊本影印：《土默特志》卷4《法守》，台北：成文出版有限公司，1968年，第118页。
② 张荣铮等整理：《钦定理藩部则例》卷6《设官》，天津：天津古籍出版社，1998年，第82—83页。
③ 司马迁：《史记》卷22《汉兴以来将相名臣年表》，北京：中华书局，1963年，第1152页。
④ 赵尔巽：《清史稿》卷110《选举五》，北京：中华书局，1976年，第3194页。
⑤ 赵尔巽：《清史稿》卷114《职官序·职官一》，北京：中华书局，1976年，第3286页。

十一年（1691），建威将军开始驻防右卫。

《清史稿》卷258《希福》载：

> 希福，他塔喇氏，满洲正红旗人，……二十九年，噶尔丹寇边，上命裕亲王福全出师讨之，以希福参赞军务，破贼乌兰布通。三十一年，授建威将军，统师驻右卫。三十三年，噶尔丹内犯，将侵根敦戴青，诏希福亟赴图拉备守御。希福疏调大同总兵康调元率三千人偕往，并请发察哈尔兵，上责其疑阻，敕还驻右卫。①

据此可知，希福为首任驻防右卫的建威将军，驻防时间为康熙三十一年（1691）。

而此时的厄鲁特蒙古准噶尔部逐渐统一了厄鲁特各部，势力逐渐壮大。康熙二十九年（1689），清军在乌兰布通与噶尔丹激战，虽然大败噶尔丹，但是噶尔丹势力仍然盘踞西北，给清政府造成极大的威胁。为了加强对归化城土默特地区的管理，并稳定西北政局，清政府决定在归化城驻兵。此时所驻兵，并非右卫建威将军，而是安北将军。此前，安北将军在大同驻防。

《清史稿》卷7《圣祖二》载：

> 三十年辛未春正月戊申，……郎谈为安北将军，驻大同。②

康熙三十二年，归化城增戍兵，此时的安北将军改成了费扬古。

《清史稿》卷281《费扬古》载：

> （康熙）三十二年，归化城增戍兵，以费扬古为安北将军驻焉。③

《清圣祖实录》卷159，康熙三十二年五月庚戌条载：

> 兵部题：归化城乃总要之地，增戍之兵甚多。应专设将军一员，总管归化城都统、副都统，训练官兵。凡有当行事务，协同右卫将军而行。得上谕，归化城初设将军，总管官兵整饬训练关系甚重，著领侍卫内大臣伯费扬古为安北将军管理。④

由于军事驻防的需要，安北将军由大同，迁驻归化。故清廷在归化城初设将军——安北将军，其职能是协同右卫将军驻防的。即安北将军当是清政府在归化城土默特地区最早设驻的将军。

《清史稿》卷281《费扬古》载：

> （康熙）三十四年，噶尔丹至哈密，费扬古往御，乃自图拉河西窜。寻授右卫将军，仍兼摄归化城将军。⑤

---

① 赵尔巽：《清史稿》卷258《希福》，北京：中华书局，1976年，第9821—9822页。
② 赵尔巽：《清史稿》卷7《圣祖二》，北京：中华书局，1976年，第231页。
③ 赵尔巽：《清史稿》卷281《费扬古》，北京：中华书局，1976年，第10144页。
④ 官修：《清圣祖实录》卷159，康熙三十二年五月庚戌条，北京：中华书局，1985年，第746页。
⑤ 赵尔巽：《清史稿》卷281《费扬古》，北京：中华书局，1976年，第10144页。

在康熙三十四年（1695），费扬古改授右卫将军（建威将军），仍兼摄归化城将军，此为建威将军兼归化城将军之始。在费扬古之后，再无归化城安北将军。翁道乐《清右卫将军探微》亦如此认为。①

但无归化城安北将军，并非没有归化城将军。据《清实录》载宗室费扬固担任过归化城将军，只不过此时的费扬固是建威将军兼管归化城将军事务。

《清圣祖实录》卷231，康熙四十六年（1705）十月丙申条载：

> 丙申，先是建威将军兼理归化城将军事务宗室费扬固等疏言：归化城附近之处居住喇嘛，所属人丁甚众，请将伊等编作佐领，以便差遣。奉上谕，此事著蒙古都统苏满，前往会查，确议，具奏。②

据文献所载，宗室费扬固担任右卫建威将军的时间为康熙三十五年（1696）十二月。

《清史稿》卷7《圣祖二》载：

> （康熙三十五年）十二月壬寅，上还京。以宗室费扬固为右卫将军。③

自康熙三十五年（1696）始，费扬固为右卫建威将军，兼管归化城将军事务。此后这种兼管似乎一直都在施行。并不仅仅是费扬固兼管归化城将军，王常（昌）、补熙二人还被称为归化城将军，而这两人被称为归化城将军时亦是建威将军。

《清高宗实录》卷48，乾隆二年（1737）八月丙寅条载：

> 又议覆：归化城将军王昌奏：新驻兵丁……④

《清高宗实录》卷93，乾隆四年（1739）五月丙寅条载：

> 兵部议覆：建威将军王常等，遵旨会议副都统赵国政奏称：八旗佐领下……⑤

《清高宗实录》卷185，乾隆八年（1743）二月乙巳条载：

> 谕：向来山西巡抚兼管提督事务。刘于义办理政务为有余，而整饬营伍，非其所长。著归化城将军补熙暂行兼管。⑥

《清高宗实录》卷200，乾隆八年（1743）九月壬午条载：

> 绥远城建威将军补熙等奏：绥远城，请照归化城之例。⑦

---

① 翁道乐、王玉海：《清右卫将军探微》，内蒙古大学学报，2006年，第1期，第17—22页。
② 官修：《清圣祖实录》卷231，康熙四十六年十月丙申条，北京：中华书局，1985年，第315页。
③ 赵尔巽：《清史稿》卷7《圣祖二》，北京：中华书局，1976年，第245页。
④ 官修：《清高宗实录》卷48，乾隆二年八月丙寅条，北京：中华书局，1985年，第829页。
⑤ 官修：《清高宗实录》卷93，乾隆四年五月丙寅条，北京：中华书局，1985年，第424页。
⑥ 官修：《清高宗实录》卷185，乾隆八年二月乙巳条，北京：中华书局，1985年，第382页。
⑦ 官修：《清高宗实录》卷200，乾隆八年九月壬午条，北京：中华书局，1985年，第565页。

可见在乾隆初年，建威将军同时兼摄归化城将军，这应是沿用费扬古任建威将军兼管归化城将军之例。并非归化城将军的取消，而此时的归化城将军由于被建威将军兼摄，因此归化城将军就不再称之为归化城安北将军。

建威将军、归化城安北将军表①

将军	旗籍	原任	任职时间	离职时间	备注
右卫建威将军希福	满洲正红旗	正红旗都统	康熙三十一年十二月	康熙三十四年六月	
归化城安北将军费扬古	满洲正白旗	领侍卫大臣	康熙三十二年	康熙三十四年	
右卫建威将军费扬古	满洲正白旗	领侍卫大臣	康熙三十二年	康熙三十四年	兼摄归化城安北将军
右卫建威将军宗室费扬固	满洲正蓝旗	右卫左翼护军都统	康熙三十五年		兼摄归化城将军
右卫觉罗颜寿	满洲镶黄旗	归化城副都统	康熙五十七年三月	降职任右卫右翼副都统	
右卫建威将军吴礼布	满洲镶红旗	右卫右翼副都统	雍正二年六月	调任正黄旗蒙古都统	
右卫建威将军宗室申穆德	满洲正黄旗	正黄旗蒙古	雍正四年二月		
右卫建威将军岱琳布	满洲正红旗	镶红旗汉军都统	雍正十三年十一月	调任江宁将军	
右卫建威将军王常		参赞大臣	乾隆元年十二月	乾隆二年六月移驻绥远城	兼摄归化城将军，改称绥远城建威将军
绥远城建威将军伊勒慎	满洲旗人	正蓝旗都统	乾隆五年二月	乾隆五年七月	
绥远城建威将军补熙	满洲镶黄旗	满洲正蓝旗都统	乾隆五年七月	乾隆十四年九月	兼摄归化城将军
绥远城建威将军八十五	满洲旗人	归化城副都统	乾隆十四年九月	乾隆十四年十月	
绥远城建威将军富昌	满洲旗人		乾隆十四年十月	乾隆二十二年四月	
绥远城建威将军松阿哩	满洲旗人	齐齐哈尔副都统	乾隆二十二年四月	乾隆二十二年四月	

---

① 土默特左旗《土默特志》编纂委员会：《土默特志》（上），呼和浩特：内蒙古人民出版社，1997年，第434—435,；翁道乐、王玉海：《清右卫建威将军探微》，内蒙古大学学报，2006年，第1期，第17—22页；黄治国：《清代绥远城驻防研究》，中央民族大学，2009年博士学位论文等，均有统计表格。但是均把绥远城建威将军和绥远将军混在一起。《绥远城驻防志》，载历代绥远将军是王常开始，呼和浩特：内蒙古大学出版社，1991年，第7—12页。

续表

将军	旗籍	原任	任职时间	离职时间	备注
绥远城建威将军保德	满洲旗人	凉州将军	乾隆二十二年四月	乾隆二十四年六月	
绥远城建威将军恒禄	宗室旗人	镶蓝旗护军统领	乾隆二十四年六月	乾隆二十五年十月	
绥远城建威将军如松	宗室旗人	兵部左侍郎	乾隆二十五年十月	乾隆二十六年十一月	乾隆二十六年三月改称绥远城将军

二、绥远城将军的设置

在绥远城建城之前，建威将军驻右卫，所以称右卫建威将军。乾隆元年（1736）开始在归化城东北修筑绥远城，移驻防，派将军，逐步取代了归化城的战略地位，成为清廷统治漠南蒙古和用兵西北的军事重镇。绥远城建立之前，虽然右卫建威将军兼摄归化城将军，但并不在归化城驻防，而是巡防。从康熙中期开始，清政府与漠西蒙古准噶尔之间的战争一直在持续。乾隆皇帝在即位初，决意在归化城修筑新城，以解决归化城小，无法安置驻军的问题。

《军机处满文月折包》雍正十三年（1735）闰四月初七日，大学士鄂尔泰奏于归化城附近筑城驻兵折：

> 雍正十三年二月十日降旨，归化城地理位置重要，派满兵几千前往，并修建城池。①

此后开始绥远城的建城准备工作，《军机处满文月折包》雍正十三年（1735）六月二十四日，归化城都统丹津等奏调用黄河岸上积存木材及木纳山（乌拉山）内已伐木材筑城建房折：

> 丹津奏，为修城工程，所用石瓦等已经发来，但建房一万二三千间，需大小木材三十万余根。去年木纳山有大量盗伐木材，请将此木材已存的十万余根运往筑城地，以备修城。②

《军机处满文月折包》雍正十三年（1735）七月，军机大臣允礼奏议复丹津所请调运木材筑城盖房折：

> 允礼奏，雍正十三年六月二十九日，归化城都统丹津等上奏，于木纳山将盗伐木

---

① 中国第一历史档案馆：《军机处满文月折包》，档案号：1540—001，缩微号：039—0348。
② 中国第一历史档案馆：《军机处满文月折包》，档案号：0754—005，缩微号：017—1122。

材运往修筑新城。臣以为，筑城需木材三十万余根，现木纳山有盗伐木材，请将用于筑城，并严禁盗伐。从之。①

修建城池所需木材已经具备，修建城池的地址亦已选定。《军机处满文月折包》雍正十三年（1735）六月二十四日，右卫将军申慕德奏：

> 内蒙古大青山地方特木尔、章奇塔尔两村间宜筑城驻兵及训练兵丁。其后遵旨，在归化城至特木尔、章奇塔尔之间选一地方修建城池。②

《清高宗实录》卷16，乾隆元年（1736）四月甲戌条载：

> 总理事务王大臣议，稽察归化城军需工科掌印给事中永泰条奏：一、归化旧城，修整完固，于城东门外，紧接旧城，筑一新城。新旧两城，搭盖营房，连为犄角，声势相援，便于呼应；一、右卫驻防兵丁，不宜迁移，镇守仍照旧制，庶于地方有益；一、归化城一带地亩，不便改为民种升科。得旨。筑城开垦事件，交通智总管办理。俟城工告竣之时，先派家选兵二千名，热河兵一千名，前往驻防，其家选兵照八旗另记档案人例，另记档案。将来补授骁骑校等微职，不可用至大员。右卫兵丁，暂行停止迁移，仍著在本处驻防。归化城周围田地，悉行开垦，俟积谷充裕之时，于京城八旗闲散满洲内，将情愿者，挑派三千名，以为新城驻防兵丁。其钱粮家口米石，及拴养马匹，俱著照热河兵家选兵例。右卫兵丁，既停止迁移，将军、副都统、笔帖式等，俱仍驻本处。新城著设将军一员，副都统二员，俟应行派往之时，著该部再行请旨具奏，笔帖式著照例补放遣往。③

可见在修建绥远城之初，并不想把右卫建威将军移驻绥远城，而是要增设将军驻防。这一方面是加强本区域的军事力量，另一方面是和右卫建威将军形成犄角之势，便于在军事上形成合力，加强对西北地区的军事威慑力。

《清高宗实录》卷28，乾隆元年（1736）十月丁卯条载：

> 建归化城东北五里许绥远城。④

《清高宗实录》卷32，乾隆元年（1736）十二月庚午条载：

> 谕总理事务王大臣，归化城驻防兵丁于明春即当遣往。但正在办理城工，兵丁尚无住房，若俟一切完竣后，始行遣往驻防，未免较迟。著先将兵丁住房修理，俟遣往驻防后，再行修理城工。⑤

---

① 中国第一历史档案馆：《军机处满文月折包》，档案号：0754—006，缩微号：017—1127。
② 中国第一历史档案馆：《军机处满文月折包》，档案号：1180—009，缩微号：027—2842。
③ 官修：《清高宗实录》卷16，乾隆元年四月甲戌条，北京：中华书局，1985年，第435页。
④ 官修：《清高宗实录》卷28，乾隆元年十月丁卯条，北京：中华书局，1985年，第600页。
⑤ 官修：《清高宗实录》卷32，乾隆元年十二月庚午条，北京：中华书局，1985年，第638页。

即乾隆皇帝要求先修建兵丁住房，在乾隆二年（1737）春即派兵驻防，然后再修建城池。

《军机处满文月折包》，乾隆二年（1737）正月十八日，瞻岱奏：

> 归化城地方建筑城工，臣等共同指定基址，择于乾隆二年二月初七日动土兴工，业经议覆，来旨准行，钦遵。①

由此可知，在乾隆二年（1737）之前，归化城所修建的应为住房，在乾隆二年之后，才开始办理城工。

《清高宗实录》卷39，乾隆二年（1737）三月庚戌条载：

> 总理事务王大臣议奏：归化城盖造新城，去右卫仅二百里，无庸添设将军。请将右卫将军移驻新城，止添副都统二员。其右卫之副都统二员，仍留原处，亦归并将军管辖。所有家选兵二千名，热河兵一千名，著该处照原议办理。俟房屋工竣日，先往驻札。其管兵官员，应令将军王常等会同八旗大臣，拣选京城应升官员，请旨补放。至京城应派官兵三千名，遵旨暂停。俟归化城附近地亩开垦足数，呈报到日再议。从之。②

虽然在在绥远城修建之初，并非移驻右卫建威将军。但是在新城修建后，由于距离右卫仅二百里，两地距离太近，如再添设一将军，则有冗官之嫌，因此清政府没有再添设将军，而是移驻右卫建威将军。

《清高宗实录》卷44，乾隆二年（1737）六月丁卯条载：

> 总理事务王大臣等奏：热河地方，甚为紧要，所居满洲兵，现有八百名。其从前一千操演兵已遣往归化城驻札，热河所余满洲兵较少。③

显见，在乾隆二年（1737）六月之前，已经派兵前往归化城驻扎。

《清高宗实录》卷95，乾隆四年（1739）六月辛丑条载：

> 建威将军王常等奏报：建筑绥远城城垣及衙署、庙宇、兵房、仓廒、堞楼、桥梁工程告竣，共银一百三十万两有奇。奏入，报闻。④

都统通智所撰《敕建绥远城碑》的铭文载：

> 奉旨令王常以右卫建威将军移驻……于乾隆丁巳季春三月即工，乾隆己未之夏六

---

① 中国第一历史档案馆：《军机处满文月折包》，档案号：03—1114—008，缩微号：079—0054。
② 官修：《清高宗实录》卷39，乾隆二年三月庚戌条，北京：中华书局，1985年，第699页。
③ 官修：《清高宗实录》卷44，乾隆二年六月丁卯条，北京：中华书局，1985年，第778页。
④ 官修：《清高宗实录》卷95，乾隆四年六月辛丑条，北京：中华书局，1985年，第453页。

月工竣，钦定佳名曰绥远城。①

从乾隆元年（1736）开工建设绥远城，至乾隆四年（1739）绥远城工竣，历时四年。有关绥远城修建参见黄治国《清代绥远城驻防研究》、边晋中《清代绥远城驻防若干问题考述》，本文并非探讨绥远城的修建，所以对其修建过程不予以赘述。②右卫建威将军在乾隆二年（1737）移驻绥远城后，即由右卫建威将军改成绥远城建威将军。上文所引建威将军王常（昌）、补熙二人即是如此。这一状况一直持续到乾隆二十六年（1761）。

《清高宗实录》卷633，乾隆二十六年（1761）三月丁卯条载：

> 军机大臣等奏：查各省将军名号，皆按驻防处所编定。惟京口将军，向称镇海将军。绥远城将军，向称建威将军。今镇海将军之缺，既经裁汰。其建威将军，请嗣后于奏事行文，俱称绥远城将军，并请改铸印信颁给。报闻。③

《钦定大清会典事例》卷545《兵部·官制》载：

> 乾隆二年，山西绥远城，设建威将军一人，……二十六年，改建威将军为绥远城将军。④

从乾隆二十六年（1761）开始，建威将军改称绥远城将军，这是因为建威将军驻绥远城，由驻防之处编定。

《清通典》卷36《职官》载：

> 绥远城将军一人、协领五人、佐领二十人、防御二十人、骁骑校二十人，兼管归化城土默特。归化城土默特副都统一人、参领十人、佐领四十九人、掌归化城土默特之军政，以时巡阅边防、编审户册。右卫城守尉一人、防御四人、骁骑校四人。⑤

《清高宗实录》卷874，乾隆三十五年（1770）十二月丁亥条载：

> 又谕绥远城将军，管理本城满兵，又管归化城土默特事务。归化城副都统，专管该城土默特事，不辖绥远城满兵，殊属不合体制。二城相隔，不过四五里，只此副都统一员，与别省专城之副都统不同。该副都统应将两城事务，俱与将军协同办理。嗣

---

① 郑植昌修、郑裕孚纂：《归绥县志》，中国边疆史志集成（第37册），北京：全国图书馆文献缩微复制中心，2002年，第453—454页。
② 黄治国：《清代绥远城驻防研究》，中央民族大学，2009年博士学位论文；边晋中：《清代绥远城驻防若干问题考述》，内蒙古师范大学，2006年硕士学位论文。
③ 官修：《清高宗实录》卷633，乾隆二十六年三月丁卯条，北京：中华书局，1985年，第70页。
④ 昆冈等修，刘启端等纂：《钦定大清会典事例》卷545《兵部·官制》，续修四库全书（第806册），上海：上海古籍出版社，2002年，第533页。
⑤ 官修：《清通典》卷36《职官》，影印文渊阁四库全书（第642册），台北：台湾商务印书馆，1986年，第430—431页。

后绥远城将军，仍管两城事务。归化城副都统，亦著管理绥远城满兵。①

建威将军移驻绥远城后，其职责为管理绥远城满、蒙、汉军军务。改称绥远城将军后，随着西北地区渐趋平稳，绥远城将军所辖事务在逐渐扩大。晓克写道：

> 1761年建威将军改称绥远城将军，次年清廷令其兼管土默特官兵，1776年兼管土默特两翼事务。从此两翼自副都统以下官员均受该将军节制，副都统衙门、喇嘛印务处的奏折及其给理藩院、兵、户部的咨文，均须将军衙门转奏、转咨，院、部及山西等省给副都统衙门的咨文，也须由将军衙门转咨，从此土默特两翼完全处于绥远城将军的掌控之中。绥远城将军的全称为"管理绥远城驻防八旗官兵兼管右卫官兵、归化城土默特官兵、酌量调遣大同、宣化等处绿旗官兵"，其职权不仅管理军事，也管理政务，成为清廷在土默特地区无所不管的最高军政长官。②

相关文献虽然没有记载绥远城将军的职权，但据《清实录》所载，可窥见绥远城将军的职权，这个职权同晓克所述相差不大。

《清仁宗实录》卷305，嘉庆二十年（1815）夏四月壬午条载：

> 将军箴曰：将军之职，与古迥殊。八旗禁旅，生聚帝都，日增月盛，分驻寰区，星罗棋布，奕禩良模，旧习常守，汉俗勿趋，国语熟练，步射驰驱，先养后教，心洽诚孚，训尔营队，巩我皇图。③

在归化城副都统衙门档案中绥远城将军的称谓为"镇守绥远城等处将军统辖右卫兼管归化城土默特官兵调遣宣大二镇绿旗官兵"④，显见此时的绥远城将军为土默特地区的军政长官。

从康熙三十二年（1692）费扬古为归化城安北将军，到右卫建威将军兼管归化城将军，到绥远城建威将军，再到乾隆二十六年（1761）改称绥远城将军，经历了近70年的时间。在这期间，西北战事逐渐平息，绥远城将军也从管理理绥远城满、蒙、汉军军务，逐渐发展为兼管土默特两翼事务，成为归化城土默特地区的最高军政长官。这一演变过程，一方面说明清政府在本区域统治的稳固，另一方面也说明清政府对归化城土默特蒙古控制的进一步加强。绥远城将军和归化城土默特（副）都统职权的此长彼消，恰

---

① 官修：《清高宗实录》卷874，乾隆三十五年十二月丁亥条，北京：中华书局，1985年，第724页。
② 晓克：《土默特史》，呼和浩特：内蒙古教育出版社，2008年，第289—290页。
③ 官修：《清仁宗实录》卷305，嘉庆二十年夏四月壬午条，北京：中华书局，1985年，第58页。
④ 土默特左旗档案馆藏：归化城副都统衙门档案，《催交土默特六十二佐领未完米石的申文》，档案号：80—6—2433；《咨报土默特二旗被灾情况及借谷事》，档案号：80—6—2440；《移咨将粮饷厅库存六成押荒银项全数解交土默特旗库》，档案号：80—6—2686；《移咨土默特六成押荒银三万两起息年月册内因何并不更正》，档案号：80—6—805；《移咨归化城副都统酌核办理土默特六成地租生息银起息日期》，档案号：80—6—815。

恰是这一现象的最好诠释。

历任绥远城将军表①

姓名	原职衔	任职时间	离职时间	备注
蕴柱	凉州将军	乾隆二十七年三月	乾隆三十年十二月	旗人，1763年兼管土默特官兵
嵩椿	西安将军	乾隆三十年十二月	乾隆三十一年十一月	旗人，1766年兼管土默特事务
巴禄	凉州将军	乾隆三十一年十二月	乾隆三十三年三月	旗人
傅良	汉军镶蓝旗都统	乾隆三十三年四月	乾隆三十四年元月	旗人
常在	福州将军	乾隆三十四年元月	乾隆三十四年二月	旗人
诺伦	青州副都统	乾隆三十四年六月	乾隆三十七年五月	旗人
荣保	江宁将军	乾隆三十七年五月	乾隆四十一年十月	旗人，亦作容保
乌米泰	理藩院尚书	乾隆四十一年十一月	乾隆四十一年十二月	旗人
雅朗阿	黑龙江副都统	乾隆四十一年十二月	乾隆四十四年四月	旗人
宏尚	盛京将军	乾隆四十四年四月	乾隆四十六年三月	旗人，亦作弘晌
嵩椿	江宁将军	乾隆四十六年三月	乾隆四十九年六月	旗人，再任
乌尔图纳逊	察哈尔都统	乾隆四十九年六月	乾隆四十九年九月	旗人
吉福	察哈尔都统	乾隆四十九年十月	乾隆五十一年八月	旗人，亦作积福
嵩椿	宁夏将军	乾隆五十一年八月	乾隆五十三年十月	旗人，三任
兴肇	西安将军	乾隆五十三年十月	乾隆五十七年十月	旗人
图桑阿	宁夏将军	乾隆五十七年十月	乾隆五十九年十二月	旗人
永琨	宁夏将军	乾隆五十九年十二月	乾隆六十年九月	旗人
乌尔图纳逊	察哈尔都统	乾隆六十年九月	嘉庆元年三月	旗人，再任
福锐	正蓝旗蒙古都统	嘉庆元年三月	嘉庆三年元月	旗人
乌尔图纳逊	察哈尔都统	嘉庆三年元月	嘉庆三年五月	旗人，再任
永庆	正蓝旗蒙古都统	嘉庆三年五月	嘉庆六年五月	旗人

---

① 土默特左旗《土默特志》编纂委员会：《土默特志》（上），呼和浩特：内蒙古人民出版社，1997年，第434—435页；黄治国：《清代绥远城驻防研究》，中央民族大学，2009年博士学位论文等，均有统计表格。但是均把绥远城建威将军和绥远城将军混在一起。《绥远城驻防志》，载历代绥远城将军是王常开始，呼和浩特：内蒙古大学出版社，1991年，第7—12页。

续表

姓名	原职衔	任职时间	离职时间	备注
崇尚	广州将军	嘉庆六年八月	嘉庆八年八月	旗人
德勒格楞贵	镶黄旗蒙古都统	嘉庆八年九月	嘉庆八年十二月	蒙古八旗人,在任病故
奇慎	正白旗满洲副都统	嘉庆八年十二月	嘉庆九年四月	旗人,亦作奇臣,改调乌里雅苏台将军
春宁	镶蓝旗蒙古都统	嘉庆九年四月	嘉庆十二年八月	旗人,在任病故
来仪	镶黄旗蒙古副都统	嘉庆十二年九月	嘉庆十六年闰3月	旗人
郭勒富阿	四川提督	嘉庆十六年闰3月	嘉庆二十三年十一月	蒙古八旗人
八十六	青州副都统	嘉庆二十三年十一月	嘉庆二十三年十二月	旗人
禄成	吉林副都统	嘉庆二十四年元月	道光二年十二月	旗人
德英阿	黑龙江将军	道光二年十二月	道光四年闰7月	旗人
宗室奕灏	镶蓝旗都统	道光四年七月	道光七年闰5月	满洲镶蓝旗人
宗室景昌	盛京将军	道光七年八月	道光八年元月	满洲正蓝旗人,在任病故
果齐斯欢	福州将军	道光八年元月	道光八年四月	宗室旗人
特依顺宝	署甘肃提督	道光八年四月	道光八年九月	旗人
那彦保	塔尔巴哈台参赞大臣	道光八年九月	道光十年三月	旗人
升寅	成都将军	道光十年三月	道光十一年十二月	满洲镶黄旗人
彦德	镶红旗都统	道光十一年十二月	道光十七年十二月	满洲正黄旗人
棍楚克策楞	塔尔巴哈台参赞大臣	道光十七年十二月	道光十九年九月	满洲镶黄旗人
德刻金布	广州将军	道光十九年九月	道光十九年十一月	满洲镶蓝旗人
嵩溥	福州将军	道光十九年十一月	道光二十年六月	满洲正蓝旗人
色克精阿	礼部左侍郎	道光二十年六月	道光二十一年六月	满洲旗人
宗室奕兴	盛京副都统	道光二十一年五月	道光二十三年二月	满洲镶蓝旗人
禄普	乌里雅苏台定边左副将军	道光二十三年二月	道光二十三年三月	旗人
宗室奕兴	乌里雅苏台定边左副将军	道光二十三年三月	道光二十七年四月	满洲镶蓝旗人

续表

姓名	原职衔	任职时间	离职时间	备注
英隆	江宁将军	道光二十七年四月	道光二十七年十一月	旗人
成玉	乌鲁木齐提督	道光二十七年十一月	道光二十八年九月	旗人
托明阿	陕西提督	道光二十八年十一月	咸丰三年二月	满洲正红旗人
乐斌	乌鲁木齐提督	咸丰三年二月	咸丰三年八月	旗人
善璟	贵州提督	咸丰三年八月	咸丰四年十一月	蒙古正白旗人
华山泰	署理察哈尔都统	咸丰四年十一月	咸丰五年二月	旗人
庆如	金州副都统	咸丰五年二月	咸丰五年十二月	旗人
宗室成凯	宁夏将军	咸丰五年十二月	咸丰十一年八月	满洲镶红旗人
德勒克多尔计	署理库伦办事大臣	咸丰十一年八月	同治五年六月	图什业图汗部人（蒙）
福兴	察哈尔都统	同治五年六月	同治六年二月	旗人
堃瑞	正白旗蒙古都统	同治六年四月	同治七年元月	满洲镶黄旗人
定安	密云副都统	同治七年元月	同治十三年七月	满洲镶蓝旗人
善庆	杭州将军	同治十二年七月	光绪二年十月	汉军镶黄旗人（满洲人）
庆春	察哈尔都统	光绪二年十月	光绪三年四月	满洲正黄旗人
宗室瑞联	察哈尔都统	光绪三年四月	光绪五年十一月	满洲正蓝旗人
丰绅	黑龙江将军	光绪五年十一月	光绪十年闰五月	满洲镶白旗人，以反对编籍去职
克蒙额	镶黄旗都统	光绪十年闰5月	光绪二十年十二月	汉军正白旗人（满洲人）
永德	乌里雅苏台定边左副将军	光绪二十一年元月	光绪二十七年元月	满洲正白旗人，以教案去职
崇善	盛京将军	光绪二十七年元月	光绪二十七年二月	宗室旗人
信恪	江宁将军	光绪二十七年二月	光绪二十八年三月	满洲镶黄旗人
宗室钟泰	宁夏将军	光绪二十八年三月	光绪二十八年十一月	满洲正蓝旗人
恒寿	凉州副都统	光绪二十八年十一月	光绪二十九年八月	满洲正黄旗人
贻谷	兵部左侍郎	光绪二十九年十一月	光绪三十四年四月	满洲镶黄旗人，以垦务大臣兼将军

续表

姓名	原职衔	任职时间	离职时间	备注
信勤	浙江布政使、垦务大臣	光绪三十四年四月	宣统二年九月	满洲镶黄旗人
瑞良		宣统二年十月	宣统三年二月	满洲正黄旗人
桂春		宣统三年二月	宣统三年三月	满洲正蓝旗人
堃岫	乌里雅苏台定边左副将军	宣统三年三月	清亡	满洲正白旗人

绥远城设有绥远城将军、副都统、协领、佐领等一套驻防体系，为了管理地方行政事务，其下设又设左右二司。据《清高宗实录》卷48，乾隆二年（1737）八月丙寅条载：

> 又议覆：归化城将军王昌奏新驻兵丁。应议事件：……一、请设左右两司，给与关防。协御，给与图记。均应如所请办理。①

《绥远城驻防志》卷2《左右二司》载：

> 乾隆二年，将军王奏准：绥远城设立左右二司，由礼部颁给关防各一颗。左司承办：吏、兵、刑三部事务。右司承办：户、工、礼三部事务。②

绥远城将军下设立左右二司，左司掌管吏、刑、兵三部事务，右司掌管户、工、礼三部事务。显见，绥远城将军是当地的军政首脑，掌管当地的军政事务。

第三节 归化城土默特地区道厅的设置

学者们对本地区道厅设置问题也给予了特别的关注，他们从清代内蒙古诸厅设置原因、沿革过程、官员的铨选、内部职能、管理情况等方面进行了论述。③笔者在此基础上，对清政府在归化城土默特地区道厅的设置情况予以简单介绍。

---

① 官修：《清高宗实录》卷48，乾隆二年八月丙寅条，北京：中华书局，1985年，第829页。
② 佟靖仁校注：《绥远城驻防志》，呼和浩特：内蒙古大学出版社，1991年，第43—44页。
③ 乌云格日勒：《略论清代内蒙古的厅》，清史研究，1999年，第3期，第99—104页；白初一：《清代呼和浩特土默特地区行政建制初探》，昭乌达蒙族师专学报，1997年，第4期，第58—65页；张永江：《论清代漠南蒙古地区的二元管理体制》，清史研究，1998年，第2期，第29—40页；乌云格日勒：《口外诸厅的变迁与清代蒙古社会》，山西大学学报，2007年，第2期，第24—28页；曹永年：《内蒙古通史》（第3卷），呼和浩特：内蒙古大学出版社，2007年；晓克：《土默特史》，呼和浩特：内蒙古教育出版社，2008年；张弓：《论清代绥远地区的厅》，内蒙古大学硕士学位论文，2008年；阿如汗：《内蒙古中西部诸厅之研究——以口外十二厅为中心》，内蒙古大学硕士学位论文，2011年。

一、封禁政策

清政府在归化城土默特地区设置道厅，同本地区大量的汉人流入和农业发展密切相关。

归化城土默特地区，在历史上是农业开发较早的地区之一。自俺答汗创设归化城以来，归化城土默特地区就成为农业较为发达的地区。且这一时期，蒙古地区社会相对安定。而此时，明朝政治腐败，社会矛盾加剧，战乱频繁发生。因此漠南蒙古成为躲避战乱首选之区，大批汉民和反明人士流入漠南蒙古。据《大隐楼集》卷16《云中处降录》载：

> 岁掠华人以千万计，分部筑室于丰州之川，名曰板升，而彼知屋居火食矣。赵全有众三万，马五万，牛三万，谷二万余斛。李自馨有众六千。周元有众三千，马牛羊称是。余各千人。蜂屯虎视，春夏耕牧，秋冬围猎。①

由此可见当时被俘汉人、流民或者反明人士在漠南蒙古是相当多的。赵云田认为"仅土默特地区，至十六世纪末就达10余万人"。② 据《云中处降录》所载可知，这些被俘汉人、流民或者反明士兵从事畜牧业和农耕。赵全"谷二万余斛"亦说明他们从事农耕，且占有一定数量的土地。他们的土地应是向蒙古领主租种的，需要向领主交纳一定数量的粮食。赵云田认为"他们实际上是蒙古领主统治下的二庄主和大管家"。③ 同时亦说明明末清初的土默特地区，农业生产有较大的发展，有大量的汉人在此从事农耕。

入清以后，清政府为了加强对这一地区的统治，采取不断削夺、围堵归化城土默特蒙古，限制其发展的策略，最终把归化城土默特变成清政府直辖的地区。"归化城土默特部不但由清廷所派将军直接管辖，而且对归化城土默特蒙古官员从上而下逐级削夺权力，甚至康熙、乾隆后陆续裁汰世袭都统、副都统，又广设基层官职，降低世袭贵族的职位和员额，从而彻底瓦解当地蒙民传统政治权势，最终把归化城土默特变为清廷直辖的特别地方政区。归化城土默特是清廷对蒙古传统部落组织转化为一般性地方行政单位的最为彻底的地区。"④ 在清政府限制归化城土默特部落发展，汉民大量涌入的情况下，归化城土默特蒙古又成为汉化最为彻底的蒙古部落。

---

① 方逢时撰，李勤璞校注：《大隐楼集》卷16《云中处降录》，沈阳：辽宁人民出版社，2009年，第266页。
② 赵云田：《北疆通史》第76编《明朝时期的北疆》，中州古籍出版社，2003年，第446页。
③ 赵云田：《北疆通史》第76编《明朝时期的北疆》，中州古籍出版社，2003年，第446页。
④ 黄丽生：《由军事征掠到城市贸易：内蒙古归绥的社会经济变迁》，台湾师范大学历史研究所印行，1996年，第330—332页。

清初，为了有效地对蒙古地区进行有效管理，除了不断削弱蒙古王公权力外，就是对蒙地施行禁垦政策。

《钦定理藩部则例》卷10《地亩·禁止出边开垦地亩》载：

> 口内居住旗民人等，不准出边在蒙古地方开垦地亩。违者，照私开牧场例治罪。①

《钦定理藩部则例》卷10《地亩·私募开垦地亩已未得受押荒银钱及称名揽头分别治罪专条》载有针对"私行招聚民人开垦地亩"的各扎萨克王、贝勒、贝子、公、台吉、塔布囊、闲散王、贝勒、贝子、公的惩治条例。②

归化城土默特地区的土地亦是禁垦的，但是有部分地区并不禁垦。据《钦定理藩部则例》卷10《地亩·奏定土默特等旗界址章程》中载：

> 土默特旗地亩，除河之南，渠之西，不禁开垦外，其沙拉哈达巴彦河迤北之地，及沙拉图迤东渠东之地，均作为游牧。由将军、副都统会印，札饬土默特及各扎萨克等永远遵行。③

但是，在清初，禁垦是政府的常态。这种禁垦不仅是针对蒙古本身不能开垦牧地，同时对流入口外的民人亦是不准开垦的。

《钦定大清会典事例》卷166《户部·田赋·开垦一》载：

> （顺治）十二年题准：各边口内旷土，听兵垦种。不得往口外开垦牧地。④

此条所指各边口内旷地，任凭士兵垦种，但是不得往口外开垦牧地。

乾隆《怀远县志》卷3《边外》载：

> 边外五十里，原为中国禁留之地。康熙二十一年，贝勒达尔奏乞恩边四十里之外准其游牧。三十六年，贝勒松拉普奏请准与内地民人合伙种地，开边之由自此始矣。五十八年，命侍郎拉都浑以三十里立界，界内之地，唯民人租种。每牛一犋，准蒙古取地租糜子五斗。至雍正八年，仍以五十里定界，令附近地方官折征粮草。十年鄂尔多斯□□复准蒙古收取租银。乾隆元年，和硕庄亲王议准总兵米国正条奏，蒙古情愿招民越界种地，收租取利者，听其自便。从此内地民人—口外种地为恒产，蒙古实□

---

① 张荣铮等整理：《钦定理藩部则例》卷10《地亩·禁止出边开垦地亩》，天津：天津古籍出版社，1998年，第112页。
② 张荣铮等整理：《钦定理藩部则例》卷10《地亩·私募开垦地亩已未得受押荒银钱及称名揽头分别治罪专条》，天津：天津古籍出版社，1998年，第112—115页。
③ 张荣铮等整理：《钦定理藩部则例》卷10《地亩·奏定土默特等旗界址章程》，天津：天津古籍出版社，1998年，第125页。
④ 昆冈等修，刘启端等纂：《钦定大清会典事例》卷166《户部·田赋·开垦一》，续修四库全书（第800册），上海：上海古籍出版社，2002年，第673页。

地租为养赡。①

《榆林府志》卷3《舆地志·疆界·附边界》载：

> 我朝设立中外疆域于各县边墙口外直北禁留地五十里，作为中国之界。康熙二十一年，贝勒达尔奏乞近边四十里之外，准其游牧。奉旨俞允。三十六年，贝勒松拉普奏请与内地民人合伙种地。蒙恩准行。此即开垦之始也。五十八年，贝勒达锡拉卜坦以民人种地，若不立定界址，恐致侵占游牧等情申请，因特命侍郎拉都浑前来榆林等处踏勘。即于五十里界内，有沙者以三十里立界，无沙者以二十里立界，准令民人租种，每牛一犋，准蒙古征粟一石，草四束，折银四分。嗣雍正八年，经理藩院尚书特古忒条奏，五十里禁留之地，何得蒙古收租，议令征收粮草归地方官贮仓。十年，鄂尔多斯荒歉，奉特恩将所收粮草仍给蒙古养赡，并照旧界给租。乾隆元年，和硕庄亲王议准总兵米国正条奏蒙古情愿招民人越界种地收租者，听其自便。从此为内地民人以口外种地为恒产，蒙古亦资地租为养赡。②

《榆林府志》卷3《舆地志·疆界·附边界》又载：

> 按边外有所谓伙盘黑界者，民人出口种地定例春出冬归（先议秋归后改冬归），暂时伙聚盘踞，故谓之伙盘，犹内地之村庄也。又定例五十里立界，垒砌石堆，以限，谓之黑界，即牌界，言不耕之地，其色黑也。界内准民人租种，界外为蒙古游牧之所。③

《神木乡土志》卷1《边外属地疆域·附开垦始末》载：

> 神木边外属地，于乾隆八年各旗贝子等以人民种地越界外游牧窄狭等情，呈报理藩院，行文川陕总督饬司核议后奏，蒙钦差理藩院尚书班第、大学士公川陕总督庆复，前诣榆林会同各扎萨克等定，议于旧界外再展二三十里，仍以五十里为定界。④

《神木乡土志》卷1《边外属地疆域·附开垦始末》又载：

> 边外开垦始于康熙三十六年，迨五十八年始立定界址，有沙者以三十里立界，无沙者以二十里立界。及乾隆八年再为展界，将清初禁留地五十里均为开垦。当时尚为伙盘地，令民春出冬归。迄今二百岁，所垦愈广，距边愈远。父老子弟生长于斯，几若忘其为边外者也。今自光绪三十年，山陕之界址既定，则固垦之无可垦者，虽边

---

① 苏其炤：《（乾隆）怀远县志》卷3《边外》，清乾隆十四年刻本，第69—70页。
② 李熙龄：《榆林府志》卷3《舆地志·疆界·附边界》，道光21年（1841）刻本。
③ 李熙龄：《榆林府志》卷3《舆地志·疆界·附边界》，道光21年（1841）刻本。
④ 民国燕京大学铅印本：《神木乡土志》卷1《边外属地疆域·附开垦始末》，台北：成文出版有限公司，1970年，第12页。

外，而俨若内地矣。①

上述所引文献，所载均为一件事，即边外禁留地、伙盘地，民人出边垦地。随着民人出口人数的增加，边地、牧场不断被蚕食。因此，出现了蒙古靠出租土地维持生活的情形。

《清宣宗实录》卷308，道光十八年（1838）四月丙辰条载：

> 谕内阁，惠吉等奏，审拟山西榆次县民智彦士等京控案一折：此案准噶尔旗扎萨克贝子察克都尔色楞于断还借欠银两，并不按限归还。复因智彦士等违例私种，令图萨拉克齐等向其撵逐，未能先加约束，致令拆毁窝铺，拉抢牛马等物，酿成讼端。又失察蒙古越耕黑界，实属错谬。著交理藩院严加议处。图萨拉克齐、贡楚克、多尔济、拉什色楞与随同滋事之梅楞、吉尔噶勒、和塔赉、扎兰布音太均著交理藩院分别议处。余著照所议完结。至该旗黑界，与山西河曲县、陕西府谷县民地毗连。著该抚等转饬该管道府，于每年春融后，亲往履勘，有无蒙古人等越耕情事。出具印结。由该抚咨报理藩院备查，以杜争端而符定制。②

此处之黑界，应与上文所载伙盘、禁留地是相类似的。有关禁留地的称谓，多出自清代中期以后的陕北地方志，另外还有"黑牌子地""黑界地""白界地""旧伙盘地"③ "牌借地"④ "白借地"⑤ 等记载。有关"禁留地"等问题，一些学者进行了深入细致探讨⑥，

---

① 民国燕京大学铅印本：《神木乡土志》卷1《边外属地疆域·附开垦始末》，台北：成文出版有限公司，1970年，第14页。
② 官修：《清宣宗实录》卷308，道光十八年四月丙辰条，北京：中华书局，1985年，第796—797页。
③ 张鼎彝：《绥乘》卷10《垦殖略》，北京：全国图书馆缩微复制中心（影印上海泰东图书局印行本），第1100、1101、1103页。
④ 民国：《伊盟左翼三旗调查报告书》《伊盟右翼四旗调查报告书》，呼和浩特：远方出版社，2007年，第99、118、119、161、198页。
⑤ 谢再善：《伊克昭盟志》第12章《准噶尔旗》，呼和浩特：远方出版社，2007年，第420页。
⑥ 侯甬坚：《鄂尔多斯高原自然背景和明清时期的土地利用》，中国历史地理论丛，2007年，第4辑，第28—29页；西安：陕西省农牧厅编：《陕西农业自然环境变迁史》，陕西科学技术出版社，1986年，第282—284页；祁美琴：《伊克昭盟的蒙地放垦》，内蒙古近代史论丛（第4辑），呼和浩特：内蒙古大学出版社，1991年，第50页；王卫东：《鄂尔多斯地区近代移民研究》，中国边疆史地研究，2000年，第4期，第70—84页；王卫东：《融合与建构——1648—1937年绥远地区移民与社会变迁研究》，上海：华东师范大学出版社，2007年，第54页；哈斯巴根：《鄂尔多斯地区农耕的开端和地域社会变动》，清史研究，2006年，第4期；张淑利：《"禁留地"初探》，阴山学刊，2004年，第1期，第93页；王晗：《"界"的动与静：清至民国时期蒙陕边界的行程过程研究》，历史地理（第25辑），上海人民出版社，2011年，第150页；闫阎天灵：《汉族移民与近代蒙古社会变迁研究》，北京：民族出版社，2004年，第20页；张世明：《清代"烧荒"考》，清史研究，2005年，第3期，第87页；邱仲麟：《明代烧荒考——兼论其生态影响》，见安介生、邱仲麟：《边界、边地与边民——明清时期北方边塞地区部族分布与地理生态基础研究》，济南：齐鲁社，2009年，第118页；李大海：《清代伊克昭盟长城沿线"禁留地"诸概念考释》，中国历史地理论丛，2013年，（第2辑），第36—48页，等。

在此不予赘述。

据上所引可知，清初施行了封禁政策，但是这种封禁政策并没有严格执行，虽然有较为严格的条例禁止进入蒙地开垦。这种严格的条例仅是针对私垦或者是蒙古私自招民开垦的行为。如上文所载"（康熙）三十六年，贝勒松拉普奏请与内地民人合伙种地，蒙恩准行，此即开垦之始也""边外开垦始于康熙三十六年"，这种开垦，应是指清政府允准的开垦，而此时开垦的土地应是长城外五十里范围内禁留地，并未深入蒙地。

《钦定大清会典事例》卷978《理藩院·户丁·婚姻》载：

> （康熙二十二年）又定：凡内地民人出口，于蒙古地方贸易耕种，不得娶蒙古妇女为妻。倘私相嫁娶，查出，将所嫁之妇离异，给还母家，私娶之民照地方例治罪。知情主婚及说合之蒙古人等，各罚牲畜一九。乾隆五十二年奏准：将禁止民人娶蒙古妇女之例停止。嘉庆六年议准：嗣后将民人娶蒙古妇女之处，严行禁止，其业经娶过者，任伊等两家情愿，均令陆续带回原籍。禁止后，仍有私娶蒙古妇女者，一经旁人告发，将所娶之妇离异，交还母家。将主聘妇女之人枷号三月，满日鞭一百。将违例之民亦枷号三月，满日鞭一百，解回原籍。失察之该台吉罚三九牲畜，该扎萨克罚俸六月。倘该扎萨克台吉自行查出，免其议处。①

虽然上文康熙三十六年（1697）才批准民人到边外开垦，但据《钦定大清会典事例》所载，"康熙二十二年（1683）"就有民人边外开垦的情况，并且出现了民人在边外贸易耕种娶蒙古妇女为妻的情况，否则不会出现"凡内地民人出口，于蒙古地方贸易耕种，不得娶蒙古妇女为妻"的规定。而这种规定并非一成不变，乾隆五十二年（1787），就将该条例禁止，嘉庆六年（1801）又施行该条例，但是又有变通。显然是民人娶蒙古妇女为妻的情况非常多，这个条例执行起来比较困难。亦由此可知当时的蒙禁政策并没有认真的执行。加之清政府的统治渐趋稳定，在人口大量增加的压力下，清政府对民人到口外耕种这种情况也只能是顺应时事而为之了。而清政府鼓励开垦的政策也是促使内地民人到边外开垦的动因之一。

《清世宗实录》卷6，雍正元年（1723）四月乙亥条载：

> 谕户部：朕临御以来，宵旰忧勤。凡有益于民生者，无不广为筹度。因念国家承平日久，生齿殷繁，地土所出，仅可赡给。偶遇荒歉，民食维艰。将来户口日滋，何以为业？惟开垦一事，于百姓最有裨益。但向来开垦之弊，自州县以至督抚，俱需索陋规，致垦荒之费，浮于买价，百姓畏缩不前。往往膏腴荒弃，岂不可惜？嗣后各

---

① 昆冈等修，刘启端等纂：《钦定大清会典事例》卷978《理藩院·户丁·婚姻》，续修四库全书（第811册），上海：上海古籍出版社，2002年，第701页。

省，凡有可垦之处，听民相度地宜，自垦自报，地方官不得勒索，胥吏亦不得阻挠。至升科之例，水田仍以六年起科，旱田以十年起科，著为定例。其府州县官，能劝谕百姓开垦地亩多者，准令议叙。督抚大吏，能督率各属开垦地亩多者，亦准议叙。务使野无旷土，家给人足。以副朕富民阜俗之意。该部即遵谕行。①

据这条谕令来看，由于人口增多，如何解决人民的衣食问题，成为清政府所面临的一件十分棘手的问题。在当时的社会条件下，粮食产量的增加只能依靠土地开垦。雍正皇帝垦荒政策的颁布，在一定程度上对官、民从事垦荒是一种刺激。正是在此种政策的号召或者说驱动下，越来越多的民人到边外从事耕种。

此后乾隆皇帝亦推行鼓励垦荒的政策，对到边外谋食的民人予以放行，据《清高宗实录》卷195，乾隆八年（1743）丁丑条载：

谕：本年天津、河间等处较旱，闻得两府所属失业流民，闻知口外雨水调匀。均各前往就食。出喜峰口、古北口、山海关者颇多。各关口官弁等，若仍照向例拦阻，不准出口，伊等既在原籍失业离家，边口又不准放出，恐贫苦小民，愈致狼狈。著行文密谕边口官弁等，如有贫民出口者，门上不必拦阻，即时放出。但不可将遵奉谕旨，不禁伊等出口情节，令众知之。最宜慎密。倘有声言令众得知，恐贫民成群结伙，投往口外者，愈致众多矣。著详悉晓谕各边口官弁等知之。②

由于旱灾，导致农民流离失所，因此对涌向边外的老百姓也就听之任之了，不再似以往的封禁政策那样严格。虽然是"密谕边口官弁"，"不禁伊等出口情节"。但是，这种不禁出口的情节，随着民人口耳相传，传播范围也就随之不断扩大，导致越来越多的民人出口到边外从事农耕。这种明禁暗弛的政策，一方面促进了口外农业的发展，解决了中原地区人口增加的问题，另一方面，加速了本地区游牧业衰微，生态环境失衡。

《清高宗实录》卷1408，乾隆五十七年（1792）七月辛丑条载：

谕军机大臣等：前因直隶省京南被旱各州县无业贫民，至京就食者日众，并多有出口觅食者。……除已令热河道府，就近晓谕各贫民，由张三营、波罗河屯等处，分往各蒙古地方谋食者不禁。……今年关东盛京，及土默特、喀尔沁、敖汉、八沟、三座塔一带，均属丰收。尔等何不各赴丰稔地方，佣工觅食。俟本处麦收有望，即可速回乡里。如此遍行晓谕，并令其或出山海关赴盛京一带，或出张家口、喜峰口，赴八沟、三座塔，暨蒙古地方，不必专由古北口出口。③

---

① 官修：《清世宗实录》卷6，雍正元年四月乙亥条，北京：中华书局，1985年，第137页。
② 官修：《清高宗实录》卷195，乾隆八年丁丑条，北京：中华书局，1985年，第508页。
③ 官修：《清高宗实录》卷1408，乾隆五十七年七月辛丑条，北京：中华书局，1985年，第924页。

可见清政府的封禁政策并非是铁板一块,而是随时、随事而变,基本上还是以鼓励垦殖为主。清政府对归化城土默特蒙古的统治策略是划地而牧,同时蒙古壮丁要承担兵役,因此他们难以安稳放牧,这一方面限制了游牧经济的发展,另一方面造成归化城土默特蒙古对农耕经济的依赖,而农耕经济则需要依靠内地民人。同时清政府在归化城土默特牧区划拨为数巨大的"大粮地""代买米地""庄头地""驿站地""八旗马厂地""公主地""台站地""六成地"等,在客观上促进了土默特地区土地被大量垦殖和人口大量涌入。

由于归化城土默特的地理、自然环境相对优越:土默特地区地势平阔、土壤肥美,兼有黄河、大黑河、小黑河等水资源,较为适宜进行农业垦殖。同时土默特地区地处晋陕与蒙古交界之地,距离中原较近。在交通方式、方法均十分落后的中国古代社会,距离因素往往成为人们主要考虑因素。归化城土默特地区较好的自然条件,加之距离较近这一因素,使之成为晋陕民人争相前往的地区。

由于在归化城土默特地区从事农商民人数量大幅度增加,民蒙杂居相处,民蒙交涉事件也逐渐增多。而当时,归化城都统(副都统)等蒙古官员在处理民蒙交涉事件和管理民人方面经验不足,或者可以说是缺乏经验。故左翼都统丹津奏请派官管理归化城土默特蒙汉交涉事务。

二、道厅的设立

归化城土默特地区道厅的设立,当始于归化城同知的设立。归化城理事同知的设立,是清政府派员管理蒙汉交涉事务之始,也是归化城土默特地区开始一地两治的开始。

《清世宗实录》卷10,雍正元年(1723)八月癸亥条载:

> 添设归化城理事同知一员,从归化城都统丹晋请也。[1]

《清世宗实录》卷79,雍正七年(1729)三月丙寅条载:

> 改山西大同府归化城理事同知,属朔平府管辖。从山西巡抚觉罗石麟请也。[2]

《清文献通考》卷273《舆地考五·山西省》载:

> 雍正元年,以口外地方生聚日众,设立归化城理事同知。乾隆元年,于归化城东北增建绥远城。四年,移建威将军驻其地,又设立绥远城理事同知。后因地方辽阔,增设协理通判分管。六年,设归绥道驻绥远城,以各同知、通判隶之。后又增至七协理通判。乾隆二十五年,裁协理通判二员,改为五厅,与两同知共为七厅。凡口外官

---

[1] 官修:《清世宗实录》卷10,雍正元年八月癸亥条,北京:中华书局,1985年,第186页。
[2] 官修:《清世宗实录》卷79,雍正七年三月丙寅条,北京:中华书局,1985年,第43页。

地及土默特并附近各扎萨克部落蒙古民人交涉事务，俱归五通判分理，由两同知核转，并属归绥道管辖。归化城同知厅，在杀虎口北二百里，雍正元年设同知治此，管理民人事务。乾隆二十五年定各地方归五通判分管，其刑名事务，由归化城同知核转。绥远城同知厅，在归化城东北五里，乾隆元年建城，四年设同知治此，管理蒙古民人事务。二十五年定各地方归五通判分管其钱谷事务，由绥远城同知核转。归化城通判厅，初以笔帖式协理通判，乾隆二十五年定设通判治此，分管蒙古民人事务。和林格尔通判厅，初以笔帖式协理通判，乾隆二十五年定设通判治此，分管蒙古民人事务。萨拉齐通判厅，初以笔帖式协理通判，乾隆二十五年定设通判治此，分管蒙古民人事务。清水河通判厅，初以笔帖式协理通判，乾隆二十五年定设通判治此，分管蒙古民人事务。托克托城通判厅，初以笔帖式协理通判，乾隆二十五年定设通判治此，分管蒙古民人事务。①

据上引文可知，在雍正元年（1723），根据丹津的请求，设立归化城理事同知，由山西大同府管辖。到雍正七年（1729），根据山西巡抚觉罗石麟的请求，改归化城理事同知归朔平府管辖。绥远城建成以后，又设立绥远城理事同知（粮饷厅）。由于地方较辽阔，增设协力通判分管。又在乾隆六年（1741）设立归绥道，各同知、通判隶属于归绥道，后来又增至七协理通判。乾隆二十五年（1760），裁掉二个协理通判，改为五厅，与两个同知合称为七厅。由此归化城土默特蒙古地区的蒙民交涉事件，归五通判管理。

文中所载"初以笔帖式协理通判"应是雍正十二年（1734）所添设笔帖式。《清世宗实录》卷150，雍正十二年（1734）十二月乙巳条载：

办理军机大臣等议覆：归化城都统丹晋奏言，归化城添设同知等官之处，经臣等奏请覆准在案。查归化城地广事繁，俱系原设同知办理，兼有协同察哈尔、鄂尔多斯扎萨克等办理之事，诚不可无分理之人。但添设同知一员，恐转致互相推诿，应请停其添设同知。于归化城南之和林格尔、东之坤都伦、西之托克托城、西北隅之萨尔齐等四处，各添设笔帖式一员驻札。令与原设同知协办事务，三年限满更换。应如所请。从之。②

《清高宗实录》卷23，乾隆元年（1736）七月庚申条载：

吏部议准，办理归化城事务兵部尚书通智奏：清水河善岱等处，添设协办同知事务笔帖式各一员。管理开垦田亩，办理地方事务。应给与衙署、人役、养廉、图记。

---

① 官修：《清文献通考》卷273《舆地考五·山西省》，影印文渊阁四库全书本（第638册），台北：台湾商务印书馆，1986年，第309—310页。
② 官修：《清世宗实录》卷150，雍正十二年十二月乙巳条，北京：中华书局，1985年，第586页。

从之。①

《清高宗实录》卷166，乾隆七年（1742）五月己巳条载：

  吏部议准山西巡抚喀尔吉善疏请酌定夷汉章程以重边围各款。

  一、增设吏役。查口外地方辽阔，凡蒙古汉人交涉事件，统归归化城同知、七协理通判成招定案，与州县无异。原设吏攒二名，实不敷用，应再各添典吏二名。并准七协理衙门，拣选缮写满洲、蒙古文移人一名。同知衙门挑取土默特官学内，缮写满洲、蒙古字人二名，以便办公。

  一、议给囚粮。查各协理等，俱设立监狱。惟归化城一处，已经议有囚粮，其余尚未议给。应于每处各设囚粮米二十四石，钱一十二千文，并给予柴炭等银，以示矜恤。

  一、增设递马。查杀虎口至归化城，虽设有蒙古台站，止递都统往来文移，至七协理笔帖式紧要事件，尽属铺司传送，不免迟误。应照内地偏僻州县例，于归化城、和林格尔，各设递马六匹，夫三名。善岱、托克托，各设递马四匹，夫二名。昆都仑、萨拉齐、清水河，各设递马二匹，夫一名。

  一、分别会审。查归化城地方，东则察哈尔，西则土默特，及鄂尔多斯。蒙古、汉人错处，常有交涉之事。各协理等，既属满洲、蒙古官员，若以审理交涉案件，原非越俎。惟向例均报同知，转咨蒙古官员，赴协理衙门会审，由蒙古官员回明都统完结。转辗经年，殊多拖累。今应交各协理等，自行审定。径由同知查核，照例发落。无庸申请都统，委员会审。再各协理等与扎萨克会审交涉事件，向在适中之所。今各协理庶事殷繁，又有监狱，别无佐杂可委，若令出境，反多贻误。请嗣后令各扎萨克官员，照原任归化城巡察色楞奏准例，赴协理衙门会审。

  一、径报协缉。查该协理等所管蒙古人抢劫案件，向系专报都统，委员缉拿。除当场现获盗犯外，概不准查缉，亦不准径报，俱由理事同知转报，以致漏网甚多。请嗣后不论蒙古民人命盗案件，事主呈报之日，该协理一面差捕，一面录供，径报都统，委员速拿，无庸同知转报。

  从之。②

此处之协理通判等仅是为了便于就近处理蒙汉交涉事务而临时设置的过渡性的职务，非实授，而是虚衔，并且不能升转。

《清高宗实录》卷620，乾隆二十五年（1760）九月乙卯条载：

---

① 官修：《清高宗实录》卷23，乾隆元年七月庚申条，北京：中华书局，1985年，第539页。
② 官修：《清高宗实录》卷166，乾隆七年五月己巳条，北京：中华书局，1985年，第104—105页。

> 吏部议准，山西巡抚鄂弼奏称：晋省归化城地方，前经改七协理通判，各给条记。但协理通判，既系虚衔，并无升转之路，又例不入计典举劾，亦无以示激劝。……今改设通判，给与关防，与内地通判无异。请将归化城七协理通判，照丰镇、宁远例，改为通判，颁给关防。其员缺补放，亦照丰宁之例办理。再归化城地虽广阔，究与内地稍殊，分设七厅，亦觉太冗，其善岱、昆都仑二协，地非紧要，应请裁并五厅管辖。从之。①

《清高宗实录》卷643，乾隆二十六年（1761）八月丙戌条载：

> 户部等部议覆，山西巡抚鄂弼奏称：归化城原设七协理通判，今将善岱、昆都仑二协裁汰，并入归化。和林格尔、清水河、托克托城、萨拉齐，五厅管理事宜：
> 一、五厅通判，各将分拨村庄，清立界址。
> 一、昆都仑巡检，改归和林格尔厅管辖。
> 一、善岱巡检，改归归化城厅管辖，移驻色尔登，并建衙署。
> 一、各该通判、巡检关防印信，均另铸给。
> 一、归化城等五厅，改为正衔通判，其俸银，应照内地通判支给。
> 一、各协理通判每员，岁给养廉六百两，今改为正衔通判，每厅加二百四十两，于所裁善、昆二协厅养廉内匀给。
> 一、善、昆二厅，原设囚粮冰炭等银，酌给归化等五厅。
> 一、善、昆二厅，额设铺司，改归五厅，酌量地方分设。
> 一、善、昆二厅，额设清字缮书，分添归化城、和林格尔二厅。
> 一、五厅内，归、和二厅，当极冲之地，每厅原设马六匹，实属不敷，应各添设马四匹各等语。均应如所请。
> 从之。②

乾隆二十五年（1760）以后，协理通判改为通判，与内地通判没有差别，成为实授的同知、通判。他们以前在处理蒙汉交涉事件的时候，要转咨蒙古官员会审，实授以后，则无庸申请都统。这说明其处理蒙汉交涉事务的职权进一步加强。乾隆二十五年（1760）因地非紧要，裁掉善岱和昆都仑二协理通判。乾隆二十九年（1764），因归化城通判和归绥道、归化城理事同知同驻一城，可以兼理，裁掉归化城通判。

《清高宗实录》卷721，乾隆二十九年（1764）十月丁酉条载：

> 吏部等部议准，山西巡抚和其衷奏称：归化城通判，为分办蒙古民事而设，但既

---

① 官修：《清高宗实录》卷620，乾隆二十五年九月乙卯条，北京：中华书局，1985年，第977页。
② 官修：《清高宗实录》卷643，乾隆二十六年八月丙戌条，北京：中华书局，1985年，第191页。

有道员同知，尽可兼理。请将该通判裁汰。其蒙古民人事件，悉并归化城同知管理。其余清、和、托、萨、四通判，悉应仍旧。惟将承办事务，径报归绥道，核明移司。无庸另扣同知核转限期。从之。①

归化城土默特地区经过从雍正初年到乾隆二十九年（1764）的一系列整合，在归化城土默特形成了由归绥道管辖的五厅：归化城理事同知厅、萨拉齐通判、和林格尔通判、清水河通判、托克托城通判。而这五厅，在清末又改成抚民同知和抚民通判。

《清史稿》卷60《地理七·山西》载：

> 归化城直隶厅：……雍正元年，置理事同知，驻西河，隶朔平府。乾隆元年，增协理通判二，增绥远厅。六年，置归绥道厅及二协隶。二十五年，省协理，徙同知驻城。裁左右翼及副都统。余副都统一，同驻。光绪十年，改抚民同知。……萨拉齐直隶厅：……乾隆四年，置萨拉齐及善岱二协理通判。六年，隶归绥道。二十五年，改理事厅，以善岱协理通判省入。同治四年，改置同知。光绪十年，改抚民。……清水河直隶厅：……乾隆元年，置协理通判。六年，隶归绥道。二十五年，改理事厅。光绪十年，改抚民通判。……托克托直隶厅：……乾隆元年，增协理通判。二十五年，改理事厅。光绪十年，改抚民通判。……和林格尔直隶厅：……康熙中，置站曰二十家子，蒙语和林格尔。乾隆元年，置协理通判。二十五年，改理事厅。光绪十年，改抚民通判。②

上引文所载"六年，设归绥道驻绥远城，以各同知、通判隶之"，"道"作为一级行政区划始于唐朝。唐初，分天下为十道，作为州县一级之上的行政区划，后来增至二十三道，后来演变成节度辖区。辽朝的行政区划大体为道、府（州）县三级；辽全境分5个道，每个道有一个政治中心，称为"京"，并以京的名称来命名道。元朝创设行中书省制度，在行省下设有道。清代的"道"是介于布政、按察二司同府、直隶州之间的一级行政机构。

《清高宗实录》卷149，乾隆六年（1741）八月丙辰条载：

> 吏部议准，山西巡抚喀尔吉善奏称：杀虎口外添设巡道一员，应驻札归化城。该处路当孔道，夷汉交集，为各部落台站之要区。特角绥远城，控制和林格尔、托克托城、萨拉齐、昆都仑、清水河、善岱等处，均隶该道管辖。蒙古民人交涉案件甚多，应定为冲、繁、难三项要缺。请给总理旗民蒙古事务分巡归绥道关防，岁给养廉银四

---

① 官修：《清高宗实录》卷721，乾隆二十九年十月丁酉条，北京：中华书局，1985年，第1038页。
② 赵尔巽：《清史稿》卷60《地理七》，北京：中华书局，1976年，第2040—2043页。

千两，给予衔署。从之。①

归绥道设立之后，归化城土默特七厅（后改为五厅）均由归绥道管辖。

《清高宗实录》卷163，乾隆七年（1742）三月辛巳条载：

> 吏部议覆，山西巡抚喀尔吉善奏称：口外归化、绥远二城，应照内地之例。凡巡道、同知、协理等官，承办案件，有应查取职名者，均归巡抚，以一体制，毋庸将军查处。应如所请。从之。②

《清高宗实录》卷163，乾隆七年（1742）三月丙戌条载：

> 大学士鄂尔奏等议奏，据山西巡抚喀尔吉善奏称，建威将军补熙两次寄字称：口外现设归绥道，凡刑名钱谷，既由通判、同知、道员、逐层审理，与各省州县府无异。若仍由巡抚、将军、都统三处核拟，实有鞭长不及之势。嗣后或竟归将军，竟归都统，就近咨题完结。窃念夷汉交涉，命盗案件，例由巡抚主稿。臣不敢违例诿卸，曾两次扎覆，诚恐补熙疑臣固执成见，理合将未经会奏缘由奏明。查口外命盗案件，专系蒙古者，由将军审理。夷汉交涉之事，由臬司成招，巡抚核题。乾隆五年五月内钦奉谕旨，嗣后归化城、土默特等处盗案事件，著绥远城建威将军一并管理，原指蒙古案件而言。又五年十一月内刑部议覆补熙奏，蒙古民人交涉命盗等案，概由巡抚主稿，关会都统、将军。奉旨依议。又本年三月内吏部议覆喀尔吉善奏，归化、绥远二城，办理一切案件，如巡道、同知、协理等官，遇有疏防迟延失察等事，均归巡抚咨题参处，毋庸该将军查取职名。亦经奉旨依议。是夷汉交涉事件，统归巡抚核题，定例已久，未便纷更。第口外相隔辽远。关会审解，每致守候羁延。嗣后应令该抚严饬道厅，依限审结，以免拖累案情，不致有误。职守亦有由归。得旨：依议。③

该奏议把"刑名钱谷，既由通判、同知、道员、逐层审理"这些职权坐实，同时把建威将军（绥远城将军）都统的职权划分清楚，以免导致纷争。即蒙汉交涉事件，由巡抚、道员、同知、通判等员经管。由此归化城土默特地区形成了山西省—大同府（后改为朔平府）—归绥道—归化城五厅的行政管理体系，同这一管理体系并行的是建威将军（后改为绥远城将军）—归化城都统（副都统）—参领—佐领的管理体系，即归化城土默特地区的一地二治。

据上文所载，绥远城理事同知（粮饷厅）并不在归化城土默特五厅里面，显然这一厅是比较特殊的。

---

① 官修：《清高宗实录》卷149，乾隆六年八月丙辰条，北京：中华书局，1985年，第1143页。
② 官修：《清高宗实录》卷163，乾隆七年三月辛巳条，北京：中华书局，1985年，第50页。
③ 官修：《清高宗实录》卷163，乾隆七年三月丙戌条，北京：中华书局，1985年，第52—53页。

《清续文献通考》卷6《田赋考六·八旗田制·内务府官庄》载：

> （嘉庆）十四年题准：归化城十三庄，应交本色米二千六百十六石八斗七合八勺。内除地亩薄碱豁免外，每年应交米一千五百五十三石一斗二升四合。由绥远城理事同知征收，以充兵饷。①

《清宣宗实录》卷47，道光二年（1822）十二月甲子条载：

> 甲子，谕军机大臣等，据禄成奏：归化城土默特，并回子部落游牧两界之间。……请于锡呼图呼图克图所属沙拉穆楞地方，择其冲要，添设卡伦二处。于该处黑徒内，每卡派格斯贵一名，黑徒十名。再于达喇嘛中轮派一名，总理其事。至坐卡人等月支盘费，请由绥远城粮饷厅库贮大青山后征收历年余剩租银闲款内，提出银一万两，交归绥道发商生息等语。②

从其所载，基本可以看出绥远城理事同知（粮饷厅）的职能，并不处理蒙民交涉事件，而是在征粮、征银上。晓克写道："各厅中比较特殊的是绥远城粮饷厅。土默特两翼境内之庄头地、大粮地、代买米地和兵米等地的官粮、租银都得交给该厅经管，用作驻防八旗粮饷。1886年形成的土默特六成地租银也由该厅收储以备练兵。从行政关系看，该厅虽隶于归绥道，但粮饷厅事务以及办理旗、民、蒙古交涉事务，主要是承绥远城将军衙门之命进行政务活动，因而所谓口外五厅，或清末所称口外七厅，并不包括绥远城粮饷厅。"③

从归化城副都统衙门档案亦能看出绥远粮饷厅的主要从事征解官粮、租银以及发放"时宪书"④，并不具备管理蒙民交涉事务的职能。故其并没有归入口外五厅或口外七厅。

三、归绥道官吏、司属

归绥道所辖归化城五厅，该衙门几乎对归化城土默特两翼境内的各种事务都有管辖

---

① 刘锦藻：《清续文献通考》卷6《田赋考六·八旗田制·内务府官庄》，续修四库全书（第815册），上海：上海古籍出版社，2002年，第480页。
② 官修：《清宣宗实录》卷47，道光二年十二月甲子条，北京：中华书局，1985年，第836页。
③ 晓克：《土默特史》，呼和浩特：内蒙古教育出版社，2008年，第293—294页。
④ 土默特左旗档案馆藏：归化城副都统衙门档案，《申复十五沟地租银数及米石谷价的呈文》，档案号：80—满文补遗—147；《为征解十五沟地租米折银无凭可查行文粮饷厅的呈文》，档案号：80—满文补遗—148；《归化城土默特每年应交付官米作为绥远城粮饷》，档案号：80—满文补遗—239。土地类《申报萨清和解到52年地租银》，档案号：80—5—1866；《申报受到萨清二厅解交土默特地租银两日期》，档案号：80—5—1872；《申报受到归萨和三厅解交地租银贮库的呈文》，档案号：80—5—1890；《申报归厅转解和厅交上年地租银两收库》，档案号：80—5—1914；《移咨归城户司于本月九日齐集可可依力更勘丈聚宝庄地亩》，档案号：80—5—1989；《请详明土默特交来米石系何年移充仓粮等的书册》，档案号：80—2—496；《为二十二年时宪书的呈文》，档案号：80—第6函—285；《遵将发到时宪书申送副都统衙门》，档案号：80—2—359；《申送布政使颁下时宪书五本》，档案号：80—2—431等。

的权力，可谓是职权极大。归绥道设有道员一员，为正四品官。由于道员职权较大，因此道员原为满员，清末才参用汉员。

《清史稿》卷116《职官三》载：

> 道员，正四品。……山西归绥道，兼关务、驿传及蒙旗事，驻绥远。初定为满缺，后参用汉人。①

《钦定大清会典事例》卷25《吏部·官职》载：

> （乾隆）六年……又议准：山西归化城地方，设总理蒙古旗民事务分巡归绥道一人。②

其实这两条文献即说明归绥道职权的范围是进一步加强的，乾隆六年（1741）设立归绥道的时候，是总理蒙古旗民事务，到《清史稿》所载则是"兼关务、驿传及蒙旗事"，职权增加了不少。有关归绥道的职权，《土默特志》载："归绥道的全称'山西总理旗民蒙古事务分巡归绥兵备道兼管归化城等处税驿'，其职权是督查核转所属各厅一切刑名、钱谷及丈量开垦旗庄牧地、仓廒积贮、官兵俸饷、解征草束、运送均需，以及蒙汉佃田租息、修筑工程等项。系要职，原为满缺，清末始参用汉员。道员为正四品，与府同级，但知府一般没有加兵备衔。道员出缺，由吏部请旨简用。"③黄丽生认为归绥道所辖十二厅具有军政性质的倾向："归化城地区系以同于内地的厅治来管理汉人，但深入其行政成员的结构来看，实与内地有很大不同。而且也因此注定了清代归化城汉人的活动，延续了明代以降之分军政性质的倾向。"④

《清高宗实录》卷149，乾隆六年（1741）八月丙辰条载：

> 吏部议准，山西巡抚喀尔吉善奏称：杀虎口外添设巡道一员，应驻扎归化城。该处路当孔道，夷汉交集，为各部落台站之要区，犄角绥远城……蒙古民人交涉案件甚多，应定为冲、繁、难三项要缺。请给总理旗民蒙古事务分巡归绥道关防。⑤

此时为归绥道管理关防、蒙民交涉案件，到乾隆二十八年（1763），则又增加了管辖绥远城同知仓库。《清高宗实录》卷692，乾隆二十八年（1763）八月乙未条载：

> 军机大臣等议覆，绥远城将军蕴著等奏：……至前抚臣鄂弼议将归绥道移驻绥远

---

① 赵尔巽：《清史稿》卷116《职官三》，北京：中华书局，1976年，第3352—3354页。
② 昆冈等修，刘启端等纂：《钦定大清会典事例》卷25《吏部·官职》，续修四库全书（第798册），上海：上海古籍出版社，2002年，第448页。
③ 土默特左旗《土默特志》编纂委员会：《土默特志》（上），呼和浩特：内蒙古人民出版社，1997年，第426页。
④ 黄丽生：《由军事征掠到城市贸易：内蒙古归绥的社会经济变迁》，台湾师范大学历史研究所印行，1996年，第338页。
⑤ 官修：《清高宗实录》卷149，乾隆六年八月丙辰条，北京：中华书局，1985年，第1143页。

城，原为绥远同知仓库，改令管辖起见。①

归绥道所属五厅官吏主要有同知（通判）巡检、司狱、典吏、攒典、铺司、贴写、缮写等。

《钦定大清会典事例》卷26《吏部·官制》载：

> 山西省属：……归绥道属归化城、萨拉齐、抚民同知二人，……归绥道属。和林格尔、托克托城、清水河、宁远、抚民通判各一人。……归化城包头村、和林格尔、毕齐克齐、萨拉齐、清水河、托克托城、巡检各一人。②

《钦定大清会典事例》卷148《吏部·各省吏额》载：

> 山西……归绥道：典吏各二人，……归化城、绥远城、萨拉齐各同知，典吏各三人。托克托城、和林格尔、清水河、宁远各通判，典吏各二人。归化城巡检、儒学攒典各一人。③

《钦定大清会典事例》卷664《兵部·邮政》载：

> 归化厅额设……十一铺，铺司四十二名，照旧安设；……和林格尔厅额设……十七铺，铺司五十五名，照旧安设；……萨拉齐厅额设……八铺，铺司二十七名，照旧安设；……清水河厅额设……三铺，铺司九名，照旧安设；……托克托城厅额设……八铺，铺司二十五名，照旧安设。④

清《土默特志》卷7《政典考》载：

> 归绥道衙门设立帖写。归绥道衙门设立缮写满洲、蒙古文字人二名，由土默特学生内挑选。应给饭食银两，该道员自行捐给。五年无过，该道员出具考语，呈报该将军，遇有应升缺出，分别录用。归化城同知等衙门，各设帖写。归化城同知衙门内设立缮写满洲、蒙古文字人二名，绥远城、和林格尔等厅衙门各设缮写满洲、蒙古文字人一名，均由归化城土默特学生内挑选。五年无过，出具考语，呈报该将军，遇有应升之缺，分别录用。每年每名各给饭食银六两，由绥远城房租项下支给报销。⑤

该条所载蒙古贴写、缮写，由土默特学生内挑选的，如果五年之内无过，由归绥道

---

① 官修：《清高宗实录》卷692，乾隆二十八年八月乙未条，北京：中华书局，1985年，第762页。
② 昆冈等修，刘启端等纂：《钦定大清会典事例》卷26《吏部·官制》，续修四库全书（第798册），上海：上海古籍出版社，2002年，第435—436页。
③ 昆冈等修，刘启端等纂：《钦定大清会典事例》卷148《吏部·各省吏额》，续修四库全书（第800册），上海：上海古籍出版社，2002年，第450—451页。
④ 昆冈等修，刘启端等纂：《钦定大清会典事例》卷664《兵部·邮政》，续修四库全书（第808册），上海：上海古籍出版社，2002年，第300—301页。
⑤ 清光绪年间刊本影印：《土默特志》卷5《政典考》，台北：成文出版有限公司，1968年，第119—120页。

道员出具考语，呈报绥远城将军，遇有应升之缺，分别录用。当然清廷对各厅同知、通判或笔帖式的任命，亦有详细的规定。

《钦定大清会典事例》卷41《吏部·满洲铨选》载：

> 遴选协办同知。雍正八年奏准：归化城协办同知、笔帖式员缺，交与理藩院将八旗蒙古笔帖式内，人明白能通晓汉文者选取，以笔帖式原品，令往归化城协理同知办事。十二年奏准：和林格尔、昆都仑、托克托城、萨拉齐各增设笔帖式一人，于各部院藩院笔帖式内，遴选引见发往。①

《钦定大清会典事例》卷55《吏部·满洲遴选》载：

> 边地同知、通判。雍正十一年奏准：理事同知，有管理民人、办理刑名之责，必得通晓汉文律例之人，方能胜任。应令各部、理藩院，将满洲蒙古员外郎、主事内，通晓汉文、人明白者，遴选引补授。②

据上可知，协办同知是由八旗蒙古笔帖式选充的，其条件是"人明白能通晓汉文者选取"，这是蒙汉兼通的人才。因为要处理蒙汉事务，选取蒙汉兼通的人才是一个非常必要的条件。而同知、通判，由于有管理民人、办理刑名的职责，因此其补授条件就进一步提高，要求将满洲蒙古员外郎、主事内，通晓"汉文律例""通晓汉文""人能明白"的人中，遴选引补授。

《钦定大清会典事例》卷55《吏部·满洲遴选》载：

> （乾隆）五年议准：各边地理事同知员缺，除员外郎不行补用外，由部行文内阁、并部院衙门，于满洲蒙古京察一等之主事、小京官、笔帖式内，遴选通汉文、晓蒙古语、贤能之人，保送过部。会同理藩院，并各部院遴选。考试汉文及蒙古字语，务期循名责实，分别去取，引见补授。其边地理事通判员缺，除主事不行升用外，止将小京官、笔帖式一例考试，注册补用。又定：边地理事同知、通判，考试汉文，拟定名次，带领引见，候旨记名。至考试之卷，毋庸进呈。又定：理事同知、通判，无论内地边地，俱于保送记名之中书、小京官、笔帖式内，由吏部带领引见补授。③

乾隆年间对边地理事同知员缺补授的规定进一步细化。但是无论如何细化，"通汉文、晓蒙古语""贤能之人"同雍正年间的从八旗蒙古中选取"通晓汉文""人能明白"

---

① 昆冈等修，刘启端等纂：《钦定大清会典事例》卷41《吏部·满洲铨选》，续修四库全书（第798册），上海：上海古籍出版社，2002年，第625页。
② 昆冈等修，刘启端等纂：《钦定大清会典事例》卷55《吏部·满洲遴选》，续修四库全书（第799册），上海：上海古籍出版社，2002年，第16页。
③ 昆冈等修，刘启端等纂：《钦定大清会典事例》卷55《吏部·满洲遴选》，续修四库全书（第799册），上海：上海古籍出版社，2002年，第16页。

的规定是一脉相承的。同时增加了"考试汉文及蒙古字语",这显然也是要求边地理事同知等"循名责实"。

张弓依据《新修清水河厅志》《归绥道志》《绥远通志稿》所载清水河厅历代通判的记载,统计了 79 位通判的民族成分后,认为:"在光绪之前,历任通判绝大部分是满族,虽然清水河厅设在蒙古族地区,但蒙族担任通判的也只有十位,只占一小部分。这也符合雍正、乾隆年间对任用地方厅官的规定,从通晓蒙古语的满洲、蒙古主事、小京官、笔帖式中选用。从中央到地方自上而下,权力牢牢掌握在满族统治者手中。光绪以后,鉴于时局的变化,从中央到地方,清廷已不得不重用汉族,汉族出任要职的越来越多,尤其是地方。以光绪九年(1883)为转折点,在 12 厅中清水河、托克托、萨拉齐厅最早开始使用汉族任厅官,此后各厅的厅官绝大多数任用汉族。"①

归化城税务。乾隆二十四年(1759),归化城税务改由杀虎口监督管理,乾隆三十四年(1769),改由山西巡抚兼辖。而管理归化城税务之官员,以前是由理藩院派员管辖,在乾隆三十四年(1769)改为山西巡抚派道府一员,专司其事,一年期满更换。

《钦定大清会典事例》卷 980《理藩院·赋税》载:

(乾隆)二十六年题准:归化城税务,改归杀虎口监督兼管。又议准:归化城为蒙古商民辐辏之处,所有烟油酒三项及皮张杂货等物,皆归入落地税内,照例征收。其驼马牛羊,除进口外,若绕道赶往他省售卖者,亦一例征税,以防偷漏。至于铁器不许出口,原指军器及可以置造军器之铁而言,若种地农具及平常日用器皿,给票验放,毋许守口官弁习难勒索,亦俱照例收税。再四项牲畜到归化城,每价银一两征制钱八文,向系土默特蒙古征收,作为公费,今既归入正额,仍令土默特等照每年应用之数具领关支。该监督于任满时,一并造册报核。三十四年覆准:归化城关税,令山西巡抚兼辖,拣派道府一员专司其事,仍以一年期满更换,停止理藩院委派司员管辖之例。②

《钦定大清会典事例》卷 236《户部·关税》载:

(乾隆)三十一年覆准:归化城税务,派理藩院司员征收。三十四年覆准:归化城归山西巡抚兼管,选派道府贤员,按年更替。③

到光绪十年(1884),归化城税务又改为归绥道兼管。《清德宗实录》卷 192,光绪

---

① 张弓:《论清代绥远地区的厅》,内蒙古大学,2008 年硕士学位论文,第 15—18 页。
② 昆冈等修,刘启端等纂:《钦定大清会典事例》卷 980《理藩院·赋税》,续修四库全书(第 811 册),上海:上海古籍出版社,2002 年,第 717 页。
③ 昆冈等修,刘启端等纂:《钦定大清会典事例》卷 236《户部·关税》,续修四库全书(第 801 册),上海:上海古籍出版社,2002 年,第 785 页。

十年（1884）八月辛卯条载：

> 署山西巡抚奎斌奏：归化城税务，请仍令归绥道接管。允之。①

可见，一直到清末，归绥道的职权都在不断加强。归绥道职权的不断加强，同该地区的内地民人不断增加和农业垦殖之间有重要的关联，即正是由于归化城土默特地区内地民人不断增加，导致这一地区的农业垦殖强度进一步加大，成为重要的农业区。在此情况下，蒙汉交涉事务由于内地民人的不断增加而逐渐增多。为了更有效地控制这一地区，归绥道的职权不断加强也成为清政府的必然选择。

四、归绥道与土默特两翼旗的关系

口外五厅（或口外七厅）隶属于归绥道，其设立之初就是为了处理蒙民交涉事件。且归绥道在行政隶属上属于山西省朔平府（初为大同府），而归化城土默特两翼旗属绥远城将军管辖。因此归化城都统衙门（后为副都统衙门）归化城土默特两翼旗务衙门与归绥道并无隶属关系。

虽然双方并无隶属关系，但是其所管辖区域是相互重叠的，因此在政务、司法、财税、军事等各方面联系密切。据归化城副都统衙门档案所载，归绥道与归化城副都统衙门的公文用"咨文""札付"，各厅、司与归绥道、副都统衙门之间的公文一般用"呈文"；归绥道、副都统衙门对各厅、司用"扎饬""牌行""扎付"等公文。② 有关归绥道与土默特两翼的关系，晓克归纳为5点③，《土默特志》归纳为3点④，笔者参照上述观点，简要对归绥道与土默特两翼的关系进行论述。

1. "管理蒙古民事，即司理蒙古与民人之间的各种争端、纠纷，如土地、债务、民事、刑事的诉讼案件。

这类案件均由道厅主审，但须咨知副都统衙门（旗务衙门），约期派员参与会审。案件断结后需共同向上呈报审理情形及结果。凡斩绞重案还须待绥远将军或晋抚复核，

---

① 官修：《清德宗实录》卷192，光绪十年八月辛卯条，北京：中华书局，1985年，第713页。
② 土默特左旗档案馆藏：归化城副都统衙门档案，《归化城都统为办理萨音查浑等偷盗喇嘛钥匙一案查明并非盗案事札付归绥道》，档案号：80—30—39；《归化城副都统为约日会审杀人犯达赖咨归绥道》，档案号：80—25—217；《归绥道为会审委魏寿刺死托克托霍案咨归化城副都统》，档案号：80—25—221；《户司为送归绥道领取公费银入库备用的呈文》，档案号：80—22—520；《土默特户司牌行归绥道转饬萨厅勒令追比张立豹强种地亩所收大麦》，档案号：80—5—1936等。
③ 晓克：《土默特史》，呼和浩特：内蒙古教育出版社，2008年，第294—296页。
④ 土默特左旗《土默特志》编纂委员会：《土默特志》（上），呼和浩特：内蒙古人民出版社，1997年，第427—428页。

转报刑部核准。"①

清《土默特志》卷4《法守》载：

> 其地方官吏理蒙民交涉案件者，先由将军、都统奏设五厅，委用理藩院笔贴式五员至七员，后改置蒙民理事府，又设归绥道，改置抚民理事，同通以道辖之。现归化、萨拉齐为理事同知，托克托、和林格尔、清水河三厅为理事通判，均在土默特。界内又置巡检，以副厅治之。所不及蒙人衽席之安，皆天家之赐矣。其国书，则报部，文件止用清文，不用汉文。迨后，内地民人渐集，汉文风气一开，蒙人遂多肆汉书。凡有公文、案件报部，则用清文。咨各扎萨克旗则用蒙文，移道厅均用汉文。近岁大半以汉文往复，不为例禁所拘，惟各署缮书则以娴满蒙者应之耳。②

此处之地方官吏为归绥道及各厅同知、通判等人。其实也就是处理蒙古民事各种争端的程序。虽然由归绥道负责处理蒙古与民人的各种事务，但是必须咨知土默特两翼，其审理结果还要上报。虽然在一定程度上说明归绥道权重，但是还是要在某种程度上参照土默特两翼（旗务衙门）的意见。这既是在处理蒙民交涉事务上对归化城土默特两翼的尊重，同时也是对归绥道的监督，从而达到一种权力制衡的效果。如1781年2月，归绥道为定期会审事咨归化城副都统："山西总理旗民蒙古事务分巡归绥兵备道兼管归化城等处税驿加二级记录三次伊为定期会审事：案据萨拉齐通判智常详解贼犯丁宫小子盗窃蒙古伍把什牛只一案缘由送到，据此拟合照例订期于乾隆四十六年（1781）二月十二日会审。为此合咨贵副都统烦请查明，依期会审施行。"③ 在归化城副都统衙门档案中，这类约期会审的档案就更多了，如乾隆十五年（1750）五月"归绥道为会审盗马犯阿杂喇的呈文""归绥道为请定会审盗马犯敦多布日期的呈文"④ 等。《清高宗实录》卷614，乾隆二十五年（1760）六月癸未条载：

> 山西按察使索琳奏：查归化城归绥道审转命盗各案。如凶盗尸亲事主，均系民人，由七协通判承审，经同知、归绥道覆审，招解臬司，申请抚臣题结。其有蒙古与蒙古交涉命盗案件，由外藩各扎萨克派员来城，会同通判审解，同知转解都统、归绥道会审，咨部。若系蒙古与民人交涉命盗案件，通判验报，行文外藩该扎萨克，申请都统各委员来城会审，仍经同知转解归绥道，会同都统覆审，移解臬司，转解抚臣，会同将军都统题结。凡此案件，例以扎萨克委员到齐之日起限，有屡次订期不至，案

---

① 晓克：《土默特史》，呼和浩特：内蒙古教育出版社，2008年，第294页。
② 清光绪年间刊本影印：《土默特志》，台北：成文出版有限公司，1968年，第62—63页。
③ 土默特左旗《土默特志》编纂委员会：《土默特志》（上），呼和浩特：内蒙古人民出版社，1997年，第427页。
④ 土默特左旗档案馆藏：归化城副都统衙门档案，档案号：80—27—903；80—27—992。

犯经年久羁，其干连待质之犯，省释无期。更有牵涉二三旗分，或一旗委员未到，又另订期，势不能依限完结。查原定扎萨克委员会审之例，原因蒙古不知法律，恐其疑有屈抑，故令会审，以服其心。现今各扎萨克无不深晓立法平允，即委员会审之时，亦从无异议。是会审之例，徒致案牍久悬，犯证拖累。请嗣后归化城七协厅，蒙古与蒙古命盗各案，由通判验讯，申请都统就近派委土默特参佐领会审咨部。其蒙古与民人交涉之案，亦请都统委参佐领会审，由抚臣会题。所有各扎萨克委员会审之例停止。结案后，仍将审拟定罪之处，由归绥道行文扎萨克知照。得旨：所奏甚是，如所议行。①

2. 各厅审理蒙民交涉案件情形须呈报归化城副都统衙门，并请注销。

"1784年托克托城厅向副都统衙门呈报蒙民土地争执案6起，已结案4起，未结案2起。1795年托克托城厅未能审结蒙民争控案多起，副都统衙门扎饬该厅迅速审结，否则即予题参。该厅申诉未能结案原因多系被告已回原籍，不能传唤到案。"②《土默特志》载乾隆四十二年（1777）归化城同知呈归化城副都统的呈文：

归化城蒙古民事同知，为详请注销事：

遵将卑厅衙门办理过蒙民交涉案件逐一查明，理合造册呈送注销。须至册者。

计开：

一件，喀尔喀郡王移送民人罗德建盗窃蒙古丹津驼一只（略）；

一件，拿获逃遣额林沁一案（略）；

一件，发审事。乾隆四十一年十月初十日，蒙都统大人饬审民人姚建富偷窃蒙古什拉玛牛只一案，前件业经前厅撤函会审明确，将该犯依照蒙古偷盗四项牲畜一、二四例，发往山东、河南等省，交驿地充当苦差等情，详解审转去后，于乾隆四十二年八月初一日，奉准部覆。查该犯事犯到官，在乾隆四十一年五月初二日恭逢恩诏，以前所得遣罪减为杖一百，徒三年等情，奉院宪批饬，将该犯押发赵城县驿完结在案，理合注销。③

3. 各厅代征当课、租钱，并申解生息银。

在归化城副都统衙门档案中，有多件和林格尔通判、萨拉齐通判、托克托城通判、

---

① 官修：《清高宗实录》卷614，乾隆二十五年六月癸未条，北京：中华书局，1985年，第911页。
② 晓克：《土默特史》，呼和浩特：内蒙古教育出版社，2008年，第295页。引土默特左旗档案馆藏：归化城副都统衙门档案，档案号80—5—78、80—5—122。
③ 土默特左旗《土默特志》编纂委员会：《土默特志》（上），呼和浩特：内蒙古人民出版社，1997年，第427页。

昆都伦通判"申解买卖牲畜记档银两"的档案。① 在归化城副都统衙门档案中亦有归绥道还负责征收当课以及发商生息的记载。② 在归化城副都统衙门档案财经类中，亦有大量的押荒生息银、西聚宝庄地租银、沙拉穆楞地租银、六成地租银、官房铺面租银等档案。③ 归化城副都统衙门档案中的"四柱清册"中，恰能说明归绥道各厅代征租钱，申解生息银，仅摘引一件"四柱清册"：

归化城旗务衙门造送光绪八年各项岁入岁去简明四柱清册
【中略】
归化城旗库所存记档正项银两于光绪八年十月底止报部核销时，实存旧管银二千五十八两六钱八分七厘六毫六丝一忽。
一、光绪九年春夏秋冬四季遵照则例，由监督归绥道衙门陆续提到银七千两。
一、光绪九年九月遵照光绪六年间奏定章程由监督归绥道衙门提到采买谷价银一千五百两
一、归化等五厅准照则例解到光绪七年分开设小当铺共一百一十八座，每座每年应收当课银六两，共收当课银七百八两。
一、同治十年归所详准采买谷石欠发谷价银八千二百八十四两，遵照光绪六年奏案由归绥道衙门经征杂税项下，光绪七年为始，分作十年匀拨清款，所有每年岁还银八百八十二两四钱，提到七八两年匀拨一千六百五十六两八钱。
一、归化城迤北鞑滚岭等处民人租种入官十七犋牛地亩，遵照则例由归化厅征解，光绪九年分地租银五十一两。
一、遵照则例，由蒙古荣木沁等名下入官地九顷五十五亩，由归化等厅征解，光绪九年地租银十四两八分六厘。又征解入官地基租银八钱二分五厘。
一、归化城北鞑滚岭地方迤北迤西两路及库克额尔计等处所有官地，蒙民建盖房屋铺面，遵照则例，每年额定地基租银七十七两一钱七分，内由归化厅征解，光绪三年欠解地基租银二十二两七钱一分，又征解光绪四年地基租银五十四两四钱六分。
一、遵照则例由归化城内官房铺面三十八间，又南门口园外及毗连城墙根处，官

---

① 如从乾隆5年到乾隆二十六年，有关申解买卖牲畜记档银两的档案就有40余件，见土默特左旗档案馆藏：归化城副都统衙门档案，档案号：80—6—2382、80—6—2432。
② 如在归化城副都统衙门档案中，乾隆三十五年元月《归化城同知呈送卑属并各厅当铺字号姓名》，档案号：80—6—2436；乾隆四十三年十二月《归化城同知造送各当商号姓名应纳课银数目书册》，档案号：80—6—2444；乾隆五十年十二月《归化城同知申解各厅当商所交课清册》，档案号：80—6—2457；财经类里有光绪十八年五月四日《归绥兵备道咨将六成地押荒银三万两饬交归萨丰宁托五厅发商生息》，档案号：80—6—1005。
③ 土默特左旗档案馆藏：归化城副都统衙门档案，财经类。

房铺面三十四间，内套房二十一间，又土默特圪录克之妻孀妇纳木扎布呈进铺面房屋五十五间，统共官房一百四十八间，每月房银四十四两九钱三分，此内屡年生意歇业报退房屋六十九间，每月少收房银二十八两四钱二分，已经咨报理藩院在案，现在官房七十九间，每月应收房租银十六两五钱一分，自光绪八年十一月起至九年十一月底止，共收十二个月房租银一百九十八两一钱二分。

一、光绪八年十一月起至九年十月底止，土默特蒙古互相契卖地基二处，共价银八十两，遵照定例每两收税钱八文，共收税钱六百四十文，易银四钱，按制钱一千六百文合数。以上旧管新收块银一万三千二百六十五两八分八厘六毫六丝一忽。

【中略】

一、发给归化厅同治十年间详准欠发采买仓谷价银八千二百八十四两，内于光绪九年间，由归绥道衙门提到七八两年岁还均匀拨给归款银一千六百两，该厅出具印领如数领讫。

【中略】

归化城旗库存储土默特驼五百只变价银一万两，遵照则例奏交归绥道转发归化厅发商，按月一分生息，所收息银于光绪八年十一月间报部核销时使竣不存。

【中略】

归化城旗库存储土默特驼只变价银一万两所生息银并收煤税钱文易存银，此二项银内，拨银二万两。因大青山后巡缉盗贼在于斯尔登等四处安设卡伦，发给官兵盘费，于嘉庆十九年十一月间奏交前任归绥道松富转发归化等厅发商按月一分生息，所收息银，光绪八年十一月间报部核销时，实存银一百七十八两。

【中略】

归化城旗库存储土默特驼只变价银一万两，所生息银并补修军器项二宗项下拨银九千两。因大青山后库特依等三处添设卡伦发给官兵盘费，于嘉庆二十四年三月间奏交前任归绥道博贵转发归化等厅发商，按月一分生息，所收息银，于光绪八年十一月间报部核销时，使竣不存。

【中略】

归化城旗库所收哈尔吉力等十五沟地租银内，遵照乾隆三十七年间绥远城将军诺隆奏定章程，每年应征地租银七十三两九钱八分一毫八丝八忽，此项系归化厅征解，到日提出杂项公费外，其余银两应给阿尔格冲佐领下纳音保并诺们罕召众徒，尽数酌量均匀散给数目。

【中略】

一、新收归化等厅解到光绪八年地租银二百八十六两九钱五分五厘五毫，照例赏给鳏寡孤独,共一百九十名。各赏银一两五钱一分,统共赏银二百八十六两九钱,余剩银五分五厘五毫,增给末名,尽数散给,不存。

【后略】①

四柱清册所载的很多项目,均由归化城厅负责征解,这说明归化城厅职责显较其他各厅为重。

从归化城副都统衙门档案所载来看,归绥道还负责粮食购买入库、养济院鳏寡孤独的救济、递役工食银等等。晓克写道:"1791年,户部令土默特两翼将归化城仓移交归化厅管理,而每年购粮入库的白银却仍由旗库支付。1736年开办养济院收养百名孤贫无依者,其衣食、烧燃、房舍维修等费,旗库需按季支付给归化厅,由该厅支出,乾隆初年所设159铺司及其后改设的递役,主要负责道厅之间及各厅申送副都统衙门、各有关蒙旗的公文,其工食银也须需旗库支给。"②

小结

综上所述,清政府在归化城土默特蒙古地区的行政建置,有一个逐步发展演变的过程。归化城土默特蒙古投降后金后,清政府为了利用归化城土默特蒙古的势力,有效牵制漠西、漠北蒙古,采取了安堵如故的策略。但是归化城土默特蒙古地处交通要冲,西控漠西蒙古,北控漠北蒙古,为防止归化城土默特蒙古势力做大,给清政府带来意想不到的困难,清廷借"俄木布事件",剥夺了归化城土默特蒙古汗裔统治该地区的传统,转而任命非汗裔统治该地区。同时为分化归化城土默特蒙古的势力,拆分归化城土默特两翼。而两翼都统、副都统,最初采用类似扎萨克的制度,可以世袭,但随着清政府在全国的统治逐渐稳固,漠西、漠北蒙古的威胁逐渐消除以后,则废除了归化城土默特两翼都统、副都统的世袭权,同时裁汰土默特两翼都统、副都统,仅保留一副都统,完全变成清政府控制下的都统旗。

在不断削弱归化城土默特蒙古势力的同时,清政府则加强在该地区的驻军,为此修建了绥远城,移驻右卫将军到绥远城,驻八旗兵。随着绥远城将军职权的进一步加大,归化城土默特两翼副都统职权则逐渐缩小,沦为绥远城将军的副手,协助将军处理蒙古事务。

---

① 土默特左旗档案馆藏:归化城副都统衙门档案,光绪十一年十一月《归化城旗务衙门造送光绪八年各项岁入岁出简明四柱清册》,档案号:80—6—2598。
② 晓克:《土默特史》,呼和浩特:内蒙古教育出版社,2008年,第295页。

清政府为了更有效地控制归化城土默特地区，限制归化城土默特蒙古势力的发展，继续采取"安堵如故"的政策，只不过这个政策重点体现在"堵"而非"安"上。这个安也可以理解为安插其他蒙古部落，以堵住归化城土默特蒙古。在堵的同时，采取"掺"的策略。在归化城土默特蒙古地区划出大粮地、小粮地、公主府地、官庄地、驿站地、八旗地等等。这些土地的大量划拨，进一步压缩了归化城土默特蒙古的生存空间，使得本就十分脆弱的归化城土默特蒙古游牧经济难以维持，迫使其从游牧转而从事农耕，导致本区域经济逐渐由游牧经济变为农牧兼营，再转变为农耕为主的经济形态。

清政府虽然对归化城土默特地区施行禁垦政策，但并没有严格执行。由于内地人口的大量增加，土地问题则日趋尖锐。为了解决人口的吃饭问题，在当时的生产条件下，只能采取移民政策。在此形势下，清政府对禁垦政策没有严格执行也就可以理解了。清政府在归化城土默特地区划拨了大量的土地，这些土地亦需要人来进行垦殖。由于清政府实施的禁垦政策只是针对老百姓的，并非针对自身，这就形成了"只许州官放火，不许百姓点灯"的情状。这种禁垦政策如何能阻止了老百姓为了生存而流向口外的动力？故清政府也只能对到关外进行垦殖的民人采取并非严格的控制措施。正是由于民人的大量涌入，蒙民交涉事务逐渐增多，清政府才在该地区设置道、厅来处理蒙民交涉事务。民人数量的增加，也在客观上导致道厅职权的不断扩大。当然，道厅职权扩大的前提，还是出于清廷要加强对本地区的有效统治。

至此，归化城土默特蒙古地区变成一地两治的地区。即一套管理蒙古的行政体制，一套管理民人、处理蒙民交涉事务的行政体制。这两种体制在归化城土默特蒙古地区的统治，均是以服从于清政府对该地区的有效统治为前提的。

第二章 清代归化城土默特基层社会组织

历史上,中国县级以下地方基层组织是以乡里制度为基本特征的。自20世纪初,中外学者就开始系统地对乡里制度进行研究。① 20世纪90年代以后,对中国社会基层社会组织的研究又掀起新一轮研究高潮,相关研究成果也层出不穷,涌现出一批硕博论文,这些成果大都集中在对秦汉、隋唐、明清乡里制度的探讨。② 在这一时期,一些学者开始对古代乡里制度的特点进行探讨③,同时学者们把研究的视角大多集中在隋唐④、宋⑤、

---

① 中外学者对中国乡里制度的研究,可参阅赵秀玲:《中国乡里制度研究及展望》,历史研究,1998年,第4期,第172—184页。该文对自20世纪30年代至90年代,中外学者对中国乡里制度的相关研究成果进行归纳和总结,并对中国今后乡土制度的研究方向进行了展望。
② 对秦汉时期乡里制度研究的成果主要有:刘玉:《秦汉乡亭治安研究》,首都师范大学,2004年学位论文;张信通:《秦汉乡里制度和管理研究》,河南大学,2007年学位论文;王爱清:《秦汉乡里控制研究》,山东大学,2008学位论文;刘源:《西汉乡里官吏与国家建构》,郑州大学,2010年学位论文;庞建卫:《论秦汉时代的乡官》,山东师范大学,2011年学位论文;宋聪聪:《汉代乡里制度的几个问题研究》,南京师范大学,2013年学位论文;对隋唐乡里制度研究的成果:刘再聪:《唐朝"村"制度研究》,厦门大学,2003年学位论文;宋文龙:《隋朝乡里制度浅探》,西北师范大学,2012年学位论文;对明清乡里制度进行研究的成果:侯春杰:《清代乡规民约对当代村规民约的影响》,中国政法大学,2007年学位论文;毕茂荣:《明初里甲制度探微》,贵州大学,2008年学位论文;杨晗:《清代保甲权力的演变》,河南大学,2011年学位论文。
③ 如陈德顺等:《汉族家族与乡里制度关系探析——兼与西南少数民族地区比较》,晋阳学刊,2006年,第3期,第79—82页;骆正林:《中国古代乡村政治文化的特点——家族势力与国家势力的博弈与合流》,重庆师范大学学报,2007年,第4期,第11—16页;曾宪平等:《家庭、宗族与乡里制度:中国传统社会的乡村治理》,重庆交通大学学报,2010年,第2期,第35—37页;李精华等:《中国乡制的历史沿革与启示》,中国矿业大学学报,2010年,第3期,第81—85页;杜慧:《村区制:保甲制度的延伸》,兰台世界,2011第22期,第69—70页;唐鸣等:《中国古代乡村治理的基本模式及其历史变迁》,江汉论坛,2011年,第3期,第68—72页。
④ 如金滢坤:《吐蕃统治敦煌的社会基层组织》,中国边疆史地研究,1998年,第4期,第27—35页;刘再聪:《从吐鲁番文书看唐代西州县以下行政建制》,西域研究,2006年,第3期,第41—49页;乔香兰:《探寻隋朝乡里制度的渊源》,兰台世界,2014年,第33期,第74—75页;徐畅:《敦煌吐鲁番出土文献所见唐代城主新议》,西域研究,2008年,第1期,第84—98页;张铭心等:《唐代乡里制在于阗的实施及相关问题研究——以新出贞元七年和田汉文文书为中心》,西域研究,2010年,第4期,第1—10页。
⑤ 段琳:《宋代乡村基层组织演变释疑》,西安社会科学,2009年,第3期,第115—116页;鲁西奇:《买地券所见宋元时期的城乡区划与组织》,中国社会经济史研究,2013年,第1期,第20—42页。

西夏①和明清时期②的乡里制度研究上，其研究视角也从宏观研究，变为微观研究，尤其是越来越重视乡里制度的个案研究。但这些研究成果大多集中在中原地区，如直隶、徽州等地，涉及清代归化城土默特地区基层社会组织的探讨，仅有田宓《清代归绥地区的基层社会组织与乡村社会》。③ 因此很有必要对清代归化城土默特地区的地方基层社会组织进行探讨。

---

① 如王晓晖：《西夏河西地区基层社会考察》，西夏学，2011年，第1期，第57—63页；杨蕤：《论西夏的基层组织与社会》，复旦学报，2008年，第3期，第124—132页。

② 如衷海燕：《明代中叶乡约与社区治理——吉安府乡约的个案研究》，华南农业大学学报，2004年，第3期，第111—118页；刘莉：《明清时期保甲制度与家族治理的地方控制》，理论导刊，2007年，第7期，第107—109页；段自成：《略论清代乡约领导保甲的体制》，郑州大学学报，1998年，第4期，第111—115页；王晓琳等：《清代保甲制度探论》，社会科学辑刊，2000年，第3期，第94—100页；赵丽艳：《清代双城堡地区编查保甲述略》，满族研究，2000年，第3期，第48—50页；王先明等：《晚清保甲制的历史演变与乡村权力结构——国家与社会在乡村社会控制中的关系变化》，史学月刊，2000年，第5期，第130—138页；金钟博：《明清时代乡村组织与保甲制之关系》，中国社会经济史研究，2002年，第2期，第22—25页；魏光奇等：《清末至北洋政府时期区乡行政制度考略》，北京师范大学学报，2004年，第2期，第63—75页；原彦平：《清代顺康雍乾四朝保甲制的变迁》，青海社会科学，2004年，第2期，第130—133页；陈晓敏：《清朝保甲吏长的第二身份特征》，山西档案，2005年，第3期，第52—53页；段自成：《论清代北方乡约和保甲的关系》，兰州学刊，2006年，第3，第47—49页；栾成显：《康熙休宁县保甲烟户册研究》，西南大学学报，2006年，第6期，第40—46页；王宏伟：《晚清州县保甲组织探析：以直隶为中心》，求索，2006年，第3期，第224—226页；常建华：《清代宗族"保甲乡约化"的开端——雍正朝族正制出现过程新考》，河北学刊，2008年，第6期，第65—71页；路伟东：《掌教、乡约与保甲册——清代户口管理体系中的陕甘回民人口》，回族研究，2010年，第2期，第38—46页；张德美：《清代保甲制度的困境》，政法论坛，2010年，第6期，第75—84页；陈瑞：《明清时期徽州的宗族与保甲推行》，中国农史，2012年，第1期，第88—103页；陈瑞：《明清时期徽州境内的保甲制度推行与保甲组织编制》，安徽大学学报，2012年，第3期，第97—105页；常建华：《雍正朝保甲制度的推行——以奏折为中心的考察》，故宫学刊，2013年，第2期，第74—122页；郗玉松：《清初土家族地区的保甲制度探究》，湖北民族学院学报，2013年，第4期，第1—4页；闫鸣：《门牌保甲与清代基层社会控制——以清代门牌原件为中心的考察》，南京大学学报，2013年，第2期，第131—139页；黄忠鑫：《清代图甲与保甲关系新论——基于徽州赋役合同文书的考察》，安徽大学学报，2014年，第4期，第101—110页；刘道胜等：《晚清祁门县保甲设置与村落社会——以光绪祁门县保甲册为中心》，安徽大学学报，2014年，第4期，第111—119页；吴秉坤：《清代徽州基层施行保甲个案研究》，池州学院学报，2014年，第4期，第80—83页。

③ 田宓：《清代归绥地区的基层组织与乡村社会》，中国社会历史评论，第9卷，2008年，第343—356页。

第一节 归化城土默特蒙古的基层组织

一、佐领制

归化城土默特地区主要依靠参领、佐领对所辖蒙古人进行管理。归化城土默特蒙古编旗设佐，分为左右两翼，设有参领、佐领。由于人口的增减，参领、佐领的数量也发生相应的变化。归化城土默特两翼由 44 个佐领，发展为 62 个佐领，最后固定在 60 个佐领。

《钦定大清会典事例》卷 545《兵部·官制》载：

> 康熙三十三年定：归化城土默特两旗，向各设都统一人，又增设副都统二人。一旗系二十五佐领，设参领五人；一旗系二十四佐领，设参领五人。每佐领下，各设骁骑校一人。都统以下骁骑校以上官品，均与在京八旗同。①

《钦定大清会典事例》卷 976《理藩院十四·设官·内蒙古部落官制》载：

> （康熙）三十三年覆准：归化城两旗，一旗二十五佐领，设参领五人。一旗二十二佐领，设参领四人。今将浩齐特二佐领，归并二十二佐领。一旗共二十四佐领，应照例增设参领一人。②

《钦定大清会典事例》卷 976《理藩院十四·设官·外蒙古部落官制》载：

> 又定：青海额鲁特等旗，编设旗分佐领。悉照喀尔喀之例，补授管旗章京、副章京以下等官。每五佐领设一参领。③

据上可知，在康熙三十三年（1698），浩齐特二个佐领并入归化城土默特两翼，一个旗为二十五个佐领，一个旗为二十四个佐领，此时土默特照例增设一个参领。原有参领四人的土默特旗，变成参领五人。而"一旗二十五佐领，设参领五人""每五佐领设一参领"，均说明清代官制为参领一员，管辖佐领五员。

清代归化城土默特蒙古设有十二个参领，左右两翼各有六个参领，应有佐领六十员。在 1906 年 12 月（光绪三十二年）《伊精额等十二参领为查办土默特地亩有碍情形三条

---

① 昆冈等修，刘启端等纂：《钦定大清会典事例》卷 545《兵部·官制》，续修四库全书（第 806 册），上海：上海古籍出版社，2002 年，第 533 页。
② 昆冈等修，刘启端等纂：《钦定大清会典事例》卷 976《理藩院十四·设官·内蒙古部落官制》，续修四库全书（第 811 册），上海：上海古籍出版社，2002 年，第 678 页。
③ 昆冈等修，刘启端等纂：《钦定大清会典事例》卷 976《理藩院十四·设官·外蒙古部落官制》，续修四库全书（第 811 册），上海：上海古籍出版社，2002 年，第 686 页。

给垦务大臣的呈文》，载有归化城土默特蒙古设有六十佐领和十二参领的情况，录文如下：

> 谨将奉札会同酌拟查办土默特阖旗垦地亩有碍情形三条呈列于后：
>
> 一、土默特各旗蒙众，所收户口地亩租资，拟令分赴各厅执照取租一款，有妨蒙古生计。查阖旗蒙众所收租项，系奉皇恩赏给户口之地。当因不谙播种，租典与民，耕牧收租以资当差，养赡者十之八九，兹值查办之际，召庙租资自行收取，六十佐领下蒙众赴厅讨取，是为一事两歧，如饬厅征收，是蒙有跋涉之苦，民有扰累之害，应请毋庸交厅收取，仍令各蒙自行收而免苦累。
>
> 一、所拟凡蒙众自种之地与民户一律加增地价一款，查土默特阖旗地亩，前奉雍正上谕办理屯田，及至乾隆年间复行整顿，将此项地亩赏给土默特六十佐领下蒙古，奉旨设立界址而免越占。所有土默特蒙众，除自己户口外，虽有置到之产，是乃同宗蒙古之产，身应兵差，冒死卫镛而阵亡者，亦复不少，此次清厘地亩，与民一律加价，似与民人无所区别。恳请凡蒙古自种之地及蒙租蒙地毋庸加价，以示体恤而免苦累。
>
> 一、所拟土默特蒙众活约典出钱到回赎之地，一并加价一款。查蒙古典出地亩，嗣后如凑集钱项，能以遵例回赎者，准予回赎。如加价不容回赎，可谓蒙人失业，又与原奏不符。恳请凡系活约出典之地，仍令该蒙古原价回赎，以示体恤，而□后实。
>
> 左翼首甲参领松阿里
> 左翼二甲署参领达恒泰
> 左翼三甲署参领倭什阿
> 左翼四甲参领倭什珂
> 左翼五甲参领苏克精额
> 左翼六甲参领若宪
> 右翼首甲参领哈芬阿
> 右翼二甲署参领贺色备出差
> 右翼三甲参领德隆阿
> 右翼四甲参领苏春
> 右翼五甲参领□精额
> 右翼六甲参领裕格图①

该件档案为1906年12月，归化城土默特蒙古十二参领给垦务大臣的呈文。这件呈

---

① 陈志明：《土默特历史档案集粹》，呼和浩特：内蒙古人民出版社，2007年，第26页。

文说明清末归化城土默特地区设有六十佐领、十二参领的情况，同时可证每参领下辖五个佐领。这里的"首甲""二甲"看似"牌甲"，实际上归化城土默特两翼之"牌甲"，有别于其他地区的牌甲。

《清史稿》卷120《食货一》载：

  世祖入关，有编置户口牌甲之令。其法，州县城乡十户立一牌长，十牌立一甲长，十甲立一保长。户给印牌，书其姓名丁口。出则注所往，入则稽所来。其寺观亦一律颁给，以稽僧道之出入。其客店令各立一簿，书寓客姓名行李，以便稽察。及乾隆二十二年，更定十五条：

  一、直省所属每户岁给门牌，牌长、甲长三年更代，保长一年更代。凡甲内有盗窃、邪教、赌博、赌具、窝逃、奸拐、私铸、私销、私盐、踩曲、贩卖硝磺，并私立名色敛财聚会等事，及面生可疑之徒，责令专司查报。户口迁移登耗，随时报明，门牌内改换填给。

  一、绅衿之家，与齐民一体编列。

  一、旗民杂处村庄，一体编列。旗人、民人有犯，地方官会同理事同知办理。至各省驻防营内商民贸易居住，及官兵雇用人役，均另编牌册，报明理事厅查核。

  一、边外蒙古地方种地民人，设立牌头总甲及十家长等。如有偷窃为匪，及隐匿逃人者，责令查报。

  一、凡客民在内地贸易，或置有产业者，与土著一律顺编。

  一、盐场井灶，另编排甲，所雇工人，随灶户填注。

  一、矿厂丁户，厂员督率厂商、课长及峒长、炉头等编查。各处煤窑雇主，将佣工人等册报地方查核。

  一、各省山居棚民，按户编册，地主并保甲结报。①

据上所载牌甲，乃是针对内地民人，同归化城土默特蒙古并无关联。归化城土默特蒙古下辖十二甲，设有参领，每个甲下辖五个佐领，这是采用的八旗制度，是一种军民合一的军事制度。

《清史稿》卷117《职官四》载：

  初，太祖辛丑年，始编三百人为一牛录，置一额真。先是出兵校猎，人取一矢，一长领之，称牛录，至是遂以名官。……顺治八年，定扎兰章京汉字称参领。十七年，定固山额真汉字称都统。雍正元年，改满文固山额真为固山昂邦。梅勒章京称副

---

① 赵尔巽：《清史稿》卷120《食货一》，北京：中华书局，1976年，第3481—3482页。

都统，牛录章京称佐领，分得拨什库称骁骑校。并定都统、副都统员额，如前所列。①

而归化城土默特两翼设有十二甲，每甲设一参领，每参领辖五佐领（牛录），此十二甲，显然不同于"牌甲"。

清政府在归化城土默特蒙古设置十二参领、六十佐领的原则是什么？其实蒙古基层社会组织，在清代以前是以爱马克或鄂托克形式存在的，爱马克或鄂托克可以理解为部落。达力扎布在《明代漠南蒙古历史研究》中，对明代蒙古的基层社会组织进行了论述：

> 无论爱马克还是鄂托克都不是血缘组织，也不是纯地缘组织，而是在蒙古封建领主制度下以人身隶属关系为基础形成的一种社会组织。在鄂托克（或大爱马克）内部，组成该鄂托克的各爱马克统治家族之间都有血缘关系。……实际上在蒙古内部从来没有整齐划一的各级社会组织，封建领地——爱马克是其基本的社会组织，每个台吉的属民，少者几户，多者几百户，组成一个小爱马克，由一个贵族家庭中若干台吉及其属民构成的游牧集团就构成一个较大的爱马克，而由一个家族统治下的属民组成的集团就成为更大的爱马克，其游牧地也相当可观，所以也可以把这样较大的爱马克以其地缘关系称之为鄂托克。②

也就是说，清代以前，蒙古基层社会组织各爱马克（部落）的统治者之间是有一定的血缘关系的。那么一个小的爱马克（部落）及其属民之间有没有血缘关系呢？李治安认为："蒙元时期，投下和爱马的本义是贵族那颜所属的军民集团，一般情况下可简称为部。……投下的外在形式是部或集团，其内在联系是贵族'头目'对投下民不同程度的领属。常见的投下组织大致分为军队投下、分封投下两大类。……这些投下组织的来源、性质及内部隶属关系也表现出某些多样性。"③简单点讲，投下或爱马是领主的属民，领主和属民之间是没有血缘关系的。达力扎布认为"元代的爱马整体上是由分属不同社会阶层、血缘关系不同的人们组成的，并不是血缘组织，而从其统治家族内部来讲，都源自同一祖先，相互都有血缘关系"。④

《钦定大清会典事例》卷543《兵部·官制》载：

> 国初各部落长率其属来归，授之佐领，以统其众，爰及苗裔者曰勋旧佐领。其率众归诚，功在旗常，得赐户口者，曰优异世管佐领。其仅同弟兄族里来归，因授之以

---

① 赵尔巽：《清史稿》卷117《职官四》，北京：中华书局，1976年，第3369页。
② 达力扎布：《明代漠南蒙古历史研究》，内蒙古文化出版社，1997年，第179页。
③ 李治安《元代投下考述》，民族研究，1989年，第3期，第56—65页。
④ 达力扎布：《明代漠南蒙古历史研究》，内蒙古文化出版社，1997年，第179页。

职,奕叶相承者,曰世管佐领。其户少丁稀,合编佐领两姓三姓迭为是官者,曰互管佐领。皆以应袭者引见。①

据此来看,佐领乃是各部落长,其属下同佐领并没有血缘关系。黄静涛在《土默特历史问题丛说》中认为:

> 佐领,特别是那些勋旧、世管佐领,大体都是同族,带有宗法性质。一佐领就是一个血族,佐领额真就是同族的族长,管领一佐即管领了一族。在互管佐领内,二姓三姓互管,就是二族三族的族长互管,也有氏族性质。②

这其实是概念的混淆,勋旧、世管佐领之间具有血缘关系,但是同一个佐领的属民则未必是一个血族。蒙古社会基层组织部落属民来源各异,且由于军功等因素,政府会赐给佐领一些"户口",这些被赐予的"户口"来源是颇为复杂的。因此说"一个佐领就是一个血族"的说法是值得商榷的。"佐领额真就是同族的族长"这个论断从何而来,不得而知。"管领一佐,即管领了一族"这个说法也难免失之偏颇。由于每个佐领的属民来源复杂,故一个佐领之下的属民可能由一个具有血缘关系的族属组成,也可能由多个没有血缘关系的族属或者多个有血缘关系的族属组成。

《钦定大清会典事例》卷154《户部·户口》载:

> (乾隆四十一年)议准:八旗佐领下,各设族长,责令管束同族之人。独户小族,并令兼管。由该都统于男爵、轻车都尉、骑都尉、云骑尉等官,及举贡生监、护军、领催等项人内,拣选补放。若能尽心教导族人,三年无过,由该旗核实,咨送兵部议叙。③

黄静涛认为"在互管佐领内,二姓三姓互管,就是二族三族的族长互管,也有氏族性质。"此说亦值得商榷。设立互管佐领的原因,是其统辖的属民较少,而佐领之间则没有血缘关系,佐领的属民也没有血缘关系。互管佐领并不等同于互管族长,在佐领之下设有族长,也就是说为了便于管理,佐领之下设有族长管理其所属族属之内部事务。而兼管族长,则是因为这个属民是单门独户,或者人口较少,才兼管,并非具有氏族的性质。且归化城土默特六十佐领之下属民居住非常分散,一个佐领可能管辖好几个村庄,即使同处一个村的居民,可能是同族,亦可能并非同族。大的家族立族长,既有利于族长对家族的管理,亦有利于佐领对族长的管理。多个人口较少的家族,共推一人作族长,

---

① 昆冈等修,刘启端等纂:《钦定大清会典事例》卷543《兵部·官制》,续修四库全书(第806册),上海:上海古籍出版社,2002年,第504页。
② 黄静涛:《土默特历史问题丛说》,土默特史料(第8辑),1982年,第84页。
③ 昆冈等修,刘启端等纂:《钦定大清会典事例》卷154《户部·户口》,续修四库全书(第800册),上海:上海古籍出版社,2002年,第516页。

亦有利于社会治理。也就是说族长是上对佐领负责，下对居民负责的基层社会管理人员。如归化城副都统衙门档案有乾隆八年（1743）《右翼四甲满架佐领下原拨户口地亩草场清册》（满文）档案载：满架佐领下 111 户，650 口人，分别居住在三金、茂诺海、萨耀、纳苏图、诺莫珲、苏布尔干、萨里沁、青内、毕车齐、小毕车齐、土谢图、频吉、豁罗苏泰、插索齐十四个村中。① 共 111 户，650 口人，分居 14 个村中，据此推算每村 7.9 户，每户 5.85 人。在清末的归化城副都统衙门档案中《调查户口草册》有"诺参领、都参领、齐佐领、苏佐领、喜佐领属下：登口村、八分子村、黑训营子村、海子村、赵家屹梁村、白庙营村、石老臧营村、油房营村、马厂村、毛代村、脑包村、十二犋牛营子、五苏土召、王木匠屹堆村、陕西营子村。"② 所载 5 佐领下 16 个村，"以上共一百二十二户，男三百三十六名，女二百三十四名，骁骑校一员，领催十四名，披甲八十八名，孀妇三名，黑徒十二名，喇嘛五名，通共合男女五百七十名"。③ 16 个村，122 户，男 360 人，女 234 名，据此推算，每村 7.6 户，每村（男女）37.1 人，每户（男女）4.8 人。据此可知，归化城土默特两翼各佐领所辖村庄比较分散，且每一村庄人口较少——地广人稀。乌仁其其格根据归化城副都统衙门档案统计乾隆年间各佐领所辖户口的数据，各佐领所辖村数最多的"左翼三甲福隆泰佐领下"辖有 24 个村子，最少的为"右翼四甲赛音察浑佐领下"辖有 4 个村子。④ 如此分散的村庄、人口，仅靠佐领来管理显然是不现实的，故需要在每个村庄设置相应的人员进行管理。

归化城副都统衙门档案中有关于族长的记载，如道光二十三年（1843）七月《归化城同知为确查传解多尔济亲属及六十三之族长的咨文》即载有其族长⑤。归化城副都统

---

① 土默特左旗档案馆藏：归化城副都统衙门档案，《右翼四甲满架佐领下原拨户口地亩草场清册》（满文），乾隆 8 年，档案号：80—33—4.3 函—4。又见田宓《清代归绥地区的基层组织与乡村社会》，中国社会历史评论，第 9 卷，2008 年，第 343—356 页。
② 归化城副都统衙门档案《调查户口草册》（满文），宣统二年 8 月，档案编号 80—41—22。乌仁其其格：《18 至 20 世纪初归化城土默特财政研究》，内蒙古大学，2007 年博士学位论文，有译文。
③ 归化城副都统衙门档案《调查户口草册》（满文），宣统二年 8 月，档案编号 80—41—22。乌仁其其格：《18 至 20 世纪初归化城土默特财政研究》，内蒙古大学，2007 年博士学位论文，有译文。
④ 乌仁其其格：《近代归化城土默特蒙古人口问题浅析》，内蒙古大学学报，2012 年，第 3 期，第 10—17 页。
⑤ 土默特左旗档案馆藏：归化城副都统衙门档案，《归化城同知为确查传解多尔济亲属及六十三之族长的咨文》，档案号：80—4—1469。

衙门档案中，亦有众多关于家族的记载①，同时亦有村长的记载，如乾隆二十六年（1761）七月《托斯和村长为报本村大召黑徒吴巴西无故伤害本族兄长那苏图请求惩办的呈文》。显见，乾隆年间，归化城土默特两翼蒙古所居村庄应是设有村长的。此外，归化城土默特土地契约中多载"若有蒙古民人争夺"等记载，在《内蒙古土默特金氏蒙古家族契约文书汇集》中，载有"户内人等争夺""倘有蒙民亲族人等争夺者"的记载②，亦说明蒙古人聚族而居。

据上可知，归化城土默特蒙古各村设有村长、族长，各村所居之蒙古可能有血缘关系，亦可能没有血缘关系。由此大致可以推知归化城土默特两翼蒙古之间的管理体制为：归化城土默特两翼副都统—参领—佐领—乡长、村长、族长。

二、村社制

在归化城土默特蒙古基层社会中，乡长、村长、族长在基层社会管理中发挥着重要的作用。除了村长、族长外，社长、甲头、会首在基层管理中也发挥着重要的作用。

（一）乡

"乡"本义指方向，后来引申为某个方向的地域。"里"是人类的聚居地。乡里制度是我国古代国家政权的基层社会组织。秦汉时期，五家为伍，十甲为什，百家为里，十里一亭，十亭一乡，乡以人口的增减而变更。

《汉书》卷49《晁错》载：

> 臣又闻古之制边县以备敌也，使五家为伍，伍有长；十长一里，里有假士；四里一连，连有假五百。③

《史记》卷8《高祖》载高祖为"泗水亭长"。其注，引《正义》载：

---

① 土默特左旗档案馆藏：归化城副都统衙门档案，乾隆四年三月《户司翼长班尔达西为齐塔特佐领下阿比西克遗孀萨木滨请求过继同族双丁之子多尔吉为嗣的呈文》，档案号：80—22—6；乾隆十三年7月《兵部尚书嗣后准许同宗族合居的咨文》（满文），档案号：80—22—18；乾隆二十六年七月《托斯和村长为报本村大召黑徒吴巴西无故伤害本族兄长那苏图请求惩办的呈文》（满文），档案号：80—30—297；光绪二十四年九月，《乌张氏呈控夫家族屡次引众欺殴》，档案号：80—4—1623；光绪二十六年八月《观音保呈控族妹香香勾结刘姓霸产撒泼》，档案号：80—4—1653；光绪三十四年十二月《双喜呈控族孙宽宽登率众因争窑打死胞弟》，档案号：80—4—1777 等。
② 铁木尔：《内蒙古土默特金氏蒙古家族契约文书汇集》，北京：中央民族大学出版社，2011年，第8、27、43、58、61、92、114、116页。
③ 班固：《汉书》卷49《晁错》，北京：中华书局，1962年，第2289页。

> 《正义》曰：秦法十里一亭，十亭一乡。亭长，主亭之吏。高祖为泗水亭长也。①

以后历代虽然沿袭了乡里制度，但是有所改变。清代沿袭了乡里制度，但其乡里组织的构成十分复杂。乡里、社、保甲、宗族等互相交错，为这一时期的一大特点。地处塞外的归化城土默特蒙古地区，亦有这一特点。

归化城土默特蒙古地区设有乡长，据《蒙古及蒙古人》第4章《从归化城经张家口至承德府》载：

> 现在这些居民大多是在农村或乡屯种田，过着定居生活。像这样的乡村和官屯在左翼三十个苏木管辖下的总共有二百九十个，在右翼三十个苏木管辖下的总共有二百二十六个。在这个五百二十二个乡屯住的都是土默特人。较大的乡屯设两名乡长，小的则设一名。②

《皇朝经世文编》卷74《兵政五》载：

> 旧例，即以乡长而兼保事，其责任不专，而才非所用。盖乡长取乎年高有德，而素行服人者充之。③

乡长选取德高望重和被大家所推崇之人担任。据《清世宗实录》卷225，乾隆九年（1744）九月壬辰条载：

> 大学士鄂尔泰等议覆：巡察归化、绥远二城，太仆寺员外郎宝全条奏：一，归化城、蒙汉杂处，而蒙古之十家长，汉人之乡长等，向不互相纠察，日久废弛，不肖易于藏匿，若令互察，又至妄生事端。请仍饬各自稽查，并交土默特佐领、骁骑校等察究。④

据该条文献，归化城由于蒙汉杂处，蒙古设立十家长，汉人设立乡长。蒙古十家长类似于里甲（见下文），虽然在归化城副都统衙门档案中没有发现乡长的记载，但从上述文献来看，亦可推知，归化城土默特蒙古应有类似乡长的职务。

（二）村

清政府在各村设置村长管理本村事务，据归化城副都统衙门档案所载，在归化城土默特蒙古所居地区亦设有村长。

《清高宗实录》卷147，乾隆六年（1741）七月壬辰条载：

---

① 司马迁：《史记》卷8《高祖》，北京：中华书局，1963年，第343页。
② 阿·马·波兹德涅耶夫著，张梦玲等译：《蒙古及蒙古人》（第2卷），呼和浩特：内蒙古人民出版社，1983年，第156页。
③ 贺长龄：《皇朝经世文编》卷74《兵政五》，台北：文海出版社，1966年，第2643页。
④ 官修：《清世宗实录》卷225，乾隆九年九月壬辰条，北京：中华书局，1985年，第903—904页。

又奏：详筹保甲条约内，有分别良莠一条。现在严饬地方官，督率村长，会同本人父兄族党，及该管乡保，管束化导，游惰类皆改图本计，安心守分，地方匪僻渐少。得旨：教民迁善改过，尤为政之本，不可徒为虚言也。①

该条所载，村长会同族长、乡保等人，管理教化，让游惰之人改图本业。

《清高宗实录》卷155，乾隆六年（1741）十一月辛卯条载：

河南巡抚雅尔图奏：豫省平川旷野，地土广多，所以未能如江广积贮，由粪种未勤，地力不尽，习广种薄收之说，以为固然。查乾隆二年定议，各州县于乡民中，择其熟谙农务、素行俭朴、为闾阎信服者，量设数人，董率农事。然百余里间，所谓老农者，不过三四人，以之劝率，势有不及。臣今现行保甲规条，设立村长，管牌民一百户，年来各村长多能勤慎奉公，伊等皆谙练农务，拟将劝农一事，即责专管。行令地方官，于每岁首春，传集各村长，将劝农规条详加指示，并捐给纸笔。先令将所管百户，各田土脂膏，向收若干，造册存县，岁底核其功过。若该村长所管地方，人工果劝，收成较胜，即奖以酒体花红。三年无倦，给与扁额，永免本户差徭，以示优异。其化导无术、扰累居民者，即行责革。庶官民交奋。而豫省土产，可日望充裕。得旨。此等事皆当详筹熟酌而为之，若存欲速之心，则利民之举，反为害民之端矣。②

这虽然是一篇奏折，其奏议是否实施无考，但亦能从中得出村长选任标准及其职责。村长为掌管百户牌民、谙练农务、勤慎奉公之人。每年春季，村长将所管辖百户民人所辖土地依据贫瘠、守成情况，造具清册存县，年底的时候进行考核，根据考核结果给予奖惩。有关村长的职责，在《皇朝经世文编》亦有所涉及。

《皇朝经世文编》卷21《吏政七》载：

有委之村长者，有设立木铎者，果尽如其说，实实行之。虽未必有效，而亦不可谓必无一效，教于一乡，而得一二人感化。教于一邑，而得数人慕义，亦即是效。岂敢遽求移风易俗。周礼闾师族师，月朔读法，盖即此意，先王所不废。故弟意但考其所委之村长，果否得人，劝导之法，有无定期定所？木铎之设，果否有人？其人果否历行村庄？唱孝弟之歌，振谕民之响耳？若以为具文，而竟不一设，则惰废无能，尽见于此矣。至报举之中，弟近据各属报册翻阅。③

《皇朝经世文编》卷28《户政三》载：

植果木，……须令村长庄头等，严饬所在居民，及时栽种。如官长单骑亲勘，仍

---

① 官修：《清高宗实录》卷147，乾隆六年七月壬辰条，北京：中华书局，1985年，第1125页。
② 官修：《清高宗实录》卷155，乾隆六年十一月辛卯条，北京：中华书局，1985年，第1220页。
③ 贺长龄：《皇朝经世文编》卷21《吏政七》，台北：文海出版社，1966年，第773页。

有寸土荒闲者，本主重惩，村长庄头并责，庶有所责成，而懒民不致自失其资矣。①

据此可知，村长负责教化，督饬居民栽种。在归化城土默特档案中虽然有关于"村长"的记载，但是对其职责并没有过多的涉及。乾隆二十六年（1761）七月《托斯和村长为报本村大召黑徒吴巴西无故伤害本族兄长那苏图请求惩办的呈文》②，为一件呈文，从呈文内容来看，该村村长具有维护该村治安的功能。此亦说明当时蒙古居民中是设有村长的。

（三）家族

从归化城副都统衙门档案，亦能推出该地蒙民应是聚族而居。③ 一个村可能居住着一个家族，亦可能居住多个家族。且一个村可能有蒙古人，亦可能有民人——蒙汉杂居。在归化城副都统衙门档案中有不少这样的记载，雍正九年（1731）九月，《张金状告蒙古章三抢夺柜内银两的状子》载（摘录）：

> 状告人张金系曲阳县人，告为白昼抢夺银两事。切缘毛代营子达子章三横行乡曲，动止抢夺，人人受害，情因小的在毛代营子开杂货铺生理，时值正午，遭达子张三闯入铺内，将寄银八两贰仟，皮袄一件，一并抢去。④

乾隆元年（1736）七月，《归化城同知报明五素兔村发生命案请委员会同相验的呈文》载（摘录）：

> 据东五素儿口甲头石贵荣报前事，报称缘本月二十七日，本村石仁菜园内有外来达子三人赶羊进园放牧，石仁不依，被达子三人□伤，二十八日身死，外来达子三人俱在本村达子哦肯家居住。⑤

乾隆五年（1740）十一月，《左司巡捕兵雅舍泰报称班弟白玉孔互控盗牛望速审讯》

---

① 贺长龄：《皇朝经世文编》卷28《户政三》，台北：文海出版社，1966年，第1027页。
② 乾隆二十六年七月《托斯和村长为报本村大召黑徒吴巴西无故伤害本族兄长那苏图请求惩办的呈文》（满文），档案号：80—30—297。
③ 土默特左旗档案馆藏：归化城副都统衙门档案，乾隆四年三月《户司翼长班尔达西为齐塔特佐领下阿比西克遗孀萨木滨请求过继同族双丁之子多尔吉为嗣的呈文》，档案号：80—22—6；乾隆十三年七月《兵部尚书嗣后准许同宗族合居的咨文》（满文），档案号：80—22—18；光绪二十四年九月，《乌张氏呈控夫家族屡次引众欺殴》，档案号：80—4—1623；光绪二十六年八月《观音保呈控族妹香香勾结刘姓霸产撒泼》，档案号：80—4—1653；光绪三十四年十二月《双喜呈控族孙宽宽登率众因争窑打死胞弟》，档案号：80—4—1777 等。
④ 土默特左旗档案馆藏：归化城副都统衙门档案，档案号：80—4—1032。田宓《清代归绥地区的基层组织与乡村社会》，中国社会历史评论，第9卷，2008年，第343—356页。亦有录文。
⑤ 土默特左旗档案馆藏：归化城副都统衙门档案，档案号：80—4—1041。田宓《清代归绥地区的基层组织与乡村社会》，中国社会历史评论，第9卷，2008年，第343—356页。亦有录文。

载（摘录）：

> 据供：小的是忻县人，于旧年七月十九日在云守村开地，不料本村班弟将小的子母牛抢去二只，声言此牛是他的。据班弟供：我是土默特右翼根敦佐领下兵，乾隆三年腊月二十五日，我一个院子里住的我的侄儿媳妇丢过四只牛，旧年七月记不得日期，有浑津住的蛮子，往我庄子里耕地来了，就认着这个牛。①

上述三件档案所载"毛代营子达子章三""本村达子哦肯""本村班弟""土默特右翼根敦佐领下兵""浑津住的蛮子"等均说明归化城土默特蒙古是定居的，其所在村庄为蒙汉杂居。为了有效地管理蒙民，聚族而居的蒙民是设有族长的。

《钦定大清会典事例》卷978《理藩院·户丁》载：

> 族长。康熙四十四年覆准：蒙古台吉等不立族长，无所统属。应每族各设族长，稽查本族内酗酒行凶等事。②

显见，归化城土默特两翼蒙古是设有族长的，其行使管理本族事务的职能，这同归化城副都统衙门档案所载亦是相符的。

（四）蒙社

在归化城土默特蒙古，亦有社的存在。据《绥远通志稿》载：

> 公社之设，或一村一社，或数村一社不等，蒙民杂居之村，蒙人亦各自立社，惟村中蒙人甚少时，亦有不自立社，并不入社者。③

社是蒙民自发形成的，在归化城土默特土地契约中，亦有关于社的记载，如"官差神社种地人所出"④"神社官差种地人所出"⑤"神社官差种地人应出"⑥"神社官差种地

---

① 土默特左旗档案馆藏：归化城副都统衙门档案，档案号：80—4—1049。田宓《清代归绥地区的基层组织与乡村社会》，中国社会历史评论，第9卷，2008年，第343—356页。亦有录文。
② 昆冈等修，刘启端等纂：《钦定大清会典事例》卷978《理藩院·户丁》，续修四库全书（第811册），上海：上海古籍出版社，2002年，第702页。
③ 绥远通志馆：《绥远通志稿》卷63《司法》（第75册），内蒙古自治区图书馆藏（稿本），第41页。
④ 内蒙古大学图书馆藏、晓克藏：《清代至民国时期归化城土默特土地契约》（第2册）， 呼和浩特：内蒙古大学出版社，2011年，第473—474页；呼和浩特塞北文化研究会、云广藏：《清代至民国时期归化城土默特土地契约》（第4册中），呼和浩特：内蒙古大学出版社，2012年，第122页。
⑤ 呼和浩特塞北文化研究会、云广藏：《清代至民国时期归化城土默特土地契约》（第4册上），呼和浩特：内蒙古大学出版社，2012年，第372、406—407页；呼和浩特塞北文化研究会、云广藏：《清代至民国时期归化城土默特土地契约》（第4册中），呼和浩特：内蒙古大学出版社，2012年，第12—13、第51—52、第112、149、214—215、354页。
⑥ 呼和浩特塞北文化研究会、云广藏：《清代至民国时期归化城土默特土地契约》（第4册中），呼和浩特：内蒙古大学出版社，2012年，第368—369、369页。

人一应所出"①"神社官差种地人按亩所出"②"随神社五毫"③"随带神社按三十八亩公摊"④"随带神社七亩"⑤"随带神社五亩半"⑥"随神社廿六亩"⑦"随神社七亩"⑧"因官差神社紧急""认神社三十三亩"⑨"认神社八亩"⑩"退官差神社五十亩"⑪"退神社四十五亩半"⑫"因官差神社难以支持"⑬"官差神社难以支持""随地退神社二十一亩半"⑭"随地退神社二十七亩半"⑮"因官差神社难以支持""退神社十亩"⑯"神社地九

---

① 呼和浩特塞北文化研究会、云广藏：《清代至民国时期归化城土默特土地契约》（第4册中），呼和浩特：内蒙古大学出版社，2012年，第370—371、371—372、372—373、373—374页。
② 呼和浩特塞北文化研究会、云广藏：《清代至民国时期归化城土默特土地契约》（第4册中），呼和浩特：内蒙古大学出版社，2012年，第394页。
③ 呼和浩特塞北文化研究会、云广藏：《清代至民国时期归化城土默特土地契约》（第4册中），呼和浩特：内蒙古大学出版社，2012年，第399—400页。
④ 内蒙古大学图书馆藏、晓克藏：《清代至民国时期归化城土默特土地契约》（第2册），呼和浩特：内蒙古大学出版社，2011年，第468—469页。
⑤ 杜国忠藏：《清代至民国时期归化城土默特土地契约》（第3册），呼和浩特：内蒙古大学出版社，2012年，第185页。
⑥ 杜国忠藏：《清代至民国时期归化城土默特土地契约》（第3册），呼和浩特：内蒙古大学出版社，2012年，第205页。
⑦ 杜国忠藏：《清代至民国时期归化城土默特土地契约》（第3册），呼和浩特：内蒙古大学出版社，2012年，第128页。
⑧ 杜国忠藏：《清代至民国时期归化城土默特土地契约》（第3册），呼和浩特：内蒙古大学出版社，2012年，第134页。
⑨ 杜国忠藏：《清代至民国时期归化城土默特土地契约》（第3册），呼和浩特：内蒙古大学出版社，2012年，第140页。
⑩ 杜国忠藏：《清代至民国时期归化城土默特土地契约》（第3册），呼和浩特：内蒙古大学出版社，2012年，第141页。
⑪ 杜国忠藏：《清代至民国时期归化城土默特土地契约》（第3册），呼和浩特：内蒙古大学出版社，2012年，第149页。
⑫ 杜国忠藏：《清代至民国时期归化城土默特土地契约》（第3册），呼和浩特：内蒙古大学出版社，2012年，第149页。
⑬ 杜国忠藏：《清代至民国时期归化城土默特土地契约》（第3册），呼和浩特：内蒙古大学出版社，2012年，第153页。
⑭ 杜国忠藏：《清代至民国时期归化城土默特土地契约》（第3册），呼和浩特：内蒙古大学出版社，2012年，第158页。
⑮ 杜国忠藏：《清代至民国时期归化城土默特土地契约》（第3册），呼和浩特：内蒙古大学出版社，2012年，第158—159页。
⑯ 杜国忠藏：《清代至民国时期归化城土默特土地契约》（第3册），呼和浩特：内蒙古大学出版社，2012年，第169页。

亩半"① "神社地五亩"② "神社地八分"③ "退神社地一十二亩半"④ "退神社地十亩"⑤ "退神社六亩"⑥ "退神社地六亩半"⑦ "退神社地五亩"⑧ "随神社地五亩"⑨ "官差、神社、蒙古地租难以支持" "退神社地十二亩五分" "退神社地二十三亩五分"⑩ "神社、官差、挑渠、打坝、渠租钱，一应花费二股均摊"⑪ "每年随神社官差仍照村中旧规所办"⑫ "随神社二厘"⑬ "每年当随神社官差三十亩"⑭ "随带官差神社七十八亩" "又带官粮神社二十八亩"⑮ "随带官差神社二厘半"⑯ "店内神社抹房等项一应花费"⑰ "官差

---

① 杜国忠藏：《清代至民国时期归化城土默特土地契约》（第3册），呼和浩特：内蒙古大学出版社，2012年，第163—164页。
② 杜国忠藏：《清代至民国时期归化城土默特土地契约》（第3册），呼和浩特：内蒙古大学出版社，2012年，第225—226页。
③ 杜国忠藏：《清代至民国时期归化城土默特土地契约》（第3册），呼和浩特：内蒙古大学出版社，2012年，第249—250页。
④ 杜国忠藏：《清代至民国时期归化城土默特土地契约》（第3册），呼和浩特：内蒙古大学出版社，2012年，第178页。
⑤ 杜国忠藏：《清代至民国时期归化城土默特土地契约》（第3册），呼和浩特：内蒙古大学出版社，2012年，第188页。
⑥ 杜国忠藏：《清代至民国时期归化城土默特土地契约》（第3册），呼和浩特：内蒙古大学出版社，2012年，第191页。
⑦ 杜国忠藏：《清代至民国时期归化城土默特土地契约》（第3册），呼和浩特：内蒙古大学出版社，2012年，第191页。
⑧ 杜国忠藏：《清代至民国时期归化城土默特土地契约》（第3册），呼和浩特：内蒙古大学出版社，2012年，第210页。
⑨ 杜国忠藏：《清代至民国时期归化城土默特土地契约》（第3册），呼和浩特：内蒙古大学出版社，2012年，第225页。
⑩ 杜国忠藏：《清代至民国时期归化城土默特土地契约》（第3册），呼和浩特：内蒙古大学出版社，2012年，第212—213页。
⑪ 呼和浩特塞北文化研究会、云广藏：《清代至民国时期归化城土默特土地契约》（第4册上），呼和浩特：内蒙古大学出版社，2012年，第296页。
⑫ 呼和浩特塞北文化研究会、云广藏：《清代至民国时期归化城土默特土地契约》（第4册上），呼和浩特：内蒙古大学出版社，2012年，第443—444页。
⑬ 呼和浩特塞北文化研究会、云广藏：《清代至民国时期归化城土默特土地契约》（第4册中），呼和浩特：内蒙古大学出版社，2012年，第33—34页。
⑭ 呼和浩特塞北文化研究会、云广藏：《清代至民国时期归化城土默特土地契约》（第4册中），呼和浩特：内蒙古大学出版社，2012年，第62页。
⑮ 呼和浩特塞北文化研究会、云广藏：《清代至民国时期归化城土默特土地契约》（第4册中），呼和浩特：内蒙古大学出版社，2012年，第93—94页。
⑯ 呼和浩特塞北文化研究会、云广藏：《清代至民国时期归化城土默特土地契约》（第4册中），呼和浩特：内蒙古大学出版社，2012年，第97页。
⑰ 呼和浩特塞北文化研究会、云广藏：《清代至民国时期归化城土默特土地契约》（第4册中），呼和浩特：内蒙古大学出版社，2012年，第269—270、第270页。

神社市钱二百文"①"神社二十亩"②等记载。地契中出现"神社"最早的为道光十一年（1831）十二月《杨寿荣约》③，最晚为宣统年间的地契。虽然这些神社均是在地契中出现，说明该地区既有蒙社亦有民社，且该地区的"社"是多以"神庙"为中心自发建立起来的，神社的收入主要来自地租。地契所载同《绥远通志稿》所载应是相吻合的。

一般来讲，凡是"退神社地"为蒙人神社，凡"随神社"等为民人神社。归化城副都统衙门档案《佐领格图肯赴萨会讯七老等控下达赖村摊社拉马案情形的禀文》载：

> 蒙委会审小的等原典与民人租种户口地亩因沙碱不堪耕种，退交蒙古地主承受，应归蒙古神社办事，若蒙古等将户口地亩租典与民人耕种，应归民人神社办事，此系昔年前辈先人议定旧规。④

在《内蒙古土默特金氏蒙古家族契约文书汇集》亦载有"村社官差种地人所出"⑤，此处之"村社"似乎并非"神社"。另外在归化城副都统衙门档案中，亦有关于社的记载，如光绪三十一年（1905）十一月，调查万家沟委员会《各煤窑花名册与甘结》载"山主沙尔沁村公社""票主沙尔沁村公社"⑥，此处之社也并非神社，似乎是以开挖煤窑而成立的"社"。而"山主""票主"均为蒙人，亦说明沙尔沁村公社应是蒙古社。

归化城副都统衙门档案，咸丰九年（1859）六月，《归化城厅移咨户司查明王毕斜乞房地基是否系丹则尔巴祖产》载（摘录）：

> 据蒙古万家保供：系色佐领属下人，年五十五岁，在王毕斜乞村居住，本年轮应村中蒙古会首，本村有公社空地基一块，约二十余亩，中间一块约十余步。嘉庆十九年间（1814），会首朱计、五十六们租给民人刘荣，即刘油坊建房住占，后因房屋坍塌，将空地基退归本社。⑦

此处所载，亦为"本村公社"，说明蒙古村中有社的存在，蒙古万家宝为会首。在归化城副都统衙门档案中，光绪二十四年（1898）九月《乌张氏呈控夫家屡次引众厮

---

① 呼和浩特塞北文化研究会、云广藏：《清代至民国时期归化城土默特土地契约》（第4册中），呼和浩特：内蒙古大学出版社，2012年，第316页。
② 呼和浩特塞北文化研究会、云广藏：《清代至民国时期归化城土默特土地契约》（第4册中），呼和浩特：内蒙古大学出版社，2012年，第339—340页。
③ 呼和浩特塞北文化研究会、云广藏：《清代至民国时期归化城土默特土地契约》（第4册上），呼和浩特：内蒙古大学出版社，2012年，第296页。
④ 归化城副都统衙门档案（汉文），档案编号：80—5—2089。
⑤ 铁木尔：《内蒙古土默特金氏蒙古家族契约文书汇集》，北京：中央民族大学出版社，2011年，第59、60页。
⑥ 土默特左旗档案馆藏：归化城副都统衙门档案，档案号：80—7—39。
⑦ 归化城副都统衙门档案（汉文），档案号：80—5—2015。田宓《清代归绥地区的基层组织与乡村社会》，中亦有录文，中国社会历史评论，第9卷，2008年，第343—356页。亦有录文。

殿》载（摘录）：

> 云骑尉毕勒克图谨禀司宪大人阁下，敬禀者，窃职向居城南朝尔亥，俗名水泉子村。缘本村先年众蒙古建有佛庙社会，每年讽念大经，设供领牲，惟有原蒙古轮办，不准外来蒙民干预，历年久矣。迨至咸丰年间，凡蒙古等奉调出兵阵亡，以致人少户稀，因此佛庙事务渐成疲衰。延及光绪十四年以前，殿宇倾颓，莲花座下，院内丛草延蔓，又将入项账目失落无存，会事几至废弛，彼时职恐为民人耻笑，心又不忍见废，发愿振理社事。①

据此，田宓认为蒙社的建立受民人的影响，并引用了该件档案以说明这一问题。②但据该件文书，并不能得出蒙社的建立受民人的影响这一结论。"本村先年众蒙古建有佛庙社会"，亦说明该"社"是众蒙古所建，与民人毫无关涉。且本村的社"不准外来蒙民干预"。土默特右旗敕勒川博物馆征集到一批地契，为清末民国时期，萨县境内哈只盖、北只图两村蒙古民人之间的土地的交易契约，所载亦为公社，录文如下：

1. 立出推佃房院地基约人刘二明骡同母，情因紧急，将自己原置到哈只盖村中房院一宅，土木石树一包在内，东至彭锁住，西至杨买牛，南至路北，北至大道，四至分明，情愿出佃与刘士龙名下永远居住自便为业。同人言明，作佃价九十钱，五十千文整。其钱当交不欠，日后倘有户族人等争夺者，有刘二明骡同母一力承当。情出两愿，各无反悔，恐口无凭，立出推佃房院地基约存照为证。计开每年随代官差神社地八分，蒙古公社地普二百文。

　　　　　宣统四年三月十五日
　　　　　中见人：杜升高、刘士公、王荣、刘士升、靠荣富

2. 立出租永远房院地基约人哈只盖村蒙古公社甲头长寿子、满贵子，二人今因差事紧急，将村中房院地基一块，土木石树相连，东至彭锁住，西至杨买牛，南至路北，北至大道，四至分明，出路通街。情愿租于刘士龙名下永远居住，修理、栽树、耕种自便为业。同人言明，现使过压地基钱一千文整，其钱当交不欠，日后倘有蒙古民人等争夺者，有哈只盖村蒙古公社轮流甲头长寿子、满贵子二人一力承当。情出两愿，各无反悔。恐口无凭，立出租永远房院地基约存照为证。计开每年随代蒙古公社地谱钱二百文。

---

① 归化城副都统衙门档案（汉文），档案号：80—4—1623。田宓《清代归绥地区的基层组织与乡村社会》，中亦有录文，中国社会历史评论，第9卷，2008年，第343—356页。亦有录文。
② 田宓：《清代归绥地区的基层组织与乡村社会》，中国社会历史评论，第9卷，2008年，第343—356页。有录文。

> 宣统四年三月十五日立
> 中见人：杜升高、刘士公、王荣、刘士升、靠荣富①

这两件地契所载为"蒙古公社"，且此"公社"设有轮流甲头，处理本公社事务。亦说明在归化城土默特地区，蒙古民众是有社的存在，而"公社"是否是"神社"则不得而知。档案中出现宣统四年（1912）这个年号，显然是由于哈只盖村位置偏僻，民众并不知道此时已经建立民国，因此继续使用宣统的年号。

归化城土默特蒙古除了"神社""公社"外，还有"水社"。归化城土默特地区的水的所有权"归土默特蒙古，由各佐领和领催进行分配。各蒙户浇地都有定日、定量，俗称'水分'。沿山各村用水都由各佐领人等定有简单的章程，有些河水的所有权归召庙所有。凡开挖渠道引用沟水、涧水一般都归集资开挖者所有，也有的渠是清政府主持开挖，水的所有权即归国有。但随着土地出租典卖，大部分出租典卖土地的土默特蒙古和喇嘛把水分也出租典卖了"。② 由于用水纠纷不断发生，故各村均组织了"水利公社"③。王建革认为蒙古人与汉人的关系不但通过租佃关系建立起来，也通过水社进一步加强。④

在一些文献记载中，蒙民中亦设有甲会，这个甲会类似于社。社设有会首、甲设甲头处理本社（甲）事务，据《萨拉齐县志》卷6《政治》载：

> 于是乃有推选会首之举。其推选办法，系择村中殷实富户公正人作为固定会首，一年一度，轮流任事。其职务除办理村事外，并代催田赋事宜。此外另举甲头一人，

---

① 转引自高景哲：《清末民国土默特右旗的社会状况》，内蒙古大学，2012年硕士学位论文。
② 土默特左旗《土默特志》编纂委员会：《土默特志》（上），呼和浩特：内蒙古人民出版社，1997年，第166页。
③ 土默特左旗《土默特志》编纂委员会：《土默特志》（上），呼和浩特：内蒙古人民出版社，1997年，第167页。
④ 王建革：蒙古人与汉人的关系不但是通过租佃关系建立起来，也通过水社渗入在察素齐，土地自乾隆八年农业开发以后。原蒙古的苏木长官自然代表土地所有者参与地方社团的事务在水利的团体——水神社中，蒙古人所占有的地位尤为注目。蒙古人在灌溉中的权利在开发时就得到了确认。这一带的水利共同体由于三个村组成，分别察素齐、把什和云社堡，灌溉时轮流浇灌，水权按股分配根据同治年间的水神社章程，水利领有权和形式的经理权在蒙古，汉人的用水权从理论上是从蒙古人那里"租"来的。堤坝、水闸和渠道的兴修工程由汉族农民负担，水权股份则主要归蒙古人。每一蒙古苏木分得20俸水股，在察素齐有四个苏木章京分得80俸。但规定蒙古管理者不得私自卖水每个参与的汉人分得2股5厘水股。在这里，1股相当于1分。每日的早水、午水和夜水分别占水权3分、4分和3分。在清代，尽管汉人也有会首在社中，但掌权的却是蒙古的苏木章京，他们对水股、水权的使用不当有惩罚权，汉人只负责修渠到了光绪年间以后，蒙汉会首才开始平等。王建革：《农牧交错与结构变迁：清代内蒙古地区的农业与社会》，中国历史地理论丛，2002年，第3辑，第77—91页。

专任调节村中纠纷争斗及供应徭役等事,其任职无定期,唯能否胜任为主旨。①

推选会首的标准为"村中殷实富户、公正"之人为固定会首,且一年一度,轮流担任。除了办理村事外,还负有催征田赋事宜。而甲头是负责调节村中各种纠纷及徭役,没有固定任期,只以能否胜任为主旨。且据上文来看,甲头亦为轮流担任。

《土默特志》第5章《政治志》载一件乾隆年间的文书为《分驻萨拉齐蒙古民事通判为认牛获赃事》,摘录如下:

> 卷查乾隆四十五年十月十六日,据阜属公布村蒙古伍把什禀称:"原小的有牛九只,在地撒欢,于本月十一日失去九岁口红花乳牛一只,四处寻找,十二日在托属三间房村,见不识姓名二人在一肉铺将小的失牛业经宰毙剥皮,小的认获牛头,并将不识姓名二人俱交给该村蒙古甲头必力贡、汉甲头崔姓看守,理合禀明拘究"等情。②

此处载有"蒙古甲头必力贡",说明在乾隆四十五年(1780),归化城土默特蒙古地区即有蒙古甲头存在。在《清至民国时期归化城土默特土地契约》中《几牙扣约》中载有"甲头把独蒙扣"。③

归化城副都统衙门档案,咸丰九年(1859)六月,《归化城厅移咨户司查明王毕斜乞房地基是否系丹则尔巴祖产》载(摘录):

> 具甘结人蒙古清太,今于甘结事,依奉结得户司大老爷案下,缘王毕斜乞村蒙古甲头万家宝与小的们争控地基一案。今蒙讯明,将村东三十亩,断令小的按约收租所有民人傅国正住占村中空地基一块,因小的无确实约据,已蒙断令该村会首等管业,以后小的再不敢妄争,所具甘结是实。④

上文所载万家宝为蒙古社会首,这又载万家宝为蒙古甲头。这是同一份档案,两种不同的称呼,说明归化城土默特蒙古认为会首等同于甲头,或者甲头、会首并没有多少区别,故归化城土默特蒙古混淆了甲头和会首。这亦说明归化城土默特地区是实行过牌甲制度的。

归化城副都统衙门档案,光绪十年(1884)二月《绥远城将军归化城副都统为归化五厅客民编籍势必占碍游牧的奏折》载(摘录):

---

① 张树培:《萨拉齐县志》,内蒙古自治区图书馆藏(稿本),小大铅印局承印。
② 土默特左旗《土默特志》编纂委员会:《土默特志》(上),呼和浩特:内蒙古人民出版社,1997年,第478—479页。
③ 呼和浩特塞北文化研究会、云广藏:《清代至民国时期归化城土默特土地契约》(第4册上),呼和浩特:内蒙古大学出版社,2012年,第155、156页。
④ 归化城副都统衙门档案(汉文),档案号:80—5—2015。田宓《清代归绥地区的基层组织与乡村社会》,中亦有录文,中国社会历史评论,第9卷,2008年,第343—356页。

尽查雍正十二年十二月间准理藩院来咨，经归化城都统丹津清文奏，因归化城地面甚属辽阔，蒙古民人在于乡村居住甚多，若不设立保甲，难以稽查匪类，其有只身棍徒，不准潜匿其间，盗贼逃人案件，层见叠出。今将民人专归同知管辖，应请饬下山西巡抚臣再行严饬同知等官，仿照内地保甲之例，在于归化城内外地面设立街长、十家牌，乡村设立甲头、十家牌，每年春秋二季，稽查民人，如果知其来历，系有根底者，准其互相结保，不准容留。面生可疑之人即行具报。臣所辖土默特两旗蒙古召庙喇嘛黑徒人等亦应设立村甲，互相稽查，倘有隐匿逃人不报，即将蒙汉甲头治罪。如此简便办理，则凶徒匪类盗贼以及逃人难以隐藏，一并除息，等因具奏。旋经总管侍卫内大臣丰绅额等议奏，都统丹津等奏请，将归化城等处地居民人并土默特蒙古喇嘛黑徒人等，均照原奏设立十家长、甲头，稽查盗贼匪类等因。查归化城拣放同知原议案内，准其设立十家长、甲头在案，该大臣等自应遵照原议办理，务须实心奉行。仍饬巡查官员，不时访查。倘若疏懈，并不实心奉行即行参办等因。于雍正十二年十一月二十九日覆奉旨：依议。钦此钦遵，咨行在案。①

这说明归化城土默特蒙古在雍正十二年（1734），仿照内地保甲制度，设立"街长""十家长、甲头"，负责稽查凶徒、匪类、盗贼以及逃人。

在《清至民国时期归化城土默特土地契约》中，有一篇《轮流会首约》载：

> 立写凭据公议社蒙古值年会首官来、蒲蒲、四圪旦、天喜、大宝、双朱子、圆圆气、立圪镫、五太宝，至于光绪十九年七月起事，据议弗传吾村种地户同心协力成社事不一日而换，两出情愿，永无反悔。先年旧有龙王庙一座，因年久日深，天雨倾坏，未暇修补。每年领牲设供、烧香敬纸，阖村议和。日后如有是非，每亩摊派钱文。如有不随社事，罚钱十钱文整。恐口无凭，立合同约为证用。
>
> 轮流会首张有福、张举旺、杨彩福、张举礼、张举才、姜永广、何旺、杨先孝、合天荣、阎有义、张万宝，蒙民甲会相连。
>
> 大清光绪十九年七月一日
总事阖村议和
抄文约②

该件文书载"公议社蒙古值年会首"，即蒙古社设置按年轮流的会首。"吾村种地户

---

① 陈志明：《土默特历史档案集粹》，呼和浩特：内蒙古人民出版社，2007年，第31—32页。这条文献亦见于《申报》（上海版），1884年4月17日，星期四，第3953号，清光绪十年甲申三月二十二日，第10版。
② 呼和浩特塞北文化研究会、云广藏：《清代至民国时期归化城土默特土地契约》（第4册中），呼和浩特：内蒙古大学出版社，2012年，第185页。

同心协力成社事",即民人所设立的"社","轮流会首"即民社所设立的按年轮流的会首。"蒙民甲会相连"说明该村既有蒙社亦有民社,且设有牌甲。

在归化城土默特地契中,载有村甲、公社、甲头。如光绪二十五年(1899)四月的地契《蒙古寒根具状》载:"具呈人本佐领下蒙古寒根,……一面经通甲会首。乃村甲遂将逞凶人经守公社向伊询问情由。"① 光绪二十八年三月《米换、四厕具结书》载:"具甘结人米换、四厕,今于甘结事依奉结得与蒙案下,……今村中人新旧甲头稽察查明,……同新旧甲头纳生、德尔图、米换、达圪巴尔,妥办息讼,两造情愿。……退与公社经守,与小的等无涉。日后由公社自便。"②

在归化城副都统衙门档案中,亦有蒙古甲头的记载。同治七年(1868)十一月,归化城蒙古民事府《咨请饬属催交蒙民罂粟税款》载(摘录):

> 尽先补用府正堂归化城蒙古民事府加七级随带加六级记录十一次庚 为再行咨请饬属催交事,案查前蒙各宪教将敝府查记过蒙民栽种罂粟地亩应征厘银,就近充兵饷等因,前经两次备文咨请,饬催并差催去后,迄今该蒙古等并无一户交纳,亦未准贵司移覆,兹据该催差等禀称,遵票前往东西两乡催传,据扣扣板申等二十八村蒙古甲头那速图等及什拉门更等四十四村蒙古甲头五太保等同称伊等应交罂粟地亩厘钱均愿到伊等上司处交纳等语,理合禀明等情。据此敝府查此项厘钱,现在立等收齐奏放防饷,势难延缓,合再备文咨请,为此合咨贵司,请烦查照。先今文内事理,希即将各蒙古甲头传案,饬令措齐前项厘钱,赶紧来府交纳。立等核放,幸勿再延。望速切速施行,须至咨者。
>
> 右咨
>
> 归化城户司
> 同治七年十一月二十二日咨
> 前事
> 咨押③

文书中有"扣扣板申等二十八村蒙古甲头那速图等""什拉门更等四十四村蒙古甲头五太保等",显见这些蒙古村是设有蒙古甲头的。据其内容可知这是要求甲头那速图、甲头五太保等催缴罂粟税款。蒙古人依居住地成立社(会)甲,设有会首、甲头,具有

---

① 呼和浩特塞北文化研究会、云广藏:《清代至民国时期归化城土默特土地契约》(第4册中),呼和浩特:内蒙古大学出版社,2012年,第276—277页。
② 呼和浩特塞北文化研究会、云广藏:《清代至民国时期归化城土默特土地契约》(第4册中),呼和浩特:内蒙古大学出版社,2012年,第299—300页。
③ 土默特左旗档案馆藏:归化城副都统衙门档案,档案号:80—6—2499。

处理本村事务、代征赋税，催征徭役、调解蒙民纠纷的职能。如乾隆四十八年（1783）六月《萨拉齐通判申报审办蒙古纳木扎尔色令告民人刘继文租地不还案结案情形》载"随传谕鄂尔格逊村甲头俟刘继文前来，令其投案"。① 说明蒙古甲头负有调解蒙民纠纷的职能。

综上所述，归化城土默特蒙古基层社会管理体系是较为严密的，在参领之下设有佐领。佐领制本是一种军事制度，但是在归化城土默特地区却具有行政职能。佐领之下有乡、村、族、社、甲头负责处理各种事务，这亦说明归化城土默特蒙古地区曾仿照保甲制度设立牌甲。

第二节 归化城土默特民人基层社会组织

归化城土默特地区是农业开发较早的地区，明代就有大量的民人移居于此。入清以后，亦有大量的民人移居于此。清政府为了加强对民人的管理，在该地设置了"厅"（见上文）管理民人，处理蒙民交涉事宜。那么民人的基层社会组织如何呢？

一、牌甲

上文所引档案，说明归化城土默特蒙古地区村庄蒙汉杂居。对于这些汉民，清政府施行了牌甲制度。据《钦定大清会典事例》卷158《户部》载：

> （乾隆）八年奏准：山西、陕西边外蒙古地方，种地民人甚多，设立牌头总甲，令其稽查。即于种地民人内，择其诚实者，每堡设牌头四名，总甲一名。如种地民人内，有拖欠地租，并犯偷窃等事，及来历不明之人，即报明治罪。如通同徇隐，将该牌头等一并治罪。②

《钦定大清会典事例》卷978《理藩院·户丁》载：

> 稽查种地民人。乾隆十三年议准：蒙古地方，民人寄居者日益繁多，贤愚难辨。应责成该处驻扎司员，及该同知通判，各将所属民人逐一稽考数目，择其善良者，立为乡长、总甲、牌头，专司稽查，遇有踪迹可疑之人，报官究治，递回原籍。该司员同知通判，每年于春秋二季，将所属民人姓名，造成册档，并饬取具乡长、总甲、牌头各无容留匪类甘结存案。此内有作奸犯科之人，视其所犯轻重，将乡长等分别治

---

① 陈志明：《土默特历史档案集粹》，呼和浩特：内蒙古人民出版社，2007年，第86—87页。
② 昆冈等修，刘启端等纂：《钦定大清会典事例》卷158《户部》，续修四库全书（第800册），上海：上海古籍出版社，2002年，第564页。

罪。其托名佣工之外来民人，一概逐回，如实系亲戚骨肉倚赖为生者。即取具容留之人甘结，后有过犯，一并治罪。①

在归化城副都统衙门档案中载有乾隆十八年（1753）四月《归化城通判呈报和林格尔境内无内地逃犯甘结》载（摘录）：

> 具甘结人二十家子保正兰发生、土城子保正胡大清、新店子保正田世琦、五素途路保正王建、金坝底保正李贵扬、八十家子保正曹一龙……依奉结得小的等各村乾隆十八年春季并无隐匿内地外人，不致扶隐，甘结是实。②

这件档案所载二十家子保正、土城子保正、新店子保正、五素途保正、金坝底保正、八十家子保正，负责稽查事宜。

乾隆十八年（1753）四月《托克托通判呈报境内无隐匿内地逃人甘结》载（摘录）：

> 据地保闫格等：结称乾隆十八年春季分，本城及各村庄地方遍行确查，并无隐匿内地外人，不致扶隐等情。复查无异，加具印结是实。③

乾隆二十二年（1757），清政府又重申蒙古地方民人设立乡长、总甲、牌头。《钦定大清会典事例》卷993《理藩院·禁令》载：

> 又定：蒙古地方寄居民人，择其良善者，立为乡长、总甲、牌头，专司稽察。有踪迹可疑之人，报官究办。如有作奸犯科者，将该乡长等一并治罪。④

乾隆三十五年（1770）十月《和林格尔通判具报境内无隐匿内地逃人甘结》载（摘录）：

> 具甘结二十家子等村甲头联知彰等，今于甘结事，依奉结得小的等村内乾隆三十五年秋季并无隐匿内地外人，不致扶隐，甘结是实。⑤

《归化城厅志》卷6《田赋·附户口》载：

> 本城八十一街巷，设立街长八十一名，牌长三百三十一名，共三百三十一牌。⑥

上文所引"三百三十一牌"所指应是归化城厅所属民人，可见归化城是按照街道划

---

① 昆冈等修，刘启端等纂：《钦定大清会典事例》卷978《理藩院·户丁》，续修四库全书（第811册），上海：上海古籍出版社，2002年，第702页。
② 归化城副都统衙门档案（汉文），档案号：80—4—1068。
③ 归化城副都统衙门档案（汉文），档案号：80—4—1067。
④ 刘启端等纂：《钦定大清会典事例》卷993《理藩院·禁令》，续修四库全书（第811册），上海：上海古籍出版社，2002年，第824页。
⑤ 归化城副都统衙门档案（汉文），档案号：80—4—1106。
⑥ 刘鸿逵：《归化城厅志》卷6《田赋·附户口》，内蒙古自治区图书馆藏（稿本），（第3册），第125页。

分牌甲的。

《清水河厅志》卷14《户口》载：

> 乾隆年间本街分为两甲二十五牌，约计二百五十零户，男一千五百余丁，女一千五百余口。四乡分为十甲一百六十牌，约计一千六百零户，男七千余丁，女六千五百余口。①

文中"本街分为两甲二十五牌""四乡分为十甲一百六十牌"，所指应为清水河的民人。显见，清水河厅的民人是按照牌甲进行管理的。在城的按街划分牌甲，在乡的按村划分牌甲。

在《清至民国时期归化城土默特土地契约》中，载"甲头张俊"②"甲头高进通"③"本年总甲"④"甲头高华"⑤"甲头窦国斌"⑥"甲头傅成万"⑦"甲头傅殿美"⑧"总甲张照万"⑨"园行总甲张照万"⑩"甲头亢行财"⑪"园行总甲翟林"⑫"会首甲头"⑬"公行

---

① 克达善、文秀等：《新修清水河厅志》卷14《户口》，台北：成文出版有限公司，1968年影印本，第268—269页。
② 内蒙古大学图书馆藏、晓克藏：《清代至民国时期归化城土默特土地契约》（第1册），呼和浩特：内蒙古大学出版社，2011年，第16页。
③ 内蒙古大学图书馆藏、晓克藏：《清代至民国时期归化城土默特土地契约》（第1册），呼和浩特：内蒙古大学出版社，2011年，第30页。
④ 内蒙古大学图书馆藏、晓克藏：《清代至民国时期归化城土默特土地契约》（第1册），呼和浩特：内蒙古大学出版社，2011年，第94—95页。
⑤ 内蒙古大学图书馆藏、晓克藏：《清代至民国时期归化城土默特土地契约》（第1册），呼和浩特：内蒙古大学出版社，2011年，第287—288、289—290页。
⑥ 内蒙古大学图书馆藏、晓克藏：《清代至民国时期归化城土默特土地契约》（第1册），呼和浩特：内蒙古大学出版社，2011年，第302—303页。
⑦ 内蒙古大学图书馆藏、晓克藏：《清代至民国时期归化城土默特土地契约》（第1册），呼和浩特：内蒙古大学出版社，2011年，第314—315页。
⑧ 内蒙古大学图书馆藏、晓克藏：《清代至民国时期归化城土默特土地契约》（第1册），呼和浩特：内蒙古大学出版社，2011年，第343—344、345—346页。
⑨ 内蒙古大学图书馆藏、晓克藏：《清代至民国时期归化城土默特土地契约》（第1册），呼和浩特：内蒙古大学出版社，2011年，第384—386页。
⑩ 内蒙古大学图书馆藏、晓克藏：《清代至民国时期归化城土默特土地契约》（第2册），呼和浩特：内蒙古大学出版社，2011年，第18页。
⑪ 内蒙古大学图书馆藏、晓克藏：《清代至民国时期归化城土默特土地契约》（第2册），呼和浩特：内蒙古大学出版社，2011年，第81—82页。
⑫ 内蒙古大学图书馆藏、晓克藏：《清代至民国时期归化城土默特土地契约》（第2册），呼和浩特：内蒙古大学出版社，2011年，第117—118页。
⑬ 内蒙古大学图书馆藏、晓克藏：《清代至民国时期归化城土默特土地契约》（第2册），呼和浩特：内蒙古大学出版社，2011年，第135—136页。

甲头白亨"①"园行总甲刘"②"园行甲头郭九成"③"甲头吴德明"④"同甲会言明"⑤
"同甲会首言明"⑥"同甲会首退地租钱"⑦"重会首高亮"⑧"大行总甲"⑨"公行总甲"
等。⑩说明归化城土默特地区民人是施行牌甲制度的。在地契中出现"园行""大行"
"公行",这应是一行会组织。"甲会首"可能指牌甲的甲头,"重会会首"可能指社或
行会的会首或甲头。

蒙社甲头会首负有稽查和处理社事的职能。民人甲头、会首亦负有这样的职能。
《归绥县志》载归化城同知的一份呈文:

> 惟现值大祲甫过,更不免有逃亡之户,现经卑职等谆切晓谕各村粮甲会首等,令
> 即详细稽查。⑪

除了稽查以外,甲头、会首的另一项主要任务为催征钱粮。归化城副都统衙门档案,
光绪三十一年(1905)十二月,《蒙古恩受为屡次租银乞饬宁远厅查卷地归蒙古的呈
文》载:

---

① 内蒙古大学图书馆藏、晓克藏:《清代至民国时期归化城土默特土地契约》(第2册),呼和浩特:内蒙古大学出版社,2011年,第179—180页。
② 内蒙古大学图书馆藏、晓克藏:《清代至民国时期归化城土默特土地契约》(第2册),呼和浩特:内蒙古大学出版社,2011年,第200—201页。
③ 内蒙古大学图书馆藏、晓克藏:《清代至民国时期归化城土默特土地契约》(第2册),呼和浩特:内蒙古大学出版社,2011年,第254—255、256—257页。
④ 内蒙古大学图书馆藏、晓克藏:《清代至民国时期归化城土默特土地契约》(第2册),呼和浩特:内蒙古大学出版社,2011年,第260—261页。
⑤ 杜国忠藏:《清代至民国时期归化城土默特土地契约》(第3册),呼和浩特:内蒙古大学出版社,2012年,第158、第158—159、210、213页。
⑥ 杜国忠藏:《清代至民国时期归化城土默特土地契约》(第3册),呼和浩特:内蒙古大学出版社,2012年,第169、191页。
⑦ 杜国忠藏:《清代至民国时期归化城土默特土地契约》(第3册),呼和浩特:内蒙古大学出版社,2012年,第191页。
⑧ 内蒙古大学图书馆藏、晓克藏:《清代至民国时期归化城土默特土地契约》(第1册),呼和浩特:内蒙古大学出版社,2011年,第293—294页。
⑨ 内蒙古大学图书馆藏、晓克藏:《清代至民国时期归化城土默特土地契约》(第1册),呼和浩特:内蒙古大学出版社,2011年,第157—158、163、173—175、176、177—178、180—181、186、187—188、193—194、195、201—203、204、206、361—362页。
⑩ 内蒙古大学图书馆藏、晓克藏:《清代至民国时期归化城土默特土地契约》(第1册),呼和浩特:内蒙古大学出版社,2011年,第260—261、262—263、267—268、326—327页;内蒙古大学图书馆藏、晓克藏:《清代至民国时期归化城土默特土地契约》(第2册),呼和浩特:内蒙古大学出版社,2011年,第11—12、49—50、55—56、77—78、98—99页。
⑪ 郑植昌修、郑裕孚纂:《归绥县志》,中国边疆史志集成(第37册),北京:全国图书馆文献缩微复制中心,2002年,第226页。

缘小的等先人七户蒙古户口地二十二顷余，租给民人花户承种，每年宁远经征租银三十二两，交给小的等七户分散。迨至光绪十年，花户报退八顷有余，不堪耕种，每年应得租银无几，以致众蒙古赤贫如洗。又至二十八年，花户弃地逃走，遗留地五顷六亩，现在小的等承种荒芜者多，耕种者少，宁远厅至今应征九顷有余地租银，花户分交不能短欠，小的更不能见租，现在荒芜不堪耕种，逃亡绝户，短欠旧租，该厅原差勒逼向甲会讨要，此租与甲会无涉，将二个甲会勒拿管押在班，祈恳宪天饬宁厅，将九顷有余地原归蒙古，将甲会开放还家，眼看年节临迩，将甲会管押，小的是矢难安然。①

由于花户弃地逃走，导致七户蒙古失去地租。而宁远厅"原差勒逼向甲会讨要"地租银，并将"二个甲会勒拿管押"。据此可知甲会是有催征地租银的职能的。当然在催征钱粮的时候，甲头有时也会借机勒索。归化城副都统衙门档案，光绪十五年（1889）九月，《吉雅图控徐四狗子盗卖地亩毁苗殴人恳公断》载：

而徐四狗子挟恨在心，于十二年（1886）春间，向小的先买此地，因小的未允，随贿出佛庙会首八音尔、巨宝、保子等，依恃社力，将此十五亩卖给徐四狗子，情致小的将八音尔等控于户司。未及差传，而八音尔等闻知，使其手眼，贿买乌佐领，从户司将此案求去，即蒙堂讯，一味偏徇，将小的户口地亩竟断为佛庙之产。……小的屡赴户司控告，无如八音尔等手段通神，概不受理，以致产不由主。②

佛庙会首八音尔、巨宝、保子等人接受徐四狗子的贿赂，依仗会社的力量，将吉雅图的15亩地卖给徐四狗子。吉雅图上告后，八音尔等人竟然贿赂乌佐领，将15亩地断为佛庙的产业。显见当时的会首虽然具有处理社事的职能，但亦有利用职权，为非作歹。

甲头、会首还有调解民间纠纷的职能。归化城副都统衙门档案，乾隆六年（1741）一月，《高士荣等蒙古毛扣鄂牧场内失火烧草息讼的甘结》载：

具遵依人高士荣、高士宁、高焕，今于与遵依事，依奉遵到会审老爷案下。毛叩鄂牧场内失火烧草，伊等控告一案，今本村□汉甲头人等，念系农忙时候，与小的等和息，情愿息词，遵依是实。……共恩恩人袁尚林、张惟汉、李永清、张元龙、王国柱，蒙古五宗代、板召儿、滚布、脑儿孟、胡卢什、圪力更等，呈为恩恩事：蒙古鄂钦因失火告民人高士林一案，现蒙会审，小的等阖村夷、民俱系亲友，又值春耕之时，情愿将两造和睦，不失一村和气。叩乞会审老爷恩准施行。

---

① 土默特左旗档案馆藏：归化城副都统衙门档案，档案号：80—5—2312。
② 土默特左旗档案馆藏：归化城副都统衙门档案，档案号：80—5—2135。

乾隆六年正月日具①

由于牧场失火，毛扣鄂进行了控告。当时，正值农忙，汉人甲头同毛扣鄂进行了调解，息讼，并出具甘结。这种甲头调解民间纠纷的职能，在一定程度上维护了社会稳定，减少了诉讼。

甲头会首还有维护社会治安的职能。《土默特志》载有一件盗牛案：

> 分驻萨拉齐蒙古民事通判为认获牛赃事
>
> 卷查乾隆四十五年十月十六日，据卑属公布村蒙古伍把什禀称：原小的有牛九只，在地撒欢，于本月十一日失去九岁口红花乳牛一只，四处寻找，十二日在托属三间房村，见不识姓名二人在一肉铺将小的失牛业经宰毙剥皮，小的认获牛头，并将不识姓名二人俱交给该村蒙古甲头必力贡、汉甲头崔姓看守，理合禀明拘究等情。据此，除会讯并复审供情备录书册外，该萨拉齐通判智常审得丁宫小子偷盗蒙古伍把什牛只一案，缘丁宫小子籍隶崞县，寄居卑属苏家营村佣趁度日。丁宫小子曾浼崔恒光代为赊取布匹，欠钱一千四百五十文，屡索未还。乾隆四十五年十月十一日将晚时分，丁宫小子路经公布村，瞥见野地牧放牛只无人看守，起意偷窃，偿还布钱。即在牛群内窃得红花乳牛一只，拉至三间房村给与崔恒光作价抵欠。崔恒光因无钱找给，除将牛只卖给董廷举宰割得价扣除布钱，其余给予丁宫小子收回花用。旋经事主伍把什跟寻，瞥见董廷举宰割原牛，认获具报，移文丁宫小子到案，订期申请委员会讯通详，奉批饬审，遵复提犯研鞫。据供前情不讳，恐有窝移窃劫别案，以及知情分赃各情事，严诘不移，似无遁情。②

文中"并将不识姓名二人俱交给该村蒙古甲头必力贡、汉甲头崔姓看守"，即甲头负有看管犯罪嫌疑人，维护社会治安的职能。

归化城副都统衙门档案，乾隆四十六年（1781）十一月，《和林格尔通判详报验审蒙古托托拜殴死伊妾书册》载：

> 据民甲头杨继美供：小的住处离这蒙古托托拜家甚远，他小女人赞奔儿怎样身死，当时并不知道，托托拜也没通知小的。本月二十二日夜里，有蒙古驲站书办丹津，去向小的说托托拜的小女人是托托拜打死，已禀明他本官章盖。二十三日，章盖差丹津同小的去托托拜家查看。③

---

① 土默特左旗档案馆藏：归化城副都统衙门档案，档案号：80—4—1039。
② 土默特左旗《土默特志》编纂委员会：《土默特志》（上），呼和浩特：内蒙古人民出版社，1997年，第478—479页。
③ 土默特左旗档案馆藏：归化城副都统衙门档案，档案号：80—4—1203。

章盖差蒙古驲站书办丹津同民甲头杨继美到托托拜家查看"赞奔儿"的死因。说明人死亡后，要报告给甲头会首查勘死亡原因。归化城副都统衙门档案，乾隆四十七年（1782）八月，《归化厅同知详报验得朝旺架自扎身死书册等》载：

> 据绥克阁供，小的是扎什布佐领下人，四十八岁了，是本村蒙古甲头。本月二十一日，有朝旺的儿子旺兑去叫小的，说他父亲朝旺架自扎身死。小的走去查看，……据旺兑供：小的是阿由什佐领下人，二十六岁了，这已死的朝旺架是小的父亲……到二十一日黎明时身死，小的就告知蒙汉甲头分别具报。①

但是，归化城土默特地区人口流动较大，各村虽然蒙汉杂居，民人多是流动的寄民，"有力则认粮种地，无利即弃地而之他"。② 正是因为如此，在清代该地牌甲之法的实施效果如何，则不得而知。对此《古丰识略》中有所提及。在《古丰识略》卷33《艺文上》载：

> （归化城）厅属地方与内地不同，除本城及附近村中尚能遵照宪章程办理外，其离城窵远之处，多系无业游民，迁移靡乏，并有搭盖窝铺随地牧宿。一处水草净尽，旋往别处谋生。此辈草野性成，一丁不识，纵极力劝诱，仍复置若罔闻。而欲使之悬门牌、造户册、填写循环簿籍，似犹强瞽者而使视、强聋者而使听也，此查保甲之难也。③

可知牌甲制度虽然在归化城土默特地区实施了，但是效果并不理想。加上寄民来去无定，不但导致赋税、徭役难以保证，而且又是社会不安定的重要因素。故，1883年，山西巡抚张之洞奏请将寄民编立户籍（摘录）：

> 其土默特各旗界与察哈尔各旗界本为各该厅该管境地者，应令各厅员分为三年等办法，将种地纳粮者，编为粮户，无论久暂，均编入籍；置有房产种有田地者，编为业户，虽不纳粮，亦应编籍；携有眷口，并无房产，不常厥居者，编为寄户，如寄居年久，情愿入籍，准取里甲保结，编入现住里甲，准其一体应试；其有只身佣趁，无户可编者，应附于三等户籍之内，倘三等中皆不具保容留，即行驱逐，递籍管束；蒙古仍隶该旗，不入民籍；回民与汉民一体编审，但注明回民字样，以备稽考。④

张之洞的寄民编籍遭到了归化城土默特官民的反对，认为寄民编籍会导致蒙民纠纷

---

① 土默特左旗档案馆藏：归化城副都统衙门档案，档案号：80—4—1221。
② 郑植昌修、郑裕孚纂：《归绥县志》，中国边疆史志集成（第37册），北京：全国图书馆文献缩微复制中心，2002年，第223页。
③ 钟秀、张曾：《古丰识略》，中国边疆史志集成（第28册），北京：全国图书馆文献缩微复制中心，2007年，第56页。
④ 张之洞：《张文襄公全集·奏议》卷6《筹议七厅改制事宜折》，近代中国史料丛刊，台北：文海出版社，1970年，第684—685页。

增多，侵占蒙民草场牧地，妨碍蒙古生计。归化城副都统衙门档案，光绪十年（1884）二月《绥远城将军归化城副都统为归化五厅客民编籍势必占碍游牧的奏折》载（摘录）：

窃奴才等接据所属土默特两翼十二参领联衔报称，情因职等转奉檄饬，因晋抚条陈，口外七厅，关系重要，今昔治理不同，请将理事厅员仿照直隶成案改设抚民，要缺满汉兼用，编民立学以修边政等因。奏准。转行前来。遵查土默特两翼蒙古官兵先于崇德年间，带地投诚以来，原定四至界内，纵横千数余里，其间青山前有五厅，耕种官地民户万数余家，此外均是蒙古户口田地、游牧草厂，其各厅集镇商贾村庄农民多系只身贸易佣工，每年春出冬归，并非土著。查原奏一户籍宜编立也。查七厅半系客民，寄居五方杂处，良莠不齐，村舍零星，人情涣散，现欲整齐治理，非查造户籍，无从措手，应令各厅员分三等办法，将种地纳粮者编为粮户，无论久暂，均编入籍。置有房产，种有田地者，编为业户，虽不纳粮，亦应编籍。携有眷口并无房产，不常厥居者，编为寄户。其有只身佣趁无户可编者，无人保留，即行驱逐夺籍。蒙古仍隶该旗，不入民籍等语。

【中略】

□查本旗界内原设五厅专司蒙古民事，满蒙兼用厅印，铸文曰协理归化城蒙古民事同知关防，遇有蒙民交涉词讼，会同蒙员，秉公断理，无不平允结案。今改满汉兼用抚民同通，新印铸文曰山西和林格尔抚民通判之关防，设遇蒙民交涉案件，恐难办理且与牧地事体不宜，自我朝定鼎以来，蒙民各有分晰，以边墙为界，边墙以里府厅州县俱系民人，籍贯各有定籍。譬如此州之民不准冒入彼州之籍，此内地民人与民尚有分晰。边墙以外杀虎等口，俱系蒙古部落扎萨克旗游牧草厂，亦系各旗各立敖包为界。详查原定之由是，恐越界致酿争端，以示各守各土，不准越界侵占。此外藩蒙与蒙犹有分晰，仰自我皇上睿虑周详，定有内地外藩治理不同。近来客民虽有租典蒙古房地，同村杂居，尚称相安。伏思土默特界内编立民籍，必占蒙古牧地，而本旗官兵向无钱粮，悉赖国家恩赏户口地亩，养赡当差，实与驻防粮饷无异。其大青山前散住五十六佐领下蒙众，山后居住四佐领下兵丁、台吉、喇嘛徒众，历来全靠户口田地游牧度活。倘准流民编籍落户，定占房围井道，无非蒙古地面，诚恐日后蒙民杂处互相勾串盗买愚蒙房产在所不免。又兼本镇人丁生齿日繁，果将山前蒙地安居，日聚月广占地愈多，似有鸠夺鹊巢之势。阖旗蒙人闻知甚是慌惧。尤可虑者，将来若将山前蒙众拥挤山后，彼处地窄人稠，出产不敷糊口，必然出界求食，外蒙岂能容乎？奏虽然声明编民无碍蒙古。职等遍查本旗界内膏腴之地，早已开垦成熟，耕种有年。其洼甸、沙碛零星段落，留作牧厂，各有业主。而寄居各民素本往来无定，其中多系租典蒙地佣工亦有贸易谋食，偶有不法之徒，送厅究治逐境。一经编籍落户，即是土著。

厅民不但滋事难遏,犹虑侵占牧地,勿论安插某旗地面,均是蒙古村庄,难免口角争占之事。职等再四思维,惟有恳恩代奏,祈将土默特界内勿编民籍,仍遵旧章,稽查奸匪。客民照旧寄居,即少侵占蒙地,厅官循旧办理蒙民事,则于阖旗老幼远年生计有益。为此联衔请奏前来等情。据此奴才等详核山西抚臣张之洞条陈仿照直隶成案,边外归化五厅编民清匪,原为整理地方起见,无如土默特旗初设例案定章,核与直隶成案,口外张、独、多三厅客民情形不同,惟有此块蒙古游牧系乾隆七年十一月间,蒙恩赏给该旗众蒙户口牧厂,以资养赡当差,如同饷粮。若将流民编籍,自必侵占碍牧地,实与蒙古生计大有关碍。奴才等悉在守土,既据参领职衔,呈明该旗界内寄居客民编籍占蒙古地土,情词恳切,曷敢缄默壅于上闻。请将归化五厅体制仍旧,勿编民籍,仍遵成案巡查贼匪客民,依旧寄居之处,出自圣裁,奴才等恭候命下之日,遵照办理。除咨吏户礼兵部理藩院山西巡抚查照外,所有土默特界内晋抚条陈归化五厅寄居客民编籍,势必占碍该旗游牧,拟请各厅体制复旧,勿编民籍,仍遵成案,稽查贼匪以靖地方,而顾蒙古生计缘由,是否有当,据情恭折具。奏伏乞皇太后、皇上奏流民编籍原为安靖地方起见然于蒙古生计,未免有碍。详阅该将军所奏,尚系实情,著山西巡抚再行详查具奏。

光绪十年二月初十日①

据此,清政府让山西巡抚再行详查具奏。张之洞则对寄民编籍有碍蒙古游牧的言论予以驳斥,他在《奏口外各厅编查户籍无碍蒙古游牧疏》中写道:

窃臣接准绥远城将军丰绅、归化城副都统奎英来咨,具奏土默特界内归化五厅寄居编籍,势必占碍该旗游牧,拟请各厅体制复旧,勿编民籍一折抄奏咨会到臣。当即飞饬布政使奎斌、归绥道阿克达春详切查覆去后。兹据奎斌禀称,遵查七厅议编户籍,原以种地客民,生齿日繁。故就边外原有民人编户立籍,原有田地清亩立册,既非招内地之民添移边外,亦非使边外之民另占蒙地。清其根柢,定其法制,将来增丁减口,有籍可稽,夺地逃粮,有册可考。可以诘奸究,可以禁侵占。不使如前之漫无稽查,于游牧何碍?前请编查户籍,实与该将军等所引雍正十二年理藩院奏准设立牌甲之意正相符合。今该旗以民蒙杂居则相安,编籍则有碍,岂杂居足以禁侵占盗买?一经编籍,反无以禁之?如此持论,诚不可以理测窥其不愿之隐。所谓慌惧者,非惧客民占其地,实惧蒙官失权耳。从前归化等五厅蒙民交涉命盗重案及有关徒罪以上之

---

① 陈志明:《土默特历史档案集粹》,呼和浩特:内蒙古人民出版社,2007年,第31—32页。这条文献亦见于《申报》(上海版),1884年4月17日,星期四,第3953号,清光绪十年甲申三月二十二日,第10版。

案例，有土默特蒙员会审，寻常词讼向归厅员自理，并无会审明文。近来无论地土钱债细故，一经在厅涉讼，蒙古即赴副都统衙门具呈。该衙门不问事之大小，即委蒙员会审，其兴讼也，多系典荒夺熟，逐佃增租，有利则偏徇，无利则驱逐，恣意营私，已非一日。今知改设厅制，恐难施其故智，此不愿之在蒙员者也。各处副都统于地方事例不干预，而归化五厅向有交涉事件，俨然尽属管辖。遇有商民事务，副都统亦出示晓谕，一经改制，虑失挽越之权，此又不便之在副都统者也。军兴以后，五方游民杂处其间，强悍渐形，土客混淆，殊非所宜。目前编籍清赋，实足绥边弭患，乃庸常浅识，见不及此，上下谬执，殊难理解。该藩司去岁奉檄查边，悉心体察，各厅编查户籍系属地方要政，且与土默特蒙古毫无妨碍。该蒙古安居自适，初不知改设为何事，焉有无故慌惧之理？此不过无知蒙员造言生事，意在阻挠，合将慌惧实非出自蒙情，编籍不致有碍游牧各情形查明禀覆等语。又据阿克达春禀称：查归化等厅之在土默特地面，与直隶张、独、多等厅之在察哈尔地面情形稍有不同者，察哈尔蒙古在本朝已编隶八旗，而土默特蒙古自命外藩，欲私分土，故边制更难于措手。溯查土默特蒙部明季时实已为察哈尔林丹汗所袭灭，其部人或役属于察军，或逃匿于他处。我朝天聪年间，大军征破察哈尔，进师归化城。林丹汉由归化城西遁，土默特头目等始得集众投诚。我朝兴灭继绝，令其仍居土默特游牧，复其前明顺义王封爵。未几，该蒙人有与明边将通谋，欲邀截大兵归路。遂执其王，削其爵。因分土默特为两翼，而以投诚两头目世袭二都统，分统之。嗣后裁并为一副都统，又改为由京简放。当土默特投诚时，地已非其所有，而该参领等尚谓带地投诚，一若不知其地为我朝赏还之地。观其所称，我朝定鼎分界，边墙各守各土，不容越占等语，殊有乖于普天王土之义。至其所虑民人，一编户籍即成土著，必致占蒙古之牧地，碍蒙古之生计，则有必不然者。查土默特部附近边内，其服食起居，竟与内地民人无异，渐至惰窳成性。有地而不习耕耘，无畜而难为孳牧，惟赖民租种其地，彼才有粮、有食、有租可用。故现在该蒙古以耕牧为生者十之二三，借租课为生者十之七八。至该旗所谓游牧地户口地者，自康熙年间以来，久已陆续租给民人以田以宅二百年于兹矣。该民人等久已长其子孙，成其村落。各厅民户何止烟火万家？此等寄民，即不论籍，亦成土著，历年既久，寄民渐多。迨同治年间，因陕甘回氛不靖，口外剿防吃紧。各军有在此驻扎者，有由此经过者，迄今遣勇尚多在。雍正年间寄民尚少之时，仅止设立牌甲已足稽查边氓。而近来寄民之久居者益多，若仅设立牌甲，而不为编定户籍，则人无定名，籍无定户，土客混淆而莫辨，赋役散乱而难稽，欲施治理，诚难措手。①

---

① 葛士濬：《皇朝经世文续编》卷32《户政九》，上海：上海书局石印本，1898年，第633—636页。

该件奏疏不仅驳斥了寄民编籍有碍蒙古游牧、生计，而且认为归化城土默特蒙古官员怕失权而假托蒙情。同时也说明在此之前，寄民并没有编籍，自雍正以来，民人应是设立牌甲进行管理的，故清政府又令山西巡抚妥商具奏。

《清德宗实录》卷181，光绪十年（1884）四月丙午条载：

> 山西巡抚张之洞奏、土默特界内各厅，编查户籍，无碍蒙古游牧。得旨。前据丰绅泰奏业经户部议覆。仍著该抚等妥商具奏。①

光绪十年（1884）闰五月，署山西巡抚奎斌咨归化城副都统就客民编籍有无窒碍进行咨询：

> 署理山西巡抚部院兼管提督盐政印务节制太原城守尉布政使奎为会同编籍事。光绪十年闰五月二十一日准贵都统咨开左右司案呈，于本年四月初二日准户部咨开山西司案呈本部议覆，绥远城将军丰绅等奏土默特界晋抚条陈客民编籍占碍游牧，拟请体制复旧，勿编民籍一折。光绪十年三月二十日具奏，奉旨依议，钦此。遵抄录原奏恭录谕旨粘连咨行前来等因。正在商办间，于五月十一日接准贵署抚部院咨开，窃照抚部院于光绪十年三月间查改设厅制，编立户籍。晋属口外七厅情形不一，如归化五厅，皆在土默特地面，系属将军、副都统辖，去敝境较远，有碍游牧与否，情形不得深悉。咨行将军、副都统与山西巡抚将归化五厅会商酌定，如其界，恳请加封咨报理藩院有案，其邻村封闻知编民，尚且警疑，而当局慌惧者何为，实无其事此妨碍。贵都统力主设立牌甲，亦是防匪类之难稽两事。仍请贵都统覆加确核会同具奏，理合处实咨覆。谨请查照施行。须至咨者。
>
> 右咨呈归化城副都统②

经过详加复查，清政府决定对归化城土默特地区的客民编立户籍，报地升科。

《清德宗实录》卷187，光绪十年（1884）六月丙子条载：

> 土默特蒙兵向赖游牧养赡。现经编立客民户籍，报地升科，蒙古不免失牧之忧等语。即著绥远城将军，督率土默特参领，按照当年界址，无论已开未开，它濠立界，绘图贴说，办理明确。并著咨明山西巡抚，于升科时不得令客民任意指报，以清牧界而安蒙民。③

---

① 官修：《清德宗实录》卷181，光绪十年四月丙午条，北京：中华书局，1985年，第520页。
② 《署山西巡抚在次会商客民编籍有无窒碍咨归化城副都统》，见陈志明：《土默特历史档案集粹》，呼和浩特：内蒙古人民出版社，2007年，第34页。
③ 官修：《清德宗实录》卷187，光绪十年六月丙子条，北京：中华书局，1985年，第614—615页。亦见于《申报》（上海版），1884年8月3日，星期日，第4061号，清光绪十年甲申闰六月二十三日，第1版。

光绪十年（1884），清政府对归化城土默特地区的客民编立户籍，绘图贴说，报地升科。编立户籍和牌甲制度并不矛盾。编立户籍之后，不仅把客民限制在土地上，更重要的是抓住了税收的来源，同时也有利于社会的安定，尽管是以牺牲蒙民的利益为代价的。

二、民社

归化城土默特民人亦结成民社。据《绥远通志稿》载蒙民设有蒙社，民人设有民社。① 在土默特土地契约中亦见有神社，所载内容要么是交给神社地租，要么退给神社土地（见上文）。显见，这些神社应多是民社。在《土默特志》载有《重建四乡民社免捉驿草豆碑》：

盖闻居上之道养民为先，而养民又以爱民为本。顾爱民者不徒文貌，而在事实，是以上有爱民之道，民有亲上之心，急公向义，恐后争先，则上下之情相连一体也。且夫子产众母之称，不禁穆然而有感矣。归化城自国朝设立以来，安集商农，草野之民接踵而来，耦耕连壤，可称庶来特是。归化城本蒙古之地，农民之适乐土者，依蒙民之村舍以安居，开蒙民之荒野以为田。时有军□运送差使而捉农民牲畜，谓之捉驿。或捉于牧场，或捉于耕种，或要路之车马而越境不返，而农民之牲畜，肥者脊，脊者毙，甚至扣留不与，为农民者何以堪此？复有府署因喂养号马，差役沿村采买草豆。斯二者，其大端也。其余麦穰等差，试难历举，悍吏之到乡，呼号于南北，驰骋于东西，虽鸡犬不安焉。是以四乡在五十家子村龙王庙内立农民之社，奉后稷先农田祖之神，春祈秋报，为应差之公所，而社首郭保等呈恳酌减，甫定章程，每年春夏季交草六千束，秋冬季如数交纳，每束草定以七为率，发价白银二分。由是行之，亦有年矣。稽夫农民自立社以来，捉驿草豆渐有画一之规。至嘉庆三年，因蒙员借差混捉商民驼马，扣留短数，以致商民白海秀及乡总等上控于道宪齐公祖案下，蒙断悉革捉驿之弊，定立章程。如有奉部应送之差及兵差，车辆雇备送至归化交界更换，不得稽滞，其车价之费，本城十二社与分派备办，而农民更独任其重焉，及其分班章程，均存案可查，而农民之费遵谕于籴粮时每一斗拨钱半文，存贮店社，以备应差之用。由此农民亦无拉车应差之事，则乡民踊跃乐存，欢声遍野矣。其后草豆之役尚在，社首屡有呈请行减免，彼时厅主素怀轻徭薄赋之心，知民不愿行之，张示即行豁免。喂养号马由城市自行购买，而草豆之役遂免。前人勒碑已记其详，惜乎碑之毁而不存也。咸丰三年，因兵差雇车，每斗粮又拨钱半文，则农民之差用绰绰然有余裕也。而有余

---

① 绥远通志馆：《绥远通志稿》卷63《司法》（第75册），内蒙古自治区图书馆藏（稿本）。

不足之间，四乡耆老偿询究社首，核其实焉。去年废社毁碑，即有办捐输之役，征洋药之亩。而年凶岁歉，农民情迫，上控将军，蒙委员堂断，复修社，重建碑匾，其事之详已不可考，因述事之梗概。嗟呼！前之上者有爱民之实，民有亲上之心，则上下情联，其遗风善政犹可想见也夫！

大同县学生员杨应南敬撰并书
大清同治元年南吕之月上浣谷旦①

由于"时有军□运送差使而捉农民牲畜，谓之捉驿。或捉于牧场，或捉于耕种，或要路之车马而越境不返，而农民之牲畜肥者脊，脊者毙，甚至扣留不与，为农民者何以堪此？复有府署因喂养号马，差役沿村采买草豆"，故四乡民人自发结社以应对。在五十家子村龙王庙内立农民之社"奉后稷先农田祖之神"，这是奉"后稷"为神的神社，目的是"春祈秋报，为应差之公所"。社会费的收取为"每年春夏季交草六千束，秋冬季如数交纳，每束草定以七为率，发价白银二分"。该农民社成立之后取得了"捉驿草豆渐有画一之规"的效果。嘉庆三年（1798），又因"蒙员借差混捉商民驼马，扣留短数"，导致"商民白海秀及乡总等上控于道宪齐公祖案下，蒙断悉革捉驿之弊，定立章程"。"如有奉部应送之差及兵差，车辆雇备送至归化交界更换，不得稽滞，其车价之费，本城十二社与分派备办，而农民更独任其重焉，及其分班章程，均存案可查，而农民之费遵谕于枭粮时每一斗拨钱半文，存贮店社，以备应差之用。由此农民亦无拉车应差之事，则乡民踊跃乐存，欢声遍野矣。"

民社，由民人组成。民社同蒙社一样具有处理本村事务、代征赋税、催征徭役、调解蒙民纠纷的职能。民人可以加入社，亦可以退出社。归化城副都统衙门档案《归化城同知详报会讯蒙古们个系服毒身死一案供情格结》载：

> 据倭参领兼佐领下蒙妇桃尔呈称：缘氏所生孤子们个，现年二十七岁，夫妻佣工受苦为业，男人耕地，女人割莎蓬、柴火度日。于七月二十七日氏子耕地，媳妇割柴，至午间，儿媳背柴火相随回家，不想午后平空有出社恶民张兴朝子、伊弟张四来朝、伊子张德金仔到氏家院，诬赖氏之儿媳背伊莎蓬五捆，入院就搬。……本村甲会陈银扣子、不甲不会陈银玉子并不拉劝，反而喝令将氏子锁押看管龙王庙社房。即日起更时分，氏与儿媳上庙探望，而甲会阻挡不容见面。二更时分，小服冲痛难忍，因伤身死，绝后除根。三更时分而老道到氏家明言，我儿肚痛寻沙药止痛，氏与儿媳又上庙探望，早已身死绝气……并据二十家子村甲会陈银扣、张殿华报称：为起衅完结

---

① 土默特左旗《土默特志》编纂委员会：《土默特志》（上），呼和浩特：内蒙古人民出版社，1997年，第752—753页。

后身死，原情恳恩核办事，原小的村向有蒙古佛庙，系蒙古们个受雇照庙，并在庙内住家，伊有地不应小的等民人社事……据尸母桃尔供：在城东二十家子村居住，……经甲头陈银扣的儿子陈罗罗拦劝把儿子并张兴朝、莎蓬一并送到龙王庙上。①

据该件档案载"出社恶民张兴朝子"，可见张兴朝子此前应是入社的，后来由于种种原因出社了。"不甲不会陈银玉子"则指陈银玉子既没有入甲，亦没有入社。也就是说，并非所有的民人都编入甲会。也有可能陈银玉子是刚到此地而没有被编入甲会。"二十家子村甲会陈银扣""本村甲会陈银扣"，则说明本村是设有甲会的。此处之甲会可能类似于社。"将氏子锁押看管龙王庙社房"，说明该社是以"龙王庙"为中心成立的神社。"甲头陈银扣"所指应是社首陈银扣。这在一定程度上说明社和甲会可能是一个组织，亦可能合二为一。虽然该件档案所载甲会（社）处理民事纠纷不公，但能说明甲会（社）具有处理民事纠纷的职能。"地不应小的等民人社事"说明蒙民均要应社。

《绥远通志稿》卷63《司法》载：

> 应社，担任社中经费，谓之应社，社之设立以村之大小，人之多寡为标准，而社费之摊派以地亩为本位，地亩多者多摊，无地亩者竟可无庸摊派，主其事者，为甲会与村中之绅董。②

文中之甲会应之社之会首。故在归化城土默特地区，民人的甲会甲头有时指社的会首。

在《清至民国时期归化城土默特土地契约》中，载有"官差神社种地人所出"③"神社官差种地人按亩所出"④"随带神社按三十八亩公摊"⑤"每年随神社官差仍照村中旧规所办"⑥等。这说明神社的花费是种地人交纳的，且按亩交纳，"照村中旧规所办"所指亦应是按亩交纳。归化城副都统衙门档案载光绪二十七年（1901）八月《山西巡抚咨送归绥道所拟筹款八条清折》：

---

① 土默特左旗档案馆藏：归化城副都统衙门档案，档案编号：80—4—1745。田宓：《清代归绥地区的基层组织与乡村社会》，中国社会历史评论，第9卷，2008年，中亦有录文，第343—356页。
② 绥远通志馆：《绥远通志稿》卷63《司法》（第75册），内蒙古自治区图书馆藏（稿本），第40页。
③ 内蒙古大学图书馆藏、晓克藏：《清代至民国时期归化城土默特土地契约》（第2册），呼和浩特：内蒙古大学出版社，2011年，第473—474页；呼和浩特塞北文化研究会、云广藏：《清代至民国时期归化城土默特土地契约》（第4册中），呼和浩特：内蒙古大学出版社，2012年，第122页。
④ 呼和浩特塞北文化研究会、云广藏：《清代至民国时期归化城土默特土地契约》（第4册中），呼和浩特：内蒙古大学出版社，2012年，第394页。
⑤ 内蒙古大学图书馆藏、晓克藏：《清代至民国时期归化城土默特土地契约》（第2册），呼和浩特：内蒙古大学出版社，2011年，第468—469页。
⑥ 呼和浩特塞北文化研究会、云广藏：《清代至民国时期归化城土默特土地契约》（第4册上），呼和浩特：内蒙古大学出版社，2012年，第443—444页。

惟蒙地各若干亩数,各厅衙门并无册档可稽查,口外各村都有公社,大村则一村自立一社,小村则数村公立一社,每年所出神社官差一应花费,均系按地亩摊钱,凡有入社应摊之地,其花户姓名地亩数目,各村均有社账可查,大率实种之地多,入社之地少,应请从宽,止按社帐上开载亩数抽收亩捐。①

社的设立原则为"大村一村自立一社,小村则数村公立一社",其支出则"按地亩摊钱",各村的"社帐"载有社"花户姓名地亩数目"。此处所载同《清至民国时期归化城土默特土地契约》所载大致相同。而应社之地,为民人租种土默特蒙古的户口地。租种土默特蒙古户口地的民人,将承租土地的数量登记在"社帐"上,土地就归民社办理。在归化城土默特土地契约中,载有"退官差神社五十亩"②"退神社四十五亩半"③"因官差神社难以支持"④"官差神社难以支持""随地退神社二十一亩半"⑤"随地退神社二十七亩半"⑥"因官差神社难以支持""退神社十亩"⑦"神社地九亩半"⑧"神社地五亩"⑨"神社地八分"⑩"退神社地一十二亩半"⑪"退神社地十亩"⑫"退神社六亩"⑬

---

① 土默特左旗档案馆藏:归化城副都统衙门档案,档案号:80—6—2836。
② 杜国忠藏:《清代至民国时期归化城土默特土地契约》(第 3 册),呼和浩特:内蒙古大学出版社,2012 年,第 149 页。
③ 杜国忠藏:《清代至民国时期归化城土默特土地契约》(第 3 册),呼和浩特:内蒙古大学出版社,2012 年,第 149 页。
④ 杜国忠藏:《清代至民国时期归化城土默特土地契约》(第 3 册),呼和浩特:内蒙古大学出版社,2012 年,第 153 页。
⑤ 杜国忠藏:《清代至民国时期归化城土默特土地契约》(第 3 册),呼和浩特:内蒙古大学出版社,2012 年,第 158 页。
⑥ 杜国忠藏:《清代至民国时期归化城土默特土地契约》(第 3 册),呼和浩特:内蒙古大学出版社,2012 年,第 158—159 页。
⑦ 杜国忠藏:《清代至民国时期归化城土默特土地契约》(第 3 册),呼和浩特:内蒙古大学出版社,2012 年,第 169 页。
⑧ 杜国忠藏:《清代至民国时期归化城土默特土地契约》(第 3 册),呼和浩特:内蒙古大学出版社,2012 年,第 163—164 页。
⑨ 杜国忠藏:《清代至民国时期归化城土默特土地契约》(第 3 册),呼和浩特:内蒙古大学出版社,2012 年,第 225—226 页。
⑩ 杜国忠藏:《清代至民国时期归化城土默特土地契约》(第 3 册),呼和浩特:内蒙古大学出版社,2012 年,第 249—250 页。
⑪ 杜国忠藏:《清代至民国时期归化城土默特土地契约》(第 3 册),呼和浩特:内蒙古大学出版社,2012 年,第 178 页。
⑫ 杜国忠藏:《清代至民国时期归化城土默特土地契约》(第 3 册),呼和浩特:内蒙古大学出版社,2012 年,第 188 页。
⑬ 杜国忠藏:《清代至民国时期归化城土默特土地契约》(第 3 册),呼和浩特:内蒙古大学出版社,2012 年,第 191 页。

"退神社地六亩半"①"退神社地五亩"②"随神社地五亩"③"官差、神社、蒙古地租难以支持""退神社地十二亩五分""退神社地二十三亩五分"④等记载,这些退归土默特蒙古的土地,则重新归入蒙社办理。在归化城副都统衙门档案中,光绪十一年(1885)四月,《佐领格图肯赴萨会讯七老等控下达赖村摊社拉马案情形的禀文》载:

> 蒙委会审,小的等原典与民人租种户口地亩,因沙碱不堪耕种,退交蒙古地主承受,应归蒙古神社办事,若蒙古等将户口地亩租典与民人耕种,应归民人神社办事,此系昔年前辈先人议定旧规。⑤

据该件档案可知,蒙社负责处理蒙民事务,而民社则负责处理民人事务。在土地交还蒙古地主的情况下,蒙古地主则应承担蒙古神社事务,而民人则不需要再承担其在民社的事务。

归化城副都统衙门档案,光绪二十四年(1898)十一月,《兵司呈请移咨牌饬道厅嗣后不准牵连蒙古摊派民社差事》载:

> 兵司案呈为移咨转饬,牌饬晓谕遵办事。适据巴佐领下领催格海呈称:缘小的家蒙赏户口地亩当差养赡,充膺兵差。近日村中甲头张六九、会首赵德明等向小的言说,托府主出谕由各村捐办义务,勒令小的入社,随同伊等摊办杂差。小的再四思维,蒙民各别,各有各社,各当各差,先人以来充膺兵差正差。而民人杂差是民人应分,断无有兵民混当差事,兵应民差,而民应兵差之理。小的与甲会理较,而伊等以禀明托厅拘锁到衙门,责打管押,那时看您入社不入,说完扬常走去。⑥

该件档案所载,蒙古和民人分别在蒙社和民社当差。而由于民人势力逐渐变大,则出现民人威逼蒙古入民社当差的情状。故才会出现"巴佐领下领催格海"被村中民人"甲头张六九、会首赵德明"强逼入民社,并摊派差役。在格海与之理论时,则被张六九等人"以禀明托厅拘锁到衙门,责打管押"相威胁。在当时,这种情况应不是孤案,故兵司才会有"呈请移咨牌饬道厅嗣后不准牵连蒙古摊派民社差事"的呈文。这同清末

---

① 杜国忠藏:《清代至民国时期归化城土默特土地契约》(第3册),呼和浩特:内蒙古大学出版社,2012年,第191页。
② 杜国忠藏:《清代至民国时期归化城土默特土地契约》(第3册),呼和浩特:内蒙古大学出版社,2012年,第210页。
③ 杜国忠藏:《清代至民国时期归化城土默特土地契约》(第3册),呼和浩特:内蒙古大学出版社,2012年,第225页。
④ 杜国忠藏:《清代至民国时期归化城土默特土地契约》(第3册),呼和浩特:内蒙古大学出版社,2012年,第212—213页。
⑤ 土默特左旗档案馆藏:归化城副都统衙门档案,档案号:80—5—2089。
⑥ 土默特左旗档案馆藏:归化城副都统衙门档案,档案号:80—5—2213。

归化城土默特蒙地的民人增多，口外七厅改制有很大的关系。

第三节　归化城土默特地区的乡村

上文对归化城土默特地区的基层组织状况进行了探讨，本节则主要探讨该区域的村庄分布情况。这一地区虽然为归化城土默特蒙古的驻牧地，但是长期以来，大量的移民涌入该区域，在这一区域生存繁衍。因此，归化城土默特地区形成了蒙、汉、回、满等民族共居、共存的态势。具体到归化城土默特地区的村庄情况，则比较复杂：有的村庄可能是蒙族村庄，有的村庄可能是汉族村庄，有的村庄可能是蒙汉共居的村庄。如《绥远通志稿》卷63《司法》载：

> 公社之设，或一村一社，或数村一社不等，蒙民杂居之村，蒙人亦各自立社，惟村中蒙人甚少时，亦有不自立社，并不入社者。①

《归绥县志》载有《重建四乡民社免捉役草豆碑》，碑文中载：

> 归化城本蒙古之地，农民之适乐土者，依蒙民之村舍以安居，开蒙民之荒野以为田。②

所载"蒙民杂居之村""依蒙民之村舍以安居"在一定程度上说明了上述三种村落是存在的。理论上虽然可能有上述三种村庄形态，实际上严格地对此加以区分又是比较困难的。因此本文对三种村庄的论述，仅是大致的推测，可能同实际情形有较大的差异。但是，正是这种多形态共存的村庄，构成了归化城土默特蒙古地区有别于其他蒙古地区的多民族共生的生态区域。

一、蒙古族村庄

早在明代，归化城土默特蒙古地区就开始出现定居的村落，这些村落大多是以土地开垦为主的板升。进入清季以后，本地区进入了土地开垦最为活跃的时期。生活于该区域的归化城土默特蒙古亦进入以定居为主的生活状态。如陈赓雅在《西北视察日记》的《包头杂讯一束》中，有一段关于清代包头地区的描写：

> 相传包头在清代一片沙漠，人烟稀少，集五家或十家为一村，居民多为蒙人，纯以游牧为生活。③

---

① 绥远通志馆：《绥远通志稿》卷63《司法》（第75册），内蒙古自治区图书馆藏（稿本），第41页。
② 郑植昌修、郑裕孚纂：《归绥县志》，中国边疆史志集成（第37册），北京：全国图书馆文献缩微复制中心，2002年，第461页。
③ 陈赓雅：《西北视察记》，兰州：甘肃人民出版社，2002年，第47页。

阿·马·波兹德涅耶夫在《蒙古及蒙古人》中写道：土默特蒙古人"大多是在农村或乡屯种田，过着定居的生活"，"过游牧生活的土默特人主要是住在大青山以北的三个苏木"①。显见，归化城土默特蒙古人大多是定居生活的，当然亦有少量土默特蒙古人从事游牧。

有关蒙族村庄的记载，在归化城副都统衙门档案中，记载较多。据《土默特志》所引"土默特满文档案"第75卷132号（残），载乾隆年间土默特两翼各甲喇所属村庄如下：

左翼二甲

喀吉拜、大公尼富、小公尼富、齐格尔、萨肯板升、登娄素、固尔本阿尔班、达拉特、宝勒齐老图、达岱、诺木齐太、苏巴尔林、妥博齐克、潮岱、库克板升、苏木沁、呼齐力托亥、和林格尔、吉尔半呼都克、哈坦板升、纳克依图、绰尔亥、小里保、王毕斜气、额乐得放、勾子板升、班定营子、托色乎、赛敦板升、补额苏克板升、朱嘎依、托亥板升、特墨尔、乌鲁特、美岱尔、桑吾特、塔奔果多力、班珠尔板升、哈沙图、博斯库板升、乌兰布拉克

左翼三甲

哈坦和硕、努图克、齐老气、绰拉西、吉木布忽屯图、乌素沙巴尔太、塔布沁沙巴尔太、尔吉根板升、察干胡图克、布尔塔、舒鲁苏、吉尔达木巴、德乐格、扎兰沙拉乌素、莫多图沙拉乌素、吉尔岱、阿力玛沙拉乌素、穆尔固沁沙拉乌素、板升、乌把什板升、柯布尔、格尔根板升、伊克美、布拉克、哈尔嘎台、蘑菇窑子、南好群、北好群、沙巴尔太、巴彦鄂博、伊克兴、珠尔汗白彦、额恩类

左翼四甲

巴岱板升、忽桶图、巴尔丹忽桶图、淖尔板升、乌逊图路、扎更忽桶图、好群、沙拉额墨根、阿嘎力奇、朱盖、北好群、苏木图、绰尔亥、楚应、巴克都古、多罗板升、固尔班乌素、固鲁、沙拉尔岱、察干苏木图、察干额尔果、扎兰板升、章子诺尔

左翼五甲

妥色火、库布特沙巴尔太、额乐尔得依、星星板升、锁诺尔、额色给齐、塔布特、诺木果恩、乌尔哲依图、锡尼板升、巴克都古、布能奇、奇塔特巴克希板升、苏鲁克特恩、都古冷、塔布恩板升、喇嘛达尔查、额尔齐德依、古公太

---

① 阿·马·波兹德涅耶夫著，张梦玲等译：《蒙古及蒙古人》（第2卷），呼和浩特：内蒙古人民出版社，1983，第156页。

左翼六甲

鄂尔吉乎、塔并格尔、哈拉沁、黄家营子、奎坦布拉克、那木尔查、察干库呼、奎坦浩拉依、乌兰板申、鄂博图、扎兰果勒、彦齐来、阿满浩赖、南中呼都克、北中呼都克、哈达图、乌达果多尔、扎恩太、察干库特尔、鄂果特尔、巴尔果素、哈吉嘎尔、朱尔固太、布尔嘎苏太、特门库珠、巴彦布拉克、察干鄂尔戈、库克鄂尔戈、固尔巴勒齐、登娄苏太、察干托罗亥、赛拉尔、挠尔板升、乌兰托罗亥、扎赖力、额力苏和硕、土城子、努木齐、扎拉图、新店子、沙拉诺亥图、哈略图、浩赖、齐齐尔嘎太、卢家窑子、新巴彦布拉克、莫洛克太、锡布格、哈柳、门德木图、库布特

右翼首甲

十棋牛、巴雅尔图、柯伊乐、班第板升、乌兰巴图、额墨勒、妥伊罗火、萨力勤、额吉贤房子、毛道、乌素图、星星板升、察干板升、哈拉沁、沙拉额墨根、莫龙太、霍寨、塔布板升、玉有板升

右翼二甲

乌申、囊囊、毕车齐、乌尔格逊、吉古、栽生、柯乐库、搜格、沙拉乌素、哈略、红岱、果尔班呼都克、塔布恩板升、萨胡拉克①

该件档案没有记载左翼首甲、右翼三、四、五六甲所属村落名称。

在归化城副都统衙门档案中，载有乾隆八年（1743）右翼四甲所辖克希佐领下111户650口人分别居住在三金、茂诺海、萨耀、纳苏图、诺莫珲、苏布尔干、萨里沁、青内、毕车齐、小毕车齐、土谢图、频吉、豁罗苏泰、插素齐14个村中。②

在归化城副都统衙门档案中的其他村落，乌仁其其格在其系列研究成果中有："瓦·阿尤西苏木，塔布板申"③"翁衮岭西诺木宏、阿素特奔巴、胡吉尔讨亥、阿济格浑津、茅隆代、翁衮岭库克额尔计等地"④ "麻黑赖村"⑤ "诺参领都参领齐佐领苏佐领喜佐领属下登口村、八分子村、黑训营子村、海子村、赵家屹梁村、白庙营村、石老臧

---

① 土默特左旗《土默特志》编纂委员会：《土默特志》（上），呼和浩特：内蒙古人民出版社，1997年，第66—67页。
② 土默特左旗档案馆藏：归化城副都统衙门档案，80—3函—4。引自田宓《清代归绥地区的基层组织与乡村社会》，中国社会历史评论，第9卷，2008年，第343—356页。
③ 乌仁其其格：《18至20世纪初归化城土默特财政研究》，内蒙古大学，2007年博士学位论文，第8页。土默特左旗档案馆藏：归化城副都统衙门档案，档案号：80—35函—1。
④ 乌仁其其格：《18至20世纪初归化城土默特财政研究》，内蒙古大学，2007年博士学位论文，第9—10页。土默特左旗档案馆藏：归化城副都统衙门档案，档案号：80—45—95。
⑤ 乌仁其其格：《18至20世纪初归化城土默特财政研究》，内蒙古大学，2007年博士学位论文，第10页。土默特左旗档案馆藏：归化城副都统衙门档案，档案号：80—14—984。

营村、油房营村、马厂村、毛代村、脑包村、十二犋牛营子、五苏土召、王木匠屹堆村、陕西营子村"① "绰依拉西霍通图村现已改称绰依拉西营"② "讷赛图村"③ "苏布尔日干板申、扎兰板申、野马图板申、会苏板申、包尔合少板申、乃莫板申、古尔半乌素板申、哈录板申、沙巴尔台板申、李宝板申、哈林产阿曼板申"④ "苏巴尔干村""包图村""巴岱村、哈拉补塔村、马混村、台什村、阿把拉岱村、巴沙尔村、塔布齐村、胡布得沙巴尔太村、马卡达姆德村、绰尔村、敖包图村、沙拉挠亥图村"⑤ "右翼六甲东成格尔村"⑥ "左翼二甲拓本高度理村、后桑滚村"⑦ 等。乌仁其其格根据归化城副都统衙门档案统计，该地区约有 316 个蒙古村。⑧

在其他文献中，亦有关于蒙古村落的记载。如《和林格尔县志》卷 2《建置·村庄》载：

> 全县原设八路计二百二十八村，现分四区。连同蒙古村共二百六十二村。⑨

可知，"八路二百二十八村"应为民人村庄，蒙古村庄应有 34 个。另外，《土默特志》第 1 章《地理志》载"和林格尔厅村名录"：

> 东北乡蒙古各村
>
> 二道沟黑山、三道沟黑山、东沟子村、北账房沟、官老儿窑村、李大汉窑村、段胡窑村、哈达哈少村、沙忽浪村、侉子梁村、板定板升、红窑子村、杜万成窑村、石林太村、双庙子村、兴旺村、北九犋牛窑、北四犋牛窑、灯楼素村、北水口村、胶泥沟村、台阁斗村、白彦图村、克略村、丹岱村、脑木七太村、雅达幕村、七杆旗村、

---

① 乌仁其其格：《18 至 20 世纪初归化城土默特财政研究》，内蒙古大学，2007 年博士学位论文，第 16 页。土默特左旗档案馆藏：归化城副都统衙门档案，档案号：80—41—22。
② 乌仁其其格：《18 至 20 世纪初归化城土默特财政研究》，内蒙古大学，2007 年博士学位论文，第 16 页。土默特左旗档案馆藏：归化城副都统衙门档案，档案号：80—24—93。
③ 乌仁其其格：《18 至 20 世纪初归化城土默特财政研究》，内蒙古大学，2007 年博士学位论文，第 16 页。土默特左旗档案馆藏：归化城副都统衙门档案，档案号：80—24—100。
④ 乌仁其其格：《18 至 20 世纪初归化城土默特财政研究》，内蒙古大学，2007 年博士学位论文，第 40 页。土默特左旗档案馆藏：归化城副都统衙门档案，档案号：80—47—52。
⑤ 乌仁其其格：《18 至 20 世纪初归化城土默特财政研究》，内蒙古大学，2007 年博士学位论文，第 41 页。土默特左旗档案馆藏：归化城副都统衙门档案，档案号：80—2—498。
⑥ 乌仁其其格：《近代归化城土默特蒙古人口问题浅析》，内蒙古大学学报，2012 年，第 3 期，第 10—17 页。土默特左旗档案馆藏：归化城副都统衙门档案，档案号：（满文）80—47—22。
⑦ 乌仁其其格：《近代归化城土默特蒙古人口问题浅析》，内蒙古大学学报，2012 年，第 3 期，第 10—17 页。土默特左旗档案馆藏：归化城副都统衙门档案，档案号：（满文）80—47—40。
⑧ 乌仁其其格：《近代归化城土默特蒙古人口问题浅析》，内蒙古大学学报，2012 年，第 3 期，第 10—17 页。
⑨ 陈宝晋：《和林格尔县志》卷 2《建置·村庄》，（第 2 册），内蒙古自治区图书馆藏（稿本），第 89 页。

六犋牛窑、古力半哈力半、前公喇嘛村、后公喇嘛村、古力半忽洞、北倒拉板升、南倒拉板升、哈拉沁村、北舍必崖村、保尔此老村、大路新营子、蔡家营子、西沟门村、刘海吾窑、狼尾巴嘴村、段家园子、索家窑村、陈家窑村、五把忽洞村、刘影窑村、苦儿讨号村、大沟们门

东南乡蒙古各村

章盖营子、九龙湾村、北窑子村、兵达营村、岢岚窑村、椴树背村、东干沟村、前窑子村、补圪图沟门、卢家窑村、喇嘛湾村、前后桥儿沟、陈家窑村、东哈达沟村、哈达沟门、坝底村、五素图路村、将军沟村、北不浪村、松树沟村、后瓦窑沟村、前瓦窑沟村、查汗井儿村、辛店镇、新店水泉村、东石嘴子村、榆林城村、佛爷沟村、佛爷沟元山、三保岱村、东一间房村、东圪针沟村、高家窑村、石板沟村、高窑子村、把谷图梁村、草窑子村、西浮石山、东浮石山、下脑亥村、上脑亥村、前中石门、三十二村、吕家窑村、石头窑村、保尔汗沟村、八十家子、四间房村、海留图村、黑石图村、五家房村、什尼板升、韩家梁村、南沿村、马明沟村

西北乡蒙古各村

北石嘴子村、上土城子村、下土城子村、大打墙沟、小打墙沟、黄花台吉村、脑木气村、徐家窑村、工部营子、台吉营子、章盖忽通图、把尔旦营子、代州窑村、巧尔什营子、讨速号村、前猛独牧村、后猛独牧村、圪报尔村、土不占村、恩出村、前乌素什巴尔太、后乌素什巴尔太、南园子村、头二三四铺

西乡蒙古各村

小厂圪洞村、大堆子梁村、古尔什村、韭菜沟村、西舍必崖村、西厂汗圪洞、油房十八太、挠尔板升、腮忽洞村、郭林一间房、后肯只背村、前肯只背村、同昌营子、西马群村、东厂营村、西营子、柴六营子、甲赖尔村、毛不浪村、塔克尔村、迭力素村、上布岱沟村、下布岱沟村、董家营子、蓝家窑村、蓝家房村、达赖营子、西偏关窑村、二道河村、耳只更窑村

西南乡蒙古各村

上喇嘛盖村、下喇嘛盖村、喇嘛盖西窑门、樊家窑村、兴旺庄、小骆驼沟村、大湾村、南马群沟村、善友喇嘛村、老喇嘛盖村、老藏沟村、牛梅窑村、台吉崖村、海流速太、道尔计沟村、当涧沟村、斗成窑村、老候窑村、羊群沟村、平鲁卫窑村、马家窑村、南账房沟村、委流速太村、打楞太村、前齐僧沟村、后齐僧沟村、前白彦不浪、后白彦不浪、黑土崖村、脑木图沟村、三间房沟村、南偏关窑村、林麻子沟村、前后豪赖沟、脑尔帽沟村、乌兰不浪村、西圐圙、南一间房子、三道河村、韩家沟门村、麦令沟村、二支树尔村、三支树尔村、红山口子村、老什沟村、黄家水泉村、

小乌拉以习盖

南乡蒙古各村

小南沟门、庙尔沟村、东元山村、西元山村、后水泉村、中水泉村、前水泉村、五当沟村、三道营村、二道营村、五良速太村、哈只盖村、大南沟门、前赛汗沟村、后赛汗沟村、韩度井儿村、南舍必崖村、中柱窑村、王发申窑村、牛二窑子、面铺窑子、鸡鸣驿、白旗窑子、前圪臭沟村、后圪臭沟村、西南窑子、碌碡沿村、榆树塔村、崞县窑子、缸房窑村、砖窑沟村、南三棋牛窑、豪赖沟村、十棋牛窑村、榆树梁村、南圪针沟村、臭水沟村、大红城、小红城、南窝铺村、八里庄、南哈沟村、金报板申、令皮窑子、红城瓦窑沟、红城西窑村、大西沟村、井儿沟村①。

上述所载为和林格尔东北各乡蒙古村名,远远多于《和林格尔县志》所载的34个村落。

阿·马·波兹德涅耶夫在《蒙古与蒙古人》中记载光绪年间归化城土默特蒙古的情况:

现在这些居民大多是在农村或乡屯种田,过着定居生活。像这样的乡村和官屯在左翼三十个苏木管辖下的总共有二百九十个,在右翼三十个苏木管辖下的总共有二百二十六个。在这个五百二十二个乡屯住的都是土默特人。较大的乡屯设两名乡长,小的则设一名。②

另外在归化城土地契约中,载有八拜村、八里庄、把栅村、白棋窑子村、宝珠村、毕克齐村、毕尧气村、兵崖村、蔡家营村、察素齐村、厂汗板申、厂汗恼包村、陈胡窑子、吃新营子村、臭水井儿村、鹔鹴气村、达赖营子村、达食村、倒拉土默村、杜虎子梁村、圪捞板申村、孤雁村、谷营营子村、郭宝营村、郭顺营村、哈拉庆村、哈林章坝村、哈奇板申村、哈奇营村、毫赖沟门东村、贺老大沟门、黑炭板申村、后厂汉迟老村、后窑村、黄花台吉村、黄家营村、甲尔旦村、甲喇板申村、金太窑子村、抗老板申、孔家营村、喇嘛湾村、兰尾巴嘴子村、狼尾嘴子村、老龙不浪村、李家圐圙村、梁家营子、柳卜渠村、六棋牛村、明按村、纳今不浪村、南圪洞、南黄草凹村、廿家子村、聂各兔村、牛牛营村、七干旗子村、前甲尔旦村、前巧儿报村、巧报村、三间房村、沙尔沁村、善岱村、舍必崖村、设北垛村、什不更村、生根板什、十间房村、石北崖儿村、石老大营子、双树村、松树沟村、锁号儿村、讨号板申村、王春沟村、王法升窑子、王胡子村、

---

① 土默特左旗《土默特志》编纂委员会:《土默特志》(上),呼和浩特:内蒙古人民出版社,1997年,第78—80页。
② 阿·马·波兹德涅耶夫著,张梦玲等译:《蒙古及蒙古人》(第2卷),呼和浩特:内蒙古人民出版社,1983年,第156页。

王胡子沟村、蜈蚣坝村、五里营子、五夜地村、西甲拉营村、西甲喇嘛营子村、西甲浪营村、西老将营村、西龙王庙村、西栅子、小浑津村、小五束兔沟村、小营村、辛圪板申、新克板申、新营子村、邢家营子村、一家村、油房营子、云社堡村、章圪塔村、朱堡村等。①

上述这些村名既有蒙语名称，亦有汉语名称。蒙语名称的村庄应为蒙古人所居住，汉名村庄，应是不断迁徙而来汉人定居后而命名的村庄。"村庄名称变化很大，有些虽然保留了原来的蒙语名称，但往往传讹了，使后人不解其意。如哈喇乌素讹为哈素或拉素，必力格沁讹为玻璃格沁，再讹为可沁，阿也格沁讹为瓦窑圪沁等。有的成为蒙汉合璧名称，如亳沁营子、达赖营子、甲兰营子、台吉营子等。有的用汉字记载蒙语地名而偏重汉意，如德力波日取谐音写作独立坝，扎达盖板升写作吉泰板升，珠拉气写作祝乐庆，常黑赖记作常合理等。有的则以汉译名取代蒙语名，如古尔板毛独写作三把村，哈登哈少写作石嘴子等。另一些地名干脆用汉语名称代替蒙语名称，如以南双树代替莽倒图沙拉乌素，以八里庄代替达尔计和圪力更，以瓦房院代替可补勒，以安民代替囊囊等等。"②

二、汉人村落

清前期，为了限制归化城土默特部势力的发展，将其限制在归化城土默特地区，采取了诸如在周围安置蒙古其他部落、圈占其牧地等策略。同时，屡屡颁布禁令，禁止内地汉人到归化城土默特地区。但是，由于归化城土默特地区较为适宜农耕生产，在内地人口不断增加的压力之下，内地汉人不断突破禁令进入该地区进行垦种。《绥远通志稿》卷20《移民》载：

> 清既入主中夏，察哈尔、西土默特及鄂尔多斯、乌拉特等各旗，悉录版图，其时私垦禁严，蒙荒如故。在有清一代，未闻有大批之移民，如历朝故事者也。然其设官分治，渐形成厅道之制者，则以康雍而后，私垦禁弛，佃农渐多，虽未尝由官移民，顾已开民人自移之路。③

---

① 内蒙古大学图书馆藏、晓克藏：《清代至民国时期归化城土默特土地契约》（第1、2册），呼和浩特：内蒙古大学出版社，2011年；杜国忠藏：《清代至民国时期归化城土默特土地契约》（第3册），呼和浩特：内蒙古大学出版社，2012年。呼和浩特塞北文化研究会、云广藏：《清代至民国时期归化城土默特土地契约》（第4册上、中、下），呼和浩特：内蒙古大学出版社，2012年。统计时剔除了一些异写的村庄。
② 土默特左旗《土默特志》编纂委员会：《土默特志》（上），呼和浩特：内蒙古人民出版社，1997年，第68页。
③ 绥远通志馆：《绥远通志稿》卷20《移民》（第24册），内蒙古自治区图书馆藏（稿本），第2页。

其实早在顺治时期，就有汉人来到归化城土默特地区。据《偏关志》中"庠生万钺妻孙氏"载：顺治五年（1648）四月，大同总兵姜瓖等起兵反清，失败后，万氏子孙逃亡大青山：

> 难发，万氏子孙相率逃至大青山，山谷多煤。夜梦大司马冠带坐其上，旦日挖之，果然，遂家焉。其后椒聊蕃衍，聚族而居，名万家沟云。①

《绥远通志稿》卷94《人物》，亦对此有记载：

> 万有孚，字叔向，山西偏头关人，父世德……弟国孚、兄子钺同妇孙氏亦战败，举火自焚，一门皆死国难。有孚仓猝护族人及维垣家属，潜出塞入大青山，夜梦世德指息于产煤处。乃向蒙旗租地开采，以维生计。历年既久，聚族而居。沟以姓名，即今之万家沟也。今沟内尚有墓地，俗呼为万三大人墓。其后裔尚在。康熙间，以人多传播，朝命查诘甚严，遂徙居他处，改姓为营，以志万字草头，且为官也。世传王氏流寓斯土者，后与蒙族婚，入旗籍者，居毕镇。且谓玉禄、武尔功，即其后人，以皆为王姓也。毕镇附近蒙户，多有汉姓，而汉人中营姓者绝少，惟托县有之，其族系亦不同。②

"万家沟"即是聚族而居的汉人形成的村落，在顺治年间就已经存在了。在雍正年间，仅大同府就有大量的民人散居在归化城土默特各村。

在归化城土默特土地契约中，有康熙年间就有民人在归化城租住房屋的记载："有祖上于康熙年间在御史巷租下地基一块"③"康熙年间御史巷路东租地基一块，屡年修盖房屋一所。"④而在归化城土默特土地契约中，记载最早的为雍正六年（1728）三月一日《孟良贵、郝晶约》，载孟良贵、郝晶二人赁三甲哈呵名下大召后房院。⑤虽然无法确定该二人为移民，但是可以确定的是早在雍正年间就有民人租住蒙人的房院。在归化城土默特土地契约中，最早记载开垦荒地的则为雍正九年（1731）十一月十三日《伍把什约》，该件契约载：

> 立出租户口荒地约人伍把什，今将自己城西龙王庙村地一段，东至蓬松召草地，

---

① 卢承业原编，马振文等增修：《偏关志》卷上《人物志》，台北：成文出版有限公司，1968年，第188页。
② 绥远通志馆：《绥远通志稿》卷94《人物》（第108册），内蒙古自治区图书馆藏（稿本），第6页。
③ 呼和浩特塞北文化研究会、云广藏：《清代至民国时期归化城土默特土地契约》（第4册上），呼和浩特：内蒙古大学出版社，2012年，第53页。
④ 呼和浩特塞北文化研究会、云广藏：《清代至民国时期归化城土默特土地契约》（第4册上），呼和浩特：内蒙古大学出版社，2012年，第77—78页。
⑤ 呼和浩特塞北文化研究会、云广藏：《清代至民国时期归化城土默特土地契约》（第4册上），呼和浩特：内蒙古大学出版社，2012年，第2页。

西至把老爷,南北俱至道,四至分明。情愿出典租与杨崇龙名下开垦永远耕种为业。①

该件契约所载,为民人租种蒙古户口地从事农业生产之明证。基本可以确定杨崇龙为进入归化城土默特地区从事耕种的汉人。在《雍正朝汉文朱批奏折汇编》载雍正九年(1731)三月二十五日:

> 归化城一带,地土丰饶,大同等府居民出口耕种者甚多。但臣查通年出口之民,不止只身前去,竟将全家搬移出口散居各村落。臣亲到杀虎口地方询问情形,知归化城一处于两年前携家口者将及千家,年来已不下二千家。而归化城外尚有五百余村,更不知有几千家矣。②

据此可知,早在雍正年间,已经有大量的人口移居归化城土默特一带,散居于蒙古各村落。清政府虽然在该地区施行了禁垦政策,但对准噶尔战争需要军需,修建绥远城、召庙需要工匠,所以往往又主动招徕汉人到这一地区从事生产活动。

乾隆四年(1739)正月十二日,"绥远城左翼副都统甘国璧奏为预筹归化绥远托克托三城积贮事"载"土默特蒙古地亩俱招内地人民耕种"③。政府主动召民垦种的政策,又进一步刺激了汉民向归化城土默特迁移。乾隆七年(1742)十月十五日,山西巡抚卡尔吉善等奏:

> 查归化城土默特蒙古与察哈尔接壤,为云中一带藩篱。所设官弁兵丁向不支给俸饷,惟资地亩以为养赡,各安驻牧拱卫边疆。无如蒙古民人不谙耕种,自军兴以来,与归化城民人聚居,鲜衣美食渐染成风。滋生日广,用度日繁,所有地亩典给民人,遂至生计窘迫。……晋省地窄人稠,内地民人苦于无地可耕。如土默特尚有未垦之地,将来召民垦种,以裕民食而足兵粮。……土默特两旗原设二十个佐领,嗣后生齿众多,又编有四十个佐领,连蒿齐特两个佐领,共为六十二个佐领。现今官一百六十员,额甲五千名,壮丁幼丁三千八百余名。其出征年老、残废、退甲人等,并伊等妻子、寡妇、孤子家口以及喇嘛、沙弼那尔共六万余口。系在内扎萨克四十九旗内,向来并无俸饷,俱隋水草游牧生理。自康熙三十年以后,蒙古等始行耕作,其有力之人虽开垦耕种,仍赖草地滋生牲畜。从前自备鞍马,屡次出征,并每岁纳粮当差及养赡家口,甚为充裕。数年以来牲畜消耗,地亩失时,现今生计已不比从前,而一切当差

---

① 呼和浩特塞北文化研究会、云广藏:《清代至民国时期归化城土默特土地契约》(第4册上),呼和浩特:内蒙古大学出版社,2012年,第2页。
② 中国第一历史档案馆:《雍正朝汉文朱批奏折汇编》(第20册),南京:江苏古籍出版社,1988年,第213页。
③ 中国第一历史档案馆:《中国第一历史档案馆藏录副奏折》,档号:03—0736—0001,缩微号:049—1146。

纳粮等事，并无贻误。只因生齿日繁，又有众喇嘛建立寺庙，伊等沙弼那尔俱在各村居住。又数十年以来民人聚集归化城贸易，并携眷在各村与蒙古杂处种地者四五十万，是以地方日窘，而蒙古生计日窘。①

乾隆七年（1742）的时候，移居归化城土默特地区的汉人达四五十万之多。且归化城土默特蒙古由于不谙耕种，为了维持生计，也主动招徕汉人进行屯垦。《土默特志》第5章《政治志》中载有归绥道阿克达春极力反驳绥远城将军丰绅等反对寄民编籍的禀稿：

其服食起居，竟与内地民人无异，渐至惰窳成性，有地而不习耕耘，无畜而难为孳牧。惟赖汉人垦种其地，始籍有粮可食，有租可用。故现在该蒙古以耕牧为生者十之二三，籍租课为生者十之七八。至该旗所谓游牧地、户口地者，自康熙年间以来，久已陆续租给民人，以田以宅，二百年于兹矣。该民人等久已长其子孙，成其村落，各厅民户何止烟火万家。此等寄民即不编籍，亦成土著。历年既久，寄民渐多。②

《古丰识略》卷23《地部·村庄》载有归化城土默特地区村庄名，笔者仅把各厅村庄数量列表如下③：

《古丰识略》所载归化城土默特地区村庄数量表

厅名	乡或路	村庄数	村庄总数
归化城	东乡	118	312
	南乡	28	
	西乡	117	
	北乡	49	
萨拉齐	东乡	172	202
	西乡	17	
	南乡	5	
	北乡	8	
清水河	东乡	52	209
	西乡	63	
	南乡	61	
	北乡	33	

---

① 中国科学院地理科学与资源研究所、中国第一历史档案馆：《清代奏折汇编·农业·环境》，北京：商务印书馆，2005年，第69—70页。
② 土默特左旗《土默特志》编纂委员会：《土默特志》（上），呼和浩特：内蒙古人民出版社，1997年，第430—431页。
③ 钟秀：《古丰识略》，中国边疆史志集成（第27册），北京：全国图书馆文献缩微复制中心，2007年，第209—238页。

续表

厅名	乡或路	村庄数	村庄总数
和林格尔	东路	5	41
	南路	7	
	西路	6	
	北路	4	
	东南路	3	
	东北路	3	
	西南路	5	
	西北路	8	
托克托	东乡	73	211
	西乡	36	
	南乡	73	
	北乡	29	
总计		975	

此表所载为清咸丰年间村庄数量。在《归绥道志》卷10《地舆》中，亦载有归化城土默特地区村庄名。①

《归绥道志》所载归化城土默特地区村庄数量表

厅名	乡或路	村庄数	村庄总数
归化厅	山西东北路	58	474
	山前附近	62	
	山前东南路	66	
	山前西北路	82	
	山后东北路	38	
	正北路	94	
	西北路	74	
萨拉齐	东乡	57	178
	东南乡	30	
	东北乡	14	
	西乡	9	
	西北乡	23	
	西南乡	19	
	南乡	12	
	北乡	14	

---

① 贻谷：《归绥道志》卷10《地舆》，呼和浩特：远方出版社，2010年。

续表

厅名	乡或路	村庄数	村庄总数
和林格尔	东路	5	41
	南路	7	
	西路	6	
	北路	4	
	东南路	3	
	西南路	5	
	东北路	3	
	西北路	8	
清水河	时里	59	650
	和里	53	
	年里	39	
	丰里	76	
	家里	44	
	室里	68	
	盈里	34	
	宁里	5	
	镶蓝旗	3	
	新并马厂	42	
	河西村庄	89	
	西乡	36	
	南乡	73	
	北乡	29	
总计		1343	

该表所载为清光绪年间归化城土默特村庄数量。两表相较，村庄数量从咸丰到光绪年间有较大的变化。虽然光绪年间没有托克托村庄的记载，但是其村庄总量为咸丰年间的 1.53 倍。这些村庄显然是由移民而来的汉人组成的。村庄数量的增加，说明本区域移民数量的进一步增多。其中归化城、清水河村庄数量的增加最为明显。需要注意的是，该表并没有托克托的村庄数据。在《土默特志》第 1 章《地理志》对归化城土默特各村名记载也能说明这一问题：[1]

---

[1] 土默特左旗《土默特志》编纂委员会：《土默特志》（上），呼和浩特：内蒙古人民出版社，1997 年，第 68—86 页。

《土默特志》所载归化城土默特各村庄数量表

厅名	乡或路	村庄数	村庄总数
归化厅	山前东北路	53	639
	山前附近	65	
	山前东南路	69	
	山前西北路	100	
	山前西南	80	
	山后东北路	38	
	山后正北路	100	
	山后西北路	78	
	《归化城厅志》补入	56	
和林格尔	东北乡蒙古村	50	389
	东南乡蒙古村	55	
	西北乡蒙古村	27	
	西乡蒙古村	30	
	西南乡蒙古村	47	
	南乡蒙古村	48	
	物字里	28	
	阜字里	13	
	民字里	13	
	安字里	23	
	上下七里	43	
	五旗厂地	12	
萨拉齐	东乡	186	277
	西乡	32	
	北乡	43	
	南乡	16	
托克托	东乡	63	197
	西乡	36	
	南乡	68	
	北乡	30	
清水河	时里	59	501
	和里	53	
	年里	34	
	丰里	79	
	家里	40	
	室里	68	
	盈里	34	
	宁里	8	
	新井马厂	41	
	河西	85	
总计		2003	

上述三表，均说明归化城土默特地区村庄数量在不断增加，增加尤其明显的为归化城、清水河、和林格尔。即使把和林格尔蒙古村扣除，也有180个移民村庄，是《归绥道志》所载和林格尔村庄数量的4.5倍。这一现象同王卫东先生所论述的"临近山西偏关、平鲁的清水河、和林格尔地区，村的建立在康熙年间就已进入了高峰期。清水河、和林格尔在乾隆以后移民村的建立几乎趋于停滞"①似乎是相悖的。他对归化城土默特地区的村庄进行了统计："和林格尔县、清水河县、武川县、呼和浩特市郊区、托克托县、土默特左旗六县市旗的1539个自然村进行统计，扣除建村时间不明的337个自然村不计，其中清代之前建村的166个，占13.8%，清代建村的995个，占82.8%，清代之后建村的41个，占3.4%，在清代建立的村庄中，完全由口内移民迁入建立的（不含增析的村庄）又有828个，占53.8%，因土默特地区人口增长而增析的村庄52个，占3.4%。"②固然"当一个地区新建的自然村达到一定的数量以后，新村建立的速度就会减缓甚至会停止，但这并不是说此时没有移民进入此地，随之而来的是这些移民村的人口的自然增殖暨新来的移民的补充。"③这些新移民也极有可能是投亲访友式的移民，毕竟从内地来到塞外，投奔熟人、亲友才是最为可靠的。也存在"这一地区属于丘陵或山地，土地硗薄，地块零碎，在开垦一段时间后极易出现沙化和水土流失现象，从而导致移民村的人口逃逸"④的情形。如《归绥县志》载口外民人"有利则认粮而种地，无利即弃地而之他"⑤。但是从咸丰到光绪年间，归化城和清水河地区村庄数量发生巨大变化，怎么能说清水河移民建村趋于停滞呢？而据笔者统计的村庄数量，均不包含武川厅村庄的数量，《归绥道志》为1491个村庄，而《土默特志》则多达2003个村庄。如果把武川厅村庄数量统计进去，可能要远远超过王卫东先生统计的1539个村庄。出现这种情况有以下几种可能：1. 文献记载有误。这可能是咸丰或者是某时期有些零星散户村庄没有记载导致的。2. 有些村庄从无名到有名的变化。3. 原有村庄名移民逃逸后，又建立新的村庄，原村庄依然记载。4. 清末招垦，移民又大量涌入后而新建的村庄。5. 本地区人口自然增加而分成新的村庄。6. 文献所载同一村庄前后名称发生变化，却作多个村庄进行统计。但是，无论哪种情形，清代归化城土默特地区的村庄数量有了显著的变化则是不争的事情。

---

① 王卫东:《清代归化城土默特地区的移民过程》，历史地理（第16辑），第215—224页。
② 王卫东:《清代归化城土默特地区的移民过程》，历史地理（第16辑），第215—224页。
③ 王卫东:《清代归化城土默特地区的移民过程》，历史地理（第16辑），第215—224页。
④ 王卫东:《清代归化城土默特地区的移民过程》，历史地理（第16辑），第215—224页。
⑤ 郑植昌修，郑裕孚纂:《归绥县志》，中国边疆史志集成（第37册），北京：全国图书馆文献缩微复制中心，2002年，第223页。

总之，清代归化城土默特地区自清初以来就有大量的移民进入该地区，清政府对这种行为采取禁止的政策。但是，清廷出于对准噶尔战争、实边、绥远城的修建以及限制归化城土默特发展的需要，在本区域所采取时禁时放的策略或政策。归化城土默特蒙古迫于生计，也需要出租土地给迁移而来的民人。在此情况下，归化城土默特地区移民大量地增加，出现了大量的移民村庄。故，归化城土默特地区出现了蒙汉共生共存的局面：移民需要租佃蒙古土地生存，而蒙古人需要依靠移民缴纳的租费生存。这种共生共存在客观上促进了归化城土默特地区的社会经济的发展和民族的融合，同时促使归化城土默特蒙古族的进一步汉化。只是这种汉化进程并非强制的，而是在长期的共同生活中逐渐形成的。许多蒙古族村名和汉族村名其实在客观上就能反映出蒙汉融合的问题。

第四节　归化城土默特地区的街道及行社

一、归化城土默特地区的街道

归化城，修建于俺答汗时期，是在板升的基础上建立起来的。《明史》卷327《外国八·鞑靼》载：

（嘉靖）三十三年春……购俺答首，赐万金，爵伯……时富等在敌，招集亡命，居丰州，筑城自卫，构宫殿，垦水田，号曰板升。板升，华言屋也。①

据《明史》卷19《穆宗本纪》载：

五年春……三月己卯，赐张元忭等进士及第、出身有差。己丑，封俺答为顺义王。②

即在隆庆五年（1671），封俺达汗为顺义王。据《明史》卷222《王崇古传》载：

乃诏封俺答顺义王，名所居城曰归化。③

显见，"归化"名字的由来，应是明朝赐名。但究竟是何时修筑归化城的，不同文献所载却是不同的。

《清文献通考》卷291《舆地考》载：

明嘉靖间，小王子之族谱达，驻牧丰州滩，筑城架屋以居。隆庆四年，诏封顺义

---

① 张廷玉：《明史》卷327《外国八·鞑靼》，北京：中华书局，1974年，第8482页。
② 张廷玉：《明史》卷19《穆宗本纪》，北京：中华书局，1974年，第257页。
③ 张廷玉：《明史》卷222《王崇古》，北京：中华书局，1974年，第5842页。

王，名其城曰归化。①

《绥远通志稿》卷17《城市》载：

> 案：归化城未得名以前，蒙语为库库和屯，汉言青城也。而明季至清，汉人或呼为三娘子城。通志及诸述所载，城之得名，辄与封顺义王事连及之，似出于同时也。考明纪事本末，隆庆四年冬十月，谙达执叛人赵全等来献，宣大总督王崇古以闻。五年三月封谙达为顺义王。万历十四年，三娘子别筑城居，赐名归化。是前此谙达所居为丰州滩所筑之板升。忠顺夫人后始另就故址筑城居之。归化赐名之时，谙达已死。且距封王相隔十五年。又文本自明显，特后人不究其详，以封王爵，赐城名为事出时，误矣。②

《明史》所载，归化城的赐名，应是俺答获封顺义王之时。《清文献通考》所载归化城的修建应在隆庆四年（1570）之前。《绥远通志稿》亦如此认为，并对筑城时间进行考订，是有一定道理的。

有关明代归化城的概况，俄国人伊凡·佩特林曾对此有所描述。在1618年，伊凡·佩特林受俄国沙皇之命，到北京进行贸易协商，他途径归化城。在其旅行日记中写道：

> 再从乞庆兀鲁思到下一个兀鲁思需要四日。这里称作"土兰·土默特"。其领主叫作太古——哈屯。……在（岩石）裂缝的出口出现了两个蒙古的石城。城的名字是板升。……蒙古地方的第三个城叫洛宾斯克，是由石头建成的。那里以妇女为司令，他的名字是满沁哈屯女领主，他的儿子是温春台吉领主。③

可见明末的归化城是用石头修筑的。另外一个俄国人巴依柯夫于1653至1657年（或者1654至1658年）④奉俄国皇帝的命令到北京，途中在归化城停留8天，他对归化城进行了描写：

> 呼和浩特（归化城）城是用土筑成的，塔是用砖砌的，砖是火烧成的。塔的过道很宽大，有两个门。塔的过道有十六尺宽。每个塔有两个门，门由樫木作成，用铁皮包着。能够通过的塔有六座。（城里）没有火炮、大炮、火绳枪。城内外有许多

---

① 官修：《清文献通考》卷291《舆地考》，影印文渊阁四库全书本（第638册），台北：台湾商务印书馆，1986年，第558页。
② 绥远通志馆：《绥远通志稿》卷17《城市》（第21册），内蒙古自治区图书馆藏（稿本），第8页。
③ 杰密托娃、米亚斯尼柯夫编：《第一个到中国来的俄国使节》，莫斯科，1966年，第23、第42—43页。引自森川哲雄《十七世纪前半叶的归化城》，蒙古学资料与情报，1985年，第3、4期，第12-19页。
④ 杰密托娃、米亚斯尼柯夫编：《第一个到中国来的俄国使节》，莫斯科，1966年，第109页。引自森川哲雄《十七世纪前半叶的归化城》，蒙古学资料与情报，1985年，第3、4期，第12—19页。

庙，庙是砖建筑，庙顶构造像俄国的样子，盖着带有釉彩的瓦。①

他又对街道进行描写：

> 城里的街道很宽大。小卖店是石头造的，后面修筑了庭院。小卖店像俄国那样挂着幌子。（商品）交易以银两积算。他们的一两重十索罗特。按我们的重量算是九索罗特。买小东西以茶计算，以两茶合十四别契。小卖店的中国商品，都是中国制造的各种颜色的缎子、棉布，还有许多各种颜色的绢。他们那里有很多铁和铜。②

由此可见，清初，归化城已经成为归化城土默特地区的宗教、经济中心。据《归化城厅志》卷19《风俗》载：

> 归化城冠盖云屯，市廛星列，极民物繁庶之盛，天时人是默为转移，今年种植滋富，裘葛应时，非大朔诸郡所能及者。归化城市廛森列，梵宇如林，商贾蹖事增华。③

清代，归化城为商埠云集之处。有关归化城街道的记载，散见于这一时期方志之中，如《绥远通志稿》卷17《城市》载：

> 归化城……城内有大街五十七道，小街五十二道，小巷八十五道。市场数处。全城街道以大南街为主干，南北贯通。④

并记载了各街道小巷的名称。这些街道中，大南街是全城的主干。《绥远通志稿》卷17《城市》载：

> 大南街既为全市之主干，又为商业繁盛之中心。昔年繁盛地段，北自大十字街，南至小十字街为止。⑤

《绥远通志稿》卷17《城市》所载归化城街道如下：

> 大街：大十字街、小东街、东得胜街、大东街、大西街、棋盘街、大南街、西得胜街、上栅子街、南顺城街、东顺城街、新城道街、小召半道街、美人桥南街、平康里街、东五十家街、西五十家街、美人桥北街、石头巷街、圪料街、小十字南街、文庙街、南茶坊街、阳沟沿街、大召前街、大召西夹道街、大召东夹道街、腻旦街、通顺街、小西街、南柴火市街、民市街（即人市街）、公义店西口外街、民市北街、乃莫气西夹道街、三官庙街、长胜街、吉兴里街、通顺西街、孤魂滩街、西顺城街、北

---

① 杰密托娃、米亚斯尼柯夫编：《第一个到中国来的俄国使节》，莫斯科，1966年，第123页。引自森川哲雄《十七世纪前半叶的归化城》，蒙古学资料与情报，1985年，第3、4期，第12—19页。
② 杰密托娃、米亚斯尼柯夫编：《第一个到中国来的俄国使节》，莫斯科，1966年，第123页。引自森川哲雄《十七世纪前半叶的归化城》，蒙古学资料与情报，1985年，第3、4期，第12—19页。
③ 刘鸿逵：《归化城厅志》卷19《风俗》，内蒙古自治区图书馆藏（稿本）（第10册），第37页。
④ 绥远通志馆：《绥远通志稿》卷17《城市》（第21册），内蒙古自治区图书馆藏（稿本），第8页。
⑤ 绥远通志馆：《绥远通志稿》卷17《城市》（第21册），内蒙古自治区图书馆藏（稿本），第10页。

门内街、小北街、大西街、北门外街、民乐社街、牛桥街、太平街、牛桥西河沿街、什间房街、新城道街、礼拜寺巷街、营房道街、牛桥草市街、城隍庙街、羊岗子街。

小街：宁武巷街、小召后街、小召东夹道街、吕祖庙街、梁山街、马莲滩街、东鞋袜巷街、二道巷街、新召前街、龙王庙巷街、海窟上街、财神庙巷街、头道巷街、三道巷街、美人里街、西鞋袜巷街、东苟家滩街、西河沿街、大兴太巷街、周纸房巷街、长安店街、长和廊街、西苟家滩街、牛头巷街、寿阳巷街、观音庙街、官园子街、议事厅巷街、九龙湾街、四眼井巷街、东门内街、草桥街、县府西街、县府东街、民厅西河沿街（即道台街门口）、监墙巷街、公安局前街、北茶坊街、北沙梁街、东沙梁街、牛桥东河沿街、东召黑浪街、太平召前街、民政厅后街、后沙滩街、县府后街、县府前街（即二府衙门口）、民政厅东沿街、太馆巷街、杨家巷街。

小巷：一人巷、会仙楼巷、永光店巷、王家店巷、龙门店巷、头道巷、二道巷、三道巷、魁星庙巷、剪子巷、三星成巷、水渠巷、井儿巷、宽巷子、簧腔巷、元盛德巷、兴隆巷、隆茂巷、西茶坊宽巷、穿行店巷、白公鸡巷、便宜斋巷、小御史巷、巧尔气召巷、史家巷、南菜园巷、小二道巷、巨盛店巷、定襄巷、义丰店巷、东菜园巷、会元坊巷、杨树园巷、太和居巷、大御史巷、东五道庙巷、大东园巷、大召前家庙巷、穿行店巷、剃头楼巷、荣升元巷、西成店巷（即桶子店巷）、大范家巷、小范家巷、奎隆永巷、官店巷、熏皮房巷、万顺店巷、翠花宫巷、兴隆永巷、东苟家滩一人巷、十王庙巷、九龙湾小北巷、剃头桥巷、大北巷、大南巷、大西巷、西马道巷、恒昌店巷、东马道巷、老府店巷、光龙马店巷、驼桥楼儿巷、牛桥二公馆巷、大厅巷、大东巷、天元号巷、万盛合巷、周家巷、县府马号巷、天裕翔巷、西合巷、马道巷、园子外、学道巷、复义隆巷、小花园、太平街司马巷、地亩局巷、口袋坊巷、西茶坊巷、水磨后、冯源巷。①

在《归绥县志》记载中：

清光绪三十三年册籍旧城八十一街，各设街长一人，三百三十一牌，牌设牌长一人。②

到了民国时期，归绥县街道则有二百九十九街：

第一区，公所设旧城，辖二百九十九街，面积七十七方里，东至第二区桥靠乡，

---

① 绥远通志馆：《绥远通志稿》卷17《城市》（第21册），内蒙古自治区图书馆藏（稿本），第8—10页。
② 郑植昌修、郑裕孚纂：《归绥县志》，中国边疆史志集成（第37册），北京：全国图书馆文献缩微复制中心，2002年，第180页。

西至第四区西龙王庙乡，南至第三区星星板乡，北至车站北。①

可见，归化城和绥远城由于人口的增加，城市建设已经初具规模，成为塞外一繁华都会。

此外，绥远城在乾隆年间建成后，亦有一定的发展，据《绥远通志稿》卷17《城市》载"绥远城街道"：

> 城内有大街四道，小街二十四道，小巷四十六道，市场一处。鼓楼居全城之中心，分东西南北四大干街。②

并载有绥远城街道小巷：

> 大街：南街、北街、东街、西街。
>
> 小街：南马神庙街、城防街、关岳庙街、北马神庙街、家庙街、粮饷府街、书院西街、乾泰泉西街、五区后街、正白二甲街、巨隆长街、乾泰泉北街、财神庙街、日盛茂街、东落凤街、西落凤街、书院街、法院街、元贞永街、建设厅街、总局街、老缸房街、苏老虎街、马税厅街。
>
> 小巷：棋杆巷、棋杆后巷、辘轳把巷、糖房巷、公义泉巷、东亭巷、庆恒巷、书院前巷、隆世丰巷、老缸房巷、法院后巷、天启恒巷、南牛肉铺巷、大兴当巷、蒙古场巷、乾泰泉小巷、江南馆巷、乾泰泉前巷、二眼井巷、二营小巷、日盛茂前巷、王德小巷、阳泉前巷、柴火铺前巷、碾子房巷、厢蒙前巷、义成泉后巷、西夹道巷、公义局巷、北牛肉铺巷、五道庙巷、乾泰泉后巷、元贞永巷、任肉铺巷、马税厅小巷、庆亨泰巷、厢蒙后巷、柴火铺后巷、日盛茂后巷、义成泉前巷、江南馆后巷、大兴当后巷、山庙后巷、福顺公巷、银匠铺巷。③

《绥远通志稿》所载的归化城土默特地区的街道虽然是民国时期的名称，但这些名称大多延续了清代的名称。这些街道小巷的命名，体现了以下特色：

1. 按照方位对街道命名；归化城、绥远城都有东、西、南、北等街，并根据街道的情况，在前面加上"大"或"小"或东、西、南、北来区分，如归化城"大南街""小东街""东五十家街""西五十家街"等。

2. 按照官署的名称对街道命名，如"县府街"。同时根据街道在官署的前后或左右，对街道进行命名，如"县府后街""书院西街"等。

---

① 郑植昌修、郑裕孚纂：《归绥县志》，中国边疆史志集成（第37册），北京：全国图书馆文献缩微复制中心，2002年，第98页。
② 绥远通志馆：《绥远通志稿》卷17《城市》（第21册），内蒙古自治区图书馆藏（稿本），第4页。
③ 绥远通志馆：《绥远通志稿》卷17《城市》（第21册），内蒙古自治区图书馆藏（稿本），第4—5页。

3. 按照商铺名称对街道进行命名，如"日盛茂街""元贞永巷"等。

4. 以召庙所在地对街道进行命名，如"三官庙街""吕祖庙街""大召前街"等。

5. 以行业来命名的巷子，如"南肉铺巷""剃头桥巷""银匠铺巷"等。

当然归化城、绥远城对街道的命名还有其他特点。街道的名字，基本上可以反映出归化城、绥远城街道的特点。

清代归化城土默特地区，由于移民的大量涌入，小城镇也有一定程度的发展。《绥远通志稿》卷17《城市》载：毕克齐镇有大街十道、小街巷十四道[①]；察素齐有大街八道、小街十九道[②]；萨拉齐有大街四道、小街十四道、小巷五十二道[③]；包头有大街十道、小街十道、小巷七十道[④]。也详细记载了各街道小巷的名称。这些街道名称具有同归化城、绥远城类似的特点。

由此可见清归化城土默特地区基本上形成了以归化城、绥远城为中心的城镇，在其周围形成了毕克齐、察素齐、萨拉齐、包头等卫星城镇的格局。这也基本上奠定了以后归化城土默特地区城市发展的雏形。现在这一地区是以呼和浩特、包头为本地区政治、经济、文化中心，察素齐、萨拉齐等为卫星城镇的发展格局。

二、归化城土默特土地契约所见街道

归化城土默特土地契约中的街道，主要是归化城和包头镇的街道。笔者对归化城土默特土地契约进行统计。

在归化城土默特土地契约中，所见归化城大小街道有90个，统计如下：

街：常胜街、大东街、大南街、大十字南街、大西街、东仓五十家街、圪料街、腻蛋街、牛桥街、棋盘街、三官庙街、通顺街、五十家子街、西顺城街、小北街、小东街、小召后街、小召前街、兴隆巷家庙德清街、长盛街。

道、路：兵亥州路、大召后路、大召前路、东五十家子路、南茶房道、七神庙东道、善旦路、什力图召前路、外罗城路、新城道、章盖台路、召前路。

巷：北茶坊后复茂泉巷、北茶坊后天元号巷、北茶坊后天源号巷、翠花宫巷、大南街二道巷、大南街集义店巷、大南街路东升店巷、大南街南头道巷、大南街三贤庙巷、大南街头道巷、大西街二道罗门巷、大西街龙门店巷、大西街头道巷、大召东夹道巷、大召后头道巷、东仓二道巷、东街鞋袜巷、东顺城街北井尔巷、东顺城街栅子

[①] 绥远通志馆：《绥远通志稿》卷17《城市》（第21册），内蒙古自治区图书馆藏（稿本），第12页。
[②] 绥远通志馆：《绥远通志稿》卷17《城市》（第21册），内蒙古自治区图书馆藏（稿本），第13页。
[③] 绥远通志馆：《绥远通志稿》卷17《城市》（第21册），内蒙古自治区图书馆藏（稿本），第15页。
[④] 绥远通志馆：《绥远通志稿》卷17《城市》（第21册），内蒙古自治区图书馆藏（稿本），第18页。

外北巷、东四眼井巷、会仙楼巷、晋阳楼巷、九龙湾北巷、九龙湾南巷、九龙湾西巷、马道巷、美人桥路东巷、南城门西巷、南御史巷、宁武巷、宁武巷路东巷、三官庙街北巷、三官庙街大兴泰巷、三贤庙巷、舍力图召前大通店巷、四眼井巷、太和馆巷、太平召前西巷、西门里九龙湾西巷、西鞋袜巷、小北街太和馆巷、小东街富荣馆巷、小东街会仁楼巷、小东街乐楼后面巷、小东街乐楼后西巷、小东街戏楼后东巷、小西街翠花宫巷、小召后把儿栅晋阳楼西巷、小召后北巷、小召后昌盛当北巷、小召后街北巷、小召前定襄巷、兴隆巷、杨家巷、议事厅后巷、议事厅巷、永盛君巷、玉石巷、御史巷、醉月居巷。①

在土默特土地契约所载街道同上文所引用文献中的街道大多是相似的，说明归化城土默特土地契约所载地名具有延续性，亦说明这一地区有很深厚的历史积淀。但是随着时间的变化，城市发生了翻天覆地的变化，时至今日，呼和浩特市的很多旧地名已经不复存在了。在现代城市建设中，如何保留具有历史意义的地名，是我们应当认真思考的问题。

在归化城土默特土地契约中，所见包头镇的街道如下：

街：包头村南官街、包头大街、包头东街、包头圪料街、包头后街、包头街路、包头前街、包头西阁尔街、包头西街、包镇车市尔中街、包头中街、永合全前街、西包头关帝庙街。

道：大庙道、河槽大道、归化城大道、广义魁大道、炭市儿大道。

路：老爷庙路、南圪洞金庙路、南园路。

巷：包头臭屎巷、包头圪料街路南吉泉涌巷、包头南圪洞金龙庙南荣寿街巷、包头镇南圪洞二道巷、东瓦窑沟高肉铺巷、南圪洞三道巷、南圪洞三官庙路、南圪洞四道巷、召梁二道巷。②

这些名称，同《绥远通志稿》卷17《城市》所载有不小差距：

城内（包头）大街十道，小街十道，小巷七十道，市场一处，今废。……东门入城为东大街，再西为草市，为长胜街，又西为大公馆街，直达西滩，至西门。由东大街向西南分道为车市街，至是又岐为二，一支南行，为南圪洞街，再下为金龙王庙街。一支西行，为前大街，转南为富三元巷，与金龙王庙街均可直达南门，此外有东

---

① 统计资料来自：内蒙古大学图书馆藏、晓克藏：《清代至民国时期归化城土默特土地契约》（第1、2册），呼和浩特：内蒙古大学出版社，2011年；呼和浩特塞北文化研究会、云广藏：《清代至民国时期归化城土默特土地契约》（第4册上、中、下），呼和浩特：内蒙古大学出版社，2012年。
② 统计资料来自：内蒙古大学图书馆藏、晓克藏：《清代至民国时期归化城土默特土地契约》（第1、2册），呼和浩特：内蒙古大学出版社，2011年。

北门街、西北门街，均通衢也。①

其所载包头镇街道小巷如下：

大街：前大街、东大街、永安市场街、车市街、金龙王庙街、大公馆街、西北门街、长胜街、召大街、东北门街。

小街：南圪洞街、三官庙街、马王庙街、营盘街、大仙庙街、黄土渠街、炭市街、草市街、瓦窑沟街、警察局街。

小巷：龙王庙巷、香水巷、同德店巷、新巷子、南定襄巷、定襄巷、小定襄巷、头道巷、二道巷、三道巷、四道巷、金龙王庙巷、云寿间巷、丁皮巷、香坊巷、大富三元巷、通和店巷、彭贵人巷、涂师爷巷、天元巷、福成元巷、平康里、广和公巷、永和成地巷、升恒店巷、十字巷、五宝巷、大顺恒巷、文曲巷、郭家巷、复圣西店巷、龟令巷、两眼井巷、头道巷、二道巷、三道巷、吕祖庙巷、大有长巷、西人巷、麻镢巷、石胡同、团子巷、马圈、官井巷、西瓦窑沟、大仙庙巷、黄土梁、川行巷、榆树沟、德茂兴巷、三成店巷、汪大人巷、真武庙巷、东瓦窑沟、死人沟、冯号巷、清真巷、太平管巷、通天巷、一人巷、复美成巷、警察局巷、召梁头道巷、二道巷、三道巷、东北门巷、长黑浪巷。②

虽然《绥远通志稿》所载街道为民国时期包头镇街道名称，同归化城土默特土地契约所见街道相比名称有了很大的变化。但是亦能看出有些街道名字是有一定的延续性，如在土地契约中为"车市尔中街""炭市儿大道""南圪洞"等，《绥远通志稿》中为"车市街"，"炭市街""南圪洞巷"等。土地契约中的"东街""前街""大街"等，在《绥远通志稿》中为"东大街""前街""包头大街"等。大多数街道的名称是不相符的，但却能说明清至民国期间，包头城的规模发生很大的变化。由于土默特土地契约中包含有大量的民间口头的称呼或者约定俗成的叫法，所以一些街道的名称和文献记载是不一致的。同时也因为归化城土默特土地契约的订立者大多是文化水平不高的人士，且存在对蒙汉地名翻译用字的不同而造成这种记载上的差异。因此在归化城土默特土地契约中同一个人名或地名，可能会出现不同的文字，且这种情况出现的频次是非常高的。

三、归化城中的行社

上文曾论述了归化城土默特地区的牌甲和社的问题。但是在归化城还存在另一种形

---

① 绥远通志馆：《绥远通志稿》卷17《城市》（第21册），内蒙古自治区图书馆藏（稿本），第18页。
② 绥远通志馆：《绥远通志稿》卷17《城市》（第21册），内蒙古自治区图书馆藏（稿本），第18—20页。

式的社。这种类型的社同乡村的社是有一定的区别的。这类社被称为行社，是以同行商铺组成的组织，当然亦有按地区组织的社。据《古丰识略》卷20《地部·集市》载：

> 归化城商贾向有十二行，俗传都统丹津由都中带来，其说无可考。近则生聚蕃衍，货物具备，百工咸集，以行而计，不啻千百数矣。遇有公务，则仍曰十二行，其余各行以类附之，总其大者而言也。①

《绥远通志稿》卷73《民族·汉族》载：

> 此外尚有以合一街铺户为一社者。合一州一县人为一社者，以非商业，不列。②

据上述文献可知，归化城土默特十二行的设立与都统丹津是有直接关系的。据《归化城厅志》卷12《宦绩》载：

> 丹津，土默特人。初授侍卫兼在京佐领职。康熙四十三年，袭归化城左翼都统，五十九年兼袭三等子。雍正元年，因商民为建生祠，奏请改建文庙，设两翼官学，增设理事同知，招商劝农，教养兼备。为商贾十二行及农甫各村庄垦种之始也。③

《归化城厅志》卷19《风俗》载：

> 归化城商贾向有十二行，相传为都统丹公仿照京师所定，近则生聚繁衍，贸物其备，改为十五社，又有外九社及票庄、借庄、茶庄、布庄、苏庄、府庄、京羊庄、羊马店、驼庄等名。同遇有公务，则各以其类应之，此总其大者而言也。④

行社的设立，亦要有一定的管理人员和规章制度。在《归化城厅志》中，对此亦有所记载：

> 十五社公举乡耆四人总领各社，公举正副一二三四人不等，经理庶务。乡耆会馆设立三贤庙，遇有商贾公事，则乡耆邀同公行总领公议。条规仍与乡耆等酌定。商贾词讼亦尝谕乡耆处结。凡乡总均择各行铺长老成谙练者充之。⑤

《绥远通志稿》卷73《民族·汉族》记载了各行社总甲更换的日期：

> 归化城十五社总甲每年更换日期：
>
> 醇厚社：十月初一日更换，京货布衣、布庄、纸张；
>
> 焦锦社：十月初一日更换，外藩；
>
> 聚锦社：六月二十四日更换，粮货店、布庄、纸张；

---

① 钟秀：《古丰识略》卷20《地部·集市》，中国边疆史志集成（第27册），北京：全国图书馆文献缩微复制中心，2007年，第183页。
② 绥远通志馆：《绥远通志稿》卷73《民族·汉族》（第85册），内蒙古自治区图书馆藏（稿本），第39页。
③ 刘鸿逵：《归化城厅志》卷12《宦绩》，内蒙古自治区图书馆藏（稿本）（第8册），第44—45页。
④ 刘鸿逵：《归化城厅志》卷19《风俗》，内蒙古自治区图书馆藏（稿本）（第10册），第40页。
⑤ 刘鸿逵：《归化城厅志》卷19《风俗》，内蒙古自治区图书馆藏（稿本）（第10册），第40页。

青龙社：二月初二日更换，碾米；

福虎社：十月初一日更换，磨面；

当行：十月初一日更换，典当物件；

宝丰社：二月十五日更换，银钱行；

集义社：三月十八日更换，靴鞋铺；

威镇社：四月初一日更换，老羊皮；

仙翁社：九月初一日更换，戏团、饭店；

聚仙社：九月初一日更换，清茶馆；

荣丰社：十月初一日更换，小羊羔皮；

衡义社：四月初一日更换，细毛狐狼皮；

毡毯社：正月初一日更换，做毡；

马店社：十二月初一日更换，马庄。

以上十五社，每社正总领一人，副总领二人，均由同行铺户轮流充当。

归化城小社行：

崇文社，教书先生；福庆社，骆驼行；义仙社，染匠；兴隆社，羊马行；纸房社，纸行；生皮社；诚敬社，店火夫；公义社，钉鞋匠；义合社，卖瓜籽；新疆社，走西营；福隆社，京羊庄；西公义社，皮货行；成衣社，裁缝；骡店社，开骡店；意和社，靴匠；鲁班社，泥水石匠；净发社，剃须；金炉社，铜铁匠；东义和社，羊皮匠；协意社，字号火夫；六合社，磨面匠；公义社，纸匠；吴真社，画匠；山货社，盆碗扫帚等类；银行，银匠；染行；蜡行；杂营行，木器等项；铁行；药行。

以上共三十社行，此外尚有以合一街铺户为一社者，合一州一县人为一社者，以非商业，不列。①

这些行社领取照票后，在归化城土默特地区、后山、乌里雅苏台等地从事商业贸易活动。据《归化城厅志》载：

归化城行商坐贾相辅而行，行商贩运货物至大青山后诸部落及西城一带，货鬻易金银牲畜以归，有后山营路各生意名目。乾隆四十二年，准兵部咨，嗣后归化城商民前往乌鲁木齐等处贸易，俱由副都统衙门发给照票，将该商人数、姓名及前往贸易之部落扎萨克旗，据该同知详报到日填注详细，照例给发。嘉庆五年，经署定边左副将军齐登扎布具奏，归化城商民于山后扎萨克旗下拥集过甚，稽察纷繁，且恐滋生事

---

① 绥远通志馆：《绥远通志稿》卷73《民族·汉族》（第85册），内蒙古自治区图书馆藏（稿本），第38—39页。

端。事后请发给照票，方准贸易，以便稽查等因。蒙准，由理藩院咨行绥远城将军，令将本院照票领去给发。各商民前往乌里雅苏台等处，各蒙古地方持票勒限，派员赴都，请领，俟商民贸易完竣，依限缴销。①

这些行社除了按照规定对本社进行管理和从事商业贸易活动外，还要完成政府发商生息的任务。《土默特志》卷7《政典考》载：

> 大青山后……土默特与茂明安、乌拉特接壤处所之克力沟地方添设卡伦一处，由各该旗出派官一员，兵十名驻扎巡缉。……该卡伦官兵盘费银两，由土默特库存驼价生息、修理军器两项银两项下拨出银九千两，交归绥道发商生息，支给其添设克力沟卡伦官兵由出派之。该旗管辖卡伦官兵盘费银两，于修理军器生息项下减半支给。②

据上可知，卡伦官兵的盘费银两是由归绥道在土默特旗库存的驼价发商生息银支付的。这个商，当然包括了十二行的商。在归化城副都统衙门档案中，载有光绪九年（1883）的四柱清册，《归化城旗务衙门造送光绪九年（1883）各项岁入岁出简明四柱清册》，其中亦载有发商生息（摘录）：

> 一万两生息银，每年收支银数限定次年咨报，户部理藩院核销两万两生息银，每年收支银数限定次年咨报，户部理藩院核销九千两生息银，每年收支银数限定次年咨报，户部理藩院核销

【中略】

> 归化城旗库存储土默特驼五百只变价银一万两，遵照则例奏交归绥道转发归化厅发商，按月一分生息，所收息银于光绪八年十一月间报部核销时使竣不存。
>
> 一、光绪六年正月起至七年十二月底止连闰共收二十五个月息银二千五百两。

【中略】

> 奏交前任归绥道松富转发归化等厅发商按月一分生息，所收息银，光绪八年十一月间报部核销时，实存银一百七十八两。③

从四柱清册可以看出，发商生息银是清归化城土默特地区一项十分重要的财政收入。且发商生息银两要有"连环互保甘结"。在归化城副都统衙门档案中，光绪二十二年（1896）《户部咨将六成押荒银三万两起息年月详细造册报部》载（摘录）：

> 户部为咨行事山西司案呈准归化城副都
>
> 统奎咨称准旗库：付称案查光绪十七年七月间遵照部议，将土默特六成官地押荒

---

① 刘鸿逵：《归化城厅志》卷19《风俗》，内蒙古自治区图书馆藏（稿本）（第10册），第40—41页。
② 清光绪年间刊本影印：《土默特志》，台北：成文出版有限公司，1968年，第134—135页。
③ 土默特左旗档案馆藏：归化城副都统衙门档案，档案号：80—6—2596；土默特左旗档案馆藏。

正耗租银内提拨银三万两，交归绥道，按月一分生息

【中略】

移咨归绥道发商生息，并仍取具各该商等连环互保甘结。

【中略】

查此项地租，系奏明发商生息之款，与正项无异。本部原奏内称声明交归绥道发商生息，并饬取认领连环各结，存该衙门备案①。

可见政府把银两饬交各商，各商要签订连环保结，这样做的目的其实是对放出款项的一种强制担保——即各商互保。除了强制各商互保外，发商银两是一种强制摊派性质的银两。对各商来讲，这些发商银两甚至是一种负担。如归化城副都统衙门档案《绥远城将军移咨归化城副都统酌核办理土默特六成地租银起息日期》载（摘录）：

据此职道查该托厅详报该属当商承领六成地租息本银一千两，系于光绪二十三年七月间具领在案，查此项生息银两，各厅当商均因生息太多，营运为难，再四恳求，不愿承领，今既强令领本，又欲令其本未领到之前，先交半年空息，殊不足以昭公道而恤商艰，所有起息日期应否准以二十三年七月初一日起息之处，职道未敢擅专，除咨归化城副都统外，理合具文呈请将军查核，檄饬下道，以便饬遵，实为公便。②

据该件档案所载，由于政府发商生息银两太多，当商并不愿承领这项银两。"各厅当商均因生息太多，营运为难，再四恳求，不愿承领，"同时，承领这项银两的利息还要提前支付，"其本未领到之前，先交半年空息"，这更加重了当商的运营成本。在这种情况下当商不愿意接受这种摊派也属正常。这种发商生息银两虽然当商不愿意接受，却也不得不接受，"今既强令领本"，即强令当商领取发商生息本银。这种情况在另一件档案中也有体现，如归化城副都统衙门档案《丰镇同知咨领土默特六成地租押荒生息本银》载：

详送遵饬当商须请领土默特六成地租押荒生息本银数目由署丰镇抚同知为请领生息银两事，案蒙归绥道宪辕饬以土默特六成押荒地租息本银三千五百两，饬发卑厅当商承领生息等因。蒙地遵查前项银两，奉文后即饬该当商德锦荣、万中源等承领。惟该当商等均以近来生意萧索，不能开销，且发生息银两甚多，实难再领，总请免领具票前来。卑厅以生息银两，既已奉发，万不能推却反复开导，始据该当商等均愿具领，惟内有一二户因生意亏折，拟欲闭歇，所领银两，一时难以分定支领，回报再行

---

① 土默特左旗档案馆藏：归化城副都统衙门档案，户部《咨将六成押荒银三万两起息年月详细造册报部》，档案号：80—6—802。
② 土默特左旗档案馆藏：归化城副都统衙门档案，绥远城将军《移咨归化城副都统酌核办理土默特六成地租银起息日期》，档案号：80—6—815。

酌分，并出具互保甘结，起息日期另行呈送。除先行出具正副印领，饬令该当商等前赴宪辕请领并报本道查核外，理合详请宪台查核，俯赐发给领，实为公便。为此备由另册具申，伏乞

照详施行，须至申者。①

文中归绥道饬令各厅申领发商生息银两，厅饬当商承领。但是丰镇厅的当商"均以近来生意萧索，不能开销，且发生息银两甚多，实难再领，忽请免领具禀前来"，不愿申领发商生息银两。且有几家当商因为生意亏损，几乎倒闭。在丰镇厅同知的"以生息银两，既已奉发，万不能推却反复开导"之下，才有当商愿意申领。虽然说是"反复开导"，在当时的环境下，免不了的是威逼、恫吓。这也就不难看出这种发商生息银两，其实就是一种强制摊派的生息银两。也正是因为如此，为了确保发商生息银的安全，才确立连坐之法——连环保结。该件档案还载有当商的互保甘结：

> 署丰镇抚民同知今于与印结事，依奉结得，奉发土默特六成地租库平银三千五百两，已发厅属当商德锦荣等三十七家分领营运，每家分领本银九十四两五钱九分五厘，共领本银三千五百两，遵饬自光绪二十三年正月初一日起按月一分生息，按季由商亲解，嗣后如有亏短，该商等情愿公赔，不致扶捏印结是实。
>
> 光绪二十四年十月二十三日署同知华凤章
>
> 具互保甘结丰镇厅当商天顺成赵万邦、泉盛永王泉盛、义和当张义和、聚益当张聚益、泉盛当秦泉盛、万义成张如蛟、四合公宋□□、万成永张天、张盛和、天兴德张钰、万顺和赵张顺、永兴当胡永兴、恒泰梁梁尊宇、泉成生秦大鹏、万和生赵万和、元成当元成、义盛源郝盛源、德恒当张德恒、天富成赵仙根、万中源刘中远、庆太成杨庆太、兴盛泰赵万和、明远长元记陈爱索、元合涌元兴盛、义盛泉胡成德、万顺源票万顺、天益昌张天益、福隆锦同隆锦、复锦帮荣阎锦荣、永义隆段永义、天合王陆儒生、永公万字源许张源、庆合源岳旺荣、万义张张兴合、德裕厚井守善、德锦源关锦春合于与互保甘结，为遵批饬发事，依奉互保到奉发土默特六成地租银三千五百两，按当户三十七家，情愿均领，每户分领本银九十四两五钱九分五厘，共领本银三千五百两，遵章自光绪二十三年正月初一日起，按月一分生息，依期批解，嗣后如有一户亏短，各商情愿公赔，互保甘结是实。
>
> 光绪二十四年十月□日②

---

① 土默特左旗档案馆藏：归化城副都统衙门档案，丰镇同知《咨领土默特六成地租押荒生息本银》，档案号：80—6—809。
② 土默特左旗档案馆藏：归化城副都统衙门档案，丰镇同知《咨领土默特六成地租押荒生息本银》，档案号：80—6—809。

该件互保甘结的目的很清楚——即政府不能亏损。发给丰镇厅的三千五百两银子，由 37 家当商，每家领本银九十四两五钱九分五厘。自"光绪二十三年（1897）正月初一日起按月一分生息，按季由商亲解，嗣后如有亏短，该商等情愿公赔"，就是有一户亏短，各商也是"公赔"。显见，政府的银两是要有利息，不能有任何闪失的。这种情况对当商来讲是一种无形的压力。

当然，这仅是说明行社（商铺）除了管理本行，进行贸易之外，还负担政府的"发商生息银"生息之任务。行社除了维护本行商业运转，承当发商生息银两运行这些工作外，还有一项工作，就是赛社。

赛社，也可以称之为"社戏"，是在社中进行的一种有关宗教和风俗的戏艺活动。社戏是一民间活动，起源比较久远，这一活动多出现在山西、河北地区。近年来有不少学者对"赛社"进行研究。如王福才《河北傩戏〈捉黄龟〉源于山西上党赛社考》[1]、赵英霞《乡土信仰与异域文化之纠葛——从迎神赛社看近代山西民教冲突》[2]、王亮《晋东南明清迎神赛社祭仪及其音乐戏剧》[3]、戴云《旧京赛社一瞥——燕九承应戏〈庆乐长春〉中的赛社场景描写》[4]、申丹莉《潞城东邑村龙王庙建筑及迎神赛社考述》[5]、申丹莉《潞城东邑村龙王庙建筑及迎神赛社考》[6]、刘文峰、王学锋《从贾村赛社的变化看非物质文化遗产的保护》[7]、杨孟衡《赛社文化深层开掘》[8]、朱文广、葛建男《〈排神簿〉中道教信仰的民间特点——以山西贾村赛社为例》[9]、赵丽琴、卫崇文《上党地区的赛社文化与民间法》[10] 等。除此之外，"赛社"亦成为博士、硕士学位论文的选题，如白秀琴

---

[1] 王福才：《河北傩戏〈捉黄龟〉源于山西上党赛社考》，山西师大学报，1995 年，第 3 期，第 47—49 页。
[2] 赵英霞：《乡土信仰与异域文化之纠葛——从迎神赛社看近代山西民教冲突》，清史研究，2002 年，第 2 期，第 68—75 页。
[3] 王亮：《晋东南明清迎神赛社祭仪及其音乐戏剧》，黄钟（武汉音乐学院学报），2003 年，第 3 期，第 46—49 页。
[4] 戴云：《旧京赛社一瞥——燕九承应戏〈庆乐长春〉中的赛社场景描写》，中华艺术论丛，2007 年，第 7 辑，第 286—292 页。
[5] 申丹莉：《潞城东邑村龙王庙建筑及迎神赛社考述》，寻根，2007 年，第 3 期，第 86—89 页。
[6] 申丹莉：《潞城东邑村龙王庙建筑及迎神赛社考》，文物世界，2008 年，第 2 期，第 54—58 页。同上文相较，略有改动。
[7] 刘文峰、王学锋：《从贾村赛社的变化看非物质文化遗产的保护》，中南民族大学学报，2009 年，第 3 期，第 5—7 页。
[8] 杨孟衡：《赛社文化深层开掘》，中华戏曲，（第 39 辑），2009 年，第 259—272 页。
[9] 朱文广、葛建男：《〈排神簿〉中道教信仰的民间特点——以山西贾村赛社为例》，沧州师范专科学校学报，2010 年，第 4 期，第 43—46 页。
[10] 赵丽琴、卫崇文：《上党地区的赛社文化与民间法》，民族论坛，2015 年，第 2 期，第 74—77 页。

《迎神赛社与民间演剧》①、王学锋《贾村赛社及其戏剧活动研究》②、李阳《迎神赛社与古剧形态》③、李佳宸《赛社音乐文化初探——以贾村"四月四"赛社为例》④、申轶群《山西壶关二仙崇拜与赛社演剧研究》⑤等。从这些研究成果来看，基本上是围绕"赛社演剧""赛社文化"进行阐述的，而集中着力点均为山西省的潞城地区。学者们研究认为赛社活动是以庙宇为中心进行的，并在信仰需求、娱乐活动、经济行为等多个层面呈现一个较为稳固的赛社格局。⑥其最基本含义即是回报土地赐予的恩泽，具体表现就是春祈秋报。上述这些研究成果对归化城土默特地区的赛社（社戏）均没有涉及。

归化城土默特地区的赛社（社戏）活动，来自《归绥识略》的记载，《绥远通志稿》对赛社的记载来自《归绥识略》，《古丰识略》和《归绥识略》对此记载完全相同。⑦由于归化城土默特地区有大量的山西移民，因此"赛社"亦由移民带到塞外。

《古丰识略》卷21《地部·赛社》载：

> 赛社，报赛，既往一社名归入地部，自当一寺庙为纲，以约日方合体例。兹编曲，便于检阅，识者谅之。

> 正月，初四五六日，太阳社，在东栅街，三官社在小西街。初七八九日，安静社在马兰滩，合义社在南茶坊，通顺社在通顺街。初十、十一二日，兴旺社在北茶坊。十一二三日，义仙社在玉皇阁。十四五六日，平安灯社在城内。十五日，醇厚社在火神庙。十五六七日，平安社在崇福寺前，兴旺社在无量寺前，一在牛桥。三官社在隆寿寺前。十九日二十廿一日，兴旺、平安社在南柴火市。廿一二三日，平安社在宏庆寺前。廿四五六日，意诚社在崇福寺前。又是月，福庆驼社在北茶坊及城内驼桥，无定日。

> 二月初一二三日，青龙社在财神庙。初七八九日，大南街太平社在火神庙。初十十一二日，大西小北两街平安社在火神庙。十二三四日，代州社祀财神在十王庙。十四五六日，金炉社在南茶坊。十八九二十日，祈保平安社一在三官庙旁观音寺，一在

---

① 白秀琴：《迎神赛社与民间演剧》，中国艺术研究院，2004届博士学位论文。
② 王学锋：《贾村赛社及其戏剧活动研究》，中国艺术研究院，2007届博士学位论文。
③ 李阳：《迎神赛社与古剧形态》，山西大学，2008届硕士学位论文。
④ 李佳宸：《赛社音乐文化初探——以贾村"四月四"赛社为例》，西北师范大学，2012届硕士学位论文。
⑤ 申轶群：《山西壶关二仙崇拜与赛社演剧研究》，山西师范大学，2015届硕士学位论文。
⑥ 刘文峰、王学锋：《从贾村赛社的变化看非物质文化遗产的保护》，中南民族大学学报，2009年，第3期，第5—7页。
⑦ 钟秀、张曾：《古丰识略》、张曾：《归绥识略》，对赛社日期的记载完全相同，所不同者为对赛社的评论。

宏庆招巷观音寺。廿一二三日，平义社在南茶坊，又清明节有平安社在城隍庙。二三月间，有陕西社在小东街关帝庙，无定日。

三月初一二三四日，诚意社在延福寺前，真庆社在城内。初九十十一日，咸宁社在无量寺前。十三四五日，集锦社在费公祠。十四五六日，生皮社在小东街关帝庙。十六日，纸房社祀蔡侯在南龙王庙。十七八九日，蒙古社在十王庙，集义社在财神庙，圣母社在三官庙街圣母庙。廿一二三日，酆侯社在海窟，公义社在南茶坊。廿三四五日，诚敬社在三贤庙。廿七八九日，义合社在财神庙。

四月初三四五日，马王社在小东街，一在海窟。义和社在南茶房，车店行社在玉皇阁。初七八九日，晋阳社在南茶房，交城社十王庙。十三四五日，福兴羊社在北茶房。十四五六日，良缘社在崇福寺前。十七八九日，边宁社在边宁寺。廿三四五日，福兴牛社在北茶房。廿六七八日，十二行社在费公祠。又是月，有农民社在南龙王庙，定襄社在财神庙，福隆羊社在北茶房，无定日。

五月初一二日，祁县社在小东街关帝庙。初四五六日，上党社在南茶坊，云中社在财神庙，宁武社在关帝庙，忠义社在十王庙祀旗檀佛。初九十十一日，十二行社在城隍庙。初十十一二日，骡店行社在玉皇阁。十二三四日，介休社在南茶坊，崞县社在财神庙。盂县社在北茶房。单刀社在关帝庙。十八正日，农圃社在南龙王庙，威镇社在关帝庙。十九二十廿一日，瘟神社在南茶房。廿四五六日，成衣社在财神庙，太谷社在关帝庙。廿六七八，榆次社在南茶房，意和社在西茶房。又是月，有文水社在小东街关帝庙无定日。

六月初五六七日，福虎社在玉皇阁，毡毯社在财神庙。初八九十日，三义社在西茶房。十一二三日，崇福社在崇福寺前。十四五六日，宝丰社在财神庙。十七八九日，诚意社在延福寺前，鲁班社在鲁班庙。廿二三四日，十二行社在火神庙。廿三四五日，平安社在隆寿寺前，聚锦社在南茶房，德先社在西茶房。

七月初六七八日，恒云社在城内。十一二三日，净发社在南茶房。十四五六日，京都社在三官庙，崇德保安社在城隍庙。廿一二三日，金炉社在南茶房。廿六七八日，集锦社在费公祠。

八月初一二三日，六合社在南茶房。初三四五日，定福社在财神庙。十四五六日，平安义社在火神庙，平安社在海窟窾土地祠，忻州社在关帝庙。十八正日，仙翁社祀酒仙在小东街。廿一正整日，纸匠公义社在南龙王庙。又是月，有聚仙社在小东街祀酒仙，荣丰社在九龙湾，小东街有本街社道署及同知巡检署前俱有平安社，无定日。

九月初一二三日，福盛社在三贤庙。初八九十日，银炉社在玉皇阁，灵佑社在小东街。十二三四日，太原社在南茶房，寿阳社在三贤庙。十五六七日，税局德义社在西茶房。十六七八日，蔚州社在财神庙。十八正日，金龙社在小东街。廿四五六日，应浑社在财神庙。又是月，有汾孝社在十王庙。无定日。

十月初一二三日，平安社在城隍庙，此外有醇厚社在费公祠，荣丰社在玉皇阁，河神庙鬼君社在财神庙，瘟神社、吴真社（祀吴道子）。盖城社在南茶房。盂兰社在东岳庙。平义社一年在火神庙，一年在南茶房，俱无定日。其他许愿、酬神、彩觞、燕会不在此数。①

从各社的赛社日期来看，从大年之后的初四开始，各社就围绕召庙，按照固定的日期进行赛社活动，一直延续到十月初一二三日，可见赛社活动之频繁。但是文献没有记载赛社时的演剧剧目。钟秀在《古丰识略》中认为：

> 按报赛之说，从古有之。演剧事神，未详肇自何代，盖士民各有本业，自当追奉其先代创始之人，崇德报功，祈福会祝，即借酬神之举，以为燕乐之期。桑柘影斜，家家扶醉，歌台舞榭，亦足以点缀升平。圣人在上，原所弗禁，惟口外市廛鳞栉，楚宇如林，商贾踵事增华。即以归化一城而言，三百六旬赛社之期，十逾七八。此外四乡各厅，尚难指数。靡财废业，淫志荡心，莫此为甚。然此辈敛供聚会，犹得以祭赛为词，第于祭赛之前，已先期入社，后复清算布施经费。经旬累月，昼夜欢呶，饮酒呼庐，百般侈肆。甚或逞厥私意，刊立社规条约，稍有依违，则屏诸社外。旁观稍有触犯，辄恣行捆打三日。装腔作势，狐假虎威，视冠服为儿戏，弃礼制若弁发，坏法乱纪，言之实堪痛恨。再归化仅弹丸之地，戏楼、酒肆大小数十百区，镇日间燔炙煎熬，管弦呕哑，选声择味，列坐喧呼。问之，则曰某店肆新开燕贺请客也。又问，则曰某店肆算账盈余请客也。再问，则曰某店歇业亏本抵债请客也。循环终岁，络绎不休。而开设戏楼、酒肆之家，亦复彼此效尤，恣情挥霍。不数月而转易他姓矣。更或于春秋佳日，呼朋引类，提壶挈盒，牵羊担酒，会饮各村社，名之曰采青。男女杂坐，履舄交错，风雨间阻，竟夕不归。其间无耻匪徒，乘机寻衅，诲淫诲盗，不一而足。又各铺户自驵侩而下，至初学铺伙，每岁自立夏为始，午后携茶钱数文，轮流看戏，名之曰放工。无知少年挨肩擦臂，队进队出，举国若狂，其流弊不可言状。嗟嗟，谁无子弟？谁无妇女？至流俗若斯之极是，又不止，以有用之钱填无底之沟壑矣。守土者，虽于庙会所在，亦出示严禁酗酒赌博并妇女入寺烧香，以及扮演灯戏各

---

① 钟秀、张曾：《古丰识略》卷21《地部·赛社》，中国边疆史志集成（第27册），北京：全国图书馆文献缩微复制中心，第194—198页；张曾：《归绥识略》卷18《地部·赛社》，内蒙古自治区图书馆藏（稿本），（第2册），第45—48页。

弊端。而在社者视为具文正复，无所忌惮。此风将何所底止耶？清流者必寻其源，安得谓其故习也而忽诸？①

钟秀认为赛社活动主要会导致以下不好的影响：

1. 靡财废业，淫志荡心。

2. 不良之徒借机敛供聚会，百般侈肆。

3. 私意刊立社规条约，稍有依违，则屏诸社外。旁观稍有触犯，辄恣行捆打三日。装腔作势，狐假虎威，视冠服为儿戏，弃礼制若弁发。坏法乱纪。

4. 吃喝攀比，咨情挥霍，致使亏本歇业。

5. 无耻匪徒，乘机寻衅，诲淫诲盗。

6. 习俗流弊，致不良社会风气。

张曾在《归绥识略》中亦如此认为，但是稍有变通：

> 报赛之说，从古有之，演剧事神，未详肇自何代。盖四民各有本业，自当追奉其先代创始之人，崇德报功，祈福答祝。即酬神之举，以为燕乐之期，桑柘影斜，家家扶醉，歌台舞榭，亦足以点缀升平，圣人在上，原所弗禁。惟口外市廛森列，梵宇如林，商贾踵事增华。归化一城，岁三百六旬六日，赛社之期，十逾七八。此外四乡各厅，尚难指数。靡财废业，荡心肆志，其流弊殆不可名言。《识略》初编，拟稍微劝诫，并历指戏楼、酒肆，选声别色，以及采青放工诸口名目，宜痛自裁革，冀人心风俗，稍有挽回。乃阅者不谅苦衷，辄谓有心讥刺，因亟加改削，较原稿十无一二焉。比闻金陵、汉口等处，前际盛时，其豪侈且十倍于此。自粤氛窜扰以后，人烟稀阒，举目萧条。有欲观前日纷华靡丽之风而不可得者。则留此一二闹市名区，亦足觇太平景象。惟望于庙会所在，仍遵示严禁酗酒赌博，并妇女入寺烧香，及扮演灯戏各弊，无视诰令为具文，而贿胥吏以希苟免。其迎神送神礼节，尤当斟酌尽善，万勿蹈袭替逾之旧，以警世而骇俗云。②

从其文"识略初编拟，稍微劝诫"大约可以推知，《归绥识略》中有关赛社的记载应是来自《古丰识略》。其变通之处，在于"有欲观前日纷华靡丽之风而不可得者。则留此一二闹市名区，亦足觇太平景象"。

《绥远通志稿》认为赛社仅是人民赖以节劳的娱乐活动：

> 案：从前家庭、社会学重守旧，市政未兴，无所谓正当娱乐。边远如归绥，更为

---

① 钟秀：《古丰识略》卷21《地部·赛社》，中国边疆史志集成（第27册），北京：全国图书馆文献缩微复制中心，第198—202页。

② 张曾：《归绥识略》卷18《地部·赛社》（第2册），内蒙古自治区图书馆藏（稿本），第49—50页。

朴陋之邦，人民终岁勤动，所赖以节劳而娱情者，舍演旧剧，别无他道。故在当时所为酬神献戏者，亦即为人民唯一之娱乐场也。《志略》谓借酬神之举，以为燕乐之期者，揆诸当日社会情况，盖纪实焉。《识略》所述情事，时当同光之间，口外物力丰盈，正其兴盛时期。经商或营工于斯土者，业必有社，社必演剧。所谓终岁赛社之期，十居七八。彼时观众只享耳目之娱，而无场券之费，洵可谓大众化矣。至于旧有剧团，亦为设筵酬客之所，无出资购券之例。新年甫过，第三日，即有行社开始演剧，直至九十月间，始渐停止，而三冬期内，剧团几于日日彩觞，宾朋云集，以曩年时届冬令。各地藩商先后返城。春间贷款运货，至冬则易货归款。故在是时，为银钱货物一年综结之期。而各商以贸易往来，互相酬酢之事特繁，此剧团彩宴之日所以特多也。至清末，此风犹盛。①

在生产力不发达的古代社会，人们的娱乐活动很少，精神生活层面是相对空虚的。人们在生产劳动之余，需要有一定的精神追求。而这种精神追求，在商埠云集的归化城就演变成各社以召庙为中心进行的赛社活动。人们通过迎神赛社的活动，不仅在精神上有了一定满足感，同时在信仰上也有了一定的寄托。当然赛社活动是以社为单位进行的，需要募集一定的经费。并也会出现上述不利的方面。但是并不能因此否定赛社活动在客观上满足了人们对娱乐、信仰等精神生活的追求。

总之，归化城土默特地区城市自清代以后有了很大的发展。归化城土默特地区，由于人口大量的涌入，商业贸易获得了极大的发展。归化城土默特地区形成了以归化城、绥远城为中心的，具有一定规模的城市体系。毕克齐、察素齐、萨拉齐、包头也发展成初具规模小城镇。由于商业贸易的发展，归化城土默特地区形成了以"十二行"或"十五社"为主的商会组织，这些行社除了进行商品贸易、行业内部管理之外，同时负有分担政府生息银两的责任。由于城市的发展，人们的娱乐活动在这一时期也有所发展，主要形成了以行社为主的以庙宇为中心的赛社活动，赛社活动在一定程度上满足了人们对精神生活地追求。

小结

清代归化城土默特地区形成了以蒙古、汉人为主，兼有满、回等少数民族共同聚居生活的格局。清政府为了加强对本区域有效的管理，在归化城土默特蒙古采取了在佐领

---

① 绥远通志馆：《绥远通志稿》卷73《民族·汉族》（第85册），内蒙古自治区图书馆藏（稿本），第34—35页。

牌甲的基础上，构建了乡、里、族长、社（会）首管理的格局。民人之间亦设立乡、里、社（会）首的管理格局。这些人不仅具有维护社会治安，管理乡村社会的职能，同时还负有一定的劝农的职责。由于本地区地处交通要道，是中西贸易枢纽，所以归化城中，相同行业结成行社。这些行社除了管理本行商业贸易之外，同时还需承担一定的政府摊派的生息银两的任务。归化城土默特地区商业城镇的发展，形成了以归化城、包头镇为商业中心的格局，为以后本区域城镇的发展奠定了基本格局。

附：《土默特志》所载归、萨、托、和、清五厅街、村、牌甲表[①]

厅名		街村	甲	牌	备注
归化厅	归化城内	81 街		331	
	四乡	120 村		778	自然村 307 个
清水河厅	本街		4	48	
	四乡		70	692	
萨拉齐厅	一城四乡	337			系自然村，天主教徒不在内
	包头一城四乡	277			
托克托厅	厅城		约 90	约 289	牌甲系据总户数算出，村为自然村数
	河口镇		约 29	约 92	
	四乡	255	约 71	约 710	
和林格尔厅			约 89	约 998	同上

---

① 土默特左旗《土默特志》编纂委员会：《土默特志》（上），呼和浩特：内蒙古人民出版社，1997年，第433页。

第三章　清代归化城土默特地区劳动力资源

归化城土默特地区，自古以来就是北方各民族生活繁衍之区域。自16世纪，蒙古族土默特部入住丰州川，修建归化城后，该区域进入了一个全新的发展阶段。在以农业为主的中国古代社会，"人"是一个区域地域开发和经济发展水平的重要指标。自16世纪以来，归化城土默特地区就是归化城土默特蒙古的游牧之地。同时一些汉人因战争、灾荒等原因，进入归化城土默特地区从事农业生产。入清后，亦有大量的汉人进入这一区域从事农业生产。清政府为了进一步加强对西北地区的控制，以及更有效地统治本区域，在此修建了绥远城，驻防八旗官兵。同时，部分回族人亦开始在归化城土默特地区生活、繁衍。总之，这里生活着蒙、满、汉、回等族人民。

第一节　清代归化城土默特蒙古族人口

归化城土默特蒙古的人口数量，相关文献记载很少。虽然有很多学者对归化城土默特蒙古的人口数量进行探讨，但绝大多数为推测性的结论。虽然有一定的参考价值，但还有进一步探讨的空间。笔者拟从以下几个方面进行探讨。

一、清初归化城土默特蒙古人口

明末清初，归化城土默特部大都逃散，散居山中。《清初内国史院满文档案译编》载崇德三年（1638）六月二十九日：

> 是日，土默特部落博硕克图所属，后察哈尔征服之，遂为察哈尔所属。及察哈尔为朕所败，奔唐古特部落时，尔古禄格未随之去，留而散居山谷间。朕遣额尔德尼达尔汉喇嘛，尔收其溃散之民来降，以尔所收之民，编为旗分。①

---

① 中国第一历史档案馆：《清初内国史院满文档案译编》，崇德三年六月二十九，北京：光明日报出版社，1989年，第321页。

《清太宗实录》卷42，崇德三年（1638）六月庚申条载：

  先是，土默特部落古禄格、杭古、陶虎、图美、多尔济、特济、拜都喇、大诺尔布、小诺尔布等二十二人，原系土默特部落博硕克图汗所属，后察哈尔汗征服之，遂为察哈尔所属。及察哈尔汗逃奔汤古忒国、古禄格等，遂散居山谷间，我国遣额尔德尼达尔汉喇嘛，收其溃散之民，遂来降。至是，以其众，编立旗分牛录。①

崇德三年（1638）六月二十九日，清政府授予归化城土默特部首领官职，其后所载为归化城土默特部的杭古、陶虎、图美、多尔济、塔布囊、特济、拜都喇、大诺尔布、小诺尔布、恩科依、伊苏德尔、达兰泰、阿希图、伯希、根都、弼礼克、詹噶、阿古、布颜岱、博金、阿布尼、瓦瓦等降清，其他文献均是如此记载。② 可见明末清初，归化城土默特部众因战乱而流散山中。在察哈尔西遁，后金（清）进入归化城土默特地区后，散居在山中的土默特部众，在其首领及额尔德尼达尔汉喇嘛的招抚之下，开始聚集。至于聚集多少人，相关史料并没有记载。在《清太宗实录》卷24，天聪九年（1635）七月庚辰条载：

  贝勒岳托驻守归化城，有土默特人密告，言博硕克图之子，遣人往阿禄部落喀尔喀处还时……以阿禄部民与喀尔喀人，同谋藏匿马驼，遣土默特人往剿之。分土默特壮丁三千三百七十名为十队，每队以官二员主之，授以条约。③

这条文献所讲为"俄木布"事件，清政府借此剥夺了俄木布对归化城土默特部的领导权，同时让土默特部人剿阿禄部民与喀尔喀人，并把"三千三百七十名"土默特壮丁编成"十队"，每队任命两名官员，制定相应的管理制度。在《钦定外藩蒙古回部王公表传》卷112《土默特辅国公喇嘛扎布列传》所载：

  崇德元年，诏编所属三千三百余丁为二旗，以古禄格为左翼都统，杭高为右翼都统，领之。④

《钦定外藩蒙古回部王公表传》所载的"诏编所属三千三百余丁为二旗"，也应是依据上文的"分土默特壮丁三千三百七十名为十队"。查询相关文献，除《钦定外藩蒙古回部王公表传》载"诏编所属三千三百余丁为二旗"，其余所载均为"编为二旗"，并没

---

① 官修：《清太宗实录》卷42，崇德三年六月庚申条，北京：中华书局影印本，1985年，第318页。
② 中国第一历史档案馆：《清初内国史院满文档案译编》，崇德三年六月二十九，光明日报出版社，1989年，第321—323页。
③ 官修：《清太宗实录》卷24，天聪九年七月庚辰条，北京：中华书局，1985年，第318页。
④ 清国史馆编：《钦定外藩蒙古回部王公表传》卷112，传96《土默特辅国公喇嘛扎布列传》，见包文汉、奇·朝克图：《蒙古回部王公表传》（第1辑），呼和浩特：内蒙古大学出版社，1998年，第710页。

有关于壮丁人数的记载。据上文天聪九年（1635）七月，因"俄木布事件"分归化城土默特壮丁三千三百七十名为十队。天聪十年（1636）五月改元崇德，崇德元年（1636）"诏所编三千三百余丁为二旗"。故这个诏令应当在1636年5月以后颁发的。从1635年1月到1636年5月，将近一年的时间内，归化城土默特部的壮丁数量应该不会发生很大的变化。故《钦定外藩蒙古回部王公表传》采用了模糊的方法，记为"三千三百余丁"。从"三千三百七十名"到"三千三百余丁"这个变化说明了有关归化城土默特部的人口数量，当时的记载并不清楚。但这个并不清楚的人口数量，却被众多的文献所采用。

《归绥识略》卷33《人部·土默特》载：

> 谕古禄格、杭高、诧博克分守归化城，辖土默特部。崇德元年，诏编所属三千三百余丁为二旗。①

《土默特志》卷2《源流》载：

> 崇德元年，谕古禄格、杭高、诧博克分守归化城，辖土默特部众。崇德元年。诏编所属三千三百余丁为二旗。②

《绥远通志稿》卷87下《人物》载：

> 崇德元年，诏编所属三千三百余丁为二旗，以古禄格为左翼都统，杭高为右翼都统，领之。③

这三条文献同《钦定外藩蒙古回部王公表传》是一脉相承的。学者们也就是根据这条文献对明末清初归化城土默特蒙古人口数量进行推测的。乌仁其其格《近代归化城土默特蒙古人口问题浅析》中写道："'诏编所属三千三百余丁为二旗'，设二十佐领，以每丁五口计，总人口约1.6万余人。"④ 以"每丁五口计"所依据是归化城副都统衙门档案中的"乾隆年间部分佐领下户口情况统计表，当时的户均人口为5.6人"⑤。晓克认为"清廷编土默特两翼旗时，全部兵丁只有3370名，按5口之家出一丁计算，总人口约在17000人左右。"⑥

---

① 张曾：《归绥识略》卷33《人部·土默特》（第3册），内蒙古自治区图书馆藏（稿本），第4页。
② 清光绪年间刊本影印：《土默特志》卷2《源流》，台北：成文出版有限公司，1968年，第27页。
③ 绥远通志馆：《绥远通志稿》卷87《人物·乡宦》（第101册），内蒙古自治区图书馆藏（稿本），第45页。
④ 乌仁其其格：《近代归化城土默特蒙古人口问题浅析》，内蒙古大学学报，2012年，第3期，第10—17页。
⑤ 乌仁其其格：《近代归化城土默特蒙古人口问题浅析》，内蒙古大学学报，2012年，第3期，第10—17页。这一数字亦见于乌仁其其格：《近代内蒙古地区民族关系研究——以土默川蒙汉民族关系为例》，内蒙古师范大学学报，2010年，第4期，第60—65页。
⑥ 晓克：《土默特史》，呼和浩特：内蒙古教育出版社，2008年，第360页。

《土默特志》写道：

> 1632年，皇太极西征察哈尔部，林丹汗挟土默特部西走，皇太极烧绝板升，又有不少部众逃亡，因而导致了土默特部人口的骤减。是年俄木布和杭高、托博克等降附后金时，仅收集到壮丁3300余名。1636年，清廷编这些土默特壮丁为10队，以5口1丁计算，连同喇嘛、黑徒等，总人口约2万余口。①

上面的论述，其实有下面几个问题需要厘清：

1. 从文献所载来看，很容易让人理解成这"壮丁三千三百七十名"或者"三千三百余丁"是搜集到溃散的归化城土默特蒙古丁的全部，以至于晓克明确提出这是"全部兵丁"。但《清史稿》卷216《太祖诸子一》载：

> 九年，略明山西，岳托复以病留归化城。土默特部来告，博硕克图汗子俄布遣人偕阿噜喀尔喀及明使者至，将谋我。岳托伏兵邀之，擒明使者，令土默特捕斩阿噜喀尔喀匿马驼者。部分土默特壮丁，立队伍，授条约。寻与诸贝勒会师，偕还。②

在该条文献中，所载"部分土默特壮丁"，应同《清太宗实录》所载"壮丁"的含义相同的，均为壮丁。其不同的是该条文献所载为"部分"，而《清太宗实录》所载为"三千三百七十名"，如果两条文献结合起来，那么也就可以理解为"三千三百七十名壮丁"应是收拢后的归化城土默特蒙古壮丁的一部分——即收拢后的归化城土默特蒙古壮丁人数要高于"三千三百七十名"，也就是说并非"全部兵丁"。至于具体是多少，由于史料阙如，无法确知。

2. 从文献所载来看：《清太宗实录》所载为"壮丁"；《钦定外藩蒙古回部王公表传》所载为"丁"；《归绥识略》《绥远通志稿》、清《土默特志》均沿用了《钦定外藩蒙古回部王公表传》的说法，所载为"丁"；《土默特志》编纂委员会编《土默特志》沿用《清实录》的说法为"壮丁"。晓克认为是"全部兵丁"；乌仁其其格认为是"丁"。显然记载和学者们对这一问题的认识是有差距的。丁有黄、小、中、丁、老之分，如《唐会要》卷85《团貌》载：

> 武德六年三月：令以始生为黄，四岁为小，十六岁为中，二十一为丁，六十为老。开耀二年十二月七日敕：百姓年五十者，皆免课役。至神龙元年五月十八日制，二十二成丁，五十九免役。③

在历史上，"丁制"发生一定的变化，但是基本上与唐代的丁制相差不大。《皇朝经

---

① 土默特左旗《土默特志》编纂委员会：《土默特志》（上），呼和浩特：内蒙古人民出版社，1997年，第54页。
② 赵尔巽：《清史稿》卷216《太祖诸子一》，北京：中华书局，1976年，第8983页。
③ 王溥：《唐会要》卷85《团貌》，北京：中华书局，1955年，第1555页。

世文编》卷30《户政》载张玉书的《纪顺治间户口数目》写道：

> 隋制，男女三岁以下为黄，十岁以下为小，十七岁以下为中，十八岁以上为丁，六十为老。唐制，始生为黄，四岁为小，十六为中，二十一为丁，六十为老。不知隋唐所纪户口，抑自黄口以上悉纪之否欤。我国家户口册，仍前明黄册之制。①

据上可知，清代延续明代的黄册制度。明代黄册制度，据《明史》卷78《食货志二》载：

> （太祖）即位之初，定赋役之法，一以黄册为准。册有丁有田，丁有役，田有租。租曰夏税、曰秋粮，凡二等。夏税无过八月，秋粮无过明年二月。丁曰成丁，曰未成丁，凡二等。民始生，籍其名，曰不成丁；年十六曰成丁。成丁而役，六十而免。②

韦庆远在《明代黄册制度》写道："男为丁，女为口。男子一生下来就要进行较详细的登记。幼孩叫做未成丁，长到十六岁就叫做成丁，要服徭役；一直到六十岁才能免除。只有妇女和未成丁的男子才能免服徭役。不但如此，连每户有妇人女子几口，与户主是什么关系也要报明登记。男子在十岁以上就要被编入正式图册之内。"③从《万历四十（1612）年打造二十七都五图黄册底籍》中一户所载：

> 正管第九甲
>
> 一户王叙，系直隶徽州府休宁县里仁乡二十七都第五图匠籍，充当万历四十九年分里长旧管，人丁计家男妇三十三口，男子二十口，女子十三口，事产（从略）新收人口正收男六口，成丁一口，弟正茂在外生长，今回籍当差不成丁五口，侄义（万历）三十五年生，侄道三十六年生，侄余成三十七年生，侄余禄三十八年生，侄岩得三十九年生，事产（从略）开除人口正除男不成丁五口，侄三十四年故，侄得三十六年故，侄孙玄三十六年故，侄孙应三十八年故，侄孙元三十七年故，事产（从略），实在人口三十四口，成丁十三口
>
> | 侄孙悯三十六（岁） | 孙德二十五 |
> | --- | --- |
> | 侄慢四十六 | 男顺得十七 |
> | 侄孙儒三十五 | 侄孙方三十三 |
> | 孙国珍二十五 | 侄绍宗十八 |
> | 孙云相二十五 | 侄余宾十六 |

---

① 贺长龄：《皇朝经世文编》卷30《户政·赋役二》，台北：文海出版社，1966年，第1093页。
② 张廷玉：《明史》卷78《食货志二》，北京：中华书局，1974年，第1893页。
③ 韦庆远：《明代黄册制度》，北京：中华书局，1961年，第41页。

	侄镇十九	弟正茂十七
不成丁八口	本身七十三	兄初八十七
	侄时十三	侄义六
	侄道六	侄余成六
	侄余禄三	侄岩得二
妇女十三口	妻吴氏七十五	弟妇吴氏五十二
	弟妇吴氏六十六	弟妇金氏四十八
	弟妇金氏六十六	弟妇吴氏四十五
	弟妇朱氏六十三	弟妇汪氏四十三
	弟妇汪氏五十五	侄媳陈氏四十
	弟妇陈氏五十	侄媳余氏四十
	侄媳汪氏五十	

事产（从略）①

据上可知，明代丁分为成丁和不成丁两种。成丁是要承担各种赋税和徭役的。那么清代应该沿用这种划分方法。归化城土默特蒙古"男十五以上，比丁之年，父兄为加官帽，以杆五尺量其身，是谓成丁，乃编入户籍，充当旗差"②。

在归化城副都统衙门档案中，亦有归化城土默特部的户口册，如光绪十六年（1890）《右翼三甲额尔格木布佐领户口花名册》（满文）录文如下：（只录译文）

世管佐领都楞三十四岁

寡母永少布氏（永邵卜笔者）五十三岁

妻王君氏二十五岁

妹妹栓栓十七岁

弟弟吴玲噶十三岁

女儿海都七岁③

黑龙江省档案馆藏清代鄂伦春族满文户籍档案，如光绪二十四年（1898），《黑龙江城毕拉尔路户口》（满文），录文如下：（只录译文）

黑龙江城毕拉尔路正黄旗

一户佐领卓勒布阿，四十三岁，其父闲散伊勒库善，七十一岁。妻子四十一岁。

---

① 栾成显：《明代黄册人口登载事项考略》，历史研究，1998年，第2期，第39—53页。
② 清光绪年间刊本影印：《土默特志》卷8《食货》，台北：成文出版有限公司，1968年，第149页。
③ 土默特左旗档案馆藏：归化城副都统衙门档案，编号80—45—6。转引乌仁其其格：《内蒙古人口档案中的边疆村落社会——以察素齐为例》，清史研究，2014年，第1期，第118—127页。

长子西丹林祥二十岁，次子金祥十五岁，三子庆祥四岁。长女二十一岁，次女九岁。兄闲散卓勒布善，四十九岁，其长子披甲多果图，二十二岁，其妻二十岁，次子兴吉苏八岁，女，九岁。三弟披甲瓦尔吉颜，三十八岁，妻三十八岁，长子喀勒吉布九岁，次子喀勒吉善二岁，女儿四岁，多国之子二岁。①

从鄂伦春族户籍和蒙古族户籍相较，鄂伦春族户籍上，女仅标年龄而无名字。户主均为佐领。在鄂伦春族户籍中，成丁则注明为披甲。由于蒙古族户籍中仅户主一人为成丁，且为佐领。与明黄册相较，基本要素均相同，黄册只是标明成丁。这个标注方式同标注"披甲"应是类似的。但是在鄂伦春族户籍和蒙古族户籍没有用"丁"和"未成丁"进行标注。是不是清代就不用"丁"和"未成丁"等来标注户口了呢？

《中国商报》2006年刊登了一篇《清代户口簿》。此件为一张清代门牌，长27.2厘米，宽20.4厘米，木板印刷，竖版，内容如下：

> 高密县正堂傅为给发门牌事，得编查保甲，抽查倘有迁移及增减户口，随时改注，毋得摆混。如计开张合朋年三十三岁，泽南乡夏庄社张家官庄，左右邻业。男大三丁，男小六丁，女大五口，女小三口，地十三亩。光绪二十一年十月十四日。②

此门牌显然是用"丁"对户籍人口进行标注的。在清代文献资料中，亦有沿用"未成丁"的记载。如《钦定大清会典事例》卷606《兵部·八旗处分例》载：

> 顺治年间定，八旗编审壮丁，将应入册之人隐匿不入者，系官罚俸三月，常人鞭二十五。失察之佐领、骁骑校各罚俸一月。若佐领、骁骑校将未成丁之幼童混入壮丁册内者，罚俸三月。③

同时，亦有用"幼丁"的记载。如《钦定大清会典事例》卷1215《内务府·采捕》载：

> （乾隆三十三年）三十三年议准：打牲乌拉现有六十五珠轩，即作为定额，永不再设。每珠轩三十名，如缺出，随时于幼丁内挑补，隔三年比丁一次。将珠轩牲丁数目及幼丁数目，各造册一本，送户部备查。④

由此大概可以印证上文所言清代仍延续明代的黄册制度。当然本文仅是为了说明清代的"丁"划分为"成丁"和"未成丁"。因此上文"壮丁""丁"并不能理解成归化

---

① 引自刘淑珍、苏静：《浅析清代鄂伦春满文户籍档案》，满语研究，2005年，第2期，第36—40页。
② 柳建明：《清代"户口簿"》，中国商报，2006年10月26日，第11版。
③ 昆冈等修，刘启端等纂：《钦定大清会典事例》卷606《兵部·八旗处分例》，续修四库全书（第807册），上海：上海古籍出版社，2002年，第428页。
④ 昆冈等修，刘启端等纂：《钦定大清会典事例》卷1215《内务府·采捕》，续修四库全书（第811册），上海：上海古籍出版社，2002年，第694页。

城土默特蒙古的全部丁。《清太宗实录》中所载的归化城土默特蒙古"壮丁",和《钦定外藩蒙古回部王公表传》等文献中的"丁",应指"成丁",而这个成丁也仅是部分"成丁",并非全部"成丁",更非全部"丁"。

综上,大致可以得出,明末清初,归化城土默特蒙古的成丁绝非文献所载"三千三百七十名"或"三千三百余",可能要高于这个数字。但是,这一数字亦有一定的参考价值。

3. 关于以"五口出一丁"为标准计算人口的问题。

乌仁其其格、晓克、《土默特志》等,在计算清初归化城土默特蒙古人口时,均以"五口出一丁"作为标准计算的。《土默特志》、晓克所采用该标准的依据,从其行文来看,不得而知。乌仁其其格则依据归化城副都统衙门档案中的乾隆年间土默特的户口册做出的推断,似乎是有根据的。笔者认为,这个标准是有待商榷的。笔者从明末清初的社会背景对这一问题进行分析。

首先,明末清初社会动荡,归化城土默特蒙古的领导者为顺义王卜失兔(博硕克图),其人比较懦弱。和田清在《明代蒙古史论集》中写道:

> 到清天聪二年,明崇祯元年,察哈尔部的凌丹汗遭到清军攻击,往西迁徙,懦弱的顺义王各部,立即土崩瓦解,卜失兔也逃入西边河套,死于该地。卜失兔就是《清朝实录》里所说的博硕克图。①

《国榷》卷88,天启七年(1627)三月丙申条载:

> 蓟镇边外虎墩兔以道贡责哈喇慎,兴兵伐之。虎墩兔为东夷长,故称憨,是名插汉部,与建州邻。哈喇慎宣大边外为插属,岁贡憨夷,故责之。实以建州强,惧为所并。知卜失兔弱,移牧于西。卜部竟夜西遁陕西边外。②

明末清初,懦弱的卜失兔不仅无力抵抗强悍的林丹汗的进攻,同明朝交往也是以通贡为主,少有反抗。《明神宗实录》卷500,万历四十年(1612)十月庚辰条载:

> 庚辰,……该臣谨议,北虏自俺答以来,世修款贡四十余年,无用兵之患,沿边旷土皆得耕牧,此已事之明效已。今扯力克病故,其长孙卜石兔素称桀骜,亦凛天威,俯首听命。且群酋拥戴,俱无异词,宜允其请。③

可见卜失兔为获得明对其承袭顺义王的认可,对明是俯首称臣的。《明神宗实录》卷531,万历四十三年(1615)四月癸未条载:

---

① 和田清:《明代蒙古史论集》(下册),北京:商务印书馆,1984年,第637页。
② 谈迁:《国榷》卷88,天启七年三月丙申条,北京:中华书局,1958年,第5367页。
③ 官修:《明神宗实录》卷500,万历四十年十月庚辰,上海:上海书店,1982年,第9462页。

宣大总督涂宗濬等恭进虏王卜石兔岁贡表笺，鞍马弓矢，并为乞请升赏如例。兵部议覆报可。①

对明政府俯首称臣、进贡等行为，在一定程度上维护了边疆的稳定，同时为其部落获得一定的经济利益。但归化城土默特部的势力衰退却是不争的事实。王雄在《察哈尔西迁的有关问题》中写道：

卜失兔是土默特部长，明封第四代顺义王，为右翼诸部之首。其时实力已远非其高祖俺答汗时可比。自俺答封贡以来，土默特部安居宣大塞外六十余年，与明朝通贡互市，不事兵戈。"长綦于缯絮面蘖，部落亦稍效板升，大边有诛茅构土室以居者，势益慵弱"，渐失其游牧民族剽悍刚勇之锐气。又自顺义王扯力克以来，内部屡为顺义王之袭封发生纷争，至卜石兔时该部已基本分成以卜石兔和素囊为首的两派，诸部矛盾重重，散而无统。这与雄心勃勃，以攻掠兼并诸部为事的察哈尔林丹汗相比，显然处于劣势。林丹汗西进，土默特一触即溃，是这一力量强弱变化的最有力的证明。②

由于林丹汗的西进，懦弱的卜失兔无力保护归化城土默特部众，也并没有和林丹汗抗争，而是带领一部分部众西逃，剩余的绝大多数部众应当是逃到阴山之中。在这种兵荒马乱，兵源匮乏的情况下，归化城土默特部如果以"五口一丁"为标准计算其人口，还是值得商榷的。我们无法确知当时归化城土默特部是否全部男丁皆兵。但从《元史》卷98《兵一》所载，可以知其大概：

蒙古军皆国人，探马赤军则诸部族也。其法，家有男子，十五以上、七十以下，无众寡尽签为兵。十人为一牌，设牌头，上马则备战斗，下马则屯聚牧养。③

元代的蒙古族年龄在15岁以上，70岁以下，均要当兵。而归化城土默特部在明末清初，社会极度动荡的情况下，采用这种兵制的可能性要远远的大于"5口1丁"的标准的。上文所引"将未成丁之幼童混入壮丁册内者"的情形，在明末清初社会大动荡的背景下，势力衰弱的归化城土默特部未尝不会出现。故，用"5口1丁"这个标准来推算明末清初归化城土默特蒙古的人口，虽然有一定的参考性，但是并不合适。

其次，再追溯一下卜失兔承袭顺义王时，归化城土默特蒙古有多少人。据《明熹宗实录》卷27，天启二年（1622）十月乙亥条载：

四川道御史夏之令言：奴贼狂逞以来，四夷皆蠢然思动矣。……若顺义王益复控弦十万，惟视漠北者。④

---

① 官修：《明神宗实录》卷531，万历四十三年四月癸未，上海：上海书店，1982年，第9995页。
② 王雄：《察哈尔西迁的有关问题》，内蒙古大学学报，1989年，第1期，第1—11页。
③ 宋濂：《元史》卷98《兵一》，北京：中华书局，1976年，第2508页。
④ 官修：《明熹宗实录》卷27，天启二年十月乙亥条，上海：上海书店，1982年，第1363页。

该文献所载"若顺义王益复控弦十万",似乎意味着有"丁"十万。其实这个数字可能是有问题的。文中的"若"字,可理解为"如果""假如",即这本是对顺义王控弦十万的一种推测或假设。且此时顺义王势力衰弱,并非控制的土默特部的全部,其所控制的也仅仅是归化城土默特部。对"控弦十万"只能用一种模糊的理解方法,而不能是较为准确的概念。这种模糊的记载方式在我国古代史籍中是数不胜数的。如《汉书》卷1《帝纪第一》载:

> 是时,羽兵四十万,号百万。沛公兵十万,号二十万,师古曰:"兵家之法,不言实数,皆增之。"①

该条文献所载项羽仅40万兵,就号称百万,刘邦仅有十万兵,就号称二十万。显然是颜师古所说的"兵家之法,不言实数,皆增之"。

再如《明史》卷273《左良玉》载:

> 良玉兵八十万,号百万,前五营为亲军,后五营为降军。每春秋肄兵武昌诸山,一山帜一色,山谷为满。②

文献所载"左良玉兵八十万,号百万",显然也是"兵家之法,不言实数,皆增之"。故上文所载"控弦十万"并不是实数,而是虚指。加上四川道御史夏之令所讲的是"若顺义王益复控弦十万",意思也就是"如果顺义王益复控弦十万",这仅是一种假设,而非真实情况。乌仁其其格《近代归化城土默特蒙古人口问题浅析》中写道:

> 明隆庆六年(1572)俺答汗(阿拉坦汗)统领十二土默特大众,于哈鲁兀纳山阳哈敦木伦河边,仿照失陷之大都修建呼和浩特当时的十二土默特合为六营,共4万人,按照每丁五口计,应为20万口。至16世纪后期,土默特部控弦之士10万,总人口约在35万至40万之间。③

这段论述,笔者认为是值得商榷的。此处之"哈鲁兀纳山"即大青山,"哈敦木伦河"即黄河。十二土默特六营,共四万人,推算其全部人口时,亦是按照每丁五口计,推算出此时的十二土默特有20万人。此时为1572年。乌仁其其格亦用"16世纪后期,土默特部控弦之士10万"推算土默特部人口总人口约在35万至40万之间。1572年到16世纪后期,不到30年的时间,人口翻了将近一倍,这出生率是不是太高了?笔者上文所引天启二年(1622),距1572年有50年的时间,距16世纪末也有20余年的时间,"顺义王控弦十万",如此计算归化城土默特部的人口,近30年的时间内,人口翻一番,

---

① 班固:《汉书》卷1《高祖上》,北京:中华书局,1962年,第24—25页。
② 张廷玉:《明史》卷273《左良玉》,北京:中华书局,1974年,第6997页。
③ 乌仁其其格:《近代归化城土默特蒙古人口问题浅析》,内蒙古大学学报,2012年,第3期,第10—17页。

此后 20 余年的时间内，人口数量却没有发生变化？显然这个推算是有待进一步论证的。正如笔者所认为的那样"十万"这个数字仅是虚指。那么"四万"这个数字呢？

乌仁其其格所论述的"十二土默特合为六营，共 4 万人"，据《蒙古源流笺证》卷6载：

> 《续文献通考》纪鞑靼西部诸营甚详……又云：满官嗔部下分八营，旧属火筛，今从俺答。合为六营，曰多罗土闷，曰畏吾儿，曰兀慎，曰叭要，曰兀鲁，曰土吉拉，众可四万。按多罗土闷者此书之多伦土默特，后文所谓阿勒坦汗占据十二土默特，而居今归化城之土默特，喜峰口之土默特皆其后也。①

此处"众可四万"，应是满官嗔所属八营的"四万"。而十二土默特，据《蒙古源流笺证》卷6载：

> 阿勒坦合罕丁卯年生，据十二土默特之大部。②

其注释为：

> 十二土默特，即《武备志》所称俺答后三枝十二部。《明史·鞑靼传》所谓扯力克所制，止山大二镇外十二部也，此俺答之本部。③

《明神宗实录》卷500，万历四十年（1612）十月壬午条载：

> 惟初封俺答之时，与之约曰：东自宣府，西至河套，责令俺答约束。今宣府白洪大自为一枝，河套吉能自为一枝，虏王所制者山大二镇十二部而已。④

据此可知，归化城之土默特（归化城土默特）、喜峰口之土默特（喜峰口土默特或东土默特）均来源于这十二土默特。

《殊域周咨录》卷16《鞑靼》载：

> 满官嗔不孩部合别营六酋旧属火筛，今俺答阿卜孩领之，皆在河套。……《九边考》云：……属吉囊满官嗔部下旧为营八，属火筛，今为营六，曰多罗土闷，曰畏吾儿，曰兀甚，曰拔要，曰儿鲁，曰土不剌，属俺答阿不孩，今住河套。总凡十三营，拥众七万。⑤

---

① 萨囊彻辰著，道润梯步译校：《新译校注蒙古源流》卷6，呼和浩特：内蒙古人民出版社，1980年，第310页。
② 萨囊彻辰著，道润梯步译校：《新译校注蒙古源流》卷6，呼和浩特：内蒙古人民出版社，1980年，第335页。
③ 萨囊彻辰著，道润梯步译校：《新译校注蒙古源流》卷6，呼和浩特：内蒙古人民出版社，1980年，第337页。
④ 官修：《明神宗实录》卷500，万历四十年十月壬午条，上海：上海书店，1982年，第9466—9467页。
⑤ 严从简著，余思黎点校：《殊域周咨录》卷16《鞑靼》，北京：中华书局，1993年，第715页。

此条所"六营"同上引文"六营"仅个别文字不同。该条载"十三营,拥众七万",前条是"六营","众可四万",从中可以大致看出点端倪。"十三营、七万"和"六营、四万"这里面应该有某种联系——即土默特部发生了分裂。否则为何那么巧合的是营减少近一半,人口亦减少一半?再从上文的"而居今归化城之土默特,喜峰口之土默特皆其后也",不难看出归化城土默特(西土默特)和喜峰口土默特(东土默特)在 16 世纪末的时候就已经发生了分裂。

据《蒙古源流笺证》卷 6,所载的另一条文献,也大致能印证"凡十三营,拥众七万":

> 达延合军统领其六万之众,致大蒙古国于太平和乐之境,在位七十四年,岁次癸卯(嘉靖二十二年),年八十岁归天矣。[1]

有关达延汗生卒年的问题,由于文献记载的问题,学界出现了多种不同的观点,如 1470 年即位,1543 年死亡[2];1480 年即位,1517 年死亡[3];1464 年生,1482 年即位,1532 年死亡[4];1469 年生,1487 年即位,1519 年死亡[5];1464 年生,1487 年即位,1524 年死亡[6];1474 年生,1480 年即位,1517 年死亡[7];1473 年生,1479 年即位,1516 年死亡。[8] 学界倾向于达延汗 1474 年生,1480 年即位,1517 年死亡。[9] 但这不是本文所要重点讨论的。此处所载达延汗统领"六万之众",到其孙子俺答汗时有"十三营,拥众七万"是可能的。当然这个七万、六万、四万等数字,也仅是模糊并非确切的数字,应理解为七万左右、六万左右、四万左右。既然土默特部分为东西两部,东西两部土默特部众的划分不可能那么绝对,故六营有"众可四万"也是可能的。当然这个"四万"所指为"男丁",而非全部土默特部众。

"四万"多的归化城土默特"丁",到清初时,被其首领收集聚拢的壮丁仅为"三千三百七十名",当然这仅是部分归化城土默特部的壮丁。从文献记载来看,虽然不是聚拢到的全部壮丁,但也应当是大部分壮丁。从四万左右,下降到三千三百多,丁的损失

---

[1] 萨囊彻辰著,道润梯步译校:《新译校注蒙古源流》卷 6,呼和浩特:内蒙古人民出版社,1980 年,第 321 页。
[2] 余元盦:《内蒙古历史概要》,上海:上海人民出版社,1958 年。
[3] 内蒙古历史研究所:《蒙古族简史》,呼和浩特:内蒙古人民出版社,1979 年。
[4] 和田清:《东亚史研究·蒙古篇》(五)《论达延汗·达延汗的年代》,东京东洋文库,1958 年。
[5] 佐藤长:《达延汗的史实与传说》,史林,第 48 卷第 4 号,1965 页。
[6] 冈田英弘:《达延汗的年代(下)》,东洋学报,第 48 卷第 4 号,1966 年。
[7] 薄音湖:《达延汗生卒即位年考》,中央民族学院学报,1982 年,第 4 期,第 66—70 页。
[8] 宝音德力根:《达延汗生卒年、即位年及本名考辨》,内蒙古大学学报,2016 年,第 6 期,第 1—9 页。
[9] 参见《辞海》:达延汗条。上海:上海辞书出版社,2009 年,第 356 页。

率约达91%。由此可见，明末清初的战争对归化城土默特部的影响有多么大。综合考虑当时社会各种因素，明末清初，以"每丁五口"作为推算归化城土默特蒙古人口的标准有点偏高。

那么依据性别比推算明末清初归化城土默特蒙古的人口是否合适呢？一般来讲性别构成指男性和女性人口的组成状况。它包括了总人口的性别结构、出生婴儿的性别结构和婚龄人口的性别结构。而出生人口的性别结构主要由生物因素决定的，比较稳定。影响人口构成的因素很多，如生物学因素、人口学因素、社会因素。而在我国以农业为主的古代社会里，影响人口性别结构的主要因素则是社会因素：如重男轻女的传统观念、战争等。具体到明末清初的归化城土默特地区则主要表现为战争。明末清初的归化城土默特蒙古因战争因素，导致丁的损失率达91%。在男丁损失比较大的情况下，其人口性别构成应为女多男少。只有这样才是才是比较合乎逻辑的。依据现有的文献，无法推知明末清初归化城土默特蒙古人口构成。乌仁其其格在《近代归化城土默特蒙古人口问题浅析》中，依据归化城副都统衙门档案、《土默特志》①等资料，统计了道光、咸丰、同治、宣统及民国时期的归化城土默特蒙古族人口性别比：②

道光、咸丰、同治、宣统、民国等时期的归化城土默特蒙古族人口性别比

年份	所辖地名	总人口	男	女	性别比
道光二十七年	左翼首甲乌日滚佐领	158	97	61	159.01
咸丰二年	左翼六甲奥日给夫佐领	161	101	60	168.33
同治十二年	右翼四甲满扎佐领	252	151	101	149.50
光绪三十三年	归化城土默特两翼	13940	7509	6431	116.76
宣统二年	诺参领属下	186	120	66	181.81
宣统二年	吉佐领属下	131	72	59	122.03
民国三十六年	土默特旗	22278	12844	9434	136.14

据该表可知，清代归化城土默特蒙古的人口性别比是严重失衡的。从道光二十七年（1847）至民国三十六年（1947），100年的时间内，一直是男多女少。这种情况显然不是自道光年间开始的，也不会到民国就终结，造成这种现象的原因，应是长时间的各种社会因素导致的。当然这仅是部分材料的统计结果，并不能代表其真实的情况，但是至少能说明，清代归化城土默特蒙古长期存在男多女少这一问题。间接可以推知从清初到

---

① 土默特左旗档案馆藏：归化城副都统衙门档案，满文其他簿册45号3、4件；汉文财经类6号887件；满文户口、香火地类47号46件；土默特左旗《土默特志》编纂委员会：《土默特志》（上），呼和浩特：内蒙古人民出版社，1997年，第59页。
② 乌仁其其格：《近代归化城土默特蒙古人口问题浅析》，内蒙古大学学报，2012年，第3期，第10—17页。

道光二十七年（1847），这 200 余年的时间内，由于各种因素的影响，导致归化城土默特蒙古人口长期处于男多女少，性别比严重失衡的状态。结合上文，明末清初，归化城土默特蒙古丁的损失率达 91%，按照正常的逻辑应是女多男少。这两个方面稍微综合一下，明末清初，假设归化城土默特蒙古的性别比为男女平衡，再考虑到出生率和死亡率、老人、小孩等问题。明末清初归化城土默特蒙古三口一丁的标准，应该是合适的。以收集聚拢的"三千三百七十名"壮丁计（实际壮丁可能比这要多，仅以此数计算），那么归化城土默特蒙古在清初约有 10110 人。

4. 清初归化城土默特蒙古人口蠡测

上文推算清初归化城土默特蒙古约有 10110 人。不妨以另外一种方式来计算清初归化城土默特蒙古人口数量。清初，归化城土默特蒙古授予蒙丁地。蒙丁地是归化城土默特蒙古户口地的前身。每位蒙丁授予多少土地？如何划拨？相关文献资料记载较为粗略。笔者拟试着从以下几个方面考虑：

首先，归化城土默特蒙古授予土地的标准，据《钦定大清会典事例》卷 979《理藩院·耕牧耕种地亩》载：

顺治七年（1650）定：外藩蒙古，每十五丁，给地广一里，纵二十里。①

矢野仁一提出以下理由，认为该条文献并不可靠：

甲、耕地或是牧地，区别不清。如果认为是耕地，恐怕当时未必有那么多耕地足以实施这种规定；如果认为是牧地，按日本里折合，仅纵三里余，横六町的面积，给予十五个旗丁，恐怕无济于事。

乙、缺乏足以证实这种记载的史料。②

田山茂则认为这条文献有一定的可靠性，他也提出了自己的理由：

甲、顺治七年（1650）是在内蒙古大部分地区设旗的时期。有材料证明当时已由蒙古人和汉人在内蒙古各地发展农业。

（1）天命六年八月戊寅（1621）"北蒙古五部落喀尔喀台吉尔布什荞果尔率民六百户，并驱畜产来归。各赐……僮仆、牛、马、房舍、田亩及一切器具等物。（《清朝实录》太祖十八）

（2）天聪六年五月戊申（1632）"前辙令喀喇沁人于法库山耕种。若耕种未完，当督之尽更，仍恼勿忽。"（《清朝实录》太宗十一）

---

① 昆冈等修，刘启端等纂：《钦定大清会典事例》卷 979《理藩院·耕牧耕种地亩》，续修四库全书（第 811 册），上海：上海古籍出版社，2002 年，第 708 页。
② 田山茂：《清代蒙古社会制度》，呼和浩特：内蒙古人民出版社，2015 年，第 170 页。

(3)《理藩院则例》(十二《赋役》) 顺治初年,旗长、台吉等征自旗民的贡赋中有"有牛二头者征米(粟)六釜,有牛一头者征米三釜"的规定。这就说明蒙古生产粮谷的情形。

(4)据满洲地籍调查部满洲蒙旗各地的调查,顺治年间,蒙汉人之间所定立有关耕地的合同,还保存在各地旧档案中。

(5)《东三省政略》(二《蒙务》上) 有关宾图王旗内七大屯地亩开垦的记录,年限可以上溯到顺治年间。

乙、《会典事例》的此项记载在耕种地亩项目里,关于牧地,另设别项。可见这里所谓"地亩"是指耕地而言。

丙、《会典事例》(一六一) 里载有:"顺治五年,丈量分给外藩边外地亩,令各守疆界,不许越境。"可见早在顺治五年已经丈量兵分给了地亩。①

据上述理由,顺治五、七年(1648、1650),亦有分给旗丁地亩的规定,可能并不普遍,但至少在部分地方曾经实施。

乌仁其其格在《18至20世纪初归化城土默特财政研究》认为:"土默特地区最早划拨土地的时间应当在康熙年间。"② 也就是说对于外藩蒙古,清政府是划给土地的。

清代宽一里、长二十里,有多少亩地?清代"除了法定的营造尺外,还允许其他杂尺在民间通用,如裁衣尺、量地尺,造成了尺度实际上的不统一,最短31厘米,最长38厘米"③。姑且不论清政府在边疆丈量使用的尺度标准,以现在的标准推算:宽一里,长二十里,有7500亩地,合75顷地,分给15个人,则是每人5顷地。

《钦定大清会典事例》卷1197《内务府·屯庄》载:

> 雍正二年奏:新旧各园头等子孙繁衍,将入官地亩增设园头二十六名,各给地五顷,计地一百三十顷,每岁按亩征银一钱,岁征银一千三百两。④

这个给地五顷,显然和笔者的推算是基本相符的。清光绪三十四年(1908)四月,鹿传霖在《奏查明贻谷被参各款折》中写道:

> 土默特自圣祖仁皇帝征照以后,留一公爵,而不预扎萨克事,别以都统治之,每

---

① 田山茂:《清代蒙古社会制度》,呼和浩特:内蒙古人民出版社,2015年,第170—171页。
② 乌仁其其格:《18至20世纪初归化城土默特财政研究》,内蒙古大学,2007年博士学位论文,第39页。
③ 丘光明:《中国历代度量衡考》,北京:科学出版社,1992年,第117—118页。
④ 昆冈等修,刘启端等纂:《钦定大清会典事例》卷1197《内务府·屯庄》,续修四库全书(第814册),上海:上海古籍出版社,2002年,第528页。

兵一名，给地五顷，兵亦不自耕，仍招收租以自养。①

在《土默特志》②、《清代土默特土地占有方式》③、《论清朝前期呼和浩特·土默特地区土地的使用状况》④、《清代呼和浩特地区社会救济事业初探》⑤、《清代内蒙古地区寺院土地问题研究》⑥ 等的论述中，对"每兵一名，给地五顷"均予以认同。周清澍《试论清代内蒙古农业的发展》中，也引用了"每兵一名，给地五顷"，但并没有予以深入论述。⑦

《土默特志》卷7《职官考》、卷9《职官》载：

弁兵无俸饷，马皆自备，均给田有差。每丁一名，种地一顷，官弁递增。⑧

绝大多数学者在论述蒙丁分配土地数量的时候，直接把这一条给忽视了。为何会出现这种差异呢？此处之丁应为乾隆整顿土地后，分给土地的穷苦或失地蒙丁。在归化城土默特衙门档案中，载有部分蒙民分到土地的情况。如野马图板升耕地的情况：

披甲占巴拉三口

乾隆三年九月十日西南三等地一块四十亩，又三等地一块二十亩。又三等地一块十五亩，又三等地一块十三亩，又三等地一块三十五亩。

又三等地一块四十亩。南三等地一块八亩，又三等地一块六亩，又三等地一块五亩。东南三等地一块十六亩，又三等地一块十亩。东北三等地一块五亩，又二等地一块八亩，又三等地一块二十九亩，共十三块二顷五十亩，以七两银子典给瓜县民人通宝。

雍正九年二月十日南头等地一块四亩，以二两银子典给兆庆民人王毛邦共当出地

---

① 《申报》（上海版），1908年5月10日，星期日，第12671号，清光绪三十四年四月十一日，第10版。
② 土默特左旗《土默特志》编纂委员会：《土默特志》（上），呼和浩特：内蒙古人民出版社，1997年，第146页。
③ 彭勇：《清代土默特土地占有方式》，土默特史料（第18辑），1985年，第258—279页。
④ 呼格吉勒：《论清朝前期呼和浩特·土默特地区土地的使用状况》，内蒙古师范大学学报，1992年，第2期，第10—17页。
⑤ 乌仁其其格：《清代呼和浩特地区社会救济事业初探》，内蒙古大学学报，2007年，第3期，第9—14页。
⑥ 斯日古楞：《清代内蒙古地区寺院土地问题研究》，内蒙古师范大学，2008年硕士学位论文。
⑦ 周清澍：《试论清代内蒙古农业的发展》，内蒙古大学学报，1964年，第2期，第35—63页。
⑧ 清光绪年间刊本影印：《土默特志》卷7《职官考》、卷9《职官》，台北：成文出版有限公司，1968年，第114、第154页。

十四块二项五十四亩。①

披甲占巴拉三口人有地二项五十亩。显然不符合"给地五顷"的标准。这一户三口的地亩数，显然不足以说明归化城土默特蒙古分配土地的标准。乌仁其其格把《归化城土默特左翼首甲穆特布佐领下原拨户口地亩清册》（蒙古文）列成表：②

归化城土默特左翼首甲穆特布佐领下原拨户口地亩清册表

村名	户数	人口	耕地面积（顷）	披甲
苏布尔日干板申	19	43	96.86	8
扎兰板申	4	22	49.73	2
野马图板申	20	73	105.52	14
会苏板申	15	64	127.96	8
包尔合少板申	23	96	302.02	14
乃莫板申	28	102	171.03	13
古尔半乌素板申	15	52	138.62	7
哈录板申	1	2	4.75	1
沙巴尔台板申	1	8	11.00	0
李宝板申	1	3	4.35	0
哈林产阿曼板申	1	3	2.54	0
呼和浩特等地	2	15	2.47	1
合计	130	483	1015.95	68

该表中，沙巴尔台板申、哈林产阿曼板申三个板申只有1户人家，没有披甲（成丁），扣除这三户17.97顷土地，剩余998.96顷土地，有68个披甲（成丁），平均每个披甲14.69顷土地。基本上相当于"每丁五顷"的三倍。如果不按照披甲（成丁），按照人口数计算，总共483口，1016.85顷土地，平均每人2.105顷土地。基本上是"每丁五顷"的一半。如果按户计算，总共130户，1016.85顷土地，平均每户7.82顷土地。而具体到每户、每个披甲身上则会发生很大变化。即是由于土地兼并，出现人少地多和人多地少的蒙古。该板申有483户，130口人，平均每户3.71人。该卷档案的时间为雍正五年（1727）到乾隆七年（1742）。也就是说在雍正至乾隆初期，归化城土默特

---

① 土默特左旗档案馆藏：归化城副都统衙门档案，《右翼首甲多尔济云隆佐领下原拨户口地亩草场清册》（蒙古文），档案号：80—9函1—9页。转引自乌仁其其格：《18至20世纪初归化城土默特财政研究》，内蒙古大学，2007年博士学位论文，第17页。

② 土默特左旗档案馆藏：归化城副都统衙门档案，《归化城土默特左翼首甲穆特布佐领下原拨户口地亩清册》（蒙古文），档案号：80—47—52页。转自乌仁其其格：《18至20世纪初归化城土默特财政研究》，内蒙古大学，2007年博士学位论文，第40页。

左其首甲穆特布佐领的人均户数材 3.71 人。那么在清初以"每丁三人"为标准是合适的。考虑到归化城土默特蒙古以游牧为生，加之归化城土默特蒙古向无丈量土地的传统，且该区域为人少地多之区域，在实际划拨土地的时候，高于清政府所规定的"每丁五顷"的标准也是可能的——即每个披甲 14.69 顷土地也是可能的。故取其中间值，每丁 10 顷。

其次，归化城土默特蒙古的土地数量。归化城土默特蒙古有多少土地呢？据《清高宗实录》卷 198，乾隆八年（1743）八月壬子条载：

> 兹据参领等查报：土默特两旗蒙古，共四万三千五百五十九口。原有地亩、牧场，及典出田地，共七万五千四十八顷有奇。此内去年查出实无地亩之蒙古二千八百十二口，人多地少之蒙古二千一百五十六口。伊等耕种地亩，三百三十四顷有奇。再去年各佐领未经报出今经查出，有田三二十亩以上、一顷以下不等之蒙古二万二千一百四口，耕种地亩一万三千四百六十五顷有奇，再典给民人地亩四千顷。除牧场地一万四千二百六十八顷有奇外，现在田地多余之人一万六千四百八十七口，耕种地亩四万二千八百顷有奇。臣请将参领等查明之七万五千四十八顷，除牧场及典出地亩，并现在之三二十亩以上、一顷以下者，不论外，于四万二千八百余顷内，拨出四千六百三十三顷十二亩，分给实无地亩及人多地少之蒙古，每口以一顷为率，以为常业。①

这条文献解决了 3 个问题：1. 乾隆八年（1743），归化城土默特蒙古有四万三千五百五十九口；2. 归化城土默特蒙古原有土地七万五千四十八顷，其中牧场一万四千二百六十八顷有奇，那么实际耕地有六万零七百八十顷；3. 分给实无地亩及人多地少之蒙古，每口以一顷为率，而不是全部归化城土默特蒙古。故"每丁一名，种地一顷"应是来源于"每口一顷为率"，这里的"丁"是指的无地或少地蒙古。

据该条文献所载数据计算，归化城土默特蒙古人均拥有土地约 1.4 顷，田地较多的人平均拥有土地约 2.6 顷，同上文《归化城土默特左翼首甲穆特布佐领下原拨户口地亩清册》人均拥有土地约 2.1 顷还是比较接近的。

考虑到此时为清代最为繁盛的时期，归化城土默特的土地有了较大程度的开发，其耕地数额较清初应有大幅度的增加。从清初到乾隆八年（1743），经历了一百余年。虽然耕地数量增加，牧场数量减少，但土地总数应是没有发生变化。因此，清初归化城土默特地区的土地应为原有土地的数量 75048 顷，以上文"每丁十顷"的标准，则有 7505 丁。以"每丁三口"计算，则清初归化城土默特蒙古有 22515 人。这个数字远高于上文推算的归化城土默特蒙古约有 10110 人。但考虑到原有土地数量并不可能完全分配，姑

---

① 官修：《清高宗实录》卷 198，乾隆八年八月壬子条，北京：中华书局，1985 年，第 542—543 页。

且以七成土地被分配,三成土地为公共用地计算,那么归化城约有 5253 丁,"以每丁三口"计算,则有 15759 人。这个数字也远远超过了笔者上文推算的 1 万余人。

当然这仅是依据相关数据,进行推算的结果,并非清初归化城土默特蒙古真实的人口数量。至于其真实的人口数量,还有待进一步挖掘文献资料。但基本上可以确定,清初归化城土默特蒙古人口应在一万至二万人之间。

二、康熙时期归化城土默特蒙古人口

(一) 编佐丁额

从后金(清)天聪年间,到康熙时期,归化城土默特地区处于对西北军事的前沿,人们经历了由动荡不安,到安居乐业。因此归化城土默特蒙古人口在这一时期有很大发展。

《清太宗实录》卷 24,天聪九年(1635)七月庚辰条载:

> 贝勒岳托驻守归化城,有土默特人密告,言博硕克图之子,遣人往阿禄部落喀尔喀处还时……以阿禄部民与喀尔喀人,同谋藏匿马驼,遣土默特人往剿之。分土默特壮丁三千三百七十名为十队,每队以官二员主之,授以条约。①

这应是归化城三千三百七十名壮丁,分十队,每队 337 名。每队以官二员主之,则每个队官管辖 168 名壮丁。

《皇清藩部要略》卷 2《内蒙古要略二》载:

> (崇德三年) 六月庚申,更定蒙古衙门为理藩院,专治蒙古诸部事。是日,授土默特部章京古禄格等二十二人世职,各视其品级分别授之。②

《清太宗实录》卷 42,崇德三年(1638)六月庚申条载:

> 先是,土默特部落古禄格、杭古、陶虎、图美、多尔济、特济、拜都喇、大诺尔布、小诺尔布等二十二人,原系土默特部落博硕克图汗所属。后察哈尔汗征服之,遂为察哈尔所属。及察哈尔汗逃奔汤古忒国,古禄格等遂散居山谷间。我国遣额尔德尼达尔汉喇嘛,收其溃散之民,遂来降。至是以其众,编立旗分牛录,设固山额真、梅勒章京、牛录章京,仍依品级,各授以世职。③

《东华录》关于这件事,也进行了记载,《东华录》崇德三载:

---

① 官修:《清太宗实录》卷 24,天聪九年八月庚辰条。北京:中华书局,1985 年,第 318 页。
② 祁韵士:《皇清藩部要略》卷 2《内蒙古要略二》,见包文汉整理:《清朝藩部要略稿本》,哈尔滨:黑龙江教育出版社,1997 年,第 29 页。
③ 官修:《清太宗实录》卷 42,崇德三年六月庚申条,北京:中华书局,1985 年,第 550 页。

（六月）庚申，定蒙古衙门为理藩院。授土默特部章京古禄格等世职，古禄格、杭古、陶虎、图美、多尔济、特济、拜都喇、大诺尔布、小诺尔布等二十二人，原系土默特部博硕克图汗人，察哈尔汗征服之，遂为察哈尔所属。及察哈尔汗奔汤古忒、古禄格等从行散居于山谷间。我国遣额德尼达尔汉喇嘛，收其溃散之民，遂来降。以其众编为固山牛录，设立固山额真、梅勒章京，仍依品级授世职。①

在崇德三年（1638）六月，清政府根据归化城土默特蒙古各首领的条件，授予不同等级的世职。总共有 22 人被授予世职，其中古禄格、杭高被授予都统。其他各人被授予参领、佐领。除去古禄格、杭高二人，还有 20 名归化城土默特蒙古首领被授予参领、佐领。此即为归化城土默特蒙古 20 佐领的雏形。

归化城副都统衙门档案中，有《世管佐领福克津额之宗谱》，是土默特左翼首任固山额真古禄格系谱，古禄格楚琥尔的旁注为："崇德三年（1638）楚琥尔收抚散民投诚有功，创设左右两翼二十佐领古禄格楚琥尔赏给三等子爵，特放都统。"② 1994 年，在呼和浩特旧城出土《修建太平召碑》的碑文（部分）：

　　荷蒙太宗圣祖恩赐，差遣额尔德尼达尔汉喇嘛前来，于崇德三年间创设两旗，编为佐领二十员。③

故，清初归化城土默特编为佐领 20 员是可以确证的。

据《钦定大清会典事例》卷 976《理藩院十四·设官》载：

　　顺治十六年题准，蒙古每百五十丁编为佐领，设佐领一人，骁骑校一人，领催六名，马甲五十名。④

而据《满文老档》崇德元年（1636）十一月：

　　初六日，先是遣阿什达尔汉及达雅齐塔布囊往外藩蒙古编牛录，至是还彼等所□。书云：奈曼部达尔汉郡王，八百家编为十六牛录……桑安一百家，编为二牛录，……土谢图一百家，编为二牛录。……以其五十家编为一牛录。⑤

----

① 王先谦：《东华录》崇德三，续修四库全书（第 369 册），上海：上海古籍出版社，2002 年，第 150 页。
② 引自那日苏：《清代归化城土默特旗制的演替》，蒙古史研究（第 8 辑），2005 年，第 271—298 页。
③ 引自那日苏：《清代归化城土默特旗制的演替》，蒙古史研究（第 8 辑），2005 年，第 271—298 页。该石碑正面为满文和蒙文，背面为满文和汉文。满、蒙、汉三种文字内容基本一致，满文多了一部分出资官兵的名录。
④ 赵云田点校：《钦定大清会典事例》卷 976《理藩院十四·设官》，中国藏学出版社，2006 年，第 179 页。
⑤ 中国第一历史档案馆、中国社会科学院历史研究所译注：《满文老档》，北京：中华书局，1990 年，第 1661—1683 页。

该文献中，五十家编为一牛录。但有的牛录可能多于或少于五十家。该文中出现多处"以其五十家编为一牛录"。可见在崇德年间对外藩蒙古编制牛录的标准为50家。那日苏在《清代归化城土默特旗制的演替》中依据该条文献，认为"崇德元年（1636）遍设二十二旗时，一牛录只有五十丁或五十一丁不等"①。到底是"家"还是"丁"？"家"和"丁"的含义有很大不同。

《清太宗实录》卷32，崇德元年（1636）十一月丙午条载：

> 以五十家编为一牛录，造载牛录章京姓名及里士数目册籍。②

该条文献可以和《满文老档》所载相互印证。清政府编制牛录的标准应为50家编设一牛录。

据《八旗通志》卷36《职官三》载：

> 雍正五年谕：……一佐领下，满洲多不及二百人，少或七八十人，若计户，则不过四五十家耳。③

据此，大约可以推知，清政府在编制牛录的时候，并非以丁，而是以户作为编制牛录的标准。二百人，有四五十家，则每家为四五人。尤其是牛录除了承担军事上的义务外，还具有社会生产的功能，即对所辖居民进行管理，这就涉及户（家）的问题。牛录是满蒙社会最基层的组织，其屯垦田地、征丁披甲、纳赋服役等等，均是以牛录为单位进行的。因此在编制蒙古牛录的时候，以五十家作为编制牛录的标准。由于归化城土默特蒙古成丁之后，均要承担军事义务，即每家承担军事义务的丁并非仅仅一人，有可能是二人或三人及以上，所以归化城土默特蒙古每佐领的人数可能并非一百五十人。以清初归化城土默特蒙古壮丁三千三百七十名，推算每佐168名壮丁，即是明证。清初归化城土默特蒙古编设二十佐领与文献所载"蒙古每百五十丁编为佐领"基本是相符的，同文献所载"外藩蒙古以五十家编为一牛录"，看似矛盾，其实不然。以每家三丁计，则每佐有蒙古壮丁一百五十名。即在外藩蒙古编设佐领的时候，并非每家仅出一名壮丁，有可能每家出二名或三名以上壮丁。

根据乾隆四十五年（1780）十一月初二日一份档案所载：兵司《为将续修之佐领家谱送部的呈文》乾隆四十五年（1780）归化城兵司呈文》载（部分）：

> 据康熙五十四年都统丹津等稽查报院之档册载，毕哩克佐领下滋生丁四百人内，

---

① 那日苏：《清代归化城土默特旗制的演替》，蒙古史研究（第8辑），2005年，第271—298页。
② 官修：《清太宗实录》卷32，崇德元年十一月丙午，北京：中华书局，1985年，第403页。
③ 鄂尔泰等修，李洵、赵德贵点校：《八旗通志》卷36《职官三》，长春：东北师范大学出版社，1985年，第668页。

二百丁编为一佐领，交锡拉布管理，又二百丁编为一佐领，交吴巴岱管理等因。①

如果依据该条文献，以二百丁编一佐领，清初归化城土默特蒙古仅可编十六佐领，何来二十佐领？如果编为二十佐领，归化城土默特蒙古应该有4000名左右的壮丁。这似乎也印证了笔者所认为的三千三百七十名壮丁，仅是当时土默特壮丁的绝大部分。且归化城土默特蒙古二百丁编一佐领的标准，与"蒙古每百五十丁编为佐领"的标准相差太多。笔者妄推，可能承担军事义务的时候的军事编制。而这百五十丁应该是来自按照五十家为标准编订社会基层组织佐领。由于归化城土默特蒙古人口增加过多，如果依据一百五十名丁设编一佐领，会增加很多官员。这必将导致蒙员过多，从而造成清政府对归化城土默特蒙古部的控制能力降低。清《土默特志》卷7《职官考》、卷9《职官》均载：

> 土默特官秩之多，几倍于满城，将军所属才六十员耳。土参领而下至百六十余员……有兼管佐领，有世管，且上公之后仍上公，台吉之后皆台吉，呈荫诸职，且与国为休焉。②

在此情况下，为了更加有效地控制归化城土默特蒙古，适当地增加编佐丁额也是可能的。

（二）增设佐领

顺治、康熙时期，归化城土默特地区虽然处于西北军事的前沿，但其社会相对来说还是比较稳定的，因此土默特人口有了很大的发展。"1661年（顺治十八年）至1688年（康熙二十七年）先后增编牛录二十七个，两翼共计四十七牛录，其中左翼二十五牛录，右翼二十二牛录。"③

《钦定大清会典则例》卷140《理藩院·设官》载：

> （康熙）三十三年，覆准归化城两旗，一旗二十五佐领，设参领五人。一旗二十二佐领，设参领四人。今将蒿齐忒二佐领归并二十二佐领。一旗共二十四佐领，应照例增设参领一人。行文该将军，将应补参领贤能之人，拟定正陪，咨送引见补授。④

---

① 土默特左旗档案馆藏：归化城副都统衙门档案，兵司《为将续修之佐领家谱送部的呈文》（满文），档案号：80—31—55。土默特左旗《土默特志》编纂委员会：《土默特志》（上）第5章《政治志》，呼和浩特：内蒙古人民出版社，1997年，第404页，亦有录文。
② 清光绪年间刊本影印：《土默特志》，台北：成文出版有限公司，1968年，第113、第153页。
③ 那日苏：《清代归化城土默特旗制的演替》，蒙古史研究（第8辑），2005年，第271—298页。
④ 官修：《钦定大清会典则例》卷140《理藩院》，影印文渊阁四库全书（第624册），台北：台湾商务印书馆，1986年，第411页。

《钦定大清会典事例》卷 545《兵部·官制·绥远城驻防》载：

> 康熙三十三年定：归化城土默特两旗，向各设都统一人，又增设副都统二人。一旗系二十五佐领，设参领五人。一旗系二十四佐领，设参领五人。每佐领下，各设骁骑校一人。①

《钦定大清会典事例》卷 976《理藩院十四·设官·内蒙古部落官制》载：

> （康熙）三十三年覆准：归化城两旗，一旗二十五佐领，设参领五人。一旗二十二佐领，设参领四人。今将浩齐特二佐领，归并二十二佐领，一旗共二十四佐领。应照例增设参领一人。②

在康熙三十三年（1694），归化城土默特两旗共有佐领 49 个。其中有蒿齐忒（浩齐特）2 个佐领并入归化城土默特部。另据《朔州志》卷 8《武备志》载：

> 圣祖仁皇帝康熙四十一年秋九月，噶尔丹族侄单加阿尔蒲坦率领本国男妇老幼纳款，上遣吏部尚书席达出口，令四十九旗蒙古各捐牛羊、鞍马、吃食等物，接至归化城一带安插焉。③

康熙四十一年（1702），厄鲁特蒙古部分民众，在噶尔丹族侄阿尔蒲坦率领下归附清政府后，被安置在归化城土默特一带。除了蒿齐忒（浩齐特）部、厄鲁特部部分民众，是否还有其他部落并入归化城土默特，由于暂时没有发现相关文献记载，不得而知。

据此可知，康熙三十三年（1694），归化城土默特两旗共有 49 个佐领，以每个佐领 200 人计，当有 9800 名壮丁。再按照清初以"三口一丁"为标准，显然就不合适了。乾隆年间，归化城土默特蒙古平均每户为 5.6 人。康熙年间的人口数量，按照逻辑推算，平均每户人口应当不能高于乾隆年间。假定康熙年间平均每户为 4 人，那么在康熙三十三年（1694）时，归化城土默特蒙古有人口 39200 人。如果以每佐领 150 的标准计算，49 个佐领，约有 7350 名壮丁，以平均每户 4 人计，康熙三十三年（1694），归化城土默特蒙古约有 29400 人。基本上可以确定的是，从清初到康熙年间归化城土默特蒙古人口有了较大的增加，其人口数量约在 29000 人至 39000 人之间。

当然，这些人口没有包括归化城喇嘛所辖人口。那么此时归化城喇嘛所辖多少人呢？据《清圣祖实录》卷 231，康熙四十六年（1707）十月丙申条载：

> 先是，建威将军兼理归化城将军事务宗室费扬固等疏言：归化城附近之处，居住

---

① 昆冈等修，刘启端等纂：《钦定大清会典事例》卷 545《兵部·官制·绥远城驻防》，续修四库全书（第 806 册），上海：上海古籍出版社，2002 年，第 533 页。
② 昆冈等修，刘启端等纂：《钦定大清会典事例》卷 976《理藩院十四·设官·内蒙古部落官制》，续修四库全书（第 811 册），上海：上海古籍出版社，2002 年，第 677—678 页。
③ 汪嗣盛：《朔州志》（雍正 13 年刻本）山西省图书馆藏（第 6 册），第 21 页。

喇嘛所属人丁甚众，请将伊等编作佐领，以便差遣。奉上谕：此事著蒙古都统苏满前往会查确议具奏。至是，苏满覆奏，臣遵上谕，会同右卫将军等，查归化城附近喇嘛属下人丁共三千五百八十余口，除附丁、老病丁口之外，见存二千五百五十人。应照土默特例以二百丁编一佐领，共编作十三佐领。其参领、佐领、骁骑校等官，并请照例增设从之。①

这条文献可以同上引《乾隆四十五年（1780）归化城兵司呈文》相印证，即"土默特例以二百丁编一佐领"。这条文献至少还解决了以下问题：1. 归化城土默特附近喇嘛所属人丁共计 3580 余口，其中老病丁口有 1030 人。2. 该条文献所载为丁口。男为丁，女为口——3580 人包括了男丁、女口。其"除附丁老病丁口"也说明了把"老病的男丁、女口"排除。"见存二千五百五十人"也是包括了男丁、女口。3. "按照土默特例以二百编一佐领，共编作十三佐领"。也就是把 2550 名男丁、女口编为十三佐领。当然 1030 名老病丁口也属于这十三个佐领。因此基本上可以得出，归化城土默特蒙古其实是按照户数，参照人口数进行编设的佐领的。

归化城副都统衙门档案《乾隆四十五年（1780）归化城兵司呈文》载（部分）：

归化城兵司呈：

为咨行事，乾隆四十四年十二月十一日，准镇守绥远城等处地方将军衙门来文内开：……查得崇德三年归化城左右两旗原立佐领二十一，陆续以滋生人丁所编佐领二十四……以沙毕那尔所编公中佐领十三，以上共有佐领六十二。其中除沙毕那尔十三佐领原为公中佐领……据康熙五十四年都统丹津等稽查报院之档册载，毕哩克佐领下滋生丁四百人内，二百丁编为一佐领，交锡拉布管理，又二百丁编为一佐领，交吴巴岱管理等因。……再，参领章嘉所管佐领，据康熙五十四年档册载，毕哩克佐领下滋生丁二百人编为一佐领，交章嘉之伯曾祖锡拉布管理，章嘉所管之佐领似为分编佐领，请院定夺办理等因前来。②

1994 年，呼和浩特旧城出土《修建太平召宝塔碑记》的碑文载（摘录）：

并本处什勒图纳奇拖音、杂雅班第达、胡图克图，并有吹斯克布，察哈尔□，察汗额尔德尼，第彦齐等觉世喇嘛，各建圣主万寿寺院，按季讽经。蒙圣主大广黄教，各寺赐名，由是以就无量等七大寺也。又蒙赏给总理归化城喇嘛班第印信，并授正印副印扎萨克大喇嘛，整领各寺。于康熙四十六年将七寺黑人徒弟编为十三个佐领。自

---

① 官修：《清圣祖实录》卷 231，康熙四十六年十月丙午，北京：中华书局，1985 年，第 315 页。
② 土默特左旗档案馆藏：归化城副都统衙门档案，兵司《为将续修之佐领家谱送部的呈文》（满文），档案号：80—31—55。土默特左旗《土默特志》编纂委员会：《土默特志》（上）第 5 章《政治志》，呼和浩特：内蒙古人民出版社，1997 年，第 404 页，有录文。

创设两旗照管佐领二十员后，编陆续继生人丁及公中佐领并土默特与豪奇特台吉佐领通计六十有二也。①

据此可知，在康熙五十四年（1715），归化城附近喇嘛辖有 13 个佐领。这 13 个佐领连同归化城土默特蒙古 47 佐领，浩（蒿）齐特 2 佐领，共计有 62 佐领。按照上文推算归化城土默特蒙古在 29400 至 39200 之间，加上归化城喇嘛所辖人口 3580 名，在康熙年间，归化城土默特蒙古约有 33000 至 43000 人之间。

总之，归化城土默特蒙古人口在康熙年间有了大量的增加，除了自身发展这一因素外，蒿齐特部、厄鲁特部分民众的并入，也是其人口增加的一个重要因素。

三、乾隆时期归化城土默特蒙古人口

经过清初的社会休整，到乾隆朝，社会经济呈现出一片繁荣的景象。乾隆时期，归化城土默特蒙古人亦有大量的增加。据乾隆七年（1742）十月十五日，山西巡抚喀尔吉善等奏：

> 查归化城土默特蒙古与察哈尔接壤，为云中一带藩篱。所设官弁兵丁，向不支给俸饷，惟资地亩以为养赡，各安驻牧，拱卫边疆。无如蒙古民人不谙耕种，自军兴以来，与归化城民人聚居，鲜衣美食，渐染成风，滋生日广，用度日繁，所有地亩典给民人，遂至生计窘迫。……土默特蒙古原设二十个佐领，嗣后生齿众多，又编有四十个佐领，连蒿齐特两个佐领，共为六十二个佐领。现今官一百六十员，额甲五千名，壮丁幼丁三千八百名。其出征年老、残废、退甲人等，并伊等妻子、寡妇、孤子家口，以及喇嘛、沙弼那尔，共六万余口。②

据此可知，乾隆七年（1742），归化城土默特蒙古人约有 6 万余口。晓克据此认为："这是土默特两翼人口发展到鼎盛时期的数字，比清朝开国时期增长了两倍半。"③

据《清高宗实录》卷 198，乾隆八年（1743）八月壬子条载：

> 归化城都统噶尔玺等奏……兹据参领等查报。土默特两旗蒙古共四万三千五百五十九口。……此内去年查出实无地亩之蒙古二千八百十二口。人多地少之蒙古二千一百五十六口。……再去年各佐领未经报出，今经查出有田三二十亩以上、一顷以下不

---

① 该石碑现藏内蒙古自治区文物考古研究所，绥远通志馆：《绥远通志稿》卷 13《古迹·庙宇·附新建太平召宝塔碑记》，有录文。内蒙古自治区图书馆藏（稿本）（第 17 册），第 12 页。
② 中国科学院地理科学与资源研究所、中国第一历史档案馆：《清代奏折汇编·农业·环境》，北京：商务印书馆，2005 年，第 69—70 页。
③ 晓克：《土默特史》，呼和浩特：内蒙古教育出版社，2008 年，第 361 页。

等之蒙古二万二千一百四口。……分给四千九百六十八口贫乏蒙古等语。①

据喀尔吉善所奏乾隆初年，归化城土默特蒙古有人口 6 万余口，包含喇嘛和沙弼那尔，这个数字可能仅是估算，并非真实统计所得。乾隆八年（1743），对归化城土默特蒙古土地清查时，归化城土默特两旗蒙古为 43559 口，这个统计数据应当接近当时真实的人口数量。此人口应不包括喇嘛和沙弼那尔，如果加上喇嘛和沙弼那尔，归化城土默特蒙古人口应该有 5 万左右。据此可知，乾隆时期归化城土默特蒙古人口比清初应有相当数量的增加。乾隆时期归化城副都统衙门档案所载归化城土默特蒙古户口，乌仁其其格据档案所载，进行统计，列表如下②：

乾隆年间部分佐领下户口情况统计表

所属佐领	村数	户数	人口数	户均人口
左翼头甲巴彦吉日噶勒佐领	11	125	553	4.42
左翼首甲那顺佐领	8	124	691	5.57
左翼二甲吉林泰佐领	8	117（缺2村）	433（缺2村）	3.7
左翼二甲萨扎布佐领	17	?	546	?
左翼二甲常龄佐领	12	?	492	?
左翼三甲福隆泰佐领	24	113	544	4.81
左翼三甲富克津阿佐领	?	127	863	6.79
左翼三甲音德布佐领	7	97	535	5.51
左翼五甲泰顺佐领	10	96	?	?
左翼六甲达日玛扎布佐领	14	108	594	5.50
左翼六甲齐布森佐领	13	?	477	5.02
左翼六甲拉什克勒克佐领	16	105	695	6.61
右翼首甲四佐领	7	72	?	?
右翼首甲多尔济云隆佐领	?	102	?	?
右翼首甲乌尔贡佐领	8	75	427	5.69
右翼首甲善恰佐领	7	97	?	?
右翼二甲萨音乌力吉佐领	?	83	548	6.60
右翼二甲古木布道尔计佐领	?	151	573	3.79
右翼二甲杨东扎苏佐领	?	87	724	8.32

---

① 官修：《清高宗实录》卷 198，乾隆八年八月壬子条，北京：中华书局，1985 年，第 542—543 页。
② 乌仁其其格：《近代归化城土默特蒙古人口问题浅析》，内蒙古大学学报，2012 年，第 3 期，第 10—17 页。在引用的时候，图表稍作变动，没有照搬其估计的数字。

续表

所属佐领	村数	户数	人口数	户均人口
右翼三甲富勒贺克津佐领	8	81	507	6.25
右翼三甲套克都克佐领（残）	?	87	371	4.26
右翼三甲额肯布佐领	?	81	?	?
右翼四甲拉特纳佐领	6	130	456	3.50
右翼四甲诺穆齐佐领	12	157	819	5.21
右翼四甲恩克图布升佐领	7	113	?	?
右翼四甲赛音察浑佐领	4	67	273	4.07
右翼五甲荣隆佐领	7	98	751	7.66
右翼五甲吉雅图佐领	13	140	624	4.45
右翼六甲吉拉敏佐领	5	98	518	5.28
右翼六甲诺蒙德勒尔佐领	5	98	518	5.28
右翼六甲达布库里佐领	10	116	657	5.66
乌尔津扎布佐领	5	93	409	4.39
撒刚佐领	6	88	836	9.50
那木扎勒佐领	11	113	580	5.13
佛罗布桑佐领	8	119	705	5.92
□□□佐领	10	?	?	?
达日扎佐领	?	116	559	4.81
固穆色冷佐领	8	110	516	4.69
达希拜散佐领	?	?	764	?
乌巴西佐领	?	?	606	?
却扎布佐领	20	?	592	?

由于资料的残缺不全，该表有诸多的缺失之处，并不能全地反映归化城土默特蒙古人口全貌，但亦能部分说明问题。有据可查的村庄有316个，3427户，19756人。平均各村约有11户人家，每户约有5.8人。从这个数据也基本上可以得出归化城土默特蒙古人口较清初有一定数量的增加。从中可以得出归化城土默特村庄的另外一个特点就是村小、人少。当然有的佐领所辖村庄多，有的则辖村庄较少。亦有人口数量比较多的人家，如"哈沙土村披甲领衮39口、得理笋村骁骑校陶巴扎布29口、赛音达赖佐领下拉布地

村牛录章京塔尔札 24 口、披甲那素图家有 13 口"①。此亦说明归化城土默特蒙古人口数量的增长亦存在地域差别。自然环境较好的区域，人口增加就多些，自然条件差的区域，人口增加则少些。

有关乾隆初年，归化城土默特蒙古喇嘛、黑徒的数量，乌云根据"土默特地区寺庙香火册档案"进行统计，列表如下②：

乾隆初年土默特地区部分寺院经营耕地喇嘛、黑徒统计表

时间	寺院	德木齐	格隆	格孙	格斯贵	班第	黑徒	其他	合计
乾隆八年	延寿寺		22	30	8	41	105		206
乾隆八年	无量寺	2	20	30	6	38	80	2	178
乾隆八年	崇福寺		43	44		72	185	2	346
乾隆七年	崇寿寺	1	26	94	8	95	111	81	416
乾隆八年	尊胜寺			2			2	9	13
乾隆七年	灵照寺		8	27	22	22	5	2	86
乾隆八年	太平召		19	19	6	20			64
乾隆八年	章庆寺		2	3		4	6		15
合计		3	140	249	50	292	494	96	1324

"乾隆八年（1743），延寿寺经营耕地的喇嘛人数为 101 人、黑徒 105 名，共计 206 人，再加上无地的喇嘛、黑徒 209 人，总数在 515 人左右"③，即表中所统计的有地的喇嘛、黑徒数量。此外归化城土默特蒙古还有相当数量的无地喇嘛、黑徒。如果加上无地的喇嘛、黑徒，归化城喇嘛的数量要远远超过 1324 人。归化城土默特蒙古喇嘛、沙弼那尔编设 13 个佐领，每个佐领以 150 人计算，则有 1950 人，以 200 人计算，则达 2600 人。上文乾隆初年各佐领所辖人口每户 5.8 人，那么归化城土默特蒙古喇嘛所辖人口则在 11310 至 15080 之间。这个数字加上 5 万左右的归化城城土默特蒙古人，那么归化城土默特蒙古人数约在 61000 至 65000 之间。

四、嘉庆以后归化城土默特蒙古人口

嘉庆时期，归化城土默特蒙古人口规模开始缩减。据《理藩院则例》卷 6《设

---

① 乌仁其其格：《近代归化城土默特蒙古人口问题浅析》，内蒙古大学学报，2012 年，第 3 期，第 10—17 页。
② 乌云：《乾隆初年土默特地区寺院香火地亩册探析》，内蒙古社会科学，2010 年，第 3 期，第 58—62 页。
③ 乌云：《乾隆初年土默特地区寺院香火地亩册探析》，内蒙古社会科学，2010 年，第 3 期，第 58—62 页。

官》载：

> 归化城土默特两翼，左翼六甲，设参领六员，佐领三十员，前锋校十员，骁骑校三十员。右翼六甲，设参领六员，佐领三十员，前锋校十员，骁骑校三十员。①

嘉庆时期归化城土默特两翼少了2个佐领，变成60佐领，直到清末没有再发生变化。佐领的减少应归因于人口的减少。而归化城土默特蒙古人口的减少，主要是因为归化城土默特蒙古须承担兵役而导致的战斗减员。

清《土默特志》卷4《法守》载：

> 其差役则六十佐领下蒙兵五千，内有领催三百六十名，每牛录六名。前锋二百名，奉将军差遣者，百二十，隶都统辖门者，八十。参领差委者三。佐领二，骁骑校一。以及派赴各卡伦渡口外，皆在兵户两司，印房、旗库、巡捕营。②

清《土默特志》卷9《职官》载：

> 左右翼长二人，参领十人，佐领四十八人，骁骑校六十人，兵丁五千名。③

有关战斗减员，在清《土默特志》卷10《人物·阵亡弁兵》载：

> 土默特佐领参领管带土默特马步队六十七于咸丰十年在于江皖豫山东等省垒著战功，历保至二品花翎，即补参领，因军营受伤，行至山西省城殁，阵亡兵一百二十余名。咸丰六年，土默特世管佐领沙津满达勒在山东临清州一带剿匪，屡立战功，冠县之以，将捷矣，穷追遇敌，死之，是役也，阵亡蒙兵二百余名。咸丰十年，公中佐领额林布在山东鱼台县剿匪，死之。又公中佐领森盖押护粮台在山东济南府战殁并阵亡蒙兵七十余名。又参领阿克敦在于安徽寿州力战受创后殁于军中。④

仅咸丰年间，土默特蒙古兵阵亡390余名，相当于归化城土默特两个佐领的壮丁。这种战斗性减员严重影响了归化城土默特蒙古人口的增长。尤其是清末，由于社会动荡，清政府更是频繁地征发归化城土默特蒙古兵丁。

归化城副都统衙门档案有乾隆、道光、咸丰年间部分佐领户口地亩草场清册，从中亦能发现归化城土默特蒙古人口减少的趋势。乌仁其其格对其进行统计并列表如下⑤：

---

① 杨选第、金峰校注《理藩院则例（光绪）》，内蒙古文化出版社，1998年，第103页。
② 清光绪年间刊本影印：《土默特志》，台北：成文出版有限公司，1968年，第73页。
③ 清光绪年间刊本影印：《土默特志》，台北：成文出版有限公司，1968年，第153页。
④ 清光绪年间刊本影印：《土默特志》，台北：成文出版有限公司，1968年，第177—178页。
⑤ 乌仁其其格：《近代归化城土默特蒙古人口问题浅析》，内蒙古大学学报，2012年，第3期，第10—17页。

乾隆至咸丰年间归化城土默特户口地亩草场数量表

时间	所属佐领	村名	户数	人口数
乾隆八年	左翼头甲那木扎布佐领	巴岱村	19	75
道光二十七年	赛音达赖佐领	巴岱村	8	50
乾隆八年	左翼头甲那木扎布佐领	哈拉补塔村	36	51
道光二十七年	赛音达赖佐领	哈拉补塔村	10	16
乾隆八年	左翼头甲那木扎布佐领	马混村	36	148
道光二十七年	赛音达赖佐领	马混村	14	60
乾隆八年	左翼三甲拉稀佐领	台什村	17	63
道光二十七年	左翼六甲巴彦吉日嘎啦佐领	台什村	1	6
乾隆八年	左翼头甲巴彦吉日噶勒佐领	阿把拉岱村	17	55
道光二十七年	左翼六甲巴彦吉日嘎啦佐领	阿把拉岱村	9	49
乾隆八年	左翼头甲巴彦吉日噶勒佐领	巴沙尔村	5	84
道光二十七年	左翼六甲巴彦吉日嘎啦佐领	巴沙尔村	17	93
乾隆八年	左翼六甲巴彦吉日噶勒佐领	塔布齐村	35	117
道光二十七年	左翼六甲巴彦吉日嘎啦佐领	塔布齐村	12	67
乾隆八年	左翼六甲达日玛扎布佐领	胡布得沙巴尔太村	10	76
咸丰二年	右翼六甲达希龙佐领	胡布得沙巴尔太村	19	89
乾隆八年	左翼六甲达日玛扎布佐领	马卡达姆德村	20	92
咸丰二年	左翼六甲达希龙佐领	马卡达姆德村	13	41
咸丰八年	左翼六甲达日玛扎布佐领	绰尔村	10	65
咸丰二年	左翼六甲达希龙佐领	绰尔村	3	16
乾隆八年	左翼六甲拉什克勒克佐领	敖包图村	13	79
咸丰二年	左翼六甲赛音吉雅图佐领	敖包图村	6	23
乾隆八年	左翼六甲讷沁佐领	沙拉挠亥图村	12	48
咸丰二年	左翼六甲诺们德勒格尔佐领	沙拉挠亥图村	1	3

据上表，乾隆八年（1743）至道光二十七年（1847）或咸丰二年（1852），归化城土默特左翼各佐领所辖村庄户数、人口均在减少。下降幅度之大，也是十分惊人的：台什村在乾隆八年（1743）为17户，63人，至道光二十七年（1847），仅剩1户，6人；沙拉挠亥图村在乾隆八年（1743）为12户，48人，至咸丰二年（1852），仅剩1户，3人。其他各村的情况基本与其类似。只有巴沙尔村、胡布得沙巴尔太村户数、人口有所增加。乌仁其其格依据档案，写道："各佐领人口具体的增减，如乾隆八年（1743），左翼头甲巴彦吉日噶勒佐领下共计12村，125户，553口，到道光二十七年（1847）同一

佐领管辖范围内共计9村，74户，384人，减少3村，51户，169口；乾隆八年（1743），左翼六甲拉什克勒克佐领下16村，105户，695口，到咸丰二年（1852），同一佐领管辖范围内共计10村，55户，272口，减少6村，50户，423口；乾隆八年（1743），左翼六甲讷沁佐领下13村，108户，到咸丰二年（1852），同一佐领管辖下共计12村，54户，315口，减少1村，54户；乾隆八年（1743），左翼头甲那木扎布佐领下共计117户，601口，到道光二十七年（1847），同一佐领管辖范围内共计6村，52户，320口，减少65户，281口。"① 从其论述来看，归化城土默特蒙古人口增加的趋势被打破，转而呈现出人口数量减少的趋势。据光绪二十一年（1895）右翼30佐领男丁数目清册记载，右翼30个佐领，人数达到150及以上的佐仅有11个，而人数在100以下的佐则有11个。最少的为右翼首甲乌云达来佐领下仅20男丁。乌仁其其格对这30个佐领的男丁，依据档案列表如下②：

光绪二十一年归化城土默特右翼各佐人丁数量表

甲佐	男丁总数	甲佐	男丁总数
右翼首甲哈奉阿佐领	102	右翼四甲沙拉苏佐领	98
右翼首甲道尔计永隆佐领	146	右翼四甲都楞桑佐领	88
右翼首甲木格单补佐领	179	右翼四甲道尔计扎布佐领	59
右翼首甲阿尔噶琼佐领	45	右翼四甲曹忙来佐领	86
右翼首甲乌云达来佐领	20	右翼五甲伊精格佐领	69
右翼二甲齐布森佐领	201	右翼四甲曹忙来佐领	137
右翼二甲哈奉阿佐领	164	右翼五甲雍容佐领	194
右翼二甲道尔计扎布佐领	176	右翼五甲马乐奉阿佐领	105
右翼二甲乌勒河云佐领	172	右翼五甲舍勒佐布佐领	35
右翼二甲福隆阿佐领	155	右翼五甲福森佐领	54
右翼三甲囊苏哥佐领	200	右翼六甲土门乌力吉佐领	132
右翼三甲扎格丹佐领	181	右翼六甲塔奇布佐领	153
右翼三甲纳孙西迪佐领	112	右翼六甲诺们德利格尔佐领	98
右翼三甲福勒贺佐领	113	右翼六甲查格笃尔色楞佐领	75
右翼三甲白音布拉格佐领	152	右翼六甲得乐格尔佐领	184

① 乌仁其其格：《近代归化城土默特蒙古人口问题浅析》，内蒙古大学学报，2012年，第3期，第10—17页。
② 乌仁其其格：《近代归化城土默特蒙古人口问题浅析》，内蒙古大学学报，2012年，第3期，第10—17页。

有关光绪年间，归化城土默特蒙古的人口数量，俄国人阿·马·波兹德涅耶夫在《蒙古及蒙古人》第4章《从归化城经张家口至承德府》中写道：

> 总计左翼的三十个苏木有一千九百五十三户，九千二百六十八人；右翼的三十个苏木有二千一百四十三户，九千三百零八人。总计呼和浩特旗人总数为四千零九十六户，一万八千五百七十六人，无论是定居的还是游牧的，男女老幼都包括在内。①

此为光绪十九年（1893），阿·马·波兹德涅耶夫在归化城所得到的数字，应是可信的。这个数字可以同清《土默特志》卷4《法守》所载相印证：

> 其户口则左翼所统共户千六百四十又九，职官至甲兵男妇幼丁共口七千七百三十又六。右翼所统共户千七百又四十，职官至甲兵及男妇幼丁共口七千八百六十又四，综计三千三百八十九户，一万五千六百名口。②

与光绪三十三年（1906）的民政统计表所载可相对照，光绪三十三年（1906）归化城土默特两翼户数合计3463户，男7509口，女6431口，共计13940口。③ 但关于这个统计数字《绥远通志稿》卷19《户口》认为是不可信的：

> 案前项户口数，录自《土默特志》，而志成于实业家高赓恩之手。高氏以二年之短促时间，勒成归绥道、绥远旗、土默特三部志书，因其草率脱稿，自不免谬误百出。彼时胡道孚宸及土旗当局于此皆有后言。即如土默特左右两翼户口总数，据民国十八年之调查，尚达三万二千余人，岂有清末已降至一万五千余人之理。此盖高氏据丁册入志，以兵数为民数也。今虽录其文，仍驳正于此。④

笔者认为，这是《绥远通志稿》认识的偏差。民国十八年（1929）所统计的人口为蒙汉满等人口的数量，并非蒙古族人口的数量。而高氏在《土默特志》所统计人口数量为蒙古族的人口数量。

王士达在《民政部户口调查及各家估计》中，统计宣统三年（1911），土默特旗共计6419户，29335口，户均4.57口。⑤ 1933年《中国经济年鉴》修正民国元年内务部按照宣统年间民政部调查户口统计表的记载："归化城土默特，总户数6419，总人口数

---

① 阿·马·波兹德涅耶夫著，张梦玲等译：《蒙古及蒙古人》（第2卷），呼和浩特：内蒙古人民出版社，1983年，第155—156页。
② 清光绪年间刊本影印：《土默特志》，台北：成文出版有限公司，1968年，第79页。
③ 土默特左旗档案馆藏：归化城副都统衙门档案，（财经类）《民政统计表》，编号：80—6—887。乌仁其其格：《近代归化城土默特蒙古人口问题浅析》，内蒙古大学学报，2012年，第3期，第10—17页。
④ 绥远通志馆：《绥远通志稿》卷19《户口》（第21册），内蒙古自治区图书馆藏（稿本），第34—35页。
⑤ 王士达：《民政部户口调查及各家估计（二）》，社会科学杂志，1934年，卷4第1期，第103页。

30683，男 15171，女 15512，性别比 97.8，平均每户人数 4.78。"① 虽然 1933 年《中国经济年鉴》对王士达《民政部户籍调查及各家估计》中的数字进行了一定的修正。但是这个数字还是存在问题的。王士达写道：

> 补充及估计——藩属户口缺漏过多，我们当设法补充。内蒙古除卓索图盟及昭乌达盟只有户数调查外，所有各盟均缺乏户口报告；并且卓索图盟土默特右翼旗户亦不完全。土默特右翼旗九十七佐领仅辖 155 户，绝非事实；所以著者采用其余四旗底总平均数，每佐 143 户；按此推算该旗共 13871 户。内蒙古除四盟，阿拉善厄鲁特、额济纳土尔扈特两旗，及归化城土默特均采用昭卓两盟（锡勒图库仑喇嘛旗除外），每一佐所管辖户数平均 131 户。口数方面，内蒙古全部，阿拉善厄鲁特、额济纳土尔扈特两旗，及归化城土默特均按外蒙古乌、库、科三属户总平均口数 4.57 人计算。②

其实从这段论述，我们大致可以推知，王士达对归化城土默特户口的推算并不准确，且其统计变成了男少女多，一改前文所论的男多女少，这甚是可疑。虽然《中国经济年鉴》对这一数字进行了修订，但是依然存在问题。按照其推算，归化城土默特蒙古的性别比基本上是平衡的。

在清末社会比较动荡的情况下，归化城土默特蒙古的人口不可能增加如此之多。据乌仁其其格依据归化城副都统衙门档案，对土默特部分佐领死亡、新增人口情况予以统计，列表如下③：

清末归化城土默特两翼部分佐领死亡、新增人口统计表

辖下	时间	村数	户数	死亡	出嫁	新增	总人口
左翼六甲达希龙佐领	咸丰二年	12	87	3	2	29	380
左翼六甲奥日给夫佐领	咸丰二年	14	38	5	3	11	161
左翼六甲诺民佐领	咸丰二年	17	39	6	1	4	203
左翼六甲赛因吉雅图佐领	咸丰二年	10	55	6	缺	5	272
左翼六甲诺们德勒格尔佐领	咸丰二年	12	54	2	缺	11	315
右翼四甲满扎佐领	同治十二年	14	58	0	0	8	252
右翼三甲都楞佐领	光绪二十五年	4	56	2	2	缺	缺
右翼三甲额尔肯布佐领	光绪二十五年	4	55	3	2	2	243

---

① 王龙耿、沈斌华：《蒙古族历史人口初探 17 世纪中叶—20 世纪中叶》，内蒙古大学学报，1997 年，第 2 期，第 30—41 页。
② 王士达：《民政部户口调查及各家估计（二）》，社会科学杂志，1934 年，卷 4 第 1 期，第 101 页。
③ 乌仁其其格：《近代归化城土默特蒙古人口问题浅析》，内蒙古大学学报，2012 年，第 3 期，第 10—17 页。

续表

辖下	时间	村数	户数	死亡	出嫁	新增	总人口
右翼三甲都楞佐领	光绪二十九年	4	54	16	2	0	248
右翼三甲都楞佐领	光绪三十三年	4	54	2	6	0	244
右翼头甲精吉佐领	光绪三十三年	12	39	2	0	0	176
左翼头甲贺色备佐领	宣统三年	6	44	19	4	0	257
左翼头甲塔哈山佐领	宣统三年	10	27	12	0	8	99

该表中，咸丰二年（1852）的死亡率为1.6%，新增率为4.5%①；光绪二十五年（1899）的死亡率为2.7%，而人口仅增加2人，虽然归化城土默特蒙古人口的增长率是比较低。但如此低的增长率还是让人疑窦丛生的。光绪二十九年，右翼三甲都楞佐领下竟有16人死亡，宣统三年左翼头甲贺色备佐领下竟有19人死亡，却没有新增人口。如此高的死亡率背后隐藏着什么？笔者认为这是清末社会动荡民不聊生，以及清政府频繁的征发蒙丁造成的。文献所载没有新增人口也间接上说明了民不聊生。因此清末归化城土默特蒙古人口达到4万多人是不可能的。且上文笔者认为，归化城土默特蒙古的性别比是失衡的。乌仁其其格认为"土默特蒙古人长期存在男多女少的现象，男女性别比居高不下"②。为了进一步说明这一问题，她依据归化城副都统衙门档案、《土默特志》中的相关资料，对各年份归化城土默特蒙古人口性别比进行了统计，列表如下③：

道光至民国时期归化城土默特部分佐领男女人口性别比统计表

年份	所辖地名	总人口	男	女	性别比
道光二十七年	左翼首甲乌日滚佐领	158	97	61	159.01
咸丰二年	左翼六甲奥日给夫佐领	161	101	60	168.33
同治十二年	右翼四甲满扎佐领	252	151	101	149.50
光绪三十三年	归化城土默特两翼	13940	7509	6431	116.76
宣统二年	诺参领	186	120	66	181.81
宣统二年	吉佐领	131	72	59	122.03
民国三十六年	土默特旗	22278	12844	9434	136.14

---

① 新增率，指增加人口的比率。新增包括新生婴儿、嫁过来的人口等。
② 乌仁其其格：《近代归化城土默特蒙古人口问题浅析》，内蒙古大学学报，2012年，第3期，第10—17页。
③ 乌仁其其格：《近代归化城土默特蒙古人口问题浅析》，内蒙古大学学报，2012年，第3期，第10—17页。

在归化城副都统衙门档案中，载有土默特右翼三甲（察素齐）佐领下人丁户口花名册，乌仁其其格对其进行统计，列表如下①：

光绪年间归化城土默特右翼三甲男女人口性别比统计表

年份	总人口	男	女	性别比
光绪十六年	223	132	91	145
光绪二十五年	226	134	92	146
光绪二十九年	235	148	87	170
光绪三十三年	214	128	86	148

该文献的察素齐村的性别比与归化城土默特蒙古的性别比相较，均为男多女少，性别比严重失衡。因此，在解读清末归化城土默特蒙古人口的时候，不能依据王士达《民政部户口调查及各家估计》和《中国经济年鉴》所载数据。虽然其数据一定的参考价值，但是并不能真实地反映归化城土默特蒙古人口的状况。

嘉庆以后，归化城土默特蒙古喇嘛及黑徒的数量也发生一定的变化。据《土默特志》卷13《宗教志》载："据统计，嘉庆间虽然黄教渐趋衰微，土默特各主要司员的喇嘛仍逾2000名。"② 据其统计，该地区100余座召庙，到清末，有据可查的喇嘛有1318人。③ 可见喇嘛人数也呈现减少的趋势。

归化城土默特蒙古人口减少的原因，《土默特志》卷4《法守》进行论述：

> 国初以来，蒙人亦繁盛矣。当日与师遣戍常以千计，举数百里之众生养休息，二百六十余年，椒聊瓜瓞当如何绵绵继继蕃衍盈升。而今民数乃如此，以燕、晋、秦边鄙之人，填塞于其境，枝强尾大，毋亦有可虑者乎？揆其式微之故，非谓租赋之不给、物产之不饶，无以养其身也。实以王化所播，圣教所被，常阻于金河紫塞之遥。则富贵与生俱来，转以甚其人情之窳惰而嗜欲之为累，贪惏之见欺，且日以瘵其生计，固不徒格根喇嘛舍身招提多自斩其嗣续也。蒙人警焉，治蒙者思焉。④

该论述在一定程度上揭示了归化城土默特蒙古人口减少的原因。晓克认为："正是

---

① 数据来源：《右翼三甲斗林佐领下户口姓名数目册》（满文），光绪二十五年，档案号：80—45—8；《右翼三甲斗林佐领下人丁户口姓名册》（满文），光绪二十九年，档案号：80—45—9；《右翼三甲额尔格木布佐领户口花名册》（满文），光绪十六年，档案号：80—45—6；《右翼三甲都林佐领下人丁户口花名册》（满文），光绪三十三年，档案号：80—45—11。引自乌仁其其格：《内蒙古人口档案中的边疆村落社会——以察素齐为例》，清史研究，2014年，第1期，第118—127页。
② 土默特左旗《土默特志》编纂委员会：《土默特志》（上），呼和浩特：内蒙古人民出版社，1997年，第830页。
③ 土默特左旗《土默特志》编纂委员会：《土默特志》（上），呼和浩特：内蒙古人民出版社，1997年，第834页。
④ 清光绪年间刊本影印：《土默特志》，台北：成文出版有限公司，1968年，第80页。

清王朝的'王化所播',才有了草场被垦,蒙民被迫改变生产、生活方式的结果,才有了'枝强尾大''租赋不给'的结果,才出现日益增多的穷苦蒙古'无以养其身'的状况。……绝大多数两翼蒙古还是极其重视子嗣延续的,土默特档案中很多过继本家远支子孙或抱养外姓幼儿以为子嗣的文件就充分证明了他们是不甘'自斩嗣续'的。无奈生计日蹙,许多人因为'无以养其身'而绝户了。所以说清王朝的政治压迫、经济剥削才是土默特人口锐减的根本原因。"① 这可能并非其真正原因,确实有部分蒙古部众舍身召庙,但绝非归化城土默特蒙古人口大量减少的根本原因。笔者认为,归化城土默特蒙古人口减少,首先是因为土默特蒙古部众承担军事义务,而这种义务导致他们无力也无法从事生产经营,因此只能靠地租为生(见下文),导致其生活日渐贫困,无力承担人口增加带来的压力。其次,归化城土默特蒙古承担军事义务时的战斗性减员,也是导致归化城土默特蒙古人口下降的主要因素。

总之,清代归化城土默特蒙古人口数量出现一定程度的波动。清初,由于社会动荡,归化城土默特人口较少。在清政府取得对全国的统治以后,社会比较安定,人们安居乐业的情况下,归化城土默特蒙古人口数量有了一定程度的增加,到乾隆朝,归化城土默特蒙古进入全盛时期。自嘉庆以后,社会逐渐动荡不安,人们流离失所,归化城土默特蒙古亦受此影响,人口数量急遽下降。虽然清政府在归化城土默特地区推行黄教,且广大部众亦信奉黄教,但这并非人口减少的主要因素。其人口减少的主要原因,除受社会大环境影响外,同清政府对归化城土默特的政治政策、军事政策、经济政策等密切相关。

第二节　清代归化城土默特地区的移民

归化城土默特地区是多民族聚居区,除了蒙古族在此生存繁衍外,亦有汉、满、回等民族聚居于此。据《绥远通志稿》卷73《民族》载:

> 按蒙地向例,对于汉人贸易耕种,有携带眷属之禁。外蒙在清时,此例终未或弛。故通商二三百年,其属境荒阔如故也。内蒙之在元末、清初,情形当亦如是。故当时内地农人春至秋归,谓之雁行。此雁行之俗,在明季已然,尚不始于清初。惟在未正式开放垦禁以前,有客籍之汉族,无土著之汉族焉。至清乾隆间,私垦令除,秦、晋沿边州县移垦之民遂日众。汉种蒙地,蒙取汉租,互相资以为生,渐由客籍而成土著。年久蕃息,而汉族生齿日繁,遂远非蒙族所可及……汉族至乾隆时而繁盛,

---

① 晓克:《土默特史》,呼和浩特:内蒙古教育出版社,2008年,第362页。

满、回二族亦于其时先后移来,遂演进为四族人民集合生息之区域。①

可见,归化城土默特地区为四族人民聚合生息的地方。当然归化城土默特地区绝非仅仅存在这四个民族的人民,还有其他民族人民在此生活。限于资料,本文仅对生活在归化城土默特地区汉、满、回族,分别予以阐述。

一、汉民

归化城土默特地区的移民问题,在诸多的论述中都有所涉及。如《大清一统志》卷160《归化城六厅》载:"户口,一十二万七百七十六丁。"② 据此,成崇德《18世纪的中国与世界》认为在18世纪末绥远城六厅共有汉族人口120776人③,杨选第《清代归化城土默特地区的汉族移民与"犋牛"村名的产生》④,衣保中、张立伟《清代以来内蒙古地区的移民开垦及其对生态环境的影响》等亦采用这一数据。⑤ 王来刚《清代内蒙古地区的汉人移民史研究》则认为:"19世纪初归化城六厅户口为十二万七百七十六丁,到光绪年间,归化城内与四乡汉族男女合计超过十万人。光绪十年(1884),山西巡抚张之洞倡议将口外客民编入户籍,在奏疏中提到当地人口'士农工商数十万户',可印证当时归化六厅汉移民及其后裔人口当在百万以上。"⑥ 王卫东《清代归化城土默特地区的移民过程》中估算:"宣统三年(1911)归化城土默特地区的人口已超过100万人,有清一代,迁入该地区的移民及其后裔不少于80万人。"⑦《土默特志》中亦认为:"从1736年开始,汉族大规模迁来,到1742年已达四五十万。此后汉族人数基本处于上升趋势。据《归绥道志》载,光绪末年(1896—1907),归化厅人口为103863人,和林格尔厅为55104人,清水河厅为38787人,托克托厅为92840人,萨拉齐厅30余万,包头镇20余万。这些数字虽不尽准确,但大体反映了寄民编籍后的状况,如加上武川厅的人

---

① 绥远通志馆:《绥远通志稿》卷73《民族·汉族》(第85册),内蒙古自治区图书馆藏(稿本),第2—3页。
② 穆彰阿:《(嘉庆)重修大清一统志》,续修四库全书(第616册),上海:上海古籍出版社,2002年,第173页。
③ 成崇德:《18世纪的中国与世界》,沈阳:辽海出版社,1999年,第263页。
④ 杨选第:《清代归化城土默特地区的汉族移民与"犋牛"村名的产生》,内蒙古师范大学学报,2004年,第2期,第105—107页。
⑤ 衣保中、张立伟:《清代以来内蒙古地区的移民开垦及其对生态环境的影响》,史学集刊,2011年,第5期,第88—96页。
⑥ 王来刚:《清代内蒙古地区的汉人移民史研究》,苏州大学,2004年硕士学位论文,第24页。
⑦ 王卫东:《清代归化城土默特地区的移民过程》,历史地理(第16辑),第215—224页。

口数，清末本地区汉族人口已逾 80 万。"① 那么，清代归化城土默特地区究竟有多少汉民在此生活繁衍呢？

归化城土默特地区，很早就有汉人在此从事农业生产。明末，社会矛盾加剧，大批汉人和反明士兵，逃亡到归化城土默特地区。据《大隐楼集》卷 16《云中处降录》载：

> 岁掠华人以千万计，分部筑室于丰州之川，名曰板升，而彼知屋居火食矣。赵全有众三万，马五万，牛三万，谷二万余斛。李自馨有众六千。周元有众三千，马牛羊称是。余各千人。蜂屯虎视，春夏耕牧，秋冬围猎。②

这些逃到归化城土默特地区的汉人，经过长时间的杂居相处，已逐渐同归化城土默特蒙古融合。

《登坛必究》卷 38《辑奏疏说二》所载时任宣大总督郑洛的奏议，在《慎招纳》中的论述：

> 臣窃惟三镇各边在虏华人，皆赤子也，然其间固有不幸遭虏、苟全性命、被挟勾引、身陷异域者，诚可悯恤。然实有罪大恶极、甘心谋反，如老营之悍卒、右卫之白莲，身产中华，心甘逆虏。如赵全、李自馨辈者，尚多也。议款之初，首及散逆，故有设法招徕、岁终分别升赏之说。议款之初，华人被虏，家有父母妻子，思乡归正者，其人固多。历年以来，招徕亦众，第行之既久，弊孔渐生，且华人被虏既已年深，配有妻室，积有财物，甘心顺虏，忘却故乡，即少壮投虏者，今已老矣。其中年少，则皆虏地产也，其闻见服习，皆虏也，而焉知所谓思故乡也？③

内地人口不断增加的压力之下，内地汉人不断突破禁令进入该地区进行垦种。《绥远通志稿》卷 20《移民》载：

> 清既入主中夏，察哈尔、西土默特及鄂尔多斯、乌拉特等各旗，悉录版图，其时私垦禁严，蒙荒如故。在有清一代，未闻有大批之移民，如历朝故事者也。然其设官分治，渐形成厅道之制者，则以康雍而后，私垦禁弛，佃农渐多，虽未尝由官移民，顾已开民人自移之路。④

早在顺治时期，就有汉人来到归化城土默特地区。如"顺治五年（1648）四月，大

---

① 土默特左旗《土默特志》编纂委员会：《土默特志》（上），呼和浩特：内蒙古人民出版社，1997 年，第 61 页。
② 方逢时撰，李勤璞校注：《大隐楼集》卷 16《云中处降录》，沈阳：辽宁人民出版社，2009 年，第 266 页。
③ 王鸣鹤撰：《登坛必究》，续修四库全书（第 961 册），上海：上海古籍出版社，2002 年，第 675 页。
④ 绥远通志馆：《绥远通志稿》卷 20《移民》（第 24 册），内蒙古自治区图书馆藏（稿本），第 2 页。

同总兵姜瓖等起兵反清，失败后，万氏子孙逃亡大青山"①。"万家沟"也就成为聚族而居的汉人的村落。

在归化城土默特土地契约中，亦有大量民人承租蒙古土地的记载。如康熙年间"有祖上于康熙年间在御史巷租下地基一块"②"康熙年间御史巷路东租地基一块，屡年修盖房屋一所"③，雍正六年（1728）三月一日，孟良贵、郝晶二人赁三甲哈呵名下大召后房院④，雍正九年（1731）十一月十三日，杨崇龙租种伍把什约土地约⑤等。

雍正年间，已经有大量的人口移居归化城土默特一带，散居于蒙古各村落，"归化城一处于两年前携家口者将及千家，年来已不下二千家。而归化城外尚有五百余村，更不知有几千家矣。"⑥ 清政府虽然在该地区施行了禁垦政策，但对准噶尔战争需要军需，修建绥远城、召庙需要工匠，所以往往又主动招徕汉人到这一地区从事生产活动。

乾隆时，忻州知州窦容邃写道：

> 忻郡土满人稠，耕农之家十居八九，贸易商贩者十之一二，惟机杼纺绩之声无闻焉。迩年来，家有余丁多分赴归化城谋生开垦，春季载耒耜而往，秋收盈橐囊而还。予初至，恐其迁徙靡定也，后访得其实，乃知人烟辐辏，食指繁多，分其壮丁于口外，实养其老幼于家中也。⑦

乾隆四年（1739）正月十二日，《绥远城左翼副都统甘国璧奏为预筹归化绥远托克托三城积贮事》载："土默特蒙古地亩俱招内地人民耕种。"⑧ 政府主动召民垦种的政策，又进一步刺激了汉民向归化城土默特迁移。乾隆七年（1742）十月十五日，山西巡抚卡尔吉善等奏：

---

① 卢承业原编，马振文等增修：《偏关志》卷上《人物志》，台北：成文出版有限公司，1968年，第188页。绥远通志馆：《绥远通志稿》卷94《人物·侨寓》，内蒙古自治区图书馆藏（稿本）（第108册），第6页。
② 呼和浩特塞北文化研究会、云广藏：《清代至民国时期归化城土默特土地契约》（第4册上），呼和浩特：内蒙古大学出版社，2012年，第53页。
③ 呼和浩特塞北文化研究会、云广藏：《清代至民国时期归化城土默特土地契约》（第4册上），呼和浩特：内蒙古大学出版社，2012年，第77—78页。
④ 呼和浩特塞北文化研究会、云广藏：《清代至民国时期归化城土默特土地契约》（第4册上），呼和浩特：内蒙古大学出版社，2012年，第2页。
⑤ 呼和浩特塞北文化研究会、云广藏：《清代至民国时期归化城土默特土地契约》（第4册上），呼和浩特：内蒙古大学出版社，2012年，第2页。
⑥ 中国第一历史档案馆：《雍正朝汉文朱批奏折汇编》（第20册），南京：江苏古籍出版社，1988年，第213页。
⑦ 方戊昌：《忻州志》卷8《风俗·物产附》，光绪六年刻本，山西省图书馆藏。
⑧ 中国第一历史档案馆：《中国第一历史档案馆藏录副奏折》，档号：03—0736—0001，缩微号：049—1146。

数十年以来，民人聚集归化城贸易，并携眷在各村与蒙古杂处种地者四五十万，是以地方日窄，而蒙古生计日窘。①

至乾隆七年（1742），移居归化城土默特地区的汉人已达四五十万之多。且归化城土默特蒙古由于不谙耕种，为了维持生计，也主动招徕汉人进行屯垦。当然在乾隆七年（1742），归化城土默特地区的汉人达四五十万之多，仅是估计数字，并不具有真实意义。但至少能说明乾隆初年，已经有大量的汉人移居归化城土默特地区生活。其他文献亦说明有大量汉人在归化城土默特地区谋生。

据《钦定大清会典事例》卷158《户部·户口》载：

（乾隆）八年奏准：山西、陕西边外蒙古地方，种地民人甚多，设立牌头总甲，令其稽查。即于种地民人内，择其诚实者，每堡，设牌头四名，总甲一名。如种地民人内，有拖欠地租，并犯偷窃等事，及来历不明之人，即报明治罪。如通同徇隐，将该牌头等一并治罪。……

（乾隆）十三年覆准：山西、陕西边外，设立总甲牌头，令其专查不肖人等。如有犯罪，逃往蒙古地方行窃，并情有可疑之人，即禀明该管各官，解回原籍。该管各官，于每年春秋二季，取具总甲牌头等并无容隐甘结注册。……

（乾隆）二十六年……奏准：归化城北大青山十五峪，民人三百余户，开垦地亩，边界立牌，查明户口注册，不容多留一人。每年仍派出旗员，会同地方官，画一巡查。②

这是清政府对到关外谋生的汉人设置保甲制度，以加强管理，在一定程度上是对汉人移民关外的默许。

《清高宗实录》卷265，乾隆十一年（1746）四月甲申条载：

大学士等议准，巡视归化城等处郎中伍宁奏称：上年口内歉收，贫民就食归化，无力回籍。请敕下山西巡抚，饬令该道查明，酌给口粮，委员护送至朔平，交该州县照例安插，毋致失所。从之。③

由于口内粮食歉收，内地汉人到归化城谋生，却没有办法返回故里。清廷要求山西巡抚，命令道署，查明无力回籍之人，并酌给口粮，派人护送到朔平，让所管州县依照惯例进行安置。其实这也是对到边外谋生人员的认可，亦说明有大量的汉人在归化城一

---

① 中国科学院地理科学与资源研究所、中国第一历史档案馆：《清代奏折汇编·农业·环境》，北京：商务印书馆，2005年，第69—70页。
② 昆冈等修，刘启端等纂：《钦定大清会典事例》卷158《户部》，续修四库全书（第800册），上海：上海古籍出版社，2002年，第564—565页。
③ 官修：《清高宗实录》卷265，乾隆十一年四月甲申条，北京：中华书局，1985年，第435页。

带谋生。乾隆十四年（1749）吏部尚书暂行兼管户部事务陈大受七月二十日奏：

> 查乾隆十三年三月内经理藩院尚书那延泰等具奏，民人典种土默特等处蒙古地亩皆系旗内公地，理应撤还蒙古。若价在百两之内、典种五年以上者，再种一年，令其归还，未及五年者许种，及五年撤出。二百两以下者，再种三年，年满之时撤出，给还原主。并令蒙古、民人各归各伙居住，如蒙古乡村有民人居住及民人乡村有蒙古居住者，彼此换给地亩，令其从缓搬移，不许杂居一处。①

陈大受因民人典种土默特等处蒙古地亩、蒙汉杂居相处的问题，奏请不许蒙汉杂居一处。这一奏请反映了当时归化城土默特地区蒙汉杂居相处的现实。虽然没见下文，但这种奏请，显然只是一种一厢情愿的做法，并不能得到广大老百姓的拥护。

《偏关志·地理志·风土》载：

> 关地开辟较迟……自满清入主中夏，兵将逐渐裁汰，市易顿衰，逐利日难。故关民多有出口谋生、从此寄籍他所、不再回里者。②

《左云志》卷1《风俗》载：

> （本邑）缸、油、布、当、粟店，多系代州、崞县寄民，而土著之民合伙贸易于邑城者甚少，大半皆往归化城，开设生理，或寻人之铺以贸易，往往二三年不归……且有以贸易迁居，大半与蒙古人通交结，其利甚厚，故乐于去故乡而适他邑也。③

《和林格尔县志草》卷3《民事·户籍》载：

> 自清初收归版图，渐次开辟，隶籍山西。当时蒙人尚众，故通判厅为和林格尔蒙民理事厅。其后山西省北诸县民人招徕日众，有代州刘缸房投资营业，凡设商号之处，多兼农业。其忻州、五台、崞县、祁县、太谷、偏关、右玉诸处，亦相继投资，商业日繁，开垦日广。④

《萨拉齐县志》卷4《民族·汉族》载：

> 本县汉族，明清以前，远溯历代，确无定居，洎自清乾隆起，设治编户，汉族始多。黄河沿岸，秦晋流民，负耒牵车，担簦襁抱，随势北徙，纷至沓来，辟土开荒，以耕以牧，嗣后深耕易耨，安土重迁，商贾兼营，愈来愈众。迄今二百余年，城乡

---

① 中国科学院地理科学与资源研究所、中国第一历史档案馆：《清代奏折汇编·农业·环境》，北京：商务印书馆，2005年，第111页。
② 明卢承业原编，清马振文等增修，民国王有宗校订：《偏关县志》，台北：成文出版有限公司，1968年，第76—77页。
③ 余卜颐修，蔺炳章纂：（光绪）《左云志》卷1《风俗》，民国石印本，《中国数字方志库》，中国籍古轩图书数字技术有限公司发行，第35页。
④ 刘汉鼎：《和林格尔县志草》卷3《民事·户籍》，内蒙古自治区图书馆藏（稿本）。

皆遍。①

有清一带,晋陕边地大量的汉民移居归化城土默特地区,但在乾隆之前,对这些移居的汉人数量,仅是一种估计,言其移居汉人数量之多。雍正时期,为了便于管理这些移居的汉人,开始编设牌甲。但归化城土默特地区的汉民,其本是寄居的客民,具有很强的流动性,牌甲制度客观上要求居民具有相对的稳定性。而寄居客民的流动性决定了对其编设牌甲的真实效果是比较差的。对此,王卫东认为:"到光绪前期,牌甲制度已成为地方应付上级的措施,其户口记录已不具有任何意义。"② 直到清朝末年,归化城土默特地区汉人的数量才有了较为准确的数据。《土默特志》第1章《地理志》载:

> 从1736年开始,汉族大规模迁来,到1742年已达四五十万。此后汉族人数基本处于上升趋势。据《归绥道志》载,光绪末年(1896—1907),归化厅人口为103863人,和林格尔厅为55104人,清水河厅为38787人,托克托厅为92840人,萨拉齐厅30余万,包头镇20余万。这些数字虽不尽准确,但大体反映了寄民编籍后的状况,如加上武川厅的人口数,清末本地区汉族人口已逾80万。③

清代归化城土默特地区汉民数量究竟有多少呢?是不是确如上所述呢?

(一) 归化城厅汉民数量

归化城厅户口数据,见于《归绥道志》《归绥厅志稿》《归绥县志》《绥远通志稿》等文献,所载均为光绪二十二年(1896)归化城厅汉民人口数据。据《归绥厅志稿》载归化城光绪二十二年(1896)户口:

> 本城八十一街巷,设街长八十一名,牌长三百二十一牌,计三千一十七户,男一万六千五百二十三名,女八千二百七十九口,以上男女共二万四千八百二名。

> 四乡三百七村,设立村长二百二十名,牌长七百七十八名,共七百七十八牌,计七千六百七十八户,男四万八千五百八十六名,女二万七千九百八十九口。以上男女七万六千五百七十五名。

> 城乡共男女十万一千三百七十七名。

> 仅按以上男女数目系照每年保甲奏销册簿开列,现查家数村庄屡有增添,此数恐

---

① 张树培:《萨拉齐县志》卷4《民族·汉族》,内蒙古自治区图书馆藏,小大铅印局承印。
② 王卫东:《清代归化城土默特地区的移民过程》,历史地理(第16辑),第215—224页。
③ 土默特左旗《土默特志》编纂委员会:《土默特志》(上),呼和浩特:内蒙古人民出版社,1997年,第61页。

多未确,俟再稽查。此光绪二十二年集册。①

此数字同《土默特志》所引《归绥道志》载归化城人口数量相差不大。虽然"此数恐多未确",但是却有一定参考价值。

《归绥县志》之《民族志·户口》载光绪三十三年(1906)归化城厅户口:

> 清光绪三十三年册籍旧城八十一街,各设街长一人,三百三十一牌,牌设牌长一人。民户计三千一十七户,男一万六千五百二十三人,女八千二百七十九人。四乡共三百有七村,村长一百二十人,七百七十八牌,牌设牌长一人,共七千六百七十八户,男四万八千五百八十六人,女二万七千九百八十九人。②

这一数据同《归绥厅志稿》所载光绪二十二年(1896)的数据是相同的。显然这种记载是值得怀疑的。要么是光绪二十二年(1896)为光绪三十三年(1906)之误;要么是光绪三十三年(1906)为光绪二十二年(1896)之误;要么两者均误。在光绪二十二年(1896)至光绪三十三年(1906),长达11年的时间里,归化城土默特地区汉人的数量应当发生变化。假如人数记载较为可信,仅是年代记载的错误,基本推知,清末归化城厅大约有11万左右的汉民。《绥远通志稿》卷19《户口·附历代户口》引《归绥道志》所载归化城厅户口:

> 归化厅,本城五路,除召庙、衙署、公所、空房、空门、蒙古不计人口外,所有铺户居民人等,男女大小统计二万七千二百八十八名。本城八十一街巷,设立街长八十一名,牌长三百三十一名,共三百三十一牌,计三千零十七户,男一万六千五百二十名,女一万零六百六十五名。
>
> 四乡共三百零七村,设立村长一百二十名,牌长七百七十八名。共七百七十八牌,计七千六百七十八户,男四万八千五百八十六名,女二万七千九百八十九口。男女共计七万六千五百七十五名口。(光绪三十三年册)③

这个数据同《归绥厅志稿》所载相同,且都是依据光绪三十三年(1906)的集册。上述文献数据来源应为归化城厅"每年保甲奏销册簿",虽然有"现查家数村庄屡有增添,此数恐多未确"的问题,但由于是保甲上报而来,应是比较接近真实情况的数据。故大致可以确定光绪三十三年(1906)所载归化城厅之户口数据是可信的。

---

① (清)佚名纂:《归绥厅志稿》(稿本),《中国数字方志库》,中国籍古轩图书数字技术有限公司发行。
② 郑植昌修、郑裕孚纂:《归绥县志》,中国边疆史志集成(第37册),北京:全国图书馆文献缩微复制中心,2002年,第180—181页。
③ 绥远通志馆:《绥远通志稿》卷19《户口·附历代户口》(第23册),内蒙古自治区图书馆藏(稿本),第31页。

（二）清水河厅汉民数量

清代清水河厅汉民的户口，见于《新修清水河厅志》《归绥道志》《绥远通志稿》等文献。

据《新修清水河厅志》卷14《户口》载：

> 民为邦本，苟无其人，何以能国？我朝抚有方夏，四海同风，中外一体。圣泽之所涵濡，久道化成，修养生息，固已二百余年。……清水河厅所辖之属，原系蒙古草地，人无土著，所有居民皆由口内附近边墙邻对各州县招徕开垦而来，大率偏关、平鲁两县人居多。乾隆年间，本街分为两甲二十五牌，约计二百五十零户，男一千五百余丁，女一千五百余口。四乡分为十甲一百六十牌，约计一千六百零户，男七千余丁，女六千五百余口。嗣因所垦熟地，或被风刮，或被水冲，是以口内招来之民，弃地逃回原籍者，实繁有徒。
>
> 今据光绪八年，认真编查保甲户口数目，开列于后。本街：实在一十八牌，计一百六十八户，男九百三十三丁，女四百七十三口。四乡实在九十八牌，计七百五十五户。男，七千三百四十丁，女五千八百六十二口。①

据文献所载，乾隆年间，清水河厅共约1850户，男8500余丁，女8000余口，共计16500余人，户均8.92人。光绪八年（1882），清水河厅共约923户，男8273丁，女6335口，共计14608人，户均15.83人。

《绥远通志稿》卷19《户口》载：

> 清水河厅，厅治分为四甲，四十八牌，四百七十六户，男一千一百九十名，女九百八十五名口。四境分为七十甲，六百九十二牌，六千九百二十一户，男二万零一百八十一名，女一万六千四百二十五口。②

《绥远通志稿》所载数据引自《归绥道志》，为光绪二十二年（1896）清水河厅汉民人口数据。共7397户，男21371丁，女17410口，共计38781人，户均5.24人。

从光绪八年（1882）到光绪三十三年（1906），25年的时间，清水河厅的汉民数量增长了2.65倍。这样大幅度的人口增长，显然是不可信的。王卫东认为："归化城土默特地区的牌甲制度是在雍正年间建立起来的，而且，乾隆年间一再谕令严格管理，牌甲制度的执行比较严格，乾隆年间的户口统计数字应该是比较准确的。到光绪前期，牌甲

---

① 白文秀：《（光绪九年）新修清水河厅志》，台北：成文出版有限公司，1968年，第268—271页。
② 绥远通志馆：《绥远通志稿》卷19《户口·附历代户口》（第23册），内蒙古自治区图书馆藏（稿本），第32—33页。

制度已成为地方应付上级的措施,其户口记录已不具有任何意义;光绪三十三年(1906)的人口统计数字是比较准确可信的,这一点已有人证明。但是乾隆年间的人口记录为1850户,16500口,平均每户8.6口,很显然,每户8.6口是很不合理的。其实这是牌甲制度的问题,一般说来,编好的牌甲的数量是不轻易变动的,如果在雍正八年(1730)编牌甲时每户为4.5人的话,即使年增长率为7‰,到乾隆中期也要增长到每户5.7口,若再加上新迁来附进去的人口,牌甲登记的每户8.6人就不足为奇了。"①如果考虑到清末社会比较动荡,清水河汉民有大量流失的可能。那么光绪八年(1882),清水河厅人口总计为14608人也就不足为奇了。虽然户均人口达到15.83人,这个数据超出了正常户均人口数,但考虑到清末清水河有大量的寄居客民,很多寄居的客民可能就附到一户中,户均15.83人,也就可以理解了。简单地认为"到光绪前期,牌甲制度已成为地方应付上级的措施,其户口记录已不具有任何意义",这个论断笔者并不认同。光绪前期,牌甲制度即使已经成为地方应付上级的措施,牌头甲长为了各种利益弄虚作假。这个假也是要以一定的数据为基础的,不可能是毫无根据。如果说光绪前期清水河厅人口数据没有意义,那么光绪末年,社会更加动荡,牌头甲长所上报的数据更不真实,为何认为光绪末年的清水河厅人口数据是真实的呢?虽然忒莫勒在《建国前内蒙古方志考述》中认为清光绪三十三年(1906)的数据是可信的②,但这也仅是一家之言。其真实与否,还有待进一步论证。且笔者认为,仅仅简单的依据人口增长率这个数据来讨论我国古代人口的问题,其实有很大的局限性。我国古代人口增长不仅仅受到人民的生活水平、农业发展状况、医疗卫生状况、文化传统观念等的影响,在某种程度上,天灾人祸决定了人口的增减,尤其是在某个封建王朝的末年,这种影响就更为突出。所以,认为光绪三十三年(1906)的数据可信的论点也是值得商榷的。笔者认为,在没有其他数据可以参考的情况下,这两组数据均可作为我们了解清代清水河厅人口数量的一个参考。

(三)萨拉齐厅汉民数量

有关萨拉齐厅汉民数量的记载,见于《归绥道志》《绥远通志稿》《萨拉齐县志》,而这些数据,均来自《归绥道志》所据光绪三十三年(1906)各牌甲所报籍册的数据。据《绥远通志稿》卷19《户口》载:

> 萨拉齐厅:一城四乡三百三十七村。汉回民三十余万。包镇一城四乡,二百九十

---

① 王卫东:《清代归化城土默特地区的移民过程》,历史地理(第16辑),第215—224页。笔者复核,其人口统计是有错误的:乾隆年间户均8.92人,非户均8.6人。
② 忒莫勒:《建国前内蒙古方志考述》,呼和浩特:内蒙古大学出版社,1998年,第132页。

七村，汉回民二十余万。概计境内人民大约六十余万。案前项数字极不可靠。此盖清末捏报夸大之官样文章也。惟既无他册籍可核，则亦存之。①

《萨拉齐县志》卷4《民族·汉族·户口》载：

> 溯考前清光绪三十年间，萨厅辖境一城四乡，汉回人三十余万，包头一城四乡汉回人二十余万。通共厅治人民六十余万。②

显见这条文献同上条文献所载是相同的。虽然数字不可靠，但亦有一定的参考价值。这汉回人数大约60余万，那么汉民人数有多少呢？

《萨拉齐县志》卷4《民族·汉族》载：

> 本县汉族，明清以前，远溯历代，确无定居，洎自清乾隆起，设治编户……故本县总总芸芸，当以汉族为首位。兹按居民户籍人口而论，汉族约占全县人口百分之九十七。……本县内之回民，始于乾隆初年设治，迄今二百余年，论其时间，似尚连续，然确否为其遗裔，依然无考。兹按回民户籍人口计，约占全县百分之零八弱。③

据此大约可知，汉、回民族人口数量约占全县人口的97.8%。由此逆推，清末汉、回民族人口数量亦大约可以占到全县人口的97.8%。那么清末萨拉齐厅人口数量为61.35万人，汉民约59.5万人，回民约5千人。虽然有关推论未必可靠，但亦可作为清末萨拉齐厅汉民人口数量的一个参考。

（四）和林格尔厅汉民人口数量

有关和林格尔厅汉民人口数量，见于《和林格尔厅志》《绥远通志稿》。

《和林格尔厅志》卷2《户口》载：

> 户七千二百一十四，民一万一百三十五个，女八千六百四十二口。④

咸丰年间，和林格尔厅有户7214，民10135个，女8642口，共计18777人，户均2.6人。到清末，和林格尔厅人口数量发生一定的变化。据《绥远通志稿》卷19《户口》载：

> 和林格尔厅，共八千八百七十六户，男女大小五万五千一百零四名口。⑤

---

① 绥远通志馆：《绥远通志稿》卷19《户口·附历代户口》（第23册），内蒙古自治区图书馆藏（稿本），第32页。
② 张树培：《萨拉齐县志》，内蒙古自治区图书馆藏（稿本），小大铅印局承印。
③ 张树培：《萨拉齐县志》，内蒙古自治区图书馆藏（稿本），小大铅印局承印。
④ 托明等纂修：《和林格尔厅志》，台北：成文出版有限公司，1968年，第62页。
⑤ 绥远通志馆：《绥远通志稿》卷19《户口·附历代户口》（第23册），内蒙古自治区图书馆藏（稿本），第34页。

清末，和林格尔厅有8976户，55104人，户均6.14人。从咸丰到光绪末年，和林格尔户增加1762户，人增加36327口。光绪年间和林格尔厅汉民人口是咸丰年间汉民人口的近3倍。即使考虑到大量的客居寄民人口依附的问题，在清末社会较为动荡的大背景下，和林格尔厅汉民人口数量增加3倍，也是有诸多问题的。因此，和林格尔在清末有5万余口汉民，这一数据是不可信的。但是在无其他数据可资参考的情况下，这一数据在一定程度上也能提供某种参考。

（五）托克托厅汉民人口数量

托克托厅汉民人口数量，亦仅有清末资料。据《绥远通志稿》卷19《户口》载：

> 托克托厅：本城铺户八十一家，铺伙二千六百五十五名。居民二千八百八十三户，男妇大小二万四千三百九十三名。河口镇铺户九十二家，铺伙二千八百三十三名。居民九百二十户，男妇大小六千二百六十名。四乡共二百五十五村，七千零一十三户，男妇大小五万六千七百名。①

清末托克托厅有铺户173家，铺伙5488人，铺均31.7人。居民10816户，男女大小87353人，户均8.1人。托克托厅总计有汉民92841人。在清末这一数字是否可信呢？《绥远通志稿》所引用的这段文献出自《归绥道志》，其所依据的为牌头保甲所上报的户籍册，应有一定的依据。但是如此高的户均人口，在清末动荡的社会大背景下，其真实性有多高，还是值得进一步探讨的。但是由于文献缺乏，又无其他资料可凭，这一数据也可为我们提供一定的参考。

综上所述，归化城土默特地区的汉民数量，直到清末才有文献可凭。此前，由于文献资料的缺失，并没有比较准确的数据。清末，虽然有文献对归化城土默特地区汉民数量进行记载，但有关数据的真实性还有待进一步考证。据其数据所示，清末归化城土默特地区约有80万左右的汉民。虽然其真实性有待进一步考证，但是亦能说明，有清一代，该地区有大量的汉民在此生存繁衍。

二、旗民（满族、八旗蒙古）

归化城土默特地区的满族，有康熙年间驻守在翁衮岭一带的驻防旗兵，亦有来自右卫驻防旗兵。据《绥远通志稿》卷75《民族·满族》载：

> 清康熙年间，因用兵于喀尔喀，清帝曾驻跸归化城。满洲八旗兵遂分驻山后翁衮

---

① 绥远通志馆：《绥远通志稿》卷19《户口·附历代户口》（第23册），内蒙古自治区图书馆藏（稿本），第33—34页。

一带。迨乾隆四年，筑成绥远城，始令建威将军由山西右卫移节来此，坐镇边陲。今之省城，即当时新筑之驻防城也。当清之初叶，国力富强，满兵携眷驻防，本寓有屯戍之意，惟以承平日久，兵习游惰而不操练，家享厚俸而不生产，驯致奢侈骄夸之习，与日俱增，识者已早忧之矣。……民国初年，旗民有八千口，今则减至四千有余。苟非增加其生产能力，何能挽回此沦落之命乎？①

据《清史稿》卷130《兵一》载：

> 乾隆二年，设驻防绥远城，以征准噶尔之满、蒙、汉开户家丁二千四百，热河驻防兵千，及右卫蒙古兵五百，凡三千九百人。②

乾隆二年（1737），绥远城驻防兵丁包括满洲八旗、蒙古八旗、汉八旗，共计3900人。这是驻防兵丁数，并非全部人口，加上兵丁家口（以5人计），则有19500人。而绥远城驻防八旗兵额，随着时代的发展，是不断变化的。

据《钦定大清会典事例》卷1128《八旗都统·兵制》载：

> （乾隆）十二年，以绥远城驻防八旗开户家丁二千四百名改发直隶、山西二省，充补绿旗营兵。并裁自右卫移扎之领催二十名，匠役十名。由京师选派八旗满洲兵一千二百名，并由本驻防余丁内拣选五百名作为兵丁。今原存兵一千五百名，为三千二百名。③

乾隆十二年（1747），从绥远城调拨八旗兵2400名到直隶、山西两省，充补绿旗营兵。此时绥远城驻防兵丁剩余1500名，为补充绥远城驻防，从京师八旗满洲兵选派1200名，本城驻防余丁内挑选500名，共计3200名。即乾隆十二年（1747），绥远城驻防官兵由3900名，下降到3200名。到乾隆二十五年（1760），绥远城驻防官兵数额又发生变化。据《清高宗实录》卷608，乾隆二十五年（1760）三月庚戌条载：

> 军机大臣等议覆建威将军公恒禄奏称：绥远城驻防额兵三千二百名内，有年幼残疾者四百名，应改为养育兵。逾岁者四百名改为步兵，于城内进班巡哨。即以二千四百名作为定额。……其额兵二千四百名，应照右卫例。④

《钦定大清会典事例》卷1128《八旗都统·兵制》载：

> （乾隆二十五年）奏准：裁绥远城驻防马甲八百名，改增步甲四百名，养育兵四

---

① 绥远通志馆：《绥远通志稿》卷75《民族·满族》（第87册），内蒙古自治区图书馆藏（稿本），第1—2页。
② 赵尔巽：《清史稿》卷130《兵一》，北京：中华书局，1976年，第3870页。
③ 昆冈等修，刘启端等纂：《钦定大清会典事例》卷1128《八旗都统·兵制》，续修四库全书（第813册），上海：上海古籍出版社，2002年，第552页。
④ 官修：《清高宗实录》卷608，乾隆二十五年三月庚戌条，北京：中华书局，1985年，第827页。

百名。①

乾隆二十五年（1760），绥远城驻防兵丁减少到 2400 名。乾隆二十八年（1763），绥远城驻防兵丁减少到 1083 名。《钦定大清会典事例》卷 1128《八旗都统·兵制》载：

> 奏准：绥远城驻防汉军，全数拨充直隶、山西二省绿旗营兵。实存满洲蒙古前锋领催马甲一千八十三名。②

据此可知，乾隆二十八年（1763），绥远城驻防汉军有 1317 名，全数拨充到直隶、山西二省绿旗营兵，剩余的为满洲八旗和蒙古八旗驻防兵丁。乾隆三十年（1765）增设绥远城驻防兵 917 名，这些人来自右卫裁汰未尽之余兵和本处闲散余丁。《钦定大清会典事例》卷 1128《八旗都统·兵制》载：

> 增设绥远城驻防兵九百十七名。以右卫裁汰未尽之余兵及本处闲散余丁内挑补。合原存兵一千八十三名为二千名。③

乾隆三十三年（1768），又增设绥远城驻防兵丁，《钦定大清会典事例》卷 1128《八旗都统·兵制》载：

> 又增设绥远城驻防马甲五百名，步甲一百五十名，养育兵一百五十名，共八百名。④

乾隆三十三年（1768），绥远城的驻防兵丁为 2800 名，应为满洲八旗和蒙古八旗组成。即满族和八旗蒙古兵丁组成。

《清续文献通考》卷 25《户口考一》载：

> 绥远城驻防合计正户二千七百六十五户，附户无。⑤

《清续文献通考》卷 26《户口考二·八旗户口》载：

> 署理绥远城将军瑞良奏《绥远旗丁生计妥筹办法》，略称：绥远城驻防满蒙兵额马甲二千名，步甲七百名，养育兵六百名，加以闲散幼丁，初不过五千余人。只以承

---

① 昆冈等修，刘启端等纂：《钦定大清会典事例》卷 1128《八旗都统·兵制》，续修四库全书（第 813 册），上海：上海古籍出版社，2002 年，第 553 页。
② 昆冈等修，刘启端等纂：《钦定大清会典事例》卷 1128《八旗都统·兵制》，续修四库全书（第 813 册），上海：上海古籍出版社，2002 年，第 554 页。
③ 昆冈等修，刘启端等纂：《钦定大清会典事例》卷 1128《八旗都统·兵制》，续修四库全书（第 813 册），上海：上海古籍出版社，2002 年，第 554 页。
④ 昆冈等修，刘启端等纂：《钦定大清会典事例》卷 1128《八旗都统·兵制》，续修四库全书（第 813 册），上海：上海古籍出版社，2002 年，第 555 页。
⑤ 刘锦藻：《清续文献通考》卷 25《户口考一》，续修四库全书（第 816 册），上海：上海古籍出版社，2002 年，第 12 页。

平日久，生齿日繁，由今计之，人数已将满万。①

此亦说明，绥远城驻防兵丁包含满洲八旗和蒙古八旗。

有关绥远城驻防兵额变化，《绥远旗志》卷4《官制考》所载较为详细：

> 乾隆二年……满洲、蒙古、汉军兵三千九百名，拨出征效力之在京八旗开户兵二千四百名，热河驻防汉军一千名右卫驻防，内议裁未尽之蒙古兵五百名以充其额。……十二年……改拨八旗开户兵二千四百名于直隶、山西二省补绿营。由京城拨满洲兵一千二百名，复选驻防余定五百名充补，兵额共八旗满洲蒙古兵三千二百名。……二十五年改驻防兵额设步军四百名，养育兵四百名，实存领催、骁骑校二千四百名。……三十五年……增马步兵七百名。②

据《绥远旗志》卷3《经政略》所载八旗男妇子女数目载：

> 男子四千三百六十一名，妇三千六百一十五名，子一千五百九十六名，女二千一百五十五名。以上男妇子女共一万一千八百二十七名。③

《绥远通志稿》卷19《户口·附历代户口》载：

> 绥远城，驻防满洲八旗，男四千三百六十一名，妇三千六百一十五名，子一千五百九十六名，女二千一百五十五名。以上男妇子女共一万一千七百二十七名。④

两条文献的数字没有任何区别，仅是《绥远旗志》所载为"八旗"，而《绥远通志稿》所载为"驻防满洲八旗"。绥远城驻防八旗并非仅有满洲八旗，还包括蒙古八旗。故，笔者认为《绥远通志稿》所载"驻防满洲八旗"应为"驻防八旗"之误。从其所载的民国时期的户口能推出应为驻防八旗，而非驻防满洲八旗。

《绥远通志稿》卷19《户口》载民国十七年（1928）新城满洲驻防八旗满民户：

> 新城满洲驻防八旗满民户，一千九百二十二，口四千六百九十九。⑤

民国十七年（1928）的满民为4699人，如果清末绥远城驻防八旗满洲为11727人，那么民国十七年（1928）满民人口下降幅度如此之大，也是不同寻常的。合理的解释应是该"11727人"，应包括满洲八旗和蒙古八旗。王士达在《民政部户口调查及各家估

---

① 刘锦藻：《清续文献通考》卷26《户口考二》，续修四库全书（第816册），上海：上海古籍出版社，2002年，第27页。
② 高赓恩：《绥远旗志》卷4《官制考》，内蒙古自治区图书馆藏（稿本）（第3册），第59—61页。
③ 高赓恩：《绥远旗志》卷3《经政略》，内蒙古自治区图书馆藏（稿本）（第3册），第45页。
④ 绥远通志馆：《绥远通志稿》卷19《户口·历代户口》（第23册），内蒙古自治区图书馆藏（稿本），第34页。
⑤ 绥远通志馆：《绥远通志稿》卷19《户口·历代户口》（第23册），内蒙古自治区图书馆藏（稿本），第4页。土默特左旗《土默特志》编纂委员会：《土默特志》（上）第1章《地理志》，呼和浩特：内蒙古人民出版社，1997年，第60页。

计》中，统计宣统三年（1911）绥远城驻防：

> 男口：6589，女口 5395，学童总数 794，壮丁总数 1799，每女子百人所当男子数 122.93. 学童总数与男子百分比 12.05，壮丁总数与男子百分比 27.31。①

这一数字也应包括满洲八旗和蒙古八旗人口数量，无法将驻防人口中区分出满洲八旗和蒙古八旗。据《归绥县志·民族志·户口》载：

> 除汉人外，满族凡一千四百五十户，男女五千八百九十人。②

《和林格尔县志草》卷3《民事·户籍》载：

> 自清初收归版图……满族之在地方者，原皆由右玉军籍戍守口外，不予瓜代，遂隶绿营。原初三百余户，分托克托汛、清水河汛者，数十户，今亦渐次式微。③

这两处记载，亦可为我们了解归化城土默特地区满族人口数量提供一定的参考。

总之，归化城土默特地区的旗民（满族、蒙古八旗）在清代是不断变化的。虽然有清一代，旗民生齿日繁，其人口数量在清末应在 1.1 万左右。这个数据，是满洲八旗和蒙古八旗人口总数，并不能清晰地从中划出满洲八旗和蒙古八旗的人口数量。

三、回族

许多学者对归化城土默特地区的回族进行研究，如刘桢《呼和浩特回族历史及其它》④、金启孮《呼和浩特召庙、清真寺历史概述》⑤、甄可君《略论伊斯兰教派之争及呼和浩特地区伊斯兰教传播特点》⑥、房建昌《呼和浩特的八座清真寺及其它》⑦、马耀圻《试析回族定居呼和浩特的问题》⑧、余振贵《中国西北部回族穆斯林城市定居模式的形成与变化》⑨、王俊敏《呼和浩特市区的民族迁移与居住格局》⑩、王俊敏《呼和浩特

---

① 王士达：《民政部户口调查及各家估计（二）》，社会科学杂志，1934年，卷4第1期，第109页。
② 郑植昌修、郑裕孚纂：《归绥县志》，中国边疆史志集成（第37册），北京：全国图书馆文献缩微复制中心，2002年，第181页。
③ 刘汉鼎：《和林格尔县志草》卷3《民事·户籍》，内蒙古自治区图书馆藏（稿本）（第3册）。
④ 刘桢：《呼和浩特回族历史及其它》，内蒙古社会科学，1981年，第3期，第59—64页。
⑤ 金启孮：《呼和浩特召庙、清真寺历史概述》，内蒙古大学学报，1981年，第4期，第52—79页。
⑥ 甄可君：《略论伊斯兰教派之争及呼和浩特地区伊斯兰教传播特点》，内蒙古社会科学，1986年，第3期，第76—79页。
⑦ 房建昌：《呼和浩特的八座清真寺及其它》，内蒙古社会科学，1988年，第2期，第62—67页。
⑧ 马耀圻：《试析回族定居呼和浩特的问题》，宁夏社会科学，1988年，第6期，第65—68页。
⑨ 余振贵：《中国西北部回族穆斯林城市定居模式的形成与变化》，宁夏社会科学，1991年，第3期，第9—16页。
⑩ 王俊敏：《呼和浩特市区的民族迁移与居住格局》，西北民族研究，1997年，第2期，第7—28页。

市区民族关系研究》①、代林《关于内蒙古回族研究的综述》②、麻国庆《都市里的神圣空间——呼和浩特市多元宗教文化的生产与共存》③、程俊《归绥地区回民研究（1632~1937）》④、双宝《近代呼和浩特多元宗教文化共存及成因分析》⑤《呼和浩特回族史》⑥《呼和浩特回族史料》（第1—9集）⑦等。这些研究成果大多从回族的来源、信仰等方面进行研究。

早在康熙时期，就有从事贸易的回民在归化城地区寓居。据《清圣祖实录》卷69，康熙十六年（1677）九月甲寅条载：

> 先是，回子诺颜和卓、巴颜白克等，以进贡来至边口，自相屠害作乱。上数遣官往察，命檄行噶尔丹台吉，此后入贡遣使，务令有材识厄鲁特为首，不得仍遣回子。如系厄鲁特，方许放入边口。至是有回子佟噶尔代等八人，冒称贡使，与噶尔丹所遣之西白里达尔汉和硕齐等偕来。理藩院奏请，檄行噶尔丹台吉究处。上曰："厄鲁特贡使往来，若无符验，仍复假冒，亦未可定。"令檄行噶尔丹，将佟噶尔代等，用彼例照常治罪。嗣后进贡遣使，务给符验，方准放入。⑧

《清圣祖实录》卷84，康熙十八年（1679）九月丁酉条载：

> 厄鲁特噶尔丹台吉，遣使进贡请安，并遵谕覆奏。疏曰：前使西白里达尔汉和硕齐，同行佟噶尔代，因其妄为，已治罪矣。从前回子充诸台吉之使而往，原不之知。今接来文，问之回子。佥云：前充诸台吉之使而往者，部内并不查讯。巳年以后，乃不准放入。信如所言，是回子诈冒，向不责罚，以致纵恶。若本地从前遣使，皆与文并发。⑨

据《清圣祖实录》卷112，康熙二十二年（1683）九月癸未条载：

---

① 王俊敏：《呼和浩特市区民族关系研究》，北京大学学报，1997年，第2期，第14—24页。
② 代林：《关于内蒙古回族研究的综述》，内蒙古大学学报，2000年，第2期，第51—54页。
③ 麻国庆、张亮：《都市里的神圣空间——呼和浩特市多元宗教文化的生产与共存》，青海民族研究，2012年，第2期，第6—17页。
④ 程俊：《归绥地区回民研究（1632—1937）》，内蒙古大学，2014年博士学位论文。
⑤ 双宝：《近代呼和浩特多元宗教文化共存及成因分析》，大连民族学院学报，2015年，第6期，第543—548页。
⑥ 呼和浩特回族史编辑委员会：《呼和浩特回族史》，呼和浩特：内蒙古人民出版社，1994年。
⑦ 政协呼和浩特市回民委员会、《呼和浩特回族史》编辑委员会：《呼和浩特回族史料》（第1辑），1989年；《呼和浩特回族史料》（第2辑），1990年；《呼和浩特回族史料》（第3辑），2000年；《呼和浩特回族史料》（第4辑），2001年；《呼和浩特回族史料》（第5辑），2003年；《呼和浩特回族史料》（第6辑），2004年；《呼和浩特回族史料》（第7辑），2007年；《呼和浩特回族史料》（第8辑），2007年；《呼和浩特回族史料》（第9辑），呼和浩特：内蒙古人民出版社，2012年。
⑧ 官修：《清圣祖实录》卷69，康熙十六年九月甲寅条，北京：中华书局，1985年，第889页。
⑨ 官修：《清圣祖实录》卷84，康熙十八年九月丁酉条，北京：中华书局，1985年，第1069页。

> 敕谕厄鲁特噶尔丹，声教既一以来，尔历世相承，虔修职贡，聘问有年。……嗣后尔处所遣贡使，有印验者，限二百名以内，准入边关。其余俱令在张家口、归化城等处贸易。①

据文献所载，在康熙时期，回民因进贡被限制入关，而留在张家口、归化城等处贸易。这些在归化城从事贸易的回民，有一部分并没有返回故地。据《清圣祖实录》卷160，康熙三十二年（1693）八月己卯条载：

> 先是，留寓归化城回子，有赛必定、额尔克白克、及沙和卓、纳秦和硕齐。留寓张家口者，有莫洛等，原议与沙哈孙、额尔克白克，一同遣归。至是理藩院题，纳秦和硕齐等四十户、一百三十口，莫洛等十一户、四十口，召至沙哈孙、额尔克白克等前，谕之遣还。俱言居此年久，又无粮骑，断不去也。沙哈孙、额尔克白克等言，伊等既无粮骑，我亦不能携归，是以令伊等仍住原地。其赛必定、额尔克白克，并沙和卓共二百口，自归化城遣行，出四子部落汛界，济鲁克俄博地方，同沙哈孙、额尔克白克等归去矣。纳秦和硕齐、莫洛等皆不愿去，应暂留归化城。得上谕，纳秦和硕齐等，著将军等防护侯噶尔丹，使至遣归。②

康熙三十二年（1693），寓居归化城回民就有一定的数量。虽然清政府要把其遣返，但他们以"居此年久，又无粮骑，断不去也"，因此令其暂留"归化城""张家口"等地，仅"赛必定、额尔克白克、并沙和卓共二百口"被遣返。

乾隆年间，清政府平定准噶尔部，一些回民随军来到归化城居住。据《绥远通志稿》卷76《民族·回族》载：

> 自清乾隆间，平定准部，回族随军东来，居住归化城者，不及千人。乾嘉以还，修养生息，人口渐增。……清康乾两朝，平定回疆，阿睦尔撒纳败死，回部乃归服中国。其随节来绥者，已二百余年。兴、绥地蒙汉诸民，早夕往还，俨若一家。虽以笃信摩诃末教，礼俗间有异同，而其生活状况，则与汉族无大区别。其职业以经商、负贩、牙纪、驼户、屠宰为多，且以牛羊之皮，远运青海、宁夏及河套以南诸区，间亦有务农者，其勤苦卓绝，实非他族可及。③

《绥远通志稿》卷57《宗教·伊斯兰教》载：

> 今日之回族宗教者，则始于乾隆时平定回疆之役。当乾隆二十二、三年间，准部初平而未大定，是时有回族大小和卓木博罗尼都。……二十四年八月奏捷至京。明年

---

① 官修：《清圣祖实录》卷112，康熙二十二年九月癸未条，北京：中华书局，1985年，第151页。
② 官修：《清圣祖实录》卷160，康熙三十二年八月己卯条，北京：中华书局，1985年，第759页。
③ 绥远通志馆：《绥远通志稿》卷76《民族·回族》（第88册），内蒙古自治区图书馆藏（稿本），第1—2页。

二月，清军凯旋，回将额敏、和卓、霍集斯、鄂对等皆受封。赐赉有差。其出力回军之一部，则驻归化城外候命，总数不足千人。初居城东南三十八里之草原，恣其住牧，日久遂成村落，并建寺以崇其教，即今之所谓八拜村回回营也。迨乾隆五十四年，因回民既不便返回新疆，且解除兵籍后，有妻孥而无恒产，又不便令其久居占据土默特蒙古户口游牧地，于是驻防将军、都统等奉命饬其散居，使其自由谋生。这些回回自此迁入归化城为民，聚族居于北门外营房道十间房附近一带。故建寺于此，所以免悬隔而便礼祷也，厥后住居既久，生齿渐繁。①

这些随军而来的回民被安置在回回营，并发展成村落。在乾隆五十四年（1789），因回民久居，不便遣返，因此令其自由谋生。归化城副都统衙门档案有一份光绪二十六年（1900），归化城蒙古民事府给副都统衙门户司所发的咨文：

> 光绪二十六年八月十九日，归化城蒙古民事府呈副都统衙门户司咨查回民马成恩呈控杨根福等抗租隐地一文：
>
> 据回民马成恩供称：伊祖马文魁，原籍哈密国回子。乾隆年间因本族分家，奉旨发在斯地都统大人属下为民，拨给回回营子八拜村户口地四块。彼时租给杨根福之先人杨澍仁两块，每年租银十两，立有约据。嘉庆十一年（地）被河水侵占，约有一半不堪耕种。到十五年间与杨加秀换立约据，每年租银两千文。自换约后及今未交租资。伊寻问杨根福后代子孙讨租，（要求）指明地界，杨根福子孙们只指了荒地一块，其余不肯指给。控案质讯杨根福子杨加秀之孙，均称并无租种马成恩先人之地。这种地亩并打草荒地均属丹府收租等语。查马成恩呈出的租约系远年，而杨根福等不承认租种，现今地亩无稽，碍难断定，拟合咨查。为此合咨。
>
> 右咨
>
> 归化城户司②

据回民马成恩供词，他祖父马文魁，原本是哈密国回子，在乾隆年间因本族分家，奉旨发在归化城，并拨给回回营子八拜村户口地四块。说明自乾隆年间，有来自哈密的回民在归化城土默特地区居住，同时亦说明乾隆年间，清廷划拨给回民一定数量的土地，让其从事农业生产。

---

① 绥远通志馆：《绥远通志稿》卷57《宗教·伊斯兰教》（第92册），内蒙古自治区图书馆藏（稿本），第4页。
② 土默特左旗档案馆藏：归化城副都统衙门档案，归化城蒙古民事府《咨查回民马成恩闲人有无拨过户口地亩》：档案号80—5—2222。该案卷亦见于白贞：《土默特回回户口地浅证》，内蒙古社会科学，1985年，第2期，第53—57页，其文载为"道光二十六年八月十九日"误，档案为"光绪二十六年八月十九日"。

有关归化城土默特地区回民数量，相关文献并没有详细记载。文献所载清乾隆时期，归化城土默特地区回民"初不及千人"。① 民国时期，才有关于归化城土默特地区回民数量的记载。

据《土默特志》第1章《地理志》载：

> 据载，清高宗平定准噶尔凯旋，驻军于归化城，回族随军至者一两千人。荣祥在《呼和浩特沿革》中引用回族耆老的说法如下：回民迁来呼和浩特一带的时间，可以分为三个时期，一是雍正年间，陕西大荔、长安等处回民贩卖羊马，有几户迁来，如拜、刘、马等；二是乾隆后期，新疆回民因护送香妃进京，清廷赐他们一马之地，就是城南八拜村一带的土地，因而在此落户，迁入城内；三是同治年间，甘肃灵武、金积、平凉等地回民畏惧杀戮，相率避乱而来，为数众多，如哈、安等姓。此外，也有从河北等地迁徙而来的，如察素齐的薛姓、马姓和吴姓等。清代本地区的回族约有5千人，大都在城镇居住，以经商为主要职业。②

据《绥远通志稿》卷57《宗教·伊斯兰教》载：

> 据最近调查，除散处各县之伊教徒不计外，仅归绥一市，即有专奉伊斯兰教之回众三千六百余户，男女丁口二万四千三百五十余名。视其初来，概已增二十四五倍。③

《绥远通志稿》卷76《民族·回族》载：

> 丰、萨、托、临诸县，住户较少。包头及丰镇之隆盛庄，多者千余户，少者亦七八百户。据王绍民《绥远包头回民概况》云：包头回民约一千五百余户，共计二万余人。④

据此可知，民国时期，归化城土默特地区，仅归绥、包头就有回民4万余人。而据《归绥县志·民族志·户口》载：

> 民国户口数，以二十一年调查为较确。……回族二千四百三十七户，男女九千七百四十八人。……回族多居旧城。⑤

---

① 绥远通志馆：《绥远通志稿》卷76《民族·回族》（第88册），第1—2页；绥远通志馆：《绥远通志稿》卷57《宗教·伊斯兰教》（第92册），第4页。内蒙古自治区图书馆藏（稿本）。
② 土默特左旗《土默特志》编纂委员会：《土默特志》（上），呼和浩特：内蒙古人民出版社，1997年，第62页。
③ 绥远通志馆：《绥远通志稿》卷57《宗教·伊斯兰教》（第92册），内蒙古自治区图书馆藏（稿本），第4—5页。
④ 绥远通志馆：《绥远通志稿》卷76《民族·回族》（第88册），内蒙古自治区图书馆藏（稿本），第1页。
⑤ 郑植昌修、郑裕孚纂：《归绥县志》，中国边疆史志集成（第37册），北京：全国图书馆文献缩微复制中心，2002年，第181页。

民国二十一年（1922）的户口调查统计数字，归绥县回民数量为9748人，较《绥远通志稿》所载归绥市回民数量24350人相差达14602人。《绥远通志稿》成书于1937年，即民国二十六年。五年的时间，归绥县回民的人口增加14602人，显然是有诸多疑点的。要么是《归绥县志》统计数据有误，要么是《绥远通志稿》统计有误，要么两者皆误。但有一点是可以肯定的，归化城土默特地区生活着数量众多的回民。虽然这是民国时期的数据资料，但亦可推知清末归化城土默特地区亦应生活一定数量的回民。笔者认为，清末归化城土默特地区回民的数量应远高于荣祥所认为的五千人，低于《绥远通志稿》所载的4万余人。

小结

归化城土默特地区是以蒙古族、汉族为主，兼有满、回等少数民族共同生活的区域。有清一代，归化城土默特蒙古族人口数量发生了很大的变化。明末清初，归化城土默特地区战乱频仍，后逐渐安定。因此自清初开始，归化城土默特蒙古族人口进入一个增长期。乾隆时期，清代社会发展进入一个繁荣时期，此时归化城土默特蒙古人口数量达到清朝时期的最高值。此后，随着外国列强入侵和国内各种矛盾的激化，社会开始动荡不安，清代归化城土默特蒙古族人口数量也随之减少，清末归化城土默特蒙古族的人口数量甚至不及清初土默特蒙古族的人口数量。

归化城土默特汉族人口，是随着归化城土默特地区农业发展移民而来。清初，清廷虽然禁止民人进入口外从事屯垦，但并没有严格地执行。而清政府在归化城土默特地区的统治策略，客观上又需要大量的汉人进入该地区从事农业生产。至晚在康熙甚至以前就有民人在该地从事农业生产。归化城又是中原与漠北、漠西贸易中转中心，随着社会安定，出口谋生的民人越来越多。因此归化城土默特地区聚集了大量从事农、商的汉人。这些从事农、商的民人逐渐在当地定居生活，带动了归化城土默特地区城镇的发展。

归化城满族及八旗蒙古，则是随着归化城、绥远城的驻防来到该地，一直保持相对稳定的规模。回民到归化城土默特地区生活的时间，大致可以分为雍正、乾隆、同治三个时期。这些回民有一部分从事农业生产，绝大部分回民从事商业。

第四章　归化城土默特地区土地资源

有关归化城土默特蒙古的土地问题，学者们对此进行了深入细致地研究，如安斋库治《清末における绥远の开垦》①，周清澍《试论清代内蒙古农业的发展》②，黄时鉴《论清末清政府对内蒙古的"移民实边"政策》③、《清代包头地区土地问题上的租与佃》④、《清代内蒙古社会经济史概述》⑤，白贞《土默特回回户口地浅证》⑥，彭勇《清代土默特土地占有方式》⑦，扎劳胡《土默特旗六成地始末》⑧，邢亦尘《略论清末蒙古地区的"新政"》⑨，肖瑞玲《明清呼和浩特地区经济类型的变革》⑩，呼格吉勒《论清朝前期呼和浩特·土默特地区土地的使用状况》⑪、《清代呼和浩特·土默特地区的土地问题》⑫，杨选第《清代前期对内蒙古地区的赋役征派及其特征》⑬，成崇德、孙哲《论

---

① 安斋库治：《清末における绥远の开垦》，满铁调查月报，第19卷12号，南满洲铁道株式会社，1939年。
② 周清澍：《试论清代内蒙古农业的发展》，内蒙古大学学报，1964年，第2期，第35—63页。
③ 黄时鉴：《论清末清政府对内蒙古的"移民实边"政策》，内蒙古大学学报，1964年，第2期，第67—79页。
④ 黄时鉴：《清代包头地区土地问题上的租与佃》，内蒙古大学学报，1978年，第1期，第5—13页。
⑤ 黄时鉴：《清代内蒙古社会经济史概述》，蒙古史论文选集（第3辑），1983年，第181—222页。
⑥ 白贞：《土默特回回户口地浅证》，内蒙古社会科学，1985年，第2期，第53—57页。
⑦ 彭勇：《清代土默特土地占有方式》，土默特史料（第18辑），1985年，第258—279页。
⑧ 扎劳胡：《土默特旗六成地始末》，土默特史料（第17辑），1985年，第170—182页。
⑨ 邢亦尘：《略论清末蒙古地区的"新政"》，内蒙古社会科学，1986年，第3期，第41—46页。
⑩ 肖瑞玲：《明清呼和浩特地区经济类型的变革》，内蒙古师范大学大学报，1992年，第4期，第38—46页。
⑪ 呼格吉勒：《论清朝前期呼和浩特·土默特地区土地的使用状况》，内蒙古师范大学学报，1992年，第2期，第10—17页。
⑫ 呼格吉勒：《清代呼和浩特·土默特地区的土地问题》，内蒙古师范大学学报，1992年，第3期，第55—62页。
⑬ 杨选第：《清代前期对内蒙古地区的赋役征派及其特征》，内蒙古社会科学，1998年，第1期，第64—68页。

清代前期的西部边疆开发》①、李玉伟《略论清末绥远地区的蒙垦》②、王建革《定居与近代蒙古族农业的变迁》③、《农牧交错与结构变迁：清代内蒙古地区的农业与社会》④、《农业渗透与近代蒙古草原游牧业的变化》⑤、《清代蒙地的占有权、耕种权与蒙汉关系》⑥《近代蒙古族的半农半牧及其生态文化类型》⑦、赵之恒《清代前期的封禁政策与内蒙古西部的土地资源环境》⑧、乌仁其其格《清代呼和浩特地区社会救济事业初探》⑨《近代归化城土默特蒙古人口问题浅析》⑩《内蒙古人口档案中的边疆村落社会——以察素齐为例》⑪、张永江《试论清代内蒙古蒙旗财政的类型与特点》⑫、田宓《清代归绥地区的基层组织与乡村社会》⑬、《清代归化城土默特地区的土地开发与村落形成》⑭、牛敬忠《清代归化城土默特地区的社会状况——以西老将营村地契为中心的考察》⑮、王卫东《清代归化城土默特地区的移民过程》⑯、乌云《乾隆初年土默特地区寺院香火地亩册探

---

① 成崇德、孙哲：《论清代前期的西部边疆开发》，清史研究，2001年，第4期，第94页。
② 李玉伟：《略论清末绥远地区的蒙垦》，内蒙古社会科学，2001年，第3期，第47—50页。
③ 王建革：《定居与近代蒙古族农业的变迁》，中国历史地理论丛，2000年，第2期，第25—44页。
④ 王建革：《农牧交错与结构变迁：清代内蒙古地区的农业与社会》，中国历史地理论丛，2002年，第3辑，第77—91页。
⑤ 王建革：《农业渗透与近代蒙古草原游牧业的变化》，中国经济史研究，2002年，第2期，第76—86页。
⑥ 王建革：《清代蒙地的占有权、耕种权与蒙汉关系》，中国社会经济史研究，2003年，第3期，第81—91页。
⑦ 王建革：《近代蒙古族的半农半牧及其生态文化类型》，古今农业，2003年，第4期，第37—49页。
⑧ 赵之恒：《清代前期的封禁政策与内蒙古西部的土地资源环境》，内蒙古师范大学学报，2004年，第1期，第16—20页。
⑨ 乌仁其其格：《清代呼和浩特地区社会救济事业初探》，内蒙古大学学报，2007年，第3期，第9—14页。
⑩ 乌仁其其格：《近代归化城土默特蒙古人口问题浅析》，内蒙古大学学报，2012年，第3期，第10—17页。
⑪ 乌仁其其格：《内蒙古人口档案中的边疆村落社会——以察素齐为例》，清史研究，2014年，第1期，第118—127页。
⑫ 张永江：《试论清代内蒙古蒙旗财政的类型与特点》，清史研究，2008年，第1期，第37—50页。
⑬ 田宓：《清代归绥地区的基层组织与乡村社会》，中国社会历史评论，第9卷，2008年，第343—356页。
⑭ 田宓：《清代归化城土默特地区的土地开发与村落形成》，民族研究，2012年，第6期，第86—100页。
⑮ 牛敬忠：《清代归化城土默特地区的社会状况——以西老将营村地契为中心的考察》，内蒙古社会科学，2009年，第5期，第61—64页。
⑯ 王卫东：《清代归化城土默特地区的移民过程》，历史地理（第16辑），第215—224页。

析》①，张世满《清代民族地区平原开发与边疆经略——以内蒙古土默川、后套平原开发为线索》②，徐鑫《清代归化城土默特地区土地交易中的地谱》③ 等，依据传世文献、档案、契约等资料，对归化城土默特地区的土地、农牧业发展等问题进行了探讨。一些学者的学位论文，亦以归化城土默特地区的土地问题为研究对象，如王旭《清代内蒙古土默特地区土地租佃法律问题研究》④，乌仁其其格《18至20世纪初归化城土默特财政研究》⑤，赛纳《清代内蒙古西部城镇发展——以归绥地区为主》⑥，斯日古楞《清代内蒙古地区寺院土地问题研究》⑦，赵旭霞《清代内蒙古地区寺院收支及其管理研究》⑧，乌云《清至民国时期土默特地区藏传佛教若干问题研究》⑨，钟佳倩《蒙古金氏家族契约文书初探——以光绪年间土默特地区契约文书为例》⑩，阿如汗《内蒙古中西部诸厅之研究——以口外十二厅为中心》⑪，高景哲《清末民国土默特右旗的社会状况》⑫，晶叶《乾隆以来归化城土默特蒙古族社会变迁研究》⑬，孙丽丽《从西老将营村地契看清朝土默特地区的地契制度》⑭，徐珍慧《清代归化城土默特地区的农业地理初探》⑮ 等，这些学位论文，在对传统文献进行研究的基础上，利用归化城土默特地契、档案等资料，对归化城土默特地区的土地问题进行了专题性地研究。此外还有一些著作，涉及归化城土默特地区的土地问题，如贺扬灵《察绥蒙民经济的解剖》⑯，山田武彦、关谷阳一《蒙疆

---

① 乌云：《乾隆初年土默特地区寺院香火地亩册探析》，内蒙古社会科学，2010年，第3期，第58—62页。
② 张世满：《清代民族地区平原开发与边疆经略——以内蒙古土默川、后套平原开发为线索》，学术月刊，2009年，第4期，第133—138页。
③ 徐鑫：《清代归化城土默特地区土地交易中的地谱》，内蒙古大学学报，2014年，第3期，第17—22页。
④ 王旭：《清代内蒙古土默特地区土地租佃法律问题研究》，内蒙古大学，2004年硕士学位论文。
⑤ 乌仁其其格：《18至20世纪初归化城土默特财政研究》，内蒙古大学，2007年博士学位论文。
⑥ 赛纳：《清代内蒙古西部城镇发展——以归绥地区为主》，内蒙古大学，2008年硕士学位论文。
⑦ 斯日古楞：《清代内蒙古地区寺院土地问题研究》，内蒙古师范大学，2008年硕士学位论文。
⑧ 赵旭霞：《清代内蒙古地区寺院收支及其管理研究》，内蒙古师范大学，2008年硕士学位论文。
⑨ 乌云：《清至民国时期土默特地区藏传佛教若干问题研究》，内蒙古大学，2010年博士学位论文。
⑩ 钟佳倩：《蒙古金氏家族契约文书初探——以光绪年间土默特地区契约文书为例》，中国社会科学院研究生院，2012年硕士学位论文。
⑪ 阿如汗：《内蒙古中西部诸厅之研究——以口外十二厅为中心》，内蒙古大学，2011年硕士学位论文。
⑫ 高景哲：《清末民国土默特右旗的社会状况》，内蒙古大学，2012年硕士学位论文。
⑬ 晶叶：《乾隆以来归化城土默特蒙古族社会变迁研究》，内蒙古大学，2013年硕士学位论文。
⑭ 孙丽丽：《从西老将营村地契看清朝土默特地区的地契制度》，内蒙古大学，2013年硕士学位论文。
⑮ 徐珍慧：《清代归化城土默特地区的农业地理初探》，内蒙古大学，2013年硕士学位论文。
⑯ 贺扬灵：《察绥蒙民经济的解剖》，北京：商务印书馆，1935年。

农业经济论》①，田山茂《清代的蒙古社会制度》对归化城土默特旗地的种类进行了论述。② 刘海源《内蒙古垦务研究》③，土默特左旗《土默特志》编纂委员会编《土默特志》④，晓克《土默特史》⑤ 等。这些研究成果，从不同的角度对归化城土默特地区的土地问题进行了解读。本书即是在相关研究成果的基础上，对归化城土默特地区的土地问题进行进一步深入地探讨。

第一节　归化城土默特地区的土地

归化城土默特地区的土地是清（后金）赏还给归化城土默特蒙古，作为他们的生存繁衍的依靠。随着清政府统治在全国基本稳固，清政府对归化城土默特蒙古的统治策略亦发生变化（见上文），这主要表现为归化城土默特蒙古的生存空间不断被压缩。

清初，归化城土默特地区是以游牧业为主，兼有少量的农业（种植业），"牧场使用方式仍沿袭了阿勒坦汗以来的土地所有制度，即对大小封建主及其属下各部制定一定的范围，让他们分别在不同地段进行游牧"⑥。清初，归化城土默特地区"仍沿袭了蒙古原有的土地分配制度，各牧场虽然没有十分明确的界划，但左右两翼旗以及各佐领都在各自所辖的大致范围内进行游牧"⑦。清（后金）占领归化城土默特地区，"博硕克图汗子俄木布及其部头目古禄格、抗高、讬博克等率众降。诏安堵如故"⑧。随着清政府在全国统治的稳固，清政府不断压缩归化城土默特部的生存空间，用"赏赐""征用""效纳"等手段，不断占用归化城土默特部的土地。因此，清代归化城土默特地区有不同类型的土地占有方式。

一、户口地（蒙丁地）

户口地（蒙丁地）是归化城土默特地区主要的土地占有方式，但文献资料对蒙丁地

---

① 山田武彦、关谷阳一：《蒙疆农业经济论》，日光书院，昭和19年。
② 田山茂：《清代蒙古社会制度》，呼和浩特：内蒙古人民出版社，2015年。
③ 刘海源：《内蒙古垦务研究》（第1辑），呼和浩特：内蒙古人民出版社，1990年。
④ 土默特左旗《土默特志》编纂委员会：《土默特志》（上），呼和浩特：内蒙古人民出版社，1997年。
⑤ 晓克：《土默特史》，呼和浩特：内蒙古教育出版社，2008年。
⑥ 呼格吉勒：《论清朝前期呼和浩特·土默特地区土地的使用状况》，内蒙古师范大学学报，1992年，第2期，第10—17页。
⑦ 金峰：《呼和浩特市蒙古文献资料汇编》（第2辑），海拉尔：内蒙古文化出版社，1989年，第110页。
⑧ 清光绪年间刊本影印：《土默特志》卷2《源流》，台北：成文出版有限公司，1968年，第26页。

却少有记载。"蒙丁地是户口地的前身"①，这个观点有一定的道理。笔者认为蒙丁地和户口地在最初的时候还是有一定区别的，只是随着时间的发展，人们逐渐以户口地代替了蒙丁地这个概念，而蒙丁地在文献中还是有一丝线索可寻的。如乌仁其其格认为归化城副都统衙门档案中的"原拨户口地"即为蒙丁地。②

清政府授予归化城土默特蒙古的土地标准，据《钦定大清会典事例》卷979《理藩院·耕牧耕种地亩》载：

> 顺治七年定：外藩蒙古，每十五丁，给地广一里，纵二十里。③

有关蒙丁地划拨时间的问题，学界分为两种不同的观点，一种观点认为在顺治七年（1650）即划拨蒙丁地，一种观点认为是在康熙年间划拨蒙丁地。如《土默特志》认为在康熙年间划拨蒙丁地。④乌仁其其格在《18至20世纪初归化城土默特财政研究》中亦认为："土默特地区最早划拨土地的时间应当在康熙年间。"⑤彭勇在《清代土默特土地占有方式》中认为是顺治七年（1650）划拨蒙丁地。⑥呼格吉勒在《论清朝前期呼和浩特·土默特地区土地的使用状况》中亦认为是顺治七年划拨给蒙丁。⑦肖瑞玲在《明清呼和浩特地区经济类型的变革》中认为：土默特蒙古附清后，"蒙旗兵官，向无俸饷"。清廷便将旗地重新划分给牧民叫"户口地"，使其自耕代饷。……于是，游牧地、户口地者，自康熙年间以来，久已陆续租给民人，以田以宅。⑧据其论述，也应是在顺治时期划拨给蒙丁土地，其所据为上所引为顺治七年划拨蒙丁地亩。而认为康熙年间划拨蒙丁地亩也并非毫无根据，如据《鹿传霖等奏查明贻谷被参各款折》载：

> 土默特自圣祖仁皇帝征服以后，留一公爵，而不预扎萨克事，别以都统治之。每

---

① 彭勇：《清代土默特土地占有方式》，土默特史料（第18辑），1985年，第258—279页。土默特左旗《土默特志》编纂委员会：《土默特志》（上），呼和浩特：内蒙古人民出版社，1997年，第146页。
② 乌仁其其格：《18至20世纪初归化城土默特财政研究》，内蒙古大学，2007年博士学位论文，第39页。
③ 昆冈等修，刘启端等纂：《钦定大清会典事例》卷979《理藩院·耕牧耕种地亩》，续修四库全书（第811册），上海：上海古籍出版社，2002年，第708页。
④ 土默特左旗《土默特志》编纂委员会：《土默特志》（上），呼和浩特：内蒙古人民出版社，1997年，第146页。
⑤ 乌仁其其格：《18至20世纪初归化城土默特财政研究》，内蒙古大学，2007年博士学位论文，第39页。
⑥ 彭勇：《清代土默特土地占有方式》，土默特史料（第18辑），1985年，第258—279页。
⑦ 呼格吉勒：《论清朝前期呼和浩特·土默特地区土地的使用状况》，内蒙古师范大学学报，1992年，第2期，第10—17页。
⑧ 肖瑞玲：《明清呼和浩特地区经济类型的变革》，内蒙古师范大学大学报，1992年，第4期，第38—46页。

兵一名，给地五顷，兵亦不自耕，仍招收租以自养。①

笔者认为，虽然鹿传霖在奏折中认为是"圣祖"（康熙时期），但其下文为"征服以后"，征服归化城土默特部为太宗皇太极时期，而非"圣祖"康熙。且鹿传霖上奏折的时间为1908年，距后金（清）征服归化城土默特部年已久矣，故其所言"圣祖仁皇帝征服"不足为凭，因此笔者倾向于蒙丁地应当在顺治时期就已经划拨。清初，归化城土默特蒙古官弁本没有俸饷，却要承担军事义务。为了能让归化城土默特部生存繁衍，清政府采取分给蒙古官弁土地用以养赡的方法，把归化城土默特地区的土地分给土默特部众。这种以丁为标准划拨的土地，称之为蒙丁地。

乾隆七年（1742）十月十五日，山西巡抚喀尔吉善奏称：

> 查归化城土默特蒙古与察哈尔接壤，为云中一带藩篱。所设官弁兵丁向不支给俸饷，惟资地亩以为养赡。②

《土默特志》卷4《法守》载：

> 虽设为操练营员，未易成为劲旅。后所操一营已停，仅定以百人更番操演，只以兵无薪饷，全依户口地亩，且耕且牧，充当各路苦差，故难望其操练成军也。③

《土默特志》卷7《职官考》载：

> 弁兵无俸饷，马皆自备，均给田有差。每丁一名，种地一顷。官弁递增。④

据《蒙古联合自治政府巴彦塔拉盟史料集成·土默特特别旗之部》载：

> 前经顺治、康熙年间未曾拟拨饷糈，是以乾隆八年以及十三等年奏奉蒙旨，赏给该旗官兵以及站丁、各召喇嘛、黑徒、蒙古等一律分拨户口地亩耕种糊口。⑤

据上可知，在乾隆八年（1743）之前，归化城土默特部是按照一定的等级划拨蒙丁土地的。显见清初清廷是按照蒙丁的数量划拨草场地亩的。

由于这些丁是有家眷的，他们亦靠蒙丁地以维持生活。因此"丁""户"产生混同的现象。而在分配土地的时候，丁即代表本人，亦代表其户，故丁逐渐被户所取代。在

---

① 《申报》（上海版），1908年5月10日，星期日，第12671号，清光绪三十四年四月十一日，第10版。亦载于《蒙垦续供》：协办大学士尚书鹿传霖、度支部左侍郎绍英等原查办折《奏为查明垦务大臣被参各款，谨分别轻重据实胪陈并保荐贤员办理善后事宜以绥蒙藩而收实效》，东京大学东洋文化研究所藏书，宣统年印本，第6页。
② 中国科学院地理科学与资源研究所、中国第一历史档案馆：《清代奏折汇编·农业·环境》，北京：商务印书馆，2005年，第69页。
③ 清光绪年间刊本影印：《土默特志》卷4《法守》，台北：成文出版有限公司，1968年，第72页。
④ 清光绪年间刊本影印：《土默特志》卷7《职官》，台北：成文出版有限公司，1968年，第114页。
⑤ 江实：《蒙古联合自治政府巴彦塔拉盟史料集成——土默特特别旗之部》（蒙、汉、满三种文）（第一辑），1942年，第350页。

归化城副都统衙门档案中载有雍正十年（1732）归化城土默特部两翼部分佐领下原拨户口地亩草场清册①，雍正十二年（1734）左翼首甲穆特布佐领下原拨户口地亩清册②。这些地亩应称之为蒙丁地。如在归化城土默特副都统衙门档案中，蒙丁分拨土地的情况：

披甲占巴拉三口

乾隆三年九月十日，西南三等地一块四十亩，又三等地一块二十亩，又三等地一块十五亩，又三等地一块十三亩，又三等地一块三十五亩，又三等地一块四十亩。南三等地一块八亩，又三等地一块六亩，又三等地一块五亩。东南三等地一块十六亩，又三等地一块十亩。东北三等地一块五亩，又二等地一块八亩，又三等地一块二十九亩。共十三块二项五十亩，以七两银子典给瓜县民人通宝。

雍正九年二月十日，南头等地一块四亩，以二两银子典给兆庆民人王毛邦，共当出地十四块二项五十四亩。③

该件档案除了记述其分拨土地的情况，同时亦记载了其典当土地的情况。该文所载"披甲占巴拉三口"即是代表一户。此时已有丁户混同的现象。另一件雍正十二年（1734）至乾隆八年（1743），户司报《左翼首甲穆特布佐领下原拨户口地亩册》（蒙文）载：

瓦·阿尤西苏木塔布板申

披甲巴德玛扣布自耕地一棋四项，民人租种地一棋一项二十亩。乾隆四年垣曲县

---

① 土默特左旗档案馆藏：归化城副都统衙门档案，档案号：80—47—1 至 80—47—23；分别为《左翼二甲富克津佐领下原拨户口地亩草场清册》（满文）、《左翼三甲富隆太佐领下原拨户口地亩草场清册》（满文）、《左翼三甲富克禁阿佐领下原拨户口地草场清册》（满文）、《左翼三甲音德布佐领下原拨户口地草场清册》（满文）、《右翼三甲富勒贺佐领下原拨户口地草场清册》（满文）、《左翼六甲讷庆佐领下原拨户口地亩草场清册》（满文）、《右翼首甲桑鲁布、阿尔噶冲巴祚尔萨都、乌珠克达赖四佐领下原拨户口地、草场清册》（蒙文）、《右翼三甲额尔格木布佐领原拨户口地草场清册》（蒙文）、《右翼四甲拉特纳佐领下原拨户口地草场清册》（蒙文）、《右翼四甲诺木齐佐领下原拨户口地草场清册》（蒙、满文）、《右翼五甲荣隆佐领下原拨户口地亩草场清册》（蒙文）、《右翼五甲吉雅图佐领原拨户口地亩草场清册》（蒙文）、《右翼六甲吉拉敏佐领原拨户口地亩草场清册》（满、蒙文）、《右翼六甲诺孟德勒格尔佐领下原拨户口地草场清册》（蒙文）、《左翼首甲纳逊佐领下原拨户口地亩草场清册》（蒙文）、《左翼二甲吉林泰佐领下原拨户口地草场清册》（蒙文）、《右翼首甲吉郎阿佐领下原拨户口草场清册》（满文）、《口翼三甲扎克丹佐领下原拨户口草场清册》（蒙文）、《左翼三甲乌尔图达赖佐领下原拨户口地草场清册》（蒙、满文）、《左翼五甲泰顺佐领下原拨户口地亩草场清册》《左翼六甲齐布森左岭下原拨户口地草场清册》（蒙文）、《右翼六甲达布库里署佐领下原拨户口地草场清册》（满文）、《左翼六甲拉什克勒克佐领下原拨户口地草场清册》（蒙文）。

② 土默特左旗档案馆藏：归化城副都统衙门档案，《左翼首甲穆特布佐领下原拨户口地亩册》，档案号：80—47—52。

③ 土默特左旗档案馆藏：归化城副都统衙门档案，档案号：80—9 函 1—9。引自乌仁其其格：《18 至 20 世纪初归化城土默特财政研究》，内蒙古大学，2007 年博士学位论文，第 17 页。

余氏以十两银当出地一犋三顷。乾隆三年右玉县边氏以四十一两银当地二犋五顷。乾隆三年祁县宫氏以三两银当地三十三亩,共当出地三犋八顷三十三亩。

披甲那苏图自耕地二十五亩,民人租种地一犋三顷,当出地七十亩。乾隆五年寿阳县常氏以六两银当地一犋三顷。乾隆五年祁县宫氏以三两五钱银当地三十三亩。乾隆二年顺天府扬氏以九两银当地六十亩。共当出地二犋三顷九十三亩。

该村共二户,其自耕地一犋三顷二十五亩,民人租种地二犋四顷九十亩。此二项共三犋八顷十五亩,此外当出地五犋十二顷二十六亩。该村牧场二顷,全部沙石地而不能耕种。①

该件档案记载了"瓦·阿尤西苏木塔布板申"土地租种典当的情况。这说明在乾隆八年(1743)清厘归化城土默特地亩之前,归化城土默特蒙古已经把其所分得土地出租、典当给民人了。

蒙丁去世后,如果没有子嗣,那么其原有土地由该管参佐收回充公或另行分配。据《钦定大清会典事例》卷978《理藩院·户丁》载:

(顺治)十八年定:蒙古人恐身后无嗣,于身在时,具保呈明该扎萨克王、贝勒、贝子、公等,将族中兄弟之子,抚养为嗣者,准其承受家产。如抱养遗失之子,及异姓之子、家奴之子,均不准承受家产。若身在时并无养子者,将家产令其族人承受。倘族中并无兄弟之子,身在时,曾呈明该旗收养异姓之子为嗣者,亦准其承受家产。若身故后,同姓中尚有可继之人,而其妻收养异姓之子为嗣者,不准承受家产。再正妻无子,将妾所生之子养为己子者,其生子之妾不得嫁卖。嫁卖者,其子不得为嗣。若身故之后,既无近族,又无养子,将家产交与该旗王贝勒等以充公用。②

归化城副都统衙门档案中有一件道光二十五年(1845)十二月的租佃契约,《张永顺租到宾老爷讨不气村北绝户官地一顷的租约》载:

立租地约人张永顺,今租到宾老爷佐领所管讨不气村北绝户良地一顷,每年出地租钱六千文前后共使过押地钱三十千文整,其钱笔下交足。此地永远耕种不许长租夺地。恐口无平,立约存照用。计开巴读门邱另随场面一块三圪拉保什户千召见白彦蒙克架。

大清道光五年十二月十六日立

---

① 土默特左旗档案馆藏:归化城副都统衙门档案,《左翼首甲穆特布佐领下原拨户口地亩册》,档案号:80—33—1.1 函—1。引自乌仁其其格:《18 至 20 世纪初归化城土默特财政研究》,内蒙古大学,2007 年博士学位论文,第 8 页。
② 昆冈等修,刘启端等纂:《钦定大清会典事例》卷978《理藩院·户丁》,续修四库全书(第 811 册),上海:上海古籍出版社,2002 年,第 701—702 页。

合同文约（骑缝字）史述统

朱娑中见人（十字押）①

宾老爷是该佐的佐领，绝户地为宾老爷所管，亦即绝户地被收归为官地（公地）。这些官地被租给民人耕种，所收取租金，亦被公用，当然侵吞现象亦时有发生。

随着时间的推移，各级蒙古王公利用手中的权力，乘机侵占土地，造成归化城土默特蒙古部众"生计窘迫"。《钦定大清会典事例》卷979《理藩院·耕牧》载：

（乾隆十三年）又议准：蒙古台吉、官员、喇嘛，皆称殷实，惟属下兵丁贫乏者多。此等殷实之人，每倚恃己力，将旗下公地令民人开垦，有自数十顷至数百顷之多，占据取租者。是以无力蒙古，愈至困穷。嗣后令于殷实之扎萨克台吉、官员、公主、郡主等陪嫁内监及喇嘛等地内，酌拨三分之一，各与本旗穷苦蒙古耕种，仍量其家口多寡，分给地亩，并将拨出数目造册报院。倘仍有开垦旗下公地、强占穷人地亩者，从重治罪。②

在光绪十一年（1885），奎斌亦提到归化城土默特部众失去土地这一状况：

奎斌片：……查归化城土默特，国初定制，官员兵丁均无俸饷，每户拨地四顷，作为养赡。原足顾其身家，迨后支派繁衍，地分见少，治生乏术，糊口维艰。其绝户地粮，往往被该管官从而占没。兵丁原不准互相交产，亦惟该管官得以朦混兼并。积年既久，侵夺遂多，兵日以贫，官日以富。③

据乾隆七年（1742）十月十五日，山西巡抚喀尔吉善奏：

查归化城土默特蒙古与察哈尔接壤，……无如蒙古民人不谙耕种……所有地亩典给民人，遂至生计窘迫。……嗣后生齿众多……系在内扎萨克四十九旗之内，向来并无俸饷，俱随水草游牧生理。自康熙三十年以后，蒙古等始行耕作，其有力之人虽开垦耕种，但仍赖草地滋生牲畜。从前自备鞍马，屡次出征，并每岁纳粮当差，及养赡家口，甚为充裕，数年以来，牲畜消耗，地亩失时，现今生计已不比从前，而一切当差纳粮等事，并无贻误。只因生齿日繁，又有众喇嘛建立寺庙，伊等沙弼那尔俱在各村居住。又数十年以来，民人聚集归化城贸易，并携眷在各村与蒙古杂处种地者四五

---

① 陈志明：《土默特历史档案集粹》，呼和浩特：内蒙古人民出版社，2007年，第20页。
② 昆冈等修，刘启端等纂：《钦定大清会典事例》卷979《理藩院·耕牧》，续修四库全书（第811册），上海：上海古籍出版社，2002年，第708页。
③ 《申报》（上海版），1885年6月16日，星期二，第4371号，乙酉年五月初四日，清光绪十一年五月初四日，第10版。

十万，是以地方日窄，而蒙古生计日窘。①

喀尔吉善把归化城土默特蒙古部众生计日窘归因于蒙古民人不谙耕种、租典土地、人口增多、信奉喇嘛教、移民增多等因素。其实这些因素和蒙古部众生计日窘有一定的关联性，但是绝非蒙古部众生计日窘的根本原因。反而同清政府在归化城土默特地区的政策有很大关联，可以说是清政府对归化城土默特蒙古的统治策略导致了归化城土默特蒙古生计日窘。原因如下：首先，归化城土默特蒙古部众要自备当差，出征打仗，这就导致了归化城蒙古青壮年无法从事牧业或者农业生产。蒙古部众没有时间从事农业生产，他们却要承担着养家糊口的生存压力，同时还要负担当差的各种装备。因此，他们只能靠租典其赖以生存的户口地以维持生活。其次，人口增多，地方日窄。这是清政府不断侵占归化城土默特土地造成的后果，而非真正的因为人口增多而造成地方日窄。清政府划定归化城土默特蒙古两翼的界址，同时却又在其内部划拨大量的土地。人口增多，对于以农牧业为主的中国古代社会，是劳动力的增加。这种劳动力的增加无论对农耕亦或对畜牧业发展都是起决定性的因素。再次，正是由于清政府造成归化城蒙古部众要靠租典土地维持生活，也就导致大量汉民居住归化城土默特地区，汉民大量涌入，在一定程度上，为本区增加了劳动力，促进了本区域农业经济的发展，对本区域畜牧业的发展却是一种极大的打击，以游牧为主要生活方式的归化城土默特部在牧场被不断压缩、土地被逐渐侵占的背景下，也不得不转牧为农。而蒙古部众"不计顷亩，只计牛犋"的计量方式，亦为汉民不断侵占土地提供了可能。

因此，在归化城土默特地区，蒙古台吉、官员、喇嘛不断侵占土地是归化城土默特蒙古部众失去土地的重要因素；租典关系，也是归化城土默特蒙古部众失去土地的重要因素，但均不是归化城土默特蒙古生计日窘的根源，其根由实源于清政府对本区域的统治政策。

为了解决归化城土默特蒙古部众生计日窘的问题，清政府决定重新划拨土地。归化城副都统衙门档案，乾隆十三年（1748）三月二十一日，归化城都统《为抄送议覆查照办赎回押地的咨文》（满文）载乾隆七年（1742），山西巡抚喀尔吉善、归化城都统吉当阿等奏请：

现查得二旗开垦田亩共十万顷，其中地多之户即可生存，酌情通融抽出五千顷。今查报家口众多，地亩匮乏，难以生活，及毫无地亩之贫困蒙古、沙比纳尔等共一千五百户，每户一口以上七八口以下不等，共四千余口，即将此项通融抽出地亩，按口

---

① 中国科学院地理科学与资源研究所、中国第一历史档案馆：《清代奏折汇编·农业·环境》，北京：商务印书馆，2005年，第69—70页。

均分耕种，足以立业为生，其占有多余地亩之蒙古仍有九万五千顷地亩，于差使生计无所损失。①

《清高宗实录》卷178，乾隆七年（1742）十一月丙辰条载：

> 又奏：土默特蒙古，生计艰难，多有典出地亩，应酌筹久远资生之计。从前喀尔吉善请令民人纳粮，分给蒙古，并将未垦之地，招民耕种。经臣等议，令该抚会同该将军、都统妥议具奏。今该都统吉当阿等会议，以量征官银，为数无多，不敷散给，转启民人久远侵占之弊。惟当定以年限彻还，使民人不致亏本，而蒙古得复原业。应如所议，按原价定限退还，均匀分给蒙古，自后不许复行典卖，违者按例治罪。再土默特地土，本系恩赏游牧，从前既未均派，任有力者多垦，则侵占既多，无力之人，不得一体立业。今吉当阿等议，以地多之人，酌量拨出，分给穷苦之家。据称官兵、喇嘛等，俱各悦服。亦应如所议，令地多者量拨五千顷，将家口众而地亩少及无地之蒙古等，按口分给，立业耕种。将来年满，彻回再行均分。至未垦草地，原恐其荒弃，是以招民垦辟。今既称土默特两旗蒙古，并各喇嘛沙弼那尔等，牧厂不甚宽裕，且各扎萨克游牧处之民人、蒙古，及喀尔喀贸易之马驼牲畜，皆赖此牧放。若将草地陆续招垦，必致侵占牧所，于蒙古未便，仍当禁其耕种，亦应如所请。从之。②

正是在归化城土默特土地被大量开垦、兼并的情况下，"任有力者多垦，则侵占既多。无力之人，不得一体立业"。为解决归化城土默特部众的生计问题，乾隆八年（1743），开始清查归化城土默特地亩，重新划拨土地。据《清高宗实录》卷198，乾隆八年（1743）八月壬子条载：

> 归化城都统噶尔玺等奏：上年十一月内，大学士议准山西巡抚喀尔吉善等所奏，将土默特蒙古典给民人地亩，年满赎回，分给贫乏蒙古。臣等遵即晓谕众蒙古，将牧场禁止开垦，并行令巡道晓谕民人外，拣派参领十二员，会同该扎萨克，覆查蒙古地亩及人口数目。嗣因蒙古耕地，不计顷亩，只计牛具，一时难查。本年虽得地亩，耕种不及。请将本年办给蒙古之地，仍暂归各业主耕种，秋收后再行彻出，照官租例，一具令纳银三两，给贫乏蒙古。其田地照数指给，从明年起自行耕种。业经与将军补熙、巡抚刘于义会议报部在案。兹据参领等查报：土默特两旗蒙古，共四万三千五百五十九口。原有地亩、牧场，及典出田地，共七万五千四十八顷有奇。此内去年查出实无地亩之蒙古二千八百十二口，人多地少之蒙古二千一百五十六口，伊等耕种地亩

---

① 土默特左旗档案馆藏：归化城副都统衙门档案，《为抄送军机大臣议覆查照办赎回押地的咨文》，档案号：80—22—150。
② 官修：《清高宗实录》卷178，乾隆七年十一月丙辰条，北京：中华书局，1985年，第291页。

三百三十四顷有奇。再去年各佐领未经报出今经查出，有田三二十亩以上、一顷以下不等之蒙古二万二千一百四口，耕种地亩一万三千四百六十五顷有奇。再典给民人地亩四千顷，除牧场地一万四千二百六十八顷有奇外，现在田地多余之人一万六千四百八十七口，耕种地亩四万二千八百顷有奇。臣请将参领等查明之七万五千四十八顷，除牧场及典出地亩，并现在之三二十亩以上、一顷以下者不论外，于四万二千八百余顷内，拨出四千六百三十三顷十二亩，分给实无地亩及人多地少之蒙古，每口以一顷为率，以为常业。分别造册，送户部、理藩院备查。再原议典出地亩年满彻回时，分给四千九百六十八口贫乏蒙古等语。臣请耕田在一顷以上者，无须重给，惟于地少之户，均匀派拨。其陆续年满彻回者，亦照此办理造报。又土默特耕地，向俱任意开垦，无册档可稽。去年各佐领呈出数目，与本年参领所查，亦不相符。请自明年起，凡有地亩，俱著丈量。所丈各户地亩，较原查之数，多至一顷以上者，计亩彻出分给。如所余无几，仍归本主耕种。俟丈量明确时，将实数于各名下注明备查，以免隐匿。得旨：是。汝等即会同速办。①

在阿·马·波兹德涅耶夫《蒙古与蒙古人》（第2卷）第4章，亦有对这件事的记载：

> 根据所作的调查得知，土默特人的耕地为七万五千零四十九得力亨（顷），土默特旗民当时的人数是四万五千三百五十九人。对这些居民的物质福利情况调查结果表明，在土地使用方面是极不平衡的，而且竟有十分之一的人几乎完全没有土地。具体数字是：二千一百五十六户人家一共只种三百三十四得力亨（顷）八十八伊玛里（亩）的土地；另有二千八百一十二户人家却连一寸土地也没有。这样以来，需要土地的人口总数就是四千九百六十八家。为了使他们能有土地，朝廷特规定从三万八千五百九十一人耕种的七万四千七百一十四得力亨（顷）十二伊玛里（亩）的土地总数中划出四千六百三十三得力亨（顷）十二伊玛里（亩），把它们和那些土地不够的人耕种的三百三十四得力亨（顷）八十八伊玛里（亩）土地一起分给上面说到的那四千九百六十八户人家，使每户能得到一得力亨（顷）的土地。②

据此次清查地亩的情况来看，无地、少地的归化城土默特部众有4968口，有田三二十亩以上、一顷以下不等之蒙古21104口，合计26072口，占到归化城土默特蒙古人口总数的60%。这进一步说明归化城土默特地区土地日益集中在少数人手中。通过这次调

---

① 官修：《清高宗实录》卷198，乾隆八年八月壬子条，北京：中华书局，1985年，第542—543页。
② 阿·马·波兹德涅耶夫著，张梦玲等译：《蒙古及蒙古人》（第2卷），呼和浩特：内蒙古人民出版社，1983年，第159页。

配，把田地多余之人的土地分给无地地少之户，其分配原则为每户给地一顷。这次分配土地和以前按丁划拨不同，是计户分配，因此被称之为户口地。此次整顿归化城土默特地亩，主要是针对归化城土默特部台吉、官员、喇嘛等人占有大量土地，造成大量归化城土默特蒙古部众失去土地的情况。为了解决无地、少地的归化城土默特蒙古部众的生计，把田地多余之人的土地清厘出来，分给无地、少地的归化城土默特蒙古部众。这次清厘，具有一定的救济性质。从此之后，户口地取代了蒙丁地。

有关归化城土默特地区租佃出去的土地，撤回的方法，据《钦定大清会典事例》卷979《理藩院·耕牧》载：

> 乾隆十三年议准：……照从前归化城土默特蒙古撤回地亩之例，价在百两以下、典种五年以上者，令再种一年撤回。如未满五年者，仍令民耕种，俟届五年，再行撤回。二百两以下者，再令种三年，俟年满撤回，均给还业主。①

晓克《土默特史》引用归化城副都统衙门档案所载："分别年限，统以八年为率，如典出未满八年，按所典年份，俟种至八年满日退还。如已过八年者……应至癸亥年起，令其再种二年退还。此内民人亦有贵价所典之地，若统限八年，似未公当"，"将（典价）一百两以上至二百两以下者，令其再种八年；二百两以上至三百两以下者，令其再种十年；三百两至四百两以下者，令其再种十二年。"②

撤回归化城土默特蒙古地亩，初步解决了归化城土默特部无地、少地的部众的土地问题，同时也保证了租地民众的权益。归化城副都统衙门档案所载，显然是根据归化城土默特地区的实际情况，在保证租典人权益的情况下，解决归化城土默特部众的生计问题。

乾隆十四年（1749）十月二十四日，户司《为将乾隆十三年（1748）撤回典地分给少地之人情形造册报部的呈文》载：

> 户司具禀：查乾隆八年八月初一日，为均匀分给土默特贫困人丁田地一事……兹查出田少之蒙古二万二千一百零四口，酌情分给陆续办理者，均造具清册，咨送户部、理藩院复查……原奏二旗蒙古、喇嘛、沙比那尔等，每口有田一顷以下二三十亩以上者……除乾隆九、十、十一、十二此四年分给抽出之田人口外，查所余人口，二旗蒙古等每口有田三十六亩以下者，一千四百九十九人，彼等自己有田四百九十七顷四十九亩。从乾隆十三年秋抽出之二旗蒙古等典田中，补给十二年分配时所欠之田

---

① 昆冈等修，刘启端等纂：《钦定大清会典事例》卷979《理藩院·耕牧》，续修四库全书（第811册），上海：上海古籍出版社，2002年，第708页。
② 晓克：《土默特史》，呼和浩特：内蒙古教育出版社，2008年，第310页。

外，将所余一千五十九亩三分，每口给足一项，仍不足九十一亩七分，从乾隆十四年秋抽取田中给补。查喇嘛、沙比那尔等人多地少者，每人有地二十亩以下者八九十口，彼等有地十六顷九十九亩。从乾隆十三年秋抽出喇嘛、沙比那尔等典地中补给所欠之田，将所余六十五顷一亩五分，每人赠给补足一项，仍不敷六顷九十九亩五分，从乾隆十四年秋抽出之田中补给。……本司将（六路办理田务通判、官员）所送之册，得田者具结、呈文，与原档逐一核对，屯田人数、田数皆符。除将所送之册，得田人呈文一并封存备查外，兹将抽出田数、得田人数造六本档册呈送户部、理藩院，并行文知照建威将军、山西巡抚。①

该件呈文所载，正是在乾隆八年（1743）清查归化城土默特地亩后，对无地、少地之归化城土默特蒙古（包含喇嘛、沙比那尔）等进行分配土地。由于回赎土地到期时间不等，所以从乾隆八年（1743），到乾隆十三、十四年（1748、1749），陆续分拨给归化城土默特蒙古土地。

在归化城副都统衙门档案中，光绪十五年（1889），归化城同知《申覆十五沟折价银俟奉部覆准再行领解》有乾隆年间清查归化城土默特地亩的记载：

> 缘乾隆二十六年间，有奸民霸占僧召□福寺坐落查汉哈玛尔等处地方游牧，二十三顷八十余亩，并租种小的等家先人那彦报坐落阿路板申地方七棋牛户口地二十四顷，亦于乾隆年间蒙山西巡抚大人暨将军、都统委员丈明议定，仍归奸民承种，每年与僧侣召并小的等，共发租银九十二两。②

由于"奸民"霸占地亩，乾隆年间，山西巡抚、绥远城将军、归化城都统清丈其地亩后，仍由"奸民"承种，付给其租金。

为了保证归化城土默特部众的生计，户口地是严禁典卖的。据归化城副都统衙门档案，乾隆十五年（1750）六月二十四日，归绥兵备道《为严禁内地民人罗固宾等人于察哈尔镶蓝旗地界耕种的咨文》载：

> 严加传谕：蒙古民人嗣后永禁典卖地亩，若有私行典卖者，将卖主、买主俱从重治罪，地亩入官。③

《土默特志》第3章《土地与垦殖志》"禁止民人折算典当蒙古土地"载：

---

① 土默特左旗档案馆藏：归化城副都统衙门档案，《为将乾隆十三年撤回典地分给少地之人情形造册报部的呈文》（满文），档案号：80—22—154。晓克：《土默特史》，呼和浩特：内蒙古教育出版社，2008年，第310页，有录文。
② 土默特左旗档案馆藏：归化城副都统衙门档案，《申复十五沟折价银俟奉部复准再行领解》，档案号：80—6—901。
③ 土默特左旗档案馆藏：归化城副都统衙门档案，《为严禁内地民人罗固宾等人于察哈尔镶蓝旗地界耕种的咨文》，档案号：80—22—160。

一、种地民人不准以所种蒙古地亩折算蒙古赊欠借贷银钱，违者照违制例治罪。其定例：以前已经折算之地统限三年，以所得三年地租清还利息，清结后停利，再分限五年，以所得五年地租清本银。倘地租不敷折算，准其按年递展，以本利清给为断，地归蒙古。归地后，该民人情愿接种，仍令按年按亩纳租。不愿接种，听该蒙古自便，永远禁止折算。

一、蒙古地亩不得典给种地民人，违者各照违例治罪。其定例：以前已经典出之地，如蒙古备价回赎，该民人立即交出。倘有勒掯情事，将民人递籍，赎地原价交旗充公，地归蒙古。如蒙古一时无力回赎，该民人典种已过三年者，准其再种四年，已过五年者，准其再种三年，已过十年者，准其再种二年，抵消地价，地归蒙古。归地后，该民人情愿承种，仍令按年按亩纳租，不愿承种，听该蒙古自便，永远禁止出典。

一、种地民人不得重价转典民人旧典蒙古地亩，违者追出地价交旗充公，地归蒙古，民人遣回原籍。其定例：以前已经转典之地，不计种过年分，准其再种五年，抵消地价，地归蒙古，免其私典旗地之罪。归地后，该民人情愿承种，仍令按年纳租，不愿承种，听该蒙古自便，永远禁止重价转典。

一、除界内种地民人交纳租息之房屋地基外，不得添盖房间，再招游民，违者均照私募开垦例治罪。

一、种地民人应交租粮，均限年清年款，其偶遇拖欠一年者，准分作二年带还；积欠二三年者，准按分作二年之限，递缓年分带还；如欠至三年以外，逾限不完，将地撤出，归还蒙古，其租息严比著追，清结后，将民人递籍，倘有抗霸等情，枷号两个月，满日递籍。①

清政府规定禁止典卖地亩，违者将予以严究。"禁止民人折算典当蒙古土地"实际上是承认民人租种蒙地的合法性。但这些规定，在不解决归化城土默特蒙古对户口地管理模式的前提下，仅是一具空文。由于归化城土默特蒙古部众"且耕且牧，充当各路苦差"，并没有时间从事农业生产。且其本身所擅长的是游牧，并非农业生产。在牧场日窄，无法依靠游牧生存之时，不得不改行农业。而农业的农事、农时对于充当各路苦差的归化城蒙古部众是可遇不可求的事情，故只能依靠典卖土地以资生活。也就是说，清政府所采用的管理归化城土默特蒙古政策是归化城土默特蒙古部众失地的根源。虽然清政府清厘地亩，划拨土地，但这仅仅在一定程度上缓解归化城土默特蒙古地亩兼并的矛

---

① 土默特左旗《土默特志》编纂委员会：《土默特志》（上），呼和浩特：内蒙古人民出版社，1997年，第159—160页。

盾，并没有从根本解决归化城土默特蒙古地亩兼并的问题，也没有解决归化城土默特蒙古生计日窘的问题。

在归化城副都统衙门档案，上引光绪十五年（1889），归化城同知《申覆十五沟折价银俟奉部覆准再行领解》中，由于"奸民"霸占地亩，乾隆年间，山西巡抚、绥远城将军、归化城都统清丈其地亩后，仍由"奸民"承种，付给其租金。在归化城副都统衙门档案、《清至民国时期归化城土默特土地契约》《内蒙古土默特金氏蒙古家族契约文书汇集》中，均载有大量的租典土地的契约，亦说明归化城土默特地区的租典关系并没有被禁止，而是愈演愈烈。

黄时鉴认为"清廷征服归化城土默特部并设置归化城城土默特旗总管后，这一带的土地即归属清朝皇帝所有。如果说各扎萨克旗还在相当程度上保有旗地共有的外表，那么在归化城土默特旗，这种共有的外表已几乎完全消失。'土默特地土，本系恩赏游牧'，清廷把户口地拨给蒙丁，目的只是使他们得有'养赡之资'，从而造成蒙丁有可能为清朝出征打仗的物质条件。清王朝的最高所有权还表现在：户口地是不许典卖的，如发生典卖，清朝可以把户口地重行分配，予取予夺；蒙丁无嗣绝户，户口地随即收回"①，同时认为"户口地的使用权虽然在土默特蒙古，但所有权却没有下放，仍掌握在清政府手中。可是事实上，从土默特蒙古后来不断发生永租和典押户口地现象看，'蒙丁不仅对户口地使用权，而且逐渐得到了对户口地的实际占有权"②。王建革在《农牧交错与结构变迁：清代内蒙古地区的农业与社会》③、《清代蒙地的占有权、耕种权与蒙汉关系》④ 中均探讨归化城土默特地区的土地关系，认为清王朝对土地有占有权，归化城土默特蒙古王公等从清王朝那里得到土地的领有权。这种领有权在归化城土默特地区就是土默特部众的户口地，他们将户口地转租给民人耕种，获得租资。汉人通过租典关系获得土地的耕种权，而不是占有权。

《土默特志》所载"每兵一名，种地一顷"⑤，同"每口以一顷为率"是相呼应的。因此此时的"种地一顷"应是户口地。

乾隆八年（1743）对归化城土默特地区的地亩进行清厘，清厘出的土地被分给无

---

① 黄时鉴：《清代包头地区土地问题上的租与佃》，内蒙古大学学报，1978年，第1期，第5—13页。
② 黄时鉴：《清代包头地区土地问题上的租与佃》，内蒙古大学学报，1978年，第1期，第5—13页。
③ 王建革：《农牧交错与结构变迁：清代内蒙古地区的农业与社会》，中国历史地理论丛，2002年，第3辑，第77—91页。
④ 王建革：《清代蒙地的占有权、耕种权与蒙汉关系》，中国社会经济史研究，2003年，第3期，第81—91页。
⑤ 清光绪年间刊本影印：《土默特志》卷7《职官考》，台北：成文出版有限公司，1968年，第114页。

地、少地之蒙古，这些人被称之为穷苦蒙古。这些地亩，被称之为穷苦蒙古地，其实亦是户口地。由于清政府并没有从根本上解决归化城土默特蒙古部众的土地问题，"此后由于租佃关系再次出现了失去土地的穷苦蒙古，因而在乾隆三十五年（1770）又放了一次穷苦蒙古地，是将开草厂内与草厂'无碍之地分给土默特两旗穷苦蒙古永远为产'，每人分得土地已不是一顷。因为同样的原因，在嘉庆十一年（1806）又给九百名穷苦蒙古放了一次土地"①。

《土默特志》载，在此次划拨土地之后，归化城土默特地区的土地典押禁而不止，清政府开始不再分配给这些地亩，而是把撤出的典押地亩租给民人耕种，以每户三两租银的标准，将租银分给穷苦蒙古。②

《归绥县志·经政志》也载有代征土默特牧地：

> 一、额外代征土默特牧地一百七十五顷九十九亩五分，每亩征银一分七厘至二三四五分不等，共额征银五百二十二两六钱五分。咸丰六年因灾豁免地十顷五十亩，共银三十一两五钱。共熟地一百六十五顷四十九亩五分，征银四百九十一两一钱五分。③

这些代征的土默特牧地租银，分给归化城土默特蒙古穷苦部众。《土默特志》卷7《政典考》载：

> 牧场地亩租息分给穷苦蒙古。开垦牧场地亩共计一千六百四顷五十一亩四分五厘，每年共征银二千八百四十七两六厘。所征租银赏给土默特之穷苦蒙古，共计九百名，每名核计三两一钱六分三厘三毫，其余不及一分之三分六厘银，即增给末名造册报院核销。此内遇有逃亡者，仍给伊家养赡家口，无家口者，另拣贫穷蒙古赏给。其

---

① 彭勇：《清代土默特土地占有方式》，土默特史料（第18辑），1985年，第258—279页；土默特左旗《土默特志》编纂委员会：《土默特志》（上），《土地与垦殖志》，呼和浩特：内蒙古人民出版社，1997年，第148页。载："其后，这些穷苦蒙古和一些旗丁，或因当差紧急，或因天灾人祸，不得不租典土地以济燃眉，因而土地典押禁而不止，并不断发展。几十年后，土默特两翼出现了更多的丧失土地的穷苦蒙古。1770年，清廷在土默特两翼又分了一次土地。这次是将偷开的草厂地撤回，分给土默特两旗穷苦蒙古永远为产。"
② 土默特左旗《土默特志》编纂委员会：《土默特志》（上），呼和浩特：内蒙古人民出版社，1997年，第48页。载：1773年，清廷认为土默特两翼旗众对户口地"暗中典卖，殊属不成事体。此辈人等，若不惩治示儆，反将田亩归还蒙古，则不肖蒙古、奸究民人无所畏惧，势必照旧私自典卖。"遂于当年将撤出之典押地亩1139.685顷，依"少地沙比纳尔、二旗家境贫寒少地人等住地之远近，按每户三两租银计，平均分给"，即把上项地"免归原主，饬交该将军等查丈清楚，租给民人耕种"，只将租银分给穷苦蒙古，而不再给这些人分配地亩。这就是穷苦蒙古地的来由。嘉庆年间，穷苦蒙古地略有增加，清廷重申："开垦牧场地亩共计一千六百四顷五十一亩四分五厘，共征租银二千八百四十七两六厘，所征租银赏给土默特之穷苦蒙古，共计九百名。"
③ 郑植昌修、郑裕孚纂：《归绥县志》，中国边疆史志集成（第37册），北京：全国图书馆文献缩微复制中心，2002年，第209—211页。

未经垦过之牧场，永行严禁开垦。①

阿·马·波兹德涅耶夫《蒙古与蒙古人》（第2卷）第4章《从归化城经张家口至承德府》，载有这些土地来源：

> 经过这次重新划分之后，所有土默特土地中，没有被开垦的还剩下一万三千二百九十五得力亨（顷）十四伊玛里（亩），它们是专供全体土默特旗民公用的牧场。可是在这以后还没到三十年，土默特未被开垦的土地就又缩减了。乾隆三十七年间，政府又从这些牧场中占去了二千二百四十四得力亨（顷）八十伊玛里（亩）的土地。把其中一部分用来作为公家的耕地，另一部分则用来分给那些在此不久之前已失去牲畜、再也无法继续以放牧为生的赤贫的土默特人。与此同时，又从一些土默特人的私有耕地中收回每年汛期都要被黄河淹没的草地二百二十九得力亨（顷）八十伊玛里（亩）。这次从土默特人手中分割土地是在政府主持和要求下对牧区的最后一次开垦，而私自垦牧为田的现象在此以后仍继续存在。嘉庆五年，呼和浩特官员又呈上一份奏折，禀称在乾隆后半期，富裕的土默特人为了贪图暴利，又开垦了一些草地，把以前已划为牧区的土地共耕种了一千四百五十得力亨（顷）七十八伊玛里（亩）。这些官员禀明这一事实之后，向皇上请旨从这些土地上征收租金，以便把收来的这些钱款分给那些不富裕的土默特人，他们共为九百人。当这一奏折获得皇帝的批准后，那些开垦了这些土地的富裕的土默特人见耕种这些土地还须把自己收入中相当大的一部分分给那些什么也不干的穷人，自己却无利可图，从而很快就完全放弃了这些土地。因此，在五年之后，嘉庆皇帝又下了一道谕旨，命令从放弃土地的土默特人手中将这些土地收回，分给那九百个原拟领取这些土地的租金作为补助的穷苦人。②

《土默特志》认为"根据文献档案，分给穷苦蒙古的是这些地亩的租银而不是土地，波氏所记可能有误"③。为解决穷苦蒙古失地的问题，防止他们因事情紧急、生活窘迫而出典土地，清政府把土地收回自行出租给民人耕种，按人口支付给穷苦蒙古租银。这些被清政府收回并用于出租的土地，亦被称之为穷苦蒙古地。这些土地的租金被用于支付穷苦蒙古，用于维持他们的生活。从本质上来讲，亦是蒙古户口地，但是从地权上来讲，清政府拥有土地的所有权，这一点没有改变。但是归化城土默特蒙古对土地的领有权却

---

① 清光绪年间刊本影印：《土默特志》卷7《政典考》，台北：成文出版有限公司，1968年，第129—130页。
② 阿·马·波兹德涅耶夫著，张梦玲等译：《蒙古及蒙古人》（第2卷），呼和浩特：内蒙古人民出版社，1983年，第159页。
③ 土默特左旗《土默特志》编纂委员会：《土默特志》（上），呼和浩特：内蒙古人民出版社，1997年，第148页。

被清政府给剥夺了。这个土地的领有权被清政府收回，并租给民人，转化为民人对土地的耕种权。民人获得土地的耕种权，就要承担交付租金的义务。而收取租金的却是清政府，亦清政府亦在拥有土地所有权、领有权的前提下，又获得收取租金的权益。虽然这些租金被用于支付归化城土默特穷苦蒙古，但从根本上来讲，应是清政府对归化城土默特穷苦蒙古的一种救济。归化城土默特穷苦蒙古却失去了土地的领有权和收取租金的权利。

总之，无论是蒙丁地，还是户口地，都是在清政府占有土地所有权的前提下，把归化城土默特地区的土地按照一定的等级分拨归化城土默特蒙古部众。归化城土默特部众由此获得土地的领有权，以此为生，同时承担清政府的各种差役。由于归化城土默特地区牧场日趋狭窄，游牧无法维持归化城土默特部众生计。归化城土默特部众并不擅长从事农业生产，且在承担各种差役的前提下，也无暇从事农业生产。因此不得不靠出租土地领有权，获得租金以维持生计。租典关系在归化城土默特地区盛行，民人由此获得土地的耕种权，并进而取得土地的实际领有权。而归化城土默特部上层却凭借手中职权，兼并土地，造成归化城土默特部众失地现象非常严重。为了解决失地归化城土默特部众的生计问题，自乾隆始，清廷虽然多次对归化城土默特地区的土地进行清厘，并分拨土地。这些分拨的土地主要是针对归化城土默特穷苦部众的，又被称为穷苦蒙古地，但清廷的此种举措并没有解决归化城土默特蒙古部众失地的问题。为了解决穷苦蒙古因生活窘迫、情况紧急下租典土地应急，嘉庆年间，清政府把部分穷苦蒙古地收回出租给民人以收取租金，并把租金按照一定的标准计口分配给穷苦蒙古。这样清政府不仅取得了对穷苦蒙古土地的领有权，同时也取得了穷苦蒙古土地的收租权。

二、鳏寡孤独地

归化城土默特地区有一定数量的鳏寡孤独地。这是清政府为救济鳏寡孤独者，而专门划拨的土地。这些土地并非鳏寡孤独者经营，而是由政府出租给民人，收取租金，然后由政府按照一定的标准赏给鳏寡孤独者。田山茂认为鳏寡孤独地属于官地和蒙古人所有地中间性质的半官有地。[①] 这种说法有一定的合理性。从土地的所有权来看，土地所有权、领有权均归清政府所有，而耕种权归民人所有。归化城土默特部鳏寡孤独者，仅是名义上的所有者，并不实际拥有土地，他们所获得的仅仅是土地的租金，这种租金从本质上来讲是清政府对这些鳏寡孤独者的救济。即便没有这些土地，清政府亦会从其他支项下开支救济资金，用以救济归化城土默特蒙古的鳏寡孤独者。故在某种程度上，鳏

---

① 田山茂：《清代蒙古社会制度》，呼和浩特：内蒙古人民出版社，2015年，第179页。

寡孤独地应是完全意义上的官地，而非半官地。

据《归绥县志·经政志》载：

> 代征鳏寡孤独地五十八顷九十二亩，每亩征银二厘五毫至四五分及一钱六分不等，共征银七十四两一分三厘。①

据《土默特志》卷5《赋税·附输田》载：

> 乾隆四十二年，奏交五厅地亩二百顷上下，作为鳏寡孤独赏项。每年征银三百余两。……又沙拉乌素、喇嘛营、狼家营、黑土窑、红巧尔村，共五村，鳏寡孤独地五段，尽数报退。②

《土默特志》卷7《政典考》载：

> 地租分赏鳏寡孤独。撤出蒙古等名下地一百九十八顷六十八亩，内开除水冲沙压地亩外，实租给民人地一百九十三顷四十二亩，每年征租银三百余两，均赏给该处鳏寡孤独作为养赡之资。③

《土默特志》所载乾隆四十二年（1777），五厅地亩二百顷上下，作为鳏寡孤独赏项，每年征银三百余两。"沙拉乌素、喇嘛营、狼家营、黑土窑、红巧尔村"有鳏寡孤独地亩，且由于"水冲沙压"等原因，导致土地不堪耕种，因而报退。《归绥县志》所载仅是其中一段鳏寡孤独地。归化城副都统衙门档案中亦有因水淹而延期交纳鳏寡孤独租银的记载。据乾隆三十九年（1774）十二月十三日户司《为将私典土地税银赏给两旗鳏寡孤独等情形造册转送理藩院并移咨绥远将军的呈文》（满文）载：

> 乾隆三十八年被水冲毁，不得耕种，经奏准销册之地六十七亩，租银一两三钱四分；因水淹之故，延期交纳租银地亩三十六顷二十三亩。④

而据归化城副都统衙门档案，早在乾隆三十七年（1772）就有鳏寡孤独地亩的记载。乾隆三十八年（1773）三月十八日，绥远城将军《为撤回蒙古贫民私典之田并交原耕种者所收租银赈济贫蒙的咨文》（满文）载：

> 乾隆三十七年正月十八日，准理藩院咨文内开，据署山西巡抚朱贵奏称：前分给土默特无地贫苦蒙古之永业田内，贫苦蒙古人等已陆续典出地共一百九十八顷六十八亩……将原典之地一百九十八顷六十八亩抽出，租给他人耕种，所得租银三百一十八

---

① 郑植昌修、郑裕孚纂：《归绥县志》，中国边疆史志集成（第37册），北京：全国图书馆文献缩微复制中心，2002年，第209—211页。
② 清光绪年间刊本影印：《土默特志》卷5《赋税·附输田》，台北：成文出版有限公司，1968年，第87—91页。
③ 清光绪年间刊本影印：《土默特志》卷7《政典考》，台北：成文出版有限公司，1968年，第130页。
④ 土默特左旗档案馆藏：归化城副都统衙门档案，《为将私典土地税银赏给两旗鳏寡孤独等情形造册转送理藩院并移咨绥远将军的呈文》（满文），档案号：80—23—809。

两一钱三分五厘,从土默特二旗各申喇牛录查核具保,实有鳏寡孤独共二百六十四人,每人一两二钱,计共赏给银三百一十六两八钱。①

在归化城副都统衙门档案中,有乾隆三十八年(1773)一月二十四日归化城户司《为将本处私自典卖之田租银赏给鳏寡孤独之册转送理藩院的咨文》(满文)、乾隆三十八年(1773)二月二十四日绥远城将军衙门《为赏给土默特两旗鳏寡孤独等农田被涝,其租银延期收取的咨文》(满文)、乾隆三十九年(1774)十二月十三日户司《为将私典土地税银赏给两旗鳏寡孤独等情形造册转送理藩院并移咨绥远将军的呈文》(满文)②,所载均早于《土默特志》所载的乾隆四十二年(1777),显见《土默特志》所载有误。据归化城副都统衙门档案可知鳏寡孤独地设立的时间应在乾隆三十八年(1773)甚或更早。

鳏寡孤独地的租银,由各厅代征,解交归化城副都统衙门,按人头平均赏给鳏寡孤独者,所剩余银两如数存库,年终造册报送理藩院,照例查核销算。《土默特志》第3章《土地与垦殖志》载:

> 其租银由各厅代征,各厅代征数目如下:清水河厅代征租银一两;和林格尔厅代征租银七十七两七钱五分一厘;托克托厅代征租银二十二两六钱三分五厘;萨拉齐厅代征租银九十两七钱二分八厘;归化城厅代征租银一百一十两七钱二分八厘。1773年鳏寡孤独共264人,每人赐予银1.2两,以后略有增减。鳏寡孤独地虽为公地,名义上是赏给该处鳏寡孤独作为养赡之资,但若干年以后多为参佐等官私侵。③

归化城副都统衙门档案中,载有鳏寡孤独地的收租、报销、分配情况。如光绪十一年(1885)十一月旗务衙门《造送光绪八年(1882)岁入岁出四柱清册》载(摘录):

> 鳏寡孤独地租银,每年收支银数限定当年十二月内咨报,理藩院核销归化城旗务衙门遵照则例,撤出土默特蒙古等名下地一百九十八顷六十八亩,归化等厅每年应征租银三百十八两一钱三分五厘,应赏给土默特两翼鳏寡孤独之处,年底咨报理藩院核销。所有此地内陆续报退沙压开除外,现在租地一百八十九顷十六亩,每年应征租银二百八十六两九钱五分五厘五毫。

> 一、新收归化等厅解到光绪八年地租银二百八十六两九钱五分五厘五毫,照例赏给鳏寡孤独,共一百九十名,各赏银一两五钱一分,统共赏银二百八十六两九钱,余

---

① 土默特左旗档案馆藏:归化城副都统衙门档案,《为撤回蒙古贫民私典之田并交原耕种者所收租银赈济贫蒙的咨文》(满文),档案号:80—22—191。
② 土默特左旗档案馆藏:归化城副都统衙门档案,档案号:80—23—798、80—23—803、80—23—809。
③ 土默特左旗《土默特志》编纂委员会:《土默特志》(上),呼和浩特:内蒙古人民出版社,1997年,第52页。

剩银五分五厘五毫，增给末名，尽数散给，不存。①

据档案所载，鳏寡孤独地租银收支数额应在每年十二月报理藩院核销。原撤出土默特蒙古土地"一百九十八顷六十八亩"，报退沙压开除之外，剩余"一百八十九顷十六亩"，收租银"二百八十六两九钱五分五厘五毫"，分给"一百九十名"鳏寡孤独，每人赏银"一两五钱一分"，共赏银"二百八十六两九钱"，余"五分五厘五毫"赠送给最后一个鳏寡孤独者。旗务衙门《造送光绪八年（1882）各项岁入岁出简明四柱清册》同旗务衙门《造送光绪九年（1883）各项岁入岁出简明四柱清册》所载的鳏寡孤独各项大致相同。

光绪十一年（1885）十一月，归化城旗务衙门《造送光绪九年（1883）各项岁入岁出简明四柱清册》载（摘录）：

鳏寡孤独地租银，每年收支银数限定当年十二月内咨报，理藩院核销

【中略】

归化城旗务衙门遵照则例，原撤出土默特蒙古等名下地一百九十八顷六十八亩，归化等厅每年应征租银三百十八两一钱三分五厘应赏给土默特两翼鳏寡孤独之处，年底咨报理藩院核销。所有此地内陆续报退沙压开除外，现在租地一百八十九顷十六亩，每年应征租银二百八十六两九钱五分五厘五毫。

一、新收归化等厅解到光绪八年地租银二百八十六两九钱五分五厘五毫，照例赏给鳏寡孤独，共一百九十名，各赏银一两五钱一分，统共赏银二百八十六两九钱，余剩银五分五厘五毫，增给末名，尽数散给，不存。②

由于鳏寡孤独人数是有变动的，因此每年的赏银数量亦会发生变化。据归化城城副都统衙门档案，光绪十一年（1885）十一月，归化城旗务衙门《造送光绪十年（1884）各项岁入岁出简明四柱清册》载（摘录）：

鳏寡孤独地租银，每年收支银数限定当年十二月内咨报，理藩院核销

【中略】

归化城旗务衙门遵照则例，撤出土默特蒙古等名下地一百九十八顷六十八亩，归化等厅每年应征租银三百十八两一钱三分五厘，应赏给土默特两翼鳏寡孤独之处，年底咨报理藩院核销。所有此地内陆续报退沙压开除外，现在租地一百八十九顷十六

---

① 土默特左旗档案馆藏：归化城副都统衙门档案，《造送光绪八年各项岁入岁出简明四柱清册》，档案号：80—6—2598。
② 土默特左旗档案馆藏：归化城副都统衙门档案，《造送光绪九年各项岁入岁出简明四柱清册》，档案号：80—6—2596。

亩，每年应征租银二百八十六两九钱五分五厘五毫。新收归化等厅解到光绪八年地租银二百八十六两九钱五分五厘五毫，照例赏给鳏寡孤独，共二百一十名，各赏银一两三钱五分九厘九毫七丝，统共赏银二百八十六两九钱五分三厘六毫七丝，余剩银一厘八毫，增给末名，尽数散给，不存。①

归化厅解送的地租银数量是一样的，但是鳏寡孤独从一百九十名增加到二百一十名。每位鳏寡孤独者所分银两从一两五钱一分，降为一两三钱五分九厘九毫七丝。

在归化城副都统衙门档案中，亦有各厅移解鳏寡孤独银的记载。光绪十四年（1888）十一月十九日，萨拉齐同知《申报移解鳏寡孤独银日期》载：

　　申报移解光绪十四年分鳏寡孤独地租银日期由调署萨拉齐抚民同知为咨于事，案查前蒙宪檄饬将每年征收土默特鳏寡孤独地租银两移解归化厅□解等因，遵奉在案，请将卑厅征收光绪年分土默特鳏寡孤独地租银八十二两八钱九分，已于光绪十四年十一月初九日差役移解归化厅库，详在转折，有移解日期。理合具文申报大人查核。除径报将军、归绥道宪外，为此备由具申，伏乞照验施行。须至申者。右申钦取头品顶戴镇守归化城等处地方管理绥远城官兵副都统奎

　　光绪十四年十一月初九日署同知张申解事

　　署萨厅申报移解本年分鳏寡孤独地租银两事

　　　　　　　　　　　　　　　　光绪十四年十一月十九日②

萨拉齐厅"银八十二两八钱九分，已于光绪十四年（1888）十一月初九日差役移解归化厅库"。清末由于民欠，鳏寡孤独地租银并不能完全征收上来。据归化城副都统衙门档案，光绪三十三年（1906）七月二十二日，萨拉齐同知《申覆遵饬查明缓征土默特厂地案内各租银数目》载：

　　和厅折开每年额代征土默特蒙古地租，鳏寡孤独银六百二十四两四钱二分五厘。光绪二十七年分……内已解过孤独银七十七两七钱五分一厘。……光绪二十八年分……内已解过孤独银七十七两七钱五分一厘。……光绪二十九年分……内已解送过孤独银七十七两七钱五分一厘。……光绪三十年分……内已解过孤独银七十七两七钱五分一厘。……光绪三十一年分……内已解送过孤独银七十七两七钱五分一厘。……均系实欠在民。……卑职卷查和厅应解蒙租银内向无鳏寡孤独一款名目，且近年以来，仅止光绪三十二年四月间，卑厅收过和厅来差执持归绥道印，谕解交光绪二十四

---

① 土默特左旗档案馆藏：归化城副都统衙门档案，《造送光绪十年各项岁入岁出简明四柱清册》，档案号：80—6—2597。
② 土默特左旗档案馆藏：归化城副都统衙门档案，《申报移解鳏寡孤独银日期》，档案号：80—6—977。

五六共计三年分蒙地租银四百四十八两一钱六分九厘，前已收储厅库当即申报归绥道宪，查核已在案。……又查有另征大岱焦泥沟与小井尔坪村蒙古骁骑校泳禄扎布与民人张䮄等一百六十余户承种，共地四十九顷一十一亩，岁征租银八十二两八钱九分，又有已故荣庆入官，共地八十亩，系民人赵大臣银等粮户承种，岁征租银二两五钱。已故泥克图入官地共四顷一十五亩，系民人郝天申等四十户承种，岁征租银四两八钱八分。以上三项，共银九十两二钱七分，统名曰鳏寡孤独等项租银。向章每年于十月初一日一律开征，至年底，先将鳏寡孤独等项，从征起银内尽数分别批解，除已故泥克图入官地租银四两八钱八分，备具清文径解。①

据此可知，萨拉齐同知代征鳏寡孤独地租银九十两二钱七分，分别来自"大岱焦泥沟与小井尔坪村由蒙古骁骑校泳禄扎布与民人张䮄等一百六十余户承种的四十九顷一十一亩土地""赵大臣银等承种的荣庆入官地八十亩""郝天申等四十户承种的泥克图入官地四顷十一亩"，但由于民欠，每年仅解送银"七十七两七钱五分一厘"。

三、公共游牧地

归化城土默特地区，向是归化城土默特部的游牧之地，虽然在明代有一定数量的土地垦殖，入清以后，清廷划拨给归化城土默特蒙古草场地亩，但归化城土默特蒙古仍"纯以畋猎游牧为生"。② 因此在归化城土默特地区亦有一定数量的公共游牧地供广大土默特蒙部部众牧养牲畜。据《绥远通志稿》卷43《牧业》载：

> 归绥县，设治最早，地多垦辟。各处草滩皆作村畜公牧之场，全境内已无广大牧地，故无专营牧畜以为生业者。……萨拉齐……县属一、二、四各区，虽有荒滩数百顷，惟草不畅茂，故全县亦无专以牧畜为业者。间有少数以养羊为副业，多在沿山一带，以其便于牧放也。……包头置县未久，属境辽阔，村落畸零，农业未大发达。惟境内水草丰畅，易于牧畜。沿乌拉山及中滩一带，草蒻尤佳，面积约数千顷，农家以牧畜为惟一副业，极重视之。……托克托县……辟亦甚早，已为完全农业发达区。阡陌纵横，无广大之牧场可供牧畜。一、三两区内，虽有荒地千余顷，皆属盐碱沙滩，草不畅茂，故县民专营牧畜者绝少。……清水河县产业状况，大致与托县略同，近年已无专营牧畜者。惟县境多山，草蒻易得，农田多瘠，收获微薄，居民养羊虽少大群，而大多数皆孳生少量羊只，以为副产，补助生活。……和林格尔县与归绥南境接

---

① 土默特左旗档案馆藏：归化城副都统衙门档案，《申覆遵饬查明缓征土默特厂地案内各租银数目》，档案号：80—6—874。
② 绥远通志馆：《绥远通志稿》卷35《田赋》（第43册），内蒙古自治区图书馆藏（稿本），第3页。

壤土地多已垦种，无良好之牧场。惟一、二两区境内多砂瘠不堪耕种之地，居民利用作牧畜场。①

据上可知，归化城土默特地区由于土地大多开垦为农田，因此牧业衰败。其公共牧地或为荒滩、山地等不堪耕种之区，进一步加速了本地区畜牧业的衰微进程。

归化城土默特地区牧地情况，据《绥远通志稿》卷35《田赋》载：

《山西通志》：归绥道……土默特牧厂地八百一十九顷六十七亩三分五厘。②

《绥远通志稿》卷35《田赋》载：

土默特旗官滩，上中下三则，地五百三顷四十二亩九分七厘五毫，上则地二十五顷二十四亩八分七厘五毫……中则地三十五顷四十一亩九分七厘……下则地四十二顷七十六亩一分三厘。③

《绥远通志稿》卷35《田赋》载：

《山西通志》：归绥道萨拉齐土默特蒙古牧厂地四百六十六顷五十二亩七分五厘。征租银如额。又《归绥道志》萨拉齐厅田赋新案，每年征厂地租银一千八百六十六两一钱一分，乾隆三十九年奉文拨征。案《道志》所载与现征赋额同，较省志地数增二百七十顷，当为光绪季年续垦者，然无案可指证矣。④

彭勇据归化城副都统衙门档案所载，认为归化城土默特地区的公共游牧地还是比较广阔的"原赏归化土默特蒙古游牧界址南至杀虎口边墙，北至哈达穆尔，东至拆尔登察汗库圲，西至包头村西察汉鄂博并黄河为界"，除已开垦之地外，皆为公共游牧地。⑤ 这个观点还是值得推敲的。清初，赏给归化城土默特蒙古一定数量的土地，作为养赡之地。这些土地的所有权为清政府所有，但归化城土默特蒙古获得土地的领有权，并由领有权获得这块土地的收益权（租金）。在某种程度上讲，归化城土默特蒙古的户口地，其实质是职分田或差役田，但又与职分田和差役田有所不同——这些户口地的领有权是可以继承的。由于归化城土默特蒙古并不善于农耕，因此其户口地，除了出租部分土地获得租金外，亦有部分土地是用于游牧的。因此"除已开垦之地外，皆为公共游牧地"的观点是有误的。清初，归化城土默特地区的公共游牧地，是除去划拨给归化城土默特蒙古

---

① 绥远通志馆：《绥远通志稿》卷43《牧业》（第51册），内蒙古自治区图书馆藏（稿本），第22—28页。
② 绥远通志馆：《绥远通志稿》卷35《田赋》（第43册），内蒙古自治区图书馆藏（稿本），第3—5页。
③ 绥远通志馆：《绥远通志稿》卷35《田赋》（第43册），内蒙古自治区图书馆藏（稿本），第20页。
④ 绥远通志馆：《绥远通志稿》卷35《田赋》（第43册），内蒙古自治区图书馆藏（稿本），第24页。
⑤ 彭勇：《清代土默特土地占有方式》，土默特史料（第18辑），1985年，第258—279页。

部众的户口地之外剩余的地亩。但是，清政府对归化城土默特蒙古并不信任，为了限制归化城土默特蒙古势力的发展，而对归化城土默特蒙古采取了种种限制措施（见上文）。且归化城土默特蒙古上层，为了自己的利益，亦不断向清政府效忠，而不断捐纳土地。不断被划拨走的归化城土默特地区的土地就是这种现象的集中表现。从康熙开始，至乾隆年间，清政府从土默特蒙古公共游牧地内划拨了大量的驿站地、庄头地、公主地、马厂地和官粮地（详见下文）。同时亦划拨相当数量的牧地，安置其他蒙古部落，如借牧地地（详见下文）。因此归化城土默特蒙古的公共游牧地越来越少。清政府占地和民人开垦土地，致使归化城土默特蒙古可用游牧之地越来越少，这就迫使归化城土默特蒙古采用农耕，而导致其畜牧业衰退甚至消亡。

在归化城土默特牧地日趋减少的情况下，难免就会发生争夺牧地的纠纷。据《督办垦务大臣贻奏酌拟办理绥远城牧厂情形折》所载：

> 伏查乾隆三年，由土默特牧地内恩赏绥远城驻防官兵牧厂，原系南北宽一百里东西，长三百里。旋于是年七月间仍在大青山后，另指十处作为牧厂。八旗、两翼各分四至，中间空地照旧归土默特。其牧厂界内，土默特蒙古亦准寄居。先系随同水草公共游牧，后于乾隆二十八年，经将军蕴春奏明，在牧厂界外拜稀郭尔山前另断土默特游牧，而绥远城泥于从前公共之文，不免时有逾越，遂有道光二十三年互争游牧之案。将军奕兴、归化城副都统成凯先后具奏，奉旨著仍赏给土默特，其八旗马厂仍循旧界以杜争端等因。钦此。然判别于马厂之外者，游牧虽已各分，而错处于马厂之中者，地段依然相接。杂居日久，耦俱无猜。厂地渐就混同，土默特亦未尝考其界划。①

乾隆三年（1738），划绥远城驻防官兵牧场时，"八旗、两翼各分四至，中间空地照旧归土默特。其牧厂界内，土默特蒙古亦准寄居。先系随同水草公共游牧"，但是，由于牧地交叉，在放牧之时，难免会产生纠纷。故乾隆二十八年（1763）"经将军蕴春奏明，在牧厂界外拜稀郭尔山前另断土默特游牧"。由于绥远城驻防官兵"泥于从前公共之文，不免时有逾越"，这就引起土默特蒙古与八旗驻防官兵因游牧地问题产生纠纷，而矛盾不断。道光二十三年（1843）"互争游牧之案"，经"将军奕兴、归化城副都统成凯先后具奏，奉旨著仍赏给土默特，其八旗马厂仍循旧界以杜争端等因"。显然是由于绥远城驻防官兵不断侵吞归化城土默特蒙古牧场而导致的。此外还会发生民人强占草地的事情，如乾隆五十六年（1791）十一月二十二日，理藩院《为会审宋奎兴等强占蒙古

---

① 《申报》（上海版），1903年7月15日，星期三，第10860号，清光绪二十九年闰五月二十一日，第15版。

草场案事的咨文》①，不仅绥远城驻防官兵、民人争夺归化城土默特的游牧之地，归化城地区的驿站亦侵占归化城土默特游牧之地。如乾隆三十五年（1770）五月八日，户司《请会审沙尔沁村与驿站骁骑校雅木丕勒争草场案的咨文》。② 说明侵占归化城土默特游牧地的现象经常发生。

由于归化城土默特蒙古游牧之地日趋减少，为维护蒙古生计，清政府对这些公共游牧地严行禁垦。据《清高宗实录》卷178，乾隆七年（1742）十一月丙辰条载：

> 又奏：土默特蒙古，生计艰难，多有典出地亩……今既称土默特两旗蒙古，并各喇嘛、沙弼那尔等，牧厂不甚宽裕。且各扎萨克游牧处之民人、蒙古及喀尔喀贸易之马驼牲畜，皆赖此牧放。若将草地陆续招垦，必致侵占牧所，于蒙古未便，仍当禁其耕种，亦应如所请。从之。③

乾隆六年（1741）二月二十四日，归化城都统《为禁止私自开垦蒙古游牧地的札文》④、乾隆八年（1743）一月二十日，绥远城将军《为派员会同山西巡抚衙门办理分期收回土默特蒙古抵押给口外民人土地统筹分给贫蒙禁止耕种未开垦草场的咨文》，要求禁止开垦草场⑤，《清高宗实录》卷198，乾隆八年（1743）八月壬子条载：

> 归化城都统噶尔玺等奏：上年十一月内。大学士议准山西巡抚喀尔吉善等所奏，将土默特蒙古典给民人地亩，年满赎回，分给贫乏蒙古。臣等遵即晓谕众蒙古，将牧场禁止开垦。⑥

虽然清政府明令禁止开垦草地，但这种禁令在归化城土默特地区并没有很好的执行，因此草地开垦并没有停止。在归化城副都统衙门档案中，有多卷私垦草场的案卷。如乾隆十三年（1748）二月十一日，土默特左翼印务《为达巴牛录散札布等擅自开垦草地的呈文》⑦，乾隆四十五年（1780）十一月十六日，萨拉齐厅《申请委员会审吕成美控张

---

① 土默特左旗档案馆藏：归化城副都统衙门档案，《为会审宋奎兴等强占蒙古草场案事的咨文》，档案号：80—26—723；土默特左旗档案馆藏。
② 土默特左旗档案馆藏：归化城副都统衙门档案，《请会审沙尔沁村与驿站骁骑校雅木丕勒争草场案的咨文》（满文），档案号：80—满文补遗30—55。
③ 官修：《清高宗实录》卷178，乾隆七年十一月丙辰条，北京：中华书局，1985年，第291页。
④ 土默特左旗档案馆藏：归化城副都统衙门档案，《为禁止私自开垦蒙古游牧地的札文》，档案号：80—22—140。
⑤ 土默特左旗档案馆藏：归化城副都统衙门档案，《为派员会同山西巡抚衙门办理分期收回土默特蒙古抵押给口外民人土地统筹分给贫蒙禁止耕种未开垦草场的咨文》（满文），档案号：80—22—141。
⑥ 官修：《清高宗实录》卷198，乾隆八年八月壬子条，北京：中华书局，1985年，第542—543页。
⑦ 土默特左旗档案馆藏：归化城副都统衙门档案，《为达巴牛录散札布等擅自开垦草地的呈文》（满文），档案号：80—满文补遗30—6。

宝山私垦草场案的呈文》①，嘉庆十八年（1813）七月八日，户司《为私垦查干库棱等四村之草场案并入原案办理的呈文》②，说明归化城草地私垦的现象并没有因清政府的禁垦令而停止。

公共游牧地在名义上是归化城土默特两翼蒙古共同所有，但归化城土默特蒙古上层往往利用职权侵占公共游牧地。如乾隆五十七年（1792）四月，鄂勒达顺《呈控特穆格村台吉旦尔达尔私与民人开垦我村草场》③、道光十七年（1837）四月一日，左翼六甲参领《为领催莫章诃扎布等擅自将游牧地指给民人开垦的呈文》④，均说明归化城土默特蒙古上层侵占游牧地，开垦土地，私吞租金。《土默特志》第3章《土地与垦殖志》亦载：

> 公共游牧地的使用权，名义上归土默特各佐蒙古共有，但往往被官员和有权势者私行放垦，独吞租银。如土默特历史文档中就载有"道光三年台吉召荣栋私行出租公共游牧草厂地""嘉庆二十二年佐领达尔玛私行出租公共草厂"等事例。⑤

由于归化城土默特蒙古上层私自招垦或出典土地，导致归化城土默特地区土地开垦和租典的繁盛。这是因为归化城土默特蒙古上层意识到收取地租远比经营牧场更为有利，便不顾清政府禁止开垦草场的禁令，争相招垦。据《清高宗实录》卷348，乾隆十四年（1749）九月丁未条载：

> 谕：蒙古旧俗，择水草地游牧，以孳牲畜，非若内地民人倚赖种地也。康熙年间，喀喇沁扎萨克等，地方宽广，每招募民人，春令出口种地，冬则遣回。于是蒙古贪得租之利，容留外来民人，迄今多至数万，渐将地亩贱价出典，因而游牧地窄，至失本业。⑥

文献所指虽然为喀喇沁扎萨克招民垦地，但是这种行为却带有一定的示范性。归化城土默特地区本就是水草较为丰美之区，汉人也较早在该区域从事农业生产。加之喀喇沁扎萨克的示范效应，归化城土默特蒙古上层也就会竞相效仿。

---

① 土默特左旗档案馆藏：归化城副都统衙门档案，《申请委员会审吕成美控张宝山私垦草场案的呈文》（满文），档案号：80—5—1881。
② 土默特左旗档案馆藏：归化城副都统衙门档案，《为私垦查干库棱等四村之草场案并入原案办理的呈文》（满文），档案号：80—26—738。
③ 土默特左旗档案馆藏：归化城副都统衙门档案，《呈控特穆格村台吉旦尔达尔私与民人开垦我村草场》（满文），档案号：80—22—228。
④ 土默特左旗档案馆藏：归化城副都统衙门档案，《为领催莫章诃扎布等擅自将游牧地指给民人开垦的呈文》（满文），档案号：80—26—728。
⑤ 土默特左旗《土默特志》编纂委员会：《土默特志》（上），呼和浩特：内蒙古人民出版社，1997年，第149页。
⑥ 官修：《清高宗实录》卷348，乾隆十四年九月丁未条，北京：中华书局，1985年，第799页。

清末，清政府清查归化城土默特蒙古地亩，"此次清查后，拟将官滩、牧厂、绝户之租，由该旗户司征收，作为该旗公款"，① 这显然是对本已衰落的归化城土默特地区的畜牧业的致命打击。自此，归化城土默特地区的公共游牧地几乎被开垦殆尽。

四、大粮地

大粮地，亦被称之为大粮官地。"所谓官地，和满洲内务府、户部等的官庄所用的官字同义，是指国家机关所有地。"② 归化城土默特地区的大粮地是为解决军队的粮食问题，而从归化城土默特蒙古公共游牧地划拨的。《绥远通志稿》卷 22（上）《垦务》引《清朝通志》载：

> 《皇朝通志》：雍正十三年六月，归化城都统丹津，协办尚书通智等，奏请将土默特境内闲旷膏腴之地八处，作为大粮官地，饬交地方征粮，以备军食。奉旨饬厅丈放，征收赋役。一曰善岱，垦地一千五百顷，原交托厅，后归萨厅。二曰西尔格，三曰补圪图尔，四曰什拉乌素，三处共垦地七千顷，交萨托二厅。五曰清水河，垦地二万七千顷，交清厅。六曰特穆尔昂力行，七曰浑津二处，共垦地二千五百顷，交归厅。八曰厂木哈克，垦地二千五百顷，交和厅。以上八处，共垦田四万顷。每亩征米三升，共征米一十二万仓石。③

《绥远通志稿》卷 35《田赋》载：

> 雍正十三年六月，归化城副都统丹津、协办尚书通智，奏请将土默特境内闲旷膏腴，作为大粮官地，饬交地方征粮，以备军食。八处垦地约四万顷，每亩征米三升，共征米十二万石，省田赋盖自此始。④

《土默特志》卷 5《赋税·附输田》载：

> 一、雍正十三年六月，归化城都统丹津，协办尚书通智等奏请将土默特境内闲旷膏腴之地八处作为大粮官地，饬交地方征粮以备军食。奉旨饬厅丈放征收赋役在案。一曰善岱，垦地一千五百顷。原交托厅，后归萨厅。征米五千仓石。二曰西尔格，三曰补垠，四曰什拉乌素，此三处共地七千顷，交萨托二厅，征米二万仓石。五曰清水河，垦地二万七千顷，交清厅征米八万仓石。六曰特穆尔昂力行，七曰浑津，此二处

---

① 绥远通志馆：《绥远通志稿》卷 22（上）《垦务》（第 26 册），内蒙古自治区图书馆藏（稿本），第 91 页。
② 田山茂：《清代蒙古社会制度》，呼和浩特：内蒙古人民出版社，2015 年，第 172 页。
③ 绥远通志馆：《绥远通志稿》卷 22（上）《垦务》（第 26 册），内蒙古自治区图书馆藏（稿本），第 11 页。
④ 绥远通志馆：《绥远通志稿》卷 35《田赋》（第 43 册），内蒙古自治区图书馆藏（稿本），第 1 页。

垦地二千五百顷，交归厅，征米七千仓石。八曰厂木哈克，垦地二千五百顷，交和厅征米八千仓石。以上八处共垦地四万顷，每亩以三升征米，共征米十二万仓石。①

上引这几处文献所载几乎相同，但这仅是丹津等人奏请计划开垦土地的数量，实际数额并没有这么多。据《土默特志》卷5《田赋》载：

一、归化厅，于乾隆二年、七年、九年、十六年、五十四年，奏放浑津、黑河二里，官地四百三顷六十七亩六分五丝。一萨拉齐厅，于乾隆二年，奏交丈放长泰宁善四□，官地一千九百三顷七十四亩五分八里二毫五丝。一托克托厅，于乾隆二年，奏交丈放安兴遵三里官地一千一百一十八顷十七亩四分。一和林格尔厅，于乾隆二年，奏交丈放物阜民安上下七里，官地三千二百五十四顷三十七亩一分。一清水河厅，于乾隆二年，奏交丈放时和年丰，家室盈宁八里官地一万三千四百二十六顷一亩九分二厘。以上五厅，共放粮地二万一百五顷九十八亩六分五厘二毫五丝。②

这些土地来源有四："招民开垦荒地、出价收买的私人土地、官地丈放为民地者和民人私垦的升科地。"③ 从《土默特志》所载来看均为丈放的"官地"，这些官地的来源应是归化城土默特地区的"闲旷膏腴之地"——公共游牧地。从归化城都统丹津奏请来看，显然是归化城土默特部为效忠清政府而捐纳的土地，名义上的"奏请"，其实在一定程度上有强迫的成分。因为归化城土默特地区的土地的所有权在清政府，归化城土默特部众仅是拥有对土地的领有权，并没有所有权，清政府可以随时收回土地的领有权。且归化城土默特部众对土地领有权，其实质是其职分田、差役田。在此情况下，与其说是归化城都统丹津奏请效纳的土地，倒不如说是清政府授意丹津效纳土地。《土默特志》亦认为这些土地是在清政府授意丹津等人效纳的。④ 从丈放土地的数量来看，计划丈放四万余顷，而实际丈放二万余顷，缩水将近一半。亦说明在土地丈放过程中遇到不小的阻力——归化城土默特部众并非心甘情愿的把这些土地效纳给清政府，来解决驻防官兵的粮食问题。

五、十五沟地

归化城大青山十五沟，包括东哈尔吉尔沟、恩都喇嘛沟、查汉不浪沟、波尔克素太

---

① 清光绪年间刊本影印：《土默特志》卷5《赋税·附输田》，台北：成文出版有限公司，1968年，第83—84页。
② 清光绪年间刊本影印：《土默特志》卷5《赋税·附输田》，台北：成文出版有限公司，1968年，第85—86页。
③ 成崇德、孙哲：《论清代前旗的西部边疆开发》，清史研究，2001年，第4期，第85—96页。
④ 土默特左旗《土默特志》编纂委员会：《土默特志》（上），呼和浩特：内蒙古人民出版社，1997年，第145页。

沟、色尔登沟、蜈蚣坝沟、东西朱儿沟、忽寨沟、克力库沟、水磨沟、豪赖沟、白石头沟、千树背沟、五道沟、黑牛沟（含蒙清坝沟和东梨树沟）。据彭勇《清代土默特土地占有方式》载：

> 乾隆十六年（1751）在归化城大青山十五道沟（东哈尔吉尔沟、恩都喇嘛沟、查汉不浪沟、波尔克素太沟、色尔登沟、蜈蚣坝沟、东西朱儿沟、忽寨沟、克力库沟、水磨沟、豪赖沟、白石头沟、千树背沟、五道沟、黑牛沟含蒙清坝沟和东梨树沟）中发现汉民三百余户私垦土地、筑屋定居。清王朝统治者为了解决军粮的不足，只好顺水推舟，于1751年（乾隆十六年）批准丈放了大青山十五沟的地亩四百四十三顷七十五亩二分，通共应纳米一千三百一十三石五斗五合九勺二抄。①

该文所载十五沟中发现有三百余户汉民私垦土地。清政府为了解决军粮的不足，默认了这种汉民私垦土地的行为，并于乾隆十六年（1751）丈放了十五沟地亩四百四十三顷七十五亩二分。但是笔者查阅相关文献，应为乾隆二十六年（1761）丈放十五沟地亩。《土默特志》卷5《赋税·附输田》载：

> 乾隆二十六年，奏放大青山十五道沟官□四百四十三顷七十五亩。每年征银一千三百余两。②

《绥远通志稿》卷22（上）《垦务》引《清朝通志》载：

> 《皇朝通志》：二十六年奏放大青山后十五道沟官地四百余顷。③

《清文献通考》卷4《田赋考·田赋之制》载：

> （乾隆二十六年）准：山西大青山土默特十五沟民人开垦地亩，照归化五厅中地科则。山西巡抚鄂弼奏报：大青山喀尔钦喀尔吉尔等十五沟民人二百四十余户，所垦熟地四百四十三顷七十五亩，部议令编给租票以为定额，仍照归化等五厅中地科则，每亩完本色米二升九合六勺，共一千三百一百五斗有奇，由归化城通判征收。④

《绥远通志稿》卷35《田赋》载：

> （乾隆）二十六年丈放大青山后十五道沟地四百余顷。⑤

同卷又载：

---

① 彭勇：《清代土默特土地占有方式》，土默特史料（第18辑），1985年，第258—279页。
② 清光绪年间刊本影印：《土默特志》卷5《赋税·附输田》，台北：成文出版有限公司，1968年，1977年，第88页。
③ 绥远通志馆：《绥远通志稿》卷22（上）《垦务》（第26册），内蒙古自治区图书馆藏（稿本），第11页。
④ 官修：《清文献通考》卷4《田赋考·田赋之制》，影印文渊阁四库全书本（第632册），台北：台湾商务印书馆，1986年，第85页。
⑤ 绥远通志馆：《绥远通志稿》卷35《田赋》（第43册），内蒙古自治区图书馆藏（稿本），第2页。

《归绥道志》：十五沟地原有九十七顷一亩一分三厘，每亩征米二升九合六勺，共征租米二百八十七石一斗五升二合有奇。光绪九年，改为米一石，折库平银一两六钱，共实征银四百五十九两四钱四分四厘。又案《土默特志》：十五沟官地于乾隆二十六年奏放，原垦四百四十三顷，历年豁免，至清末年，地如上数，今仍如额。①

《清高宗实录》卷651，乾隆二十六年（1761）十二月癸未条载：

> 户部议准：山西巡抚鄂弼奏，大青山十五沟，垦熟地四百四十三顷七十五亩零，请每年编征粟米拨充绥远城满营兵粮。从之。②

上引文献均载为乾隆二十六年（1761），山西巡抚鄂弼奏报丈放十五沟地亩，而非彭勇所认为的乾隆十六年（1751）丈放十五沟地亩。十五沟地亩所征粟米主要用于拨充绥远城满营兵粮，解决驻军的粮食供应不足的问题。归化城土默特十五沟地，是由民人私垦而得到政府确认的地亩。原本这些土地应属于归化城土默特蒙古的公共游牧地、召庙地和户口地，由于地处偏僻，导致土默特地区的民人不断进入该区域垦殖。因此这些土地在被丈放后，其土地的领有权已经被清政府收回。故，十五沟土地应是官地，由清政府招民耕种。关于十五沟租赋的使用，据《清高宗实录》所载是用于绥远城满营兵粮。兵粮又被折成白银，部分用于归化城土默特召庙和穷苦蒙古。据归化城副都统衙门档案，光绪十五年（1889），归化城同知《申覆十五沟折价银俟奉部覆准再行领解》载：

> 一、申覆遵饬催解十五沟兵米折价银两俟奉部覆准再行领解缘由，据情申覆由
>
> 署理归化城抚民理事同知为申覆事，光绪十五年二月初七日，蒙都统大人牌饬户司案呈光绪十五年正月二十三日，据永福寺召喇嘛圪速贵多尔计阿佐领属下蒙古哈通不浪等呈称，缘乾隆二十六年间有奸民霸占僧召□福寺坐落查汉哈玛尔等处地方游牧二十三顷八十余亩，并租种小的等家先人那彦报坐落阿路板申地方七旗牛户口地二十四顷，亦于乾隆年间蒙山西巡抚大人暨将军、都统委员丈明议定，仍归奸民承种，每年与僧召并小的等，共发租银九十二两。奏饬归厅，经征解交绥远城粮饷厅衙门备库，由归厅另具文领从粮厅领出，解司分散给发僧召并小的等以资灯油养赡，每年由司随案报销，迨每年止发给僧召并小的等银七十余两，遵照向章，有年清年款，丝毫并不欠发，有成案可稽。

【中略】

> 据此案查乾隆二十六年间，蒙各上宪委员查丈十五道沟地亩内有永福寺牧地二十三顷八十余亩被民私垦，又有乾隆五年奏明办给三扎布佐领下蒙古那彦报等地八旗计

---

① 绥远通志馆：《绥远通志稿》卷35《田赋》（第43册），内蒙古自治区图书馆藏（稿本），第18页。
② 官修：《清高宗实录》卷651，乾隆二十六年十二月癸未条，北京：中华书局，1985年，第291页。

地二十四项,当蒙各宪奏定此二项租银亦饬归化厅经征解交都统衙门发给永福寺喇嘛二十三项租银以资香火口食,并发给蒙古那彦报等二十四项租银以资糊口、当差,每岁年终由都统衙门报部核销。

【中略】

准此当查敝府衙门代征十五沟租米一款,曾于乾隆二十七年正月二十一日,蒙前署归绥道宪五抄。案乾隆二十七年正月十一日,转奉户部咨议覆是山西巡抚鄂奏土默特十五沟民人垦种地亩,征收粟米拨充绥远满营兵米,官兵岁需本色米石,尚系采买供支,饬将此项租米就近拨充绥远城兵粮,酌省采买之项,其拨充米石,仍照绥远城兵米折价,每米一石,价银一两五分,于兵米折价银两内动支移解归化城副都统衙门,为各蒙古岁需赏赐之用等因在案。是以敝历前因遵将按年征收十五沟租米解交支放八旗兵粮,一俟年终,即又按照九厘价请领银内转解,归化城副都统衙门查收备用,至此项米价银两,归化城副都统衙门如何开销有无报部□府衙门无案可稽,又查此项征解十五沟米石,即系前于光绪十二年间奉户部议覆。

山西巡抚刚

十五沟租米之项,前奉①

据该件档案可知:

1. 民人私垦归化城土默特召庙游牧之地,租种归化城土默特蒙古户口地。

2. 乾隆二十六年(1761),经山西巡抚、绥远城将军、归化城都统委员丈放,土地仍归民人耕种。

3. 每年支付僧侣与蒙古部众租银,租银由归化城厅征解交绥远城粮饷厅衙门备库,然后由归化城厅具文从粮饷厅领出,散给僧侣和蒙古部众,用以灯火、养赡之资。

4. 每年岁终由都统衙门造册随案报部核销。

5. 十五沟租米用于绥远城兵粮,这些粮食折价,"每米一石,价银一两五分,于兵米折价银两内动支移解归化城副都统衙门,为各蒙古岁需赏赐之用"。

十五沟租粮用于满洲兵丁,而十五沟地租折价银的开支,则用于召庙僧侣和归化城土默特穷苦蒙古。"1784年,又从此项租银中抽出三百两赏给旗署远差奋勉官兵。"②

归化城副都统衙门档案中,咸丰六年(1856)十一月,土默特旗库《十五沟地租银支付清册》载:

---

① 土默特左旗档案馆藏:归化城副都统衙门档案,《申覆十五沟折价银俟奉部覆准再行领解》,档案号:80—6—901。

② 土默特左旗《土默特志》编纂委员会:《土默特志》(上),呼和浩特:内蒙古人民出版社,1997年,第146页。

归化城旗库所收哈尔吉勒等十五沟地租银两数目□□各项数目清册

咸丰三、四、五年分报部核销数目底册归化城旗库所收咸丰三十五年分哈尔吉勒十五沟地租银二百七十三两六钱八分八厘七毫六丝四忽之内，应给乌汉格呼勒佐领下阿鲁板申村纳音保等银两不敷照旧支给，因酌量均分给所给银两数目。一支给阿噜板申村纳音保等咸丰三、四、五年分地租银一百一十七两六钱零四厘三毫五丝。

一、支给干珠尔巴墨尔根诺们罕喇嘛徒众等咸丰三、四、五年分地租银一百一十七两六钱零四厘三毫五丝。

一、旗务衙门用过杂项公费银三十八两四千八分零六丝四忽。以上支给蒙古等地租银并杂费银共二百七十三两六钱八分八厘七毫六丝四忽

咸丰六年十一月①

该件档案所载，十五沟地租银支付咸丰三、四、五年（1853—1855）阿噜板申村纳音保等人、干珠尔巴墨尔根诺们罕喇嘛徒众、旗务衙门用过杂项公费等项。

在光绪年间，归化城旗务衙门所造送的四柱清册，亦是如此记载。光绪十一年（1885）十一月，归化城旗务衙门《造送光绪九年（1883）各项岁入岁出简明四柱清册》载（摘录）：

十五沟地租银，每年收支银数限定次年咨报，理藩院核销

【中略】

归化城旗库所收哈尔吉力等十五沟地租银内，遵照乾隆三十七年间绥远城将军诺隆奏定章程，每年应征地租银七十三两九钱八分一毫八丝八忽，此项系归化厅征解，到日提出杂项公费外，其余银两应给阿尔格冲佐领下纳音保并诺们罕召众徒，尽数酌量均匀散给数目。②

光绪十六年（1890）三月二十二日，户部《咨查归厅代征十五沟米数与绥远城兵米折价不符》载（摘录）：

查归化厅请领十五沟米价银三百一十八两七钱零，原系解交本衙门，除按年拨给永福寺香火并那彦保等养赡地租银九十一两二钱二分九厘五毫八丝八忽，所余银两作为本衙门杂项公费，并年终奖赏及远差官兵盘费之需。

【中略】

---

① 土默特左旗档案馆藏：归化城副都统衙门档案，《十五沟地租银支付清册》，档案号：80—6—2819、《呈报所收十五沟地租银两支收清册》，档案号：80—6—2483。

② 土默特左旗档案馆藏：归化城副都统衙门档案，《造送光绪九年各项岁入岁出简明四柱清册》，档案号：80—6—2956；归化城旗务衙门《造送光绪十年各项岁入岁出简明四柱清册》，档案号：80—6—2597；旗务衙门《造送光绪八年岁入岁出四柱清册》，档案号：80—6—2598。

于咸丰六年归厅详报十五沟所属毫赖沟村民人崔孚等报退地五顷五十五亩①

文书所载,十五沟米折价银,除用于旗务衙门公费开支之外,亦用于"年终奖赏及远差官兵盘之需"。乌仁其其格据归化城副都统衙门档案,对乾隆年间十五沟土地经营情况进行了统计,列表如下②:

乾隆年间十五沟地亩、人口赋税表

年份	地亩数(顷)	户数	人口	纳米(石)	折价银两
乾隆二十六年	443.75				1300
乾隆二十七年	443.752	219	852	1313.5591	
乾隆二十八年	417.707	204	809	1234.5479	
乾隆二十九年	401.27	197	796		
乾隆三十五年	377.307	196	789	1116.8282	
乾隆三十八年	352.551	179	715		
乾隆三十九年	351.721	177	700		
乾隆四十一年				1041.942	1093.149
乾隆四十二年	348.511	176	688	1031.5926	
乾隆四十三年	340.593	169	659	1008.1553	1500
乾隆四十五年	336.626	165	647		
乾隆四十八年	334.53	160	628	988.79688	978.457
乾隆四十九年					978.457
乾隆五十二年	334.53	160	628	988.7968	
乾隆五十三年	306.658	141	560		
乾隆五十六年	316.985	149	584	938.2756	
乾隆五十七年				907.7876	

---

① 土默特左旗档案馆藏:归化城副都统衙门档案,《咨查归厅代征十五沟米数与绥远城兵米折价不符》,档案号:80—6—989;户司《牌饬查办代征十五沟米价银数互相不合之处》,档案号:80—6—990;绥远城粮饷同知《申复查办代征十五沟米价银不合之处》,档案号:80—6—991;归化城同知《详复征解十五沟米折价银转解各缘由书册》,档案号:80—6—992;户部《咨迅将十五沟地租因何错误饬属声复》,档案号:80—6—995;绥远城将军《移咨十五沟米价银因何错误缘由专案声复》,档案号:80—6—996;户司《咨报十五沟租银错误缘由并将未发银两转饬照旧给领》,档案号:80—6—998等。为十五沟米数与绥远城兵米折价不符,户部据册指驳,该督抚(或将军)转饬查明答复。

② 资料来源:土默特左旗档案馆藏:归化城副都统衙门档案,汉文财经类6目录、满文财政类25目录、30目录赋税项等档案。引自乌仁其其格:《18至20世纪初归化城土默特财政研究》,内蒙古大学,2007年博士学位论文,第37页。

从表中可得出，自乾隆二十六年（1761）土地丈放以后，十五沟地亩和人口呈下降态势。从乾隆二十六年（1761）的四百四十余顷，下降到乾隆五十六年（1791）的三百一十余顷。到清末仅有九十七顷余。显见在土地丈放后，由于民人要承担繁重的租赋，加之本区自然条件所限，民人不得不弃地适他。自乾隆年间，十五沟地亩、人口就呈下降态势，也就有了档案中民人报退土地的记载。十五沟地亩原为归化城土默特蒙古召庙地、户口地和公共游牧地，但是民人私垦以后，清政府收回归化城土默特蒙古对土地领有权，而成为清政府控制下的官地。清政府自行招民垦殖土地，租米解决绥远城官兵粮食问题。虽然租米折价银用于归化城土默特僧侣、穷苦蒙古、旗务衙门公费、奖赏远差官兵盘费等项，但是归化城土默特蒙古不再拥有对十五沟土地的领有权。

六、小粮地（代买米地）

小粮地，又称为代买米地，是清政府为补充军粮的不足，筹措土默特士兵训练费用，而丈放的土地。《土默特志》第 3 章《土地与垦殖志》载：

> 据文献档案记载，康熙年间，土默特两翼 62 佐领，每佐交纳额赋仓米 50 石，共 3100 石。喇嘛扎布以功封头等台吉后，清廷准其所请，停所属佐领应交仓米，用于该佐所需，两翼实交 3050 石。鉴于两翼旗众一则频繁当差、出征打仗、无暇耕种，全赖出租土地以自养，二则每遇荒歉更无力交纳官粮的情况，绥远城将军于 1773 年向清廷建议：将两翼旗众出典地亩计 2733.66 顷抽回，以其中的 1593.98 顷交付归化城同知，另行出租，将每年所得租银 3500 两照数解交绥远粮饷厅，买米交库，以替代两翼旗众应交之仓米。经理藩院议覆，乾隆帝准许自 1774 年实施。因此，上项地亩称作代买米地，因其与大粮官地不同，也称作小粮地。①

彭勇在《清代土默特土地占有方式》中亦认为所谓"代买米地，主要是其赋税以折银的形式由各厅代征，送交绥远城将军，由将军衙门买米后支给土默特官兵，以资奋勉"②。

那么，相关文献是如何记载代买米地的呢？

据清《土默特志》卷 5《赋税·附输田》载：

> 本境荒田而外……有代买米地……无不由土默特效纳扎萨克四十九旗之中，若土默特之首倡大义，以助天朝。无或畛域者，盖可风焉，为之罗列于后：一、乾隆三十

---

① 土默特左旗《土默特志》编纂委员会：《土默特志》（上），呼和浩特：内蒙古人民出版社，1997 年，第 151 页。
② 彭勇：《清代土默特土地占有方式》，土默特史料（第 18 辑），1985 年，第 258—279 页。

七年，奏交五厅丈放代买米地一千五百九十三顷九十八亩。每年应征银三千五百两。①

在归化城副都统衙门档案中，亦有关于无力交纳官粮的记载，如乾隆八年（1743）四月二十日建威将军《为办理交纳官粮的咨文》载：

> 乾隆七年八月初九日，按准理藩院咨文内称：查得，去年归化城都统处奏请归化城土默特六十二牛录人等乾隆四、五年欠绥远城仓未交之粮一万二千二百仓石，延期交纳。②

乌仁其其格认为："归化城土默特两翼六十二佐领，每佐领每年必须为绥远城仓交纳米粮五十石，每年共额交米三千五十石，应交贮绥远城丰裕仓，以充驻防官兵口粮之糈。这是土默特蒙古获得恩赏土地之后，必须履行的义务。其起始时间未见明确记载，但应该是绥远城驻防的同时，即乾隆四年（1739）。"③ 据档案所载，归化城土默特两翼仅乾隆四年、五年（1739、1740）欠交绥远城粮就达一万二千二百仓石。以每年需交三千五十石计算，这个量应是四年应交粮食的数量，显见归化城土默特蒙古承担绥远城驻防兵的粮食支出并非自乾隆四年始。如果乾隆四年（1739）及其以前，归化城土默特蒙古完全没有交纳绥远城驻防兵的口粮之糈，最迟在乾隆元年（1736）之前，归化城土默特蒙古就应当承担了驻防官兵的口粮之糈。而按照一般情况来讲，这个拖欠的粮食应是屡年未交足积累下来的，因此可能在康熙、雍正，甚至更早的时候，归化城土默特蒙古就需要承担驻防官兵的口粮之糈。而在绥远城建立之前，归化城土默特地区驻防是由右卫来承担的，因此可以推知，归化城土默特蒙古承担了右卫驻防官兵口粮之糈。因此，归化城土默特蒙古承担驻防官兵口粮之糈的时间，当在乾隆元年（1736）之前，而非乾隆四年（1739）。为了避免归化城土默特两翼欠交米粮而造成短缺的事件的发生，清政府采取了划拨土地，收取租金的方式，以保证驻防官兵的口粮之糈。乾隆三十八年（1773）三月十八日，绥远城将军《为补造征收蒙人私自典卖土地之租银书目册的咨文》载：

> 乾隆三十六年，绥远城将军诺伦、副都统伯成等奏称：将土默特两旗所种二千七百三十三顷六十六亩的田地内，抽出一千五百九十三顷九十八亩地，交付该同知，将每年所得租银三千五百两，照数完纳，买米交库。……经理藩院议覆，可种地亩二千

---

① 清光绪年间刊本影印：《土默特志》卷5《赋税·附输田》，台北：成文出版有限公司，1968年，第86页。
② 土默特左旗档案馆藏：归化城副都统衙门档案，《为办理交纳官粮的咨文》（满文），档案号：80—24—1343。
③ 乌仁其其格：《18至20世纪初归化城土默特财政研究》，内蒙古大学，2007年博士学位论文，第43页。

七百三十三顷六十亩,择其靠近蒙古之地亩,匀给无地沙比纳尔、土默特二旗众蒙古及家境贫寒少地人等,以为永业。其余地亩,令其交纳租银,买足蒙古等每年交纳米石之额,饬交地方官员收租交旗库,将众蒙古每年应交米石,替之买齐完纳。①

乾隆三十六年(1771),绥远城将军、归化城副都统奏请将归化城土默特两翼应交纳租粮,以租银的形式交纳。由归化城同知负责征收,然后买米交给旗库。自乾隆三十七年(1772)以来,"归化厅征收二年,但因地亩散在各厅,各厅所属草场地亩距归化城一百四五十里到二百八九十里不等的距离,对征收官员及地户都不便,于是从乾隆三十九年(1774)开始,令将新放土默特草厂地亩租银就近各归各厅征收,解交归化城厅,备解都统大人衙门查收"②。归化城副都统衙门档案,载有归、和、清、托、萨五厅应征代买米地顷亩和应征收租银。如乾隆三十九年(1774)八月六日,归化城厅《查勘包头村水淹草厂地亩(代买米地)应请萨厅会勘的呈文》载:"归属共地一百九十九顷九十四亩五分,共征租银五百六十一两五钱五分;和属共地三百三十一顷六十五亩,共征租银六百五两八钱;清属共地四十五顷,共征租银六十七两五钱;托属共地二百一十三顷四十八亩,共征租银四百五十四两二钱六分;萨属共地八百三顷九十亩五分,共征租银一千八百一十两八钱九分,统共地一千五百九十三顷九十八亩,统共征租银三千五百两。"③ 显见,归、和、清、托、萨五厅均有代买米地。

清政府虽然采取了以货币取代实物地租的方式,但这并不意味着能从根本上解决归化城土默特两翼蒙古无力承担租金的问题。因此,拖欠租银的现象一直存在,并延续到清末。如归化城副都统衙门档案中所载乾隆四十六年(1781)二月二十六日,粮饷厅盈宁库《申报归化厅解交萨、托、和、清四厅地租银1802.189两的呈文》载:

托厅解交乾隆四十五年分土默特地租银三百七两二钱六分,萨厅交乾隆四十五年分土默特地租银一千两,清厅交乾隆四十五年分土默特地租银六十七两五钱,和厅交乾隆四十五年分土默特地租银四百二十七两四钱二分九厘。④

乾隆四十六年(1781)十一月十四日,绥远城粮饷厅《申报收到归、萨、和三厅解交地租银贮库的呈文》载:

---

① 土默特左旗档案馆藏:归化城副都统衙门档案,《为补造征收蒙人私自典卖土地之租银书目册的咨文》(满文),档案号:80—24—1416。
② 乌仁其其格:《18至20世纪初归化城土默特财政研究》,内蒙古大学,2007年博士学位论文,第44页。
③ 土默特左旗档案馆藏:归化城副都统衙门档案,《查勘包头村水淹草厂地亩(代买米地)应请萨厅会勘的呈文》,档案号:80—5—1851。
④ 土默特左旗档案馆藏:归化城副都统衙门档案,粮饷厅盈宁库《申报归化厅解交萨、托、和、清四厅地租银1802.89两的呈文》,档案号:80—5—1886。

归化城厅关征贮乾隆四十五年分土默特地租银五百六十一两五钱五分，又转解萨厅解交乾隆四十五年分土默特地租银七百六十三两七钱一分，又苏波罗盖村地租银一百二十两四钱。①

代买米租银成为归化城土默特两翼蒙古一项沉重的负担，由于他们无力承担，而屡屡拖欠。与此同时，由于各种原因，报退土地的现象亦一直存在。如光绪十六年（1890）三月二十二日，户部《咨查归厅代征十五沟米数与绥远城米折价不符》载有民人报退代买米地（摘录）：

嗣于乾隆四十五年拨补萨属民人王玉金等报退代买米地银五十九两七钱八分，嘉庆二年拨放和属民人周天配等报退代买米地银三十七两五钱，五年拨放和属民人冯明等报退代买米地银七十四两一钱。七年拨补归属合坦村民人武建福等报退代买米地银二十五两四钱，又拨补归属麻什村民人孙华敦等报退代买米地银十三两五钱，又拨补和属民人王若齐等报退代买米地银十七两二钱五分。②

归属五厅分别报退土地，这些土地除了因自然（水冲、沙压、碱坏）等原因外，当然亦有不少民人因不堪沉重的租赋，以致弃地适他的情形。

从本质来讲，代买米地，是归化城土默特两翼蒙古交纳的一项赋税。这项土地的租金由各厅征解交归厅代买米，交旗库收贮，用以支付归化城土默特两翼蒙古当差、打仗时的赏项。

七、台站地

归化城土默特地区台站地，是康熙年间清政府为传递公文和在对准噶尔战争中保持与后方的联系，从杀虎口向西向北设立的驿站。每一驿站"划出周围四十里的土地"③，供台站差役、蒙旗士兵牧放牲畜。

清《土默特志》卷4《法守》载：

---

① 土默特左旗档案馆藏：归化城副都统衙门档案，绥远城粮饷厅《申报收到归、萨、和三厅解交地租银贮库的呈文》，档案号：80—5—1890。
② 土默特左旗档案馆藏：归化城副都统衙门档案，《咨查归厅代征十五沟米数与绥远城兵米折价不符》，档案号：80—6—989；户司《牌饬查办代征十五沟米价银数互相不合之处》，档案号：80—6—990；绥远城粮饷同知《申复查办代征十五沟米价银不合之处》，档案号：80—6—991；归化城同知《详复征解十五沟米折价银转解各缘由书册》，档案号：80—6—992；户部《咨迅将十五沟地租因何错误饬属声复》，档案号：80—6—995；绥远城将军《移咨十五沟米价银因何错误缘由专案声复》，档案号：80—6—996；户司《咨报十五沟租银错误缘由并将未发银两转饬照旧给领》，档案号：80—6—998；土默特左旗档案馆藏。
③ 彭勇：《清代土默特土地占有方式》，土默特史料（第18辑），1985年，第258—279页。

> 驿站者，亦即台站之路也，凡将军各署公文，经行台站，例由土默特六十佐领下出丁接送。至今有村名八十五家、五十家，或二十家，在驿旁皆以驿兵之目而名之者欤。察齐鲁木，一作察齐拉补尔克速，一作尔克素。①

张穆《蒙古游牧记》卷6《内蒙古伊克昭盟游牧所在》载：

> 杀虎口一道，除杀虎口内地所设一站外，设蒙古站十一。北路四站：曰八十家站，曰二十家站，曰萨拉齐，曰归化城，皆在土默特境。其乌拉特三旗即由归化城达之。西路七站，曰杜尔格，曰东素海，曰吉格素特，曰巴彦布拉克，曰阿鲁乌尔图，曰巴尔素海，曰吉察汉陀罗海，以达于鄂尔多斯部。康熙三十一年，理藩院议准，各蒙古地方安设驿站，每驿站相去百里。……各驿站均于水泉形胜处安设。②

据此所载，在归化城土默特境内有四个驿站，分别为：八十家站、二十家站、萨拉齐、归化城，在此驿站当差的是归化城土默特蒙古部众。据《钦定理藩部则例》卷32《邮政中·增纂·五百四十三·杀虎口驿站》载：

> 杀虎口管站司员所属杀虎口汉站一，十八家、二十家、萨勒沁、归化城杜尔格、栋素海、吉克苏台、巴彦布拉克、阿噜乌尔图、巴尔素海、察罕扎达垓，蒙古站十一，共十二站。八十家蒙古站，额设军需喂马十匹。……草台马五十匹……章京一员、坤都一员，兵丁四十八名。二十家蒙古站，额设军需喂马十匹……草台马五十匹……章京一员、坤都一员，兵丁四十八名。萨勒沁蒙古站，额设军需喂马十匹……草台马五十匹……章京一员、坤都一员，兵丁四十八名。归化城蒙古站，额设军需喂马十匹……草台马五十匹……章京一员、坤都一员，兵丁四十八名。……以上四站弁兵系土默特旗下人。杜尔格蒙古站，额设草台马五十匹……章京一员、坤都一员、兵丁四十八名，亦系土默特旗下人。③

据此所载，杜尔格蒙古站当差人员亦是归化城土默特蒙古部众。据《土默特志》卷7《政典考》载：

> 归化城蒙古四站，额设喂马及准报之例，皆与杀虎口同。惟草豆银八分三厘二毫有奇小异外，草台马五十匹，不支马乾，其例倒毙，价银由税务监督支领。章京一员，坤都一员，兵丁五十名，前四站并杜尔格一战，皆同，均用土默特旗下人，惟杜

---

① 清光绪年间刊本影印：《土默特志》卷4《法守》，台北：成文出版有限公司，1968年，第74页。
② 张穆：《蒙古游牧记》卷6《内蒙古伊克昭盟游牧所在》，台北：文海出版社，1965年，第283—284页。
③ 上海大学法学院、上海市政法管理干部学院、张荣铮等点校：《钦定理藩部则例》，天津：天津古籍出版社，1998年，第284—285页。

尔格站只草台马。①

据上可知，归化城土默特境内应是五个驿站。而据归化城副都统衙门档案，乾隆四十六年（1781）二月二十四日，清水河厅《呈报为班禅舍利回归所派车辆赴新店子日期》，载有"新店子站"②，可知新店子站亦在归化城土默特境内。

据《清高宗实录》卷947，乾隆三十八年（1773）十一月癸酉条载：

> 军机大臣等议准：乌什办事大臣绰克托等奏称，哈喇沙尔所属之察罕通格地方，有通辟展旧路数处，台站马，俱在左近牧放。③

"台站马，俱在左近牧放"，说明在台站附近，有一定数量的牧场供台站马匹放牧使用。"每驿站相去百里。……各驿站均于水泉形胜处安设"，亦说明驿站之间的距离为百里，设置在水泉形胜之处。这样不仅便于驿站营运，同时由于水草丰美，方便驿站马匹的牧放。

《土默特志》第3章《土地与垦殖志》引1906年7月8日，杀虎口占地垦务局呈报：

> 八十家子站：南至红台子北梁与佳渠沟哈流图民地连界，南界挖立三个封堆；西至罕拉达瓦与哈流图民地连界，此处挖立三个封堆；北至辽高粱与二十家子甲兵察汗色楞耕种之地连界，东至茶房南河与赛保泰民地连界，均挖立三个封堆。口子里有牧厂一段，四至界址，南至边墙，北至哈拉盖河与民地连界，西至红江河，东至哈拉哈达与民地连界，此四至界上各挖立一封堆。
>
> 新店子站：南至红江河，西至那凌牙干之源与苏木地连界，北至哈达图托拉盖与土城子民地连界，东至土城子西墙壕，此四至处，各立三个封堆。
>
> 二十家子站：南至布格拉勒吉图河与章凯泰村子民地连界，西至波里霍少与苏木哈登霍少人所种之地连界，北至伊玛图梁与苏木哈登霍少人所种之地连界，东至红泉口与苏木章盖营子人所种之地连界，此四至处各新挖立三个封堆。
>
> 萨勒庆站：南至额勒素图托罗盖与苏木一间房子村人所种之地连界，北至沙巴图罗盖路与本站人等所种之地连界，东至萨力沁河与苏木乌尔图萨力沁村人所种之地连界，西至伊克垦诺克图梁与各站人等所种之地连界。此站四至界处，各挖立三个封堆。

---

① 清光绪年间刊本影印：《土默特志》卷7《政典考》，台北：成文出版有限公司，1968年，1977年，第133页。
② 土默特左旗档案馆藏：归化城副都统衙门档案，《呈报为班禅舍利回归所派车辆赴新店子日期》，档案号：80—2—373。
③ 官修：《清高宗实录》卷947，乾隆三十八年十一月癸酉条，北京：中华书局，1985年，第830页。

归化城站：南至大东杜尔格，与苏木珠尔房子人所种之地连界，西至大路，北至巴格杜尔河与苏木被绰尔保村人所种之地连界，东至毫奇特多霍尔与苏木楼图板升村人所种之地连界，此站四至界处各挖立三个封堆。

　　杜尔格站：南到茶房营子横路与本站民所种之地连界，西至章盖营子与苏木人等所种之地连界，北至阿毕合与本站人等所种之地连界，东至关帝庙梁与民地连界，此站四至界处各挖立三个封堆。①

综上，归化城土默特地区的6个驿站，均设在水草丰美之区。各站均由归化城土默特蒙古派员五十人在站当差。

据《清实录·宣统政纪》卷46，宣统二年（1910）十二月庚辰条载：

　　署绥远城将军瑞良奏：杀虎口等处驿站，共十有二台。原派蒙兵五百五十户，公家固不收站地之租，站兵亦不领公家之饷。弁兵人等，全恃各台站牧地所入以自给。②

这是贻谷因垦务被参后，署绥远城将军瑞良上奏的折子。据此可知，台站地是站赤兵丁用以自养的土地。经过200多年的发展，到贻谷办理垦务之时，归化城土默特台站地多被开垦为农田。且这些土地本为站赤兵丁自养之地，经过长时间的发展，有部分台站地被人侵占。据清末站地垦务总局报呈，称：

　　土默特境内六站驿马厂附近内地，开垦最多，与各站兵户口地不相毗连，而驿站传道衙门查无康熙年间所定里数原案，以致各站之地全被蒙汉人民任意侵占。即如归化一站，原在大小黑河之间，现驿站租垦收租者，统计不到六七十顷，是每面不过十五里之谱，断非原日旧观。而其中尚有蒙古多户零星错杂，借口是其户口，不听丈量。至本站原设站兵五十名，现所存者不过十户，余者全属绝户，而绝户之地，亦竟十不得一二处。夫户有绝时，而地无绝理，乃一经清理，不曰蒙产户口，即是召庙收租，辗转支吾，穷于究诘。推求其故，有原日站兵典与蒙古、召庙之地，有后日站兵收于蒙古、召庙之租，迨至年久，或因人亡户绝，或因回赎无资，于是变站产为蒙产。至于暗相侵越，或因站兵之女与苏木结婚，以公产作奁者更无论矣。和林等处，无不皆然。③

由此可见，归化城土默特地区的台站地被侵占的现象非常严重。那么归化城土默特地区有多少台站地呢？

---

① 土默特左旗《土默特志》编纂委员会：《土默特志》（上），呼和浩特：内蒙古人民出版社，1997年，第141—142页。
② 官修：《清实录·宣统政纪》卷46，宣统二年十二月庚辰条，北京：中华书局，1985年，第826页。
③ 引自土默特左旗《土默特志》编纂委员会：《土默特志》（上），呼和浩特：内蒙古人民出版社，1997年，第202—203页。

彭勇据《绥远垦务调查》等垦务资料认为："在土默特境内的河东六台共有台站地面积二千二百余顷。"①《土默特志》认为"六站共站地约5000余顷"②，两者相差2800余顷。据《绥远垦务调查记》卷4《清理土默特地亩调查记》载：

  杀虎口站，系前清康熙三十一年设立在土默特境内者六处，……初定制，每站由各蒙旗派拨披甲兵丁五十名，随带户口地游牧供差，其后兵丁间有绝区，而地亦遂被附近民人私垦。贻谷既被督办垦务之命杀虎口管站司员遂将私垦各地报垦，由官丈放镇守押荒。经贻谷据情奏准，设立站地垦务局，派员丈放。因站地垦局经费无出，议将该地给西路公司认领。自前清光绪三十二年三月开办起，至三十四年四月停办止，除察罕札达垓站地不堪耕种未经丈放外，计丈放河东六站地一千四百一十一顷一十亩五分四厘。③

据《绥远垦务调查》所载归化城土默特境内台站地，在光绪三十二年（1906）至光绪三十四年（1908）之间，经贻谷督办丈放土地为一千四百一十一顷一十亩四分五厘。其中"察罕札达垓站地不堪耕种未经丈放"，也就是归化城土默特境内五站丈放土地一千四百余顷，那么每站约被丈放二百八十余顷。

贻谷在1906年2月23日的公文中称：

  凡站路所经例禁私垦，乃历年既久，其附近站地民户往往有偷行越垦及站蒙私相租佃情事。近查各站地有垦至十之四五、十之二三者，若不设法清理，将来必尽成私垦，实与台务大有妨碍。④

据此可知各站被开垦的土地约占到20%~50%左右。照开垦的上限，台站地被开垦50%计算，每台站约被丈放280余顷土地，那么每站约有土地有560余顷。再加上荒滩等不堪耕种之地，每站约有600顷土地。归化城土默特境内有六个站台，计约3600余顷。远达不到《土默特志》所认为的"六站共站地5000余顷"的数额。如果每一驿站"划出周围四十里的土地"计算，周围40里，约为375顷，6个台站共约2250顷，也远较《土默特志》所载的5000余顷少。因此，大约可以推知，归化城土默特地区的台占地约在2250至3600顷之间。

---

① 彭勇：《清代土默特土地占有方式》，土默特史料（第18辑），1985年，第258—279页。
② 土默特左旗《土默特志》编纂委员会：《土默特志》（上），呼和浩特：内蒙古人民出版社，1997年，第141—142页。
③ 甘鹏云：《绥远垦务调查记》卷4《清理土默特地亩调查记》，中国边疆史志集成（第36册），全国图书馆文献缩微复制中心，2002年，第374—365页。
④ 土默特左旗《土默特志》编纂委员会：《土默特志》（上），呼和浩特：内蒙古人民出版社，1997年，第202页。

八、八旗马厂地

八旗马厂的设置，清政府为牧养右卫军马而在归化城土默特地区划出的牧厂。在雍正年间，即在归化城土默特地区，划出部分牧厂，供右卫军马牧放。据《土默特志》卷5《赋税·附输田》载：

> 雍正年间，奏给右卫八旗马厂一段，在和厅界。①

《钦定大清会典事例》卷647《兵部·马政·八旗驻防马、绿营马》载：

> 右卫驻防……设牧厂一处于杀虎口外，古尔巴尔济地方，长一百十余里，阔五七十里不等。乾隆三十一年奏准，留镶黄、正白、镶白三旗牧厂，即敷牧放。余五旗牧厂，交地方官召民垦种，取租充公。道光四年，奏准，因庄头承种原拨厂地，沙淤硗瘠，不堪耕种，丈八旗马厂周围七十余里，核计地二千六百二十五顷八十四亩，内除山河、沟渠、沙滩等地一千三百余顷外，净有可垦地一千三百余顷，拨给庄头地三百一十八顷五十七亩，均归朔平同知充补兵饷，尚余地一千顷有奇，足敷右卫牧放八旗驼马之用。每年四月十五日出厂，九月十五日收槽。②

彭勇在《清代土默特土地占有方式》中对这块牧厂作如下论述：

> 位置在新店镇西南，以哈达山为中心，周围约八十里，东西十四里至十八里不等，南北二十余里。其南面和东面由土默特蒙古地，北面由红河（又叫浑河），西面由粮地包围，一部分延伸到清水河厅境内，面积共为二千三百八十九顷五十六亩五分。当时规定仍准与土默特蒙古公共游牧。③

乾隆年间，右卫驻防的八旗军移驻绥远城后，为了保证移驻八旗军军马牧放，清政府又从归化城土默特地区划拨牧厂供绥远城驻防军马牧放，这些被划拨的牧厂被称为绥远八旗牧厂。据清《土默特志》卷5《赋税·附输田》载：

一、乾隆六十年，嘉庆二年，丈放山后八旗厂地，六千九百五十五顷。

一、嘉庆十四年丈放拨补庄头四旗厂地七百九十顷五十亩五分。

一、乾隆三年，效纳绥远城八旗牧厂二万四千一十六顷五十亩。原奉旨公共游牧，今经奏垦。

---

① 清光绪年间刊本影印：《土默特志》卷5《赋税·附输田》，台北：成文出版有限公司，1968年，第87页。
② 昆冈等修，刘启端等纂：《钦定大清会典事例》卷647《兵部·马政·八旗驻防马、绿营马》，续修四库全书（第808册），上海：上海古籍出版社，2002年，第111页。
③ 彭勇：《清代土默特土地占有方式》，土默特史料（第18辑），1985年，第258—279页。

一、清厅界内亦有右卫镶蓝旗牧厂，原放地四百三十八顷。①

《钦定大清会典事例》卷647《兵部·马政·八旗驻防马、绿营马》载：

绥远城驻防……设牧厂于大青山后，东西阔三百里，南北长二百里。乾隆六十年，奏准，牧厂辽阔，将东西空出地四十余顷，交归化城同知募民垦种征租，以给养赡恤赏之用。嘉庆三年奏准，开垦场地内有沙地五百余顷，复收回仍作牧厂。十一年丈出余地，开垦二千七百二十五顷，仍由归化厅同知征租。②

据此可知，从雍正年间开始，清政府就在归化城土默特地区圈占了大量的牧厂，这严重的压缩了归化城土默特蒙古的生存空间。绥远城八旗马厂地由绥远城将军直接管辖，因此清政府对此非常重视。在乾隆年间就对八旗马厂地进行了垦种，以收取租赋。

《晋政辑要》卷10《户制·杂赋九·归化城厅大青山后各牧厂地租》载：

凡归化厅大青山后迤北牧地六千四百六十七顷二亩五分一厘一毫六丝二忽八微，每亩征银二分一厘五毫。卷查乾隆六十年，绥远城将军宗室永琨奉准查大青山迤北牧厂地亩，原系赏给绥远城牧放官马，嗣因裁汰兵丁，牧马少，地亩空闲。蒙古等私给民人垦种，聚集人多，不能驱逐。请将大青山后迤北空出牧厂熟地二千八十顷，荒地二千一百五十顷，共四千二百三十顷，尽行招民开垦，每亩征银二分一厘五毫，每年收租银九千九百四十两五钱。添养育兵三百名，每名月给饷银一两五钱，其孀妇孤女所占，养育兵全改步甲当差，所添兵饷即于前项租银内支给。其已垦熟地即于六十年起租，未垦地亩于嘉庆元年起租，应纳粮银照口外各厅征解米石之例，于每年九月间开征，次年岁底奏销。又查嘉庆四年，绥远城将军永庆奏准民人逃弃地九百三十顷，豁免租银一千九百九十两五钱，并据将军弃地招民认种五百三十顷，应征银一千一百三十九两五钱。又查嘉庆十二年，户部覆准绥远城将军春宁奏，续垦地二千七百二十五顷，应征银五千八百五十八两七钱五分。再加养育兵三百名，将此项地亩起租给予新添养育兵钱粮，归入前案一并题销。又查道光六年，绥远城将军奏销前项地内，水冲沙压地八十七顷九十七亩四分八厘八毫三丝七忽二微，豁免租银一百八十九两一钱四分六厘。又查道光九年四月户部奏销大青山后马厂地租银，按年以一万三千九百四两一钱四厘为额，分别征收。仍照原议，按年造册，由绥远城将军报效。共征银一万三千九百四两一钱四厘，不加闰耗，解绥远城将军衙门充饷。大青山后四旗空闲牧厂地七百六十六顷五十二亩六分五厘一毫一丝六忽，每亩征银二分一厘五毫。……解绥

---

① 清光绪年间刊本影印：《土默特志》卷5《赋税·附输田》，台北：成文出版有限公司，1968年，第86—88页。
② 昆冈等修，刘启端等纂：《钦定大清会典事例》卷647《兵部·马政·八旗驻防马、绿营马》，续修四库全书（第808册），上海：上海古籍出版社，2002年，第111—112页。

远城将军衙门充饷。①

从乾隆年间开始，绥远城八旗马厂地就不断地被招民垦种，以收取租赋，充当军饷。绥远城驻防官兵不仅占有八旗马厂地，在移驻之后，空余出来的右卫正黄等六旗牧厂地租，亦充当绥远城驻防官兵军饷。

《晋政辑要》卷10《户制·杂赋十五·清和二厅空出右卫正黄等六旗牧厂地租》载：

> 凡清水河、和林格尔二厅空出右卫正黄等六旗牧厂地八百九十八顷九十八亩，每亩征正银一分四厘。《会典》内载右卫设牧厂一处，于杀虎口外古尔巴济地方，长一百十余里，阔五十七里不等。又载乾隆三十一年奏准留镶黄、正白、镶白三旗牧场，即敷牧放，余五旗牧场交地方官招民垦种收租充公。卷查乾隆三十五年二月，户部议准，覆山西巡抚鄂宝题右卫空出五旗牧厂，余地令坐落之和林格尔、清水河二通判，招民垦种，就近征租，请照内地州县经征地丁钱粮之例，于二月内开征，次年奏销。以前全数征完，解交绥远同知查收充饷。……又查乾隆三十五年十二月，户部议覆绥远城将军讷论，山西巡抚鄂宝等奏右卫空出正黄等五旗牧厂，招民耕种收租一案，应如所奏，照太仆寺牧厂地亩之例，每项征银一两四钱，过闰加征银四分二厘，每两加征耗银五分，递年将所征银两遵照原奏解交绥远城同知，拨充兵饷。……又查乾隆三十六年八月题明于三十四五六年等招垦右卫空出正黄等五旗成熟起科地一千六百三十九顷二十五亩五分。……又查乾隆三十七年九月，户部议覆巡抚三宝题和林格尔招民垦种右卫空出镶黄旗牧厂地亩，原报可垦地六百五十一顷三十亩，内于乾隆三十六年督垦地三百四顷八十亩，当年准其自收籽粒。三十七年例应升科，至未种地三百四十六顷五十亩，现在严督民人上紧翻犁。于三十八年六月户部议覆，署理巡抚觉罗巴延三题和林格尔招民垦种右卫镶黄旗空出牧厂未垦地三百四十六顷五十亩，于乾隆三十八年全行垦种起科。又查嘉庆二十三年十一月，户部覆准巡抚成格题勘明和林格尔五旗牧厂地内丰裕等庄地户潜逃弃地遗粮，准其自嘉庆二十年为始，豁除地三百五顷九十三亩五分，所缺绥远城兵饷，准其在于四库动项支放。又查道光元年七月，户部咨和林格尔五旗牧厂地内，万安庄逃户弃地遗粮，准于嘉庆二十四年为始，豁除地四百九十六顷。又查道光四年七月户部覆准巡抚邱树棠题勘明清水河镶黄旗广济等庄地户潜逃弃地遗粮，准其自嘉庆二十三年为始，豁除地二百六十二顷五十亩。又和林格尔正黄五旗牧厂地招民认种庄头报退地九十九顷，于道光八年为始起科。又查咸丰四年

---

① 刚毅修，安颐纂：《晋政辑要》，续修四库全书（第883册），上海：上海古籍出版社，2002年，第450—451页。

巡抚恒春题准勘明和林格尔正黄等五旗牧厂，逃户弃地遗粮豁除地四百二十六顷一十五亩。①

《绥远通志稿》卷22（上）《垦务》载：

《耆献类征》：嘉庆十二年九月……即将马厂闭种，亦属招垦无多，不至有碍游牧。至大青山八旗马厂，地面辽廓，招垦以后，无业游民，趋利若鹜。甚至引类呼朋，逐渐偷开，招之易而驱之难。请将从前奏准开垦六千余顷，并此次奏闻若干顷外，查明未开草地顷数，各按四至界地，堆立鄂博，或挖壕堑，严禁偷开。并造册送备案。②

乾隆二十八年（1763），有部分官员认为马厂不便招民耕种③，说明清政府禁止开垦土地的禁令，却没有很好的执行。《清宣宗实录》卷274，道光十五年（1835）十一月丙午条载：

拨大青山后马厂地租银二万两，发商生息。④

道光十五年（1835），大青山马厂地租银达到二万余两，可见其土地垦殖数量之巨。这些租银被清政府用来发商生息。据《清宣宗实录》卷362，道光二十一年（1841）十一月丙子条载：

谕军机大臣等：奕兴等奏，大青山后牧地，现复搭盖房屋，请饬查办一折。大青山后沙拉穆楞昭，暨诺们汗昭等处牧地，久经封禁，即不应任令私行耕种，搭盖房屋。惟据该将军等奏称，此项游民，均系内地无业贫民，潜居口外，现在积聚过多，请饬山西巡抚派员押归原籍收管等语。游民占据游牧，有碍蒙古生计，自应严行驱逐。惟人数过多，聚散无常，山后地方辽阔，稽查亦恐难周。著杨国桢悉心筹画，妥议具奏，务使该游民等既不致侵扰游牧，且不致因官为驱逐，别酿事端，是为至要。将此谕，令知之。⑤

虽然有禁令，严禁开垦大青山后土地，但是由于人员积聚过多，在清政府"别酿事端为至要"的思维下，并没有予以驱逐。据《清宣宗实录》卷379，道光二十二年（1842）八月癸卯条载：

---

① 刚毅修，安颐纂：《晋政辑要》，续修四库全书（第883册），上海：上海古籍出版社，2002年，第467—468页。
② 绥远通志馆：《绥远通志稿》卷22（上）《垦务》（第26册），内蒙古自治区图书馆藏（稿本），第13页。
③ 土默特左旗档案馆藏：归化城副都统衙门档案，《户部咨送大学士傅等奏马厂不便招民耕种（附原奏）》，档案号：80—5—1840。
④ 官修：《清宣宗实录》卷274，道光十五年十一月丙午条，北京：中华书局，1985年，第229页。
⑤ 官修：《清宣宗实录》卷362，道光二十一年十一月丙子条，北京：中华书局，1985年，第533页。

> 兹据梁萼涵奏称：大青山后沙拉穆楞昭，暨诺们汗昭等处游民，于封禁牧地，私行租种，本应严加驱逐。惟查该游民等生聚有年，原籍均无家产，请仿照成案，免其驱逐，地亩放给租种，征得租银，分给喇嘛蒙古，作为香火养赡之资等语。该处游民，既无家可归，一旦逐令回籍，必致流离失所，著准其援照成案办理，以示体恤。惟此项地亩，与喇嘛蒙古牧场，有无妨碍，所征租银，应归何员承管，并应如何分拨之处，著绥远城将军归化城副都统会同该抚筹议妥办。①

清政府对民人私垦大青山后土地予以默认，并征收租银，其实是承认私垦土地的合法化。虽然文献所载此项土地是召庙的土地，但能说明清政府的封禁政策，并没有很好地贯彻执行。

《绥远通志稿》卷23《屯垦》载：

> 清雍正十三年十二月，命大臣通智等赴归化城，视形胜筑城屯田，以归化城土默特都统丹津及根敦协理之。乾隆元年，设马厂于归化城北，诏丹津董牧务，其地即今索放之绥远八旗马厂也。……特先相地筑城以驻兵，并择地屯田以养兵，设厂以牧马。四年，绥远城告竣，将军移来驻守。所谓屯田者，盖为初期之计划，移驻之后，专为防兵牧厂，终未实行屯垦之事也。据土默特档案载，乾隆三年，由大青山后本旗地内指定十处作为绥远城驻防官兵牧厂，十间空地仍属本旗。道光二十三年曾发生互争游牧之交涉。其地在乾隆六十年、嘉庆十一、十四两年，因筹满营养育兵及孀妇孤女养赡钱粮，先后奏放七千三百余顷，招民垦种，按年征租。②

为"筹满营养育兵及孀妇孤女养赡钱粮"，在乾隆六十年（1795）、嘉庆十一（1806）、十四（1809）年先后丈放八旗马厂地七千三百余顷，招民按年征租。

王玉海《归化城土默特二旗的内属问题》中认为："清廷之所以毫无顾忌地把土默特蒙古的驻牧地大面积地划为官用马厂，一方面是为了解决驻防八旗的给养，另一方面也是试图通过此举，把归化城土默特蒙古的驻牧地变为官地，以与察哈尔蒙古相等。"③ 周清澍《试论清代内蒙古农业的发展》中认为："绥远八旗牧厂，本来是奉旨由牧厂界内土默特蒙古和绥远驻防军队公共游牧地，而绥远将军却将它视为清政府所有放垦收租，当自己牧地因放垦不够使用时，又侵入到接近八旗牧厂的蒙民牧地内提出公共游牧的要求。这样，不仅使原来八旗牧厂界内的蒙古既失其业，又失其牧。"④ 归化城土默特蒙古两翼参领也有此种认识：

---

① 官修：《清宣宗实录》卷379，道光二十二年八月癸卯条，北京：中华书局，1985年，第847页。
② 绥远通志馆：《绥远通志稿》卷23《屯垦》（第29册），内蒙古自治区图书馆藏（稿本），第2页。
③ 王玉海：《归化城土默特二旗的内属问题》，蒙古史研究（第5辑），1997年，第232—238页。
④ 周清澍：《试论清代内蒙古农业的发展》，内蒙古大学学报，1964年，第2期，第35—63页。

即以南北界而论，由土默特北界核起，至归化城止，大约一百二三十里，由归化城往南，再有八九十里，八旗马厂方足南北二百里之数，由此观之，绥远城协领等，窥觊土默特阖旗地界。①

正是因为绥远城驻防官兵窥觊土默特土地，所以才会毫无顾忌地侵占土地，以致绥远城八旗同归化城土默特两翼蒙古土地纠纷不断。据《督办垦务大臣贻奏酌拟办理绥远城牧厂情形折》所载：

伏查乾隆三年，由土默牧地内恩赏绥远城驻防官兵牧厂，原系南北宽一百里，东西长三百里。旋于是年七月间仍在大青山后，另指十处作为牧厂。八旗、两翼各分四至，中间空地照旧归土默特。其牧厂界内，土默特蒙古亦准寄居。先系随同水草公共游牧，后于乾隆二十八年，经将军蕴春奏明，在牧厂界外拜稀郭尔山前另断土默特游牧，而绥远城泥于从前公共之文，不免时有逾越，遂有道光二十三年互争游牧之案。将军奕兴、归化城副都统成凯先后具奏，奉旨著仍赏给土默特，其八旗马厂仍循旧界以杜争端等因。钦此。然判别于马厂之外者，游牧虽已各分，而错处于马厂之中者，地段依然相接。杂居日久，耦俱无猜，厂地渐就混同，土默特亦未尝考其界划。迨至去年，奉旨扩充垦务，土默特参领等始以牧厂以当有该旗应得之地，赴奴才贻谷处呈请分别办理。奴才等调阅两处地图界址，里数均多不合，详加询问，而绥远城土默特官员等皆不能指指其应分地段。奴才等遂于七月间会委各员前往查勘。因地方辽阔，一时未能丈量。各委员就勘所及，证以绥远城地图，用按里合顷之法核计，共有三万二千余顷。较道光二十三年奏案八旗马厂除已放地亩外，尚有草地二万余顷之语迥不相符。奴才等以非统行丈量，终难凭信。惟时值秋冬之际，天寒地冻，人力难施。本年二月间拣派绳丈委员，分赴八旗两翼马厂，认真逐加勘丈。现虽未一律丈竣，而就各处册报，核其地数，较旧案实有增多。奴才等传同绥远城协佐领，土默特参、佐领等公同商酌，拟照前奏，将绥远城牧厂除已放粮地不计外，应得草地二万零一百四十一顷十亩划清，其余地亩仍划还土默特。该员等均无异词。此奴才等查明绥远城牧厂与土默特应行各清地界之实在情形也。至牧厂之地，乾隆六十年、嘉庆十一年、十四年，因筹满营养育兵及孀妇、孤女养赡钱粮，先后三次奏放，共计七千三百余顷田，归化城按年征租，现在统应粮地。此外所放荒地，间有私垦，尚不甚多。迭次出示招报，迄今报者寥寥。奴才贻谷饬令委员到地时，一面丈量，一面清查。除粮地外，无

---

① 安斋库治：《清末における绥远の开垦》，满铁调查月报，第19卷12号，南满洲铁道株式会社，1939年。王玉海：《归化城土默特二旗的内属问题》，蒙古史研究（第5辑），1997年，第232—238页。

论已垦、未垦，一律满丈。按照定例，以二百四十弓为一亩。俟统行丈完后，先划足绥远城二万一百四十一顷十亩之数，分别垦牧。详察牧厂各地，以正蓝旗、两翼土性为最，正白、厢蓝两旗次之，正黄、镶黄、正红三旗又次之。厢白、厢红两旗山多地少，可耕之地较少，现拟照信恪原奏，略加变通。除去山河、道路、村镇及仅宜牧而不宜耕者留作牧地，余均尽数开放。①

正是因为绥远城八旗官兵不断侵占归化城土默特两翼蒙古的土地，所以归化城土默特两翼蒙古才要求清政府勘丈八旗马厂土地。垦务大臣贻谷据此对八旗马厂进行勘丈，首先查阅土默特与八旗马厂分界旧案。光绪二十八年（1902）七月六日，垦务大臣贻谷要求将土默特与八旗牧厂分界旧案禀存图册送来备查②，在查阅旧案以后，贻谷要求派员会勘绥远八旗牧厂与土默特界址。③ 八旗马厂勘丈的结果是，八旗马厂侵占归化城土默特牧厂一万二千余顷。

据《绥远城垦务调查记》》卷4《清理土默特地亩调查记》载：

> 绥远城八旗牧厂之缘起，及与土默特划界之情形。查绥远城八旗牧厂，系前清乾隆三年，由土默特地内划给，原系南北宽二百里，东西长三百里。旋于是年七月间，仍在大青山后，另指十处作为牧厂。八旗两翼各分四至，中间空地照旧归土默特，其牧厂界内土默特蒙古亦准寄居。先系随同水草公共游牧，须于乾隆二十八年，经将军蕴著奏明在牧厂界外拜衡郭尔山前，另断土默特游牧。而绥远城泥于前公共之文，不免时有僭越，遂有道光二十三年互争游牧之案。将军奕与归化城副都统成凯先后具奏，奉旨八旗牧厂仍循界，界以外地仍赏给土默特以杜争端。然牧厂界内尚有土默特地，界划颇不明了，土默特参领等遂有清理地界之请。经垦务大臣贻谷亲往查勘，用按里合顷之法核计，共有三万二千余顷，较道光二十三年奏案，八旗牧厂除已放地亩外，应有草地二万余顷之数，实有增多。贻谷遂根据前奏拣派绳丈委员认真勘丈。绥远城牧厂除已放种地不计外，先划足草地二万零一百四十一顷十亩之数，其余地亩仍划还土默特。④

---

① 《申报》（上海版），1903年7月15日，星期三，第10860号，清光绪二十九年闰五月二十一日，第15版。亦载于绥远通志馆：《绥远通志稿》卷22上《垦务》，内蒙古自治区图书馆（稿本）（第26册），第31—45页。
② 土默特左旗档案馆藏：归化城副都统衙门档案，《将土默特与八旗牧厂分界旧案禀存图册送来备查的咨文》，档案号：80—5—563。
③ 土默特左旗档案馆藏：归化城副都统衙门档案，《希即派员会勘绥远八旗牧厂与土默特界址的咨文》，档案号：80—5—570。
④ 甘鹏云：《绥远垦务调查记》卷4《清理土默特地亩调查记》，中国边疆史志集成（第36册），全国图书馆文献缩微复制中心，2002年，第368页。

贻谷督办勘丈土地的结果亦证明八旗牧厂不断侵占归化城土默特两翼蒙古牧厂。"用按里合顷之法核计，共有三万二千余顷，较道光二十三年（1843）奏案，八旗牧厂除已放地亩外，应有草地二万余顷之数，实有增多"，从道光二十三年（1843），到清末，侵占归化城土默特两翼蒙古牧厂一万二千余顷，增加60%还多。

八旗马厂地是清政府从归化城土默特两翼蒙古牧厂内划出，由绥远城将军直接管辖，用以牧放绥远城驻防官兵军马的牧场。随着清政府在全国统治的确立，西北战事逐渐平息，绥远城的军事地位已远非清初可比。故清政府不断削减绥远城驻防军马数量①，借以削减牧厂，增加垦地，用以收租，以解决绥远城驻防官兵之需。在一定程度上，八旗马厂成为绥远城驻防官兵的养赡之地。由于划拨八旗马厂土地所有权和收益权均归清政府，这就剥夺了归化城土默特两翼对土地的领有权和收益权。

九、公主地

公主地，准确的讲是公主的汤沐邑。康熙年间，康熙皇帝将其女儿嫁给喀尔喀多罗郡王敦布多尔济。《清史稿》卷7《圣祖二》载：

> （康熙三十六年）十一月……丙戌，和硕恪靖公主下嫁喀尔喀郡王敦多布多尔济。②

《清圣祖实录》卷186，康熙三十六年（1697）十一月丙戌条载：

> 封下嫁喀尔喀多罗郡王敦多布多尔济之公主，为和硕恪靖公主。③

《清文献通考》卷242《帝系考》对此记载较为详细：

> 贵人郭罗罗氏生，封和硕恪靖公主。康熙三十六年十一月，下嫁额驸喀尔喀亲王敦多布多尔济。雍正元年二月封固伦恪靖公主。④

和硕恪靖公主的汤沐邑曾经在清水河厅境内。据《清高宗实录》卷18，乾隆元年（1736）五月乙巳条载：

> 总理事务王大臣会同理藩院大臣议，尚书通智等奏称：杀虎口外清水河地方田亩，从前喀尔喀敬安固伦公主奏请耕种。康熙五十三年，因行走之人扰乱，停止耕种。虽将从前所领之票，具奏交部，而公主属人，仍于其间耕种行走。今额驸端多普

---

① 昆冈等修，刘启端等纂：《钦定大清会典事例》卷647《兵部·马政·八旗驻防马、绿营马》，续修四库全书（第808册），上海：上海古籍出版社，2002年，第111—112页。
② 赵尔巽：《清史稿》卷7《圣祖二》，北京：中华书局，1976年，第248页。
③ 官修：《清圣祖实录》卷186，康熙三十六年十一月丙戌条，北京：中华书局，1985年，第984页。
④ 官修：《清文献通考》卷242《帝系考》，影印文渊阁四库全书本（第637册），台北：台湾商务印书馆，1986年，第607页。

多尔济既赴喀尔喀地方，此处种地之人，难以遥管。理宜将此项田亩彻出，招民耕种，以足戍兵之粮。但额驸将此地耕种多年，已成熟地，照土默特蒙古等卖田每亩银二钱例价。查额驸档内，载伊属人所种清水河田四万八千三百七十五亩，可否赏给银九千六百七十五两之处，恩典出自皇上等语。查从前臣等因归化城种地以足戍兵之粮，议令额驸端多普多尔济，在清水河较原赏田数，加倍开垦，至数万顷。今额驸端多普多尔济既赴喀尔喀地方，此项地亩，自系招民耕种。饬交通智将原赏地亩查出，如何折价，赏给额驸银两，并将伊属人多占地亩彻出，作何办理耕种之处，议奏等因，奏准在案。今尚书通智等，查明清水河地亩，从前虽经端多普多尔济具奏停止耕种，将票交部。而属人仍复耕种数年，俱应彻出。但额驸属人，即将此地种熟，应照伊档内所载耕田四万八千三百七十五亩之数，遵蒙古卖田例价，每亩赏银二钱等因，咨覆前来。应如通智所奏，赏给额驸端多普多尔济银九千六百七十五两。所有清水河地亩，每年所得粮数，令通智等查明，照原奏办理。所赏额驸端多普多尔济银两，著伊派人持具印领赴京，在户部支领。再通智等奏称：清水河东北西尔哈墨哩图一带地方，西北乌兰拜星一带地方，原系蒙古游牧处所，续经额驸将蒙古等移于别处，已历多年。臣等以为耕地至此处，如遇旧牧之蒙古人等争竞，即行确查。地亩果好，每亩赏银二钱，别处安置。如地不成片段，即请退还，仍令游牧等语。查此带地方，原系蒙古游牧处所，并非耕田建房者可比。自额驸端多普多尔济属人占据以来，移于别处安居多年。如屯田开垦，遇有蒙古争竞，即行给价，则徼幸告讦之人必多，办理未免纷纭。应交通智等，将原在西尔哈墨哩图，乌兰拜星游牧之蒙古，详细查核，果系原耕之地，或照地给价，或仍令游牧之处，分晰办理。从之。①

此项在清水河厅的土地有"四万八千三百七十五亩"，原为归化城土默特蒙古游牧之地。在清固伦恪靖公主奏请之下，赏给其耕种。在"康熙五十三年（1714），因行走之人扰乱，停止耕种。虽将从前所领之票，具奏交部，而公主属人，仍于其间耕种行走"。即清政府并没有收回这四万八千余亩土地。因此通智等人奏请将此项土地收回，四万八千余亩土地，按照蒙古买田例价，每亩赏银二钱给额驸。土地收回后，"详细查核，果系原耕之地，或照地给价，或仍令游牧之处，分晰办理"。

清公主撤出清水河土地之后，又在归化城其他地区圈占土地。《土默特志》卷5《赋税·附输田》载：

> 本境荒田而外……有拨给公主之地……一康熙年间，效纳公主地亩约数千顷。数

---

① 官修：《清高宗实录》卷18，乾隆元年五月乙巳条，北京：中华书局，1985年，第465页。

目未详，在归厅界。①

据《绥远通志稿》卷22上《垦务》载：

> 康熙间，清公主以下嫁外蒙贝子，路经归化城，公主爱其地土田肥沃、水草丰美，遂留居焉。朝廷发国帑，于归化城相地筑府邸。土默特旗奏请效纳公主地亩数千亩以资垦牧。迨后附近四村，承垦纳租，地近黑河，可资灌溉，即今所谓四村水地者是也。稽之旗志所载垦地，此为最初报垦之田焉。②

《绥远通志稿》卷22中《垦务》载：

> 土默特旗公主府，在归绥县属太平庄、新庄子、黑沙图、买岱四村之水地，原系土默特旗于清初拨给公主作为户口地二百四十顷。嗣公主府将此地陆续租与民户，修浚渠道，从事耕耘。每年每亩征银二钱，如民户不欠租银，该府即不能收地，是以历年来民户辗转典卖，几认为永远之产，而对公家之田赋，反不负担。③

归化城副都统衙门档案中，载有乾隆年间，公主府属下因"水"问题同民人发生纠纷的事件④，亦说明公主地是水地，出租给民户以收取地租。

公主迁到归化城后，归化城土默特两翼蒙古划拨"太平庄、新庄子、黑沙图、买岱"水地二百四十顷，作为公主的汤沐地。公主地的地权属于公主府所有，清廷对此不加干涉。公主府衙负责公主地的管理——土地出租、租金征收等。归化城土默特两翼蒙古将其拥有领有权的"太平庄、新庄子、黑沙图、买岱"水地，报效给公主，公主从清政府那里获得了这块土地的所有权和获益权，即归化城土默特两翼蒙古失去了土地的领有权和获益权。

十、庄头地

庄头地，又称为旗兵米粮地，是康熙年间为解决对噶尔丹战争军队粮饷，在土默特

---

① 清光绪年间刊本影印：《土默特志》卷5《赋税·附输田》，台北：成文出版有限公司，1968年，第83—87页。
② 绥远通志馆：《绥远通志稿》卷22上《垦务》（第26册），内蒙古自治区图书馆藏（稿本），第11页。
③ 绥远通志馆：《绥远通志稿》卷22中《垦务》（第27册），内蒙古自治区图书馆藏（稿本），第58页。
④ 土默特左旗档案馆藏：归化城副都统衙门档案，乾隆十五年五月十五日，管理公主府事务侍卫《为美岱村吴巴西等堵截灌田之水事呈归化城都统》（满文），档案号：80—25—122；乾隆十五年五月十八日，管理公主府事务侍卫《为库扎尔托和村民人贾氏等抢占水源事呈都统》（满文），档案号80—25—128；乾隆十八年八月二十八日，鄂木布《呈控公主府属下弄人因灌田争水纠纷案不服通判所断肆意妄行请查办》（满文），档案号：80—25—153。

地区圈占的大片土地。据《晋政辑要》卷10《户制·杂赋十六·绥远、朔平二同知庄头米折》载：

> 凡绥远城同知经征浑津、黑河十三户庄头地四百一十七顷九十二亩七分九厘，每亩征米三升三合三勺三抄。会典内载康熙三十四年内务府奏准归化城添设粮庄十三所，于各庄头子弟及殷实庄丁内选充庄头，各给地十八顷，每庄岁征米二百石，由归化城都统征收储本处旗仓。又载乾隆三年奏准归化城十三庄头垦地二千六百余顷，每庄各给地六十顷，外尚余地一千九百余顷，交地方官募民耕种，输租户部。又载嘉庆十四年题准归化城十三庄应交本色米二千六百十六石八斗七合八勺，由绥远城理事同知征收以充兵粮。卷查嘉庆十四年奏准庄头吴继文等八户碱坏地一百八十五顷九十九亩七分，蠲免米六百一十九石九斗二升八合。又庄头吴继文等十三户，花斑生碱地一百三十三顷一十四亩，蠲免米四百四十三石七斗五升五合八勺。又庄头三娅子等五户呈报沙淤河占地一百一十五顷一十三亩九分，豁免米三百八十三石七斗五升八合二勺。又查嘉庆十四年奏准浑津、黑河庄头生碱地亩，豁免米石，在开垦大青山后四旗空闲牧厂租银，拨补采买兵粮。又查嘉庆十六年题准庄头吴继文等复垦被水淤漫地五十一顷三十八亩三分，应征米一百七十石二斗五升九合五勺，自嘉庆十六年起升科。又查道光五年，题准庄头吉祥儿等二户复垦被水淤漫地一十五顷七十亩，应征米五十二石三斗二升八合一勺，自道光五年起升科。额征米一千三百九十二石九斗五升三合五勺。①

康熙三十四年（1795），在归化城添设十三所粮庄时，每户给地十八顷。每年"每庄岁征米二百石，由归化城都统征收储本处旗仓"。由于这些粮庄分布在归化城南大黑河流域，土地肥沃，为了保证军粮的供应，在乾隆三年（1738）又"奏准归化城十三庄头垦地二千六百余顷，每庄各给地六十顷，外尚余地一千九百余顷，交地方官募民耕种，输租户部"。这些土地亦是占用归化城土默特两翼蒙古的户口地。

这些庄头地分布在归化城南大黑河流域，分为十三庄头，又称十三圈。

《土默特志》引一份乾隆元年（1736）二月的豁免十三圈庄头地租税的呈文中，庄头的署名为："张谋、宋师洛、胡玺、方文正、王有功、王居中、吴良弼、六十四、温保柱（以上二人用满文画押）丁茂盛、李之良、李二辉、赵得胜。"②

据《归化城厅志》卷6《田赋·附户口》载：

---

① 刚毅修，安颐纂：《晋政辑要》，续修四库全书（第883册），上海：上海古籍出版社，2002年，第469页。
② 土默特左旗《土默特志》编纂委员会：《土默特志》（上），呼和浩特：内蒙古人民出版社，1997年，第143页。

浑津庄头王文魁、刘金钟、宋得胜、吴永茂、杜万山、刘佩、潘世福、赵玉刚、王成、张承业等十户，共地六百顷八十亩四分二毫八丝四忽，地分十圈，东西相距十五里，南北相距七里零。后奉部豁免地三百三十九顷十三亩三分，现实种地三百六十一顷六十七亩一分三毫八丝四忽，共征米八百七十二石一斗四升九合五勺五抄二撮。黑河庄头丁开山、胡建基、李自明等三户，共地一百八十四顷四十三亩六分七厘六毫，地分三圈，东至茂盛营，西至达赖庄，南至道，北至渠。后奉部豁免地二十八顷一十八亩，现实种地一百五十六顷二十五亩六分七厘六毫。共征米五百二十石八斗三合八勺。①

庄头分为西十圈，东三圈。东三圈的范围为"东至茂盛营，西至达赖庄，南至道，北至渠"。西十圈的范围，据《土默特志》（卷上）第3章《土地与垦殖志》载：

> 庄头地分布在归化城南和西南的大黑河流域，共分十三圈。丁家圈、胡家圈、李家圈，习惯上称东三圈，东至茂胜营，西至达赖庄，南至道，北至渠。吴庄（今归白庙子）、宋庄（今德胜营）、小刘庄、王庄（以上二村今合称刘王庄）、杜庄（今属浑津桥村）、潘庄、西王庄、赵庄、张庄，习惯上称"西十圈"，东西相距7.5公里，南北相距3.5公里。②

由于水冲、沙压、碱坏，导致土地荒芜，庄头地亩不断减少。为了保证绥远城驻防官兵的军粮，又"在开垦大青山后四旗空闲牧厂"内拨补庄头地，这亦是侵占归化城土默特两翼蒙古的牧厂。据《归化城厅志》卷6《田赋·附户口》载：

> 大青山后四旗空闲牧地，嘉庆七年补拨庄头开垦七百六十六顷五十二亩六分五厘，每亩征银二分一厘五毫，共合银一千六百四十八两三分二厘。光绪二十年抚宪檄饬同知方龙光会同委员唐洪谟勘明灾后荒地三百零九顷二十亩八分二毫，应合银六百六十四两七钱九分七厘三毫，暂行停征。现在熟地共四百五十七顷三十一亩八分四厘，共征银九百八十三两二钱三分四厘八毫。③

《土默特志》卷5《赋税·附输田》载：

> 本境荒田而外，有粮厅管署之庄头地，……有拨补庄头等项地，……一、嘉庆十四年丈放拨补庄头四旗厂地七百九十顷。④

---

① 刘鸿逵纂修：《归化城厅志》，内蒙古自治区图书馆藏（稿本），第55—56页。
② 土默特左旗《土默特志》编纂委员会：《土默特志》（上），呼和浩特：内蒙古人民出版社，1997年，第142页。
③ 刘鸿逵纂修：《归化城厅志》，内蒙古自治区图书馆藏（稿本），第53页。
④ 清光绪年间刊本影印：《土默特志》卷5《赋税·附输田》，台北：成文出版有限公司，1968年，第83—84页。

庄头是为驻防满洲旗兵生产粮食的田庄头目。田地由庄头管理，靠佃户承种，这些佃户满蒙汉皆有。据《土默特志》第1章《地理志》载：

> 庄头，即专为皇室或驻防满洲旗兵生产粮食的皇粮田庄头目。土默特地区的庄头始设于1694年，先设西10圈，后设东3圈，共计有王、刘、宋、吴、杜、刘、潘、赵、王、张和丁、胡、李13庄头。潘庄《移修龙王庙始末缘由》（碑志）说："余等庄头13家于康熙三十四年出口，卜宅兹土……至今伊始倏忽六十余年矣"，"遥忆余等始至之时，苦亦极矣"，"入则惟家人父子共守，出则皆蒙古胡人"。庄头人中有自称来自热河八沟的蒙古人，有自称来自热河赵家村的满洲人，还有的说是被内务府裁汰的"包衣"，拨来建皇庄的。总之，13圈庄头"佃户内，满蒙汉皆有"。庄头共六百余户，三千余人。庄头全部务农，清代向绥远粮饷理事厅纳粮。①

《绥远通志稿》卷75《民族·满族》载：

> 浑津、黑河现有官粮地四百余顷。原系宗人府庄丁承种，按年纳粮。②

《绥远通志稿》卷22上《垦务》引《清朝通志》：

> 乾隆二年、七年、九年、十六年、五十四年，先后奏交归厅丈放浑津、黑河、二里官地四百余顷。③

《清史列传》卷36《大臣传续编一·文孚传》载：

> 嘉庆十二年……九月，奏浑津、黑河共庄头十三户，每户原认种地六十顷，嘉庆四年，以地亩碱坏，奏准豁免一百八十余顷，余仍交粮分种。今庄头等复以地亩生碱，请改折色。查生碱之地，不过十之一二，若因此一二分碱地，并将无碱者全行改征，不惟现在兵粮不敷支放，且腴碱混淆，亦不足以昭平允。应请按地认真核计，不堪种艺者，悉行开除，其并无碱性之区，仍令照旧交粮，无许妄生觊觎。④

庄头地因水冲、沙压、碱坏，而豁免的地亩，在其他文献中亦有记载。据嘉庆十二年（1807），察哈尔都统庆怡等八月十五日奏：

> 据户部奏，绥远城将军春宁、山西巡抚成宁奏请将浑津、黑河生碱地亩改征折色，其不敷米石，将大青山马厂余地招垦补额。……查浑津、黑河共庄头十三户，浑

---

① 土默特左旗《土默特志》编纂委员会：《土默特志》（上），呼和浩特：内蒙古人民出版社，1997年，第60页。
② 绥远通志馆：《绥远通志稿》卷75《民族·满族》（第87册），内蒙古自治区图书馆藏（稿本），第10页。
③ 绥远通志馆：《绥远通志稿》卷22上《垦务》（第26册），内蒙古自治区图书馆藏（稿本），第12页。
④ 王钟翰点校：《清史列传》卷36《大臣传续编一·文孚传》，北京：中华书局，1987年，第2805—2806页。

津十户,黑河三户。每户原认种地六十顷。嘉庆四年浑津庄头以地亩碱坏呈报,经奏准豁除地一百八十余顷,其余五百九十九顷零,各庄头仍旧交粮分种。九年间庄头复以该处花斑生碱,呈请改征折色。①

道光四年(1824),山西巡抚福绵九月二十日奏:

> 为委员勘明口外庄头承种地亩沙淤不堪耕种据实复奏。……窃照绥远城将军德英阿等具奏,浑津庄头承种地亩沙淤不堪耕种,恳请豁除粮额酌筹拨补一案,经户部奏明交前任……前往该处详细确勘……该庄头三妞子等五户承种地亩,实被沙淤河占地一百一十五顷一十三亩九分不堪耕种。又查丈该庄头赵承训、吉祥儿二户原报碱废地内淤复可垦地共一十五顷七十亩。……所有委员勘明地亩实在情形理合恭折复奏。②

庄头地的庄头拥有土地使用权,没有土地的所有权,须向清政府缴纳租粮,以备绥远城旗兵军粮。由于租赋过重,加之天灾、水冲、沙压、碱坏等原因,庄头拖欠租赋的现象很严重。因此早在乾隆年间,就有庄头恳求缓交官粮的记载。③《清高宗实录》卷132,乾隆五年(1740)十二月乙巳条载:

> 蠲免绥远城浑津承种地亩,本年霜雹成灾,额米一千六百三十三石有奇。其仍征米石,照例缓征。④

乾隆十年、十八年、二十三年、二十四年、三十八年、四十四年(1745、1753、1758、1759、1773、1779),嘉庆五年(1800)道光元年(1821)等又因灾而分别蠲免浑津、黑河庄头租赋。⑤ 除了因灾蠲免租赋,同时清政府还豁缓庄头积欠的钱粮。据《清高宗实录》卷514,乾隆二十一年(1756)六月辛亥条载:

> 豁缓远城属浑津、黑河等处庄头积欠乾隆十八年带征米一千八百石有奇。⑥

1910年12月14日,署绥远城将军瑞良奏浑津、黑河圈地被灾分别蠲缓折:

---

① 中国科学院地理科学与资源研究所、中国第一历史档案馆:《清代奏折汇编·农业·环境》,北京:商务印书馆,2005年,第356页。
② 中国科学院地理科学与资源研究所、中国第一历史档案馆:《清代奏折汇编·农业·环境》,北京:商务印书馆,2005年,第417—418页。
③ 土默特左旗档案馆藏:归化城副都统衙门档案,乾隆元年二月,十三庄头《短欠元年官粮恳恩宽至秋后新旧一并交纳的禀文》,档案号:80—5—1836。
④ 官修:《清高宗实录》卷132,乾隆五年十二月乙巳条,北京:中华书局,1985年,第923页。
⑤ 官修:《清高宗实录》卷250,乾隆十年十月甲辰条,第227页;《清高宗实录》卷449,乾隆十八年十月己亥条,第845—846;《清高宗实录》卷572,乾隆二十三年十月癸亥条,第270页;《清高宗实录》卷595,乾隆二十四年八月丁未条,第633页;《清高宗实录》卷938,乾隆三十八年七月己巳条,第657页;《清高宗实录》卷1086,乾隆四十四年七月壬辰条,第591—592页;《清仁宗实录》卷61,嘉庆五年三月丁巳条,第812页;《清宣宗实录》卷23,道光元年九月己酉条,第412页。北京:中华书局,1985年。
⑥ 官修:《清高宗实录》卷514,乾隆二十一年六月辛亥条,北京:中华书局,1985年,第503页。

奏为浑津、黑河圈地秋禾亢旱，复被水灾，应征米石拟请照例分别蠲缓，恭折仰祈圣鉴事。窃查绥远城粮饷同知恒健详报，所属浑津、黑河庄头赵天会、胡镜等十三户承种各圈地亩，秋禾先遭亢旱，继被水冲，收成无几。当经据详委员会同该厅赴被灾处所，逐细覆勘去后。兹据详称：会勘浑津、黑河庄头十三户，共承种地四百六十二顷三十九亩四分五厘七毫六丝，除勘不成灾地一百二十二顷二十八亩仍旧收粮外，其因亢旱成灾十分地一百八十六顷二十八亩，又被水浸淹成灾十分地六十二顷五十七亩九分八厘三毫六丝，又被水冲流田禾无存，成灾十分地九十一顷二十五亩四分七厘四毫。被灾地亩，卷查嘉庆四年其奉部行知，经内务府奏准，庄头等应交钱粮照乾隆四十七年以前之例，如有歉收一分，即免一成钱粮，其赏给口粮仍请停止。嗣于道光十年九月间，奉内务府奏准，嗣后庄头人等地亩遇有歉收，仍照嘉庆四年以前民户被灾之例办理。查例载被灾十分者，蠲免钱粮十分之七，其蠲免钱粮分作三年带征，均自次年为始。令该庄头十三户被灾地亩勘明，均已成灾十分，所有应征宣统二年新赋，应照民地被灾十分之例蠲免十分之七，蠲余三成米石，拟请缓至宣统三年秋后起，分作三年带征。至勘不成灾，应征本色米四百七石五斗五升九合二勺四抄，应在次年秋后征收。再查现值开征之际，尚有浑津、黑河庄头十三户应交宣统元年分米一千五百四十一石一斗六升一合二抄一撮八圭一粟，应请遵照历次部议覆准缓征成案，缓至宣统三年秋后征收，以苏民困。合将被灾地亩蠲免米石分晰造册，详送前来。①

庄头地，由于水冲、沙压、碱坏等原因，出现大量荒芜的情况。因此其地亩数早已不足原数。十三庄头共承种"四百六十二顷三十九亩四分五厘七毫六丝"，而"乾隆三年（1738）奏准归化城十三庄头垦地二千六百余顷，每庄各给地六十顷"，十三庄头计有地 780 余顷，要少将近一半。可见土地荒废是非常严重的。

十一、翁衮岭等处官地

翁衮岭，又称白道岭、蜈蚣坝，据《归绥县志·舆地志》载：

白道岭，在城北三十一里，一名瓮衮坝，转为蜈蚣，省作吴公。其西为白道中溪，一名克鲁库谷。……裕孚案昆都仑大坝即吴公坝，平岭即翁衮鄂博冈。……《朔平府志》神山在归化城北四十里，一名瓮衮山。②

在翁衮岭周围零星官地，包括翁衮岭北闲荒官地、翁衮岭北色尔腾等处私开地、喇

---

① 《政治官报·奏折类》，1910 年十二月十四日，第 1156 期，第 14 页。
② 郑植昌修、郑裕孚纂：《归绥县志》，中国边疆史志集成（第 37 册），北京：全国图书馆文献缩微复制中心，2002 年，第 83 页。

嘛扎布等名下入官地二十二犋、葫芦图地农田五犁。① 翁衮岭，包括与大青山十五沟地接壤连埂的水泉子等村民人承种之十七犋公田，安斋库治认为"雍正十三年（1735）民种十七犋牛地一段"②。归化城副都统衙门档案，乾隆三十五年（1770）十月二十七日，归化城同知《为解送翁衮岭水泉子等村田赋银的呈文》，亦说明"十七犋公田"包含在翁衮岭官地中。③

据《土默特志》卷5《田赋·附输田》载：

  乾隆五年二月，闭禁蜈蚣坝后私垦厂地案内，有雍正十三年，民种十七犋牛地一段，每年应纳租五十一两。④

这里的"十七犋牛地"是民间私垦厂地，而被收为官地，每年应纳租银"五十一两"。据归化城副都统衙门档案，乾隆二十八年（1763）七月十三日，理藩院《为商定应收田赋数目的咨文》中载：

  卷查从乾隆五年始，由军机处、绥远城将军、归化城旗总管臣等上奏：将十七犁公田内，每犁地租作三两收租，由归化城同知催解用于薪饷。⑤

归化城副都统衙门档案，乾隆四十一年（1776）十二月十九日，归化城同知《送翁衮岭十七块农田租银五十一两的呈文》，载翁衮岭十七块地，缴纳租银五十一两。⑥ 在光绪十一年（1885）十一月，归化城旗务衙门《造送光绪九年（1883）各项岁入岁出简明四柱清册》载：

  一、归化城迤北鞯滚岭等处民人租种入官十七犋牛地亩，遵照则例由归化厅征解。光绪九年分地租银五十一两。

  一、遵照则例，由蒙古荣木沁等名下入官地九顷五十五亩，由归化等厅征解。光绪九年地租银十四两八分六厘。又征解入官地基租银八钱二分五厘。

  一、归化城北鞯滚岭地方迤北迤西两路及库克额尔计等处所有官地，蒙民建盖房

---

① 乌仁其其格：《18至20世纪初归化城土默特财政研究》，内蒙古大学，2007年博士学位论文，第37页。
② 安斋库治：《清末における绥远の开垦》，满铁调查月报，第19卷12号，南满洲铁道株式会社，1939年。
③ 土默特左旗档案馆藏：归化城副都统衙门档案，《为解送翁衮岭水泉子等村田赋银的呈文》（满文），档案号：80—24—1405。
④ 清光绪年间刊本影印：《土默特志》卷5《赋税·附输田》，台北：成文出版有限公司，1968年，第87页。
⑤ 土默特左旗档案馆藏：归化城副都统衙门档案，《为商定应收田赋数目的咨文》（满文），档案号：80—24—1396。
⑥ 土默特左旗档案馆藏：归化城副都统衙门档案，《送翁衮岭十七块农田租银五十一两的呈文》（满文），档案号：80—满文补遗30—568。

屋铺面，遵照则例，每年额定地基租银七十七两一钱七分，内由归化厅征解。①

"犁"或"犋牛"是归化城土默特地区土地面积计量单位，据归化城副都统衙门档案"三顷为一犁"②，"二百亩为一犋牛"③。这些地亩从乾隆年间到清末一直是租银五十一两，没有发生变化。

归化城副都统衙门档案，乾隆二十七年（1762）十二月十五日，户司翼长乌巴锡《为报各项钱银收支事宜的呈文》载：

> 遵照台吉杜尔满上奏：部署上交在胡芦图地处有农田五犁，应交乾隆二十七年度租金，由和林格尔界通判处送来银三十两。④

《土默特志》第7章《财政志》载清代"归化城正项收入银两"：

> 翁衮岭北色尔滕等处私开地亩及拉麻扎布等名下入官地二十二犋（按当时每犋地约二顷），每年征银八十两，入于记档银两下公用（按最早见于乾隆三十七年，1772年）。翁棍岭北闲荒官地、归化城城根等处所盖房屋铺面及已故马甲固鲁格之妻孀妇呈进之铺面，每年征租银五百七十余两，均入于记档银两项下公用。（按最早见于乾隆十一年，即1746年）⑤

《土默特志》第7章《财政志》载清代"直接用于旗务公费的地租有"：

> 翁衮岭北色尔滕等处私开地亩及拉麻札布等名下入官地22犋（当时指两头牛，一张犁一年可耕作的土地，由于大青山后耕作粗放，一般一犋地面积为2顷），从1772年（乾隆三十七年）起，每年征租银80两，入于记档银两项下公用。翁衮岭北闲荒官地17犋，每年租银51两，从1762年（乾隆二十七年）起征租公用。在胡鲁图地方由台吉杜勒玛名下入官地5犋所收30两地租银，从嘉庆年间起征租公用。西诺莫果恩村由岳木沁（荣沁）名下入官地80亩，所收2两5钱地租银从嘉庆年间起，征租公用。阿苏特布木巴等村由纳科依图名下入官地415亩，所收地租银4两8钱8

---

① 土默特左旗档案馆藏：归化城副都统衙门档案，《造送光绪九年各项岁入岁出简明四柱清册》，档案号：80—6—2956。此外，归化城旗务衙门《造送光绪十年各项岁入岁出简明四柱清册》，档案号：80—6—2597；旗务衙门《造送光绪八年岁入岁出四柱清册》，档案号：80—6—2598；土默特左旗档案馆藏，亦是如此记载。

② 土默特左旗档案馆藏：归化城副都统衙门档案，《为商定应收田赋数目的咨文》（满文），档案号：80—24—1396。

③ 土默特左旗档案馆藏：归化城副都统衙门档案，乾隆六年二月二十三日，归化城都统《为重新丈量和硕格格田亩的札文》，档案号：80—22—139。

④ 土默特左旗档案馆藏：归化城副都统衙门档案，《为报各项钱银收支事宜的呈文》，档案号：80—22—375。

⑤ 土默特左旗《土默特志》编纂委员会：《土默特志》，呼和浩特：内蒙古人民出版社，1997年，第562页。

分，从嘉庆年间起公用。归化城北、翁衮岭北、西北二路库柯额尔济等官地、民人等所建房铺之地基，从嘉庆年间起所收租银50两5钱5分5厘，入于正项公用。胡札尔托辉（胡计讨亥）村由诺木奇名下入官地73亩，租银1两8钱6分，从嘉庆间起收入公用。阿济格洪津村由班珠尔名下入官地50亩，所收租银1两，从嘉庆年间起收入公用。1864年（同治三年）又有茂林太村额尔德尼桑（尔登山）入官地337亩，租银4两6钱7分1厘，收入公用。①

这些土地的租银，用于旗务的公费支出，这些土地应是和翁衮岭一带的的土地一样为官地。

十二、借牧地

乌拉特东公旗南迁后，清政府在归化城土默特境内"武当沟、水涧沟（苏寨）哈隆贵"② 划出，供乌拉特东公旗部众放牧的牧场。这块牧场"该地长60公里，宽20公里不等，计800余平方公里"③。由于这块牧场是由归化城土默特蒙古牧场中划出的，所以被归化城土默特蒙古称之为"借牧地"。《土默特志》卷6《祀典·附召庙》载广觉寺：

> 广觉寺之修在乾隆三年，……查此召原建于土默特界内。乾隆九年，乌拉特旗强争之，奉旨查办议定三沟泉渊北地准乌旗借牧。④

"乌喇特又作吴喇忒等，亦为哈撒儿后裔所统部，哈撒儿十五世孙布尔海时，号所部为乌喇特，游牧在呼伦贝尔及其以北一带，后分为三部。天聪七年（1633）……归依后金。顺治五年（1648）编为三旗……乌喇特部归降清朝后，牧地南移。清入关后，又西迁，定牧在河套北岸。三旗同在一处游牧，没有明显界限。"⑤ 顺治六年（1649）"令乌拉特部三旗迁牧于河套以北一带。"⑥ 是年秋，"乌拉特三旗方由科尔沁分族西

---

① 土默特左旗《土默特志》编纂委员会：《土默特志》（上），呼和浩特：内蒙古人民出版社，1997年，第599—600页。
② 彭勇：《清代土默特土地占有方式》，土默特史料（第18辑），1985年，第258—279页。土默特左旗《土默特志》编纂委员会：《土默特志》（上），呼和浩特：内蒙古人民出版社，1997年，第6页。
③ 土默特左旗《土默特志》编纂委员会：《土默特志》（上），呼和浩特：内蒙古人民出版社，1997年，第6页。
④ 清光绪年间刊本影印：《土默特志》卷5《赋税·附输田》，台北：成文出版有限公司，1968年，第105页。
⑤ 亦邻真等：《内蒙古历史地理》，呼和浩特：内蒙古大学出版社，1993年，第199页。胡日查、长命：《科尔沁蒙古史略》（蒙文），北京：民族出版社，2001年，第162—170页；郝志成：《清代内蒙古西部后套地区的开垦与社会变迁》，呼和浩特：内蒙古人民出版社，2007年，第51—52页。所载略同。
⑥ 郝志成：《清代内蒙古西部后套地区的开垦与社会变迁》，呼和浩特：内蒙古人民出版社，2007年，第51—52页。

迁,……于顺治九年(1652)抵达所赐牧地"①。

《清史稿》卷77《地理二十四》载:

> 乌喇特部三旗:三扎萨克同驻哈达玛尔,在归化城西三百六十里。东南距京师一千五百二十里。……天聪七年,瓦喇台吉鄂板达尔汉来朝,率图巴额尔赫及塞冷伊尔登二旗归附。顺治五年,叙从征功,以图巴掌中旗,鄂木布子鄂班掌前旗,色楞子巴克巴海掌后旗,同封镇国公,授扎萨克,世袭。前、中、后三旗同牧地,当河套北岸噶札尔山南。东界茂明安,南界鄂尔多斯左翼前旗,西界鄂尔多斯右翼后旗,北界喀尔喀右翼。广二百一十五里,袤三百里。②

由于其牧地和归化城土默特两翼蒙古交错,故在乾隆年间,乌拉特和土默特发生争地纠纷。彭勇在《清代土默特土地占有方式》引归化城副都统衙门档案所载,乌拉特公沙拉布在1736年(乾隆元年)三月间向将军衙门呈控:

> 该旗四佐领下人众由科尔沁迁来……,至今已住居八十五年矣,现在土默特人众以此地为该旗之地,一再驱逐,但此地因住如许年代,埋有坟墓者甚多,四佐领下人众从此迁徙,仍无居住之处,必致流离失所。③

在归化城副都统衙门档案:乾隆三年(1738)一月二十一日,理藩院《为酌情办理乌拉特四佐领占据土默特乌达等山沟地方一案的咨文》,载乌拉特四佐领侵占土默特乌达沟等地④;乾隆五年(1740)六月四日,归化城都统《为乌拉特公锡拉布旗民强占包图村牧场耕种请理藩院协助办理的呈文》载乌拉特旗民强占土默特包图村牧场⑤;乾隆六年(1741)二月二十四日,归化城都统《为会审土默特达木巴林沁与乌拉特西拉布旗定争执牧场的咨文》载两旗争夺牧场。⑥清政府对两旗争夺牧场事件做出了处理。"此件事情后经归化城都统丹津、乌兰察布盟长、四子王阿尔补腾多尔济等会同查办。对查办后的处理结果,乌拉特公不服,认为查办者偏袒土默特,所以此案一直没有得到妥善处

---

① 《乌拉特中旗志》编纂委员会:《乌拉特中旗志》,呼和浩特:内蒙古人民出版社,1994年,第146页。
② 赵尔巽:《清史稿》卷77《地理二十四》,北京:中华书局,1976年,第2416页。
③ 彭勇:《清代土默特土地占有方式》,土默特史料(第18辑),1985年,第258—279页。
④ 土默特左旗档案馆藏:归化城副都统衙门档案,《为酌情办理乌拉特四佐领占据土默特乌达等山沟地方一案的咨文》(满文),档案号:80—22—3。
⑤ 土默特左旗档案馆藏:归化城副都统衙门档案,《为乌拉特公锡拉布旗民强占包图村牧场耕种请理藩院协助办理的呈文》(满文),档案号:80—26—422。
⑥ 土默特左旗档案馆藏:归化城副都统衙门档案,《为会审土默特达木巴林沁与乌拉特西拉布旗定争执牧场的咨文》(满文),档案号:80—26—434。

理。"① 1744年（乾隆九年），钦派鄂尔泰再次查办此案。《清高宗实录》卷219，乾隆九年（1744）六月辛未条载：

> 大学士鄂尔泰等议奏，绥远城建威将军补熙等，奏覆乌喇特与土默特争地一折：据称乌喇特东界，乌达、苏勒哲、哈朗贵三处山地，在土默特北界内，自应断归土默特。但乌喇特四佐领下人，自顺治九年移居以来，九十余年，已立坟茔牧厂，数百户一时迁徙，未免失业，应将此三地仍归乌喇特。至乌喇特屡次控索宝图村、灏来等地，既在土默特界内，应并归土默特。其大青山北，察罕齐劳地，虽在乌喇特游牧南，然须均匀分给，始靖争端。应将西北者划归乌喇特，东南者划归土默特。至称前经奏准，土默特贫户承种地六十三顷。今虽在乌喇特所得地界内，但现据四子王部落拉布坦多尔济等，皆愿出具甘结，仍与该贫户耕种。并已会同该扎萨克定议，各边界立有鄂博。②

《土默特志》（卷上）第2章《土地与垦殖志》载勒尔森（鄂尔泰）关于这件事情的解决方案：

> 查两旗原定之界堆，察汗鄂博系两旗解题差驮之处，从此往南至黄河岸，有两乌尔巴齐，中间设一堆记，作为两旗界址，东乌尔巴齐归土默特，西乌尔巴齐作为乌拉特之地。凡约定越界居住之乌拉特人，均饬令遵照定界居住。由察汗鄂博斜向东北至察汗此老、水涧、哈隆贵之泉源，由哈隆贵泉渊向北弯曲，抵茂明安界，其间设立堆记为界，所有界外西北之地，归乌拉特永作游牧（即所谓借牧）。界内东南之地，归土默特作永业。各将越界游牧之蒙众，遵照此次界定。从此以往越界耕种游牧人众，永行禁止……所有断归乌拉特界内前经奏明与土默特无业游民赏给之地亩六十三顷，将此地仍为土默特贫蒙之业。③

这些被划给乌拉特东公旗的土地，亦是从归化城土默特两翼蒙古土地中划拨的，土默特蒙古并因此失去了对这块土地的领有权。但是乌拉特和归化城土默特蒙古争夺牧场的事件，并没有因此停止，反而是持续不断。如乾隆二十八年（1763）六月八日，户司《为将乌拉特土默特争夺二旗游牧交接处地亩案交萨厅审明并咨四子王收回地亩事的呈

---

① 彭勇：《清代土默特土地占有方式》，土默特史料（第18辑），1985年，第258—279页。
② 官修：《清高宗实录》卷219，乾隆九年六月辛未条，北京：中华书局，1985年，第818—819页。
③ 土默特左旗《土默特志》编纂委员会：《土默特志》（上），呼和浩特：内蒙古人民出版社，1997年，第150页；彭勇：《清代土默特土地占有方式》，土默特史料（第18辑），1985年，第258—279，亦对此加以记载。

文》①；嘉庆十八年（1813）十一月十九日，归化城户司《为约期会办萨拉齐村参领等与乌拉特东公旗下罗布桑雅木皮勒因交界发生纠纷的呈文》②等，均说明归化城土默特两翼蒙古与乌拉特东公旗牧场纠纷并没有停止。

十三、召庙地（香火地）

召庙地，即寺院的香火养赡地，又称之为香灯地。这是清政府或者归化城土默特两翼划拨、捐赠给寺庙，供寺庙香火花费、僧侣养赡的地亩。"在土默特境内建置的大小寺庙共百余所，建寺有早有迟，拨赠香火地的年代也不一。"③香火地主要有归化城土默特两翼据旨划拨、崇信藏传佛教的当地蒙古人的捐赠和寺院出价购买的。这些土地的划拨，一般要由扎萨克等官员"出具甘结，照档注册，立明边界，造具详细图书"④。土地的捐赠和购买要有土地契约。

据《绥远通志稿》卷77《宗教·佛教》载：

> 绥境各大召庙，当明清两朝迎佛建寺之初，其本管王公施主等，既均撰于香灯养赡之地，则此地一切生息处理权，悉由各本寺之活佛、达喇嘛等自行主持之。最初大率只全寺黑徒众牧畜之用，厥后渐令黑徒中之精农事者，择牧场隙地，种艺五谷，以省僧众入市购粮之烦。年久成习，则牧业日减，而农业日增。⑤

香火地在建寺之初，就由王公、施主等人捐赠。起初这些香火地由黑徒牧畜，后来才开始在牧场隙地种植五谷。《土默特志》卷6《祀典·附召庙》载归化城内外所建召庙：

> 无量寺，崇德五年都统古禄克楚琥尔奏奉谕旨，派员偕该寺德木齐等监修，旋奉赐寺名曰：无量。供万岁牌于中。康熙三十六年，经扎萨克达喇嘛内，齐托音胡图克图奉旨换盖黄瓦。寺在归化城正南一里许，内设扎萨克喇嘛、达喇嘛各一名。（寺一名大招）

> 崇福寺于康熙丁卯年建，奉赐今名。寺在城东南一里许，内齐托音胡图克图住管扎萨克喇嘛、达喇嘛各一名。（寺一名小招）

---

① 土默特左旗档案馆藏：归化城副都统衙门档案，《为将乌拉特土默特争夺二旗游牧交接处地亩案交萨厅审明并咨四子王收回地亩事的呈文》，档案号：80—26—554。
② 土默特左旗档案馆藏：归化城副都统衙门档案，《为约期会办萨拉齐村参领等与乌拉特东公旗下罗布桑雅木皮勒因交界发生纠纷的呈文》（满文），档案号：80—22—223。
③ 彭勇：《清代土默特土地占有方式》，土默特史料（第18辑），1985年，第258—279页。
④ 妙舟：《蒙藏佛教史》，扬州：江苏广陵古籍刻社，1993年，第143页。
⑤ 绥远通志馆：《绥远通志稿》卷77《宗教·佛教》（第89册），内蒙古自治区图书馆藏（稿本），第26页。

崇寿寺于顺治十八年，喇嘛沙拉布建。康熙三十三年，其徒喇嘛明素克重修，奉赐今名。寺在城西南三里许。内设呼弼勒罕扎萨克喇嘛、达喇嘛各一名。（寺一名蓬松招）

延寿寺，亦旧寺也。康熙三十五年修复，在归化城正南一里许。奉赐今名，习呼图胡图克图住管，内有呼弼勒罕三名，扎萨克喇嘛、达喇嘛各一名。

延禧寺，初只蒙字名。嘉庆六年，达尔汉巧尔济胡图克图禀由掌印扎萨克达喇嘛详理藩院转奏。奉谕旨易名延禧。内设达喇嘛一名。

慈灯寺，当崇福寺僧阳察尔济胡弼勒罕充副扎萨克达喇嘛时，于雍正五年进京，年班，奏恳于城东南四里许捐建。雍正十年，蒙赐今名。著该僧住管内达喇嘛一名。

隆寿寺，距城西南二里许，于康熙八年巧尔济喇嘛达赖创建。至三十四年葺而新之，由掌印喇嘛报理藩院，请赏今名。嘉庆十年，灾。迄光绪十一年、十二年重建。内扎萨克喇嘛、达喇嘛各一名（寺一名受木气招）。

弘庆寺，距城正南五里许，于康熙六年，宁宁胡图克图建，奉上谕赐今名。内扎萨克喇嘛、达喇嘛各一名。

宁祺寺，于康熙六十一年，土默特两翼官弁、兵丁捐建。乾隆十九年添建，东北之至胜塔一座。二十九年又添建西北之至忠塔一座。四十九年，奉旨赐今名，内左右达喇嘛各一名。

广福寺，土默特参领甲布之家祠也。后其佳人施给张嘉佛。于乾隆三十年，赐名广福。

隆福寺，在东门外百步。康熙三十四年，故巧尔济喇嘛达赖之徒恩克所建。因隆寿之名，曰隆福寺，现仍归隆寿寺管辖。未设达喇嘛。

以上寺一十一座，俱坐落本城附近。乾隆八年，奉特旨赏给香灯地亩，以资讽经僧徒养赡以外，各寺异此。①

乾隆八年（1743）赏给"隆福寺、广福寺、宁祺寺、弘庆寺、隆寿寺、慈灯寺、延禧寺、延寿寺、崇寿寺、崇福寺、无量寺"等十一座寺庙香灯地亩。由于这十一座寺庙均是御赐寺名，所以受到当地政府、官员、贵族等的重视，因此其获得香火地亩的数量较其他寺庙要多。由于寺庙大小不一，因此香火地有多有寡。大的寺庙均有相当数量的香火地亩。据彭勇引相关资料所载：

广觉寺（五当召）在大榆树滩有香火地三千九百顷。

---

① 清光绪年间刊本影印：《土默特志》卷6《祀典·附召庙》，台北：成文出版有限公司，1968年，第99—103页。

  沙拉穆楞召有膳召地三千顷。
  普会寺在沙拉穆楞召北有香火地一千顷。
  庆缘寺（五素图召）有香火地六百顷。
  延寿寺（舍力图召）在沙拉穆楞召西聚宝庄等二十七村，有香火地一千七百零九顷四十一亩二分。①

  归化城副都统衙门档案中，存有乾隆年间的香火地亩册，分蒙文和满文两种。蒙文《香火地亩册》：鸿（宏）庆召、小召、席勒图召、美岱召、太平召、彭顺召、白塔召等召庙的香火地亩册②；满文《召庙地亩册》：弘庆寺、崇寿寺、延寿寺、无量寺、舍力图召、崇福寺、隆寿寺等召庙地亩册。③此外还有一些召庙出租地亩的契约，据不完全统计：道光到同治年间，朋松召土地契约有 35 件；咸丰到同治年间，广福寺土地契约有 17 件；咸丰年间崇寿寺土地契约有 3 件。如道光十二年（1832）三月二十三日《徐锦玉租到朋松召西大殿香火地一顷四十亩的租约》、道光十五年（1835）十一月三日《贾启谟租到朋松召五十八名下地一块的租约》等。④这些契约说明，召庙的土地被租给民人耕种。"档案记载详略不一，前者如《旗召香火地亩册》等，包含香火地所在嘎查、土地使用者的身份和姓名、经营方式、租种、伴种、典种民人所属县、姓名、土地等级和数量等内容；后者如《崇福寺香火地亩册》等，仅记载香火地所在嘎查、土地使用者的身份、姓名、经营方式及耕地数量。"⑤据档案所载，土地租种者多为来自府谷、河曲、太原、保德等山西、陕西的民人。

  归化城土默特地区的召庙土地，可以分为土地和牧场。其土地经营方式有自种地、伴种地、租种地、典种地。牧场则较少，主要为寺庙放牧所用。鄂尔泰在乾隆七年（1742）三月，《会议酌筹土默特经久孳生之计》载：

  今土默特两旗蒙古并各寺喇嘛、沙弼那尔等牲畜牧场不甚宽裕，惟赖各村附近未

---

① 彭勇：《清代土默特土地占有方式》，土默特史料（第 18 辑），1985 年，第 258—279 页；土默特左旗《土默特志》编纂委员会：《土默特志》（上），呼和浩特：内蒙古人民出版社，1997 年，第 151 页，亦如此记载。
② 土默特左旗档案馆藏：归化城副都统衙门档案，户司《香火地亩册》（蒙文），档案号：80—41—1～80—41—22。
③ 土默特左旗档案馆藏：归化城副都统衙门档案，户司《召庙地亩册》（蒙文），档案号：80—33—42～80—33—53。
④ 土默特左旗档案馆藏：归化城副都统衙门档案，档案号：80—15—208、80—15—219。
⑤ 乌云：《乾隆初年土默特地区寺院香火地亩册探析》，内蒙古社会科学，2010 年，第 3 期，第 58—62 页。亦载于乌云：《清至民国时期土默特地区藏传佛教若干问题研究》，内蒙古大学，2010 年博士学位论文。

垦草地内牧放牲畜,割草过冬。①

召庙的香火地除了自种、牧放牲畜之外,很大一部分均被租种、伴种给民人耕种。乌云据档案,对乾隆初年归化城土默特地区部分召庙香火地尽行统计,列表如下②:

清乾隆初年归化城土默特地区部分寺院香火地统计表(单位:顷)

寺名	俗称	耕地经营方式				合计
		自种	租种	伴种	典地	
延寿寺	席力图召	305.16	834.51	205.76		1345.43
无量寺	大召	928.53	666.94	288.96	1116.51	3000.94
崇福寺	彭顺召	499.52	2533.73	42.75	19.39	3095.39
尊胜寺	班第达召		60.35			60.35
灵照寺	美岱召	72.91	60.38	7.4		140.69
太平召	旗召	135.56	113.5	7.43		256.49
章庆寺	忽寨召	16	7.8	5.4		29.2
崇禧寺	东喇嘛洞召	96.77	74.55	11.3		182.62
广法寺	后板升召	21				21
合计		2075.45	4351.76	569	1135.9	8132.11

据表可知延寿寺、无量寺、崇福寺土地数量较多,其中无量寺、崇福寺的土地均多达 3000 余顷。当然召庙僧侣上层占有土地亦较多。如尊胜寺有 60.35 顷土地,而达喇嘛咱雅班第达呼图克图名下就有 30 顷耕地,租给兴州倪姓民人耕种。其余由格孙希日德经营。③ 当然也应有无地、少地之僧侣。如乾隆八年(1743),章庆寺无地之人有 12 户 28 口④,延寿寺无地之人 95 户 209 口。⑤ 由于香火地既有政府划拨,亦有贵族、官员捐赠,同时还有召庙自己购买,其土地来源并不单一,因此各召庙的香火地零星成块,分散于各个嘎查之中。如崇福寺的香火地分布在 60 多个嘎查之中,崇禧寺的香火地被划分为五

---

① 晓克:《土默特史》,呼和浩特:内蒙古教育出版社,2008 年,第 303 页。
② 乌云:《乾隆初年土默特地区寺院香火亩册探析》,内蒙古社会科学,2010 年,第 3 期,第 58—62 页。
③ 土默特左旗档案馆藏:归化城副都统衙门档案,户司《美岱召等香火地亩册》(蒙古文),档案号:80—41—7。
④ 土默特左旗档案馆藏:归化城副都统衙门档案,户司《美岱召等香火地亩册》(蒙古文),档案号:80—41—7。
⑤ 土默特左旗档案馆藏:归化城副都统衙门档案,户司《香火地亩册》(蒙古文),档案号:80—41—11。

百余块。①

归化城土默特地区召庙的牧场，多分布在大青山后，土默特四苏木和四子王旗、茂明安旗、乌拉特中旗等三旗交界地。清中期以后，大青山后牧地被划给八旗马厂（见上文），故归化城土默特地区召庙牧场有些与八旗马厂接壤。如土默特旗辅国公喇嘛扎布所辖四苏木，召庙沙比纳尔和土默特四苏木的蒙古人都居住在牧场内。② 土默特四苏木内有尊胜寺（班第达召）朋苏克召、大召、席力图召、普会寺（锡拉木伦召）、崇禧寺的牧场，这些牧场分布在"从土默特北边的哈达马拉到四子王旗西边的巴彦敖包、吉如合，此地东南边为博罗拜升之西勒格、阿鲁苏木哈达、博罗胡扎尔、博果达克等地。"③ 阿·马·波兹德涅耶夫在《蒙古及蒙古人》中写道席力图召牧场：

> 席力图格根的沙比纳尔……有一千人，属于各个不同的民族。当然，他们大都是土默特人，然而也有一些是蒙古族其他支系的人……席力图格根有自己的土地供这些沙比纳尔造屋居住，这些土地由克克伊尔根（武川）城向北伸展出去：在南边与此城郊区的耕地毗连；在西边同茂明安旗土地相连；在北边同喀尔喀达尔罕贝勒旗相连；在东边同四子王旗相接。由于划给席力图格根的沙比纳尔的牧区很小，因此格根的沙比纳尔们，凡出生于土默特的，可以说根本就不在这些地方住，而是仍旧住在他们世代居住的地区。④

清政府虽然有严禁开垦牧厂的禁令，但是归化城土默特地区牧厂的禁止开垦并没有严格执行，而是对私垦的熟地，进行丈放，征收租金。如《清仁宗实录》卷235，嘉庆十五年（1810）十月己亥条载：

> 谕内阁：来仪等奏，查明归化城沙拉穆楞牧场，复被民人私行垦种，会商办理一折。归化城沙拉穆楞牧场，为该处蒙古等生计攸关，若有民人私垦地亩，自应随时驱逐，例禁綦严。兹据该将军等查明：该处现在种地民人，为数较多，居住已非一载，开成熟地之外，尚有试垦未经成熟费过工本地七八百顷。若竟一律驱逐，毁其庐舍，未免穷无所归。请照乾隆二十五年升科之例，免其驱逐，将所征银两，量为变通，为该处喇嘛蒙古等香火养赡之资。经此次查办后，该处空地即不许多垦一垄，多容一人

---

① 乌云：《乾隆初年土默特地区寺院香火地亩册探析》，内蒙古社会科学，2010年，第3期，第58—62页。
② 金峰：《呼和浩特史蒙古文献资料汇编》（第5辑），海拉尔：内蒙古文化出版社，1988年，第236页。
③ 金峰：《呼和浩特史蒙古文献资料汇编》（第2辑），海拉尔：内蒙古文化出版社，1988年，第113页。
④ 阿·马·波兹德涅耶夫著，张梦玲等译：《蒙古及蒙古人》（第2卷），呼和浩特：内蒙古人民出版社，1983年，第81页。

等语。……著该将军，会同该省巡抚，悉心筹酌。出口民人，责成该地方官，于关隘处所随时查察，严行饬禁。其偷垦民人，责成该将军副都统转饬所属，分往各村详加查点，毋任再添一户，再垦一亩。若有新来户口，即时驱逐。①

虽然清政府默认了民人私垦牧厂，但是要对牧厂征收租赋，故嘉庆二十年（1815）十一月四日，归绥道《为查询有关沙拉穆楞地亩应付租银人等的咨文》，要求为查询有关沙拉穆楞地亩应付租银人等的情况。② 租银是支付归化城土默特喇嘛、蒙古养赡之资，因此在嘉庆二十二年（1817），左翼首甲参领沙津达赖《为分配沙拉穆楞地亩租银的呈文》，对沙拉穆楞的地租银予以分配。③ 道光十八年（1838）十一月九日，归化城厅《再行咨催将沙拉穆楞召西地亩有无妨碍游牧甘结送府》，要求将沙拉穆楞召西地亩开垦情况，是否妨碍游牧，进行回报，并做"甘结"，来保证所报事情的真实性。④ 显见，大青山后沙拉穆楞牧厂私垦的现象并没有得到禁止，而是呈现出越演越烈的趋势。

据《清宣宗实录》卷362，道光二十一年（1841）十一月丙子条载：

> 谕军机大臣等：奕兴等奏，大青山后牧地，现复搭盖房屋，请饬查办一折。大青山后沙拉穆楞昭，暨诺们汗昭等处牧地，久经封禁，即不应任令私行耕种，搭盖房屋。惟据该将军等奏称：此项游民，均系内地无业贫民，潜居口外。现在积聚过多，请饬山西巡抚派员押归原籍收管等语。游民占据游牧有碍蒙古生计，自应严行驱逐。惟人数过多，聚散无常，山后地方辽阔，稽查亦恐难周。著杨国桢悉心筹画，妥议具奏，务使该游民等既不致侵扰游牧，且不致因官为驱逐，别酿事端，是为至要。将此谕，令知之。⑤

可知大青山后沙拉穆楞召、诺们罕召等处的牧地，并没有因清政府禁止开垦而得到禁止，反而是越聚越多。虽然绥远城将军请求清政府饬令山西巡抚派人把这些人押归原籍，但是由于人多，加之地域辽阔，故难以稽查。因此要求杨国桢悉心筹划，在不致侵扰蒙民游牧的情况下，不因为官府驱逐而起事端。这其实就是变相默认游民私垦牧厂。

据《清宣宗实录》卷379，道光二十二年（1842）八月癸卯条载：

> 兹据梁萼涵奏称：大青山后沙拉穆楞昭，暨诺们汗昭等处游民，于封禁牧地，私

---

① 官修：《清仁宗实录》卷235，嘉庆十五年十月己亥条，北京：中华书局，1985年，第165页。
② 土默特左旗档案馆藏：归化城副都统衙门档案，《为查询有关沙拉穆楞地亩应付租银人等的咨文》，档案号：80—第5函—46—253。
③ 土默特左旗档案馆藏：归化城副都统衙门档案，《为分配沙拉穆楞地亩租银的呈文》，档案号：80—第7函—46—352。
④ 归化城土默特衙门档案：《再行咨催将沙拉穆楞召西地亩有无妨碍游牧甘结送府》，档案号：80—5—1979。
⑤ 官修：《清宣宗实录》卷362，道光二十一年十一月丙子条，北京：中华书局，1985年，第533页。

行租种，本应严加驱逐。惟查该游民等生聚有年，原籍均无家产，请仿照成案，免其驱逐，地亩放给租种，征得租银，分给喇嘛蒙古，作为香火养赡之资等语。该处游民，既无家可归，一旦逐令回籍，必致流离失所，著准其援照成案办理，以示体恤。惟此项地亩，与喇嘛蒙古牧场，有无妨碍，所征租银，应归何员承管，并应如何分拨之处，著绥远城将军归化城副都统会同该抚筹议妥办。①

道光二十三年（1843）四月十一日，户司《为查明民人私自开垦沙拉穆楞迤西牧场的咨文》，即说明沙拉穆楞迤西牧场的牧厂被民人私垦。② 而道光二十五年（1845）二月十九日，归化城副都统成凯的奏折更能说明民人私垦沙拉穆楞召地亩：

> 大青山后沙拉穆楞召及诺们罕召等处游民，于封禁牧地私行租种。……查明沙拉穆楞召实有民居三十六村，私种熟地二千四百九十八顷；诺们罕召实有民居十村，私种熟地一百二十六顷零。③

可见开垦的土地数量是比较大的。清政府对民人私垦大青山后土地予以默认，并征收租银，其实是对私垦土地的合法化，因此，绥远将军请求开放这些牧厂。《清宣宗实录》卷447，道光二十七年（1847）九月庚寅条载：

> 户部议准，绥远城将军英隆等会奏：查明大青山后，沙拉穆楞召内聚宝庄等二十三村，及诺们罕召内五道洼等九村，无碍牧场，应准开放。沙拉穆楞召内苏托罗盖等十八村，诺们罕召内巴汉沁等四村，有碍牧场，应行封禁。并请将应禁各村民人，移至开放各村，计亩拨地认种。仍将地亩四至，挑挖壕堑，立堆标识，由蒙古与土默特官兵，自行巡查，毋令越界偷开。各村户口，责成归化厅编立保甲，每年详报该都统汇查。④

绥远城将军英隆对沙拉穆楞召、诺们罕召，勘查之后，得出"沙拉穆楞召内聚宝庄等二十三村，及诺们罕召内五道洼等九村，无碍牧场，应准开放"，"沙拉穆楞召内苏托罗盖等十八村，诺们罕召内巴汉沁等四村，有碍牧场，应行封禁"。所采取的措施：1. 将"应禁各村民人，移至开放各村，计亩拨地认种"。2. 将"各村户口，责成归化厅编立保甲"。3. 并将封禁之区"地亩四至，挑挖壕堑，立堆标识，由蒙古与土默特官兵，自行巡查，毋令越界偷开"。

---

① 官修：《清宣宗实录》卷379，道光二十二年八月癸卯条，北京：中华书局，1985年，第847页。
② 土默特左旗档案馆藏：归化城副都统衙门档案，《为查明民人私自开垦沙拉穆楞迤西牧场的咨文》（满文），档案号：80—22—229。
③ 中国科学院地理科学与资源研究所、中国第一历史档案馆：《清代奏折汇编·农业·环境》，北京：商务印书馆，2005年，第464页。
④ 官修：《清宣宗实录》卷447，道光二十七年九月庚寅条，北京：中华书局，1985年，第607页。

据《钦定大清会典事例》卷162《户部·田赋》载：

(道光)二十七年议准：山西归化城大青山后沙拉穆楞等处，开垦成熟，每亩征租银三分一厘八丝。……(咸丰)九年议准：山西省大青山后沙拉穆楞等处，开垦熟地，每亩征租银、减为二分一厘五毫。①

《晋政辑要》卷10《户制·杂税·归化厅大青山后各牧厂地租》载：

大青山后沙拉穆楞寺西聚宝庄等二十七村牧厂地一千二顷七亩七分。每亩征银二分一厘五毫。……每年仍派土默特参领一员前赴各村地界，多立鄂博于春耕秋收之际，周围编查一次，修复鄂博一次。在租银内提银一百两，以备需用，余银分给喇嘛七成，蒙古三成，以为香火养赡之资。②

显然沙拉穆楞寺西聚宝庄等二十七村的牧厂，应属归化城沙拉穆楞召。沙拉木塄召是席力图召所属召庙，拥有"沙拉穆楞召西侧的毛尼等十八个嘎查的土地和新开辟的聚宝庄等村的土地"③。

乃莫齐召的香火牧厂在大青山以北的"洪古尔白、布鲁图、布敦海拉苏台、纳林海拉苏台等地"。④ 班第达召（尊胜寺）香火牧厂在"八旗牧场东南侧和该召周围地区"。⑤ 五当召香火牧厂的范围在"东至毛顿敖包，西至撒日坛哈达、拜兴图，东南至哈古日艾、呼和郭勒，南至衮呼克克、查干郭勒、颂土阿么，西南至乌达郭勒的柴邦图、赛因达巴嘎，西至扎兰、博尔齐，西北至吉兰拖罗海，北至洪果尔敖包、嘎日迪额和"。⑥ 嘉庆四十年（1809）归化城副都统衙门把土默特与达尔罕、茂明安交界处的"敖包和百洪格尔敖包之间的克里叶河西边之乌兰呼都克东西宽一里多，南北长约十里的土默特旗旗地划给了五当召"⑦。

在土默川一带也有归化城土默特召庙的土地。朋松召的香火地，据乾隆八年（1743），绥远城将军勘查归化城土默特召庙地时，规定：

---

① 昆冈等修，刘启端等纂：《钦定大清会典事例》卷162《户部·田赋》，续修四库全书（第801册），上海：上海古籍出版社，2002年，第629页。
② 刚毅修，安颐纂：《晋政辑要》，续修四库全书（第883册），上海：上海古籍出版社，2002年，第451页。
③ 金峰：《呼和浩特史蒙古文献资料汇编》（第2辑），海拉尔：内蒙古文化出版社，1988，第17页。
④ 江实：《蒙古联合自治政府巴彦塔拉盟史资料集成——土默特特别旗之部》（蒙、汉、满三种文）（第一辑）（鸣字24号），1942年。
⑤ 江实：《蒙古联合自治政府巴彦塔拉盟史资料集成——土默特特别旗之部》（蒙、汉、满三种文）（第一辑）（发字56号），1942年。
⑥ 金峰：《呼和浩特史蒙古文献资料汇编》（第2辑），海拉尔：内蒙古文化出版社，1988，第31页。
⑦ 金峰：《呼和浩特史蒙古文献资料汇编》（第2辑），海拉尔：内蒙古文化出版社，1988，第22—23页。

朋苏克召耕地在西拉乌苏鄂托克的四周，南至西拉乌苏河，北至大道，东至阿尼图之阿尔玛格。①

在光绪十二年（1886），朋松召的喇嘛向绥远城将军呈文："乾隆九年（1744），赏给喇嘛和召庙的户口地、牧地大部分都分布于黄河南岸，近年喇嘛和召庙土地移到黄河北岸，记到达拉特旗管辖。据说去年，将军、都统和伊克昭盟盟长、萨拉齐厅商议重新规定两旗边界。恳请参议院按照锡拉木伦寺庙香火地，把香火地全部归还召庙和喇嘛。"②

慈灯寺（五塔寺）香火地，为雍正十一年（1733），梅林章京"从迁去之察哈尔八旗所居和林格尔空闲地划给"五塔寺喇嘛。③ 乌素图东召（广寿寺）香火地亩，在"在翁衮岭东西侧和呼和庙东南侧共有63块土地，共计27顷72亩。而该庙在呼和庙附近还有耕地8块，共计2顷13亩"。④

在归化城副都统衙门档案中，有嘉庆至宣统年间关于沙拉穆楞、聚宝庄地租银的档案81件。⑤ 如光绪二十五年（1899）七月二十六日，归化城同知《呈请转解延寿寺所属沙拉穆楞民欠租银》载：

> 调署归化城抚民理事同知详解延寿寺喇嘛押令片尔等将沙拉穆楞等，项民欠租银折收千文呈交转□书册，调署归化城抚民理事同知为据情详解事，光绪二十五年七月十五日，据延寿寺扎萨克大喇嘛大德木气、圪速贵喇嘛押令片尔等遣报禀称为遵批经

---

① 金峰：《呼和浩特史蒙古文献资料汇编》（第2辑），海拉尔：内蒙古文化出版社，1988年，第55页。
② 土默特左旗历史文献档案：土地纠纷类，内蒙古自治区图书馆藏（稿本）。
③ 金峰：《呼和浩特史蒙古文献资料汇编》（第2辑），海拉尔：内蒙古文化出版社，1988年，第9页。
④ 金峰：《呼和浩特史蒙古文献资料汇编》（第2辑），海拉尔：内蒙古文化出版社，1988年，第11—12页。
⑤ 土默特左旗档案馆藏：归化城副都统衙门档案，嘉庆22年档案号：80—第7函—46—382、80—第7函—46—397；光绪13年档案号：80—6—1120；光绪14年档案号：80—5—2126、80—5—2128；光绪15年档案号：80—5—2137～80—5—2141；光绪20年档案号：80—6—194、80—5—2170；光绪24年档案号：80—5—2208；光绪25年档案号：80—6—1042～80—6—1047、80—6—1049、80—6—1052～80—6—1055；光绪26年档案号：80—6—1058～80—6—1061；光绪27年档案号：80—6—1062～80—6—1065；光绪28年档案号：80—6—1067～80—6—1074；光绪29年档案号：80—6—1075～80—6—1081；光绪30年档案号：80—6—1086、80—6—1087、80—6—1089；光绪31年档案号：80—6—1094～80—6—1099；光绪32年档案号：80—6—864、80—6—1101、80—6—1102；光绪33年档案号：80—6—875、80—6—1106、80—6—1108；光绪34年档案号：80—6—893、80—6—894、80—6—898、80—6—1113、80—6—1115、80—6—1116；宣统1年档案号：80—6—933、80—6—938、80—6—1123、80—6—1131、80—6—1132、80—6—1135；宣统2年档案号：80—6—954、80—6—953、80—6—1142～80—6—1145、80—6—1149；宣统3年档案号：80—6—1152、80—6—1153等，所载均与申解沙拉穆楞、聚宝庄租银有关。

放民欠累粮,祈恩俯准,先将山后四佐领并土默特公分得三成民欠累粮交案以凭详情专解事。缘僧等于上年三月间以山后沙拉穆楞召西聚宝庄、毛挠尔、乌蓝不浪等四十八村民欠粮,自同治年来及今三四十年,累粮甚重,力难完办,只得从权酌办,每欠银一两,以城钱三百文交纳,截至光绪二十三年,扫数全完,以清积累等情禀垦转详都统大人,蒙都宪批示允准在案,禀饬速速征解。当蒙宪天于上年八月间出示晓谕周知,蒙民等感戴深恩,钦佩莫铭。僧等遵照示谕,遣人前往山后各该村,按照案下红簿民户,自同治年间至光绪二十三年,屡共累欠租银三万四千两上下,照数经收查得内有米,认出地租累粮银五千两上下,大约能收二万九千两之谱。惟现启起四佐领、土默特公分得三成之粮银,每两以城钱三百合数,共合城钱二千六百一十吊,此宗钱项,今已实存德成号,理合遣报先行解交。案下所有僧召分得七成,尚未收启。现因民户贫苦,只得从容耽延,后遣人屡办、屡认、屡收、屡解,合并声明。为此叩禀恩准,转为照详施行等情。据此卑厅查核延寿寺圪速贵喇嘛押令片尔等将光绪二十三以前各年民欠沙拉穆楞召西聚宝庄等两项地租共银三万四千余两,内有无着逃户累租银五千余两不能起收外,大约能收有租银二万九千两之谱,奉饬前项欠租每银一两折收城市钱三百文。该召按以四佐领土默特公应得三成,现共收起城市钱二千六百一十千文,核计尚能抵足三成之数。恳请先行转解,以便散给四佐领土默特公需用,下余民欠银两系该召应得七成钱文,且该召既愿迟缓随后收起,自应准如所禀,一俟该召喇嘛收起,再行另文详办外,理合将交到钱文备具文批差役,详解大人查收。俯赐给发批回备案,实为公便,为此备由具申。伏乞照详施行,须至详者计详解城市钱二千六百一十文。

光绪二十五年七月二十六日调署同知徐树璟①

该件档案所载,民人拖欠沙拉穆楞召香火地租银,自同治年间至光绪二十三年(1897),屡共累欠租银三万四千两上下,数目太大,很难征收完成。因此采取"每欠银一两,以城钱三百文交纳"的方式纳租银,到光绪二十三年(1897),积欠扫清。但是仅"收起四佐领、土默特公分得三成之粮银,每两以城钱三百合数,共合城钱二千六百一十吊",而"案下所有僧召分得七成,尚未收起"。可见民人拖欠租银的现象比较普遍。光绪二十五年(1899)十二月二十五日,归化城同治《申解沙拉穆楞地租银》载:

申解光绪二十四、五年分沙拉穆楞地租银两数目由调署归化城抚民理事同知为申解事,案查前蒙宪檄饬令沙拉穆楞地租银两征解分给喇嘛蒙古以作香火养赡之资等因

---

① 土默特左旗档案馆藏:归化城副都统衙门档案,《呈请转解延寿寺所属沙拉穆楞民欠租银》,档案号:80—6—1043。

在案，今查每年额征银一千八百四十两二钱九分一厘，前已解过光绪二十五年分银三百两，今又征完银二百七十两三钱四分六厘，又征完光绪二十四年分银五两七钱三分七厘，理合备具文批，申解大人衙门查收，俯赐批回备案。为此备由具申。伏乞照验施行须至申者计申解光绪二十五年分沙拉穆楞地租银二百七十五两三钱四分六厘，光绪二十四年分沙拉穆楞地租银五两七钱三分七厘。

  右申

  光绪二十五年十二月二十八日调署同知徐树璟申解事，遵用空白

光绪二十六年七月二十六日①

  大青山后沙拉穆楞召附近牧地垦殖后，由归化城同知代收地租，然后分给喇嘛、蒙古作为养赡之资。其他地方的土地，由寺庙或喇嘛私自租给民人耕种收租。在归化城土默特地契中，这类契约非常多。如嘉庆五年（1800）五月五日，岳富租到白旗子村舍力兔召蒙古地契约载：

  立租地约人岳富，今租到白旗子村舍力兔召东仓名下蒙古地一犋牛耕。同人言定，每年交地租钱一千一百文。租地人永远为业，许退不许夺。租钱上秋交纳，不许短欠。日后有蒙汉人等争论者，有东仓喇嘛一面承当。随带土窑一间，门窗全无。恐口难凭，立合同约存照。

  嘉庆五年五月廿五日

  合同（骑缝）

  中见人：章盖（旁批"蒙"）李仓、李发、三架（旁批"蒙"）②

  可见，除了官府代为征租的沙拉穆楞召西聚宝庄、诺门罕召被放垦的牧厂外，归化城土默特召庙的香火地，很大程度上是由召庙喇嘛自行收租的。被官府代征的牧厂，名义上为召庙的香火地，其所有权及收益权为召庙所有，但是政府却在一定程度上取得了对土地的控制权，即实际上占有了土地的领有权。召庙在失去土地所有权和领有权的同时，获得香火地的部分收益权。由喇嘛自行放租的土地，其所有权和领有权属于喇嘛，承租户在获得土地的耕种权同时，需要向寺庙交纳租赋。

十四、籍田

  籍田（藉田），为古代天子亲自耕作的土地，其寓意是天子重视农耕。籍田礼是我

---

① 土默特左旗档案馆藏：归化城副都统衙门档案，《申解沙拉穆楞地租银》，档案号：80—6—1054。
② 呼和浩特塞北文化研究会、云广藏：《清代至民国时期归化城土默特土地契约》（第4册上），呼和浩特：内蒙古大学出版社，2012年，第145—146页。

国古代吉礼的一种,是象征一年农事开始的礼仪。籍田礼早在商代就已经形成,如甲骨文中关于商王亲自参与春耕的记载:"贞今我耕受有年。"① 《史记》卷10《孝文本纪》载:

> 上曰:"农,天下之本。其开籍田,朕亲率耕,以给宗庙粢盛。"《集解》应劭曰:"古者天子耕籍田千亩,为天下先。籍者,帝王典籍之常。"韦昭曰:"籍,借也。借民力以治之,以奉宗庙,且以劝率天下,使务农也。"瓒曰:"景帝诏曰朕亲耕,后亲桑,为天下先。本以躬亲为义,不得以假借为称也。籍,蹈籍也。"②

此后,历代多行籍田之例。清政府在全国的统治确立以后,亦重视农业生产的发展,皇帝亦亲自参加耕田活动。如《清圣祖实录》卷38,康熙十一年(1672)正月丙申条载:

> 上诣先农坛致祭。上亲行耕耤礼,三推毕,登观耕台。③

《清世宗实录》卷16,雍正二年(1724)二月癸亥条载:

> 上亲耕耤田,诣先农坛致祭。毕,更服,至耕所。乐工歌三十六禾词。上躬秉耒,执鞭扶犁,三推毕,又加一推。以示劝农至意。④

《清史稿》卷83《礼二》载:

> 康熙时,圣祖尝临丰泽园劝相。雍正二年,祭先农,行耕藉。三推毕,加一推。颁新制《三十六禾词》。赏农夫布各四匹,罢筵宴。颁赐各省嘉禾图。⑤

乾隆五十年(1785)十二月二日,山西巡抚伊《转咨礼科抄录致祭先农坛奏折(附原奏)》中要,乾隆皇帝亲临耕籍礼,并要求其子孙,年龄在六十岁之内,应照例年年躬行耕籍之礼。若年逾六十,令户部先期以莅或遣官。⑥

归化城土默特地区的籍田约有5顷左右。据《土默特志》卷6《祀典·附召庙》载:

> 先农坛于雍正五年,经归化城都统丹津具奏,奉旨于城东三里许修建。正殿三楹,供祀先农神位。东殿三楹,西殿三楹。八角亭一座,设为反坫。东屋三椽,西屋三椽,中设大坛,缭以门垣。周围籍田地五顷。遵照礼部行文,致祭之日,每年由土默特派员,恭备祭品。户司移知归绥道、归化厅。至日,归绥道率同知、巡司,由厅

---

① 胡厚宣:《甲骨文释文》,北京:中国社会科学出版社,第9507页。
② 司马迁:《史记》卷10《孝文本纪》,北京:中华书局,第423页。
③ 官修:《清圣祖实录》卷38,康熙十一年正月丙申条,北京:中华书局,1985年,第509页。
④ 官修:《清世宗实录》卷16,雍正二年二月癸亥条,北京:中华书局,1985年,第277页。
⑤ 赵尔巽:《清史稿》卷83《礼二》,北京:中华书局,1976年,第2518页。
⑥ 土默特左旗档案馆藏:归化城副都统衙门档案,《转咨礼科抄录致祭先农坛奏折(附原奏)》,档案号:80—2—414页。

饬知乡耆备办牛犋，副都统主祭，归绥道以下陪祀。各服蟒衣，行耕籍礼。①

据上可知，归化城土默特地区的籍田地，在城东三里先农坛周围，面积为5顷。籍田为官地，出租给民户耕种，以收取地租。

《土默特志》第7章《财政志》载：

> 藉田地租。藉田地是先农坛周围之地亩，出租后每年由副都统衙门派员征收地租，年征租银约30余两，供先农坛祭品之费。清政府规定此项租银每五年汇综报理藩院核销。1909年（宣统元年）额征36两3钱2分，实征银24两2钱6分。②

同卷又载：

> 藉田地征银，每年由司员征收交库。每年祭祀用银，由户司查核呈稿，移送咨文，由库按来文支给。此项银收支情况，俟五年后报理藩院时，由户司会同管库务官员详细核算呈报。③

可知籍田地在官府出租给民人之后，由归化城副都统衙门派员征收地租，每年约征收租银30余两，作为先农坛祭品的费用。这项租银每五年汇总报理藩院核销。而祭祀花费银两，由户司查核呈报，库按来文支给，由户司会同管库官员详细核算呈报，亦五年一报。

十五、义地

由于客居归化城土默特地区商民越来越多，"往往有客死在外者，无地厝埋，致使尸棺暴露"事情的发生。④ 一些官宦、富商动了恻隐之心，慷慨解囊捐买义地。归化城地区有三块义地，一块为道光年间归绥道惠征捐置的位于西龙王庙村西南的四十八亩地。一块为光绪十九年（1893）归绥道文保在旧城西南隅购置的长六十五丈，宽五十五丈的土地。一块为光绪十一年（1885），天津商人顾文翰在大召南口外，新兴板申村东南的四十亩土地。据《归绥县志·经政志·义地》载：

> 义地有三：一在西龙王庙村西南，凡四十八亩，道光时归绥道惠征捐置。光绪十一年，归绥道阿克达春定规条勒石，责成寺僧并村中甲会经理，费用由三贤庙乡耆支

---

① 清光绪年间刊本影印：《土默特志》卷6《祀典·附召庙》，台北：成文出版有限公司，1968年，第96—97页。
② 土默特左旗《土默特志》编纂委员会：《土默特志》（上），呼和浩特：内蒙古人民出版社，1997年，第599页。
③ 土默特左旗《土默特志》编纂委员会：《土默特志》（上），呼和浩特：内蒙古人民出版社，1997年，第560页。
④ 彭勇：《清代土默特土地占有方式》，土默特史料（第18辑），1985年，第258—279页。

给。一在旧城西南隅，长六十五丈，宽五十五丈，光绪十九年归绥道文保在春抚局余款项下支银一千七百三十两购置。一在新兴板申村东南，凡四十亩。光绪十一年，天津商人顾文翰捐置。①

彭勇在《清代土默特土地占有方式》中认为惠征购买的"西龙王庙村西南买地四十八亩，捐为义坟。后因年久而湮没，在光绪十一年（1885）经归绥道阿克达春查出，分作男女两处义坟"②。

《绥远通志稿》卷33《义园》载：

>义园：归绥县有义园三处，一在县城东南岳庙侧，一在县城西龙王庙村西南，一在县城南星星板申村东南。③

此外，归化城土默特地区有漏泽园，据《归绥县志·经政志·义地》载：

>漏泽园，在大召南口外，凡四十亩。乾隆四十五年复置三十余亩，曰瘗骸所。在漏泽园侧，凡砖洞三。道光中十五社商民捐建。④

萨拉齐地区亦有义地，据《萨拉齐志》卷3《胜迹·冢墓》载：

>义园，东距城五里，在小厂圐圙村西南，积约一顷，环栽杨柳，筑屋数椽，常有人驻守。当清同治中，地方兴盛，邑民繁滋，客籍羁亡，每多露野，因义地尚阙如也。适应同知文山公莅任此邦，关心民瘼，乃由筑城费中节得盈余巨款，遂于同治九年，测形相壤，即在该村等购义园地，专葬旅榇及无所归者。自兹泽及枯骨日免暴露，亦古漏泽园之善政欤，功德在民，遗迹永垂不朽。⑤

义地为官宦、富商购置捐出，用于义坟。其日常由"寺僧并村中甲会经理，费用由三贤庙乡耆支给"。在光绪三十二年（1906）十一月，归化厅同知张嘉桢禀报归绥道胡孚宸：

>光绪三十二年十一月，署归化厅同知张嘉桢具禀道署略曰：厅城西南有孤魂滩，俗名梦楼当。建房数间，遇无业男子冻饿倒毙，雇灰堆人，舁置梦楼当，俗言上架。就所在攒钱以付工资。俟清明节，由三贤庙乡耆同保长雇工挖掘总坑，用柴炭将尸骸烧化，掩埋一坑。而尸身被狼鼠残食不全者，在所不计。询据众论，佥称向如此，此颇不为怪。窃念残化尸骸，示咸惨毒恶风，不但有干例禁，抑且秽气熏蒸，浸至疠疫

---

① 郑植昌修、郑裕孚纂：《归绥县志》，中国边疆史志集成（第37册），北京：全国图书馆文献缩微复制中心，2002年，第251页。
② 彭勇：《清代土默特土地占有方式》，土默特史料（第18辑），1985年，第258—279页。
③ 绥远通志馆：《绥远通志稿》卷33《义园》（第41册），内蒙古自治区图书馆藏（稿本），第1页。
④ 郑植昌修、郑裕孚纂：《归绥县志》，中国边疆史志集成（第37册），北京：全国图书馆文献缩微复制中心，2002年，第251—252页。
⑤ 张树培：《萨拉齐志》卷3《胜迹·冢墓》，内蒙古自治区图书馆藏（稿本）。

流行，多由于此。若不严行禁革，何足以安孤魂而感天和？查阜厅三贤庙项下，向有施舍棺木一节，拟请嗣后如小店并街上，遇有倒卧在何街何店，即着保长、店主来厅呈报。验明，即饬善局委员开给执照，赴木厂领棺入殓，仍雇人抬埋义冢，将死者姓名、籍贯、年岁查明，详书砖石，附埋坟首标记，仍报明三贤庙登簿。每埋一棺，必须掘一深坑，由善举项下查照旧章，发给掘坑人满钱一百五十文，随时由三贤庙乡耆派人查勘。倘有掘坑不深，掩埋草率者，即送厅究惩。此后永远遵守。即将梦楼当房拆毁灭迹，如敢有再蹈前辙，匿不举报，定将保长、店主人等提案重惩，以昭炯戒。①

十六、六成地

归化城土默特地区的六成地，准确的讲应是光绪十一年（1885），归化城土默特旗与鄂尔多斯达拉特旗争夺因黄河改道而涸出土地。经清政府断定，四成归达拉特，六成归土默特。故把归属土默特旗的土地称之为六成地。关于六成地的论述，见于：彭勇《清代土默特土地占有方式》②、《土默特志》第3章《土地与垦殖志》和第7章《财政志》③、扎劳胡《土默特旗六成地始末》④、孟牧兰《光绪朝初期达拉特与土默特两旗间的土地纠纷问题探究》⑤、穆俊《清代土默特旗与达拉特旗的"滩地旗界"纠纷始末》⑥等，均述及土默特旗与达拉特旗的土地纠纷和土地的四六分成。

归化城土默特旗与鄂尔多斯达拉特旗牧厂纠纷由来已久。"土默特旗包头至托县一段迤南，原有大片户口地、崇寿寺香火地和公共游牧地，1782年（乾隆四十七年）因黄河改道北移，地涸于南。"⑦乾隆四十七年（1782）八月二十日，归化城同知《请转送本处致伊盟盟长、达拉特旗、乌拉特旗致文书呈归化城副都统》载：

> 蒙差复行查勘圪力更托亥、朝纳图托亥、打不忽尔托亥等处地亩，现在张立世等居住，并未搬移。其圪力更托亥等三处地亩，亦有民人居住耕种。我们随过河询问圪力盖尔、巴独乎，据伊等口称：都统有无文书，我们并不知道，我们不敢耕种……现

---

① 绥远通志馆：《绥远通志稿》卷33《义园》（第41册），内蒙古自治区图书馆藏（稿本），第2页。
② 彭勇：《清代土默特土地占有方式》，土默特史料（第18辑），1985年，第258—279页。
③ 土默特左旗《土默特志》编纂委员会：《土默特志》（上），呼和浩特：内蒙古人民出版社，1997年。
④ 扎劳胡：《土默特旗六成地始末》，土默特史料（第17辑），1985年，第170—182页。
⑤ 孟牧兰：《光绪朝初期达拉特与土默特两旗间的土地纠纷问题探究》，内蒙古大学，2011年硕士学位论文。
⑥ 穆俊：《清代土默特旗与达拉特旗的"滩地旗界"纠纷始末》，历史地理（第31辑），第148—164页。
⑦ 彭勇：《清代土默特土地占有方式》，土默特史料（第18辑），1985年，第258—279页。

在这里只有土默特一个蒙人居住。①

归化城土默特与达拉特争执的这三处地亩约有 20 顷。② 关于这件事情的处理结果,仅见于光绪十年(1884)八月一日,绥远城将军克《遵旨会同副都统、伊盟盟长妥办土达两旗争界事件的咨文》,中有一段查履旧档的记载:

> 查乾隆年间分划达拉特与土默特界址案中,其自乌尔巴齐村鄂博以东地土,断归土默特管业,有萨拉齐厅征收官粮地亩为证。其调补地亩原案声明:日后废地涸出,仍给土默特作为草场。③

乾隆四十九年(1784)黄河河道改道北移,旧河道在哈亚河以南。在准噶尔旗扎萨克衙门档案《绥远城将军为办理达拉特、土默特两旗边界纠纷案扎伊克昭盟盟长文》中写道:

> 黄河改道北移,实属天意。应以现流河道为界,此后土默特旗属民不许来河南种地,如有前来垦种之人,集中拘留,一并逐回河北,将其所建房舍尽行推到,以清理地方。……咨请归化城副都统衙门悉数拆毁河南民人之房屋,将其撵回河北。④

这种处理方式,显然对达拉特有利。即便如此,绥远城将军却应达旗所请,将改道后的新河槽作为两旗的界限,将新河槽以南的土默特民人逐回河北。据光绪十一年(1885)五月初二日绍祺奏《土默特达拉特两旗争界一案》写道:

> 查乾隆四十九年旧案,有黄河北迁土默特界内之地涸于河南。当日达拉特备文咨行绥远城将军、归化城副都统,萨拉齐、同知各衙门,内云黄河北移,系属天意,达拉特与土默特既以黄河为界,土默特之人即不得在河南耕种,请将土默特佃户民人撵逐收回河北,将房屋拆毁,以清界址等语。复查旧案,又有因黄河以南地户民人延不拆房,达拉特咨催萨拉齐同知,请将民人治罪一件。又查有萨拉齐同知详报副都统衙门,黄河以南民人将房屋尽行拆毁,人回河北,地归河南,两界无涉。各在案。就此数案而论,是当初原以现行黄河为界,并不论新漕槽、旧槽。至乾隆五十一年,钦奉通饬上谕一道,应以黄河旧流之地为界。自奉此旨以后,则不能论现行之河矣。但欲

---

① 土默特左旗档案馆藏:归化城副都统衙门档案,《请转送本处致伊盟盟长、达拉特旗、乌拉特旗致文书呈归化城副都统》,档案号:18—934—17。
② 扎劳胡:《土默特旗六成地始末》,土默特史料(第 17 辑),1985 年,第 170—182 页。王治和:《土默特境内的河流湖泊》,土默特史料(第 18 辑),1985 年,第 302—326 页。
③ 土默特左旗档案馆藏:归化城副都统衙门档案,《遵旨会同副都统、伊盟盟长妥办土达两旗争界事件的咨文》,档案号:5—2—72—5。彭勇:《清代土默特土地占有方式》、扎劳胡:《土默特旗六成地始末》,中亦引用此档案。
④ 中共准格尔旗委员会等译:《准格尔旗扎萨克衙门档案译编》(第 3 辑),呼和浩特:内蒙古人民出版社,2010 年,第 181 页。

考新槽、旧槽，必须由地图勘定。①

乾隆四十九年（1784）归化城土默特与达拉特的界限纠纷的处置，不利于归化城土默特，将在新河槽以南的土默特人逐回河北，其实也就是认可了以新河槽为界。但却并没有解决土默特与达拉特之间的土地纠纷。因此，到乾隆五十一年（1786），清政府为彻底解决归化城土默特与达拉特界的限纠纷，颁下谕旨，两旗之间以黄河旧河槽为界，"欲考新槽、旧槽，必须由地图勘定"。这仅仅暂时缓解了土默特与达拉特的土地纠纷。由于黄河在这一地区频繁改道，土默特与达拉特之间的土地纠纷频繁不断。如道光年间，黄河北移，黄河南岸涸出土地，土默特与达拉特又发生土地纠纷。②"1856年（咸丰六年），黄河再次改道，向南岸飘移，将原先涸于河南之地涸于河北，而达拉特却越河强占涸出地，甚至发生械斗，于是两旗为争地而涉讼，历经二十年，仍相持不下。"③

据此可知，归化城土默特与达拉特以黄河为界，始于康熙五十二年（1713）。此后由于黄河改道，便引发归化城土默特与达拉特的土地纠纷。虽然乾隆五十一年（1786），规定归化城土默特与达拉特之间的界限原以黄河旧河槽为界，有"欲考新槽、旧槽必须由地图勘定"的规定，但由于黄河频繁改道，导致地亩随着黄河的改道也不断发生变化，随着时间推移，黄河周边地貌亦发生很大变化。"黄河旧河槽"这一模糊概念，成为导致归化城土默特与鄂尔多斯达拉特之间发生土地纠纷之源。故归化城土默特与鄂尔多斯达拉特之间土地纠纷并没有止息。

光绪八年（1882），黄河又一次改道南移，黄河北岸涸出不少土地。"光绪八年（1882），李明河至五把数一段黄河又南移，黄河故道之南十至二十里不等，河北涸出大片土地。为此土、达两旗各自要求涸出之地为己有，是为六成地之由来。"④涸出这块土地"旧槽北岸涸出淤地东西宽一百三十余里，长十余里至二十余里不等"。⑤光绪十一年（1885）四月二十九，理藩院尚书宗室昆冈关于土默特与达拉特争地的奏折中写道：

现查黄河南流，旧槽北岸涸出淤地，东西宽一百三十余里，长十余里至二十余里不等。⑥

---

① 《申报》（上海版），1885年6月14日，星期日，第4369号，清光绪十一年五月初二日，第11版。
② 彭勇：《清代土默特土地占有方式》，土默特史料（第18辑），1985年，第258—279页；扎劳胡：《土默特旗六成地始末》，土默特史料（第17辑），1985年，第170—182页；王治和：《土默特境内的河流湖泊》，土默特史料（第18辑），1985年，第302—326页。
③ 晓克：《土默特史》，呼和浩特：内蒙古教育出版社，2008年，第286页。
④ 王治和：《土默特境内的河流湖泊》，土默特史料（第18辑），1985年，第302—326页。
⑤ 彭勇：《清代土默特土地占有方式》，土默特史料（第18辑），1985年，第258—279页。
⑥ 《申报》（上海版），1885年6月11日，星期四，第4366号，清光绪十一年四月二十九日，第12版。

涸出如此多的土地，成为归化城土默特与达拉特争夺的对象。由于界址模糊，归化城土默特、鄂尔多斯达拉特均提出对涸出土地的权利。如光绪十二年（1886）十二月，土默特吉拉敏佐领下领催满家喜等《乞恩将六成地内赏给户口地亩的呈文》中写道：

> 迨自道光年间，黄河北移，地涸于南，不唯户口地、牧场不能种管，而且房屋、宅院亦不能南移。现在黄河仍复旧槽，地涸于北，领催、兵丁等喜而不寐，只望旧业归主，孰料达拉特蒙古越河霸占，并不退还。①

由于双方都渴望得到涸出土地的占有权，因此"双方各持己见，矛盾逐渐加剧，甚至发展到两旗'强耕抢种，互夺牛马，聚众械斗，致伤人命'的局面"②。据光绪十一年（1885）五月十日，绥远城将军克（克蒙额）《咨行内阁抄出会办土达二旗争地案奉旨议处达旗扎萨克贝子》载：

> （达旗）孟克那逊固执自专，土默特领催布彦图等百余人均持刀枪围烧居民，有永德恭、齐世业等毙伤，领催毛诺海、达涛海、巴苏等均受重伤。③

为解决两旗的土地纠纷，光绪十年（1884）七月，绥远城将军丰绅派员音德泰等前往履勘土。光绪十年（1884）七月，克蒙额接任丰绅绥远城将军，接办土默特与达拉特界限纠纷。据光绪十年（1884）八月一日，绥远城将军克《遵旨会同副都统、伊盟盟长妥办土达两旗争界事件的咨文》中引同年七月二十一日，理藩院达旗籍司抄出绥远城前将军丰绅派委音德泰等前往履勘土、达两旗分界的报告：

> 查两造图内土默特所注为察汗脑包，达拉特称为乌尔巴齐，询之乡人，实名脑包村。土默特所谓之乌尔巴齐，达拉特又谓之纳本萨赉，考诸土人，名曰柴脑包。至如红眼窑，土默特谓之乌兰补隆十八顷地（即图中之什卜沁）。其萨厅迤西有官粮地，南接黄河，北至海岱村，均在土默特境内，而萨东之粮地名莫盖图者，现在干壕迤

---

① 土默特左旗档案馆藏：归化城副都统衙门档案，《乞恩将六成地内赏给户口地亩的呈文》，档案号：80—5—2113。亦载于扎劳胡：《土默特旗六成地始末》，土默特史料（第17辑），1985年，第170—182页。

② 彭勇：《清代土默特土地占有方式》，土默特史料（第18辑），1985年，第258—279页。亦载于光绪十一年四月二十九，理藩院尚书宗室昆冈关于土默特与达拉特争地的奏折，《申报》（上海版），1885年6月11日，星期四，第4366号，清光绪十一年四月二十九日，第12版。

③ 土默特左旗档案馆藏：归化城副都统衙门档案，《咨行内阁抄出会办土达二旗争地案奉旨议处达旗扎萨克贝子》，档案号：80—5—2091。亦载于扎劳胡：《土默特旗六成地始末》，土默特史料（第17辑），1985年，第170—182页。亦载于《申报》（上海版），1885年6月11日，星期四，第4366号，清光绪十一年四月二十九日，第12版，《理藩院尚书宗室昆冈关于土默特与达拉特争地的奏折》。

北,壕南地亩与达拉特旗纳租,其在土默特界内似属无疑。①

土默特、达拉特两旗均在自己所造图内,对地各自命名其实是一种各自宣布对土地占有权的行为。而根据考察"萨厅迤西有官粮地,南接黄河,北至海岱村,均在土默特境内,而萨东之粮地名莫盖图者,现在干壕迤北,壕南地亩与达拉特旗纳租,其在土默特界内似属无疑",可知,覆勘土地的结果是这些土地应该属于土默特所有。

对于这次土地纠纷,绥远城将军提出解决方案,但是达拉特旗孟克那逊认为偏袒土默特,坚拒接受。光绪十一年(1885)四月二十九,理藩院尚书宗室昆冈关于土默特与达拉特争地的奏折中写道:

> 复据该将军咨称,查出乾隆年间分划达拉特、土默特界址成案,其自乌尔巴齐村鄂博以东,地土断归土默特管业,有萨厅征收官粮地亩为证。并调补地亩原案,声明日后废地涸出,仍给土默特作为草厂等语。现查黄河南流,旧槽北岸涸出淤地,东西宽一百三十余里,长十余里至二十余里不等,可否照案断归土默特两翼管业。嗣后无论黄河南北湾流,总以旧槽永定为界。……且恐日后复起争端,咨行该将军再行详查办理。嗣据伊克昭盟鄂尔多斯扎萨克贝子散吉密都布旗协理台吉绰克图荞奈等呈报,遵札赴厅绘画毗连界图,札兰孟伊克那逊绘土默特地图,黄河东边地方至新庙封堆格外,空画六十里。②

绥远城将军克蒙额提出"可否照案断归土默特两翼管业。嗣后无论黄河南北湾流,总以旧槽永定为界",但是达拉特旗孟克那逊在"遵札赴厅绘画毗连界图"发现"土默特地图,黄河东边地方至新庙封堆格外,空画六十里",而对以旧槽为界坚决不接受。

为处理归化城土默特与鄂尔多斯达拉特之间的土地纠纷,光绪十年(1884)八月一日,绥远城将军克《遵旨会同副都统、伊盟盟长妥办土达两旗争界事件的咨文》③,八月十四日,绥远城将军衙门《为会同办理达拉特、土默特两旗边界纠纷案扎伊克昭盟副盟长扎那济尔迪文》中,克蒙额令扎那济尔迪、归化城副都统转饬达旗扎萨克、协理台吉、土默特旗参领等,整理"地界档册"与边界纠纷案卷,于当年九月初二,前往两旗

---

① 土默特左旗档案馆藏:归化城副都统衙门档案,《遵旨会同副都统、伊盟盟长妥办土达两旗争界事件的咨文》,档案号:80—5—2072。亦载于彭勇:《清代土默特土地占有方式》,土默特史料(第18辑),1985年,第258—279页;扎劳胡:《土默特旗六成地始末》,土默特史料(第17辑),1985年,第170—182页。
② 《申报》(上海版),1885年6月11日,星期四,第4366号,清光绪十一年四月二十九日,第12版。
③ 土默特左旗档案馆藏:归化城副都统衙门档案,《遵旨会同副都统、伊盟盟长妥办土达两旗争界事件的咨文》,档案号:80—5—2072。

争夺之边界地方,查明地界。① 这次清查的结果,亦见于光绪十一年(1885)四月二十九,理藩院尚书宗室昆冈关于土默特与达拉特争地的奏折中:

> 嗣于本年十一月初三日,接准伊克昭盟鄂尔多斯扎萨克固山贝子索特那木绷素克等呈报,据绥远城将军、署盟长贝勒等札称土默特、达拉特两旗互争地界一案,于九月初二日驰赴包头镇,将案查办等因,当经索特那木绷素克等将案内人证传至该处。……因此鄂尔多斯蒙古等争控黄河改道今界游牧一案,即派理藩院侍□三音毕里克图查明,照前定黄河旧槽地方安设石桩办理结案,将此通谕中外知之。……于本年十一月初八日,由内阁抄出绥远城将军克蒙额等奏,遵旨饬拟土默特、达拉特两旗互争游牧界地,现据图案划分。……土默特、达拉特两旗争地案,即著该衙门查明具奏等因。钦此。臣等查此案,虽由该将军等传集两造指示划分两旗界限,因无实在把握,故难折服其心。臣等督饬司员详加考核,由钦定则例内查出奏定土默特等旗界址……又查例载土默特旗地亩除河之南,渠之西不禁开垦外,其阿拉哈达巴彦河迤北之地及阿拉图迤东渠东之地均作为游牧,由将军、副都统会印扎饬土默特及各扎萨克等永远遵行各等语。臣等查以上定例并未载有达拉特地界,而该将军所称土默特、达拉特两旗争地各节,既以黄河为界,例载明晰,理应遵照办理。②

经过相关人员对比两旗所呈图纸勘查,加上当地人的指证,克蒙额认为黄河新旧河道方位与土旗界址图相符。③ 因此克蒙额提出:"照前定黄河旧槽地方安设石桩办理结案"。拟自"前任绥远城将军丰绅,与现任将军克蒙额,归化城副都统奎英等,俱断以由北福征寺香火地之南起,顺流而下,由西北而东南转向正东之现行黄河,所有河北之地,断归土默特,河南之地,断归达拉特"。④ 这仅是拟断方案,并没有结案,且达拉特旗并没有接受这个处理方案:"窃查,此事系奉旨办理,该达拉特贝子索那木彭苏克、协理台吉等理应奉命传唤所有涉案人,于约定日来本将军衙门,听候审办为是,然贝子

---

① 中共准格尔旗委员会等译:《准格尔旗扎萨克衙门档案译编》(第3辑),呼和浩特:内蒙古人民出版社,2010年,第158页。穆俊:《清代土默特旗与达拉特旗的"滩地旗界"纠纷始末》,历史地理(第31辑),第148—164页,亦有录文。
② 《申报》(上海版),1885年6月11日,星期四,第4366号,清光绪十一年四月二十九日,第12版。
③ 中共准格尔旗委员会等译:《准格尔旗扎萨克衙门档案译编》(第3辑),光绪十一年三月三日《理藩院议处达拉特被子官员事札伊克昭盟盟长那济尔迪文》,呼和浩特:内蒙古人民出版社,2010年,第176页。穆俊《清代土默特旗与达拉特旗的"滩地旗界"纠纷始末》,历史地理(第31辑),第148—164页,亦有录文。
④ 《申报》(上海版),1885年6月14日,星期日,第4369号,清光绪十一年五月初二日,第11版。亦载于陈寿朋撰《东华续录》,光绪六十九,续修四库全书(第383册),上海:上海古籍出版社,2002年,第715—716页。

索那木彭苏克任意妄为，违抗圣旨。"① 因此将"达拉特贝子任听属员狡展，请将贝子交理藩院议处，并将协理台吉先行革职听候遵办等因一折。本日军机大臣奉旨索特那木绷素克著交理藩院议处，绅克图莽奈巴图那逊看先行革职"。② 据《清德宗实录》卷197，光绪十年（1884）十一月戊申条载：

> 绥远城将军克蒙额等奏：遵旨勘拟，土默特、达拉特两旗，互争游牧界址，现据图案划分。达拉特贝子，任听属员狡展，请将贝子交理藩院议处。并将协理台吉等先行革职，听候遵断。得旨。索特那木棚素克，著交理藩院议处。绅克图莽奈巴图那逊，著先革职。该将军务当秉公查核。③

在受到惩处后，达拉特贝子索那木彭苏克，决定献出一部分旗地作为官地，据《达拉特旗贝子为达拉特、土默特两旗边界纠纷案呈盟长文》载：

> 卑职伏思，因黄河与河北干渠间尚无可依之标记，难辨地界。然本旗台吉、庶民在此居住有百余年。不料，土默特旗明达等人前来争夺该地。鄂尔多斯本属赏赐之地，今卑职愿将黄河现有河道迤北至粮地干河渠间土地奉献给圣主，以资开办官田。④

达拉特旗贝子索那木彭苏克受到惩处后，又奉献土地，使很多人认为达拉特可能受到不公正的处理。如在光绪十一年（1885）五月初二日，绍祺《遵旨查办土默特、达拉特两旗争界一案》中写道：

> 此其间大理寺少卿郭勒敏布，以绥远城将军所参迹近抑勒达拉特，尚有冤抑。请旨派员查办暂署山西巡抚奎斌。又以确有风闻绥远城将军克蒙额、归化城副都统奎英偏袒土默特，所断不足以昭公允，专折奏参。⑤

郭勒敏布认为达拉特尚有冤抑，亦见于《清德宗实录》卷199，光绪十年（1884）十二月丁丑条载：

> 又谕：大理寺少卿郭勒敏布奏，土默特、达拉特两旗争地一案，绥远城将军克蒙

---

① 中共准格尔旗委员会等译：《准格尔旗扎萨克衙门档案译编》（第3辑），《绥远城将军衙门为饬令达拉特贝子索那木彭苏克至绥远城办理达拉特、土默特两旗边界纠纷札伊克昭盟副盟长扎那济尔迪文》，呼和浩特：内蒙古人民出版社，2010年，第170页。穆俊《清代土默特旗与达拉特旗的"滩地旗界"纠纷始末》，历史地理（第31辑），第148—164页，亦有录文。
② 《申报》（上海版），1885年6月11日，星期四，第4366号，清光绪十一年四月二十九日，第12版。
③ 官修：《清德宗实录》卷197，光绪十年十一月戊申条，北京：中华书局，1985年，第802页。
④ 中共准格尔旗委员会等译：《准格尔旗扎萨克衙门档案译编》（第3辑），呼和浩特：内蒙古人民出版社，2010年，第178页。穆俊《清代土默特旗与达拉特旗的"滩地旗界"纠纷始末》，历史地理（第31辑），第148—164页，亦有录文。
⑤ 《申报》（上海版），1885年6月14日，星期日，第4369号，清光绪十一年五月初二日，第11版。亦载于陈寿朋撰《东华续录》，光绪六十九，续修四库全书（第383册），上海：上海古籍出版社，2002年，第715—716页。

额等覆奏，迹近抑勒，请饬查核等语。著理藩院查明具奏。①

有关绥远城将军克蒙额、归化城副都统奎英偏袒土默特的言论，见于《清德宗实录》卷200，光绪十年（1884）十二月乙未条载：

> 谕军机大臣等：前据大理寺少卿郭勒敏布奏，土默特达拉特两旗争地。克蒙额等覆奏，迹近抑勒。当谕令理藩院查明具奏。旋据奎斌奏称：此案克蒙额未能深悉情形，奎英迹涉偏袒，请派大臣查办。兹据理藩院覆奏：两旗争地一案，该将军因何不照定例办理，请饬据实覆奏等语。该两旗互相争地，必当以原定界址为凭，方能折服两造。著绍祺驰往该处，秉公查勘，持平办理。②

据光绪十一年（1885），奎斌《奏为两旗争地查办未公据实陈明疏》载：

> 窃臣恭阅邸抄绥远城将军克蒙额等会奏遵勘牧界，请将贝子台吉等处一折。虽未知原奏如何立论第，两旗界址及互争原委，臣确有所闻。诚恐查办不公，蒙部失业，致肇争端。边政所关，不得不据实陈奏。查土默特、达拉特两旗，向以黄河为界，河之东北岸为土默特地界，河之西南岸为伊克昭盟鄂尔多斯七旗牧界，达拉特即七旗之一也。两旗各守界址，日久相安。近年以来，黄河南徙，致将河南达拉特牧地一段圈入河北。土默特蒙员垂涎沃壤，致起贪心，遂以两旗依河为界，现在圈入河北之地，即应归隶该旗。并举乾隆年间土默特地亩塌入河内之案，当时查办曾声明，嗣后如果塌地涸复，仍归土默特为业等语，以为佐证。不知乾隆年间，土默特地亩塌入黄河，经前绥远城将军奏，明照数另等地亩拨还该旗，该土默特即不得谓之失业，且当日塌地仅六十余顷，此次黄河改道圈出之地东西广百余里，南北袤数十里，计地在数千顷，数目悬绝。蒙部以游牧为生，达拉特蕝尔一旗，境地本不甚广，以数千顷之膏腴无端被人侵夺，养牛无计，失牧堪忧，不惟情有所不甘，亦且势有所难已。同盟各部见此情形，均有抱怨不平之意，势必群起相争，难以禁遏。况此事于未经勘办之先，两旗相争已酿命案，土默特旗将达拉特蒙古殴毙，抗不交凶，至今案悬莫结。此次副都统奎英会同将军前往查办，即以土默特参领等官为随员，听一面之词，不加详察，任令越界强占，何能折服人心。我朝恩被蒙古藩封至优极渥，而内外扎萨克输忠效款，各守边疆，牧养安居，从无争竞。今一旦夺其地面，复请加之以罪，虽在愚弱，亦难甘心。大非圣朝绥驭蒙古臣仆之深意。溯查历来关涉蒙部界址要案，皆蒙钦派大臣前往查办。今两旗争界绥远城将军克蒙额到任未久，未能深悉情形。归化城副都统奎英系专管土默特之员，迹涉偏袒。可否特简大臣前往秉公查办，以清界限之处出自

---

① 官修：《清德宗实录》卷199，光绪十年十二月丁丑条，北京：中华书局，1985年，第827—828页。
② 官修：《清德宗实录》卷200，光绪十年十二月乙未条，北京：中华书局，1985年，第848页。

圣裁。①

在各方质疑的情况下，为了确保土默特与达拉特之间界址纠纷公平稳妥地解决，且体现政府对此件事情的重视。清政府决定派钦差大臣绍祺办理达拉特与土默特两旗争界案件，断定涸出土地四六分成。《清德宗实录》卷206，光绪十一年（1885）四月庚午条载：

> 谕内阁：土默特达拉特两旗争地一案，前据理藩院查覆大理寺少卿郭勒敏布所奏各节，请饬绥远城将军覆奏。并因奎斌奏称此案克蒙额未能深悉情形，奎英迹涉偏袒，当派绍祺驰往查办。兹据该都统确查覆陈：据称体察情形，酌中拟议。请将干壕以南，现流黄河之北，所有地亩，丈量明确，援照成案，刨壕立碑。迤北之地，以六成归土默特。迤南之地，以四成归达拉特。恭候钦定等语。即著照所请行。至克蒙额办理此案，及奎英被□□□尔□各节，既据查明均无不合，即著毋庸置议。惟土默特参领与领催等攒敛差钱，未能认真查办，实属咎有应得。参领音德布等十二员，著理藩院查取职名，一并议处。其所请将断归土默特地亩，征租练兵一节，著绥远城将军妥筹办理，总期营务地方，两无妨碍，以垂久远。②

绍祺到绥远城后，经过勘查很快做出了双方都能够接受的方案"四六分成"。光绪十一年（1885）五月初二日，绍祺在《遵旨查办土默特、达拉特两旗争界一案》中写道：

> 奴才绍祺跪奏，为遵旨查办土默特、达拉特两旗争界一案，现经详细查明援案酌拟，请旨尊行事。窃奴才于正月二十五日随带司员，由口起程，业经奏报在案。兹于二月初八日行抵归化城，当即咨行绥远将军、归化城副都统、萨拉齐厅，提到人证卷宗，并各处呈出地图。惟达拉贝子索特那木绷素克呈称现患身体浮肿，腰腿疼痛，动履维艰等症，不能到案。奴才随派归化厅同知前往查验，实系因病不能动履，出具甘结，呈报前来。奴才遂与伊克昭盟长贝子札那济尔迪相商，据云该旗协理台吉图萨拉克齐等皆系承办旗务之员，应向伊等查讯，与该贝子无异等语。奴才随将两造人证传集，督饬司员等分别研讯，详加考核。查例载，凡游牧近山河者，以山河为界，无山河者，设立鄂博为界。越界游牧者，王以下议罚有差，然例载，只有以河为界一语。而河道迁移，应以新槽、旧槽为断，例无明文。查乾隆四十九年旧案，有黄河北迁土默特界内之地涸于河南，当日达拉特备文咨行绥远城将军、归化城副都统萨拉齐、同

---

① 葛士濬：《清经世文续编》卷75《兵政十四》：奎斌《奏为两旗争地查办未公据实陈明疏》。近代中国史料丛刊，台北：文海出版社，1970年，第1931页。
② 官修：《清德宗实录》卷206，光绪十一年四月庚午条，北京：中华书局，1985年，第917—918页。

知各衙门，内云黄河北移，系属天意，达拉特与土默特既以黄河为界，土默特之人即不得在河南耕种，请将土默特佃户民人撵逐收回河北，将房屋拆毁，以清界址等语。复查旧案，又有因黄河以南地户民人延不拆房，达拉特咨催萨拉齐同知，请将民人治罪一件。又查有萨拉齐同知详报副都统衙门，黄河以南民人将房屋尽行拆毁，人回河北，地归河南，两界无涉，各在案。就此数案而论，是当初原以现行黄河为界，并不论新槽、旧槽。至乾隆五十一年，钦奉通饬上谕一道，应以黄河旧流之地为界。自奉此旨以后，则不能论现行之河矣。但欲考新槽、旧槽，必须由地图勘定。复查达拉特，即伊克昭盟鄂尔多斯七旗之一，地界本无专图，所以各衙门亦无原颁地图。今达拉特误出鄂尔多斯七旗全图一张，图中所载与土默特分界处所黄河止有一道。由乾隆年间至今，黄河分岔数道，历年既久，支河与正身无从辨认。现在土默特与达拉特新画之图，地名参差，村落互易，多不足据。达拉特指迤北之干河为旧槽，土默特指迤南之水为现旧槽，各执一词。碍虽凭图判断，此又必须履勘地势，方可推求。奴才率同随带司员，亲履河干，勘得土默特与达拉特所争之地西北，自交界营村起至东南准噶尔旗界止，西南自西泥台起至东北沙河尖子村止，正南自现行黄河起至正北澄口村前止，东西绵长约八九十里，南北约十余里或二三十里不等，统计地约有七八千顷。其中种地民户约有百十余家。今由土默特西界福征寺之香火地起而论，水分四道而来，流至中间，由北转向东南，则统归一河，直由西而东矣。故此地东头迤北则干河一道，小岔干河又一道，迤南则现行之河一道。前任绥远城将军丰绅，与现任将军克蒙额，归化城副都统奎英等，俱断以由北福征寺香火地之南起，顺流而下，由西北而东南转向正东之现行黄河，所有河北之地，断归土默特，河南之地，断归达拉特。贝子索特那木绷素克以问断不公，复在理藩院呈控。绥远城将军克蒙额等，以达拉特抗不遵断，奏参。各在案。……奴才奉旨查办此案，初阅理藩院原奏与暂署山西巡抚奎斌等所奏各折件，黄河南移达拉特之地，涸于河北，而该将军等将河北之地断归土默特，似觉显有偏袒。及驰抵归化城，调齐前后案卷，逐件按年详细检查，与初见此案悬揣情形大有不同。乾隆五十一年以前之案，皆系以现行之河为断，确有案据可凭，且非止一案。乾隆五十一年，钦奉谕旨，以后应以旧漕为断，更无他议。惟各衙门，检查案卷，并无原颁地图，又无足据，支河与正身迁移年分既久，履勘实难分辨。奴才再四熟思，惟有以旧案核对新图，互相考证，悉心检查，必须指出实据，方能折服两造之心。细阅萨拉齐厅卷宗，内有官粮地亩，系国初土默特所献之地，定为官粮。由萨拉齐同知征收粮租，以济绥远城兵米。乾隆年间黄河北移，官粮地亦有冲废。因此项粮租兵米攸关，当年绥远城将军奏请将封御土默特私垦山沟地三块拨补官粮地亩，招民耕种，以足兵食。绥远城将军衙门亦存有旧案，是官粮地在土默特界内毫无疑义。今达拉特所指为旧漕之干河,在官粮地之北,焉有土默特界北又有达拉特地界。奴才于履勘时,亲临官粮地界,眼同伊克昭盟长贝子扎那济尔迪将达拉特承办旗务之图萨、拉克齐等一一指明,详细辩论,伊等亦理曲词穷,无所争辩。具有所指干河实非旧槽甘结一纸,此旧槽的非移北之干河也。至土默特所指现流黄河为旧槽,其所指为确据者,系当年黄河北移,达拉特逐该旗蒙民文内,有速将乌蓝布隆居民撤回之语。查乌蓝布隆,在现流黄河北岸,今土人皆呼为红眼窑村。土默特指为即是此地证之。达拉特则曰乌蓝布隆并非红眼窑询以乌蓝布隆究在何处,伊又以不知为对,是乌蓝布隆果否红眼窑村亦属似是而非。统论该两旗所争之地,达拉特所指之干壕已经证明绝非旧槽,土默特所指现流黄河为旧槽亦难遽信。奴才奉命西来查办此案,惟有秉大公,持平论断,不敢因前有断案,便作随声附和之言,亦不敢因己有弹章,遂失公是公非之正。查绥远城将军克蒙额等,去岁查办此案,系援引山河为界之例,以东西界西头福征寺香火地之南,周围约二三十里,断归达拉特。东头现行黄河之北,约六七十里,断归土默特。虽断归土默特之地较多,然当年涸于河南之地,实属不少。案卷昭然,不得谓之偏袒。而达拉特仍以为不公者,因黄河北移数十年矣,其询之地已有坟墓召庙,该旗人恃为常业。一旦断归土默特,失业之人既多,迁移之地匪易。是以始终狡执不肯输服。要知此系私意非公论也。奴才体察情形,酌中拟议,舍东西分界之外,只有南北分界,今两旗皆无确切案据。请将干壕以南,现流黄河之北所有地亩丈量明确,按照里数,援引乾隆五十一年成案,刨壕立碣,迤北之地以六成断归土默特,迤南之地以四成断归达拉特。缘当年拨补粮地案内,曾经奉旨,冲废官粮地亩,如果日后涸出,仍给土默特作为牧厂等语。今官粮地已经涸出,皆在干壕南岸,此地既不在两旗户口地内,又前经有旨赏给土默特作为牧厂,自应归入土默特管业。故迤北以六成为断者,粮地在其中也。此奴才体察情形酌中拟议如是,此案两旗界址攸关,永远遵行之件,应如何办理,奴才未敢擅便,谨绘图贴说,恭呈御览,伏候钦定。所有查办此案缘由,恭折由驿驰奏,伏乞皇太后、皇上圣鉴训示遵行。俟奉旨后,再由奴才咨行该将军副都统,钦遵查照办理。奴才于拜折后,即将各衙门调到地图案卷,封固发还。随即束装回任,合并声明,谨奏。奉旨。已录。①

据上所述,绍祺到了绥远城之后,开始处理达拉特、土默特争界之案:

第一,勘查地图,由于没有专图,且误出之鄂尔多斯全图,所载与土默特分界处仅

---

① 《申报》(上海版),1885年6月14日,星期日,第4369号,清光绪十一年五月初二日,第11版。亦载于陈寿朋撰《东华续录》,光绪六十九,续修四库全书(第383册),上海:上海古籍出版社,2002年,第715—716页。

有一道黄河。由于黄河分岔较多，历年即久，支河与干河无法区分。且土默特与达拉特新绘制的图，地名参差，村落互易，不能作为依据。

第二，绍祺带领司员，亲履河干勘查：

1. 土默特与达拉特所争地的西北，从交界营村起至东南准嘎尔旗界止，西南自西泥台起至东北沙河尖子村止，正南自现行黄河起至正北澄口村前止，东西绵长约八九十里，南北约十余里或二三十里不等，统计地约有七八千顷，种地民户约有百十余家。

2. 土默特西界福征寺的香火地起而论，水分四道而来，流至中间，由北转向东南，则统归一河，直由西而东矣。故此地东头迤北则干河一道，小岔干河又一道，迤南则现行之河一道。

第三，前任绥远城将军丰绅，与现任将军克蒙额，归化城副都统奎英等，俱断以由北福征寺香火地之南起，顺流而下，由西北而东南转向正东之现行黄河，所有河北之地，断归土默特，河南之地，断归达拉特。按照乾隆五十一年（1786）以前之案，皆以现行之河为断。因此他们的处理是有案据可凭的。

第四，由于干河、支河难以分别。故官粮地成为解决问题的关键点。该官粮地由萨拉齐同知征收粮租。根据旧案，官粮地在土默特界内是确凿无疑的。而达拉特所指为旧漕之干河，在官粮地之北。不可能出现在土默特地界之北又出现达拉特的地界。

第五，亲勘官粮地界后，指出伊克昭盟所指干河实非旧河漕，并让其出具甘结，确认此旧漕非移北者之河。而两旗所争之"乌蓝布隆"是不是"红眼窑村"也无从断定。因此虽然证明达拉特所指干壕不是旧河槽，土默特所指现流黄河为旧槽，也难以遽信。

第六，绥远城将军克蒙额断案有据，不能认为是偏袒土默特。达拉特认为不公的原因则是因为黄河北移数十年矣，其询之地己有坟墓、召庙，该旗人恃为常业。一旦断归土默特，失业之人既多，迁移之地匪易。所以始终狡执不肯输服。

第七，绍祺综合各方情形，酌中拟议：

1. 舍东西分界之外，只有南北分界请将干壕以南，现流黄河之北所有地亩丈量明确，按照里数，援引乾隆五十一年（1786）成案，刨壕立碣，迤北之地以六成断归土默特，迤南之地以四成断归达拉特。

2. 缘当年拨补粮地案内，曾经奉旨冲废官粮地亩，如果日后涸出，仍给土默特作为牧厂。

3. 今官粮地已经涸出，皆在干壕南岸，此地既不在两旗户口地内，又前经有旨赏给土默特作为牧厂，自应归入土默特管业。故迤北以六成为断者，粮地在其中也。

绍祺酌定土默特与达拉特争界案件的方案得到清政府的认可，《清德宗实录》卷

206,光绪十一年(1885)四月庚午条载:

> 谕内阁:土默特达拉特两旗争地一案,前据理藩院查覆大理寺少卿郭勒敏布所奏各节,请饬绥远城将军覆奏。并因奎斌奏称此案克蒙额未能深悉情形,奎英迹涉偏袒,当派绍祺驰往查办。兹据该都统确查覆陈:据称体察情形,酌中拟议。请将乾壕以南,现流黄河之北,所有地亩,丈量明确,援照成案,刨濠立碑。迤北之地,以六成归土默特。迤南之地,以四成归达拉特。恭候钦定等语。即著照所请行。①

"四六成"划界方案虽然经清政府批准,但是在执行的过程中,伊克昭盟、达拉特官员却有意推诿②,直到光绪十二年(1886)四月,四六成地界才划分完毕。而对绥远城将军克蒙额、归化城副都统奎英偏袒土默特等的指控,绍祺亦据实呈报,认为指控无据。③

土默特六成地确立后,土默特蒙民原本以为土地能够很快下拨。光绪十二年(1886)十二月,土默特吉拉敏佐领下领催满家喜等《乞恩将六成地内赏给户口地亩的呈文》中写道:

> 缘领催等同属下披甲兵丁,于乾隆年间分拨户口地亩时,大半近居黄河北岸五把什气村左近,彼时拨得公共牧地草场七十余顷,又与众属甲兵、召庙黑徒、驲站分拨户口地三十一段,每股地二十顷零,故其地名曰三十一股。领催等属目共拨得四股,共地八十顷零。自拨得之后,各种拨得地亩,各管拨得牧场。迨至道光年间黄河北移,地涸于南,不惟户口地、牧场不能种管,而且房屋、宅院亦不能居止,以致属下兵丁形若饥民,流离四散。后值南方军兴,奉文调遣,下论有无失落户口地,挨次轮流兵差,男丁出征他省,女口乞食斯境,此等苦处,实难尽诉。后到同治年间,黄河南移,仍复旧槽,地涸于此,领催兵丁等喜而不寐,只望业归旧主,孰料达拉特蒙古越河霸占,并不退还……。幸蒙钦差大臣绍(其)亲诣河干,详细踏阅,断以四六分成。创立壕碣,以图永息争讼……。领催等系愚昧之见,窃思黄河既已南移,地涸于此,现年被失之户口地,惟祈恩施格外,可否将先年被失之户口、牧地,按照户司册档,拨给被失之家,以资糊口。④

---

① 官修:《清德宗实录》卷 206,光绪十一年四月庚午条,北京:中华书局,1985 年,第 917—918 页。
② 有关伊克昭盟、达拉特官员推诿划界事由,参见穆俊:《清代土默特旗与达拉特旗的"滩地旗界"纠纷始末》,历史地理(第 31 辑),第 148—164 页。
③ 《绍祺片:再奉旨交出暂署山西巡抚奎斌折片各一件》,载于《申报》(上海版),1865 年 6 月 15 日,星期日,第 4370 号,清光绪十一年,五月初三日,第 12 版。
④ 土默特左旗档案馆藏:归化城副都统衙门档案,《乞恩将六成地内赏给户口地亩的呈文》,档案号:80—5—2113。亦载于扎劳胡《土默特旗六成地始末》,土默特史料(第 17 辑),1985 年,第 170—182 页。

但是清政府却将六成地报垦,据绍祺奏折载:

> 奴才查办,该两旗所争之地,履勘地势,量度亩数,约计每年所得租项可有十万之多。今虽两旗各得其半,而在土默特以一半论之,每年亦可得租银四五万两。若任其瓜分,殊为可惜。且前数十年,此地并未涸出。今土默特忽有此巨款,正土默特蒙兵困苦之转机也。奴才拟请将断归土默特此项地亩,援照官粮交萨拉齐厅,分上中下三等定租,按亩征收租银,分季解交绥远城将军,责成该将军就饷练兵。由土默特幼丁中,拣选二十岁以上三十岁以下之精壮蒙丁,勤加训练,操演成军。既与就地筹饷之法相符,而于土默特穷苦蒙兵大有裨益,且此地放给民户耕种,向有押荒银两计数,亦属不少。所有马匹器械一切军装之费,即可由押荒项下而出,无须另筹别款。①

归化城土默特六成地被清政府丈放,所收租银有萨拉齐厅征收,租银用于归化城土默特训练蒙丁。据《土默特志》卷5《赋税·附输田》载:

> 光绪十三年,奏放土默特六成官地三千六十三顷二十四亩六分。②

光绪十三年(1887),绥远城将军《六成地丈放办法咨文》,拟有六成地丈放办法③,同年三月设局丈放六成地④,光绪十四年(1888)五月十九日,萨拉齐同知《详报六成地完竣岁租银两数目申请查核》⑤,说明归化城土默特六成地已经丈放完竣。

光绪十四年(1888)三月廿日,户部《发给地户王禄子承领六成地亩执照》载:

> 户部执照户部为给照事,山西巡抚刚奏土默特六成地亩前经绥远城将军奏准,招佃开垦办理押荒升科。兹据查明此项地亩,逐段放垦应照从前丰镇宁远两厅办理押荒案请发部照填给等因,于光绪十三年十一月初十日奉朱批,户部知道。钦此。本部查土默特开垦地亩仿照丰宁两厅章程,各佃户认垦地若干亩,即将地段坐落四至编列字号入册注明。如有侵越影射,即行严惩。所垦各地亩征银××××××并将押荒银两照则交纳,发给执照,按则完租,如有拖欠即撤地另佃,并将办地商名永远革除。至地户领照以后,指分地段,挨编字号,造编鱼鳞册,并责成户总,仍由地方官随时抽查,以期便民而防蒙弊。今据民人王禄子承领×垦熟地××××坐落在酉字监系归绥道所属萨拉齐地方,每亩应交押荒银××××地课银××××过闰每两加增银三分,正银一两,加杂

---

① 《申报》(上海版),1885年6月14日,星期日,第4369号,清光绪十一年五月初二日,第11版。
② 清光绪年间刊本影印:《土默特志》卷6《祀典·附召庙》,台北:成文出版有限公司,1968年,第96—97页。
③ 土默特左旗档案馆藏:归化城副都统衙门档案,《六成地丈放办法咨文》,档案号:80—2—558页。
④ 土默特左旗档案馆藏:归化城副都统衙门档案,光绪十三年三月十九日,绥远城将军克《咨行六成地设局丈租放升科等项饬萨厅遵办》,档案号:80—5—2118页。
⑤ 土默特左旗档案馆藏:归化城副都统衙门档案,《详报六成地完竣岁租银两数目申请查核》,档案号:80—5—560。

银五分，共交押荒银××××两，地课银××××两，自光绪×年起升科，除饬令按年照数完纳不准丝毫拖欠外，相应颁发执照发交该×××转给民人收执，并填明照根截下，随册送部，以凭稽缴。可也。须至执照者。计附地××东至××西至××南至××北至××，

  右执照给××转发王禄子准此

  光绪十四年按三月廿日，部地银租各数四至均填印据内①

  从该执照可知，六成地丈放方法是依据绥远城将军奏请仿照"丰镇、宁远两厅办理押荒例"办理的。光绪十三年（1887）十一月初十日，清政府批准土默特开垦地亩仿照丰宁两厅章程办理。所垦地亩征银，将押荒银两照例交纳，发给执照。地户领照后，分段编字号，造编鱼鳞册。据光绪三十一年（1905）十一月，萨拉齐同知《呈报六成官地秋禾被灾递缓带征三十年正耗银两数目清册》载：

  【前略】

  光绪三十年分秋禾被水成灾七分之

  西南乡河西一局

  甲字监史来财等共三十二户承种上中下地八十一顷五十亩，应征正耗银一百一十五两二钱二分七厘。

  乙字监蔺自来等共五十三户承种上中下地八十七顷三十五亩，应征正耗一百二十四两二钱九厘七毫五丝。

  丙字监田来栓等共七十九户承种上中下地一百四十三顷六十亩，应征正耗银二百两三钱七分九厘七毫五丝。

  河西二局

  丁字监王广威等共十八户，承种上中下地九十六顷二十亩，应征正耗银一百三十四两八钱八分八厘二毫五丝。

  戊字监李富仓等共十五户，承种上中下地四十九顷五十亩，应征正耗银七十一两五分三厘五毫。

  己字监史秉忠等共二十八户，承种上中下地九十八顷四十六亩九分，应征正耗银一百三十八两八厘丝毫三丝。

  庚字监孙奉万等共三十七户，承种上中下地一百五顷七十八亩一分，应征正耗银一百五十一两七钱三分九厘七丝。

  辛字监杨汝哲等共二十二户，承种上中下地六十顷五十亩，应征正耗银八十五两九钱七分四厘。

---

① 陈志明：《土默特历史档案集粹》，呼和浩特：内蒙古人民出版社，2007年，第107页。

壬字监奇福寿等共三户，承种上中下地四十顷八十亩，应征正耗银五十七两三钱九分三厘。

癸字监李丰禄等共三户，承种上中下地七顷九十亩，应征正耗银一十一两六钱一分三厘。

河东一局

□[子]字监柴四等共二十二户，承种上中下地二十九顷七十四亩五分，应征正耗银四十二两四钱二分三厘六毫七丝五忽。

丑字监王永业等共五十户，承种上中下地四十四顷二十五亩五分，应征正耗银六十三两四钱三分一厘二丝五忽。

寅字监马复兴等共九十五户，承种上中下地一百七十七顷三十一亩，应征正耗银二百五十三两九钱二分五厘七毫。

【中略】

正南乡

河东二局

卯字监金聚宝共十九户，承种上中下地三十三顷五十五亩，应征正耗银四十八两七毫五丝。

辰字监杨万财等共五十一户，承种上中下地六十三顷二十四亩七分，应征正耗银八十七两四钱三分二厘三毫八丝。

巳字监李树塘等共五户，承种上中下地，二十三顷二十四亩八分，应征正耗银三十二两一钱七分四厘三毫一丝

河东三局

申字监岳占星等十户，承种中下地五十一顷三十亩，应征正耗银七十二两一厘六毫五丝。

东南乡

河东四局

酉字监刘得礼等共六十二户，承种中下地一百一十五顷五十二亩四分，应征正耗银一百五十七两八钱一分二厘六丝。

戌字监天主堂共七十八户，承种中下地二百二十七顷四十二亩四厘，应征正耗银三百一十一两二钱六分六厘八毫四丝六忽。

亥字监赵万国等共三十七户，承种中下地八十二顷七十九亩五分六厘，应征正耗

银一百一十五两五钱七分七厘三毫二丝二忽。①

【后略】

归化城土默特六成官地，设局丈放时做如下划分：西南、正南、东南三乡，乡下设有六个局，局下设二十二个监，按天干地支排号。据上文所载：

西南乡：河西一局（甲、乙、丙三监）、河西二局（丁、戊、己、庚、辛、壬、癸六监）、河东一局（子、丑、寅三监）

正南乡：河东二局（卯、辰、巳三监）、河东三局（申）

东南乡：河东四局（酉、戌、亥三监）

虽然档案中没有载"午、未"二监的受灾情况，但据每局所辖监的数量，午、未二监应在河东三局。

据光绪十九年（1893）十月三十日，绥远城将军《移咨将粮饷厅库存六成押荒银项全数解交土默特旗库》载：

【前略】

遵查萨拉齐厅原解土默特六成地押荒银二万七百九十三两三钱六厘，系解市平，较库平每百两短银一两。当经蒙将军批令，将前项押荒短平银两，由下剩余存库平租耗银三千余两，拨出银两补足，库平与租耗一律发商。自光绪十八年正月初一日起，按月一分生息等因。饬绥远城粮饷同知在库存土默特六成官地押荒并租耗内提动库平银三万两檄委分往解送归、萨、丰、宁、托等五厅，散给各当商等承领等情，据此相应咨部立案等语。查前项押荒银两当日征收，自系库平。今萨拉齐厅解交市平，核每百两短银一两，共短交银二百七两九钱三分三厘六毫，应令严饬该厅赶紧如数补交归还。此次提动余剩租耗之款，专案报部查核。并令自本年起将所得租银息银各若干，分晰开具清册，按年造送到部，行文归化城副都统遵照等因。查此案前经本衙门每年应征租银并生息银两自应遵照奏案，按年按季解交土默特旗库，以凭造册报部。每年俟积至一万两，即交归绥道饬属发商生息，以付原奏等因，呈请移咨绥远城将军咨请户部示覆遵办去后。

【后略】②

六成官地押荒地租银，为数甚大，被清政府发商，按一分生息。归化城副都统衙门

---

① 土默特左旗档案馆藏：归化城副都统衙门档案，《呈报六成官地秋禾被灾递缓带征三十年正耗银两数目清册》，档案号：80—6—847。

② 土默特左旗档案馆藏：归化城副都统衙门档案，《移咨将粮饷厅库存六成押荒银项全数解交土默特旗库》，档案号：80—6—2686。

档案中，亦有六成押荒银发商生息的案卷。① 六成地租银成为清代归化城土默特蒙古的一项重要的收入来源。六成地原属归化城土默特蒙户的户口地，经官府丈放，租费虽然用于训练土默特蒙古兵丁，但其土地领有权被清政府收回，成为官府控制的官地。

归化城土默特蒙古在同鄂尔多斯达拉特蒙古争夺土地时，取得"六成"土地，但是这其实是以牺牲归化城土默特蒙古户口地为代价的"六成地"的领有权并没有返还给归化城土默特蒙古，而是被清政府以官地的名义招垦丈放。由此，归化城失去了对这块土地的领有权。

十七、教会地

归化城土默特地区教会地出现，当在鸦片战争之后。赵坤生在《近代外国天主教会在内蒙古侵占土地的情况及其影响》中认为：天主教会通过欺骗蒙民，廉价永租；乘人之危，廉价购买；诱骗敲诈，倚势强占；强索赔教地，蚕食扩张等手段掠夺内蒙古地区的土地。② 彭勇在《清代土默特土地占有方式》中亦认为"他们依仗清王朝对他们的支持，先后在我土默特的萨拉齐、托县、和林等地，用强占、趁荒年压价收买等各种巧取

---

① 土默特左旗档案馆藏：归化城副都统衙门档案，光绪二十二年，户部《咨将六成押荒银三万两起息年月详细造册报部》，档案号：80—6—802；光绪二十二年，归化城同知《呈送详领土默特六成地租转发各当商分领生息书册》，档案号：80—6—803；光绪二十一年，丰镇同知《印领土默特六成地租本银》，档案号：80—6—804；光绪二十三年，绥远将军《移咨土默特六成押荒银三万两起息年月册内因何并不更正》，档案号：80—6—805；光绪二十四年，丰镇同知《咨领土默特六成地租押荒生息本银》，档案号：80—6—809；光绪二十四年，丰镇同知《咨送请领土默特六成地租押荒生息本银数目册》，档案号：80—6—811；光绪二十四年，宁远通判《咨送请领土默特六成押荒地租生息本银清册》，档案号：80—6—812；光绪二十四年，绥远将军《移咨归化城副都统酌核办理土默特六成地租生息银起息日期》，档案号：80—6—815；光绪二十四年，丰镇同知《印领土默特六成地租本库平银》，档案号：80—6—816；光绪二十四年，丰镇同知《印领土默特六成地租息本银》，档案号：80—6—817；光绪二十五年，托克托通判《咨送请领土默特六成地租息银清册》，档案号：80—8—825；光绪二十五年，萨拉齐同知《咨送请领土默特六成地租息银清册》，档案号：80—6—826；光绪二十五年，托克托通判《印领土默特六成地租项下库平银》，档案号：80—6—827；光绪二十五，萨拉齐同知《请领奉发押荒地租生息银的呈文》，档案号：80—6—830；光绪二十八年，户部《咨领土默特六成地租息银发商生息并将新陈积存数补造报部》，档案号：80—6—832；光绪二十五年，托克托通判《印领土默特六成地租项下库平息本银》，档案号：80—6—1045；光绪二十五年，丰镇同知《呈报阜厅当商分领土默特息本银取具互保甘结》，档案号：80—6—1048；光绪二十五年，丰镇同知《印领土默特第四次六成地租库平银》，档案号：80—6—1050、80—6—1051；光绪二十五年，丰镇同知《印领土默特六成地租库平银》，档案号：80—6—1056；光绪二十六年，宁远厅通判《申解土默特六成地租生息银》，档案号：80—6—1057 等，均为申解六成地租银，发商生息。
② 赵坤生：《近代外国天主教会在内蒙古侵占土地的情况及其影响》，内蒙古社会科学，1985 年，第 3 期，第 61—66 页。

豪夺的手段，大量侵占蒙汉各族人民开垦的耕地和牧场"①。《土默特志》亦载"教会地归教堂所有，他们趁荒年压价、强占等手段先后在萨拉齐、托克托、和林购买土地"。②

萨拉齐厅二十四顷地村，是比利时传教士和中国信徒在 1880 年以非常低廉的价格购得二十四顷地，该村因此得名。《土默特志》引韩振中《近代包头天主教》："二十四顷地村，是比利时教士建立起的传教据点，1880 年教士贱价购地 24 顷，移民建立村庄，而后来实际占有土地竟达 260 余顷之多。由于黄河河道南移，达拉特与土默特两旗因地界争讼，1887 年重勘地界时，教会趁机以一钱白银一亩地，贱价认领 100 余顷……天主教在包头境内先后霸占的'价买'耕地，共计 82500 亩……教士们承认：'蒙古荒原，本来不值钱，因此普通买地，亦不以亩计算，而以山脊水沟为界'。"③ 虽然教堂购地二十四顷，占有了土地的使用权，但却需向清政府交纳租金。光绪三十年（1904）七月二日，萨拉齐厅同知《详请 24 顷地天主堂短欠 26 年旧欠租银应收应免收的呈文》④，即说明教堂应向清政府交纳租金。否则不会有天主堂短欠光绪二十六年（1900）租金，申请免于征收的呈文。

据《绥远通志稿》卷 81《宗教·天主教·耶稣教》载：

> 二十四顷地村，曩本为总堂所在地，……此堂创始于光绪十六年，尔时此地土质硗瘠，取价极廉。有西籍传教士察其可耕，且利其值贱，出资购地二十四顷。既以此名，即于此植基焉。厥后西籍教士来者日多，规模日阔，复值光绪十八年空前之灾难，堂中赈粮，迫诱民人入教。于是附近各乡之因救饥而奉天主者，均纷纷趋之如鹜矣。逮二十六年，庚子义和团之变，堂中洋教士、教民等受害最酷，其后合议既定，此堂所得赔价之惠亦最优。自是购地之多，不止旧额。⑤

《绥远通志稿》卷 81《宗教·天主教·耶稣教》载：

> 固阳县境内天主教，……在合窑地，俗称合窑洋堂。前清光绪三十二年，由西籍教士向乌盟茂明安旗扎萨克买地数十亩，建筑分堂，嗣后逐岁扩张，增至地数顷。迨

---

① 彭勇：《清代土默特土地占有方式》，土默特史料（第 18 辑），1985 年，第 258—279 页。
② 土默特左旗《土默特志》编纂委员会：《土默特志》（上），呼和浩特：内蒙古人民出版社，1997 年，第 154 页。
③ 韩振中：《近代包头天主教》，包头史料荟要（第 4 期）；土默特左旗《土默特志》编纂委员会：《土默特志》（上），呼和浩特：内蒙古人民出版社，1997 年，第 154 页。彭勇：《清代土默特土地占有方式》，土默特史料（第 18 辑），1985 年，第 258—279 页。在论述教会地时，均引用韩振中的论述。
④ 土默特左旗档案馆藏：归化城副都统衙门档案，《详请 24 顷地天主堂短欠 26 年旧欠租银应收应免收的呈文》，档案号：80—2—682、80—2—683。
⑤ 绥远通志馆：《绥远通志稿》卷 81《宗教·天主教·耶稣教》（第 93 册），内蒙古自治区图书馆藏（稿本），第 4—5 页。

宣统二年，更于色气村、百灵淖、永和公三地设分堂三处。越明年，又于广义奎购土地五六顷。①

《绥远通志稿》卷81《宗教·天主教·耶稣教》载：

和林县境内天主教……迭力素村教堂，创于光绪十六年，当时西籍教士购地八顷。……舍必崖村教堂，创于光绪二十七年十一月间，盖当时庚子仇洋之后，……此堂紧接庚子岁而告成，其立后，未逾十年，教堂之扩张，……负郭田一百二十余顷。②

《绥远通志稿》卷81《宗教·天主教·耶稣教》载：

托克托县境内天主教……最早一处……山盖村教堂，创始于光绪二十七年三月间，……什力格图村之永盛玉教堂，盖永盛玉一堂之所有，……即所置公产土地一顷，多至百顷。③

《绥远通志稿》卷81《宗教·天主教·耶稣教》载：

清水河县境内天主教，……新民堂，其地址在大南沟，创始于光绪三十年，……堂产田地约一顷四十余亩。④

另外，归化城土默特六成地中，亦有教堂地。据光绪三十一年（1905）十一月，萨拉齐同知《呈报六成官地秋禾被灾递缓带征三十年正耗银两数目清册》载：

戍字监天主堂共七十八户，承种中下地二百二十七顷四十二亩四厘，应征正耗银三百一十一两二钱六分六厘八毫四丝六忽。⑤

这说明，在六成官地内，有天主堂的承种土地，仅戍字监就有天主堂七十八户，承种二百二十七顷四十二亩四厘土地，其他各监似应有天主堂承种地亩。

笔者查阅归化城副都统衙门档案，发现早在光绪六年（1880）十月十日，杨金山《将所领之官地58.5亩献给天主教堂的文约》⑥，这是杨金山无偿将土地捐赠给天主教

---

① 绥远通志馆：《绥远通志稿》卷81《宗教·天主教·耶稣教》（第93册），内蒙古自治区图书馆藏（稿本），第7页。
② 绥远通志馆：《绥远通志稿》卷81《宗教·天主教·耶稣教》（第93册），内蒙古自治区图书馆藏（稿本），第8页。绥远通志馆：《绥远通志稿》卷46《渔业》（第54册），内蒙古自治区图书馆藏（稿本），载：和林县土不帖村附近土地，前归教堂耕种，开渠灌溉，渠中亦产鱼，惟在外人经营，禁止捕取。第4页。
③ 绥远通志馆：《绥远通志稿》卷81《宗教·天主教·耶稣教》（第93册），内蒙古自治区图书馆藏（稿本），第9页。
④ 绥远通志馆：《绥远通志稿》卷81《宗教·天主教·耶稣教》（第93册），内蒙古自治区图书馆藏（稿本），第10页。
⑤ 土默特左旗档案馆藏：归化城副都统衙门档案，《呈报六成官地秋禾被灾递缓带征三十年正耗银两数目清册》，档案号：80—6—847。
⑥ 土默特左旗档案馆藏：归化城副都统衙门档案，《将所领之官地58.5亩献给天主教堂的文约》，档案号：15—583—14。

堂。归化城副都统衙门档案中最多的为天主堂租买黑训营子土地的契约。黑训营子位于土默特右旗海子乡，在二十四顷地西北方向14公里处。天主教堂对黑训营子的土地，有买、永租、租等几种方式。买约，如宣统三年（1911），韩四良《卖给天主堂黑训营子地133.3亩的卖约》①；永租约，如宣统二年（1910），七十一《租给天主堂黑训营村东地0.25亩的永租约》②；过租约，如宣统二年（1910），七十一《租给天主堂黑训营村东地18亩的过租约》③；佃约，如宣统二年（1910），七十一《佃给天主堂黑训营村东地

---

① 土默特左旗档案馆藏：归化城副都统衙门档案，《卖给天主堂黑训营子地133.3亩的卖约》，档案号：80—15—1031。此外还有：宣统二年，董正威《推给天主堂黑训营村东地1.8亩的卖约》，档案号：80—15—952；董正威《卖给天主堂黑训营村地3.9亩的卖约》，档案号：80—15—964、80—15—965、80—15—966；宣统二年，白虎娃《卖给天主堂郝训营地8.8亩的卖约》，档案号：80—15—986；宣统二年，赵三挠《卖给天主堂郝训营地13亩的卖约》，档案号：80—15—989、80—15—992；宣统二年，高六十三《卖给天主堂黑训营村地105亩的卖约》，档案号：80—15—1002；宣统三年，张红世《卖给天主堂黑训营村地37.6亩的卖约》，档案号：80—15—1006；宣统二年，邬满《推给天主堂黑训营村南地4.3亩的卖约》，档案号：80—15—959；宣统二年，胡斌武《卖给天主堂黑训营村地127.9亩的卖约》，档案号：80—15—999等。

② 土默特左旗档案馆藏：归化城副都统衙门档案，《租给天主堂黑训营村东地0.25亩的永租约》，档案号：80—15—951；此外还有：宣统二年，七十一《出佃给天主堂黑训营村东地0.25亩的永租约》，档案号：80—15—953；宣统二年，董正威《出租给天主堂黑训营村东地18亩的永租约》，档案号：80—15—957；宣统二年，白彦《租给天主堂黑训营村地3.9亩的永租约》，档案号：80—15—963；宣统二年，七十一《租给天主堂黑训营村地2.3亩的永租约》，档案号：80—15—975；宣统二年，长寿斯《租给天主堂黑训营村地16.8亩的永租约》，档案号：80—15—976；宣统二年，牛喇嘛《租给天主堂黑训营村地44.1亩的永租约》，档案号：80—15—977～80—15—979；宣统二年，《租给天主堂黑训营村地25亩的永租约》，档案号：80—15—980、80—15—981；宣统二年，牛喇嘛《租给天主堂郝训营地3块44亩1分的永租约》，档案号：80—15—982；宣统二年，八彦《租给田祖堂黑训营村地40亩的永租约》，档案号：80—15—983；宣统二年，门克山：《租给天主堂郝训营地8.8亩的永租约》，档案号：80—15—985；宣统二年，六十三等《租给天主堂郝训营地113.6亩的永租约》，档案号：80—15—987；宣统二年，门克山：《租给田祖堂郝训营地13亩的永租约》，档案号：80—15—988；宣统二年，七十一《租给天主堂黑训营村地27亩的永租约》，档案号：80—15—993、七十一《租给天主堂黑训营村地20亩的永租约》，档案号：80—15—994；宣统二年，六十三等《租给天主堂黑训营村地105亩的永租约》，档案号：80—15—995；宣统二年，二厮《租给天主堂黑训营村地42.5亩的永租约》，档案号：80—15—996；宣统二年，脑木气《租给天主堂黑训营村地28亩的永租约》，档案号：80—15—1001；宣统二年，七十一《租给天主堂黑训营村地17.4亩的永租约》，档案号：80—15—998；宣统三年，们刻山：《租给天主堂黑训营村地一块的永租约》，档案号：80—15—1007；宣统三年，七十一《租给天主堂黑训营村地一块的永租约》，档案号：80—15—1008等。

③ 土默特左旗档案馆藏：归化城副都统衙门档案，《租给天主堂黑训营村东地18亩的过租约》，档案号：80—15—954；此外还有宣统二年，七十一《租给天主堂黑训营村南地4.3亩的过租约》，档案号：80—15—958等。

0.25亩的租约》①；租约，如宣统二年（1910），董正威《租给天主堂黑训营村东地18亩的租约》②。此外还有些天主堂租买达拉特土地③，天主堂租茂明安旗土地的契约。④从其记载来看，天主教堂在归化城土默特地区占有土地，主要是通过永租和购买的方式，从归化城土默特蒙古手中取得土地的使用权。

附：清代归化城土默特各类土地一览表⑤（单位：顷）

土地种类	划拨年代	土地面积（顷）
台站地	康熙三十一年（1692年）	约2000
庄头地	康熙三十四年（1695年）	789
公主地	康熙四十五年（1706年）	约300，另一说数千顷
八旗马厂地	乾隆三年（1738年）	24016
大粮地	乾隆二年（1738年）	20150
十五沟粮地	乾隆十六年（1751年）	443.75
小粮地	乾隆三十七年（1772年）	1593.98
鳏寡孤独地	乾隆四十二年（1777年）	193.42
户口地	乾隆八年（1743年）整理	60780
公共游牧地	乾隆八年（1743年）整理	14268
借牧地	乾隆九年（1744年）	不详
香火地	时间不定	约10000
六成地	光绪十二年（1886年）	3060.24
教堂地	光绪六—二十六年（1880—1990）	约1000
义地	乾隆至光绪年间	2

综上所述，归化城土默特地区土地类型复杂多样，其土地所有权、领有权、使用权、获益权的对象亦有所区别。但是，除归化城土默特蒙古户口地、公共游牧地、香火地外，其他各种类型的土地，均是以剥夺归化城土默特蒙古对土地的领有权为前提的。小粮地、鳏寡孤独地、穷苦蒙古地虽然收益对象为蒙古，但其获益有限，却失去了土地的领有权。因此对归化城土默特地区的土地类型的探讨，有助于我们对归化城土默特地区的土地经营管理有进一步深入地了解。

---

① 土默特左旗档案馆藏：归化城副都统衙门档案，《佃给天主堂黑训营村东地0.25亩的租约》，档案号：80—15—955。
② 土默特左旗档案馆藏：归化城副都统衙门档案，《租给天主堂黑训营村东地18亩的租约》，档案号：80—15—956。
③ 土默特左旗档案馆藏：归化城副都统衙门档案，档案号：80—15—590~80—15—592、80—15—622~80—15—624、80—15—641、80—15—737、80—15—1029等。
④ 土默特左旗档案馆藏：归化城副都统衙门档案，档案号：80—15—769、80—15—771、80—15—772、80—15—837等。
⑤ 彭勇：《清代土默特土地占有方式》，土默特史料（第18辑），1985年，第258—279页。

第二节　归化城土默特地区的土地关系

归化城土默特地区的土地类型多样，所有权、领有权、使用权、获益权等虽有不同，但是其中却有共同的地方，就是土地的使用权。归化城土默特蒙古的户口地绝大部分都要靠转移领有权，获得收益权。这种领有权的转移，是靠出租的方式取得的。那么就有必要对归化城土默特地区的土地契约进行探讨。

归化城土默特地区的土地关系，主要表现为两翼蒙古与民人之间的土地租典。这种租典关系，为归化城土默特地区带来了大量的劳动力和农业生产技术，在解决内地民人生存发展问题的同时，亦为无力从事农耕的土默特蒙古人解决了生存发展问题，并且促进归化城土默特地区的农耕业的发展。这似乎是一个对民人和归化城土默特蒙古均有益的土地关系。但这种土地关系，在客观上却造成土地日益集中到少数人手中（蒙古王公贵族、地商等），而广大的蒙古民众失去土地，沦落到无地可耕牧的境地。上文提到的穷苦蒙古地，在一定程度上，说明了这一问题。

归化城土默特地区的土地构成比较复杂（见上文），由于其土地所有权的不同，亦有不同的土地使用方式。但是租典土地，是各类土地所有者所普遍采用的方式。因此从归化城土默特地区的土地契约入手，探讨该地区的土地关系，是切实可行的。

一、归化城土默特土地契约概况

归化城土默特地区的土地，为归化城土默特两翼蒙古的户口地（除了清政府划拨出去的土地），而户口地是不准买卖的。因此归化城土默特地区的土地关系，以租典关系为主。为了对归化城土默特地区的土地租典关系有较为清晰的认识，笔者对所能搜集到的归化城土默特土地契约进行了统计。《清代至民国时期归化城土默特土地契约》，有清代归化城土默特契约1822件。其中土地类契约976件，地基、房院类契约747件，借贷类契约86件，水约类7件，煤窑契约1件，清单2件[①]；铁木尔《内蒙古土默特金氏蒙古家族契约文书汇集》有清代契约111件。其中土地类契约44件，房院类契约3件，地基类契约59件，水约类7件，煤窑契约1件[②]；归化城副都统衙门档案，据笔者统计有

[①] 内蒙古大学图书馆、晓克：《清代至民国时期归化城土默特土地契约》（第1、2册）；杜国忠：《清代至民国时期归化城土默特土地契约》（第3册）；呼和浩特塞北文化研究会、云广：《清代至民国时期归化城土默特土地契约》（第4册上、中、下）；呼和浩特：内蒙古大学出版社，2011年、2012年。

[②] 铁木尔：《内蒙古土默特金氏蒙古家族契约文书汇集》，北京：中央民族大学出版社，2011年。

契约 1535 件。其中房院类契约有 82 件，地基类契约有 221 件，土地类契约 1109 件，借贷类契约 98 件，水约类 2 件。① 上述三项文献，共载有清代归化城土默特土地类契约 2129 件，地基房院类契约有 1112 件，水约类 16 件，借贷类契约有 184 件。另有光绪三十四年（1908）租单、照票 174 件。② 当然还有一些零星记载的土地契约，本文没有统计在内。

　　这些契约，按时间来分，最早的为雍正六年（1728）的土地契约最晚为宣统二年的契约。雍正年间土地契约有 3 件，乾隆年间土地契约有 357 件，嘉庆年间土地契约 317 件，道光年间土地契约有 745 件，咸丰年间土地契约有 272 件，同治年间土地契约有 418 件，光绪年间土地契约有 1185 件，宣统年间土地契约有 165 件，另有 6 件土地契约，时间不可考。从契约的时间分布来看，从雍正六年（1728）到乾隆三十六年（1771），归化城土默特地区的土地租典关系虽然已经出现，但是相对不是那么频繁。乾隆三十六年（1771）之前，归化城土默特土地契约每年仅几件，最多的是乾隆三十四、三十五年（1769、1770），均为八件。乾隆三十七年（1772）有 13 件。此后，归化城土默特地区的土地租典关系进入活跃期，但整个乾隆时期，每年的土地契约数量没有超过 20 件。嘉庆年间基本上维持了乾隆时期的土地租典水平。道光以后，归化城土默特地区的土地租典数量开始暴涨，道光十七年（1837），达到 40 件，光绪二年（1876）光绪二十八年（1902），分别达到 49 件，宣统二年（1910），达到顶峰，为 73 件。当然土地契约的保存，同时间久远、保存技术及环境、纸张的好坏等因素有一定的关系。

　　根据对契约数量的分析，似乎也可以间接证实清代归化城土默特地区土地开垦的问题。清初，土地契约较少，是因为此时清政府有比较严厉的土地禁垦命令。清中期以后，

---

① 土默特左旗档案馆藏：归化城副都统衙门档案，契约类 15—1—14～15—1388—14；蒙文档 38—1—48～38—1084—48 中的部分档案。
② 印照、清单等共 25 件，没有计入上述数据。储建中：《明清以来土默特土地契约文书中的新发现》，中写道："从文献的分布和出版来看，到目前为止，视野所及，主要有《内蒙古土默特金氏蒙古家族契约文书汇集》，其中收录影印了土默特金海家族土地契约文书 240 多份，时间上是从清乾隆三十七年至新中国成立后的 1957 年；《清代至民国时期归化城土默特土地契约》，其中收录内蒙古大学图书馆藏土默特右旗及包头土地契约 480 份，时间上从乾隆十九年至 1953 年；内蒙古社科院晓克所藏 72 份土默特右翼三甲参领巴音吉尔格勒后人的土地契约，时间上是从乾隆五十一年至 1951 年，契约形式主要有约定、合同、租单、过约联单、照票、花费清单、缴照、执照、收证、告知书、担保书、收据、发票等。以上公开出版物所收土地契约共约 2100 件。其余的应分布在藏家手里或收藏市场。笔者从 21 世纪初开始收藏土地契约，经日积月累，至今已逾万件，从年代讲自明末天启五年始，到 2006 年止。"参见：储建中《明清以来土默特土地契约文书中的新发现》（一），老年世界，2015 年，第 3 期，第 50—51 页。据储建中所述，他没有统计《清代至民国时期归化城土默特土地契约》中的第 3—6 册。由于储建中所述逾万件契约文书并没有公布，所以无法进行统计。同时亦说明呼和浩特、包头民间仍存有大量的土地契约。

土地契约增多，这同清政府的政策密切相关：清政府的土地禁垦命令时紧时松，且官垦开始大规模进行，私垦也就开始效法，故这一时期土地契约开始增多。清末，清政府的土地禁垦令在官方带头招垦的情况下，如同一张废纸。因此这一时期的土地租典频繁。

清代归化城土默特土地契约表（单位：件）①

年代	数量	年代	数量
不详	6	雍正六年	1
雍正八年	1	雍正九年	1
乾隆不详	5	乾隆元年	1
乾隆三年	1	乾隆五年	2
乾隆六年	1	乾隆七年	1
乾隆十年	3	乾隆十一年	1
乾隆十二年	1	乾隆十三年	3
乾隆十四年	2	乾隆十五年	2
乾隆十七年	3	乾隆十八年	1
乾隆十九年	1	乾隆二十年	2
乾隆二十一年	3	乾隆二十二年	1
乾隆二十三年	4	乾隆二十四年	4
乾隆二十五年	2	乾隆二十六年	1
乾隆二十七年	3	乾隆二十八年	5
乾隆二十九年	4	乾隆三十年	2
乾隆三十一年	7	乾隆三十二年	5
乾隆三十三年	3	乾隆三十四年	8
乾隆三十五年	8	乾隆三十六年	4
乾隆三十七年	13	乾隆三十八年	7
乾隆三十九年	3	乾隆四十年	13
乾隆四十一年	14	乾隆四十二年	5
乾隆四十三年	15	乾隆四十四年	7
乾隆四十五年	13	乾隆四十六年	4
乾隆四十七年	7	乾隆四十八年	6
乾隆四十九年	14	乾隆五十年	10
乾隆五十一年	15	乾隆五十二年	7
乾隆五十三年	15	乾隆五十四年	18
乾隆五十五年	17	乾隆五十六年	15
乾隆五十七年	14	乾隆五十八年	13
乾隆五十九年	8	乾隆六十年	11
嘉庆元年	6	嘉庆二年	15
嘉庆三年	10	嘉庆四年	14

---

① 资料来源：《清代至民国时期归化城土默特土地契约》，呼和浩特：内蒙古大学出版社，2011年、2012年；铁木尔：《内蒙古土默特金氏蒙古家族契约文书汇集》，北京：中央民族大学出版社，2011年；土默特左旗档案馆藏：归化城副都统衙门档案，契约类15—1—14～15—1388—14；蒙文档38—1—48～38—1084—48 中的部分档案。

续表

年代	数量	年代	数量
嘉庆五年	21	嘉庆六年	7
嘉庆七年	11	嘉庆八年	10
嘉庆九年	7	嘉庆十年	6
嘉庆十一年	16	嘉庆十二年	20
嘉庆十三年	14	嘉庆十四年	8
嘉庆十五年	4	嘉庆十六年	13
嘉庆十七年	11	嘉庆十八年	14
嘉庆十九年	15	嘉庆二十年	17
嘉庆二十一年	14	嘉庆二十二年	7
嘉庆二十三年	11	嘉庆二十四年	17
嘉庆二十五年	27	嘉庆二十六年	1
道光不详	3	道光元年	22
道光二年	27	道光三年	13
道光四年	24	道光五年	19
道光六年	14	道光七年	13
道光八年	19	道光九年	16
道光十年	17	道光十一年	31
道光十二年	30	道光十三年	37
道光十四年	16	道光十五年	24
道光十六年	37	道光十七年	29
道光十八年	40	道光十九年	22
道光二十年	28	道光二十一年	17
道光二十二年	19	道光二十三年	37
道光二十四年	25	道光二十五年	31
道光二十六年	33	道光二十七年	28
道光二十八年	28	道光二十九年	30
道光三十年	16	咸丰不详	2
咸丰元年	40	咸丰二年	21
咸丰三年	13	咸丰四年	15
咸丰五年	17	咸丰六年	27
咸丰七年	30	咸丰八年	29
咸丰九年	18	咸丰十年	37
咸丰十一年	23	同治不详	1
同治元年	41	同治二年	22
同治三年	41	同治四年	24
同治五年	30	同治六年	28
同治七年	27	同治八年	23
同治九年	38	同治十年	31
同治十一年	47	同治十二年	42
同治十三年	20	同治十四年	3
光绪不详	7	光绪元年	32
光绪二年	49	光绪三年	31

续表

年代	数量	年代	数量
光绪四年	43	光绪五年	49
光绪六年	29	光绪七年	32
光绪八年	25	光绪九年	27
光绪十年	46	光绪十一年	35
光绪十二年	23	光绪十三年	25
光绪十四年	22	光绪十五年	28
光绪十六年	37	光绪十七年	22
光绪十八年	43	光绪十九年	47
光绪二十年	27	光绪二十一年	34
光绪二十二年	36	光绪二十三年	21
光绪二十四年	35	光绪二十五年	38
光绪二十六年	39	光绪二十七年	24
光绪二十八年	49	光绪二十九年	44
光绪三十年	42	光绪三十一年	44
光绪三十二年	47	光绪三十三年	21
光绪三十四年	32	光绪租单	174
宣统元年	33	宣统二年	73
宣统三年	45	宣统四年	14

二、归化城土默特土地契约中的土地计量、货币问题

在探讨归化城土默特土地契约之前，需要简要地对归化城土默特地区的土地计量和货币流通情况进行简要介绍。以便更好的对归化城土默特地区的土地关系有更进一步了解。

（一）归化城土默特地区的土地计量

在归化城土默特土地契约、档案中，在对土地大小进行说明时，常出现顷、犁、犋、弓、块等，而中原地区则用顷、亩。乌仁其其格在《18 至 20 世纪初归化城土默特财政研究》中，对清代归化城土默特地区的计量单位进行了较为详细地论述：清代的土默特蒙古地区对计量单位地运用比较复杂。文中出现顷、犁、犋、弓、块等说法。顷是地亩计量单位，1 顷合 100 亩……犁为地亩计量单位，1 犁合 2 顷至 3 顷。究其标准与当时、当地生产力水平有关。犋，为牵引犁、耙等农具的畜力单位，能拉动一种农具的畜力叫一犋，所以一犋亦即一犁。弓也是旧时丈量地亩的计量单位，一弓合五尺。清代的丰镇、宁远二厅有三百六十亩为一弓的记载。……小尺 6 尺为 1 步，大尺 5 尺为一步。亩的计量用大尺，240 步为一亩。丈、尺也是本地区房地基买卖中常见计量单位。块来计量地

亩，没有可估测的统一标准，但土默特蒙古按块计量地亩也是常见现象。①

(二) 归化城土默特地区的货币

在归化城土默特土地契约、档案中经常出现：满钱、城市钱、九八钱、九十钱、八五钱、六八钱等记载。因此有必要对归化城土默特地区的货币情况进行简要介绍。

阿·马·波兹德涅耶夫在《蒙古及蒙古人》中写道：

> 喇嘛在收租时只用"满钱"，也就是分量十足的制钱，一文顶一文来计算；而不是按呼和浩特现行的钱币来算钱。因为按现行的钱币，文钱只是票面单位，一百文钱有时只顶五十个制钱，有时甚至只顶四十五个制钱。②

呼和浩特玉泉区出土的一块石碑中，亦说明归化城土默特地区的货币情况。咸丰十年（1860）十月初十日，《归化城副都统衙门买卖交易银两章程》碑③载：

> 【前略】
>
> □□□□□五级纪录十次觉罗清为出示晓谕严事照得归化地方人烟辐辏，商贾云集，向来买卖交易及兑换银两用四底足数久已，屡奉前道藩宪议定章程，各社通融周兑抽拔现钱，原恐奸商行使短钱数之法，莫善焉，无如行之日久，百弊丛生，以致银价日增，钱数渐短，甚至七六钱算一百者，此等恶习，上蠹
>
> 【后略】

由于银价上涨，导致"钱数渐短，甚至七六钱算一百者"。这同《蒙古及蒙古人》中"一百文钱有时只顶五十个制钱，有时甚至只顶四十五个制钱"的情形是相似的。

《土默特志》第4章《经济志》中，对清代归化城土默特地区货币及其流通情况进行了较为详尽地阐述：

> 清代土默特地区称银主要用的是国库与湖南的衡器，故有"库平银"和"湘平银"之称。另外，还有归化城的城钱平，城钱平1两等于山西祁县祁公平的1两1分8厘2毫，等于汉口汉沽平的1两3分4厘6毫，等于上海规元的1两9分2厘9毫，等于天津行平的1两3分6毫，银元1元等于城钱平的6钱5分4厘7毫2丝。
>
> 铜钱，清代本地区流通的是清朝所铸的方孔圆形黄铜钱，亦称通宝。官铸的有样

---

① 乌仁其其格：《18至20世纪初归化城土默特财政研究》，内蒙古大学，2007年博士学位论文，第10页。
② 阿·马·波兹德涅耶夫著，张梦玲等译：《蒙古及蒙古人》（第2卷），呼和浩特：内蒙古人民出版社，1983年，第89页。
③ 该碑为2006年4月15日在呼和浩特市玉泉区辛辛板村建筑垃圾中发现。笔者实地测量：石碑长1.7m，宽0.7m，厚0.16m。全碑共17行，508个字。行长1.29m，行宽0.6m，大字4cm，小字2.5cm。背面无任何文字。现为一村民收藏，笔者存有该碑图片。

钱、制钱、白钱、黄钱、红钱、普尔钱等，私铸的有沙壳、凤皮、鱼眼、砂板、鹅钱、水浮钱等。各朝皇帝所铸铜钱大小、轻重、质量都不一样，如康熙钱、乾隆钱、光绪钱等。铜钱品种繁多，成色、重量与大小皆不一，减重钱、劣钱虫吃市场，钱与银的比价亦不断变化，于是就出现了钱价。钱价不断涨落，投机者便趁机大搞银钱买卖，他们垄断市面，操纵市价，官方限制罚办而不止，人皆呼之为"虎盘"，虎盘生意在钱市上做，归化城的钱市在大什字，银钱商每早便赴钱市开盘定钱价、汇水、利率等。

清代后期，铜钱在本地区常以次带好夹混使用，一个时期市面上流通八十钱，即100个钱内80个大钱夹混20个小钱；还有一个时期流通"二七"钱、"三六"钱等。满钱即全部是大钱，交纳公款、纳税时用。

"满钱"还有一个意思，就是指十足的钱数，是针对城钱而言的（银钱比值经常变动，在实际交易时以几十个钱顶一百个使用，不足数的钱叫短陌钱，在归化城叫城钱，足百即为满钱）。归化城的钱法屡有变动，在清初以96文当作百文使用，术语"九六抵百"，乾隆时以80抵百，1880年55抵百，1897年落至30、28抵百、24抵百（白银1两折合二四城钱3吊，实际只值满钱720文），光绪末年落至18抵百。多少抵百，不光与年代有关，亦与地域有关，如光绪末年归化城钱18抵百，而毕克齐则是68抵百。①

在归化城土默特土地契约、档案中的"九八钱、九十钱、八五钱"所知应为城市钱，即"九十八、九十、八十五文"充抵一百文。

乌仁其其格在《18至20世纪初归化城土默特财政研究》中写道：

清朝初年规定，制钱一串（千文）相当于银一两，一文值银一厘。而归化城地区，在康熙到乾隆年间每银一两只合制钱800文左右。嘉庆、道光时逐渐减重，小钱杂出。咸丰时清政府内外交困，军费开支浩繁，不得已而铸造各种大铜钱，以一当十、当五十、当百、当五百、当千。到光绪三十四年（1908）时，官钱已减至每铜十两铸钱三百文，重量已减至原来的三分之一。清代归化城地区流通的官铸有样钱、制钱、白钱、黄钱、红钱、普尔钱等，私铸有沙壳、凤皮、鱼眼、砂板、鹅钱、水浮钱等。②

在清代，银、钱同时使用。一般情况下，大额贸易用银，小额交易用钱，但是银钱

---

① 土默特左旗《土默特志》编纂委员会：《土默特志》（上），呼和浩特：内蒙古人民出版社，1997年，第309页。
② 乌仁其其格：《18至20世纪初归化城土默特财政研究》，内蒙古大学，2007年博士学位论文，第11页。

无固定比价。如归化城副都统衙门档案，在光绪二十四年（1898）五月三十日，户部《咨传御史徐士佳奏请减地丁折征制钱数目及另加代征学堂经费一折》载：

【前略】

抄文到部，据票片内江苏，同治年间银价最贵在每两需制钱一千八百文，故民间完纳丁银奏定每两折征制钱二千二百文，约照市价，每两加征四百文，以满工匠火耗等项之用。今则市价每两已至一千二百钱，于当年且六百文，而底定折征仅减去二百，仍需二千文。

【中略】

莫如即取诸地丁之折征，以目下纹银市价每两一千二百文，若照当年酌增四百文计之，则每丁银一两，折征制钱一千六百文，在官已不至赔累，拟令折征各省，每两丁银抵准折收制钱一千六百文。

【后略】①

据此可知，银钱比价不断变动。由于银两成色、铜钱成色等问题，导致归化城土默特地区的货币流通极其复杂。《土默特志》第4章《经济志》所载：

白银有元宝和碎银两种。银元宝大锭重50两，中锭每只只有10两，小锭1~5两不等，以银质纯洁鲜亮者为佳，掺铜和铁、挖空灌铅者最次。本地区流通者以蔚州宝最好，包头宝次之，西路宝、太谷宝、归化城宝为最次。次宝调好宝须按成贴色。碎银1两以下者，足两使用时也要贴色，俗称足白宝，多周行于米麦杂货行，其名称又有三种：一卯足白，对账时使用；二市足白，拨帐时使用；三为现足白，贴色无多，可调换元宝。②

综上所述，在归化城土默特土地契约、档案中经常出现：满钱、城市钱、九八钱、九十钱、八五钱、六八钱等，均是当时货币流通情况的真是反映。

三、归化城土默特地区的土地契约

归化城土默特地区存有大量的土地契约，学者们对此进行了较为深入的研究，如黄时鉴《清代包头地区土地问题上的租与佃》③、忒莫勒《清末民国呼和浩特部分召庙房地

---

① 土默特左旗档案馆藏：归化城副都统衙门档案，《咨传御史徐士佳奏请减地丁折征制钱数目及另加代征学堂经费一折》，档案号：80—6—2794。
② 土默特左旗《土默特志》编纂委员会：《土默特志》（上），呼和浩特：内蒙古人民出版社，1997年，第309页。
③ 黄时鉴：《清代包头地区土地问题上的租与佃》，内蒙古大学学报，1978年，第1期，第5—13页。

契约管窥》①、牛敬忠《清代归化城土默特地区的社会状况——以西老将营村地契为中心的考察》②、徐鑫《清代归化城土默特地区土地交易中的地谱》③、王旭《清代内蒙古土默特地区土地租佃法律问题研究》④、钟佳倩《蒙古金氏家族契约文书初探——以光绪年间土默特地区契约文书为例》⑤、高景哲《清末民国土默特右旗的社会状况》⑥、孙丽丽《从西老将营村地契看清朝土默特地区的地契制度》⑦、储建中《明清以来土默特土地契约文书中的新发现（一）（二）（三）（四）》⑧、田宓《清代内蒙古土地契约秩序的建立——以归化城土默特为例》⑨，均利用归化城土默特土地契约，探讨归化城土默特地区的土地关系。

黄时鉴把内蒙古大学图书馆所藏的包头契约分为四类：租地契约（农村耕地契约、村镇地基契约）典地契约、典卖房院契约、借钱契约。⑩《土默特志》把土默特地区的土地租佃方式分为活约地、活租地、永租地三种。⑪钟佳倩把蒙古金氏家族契约文书，按内分为永佃契约、典当契约、退佃契约、一般租佃契约、买地契约、卖地契约、一田三主契约、一纸双重契和租买地树契约。租佃契约按照立契人的不同又可分为招佃契约和承佃契约。按照是否盖有官府红印，又可分为红契和白契。⑫上述这些契约划分方法，对研究归化城土默特土地契约是非常有价值的。笔者参照上述对归化城土默特地区的土地契约，对其进行探讨。

---

① 忒莫勒：《清末民国呼和浩特部分召庙房地契约管窥》，内蒙古文物考古，1995 年 1—2 合刊，第 105—108 页。
② 牛敬忠：《清代归化城土默特地区的社会状况——以西老将营村地契为中心的考察》，内蒙古社会科学，2009 年，第 5 期，第 61—64 页。
③ 徐鑫：《清代归化城土默特地区土地交易中的地谱》，内蒙古大学学报，2014 年，第 3 期，第 17—22 页。
④ 王旭：《清代内蒙古土默特地区土地租佃法律问题研究》，内蒙古大学，2004 年硕士学位论文。
⑤ 钟佳倩：《蒙古金氏家族契约文书初探——以光绪年间土默特地区契约文书为例》，中国社会科学院研究生院，2012 年硕士学位论文。
⑥ 高景哲：《清末民国土默特右旗的社会状况》，内蒙古大学，2012 年硕士学位论文。
⑦ 孙丽丽：《从西老将营村地契看清朝土默特地区的地契制度》，内蒙古大学，2013 年硕士学位论文。
⑧ 储建中：《明清以来土默特土地契约文书中的新发现》，（一）（二）（三）（四），老年世界，2015 年，第 3、4、5、6 期。
⑨ 田宓：《清代内蒙古土地契约秩序的建立——以归化城土默特为例》，清史研究，2015 年，第 4 期，第 23—38 页。
⑩ 黄时鉴：《清代包头地区土地问题上的租与佃》，内蒙古大学学报，1978 年，第 1 期，第 5—13 页。
⑪ 土默特左旗《土默特志》编纂委员会：《土默特志》（上），呼和浩特：内蒙古人民出版社，1997 年，第 158 页。
⑫ 钟佳倩：《蒙古金氏家族契约文书初探——以光绪年间土默特地区契约文书为例》，中国社会科学院研究生院，2012 年硕士学位论文。

（一）租佃土地契约

租佃土地契约，是归化城土默特地区土地契约中数量最为庞大的一类契约。这类契约又可以分为永租、活租、过租、推地、退地等契约。①

1. 永租契约

永租约，在归化城土默特地区是较为常见的一种土地租约。据《绥远通志稿》卷63《司法》载：

> 长租约：长租约亦谓之永约。蒙古地禁止出卖，多用此约。其实即卖约之变相。本地有称长租为卖约者，实原于此。案长租约内无回赎字样者，与绝卖相同。查绥区前定清理土默特旗地亩章程内，有除永租及在前清领有大照者，不准回赎外等语，是亦认永租与绝卖有同一之效力也。②

黄时鉴认为，永租契约："从十七世纪末包头地区开垦以来，那里一般的租种关系只是'口约'，只有永租才有成形文字的契约……都是永租。永租的基本含义即……契文上写的'永远耕种，许退不许夺'。……这种永租性质的规定已经凝结成为契约的名称——'租佃永远地约'。这是从文约形式上反映了永租在包头地区的普遍化。"③这是在土地关系中，租（佃）方享有长期耕种所租土地的制度。据《钦定大清会典事例》卷160《户部·田赋》载：

> （嘉庆五年）民人佃种旗地，仍照旧例，不许地主夺佃增租。④

永租约在归化城土默特土地契约中，数量较多。如《张吉品约》载：

> 立租种地约人张吉品，今租到包头村出旺同子吉蜜刀而计名下河东地一段，东至张志，西、南俱至何荣枝，北至道，四至分明。情愿长年耕种。同中言定每年租钱一千三百文，六月内交纳。久无长跌，许退不许夺，亦不许倒佃倒卖。如不遵规，地归本主。恐口无凭，立租地约存照。
>
> 于光绪廿六年五月初七日另立新约。

---

① 归化城土默特地区的土地契约，可以分为红契、白契、蓝契约。红契，是指经官府盖章生效后的契约，因为契约盖有官府的红色印章，所以称之为红契。白契，是出典与承典者、出租与立租者等为逃避赋役负担，私立合约，因契约上没有官府加盖的红色印章，故称之为白契。蓝契，是经过官府确认的田房过户迁转的契约。
② 绥远通志馆：《绥远通志稿》卷63《司法》（第75册），内蒙古自治区图书馆藏（稿本），第41—42页。
③ 黄时鉴：《清代包头地区土地问题上的租与佃》，内蒙古大学学报，1978年，第1期，第5—13页。
④ 昆冈等修，刘启端等纂：《钦定大清会典事例》卷160《户部·田赋》，续修四库全书（第800册），上海：上海古籍出版社，2002年，第602页。

　　　　　　　　大清嘉庆十一年十二月初一日立租约人张吉品（十字押）

　　　　　　　　文约二纸，各执一张合同（骑缝字）

　　　　　　　　知见人王廷俊（十字押）

　　　　　　　　色布登（十字押）

　　　　　　　　张辉（十字押）

　　　　　　　　袄儿吉兔（十字押）

　　　　　　　　张吉善（十字押）①

　　从文字上来看该件契约不是永租约，而是长租约。在该契约中，土地的计量单位为"段"。这一段土地究竟有多少亩，无从知晓。同时亦说明，归化城土默特蒙古对土地大小的计量，并不是那么精准，而是一个模糊的概念。"段"作为计量单位，在归化城土默特土地契约、档案中较为常见，这同归化城土默特蒙古长期从事游牧生产，逐水草而居，并没有形成土地大小的精准概念有关。虽然没有精准的土地大小的概念，但是随着归化城土默特蒙古逐渐定居，和民人不断涌入，归化城土默特蒙古也逐渐采用中原地区的土地计量标准。该件契约标明土地的四至，亦说明这块土地是有边界的。同时强调这块土地是归属于蒙古的，而地租则是久无长跌。同时承租人对地是许退不许夺，且不许倒佃倒卖。如果承租人违反了这一规定，蒙古有权收回土地。这件契约虽然从文字上看是长租约，但是该约从嘉庆十一年（1806）开始，一直延续到光绪廿六年（1899）另换新约，共计长达九十四年。因此这件租约实际上就是永租约。

　　再如《根庆仝侄子丁贞利约》载：

　　　　立出租地约人蒙古根庆仝侄子丁贞利，因差事紧急，将自己东滩大地一块，东至张姓，西至王姓，南北俱至路，四至分明。情愿出佃与杜友芸永远耕种为业。仝人言定，每年出地租钱二千四百文。日后不许长支短欠，亦不许长跌地租钱。许退不许夺。若有蒙古人争夺者，有根庆、丁贞利一面承当。恐口难凭，立租约存证用。

　　　　计开现支过压地钱四千八百文。

　　　　　　　　　　　　　　　　道光元年十二月初十日立（十字押）②

　　该件文书，为"永远佃种"契约，即永租约。该地段同样没有标注土地的大小，而是笼统的称之以"块"。同前引《张吉品约》在格式上有所不同。该件文书没有关于

---

① 内蒙古大学图书馆藏、晓克藏：《清代至民国时期归化城土默特土地契约》（第1册），呼和浩特：内蒙古大学出版社，2011年，第21—22页。

② 杜国忠藏：《清代至民国时期归化城土默特土地契约》（第3册），呼和浩特：内蒙古大学出版社，2012年，第21页。

"倒佃倒卖"的规定，亦没有知见人或中见人，也没有骑缝字。《张吉品约》中没有如发生土地纠纷有蒙古承当的约定，而在该件契约中则明确规定，如发生土地纠纷，由蒙古承当。这说明土地交易双方从没有约定违约责任到约定违约责任的转变。

再如《嘆七兀登约》载：

> 立租地约人舍力兔召大东仓当家喇嘛嘆七兀登，今将自己舍兵崖村东北道南地一块，又道北南北畛地一块，有道南北畛地二块，共地四块，计数顷。今情愿租与粟文科名下永远承种为业。同人言明，每年秋后交地租钱三千文。不许长支短欠。如短地租者，许本召当家自便。如后有蒙古人争碍者，有本召当家一面承当。恐口无凭，立合同约为照。
>
> 合同为证（骑缝，并钤有名章）
>
> 嘉庆十三年五月十七日立
>
> 知见人：西仓恼木（十字押）、才当尔（十字押）、张魁显（十字押）①

该件文书同《张吉品约》类似，对地主、承租人之间的权利和义务划分明确。且该件契约中四块土地，有数顷之多。说明蒙古已经使用"顷"作为计量土地的单位。虽然该件文书所标为"数顷"。在归化城土默特土地契约中，使用亩、分来标示地亩大小，亦是常见的。

再如《聂圪登约》载：

> 立出租沙地约人聂圪登，自因使用不足，今将自己祖遗云社堡村东北户口沙地一块，东至河渠，西至孙有子，南至本主，北至色圪登雇清，四至分明，计地六十八亩，情愿出租与王成山名下，开渠、打坝、洪水淤地、修理住座、取土吃水，永远耕种为业。同人言定，地价钱三十千零六百文整。其钱当日交足，并不短欠。每年与蒙古出地租钱一千三百六十文，秋后收取。至开渠十年以外，每年地租钱二千七百二十文。永不许长跌，亦不许长支短欠。两出情愿，永无反悔。日后倘有蒙民人等争夺阻拦者，有出租地人聂圪登一面承当。恐口无凭，立合同约为证。
>
> 道光十二年十二月廿九日立（十字押）
>
> 合同两张各执一张
>
> 中见人：
>
> 杨世连（十字押）
>
> 丁不塄（十字押）

---

① 呼和浩特塞北文化研究会、云广藏：《清代至民国时期归化城土默特土地契约》（第4册上），呼和浩特：内蒙古大学出版社，2012年，第181—182页。

> 辛作（十字押）
> 刘福贞（十字押）①

该件契约同前引契约内容大体类似，但亦有少许不同。该件文书同样规定了地主、承租人的权利和义务。该件文书标明土地的具体数量为"六十八亩"，和"合同两张各执一张"。该件文书为"中见人"，同上文"知见人"应是有所区别的。在归化城土默特土地契约中，有"中见人""知见人""同中人""见人""中人"等不同的称呼。黄鹤绵《吧国公堂档案所见之18世纪末闽粤出洋人中人制度——以"知见人""挂沙人""唵咀人"为中心》中认为：

> "知见"与"知见人"，是福建民间契约文书中常见的中人形式，……大致可以分为三类：第一，对非经济问题的知见；第二，对经济活动的知见，只强调在场知情，并非中人；第三，充当经济活动中的中人。……知见人作用具有延续性，亦即知见人在经济活动发生时，不但参与议价，现场为证，而且要连带性地参与双方的后续活动。②

归化城土默特土地契约中的"知见人"是否具有中人的作用，由于史料缺乏，不得而知。"中见人""中人""同中人"等，亦即"中人"，在事件中充当双方中间人的角色。

再如，土默特右旗敕勒川博物馆所藏一件土地契约，载：

> 立出租永远地文约人蒙古海召子，今因差事紧急，将自己祖遗合只盖村东南地一块，系东西界，东至河槽、西至郝姓、南至乔守旺、北至吴塔子，四至分明。情愿出租与刘耀名下永远耕种，阳修阴葬、栽树取土，一切由己自便承业。同人言明，现使过压地钱五百文整，其钱当交不欠。每年蒙古地租钱二百文。日后倘有蒙民人等争夺，有蒙古海召子一面承当。情出两愿，永无反悔。恐口难凭，立出租永远地约存照为证。
>
> 计开每年随带蒙古地租钱四百文，随带官差神社地三亩。
>
> 　　　　　　　　　　　　　　大清光绪二十七年二月初七日
> 　　　　　　　　　　　　　　中见人：王兆明、海明子、靠荣富③

---

① 铁木尔：《内蒙古土默特金氏蒙古家族契约文书汇集》，北京：中央民族大学出版社，2011年，第10页。
② 黄鹤绵：《吧国公堂档案所见之18世纪末闽粤出洋人中人制度——以"知见人""挂沙人""唵咀人"为中心》，海交史研究，2008年，第2期，第75—87页。
③ 该件契约藏于土默特右旗敕勒川博物馆，引自高景哲：《清末民国土默特右旗的社会状况》，内蒙古大学，2012年硕士学位论文。

该件文书同前引契约类似，但是该契约中标有"随带官差神社地三亩"，这三亩地所出是应社的（见上文）。"随带官差神社地"在归化城土默特土地契约中是较为常见的。在前引契约中出现"地价钱""押（压）地钱"，除"地租钱"外，在地契中还有"地谱钱""过约钱"等。如《郭富约》载：

> 立永远佃地约人郭富，今租到海宝芝麻沟祖遗坡地一块。北至赵姓、郭姓，南至侯姓，东至天沟水渠，西至芝麻沟水渠。四至分明。永远埋坟耕种为业。同人言定过约钱一千文，笔下交清不欠。每年地谱钱一百文。日有倘有蒙民人等争夺者，有海宝一面承当。恐后无凭，立佃地文约存照用。
>
> 同治四年十二月十五日立
> 中见人：
> 韩生海（十字押）
> 六十四（十字押）
> 合同约各执一张（骑缝）①

押地钱是归化城土默特土地契约中，不同于其他地区土地契约的地方。所谓押地钱，即承租者向土默特蒙古在租地时交纳的一次性押金，以保证承租人每年向出租者交纳地租。过约钱则同押地钱类似，是承租者在定立租赁土地契约时，向出租者交纳的押金。彭勇在《清代土默特地区的土地租佃关系》中写道：

> 押地钱的出现，考其原因主要是由于拥有一定数量货币的汉族地商、富户进入土默特地区造成的。这些"挟资谋地之奸民"由于手中有钱，而土默特蒙丁又由于"差事紧急"往往急需用钱，他们便迎合这些紧急当差的蒙丁的需要，在租地时一次拿出一笔货币作为押金，但收押金的条件便是减少每年的地租量。从大量的租佃契约中可以看出，押地钱的出现，使土默特蒙古族收入更加减少，加速了他们走向贫困，甚至因而失去土地，变为赤贫。这是因为：第一，分析比较现存契约可以发现，凡押地钱收得多的，地租钱就少，押地钱收得少的和不收押地钱的，地租钱就多。而土默特蒙古人因"差事紧急"，急需一笔货币，只好贱租土地而取得一笔押地钱。第二，由于开始租地时花用了押地钱，后来的收入日渐减少，日后又无大宗的其他收入，虽然在约据上写明"日后钱到回赎"，也只成为一句空话。因此即使是活租地、活约

---

① 内蒙古大学图书馆藏、晓克藏：《清代至民国时期归化城土默特土地契约》（第1册），呼和浩特：内蒙古大学出版社，2011年，第320页。

地，也因为无钱回赎，最终失去了自己的土地使用权。①

地谱钱则类似于地租，是蒙民将地以永租的形式卖给民人时，而产生的租金，这种契约似租实卖。地谱钱也是归化城土默特土地契约不同于其他地区土地契约的地方。在归化城土默特地区的土地转让过程中，归化城土默特蒙古始终拥有地谱的占有权——土地无论何人承租、占有，承租人、占有人都需要向归化城土默特蒙古交纳地谱钱。因此在一定程度上地谱具有标示蒙地的所有权的功能。

在归化城土默特地区，如果承租者不再承租土地，则需退还"押地钱"或"过约钱"，出租者收回土地，另行出租。亦有土默特蒙古有钱时，把土地赎回的情形，即"钱到回赎"。这种情形，一般出现在典地约中。如《昔第约》载：

> 立出佃地约人昔第，近因使用不便，将自己村东水地一块，东西俱至渠，南至路，北至毛恼亥。四至分明。情愿出典与郝成名下承种。同中言定，现使过城兑钱二十千零九百一十六文整。钱当面交足，地准钱到回赎。每年秋后出现租钱二百文。地至同治十一年春月起种，秋后出租。日后倘有蒙民人等争夺，有地主人一面承当。恐口无凭，立典地合同约为证。
>
> 同治十年二月十三日立（十字押）
> 典约为凭（骑缝）
> 中人：
> 满家喜（十字押）
> 六十一（十字押）
> 打圪登（十字押）
> 冀珍（十字押）②

"许钱到回赎"的另一面则是钱不到，由承佃人承种。为数甚多的归化城土默特蒙古民众，因各种原因，往往届时无钱回赎土地。因此，出典的土地最终也变成永租的土地，被承佃人永远租种，每年只需支付少量的地租。在归化城土默特土地契约中，往往出现父死子继的情况。如上所引《张吉品约》长达94年的时间，有的土地契约甚至长达百年的时间，这些土地契约被承租者后代所继承。故贻谷在其奏折中说：

> 昔年蒙俗浑噩。所有官兵各分世产，皆不善自经营，任客民寄居，或建筑田庐，或开设铺户，但岁得地基之常租，并不知其地在何处与夫四至广狭，年复一年，遂至

---

① 彭勇：《清代土默特地区的土地租佃关系》，《呼和浩特史料》（第8辑），1989年，第268—269页。
② 内蒙古大学图书馆藏、晓克藏：《清代至民国时期归化城土默特土地契约》（第2册），呼和浩特：内蒙古大学出版社，2011年，第459页。

弱为强，胁愚为智，欺非侵占即隐匿，愈牵混愈迷失，初则地多而渐至于少，久亦有地而全归于无。至有祖父租典于汉民，约有年限，至其子孙不知收产，且不知祖父之名者。此则无心遗失，彼则有意隐匿。如此情事，尤多。①

由于归化城土默特蒙古不善经营，且客民非侵占即隐匿土地。这就导致归化城土默特蒙古逐渐失去土地，进一步导致该地区土地纠纷事件层出不穷（详见下文）。

归化城土默特地区的永租约，其实就是似租实卖的土地契约。这种土地契约同国内其他的土地契约有不同的地方。如《清乾隆三十五年（1770）天津县邵进惠卖地红契约》载：

> 立杜绝卖地契人邵进惠，因乏手，央中人说合，将自己本身祖遗应分车辋地十八亩，每亩价白银三两六钱。又小南北地十二亩，每亩价白银三两四钱。共地二段，计地三十亩，情愿绝卖与张圣辅名下永远管业。言明共时值价白银一百零五两六钱，其银笔下交足，并不欠少，亦无私债零星折准。自卖之后，如有弟男子侄争竞为难，及不交原地亩，俱在卖主一面承管。此系二家情愿，并无反悔。欲后有凭，立此绝卖契存照。
>
> 再批：原有红契一纸失落无存，日后寻出，作为故纸。又天津县钱粮照册封纳。
> 乾隆三十五年十一月十八日立杜绝卖契人邵进惠（押）
> 同中人龙国彪（押）郎瑞生（押）郝士富（押）
> 高明远（押）
> 同子邵训（押）原（押）浩（押）
> 弓口开后：
> 车辋地：南北长二百，南宽十四弓半
> 九十弓，中宽十三弓半
> 西至高，东北宽十六弓
> 至陈。
> 小南北地：南北长一百七十弓，南宽十六弓
> 东至香火地，西至郎中宽十六弓
> 永远为业北宽十八弓②

两者相较，天津县的土地契约较归化城土默特地区的土地契约要详细。天津县的土地契约，详细标注了土地大小、四至、长宽等数据，归化城土默特地区虽然也标注了土

---

① 贻谷：《绥远奏议》，近代中国史料丛刊续编，台北：文海出版社，1974年，第181页。
② 张传玺：《中国历代契约汇编考释》，北京：北京大学出版社，1995年，第1276—1277页。

地四至，甚至有的也有长宽等数据，但相对来讲是比较模糊的。天津县土地契约中的交易货币为白银。而归化城土默特地区的土地契约中虽然也有使用白银的情况，但绝大多数契约使用的货币为铜钱。中人在土地交易过程中都起到十分重要的作用。由于天津县的土地为绝卖契约，所以在土地契约中有"绝卖"字样。而归化城土默特蒙古的土地是不允许卖给民人的，所以在契约中并没有土地买卖字样。

河州地区的土地买卖契约又同归化城土默特地区及天津县的土地契约又不同。如嘉庆二十四年（1819）《赵永仓出卖土地契文》载：

> 立卖土地文字人赵永仓，系老鸦里二社民。因缺少使用，别无出产，今将祖置田地一块，约夏（下）籽一斗五升，其地四至：东至赵家地，南至官地，西至路，北至脱家地，四至分明为界，央凭中人赵永良说合，两家情愿，除（出）卖于（人）马六十二名下耕种。得到言定地正价小钱九串整，当交无欠。除（出）酒食一道，羊一只，折议小钱两串，画字外。自卖日后，若有人言词争竞，卖主承当。恐后无凭，立此卖约存照。
>
> 说合中人赵永良画字钱三百文
> 同亲房人赵旺禄画字钱一串文
>
> 嘉庆二十四年十二月十五日
> 立约人：赵永仓，同子赵官保，画字：钱三串文
> 代书人：韩文宣①

该件文书同归化城土默特地区土地契文相较也有显著的不同。在计算地亩时，是以播种子种的数量来确定土地的大小，这同天津县和归化城土默特地区均不同。交易货币亦以铜钱为主。买主除了出地价之外，还须承担"酒食一道，羊一只，折议小钱两串"，这个钱文是在地价之外的，另外支付给中人、同中亲房人、书写人等。这笔费用由买主还是卖主承担，则不得而知。这在归化城土默特土地契约和天津县土地契约中是没有的。当然其他地区的土地契约是否也存在这种费用，还有待相关文献资料的证明。

归化城土默特地区土地权的转让，其实是土地使用权的转让。由于归化城土默特蒙古土地不允许卖给民人，所以本地区土地买卖是以永租形式存在的，似租实卖。但是买卖又同其他地区的绝卖不同——土地永租（卖出）后，土地承租人（购买人）每年还要向蒙地原主交纳一定数量的地谱钱。而地谱钱又在一定程度上掩盖了归化城土默特蒙古地亩似租实卖的本质。地谱钱的存在，说明本地区土地永租（佃）权或者说所有权在发生转移的时候并不彻底。永租（佃）权或者所有权的转移，其实就是土地耕种获益权的

---

① 甘肃省临夏州档案馆编：《清河州契文汇编》，兰州：甘肃人民出版社，1993年，第3页。

转移。而地谱钱则是保证了归化城土默特蒙古在土地的耕种权转移之后，获取一定的利益。正是因为如此，民人通过永租（佃）权逐渐取得了对土地的实际占有权和获益权。而一些地商、揽地商则据此囤积土地，转租土地，导致归化城土默特蒙古逐渐失去土地所有权。地商、揽地商在归化城土默特土地契约中亦是比较常见的。早在乾隆年间就有地商、揽地商在归化城土默特地区承租土地。

据《清代至民国时期归化城土默特土地契约》和归化城副都统衙门档案所载，有关归化城地商的记载：乾隆三十二年（1767），广裕店承租什力兔召七杆旗地二顷五十五亩①，"广裕店"承租两顷五十五亩土地，显然不是要自己经营，而是作为地商承租土地，然后转租给民人，以此获利。此外，在乾隆年间的地商，还有"兴隆馆"②"丰祥口号"③；嘉庆年间的地商有"源茂生""公和店"④"顺兴盛"⑤"兴盛店"⑥；道光年间的地商有"中兴远""永成店""乾和店"⑦"通益店""公和店""合义店""兴盛远""兴隆美"⑧；同治年间的地商有"永庆店"⑨；光绪年间的地商有"和合堂"⑩"大成号"⑪。彭勇《清代归化城土默特地区的土地租佃关系》对土默特地区典入土地者进行了划分：

> 土默特地区典入土地者不外乎以下四种人：第一种是汉族商业高利贷者、"地

---

① 呼和浩特塞北文化研究会、云广藏：《清代至民国时期归化城土默特土地契约》（第4册上），呼和浩特：内蒙古大学出版社，2012年，第22页。
② 呼和浩特塞北文化研究会、云广藏：《清代至民国时期归化城土默特土地契约》（第4册上），呼和浩特：内蒙古大学出版社，2012年，第88—89页。
③ 内蒙古大学图书馆藏、晓克藏：《清代至民国时期归化城土默特土地契约》（第1册），呼和浩特：内蒙古大学出版社，2011年，第9—10页。
④ 内蒙古大学图书馆藏、晓克藏：《清代至民国时期归化城土默特土地契约》（第1册），呼和浩特：内蒙古大学出版社，2011年，第11、35—37页。
⑤ 杜国忠藏：《清代至民国时期归化城土默特土地契约》（第3册），呼和浩特：内蒙古大学出版社，2012年，第18、19页。
⑥ 呼和浩特塞北文化研究会、云广藏：《清代至民国时期归化城土默特土地契约》（第4册上），呼和浩特：内蒙古大学出版社，2012年，第212—213页。
⑦ 呼和浩特塞北文化研究会、云广藏：《清代至民国时期归化城土默特土地契约》（第4册上），呼和浩特：内蒙古大学出版社，2012年，第259—260、320—323、406—407页。
⑧ 内蒙古大学图书馆藏、晓克藏：《清代至民国时期归化城土默特土地契约》（第1册），呼和浩特：内蒙古大学出版社，2011年，第114—115、163、173—175、176、180、204页。
⑨ 内蒙古大学图书馆藏、晓克藏：《清代至民国时期归化城土默特土地契约》（第1册），呼和浩特：内蒙古大学出版社，2011年，第326—327页。
⑩ 内蒙古大学图书馆藏、晓克藏：《清代至民国时期归化城土默特土地契约》（第2册），呼和浩特：内蒙古大学出版社，2011年，第106—107页。
⑪ 呼和浩特塞北文化研究会、云广藏：《清代至民国时期归化城土默特土地契约》（第4册中），呼和浩特：内蒙古大学出版社，2012年，第225页。

商""揽头",他们都有自己的"铺面"或"字号",这类人在典约上都是以铺名或字号名称出现的,如三成公、广盛公、永升远、天兴店、天盖永等。第二种是汉族地主,他们主要是典入收租权以收取地租。第三种是寺庙和喇嘛,如关帝庙、泥漠喇嘛等。第四种是蒙古人中有权势者。这四种土地典入者都是富有者,手中掌握着一定的货币,但他们典入土地的目的都是为了从转租中剥削渔利。①

据归化城副都统衙门档案所载,在乾隆二十年(1755),武尔永远承租朋松召178亩土地②,据其承租土地数量推测,武尔可能是揽地商。而乾隆二十八年(1763),孙禄等转租给陈玉成要干城地84顷85亩的租约,则说明孙禄和陈玉成均为揽地商,据承租土地数量来看,84顷85亩土地,远非少数几个人所能够承种的。③当然在归化城土默特土地契约和归化城副都统衙门档案中,从其承租土地的数量来看,还有一些疑似揽地商的人存在,限于篇幅,不再列举。

关于地商或揽地商,阿·马·波兹德涅耶夫在《蒙古及蒙古人》中写道:

> 这个阶层就是在中国政府与移民之间活动的中间人,他们专为移民办理那些曾属于蒙古人的牧场上落户及耕种土地等方面的事务。蒙古人把这个阶层叫做"黍人"。他们通常都是有官衔的人,也就是以某种手段为自己弄到帽顶子的人。他们很有钱,至少拥有一万五或二万两银子的家财。此外他们又都善于钻营,不但办事精明,而且在社会上又有声望,在官府里、在衙门的官员中都有熟人。他们摸清当地蒙古人牧场的情况,选中一片合适的土地之后,就提出申请,要求开垦这些土地。通常他们都是先向最近的衙门提出申请,说是某某官员因想致力于某某地方的开发,使政府能从如今这片荒地上得到地租,特此请求将某某地段若干亩从蒙古人游牧区的管辖范围内划分出来。申请者愿为每亩地付出若干代价,此外每年还为每亩地缴纳地租若干。申请提出之后,通常一级级地呈报上去,直到北京。为使每项申请在每一级政府机关都能通过,提出申请的官员必须使用种种手段。倘若结果能如愿以偿,这一地段被允许划分出来,那么这个官员就成了这一地段的"黍人"。他首先向公家付出分得此地段应付的钱,然后把得到的地段分成三四十亩大小的地块,并在全县或全州内召租。来承租的都是些小农户,按照黍人的规定,他们为取得土地耕种权,应付出一笔钱,然后每年还须向他交地租。当然黍人在转手之间是不会吃亏的。假设他一次付给政府的钱

---

① 彭勇:《清代土默特地区的土地租佃关系》,《呼和浩特史料》(第8辑),1989年,第273页。
② 土默特左旗档案馆藏:归化城副都统衙门档案,《武尔租到朋松召土地一顷七十八亩亩的用租约》,档案号:80—15—1037。土默特右旗档案馆藏。
③ 土默特左旗档案馆藏:归化城副都统衙门档案,《孙禄等转租给陈玉成要干城地84顷85亩的租约》,档案号:80—15—1045。土默特右旗档案馆藏。

是照九百文计算,他规定农户应交给他的钱可能是一千二百文或一千五百文,甚至二千文;如果他每年向政府缴纳的地租是每亩四分厘金,他就可能规定农户每年向他缴付五分厘金的租子,等等。不过这里还应说明一点,就是秦人接受下某一片土地之后,他就须为这片土地向政府负责。如果他未能把这片土地分给农户,或者只分了一部分,他仍须为整片地段缴付地租。有相当多的秦人就是乘穷人之难,勒索盘剥,发了大财。但也有些秦人,一方面固然不忘为自己谋取利益,但另一方面他们也只限于收取一点微薄的租息,却为穷人真正做了一番好事,因为穷人根本拿不出这么多钱去官府中打通重重关节租到土地的。①

这说明,归化城土默特地区的土地租佃关系,随着本区移民大量增加和地商、揽地商的加入,变得非常活跃,亦日益复杂化。彭勇在《清代土默特地区的土地租佃关系》中写道:

> 租佃关系的发展,导致出租者与承租者成分的复杂化。在土默特地区,最初出租土地的都是土默特蒙古人,承租土地者都是汉族农民。随着"转租"的出现,租佃双方的成分都发生了变化。首先一部分汉族地商、揽头、地主承租了大量的土地,还有一部分蒙古喇嘛、封建小官吏和富有者也承租了一部分土地。但这些人租入土地不是自己耕种,而是抬高押价或地租后再转租给其他劳动者,所以这部分人既是承租者又是出租者。其次,还有一种承租者,是失去土地的贫苦蒙古族群众,他们把土地永租或典卖出去后,自己后来无法维持生活,只好再转而向地商"倒租"土地。②

无论是地商,还是揽地商,手中都囤有大量的土地,他们以极低的价格从归化城土默特蒙古手中获得土地,又以极高的价格把土地转租出去,以此获利。基本上地商或揽地商成为土地权的实际占有人,而归化城土默特蒙古对土地的所有权仅仅体现在地谱钱上。因此,归化城土默特蒙古与地商或揽地商之间的土地契约往往是长租约或者永租约。这种类型的土地契约,在归化城土默特地区是较为常见的土地契约之一。地商或者揽地商的出现,造成归化城土默特蒙古的土地向他们手中聚集,又被他们在转租过程中层层加码,从而形成层层盘剥。

在我国其他地区,土地所有权的转移,有亲族、邻居优先的原则。王毓铨认为:

> 到了明代,出卖土地的人,不必像唐、宋、元代那样先向官府申牒和由官府发给文牒或公据,也不必请尊长画字,立账取问亲邻,甚至连同产人也没有规定必须问,

---

① 阿·马·波兹德涅耶夫著,张梦玲等译:《蒙古及蒙古人》(第2卷),呼和浩特:内蒙古人民出版社,1987年,第55—56页。
② 彭勇:《清代土默特地区的土地租佃关系》,《呼和浩特史料》(第8辑),1989年,第270页。

即可与买主立契，至少在官府文书中没有如前代那样的限制土地买卖的条文。作为正式的土地买卖手续，申牒和立账取问亲邻这两项代表封建朝廷政治权力和宗族势力对土地买卖干预的手续已被取消了。①

但在南方一些地区，还保留着土地所有权转让时征询亲族的做法。如厦门地契中，《嘉庆二十二年（1817）杜门陈氏立卖水田契》载：

> 立杜尽根绝卖契人山仔乡杜门陈氏，有承夫祖父得水田并粪土二段共三丘，带水堀一个，受种子三斗一升零，季载租一石九斗大。坐落土名山仔社尾新厝下许垅底里。东西四至俱载在契后，明白为界。今因乏银费用，将田二段带粪土先问叔兄弟侄不要承受外，托中引就向卖与大岭社苏仁记边，尽根绝卖出时价佛银一百六十二大元正。银即日全中收交足讫，田租带粪土即付银主前去起耕掌管收租，永为己业，不敢阻挡。保此田系氏承夫祖父明买物业，与至亲人等无干，亦无重张典挂他人来历交加不明为碍。如有不明，氏出头抵挡，不敢银主之事。一卖终休，日后不得借口生端言找言赎各等情。其米照丈粮配纳九分五厘，官侯大造之年。听其收割入户，不得刁难。此系二比甘愿，各无反悔。口恐无凭，今欲有凭，合立杜尽根绝卖契一纸，付执为照。
>
> 再者，其手上契年久失落，倘日后寻出，不得行用。批明再照。
>
> 即日全中收过契面佛面银一百六十二大元，完足再照。
>
> 仝知见人男宗光、水光、恺光（花押）
>
> 嘉庆二十二年三月日立杜尽根绝卖契人杜门陈氏（花押）
>
> 仝作中人黄扶观（号）
>
> 代书人杜连森（福）
>
> 计开租契坐址丘段开列于后：一田二丘，在山仔社下许垅底，代水堀一个，季载租七斗六，带佃租七斗六，东南北俱至本户田，西至圳，明白为界。一田一大丘，在山仔社尾新厝下，季载租一石二斗，又带佃租一石二斗大，东西南俱至本户田，北至杜林二家墓，明白为界。②

该件契约同归化城土默特地区、河州、天津的地契均有诸多不同的地方。其土地计量方式同河州类似。在土地所有权转移时，需要先征询亲族等人的意见，如果亲族有人愿意承受，则要优先亲族，如果没有人愿意承受，则可转移他人。《绥远通志稿》卷63《司法》载：

---

① 王毓铨：《中国经济通史——明代经济卷》，北京：经济日报出版社，2000年，第181页。
② 陈娟英、张仲淳：《厦门典藏契约文书》，福州：福建美术出版社，2006年，第25—26页。

房仅邻地仅畔：出卖房屋，先仅邻右，邻右不买，始可向他人别卖。出卖地亩亦然。故有卖房仅邻，卖地仅畔之称。①

虽然《绥远通志稿》有"地仅畔"的记载，但据归化城土默特土地契约来看，土地使用权的转移，并没有亲族、邻居等优先的记载。因此，笔者认为"房仅邻，地仅畔"的原则，在归化城土默特地区也仅是程式化的内容。一般情况下，土地所有权的转让依然遵循"出价高者得"的原则——即价高这个原则要优先于"房仅邻，地仅畔"的原则。虽然在地契中写有如有蒙古干扰，由卖主承担，这仅是保证地的使用权在转移之前没有纠纷。由此可知，归化城土默特蒙古很少有人从事农耕，在土地所有权转让之时，亦无需征求近邻、亲族意见。在河州地区土地买卖所有权的转让，亦是"出价高者得"的原则，但是土地买卖的中人却不乏亲族，这其中既有担保之责任，又尽到了事先征求亲族的可能。归化城土默特蒙古的土地永租契约，是似租实卖的土地契约，是因归化城土默特地区蒙地不许卖给民人的政策所导致的，其在土地计量上的特点凸显归化城土默特蒙古从牧转农的过程中转变得不彻底，亦是归化城土默特蒙古逐渐学习农业的过程中所需付出的代价。其次，归化城土默特地区的似租实卖的土地契约又同其他地区的土地绝卖契约不同，虽然归化城土默特蒙古失去了土地的占有权及其收益权，但是其依然享有一定数量的"地谱钱"。

2. 活租约（短租约）活约

活租约，又称短租约。是指约定有期限（有五年以上十年以下，亦有三年以上），到期可以回赎的土地契约。土地契约到期之后，经双方同意，可以终止契约，亦可以另立新约，继续耕种。据光绪三十三年（1907）二月八日，贻谷在《清查土默特地亩章程》所写：

惟有施行活租一项，约内无年限，无永租字样，但言钱到即行回赎者，此或出于一时急需，权行质押，□□（抑或遴令）民户缴价□□（认领），稍欠允洽，然听其久悬不结，则查地亦□（难）于久待。②

可见，归化城土默特蒙古土地活租契约，是"约内无年限，无永租字样"；但是写明"钱到即行回赎"的契约，均属于活租约。这可能是归化城土默特蒙古由于一时急需用钱，所以暂且把土地使用权转让出去。活租约和活约地的区别在于：活租约有固定的回赎日期，到期回赎，活约没有约定回赎日期，钱到回赎。如乾隆二十四年（1759）

---

① 绥远通志馆：《绥远通志稿》卷63《司法》（第75册），内蒙古自治区图书馆藏（稿本），第46页。
② 土默特左旗档案馆藏：归化城副都统衙门档案，《垦务大臣贻谷发清查土默特地亩试办章程二十二条的咨文》，档案号：80—14—587。亦见陈志明：《土默特历史档案集粹》，呼和浩特：内蒙古人民出版社，2007年，第27—28页。

《朋松召喇嘛约》载：

> 立出租荒地约人朋松召袈裟喇嘛同巧尔气喇嘛七塔尔，今因本召新建大佛殿一座，花费布施甚众，屡次募化不足，无法措办，无奈将本召昔利板申牧马厂地一块，东至勿兰达坝，西至查汗达坝，南至甲头窑坝，北至井沟，不计顷数。又连好尔图厂地一块，约地三顷。请央毕齐克铺户吉长永、天兴店一并出租开种。言定二处每年租银三十两，今现交过十年租银三百两整，以补布施使用。言定十年已满退地之时，将民人所盖房屋花费木植人工银两照数计算，召内还给民人，房屋与召内退留。如年限不满倘有人拦阻者，将开地花费工本银两亦照帐合算，同房银、未除租银一并清还。至年满退地之后止，许召内自用作厂，不许贪增多租转租别人。恐口难凭，立合同租约存照。
>
> 乾隆四十九年十月十四日立
樊应祯（十字押）
三探长木素（十字押）
渠镛（十字押）①

该件契约"交十年租银"，言明："十年已满，退地之时，将民人所盖房屋花费木植人工银两照数计算，召内还给民人，房屋与召内退留。"需要将民人盖房屋所花费的银两照数归还民人，而房屋则留给召庙。如果年限不满，有人阻拦，则"将开地花费工本银两亦照帐合算，同房银、未除租银一并清还"。期满退地之后，允许召庙自己处分，民人不得转租。有的契约并没有如此详细规定，如嘉庆六年（1801）《朝旺同子青木刀尔计约》载：

> 立出佃地约人朝旺同子青木刀尔计，因钱使用不足，情愿将自己熟地一段，座落陈胡窑子道南，东至河，西至大道，南至本主，北至大道，四至分明。情愿出佃与马自成耕种。同人言明佃价钱一十五千整。原系银一十三两整，其钱当交不欠。异日钱到回赎。恐口无凭，立佃约存照用。
>
> 嘉庆六年十二月十九日立佃约人
合同一纸
中见人：
陈善斌（十字押）
哦尔居儿（十字押）

---

① 土默特左旗《土默特志》编纂委员会：《土默特志》（上），呼和浩特：内蒙古人民出版社，1997年，第164页。

> 哦居儿（十字押）①

该件契约没有固定的年限，仅是"异日钱到回赎"，说明这是活租约。如光绪二十九年（1904）《六家保什户约》载：

> 立出租地约人六家保什户，今有差事紧急，情愿出租与曹明名下耕种承业村北白地一块，系南北畛，东至哈力色，南至郝永宽，西至金富，北至金富，四至分明。现使过押地价六八钱一十三千文整，日后许钱到回赎，如钱不到种地不计年限。每年秋后出租钱一百五十文。日后有人争夺，有六家保什户一面承当。恐口无凭，立约为证。
>
> 　　　　　　　　　　　　　　　光绪二十九年十一月二十日立
> 　　　　　　　　　　　　　　　蒙古六六（十字押）
> 　　　　　　　　　　　　　　　中见人：
> 　　　　　　　　　　　　　　　郑永发（十字押）
> 　　　　　　　　　　　　　　　崔俊（十字押）②

该件契约规定"日后许钱到回赎"，且注明"钱不到种地不计年限"。契约的押地钱为"六八钱"，即六十八文充抵一百文钱。这种活租约在归化城土默特蒙古无力回赎的时候，就变成了永租约。在归化城土默特土地活租约中，"钱不到不计年限"也是较为常见的。

一般来讲，归化城土默特短租约到期回赎之时，需要加工本，故归化城土默特地区有"赎地加工本"之说。据《绥远通志稿》卷63《司法》载：

> 赎地加工本：蒙古未开垦之地，租种人殊费资本。例如筑堤、修堰及引水灌溉等费，所需甚钜。是以立约时，往往书明日后回赎，须于租费之外，加工本若干字样。否则回赎时毋庸给付。此亦合同约之一种。
>
> 案本处审理富全与李继万赎地一案内，有开垦白地约，书明日后倘有争地者，每亩出开垦工本钱一十吊文，每丈抗垱钱五百文等语。又本处受理范存业案内，亦有此项约据。大凡关于开垦地亩，往往有之。③

活租约，亦有少部分期限超过10年的，如嘉庆十年（1805）《朝旺同子吉蜜到尔计约》载：

---

① 内蒙古大学图书馆藏、晓克藏：《清代至民国时期归化城土默特土地契约》（第1册），呼和浩特：内蒙古大学出版社，2011年，第14页。
② 土默特左旗《土默特志》编纂委员会：《土默特志》（上），呼和浩特：内蒙古人民出版社，1997年，第164页。
③ 绥远通志馆：《绥远通志稿》卷63《司法》（第75册），内蒙古自治区图书馆藏（稿本），第42页。

立出租地约人朝旺同子吉蜜到尔计,今将自己臭水井儿村北,祖遗熟茬地一块,东至沟,南至道,西至沟,北至李德兰。四至分明。情愿出租于续全珍耕种。同众言定,每年地租钱五百文,现支过押地钱四十千文。言定十五年以后,钱到回赎。恐口无凭,立租地约存照用,

        嘉庆十年十一月十七日立
        合同约一样二张,各执一张(骑缝)
        知见人:
        朝圪兔(十字押)
        吕发(十字押)
        王甲尔拉嘆(十字押)
        马龙腾(十字押)[①]

该件契约的年限为"十五年",允许十五年之后,钱到回赎。在归化城土默特地区的短租约中,虽然有"钱到回赎",准许土默特蒙古赎回自己的土地,但是在归化城土默特土地契约中,很少能见到蒙古赎回自己的土地的契约,但有因赎地发生土地纠纷的案件。在归化城副都统衙门档案中,有关因赎地而发生纠纷的事件的记载较多。如光绪三十一年(1905)四月,《归化城厅详送兰锁子控朱红计子一案请批示销案书册》载:

  调署归化城抚民理事同知为详请销案事:
  案查接管卷内光绪三十一年三月初六日蒙宪牌内开,户司案呈光绪三十一年二月初一日案,蒙都宪饬发呈词一纸,案据蒙古兰锁子呈称:"缘小子于去年腊月间上控府新营村朱红计子霸夺租地,硬抗不退等情,于都宪辕下蒙恩承发户司核办在案。旋即封印,今已开篆。小的不得不据实投陈。窃查该奸民朱红计子租种小的家地四十一亩,虽有长支伊租钱八十三千五百文,本系短租活约,小的向该朱红计子私下理论,经该村甲会处办,令伊与小的退地十亩。因小的要拨好地,伊退与赖地,因此该甲会推手不办。小的将伊呈控前府姚天案下,姚府堂讯,不熟蒙情,又被该朱红计子朦胧,不以租约讯断,退地亦不令坐价,一味饬令具结。小的再三申诉此地尚值钱一千余吊,全然不究,反将小的掌责一百。不料该奸民下堂后,愈加得意,反将小的地内成材大树伐倒二三十株架卖肥己,又将地内插柳栽秧二十余亩,尚不满意,并在地头内大开土厂,令各村车马拉卖烧土得受重利。以致小的因穷愈穷。小的伏思私下既能办地奉官,岂不能回赎,势将虎背,难见世人之面。恩请体恤穷蒙,恩准委员赴厅

[①] 内蒙古大学图书馆藏、晓克藏:《清代至民国时期归化城土默特土地契约》(第1册),呼和浩特:内蒙古大学出版社,2011年,第20页。

会审，断产归主。为此不得不据情呈明，叩乞恩准作主，委员赴厅会审，追地归主，实为德便施行"等语。据此，查所呈经甲会人等处令伊退地十余亩尚未了结，嗣经到官，钱地毫无，未免不能折服其心。来辕上控，既蒙恩准，饬发交司，相应呈请牌饬归化厅同知，限文到日赶紧传案，秉公讯断，详复核夺等情。据此，合亟牌饬，为此仰厅吏查照牌内事理，即便遵办，勿违等因。

蒙此，卑前兼理厅魏丞未及传讯，旋于三月十五日卸事，卑职到任，准移遵即核明卷宗，饬传原被到案。……

据蒙古兰锁子供：是乌佐领属下人，小的先人于道光十六年把座落案下府新营子村户口地四十一亩租给民人朱红计子家承种。光绪三十年秋后，小的备价抽赎，朱红计子不允。小的控蒙前案下传讯，断令不准抽赎，小的心有不甘就上控的。现已追悔，求公断是实。

据民人朱红计子供：是忻州人，寄住案下府新营子村，种地度日。蒙古兰锁子先人于道光十六年上把坐落府新营子村户口地四十一亩租给小的家承种。光绪三十年秋后，兰锁子备价回赎，小的不允，兰锁子控蒙前案下传讯，断令不准抽赎，兰锁子心有不甘就上控的，求公断是实。

据此，查此案蒙古兰锁子先人于道光十六年间将坐落府新营子村户口地四十一亩租与民人朱红计子家承种，约尾注明不许长租夺地，并无钱到回赎字样。光绪三十年秋后，兰锁子备价抽赎，朱红计不允，控经卑前署厅姚丞传讯，断令不准抽赎，兰锁子心怀不甘，辄赴宪辕上控。现经卑职讯悉前情，诘以各有冤枉，不妨当堂申述。据称情愿仍遵前断具结，不敢狡执等语。随断令兰锁子照旧收租，不准抽赎地亩；朱红计子照旧交租，勿得稍有带欠。惟兰锁子以田土细故上控，殊属刁健，姑念现已追悔，与始终狡执者有间，应请从宽免究。朱红计子讯无伐树挖土情事，亦勿庸议。……

光绪三十一年四月二十三日
调署同知陈寿昌①

活租约本来是"钱到回赎"或者"期满备价回赎"，但是租户往往并不退地，甚至强占土地。该件契约"蒙古兰锁子备价回赎活约地"，但是租户"朱红计"不允许，因此到归化城厅呈控。但是归化城厅竟然"断令不准抽赎"，因此兰锁子继续上告，最后

---

① 土默特左旗档案馆藏：归化城副都统衙门档案，《归化城厅详送兰锁子控朱红计子一案请批示销案书册》，档案号：80—5—2315。土默特左旗《土默特志》编纂委员会：《土默特志》（上），呼和浩特：内蒙古人民出版社，1997年，第480—481页。

"断令兰锁子照旧收租,不准抽赎地亩;朱红计子照旧交租,勿得稍有蒂欠"。显见这样的断令有偏袒民人之嫌。

此外,在归化城副都统衙门档案中,还有乾隆三十二年(1767)十一月玛勒图与崔氏因土地回赎产生纠纷①;乾隆四十五年(1780)七月,伊西与民人韩氏因土地回赎产生纠纷②;乾隆四十六年(1781)九月,垂金津布与民人施祥因土地回赎产生纠纷③;乾隆四十六年(1781)十一月,卓特巴等与民人张氏因土地回赎产生纠纷④;光绪十五年(1889)三月,孀妇银花尔与面换子将永租改写钱到回赎而产生纠纷。⑤ 这些纠纷事件,亦在一定程度上说明,蒙古备价回赎土地受到重重阻碍。

归化城土默特蒙古活租约,同内地其他地区的活租约还是有所不同的。如《清康熙三十九年(1700)永安县冯兆周承佃文约》载:

> 二十七都住人冯兆周,今来要田耕作,今特托保向前在张公法主⑥边佃得谷田一段,坐落二十八都桂口上坂垅尾。递年到秋熟,备办早谷□硕大,冬食牲⑦各乙只,送至值年会首家下交收。不敢拖欠升合,亦不许卖弄界至水浆等情。如有此色,应许众等另行改佃下秋,不敢阻占。今来二家甘心意允,亦复有凭,立承佃为照。
>
> 康熙三十九年七月立
> 承佃人:冯兆周
> 保佃陈⑧

永安县土地租约与归化城土默特地区土地契约所载有很大不同:该处土地契约除了交纳租子外,还需要交纳冬食牲,而这在归化城土默特地区是没有冬食牲的。由于该处土地并没有押地钱,所以没有"钱到回赎"之说法。故,归化城土默特地区的土地短租约在一定程度上,同长租约有类似的地方。如果"钱不到,则无法回赎",那么此件土

---

① 土默特左旗档案馆藏:归化城副都统衙门档案,《托厅通判为玛勒图与崔氏土地回赎纠纷案的呈文》,档案号:80—26—574。
② 土默特左旗档案馆藏:归化城副都统衙门档案,《伊西呈控民人韩氏拒回赎租地》,档案号:80—26—631。
③ 土默特左旗档案馆藏:归化城副都统衙门档案,《和厅通判为查办垂金津布告民人施祥租地不还事的呈文》,档案号:80—26—642。
④ 土默特左旗档案馆藏:归化城副都统衙门档案,《卓特巴等呈控民人张氏拒不让本人回赎土地》,档案号:80—26—641。
⑤ 土默特左旗档案馆藏:归化城副都统衙门档案,《孀妇银花尔呈控面换子将永租改写钱到回赎恳验约斧断》,档案号:80—5—2123。
⑥ 法主:指神会首领。
⑦ 冬食牲,即冬牲、食牲。冬牲指鸡鸭之类,食牲指猪类。
⑧ 张传玺:《中国历代契约汇编考释》,北京:北京大学出版社,1995年,第1549页。

地约就变成永租约。因此在某种程度上,归化城土默特地区的土地短租契约亦有变成永租约的可能,也就成了似租实卖的土地契约。

归化城土默特地区的土地回赎亦遵循一定的规则,据《土默特志》第3章《土地与垦殖志》载:

> 赎地时期:赎地约定为春天惊蛰以前,秋天在收割之后。倘逾此期,青苗在地,断难抽赎。①

这个赎地时间,是同当地的农业生产时间紧密联系在一起的。春天惊蛰以后,该区域进入春耕时期,由于土地已经春耕,并不适合土地回赎,因此定在春天惊蛰之前,土地还没有翻耕播种时回赎土地。土地播种之后,则难于土地回赎,只能等到庄稼成熟收获之后,方能回赎土地。故秋收之后,方能回赎土地。

3. 过租约

在归化城土默特地区,过租约亦是当地常见的土地契约之一。所谓过租约,即土地承租者又与另一方签订的土地契约,即转租。出地承租者转租时,须与土地的新承租者签订过租约两张,由收租的蒙古与新承租者各持一张,为转移地权的一种手续。蒙古凭此约向新承租者收取地租。只有签订过租约后,归化城土默特蒙古才能向新承租者收取地租,否则仍向原承租者收取地租,即所谓的认租不认人。由于归化城土默特地区土地交易较为频繁,因此土地转租现象层出不穷。但是土地无论何人承租,均须向归化城土默特蒙古交纳地租。

《绥远通志稿》卷63《司法》载:

> 过租约:过租约者,即买主或典主双方缔结契约后,仍须另立过租约两张(系合同约),由吃租蒙古及租地人各持其一,为移转地谱之一种手续。其过租费每亩银二分或三分不等。本由买主或典主交付,归蒙古享有。案本条据归绥县承审员报告,凡关于典卖地亩案件,几于无案无此约据。②

《绥远通志稿》卷63《司法》载:

> 蒙古之户口地,向例不准出卖。其辗转典租,无论移转何人,必须向蒙古过租,否则原地主(即蒙古)不知其地属何人,原种地人负纳租义务,此义务非过约后不消灭。③

彭勇《清代土默特地区的租佃关系》中写道:

---

① 土默特左旗《土默特志》编纂委员会:《土默特志》(上),呼和浩特:内蒙古人民出版社,1997年,第163页。
② 绥远通志馆:《绥远通志稿》卷63《司法》(第75册),内蒙古自治区图书馆藏(稿本),第42页。
③ 绥远通志馆:《绥远通志稿》卷63《司法》(第75册),内蒙古自治区图书馆藏(稿本),第45页。

在土默特地区的租佃关系中，清末开始，出现了一种叫"过约"的租佃措施。（按：其原因是一些汉族地商将蒙古族土地转租后，蒙古原主赎地、收租往往找不到承租者，因而涉讼。光绪末年，副都统衙署专门成立了生计会，管理"过约"事宜。）所谓"过约"有两种情况，一种是原来向土默特蒙古族租入土地者，因无力耕种或其它原因，欲将土地转让于第三者，让第三者以后直接向土默特蒙古族土地出租者交纳地租；另一种是蒙古族土地出租者，穷困潦倒，将年收租银转给另一人收取，为了明确由于以上两种转让而出现的新的租佃关系，以资信守，三方面的人邀请中间人会聚一处，重立过约，一般情况下，第三者此时须向原出租土地的土默特蒙古交纳一笔过约钱（相当于押地钱），因而在立约时都写明"原收吃某人某段地租过租于某某承种，现使过押钱若干，每年秋后出地租钱若干"等。①

在归化城土默特土地契约和归化城副都统衙门档案中，有不少土地过租约。在归化城副都统衙门档案中，据笔者所查最早的过约为道光五年（1825）十月二十一日，木架过租到刘忠义、郝万鹏、赵旺三人地租的过租约②。在归化城副都统衙门档案中，道光年间过租约有9件③，咸丰年间的过租约有4件④，同治年间的过租约有2件⑤，光绪年间的过租约有48件⑥，宣统年间的过租约有8件。⑦ 归化城土默特土地契约中，最早的

---

① 彭勇：《清代土默特地区的土地租佃关系》，《呼和浩特史料》（第8辑），1989年，第268—269页。
② 土默特左旗档案馆藏：归化城副都统衙门档案，木架《过租到刘忠义、郝万鹏、赵旺三人地租的租约》，档案号：80—15—178。
③ 土默特左旗档案馆藏：归化城副都统衙门档案，《过租约》，档案号：80—15—178、80—15—209、80—15—244、80—15—271、80—15—277、80—15—278、80—15—311、80—15—1147、80—15—1151。
④ 土默特左旗档案馆藏：归化城副都统衙门档案，《过租约》，档案号：80—15—343、80—15—375、80—15—377、80—15—378。
⑤ 土默特左旗档案馆藏：归化城副都统衙门档案，《过租约》，档案号：80—15—424、80—15—485。
⑥ 土默特左旗档案馆藏：归化城副都统衙门档案，《过租约》，档案号：80—15—543、80—15—551、80—15—557、80—15—617、80—15—660、80—15—705、80—15—711、80—15—712、80—15—713、80—15—725、80—15—728、80—15—729、80—15—735、80—15—738、80—15—765、80—15—766、80—15—770、80—15—786、80—15—791、80—15—809、80—15—831、80—15—861、80—15—862、80—15—869、80—15—901、80—15—903、80—15—907、80—15—931、80—15—934、80—15—936、80—15—1263、80—15—1264、80—15—1277、80—15—1281、80—15—1294、80—15—1298、80—15—1315、80—15—1316、80—15—1335、80—15—1338、80—15—1339、80—15—1349、80—15—1350、80—15—1351、80—15—1353、80—15—1358、80—15—1359、80—15—1368。
⑦ 土默特左旗档案馆藏：归化城副都统衙门档案，《过租约》，档案号：80—15—954、80—15—958、80—15—961、80—15—971、80—15—973、80—15—1005、80—15—1019、80—15—1377。

为道光二十一年（1841）十一月范如山过租约①，内蒙古土默特金氏蒙古家族契约中，最早的为光绪二十年（1894）三月，官印保过约。②

如道光二十一年（1841）《范如山约》载：

> 立过租约人范如山，今接到小红城郑兆照地六块，计地一顷四十六亩，滩地、牛羊路地四十亩，账房地四十亩，又账房搭地十亩，大路南地二十三亩，北梁地二十五亩，门波榆树地八亩。每年出租钱三千二百三十文。自接之后，租每年接地主完纳，地亦又接地主永远管业。同人言明，蒙古二恼亥、尔林庆二人受过约钱一千五百文。日后倘蒙古民人争夺者，有叶力兔召东仓一面承当。恐口难凭，立过约存照。
>
> 　　　　　　　　道光二十一年十一月廿七日立
> 　　　　　　　　合同为证（骑缝）
> 　　　　　　　　知见人：郑老二（十字押）、张义（十字押）
> 　　　　　　　　东仓
> 　　　　　　　　（后为蒙古文签注）③

该件文书是范如山从小红城郑兆照处接收土地六块，计一顷四十六亩，包括滩地、牛羊路地、账房地、账房搭地、大路南地、北梁地、门波榆树地六块。小红城郑兆照应是从叶力兔召东仓承租的土地，蒙古二恼亥、尔林庆应是东仓的具体负责人，所以接收过约钱。过租之后，范如山每年出租钱三千二百三十文，另交给蒙古二恼亥、尔林庆过约钱一千五百文。此过约钱不足每年租钱的一半。且该件过租约仅写地块在什么地方和地块大小，并没有详细标注地块的四至。亦有可能大家都知道这六块土地的四至，故不需在合同中注明。笔者推测，该件过租约应是和原租约同时使用的。

再如《内蒙古土默特金氏蒙古家族契约文书汇集》所载光绪二十年（1894）三月初九《官印保过约》：

> 立永远过约人官印保，只使用不足，今将自己云社堡村东北地一块，系东西畛。东至渠，西至路，南至顾宝娃，北至杨计金，四至分名，情愿过租约王有智名下，同人言定，现使过过租约价一千五百文整。其钱笔下交足不欠，如有蒙民人争夺者，有官印保，一面承当。每年秋后出租钱一百五十文。恐口无凭，立过租约为证用。

---

① 呼和浩特塞北文化研究会、云广藏：《清代至民国时期归化城土默特土地契约》（第4册上），呼和浩特：内蒙古大学出版社，2012年，第372—373页。
② 铁木尔：《内蒙古土默特金氏蒙古家族契约文书汇集》，北京：中央民族大学出版社，2011年，第67页。
③ 呼和浩特塞北文化研究会、云广藏：《清代至民国时期归化城土默特土地契约》（第4册上），呼和浩特：内蒙古大学出版社，2012年，第372—373页。

> 大清光绪二十年三月初九日立（十字押）
> 立过约一张（骑缝字）
> 楞五厮（十字押）
> 知见人：顾六六（十字押）
> 答立汗书①

该件过租约为光绪二十年（1894），官印保将自己云社堡村东北地一块，过租与王有智名下。虽然契约中写有"四至分名"，但是并没有列出土地四至、大小。且据文书内容来看，并没有见到原租地人，仅是官印保直接将地过租与王有智名下使用。由此笔者推测，可能是原承租者将地租给现承租者，需要现承租者同原地主订立过约，而原承租者并没有出现在该契约中。据文书中有"永远过约"推知，该件文书应是永租约。《内蒙古土默特金氏蒙古家族契约文书汇集》中所载过约，大多同此类似，因此其所载过约，应为永租约。据过租约价一千五百文和每年租钱一百五十文，地价是地租的十倍，可推知该件永远过租约亦是似租实卖的土地契约。

再如道光二十八年（1848）十二月十九日，《柳明约》载：

> 立租永远地约人柳明，今租到北院富老爷名下，臭水井村北梁地一块，系东西畛。东西俱至河槽，南北俱至樊姓，四至分明。情愿租到自己柳明名下，永远管业承种。日后地内修理、安宅、挑渠打坝、穿井、栽树，一切由租地人自便。两出情愿，并无反悔。同人言明，现使过过租约钱三千文整，其钱当交不欠。事后倘有蒙民人等争碍者，有蒙古富老爷一力承当。恐口无凭，立永远租地约为证用。
> 计开每年所出地租钱六百二十五文，按春秋两季交纳。
>
> 大清光绪二十八年腊月十九日立（十字押）
> 立合同二纸，各执一张（骑缝）
> 中见人：
> 二老明（十字押）
> 任九明（十字押）
> 庞式猷书笔
>
> 【后为契约封套处文字】
> 臭水井村北梁地一块
> 柳明，内计约一张，每年地租钱六百二十五文（苏州码）

---

① 铁木尔：《内蒙古土默特金氏蒙古家族契约文书汇集》，北京：中央民族大学出版社，2011年，第67页。

大清光绪廿八年十二月十九日
从吕生茂佃来①

该件文书为柳明过租富老爷臭水井村北梁地的契约，据契约的正文无从得知该块土地的原承租人，但在该件契约封套处载有"从吕生茂佃来"可知，这块土地的原承租人为吕生茂。同样，该件契约并没有说明该块土地的大小，但却写明该块土地的四至。过租约钱三千文，是每年地租钱六百二十五文的近5倍，显然也是似租实卖的土地契约。封套处地租钱文用苏州码标示，显是为了防止对地租钱的篡改。该件文书注明交纳租银的期限为每年分春秋二季交纳。

在归化城土默特地区，据归化城土默特土地契约所载，地租钱的交纳有"春秋二季""四季交清""二季交还""齐年收给""四季交付""春秋交纳""秋后收租""冬季交纳""春季交收""按季交租""按四标收取""按月收取""十月交租""上秋交还""限九月、十月交还""按月抽取""一年一交""春半秋完""按四季标收""按四、七月交纳""按四、七、十月交纳""按四、七、十标交纳""按三标收取""四月、十月标付""按四、十标收取""按七、十标收取"等。总的来讲，归化城地租的收取为按月、按季、春秋二季、按年、秋后、冬季等多种形式。蒋学楷在《山西省之金融业》写道：

> 标期：标期为商场交解现款之期限，晋省通例，每年分春夏秋冬四标。大致每标相距为三月。日期则须选合吉日关系，并不固定……出关即为口外……去蒙境交易，全系以货易货，其金融周转周期约需一年，多仰赖东口金融界为之调济，每年终结账一次，必须以标车运现银交解，因有一年一次之标期。……东口以外，复有西口，在绥远境，现改归绥，为去外蒙乌里雅苏台及新疆镇西之关口，其标期较东口为迟，因由东口运标至西口约需二十日，故西口标期较东口迟二十日……民国二十四年之标期……西口日期：二月二十日、五月十五日、八月十六日、十一月十五日。②

此虽然为民国二十四年（1935）的标期，但亦能在一定程度上说明清代归化城土默特地区收租亦是按照契约所规定的标期交纳的。有关标期的论述，亦见于其他著作中，如《晋商五百年·粮油故道》第5章《包头黄金旅程》载：

> 按照市口店的规定，在交易订妥后，按春、夏、秋、冬四季标期结算。如春标过后成交的业务，可在夏标结算；夏标后的业务如不能兑现，可推到秋标结算。若到期

---

① 内蒙古大学图书馆藏、晓克藏：《清代至民国时期归化城土默特土地契约》（第2册），呼和浩特：内蒙古大学出版社，2011年，第210—211页。
② 蒋学楷：《山西省之金融业》，银行周报，1936年，第20卷第21期，第17—19页。

仍不能兑付，即按照现时行情各找赔头和赚头。①

《民国山西金融史料》第1章《民国初年的山西金融》载民国三十一年（1942）《包头钱业公会简章》，有关标期：

> 标期。包头地方商业活动，多数依靠钱行做期口标期常骡贷款。标期为市场交解现银的期限。全年有四标八常骡，分春、夏、秋、冬四个标，大致每个标期相距为三个月，日期并不固定。每季后两月为骡期，一年八个常骡，亦称"月月常骡四季标"。每月结算一次往来帐务，互不拖欠。包头的标期是执行山西太谷标，即春标三月八日；夏标六月三日；秋标八月廿九日；冬标十一月廿四日。每个标期带两个骡期，如春标是二月八日，则三月八日、四月八日为常骡期。②

据契约所载，虽然有上述各种标期，但是秋后交租、春秋二季、按四季交纳契约的为数甚多。显见在归化城土默特土地契约中的收租日期是采用了标期的。

4. 推地约

推地约，与过租（转租）有类似的地方，均为把土地耕作权转为其他人耕种。但其亦有不同的地方，过租约的原承租人并没有获得土地的永佃权，而推地约的原承租人则获得了土地的永佃权。据《绥远通志稿》卷63《司法》载：

> 永佃权：绥区土地，系蒙古原产，迨后汉人渐多，由蒙人手中租典垦种之地，历年既久，遂以取得永佃权转典专卖，随意处分，蒙人不得干预。惟无论移转何人，均须按年向蒙人纳租若干（即地谱钱），为蒙人特有之权利。按此项习惯，系归化绅者所报，又据托克托县承审员报告，永租以不定年限为原则，设定永租权后，租地人即可将地转租或转典于第三者，名曰推地。推地有二种，一曰活约，即转租、转典尚可赎回者，一曰永约，一经推出之后，即丧失永租权云云。③

《土默特志》第3章《土地与垦殖志》载：

> 永租以不定年限为原则，认定永租权后，租地人即可将地租或转租或转典于第三者，名曰推地。推地有两种：一种叫活约，即转租转典尚可回赎者；一种叫永约（死约），一经推出之后，即将永租权转于第三者。④

---

① 刘建生：《晋商五百年·粮油故道》第5章《包头黄金旅程》，太原：山西教育出版社，2014年，第94页。

② 孔祥毅：《民国山西金融史料》第1章《民国初年的山西金融》，北京：中国金融出版社，2013年，第85—86页。

③ 绥远通志馆：《绥远通志稿》卷63《司法》（第75册），内蒙古自治区图书馆藏（稿本），第45页。

④ 土默特左旗《土默特志》编纂委员会：《土默特志》（上），呼和浩特：内蒙古人民出版社，1997年，第163页。

王建革《清代蒙地的占有权、耕种权与蒙汉关系》中写道:

> 永租权可以买卖,但在买卖时,要得到原蒙古地主的承认,要缴过约钱。佃户将土地出让给另一个佃户称"推地"。推地时要向原蒙古人缴"过约钱",这种钱代表了占有权的利益,过约钱有时很昂贵,往往是岁租的3—5倍。也有一些土地上有"许退不许推"的字句,这往往是王爷地或扎萨克的收租地,有严格的规定。①

显见,归化城土默特地区的推地约,是与承租者是否拥有土地的永租权相关联的。如光绪三年(1877)十二月初一日《贺寿约》载:

> 立租地文约人贺寿,今租到海宝名下祖遗梁家营子村南白地一块,计地一十九亩半。东至本主,西至田姓地界,南至崔姓地为界,北至郭姓坟地畔为界。四至分明,情愿租到自己名下,永远耕种、起房盖屋、修理、住座、栽树、穿井、埋坟墓承业。同人言定,当日现使过压地钱二千五百文整。其钱笔下当日交清不欠。言明每年应收地租钱一百二十文。按春秋二季交收,不准长支短欠。嗣后倘有蒙古民人争碍者,有收租人一面承当。
>
> 两出情愿,各无反悔,恐口无凭,立约为证存照用。
>
> 　　　　　　　　　　大清光绪三年十二月初一日立约人贺寿(十字押)
>
> 　　　　　　　　　　立合同二纸各执一张(骑缝)
>
> 中见人:
>
> 郭盛都(十字押)
>
> 陈连(十字押)
>
> 赵忠义(十字押)
>
> 吴永海(十字押)
>
> 推与杨全②

该件契约的主要部分为贺寿的永租约,获得了这块土地的永租权,因此也就拥有了该块土地推与权。所以在文书最后一行写有"推与杨全",即这块土地被杨全承租。至于杨全承租土地要交的要承担的押地钱及地租钱,则应是契约中的压地钱和地租钱。

再如光绪十五年(1889)八月初七日《和合堂约》载:

> 于民国廿九年间卜于康三娃名下
>
> 立合同租约人和合堂,情因租到海保名下后厂汗测涝地二块。原租与公合店名下

---

① 王建革:《清代蒙地的占有权、耕种权与蒙汉关系》,中国社会经济史研究,2003年,第3期,第85—95页。
② 内蒙古大学图书馆藏、晓克藏:《清代至民国时期归化城土默特土地契约》(第2册),呼和浩特:内蒙古大学出版社,2011年,第30—31页。

耕种，因伊号事费用不足，东伙等商议，将此二块愿推佃与和合堂名下，永远耕种承主。计村北路东地一块，东至大路，西至大路，南至冯姓，北至兴义永。又村北地一块，东至赵姓，西至大路，南至冯姓，北至大路。二块四至开明，情甘仍租与和合堂名下永远耕种为业，栽树、打井、修理，由和合堂自便。现使过押地钱七两整，每年随带蒙古地租钱一千三百五十文。按春秋二季交纳，永不许长支短欠，亦不准长缩地租。嗣后倘有蒙民人等争夺者，有海保一面承当。两出情愿，永无反悔。恐口无凭，立此租地约为证。

> 大清光绪十五年八月初七日立（十字押）
> 立合同二纸各执一张（骑缝）
> 中见人：
> 王万年（十字押）
> 王厚甫（十字押）
> 张禄（十字押）
> 刘贞一书

（以后为契约封套处文字）

在后厂汗测涝村地基二块

和合堂，内计约一张，租钱一千三五（苏州码）

光绪十五年八月初七日立约①

该件契约为公合店将原永租海保名下的地亩推与和合堂永远耕种管业。公合店永租海保的土地，为商号在归化城土默特承租土地，因此公合店在一定程度上讲应为地商。由于其资金不足，公合店的股东经过商议，将土地推与和合堂承种管业。因此可以推知和合堂亦是地商。该件文书还载有"北至兴义勇"，"兴义勇"亦是商号，由此亦可推知兴义勇亦是地商。这件契约中就载有三家地商：公合店、和合堂、兴义勇。该件契约中，"押地银七两整，每年随带蒙古地租钱一千三百五十文"，据此可知，这亦是似租实卖的永租约，故公合店获得了土地永租权。在把土地推与和合堂后，和合堂须向海保每年交纳地租银一千三百五十文。该件契约起首部分，有"于民国廿九年卜与康三娃名下"，这显然是后添加上的，应是和合堂将土地推与康三娃。

当然，不仅仅汉民或者商号承租土地，亦有部分归化城土默特蒙古由于各种原因失去土地后，而迫于生活，不得不从汉民或商号手中承租土地。如光绪十五年（1889）二

---

① 内蒙古大学图书馆藏、晓克藏：《清代至民国时期归化城土默特土地契约》（第2册），呼和浩特：内蒙古大学出版社，2011年，第106—107页。

月初九日《杜生智约》载：

> 立推佃地约人杜生智，今因无钱使用，今将自己西老将营村东地一块，系南北畛，开立四至，东至张姓，南至菅姓，西至李姓，北至路，四至分名。情愿推佃与蒙古本达赖承守耕种为业。同人言明，作推佃地价钱糜租、钱租至此一应两清，永无翻悔。两相情愿，恐口无凭，立约为用。
>
> 　　　　　　　　　　　　　　大清光绪十五年二月初七日立①

该件推佃土地约人为杜生智，因无钱使用，将土地推佃于蒙古本达赖承守耕种。从"推佃地价钱糜租、钱租至此一应两清"推知，这块土地原为蒙古本达赖的土地，由杜生智获得土地的永佃权，故杜生智称"自己西老将营村东地一块"。而糜租和钱租，则说明该村地租不仅有货币地租亦有实物地租。从光绪十五年（1889）三月十三日，杜生智退地约，亦说明土地原属于蒙古本达赖：

> 立退地约人杜生智，今因官差、神社、蒙古地租难以支持，将自己祖遗西老将营村西南六分圪尖地一块，计地二十五亩，系西北东南畛。开立四至，东至王姓，南至王姓，西至下沙圪梁地，北至徐姓、蒙古，四至分名。同甲会言明，情愿退与蒙古本达赖、伊孙三各尔承守，永无翻悔。随地蒙古地租钱二百五十文，退神社地十二亩五分。两出情愿，恐口无凭，立约为用。
>
> 　　　　　　　　　　　　　　大清光绪十五年三月十三日立②

从"蒙古地租"可知杜生智应是承租蒙古的土地，而"自己祖遗"则说明该块土地为杜生智祖先承租之土地，由杜生智继承，显见该块土地是永租土地。退与"蒙古本达赖、伊孙三各尔"则说明该块土地原本属于蒙古本达赖。这证明上引杜生智推地约，杜生智将地推还原主。同时说明杜生智家族已经有数代人在归化城土默特地区从事农业生产。而由蒙古本达赖承种管业，则说明本达赖家族亦可能从事农业生产。

5. 退地契约

归化城土默特土地契约中的永租地，是归化城土默特蒙古租给民人永远耕种，不计年限，不允许收赎，但土地是许退不许夺的。虽然似租实卖，但归化城土默特蒙古对土地还有部分权利。故在民人不承租该块土地时，可以将土地退还原主。即退地约是专指永租契约而言的。因为活租约，是钱到回赎；活约地是到期回赎，故没有退地之说。

如嘉庆十九年（1814）八月廿五日《陈夺、陈宽同侄更虎子约》载：

---

① 杜国忠藏：《清代至民国时期归化城土默特土地契约》（第3册），呼和浩特：内蒙古大学出版社，2012年，第212页。
② 杜国忠藏：《清代至民国时期归化城土默特土地契约》（第3册），呼和浩特：内蒙古大学出版社，2012年，第212—213页。

> 立退地文约人陈夺、陈宽同侄更虎子，因自己原租到蒙古得计园地一段，东至道，西至张枝英，南至高克英，北至大道，四至明白。今因自己地租不能交付，情愿将地退归本主，各自应便，与己毫不相干。同众说合，使过退契约钱一十千文整。得计出钱四千文，向荣枝出钱六千文。俱属情愿，嗣后再无反悔。恐口难凭，立退契为证。
>
> 　　嘉庆十九年八月廿五日立退约人陈宽（十字押）、陈夺（十字押）
> 　　知见人：
> 　　哦儿吉兔（十字押）
> 　　常龙（十字押）
> 　　岳三哥（十字押）
> 　　色布登（十字押）
> 　　拉末明交儿（十字押）
> 　　戴廷冕书
> 　　系还何荣枝借项
> 　　更根子使过得计钱二千文，何荣枝钱四千文
> 　　陈夺、陈宽使过得计钱二千文，何荣枝钱四千文
> 　　四宗俱在十千之内①

陈夺等人由于地租钱不能交付，所以情愿将园地退给原主得计，得计退还契约钱。据此可知该园地为陈夺等人永租之地。得计退还契约钱一十千文整。这一十千文钱由得计出四千文、何荣枝出六千文。这些退还的契约钱可能陈夺等人也没有拿到，因为要还借何荣枝、得计的借款。更根子（虎子）使过得计钱二千文、陈夺、陈宽使过得计钱二千文，共计四千文，而得计出退契约钱四千文，两者抵平。更根子（虎子）使过何荣枝钱四千文，陈夺、陈宽使过何荣枝钱四千文，共计八千文，而何荣枝出退契钱六千文，那么陈夺等人还欠何荣枝钱二千文。何荣枝之所以出退契约钱，可能得计和何荣枝之间有一定的经济关系存在，否则应是原地主得计退还契约钱。

该件文书是由于承租人无法交付地租而退还承租地亩。在归化城土默特土地契约中，亦有因土地不堪耕种而退回的地亩。如嘉庆十五年（1810）十月初五日《续全德约》载：

> 立退地约人续全德，今有臭水井现东碱滩地四块，至今不能耕种，闲地退回本

---

① 内蒙古大学图书馆藏、晓克藏：《清代至民国时期归化城土默特土地契约》（第1册），呼和浩特：内蒙古大学出版社，2011年，第33—34页。

主。至后此地与姓续人并不相干。同众言明与地租钱七千文。有续姓人争夺,有续全德一面承当。恐后无凭,立约存照。

嘉庆十五年十月初五日立
中见人:
哦儿吉兔(十字押)
李继盛(十字押)
哈毛兔(十字押)①

该件退地约是由于土地不堪耕种而闲置,故续全德将土地退还本主。虽然文书中没有注明本主是何人,但是土地退还本主后,收回地租钱七千文。土地退回之后,续姓人员不得因此妨碍土地本主,如发生妨碍,则由续全德承当。

再如嘉庆十七年(1812)十二月十三日《梁福明约》载:

> 立退地文约人梁福明,今将臭水井地四块,情愿退与蒙古地主儿袄儿吉兔。同众言明,与梁福明退地钱八千文整。两家情愿,再无反复。以后若有人争夺,有梁福明一面承当。恐口无凭,立约为照用。

嘉庆十七年十二月二十三日立
甲头高进通(十字押)
中见人:
张峻(十字押)
梵兴苍(十字押)②

该件文书为梁福明将土地退还给蒙古地主儿袄儿吉兔,至于什么原因退地,则不得而知。蒙古地主儿袄儿吉兔则退与梁福明地钱八千文整。

在归化城土默特地区,由于该地区的土地经过长时间的开垦之后,有的土地沙碱变坏不堪耕种,因此退地现象层出不穷。不仅私人退地现象不断,官地亦是如此。据清《土默特志》卷5《赋税》载:

> 按近年有报退及未尽报退各项粮地,萨拉齐厅之所征为,多如:包头镇米地二百四十顷尽数报退,萨尔沁村米地三十顷七十三亩,退地四顷。乌尔巴齐村米地二十九顷,退地十九顷六十五亩。磴口村米地十九顷八十亩,退地八顷。巴拉盖村米地十四顷四十九亩,尽数报退。黑训营村米地八顷七十五亩,退地三顷九十五亩。朱尔圪代

---

① 内蒙古大学图书馆藏、晓克藏:《清代至民国时期归化城土默特土地契约》(第1册),呼和浩特:内蒙古大学出版社,2011年,第33—34页。
② 内蒙古大学图书馆藏、晓克藏:《清代至民国时期归化城土默特土地契约》(第1册),呼和浩特:内蒙古大学出版社,2011年,第30页。

村米地四顷,退地八十八亩。乌坝村米地四顷九十八亩,全数报退。什不沁村米地百一十六顷十九亩,退地三十九顷六十九亩。苏波尔盖村,有豁七缓三地一段,其内亦有报退字样。白彦察汉村米地三十七顷九十亩,尽数报退。独力坝米地四十七顷二十七亩,退地二十一顷三十一亩。大代村米地二十八顷四十八亩,退地十七顷九十八亩。和林格尔厅之所征,如:巴尔旦村米地十顷,尽数报退。甲拉尔村米地六十一顷二十五亩,退地三十五顷六十九亩四分。肯只贝村,米地三十顷,退地十八顷五十亩。公布忽同图米地二顷五十亩,如数报退。公喇嘛米地一十顷零十五亩,灯笼素村米地三十顷,二村开除地九顷五十亩。归化厅征收之黑沙、图花沟二村米地十五顷,尽数报退。麻什村米地十二顷,退地六顷七十亩。①

上述记载中,据可以统计的数字记载,共有米地 752.49 顷,报退米地 509.644 顷,报退米地约占米地总量的 68%。几乎一大半的土地由于各种原因报退,甚至有的村庄米地全部报退。这说明归化城土默特地区有很多土地并不适合进行土地垦殖,亦说明在干旱半干旱地区的农业垦殖一定要适度,不能盲目的进行。如此数量巨大的土地报退,有一部分是因为盲目开垦,造成土地沙碱化,而不堪耕种,即所谓水冲沙压导致的。其中亦有部分土地是由于人口频繁的流动,造成已经开垦的土地无人承种而导致土地撂荒以致沙化。

6. 伴种土地契约

伴种土地,是归化城土默特地区另一种土地经营方式。据《绥远通志稿》卷63《司法》载:

> 伴种地亩:伴种地亩,系地户将自己地交于他人耕种,其一切人工籽种,均由伴种人担任,所收粮石,两家平分(间亦有按四六成分者)。惟在当事人双方,以口头契约定之。每年所收秸草若干,则属两家。牛犋出自地主,则秸草归地主所有,出自伴种人,则秸草归伴种者。案此项习惯,和林格尔县亦有之,一方出地,一方出人力、资本,所获收入,多系平均分配,亦尚属公允。②

据此可知,伴种地亩是由地户提供土地,伴种方提供人工、籽种,所收获的粮食,由两家根据约定平分或者四六分成。如果地户提供牛犋,则秸草归地户,如果牛犋出自伴种之人,则秸草归伴种之人。伴种双方是合作关系,一方出土地,一方出人力、资本,然后按照约定分配。在归化城土默特土地契约中,载有道光十一年(1831)十二月廿九

---

① 清光绪年间刊本影印:《土默特志》,台北:成文出版有限公司,1968年,第88—91页。
② 绥远通志馆:《绥远通志稿》卷63《司法》(第75册),内蒙古自治区图书馆藏(稿本),第42—43页。

日《杨寿宗约》：

> 立出伴种地约人杨寿宗，今将自己地三块，共计三十四亩，情愿伴种与蒙古人到儿计名下，伴种粮二股均分，荄麻杆子、干草三七分，下余穰草随牛犋。神社、官差、挑渠、打坝、渠租钱一应花费二股均分。随约钱二千三百文，每月二分行利。恐口难凭，立约存证。
>
> 在中人刘宽（十字押）、蜜计（十字押）
道光十一年十二月廿九日①

该件契约中，提供土地者为杨寿宗，将其三十四亩土地，伴种与蒙古到儿计名下。伴种粮食二股均分，荄麻杆子、干草三七分，剩余穰草则分给牛犋的提供方。神社、官差、挑渠、打坝、渠租钱等各种花费则是二股均分。随约钱二千三百文，则是伴种方借与地户的钱文，这个钱为月息二分。

据乌云对乾隆初年土默特地区寺院香火地亩册统计，乾隆初年：延寿寺伴种地亩为205.76顷、无量寺有伴种地亩288.96顷、崇福寺有伴种地亩42.75顷、灵照寺有伴种地亩7.4顷、太平招有伴种地亩7.43顷、章庆寺有伴种地亩50.4顷、崇禧寺有伴种地亩11.3顷。② 由此可见，伴种土地是归化城土默特地区较为常见的土地经营方式。伴种土地契约，在归化城土默特地区亦是较为常见的土地契约之一。

（二）典当土地契约

典当土地契约，是以土地担保的形式，将土地质典给承典者，以获取急需的资金。在古代契约中"质、典、当、抵"均可标示典当，含义也无明显区分。肖光辉等在《中国法制史研究专题》第11章《财产法》中这样表述：

> 质主要是强调转移占有，典是附带回赎权的转移私有权，当是强调价值的对等，抵偏重于折抵。此外尚有押，本义是签押，逐渐带有掌控之意，大约在元明时期逐渐变成民间惯例，"押"与原来的"质""典""当"混用，凡是转移担保财物占有的，都可以用"押"。③

---

① 呼和浩特塞北文化研究会、云广藏：《清代至民国时期归化城土默特土地契约》（第4册上），呼和浩特：内蒙古大学出版社，2012年，第296页。
② 乌云：《乾隆初年土默特地区寺院香火地亩册探析》，内蒙古社会科学，2010年，第3期，第58—62页；亦见其博士学位论文：乌云：《清至民国时期土默特地区藏传佛教若干问题研究》，内蒙古大学，2010年博士学位论文。
③ 肖光辉、毕巍明、占茂华：《中国法制史专题研究》第11章《财产法》，苏州：苏州大学出版社，2014年，第303页。

一般而言，由于典当已经变成民间惯例，那么一般的典、当契约并不是十分注意典当契约的区别，而是混用的。当然典、当契约还是有所区别。据徐彦辉著《三教九流全知道》载：

> 典，即持贷，典铺的规模较大，顾客只要是有价值的东西，都可来典铺质钱，当押的对象偏于小额的借贷，期限也比较短，一般只有几个月，但利息较高，多为三分九扣。当铺与典铺稍稍有区别，当铺的交易额不如典铺大，当铺可以拒挡，典铺不能。①

在归化城土默特地区的典当契约亦是没有严格的划分。因此笔者在探讨归化城土默特地区典当土地契约时，仅是按照典地契约、典租折契约、转典土地契约进行论述。

1. 典地契约

典当土地契约，在归化城土默特地区的土地契约中，亦有相当的数量。典当土地契约，包括典地、典折两种形式。典折契约，是因借贷关系而典质田地的契约。一般来讲，典价低于地价。典得土地的一方因此获得土地使用权，并可转典。在典期届满之时，出典者可以赎回土地。如出典者无力回赎，则土地归典得土地者。典地契约在一定程度上同活租约或者活约类似。到期无力回赎的土地则成为绝卖地，这又同永租约类似。典地约虽然同活租约或者活约类似，其最大的不同是典地人要向出典人支付利息。是否支付利息，是典约与租约的根本区别。

归化城土默特蒙古的土地，很早就典给民人耕种，《清高宗实录》卷178，乾隆七年（1742）十一月丙辰条载：

> 又奏：土默特蒙古，生计艰难，多有典出地亩，应酌筹久远资生之计。②

故在乾隆七年（1742）清查归化城土默特地亩之后，将民人原典地亩，按照一定的规则，归还给归化城土默特蒙古。据《钦定大清会典事例》卷979《理藩院·耕牧》载：

> 乾隆十三年议准。民人所典蒙古地亩，应计所典年分，以次给还原主。……照从前归化城土默特蒙古撤回地亩之例，价在百两以下，典种五年以上者，令再种一年撤回。如未满五年者，仍令民耕种，俟届五年，再行撤回。二百两以下者，再令种三年，俟年满撤回。均给还业主。③

显见，在乾隆统治初年归化城土默特蒙古将土地典给民人的现象就比较严重，同时

---

① 徐彦辉：《三教九流全知道》，北京：新世界出版社，2013年，第309页。
② 官修：《清高宗实录》卷178，乾隆七年十一月丙辰条，北京：中华书局，1985年，第291页。
③ 昆冈等修，刘启端等纂：《钦定大清会典事例》卷979《理藩院·耕牧》，续修四库全书（第811册），上海：上海古籍出版社，2002年，第708页。

说明在清初即有归化城土默特蒙古将土地典给民人。这在一定程度上也说明归化城土默特蒙古由牧转农经历了较为漫长的过程。在归化城土默特蒙古从牧向农转化的过程中，必将经历一次次阵痛，才能将其所擅长的游牧经济转变为农耕经济。归化城土默特蒙古将地典或租给民人耕种，其实就是其在由牧向农转化过程中所付出的代价。在这一过程中，归化城土默特蒙古也逐渐接受了民人的农耕生产方式。这其实也是归化城土默特蒙古与民人融合的过程，在这个过程中，促进了归化城土默特蒙古由牧向农的转变。

归化城土默特地区的典当契约，如乾隆五十二年（1787）十一月廿九日《老不省约》载：

> 立典地约人老不省，今典到设北垛村单宝儿，村北马莲地一块，计地五十亩，系东西畛。东至是色脑，西至喇嘛，南至本主，北至喇嘛，四至分明。仝众言明，典价钱二十四千文，笔下交足。钱无利，地无租。一典六年，六年以后许地主回赎。如钱不到者，不计年限。如有蒙古人等争夺者，为单宝儿一面承当。恐后无凭，立典约存照用。
>
> 　　　　　　种地人五十三年春起
> 　　　　　　乾隆五十二年十一月廿九日立
> 　　　　　　道光十五年使钱五千文
> 　　　　　　合同二张各执一张（骑缝）
> 　　　　　　公同人：杜恒鼎（十字押）、倒儿计（十字押）
> 　　　　　　曹立身（十字押）、刘荣（十字押）①

该件契约为单宝儿将北垛村东北五十亩地典给老不省儿，开列土地四至，典价钱二十四千文，笔下交清不欠。同时约定"钱无利，地无租"。而"钱无利，地无租"在归化城土默特地区的典地契约中并不常见。约定以六年为期，六年后，单宝儿可以回赎土地。如果钱不到，则不计年限，继续由承典者承典。契约又载"种地人五十三年起"，显然老不省典到该地后，原租地人继续承租土地，并没有改变租地人的权利。但是租地人应当从乾隆五十三年（1788）开始就要将土地的租金交给承典者老不省。即土地所有权和使用权随着土地的出典暂时转移，那么土地的获益权也随着土地所有权和使用权的转移而转移。从"道光十五年（1835）使钱五千文"推知，乾隆五十八年（1793），典约到期后，单宝儿并没有回赎土地。由于单宝儿无力回赎土地，老不省一直承典到道光十五年（1835）。在道光十五年（1835），又出典价钱"五千文"，继续承典该块土地。

---

① 呼和浩特塞北文化研究会、云广藏：《清代至民国时期归化城土默特土地契约》（第4册上），呼和浩特：内蒙古大学出版社，2012年，第84—85页。

归化城土默特地区的土地出典契约，亦有没有标明回赎日期的，如咸丰二年（1852）新正月二十五日《郭亮约》：

> 立典地约人郭亮，自因己使用不足，今将自己村东连场面一所，计地十亩，系南北畛。东至孔献有，西至孔献禄，南至孔献禄，北至魏良弼。四至分明，情愿出佃与韩士昌名下，耕种管业。同人言明，典地价钱一十七千文整。其钱笔下交清不欠。日后钱到回赎。如钱不到，不计年限。倘有蒙民争夺者，有典主一面承当。两出情愿，各无反悔，恐口无凭，立典约为证用。
>
> 计批每亩出租钱三十文，秋后交纳。
>
> 计批日后赎地钱数八五现钱，本年三月初三日收老口骟马一匹，作钱五千。
>
> 　　　　　　　　　咸丰二年新正月廿五日立（十字押）
> 　　　　　　　　　知见人：
> 　　　　　　　　　孔献福（十字押）
> 　　　　　　　　　傅玉升（十字押）
> 　　　　　　　　　王永泰（十字押）①

该件典地契约，典地价钱为十七千文，并约定"日后钱到回赎，钱不到不计年限"，并没有约定具体的年限。且"日后钱到回赎，钱不到不计年限"在归化城土默特土地契约中已经成为一种程式化的内容。这一点和活租约（活约）是相似的。活租约（活约）"钱到回赎"的钱是押地钱，其出让的是土地的使用权，且活租约（活约）这个钱是没有利息的，钱到回赎后，收回的也是土地使用权。典地契约"日后钱到回赎"的钱是"典地价钱"，是抵押了土地的所有权和使用权，钱到回赎后，收回土地的所有权和使用权。在归化城典地契约中，一般的契约是"钱无利""地无租"，或者仅有少量的租金。这是承典人在获得土地所有权和使用权后，可以获得土地的收益，在"钱无利"的前提下，仅需支付少量租金，或者不需要支付租金，显然其间的获利是较大的。亦即"典价钱"的利息为土地上的收益，这对归化城土默特蒙古来讲，虽然解决了一时的困难，但可能失去了对土地的所有权，这在一定程度上加剧了归化城土默特地区土地向富商、地商等人手中集中。

承典者要么是"钱无利、地无租"，要么是"钱无利、地少租"承典土地。租金有以铜钱或银支付，亦有以实物支付的。以粮折银支付租金的典地契约，如道光四年（1824）闰七月九日《张清福约》载：

---

① 内蒙古大学图书馆藏、晓克藏：《清代至民国时期归化城土默特土地契约》（第2册），呼和浩特：内蒙古大学出版社，2011年，第439—440页。

立典地约人张清福，今典到达赖营子村蒙古恼尔报名下村北三富村道西地一段，计三十四亩，系南北畛。东至道，西至本主，南北俱至顶畛，四至分明。同人言定，典价钱二十三千文整，每年出地租银六钱八分，以粮银合数。两出情愿，各无反悔。立典约存照用。

计开：钱到回赎，钱不到不计年限。

大清道光四年后七月初九日

合同为证（骑缝）

知见人：刘魁仕（十字押）、杨照宽（十字押）

代笔：张高升（十字押）

（后为蒙古文签注）①

该件典地契约所载"每年出地租银六钱八分，以粮银合数"，显然是用粮食折算银两支付租金。这是由支付实物地租到货币地租的转变，用钱支付租金，是根据当时的钱价来支付的。如同治元年（1862）八月二十九日《存柱约》载：

立出典白地约人存柱，自因使用紧急，今将自己村东南地一段，系东西畛。东至张珍，西至土圪素，南至刘海满、后原成、郅恒，北至刘海溢；又连村东南地一段，系南北畛，东至土圪素，西至寇禄，南至土圪素，北至道。共地二段，各四至分明。今情愿出佃于民人李光荣名下耕种为业。同人言明，现使过押地价钱三十九千文整。其钱笔下交清不欠，并不短欠。言明每年秋后出地租钱八百文。此地种过五年以后，钱到回赎。如钱不到，种地不计年限。此系两出情愿，各无反悔。恐口难凭，立佃约存照用。

大清同治元年八月二十九日立（十字押）

计批一犁岱地

日后回赎地者七六钱三十二千文，卜兑钱七千文

立合同二纸，各执一张（骑缝）

计批日后回赎地者，共出淤漫工苦钱二千文

中见人：陈法常（十字押）、恼木德力盖（十字押）

镒登架（十字押）、李生花（十字押）、张德全（十字押）②

该件典地契约中"日后回赎地者七六钱三十二千文，卜兑钱七千文"，"七六钱"即

---

① 呼和浩特塞北文化研究会、云广藏：《清代至民国时期归化城土默特土地契约》（第4册上），呼和浩特：内蒙古大学出版社，2012年，第263页。

② 呼和浩特塞北文化研究会、云广藏：《清代至民国时期归化城土默特土地契约》（第4册中），呼和浩特：内蒙古大学出版社，2012年，第2—3页。

城市钱（见上文），以七十六文钱充抵百文。"卜兑钱七千文"，那么什么是"卜兑钱"呢？

《内蒙古工商史料》所载《乌兰察布买卖字号·回忆解放前的丰镇县粮店》载：

> 每到上粮时（夏末秋初），不管粮价高低，用款多少，各店均自出凭帖。卖粮人持凭帖，到街上购买一切货物，特别受人欢迎，也可用凭帖取丰卜兑钱，保存使用方便。各行业收下凭帖后，送交所往来的钱行，钱行将收到的凭帖合在一起，向出凭帖的粮庄注账，或赚加头，或提现款，但每日所出的凭帖，超不过半数余均私人所存。许多农民，积存下凭帖，自己不花费，又不出贷于人，只存下丰卜兑钱。因卜兑钱在市面上比钱、铜元均提得高，存在银行，能赚月利，购买货物，价目便宜。①

从这段论述大致可知，"卜兑钱"应是商号的存"折"或"帖"，这个"折"或"帖"具有流通保值的功能，且有诸多实惠。这有点类似于现在的"刷银行卡消费"，或者"刷购物卡消费"。只不过这个"折"或"帖"是民人把粮食存到粮店，粮店发的存粮凭证称之为"凭帖"。用这个"凭帖"所兑换的钱，称之为"卜兑钱"。契约中的"卜兑钱"七千文，应是在土地回赎之时，存柱支付给李光荣的某种凭帖兑换钱的折子。这个折子具有一定的保值功能。故出于保值的需要，所以要求出典者在回赎土地之时，支付"卜兑钱"。在《金融票号史论》中载：

> 拨兑，即在商品交易中，交易量在一吊以下者，使用制钱或凭帖，即现在的现金交易；一吊以上者，一律采用拨兑，如商号甲为了从商号乙进货，经与其往来的钱庄丙写上可以贷款，丙即可以通知商号乙的关系户钱庄丁，言明甲有钱可付，乙即向甲发货，甲乙间的资金清单，由丙丁两家钱庄办理转账，即现在的转账结算。此项工作由宝丰社组织，但这笔钱只能辗转相拨，不能提现。②

另外，因为该件契约所出典的为"白地"，即荒地。承典人在拿到土地之后，要获得收益，就须要对土地进行修整，所以有"淤漫工钱"的支出。虽然在土地修整之后，承典者获益，但是在土地回赎之后，承典者却会遭受因修整土地花费而蒙受损失，而出典者却会因此获利。出于公平原则，土地回赎之后，出典者应当把修整土地费用归还承典者。所以契约中有"计批日后回赎地者，共出淤漫工苦钱二千文"的约定。据《绥远通志稿》卷63《司法》载：

> 赎地加工本：蒙古未开垦之地，租种人殊费资本。例如筑堤、修堰及引水灌溉等

---

① 乔学曾：《乌兰察布买卖字号·回忆解放前的丰镇县粮店》，内蒙古文史资料，第39辑，1990年，第33页。
② 孔祥毅：《金融票号史论》，北京：中国金融出版社，2003年，第162页。

费，所需甚钜。是以立约时，往往书明日后回赎，须于租费之外，加工本若干字样。否则回赎时毋庸给付。此亦合同约之一种。①

归化城土默特地区的典地契约，同河州典地契约既有类似之处，又有不同的地方。如同治五年（1866）正月《籴五四出典土地契文》载：

  立典地土文字人籴五四，因为使用不足，今将祖置泉眼言田地一块，下籽八升，其地四至不开为界，央凭中人娄光成说合，两家情愿，典于马东格名下，典价小钱六串文，当日对中人交完，并无欠少。随地粮麦一升六合，本主讨取上苍（仓），不于（与）典主事。有钱当年抽赎，无钱一利（依例）耕种。恐后无凭，立约存照。

  说合中人娄光成
  籴七六
           同治五年正月□□日立典地土人籴五四
          代书人李万禄②

河州地区的典地契约格式基本相似，土地大小均以播种多少计算，且都没有标明土地四至，这是与归化城土默特地区典地契约不同的地方。同样河州地区的典地契约仅是规定"钱到回赎，无钱依例耕种"这同归化城土默特地区的"钱到回赎，钱不到不计年限"类似。河州典地契约中同样没有标明利息，是同归化城土默特地区的典地契约相同，应是"钱无利，地无租"。承典地者，获得土地的所有权和使用权后，可以获得土地的收益，土地的收益即为"典价钱"之利息。这可能是典地过程中约定俗成的，并不需要写在契约中。河州典地契约中的"随地粮麦一升六合，本主讨取上苍（仓），不于（与）典主事"，这一点理解起来还是有点歧义：1. 本主是出典者还是承典者，不是十分清楚；2. 典主是出典者还是承典者，亦不十分清楚。那么就会有如下两种理解：1. 出典者典出土地之后，承典者须要向仓交纳一定数量的粮食；3. 出典者虽然把土地出典之后，仍须向仓交纳一定数量的粮食，与承典者没有关系。第一种理解还好解释，因为土地现在在承典者手中，暂时获得了土地的所有权和使用权，所以承担一定的赋税是合理的；第二种理解则不合情理，出典者已经把土地出典出去，已经暂时失去了土地的所有权和使用权，再因土地而承担赋税，显然是有失公平的。据下面这份河州出典契约，则说明了该问题。道光十九年（1839）十二月《韩三金出典土地契文》载：

  立典地土文（子）字人韩三金，□□使用不足，自己田地一块，下子（籽）一斗，央凭（中人）韩增科说合，青（情）原（愿）典与（于）马金还名下耕种，典

---

① 绥远通志馆：《绥远通志稿》卷63《司法》（第75册），内蒙古自治区图书馆藏（稿本），第42页。
② 甘肃省临夏州档案馆编：《清河州契文汇编》，兰州：甘肃人民出版社，1993年，第61页。

家（价）小钱七串五百文，当交无欠。随地忍（认）良（粮）。恐后无凭，立约存照。

道光十九年十二月十五日立
元中代书①

该件契约同上件契约的格式基本类似，其所载"随地认粮"，说明典出土地所需承担的各项赋役，均随土地转移。即"随地粮麦一升六合，本主讨取上苍（仓），不于（与）典主事"，应是承典者须要向仓交纳粮食，出典者不承担各项赋役。这同归化城土默特地区是相似的。

再来看看内地的典土地契约，如《清康熙四十七年（1708）休宁县项福当园契》载：

立当契人项福生，今将自己本身分下园乙丘，计税一亩，坐落土名江思桥，系历字三十三号，四至在册。今因乏用，情愿凭中出当与汪名下为业。当日得受价银四两五钱整。每年都麦谷三季，交干麦二斗五升，夏季交干豆二斗，秋季交干谷一石。其银当日一并收足。并无准折债负重复等情。两下无得异说。今恐无凭，立此当契存照。

康熙四十七年十二月初一日立当契人项福生（押）
凭中项文甫（押）
毕君达（押）②

该件典当契约同上两件相比，契约基本要素都相类似，均是"因乏用"或"使用不足"而典当土地。同样该件契约亦没有"典价钱"利息之说，同归化城土默特地区、河州地区是类似的。显然是在土地出典之后，随着土地所有权、使用权的暂时转移，承典者因暂时获得土地的所有权、使用权而获得土地的收益权。这个收益权即土地上的收益——"典价钱"之利息。因此大约可以推知典地契约是"钱无利、地无租"的，这种情况，可能在全国范围内都是约定俗成的，为广大人民所接受的民间习俗，因此在典当土地的契约中无须说明。

2. 典折契约

典折契约，即质典土地租约的典当契约。这在归化城土默特地区的契约中亦是较为常见的一种契约。这是以质典租折的收益权，来换取一定数量的资金缓解暂时困境的做法。租折质典之后，其租折收益权随之转移到承典方，承典者凭租折获取收益。如咸丰

---

① 甘肃省临夏州档案馆编：《清河州契文汇编》，兰州：甘肃人民出版社，1993年，第18页。
② 张传玺：《中国历代契约汇编考释》，北京：北京大学出版社，1995年，第1499—1500页。

十年（1860）十二月十三日《巴扣约》载：

> 立出典地租折文约人巴扣，今因用钱紧急，将自己所收刘廷章名下地租钱五千四百九十四文整，出典与刘廷旺收，借到刘廷旺钱本二十千文整，按月二分半行息。异日此折钱到回赎，如钱不到者，永远收租。两出情愿，恐口无凭，立借钱约为证。
>
> 　　　　　　　　　　　　　　　咸丰十年十二月十三日立（十字押）
> 　　　　　　　　　　　　　　　中见人：
> 　　　　　　　　　　　　　　　谈凤才（十字押）
> 　　　　　　　　　　　　　　　千家保（十字押）
> 　　　　　　　　　　　　　　　立合同各执一张（骑缝）吴永书①

该件典折契约，为巴扣将自己所收刘廷章地租折五千四百九十四文，典与刘廷旺，以此借到本钱二十千文，利息为月息二分半。该件典折契约并没有约定具体期限，仅仅是约定钱到回赎，钱不到者，永远收租。在归化城土默特地区，这种利息是非常高的。归化城土默特蒙古很多人因事情紧急，将租折抵押给高利贷者，借到钱以缓解窘境，但是却因此背负沉重的高利贷，以至于最后无法偿还，而失去租折——即失去土地。这也是归化城土默特地区的土地流向富商、地商、权贵的重要原因之一。该件契约中典价为租折的3.64倍，即出典人凭折收租，约四年可以收回成本。

另一件典折契约则约定了具体的期限，如同治六年（1867）六月二十四日《六十四约》载：

> 立指折借钱文约人六十四，情因自己紧急使用不足，将自己原收樊登举烂驰每年地租钱一千文，情愿质典与赵梁小子名下。同人说合，现使过典折钱一千五百文。其钱笔下当日交清不欠。至同治六年起，同治九年秋后为止。异日折归本主，本利两清。恐口无凭，立约为证存照用。推与李小秀子。
>
> 　　　　　　　　　　　　　　　大清同治六年六月二十四日立（十字押）
> 　　　　　　　　　　　　　　　立合同二纸，各执一张（骑缝）
> 　　　　　　　　　　　　　　　中见人：
> 　　　　　　　　　　　　　　　德生子（十字押）
> 　　　　　　　　　　　　　　　牛锁娃子（十字押）

---

① 内蒙古大学图书馆藏、晓克藏：《清代至民国时期归化城土默特土地契约》（第1册），呼和浩特：内蒙古大学出版社，2011年，第276页。

远生子（十字押）①

该件契约，六十四因紧急，使用不足，将地租钱折一千文，质典到赵梁小子名下，使过典折钱一千五百文。典折钱为地租折的 1.5 倍。该件契约的期限是从同治六年（1867）到同治九年（1870）秋后，四年的时间，"折归本主，本利两清"。四年间赵梁小子共收地租四千文，是其借出一千五百文的近 2.67 倍。虽然没有标明利息是多少，但从其四年所收地租的数量来看，六十四显然是借的高利贷。在赵梁小子收四年地租之后，地租折仍旧归还本主。该件契约与《巴扣约》相比，其利率还是比较轻的，起码四年之后，折要归还本主，而巴扣如果还不上本金及利息，则租折永远无法收回。

一般来讲，典折契约的利息比较高，有的虽然标明月息二分半或者三分，但是均有"钱到回赎，钱不到不计年限"的约定。虽然也有仅在固定期限内收取凭折收租，但是其所收租价值远远高出其所借本金价值。有的典折契约的期限仅几年，有的则长达十几年。如嘉庆十九年（1814）十一月十九日《把督门叩、二牛约》则长达十三年，该约载：

> 立兑地租约人把督门叩、张尽、二牛台几，今因紧急使用，情愿将自己每年应收地租钱一千一百二十文，兑收吃本租人郝天亮。十九年起，三十年秋后止。三十一年地租源回本主把督门叩查收。恐后无凭，立兑地租约存照用。
>
> 计开典价钱九千七百文整，其钱笔下交足。
>
> 　　　　　　　　　　　　　　嘉庆十九年十一月十九日立
> 　　　　　　　　　　　　　　合同为证（骑缝）
> 　　　　　　　　　　　　　　中见人：
> 　　　　　　　　　　　　　　达论泰（十字押）
> 　　　　　　　　　　　　　　马负图（十字押）
> 　　　　　　　　　　　　　　贺山旺子（十字押）②

该件契约中把督门叩、张尽、二牛台几将其地租钱折 1120 文，典给郝天亮，典价 9700 文，典折钱是地租折钱的 8.7 倍。从嘉庆十九年（1814）到三十一年（应为道光五年（1825）），计 13 年间，郝天亮共计收取租钱 14560 文，为本金的 1.5 倍。据此可知，其利率较上引两件典折约的利息稍低。

---

① 内蒙古大学图书馆藏、晓克藏：《清代至民国时期归化城土默特土地契约》（第 1 册），呼和浩特：内蒙古大学出版社，2011 年，第 333 页。
② 呼和浩特塞北文化研究会、云广藏：《清代至民国时期归化城土默特土地契约》（第 4 册上），呼和浩特：内蒙古大学出版社，2012 年，第 204—205 页。

从归化城土默特地区的典折约来看，一般为归化城土默特蒙古因各种原因导致其处于窘迫的情况下，迫不得已将租折质典给别人，以缓解一时的窘境。通常情况下，典折约是以收取租折钱为还款或者利息方式的，有约定年限和无约定年限两种形式。约定年限的典折约，到期租折归还本主，本利两清。无约定年限的典折约则是钱到回赎，钱不到则不计年限。这种不计年限的典折约，在蒙古无钱回赎的情况下，则成为绝卖约。而典折约，一般应随带原约，用以质典。上所引典折约没有注明随带原约。在归化城土默特的典折约中，亦有载明随带"原约"或"老约"者，如光绪三年（1877）五月廿一日《补勒克德约》载：

> 立出典地租钱约人，八台营子补勒克德，自因今将自己祖遗原收取本社一家村徐大名下地租钱三千文，又同中说合，今情愿出典与巧尔报村喇嘛吴泰名下收吃。同人言明，现使过典租价钱一千文整。其钱当交不欠，言定此租钱到回赎，其钱不到不计年限。两出情愿，永无反悔，恐口无凭，立典地租约为证用。
>
> 计批随带老约一张
>
>   大清光绪三年五月廿一日立（十字押）
>   立合同典约为证用（十字押）（骑缝）
>   中见人：
>   领催伍什尔（十字押）
>   老胡厮（十字押）
>   音克把炎（画押）[①]

该件契约载明"随带老约一张"，此老约即是租地契约。该件契约"地租钱三千文"仅获典价"一千文"，为租折价值的三分之一，且该件契约并没有预定期限，为"钱到回赎，钱不到不计年限"。显见其利息之高，高利贷盘剥之重。从另一个方面也说明归化城土默特蒙古生活压力之沉重。

典折约，在其他地区的土地契约中亦有记载。如《清宣统二年（1910）徽州陈永发出当田租红契》载：

> 二十都八图八甲立出当田租人陈永发，今因缺少钱用，自愿将承祖遗下得受己业、土名松尖，本佃租一宗计田大小丘，计原租十秤正，今实当出七秤足，计田税一亩零八厘正，其税照依鱼鳞册四至为证。今来凭中同男立契出当与程家益名下为业。当日三面言定时值当价英洋二十八元正，其洋当日亲手一并收领。其田租即是（时）

[①] 呼和浩特塞北文化研究会、云广藏：《清代至民国时期归化城土默特土地契约》（第4册中），呼和浩特：内蒙古大学出版社，2012年，第95页。

交业，听从受业人照契管业收租无异。本家不得欠缺租谷，其田税在于陈英户丁永发名下，即时起推与同都同图三甲程志兴户丁益记名下办纳国课无辞。倘有内外人言说、先后重复交易一切等情，尽是身一力承值，不与受业人之事。其租不拘年月远近，听备原价取回无异。恐后无凭，两无言说，立此当契存据。

其推税事用当是言定，是身承认。倘要准四年之后收取，受业人照认。四年之前推收，本家一并照认无异。（押）

其来路契税先年被水遗失，末从交付。其推税事，出当之日受业承认。日后取回，本家照认无异。再批。（押）

宣统二年十一月日立出当田租契人陈永发（押）
凭中人同男天金（押）
依口代书人曹定和（押）①

该件典折契约所载内容与归化城土默特地区的典折约相比要详细的多。该件契约不仅把责、权、利叙述的十分详细，而且把土地出典者及承典者亦叙述的十分详细。"陈英户丁永发名下"说明陈永发为陈英的子嗣，"程志兴户丁益记名下"说明程益记为程志兴的子嗣。同时把契税亦叙述的十分明白。这在归化城土默特土地典折契约中是没有的。

3. 转典契约

转典土地契约，同转租约类似。即从原承典者转给另一承典者的典地契约。转典契约必须在典权存续期间进行，土地的质典权随着典权的转移，从原典者转移到现承典者。对于有固定期限的转典契约，到期后，还归原承典者。而对于无期限的转典契约，则是钱到回赎，钱不到，不计年限。

在归化城土默特土地契约中，转典土地的契约并不多见。道光十四年（1834）正月廿九日《尔吉扣约》载：

立出转典地约人尔吉扣，自因使用紧急，今将北山榆树湾沟地一块，系东西畛，计地二十亩，东至王兆岁，西至福家宝，南至田喜，北至墚顶，四至分明。今情愿出典与讨速号村陈光名下耕种为业。同人言定，现使过押地钱十二千五百文，每年秋后共出粮租钱四百文。其地年限未批，钱到回赎。如钱不到，种地不计年限。恐口无凭，立约为用。

计批：地价未交，秋后打粮交钱十二千五百文。

清道光十四年正月廿九日立约（十字押）

---

① 张传玺：《中国历代契约汇编考释》，北京：北京大学出版社，1995年，第1543—1544页。

日后赎地见尔吉扣老约赎地

立合同约为用（骑缝）

中见人：

土吉圪兔（十字押）

刘智（十字押）①

据该件契约可知，应是尔吉扣将地转典与陈光名下耕种。而该块土地不见尔吉扣从何人手中获得，但据"日后赎地见尔吉口老约赎地"可知，这块土地为尔吉扣从别人手中典来，出典与陈光押地钱为"十二千五百文"，每年秋后粮租钱"四百文"，但陈光当时并没有交纳，而是"地价未交，秋后打粮交钱十二千五百文"，即典地价不能按时交纳。由于陈光在订立契约之时并没有交纳地价，所以注明"地价未交，秋后打粮交钱十二千五百文"。尔吉扣凭此约在秋后向陈光收取押地钱十二千五百文。

另一件转典土地契约则包含土地本主、原承典者、现承典者。如咸丰八年（1858）五月廿六日《本达约》载：

> 立典租约人本达，自因使用不足，今将何士善名下租钱一千零五十文，转典与伊铿额收吃，三年为满，以折为凭。原系使过本钱一千七百文，本利全顶租子，自本年秋后起收。恐口不凭，立典租约为证用。
>
> 咸丰八年五月廿六日立
>
> 知见人：车汗（十字押）
>
> 色令（十字押）②

据该件契约可知，何士善将租钱折一千零五十文质典于本达，本达又因使用不足，将此租钱折转典给伊铿额。典价为一千七百文，期限三年。三年期间，凭折收租。据"本利全顶租子"可知，承典者收取租金充抵本金和利息，期满，租折归还原承典者。

《厦门典藏契约文书》中载有一件乾隆二十五年（1760）的转典契约：

> 立转典契人族兄挺，有私置得地一丘，受种子二斗五升，坐落土名马銮山砖仔墓后第三丘，西至路，东南北具至本后地，四至分明为界。今因别创，将地托中引就转典与族弟芋、弟边，三面言议典出无号员大七十员足，其银即日全中交讫，其地即付银主前去掌管耕种，不敢阻拦。米照丈量贴纳一半，限至十年终，前挺耕管五年至

---

① 呼和浩特塞北文化研究会、云广藏：《清代至民国时期归化城土默特土地契约》（第4册上），呼和浩特：内蒙古大学出版社，2012年，第317页。

② 内蒙古大学图书馆藏、晓克藏：《清代至民国时期归化城土默特土地契约》（第2册），呼和浩特：内蒙古大学出版社，2011年，第441页。

今，乾隆二十五年备契面银取出原字，不得刁难。地无交加不明为碍。如有不明违碍。典主抵当，不干银主之事。今欲有凭，立典契一纸，付执为照。

乾隆二十五年三月日立转典契人族兄挺（花押）
知见人：长男□（花押）
仝作中人：族兄孙绢、本（花押）

乾隆五十九年允聚备契面银向祖良、妈生赎回，将此地转典过盾叔，佛银四十五元，地即付其耕种，批照。①

此件文书为"挺"将典来的土地转典给族弟"芉""边"，无从得知"挺"从何人手中得到的土地。从行文"转典"来看，该块土地应是"挺"从别人手中典来的。"挺"承典土地是的年限为十年，且"挺"已经承管五年，即乾隆二十一年（1756）时"挺"从别人手中承典该块土地。据"乾隆五十九年（1794）允聚备契面银向祖良、妈生赎回"，可知"祖良、妈生"应为"族弟芉、边"的子嗣。而"允聚备契面银"则有多种解释：1."允聚"为人名，可能是"挺"的子嗣，亦可能为土地原主的子嗣。2."聚"为人名，允许"聚"备好契面银赎回土地。3."聚"为"具"的通假字，意为允许准备好契面银赎回土地。据"将此地转典过盾叔"可知，该块土地被赎回后，又将土地转典给"盾叔"，而据"转典"可以推知为"挺"的子嗣将地赎回，而土地的原主并没有将地赎回。该件契约实为两次转典土地契约，转典族弟及再转典给盾叔，似乎是体现了亲邻优先的原则，但实际上可能这个亲邻优先原则在一定程度上还是体现了价钱优先的原则——即价格优先于亲邻。

这件契约同归化城土默特的转典契约相比，虽然基本内容相差不大，但却较归化城土默特转典契约的内容更为完备。

（三）卖地契约

虽然归化城土默特蒙地禁止买卖，但却禁而不止。归化城土默特蒙古为了掩盖卖地的行为，与民人签订了以租买卖，以典买卖的土地契约，故清代归化城土默特地区出现了大量的似租实卖、似典实卖的永租约、典地约。但是在归化城土默特地区亦有一部分明确标明为买卖土地的契约。

在归化城副都统衙门档案中没有发现卖地契约，但有关于盗卖土地的案卷。这些案卷大多发生在道光以后。盗卖土地案卷最早的为道光十八年（1838）二月，归化城厅

---

① 陈娟英，张仲淳：《厦门典藏契约文书》，福州：福建美术出版社，2006年，第13页。

《咨提鲁布桑控张汶秉卖地抗租案内知详片尔到案》①，其他均为光绪时期盗卖土地案卷②。这些盗卖土地案大多发生在清末，在一定程度上说明，清政府虽然禁止归化城土默特蒙地典卖，但是在现实生活中，一些蒙古民众，迫于生活压力，不得不进行土地买卖。而盗卖土地只不过是似租实卖、似典实卖土地约的进一步发展。

在《清至民国时期归化城土默特土地契约》中，最早的卖地契约为道光十六年（1836）二月二十七日《嘛圪速贵嘎大喇嘛约》，载：

> 立卖地约人嘛圪速贵嘎大喇嘛，自因钱粮紧急，今将自己原置到小五来兔沟村西坡地一段，系南北畛，东至明大顺草堰，西至买主，南至熟地畔，北至山顶，四至分明，荒地在内。情愿出卖与田万宝耕种开坎永远为业。同人言定，地价钱七十千文整，其钱当日交足不欠。恐口无凭，立卖地约为证。
>
> 计开：随带钱粮地以一顷三十亩办纳
>
> 道光十六年二月二十七日
>
> 中见人：郭盛（十字押）、侯在全（十字押）、安存（十字押）③

该件契约中仅载地价钱七十千文，并没有随带地谱钱，显然是将土地完全出卖于田万宝永远为业。据此可推知，此件契约所载地亩是所有权的完全转移，这同似租实卖的永租约、似典实卖的典租约还是有一定的差别的。而其他几件卖地契约，则载随带地谱钱。如咸丰四年（1854）十月初五日《讨合器立换新卖永远土地契约》载：

> 立换新卖永远契人讨合器，嘉庆十七年因父把独扣将河东坡地一块，东至道，西至河，南至本主，北至道，四至分明。情愿出卖于兰存禄永远为业，修盖住处。同中亲受价钱四千文。日后如有蒙古民人争夺，讨合器承当。车马牛羊不准拦挡。恐口无凭，立换新约存照用。
>
> 兰如京、兰如盈、兰如财、兰如桂各随带地中租银六分，随带地谱钱一百五十二文。

---

① 土默特左旗档案馆藏：归化城副都统衙门档案，归化城厅《咨提鲁布桑控张汶秉卖地抗租案内知详片尔到案》，档案号：80—5—1978。
② 土默特左旗档案馆藏：归化城副都统衙门档案，案犯哈七岱《泣恳添传盗卖地亩之何进宝当堂验约》，档案号：80—5—2061；蒙古胡正《呈控民人刘永明盗卖地亩恳恩会讯斧断》，档案号：80—5—2106；蒙古德义子等《呈控民人董姓盗卖地亩恳恩委员会断》，档案号：80—5—2107；吉雅图：《控徐四狗子盗卖地亩毁苗殴人恳公断》，档案号：80—5—2135；披甲克廉《呈控石连成盗卖地亩昧租逞凶恳验约惩恶》，档案号：80—5—2189—5；新安子《呈控喇嘛三毕力克霸吞盗卖地契》，档案号：80—4—1633。
③ 呼和浩特塞北文化研究会、云广藏：《清代至民国时期归化城土默特土地契约》（第4册上），呼和浩特：内蒙古大学出版社，2012年，第330—331页。

合同执照（骑缝）

到同治四年四月初三日，今同人王结、袁智、张万银言明说合，修盖住座价钱三千文。

知见人：王楮（十字押）、李生发（十字押）、张仁（十字押）、荣茂伟（十字押）、张义（十字押）

咸丰四年十月初五日①

该件契约所载为嘉庆十七年（1812）把独扣扣将土地卖于兰存禄为业，土地价钱为四千文。到咸丰四年（1854）十月，换立新买卖契约。在该件契约中载有"兰如京、兰如盈、兰如财、兰如桂各随带地中租银六分，随带地谱钱一百五十二文"。显见该件土地在买卖交易之后，土地所有权并没有完全转移，每年要支付一定数量的租银、地谱钱。这同似租实卖永租约、似典实卖的典地约其实是相类似的。其他几件光绪年间的卖地契约，均载有随带地谱钱。②

《内蒙古土默特金氏蒙古家族契约文书汇集》所载卖地契约，亦载有随带地谱钱，如光绪三十一年（1905）《达木气同母卖地契约》载：

立出卖永远地约人达木气同母，自因差事紧急，今将自己祖遗西河上村东户口沙地一块，系南北畛，计地一十九亩。东至贾吉善，西至集成永，南至咸风子，北至大道。四至分明，情愿出卖与贾德善、贾吉善二人名下永远耕种为业。同人言明现使过卖地价钱七吊文整，其钱笔下缴清。日后永远经营创造均由钱主自便。每年秋后出价钱地租三百八十文。日后倘有蒙民人等争夺者，有达木气一面承当。恐口无凭，立合同约为证用。

大清光绪三十一年十二月廿一日立（十字押）
立合同约为证（骑缝字）北辰氏（十字押）
中见人：
蒙古荣世德（十字押）
高芝俊（十字押）
康德（十字押）③

---

① 呼和浩特塞北文化研究会、云广藏：《清代至民国时期归化城土默特土地契约》（第4册上），呼和浩特：内蒙古大学出版社，2012年，第438页。
② 呼和浩特塞北文化研究会、云广藏：《清代至民国时期归化城土默特土地契约》（第4册中），呼和浩特：内蒙古大学出版社，2012年，第33—34、59—60页。
③ 铁木尔：《内蒙古土默特金氏蒙古家族契约文书汇集》，北京：中央民族大学出版社，2011年，第102页。

该件契约的卖地价钱为七吊文整，每年出地租钱三百八十文。

显见归化城土默特地区的土地买卖契约随带地租钱是较为普遍的现象，而没有随带地租钱则较为罕见。归化城土默特蒙古在出卖土地之后，仍然保留有收取一定土地租金的权利，虽然为数甚微，但亦表明土地所有权并没有完全转移。当然这种现象同清政府规定严禁归化城土默特蒙地典卖的政策有关。在严禁典卖土地的情况下，归化城土默特蒙古为了缓解生活的窘境，而采取了稍微变通的典卖土地的方法——似租实卖的永租约、似典实卖典地约，以及到后来的卖地仍收取租金的卖地约。这在一定程度上也说明清政府对归化城土默特蒙地控制权的进一步松弛。归化城土默特蒙古土地从租，到典，再到卖，是一个循序渐进的过程。这个渐进的过程也是归化城土默特蒙古逐渐失去土地所有权的过程。

（四）一纸双契约

所谓一纸双契，其实就是在一张纸上存在双重契约关系。这种契约格式，在归化城土默特土地契约中较为常见，一般来讲，契约的上半部分是一种契约关系，后一部分为和上部分相关的契约关系。如一件契约上半部分是租地契约，下半部分可能就是转租契约。亦有上半部分为典地契约，下半部分为赎地契约情形。上文所引咸丰四年（1854）十月初五日《讨合器立换新卖永远土地契约》[①]、嘉庆十九年（1814）八月廿五日《陈夺、陈宽同侄更虎子约》[②] 均为一纸双重契约。在《内蒙古土默特金氏蒙古家族契约文书汇集》中，载有清光绪二十六年（1900）《蒙古观音保与陈有出卖园地约》是一件较为典型的一纸双契，其契约载：

> 立出卖空园地约人蒙古观音保，今将归化城府署西南隅有自己祖遗空地一块，正东至左姓、胡姓墙根，东北角至孙姓、赵姓，西至养济院墙根，南至大路，北至大路，四至分明。计地共二十六亩。内有浇地大井一眼，又有大小粪坑三个，情愿出卖与陈有名下永远种植禾菜，栽树、掘井、起盖房屋、安设坟茔为业，至于出典推卖，由其陈门自便，与吾蒙古观音保毫无干涉。同人共作卖价市钱六百八十千文整。其钱笔下交清不欠。每年吾蒙古应得地谱市钱二十四千文，按秋后收使。盖不许长迭长支短欠。嗣后倘有蒙民争夺者，有吾观音保一力抵挡。所有前者，民人租典过约，据情弊至此，吾蒙古同人一概销清，毫无搅隔。两出情愿，立此卖空园地约为证。

---

① 呼和浩特塞北文化研究会、云广藏：《清代至民国时期归化城土默特土地契约》（第4册上），呼和浩特：内蒙古大学出版社，2012年，第438页。
② 内蒙古大学图书馆藏、晓克藏：《清代至民国时期归化城土默特土地契约》（第1册），呼和浩特：内蒙古大学出版社，2011年，第33—34页。

大清光绪二十六年十月初七日蒙古观音保立（十字押）

立合同买卖地约两张，各执一张（骑缝字）

批每年以其种菜，念在处伙交情，与蒙古吃杂菜共一百五十斤，并无事搅。

□□借钱批合约人蒙古寡妇香香同幼子达木气，情因吾母子，度费无支，央请□□□说合，借到本地户陈悉荣名下城市钱八十千文，按月一分生息，自光绪二十□□四月十七日起借钱，不另起利。即将每年应得地谱二十四千整，内一十□千四百文吾蒙古收使以九千七百文作为每年借银利息。后若清还借本，将利息赎归地谱。原系情出两愿。同人批载，两家愿合同约据为据。

批有嘉庆十七年蒙古纳旺尔林庆与邢□□、胡文富原租合约，后赎地时，邢□□、胡文富约与蒙古不合，同人将蒙古约批注，蒙古存照。后日倘有片纸约片指系蒙古，与陈有无涉。

永世易（十字押）

李海明（十字押）

同中人徐国义（十字押）

王安臣（十字押）

李伯莱书①

该件契约中包含有卖园地契约和典折约，其契约格式同卖地契约和典折契约相同。在卖园地契约中，除了每年交纳地谱钱外，还须支付与观音保一定数量的蔬菜。在典折约中载有"借到本地户陈悉荣名下城市钱八十千文，按月一分生息，自光绪二十□□四月十七日起借钱，不另起利。即将每年应得地谱二十四千整，内一十□千四百文吾蒙古收使以九千七百文作为每年借银利息。后若清还借本，将利息赎归地谱，原系情出两愿，"该处所典的仅是每年地谱钱二十四千文中的"九千七百文"作为借钱之利息。如果按照月息一分计算，八十千文一年的利息为九千六百文，与九千七百文相差不大。以后本钱还清，该地谱回归本主。

（五）水约

水是农业生产必不可少的重要资源。位于干旱半干旱区域的归化城土默特地区，越发引起人们的重视。归化城土默特地区，水约亦广泛的存在于当地的生产生活之中。

在探讨水约前，先探讨归化城土默特地区的水权问题。清初，归化城土默特地区土

---

① 铁木尔：《内蒙古土默特金氏蒙古家族契约文书汇集》，北京：中央民族大学出版社，2011年，第86页。

地尚未大规模开垦，因此水是任其自流，并没有明确的归属。康雍乾时期，大量的民人流入该地，土地渐次得到开垦，因灌溉用水，水的所有权才逐渐明晰起来。"一般涧水所有权都归土默特蒙古所有，由各佐领和领催进行分配，各蒙户浇地都有定日、定量，俗称'水分'。沿山各村用水都由各佐领人等定有简单的章程，有些河水的所有权归召庙所有。凡开挖渠道引用沟水、涧水一般都归集资开挖者所有。也有的渠是清政府主持开挖，水的所有权即归国有。"① 据乾隆三十九年（1774）十一月二十九日，户司《为查办巴颜查罕村与果咸营等村争渠边地案事的呈文》载：

  惟山沟之水，系土默特地之利，理合由各该村蒙古人众作主。设为由官裁决办理之，而且无利于蒙古民人等。嗣后，民人等如有偷水灌田者，为蒙古等告发，则即将偷水灌田之民人从重治罪。将此请扎付知照该通判，并咨行归绥道衙门查办可也。②

该件档案所载，蒙古水权归蒙古人所有，如果民人有偷水灌田者，则将民人从重治罪。清《土默特志》亦载，归化城土默特地区的水权归土默特蒙古所有：

  五百余里逢沟有水，有水者必灌地，此即雍正十三年暨乾隆八年两次赏放户口地，水连地，地连水，凡系蒙民自种者，地水随其自用，如租地户者，地有地租，水有水租，皆属蒙民养命之源，实为生计之命脉。③

归化城土默特蒙古拥有水权，各蒙户浇地都有定日、定量，称之为"水分"。为了避免在用水时发生纠纷，蒙古各村都定立用水章程。如《善里四村公立遵断复整水分碑记》载：

  窃闻圣祖仁皇帝亲征奏凯，犒赏旗师，倍加饷项，始将大小两黑河下游之地，分划九区，招民认种，名之曰善里九旗四村，按亩升科，亦能使大小黑河之水。每亩纳米一升七合二勺，以济军饷。嗣蒙绥远将军费开渠灌溉，名曰将军渠。因水改粮，每亩加升粮四升二合。当恐上游截坝，下游无水，有碍国课，厘定分水章程。每年九月初一日起，铁帽尔村使水五天，至初六日起，归入善里九旗四村使水三十九天。浇毕后，再归铁帽尔村使水八天，至此浇灌毕。下余水分始归上游各村分使。如若秋水浅小，善里九旗四村不敷浇灌，以俟来年三月春水再行补浇。历经遵奉在案，善里九旗四村居住下游，地土洼下，全赖秋水浇灌，以期播种二麦，完纳国课。乃至近年以

---

① 土默特左旗《土默特志》编纂委员会：《土默特志》（上），呼和浩特：内蒙古人民出版社，1997年，第166页。
② 土默特左旗档案馆藏：归化城副都统衙门档案，户司《为查办巴颜查罕村与果咸营等村争渠边地案事的呈文》，档案号：80—26—621。
③ 土默特左旗《土默特志》编纂委员会：《土默特志》（上），呼和浩特：内蒙古人民出版社，1997，第167页。

来，人心不古，上游各村，迭次违章，沿河一带，节节筑坝，截水浇地，以至下游善里九旗四村煎熬，水课之地滴水无分，屡向上游各村理论，置若罔闻，涉讼不休。情逼无奈，投赴道辕控诉，当蒙批饬归府主张、萨府主佘、托府主任、粮饷府吉亲诣复勘，会讯明确，断令仍遵旧章，复整水分，详奉道批准，如详办理。刊碑立石，以垂永久。嗣后上下游各村，自当恪遵批示，永远遵行。道署村各立一碑，以资永守。爰以为记。

经理渠头孙儒等十人同四村会首花户人等公立
光绪三十三年孟冬月谷旦①

这是沿大黑河流域的"善里九旗四村"在光绪年间发生争水纠纷。善里四村指"善岱、里素、召上、安民"②，九旗指"绥远城驻防八旗及火营旗"③，因为善里四村负责向九旗交纳军粮，故称之为善里九旗四村。由于"善里九旗四村"无水可用，故"屡向上游各村理论，置若罔闻，涉讼不休"，经归绥道和归萨两厅处理，断为"仍遵旧章"，此旧章即"用水章程"。

《土默特志》亦载有《归化城内札达海河用水碑记》载：

归绥县城西南之园户，向分河南、河北，以河为界。考其由来，则创始于清雍正年间，西南园户郝、任、卜、袁四姓，向本城朋松召措资置买河水，即自牛桥起，经小西街西口，至西南园三岔口止，沿河筑坝开渠，引水浇地。当时河北园户浇地均系就河取水，与西南园大渠并不发生关系。西南园公立渠规，园户地在二十亩以下，十五亩以上者，应出锹夫一张。西南两段，共计锹夫五十五张，遇有修渠，共同作工，此西南园当年按此应锹之办法也。至嘉庆年间，河身移至西茶房前，河北园不能就河取水，与西南园婉商同意，就大渠旁开一支渠，河北园应出锹夫五张，帮公渠市钱二千五百文，葛家园应出二张，帮市钱三百文，连同西南园锹夫，共计六十二张，均匀使水，相安无事。嗣于嘉庆二十三年，大河水不足用，公议分水，以期水利均沾，每锹夫五张半分水一份。河南园西一段，应锹夫二十二张，分水四份，分水石口为二尺四寸。南一段应锹夫三十三张，分水六份，分水石口为三尺六寸；并在三岔河渠口与河北园设大石磨扇，分水石口为五寸。载在社帐，立有契约，历年相传，遵守不渝。

---

① 土默特左旗《土默特志》编纂委员会：《土默特志》（上），呼和浩特：内蒙古人民出版社，1997，第172页。
② 土默特左旗《土默特志》编纂委员会：《土默特志》（上），呼和浩特：内蒙古人民出版社，1997，第172页。
③ 土默特左旗《土默特志》编纂委员会：《土默特志》（上），呼和浩特：内蒙古人民出版社，1997，第172页。

此西南园与河北园按锹分水至办法也。乃人心不古，年远弊生。分水磨扇及渠口竟为奸人潜行移设，而争端起矣。光绪三十二年天旱水浅，河北园户违背成规，任意使水。河南园户难资灌溉。咸以河北园本属借渠使水，今竟独享水利。群情愤激，几酿巨祸。幸经中人调解，仍按嘉庆二十三年分水办法浇地。未及施行而天雨沾足，事亦中止。民国十七年，又值大旱，河北园户复蹈故辙，井棚撑杆，逐渐扩充，以致西南园水缺菜枯。复动公愤。于是公议力促实行当年分水办法。而河北园大户刘、赵两姓，不顾公议，勾动小户拦阻渠工。中人郝壮兴调停无效，西南园户迫不得已，赴县起诉，未及传讯，而河北大户理诎情虚，央求中人和处，结果南北园共锹夫六十二张，酌定每锹一张，应分水一寸，河北园应锹夫五张，应分水五寸。经中评令，河南园以宽待人，将河南园水分原有六尺，义让河北园五寸，连原有水分，共分给一尺。葛家园原应锹夫二张，应分水二寸。两造同意解决，具状和解立案。此本年南北园涉讼、让水和息之办法也。案既结，西南园户惩前毖后，爰本息事宁人之意，勒石刻辞，冀垂永久。将使后之人遵循勿失。乐业安居，尤望河北园户追思当年借渠分水之情，顾重此次让水言和之意，力敦乡谊，永息争端。庶几各尽其道，和睦相安，岂不善哉。①

该碑记详细记载了园户从朋松召租水，各户出工、用水的情况和园户发生用水纠纷的解决方案。

可见，清政府对归化城土默特地区的水权归属于蒙古也是予以认可的。在光绪三十三年（1906）二月，贻谷在《清查土默特地亩章程》第十九条写道：

> 各项地亩内有引用水利者，闻蒙民有收取水租之事，亦或立有约据，应一并查明，另定章程。②

由于蒙古人掌握有灌溉水的权力，民人用水须从蒙古那里租来。如：

> 立推水文约人尔登山今将自己蒙古水一昼夜，情愿推与范德耀、刘永兴、刘永通、张承德、刘永琦、刘仰凤、色令泰、范瑛等名下开渠使用。同众亲手使过清钱五十七千文整，其钱分毫不欠。每年打坝，有坝水银四两，以合八钱。自推之后，如有蒙古民人争夺者，尔登山一面承当，恐后无凭，立推水约为证。
>
> 　　　　　　　　　　　　　　嘉庆二十三年十月十五日立
> 　　　　　　　　　　　　　　中见人：

---

① 土默特左旗《土默特志》编纂委员会：《土默特志》（上），呼和浩特：内蒙古人民出版社，1997，第171页。
② 陈志明：《土默特历史档案集粹》，呼和浩特：内蒙古人民出版社，2007年，第27—28页。

杨明昱

高培基①

在归化城土默特土地契约中，亦有关于水租的记载。"随带第八天大水一奉……连水带地，每年共出租钱二十千文……大水半奉，每年租钱六千文……大水二厘"②"随带水奉一厘二毫半"③"又值代第七天长旱大水三厘五毫……每年随带蒙古地水租钱九千七百文，……又随带蒙古地水租麦子三斗，草麦七斗"④"随带第四天轮流大水二厘五毫……押地水过约钱四十千文……每年随带蒙古地水租钱五千六百文"⑤"随带大水第四天二厘五毫"⑥"随带第八天轮流大水三厘"⑦"西包镇园行第四天轮流大河大水二厘五毫……诸等出佃水价，街市外兑钱二百五十吊文、九十现钱一百吊文，……每年随带蒙古水租钱二千六百文"⑧"随带第四天轮流大水二厘五毫……押地水过约九十现钱四十千文……每年随带蒙古地水租钱一十千零九百文"⑨"随带第七天旱大水一厘五毫……随带蒙古地水租钱四千二百文"⑩"东河槽必气沟第八天轮流大水二厘……每年应出水租九十现钱三千文"⑪"园行第八天大水二厘……押水租银四十两整……每年应纳水租钱三千

---

① 土默特左旗《土默特志》编纂委员会：《土默特志》（上），呼和浩特：内蒙古人民出版社，1997年，第166页。
② 内蒙古大学图书馆藏、晓克藏：《清代至民国时期归化城土默特土地契约》（第1册），呼和浩特：内蒙古大学出版社，2011年，第142—143页。
③ 内蒙古大学图书馆藏、晓克藏：《清代至民国时期归化城土默特土地契约》（第1册），呼和浩特：内蒙古大学出版社，2011年，第192页。
④ 内蒙古大学图书馆藏、晓克藏：《清代至民国时期归化城土默特土地契约》（第1册），呼和浩特：内蒙古大学出版社，2011年，第384—386页。
⑤ 内蒙古大学图书馆藏、晓克藏：《清代至民国时期归化城土默特土地契约》（第2册），呼和浩特：内蒙古大学出版社，2011年，第49—50页。
⑥ 内蒙古大学图书馆藏、晓克藏：《清代至民国时期归化城土默特土地契约》（第2册），呼和浩特：内蒙古大学出版社，2011年，第53—54页。
⑦ 内蒙古大学图书馆藏、晓克藏：《清代至民国时期归化城土默特土地契约》（第2册），呼和浩特：内蒙古大学出版社，2011年，第90—91页。
⑧ 内蒙古大学图书馆藏、晓克藏：《清代至民国时期归化城土默特土地契约》（第2册），呼和浩特：内蒙古大学出版社，2011年，第96—97页。
⑨ 内蒙古大学图书馆藏、晓克藏：《清代至民国时期归化城土默特土地契约》（第2册），呼和浩特：内蒙古大学出版社，2011年，第117—118页。
⑩ 内蒙古大学图书馆藏、晓克藏：《清代至民国时期归化城土默特土地契约》（第2册），呼和浩特：内蒙古大学出版社，2011年，第182—184页。
⑪ 内蒙古大学图书馆藏、晓克藏：《清代至民国时期归化城土默特土地契约》（第2册），呼和浩特：内蒙古大学出版社，2011年，第254—255页。

文"① "每年秋后出地渠水租钱一百五十文"② "水半分……租钱七钱五分"③ "水半分……租钱七百五十文，现使押水钱二千文"④ "随带清水一奉……每年秋后出地租水租钱一十千文"⑤ "随水一俸二厘五毫"⑥ "立典清水约一分半……清水一分半……现使过典价钱一百二十吊文，……约外杨言凤清水一分半，同人说合，典清水价钱一百二十吊文"⑦ "水一分半……作价二百……随带水租陆□钱三百文"⑧ "清水奉二厘五毫，随渠使水，……使过佃卖永远清水奉价六八钱二百九十吊文整"⑨ "清水奉二厘五毫，……随渠使水，……现使过佃水价银钱二百九十吊文整……每年秋后出水租价钱二百五十文"⑩ "立过永远水俸约……共使过押水八十钱三百二十四吊三百六十文，又使过押水过约钱一百六十吊文整……租价计四抽水半俸由钱主分用自便"⑪ "立出佃永远清水奉约人达木欸……四抽清水奉二厘五毫，今情愿去佃与富先子名下永远随渠使水浇灌上地为业……现使过佃永远清水奉价银钱二百八十吊文整。……每年秋后出水租银钱二百文"⑫ "立出佃永远清水奉……清水奉二厘五毫……现使过佃水价银钱二百八十吊文整……每年秋后

---

① 内蒙古大学图书馆藏、晓克藏：《清代至民国时期归化城土默特土地契约》（第2册），呼和浩特：内蒙古大学出版社，2011年，第256—257页。
② 内蒙古大学图书馆藏、晓克藏：《清代至民国时期归化城土默特土地契约》（第2册），呼和浩特：内蒙古大学出版社，2011年，第470页。
③ 呼和浩特塞北文化研究会、云广藏：《清代至民国时期归化城土默特土地契约》（第4册上），呼和浩特：内蒙古大学出版社，2012年，第113页。
④ 呼和浩特塞北文化研究会、云广藏：《清代至民国时期归化城土默特土地契约》（第4册上），呼和浩特：内蒙古大学出版社，2012年，第126页。
⑤ 呼和浩特塞北文化研究会、云广藏：《清代至民国时期归化城土默特土地契约》（第4册中），呼和浩特：内蒙古大学出版社，2012年，第80页。
⑥ 铁木尔：《内蒙古土默特金氏蒙古家族契约文书汇集》，北京：中央民族大学出版社，2011年，第8页。
⑦ 铁木尔：《内蒙古土默特金氏蒙古家族契约文书汇集》，北京：中央民族大学出版社，2011年，第41页。
⑧ 铁木尔：《内蒙古土默特金氏蒙古家族契约文书汇集》，北京：中央民族大学出版社，2011年，第48页。
⑨ 铁木尔：《内蒙古土默特金氏蒙古家族契约文书汇集》，北京：中央民族大学出版社，2011年，第103页。
⑩ 铁木尔：《内蒙古土默特金氏蒙古家族契约文书汇集》，北京：中央民族大学出版社，2011年，第104页。
⑪ 铁木尔：《内蒙古土默特金氏蒙古家族契约文书汇集》，北京：中央民族大学出版社，2011年，第105页。
⑫ 铁木尔：《内蒙古土默特金氏蒙古家族契约文书汇集》，北京：中央民族大学出版社，2011年，第110页。

出水租银钱二百文"①　"佃水价银钱三百吊零一千文整……秋后出水租银钱二百文"②等。从土地契约来看，水租一般是随着土地出租的。

随着土地耕种权的转移，归化城土默特蒙古的水的使用权亦随之转移。归化城土默特蒙古通过转移水的使用权，获得租金——水租。据《绥远通志稿》卷63《司法》载：

> 水租：绥区近和河之地，多开沟渠引水。除自行灌溉外，余水尚可出租与他人或他村，而征收其租金，谓之水租。其能引水之地，谓之水地。凡租典此地者，其租价较旱地为最昂。案绥区蒙古王公居多，此项收租权，多出于王公之家，以系沿前清旧例，享有特别权利也。本年本处审理公主府与二十家村常龄水利纠葛一案，即发现此种习惯。③

归化城土默特地区水权归属于归化城土默特蒙古，蒙民凭据收取水租，清政府对此亦是认可的。在我国古代，"水权是附属于地权的，不能单独买卖。从唐到明清，国家都明文规定禁止水权交易，但水权买卖行为一直存在并不断蔓延。明清以来，北方地区水权开始出现买卖行为，如在关中地区的一些灌区资料中，就有水权单独买卖的记载"④。水权交易的出现，"主要表现为水权与地权关系的转变。明清之前，各代的分水原则都是'按地定水'，将水权作为地权的附庸，但到了明清时期，关中出现了水权的买卖，这表明水权和地权已经分离开来。这个时期水权在灌溉实践中逐渐形成了一系列原则，主要记录在灌区的乡规和具体渠册、渠例中"⑤。清代归化城土默特地区水权的转移既有附属于土地转移的情形，也有单独转移的情形。丰岛静英在《关于中国西北部的水利共同体》中写道：

> 清朝初期开始，山西、陕西的农民以"春出秋归"的方式向绥远发展，乾隆年间将这里划成土默特蒙古义务兵役所附带的"户口地"，蒙古人将这些户口地水佃给汉族人。他们从这些永佃地里收取地租，永佃权发生转让时收取"过约钱"。汉族农民对于这些永佃地享有稳定的耕作权和用水权。⑥

在归化城土默特地区水权的转移，大致有以下两种情形：1. 水权附庸于土地权，随

---

① 铁木尔：《内蒙古土默特金氏蒙古家族契约文书汇集》，北京：中央民族大学出版社，2011年，第112页。
② 铁木尔：《内蒙古土默特金氏蒙古家族契约文书汇集》，北京：中央民族大学出版社，2011年，第121页。
③ 绥远通志馆：《绥远通志稿》卷63《司法》（第75册），内蒙古自治区图书馆藏（稿本），第46页。
④ 靳怀堾：《中华水文化通论》，北京：中国水利水电出版社，2015年，第129页。
⑤ 朱珍华：《水权研究》，北京：中国水利水电出版社，2013年，第19页。
⑥ 丰岛静英：《关于中国西北部的水利共同体》，载于钞晓鸿：《海外中国水利史研究——日本学者论集》，北京：人民出版社，2014年，第2页。

着土地权的转移而转移；2. 水权作为独立的物权，单独转移。

1. 水权附庸于土地权

水权附庸于土地权随着土地权的转移而转移，在《内蒙古土默特金氏蒙古家族契约文书汇集》中有数件。如嘉庆二十五年（1820）正月初七日《捏圪登出租土地约》载：

> 立出租地文约人捏圪登，今因差事紧急，无处辗转，今将自己云社堡存祖遗户口白地一顷，随水一俸二厘五毫，情愿出租与杨光彦名下耕种为业。同众言定现使过押地钱四十八千零七十文整，其钱当日交足，并不短欠。每年秋后出租，地地
>
> 普见共钱七千五百文。同众言定，许种不许夺，地租不许长支短欠，不许长迭。自后若有户内人等争夺者，有捏圪登一面承当，恐口无凭，立约为证用。
>
> 嘉庆二十五年正月初七日立
合同约一张
毛不陆
顾清
中见人（十字押）：
八十六
哈不计①

该件契约载捏圪登出租祖遗云社堡户口白地一顷，"随水一俸二厘五毫"，即水权随着土地权出租而出租，水权作为土地权的附庸。"每年秋后出租地：地普见共钱七千五百文"，这应包含每年的地谱钱和每年的水租钱。

在归化城土默特土地契约中，亦有数件水权附庸与地权出租者，如道光二十年（1840）十一月《乔安租永远水地文约》载：

> 立租永远水地文约人乔安，今租到蒙古八扣名下祖遗到西包头村南官街道南水地一块，随带第八天大水一奉，东至宏成园，西至大道，南至北园，北至大道，西北至官水渠，四至分明。地内乔姓原修房院一所，与蒙古无干，由乔姓自便。有旧年长支短欠旧约账目，以为故纸不用，情愿租到永远使水耕种管业。同人言定连水带地，每年共出租钱二十千文。按春秋二季收付，不许长支短欠，不许长缩地租。现使过押地钱七十千文整，其钱当交不欠。两出情愿，各无反悔。恐口无凭，立租永远水地文约为证。
>
> 大清道光二十年十一月十七日民人乔安立

---

① 铁木尔：《内蒙古土默特金氏蒙古家族契约文书汇集》，北京：中央民族大学出版社，2011年，第8页。

合同执照（骑缝）

大水半奉

每年租钱六千文

卜到天生园名下知见人尹有庆（十字押）

下余地水出推与张辅廷、高洪（十字押）

元享西（十字押）

故纸不用三木登（十字押）

大水二厘七登（十字押）

每年租钱四千五百文扫独报（十字押）[①]

该件契约所包含三层意思：1. 乔安租水地；2. 乔安推水地；3. 原旧约。该件契约所载"随带第八天大水一奉"，这个"一奉"据旧约"大水二厘"，可知应是"大水一奉二厘"，"连水带地，每年共出租钱二十千文"即水租钱和地租钱每年共需支付二十千文。据"大水半奉，每年租钱六千文"可知，大水一奉，一年租钱应为十二千文，这要高于旧约"大水二厘，每年租钱四千五百文"。而"连水带地，每年共出租钱二十千文"可知，每年地租钱应为八千文。

"水一俸二厘五毫"是用水量的多少？如何对这水进行测量呢？这就需"分水木"或者"分水石"进行测量。用以分配水量刻有刻度的木头或石头被称为分水木或者分水石。在使水期间，把分水木或者分水石放在渠道分水口处，让水流按照开口不同的宽度分配水量。在归化城土默特地区一般是"按地亩使水"，这是依照当地的水权规约行使水权，可以推知当地应有类似于水社或神社一类的水利管理机构，以维持当地的用水秩序。丰岛静英在《关于中国西北部的水利共同体》中，对包头东新乡的水权管理进行了介绍：

> 东新乡的龙王庙养着公鸡，从公鸡打鸣开始到站在该庙前戏台上看到太阳在正中午为止称为"早水"，这之后到看到太阳下山为止称为"晚水"，这之后到第二天早上公鸡打鸣称为"夜水"，大水、小水都分成这三水。用水细分成水股，大水的早晚夜的每个水按照1水股等于10厘计算。小水的每个水分别是1厘。灌溉的一个周期按照11天计算，大水330厘，小水33厘合计363厘。这些分给90余人共同享用。一个灌溉周期，每天的灌溉人、灌溉顺序，每人的灌溉水量都是定好的，被称之为"轮流浇水之法"，纪录在乡公所报官的《遗注大小水花名册》上。不过由于用水，当事

[①] 内蒙古大学图书馆藏、晓克藏：《清代至民国时期归化城土默特土地契约》（第1册），呼和浩特：内蒙古大学出版社，2011年，第142—143页。

者之间都互相认识，所以可以在此秩序内互相通融变更灌溉的顺序，此被称为"调"，"调水"被相当广泛采用。通融的契约期限是一年，须要向乡公所进行申报。东河的水通过东、西、南三条渠引向东河村耕地。转龙藏泉水合流到东渠。轮到灌溉日的用水人，自己所有水股数量的水勿论使用那条渠，给自己的那块地引水都是自由的。取渠里的水（监视公平分水），灌水时巡视渠道以防盗水，给耕地进行灌水都是由当事人自己来完成，没有专门的渠夫。东河河床中的总坝以及渠道中的分水，一般是修沙砾的堰来大致分量的。因流水量不足而不够分时，则燃香按时间来分。给耕地进行灌水是把耕地挖成很多纵列的矩形，依次浇水的潴留灌溉方式。①

此处所载为民国时期包头东新乡的水利管理。这是以龙王庙为中心结成的农圃社来管理水权的。水分为早水、晚水、夜水，这三种水又分成水股——水权按股分配。按照《遗注大小水花名册》的记载，轮流浇灌地亩。而能够加入农圃社的则是拥有水权的人。丰岛静英写道：

> 农圃社的参加资格是拥有水股（用水权），并依照水股多少承担社费。农圃社的长称为圆头，大水的水股所有者按照《遗注大小水花名册》的灌溉顺序依次担任圆头。在任期间按照水股1厘12天计算，所以一昼夜的大水水股（30厘）所有者则任期是1年。圆头拥有独裁的权力。圆头下设有甲头（负责社的所有事务和涉外）先生（文书）跑行（杂差），这些都是社雇佣的人员。②

在包头东新乡，1厘水大约浇灌4亩半土地③，据此可以推知包头东新乡大约有农圃地1633.5亩。这是民国时期包头东新乡的水权的管理，在清代属于归化城土默特右翼蒙古领地，其水权管理对归化城土默特右翼蒙古地区水权的管理有重要的参考价值。归化城土默特左翼蒙古的水权管理同包头东新乡的水权管理极为相似。王建革在《农牧交错与结构变迁：清代内蒙古地区的农业与社会》中，对察素齐地区的水利管理进行论述：

> 蒙古人与汉人的关系不但是通过租佃关系建立起来，也通过水社渗入在察素齐，土地自乾隆八年农业开发以后，原蒙古的苏木长官自然代表土地所有者参与地方社团的事务在水利的团体——水神社中，蒙古人所占有的地位尤为注目。蒙古人在灌溉中的权利在开发时就得到了确认。这一带的水利共同体由于三个村组成，分别察素齐、

---

① 丰岛静英：《关于中国西北部的水利共同体》，载于钞晓鸿：《海外中国水利史研究——日本学者论集》，北京：人民出版社，2014年，第3页。
② 丰岛静英：《关于中国西北部的水利共同体》，载于钞晓鸿：《海外中国水利史研究——日本学者论集》，北京：人民出版社，2014年，第4页。
③ 丰岛静英：《关于中国西北部的水利共同体》，载于钞晓鸿：《海外中国水利史研究——日本学者论集》，北京：人民出版社，2014年，第4页。

把什和云社堡，灌溉时轮流浇灌，水权按股分配。根据同治年间的水神社章程，水利领有权和形式的经理权在蒙古，汉人的用水权从理论上是从蒙古人那里"租"来的。堤坝、水闸和渠道的兴修工程由汉族农民负担，水权股份则主要归蒙古人。每一蒙古苏木分得20俸水股，在察素齐有四个苏木章京分得80俸。但规定蒙古管理者不得私自卖水，每个参与的汉人分得2股5厘水股。在这里，1股相当于1分。每日的早水、午水和夜水分别占水权3分、4分和3分。在清代，尽管汉人也有会首在社中，但掌权的却是蒙古的苏木章京，他们对水股、水权的使用不当有惩罚权，汉人只负责修渠到了光绪年间以后，蒙汉会首才开始平等。①

察素齐、把什和云社堡结成水神社，这同包头东新乡以龙王庙为中心结成农圃社是相类似的。水权按股分配由蒙古人获得，汉人从蒙古人手中租得水权。水分早、午、夜三水，同包头东新乡的早、晚、夜三水是相同的。1股相当于1分，同包头东新乡的1股等于10厘亦是相同的。但是在包头东新乡水权的管理者为轮流充当园头的水权所有者担当，此处水权的管理者属于蒙古苏木章京。显见，在归化城土默特地区内部水权的管理，土默特左翼和土默特右翼亦有些许不同，这亦可能是由时代差异造成的。

再从其他文献所载，探讨一下归化城土默特地区的水利管理问题。在《土默特右旗史料》中载有海岱村水碑碑文：

　　□□计开

　　□□化城争讼约□□□情因武当沟开渠使水，两相互控。蒙恩斧断，立案常存。至后使水，蒙古自种之地，许先浇灌，下余水许民人地户等六家分使。蒙古永不许图钱卖水，民人亦不许买水浇地。日后倘有卖水买水情弊，执约禀官究治。恐后无凭，立约存照。

　　　　　　　　　　　　　　　　　　大清乾隆三十四年七月二十五日立②

该碑为乾隆三十四年（1769）七月二十五日所立，其所载"蒙古自种之地，许先浇灌"，这是因为归化城土默特地区的水权属于蒙古，因此蒙古有水权的优先使用权。"下余水许民人地户六家分使"，即蒙古在使水后有剩余的前提下，才允许民人地户六家分配使用。尤其值得注意的是"蒙古永不许图钱卖水，民人亦不许买水浇地"，这其实是限制水权的交易，禁止蒙古卖水，同时亦禁止民人买水。碑文明确规定双方禁止水权交易，在一定程度上说明清政府是严禁水权交易的，同时亦说明当地有水权买卖情形的存

---

① 王建革：《农牧交错与结构变迁：清代内蒙古地区的农业与社会》，中国历史地理论丛，2002年，第3辑，第77—91页。
② 土默特右旗志编撰委员会编：《土默特右旗史料》（第4辑），1984年。亦见于高景哲《清末民国土默特右旗的社会状况》，内蒙古大学，2012年硕士学位论文，第38页。

在。对买卖水权的行为进行处分"执约禀官究治"。即凭借签订的买卖水权契约报官才予以处分。那么如果仅有约,而不报官,亦不会得到官府的处理。即在蒙民与汉民在水权交易上,清政府所秉承的是"民不告,官不究"原则,这在一定程度上说明清政府对归化城土默特地区的水权交易是予以默认的。

"第八天大水"所指为地户使水时间。归化城土默特地区位于干旱半干旱区域,其有限的降水虽然在一定程度上能够纾缓本地用水紧张的境况,但是却不足以维持本区农业的发展,因此本区农业全仰赖水的浇灌。故,归化城土默特地区因水而起的诉讼层出不穷。为了使水资源充分利用、平息纷争,往往在官府的主导之下,订立用水章程。据乾隆三十五年(1770)《苏寨沟门使水章程碑记》载:

> 凡蒙古居民,久被国家风化之隆,深感司牧政治之善,尽力农亩。苏寨沟水流甚畅,遂因势凿渠,引以灌田。公议以小满日起,听山鸟唤明为始,分作十六天,另有官水一天,以三股分用。北直图二股,沟门口一股,依序周轮分用。如当春融冰泮,无拘水期,皆许拨用,亦须循次,不得强争,立有合同,旧规不紊,固多历年所矣。乃有新乘地户,欲图利己,混请立夏,致起讼端,自非查公酌地利合心而公判之,成法几为所变矣。兹蒙鼎谕煌煌,饬断照旧。从此旱涝无患而庆盈余,实仁宪利泽及民之功尔。①

苏寨沟使水开始日期"小满",小满在每年农历四月中旬,约是阳历 5 月 20 至 22 日,在归化城土默特地区,春播一般在阳历四月下旬开始,到阳历五月中旬基本播种完毕,小满正是播种浇水日期。而对于北方地区夏熟的麦类等作物来说则是籽粒开始饱满,但是还没有完全成熟的时候,这时候亦需要水的浇灌。因此苏寨沟定于小满作为一年浇水之始。"听山鸟唤明为始",亦类似于上文的"公鸡打鸣",分为十六天,另有官水一天,计一个周期十七天。契文中的"第八天"大水,即一个浇水周期内,在第八天浇灌。水分三股,北直图二股,沟门口一股,依序周轮分用。虽然有新地户想改立在立夏浇水,但是经过公断,仍照旧法使水。

察素齐万家沟道光年间使水章程,亦载轮流使水,该章程载:

> 每年由四月初一起,至八月初一止,此四个月为清水时期,专供云社堡村、把什尔村、古城村(此二村合为一村使水)、察素齐镇轮流使用。初一日为云社堡村浇一昼夜,初二、三日为把什尔、古城浇二昼夜,初四、五两日,察素齐镇浇二昼夜。五日一轮,周而复始。又因水量大小不等,定有早午晚接浇办法,以资调济。八月初一

---

① 土默特左旗《土默特志》编纂委员会:《土默特志》(上),呼和浩特:内蒙古人民出版社,1997 年,第 168 页。

日至九月二十一日止,此五十天为察镇以南之锁号村、玻璃圪沁村使水之期。至九月二十二日,俗称"水回来",复归察镇、把什尔、古城浇用,使水办法与前同。过此,天气渐冷,水无用处,乃从事积冰,以备明夏使用焉。使水各村合组水利社管理其事。会首以下有水头四人,除年支工资外,每水头例有水股半分,平时此半分水自用或转售,均不拘也。①

各村按照使水章程约定轮流使水,五天一个轮回。轮流使水之法,应该是我国西北地区比较普遍的使水方法,早在唐代就有"须亩依次取用"之法,据 P. 2507《唐开元水部式》载:

> 凡浇田,皆仰预知,须亩依次取用,水遍,即令闭塞,务使均普。②

此处"须亩依次取用"即按顺序使水,同"轮流使水"应是一致的。

"使水各村合组水利社管理其事",为"各村水利社"对本村使水情况进行管理。"水利社"有"会首",会首以下有"水头四人"。这同丰岛静英所写包头东新乡农圃社园头下设有甲头、先生、跑行等类似。③ 他们除了有"年支工资外",每个水头照例有"水股半分",这"半分"水股,水头可以自由支配——自用或者转售。但该件使水章程并没有涉及四月一日之前水的使用办法。本区在雨水充足年份因用水问题尚不致民众产生事端,但是遇到春旱年份,则容易因争春水而导致事端。光绪二十七年(1901)春旱,察素齐、把什、云社堡因争春水而导致械斗伤人事件,光绪二十八年(1902)正月,时任归化城同知华凤章与兵司参领福禄作出断结:

> 查云社堡、把什板升、察素齐三村屡经争水互斗,由于原定分水章程止于四月初一日为始,其四月初一日以前之水,旧章止称由上而下三村挨次轮浇,设遇春旱年分,把什板升村恃上游,任意霸水,当雨缺水少时,只顾浇伊一村尚浇不够,并无余水分及下游,以致察素齐村虽有挨次轮浇之名,实无轮浇之水,以致酿成争水斗殴之案……当复集讯,断令四月初一以后仍照定章,云社堡一日一夜,把什板升村、察素齐各两日两夜。其四月初一以前,春冬二季之水,酌定把什板升居于上游,按以两日一夜,察素齐村按以一日一夜,轮流浇灌,不准紊乱。无论该两村应浇之期,由源流留水十分之二拨归云社堡使用。两造允服,当堂具结完案。④

---

① 土默特左旗《土默特志》编纂委员会:《土默特志》(上),呼和浩特:内蒙古人民出版社,1997 年,第 168 页。
② 郑炳林:《敦煌地理文书汇辑校注》,兰州:甘肃教育出版社,1989 年,第 101 页。
③ 丰岛静英:《关于中国西北部的水利共同体》,载于钞晓鸿:《海外中国水利史研究——日本学者论集》,北京:人民出版社,2014 年,第 4 页。
④ 土默特左旗《土默特志》编纂委员会:《土默特志》(上),呼和浩特:内蒙古人民出版社,1997 年,第 169 页。

此断结是对道光年间使水章程的补充。因为在春旱年份，河渠上游往往会霸水，致使下游无水可用。因此下游村庄在春旱年份仅有浇水之名，并无浇水之实。这其实是本区域水资源紧张的反映。而水是农业生产之命脉，亦是人们得以生存之根本，上游霸水，下游无水，就会导致事端的发生。为调和上下游因争水而导致的矛盾，政府出面协调上下游各村的水利纠纷，对道光年间使水章程加以补充和修订。但是即使如此，水利纠纷事件亦不时发生。

归化城内内札达海河园户使水章程，该章程叙述了凿渠、出工、出钱、使水方法等内容，碑文载：

> 归绥县城西南之园户，向分河南、河北，以河为界。考其由来，则创始于清雍正年间，西南园户郝、任、卜、袁四姓，向本城朋松召措资置买河水，即自牛桥起，经小西街西口，至西南园三岔口止，沿河筑坝开渠，引水浇地。当时河北园户浇地均系就河取水，与西南园大渠并不发生关系。西南园公立渠规，园户地在二十亩以下，十五亩以上者，应出锹夫一张。西南两段，共计锹夫五十五张，遇有修渠，共同作工，此西南园当年按此应锹之办法也。至嘉庆年间，河身移至西茶房前，河北园不能就河取水，与西南园婉商同意，就大渠旁开一支渠，河北园应出锹夫五张，帮公渠市钱二千五百文，葛家园应出二张，帮市钱三百文，连同西南园锹夫，共计六十二张，均匀使水，相安无事。嗣于嘉庆二十三年，大河水不足用，公议分水，以期水利均沾，每锹夫五张半分水一份。河南园西一段，应锹夫二十二张，分水四份，分水石口为二尺四寸，南一段应锹夫三十三张，分水六分份，分水石口为三尺六寸；并在三岔河渠口与河北园设大石磨扇，分水石口为五寸，载在社帐，立有契约，历年相传，遵守不渝。此西南园与河北园按锹分水至办法也。乃人心不古，年远弊生。分水磨扇及渠口竟为奸人潜行移设，而争端起矣。光绪三十二年天旱水浅，河北园户违背成规，任意使水。河南园户难资灌溉，咸以河北园本属借渠使水，今竟独享水利，群情愤激，几酿巨祸。幸经中人调解，仍按嘉庆二十三年分水办法浇地。未及施行而天雨沾足，事亦中止。①

内札达海河，发源于城北公主府附近的泉水，从北向南流。据碑文所载，该渠为雍正年间河西南园户郝、任、卜、袁四姓向朋松召购买河水，筑坝开渠，浇灌土地。而河北园户为就河取水，不使用西南园大渠。西南园根据土地多少订立出工修渠标准：园户二十亩以下，十五亩以上者，出锹夫一张。西南两段，共计出锹夫五十五张。据此推算

---

① 土默特左旗《土默特志》编纂委员会：《土默特志》（上），呼和浩特：内蒙古人民出版社，1997年，第170—171页。

西南园地数量当在 825 亩至 1100 亩之间。到嘉庆年间，由于河流改道导致河北园户不能就河取水。因此同西南园户商议，在大渠旁开一支渠，根据上文出工修渠标准，河北园出锹夫五张、葛家园出锹夫二张，并出帮公渠市钱共计 2800 文。据此推算河北园和葛家园园地数量当在 105 亩至 140 亩之间。嘉庆二十三年（1818），大河水不足用，公议分水："每锹夫五张半分水一份。河南园西一段，应锹夫二十二张，分水四份，分水石口为二尺四寸。南一段应锹夫三十三张，分水六份，分水石口为三尺六寸。并在三岔河渠口与河北园设大石磨扇，分水石口为五寸。载在社帐，立有契约，历年相传，遵守不渝。"此分水标准亦是根据地亩多少进行划分的，并在"社帐"予以记载。显见该渠亦有进行管理水利的水利社团。在"三岔河渠口与河北园设大石磨扇，分水石口为五寸"同丰岛静英所述"东河河床中的总坝以及渠道中的分水，一般是修沙砾的堰来大致分量的"① 是类似的。光绪三十二年（1906），天旱导致河水稀少，河北园户违背使水章程，任意使水，导致河南园户无水可以灌溉。由于河北园本来是借渠使水，结果却独享水利。因此河南园户群情激奋，后在中人的调解下，仍采用嘉庆二十三年（1818）分水灌溉办法。

在归化城副都统衙门档案中，亦有关于水利纠纷的记载。如光绪二十四年（1898）九月二十三日全化寺全亮等《控此老村李灏恃富强朦胧霸水》载：

> 凡社帐有地有水，如社帐无地，势不能使分项之水，况伊使之水与小的等水神社之水，渠口各别。至伊狡言是蒙古油楞一人卖给之水，小的等水神社共有十家蒙古，凡有地有水者均载入社帐。今小的等九家不知油楞一家所卖与伊系何处水分，但小的等水神社自乾隆年间就有龙王河神庙宇，到嘉庆十三年众地户等拆旧建新。众地户浇地强弱不分，动起口角，是以道光二十四年，全化寺喇嘛并蒙古民人三教公同商明，按以水口流水之势，照社帐有地亩人名分开水分，从每年立夏前七日，按焚香分寸轮流使水浇地，不许紊乱；成规如此。小的等村始得相安。彼时如有伊李门水分，岂能忍至咸丰四年？私掘坝口偷使小的等焚香之水浇地，致兴讼端。②

据此记载，水神社的社帐载有地权、水权，如果社帐没有地，则不能使水，即水权和地权是相辅相成的。文书所载"有地有水者"皆入"水神社社帐"，水神社由十家蒙古组成，油楞只是其中一户，油楞卖水而其他九家并不知晓。此前因用水问题蒙民引起纠纷，在道光二十四年（1844）"全化寺喇嘛同蒙古民人三教"共同商定了用水法则。

---

① 丰岛静英：《关于中国西北部的水利共同体》，载于钞晓鸿：《海外中国水利史研究——日本学者论集》，北京：人民出版社，2014 年，第 3 页。
② 土默特左旗档案馆藏：归化城副都统衙门档案，全化寺全亮等《控此老村李灏恃富强朦胧霸水》，档案号：80—5—375。

其使水原则是"水口流水之势,照社帐有地亩人名分开水分,从每年立夏前七日,按焚香分寸轮流使水浇地"。此使水方法亦同上文所述轮流浇灌之法,只不过此处是按照焚香时间分配浇灌水的水分。

本地区因使水而导致的纠纷层出不穷,甚至会因争水而导致命案的发生,《土默特旗志》载有因争水而导致社与社之间发生械斗,引起人员死亡:

> 自毕克齐镇(原为土默特右翼二甲一、二、三佐属地)于1735年开垦后,至1738年耕种者日益增多,先传本镇原名聚安堡,堡中农商集议开凿水磨沟口西南山麓石洞,以兴水利,爰成立三合社(由国行、大行、蒙行三行组合而成)以司其事。其使水办法初无规定,道光二十六年,盗卖渠水案(蒙古来才子盗卖毕克齐镇清水给五村六堰而发生械斗命案)发生后,乃组织五行办事社,议定使水办法。其法十六天一轮,但在十六天外,又增三天。当日因讼费亏累甚巨,款无从出,借此三天水分变价以资抵补,固一时权益之计耳。其后亏空已补,而三天额外之水终相沿未改。①

一般来讲,归化城土默特地区的水权虽然附属于土地权,随着土地权的转移而转移,其中归化城土默特蒙古拥有水权是水权转移前提条件。以河渠为单位结成的水利社亦在水权转移中发挥一定的作用。在以灌溉为主的归化城土默特地区,一般以地亩的多少作为划分水权的依据,并按照水社约定的使水章程用水。朱珍华在《水权研究》中认为:

> 在"按地定水"的分水方式下,如果发生了土地买卖行为,那么水权会随着地权转移,这种转移我们称之为"过水"。到了清中期,过水以后,新的土地拥有者对这一部分权利的支配在不同的灌区中存在很大的差别。岳翰屏曾描述过清渠系的过水方法:"工进渠造册,过水,即在卖地之利夫名下首分立一名,买地若干,立水若干,欲提于本名下不得也。"这种是比较早的水权与地权的关系形态。源澄渠灌区,"隔堵提水,能过于本名之下"的"活动取用法",存在着地权与水权分立的萌芽。②

2. 独立水权

归化城土默特地区的水权可以作为独立的物权,用以租典买卖。如同治六年(1867)十二月《海岱渠租约》载:

> 立出租春秋二季水洪水渠路约。蒙古太平子情因海岱村村北旧有通五当沟门洪水渠一道,于道光二十七年间在渠地户公议重洗渠路。因地户渠头不睦,以至于讼文天案下堂讯之不断,令重新立写合同,情愿将自己五当沟门春秋二洪水渠路出租与地户

---

① 土默特左旗《土默特志》编纂委员会:《土默特志》(上),呼和浩特:内蒙古人民出版社,1997年,第170页。

② 朱珍华:《水权研究》,北京:中国水利水电出版社,2013年,第19页。

等永远使用。同人言明,每年季水仍作水租渠路钱四千文,秋后交纳,不许长支短欠,亦不许常缩渠租,当日使过压渠钱二十五千文,日后倘有民人、蒙古争夺,有蒙古太平子一面承当。两出情愿,各无反悔,恐口无凭,立合同文约为证。

大清同治六年十二月十九日立①

从该件渠租可知,洪水渠和五当沟门相通,在道光二十七年(1847),在渠地户公议,对洪水渠进行整治。在渠地户应是结成一个的管理水渠的组织,由渠头负责管理。在渠地户虽然负有整治水渠的职责,但是水权却并不属于在渠地户,而是属于蒙古太平子。为了获得水权,在渠地户和渠头产生纠纷,以至于导致诉讼。据行文来看,蒙古太平子可能是渠头或者是渠主,且拥有水权和水渠的管理权。在断"令重新立写合同"的情况下,将其"五当沟门春秋二季洪水渠路出租于地户永远使用"。蒙古太平子出租水权,因此获得每年季水租(水渠路钱)四千文。这是水权独立于地权单独转移。

在出租水的时候,亦可能因某种原因出现错误,这就需要及时更正。归化城土默特土地契约中有两件关于租水契约出现错误并改正的记载。如光绪三十三年(1906)八月《武占鳌租水合同约》载:

立租永远大水合同约人武占鳌,今租到土默特旗蒙古富老爷东河槽必气沟第八天轮流大水二厘。同人言明,情愿租到自己名下管业,承受轮流灌溉、挑渠打坝,一切由己自办。此契向陈元喜以水换水,过约银陈姓带过,多寡不论,执约承产,于过无涉。言明每年应出水租九十现钱三千文,按春秋二季交完。不准长支短欠,又不准长跌水租,水渠通行官渠到地。若有蒙古民人争端者,有承主人一面承当。此系两出情愿,永不返悔。恐后难凭,同立永远租到大水合同约为证用。

立合同两张,各执一张(骑缝)

    大清光绪三十三年八月廿七日武占鳌立(十字押)
    此产原在巴俊名下调错
    三十二年十二月廿一日陈元喜佃与武姓,三十三年八月间调正。
    知见人:
    李尚文(十字押)
    牛光(十字押)
    石有贵(十字押)
    张有成(十字押)

---

① 土默特右旗志编撰委员会编:《土默特右旗史料》(第4辑),1984年,亦见于高景哲《清末民国土默特右旗的社会状况》,内蒙古大学,2012年硕士学位论文,第38页。

园行甲头郭九成（十字押）

翟凤翱（画押）①

该件契约所载武占鳌租到土默特旗蒙古富老爷东河槽必气沟第八天轮流大水二厘，且向陈元喜以水换水。在契文中载有："此产原在巴俊名下调错，三十二年十二月廿一日，陈元喜佃与武姓，三十三年八月调正。"即该件契约将原本调错的契约改正过来。

光绪三十三年（1906）八月《陈元喜租水约》亦对此事进行叙述，该件契约载：

> 立租到永远大水合同约人陈元喜，兹因光绪十六年蒙古富老爷水租错过成地租，待至光绪卅三年因错起讼，当堂断给。又央请中人说合，改换新过租水约。至此，从立园行第八天大水二厘，轮流浇灌。此水转卖与武占鳌名下管业。中人说合，由己误错，连武姓重换新过蒙租约，共作押水租银四十两整，至今改正，并无差错。所有富老爷失迷地约合同，嗣后此地约出来以为故纸，勿论。若有别人见出此约，有富老爷一面承当。已存地约归与富老爷存放，此地向蒙古巴俊换过租约，承主另立新合同为似。至此各出情愿，并不返悔。同人言明，每年应纳水租钱三千文。按春秋二季交纳，不许长支短欠，亦不准长跌水租。恐后不凭，岠立永远合约为证。

> 立合同两张，各执一张（骑缝）

> 光绪三十三年八月二十七日陈元喜立（十字押）

> 知见人：
>
> 牛光（十字押）
>
> 石又贵（十字押）
>
> 张有成（十字押）
>
> 园行甲头郭九成（十字押）
>
> 翟鸣山（十字押）②

该件契约与《武占鳌租水契》是同一天所立，讲述的亦是同一件事情。陈元喜由于将水租错写成地租，导致光绪三十三年（1906）的诉讼，当堂断结。在中人说合下，改立新约。将此水转卖到武占鳌名下，改作押水租银四十两整，修改了原约的错误。

归化城土默特地区亦有对水权进行质典的契约，如同治年间《金宝、金印同母典清水约》载：

---

① 内蒙古大学图书馆藏、晓克藏：《清代至民国时期归化城土默特土地契约》（第2册），呼和浩特：内蒙古大学出版社，2011年，第254—255页。
② 内蒙古大学图书馆藏、晓克藏：《清代至民国时期归化城土默特土地契约》（第2册），呼和浩特：内蒙古大学出版社，2011年，第256—257页。

> 立典清水约一分半，归化城蒙古金宝、金印同母，自今使用不足，今将自己护□清水一分半，情愿出典与顾清、顾存二人名下，用清水价钱同人说合。现使过典价钱一百二十吊文，其钱当交不欠。日后钱到回赎，如钱不到，不限年现（限）。约外杨言凤清水一分半，同人说合，典清水价钱一百二十吊文，其钱当交不欠，钱到回赎，日后有蒙民人争夺者，归化城金宝、金印一面承当，恐口无凭，立合同约为证用。
>
> 　　　　　　　　　　　　大清同治□年十二月十三日立（十字押）
> 　　　　　　　　　　　　立合同约为用（骑缝字）
> 　　　　　　　　　　　　马元（十字押）
> 　　　　　　　　　　　　王永福（十字押）
> 　　　　　　　　　　　　知见人乌尔贡布（十字押）
> 　　　　　　　　　　　　根焕子（十字押）
> 　　　　　　　　　　　　郝全福（十字押）①

该件典水契约，同典地契约没有区别，是由两个典水约组成的，甚至可以说这是一纸两典约，或者称之为约外约。其一为，金宝母子因使用不足，将清水一分半典与顾清、顾存，使过典价钱一百二十吊。"日后钱到回赎，钱不到不计年限。"其二为，典给杨言凤清水一分半，典价钱同样是一百二十吊。亦是"日后钱到回赎，钱不到不计年限"。水权在质典给顾、杨后，金宝母子获得典价钱，顾、杨二家获得水的使用权。据水一分等于十厘，水一厘灌溉四亩半土地计算，水一分半，即十五厘，约灌溉67.5亩，该件契约所载水共计三分，共灌溉约135亩土地。当然由于每个渠的流水量的不同，其每分水所浇灌的地亩亦是不同的。故笔者所推算约浇灌135亩土地仅具有一定的参考价值。

水权作为独立的物权，亦可买卖。归化城土默特蒙古将水权出卖后，获得水价。水权转卖后，不可回赎。如光绪三十二年（1906）《达木欠佃卖清水约》载：

> 立佃卖永远清水奉约人同母达木欠，自因使用不足，今将自己祖遗户口云社堡村四插清水奉二厘五毫，随渠使水，今情愿出佃与苏木雅名下永远使水为业。同人言明，现使过佃卖永远清水奉价六八钱二百九十吊文整。其钱当交不欠，日后一应由钱主自便。日后倘有蒙民人等争夺者，由本主一面承当，两出情愿，各无反悔。恐口难凭，立合同佃卖永远清水奉约为证用。
>
> 每年秋后出水佃价钱一百五十文。
>
> 　　　　　　　　　　　　大清光绪三十二年三月初五日立（十字押）

---

① 铁木尔：《内蒙古土默特金氏蒙古家族契约文书汇集》，北京：中央民族大学出版社，2011年，第41页。

> 立合同二张，各执一张（骑缝字）
> 雷先厮（十字押）
> 陈宝尔（十字押）
> 中见人：
> 尔登毕力（十字押）
> 荣先生书（十字押）①

该件契约所载"清水奉二厘五毫，随渠使水"，据上文"水一厘"浇灌地亩"四亩半"，推测"清水奉二厘五毫"约浇灌 11 亩多地。当然每个渠的水量不同，其"一厘水"所浇灌的土地数量亦不相同。故笔者推测约浇灌 11 亩多土地，仅是一个参考数字。其佃卖水价为"六八钱"二百九十吊文，即 68 个铜钱充抵一百，其实际所得铜钱约为一百九十七千二百文。水奉二厘五毫，每厘水的佃卖价为一百四十五吊。上引契约载"水一分半"，典价为一百二十吊，每厘水的典价为八吊。显见卖水权的价格要远远高于典水权的价格。但是质典水权，是水权的暂时转移，而卖水权则是水权的永远转移，故卖水权的价格高于典水权的价格也是合理的。该件契约载有"每年秋后出水佃价钱一百五十文"，这其实是规避清政府不准买卖水权的规定。这种佃卖水权契约同似租实卖、似典实卖的土地契约性质是相同的。

3. 过水约

水权作为独立的物权，被租典之后，水权转移给租典者。租典者获得水权之后，亦可对水权作一定的处理。过水约是原承租典者将水权推与另一个承租典者，承租典者需与原水权所有者签订过水约。如光绪三十二年（1906）《达穆欠同寡母过水约》载：

> 立过永远水俸约人归化城蒙古金宝之孙达穆欠同寡母，自因祖遗□□□□半奉，系原卖与云社堡顾姓名下，今因顾塄五、顾钱海、顾银德尔将水推与贾秉瑞、贾从政名下永远浇灌为业。同人言定，顾姓推水，蒙古情愿过约与贾秉瑞、贾从政名下，共使过押水八十钱三百二十四吊三百六十文，又使过押水过约钱一百六十吊文整，其钱俱笔下交清。日后不许长支短欠，亦不许长跌。租价计四抽水半俸由钱主分用自便。倘有蒙民本族人等争夺阻拦者，有原主一面承当。两出情愿，各无反悔。恐口无凭，立过永远合同水约为证。计开蒙古金宝等于乾隆年间将此水俸卖于顾姓，至同治年间，因讼事与蒙古重立合同约。今将顾姓之水已经批注，伊合同约内与顾姓毫无干涉。至此与蒙古名下过拨水租六八钱三百文，每年秋后收讫。

---

① 铁木尔：《内蒙古土默特金氏蒙古家族契约文书汇集》，北京：中央民族大学出版社，2011 年，第 103 页。

大清光绪三十二年三月二十五日立（十字押）
立合同约为证（骑缝字）
水头尔哈木楞（十字押）
蒙古成保尔（十字押）
知见人成六（十字押）
贾香书（十字押）①

该件契约载蒙古达穆欠和寡母同贾姓所立过水约，达穆欠的祖先在乾隆年间将祖遗水半奉卖于云社堡顾姓名下。现在顾姓又将水推与贾秉瑞、贾从政名下永远浇灌。那么蒙古达穆欠就需与贾秉瑞、贾从政签订过水约。押水八十钱"三百二十四吊三百六十文"，押水过约钱"一百六十吊"。立过水约后，水权转移给贾姓，同顾姓没有任何关系。贾姓每年秋后支付蒙古水租"六八钱"三百文。这说明水权虽然卖给或者典给民人，但是这种水权的转移并不完全。蒙古在名义上还是水权的所有者，还能从水权那里获得少量的利益。

4. 调水契约（使水权的调整）

虽然水社制定有使水章程，并按照一定的顺序行使水权，但是同一水社内部的使水权是可以互相调整的。丰岛静英在《关于中国西北部的水利共同体》中写道：

> 由于用水当事者之间都互相认识，所以可以在此秩序内互相通融变更灌溉的顺序。此被称为"调"，"调水"被相当广泛采用。通融的契约期限是一年，须要向乡公所进行申报。②

一般来讲，同一水社内部是相互认识的，他们可以根据需要通融变更灌溉水的顺序。上引"武占鳌租水约"中，载"与陈元喜以水换水"，即为调水。这说明在行使水权时，在遵守本社水利章程的前提下，社员之间的用水时间是可以内部调整的。据丰岛静英所载"通融的契约期限是一年，须要向乡公所进行申报"，但这是指民国时期。据此可推知，在清代，水社内部调整用水时间，社员之间是要签订"调水契约"，并向水社报备，登记在社帐之上。

归化城土默特地区的水约亦体现了由租—典—卖的变化。这在一定程度上说明交易权利的扩大，在另一方面亦说明归化城土默特蒙古生活日益窘迫。

---

① 铁木尔：《内蒙古土默特金氏蒙古家族契约文书汇集》，北京：中央民族大学出版社，2011 年，第 105 页。
② 丰岛静英：《关于中国西北部的水利共同体》，载于钞晓鸿：《海外中国水利史研究——日本学者论集》，北京：人民出版社，2014 年，第 3 页。

总之，归化城土默特地区的水权，虽然依附于地权，随着地权的转移而转移，但是水权亦可作为单独的物权用于租典买卖。使用同一水渠（水源）的地户依照水权结成水社，推举会首（社首），制定使水章程，按照地亩大小分配水权。一般来讲，水社内部社员之间对水权支配亦有强弱之分，这主要通过拥有水股的多少来实现，水股的多少就决定了土地的多少和出工、出资的多少。这其实在一定程度上是权利和义务是相适应的，即地亩多，出工、出资就多，占有水股就多，反之亦然。占有水股多，对水利设施的支配就强，反之则弱。但是水社水权的获得是从归化城土默特蒙古那里租买而来，归化城土默特蒙古要收取水租及过水钱以确保其对水权的占有。水社所拥有的水利设施，是由水社成员共同出工、出资修建的，因此水利设施其实就是水社全体社员的公共财产。会首（社长）由社员轮流充任，管理水利设施。但是由于多地户（富户），出工、出资较多，在某种程度上往往把持水社的权利。如果发生土地买卖，则水权亦随之转移。水社成员，按照水社章程，依照一定的顺序轮流行使水权。这些水利章程是由水社成员共同商议后制定，经政府认可的。在发生水利纠纷时，官府依据水社章程予以调解。而官府依据水利章程处理水利纠纷，也说明无论蒙古还是民人，都没有得到水的绝对拥有权。官府水利纠纷的决断权也说明了归化城土默特蒙古对水权拥有的也是使用获益权而并非绝对的拥有权。

（六）地基、房院契约

地基、房院契约亦是归化城土默特土地契约的重要组成部分。地基约包含空白地基约、房院地基约等多种类型。

1. 地基契约

归化城土默特地区的地基契约有租、典、卖、换、转、退等类型。其中租赁地基契约，在归化城土默特土地契约中较为常见。在归化城土默特土地契约中，最早的一件赁地基契约为雍正八年（1730）九月《李清成赁地基约》，该契约载：

> 立赁地基约人李清成，今赁到舍力兔召东仓名下五十家子路南地基一块，情愿出赁与李清成修盖铺口永远居住承业。同人言定，每月出地谱钱五百文，按月收取，永不许长跌，亦不许长支短欠。日后修理由主所便，与召内无干。两出情愿，并无异说。恐口难凭，立赁地基约存照用。

（此处押红，批写"赵德约"）各执一张（骑缝）

中见人：杜亨公（十字押）、哈不什盖（十字押）、武继周（十字押）

后于乾隆三十一年三月廿八日同杨世英、张德印、王大成每月长地谱钱七百文。

同治二年八月初一日同中说合，另立新约为证，此为故纸不用。①

该件契约所载李清成租赁地基，修盖铺口，永远居住。契约并没载押地钱，仅是标明"日后修理由主所便，与召内无干"。在归化城土默特土地契租地基契约中，一般标有"永远"字样。在乾隆以前，租赁地基可能并不需要支付押地钱，只需要支付每年租银即可。如乾隆三十八年（1773）《陈生林赁地基契约》载：

> 立赁地基约人陈生林，今赁到包头街路南八拜名下蒙古白地一段，东至刘玉斌，西、南俱至本主，北至大街。四至分明，东西阔六丈，南北长十二丈。同众言定每年地基银四两二钱。春秋两季交还。日后任凭赁主修盖住坐，永远为约。恐口无凭，立约存照。
>
> 乾隆三十八年正月初一日立
> 中见人：
> 曾印官
> 智成文
> 刘玉斌
> 合同（骑缝）②

该件赁地基契约为乾隆三十八年（1773）正月所立，从行文来看，契约、订立双方、大小四至、租赁价格、中见人等要素均具备。此处，陈生林每年仅需支付给八拜地基银四两二钱，并无押地钱。

一些出租地基契约中，还注明用银钱比价，如嘉庆三年（1798）十二月《谦益成租空地基约》载："每年共出地谱钱银二两零九分，以文百合钱。"③ 即以足钱换算成铜钱交纳租金。嘉庆十四年（1809）十二月《丁廷善租空地基约》载"每丈出租银三钱，日后修盖铺面以七钱出租，银以九两合钱"，此亦银折钱交纳租金，并规定"日后不许典卖，典卖者通知蒙古知道。计开除每年共出租银二两四钱，以文合"。④ 有的出租地契契约中，亦载有押地钱。如嘉庆十六年（1811）四月《东顺成租地基约》载："每年与伊

---

① 呼和浩特塞北文化研究会、云广藏：《清代至民国时期归化城土默特土地契约》（第4册上），呼和浩特：内蒙古大学出版社，2012年，第1页。
② 内蒙古大学图书馆藏、晓克藏：《清代至民国时期归化城土默特土地契约》（第1册），呼和浩特：内蒙古大学出版社，2011年，第4—5页。
③ 内蒙古大学图书馆藏、晓克藏：《清代至民国时期归化城土默特土地契约》（第1册），呼和浩特：内蒙古大学出版社，2011年，第12—13页。
④ 内蒙古大学图书馆藏、晓克藏：《清代至民国时期归化城土默特土地契约》（第1册），呼和浩特：内蒙古大学出版社，2011年，第25页。

地普钱三千五百文。春秋二季交还，当日使过押地钱二十千文。"① 地基出租后，出租人出让地基的使用权，承租人获得地基的使用权后，可以在地基上修盖房院，永久居住。

有的出租地基契约中，没有押地钱，却载有预支多年租金的情况，如道光三年（1823）十月《赵廷相租地基约》载：

> 立租地基约人赵廷相，今租到纳旺刀尔计祖遗地三丈，北至河槽，南至大道，西至社房，东至天成永，四至分明。仝人言明，永远管业居住。每年地租钱六百文，秋季交还，不许长支短欠。倘有蒙民争端夺弊，有纳旺刀尔计一面承当。立永远文约为证。
>
> 当日支过五年租钱三千文。
>
> 道光三年十月十三日赵廷相立（十字押）
合同文约二纸，各执一张（骑缝）
中见人：
赵正中（十字押）
哦尔吉拜（十字押）②

该件契约中没有载明押地钱，但是却一次收取了五年租钱。这在一定程度上类似于押地钱。有的地基契约在订立契约时并没有押地钱，在换立新约时交纳押地钱，这类契约，被称为换租地基契约。如咸丰六年（1856）六月《李泰山换租空地基约》载：

> 立换租空地基约人李泰山，情因先父李富名下于道光五年十二月二十五日，向卜扣祖母得计名下租到西包头西街路北空地基一块，东至永丰店，西至增盛，西南至街心，北至河槽，四至分明。计东西阔南一十五丈零七寸，北一十四丈。租到永远修理、住占为业。同人言定，每年出地租钱七千文整，不许长支短欠，亦不许长缩地租。倘日后修理门面栏柜，除原租钱外，每一丈栏柜以七钱出租，其银不论时数大小，以街市钱九百合数。如有蒙民争夺者，地主人一面承当。彼时租约非不分明，但无押地形迹。想当年出于主客交厚处义不论，唯恐人性不齐，后滋口角，同中理处补交过押地钱四十千文。因为换立租空地约据。两出情愿，永无翻悔。恐口难凭，合约为证。
>
> 巴云氏呈交咸丰六年六月十一日立（十字押）

---

① 内蒙古大学图书馆藏、晓克藏：《清代至民国时期归化城土默特土地契约》（第1册），呼和浩特：内蒙古大学出版社，2011年，第27页。
② 内蒙古大学图书馆藏、晓克藏：《清代至民国时期归化城土默特土地契约》（第1册），呼和浩特：内蒙古大学出版社，2011年，第56页。

> 合约二纸各执一张为证（骑缝）旧中人夏德发
> 的不气
> 以什洛不登
> 刘礼
> 郝培英
> 中人：
> 王勋（十字押）
> 必力贡（十字押）
> 李荣（十字押）
> 梁汝范（画押）①

该件契约所载李泰山的父亲李富在道光五年（1825）十二月份从卜扣祖母得计手中租到地基，当是"每年出地租钱七千文"，如果是修理门面栏柜的铺面，"每一丈栏柜以七钱出租，其银不论时数大小，以街市钱九百合数。"后文所载，"无押地形迹"说明当时并没有交纳押地钱。没有交纳押地钱的原因并非"租约非不分明"，而是"当年出于主客交厚处义"，即当年两家交情深厚，出于情谊而没有收取押地钱。但是"唯恐人性不齐，后滋口角"，这显然是一种预防两家出现矛盾后，可能以此发生纠纷，故"同中理处补交过押地钱四十千文"，换立新的租空地基约据。由此可以推知，在归化城土默特地区，蒙、民订立出租地基契约时，可能因为蒙、民之间有交情，出于情谊等原因，并没有支付押地钱的情形。从另一个方面也说明当地蒙、民之间关系较为融洽。

另一种换租地基约为原承租者将地基推与另一承租者，新承租者需与地主订立新的租约，这类似于过租约——改换承租地基人。如咸丰六年（1856）十一月《把扣立换租地基约》载：

> 立换出租永远地基人把扣，情因祖父于道光五年间将自己西包头村西南空地基一块，四至约载，已经出租与公如玉随意修盖、住座、生理为业。至廿六年，此地旧约已与公如玉新换，两出情愿，毫无异说。目今咸丰五年因公如玉财伙推接，改设山成玉在中生理，一切修盖由伊随意，过换合约。目下居邻东至义盛宁，西至胡姓，南至岳姓，北至大路，四至分明。约南阔九丈，北八丈。言明每年地普现钱五千零四十文。按四季校收，不许长支短欠，亦不准长缩。笔下现使过押地钱四十千文，日后倘有蒙民争夺者，有自己一面承当。两出情愿，永无翻悔。恐口难凭，立过换出租约

---

① 内蒙古大学图书馆藏、晓克藏：《清代至民国时期归化城土默特土地契约》（第1册），呼和浩特：内蒙古大学出版社，2011年，第241—242页。

为证。

          咸丰六年十一月初三日立（十字押）

          中见人：

          郭有智（十字押）

          大行总甲（十字押）

          温都尔户（十字押）

          合同二纸各执一张（骑缝）①

  该件契约所载道光五年（1825），把扣的祖父将地基出租于公如玉修盖、住座、生理为业，道光二十六年（1846）换立新约。到咸丰五年（1855），公如玉财伙将地基推与山成玉生理，故立换租合约。租地基契约与租地契约是类似的，当承租人更换时，需要另立新的契约，以厘清原承租者与土地已毫无干涉，需新承租者与地主建立租约，承担相应的责权利。

  过租地基契约，在归化城土默特土地契约中，亦是较为常见的一种。如光绪二十五年（1899）十一月《什力兔召东仓执事喇嘛过租地基约》载：

  立过租约人什力兔召东仓执事喇嘛，自因今将自己原收吃李润隆名下善岱镇中街道北地基一块，东至涌盛堂，西至涌盛堂，南至道，北至涌盛堂，四至分明。每年收吃地谱尔钱九百八十文。今过到涌盛堂名下收吃。现使过租钱四千文整。其钱当交不欠。当日交清不欠。日后倘有亲族人等争碍者，有什力兔召东执事喇嘛一面承当。恐口无凭，立约为证用。

    大清光绪二十五年十一月廿三日立

    立合同为证（骑缝）

    中见人：

    李岐山（十字押）、李明山（十字押）

    张其濬（十字押）、胡椿（十字押）、杜月亮书（十字押）②

  该件过租地基契约为什力兔召东仓执事喇嘛将每年收吃的租与李润隆名下地基地谱钱九百八十文过租到涌盛堂名下收吃。涌盛堂收吃李润隆每年地谱钱九百八十文，而什力兔召东仓执事喇嘛获得涌盛堂支付的过租钱四千文。从行文看，地基过租后，什力兔召执事喇嘛失去该地基的获益权。

---

① 内蒙古大学图书馆藏、晓克藏：《清代至民国时期归化城土默特土地契约》（第1册），呼和浩特：内蒙古大学出版社，2011年，第249—250页。
② 呼和浩特塞北文化研究会、云广藏：《清代至民国时期归化城土默特土地契约》（第4册中），呼和浩特：内蒙古大学出版社，2012年，第283—284页。

在归化城土默特地基契约中,有一件咸丰二年(1852)的复租契约,所载如下:

> 立复租到地基合同约人八扣,今因张生富租去自己祖遗南圪洞地基四十亩,累年欠下地谱钱三十七千文,无处起取。情愿将已转租与吕、陈、白姓三家,地基共六亩一分作为还自己地普钱三十七千,复租到永远收租管业利害均与张生富毫无相干,事系同人带回地谱钱二千五百文。日后如有蒙民本族人等争夺者,有张生富一面承当。两出情愿,各无翻悔。恐口难凭,专立复租到地基合同约存证。
>
> 咸丰二年十一月十六日立知见人王辅清(十字押)
> 立合同二纸,各执一张(骑缝)李载阳(十字押)
> 千家保(十字押)
> 白云翮(十字押)①

据该件契约所载,张生富租去八扣祖遗南圪洞地基四十亩,累年欠下八扣地谱钱三十七千文无从支付。为了归还欠下八扣累年地谱钱。张生富将原租八扣四十亩地基中,已经转租于吕、陈、白姓三家地基六亩一分,应收地谱钱三十七千文,复租给八扣永远收租管业。据此可知,复租约是:承租者将原承租地主的地基,后因某种原因,又将地基租给地主的租约,称之为复租约。地主承租后,地基的利害关系与原承租者再没有任何关系。据契文所载,八扣复租到地基后,支付给张生富"六亩一分地"的地谱钱"二千五百文"。在签订复租约的同时,张生富需与八扣签订退租地基合同约。该件契约所载如下:

> 立退租地基合同约人张生富,今将自己原租到蒙古南圪洞地基四十亩,内因累年欠下地谱钱三十七千文,无处起取,情愿将租与吕、陈、白姓三甲,地基共六亩一分,作为还伊地谱钱三十七千文,退租原地主八扣,永远收租管业,利害均与张生富毫无相干,事系同人带回地谱钱二千五百文。日后如有蒙民本族人等争夺者,有张生富一面承当。两出情愿,各无翻悔。恐口难凭,专立退租地基合同约存证。
>
> 咸丰二年十一月十六日立知见人王辅清(十字押)
> 立合同二纸,各执一张(骑缝)李载阳(十字押)
> 千家保(十字押)
> 白云翮(十字押)②

复租、退租契约签订完成后,地基由原地主承管,该地基上的一切权属,与原承租

---

① 内蒙古大学图书馆藏、晓克藏:《清代至民国时期归化城土默特土地契约》(第1册),呼和浩特:内蒙古大学出版社,2011年,第224页。
② 内蒙古大学图书馆藏、晓克藏:《清代至民国时期归化城土默特土地契约》(第1册),呼和浩特:内蒙古大学出版社,2011年,第225页。

者毫无干涉。

在归化城土默特地区，典地基契约，亦是一种较为常见的地基契约。如道光十年（1830）九月《同公布、于长久质典地谱借钱约》载：

> 立质典地谱借钱约人同公布、于长久，情因手中缺乏，同人说合，情愿将自己祖遗本城小北街路东地基一块，东至城墙，西至道，南至本主，北至鲍姓，四至开明。情愿出质典与李仰止名下。自四年借过大钱二十四千文，每月按三分行息，钱到回赎。又至十年同公布手中缺乏，情愿又找去大钱七千文，前后共借过大钱三十一千文。至此借钱无利，地基无租。日后无论早晚，钱到回赎，不计年限。日后倘有蒙古民人争夺者，有同公布一面承当。恐口无凭，立约为证用
>
> 中见人：曹彬（十字押）、梁玉（十字押）
>
> 道光十年九月二十七日立约人公布①

该件契约所载同公布、于长久因手中缺乏，将其祖遗本城小北街路东地基一块，质典与李仰止名下，从道光四年（1824）借到大钱二十四千文，当时约定是月息三分，钱到回赎。至道光十年（1830），又借大钱七千文，前后共计借大钱三十一千文。据"至此借钱无利，地基无租"推知，在道光四年（1824）至道光七年（1827）之间，同公布、于长久虽然质典地基给李仰止，需要支付每月三分的利息，但李仰止却需要支付给同公布、于长久一定地基租金。道光十年（1830）再借大钱七千之时，则明确规定"钱无利，地基无租"。据"钱到回赎，不计年限"，可推知把钱归还后可以回赎地基，如果钱无法归还，则地基归李仰止。

在归化城土默特地区，卖地基契约亦是一种比较常见的地基契约。如同治五年（1866）十二月《三合和卖空地基契约》载：

> 立卖空地基约人三合和，今将自己锁号村东北空地基一块，东至道，西至闫明，南至路，北至王进宝。四至分明，东西宽一十步，同人言定价钱九千文整，当交不欠。情愿出卖于闫明名下，永远修理、居住为业。日后倘有蒙民人等争碍者，有三合和一面承当。恐口无凭，立约为证。
>
> 每年出地普儿钱一百五十文，三合和收讫。
>
> 大清同治五年十二月十九日立（十字押）
>
> 知见人：
>
> 杜公（十字押）

---

① 呼和浩特塞北文化研究会、云广藏：《清代至民国时期归化城土默特土地契约》（第4册上），呼和浩特：内蒙古大学出版社，2012年，第291页。

>   不扣（十字押）
>   王进宝（十字押）
>   七十三（十字押）
>   韩元福（十字押）
>   郭世宽（十字押）
>   张士修（十字押）①

契约中，三合和将空地基出卖给闫明，使过卖地基钱九千文，闫明每年需要支付地普钱一百五十文。闫明由此获得此块地基的所有权，可以修盖房屋，永远居住。

归化城土默特地区的地基契约，亦是租—典—卖，渐进变化的过程。租、典、卖地基关系渐进变化的过程，亦是归化城土默特蒙古对地基所有权逐渐丧失的过程。

2. 铺、房院约

归化城土默特地区的铺、房院契约可以分为租、典、卖、换、推、退等类型。铺、房院又可以分为商铺、院落。

租铺、房院契约，是铺房院契约中较为常见的一种类型。铺、房院的所有权归属于蒙古，承租人在租赁后获得铺、房院的使用权。在归化城土默特地区，归化城土默特蒙古人在雍正年间就已经出租房院给民人，如雍正六年（1728）三月《孟良贵、郝晶赁房约》载：

> 立赁房约人孟良贵、郝晶，今赁到三甲哈呵名下大召后房院一所，言定雍正六年三月初一日为始，每月房银二两，限至五年为止。五年内如赁房人修理房屋，与房主无干。如过五年外，每月房银三两，限至四年为止。如过四年外，房主、赁房人重新另讲房银。恐后无凭，立赁房约存照。
>   雍正六年三月初一日
>   立赁房约人：孟良贵（十字押）、郝晶（十字押）
>   仝中见人：郭遇昌（十字押）、毕维行（十字押）
>   哈要什（十字押）、妥彦（十字押）、吴禄受（十字押）②

该件契约所载孟良贵、郝晶租赁哈呵名下大召后房院一所，租期从雍正六年（1728）三月初一开始，至雍正十年（1732）三月初一止。期间每月房银二两。如果在

---

① 内蒙古大学图书馆藏、晓克藏：《清代至民国时期归化城土默特土地契约》（第2册），呼和浩特：内蒙古大学出版社，2011年，第445—446页。
② 呼和浩特塞北文化研究会、云广藏：《清代至民国时期归化城土默特土地契约》（第4册上），呼和浩特：内蒙古大学出版社，2012年，第2页。

这五年内赁房人修理房屋，与房主无关。五年后，每月房银三两，限至四年为止。到期后，需租赁双方重新立约。本件契约中仅有房银（房租），没有押房钱。同租地基契约是类似的。显见，清朝初年，民人尚未大规模进入归化城土默特地区。归化城土默特蒙古受汉人影响较小，汉化程度尚浅，民风尚淳朴，因此在租赁房院、地基之时，仅仅收取租金，而没有收取押金。押房银是为了保证房主能够按时顺利收取房租而收取租客的一定数量的金钱。当然归化城土默特地区的租赁房院契约中，收取押房银的契约亦是比较常见的，这主要是因为随着归化城土默特蒙古汉化程度日深，而民人经常有不交租金而逃的情况发生，为避免自己遭受损失，所以收取一定的押金。如同治十一年（1872）十一月《伊老爷出赁房约》载：

> 立出赁房约人伊老爷，今将自己原置到大南街三贤庙巷口，坐东向西铺面栏柜二间，内计柜房二间，后院小正房一间。同人说合，情愿出赁与源裕泉，永远住占。同人言明，每年共作房价市钱七十二千文。按四标收取，现支过押房银四十两。言明准其永远居住，许住不须逐。日后倘有修理房屋等项，砖瓦、木植、石灰、丁栈，俱系房主所出。土坯、麦秸、人工、茶饭，住房人所出。日后倘有蒙民人等蚕扰者，有伊老爷一面承当。恐后无凭，立约为证。
>
> 　　　　大清同治十一年十一月初一日伊老爷立同中人巴老爷（十字押）
> 　　　　立合同约二纸各执一张为凭（骑缝）尔的泥白彦保什户（十字押）①

该件契约中伊老爷将自己铺面出赁于源裕泉，每年房价市钱七十二千文（即房租金每年七十二千文），押房银四十两。此处之"押房银"即租房押金。该件契约并没有约定租房期限，而是"准其永远居住"，可见该件租房契约为永远租房契约。"许住不许逐"即"允许住房人永远居住，但是不准房主驱逐租客"。同时约定房屋修理支出：房主出砖瓦、木植、石灰、丁栈等费用；租客出土坯、麦秸、人工、茶饭等费用。显见该件契约相对于上件契约要更为完备一些，明确规定了租赁双方的责权利。在租赁双方签订租房院契约后，如果租客在房院增修房院，在退房时，租客可以凭修理帐取得修盖费用。再如嘉庆二十五年（1820）四月《佛爷府出赁房约》载：

> 立出赁房约人佛爷府，因嘉庆九年合盛泰赁到大南街路西冲街西房一间，其内上暗楼半间，五檩四椽，亦无屏门。言定每月房租钱九百文，其先乃托托户之产，转与佛爷府承管为业，至十六年春季房屋损坏，原房主不能修盖。于是共同商议，着住房人任意修理起盖为六檩五椽，亦无小院。同人说合，使过押房钱十二千文，至于修理

---

① 内蒙古大学图书馆藏、晓克藏：《清代至民国时期归化城土默特土地契约》（第2册），呼和浩特：内蒙古大学出版社，2011年，第463页。

所费砖瓦木石钱、土坯人工钱,二宗另有修理帐可凭,俱系住房人佃出。同人言明,并无利息,亦以为押房。日后每月依旧取房钱九百文。不许长缩,亦不许住房人扣除钱文。自修盖以后,如十年内倘有托托户、佛爷府争赎者,情愿将当日修理花费二宗钱照帐如数并押房钱共交住房人,分文不许短少。今于嘉庆二十五年二月间,年限未满,托托户又来骚扰不休,同东义喇嘛、姚哲再三说合,将修理账算明,所费人工土坯等项钱四十八千文,言明义让,止认砖瓦木石钱五十千文。托托户现使过合盛泰钱十八千文,前后连认砖瓦木石钱三宗,共钱八十二千文,俱以为押房。至此,依旧每月取租房钱九百文,以后永远不许骚扰,亦不许长缩。日后倘有佛爷府争夺者,情愿将修理押房钱一并交给住房人,分文不许短少。嗣后,倘托托户亲族人等再骚扰者,有佛爷府一面承当。有嘉庆十六年合同约三张,同中人当面毁坏。恐后无凭,立出赁约为据。

嘉庆二十五年四月廿一日立(十字押)

合同二张各执一张(骑缝)

知见人:姚哲(十字押)、东义喇嘛(十字押)、公盖达旺(十字押)①

该件契约所载房院原为托托户的房产,后转给佛爷府承管。在嘉庆十六年(1811),房屋损坏,而托托户却没有能力修盖。据此推知,在托托户转给佛爷府的契约中,应是规定房屋修理费用当由房主支付。在与住房人商议后,同意住房人任意起盖房屋,修理所需费用有修理账记载,是住房人支付的。这些费用都算进押房钱中,并约定十年内,如果托托户、佛爷府争赎房院,应将当日修理花费照帐连同押房钱如数退还住房人。据此可以推知租客在租赁房院内修盖房屋,并没有取得自己新修房屋的所有权,仅是以租赁的形式居住。其所支付修盖费用,在其退房时由房主按修理帐照数退还。

租客在租赁房院后,原房主可能因某种原因增长房租,在同中商议后,另换新约,称之为换租房约。如乾隆五十六年(1791)十二月《黄瑞章换租房约》载:

立换赁约人黄瑞章,今赁到鹊儿气召老散阿尔不唐名下归化城外罗城四眼井巷道北圐圙一所,内计破土房四间。每月房租钱一千二百文,永无长缩。突于五十六年十二月每月又长租钱二百文。言定十五年不许长缩。但此房破坏不能居住,黄自备银两修盖,并添盖房屋,一应花费银两别无口角,住房人自认与蒙古无干。倘有口角相争,长缩不妥,逐赶不容居住,将盖房花费过银两按账目如数蒙古备出清还,民人退房。恐口难凭,立合同文约存照用。

---

① 呼和浩特塞北文化研究会、云广藏:《清代至民国时期归化城土默特土地契约》(第4册上),呼和浩特:内蒙古大学出版社,2012年,第229—230页。

乾隆五十六年十二月二十四日方主人老不散阿尔不唐、住房人黄瑞章（十字押）

合同二张，各执一张（骑缝）

立换新约

同中人：老不散喇嘛（画押）、张元勤（十字押）、闫玉衡（十字押）①

该件契约所载"突于五十六年十二月，每月又长租钱二百文"，并"言定十五年不许长缩"。虽然有此规定，但是在归化城土默特土地契约中，绝大多数换租约多是因蒙古增长租金导致的。一方面说明归化城土默特蒙古生计窘迫，迫于生活的压力，而增长租金。从另一个方面也说明民人从归化城土默特蒙古那里以极其低廉的价格获得土地、房院。

房院在租赁之后，租客可能因某种原因，将房院转租出去。此时原租客要与承租者签订转租契约。如《张云英转佃房约》载：

立转佃约人张云英，自因使用不足，将自己住房佃与李茂林永远住坐。西南院一所，东西四丈阔，南北六丈长。东至公中出路，大门同走，西至刘光，东南角本主铺子三间，北至孙绍宇，西南角一丈阔通街，有土房二间。情愿出佃与李茂林永远住坐为业。同众言定，佃价钱四千文。钱当交不欠，每年出地谱钱三百文，秋后交与高登阶收。恐后无凭，立佃约存照。

乾隆五十一年正月起

中见人：伍大杜、高凌珍、方法②

契约中，张云英因使用不足，将自己住房佃与李茂林永远住坐。而张云英的住房应是从高登阶那里租佃而来。故在签订转租契约后，李茂林要将每年地谱钱三百文交与高登阶。

在归化城土默特土地契约中，还有一件类似于转租房院的契约，即推房约。如道光三十年（1850）《源兴聚推房产约》载：

立推房产文约人源兴聚，因有原佃到兴义元房院，不愿自占，今同中将原房院坐落归化城大南街三贤庙巷口路东铺房门面三间，随后厅一所，计房九间。又随南院一所，通三贤庙巷出路，内计正房四间，东房四间，西马棚二间。又随北院一所，内计正房三间、东房二间。一应房院土木石俱已相连，一并出佃与万象新名下，永远为

---

① 呼和浩特塞北文化研究会、云广藏：《清代至民国时期归化城土默特土地契约》（第4册上），呼和浩特：内蒙古大学出版社，2012年，第113—114页。
② 呼和浩特塞北文化研究会、云广藏：《清代至民国时期归化城土默特土地契约》（第4册上），呼和浩特：内蒙古大学出版社，2012年，第76页。

业。同中言定，佃价大钱三百三十五千文，其钱笔下交足。所有蒙古地租，万象新随去交纳，与源兴聚毫无干涉。嗣后如有兴义元兰姓争端者，有源兴聚一面承当。恐口难凭，立推房院约为证。

蒙古原老约十一纸，内有不用的老约六纸，地基约二纸，原推佃约二纸，随去兴义元推约一纸。修理账一本。

道光三十年十一月初二日立约（十字押）

中见人：

张照富（十字押）

高锡嘉（十字押）

狄安仁（十字押）①

从契约行文来看，兴义元应是从别人手中取得该房院，故有其推约。兴义元将房院租与源兴聚，源兴聚不愿自占（究竟什么原因导致的则不清楚），又将该房院推与万象新名下永远为业。源兴聚从万象新处获得佃价钱三百三十五千文，蒙古地租则需要万象新交纳。契尾载："地基约二纸，原推佃约二纸，随去兴义元推约一纸。修理账一本。"显见该处房院并不是一次推佃，而是经过了多次推佃。同时还有该房院的修理帐，退租时，应是按照修理帐所载退还修理费用。

推房的原因有多种，大多是因为手中缺钱，而将房院、铺面推与别人承管者，亦有载明"艰苦难以度日"而将房院、铺面推与别人承管者②，亦有因"生意细微"，导致亏损，而将房院、铺面推与别人承管者③，亦有因欠"地谱钱"，为还账，而将房院推与别人承管者。④ 总之，推房的原因多种多样，但无一不透露出推房人生活的艰辛。

在归化城土默特土地契约中，有承租人因某种原因，不再承租房院，而将房院退还原房主的契约，称之为退房院契约。退房之后，原租房者不再承担房约所规定的责权利。原房主则可以将房院再次出租。如乾隆六十年（1795）二月《李文彬退房约》载：

立退房约人李文彬，今将原赁到翠花宫巷内把替儿名下住房三间，每月房钱二百二十五文，后有李某新盖住房七间，每月与把替儿出地谱钱六百文。今屡年所欠地铺

---

① 内蒙古大学图书馆藏、晓克藏：《清代至民国时期归化城土默特土地契约》（第2册），呼和浩特：内蒙古大学出版社，2011年，第437—438页。
② 呼和浩特塞北文化研究会、云广藏：《清代至民国时期归化城土默特土地契约》（第4册上），呼和浩特：内蒙古大学出版社，2012年，第108—109页。
③ 呼和浩特塞北文化研究会、云广藏：《清代至民国时期归化城土默特土地契约》（第4册上），呼和浩特：内蒙古大学出版社，2012年，第185页。
④ 呼和浩特塞北文化研究会、云广藏：《清代至民国时期归化城土默特土地契约》（第4册上），呼和浩特：内蒙古大学出版社，2012年，第394—395页。

房钱共合六十三千九百文。李某别无出备,情愿将新盖住房七间推与把替儿管业。言明将此房等补还屡年所欠地谱房钱,一并清乞。恐后无凭,立退房约为照用。

  乾隆六十年二月廿四日立

  中见人:郭岐德(十字押)、段朝(十字押)、曹万金(十字押)①

该件契约载李文彬因屡年欠地谱房钱,在"别无出备"的前提下,为了还债,将"新盖住房七间"推与把替儿管业。虽然文中没有载李文彬修盖七间住房的花费,但据前引契约可知,修改房院所使费用应有账册记载。七间住房推与把替儿后,即"屡年所欠地谱房钱,一并清乞"。除短欠地谱房钱外,在归化城土默特土地契约中,还有因"生意屡年不做""买卖歇业""手中空乏"②等因素退房的契约。

典房契约,在归化城土默特地区亦是一种较为常见的契约。这种契约为房主将房质典与典主,以获得一定的资金,用以舒缓暂时的窘境。这是一种在一定期限内,可以回赎的契约。如乾隆十四年(1749)二月《源成典房院约》,这是归化城土默特土地契约中,比较早的一件典房契约,该约载:

  立典约人源成,今典到小院一所,房六间,典与陈名下为业,东至赵,西至园,南至园,北至走道,四至分明。言定典价钱十千整。日后有钱不挡回赎,无钱不计年月。恐后无凭,立典约存照用。

  乾隆十四年二月十九日自立典约人源成(十字押)

  中见人:罗吾朝(十字押)、郑良相(十字押)、闫世全(十字押)③

该件契约,并没有出典之缘由,亦没有标明典约的期限,仅是"日后有钱不挡回赎,无钱不计年月"。可见该件契约应为活典约,或者是没有固定期限的典约。典当契约,应是约定回赎期限的,如道光十年(1830)十二月《张书丝典赁房院约》载:

  立出典赁房院约人张书丝,自因不便,将自己原佃到北茶坊后天元号巷内北向南圐圙一所,内有东房九间,西房五间,南房三间半,南马棚二间,正房八间(旁批"内无停留"),通街大门一间,大路一条。东至官街,西至韩伯扬,南至官街,北至宁姓,四至分明。情愿典与罗士英名下住占。同中言明,典价钱四百千文整。其钱笔下交清。限至三年为满,钱到回赎。如钱不到由伊住占。钱无利居无课。内随舍力

---

① 呼和浩特塞北文化研究会、云广藏:《清代至民国时期归化城土默特土地契约》(第4册上),呼和浩特:内蒙古大学出版社,2012年,第125—126页。
② 呼和浩特塞北文化研究会、云广藏:《清代至民国时期归化城土默特土地契约》(第4册上),呼和浩特:内蒙古大学出版社,2012年,第129—130、190—191、200—201页。
③ 呼和浩特塞北文化研究会、云广藏:《清代至民国时期归化城土默特土地契约》(第4册上),呼和浩特:内蒙古大学出版社,2012年,第6页。

兔召东仓房地租钱每年钱二十八千文，按四季住房人交纳。日后倘召房屋损坏，木、石、砖、瓦出于房主，土坯、人工茶饭一应出于住房人名下。恐口无凭，立典约为照用。

  合同约二张各执一张（骑缝）

  如三年以后，再说再议。

道光十年十二月初六日立（十字押）
在中人：齐义礼（十字押）、韩伯扬（十字押）
侯世盛（十字押）、李华（十字押）①

  该件契约所载"限至三年为满，钱到回赎"，这是有固定期限的典房契约。如果钱不到，则由典主住占。且在住占期间是"钱无利，居无课"。文中张书丝所典出的房院应为其租赁舍力图召东仓的房院，可能取得了房院的永佃权。租房人在取得房院的永佃权之后，可以将房院质典于别人，但是蒙古地谱钱应随之转移与承典人。即"内随舍力兔召东仓房地租钱每年钱二十八千文，按四季住房人交纳"，即承典人罗士英每年按四季交纳给舍力图召东仓地租钱二十八千文。同时该件契约亦约定"日后倘召房屋损坏，木、石、砖、瓦出与房主，土坯、人工茶饭一应出于住房人名下"，亦是明确地划分了质典双方的责权利，以免以后因此发生纠葛。

  在归化城土默特土地契约中，亦有原承典房院人，因某种原因，将房院又质典与别人，并与之签订转典房院契约。如道光十二年（1832）二月《张荣华转典房院约》载：

  立转典房院文约张荣华，有原典到三保、哈力牙房院，今因手中钱短并无辗转之处，情愿将自己原典到蒙古房院出典于任玉成名下，典价大钱三十千文整，其钱笔下交足。计房：正房三间，南房一间，东房半间。同众言明，原典五年为满，钱到回赎。每年出于蒙古地租钱六百文，春秋二季交还，不许短欠。随带原典约一张。恐口无凭，立转典约存照用。

道光十二年二月初一日张荣华立（十字押）

中人：

张兆（十字押）

张盖子（十字押）

岳秉荣（十字押）②

---

① 呼和浩特塞北文化研究会、云广藏：《清代至民国时期归化城土默特土地契约》（第4册上），呼和浩特：内蒙古大学出版社，2012年，第291—292页。
② 内蒙古大学图书馆藏、晓克藏：《清代至民国时期归化城土默特土地契约》（第1册），呼和浩特：内蒙古大学出版社，2011年，第86页。

该件契约载张荣华因"手中钱短并无辗转之处",故将"原典到三保、哈力牙房院"出典与任玉成。张荣华与蒙古三保、哈力牙质典房院的期限为"五年为满,钱到回赎"。在转典之后,原典的"五年为满,钱到回赎"仍然适用于张荣华与任玉成的典约,其期限应扣除张荣华与蒙古三保、哈力牙立典房院契约所使用过的期限。同时在转典之后,每年随带的"蒙古地租钱六百文",亦随之转于任玉成,由其按春秋二季交还。即房院转典之后,与房院相关的责权利亦随之发生转移。

归化城土默特地区除了租、典房院契约外,买卖房院契约亦是一种较为常见的土地契约。在归化城土默特土地契约中,乾隆十七年(1752)十月《板定五把什出卖房院约》是一件比较早的房院买卖契约,该件契约载:

> 立约书人板定五把什在西老将营村有房屋二间,地方一块。情愿出卖本村刘养端永远为业。仝众言定,卖价银二两。当日交足,外无欠少。刘姓居住,每年认地放(房)银一钱四分。如若往东西走,许刘姓。许退不许夺。恐口无凭,立约存照作证。记地二段。
>
> 中见人:必力古、舛六哥、任吉禄
乾隆十七年十月卅日①

该件契约所载为板定五把什将西老将营村房院卖给刘养端永远为业,卖价银二两,每年地房银一钱四分。房院买卖之后,房屋所有权属于刘养端。同时规定许退不许夺,显然这是对买卖双方来讲的,买主可以将房院退还原主,但原主不能将房院夺回。该件契约并没有写明"如有亲族争碍,该如何处理"。在早期的几件卖房契约中,均为仅说明房屋几间,并没有房院四至等情况的介绍,对出现争端情况,也没有约定。而在通常情况下,如果发生亲族争碍的情况,应有卖主一面承担。如嘉庆二十五年(1820)四月《梁进善、忠、孝出卖房院约》载:

> 立卖房院人梁进善、忠、孝,今因养赡不足,情愿将自己土木相连住房院一所,正房三间,西房二间,东房二间,大门楼一座,照壁一个,卖于罗士英□□。言明房院价钱二百三十千文,笔下交足。其东房至官街,南至恒升裕,西至恒升裕,四至分明。每年随带地谱钱二千五百文,立约后,如有房□□争端者,有梁进善、忠、孝一面承当,与买房人无干。恐口无凭,立此一样约二纸,各执一张。
>
> 嘉庆二十五年四月初二日立
>
> 合同约一样二纸,各执一张(骑缝)

---

① 杜国忠藏:《清代至民国时期归化城土默特土地契约》(第3册),呼和浩特:内蒙古大学出版社,2012年,第1页。

中见人：陆朝恩（十字押）、郭明（十字押）

季海茂（十字押）、梁福（十字押）、梁兆（十字押）①

该件契约载有房院四至、间数，并约定如果发生争端，有原房主一面承当，与买房人无关。虽然无从得知梁进善如何取得该房院，但从契文来看，应是从蒙古那里取得房院的永佃（典）权。归化城土默特土地契约中，其早期的买卖房产契约是较为简单的，随着时间的发展，民人大量涌入归化城土默特地区，契约的格式亦发生一定的变化。契约内容更为详尽，买卖双方的责权利约定更清晰。这在一定程度上说明归化城土默特地区，因民人大量涌入对当地生产和生活产生的一定影响，这在一定程度上说明，归化城土默特地区民人涌入的过程，亦是归化城土默特蒙古逐渐同民人融合的过程。在这个过程中，归化城土默特蒙古汉化程度进一步加深，并在逐渐接受民人的生产和生活方式的同时，改变其自身的生产生活方式。

道光二十五年（1845）十月《李富同侄子李观宝子推卖房屋约》，则说明李富同侄子是佃到的铺房，因短欠房钱，而将房院推卖。亦说明李富同侄子取得了该铺房的永佃权。该契约载：

立推卖房屋约人李富同侄子李观宝子，情因短欠延禧寺房钱、地谱钱三百一十六千二百文，央人说合，情愿将原佃到归化城四眼井巷路北自佃铺房八间，系土正房五间，临街土栏柜房三间，东至买主、西至买主、南至官街、北至买主，四至分明。情愿推卖与延禧寺补银得力格尔永远住坐承业。同中言明，作价钱三百三十一千二百文，除讫过房钱、地谱钱，净找大钱十五千文，其钱笔下交清。日后房屋与李门毫无干涉。两出情愿，永无返悔。若有蒙民人等争碍者，有李富、李观宝子一力承当。恐口无凭，立推卖房屋约为后照。

随原佃约一纸，地图一纸，修理账一本。

大清道光二十五年十月初一日

说合人：高儒林（十字押）、李海珍（十字押）、张立库（十字押）②

该件契约亦载明房院大小、四至等信息。在房院推卖之后，房院的责权利亦随之发生转移。在该件契约还载有"原佃约""地图""修理帐"等信息，能够更为清晰明了地说明该件房产的由来、位置、修盖花费等信息。

房院租典买卖，使房院所有权发生转移。在一般情况下，房院"许退不许夺"，租

---

① 呼和浩特塞北文化研究会、云广藏：《清代至民国时期归化城土默特土地契约》（第4册上），呼和浩特：内蒙古大学出版社，2012年，第228页。

② 呼和浩特塞北文化研究会、云广藏：《清代至民国时期归化城土默特土地契约》（第4册上），呼和浩特：内蒙古大学出版社，2012年，第399页。

典期满后,可以回赎。但是在归化城土默特地区,由于房院租典买卖交易频繁,亦有偷典现象的发生。如嘉庆二十年(1815)十月《舍力兔召东仓赎房约》载:

> 立赎房约人舍力兔召东仓等,今有北茶坊天源巷路北住房一所,原赁与苏门,苏门转赁与郝安名下居住,郝安手中缺乏,将房偷典与郭发名下居住,合人收过典价钱四千文。今年深日久,舍力兔召不能收纳房租,无奈同人说合,今将房赎回,另寻出赁。恐口无凭,立约为证。
>
> 嘉庆二十年十月十六日
> 中见人:永兴德、邢满福①

该件契约所载舍力兔召东仓,有北茶坊天源巷路北住房一所,原租赁与苏门,苏门又将房院转赁与郝安。但是郝安因"手中缺乏",将房"偷典与郭发",并收过"典价钱四千文"。因年代久远,舍力兔召不能收取房租,所以将房屋赎回,另外出赁。偷典现象的发生,说明该地区房院使用权转移较为频繁,而房主并不能有效地对房院使用权的转移进行控制。

房院地基契约亦能反映出归化城土默特地区房院地基权属的演变为:租—典—卖的过程。

(七)借贷契约

借贷契约,在归化城土默特土地契约中,亦是一种比较常见的契约。一般来讲,归化城土默特地区的借贷契约主要有:典地借钱、典折借钱约和典房借钱约三种。典地、典折、典房借钱契约,是以地、租折、房院作为抵押物,借取一定数量的金钱来缓解当前窘境的契约,其中典折借钱约是最为常见的借贷契约。

质典地谱折(地租折)借贷契约,是归化城土默特地区借贷契约中数量最多的一种。如乾隆五十七年(1792)十二月《朝旺借贷契约》载:

> 立收约人赵连,今有五十七年十二月廿三日朝旺借去钱五十千文,因他别无辗转,同众说合,包头西街三义公地谱赵连名下收十一年,每年地普银十两零一钱五分,九百合钱;十一年为满,共合钱一百千零四百八十五文,本利两清。至五十七年十二月廿三日起,至六十八年十二月廿三日止。恐口无凭,立约存照。
>
> 乾隆五十七年十二月廿三日立
> 中见人:

---

① 呼和浩特塞北文化研究会、云广藏:《清代至民国时期归化城土默特土地契约》(第4册上),呼和浩特:内蒙古大学出版社,2012年,第222页。

　　　　　　　　　　　　　　　　　三架（十字押）
　　　　　　　　　　　　　　　　　史应绅（十字押）
　　　　　　　　　　　　　　　　　续全珍（十字押）
　　　　　　　　　　　　　　　　　旨金（十字押）
　　　　　　　　　　　　　　　　　王登（十字押）
　　　　　　　　　　　　　　　　　纳班长木素（十字押）
　　　　　　　　　　　　　　　　　合同为证（骑缝）①

　　该件契约载朝旺以包头西街三义公地谱折作为抵押，向赵连借钱五十千文。每年地谱银"十两零一钱五分，九百合钱"，即一两白银折合铜钱九百文。赵连对此地普银连收十一年，十一年后，本利两清。该件文书虽然没有载明利钱，但是其所收十一年地普银一百千零四百八十五文，是其借钱五十千文的一倍还多。显见其利钱是比较高的。

　　在典租折借贷契约中，有载明利率，如咸丰三年（1853）十二月《宫天宝出借钱约》载：

　　　　立出借钱文约人宫天宝，今借与八扣名下钱本一十五千文，按月三分行息，质折一个，大行钱四千九百六十文，质与钱主收利。异日折钱付不到，有八扣本利清还。恐口无凭，立约为证。

　　　　　　　　　　　　　　　　　咸丰三年十二月廿八日立（十字押）
　　　　　　　　　　　　　　　　　合同约（骑缝）
　　　　　　　　　　　　　　　　　知见人：
　　　　　　　　　　　　　　　　　王辅清（十字押）
　　　　　　　　　　　　　　　　　温都尔户（十字押）②

　　该件契约载八扣以大行钱"四千九百六十文"质与钱主，按月息三分，借到宫天宝钱本十五千文。如果折钱付不到，八扣还是要偿还本利。该件契约没有载明什么时候还清本利、收回租折。借钱十五千文，按月息三分计算，则每月利息四百五十文，每年为五千四百文，这仅是按单利计算，并没有按复利计算，其利息就每年高达五千四百文。由此推算，八扣仅靠"大行钱八千九百六十文"是无法偿还清本金和利息。可见，八扣所借应是高利贷。

---

① 内蒙古大学图书馆藏、晓克藏：《清代至民国时期归化城土默特土地契约》（第1册），呼和浩特：内蒙古大学出版社，2011年，第7—8页。
② 内蒙古大学图书馆藏、晓克藏：《清代至民国时期归化城土默特土地契约》（第1册），呼和浩特：内蒙古大学出版社，2011年，第232页。

在借贷契约中，亦有质典房院（铺）借贷的契约。如乾隆三十八年（1773）闰三月《高文明借钱约》载：

> 立借钱文约人高文明，因为自紧急钱少使用，今借到复顺成名下清钱二十三千文。同众言定，质与兴隆巷路东废房一所，计正土房五间。钱无利息房无租价。十年以满钱到回赎。如钱不到，房子许永远居住。日后有人争夺，高文明一力承担。恐口无凭，立约存照用。
>
> 乾隆三十八年闰三月二十八日立文约人高文明（十字押）
>
> 中见人：陈昌福（十字押）、霍怀礼（十字押）
>
> 侯文（十字押）、刘孝信（十字押）、李延富（十字押）①

该件契约所载，高文明将房五间质典于复顺成，借到钱二十三千文。典期十年，期满钱到回赎，钱不到，房子归典主永远居住。质典期间，钱没有利息，房屋没有租价。显见在质典期间，高文明失去了房屋的所有权。

在借贷契约中，亦有质典土地借贷的契约，如道光十一年（1831）《马福元借钱约》载：

> 立借钱约人马福元，自因使用不足，今借到嘎尔兔圪速贵名下钱本四千文整。同人言明，三分行利，限至十二年秋后交还。又质到鱼树沟地一块，计地二十亩，西至福家宝、南至本主、东至李天万、北至本主，四至分明。如一满本利不到，地与钱主人耕种。为恐口无凭，立约为用。
>
> 随带典约一张。
>
> 道光十一年十一月初十日立
>
> 中见人：李口花（十字押）、南圪尔坝（十字押）②

该件文书是马福元质典二十亩地，借到嘎尔兔圪速贵名下钱本四千文，约定是三分行利，道光十二年（1832）秋后交还本利。本钱四千文，按月息三分计算，一年利息为1440文，本利合计5440文。如果一年期满，本利没有归还钱主，那么这二十亩地则归钱主使用。

在归化城土默特地区内部，土地交易的租典方式亦不尽相同。彭勇通过对归化城土默特地区的土地契约研究后认为：

> 在归化城附近，土地以出典占主要地位，这与商业和高利贷的发展有关系。由于

---

① 呼和浩特塞北文化研究会、云广藏：《清代至民国时期归化城土默特土地契约》（第4册上），呼和浩特：内蒙古大学出版社，2012年，第39—40页。

② 呼和浩特塞北文化研究会、云广藏：《清代至民国时期归化城土默特土地契约》（第4册上），呼和浩特：内蒙古大学出版社，2012年，第295—296页。

蒙古人的高利借贷，使出典地得以发展。因此归化城一带部分蒙古人不仅几乎全部丧失了对土地的回赎权，有的甚至连收租权也失掉了。而萨拉齐一带，土地多为永租性质，蒙人仅得压租及过约钱几百文。它同归化城一带的典地无论在形式上或在性质上都完全不同。从形式上看，归化城一带民户须向蒙户交纳相当于地价的典价；而萨拉齐一带则仅仅交纳相当于岁租保证金的压租而已。岁租的交纳，萨拉齐也有不同与归化城之处：一是归化城岁租以现金交纳，而萨拉齐有交现金的也有交实物的；二是归化城以土地肥瘠定岁租额，而萨拉齐则不是这样，"岁租……每亩自萨市钱三四十文至数百文、千余文不等，且不以地之肥瘠为多寡。水地有少至数十文者，旱地有多至数百文者，参差不齐……"。从上可知，在萨拉齐一带，蒙古人的土地所有权还未丢失。收取过约钱，证明回赎权依然在蒙古人手中；收取实物地租，说明蒙古人的土地所有权仍颇牢固。①

归化城土默特地区的土地契约有以下特点：

1. 归化城土默特地区的土地无论出租、质典或买卖，土地物权的转让并不完全。归化城土默特蒙古仍然是土地的名义上的占有者，而承租、典、卖者依然要向归化城土默特蒙古交纳一定数量的地谱钱。其实这仅是为了应付清政府不准归化城土默特蒙古进行土地买卖而采取的一种变通方式，因此归化城土默特地区的土地契约，在某种程度上是"似租实卖""似典实卖"的土地契约。

2. 在归化城土默特地区的土地契约，一般载有成契缘由。而成契缘由一般写有"因手中空乏""紧急使用""差事紧急""短欠钱文"。这在归化城土默特土地契约中已经成为固定化的格式。关于成契缘由，在敦煌契约中，就已经出现，如《唐乾宁四年（897）平康乡百姓张义全卖舍契》载"平康乡百姓张义全为缺少粮用，将上件祖父舍兼屋木出卖与洪润乡百姓令狐信通兄弟"②，此处之"缺少粮用"即为立契约缘由。至元代成契缘由成为立契约的必备条件。据《通制条格》卷16《田令·典卖田产事例》载：

> 至大元年十月，中书省枢密院呈：……今后诸军户典卖田宅，先须于官给据，明立问帐，具写用钱缘故，先尽同户有服房亲并正军贴户。如不愿者，依限批退。然后方问邻人典主成交，似不靠损军力。都省准呈。③

"具写用钱缘故"成为元代典卖田宅，订立契约所具备的要件，为明清两代所沿用。在归化城土默特土地契约中，成契缘由已经成为一种固定"套话"。

---

① 彭勇：《清代归化城土默特地区的土地租佃关系》，呼和浩特文史资料（第8辑），第275—276页。
② 敦煌文书：S3877背《唐乾宁四年（897）平康乡百姓张义全卖舍契》，见沙知：《敦煌契约文书辑校》，江苏古籍出版社，1998年，第10页。
③ 黄时鉴点校：《通制条格》，杭州：浙江古籍出版社，1986年，第200页。

3. 在归化城土默特地区的土地契约中，要标明标的物的来源。如"祖遗""原置""原租""自置"等。为保证交易的安全合法，取得标的物来源方面权利瑕疵的保证是必要的。

4. 归化城土默特地区的土地契约，一般标明土地的大小、四至。但是这并非归化城土默特土地契约中必备要件。有的土地契约仅有大小，而没有四至，有的仅笼统的表述地一块或地一段。这同归化城土默特蒙古从事游牧经济，对土地大小并没有较为清晰的概念有关。随着民人的大量涌入，归化城土默特蒙古亦采用民人计量土地的方法来计算地亩。

5. 归化城土默特地区的土地契约，一般标有"许退不许夺"，这其实是对土地契约订立双方的一种约束，并没有规定对"夺"的惩罚要件。因此"许退不许夺"在实际上已经成为一种程式化的表述。

6. 归化城土默特地区的土地契约，一般标有"如有亲族等人争端（碍、夺），有某某一面承担（当）"的话语。这是由于土地、房院的买卖有亲邻优先的原则，在土地契约中的一种体现。但是在实际的土地交易中，亲邻优先的原则往往被价格优先的原则所摒弃。因此这类话语，亦是一种程式化的表述。

7. 归化城土默特地区的土地契约，契尾画押的方式通常为"十"字押，亦有少部分"画"押和手指押。归化城土默特地区的契约多为"代书"，这同归化城土默特地区蒙、民文化水平较低，识字人较少有关。绝大多数蒙、民不识字，在订立契约时，需要签署的情况下，选择"十"字押，是方便易行的，也能为广大蒙、民所接受。

当然，归化城土默特地区的土地契约还有其他特点，如彭勇在《清代归化城土默特地区的土地租佃关系》中认为：

> 凡蒙古族出租土地者，地租量一般都很小。内地的地租量一般占生产量的一半左右，庄头地的地租量每亩征米约一斗一升，而在土默特地区，除城镇房基地、城郊菜地和"地商"转租出的土地地租量较大外，一般的荒地（也称作"白地"）熟地（也称作"垡地"）的地租量都很小。乾隆年间每亩租银约二分左右，实物地租每亩约米三升左右，乾隆后期至道光年间大都以铜钱交纳，每亩地租银30文左右。以上所指都是无押地钱的地租量。有押地钱的地租量就更少了。租金最贱的每亩只有三文多铜钱。①

归化城土默特地区的土地契约，在一定程度上说明了归化城土默特地区社会发展演变的过程，同时也是归化城土默特蒙古与民人逐步融合的过程。在归化城土默特地区蒙、

---

① 彭勇：《清代归化城土默特地区的土地租佃关系》，呼和浩特文史资料（第8辑），第270页。

民互动交流,是以土地为中心展开的。在归化城土默特蒙古占有土地所有权的前提下,流入到该地区的民人只能靠租种地亩维持生计。归化城土默特蒙古虽然拥有土地的所有权,但在承担繁重兵役的前提下,无力经管土地,只能靠出租地亩,获得租金维持生计。这才是归化城土默特地区蒙、民出租地亩的前提。如果归化城土默特蒙古不用承担清政府的兵役,而是可以从事其擅长的游牧经济,那么其游牧经济就足以维持其生计,何须出租地亩?流入到归化城土默特地区的民人,则是晋陕无地或少地的民人,在其当地无法生存,因此流落到归化城土默特地区寻求生计。在归化城土默特蒙古需要出租土地,晋陕民人需要承租土地这个前提下,归化城土默特地区的土地才被大量垦殖。

随着晋陕民人大量涌入归化城土默特地区,导致归化城土默特地区土地租典、典押、买卖交易频繁。一方面反映了本区农业垦殖获得较大地进展,另一方面也说明归化城土默特蒙古逐渐失去对土地的所有权。在此情况下,土地被大量集中到少数人手中,而广大土默特蒙古则失去赖以生存的土地。归化城土默特蒙古在"租—典—卖"的过程中逐渐失去了对土地的所有权,而沦为生活无着赤贫群体。少数蒙古贵族、地商、高利贷者却在"租—典—卖"的过程中,囤积了大量的土地,又以转租和放高利贷等方式对蒙、民进一步盘剥。

第三节 归化城土默特地区的水、地纠纷

归化城土默特地区的土地租佃、质典、买卖后,要有地户进行农业垦殖。而水利是农业生产的命脉,位于干旱、半干旱区域的归化城土默特地域的农业生产对水利的依赖程度亦是十分紧密的。因此在民人涌入归化城土默特地区之始,土默特地区的水、地纠纷就开始出现,随着涌入的民人数量的增加,土地垦殖面积的进一步扩大,水、地矛盾日趋尖锐,甚至出现因争水而闹出人命的惨剧。因此,在对归化城土默特的土地契约进行探讨之后,对本区域的水、地纠纷问题进行论述。

一、水利纠纷

在本章第 2 节中"水约"部分,对归化城土默特地区的水权、水利管理、使水章程进行探讨(见上文)。本节专门对归化城地区的水利纠纷进行探讨。

清代归化城土默特地区的水利纠纷档案,据笔者统计有 29 卷,其中乾隆年间 16 卷、嘉庆年间 4 卷、道光年间 2 卷、光绪年间 7 卷。最早的为乾隆十年(1745)四月,归化

城都统《为格根呈报民人杨氏因争水打伤郝氏案札付归化城通判》①，最晚者为光绪二十八年四月，察素齐福禄等《禀控把什板伸倒布气等违章霸水私浇淤地》②。这些案卷中以乾隆年间的水利纠纷案卷最多，笔者认为这主要是因为乾隆在位时间较长，且同其在位期间清理归化城土默特土地有一定的关系。水利纠纷事件在乾隆年间较多，亦说明这一时期流入归化城土默特地区民人数量增加，导致土地开垦数量增加，但是相应的水利设施缺乏，导致争水事件的出现。

在归化城土默特地区因灌溉而导致争水事件较多③，既有因争水打伤人的事件，如乾隆十年（1745）四月，杨氏因争水打伤郝氏的事件④，又有因争水斗殴而出现的人命案件，如光绪二十六年（1900）六月，张厚争水用铁锹劈死银恺事件（见下文）。⑤

归化城土默特地区的水利纠纷事件，除因灌溉而导致的水利纠纷事件外，还有因挖渠、打坝而导致的水利纠纷⑥，霸占水源而导致的水利纠纷。⑦ 这些水利纠纷事件虽然原因多样，但是均围绕"水"这一农业生产命脉而产生。

水利纠纷事件，在以农业为主的我国古代社会是层出不穷的。如《清高宗实录》卷1488，乾隆六十年（1795）十月辛卯条载：

> 又谕曰：魁伦等奏，审拟长泰县械斗一案，已交军机大臣等，速拟具奏，及议上。朕覆加详阅，其中情节，尚属可疑。此案林薛二姓，因争水起衅，纠众械斗，自应互有杀伤，何以林姓被杀者共十六名，尚有受伤者二名，而薛姓被杀者仅有一名。即云薛姓人数较多，其杀伤人数，亦不应如此多寡悬殊。此尚系上年六月之案。⑧

---

① 土默特左旗档案馆藏：归化城副都统衙门档案，归化城都统《为格根呈报民人杨氏因争水打上郝氏案札付归化城通判》，档案号：80—25—83。
② 土默特左旗档案馆藏：归化城副都统衙门档案，归化城都统《为格根呈报民人杨氏因争水打上郝氏案札付归化城通判》，档案号：80—5—2254。
③ 土默特左旗档案馆藏：归化城副都统衙门档案，档案号：80—26—520、80—26—627、80—25—83、80—25—128、80—25—153、80—户司行文档（第7函，十八号册）—46—402、满文补遗—94、满文补遗—585、80—38—648、80—4—1607、80—5—1971、80—5—2243 等。
④ 土默特左旗档案馆藏：归化城副都统衙门档案，归化城都统《为格根呈报民人杨氏因争水打上郝氏案札付归化城通判》，档案号：80—25—83。
⑤ 土默特左旗档案馆藏：归化城副都统衙门档案，萨拉齐同知《申报张厚争水用铁锹劈死银恺拟议书册》，档案号：80—4—1607。
⑥ 土默特左旗档案馆藏：归化城副都统衙门档案，档案号：80—30—116、80—26—629、80—25—122、80—4—1189 等。
⑦ 土默特左旗档案馆藏：归化城副都统衙门档案，档案号：80—25—136、80—25—318、80—户司行文档（第7函，十八号册）—46—440、满文补遗—841、满文补遗—956、80—4—1624、80—5—1960、80—5—1961、80—5—2203、80—5—2254 等。
⑧ 官修：《清高宗实录》卷1488，乾隆六十年十月辛卯条，北京：中华书局，1985年，第915页。

此为乾隆五十九年（1794），长泰县林、薛二姓，因用水而发生械斗，致林姓被杀者十六名、薛姓一名。再如《清史稿》卷451《铁珊传》载：

> （光绪元年）是年，署甘凉道，武威、永昌、镇番三邑共一渠，民争水械斗，久不决。铁珊为开支渠，别子母水，设闸刊石，立均水约，轮日灌溉，民大悦，为立祠渠上。地宜牧，因畜羊三千头，岁以蕃息，用给贫民无告者。①

此为甘凉道所属武威、永昌、镇番三邑因共用一渠，因争水，三邑民众发生械斗。铁珊为平息械斗，"开支渠，别子目水，设闸刊石，设立水约，轮日灌溉"，解决了三邑水事纠纷问题。

在归化城土默特地区，水利纠纷事件亦时有发生。归化城土默特地区，地处干旱半干旱区域，降雨量少。该地区在以畜牧业为主时期，人们逐水草而居，是没有水事纠纷的。清初，仅有少量的民人进入归化城土默特地区，土地尚未大规模开垦。而农事灌溉仅需天然渠道和自然降水就足以维持，故此时归化城土默特地区的用水矛盾并没有凸显出来。但随着民人大量涌入，为本区域带来了充足的劳动力。本区域的土地得到大规模的开发，但仅靠天然河道和稀少的降水，无法维持本区域农业发展。虽然在归化城土默特相关文献中亦有关于渠道、挑浚河渠的记载，但是由于本区域水源不足，特别是在干旱年份，水事纠纷就会愈发频繁。

水利纠纷，主要表现为"争水"问题，即争夺"水"的使用权。归化城土默特地区水利纠纷主要表现为同一水系内部的用水纠纷。水利纠纷的主要原因同水源的不足、偷水、霸水有很大关系（见上文所引水利章程）。上文所引，因偷水、霸水而发生的水利纠纷，在水神社或官府依照所定"水利章程"可以予以处理，并可对偷水、霸水之人给予相应处罚。

因盗水而发生水事纠纷案件，在归化城土默特地区最为常见（见上文）。1891年，清水河县兴隆渠发生的因偷开新渠，祁家沟和南海子两村发生纠纷。经清水河厅通判断决："非法新开之渠，按旧渠规浇水。"并刊立石碑：

> 十七年十月，兴隆渠地户刘景等呈称，此渠开自乾隆年间，迄今一百六十余载，向来渠水接流村庄浇灌地亩，自有旧章定数，不得乱规私改，希图自便。兹据公呈大南沟无赖勾窜南海子村富户侯保小子、刘光伟等合伙改渠，截水断流。如果属实，殊属胆玩。边外各厅改制以来，与口内州县无异，所辖境内，设有水利可兴修筑建坝，先须呈明该管本府，亲诣勘验有无妨碍，可否修建，再行饬遵办理。查侯保小子、刘光伟等并无呈明案据，率领多人私行擅修，藐法已极。于四月二十六日传案集讯，据

---

① 赵尔巽：《清史稿》卷451《铁珊传》，北京：中华书局，1976年，第12560页。

地户刘景供:"此渠开自乾隆年间,迄今一百六十余载,其渠水向由南沟内朱家山泉水而来,此泉水先从沟内浇灌地亩,以后流出沟口,归入兴隆渠,自东至西,流至席麻沟口,与该沟流出小水相接,会合一渠,流至祁家沟一带浇灌地亩,共计浇地四顷有奇。每年与沟内朱家山水神庙公渠捐助布施钱一十吊。如庙遇有修理,公渠浇水各户帮同募化,以资兴修,历年相安无事。兹有沟内无赖之辈,勾串东南海子村侯保小子等,私行雇工,偷在兴隆渠水上边开渠,截水东流,浇灌伊村私垦地亩,毁坏渠规,希图自便。呈控作主恩断。"又谓:"十八年三月初旬,天暖冰销,轻骑减从赴朱家山泉水发源地方查看,并沟内经流地段,以及流出沟口归入该渠水势之大小,逐细验明,不甚畅旺。自东至西,流到祁家沟村,路径蜿蜒,计有八九里之遥,若非同席麻沟细流会合浇地,似难遍资灌溉。"且抽查应浇渠水地亩四顷之数,有盈无绌,设遇旱岁,恐不敷轮灌,如泥被告之言,"水自天产,利可均沾",任听建坝,改水东流,则百余年之水地,如同涸鲋,是与南海子村有益,与祁家沟有损,办法甚不公允,未便准行。应将截水已开未成之渠,限定十日内,照旧填实,勿得因循游移,致干查究。侯保小子等未曾呈明,私行建坝,偷截渠水,虽未浇灌,究属擅行妄为,自应责惩示儆,因念乡愚无知,姑宽免责。合渠地户公议,将断案判词照刊石碑,分立府衙门首、朱家山村,永遵谨守,以垂永久,不致废坠云尔。

光绪十八年七月①

据该碑记所载,"此渠开自乾隆年间,迄今一百六十余载",而水事纠纷发生于光绪十七年(1891),往前推一百六十余年,当在1731年左右。此时应为雍正九年(1731)前后。据此推断,此渠当开建在雍正年间而非乾隆年间。本渠地户称"此渠开自乾隆年间,迄今一百六十余年"应是一种模糊的说法,实际情况可能并非如此。地户仅是为了说明此渠开凿时间较为久远,至于是雍正或是乾隆年间开凿则不是十分重要。

"向来渠水接流村庄浇灌地亩,自有旧章定数,不得乱规私改",这说明兴隆渠地户结成水社,对水渠使水情况进行管理。"旧章定数"即以前使水章程和水权分配情况。而"旧章定数"不得乱规私改,这是保证水利章程能够在水社管理之下,有效运行。

但是大南沟无赖勾结南海子村富户侯保小子、刘光伟等人合伙改渠,截水断流,"如果属实,殊属胆玩",这种情况如果是实情,则是侯保小子等人胆大妄为。据"边外各厅改制以来,与口内州县无异,所辖境内,设有水利可兴修筑建坝,先须呈明该管本府,亲诣勘验有无妨碍,可否修建,再行饬遵办理",可知在归化城土默特地区在改设

---

① 土默特左旗《土默特志》编纂委员会:《土默特志》(上),呼和浩特:内蒙古人民出版社,1997年,第178页。

厅以后，境内如果修建水渠、堤坝应当向当地官府申请，官府勘验之后，再决定是否可以办理。经过官府调查，侯保小子、刘光伟等人开渠并没有向官府申请，而是擅自修建。这是一种藐视国法的行为。

据在渠地户刘景的供词可知：兴隆渠水源自南沟内朱家山泉水；兴隆渠仅是在朱家泉水流出沟口至席麻沟口这一段；朱家山泉水与席麻沟水汇合后，流至祁家沟一带，共计浇灌地亩四顷有余。显见清水河县兴隆渠区域的水利工程，是在天然河道的基础上，适当的修建人工水渠，以灌溉当地地亩。从其共计"浇地四顷有奇"可知，该渠之水源并不十分丰富。

据"每年与沟内朱家山水神庙公渠捐助布施钱一十吊，如庙遇有修理，公渠浇水各户帮同募化，以资兴修"可知，兴隆渠渠地户是以朱家山水神庙结成的使水群体，通过向水神庙捐助布施、募化修建庙宇，而取得使水权。

"沟内无赖之辈，勾串东南海子村侯保小子等，私行雇工，偷在兴隆渠水上边开渠，截水东流，浇灌伊村私垦地亩，毁坏渠规"，说明侯保小子等人在南沟主家山泉水流出沟口之处另凿新渠，这等于把兴隆渠的水源给截断了。

兴隆渠在渠地户上告官府后。在光绪十八年（1892）三月初旬，官府对水渠进行勘验，"轻骑减从赴朱家山泉水发源地方查看，并沟内经流地段，以及流出沟口归入改渠水势之大小，逐细验明，不甚畅旺。自东至西流到祁家沟村，路径蜿蜒，计有八九里之遥，若非同席麻沟细流会合浇地，似难遍资灌溉"。这是官府接到在渠地户上告之后，亲自勘验后得出的结论。并且"抽查应浇渠水地亩四顷之数，有盈无绌。设遇旱岁，恐不敷轮灌"，这也是对该水源进一步调查得出水量不甚丰富的结论。

侯保小子等人对私自修建渠道辩称："水自天产，利可均沾"——即朱家山泉水，是天然产生的，为何在渠地户可用，侯保小子等人不能使用？因此该泉水的使用应采用利益均沾原则。笔者认为官府在考察当地得出"抽查应浇渠水地亩四顷之数，有盈无绌，设遇旱岁，恐不敷轮灌"结论之前，其实已经考虑过是否可以利益均沾，和可否让侯保小子等人修筑新渠，即在水源充足，开挖的新渠没有影响到原在渠地户用水的前提下，侯保小子等人修浚新渠的行为会被官府所认可。但是由于该渠水源并不充足，如果遇到旱年，就会导致用水紧张，没有足够的水来浇灌土地。如果允许侯保小子等人修建新渠，则会导致社会纠纷，有碍社会安定。那么官府就不会允许侯保小子等人修建新渠。

如果听任侯保小子等人开渠引水，"改水东流，则百余年之水地，如同涸鲋，是与南海子村有益，与祁家沟有损，办法甚不公允，未便准行"，这对南海子村是有利的，但是对祁家沟却是有害的，这种行为对祁家沟来讲是不公允的。为保证在渠地户能够充分浇灌地亩，不致闹出更大的用水事件，只能将侯保小子等人修筑的新渠填实。因此裁令："应将截水已开未成之渠，限定十日内照旧填实，勿得因循游移，致干查究。"同时对侯保小子等人私自挖渠修坝的行为进行处分："私行建坝，偷截渠水，虽未浇灌，究属擅行妄为，自应责惩示儆，因念乡愚无知，姑宽免责。"即虽然侯保小子私自挖渠建坝，应当予以惩处，但是考虑到乡民愚昧无知，因此免于惩罚。

从清水河厅兴隆渠的水利纠纷来看，官府拥有对水利纠纷的最后裁断权。虽然某方的行为触犯了用水章程，但是出于维护社会安定，不至于闹出事端的前提下，官府基本上采取依照水利章程进行裁断。

在归化城土默特地区，因为用水紧张，导致的命案亦有发生。光绪二十六年（1900），张厚小子因争水用铁锹劈死银恺事件：

> 归化城兵司参领、萨拉齐抚民同知：
>
> 为复审事，案查接管卷内光绪二十四年三月初十日，据厅属黑麻板升村民甲会陈连壁报称，据村人蒙古赛吉尔户投称"本月初九日夜，伊子银恺与村人张厚小子因浇地口角争水起衅，用手携铁锹将伊子银恺头颅偏右殴伤，延至初十日早因伤致死，嘱为禀报"等语，往看属实，合报验究等情，同日并据尸父赛吉尔户呈同前由各到厅。据此，卑前属厅当即饬差查获凶器，一面票传案证人等去后。查该村距城二十五里，随即轻骑减从带领刑仵，押犯携带凶器前诣相验。先勘得该村有东西街道一条，路北有张厚小子住院一所，进内有北房一通三间，西边设有土坑一盘，已死蒙古银恺尸身于炕头上，头西脚东，仰面躺卧，身穿衣履俱全。勘毕，谕令将尸舁放平明地面，对众如法相验。据件作张霞龄当场唱报：已死蒙古银恺问年三十八岁，量身长四尺四寸，肩宽一尺二寸，验得仰面，面色发变。致命：偏右有铁器伤一处，斜长一寸二分，宽五分，皮破，按捺骨微损，青色。不致命：两眼泡微开，肚腹胀。不致命：两腿伸，谷道粪出。余无别故，委系因伤身死。报毕亲验无异。饬取凶器铁锹比对，尸伤相符，当场填格取结，尸令棺殓。当将该犯张厚小子带回羁禁，人证保释，凶器储库。前署厅陈丞之郊业将验讯大概情形依限通禀，并照例详请大人委员来萨会讯在案。前署厅未及会讯详办，于闰三月十二日卸事。卑职即于是日到任，接准移交，嗣蒙檄委，卑职萨拉素于闰月二十七日驰低萨拉齐厅，会同卑职鉴查案卷，饬提该犯张厚小子并传集尸亲，人证到案，逐一研讯。……

> 光绪二十六年六月十八日
> 参领萨拉素
> 同知马鉴①

据案卷所载，光绪二十四年（1898）三月初九日，黑麻板升村民蒙古银恺在浇灌田地时与本村村民张厚小子产生口角，被张厚小子用铁锹将其头颅偏右部打伤。初十日早上因伤致死。据蒙古银恺浇灌田地可知，在归化城土默特地区，已经有一部分蒙古居民从事农业生产。故银恺父亲蒙古赛吉尔户将此事报告到黑麻板升村民甲会陈连璧那里。据此可知，陈连璧应为甲会的会首。陈连璧将命案情形报告到萨拉齐厅。由于是蒙汉之间发生的斗殴伤人案件，故归化城兵司参领亦参与该案件的断决。

《钦定大清会典事例》卷119《吏部·处分例》载：

> （乾隆五年）五年覆准：……再归化城蒙古民人交涉命案，应令就近各协理笔帖式，会同该管蒙古官，星驰往验，不必更由同知申报都统拣委，以致迟误。其各扎萨克等处部落，亦令就近各协理笔帖式，驰赴该地方，会同该管官相验。至会审蒙古民人事件，究出实情之后，民人照内地律例治罪，蒙古照蒙古例治罪。如蒙古例内并无正条者，呈明都统，援引刑部律例治罪。②

该案件为蒙、民因争水斗殴致死案件，应属蒙民交涉案件。据《钦定大清会典事例》所载应令就近各协理笔帖式，会同该管蒙古官前去勘验。

《土默特志》第5章《政治志》，对蒙民交涉案件处理方式进行了论述：

> 蒙古与民人交涉命、盗案件，亦呈请将军就近与土默特参领等官会审定拟。凡拟斩、绞各犯，属于蒙古，由将军转咨理藩院复核具奏完结；属于民人，则由山西巡抚咨部复核具奏完结。③

据《钦定大清会典事例》卷851《刑部·刑律断狱》载：

> 归化城各协厅所属：遇有呈报命案到官，即令该通判星往验明，填格录供通详。仍照例详请都统派委蒙古官员会同审拟，毋庸详派会验，致滋稽延。倘该通判等相验

---

① 土默特左旗档案馆藏：归化城副都统衙门档案，萨拉齐同知《申报张厚争水用铁锹劈死银恺拟议书册》，档案号：80—4—1607. 亦载于土默特左旗《土默特志》编纂委员会：《土默特志》（上），呼和浩特：内蒙古人民出版社，1997年，第479页。
② 昆冈等修，刘启端等纂：《钦定大清会典事例》卷119《吏部·处分例》，续修四库全书（第800册），上海：上海古籍出版社，2002年，第114—115页。
③ 土默特左旗《土默特志》编纂委员会：《土默特志》（上），呼和浩特：内蒙古人民出版社，1997年，第475页。

不实，以及迟延贻误。令该管上司分别参处。①

上文所载村民甲会的报告，萨拉齐厅当即"饬差查获凶器，票传案证人等"。且轻骑减从带领仵作前去勘验。据《钦定大清会典事例》卷125《吏部·处分例》载：

> （乾隆）七年奏准：凡人命案内有致命伤痕，有不致命伤痕。或将致命伤痕报出，不致命伤痕遗漏未报。再或拳伤报称踢伤，木器伤报称铁器伤之类。罪无出入者，罚俸一年。②

据上文所载，仵作验尸体，分作致命伤、非致命伤，这是根据这一律令对尸体进行检验的。同时取凶器和伤口比对，亦相符合。在勘验完毕，"当场填格取结，尸令棺殓"。并将张厚小子带回羁押，凶器储库。"前署厅陈丞之郊业将验讯大概情形依限通禀，并照例详请大人委员来萨会讯在案。"显见该案件是按照《大清会典事例》所载规定办理的。

该卷档案载有对该案的判决：

> 据供前情不讳，诘非有心致死，亦无起衅别故及在场帮殴之人。再三究诘，矢口不移，案无遁饰。查例载"蒙古与民人交涉之案，凡遇殴斗等事，如系在民人地面犯事者，仍照例律办理"。又载"斗殴杀人者，不问手足他物金刃，并绞监候"各等语。此案张厚小子因浇地争水口角起衅争斗，辄敢用铁锹将蒙古银恺（头颅）偏右殴伤，越日毙命。查黑麻板升村并非蒙古地面，自应按刑律问拟。张厚小子合依"斗殴杀人者，不问手足他物金刃，并绞监候"律，拟绞监候，秋后处决。据供老父单丁，是否属实，俟秋审时再行查办。已死银恺，先向逞凶，本干例拟，业被殴死，应于劝阻不及之金保子等均勿庸议，无干省释，尸棺饬属领埋，渠水照旧使放，凶器铁锹解验发回储库备照。③

其断词"斗殴杀人者，不问手足他物金刀，并绞监候"。应是援自《刑律人命·斗殴及故杀人》条。据《钦定大清会典事例》卷804《刑律人命·斗殴及故杀人》载：

> 斗殴及故杀人：凡斗殴杀人者，不问手足他物金刃并绞，故杀者斩。若同谋共殴人，因而致死者，以致命伤为重。下手致命伤重者绞。原谋者，杖一百流三千里。余

---

① 昆冈等修，刘启端等纂：《钦定大清会典事例》卷851《刑部·刑律断狱》，续修四库全书（第810册），上海：上海古籍出版社，2002年，第369页。
② 昆冈等修，刘启端等纂：《钦定大清会典事例》卷125《吏部·处分例》，续修四库全书（第800册），上海：上海古籍出版社，2002年，第192页。
③ 土默特左旗档案馆藏：归化城副都统衙门档案，萨拉齐同知《申报张厚争水用铁锹劈死银恺拟议书册》，档案号：80—4—1607。亦载于土默特左旗《土默特志》编纂委员会：《土默特志》（上）第5章《政治志》，呼和浩特：内蒙古人民出版社，1997年，第479—480页。

人各杖一百。①

该案件是因争水而引起的斗殴事件，争水是起因。因斗殴发生命案才是问题的根源。因此该案适用于该条，按律张厚小子当斩。

乾隆皇帝认为斗殴命案是"小民愚昧无知，不忍一朝之忿，遂致罹于重辟"。据《清高宗实录》卷47，乾隆二年（1737）七月壬寅条载：

> 训饬愚民斗狠之习，谕直省督抚朕览法司本章，各省命案，大率斗殴居多，甚至有挟持凶器，互相杀伤者。小民愚昧无知，不忍一朝之忿，遂致罹于重辟，后虽追悔，亦已无及，深可悯恻。夫贪生恶死，人之常情，即在愚民，亦断无不爱惜身命之理。总因平日不知法律，而地方有司，又不能时时化导，动其从善去恶之天良，申以触法抵令之宪典，无怪乎编氓之日蹈法网而不能止也。嗣后直省督抚，督率有司必多方宣谕，实力劝勉，务使闾阎咸知法纪，顾惜身家，以远于罪戾，则教化行而刑罚可省矣。②

乾隆皇帝谕令地方官员宣传、教导百姓守法，其实际执行效果却不得而知。

据大清律，其断决结果张厚小子"拟绞监候，秋后处决"是适当的。而断词中有"据供老父单丁，是否属实，俟秋审时再行查办"，这涉及清政府的留养承祀制度。留养承祀制度，是指对于犯有死刑等重罪的人犯，由于是单丁，家中有祖父母、父母等需要赡养，故法律特许其"侍亲缓刑"。

据文献所载，最早的留养事件，见于《太平御览》卷646《刑法部十二·弃市》载：

> 咸和二年，句容令孔恢罪弃市。诏曰：恢自陷刑网，罪当大辟。但以其父年老而有一子，以为恻然，可悯之。特原之。③

该案发生在东晋咸和二年（327），孔恢犯罪当弃市，但因孔恢为单丁，且其父年老，故"特原之"。这应是从"其父年老"，需要侍养的角度，免于孔恢弃市。这件事是所体现的传统儒家文化"孝"的思想，在某种程度上体现了古代法律人性化的一面。可能这仅是针对具体案件而言，并不具有普遍性。

留养作为一项制度，成为法规，应肇始于北魏。据《魏书》卷7下《高祖孝文帝》载：

---

① 昆冈等修，刘启端等纂：《钦定大清会典事例》卷804《刑律人命·斗殴及故杀人》，续修四库全书（第810册），上海：上海古籍出版社，2002年，第787页。
② 官修：《清高宗实录》卷47，乾隆二年七月壬寅条，北京：中华书局，1985年，第805—806页。
③ 李昉：《太平御览》卷646《刑法部十二·弃市》（第3册），北京：中华书局，1995年，第2894页。

> 十有二年春正月……乙未，诏曰：镇戍流徙之人，年满七十，孤单穷独，虽有妻妾而无子孙，诸如此等，听解名还本。诸犯死刑者，父母、祖父母年老，更无成人子孙，旁无期亲者，具状以闻。①

该条文献所载孝文帝太和十二年（488），北魏政府颁布的一项律令，该条同《魏书》卷111《刑罚》所载是相一致的：

> （太和）十二年，诏：犯死罪，若父母、祖父母年老，更无成人子孙，又无期亲者，仰案后列奏以待报，著之令格。②

《魏书》卷111《刑罚》又载：

> 案《法例律》：诸犯死罪，若祖父母、父母年七十已上，无成人子孙，旁无期亲者，具状上请。流者鞭笞，留养其亲，终则从流。不在原赦之例。③

留养制度被后世所沿用，完善和发展。到唐代，对留养制度作了更加完善的规定。据《唐律疏议》卷3《名例》载：

> 诸犯死罪非十恶，而祖父母、父母老疾应侍，家无期亲成丁者，上请。犯流罪者，权留养亲，不在赦例，课调依旧。若家有进丁及亲终期年者，则从流。计程会赦者，依常例。即至配所应侍，合居作者，亦听亲终期年，然后居作。④

宋、元、明延续唐律关于留养的规定。据《元史》卷105《刑法四》载：

> 诸犯死罪，有亲年七十以上，无兼丁侍养者，许陈请奏裁。⑤

《明史》卷93《刑法一》载：

> 犯死罪，非常赦所不原，而祖父母、父母老无养者，得奏闻取上裁。犯徒流者，余罪得收赎，存留养亲。即唐律罪非十恶条。⑥

《明史》所载"即唐律罪非十恶条"更加清晰明了地说明，明代的存留养亲与唐代的存留养亲是一脉相承的。

清代，仍沿袭前代的存留养亲制度。雍正、乾隆、嘉庆、道光各朝虽然沿用前代存留养亲制度，但又陆续对存留养亲制度进行完善，据《钦定大清会典事例》卷732《刑部·名例律》载：

> 嘉庆十一年议准：例载误杀应入缓决之案，秋审一次之后，奏明减为杖一百、流

---

① 魏收：《魏书》卷7下，《高祖孝文帝》，北京：中华书局，1974年，第163页。
② 魏收：《魏书》卷111《刑罚》，北京：中华书局，1974年，第2878页。
③ 魏收：《魏书》卷111《刑罚》，北京：中华书局，1974年，第2885页。
④ 长孙无忌等撰，刘俊文点校：《唐律疏议》卷3《名例》，北京：中华书局，1983年，第69—70页。
⑤ 宋濂：《元史》卷105《刑法四》，北京：中华书局，1976年，第2690页。
⑥ 张廷玉：《明史》卷93《刑法一》，北京：中华书局，1974年，第2285页。

三千里。……一、杀人之犯,有奏请存留养亲者,查明被杀之人,有无父母,是否独子,于本内声明。如被杀之人,亦系独子,亲老无人奉侍,则杀人之犯不准留养。(谨案此条雍正三年遵旨定) 一、擅杀罪人之案,与斗杀致毙平人者有闲,如有亲老丁单应行留养者,该督抚照例取结送部核办。毋庸查被杀之人,有无父母,是否独子。(谨案此条系乾隆五十四年定) 一、杀人之犯,有奏请存留养亲者,查明被杀之人,有无父母,是否独子,本内声明。如被杀之人,亦系独子,亲老无人奉祀,则杀人之犯,不准留养。若被杀之人,无姓名籍贯可以关查者,仍准其声请留养。至擅杀罪人之案,与殴毙平人者不同,如有亲老应侍,照例声请。毋庸查被杀之家,有无父母,是否独子。(谨案此条系嘉庆六年将前二条修并) 一、杀人之犯,有秋审应入缓决应准存留养亲者。查明被杀之人,有无父母,是否独子,于本内声明。如被杀之人,亦系独子,但其亲尚在,无人奉侍。不论老疾与否,杀人之犯,皆不准留养。若被杀之人,平日游荡离乡,弃亲不顾,或因不供养赡,不听教训,为父母所摈逐,及无姓名籍贯可以关查者。仍准声请留养。至擅杀罪人之案,与殴毙平民不同,如有亲老应侍,照例声请。毋庸查被杀之家,有无父母,是否独子。(谨案此条嘉庆二十四年增修,道光四年,因被杀者之父母虽未老疾,但现在别无次丁,即属无人奉侍。原例内被杀之人亦系独子亲老无人奉侍等语,尚未明晰,是以改定)[①]

清代"存留养亲"制度,在考虑死刑犯祖父母、父母是否年老无人奉养的基础上,还考虑死刑犯是否为独子,并且参考被杀之家有无父母、是否独子。显见对"存留养亲"的适用范围作了进一步限定。结合本次争水斗殴杀人案,案卷载"据供老父单丁,是否属实,俟秋审时再行查办"。如果情况属实,则依"存留养亲"之规定,张厚小子免除死刑,"存留养亲"。

"存留养亲"制度,自魏晋肇始,唐代定型,清代进一步完善。其出发点并非针对人犯本身,而是针对需要赡养的年老之人。"存留养亲"制度,是以儒家的"孝"为基础的。"孝"是中国儒家文化的"精髓"所在,也是儒家文化得以源远流传的基石。在以农业生产为主要生产方式的古代社会,"男丁"不仅是社会生产的主要劳动力,同时承担着赡养老人的和延续香火的责任。故,在中国古代社会,家庭是否有"男丁"是非常重要的:男丁是顶门立户,承担着一个家庭甚至家族的未来,因此对一个家庭、家族来讲是至关重要的,这同中国古代社会生产力不发达,男丁是主要劳动力有关。而这也是导致中国古代社会的重男轻女重要因素之一。即使现在,我国重男轻女的痼习,无论

---

① 昆冈等修,刘启端等纂:《钦定大清会典事例》卷732《刑部·名例律》,续修四库全书(第810册),上海:上海古籍出版社,2002年,第97页。

在城市还是在农村,均有一定的市场。在此情况下,政府从"孝"的角度出发,对"单丁"家庭人犯予以存留养亲。据此可知,如果"据供老父单丁"属实,依大清律令,张厚小子应有可怜悯的情节,应入缓决之案。至于最后是否缓决,由于档案记载缺失,则不得而知。该案件之后,仍然按照原定使水章程使水。显见官府在处理水利纠纷时,是参照原定使水章程,处理水利纠纷。

总之,在归化城土默特地区,水利纠纷在清前期是比较少的,这与本地区土地垦殖尚没有大规模开展,用水问题还没有凸显有关。随着人口的大量流入归化城土默特地区,导致大量土地被垦殖,造成本区用水日趋紧张,水利纠纷事件也就日趋频繁。

二、土地纠纷

土地纠纷,就是围绕土地所有权和使用权,不同主体之间产生的矛盾。在归化城土默特地区的土地纠纷,主表表现为以下两个方面:1. 归化城土默特蒙古与周边其他蒙古部落的土地纠纷;2. 归化城土默特蒙古与民人之间的土地纠纷。

归化城土默特蒙古与周边其他部落的土地纠纷,如归化城土默特两翼旗与乌拉特东公旗之间的土地纠纷集中表现为"借牧地"(见上文);归化城土默特两翼旗与达拉特之间的土地纠纷集中表现为"六成地"(见上文),故在土地纠纷中不再对此予以论述。

归化城土默特蒙古与民人之间的土地纠纷主要为收租、回赎或霸地所导致的土地纠纷。在归化城副都统衙门档案中,据笔者统计,土地纠纷档案约有493卷,其中乾隆年间336卷、嘉庆年间27卷、道光年间29卷、咸丰年间5卷、同治年间7卷、光绪年间75卷、宣统年间7卷;不知年代者7卷。

归化城副都统衙门档案中,所载土地纠纷案卷,主要分为以下几类:

(一)因地租而起的纠纷

在归化城副都统衙门档案中,因地租而发生的土地纠纷,据笔者统计,有60卷。最早的为乾隆三年(1738)二月《为民人宋国富不交田租一案经审理由劳章色楞付给七两二钱银将地要回》[1],最晚的一件为光绪三十四年(1908)十二月,孀妇锁锁《呈控夫弟冒收地租复又逞凶恳按律究办》[2]。这60卷因地租而产生的土地纠纷案件中,乾隆年间的土地因地租而产生

---

[1] 土默特左旗档案馆藏:归化城副都统衙门档案,《为民人宋国富不交田租一案经审理由劳章色楞付给七两二钱银将地要回》,档案号:80—满文补遗—254。
[2] 土默特左旗档案馆藏:归化城副都统衙门档案,孀妇锁锁《呈控夫弟冒收地租复又逞凶恳按律究办》,档案号:80—5—2343。

的土地纠纷有 45 卷之多，嘉庆年间 3 件，道光、咸丰、同治朝各有 1 卷，光绪年间 8 卷，年代不可考的有 1 卷。显见，乾隆年间因地租而发生的土地纠纷事件是较为频繁的。这些因地租而产生纠纷的缘由有不交地租①、拖欠租银②、增长地租③、因地租伤人④、强占地租⑤、争夺地租⑥等。《土默特志》第 3 章《土地与垦殖志》对因收租而引起的土地纠纷，进行了总结：

> 因收租引起的纠纷。有的原告系出租土地的蒙户，状告承租户，因原出租土地之蒙古去世，即以为其后人不知而隐不交租；或状告承租之奸猾者拖租不交；有的原告系承租户，状告出租土地之蒙古随意违约中途加租。⑦

清政府针对佃户拖欠地租，出台相应的惩罚措施。据《清世宗实录》卷 61，雍正五年（1727）九月戊寅条载：

> 吏部等衙门议覆：……嗣后奸顽佃户，拖欠租课，欺慢田主者。请照不应重律论杖，所欠之租，勒追给主。直省一体遵行。从之。⑧

此处针对拖欠租课，欺慢田主的人，予以"杖"的处分，据《钦定大清会典》所载为"杖八十"。⑨归化城副都统衙门档案的土地纠纷案中，判定宝音图收取库苏雷所欠租

---

① 土默特左旗档案馆藏：归化城副都统衙门档案，档案号：80—26—417、80—26—418、80—26—420、80—26—466、80—26—472、80—26—531、80—26—597、80—26—600、80—26—601、80—26—616、80—26—639、80—26—662、80—26—691、80—26—741、80—30—309、80—满文补遗—101、80—满文补遗—288、80—满文补遗—294、80—满文补遗—302、80—38—122、80—38—729、80—5—1978 等。
② 土默特左旗档案馆藏：归化城副都统衙门档案，档案号：80—26—435、80—26—589、80—26—622、80—5—1940、80—5—2342、80—满文补遗—297、80—满文补遗—301 等、80—5—1880。
③ 土默特左旗档案馆藏：归化城副都统衙门档案，档案号：80—26—541、80—26—649、80—26—653、80—26—718、80—26—720、80—满文补遗—878 等。
④ 土默特左旗档案馆藏：归化城副都统衙门档案，档案号：80—26—438、80—26—588、80—30—178、80—满文补遗—254、80—满文补遗—300 等。
⑤ 土默特左旗档案馆藏：归化城副都统衙门档案，档案号：80—26—579、80—26—717、80—26—765、80—5—1920、80—5—1962、80—5—2148、80—5—2195、80—5—2199、80—5—2273、80—5—2343、80—满文补遗—936 等。
⑥ 土默特左旗档案馆藏：归化城副都统衙门档案，档案号：80—26—461、80—26—492、80—26—590、80—30—146 等。
⑦ 土默特左旗《土默特志》编纂委员会：《土默特志》（上），呼和浩特：内蒙古人民出版社，1997 年，第 160 页。
⑧ 官修：《清世宗实录》卷 61，雍正五年九月戊寅条，北京：中华书局，1985 年，第 940 页。
⑨ 昆冈等修，刘启端等纂：《钦定大清会典事例》卷 809《刑部·刑律斗殴》，续修四库全书（第 809 册），上海：上海古籍出版社，2002 年，第 836 页。载："至有奸顽佃户，拖欠租课，欺慢田主者，杖八十，所欠之租，照数追给田主。"

银并因妄告对方占田，被责打七十大板。① 虽然该处记载为"责打七十大板"与"杖八十"有些差别，但这是因田主妄告对方占田而受到的处罚。

据《钦定大清会典事例》卷158《户部·户口》载：

> （乾隆）八年奏准：山西、陕西边外蒙古地方，种地民人甚多。设立牌头总甲，令其稽查。即于种地民人内，择其诚实者，每堡设牌头四名，总甲一名。如种地民人内，有拖欠地租，并犯偷窃等事，及来历不明之人，即报明治罪，如通同徇隐，将该牌头等一并治罪。②

即如果发生拖欠地租现象，由牌头上报官府进行处治。嘉庆时期，针对拖欠地租者予以更加严厉的处罚措施。据《钦定大清会典事例》卷979《理藩院·耕牧》载：

> （嘉庆十六年）民人拖欠租息，量其多寡分限，于每年交租时一同交纳。蒙古等长支租息者，于票内注明，作为押地之项。民人抗不交租者，将地撤出，交还蒙古，另行租佃，交地方官严行治罪，递回原籍。……民人推故欠租霸占者，该扎萨克呈报地方官，将地撤出，交蒙古耕种，仍将民人严惩，递解原籍。如应递解之民，任意潜藏，或复行逃回者，责成地方官随时严查重惩。③

到嘉庆朝，已经不仅仅是将拖欠地租者"杖"责，而是将其所租之地收回，交还给蒙古另行租佃，将拖欠地租者交地方官处理，并解送回原籍。

（二）因回赎土地而产生的纠纷

在归化城土默特地区的土地活租约，是可以到期回赎的。但是当租约到期，因种种原因不赎或不还土地的现象时有发生。在归化城副都统衙门档案中，因回赎土地而产生纠纷的档案有30卷④，其中乾隆年间28卷，光绪年间2卷。最早者为乾隆四年（1739）

---

① 土默特左旗档案馆藏：归化城副都统衙门档案，《土地纠纷案经会审判定宝音图收取库苏雷所欠租银并因妄告对方占田责打七十大板》，档案号：80—满文补遗—288。
② 昆冈等修，刘启端等纂：《钦定大清会典事例》卷158《户部·户口》，续修四库全书（第800册），上海：上海古籍出版社，2002年，第564页。
③ 昆冈等修，刘启端等纂：《钦定大清会典事例》卷979《理藩院·耕牧》，续修四库全书（第811册），上海：上海古籍出版社，2002年，第710页。
④ 土默特左旗档案馆藏：归化城副都统衙门档案，档案号：80—5—1883、80—5—1899、80—5—2062、80—5—2122、80—26—414、80—26—416、80—26—459、80—26—527、80—26—553、80—26—574、80—26—623、80—26—624、80—26—631、80—26—632、80—26—633、80—26—636、80—26—637、80—26—641、80—26—642、80—26—696、80—26—697、80—26—699、80—26—705、80—30—98、80—30—139、满文补遗—286、满文补遗—289、满文补遗—295、满文补遗—461、满文补遗—636、满文补遗—663 等。

二月，秦、张二姓租库苏尔金土地不归还事件①，最晚者为光绪十四年（1888）二月，孀妇千千程控蒙古文魁架租户扣地亩案卷。②此类案卷大多为民人霸占土地不予赎回。如乾隆四十八年（1883）六月，鄂尔格逊纳木扎尔色令告刘继文不还土地案卷：

> 分驻萨拉齐管理蒙古民事通判，为饬审办理事：乾隆四十七年十月二十三日蒙大人清文内开，户司案呈乾隆四十七年九月二十九日，据参领巴固扎布佐领下鄂尔格逊村纳木札尔色令禀称：缘我故祖金巴生前有自己耕种的水地七块，租给民人刘继文承种，言定每年租银十一两二钱，故祖金巴陆续向刘继文长支过银一百二十两。后到乾隆三十三年，同人说和，限二十年，将长支银两除清，仍旧收租。如今听得刘继文要将这地卖于旁人。我向刘继文言说长支银已除过十四年，算来本利共得过一百五十余两，来除六年租银我如数与他，叫他退地，我自己耕种。刘继文不肯退地，要永远耕种。我想我先人自种之地租与民人，将长支立限，扣除□□□□□我情愿如数与他，刘继文再三不允，明是欺我蒙古兵丁，霸占地亩，求祈大人饬行该地方官将未除六年租银清退，叫刘继文退还地亩我自己耕种，当差度日可也等情。
>
> 据此相应饬行该厅将原拨人等审明秉公办理，详报可也等因。蒙此，遵即差役传唤去后，旋据原差邢自明等禀称刘继文已经回籍，无凭传唤等情。随传谕鄂尔格逊村甲头侯刘继文前来，令其投案。嗣据刘继文之子刘发琦禀称：我是巴图扎布佐领下人，我故祖金巴生前把七块地租与这刘发琦的父亲刘继文承种，每年租银十一两二钱，后来我故祖金巴使了五把什、章木素二人的五十两银子，把这地典与他们。后到乾隆三十三年，五把什们因我故祖无力还银，要夺这地，刘继文亦不肯退还，告在蒙员七老爷案下，蒙吩咐叫刘继文替我故祖转借银两五十两清还五把什们的典价，又算下我故祖长支了刘继文七十两银子。二宗共银一百二十两，都作为长支。因刘继文是借的有利银两，叫刘继文承种二十年，除完长支，仍旧出租承种，立有文约，至上年已十四年了。我因穷苦不能当差，原向刘继文说原借五六两银子使用，刘继文不肯。我才把他告下。我实在不是叫他退地，也无力给他未除的六年租银，只求叫他□多年地伙，把每年十一两二钱租银内少除几两，让我当差度日就顶息了，是实情。据刘发琦供：我父亲刘继文租种纳木札尔色令的故祖金巴地七段，每年租银十一两二钱，金巴把这地使了五十两银子典与蒙古五把什、章木素后，到乾隆三十三年上，五把什们要夺这地，小的父亲不肯退还，告在蒙员七老爷案下，七老爷吩咐叫小的父亲替金巴

---

① 土默特左旗档案馆藏：归化城副都统衙门档案，归化城都统《为审理民人秦张二姓租库苏尔金地不还事札付归化城同知》，档案号：80—26—414。
② 土默特左旗档案馆藏：归化城副都统衙门档案，孀妇千千《呈控蒙古文魁架租户扣地亩祈恩究办》，档案号：80—5—2122。

转借了五十两银子还了五把什们典价，把地赎回，又算下长支银七十两。二宗共银一百二十两，都作为长支，立写文约，分为二十年除清了，仍旧每年出十一两二钱租银承种。到上年已十四年了，还短六年未除。纳木札尔色令问小的父亲借银当差，小的父亲无力，没有借与他，就把小的父亲告下，小的父亲借的人家银子每年替他出着利钱，除下十一两二钱地租，还抵不住人家利银。他还把小的父亲告下，他是多年地伙，小的也没甚说的，只求公断就是了，各等供。据此查纳木札尔色令应得刘发琦之父刘继文租银十一两二钱，每年□数除还长支，尚欠六年方始期满，芽念纳木札尔色令度日无资，断令刘发琦于本□□每年应除□□两二钱租银内扣除六两，下余五两二钱，念属多年地伙，概为义让，按年交纳给纳木札尔色令收使，以资度日，俟六年期满，仍令刘发琦每年出租银十一两二钱承种。两造允服。除取具遵依附□□□外理合将□□过缘由，具文申报大人查核销案。再此案先具汉文，俟另缮清文补报，合并声明。为此备由，具申伏乞。

　　　　　　　镇守归化城等处地方都统管理绥远城官兵事务加一级□录三次积
　　　　　　　乾隆四十八年六月二十六日通判智带①

　　该卷文书在纳木札尔色令的祖父金巴生前将自种水地七块租给民人刘继文承种，言定每年租银十一两二钱。乾隆三十三年（1768），因金巴使了五十两银子将地典与蒙古五把什章木素，因金巴无力还钱，五把什要将地夺走。刘继文不肯将这件事告到蒙员七老爷案下，经裁断，刘继文向金巴转借银子五十两偿还五把什的典价，又长支银七十两，期限为二十年，将长支银两清除。乾隆四十七年（1782），因纳木札尔色令因度日艰难，欲向刘继文借银被拒，借口刘继文欲将土地出卖给别人，自己要赎回土地，刘继文不许，故将其告发。萨拉齐厅据此差人传唤刘继文，由于刘继文回原籍，故刘继文的儿子刘发琦回禀该案。回禀由两部分组成，一部分为原告纳木札尔色令的供词，除详细说明该事件外，称其并不是真正的想把地赎回，而是因度日艰难，想让刘继文念在多年租种土地的情分上，把每年十一两二钱租银内少扣除几两，让其能够当差度日。一部分为刘发琦的供词，除详细对该事件进行说明外，还说因纳木札尔色令借钱当差，由于没有借给他，就被告了。但当年借的钱由其父亲支付利息，而每年的地租银十一两二钱还不够支付利息，因此请求公断。萨拉齐厅据此作出裁断："每年应除十一两二钱租银内扣除六两，下余五两二钱，念属多年地伙，概为义让，按年交纳给纳木札尔色令收使，以资度日，

---

① 土默特左旗档案馆藏：归化城副都统衙门档案，萨拉齐厅《申报审断鄂尔各逊纳木扎尔色令告刘继文一案情形》，档案号：80—5—1899。亦见于陈志明：《土默特历史档案集粹》，呼和浩特：内蒙古人民出版社，2007年1，第86—87页。

俟六年期满，仍令刘发琦每年出租银十一两二钱承种。"显见归化城土默特蒙古由于生活无着，且要当差，只能靠出租土地维持生计。据纳木札尔色令的供词称其欲回赎土地自种，说明归化城土默特蒙古亦有回赎土地自种的情形，亦说明归化城土默特蒙古已经有部分蒙古人从事农耕。

再如光绪三十一年（1905）四月，归化城厅《详送兰锁子控朱红计子一案请批示销案书册》载：

> 调署归化城抚民理事同知为详请销案事：
>
> 案查接管卷内光绪三十一年三月初六日蒙宪牌内开，户司案呈光绪三十一年二月初一日案，蒙都宪饬发呈词一纸，案据蒙古兰锁子呈称：缘小子于去年腊月间上控府新营村朱红计子霸夺租地，硬抗不退等情，于都宪辖下蒙恩承发户司核办在案。旋即封印，今已开篆。小的不得不据实投陈。窃查该奸民朱红计子租种小的家地四十一亩，虽有长支伊租钱八十三千五百文，本系短租活约，小的向该朱红计子私下理论，经该村甲会处办，令伊与小的退地十亩，因小的要拨好地，伊退与赖地，因此该甲会推手不办。小的将伊呈控前府姚天案下，姚府堂讯，不熟蒙情，又被该朱红计子朦胧，不以租约讯断，退地亦不令坐价，一味饬令具结。小的再三申诉此地尚值钱一千余吊，全然不究，反将小的杖责一百。不料该奸民自下堂后，愈加得意，反将小的地内成材大树伐倒二三十株，架卖肥己，又将地内插柳栽秋二十余亩，尚不满意，并在地头内大开土厂，令各村车马拉卖烧土得受重利。以致小的因穷愈穷。小的伏思私下既能办地奉官，岂不能回赎，势将虎背，难见世人之面。恩请体恤穷蒙，恩准委员赴厅会审，断产归主。为此不得不据情呈明，叩乞恩准作主，委员赴厅会审，追地归主，实为德便施行等语。据此，查所呈经甲会人等处令伊退地十余亩尚未了结，嗣经到官，钱地毫无，未免不能折服其心。来辖上控，既蒙恩准，饬发交司，相应呈请牌饬归化厅同知，限文到日赶紧传案，秉公讯断，详复核夺等情。据此，合亟牌饬，为此仰厅吏查照牌内事理，即便遵办，勿违等因。
>
> 蒙此，卑前兼理厅魏丞未及传讯，旋于三月十五日卸事，卑职到任，准移遵即核明卷宗，饬传原被到案。……
>
> 据蒙古兰锁子供：是乌佐领属下人，小的先人于道光十六年把座落案下府新营子村户口地四十一亩租给民人朱红计子家承种。光绪三十年秋后，小的备价抽赎，朱红计子不允。小的控蒙前案下传讯，断令不准抽赎，小的心有不甘就上控的。现已追悔，求公断是实。
>
> 据民人朱红计子供：是忻州人，寄住案下府新营子村，种地度日。蒙古兰锁子先人于道光十六年上把坐落府新营子村户口地四十一亩租给小的家承种。光绪三十年秋

后，兰锁子备价回赎，小的不允，兰锁子控蒙前案下传讯，断令不准抽赎，兰锁子心有不甘就上控的，求公断是实。

　　据此，查此案蒙古兰锁子先人于道光十六年间将坐落府新营子村户口地四十一亩租与民人朱红计子家承种，约尾注明不许长租夺地，并无钱到回赎字样。光绪三十年秋后，兰锁子备价抽赎，朱红计不允，控经卑前署厅姚丞传讯，断令不准抽赎，兰锁子心怀不甘，辄赴宪辕上控。现经卑职讯悉前情，诘以各有冤枉，不妨当堂申述。据称情愿仍遵前断具结，不敢狡执等语。随断令兰锁子照旧收租，不准抽赎地亩；朱红计子照旧交租，勿得稍有蒂欠。惟兰锁子以田土细故上控，殊属习健，姑念现已追悔，与始终狡执者有间，应请从宽免究。朱红计子讯无伐树挖土情事，亦勿庸议。……

光绪三十一年四月二十三日
调署同知陈寿昌①

　　该卷所载兰锁子备价回赎土地，竟然被杖责一百，断令"兰锁子照旧收租，不准抽赎地亩；朱红计子照旧交租，勿得稍有蒂欠"。更有民人使用计谋，致使蒙民无法回赎土地事件的发生。如乾隆三十八年（1773）三月，巧报村石发荣、主根岱村张万宝租种穷蒙古地亩（活约地），蒙户备价回赎时，石、张二人不仅不退地，反而以"开垦荒地"为名，在归化城厅反控蒙户，结果其抗退图谋竟然得逞。②因此兰锁子回赎土地没有成功绝非个案。再如乾隆四十五年（1780）十一月，蒙古骁骑校达尔玛控告侯姓民人将由其名下租到的户口地转租他人，要求回赎自耕，但是达尔玛缠讼经年，地也没有赎回③；白彦扣因家贫不能度日，且租地年限已满，向薛英赎地自种，在呈控期间，经人说和而息讼，但期满后，薛英还是不退地。④

　　因土地回赎而发生的土地纠纷案卷，多在乾隆年间，笔者认为这同乾隆八年（1743）开始清查归化城土默特地亩，要求年满回赎有很大地关联。据《清高宗实录》卷198，乾隆八年（1743）八月壬子条载：

---

① 土默特左旗档案馆藏：归化城副都统衙门档案，归化城厅《详送兰锁子控朱红计子一案请批示销案书册》，档案号：80—5—2315。亦载于土默特左旗《土默特志》编纂委员会：《土默特志》（上），呼和浩特：内蒙古人民出版社，1997年，第480—481页。

② 土默特左旗档案馆藏：归化城副都统衙门档案，石发荣张万宝等《恳将赏给穷蒙地亩断令照常租种的呈文》，档案号：80—5—1849。

③ 土默特左旗档案馆藏：归化城副都统衙门档案，归化城厅《申报申解石轴村达尔玛控侯姓私典蒙地一案情形》，档案号：80—5—1879。

④ 土默特左旗档案馆藏：归化城副都统衙门档案，归化城厅《申报白彦扣控薛文英拒退地亩案俟该薛回村讯断》，档案号：80—5—1883。

> 归化城都统嘎尔玺等奏：上年十一月内，大学士议准山西巡抚喀尔吉善等所奏，将土默特蒙古典给民人地亩，年满赎回分给贫乏蒙古。臣等遵即晓谕众蒙古……再原议典出地亩年满彻回时，分给四千九百六十八口贫乏蒙古等语。臣请耕田在一顷以上者，无须重给，惟于地少之户，均匀派拨。其陆续年满彻回者，亦照此办理造报。①

乾隆八年（1743）清查归化城土默特地亩之时，规定出典土地到期，由土默特蒙古赎回。随着土地的陆续到期，因回赎土地而产生的土地纠纷不断出现。

关于回赎土地，据《钦定大清会典事例》卷755《刑部·户律田宅》载乾隆十八年（1753）议定条例：

> 嗣后民闲置买产业，如系典契，务于契内注明回赎字样。如系卖契，亦于契内注明永不回赎字样。其自乾隆十八年定例以前，典卖契载不明之产，如在三十年以内，契无绝卖字样者，听其照例分别找赎。若远在三十年以外，契内虽无绝卖字样，但未注明回赎者，即以绝产论，概不许找赎。如有混行争告者，均照不应重律治罪。②

在归化城土默特土地契约中，一般契约书写较为简单。由于归化城土默特蒙古土地不准买卖，所以归化城土默特蒙古与民人签订的土地契约多为似租实卖或似典实卖的土地契约。有的契约虽然有"钱到回赎"或"期满回赎"，但由于归化城土默特蒙古生计艰难，多数无力回赎土地，故土地实际上已经出卖。针对这种情况，清政府又对归化城土默特蒙古土地回赎作出规定，据《钦定大清会典事例》卷979《理藩院·耕牧》载：

> （道光十二年）有典给民人者，追出典契，换租种合同，扣足典价，按则输租。其情愿赎回者，照土默特民典蒙古地亩例办理：一、典出地亩，无力回赎，照例令民人再种五年、四年、三年、二年抵销典价，年满日，只准蒙古自种，或租给原佃，不得再行出典，及另招流民。③

《钦定大清会典事例》卷979《理藩院·耕牧》又载：

> （道光）十九年定：喀喇沁土默特旗种地民人，不得以所种地亩，折算蒙古赊贷银钱，违者治罪。蒙古地亩，不得典给种地民人。其定例以前，已经出典之地，如蒙古备价回赎，立即交出，如一时无力回赎，该民人典种已过三年者再种四年，过五年者再种三年，过十年者再种二年，抵销地价，地归蒙古。又定：喀喇沁土默特旗种地

---

① 官修：《清高宗实录》卷198，乾隆八年八月壬子条，北京：中华书局，1985年，第542—543页。
② 昆冈等修，刘启端等纂：《钦定大清会典事例》卷755《刑部·户律田宅》，续修四库全书（第809册），上海：上海古籍出版社，2002年，第331页。
③ 昆冈等修，刘启端等纂：《钦定大清会典事例》卷979《理藩院·耕牧》，续修四库全书（第811册），上海：上海古籍出版社，2002年，第711页。官修：《清宣宗实录》卷215，道光十二年七月丁巳条，北京：中华书局，1985年，第200页。

民人，不得重价转典蒙古地亩，违者追价，交旗充公，地归蒙古，民人递回原籍。其定例以前，已经转典之地，不计种过年分，再种五年抵销地价，地归蒙古。又定：民人租种蒙古地亩，如欲回籍，或不愿耕种。即将所欠之租，所赁之房，与押契钱文对抵，地归本主。①

该条虽然是针对喀喇沁蒙古，但同归化城土默特蒙古回赎土地时，"令民人再种五年、四年、三年、二年抵销典价"有相似之处。

这种回赎土地之法，并非完全强制，而是有一定的变通性，在保证承租者（承典者）利益，又不让其承受更大的损失前提下，土地被回赎到归化城土默特蒙古手中，这在一定程度上对安抚归化城土默特蒙古民众起到了十分重要的作用。归化城土默特蒙古土地回赎之后，生活有了一定的依靠。虽然回赎土地并没有使归化城土默特蒙古生计问题从根本上得到解决，但是却在一定程度上缓解了归化城土默特蒙古生计艰难的问题。

（三）因争、抢、霸地而起的纠纷

因争、抢、霸田而起的纠纷案卷，在归化城副都统衙门档案中数量较多。据笔者统计，约有302卷，其中乾隆年间202卷，嘉庆年间19卷，道光年间20卷，咸丰年间2卷，同治年间5卷，光绪年间46卷，宣统年间5卷，年代不可考者3卷。最早者为乾隆四年（1739）三月，户司《为孀妇乌珠拉控西旺占抢夺土地与事实不符的呈文》②，最晚者为宣统四年（1912）一月，王泰芝等《呈控董娃借端强占我梨园社义地》③。在这

---

① 昆冈等修，刘启端等纂：《钦定大清会典事例》卷979《理藩院·耕牧》，续修四库全书（第811册），上海：上海古籍出版社，2002年，第712页。
② 土默特左旗档案馆藏：归化城副都统衙门档案，户司《为蒙孀乌珠拉西控旺占抢夺土地与事实不符事的呈文》，档案号：80—26—121。
③ 土默特左旗档案馆藏：归化城副都统衙门档案，王泰芝等《呈控董娃借端强霸我梨园社义地》，档案号：80—4—1825。

些争、抢、霸土地纠纷主要有：归化城土默特蒙古部众之间的土地纠纷案卷①；喇嘛、黑徒、民人之间土地纠纷案卷②；蒙古与民人之间的土地纠纷案卷数量较多，散见于地产纠纷类案卷、土地类案卷、司法类案卷、行政类案卷、满文补遗类案卷中。

有关土地纠纷事件，贻谷在《蒙垦奏议》写道：

> 自奸诈之民得值本更难，更以弱蒙本懦，遇贪酷之吏，威吓尤甚。夫边吏岂不厉蒙袒民哉？厅官周岁而必更，书役累世而如袭，作半生宦囊之计，聚罗掘乘时有五日京兆之思。胥吏假手，而又当难于觉察之地，易于吓诈之民，不敛何待？故蒙一涉讼，十无一直，以致争畜者讼虽完而畜俱尽，争田者案未结而田亦无。强忍甘难，不质于公者，辄聚众私斗，人或数百，时或数旬，小之命案酿成，大之边氛不靖。③

蒙古部众之间的土地纠纷案卷，如咸丰九年（1859）六月，归化城厅《移咨户司查明王毕斜乞房基地是否系丹则尔巴祖产》的咨文中载：

> 具甘结人蒙古清太，今于甘结事，依奉结得户司大老爷案下。缘王毕斜齐村蒙古甲头万家保与小的们争控地基一案，今蒙讯明将村东地三十亩，断令小的按约收租，所有民人傅国正住占村中空地基一块，因小的并无确实约据，已蒙断令该村会首等管业，以后小的不敢妄争，所居甘结是实。④

---

① 土默特左旗档案馆藏：归化城副都统衙门档案，档案号：80—26—121、80—26—168、80—26—425、80—26—436、80—26—452、80—26—455、80—26—457、80—26—488、80—26—501、80—26—506、80—26—533、80—26—551、80—26—558、80—26—559、80—26—564、80—26—581、80—26—613、80—26—634、80—26—661、80—26—668、80—26—721、80—26—733、80—26—735、80—26—752、80—26—754、80—26—757、80—26—762、80—26—764、80—26—772、80—38—314、80—38—648、80—4—1465、80—5—1893、80—5—1977、80—5—1990、80—5—1996、80—5—1998、80—5—1999、80—5—2020、80—5—2049、80—5—2050、80—5—2051、80—5—2052、80—5—2054、80—5—2069、80—5—2086、80—5—2098、80—5—2103、80—5—2105、80—5—2110、80—5—2121、80—5—2144、80—5—2167、80—5—2174、80—5—2257、80—5—2262、80—5—2276、80—5—2299、80—5—2318、80—5—2363、80—5—2369、80—户司行文档（第4函，10号册）—46—208、80—户司行文档（第6函，14号册）—46—278、80—户司行文档（第6函，14号册）—46—288、80—户司行文档（第7函，17号册）—46—347、80—满文补遗—55、80—满文补遗—424、80—满文补遗—428、80—满文补遗—487等。

② 土默特左旗档案馆藏：归化城副都统衙门档案，档案号：80—26—594、80—30—106、80—30—113、80—30—123、80—30—194.2、80—30—387、80—30—52、80—30—57、80—30—86、80—38—719、80—4—844、80—4—879、80—4—888、80—5—1902、80—5—1991、80—5—2298、80—5—2301、80—5—2314、80—户司行文档（第2函，5号册）—46—102、80—户司行文档（第2函，5号册）—46—103、80—满文补遗—525、80—满文补遗—846等。

③ 转引自土默特左旗《土默特志》编纂委员会：《土默特志》（上），呼和浩特：内蒙古人民出版社，1997年，第135页。

④ 土默特左旗档案馆藏：归化城副都统衙门档案，归化城厅《移咨户司查明王毕斜乞房基地是否系丹则尔巴祖产》，档案号：80—5—2015。

该卷所载蒙古清太与王毕斜齐村蒙古甲头万家保与争控地基案中，将村东三十亩地由清太按约收租，而地基则令该村会首承管，这是蒙古与蒙古之间的土地纠纷。民人与蒙古的土地纠纷主要表现为民人对蒙地的侵占。如和林格尔五把什尔村蒙古长命子与五有争地纠纷"蒙古长命子之曾祖父租给民人高步仁户口地三顷三亩，租资每年四石粮食"。其曾祖父死后，其祖、父两代均未收过租资。光绪十年（1884），长命子持约前往讨租，获知高步仁已回原籍，行前将地租给五有耕种。五有只承认种地六十亩，因此发生争执。①

不仅归化城土默特蒙古与民人发生土地纠纷，回民亦与民人发生土地纠纷。如道光三十年（1850）七月回民马成义与赵伏有子争地案。② 光绪二十六年（1900）八月，回民马成恩与杨根福发生土地纠纷③，此为杨根福抗租隐地而引起的土地纠纷（见上文）。

在归化城土默特地区因争、抢、霸占土地而发生的土地纠纷事件层出不穷，这一方面说明归化城土默特地区的土地开垦进入一个新阶段，同时亦说明民人大量涌入归化城土默特地区，人口增多，导致可资开发的土地减少，故土地纠纷事件频发。《土默特志》认为"引起诸如此类土地纠纷的，多系地商、商号、富户或称霸一方的'灰菜旗杆'"④，此说有一定道理。这些人往往同官员、胥吏勾结，以此达到抢、霸土地的目的。

因争地而起的土地纠纷，如果没有涉及械斗、命案，当地官府则会依据原定契约进行处理，当然亦会出现包庇民人的现象。如果因争地发生械斗、命案则依请律裁断。据《钦定大清会典事例》卷 788《刑部·刑律贼道》载雍正十二年（1734）定条例：

> 江南省通州崇明昭文沙民，伙众争地。除不持器械争夺，及聚众不及四五十人者，照侵占他人田宅律科断。如系执持器械，及聚众四五十人，有抗官重情者，照光

---

① 土默特左旗《土默特志》编纂委员会：《土默特志》（上），呼和浩特：内蒙古人民出版社，1997 年，第 134 页。
② 土默特左旗档案馆藏：归化城副都统衙门档案，归化城同知《为再行咨传回民马成义与赵伏有子争地案内蒙古地主喇嘛根栋等到案的咨文》，档案号：80—26—758；归化城同知《为咨转回民马成义与赵伏有子争地案内蒙古喇嘛根栋到案以便讯明的咨文》，档案号：80—26—759。
③ 土默特左旗档案馆藏：归化城副都统衙门档案，归化城厅《咨查回民马成恩先人有无拨过户口地亩》，档案号：80—5—2222。该案卷亦见于白贞：《土默特回回户口地浅证》，内蒙古社会科学，1985 年，第 2 期，第 53—57 页，其文载为"道光二十六年八月十九日"，误，档案为"光绪二十六年八月十九日"。
④ 土默特左旗《土默特志》编纂委员会：《土默特志》（上），呼和浩特：内蒙古人民出版社，1997 年，第 135 页。有关"灰菜旗杆"的意义，笔者《詈词"灰菜旗杆"考》（未刊稿）：在归化城土默特地区，"灰菜旗杆"指地痞无赖。

棍例，为首者拟斩立决，为从者拟绞监候，逼勒同行之人，各杖一百。①

有关"侵占他人田宅"的处理，据《钦定大清会典事例》卷755《刑部·户律田宅》载：

> 盗卖田宅：凡盗他人田宅卖，将己不堪田宅换易、及冒认他人田宅作自己者，若虚写价钱实立文契典买及侵占他人田宅者，田一亩，屋一间以下，笞五十。每田五亩，屋三间加一等。罪止杖八十，徒二年。系官田宅者，各加二等。若强占官民山场、湖泊、茶园、芦荡及金银铜锡铁冶者，不计亩数，杖一百，流三千里。若将互争不明及他人田产，妄作己业，朦胧投献官豪势要之人，与者受者，各杖一百，徒三年。盗卖与投献等项田产及盗卖过田价，并各项田产中递年所得花利，各应还官者，还官。应给主者，给主。若功臣有犯者照律拟罪。②

据《钦定大清会典事例》所载，虚写价钱立文契典买和侵占他人田宅根据田的大小、房屋的多少给予不同的刑罚。

清代"光棍"主要指乡间诈骗、地痞无赖之徒。清政府对光棍进行严厉打击，其"光棍例"即针对乡间诈骗、地痞无赖之徒而制定的律令。笔者查阅清代文献中对"光棍例"的记载，大多为"斩立决"。如《钦定大清会典事例》卷794《刑部·刑律贼道》载：③

> （康熙）十五年议定：光棍事犯，不分首从得财与未得财，俱拟斩立决。

据此可知，清政府对因争地而聚众起械斗，则会参照"光棍例"进行处理，即对首犯处以斩刑。

（四）私典、盗卖地亩纠纷

由于归化城土默特蒙古是凭折收取地租，于是随着时间的流逝，很多蒙古人并不知道自己土地所在。这就给民人侵占、盗卖土地以可乘之机。因此在归化城土默特地区私典、盗卖土地的现象亦是比较常见的。据笔者统计，在归化城副都统衙门档案中，有21卷私典、偷卖土地案卷，最早者为乾隆十五年（1750）一月，绥远城将军《为查办哈拉

---

① 昆冈等修，刘启端等纂：《钦定大清会典事例》卷788《刑部·刑律贼道》，续修四库全书（第809册），上海：上海古籍出版社，2002年，第636页。
② 昆冈等修，刘启端等纂：《钦定大清会典事例》卷755《刑部·户律田宅》，续修四库全书（第809册），上海：上海古籍出版社，2002年，第325—326页。
③ 昆冈等修，刘启端等纂：《钦定大清会典事例》卷794《刑部·刑律贼道》，续修四库全书（第809册），上海：上海古籍出版社，2002年，第699页。

沁土默特蒙古私典地亩与民人事的咨文》①，最晚者为宣统三年（1911）四月，参领阿阿《禀告佐领乌尔图达赖盗卖草厂官滩的呈文》。②其中乾隆年间 7 卷、道光年间 1 卷、咸丰年间 1 卷、光绪年间 10 卷、宣统年间 2 卷。在这些私典、盗卖土地案卷中，以民人私典、盗卖土地（草厂、官滩）案卷居多，亦有蒙民私典、盗卖土地案卷。③如光绪十五年（1889）九月，吉雅图《控徐四狗子盗卖地亩毁苗殴人恳公断》案卷载（摘录）：

> 徐四狗子挟恨在心，于十二年（1886）春间，向小的（蒙古吉雅图）先买此地，因小的未允，随贿出佛庙会首八音尔、巨宝、保子等，依恃社力，将此十五亩卖给徐四狗子，情致小的将八音尔等控于户司。未及差传，而八音尔等闻知，使其手眼，贿买乌佐领，从户司将此案求去，即蒙堂讯，一味偏徇，将小的户口地亩竟断为佛庙之产。……小的屡赴户司控告，无如八音尔等手段通神，概不受理，以致产不由主。④

蒙古吉雅图的土地在民人徐四狗及佛庙会首八音尔等贿买乌佐领情况下，从户司将此案求去，经过堂讯，断给佛庙，显见这是民人勾结蒙民共同侵占土默特蒙古土地。

有关盗卖的土地的规定，据上引《钦定大清会典事例》卷 755《刑部·户律田宅》是根据侵占田地数量、房屋间数，分别处以杖、徒刑罚。

（五）私垦土地纠纷

在归化城土默特地区，因土地私垦而起的土地纠纷亦时有发生。据笔者统计（归化城副都统衙门档案中），清代归化城土默特地区因私垦而发生土地纠纷事件有 51 件，最早者为乾隆三年（1738），道尔吉扎布等控民人冯达英等再次开垦达拉拜等处草场事件⑤，最晚者为光绪十五年（1889）十二月，乌尔图达赖禀报安都章盖营村三喇嘛私自开垦本佐草场事件。⑥其中乾隆年间 36 卷、嘉庆年间 5 卷、道光年间 6 卷、咸丰年间 1

---

① 土默特旗档案馆藏：归化城副都统衙门档案，绥远城将军《为查办哈拉沁土默特蒙古私典地亩与民人事的咨文》，档案号：80—22—156。
② 土默特左旗档案馆藏：归化城副都统衙门档案，参领阿阿《禀告佐领乌尔图达赖盗卖草厂官滩的呈文》，档案号：80—5—616。
③ 土默特左旗档案馆藏：归化城副都统衙门档案，档案号：80—22—156、80—26—643、80—26—660、80—26—690、80—26—729、80—26—748、80—26—761、80—26—763、80—30—316、80—38—590、80—4—1633、80—4—842、80—5—1879、80—5—2061、80—5—2106、80—5—2107、80—5—2135、80—5—2189、80—5—2284、80—5—2349、80—5—616 等。
④ 归化城副都统衙档案：吉雅图：《控徐四狗子盗卖地亩毁苗殴人恳公断》，档案号：80—5—2135。
⑤ 土默特左旗档案馆藏：归化城副都统衙门档案，道尔吉扎布等《控民人冯达英等再次开垦达拉拜等处草场的呈文》，档案号：80—38—650。
⑥ 土默特左旗档案馆藏：归化城副都统衙门档案，乌尔图达赖《禀报安都章盖营村三喇嘛私自开垦本佐草场的呈文》，档案号：80—5—562。

卷、同治年间1卷、光绪年间2卷。这些案卷中主要有：民人聚众私垦事件①、归化城土默特蒙古（包括台吉、佐领、领催、喇嘛、蒙古部众等）私垦事件②、蒙民私垦回回草场事件③。归化城土默特地区的土地禁止开垦，但是由于该地区紧邻晋陕，且有黄河灌溉之利，因此大量民人走西口到该地从事农耕，因此私垦事件频繁出现。在归化城土默特档案中的私垦事件大多发生在乾隆时期，这一方面说明，乾隆时期民人大规模涌入该地区，同时亦说明清政府并非严格的限制土地私垦。

据《清高宗实录》卷631，乾隆二十六年（1761）二月戊戌条载：

> 又议覆：署绥远城建威将军舒明奏称，大青山之哈尔吉勒等十五峪地方，乃土默特蒙古喇嘛等祈福之山，且六十二佐领蒙古官兵，归化城之七处喇嘛等牧猎滋息，及绥远城之八旗满洲官兵演习射猎，牧放官驼马要地。该处办事大臣，屡请封禁，将私收地租之蒙古治罪，偷种之民人驱逐。积年总未办妥。今鄂弼欲将山内蒙古牧场三百余顷，准原私垦之民承种，租银分赏蒙古，惟是此项租银无多，土默特之无业蒙古喇嘛甚众，势难遍给。且偷种之田，散在十五峪中，穷乡僻壤，恐有奸宄藏匿生事。现据土默特参领三扎布等呈称，情愿于纳穆尔扎等处，换给未垦地三百余顷，与民垦种，酌定年限征租，似属可行。其蒙古等应征额粮，仍令照旧交纳等语。查哈尔吉勒地方所居百姓，岂皆私往遽占蒙古牧场，必系蒙古希冀获利，募佃取租。若如三扎布所请，将客民全行移赴纳穆尔扎等处，恐哈尔吉勒，不过徒存一牧场之名，一二年后，仍复图利招耕。且驱现住之民，尽令移徙，弃数十年所垦熟田，赴纳穆尔扎另垦，不特无裨生计，移拨亦殊不易。其应否指地换给，抑或严立章程，仍留耕种之处。请令鄂弼、舒明查明妥议。④

---

① 土默特左旗档案馆藏：归化城副都统衙门档案，档案号：80—22—159、80—22—166、80—22—198、80—22—201、80—22—214、80—22—228、80—22—230、80—26—512、80—26—518、80—26—519、80—26—640、80—26—701、80—26—704、80—30—194·1、80—30—208、80—38—650、80—48—811、80—5—1878、80—5—1881、80—户司行文档（第2函，4号册）—46—92、80—户司行文档（第1函，3号册）—46—42、80—户司行文档（第4函，10号册）—46—210、80—满文补遗—954 等。
② 土默特左旗档案馆藏：归化城副都统衙门档案，档案号：80—17—228、80—22—157、80—22—192、80—22—203、80—22—222、80—22—235、80—26—434、80—26—442、80—26—470、80—26—471、80—26—482、80—26—485、80—26—570、80—26—671、80—26—738、80—26—755、80—30—82、80—5—1850、80—5—1859、80—5—1884、80—5—1971、80—5—1972、80—5—2031、80—5—2102、80—5—562、80—满文补遗—305、80—满文补遗—668 等。
③ 土默特左旗档案馆藏：归化城副都统衙门档案，户司《为将私垦回回营村草场案退回加倍惩处违法蒙民人等并追回私吞租银事的呈文》，档案号：80—满文补遗—714。
④ 官修：《清高宗实录》卷631，乾隆二十六年二月戊戌条，北京：中华书局，1985年，第44页。

有关该私垦事件的处理，据《清文献通考》卷19《户口考一》载：

> （乾隆）二十六年，定归化城等处禁止私垦例：凡归化城大青山十五峪三百余户垦地民人，令归化城都统派员会同地方官按年巡查，倘于现有民人外，再多容留一人违禁私垦地亩，将容留及私垦之人递回原籍治罪。①

可知，数十年前大青山之哈尔吉勒等十五峪地方的牧场就已经被民人私垦。虽然该处办事大臣，屡请封禁，欲将私收地租之蒙古治罪，偷种之民人驱逐，但是"积年"并没有处理妥当，这说明清政府在一定程度上对土地私垦是予以默许的。而"鄂弼欲将山内蒙古牧场三百余顷，准原私垦之民承种，租银分赏蒙古"，这实际上是变相承认私垦的合法化。"土默特参领三扎布等呈称，情愿于纳穆尔扎等处，换给未垦地三百余顷，与民垦种"，这说明归化城土默特地区的土地私垦有当地蒙古参与其中，亦说明归化城土默特蒙古依靠土地开垦获取利益。即使是对私垦事件进行处置，其处置方式也无非是驱逐民人，垦地收归蒙古，或者是"准原私垦之民承种，租银分赏蒙古"。这其实对私垦之民没有任何影响，只不过是私垦合法化而已。清政府为了安抚地方，对私垦事件也仅是让其合法化而已，并没有采取具体的禁止私垦的措施。

《清史稿》卷340《朱珪传》载：

> （乾隆三十二年）调山西，就迁布政使，署巡抚。疏请归化、绥远二城谷二万余石搭放兵粮，以省采买、免红朽。又免土默特蒙古私垦罪，以所垦牧地三千余顷，许附近兵民认耕纳租，岁六千余两，增官兵公费。②

"免土默特蒙古私垦罪"，显然是对土默特蒙古私垦予以认可，"所垦牧地三千余顷，许附近兵民认耕纳租"，这其实是招民垦殖，且官方收取租金。这些租金"岁入六千余两"用以增加"官兵公费"。这是一举多赢的措施：1. 土默特蒙古私垦土地合法化，有利于蒙古获取一定的土地利益。2. 民人可以进行土地垦殖，获取土地收益。3. 清政府获取一定的租金，用以增加官兵公费支出。4. 缓解官民矛盾，利于社会安定。

归化城土默特地区土地私垦，其实是在清政府的默许下进行的。其后，虽然归化城土默特蒙古屡屡奏请其牧场被私垦，但清政府均以维护社会安定为理由，予以默许或承认。如《清仁宗实录》卷235，嘉庆十五年（1810）十月己亥条载：

> 谕内阁：来仪等奏，查明归化城沙拉穆楞牧场，复被民人私行垦种，会商办理一折。归化城沙拉穆楞牧场，为该处蒙古等生计攸关，若有民人私垦地亩，自应随时驱

---

① 官修：《清文献通考》卷19《户口考一》，影印文渊阁四库全书本（第632册），台北：台湾商务印书馆，1986年，第415页。
② 赵尔巽：《清史稿》卷340《朱珪传》，北京：中华书局，1976年，第11091页。

逐，例禁綦严。兹据该将军等查明，该处现在种地民人为数较多，居住已非一载，开成熟地之外，尚有试垦未经成熟费过工本地七八百顷，若竟一律驱逐，毁其庐舍，未免穷无所归。请照乾隆二十五年升科之例，免其驱逐，将所征银两量为变通，为该处喇嘛蒙古等香火养赡之资。经此次查办后，该处空地即不许多垦一垄，多容一人等语。此等种地穷民，惟利是图，现既垦种多年，自未便径行驱逐，致令流离失所。但向来游牧地方民人，私垦地亩，往往以阅日既久，碍难驱逐，日后毋许再添为词，竟成故套。若不实力查办，或致驱而复集，数年后仍不过如此声请，则查禁仍属具文。著该将军会同该省巡抚悉心筹酌。出口民人，责成该地方官于关隘处所随时查察，严行饬禁。其偷垦民人责成该将军副都统转饬所属，分往各村详加查点，毋任再添一户，再垦一亩。若有新来户口，即时驱逐。俾免日后复有未能驱逐情事，致碍游牧。①

该条所载"沙拉穆楞"牧场被民人开垦，"若有民人私垦地亩，自应随时驱逐"，这说明如果民人私垦地亩，应当将其驱逐。而"自应"两字则说明应该驱逐，其实并没有驱逐。虽然有严格的条例，但并没有执行。因此"现在种地民人，为数较多"，且"居住已非一载"。这些民人已开垦大量土地，因此请求参照"乾隆二十五年（1760）升科之例，免其驱逐，将所征银两量为变通，为该处喇嘛蒙古等香火养赡之资"。虽然有"此次查办后，该处空地即不许多垦一垄，多容一人等语"，这不过是"竟成故套"，故"查禁仍属具文"。清政府对这一点的认识其实是比较到位的。但是既便有如此认识，却没有采取相应的措施，因此并没有改变归化城土默特地区土地不断被私垦的现实。

据《清仁宗实录》卷240，嘉庆十六年（1811）三月壬子条载：

谕军机大臣等：来仪等会奏，查禁民人私垦牧场一折。据称嗣后私行出口民人免其驱逐，仿照保甲之法，编列牌头甲长保正，查令互相首报等语。编查保甲，原系成法，但行之内地，借以稽查盗贼，而地方官视为具文，尚属有名无实。该处系游牧之所，向未设立保甲。此等出口民原应于关隘处所，豫为严禁，毋令流民滥行偷越。则游牧地方，自无虑聚集多人，碍难驱逐。若专责成保甲稽察，恐日久奉行不力，仍属空言。该将军等既有此奏，即著妥为经理。仍一面严饬地方官，及守口弁兵，遵照旧例，遇有出入民人，如系只身，验票放行。其移眷之户，概行禁止。庶偷越者少，私垦之源可冀渐除矣。将此谕令知之。②

虽然来仪等人建议在归化城土默特地区设立保甲，但保甲之法，在内地尚属有名无实，更不用讲边外游牧之区了。因此在出口关隘之处严格稽查，从源头堵住民人流入牧

---

① 官修：《清仁宗实录》卷235，嘉庆十五年十月己亥条，北京：中华书局，1985年，第165—166页。
② 官修：《清仁宗实录》卷240，嘉庆十六年三月壬子条，北京：中华书局，1985年，第235页。

区。其实这一做法，也是治标不治本，并不能从源头上堵住民人流入归化城土默特地区。

归化城土默特地区的土地私垦事件频发的原因在于：1. 归化城土默特蒙古为了获取利益，维持生计，私自招民垦种；2. 民人垦殖土地，得以维持生计；3. 清政府对土地私垦的变相默许政策。这都在一定程度上加剧了归化城土默特地区土地私垦。

当然归化城土默特地区的土地纠纷并不仅仅局限于上述几种类型，而是呈现出复杂多样的特点。如民人擅自种地事件①、民人偷砍草木事件②、强行收割麦田事件③、阻拦种地事件④、阻拦打草事件等。⑤ 这些土地纠纷事件并非零星出现，亦在一定程度上说明其土地纠纷原因的复杂性、多样性。

归化城土默特地区的土地和水利纠纷，是在清代人口大量增加的前提下，内地老百姓为维持生计，大量流入归化城土默特地区。归化城土默特蒙古由于承担政府各项差役，无力从事游牧、农耕。在民人、蒙古均有需求的前提下，致使本区土地被大量开垦。而土地的大量开垦，又促使民人进一步流入。归化城土默特地区，由于民人大量增加，导致土地大规模增加。由此出现人地紧张，在一定程度上加剧了土地纠纷事件的发生。而位于干旱、半干旱区域的归化长城土默特地区，仅仅依靠天然降水，无力维系庞大的农业开发，而自然沟渠，由于水源有限，也无力维系庞大的农业开发。在此情况下，导致本区域用水紧张，水利纠纷事件因此频发。

小结

清代归化城土默特地区有不同的土地占有方式，既有归化城土默特蒙古赖以生存的户口地（蒙丁地），又有维持穷苦蒙古生计的穷苦蒙古地，还有一定数量的公共游牧地。在清政府的限制归化城土默特蒙古发展的既定策略下，又从归化城土默特土地中圈占了大量的土地，如大粮地、小粮地、台占地、马厂地、公主府地等多种类型的土地。清末，

---

① 土默特左旗档案馆藏：归化城副都统衙门档案，促玛林布《呈控刘梯章擅种其地》，档案号：80—26—657。
② 土默特左旗档案馆藏：归化城副都统衙门档案，赛雅尔呼《呈告我等山谷中草木被民人偷砍》，档案号：80—26—773。
③ 土默特左旗档案馆藏：归化城副都统衙门档案，兵司《为扎拉芬之麦田被李四老胡强行收割事的呈文》，档案号：80—26—774。
④ 土默特左旗档案馆藏：归化城副都统衙门档案，扎木苏等《呈控民人张引等阻拦我二人耕种》，档案号：80—26—605。
⑤ 土默特左旗档案馆藏：归化城副都统衙门档案，领催恼木气等《不再与孀妇纳楞拦阻打草的甘结》，档案号：80—5—2088。

随着外国列强的入侵，教会又在归化城土默特地区圈占了一定数量的土地。总的来讲归化城土默特地区的土地占有方式类型较多，较为复杂的。

归化城土默特地区的土地类型多样，因此土地的所有权、领有权、使用权、获益权等存在多种不同的类型。归化城土默特蒙古仅有土地的领有权、使用权、获益权，清政府实际上控制着土地的所有权。涌入归化城土默特地区的民人通过似租实卖、似典实卖的土地契约，获得了归化城土默特蒙古土地的使用权。归化城土默特地区的水权，亦随着地权而转让给民人。归化城土默特蒙古只是获得一部分租金维持生活。

在本区域土地被大量垦殖下，由于土地的权属类型多样，故本地的土地纠纷频发，且类型多样、情状复杂。这却都在一定程度上说明本区域的土地开发向纵深发展。土地被大量开垦虽然促进了本地区农业经济的发展，但却是以牺牲本区畜牧经济和环境为代价。

本书系国家社会科学基金项目"清代归化城土默特蒙古的人地关系研究"（项目编号：13XMZ014）成果

吴超　霍红霞　著

清代归化城土默特农牧业研究

下册

学苑出版社

第五章　归化城土默特地区的农业

　　有关归化城土默特地区的农业问题，学者们进行了深入细致地研究。如安斋库治《清末における绥远の开垦》①，周清澍《试论清代内蒙古农业的发展》②，黄时鉴《清代内蒙古社会经济史概述》③，成崇德、孙哲《论清代前期的西部边疆开发》④，李玉伟《略论清末绥远地区的蒙垦》⑤，王建革《定居与近代蒙古族农业的变迁》⑥、《农牧交错与结构变迁：清代内蒙古地区的农业与社会》⑦、《农业渗透与近代蒙古草原游牧业的变化》⑧、《近代蒙古族的半农半牧及其生态文化类型》⑨，乌云《乾隆初年土默特地区寺院香火地亩册探析》⑩，张世满《清代民族地区平原开发与边疆经略——以内蒙古土默川、后套平原开发为线索》⑪等，依据传世文献、档案、契约等资料，对归化城土默特地区的土地、农牧业发展等问题进行了探讨。一些学者的学位论文，亦以归化城土默特地区的土地问题为研究对象，如徐珍慧《清代归化城土默特地区的农业地理初探》⑫，在对传

---

① 安斋库治：《清末における绥远の开垦》，满铁调查月报，第19卷12号，南满洲铁道株式会社，1939年。
② 周清澍：《试论清代内蒙古农业的发展》，内蒙古大学学报，1964年，第2期，第35—63页。
③ 黄时鉴：《清代内蒙古社会经济史概述》，蒙古史论文选集（第3辑），1983年，第181—222页。
④ 成崇德、孙哲：《论清代前期的西部边疆开发》，清史研究，2001年，第4期，第94页。
⑤ 李玉伟：《略论清末绥远地区的蒙垦》，内蒙古社会科学，2001年，第3期，第47—50页。
⑥ 王建革：《定居与近代蒙古族农业的变迁》，中国历史地理论丛，2000年，第2期，第25—44页。
⑦ 王建革：《农牧交错与结构变迁：清代内蒙古地区的农业与社会》，中国历史地理论丛，2002年，第3辑。第77—91页。
⑧ 王建革：《农业渗透与近代蒙古草原游牧业的变化》，中国经济史研究，2002年，第2期，第76—86页。
⑨ 王建革：《近代蒙古族的半农半牧及其生态文化类型》，古今农业，2003年，第4期，第37—49页。
⑩ 乌云：《乾隆初年土默特地区寺院香火地亩册探析》，内蒙古社会科学，2010年，第3期，第58—62页。
⑪ 张世满：《清代民族地区平原开发与边疆经略——以内蒙古土默川、后套平原开发为线索》，学术月刊，2009年，第4期，第133—138页。
⑫ 徐珍慧：《清代归化城土默特地区的农业地理初探》，内蒙古大学，2013年硕士学位论文。

统文献进行研究的基础上，利用归化城土默特地契、档案等资料，对归化城土默特地区的农业地理进行专题性地研究。此外还有一些著作，涉及归化城土默特地区的农业问题，如山田武彦、关谷阳一《蒙疆农业经济论》①，田山茂《清代的蒙古社会制度》②，刘海源《内蒙古垦务研究》③，土默特左旗《土默特志》编纂委员会编《土默特志》④，晓克《土默特史》⑤ 等。这些研究成果，从不同的方面对归化城土默特地区的农业问题进行了解读。本书即是在相关研究成果的基础上，对归化城土默特地区的农业问题进行进一步深入地探讨。

第一节 清代归化城土默特蒙古的农业

归化城土默特地区，在历史上是开发比较早的区域。由于这一地区处于农牧交错带，在历史上就是中原民族和北方民族互相争夺的地区，因此这一地区的农业发展情况基本上沿袭这样一个规律：在中原王朝势力强盛，北方民族势力较弱时期，该地区以农耕经济为主；而当中原王朝势力衰弱，北方民族势力强大的时候，该地区则以畜牧经济为主。

明代，归化城土默特地区为蒙古族活动的主要区域，因此本地以畜牧经济为主。明正德年间，达延汗平定蒙古各部，开始对诸子进行分封，蒙古各部落集团的游牧地开始稳定下来，故此时蒙古各部为："诸房虽逐水草，迁徙不定，然营部皆有分地，不相乱。"⑥ 明朝嘉靖时期，中原地区社会动荡，各种社会矛盾层出不穷。而此时归化城土默特地区在俺达汗统治之下，处于一个相对稳定时期。因此，大批中原民人和反明人士流入蒙古漠南地区。仅"土默特地区至十六世纪末就达十万余人"⑦，当然具体数字还有待进一步考证，但至少能说明16世纪的归化城土默特地区有大量的中原地区民人在此生活。归化城土默特蒙古不断扰边，并俘获大量的民人，这些民人被带到蒙地从事农业生产。据《大隐楼集》卷16《云中处降录》载：

> 岁掠华人以千万计，分部筑室于丰州之川，名曰板升，而彼知屋居火食矣。赵全有众三万，马五万，牛三万，谷二万余斛。李自馨有众六千。周元有众三千，马牛羊

---

① 山田武彦、关谷阳一：《蒙疆农业经济论》，日光书院，昭和19年。
② 田山茂：《清代蒙古社会制度》，呼和浩特：内蒙古人民出版社，2015年。
③ 刘海源：《内蒙古垦务研究》（第1辑），呼和浩特：内蒙古人民出版社，1990年。
④ 土默特左旗《土默特志》编纂委员会：《土默特志》（上），呼和浩特：内蒙古人民出版社，1997年。
⑤ 晓克：《土默特史》，呼和浩特：内蒙古教育出版社，2008年。
⑥ 郑晓：《皇明北房考》，万历二十七年郑心材重刻本。
⑦ 赵云田：《北疆通史》第76编《明朝时期的北疆》，郑州：中州古籍出版社，2003年，第446页。

称是。余各千人。蜂屯虎视,春夏耕牧,秋冬围猎。①

因此生活在归化城土默特地区的民人其来源主要有三个部分:被俘民人、流民、反明人士。他们向蒙古领主租种土地、修建房屋、交纳租赋。在此情况下,归化城土默特地区的板升农业有一定地发展。从事板升农业的主要为民人,而归化城土默特蒙古在能直接获得粮食的前提下,仍然以传统的游牧经济为生。因此在明末,归化城土默特地区的经济形态较以前发生了一定的变化,从以传统的游牧经济区域,发展成为以游牧经济为主,农耕经济为辅的经济形态。

萧大亨在《北虏风俗·耕猎》中写道:

> 论者咸曰,夷人肉食,不藿食也,又曰不火食也。此在上古或然耳。今观诸夷耕种,与我塞下不甚相远。其耕具有牛有犁,其种子有麦有谷,有豆有黍,此等传来已久,非始于近日。惟瓜、瓠、茄、芥、葱、韭之类,则自款贡以来,种种俱备。但有耕种,惟藉天,不藉人。春种秋敛,广种薄收,不能胼胝作劳,以倍其入。所谓耕而卤莽,亦卤莽报予者,非耶?且也腴田沃壤,千里郁苍,厥草惟夭,厥木惟乔,不似我塞以内,山童川涤,邈焉不毛也。倘能深耕溉种,其倍入又当何如。彼中松柏连抱,无所用之,我边氓咸取给焉。则互市之开,其于材木,不可胜用矣。若夫射猎,虽夷人之常业哉,然亦颇知爱惜生长之道,故春不合围,夏不蒐群。惟三五为朋,十数为党,小小袭取,以充饥虚而已。及至秋风初起,寒草尽枯,弓劲马强,兽肥隼击,虏首下令,大会蹲林,千骑雷动,万马云翔,较猎阴山,十旬不返。积兽若丘陵,数众以均分,此不易之定规也。然亦有首从之别,如一兽之获,其皮毛蹄角以颁首射,旌其能也;肉则瓜分,同其利也。②

据此可知,明代蒙古诸部虽然有一定的农业,但均为广种薄收之农业,蒙古诸部对此并不重视,因此这种农业仅为畜牧业的补充。

明末,归化城土默特部势力衰微,察哈尔部乘机崛起,扩张势力。归化城土默特部在和察哈尔部林丹汗相争的时候被击败。此时的归化城土默特部众一部分役属于察哈尔部,一部分部众则逃散到阴山各处。1632年,后金皇太极西征察哈尔部,林丹汗率部西遁,一部分归化城土默特部众随之西逃,一部分归化城土默特部众则逃亡阴山各处。因此在明末清初之际,归化城土默特地区是人烟稀少、百业凋零之区。原来板升的农业区

---

① 方逢时撰,李勤璞校注:《大隐楼集》卷16《云中处降录》,沈阳:辽宁人民出版社,2009年,第266页。
② 萧大亨:《北虏风俗·耕猎》,见薄音湖、王雄编辑点校《明代蒙古汉籍史料汇编》(第2辑),呼和浩特:内蒙古大学出版社,2006年,第243页。

则因民人的逃亡而抛荒的土地,在雨水充足的情况下,很快恢复成草场,而在干旱的条件下,则很容易沙化。因此,明清之际,归化城土默特地区的板升农业受到沉重打击,畜牧经济亦受到十分严重的影响。

清初,归化城土默特蒙古部众被安置在归化城土默特地区,即所谓的"安堵如故"(见上文)。由于归化城土默特地区的战略位置非常重要,而清政府对归化城土默特部一直是心存疑虑。因此,在安置归化城土默特部众于该地的同时,在其四周安插其他部落、修建绥远城、圈占归化城土默特牧场。在归化城土默特蒙古部四周安插蒙古其他部落,其实是让蒙古各部落互相钳制,并监视归化城土默特部。修建绥远城虽然是出于西北战事的需要,但是却在一定程度上却起到了监视归化城土默特蒙古部众的作用。而圈占归化城土默特牧场,其实有限制归化城土默特部势力强大的意图。同时清政府在蒙古地区推崇藏传佛教,归化城土默特地区则是藏传佛教盛行之区,这亦在一定程度上限制了归化城土默特部的发展。归化城土默特蒙古蒙丁均需承担军事义务,则在一定程度上对归化城土默特蒙古人口增长产生不利影响。因此终清一代,归化城土默特蒙古都处于一个低水平地发展时期,这与清政府对归化城土默特部统治策略不无关系。在以自给自足为主的自然经济条件下,人口的多少则决定了这一区域的经济发展水平,故归化城土默特蒙古人口的增减,在一定程度上影响着归化城土默特蒙古农业发展。

一、归化城土默特蒙古的畜牧业

清初,归化城土默特地区的农业主要是以畜牧业为主。"呼和浩特·土默特地区的社会经济仍以畜牧业经济为主,其社会经济形态为游牧封建社会。在这个游牧封建社会内部,牧场的使用方式仍沿袭了阿勒坦汗以来的土地所有制度,即对大小封建主及其属下各部指定一定的范围,让他们分别在不同地段进行游牧。入清以后……呼和浩特·土默特地区仍沿袭了蒙古原有的土地分配制度,各牧场间虽然没有十分明确的界划,但左右两翼旗以及各佐领都在各自所辖的大致范围内游牧。"① 因此,清初,归化城土默特地区的畜牧业虽然经过战争的破坏,但是这里水草丰美,加上社会较为安定,经过一段时间地恢复,该地的畜牧业得到了一定的发展。随着民人的涌入,归化城土默特蒙古逐渐改变原有的生产生活方式,接受民人的生产生活方式:归化城土默特蒙古在从事畜牧业的同时开始兼营农业。而民人亦在从事农耕的同时,兼营畜牧业。因此清代归化城土默特地区的农业有一个从畜牧业—农牧兼营—农耕为主少量畜牧业为辅的发展变化过程。

---

① 呼格吉勒:《论清朝前期呼和浩特·土默特地区土地的使用状况》,内蒙古师范大学学报,1992年,第2期,第10—17页。

当然最先从事农耕的主要是流入到当地的民人，而归化城土默特蒙古是因牧地日渐减少，生计所迫，而不得不改畜牧为农耕。

如雍正十二年（1734），户司上报的《左翼首甲穆特布佐领下原拨户口地亩清册》（蒙文）载：

  瓦·阿尤西苏木塔布板申

  披甲巴德玛扣布自耕地一棋四项，民人租种地一棋一项二十亩。乾隆四年垣曲县余氏以十两银当出地一棋三项。乾隆三年右玉边氏以四十一两银当地二棋五项。乾隆三年祁县宫氏以三两银当地三十三亩。共当出地三棋八项三十三亩。

  披甲那苏图自耕地二十五亩，民人租种地一棋三项，当出地七十亩。乾隆五年寿阳常氏以六两银当地一棋三项。乾隆五年祁县宫氏以三两五钱银当地三十三亩。乾隆二年顺天府杨氏以九两银当地六十亩。共当出地二棋三项九十三亩。

  该村共二户，其自耕地一棋三项二十五亩，民人租种地二棋四项九十亩。此二项共三棋八项十五亩，此外当出地五棋十二项二十六亩。该村牧场二项，全部沙石地而不能耕种。①

该件文书中的土地有四类：自耕地、民人租种地、典当地和牧场。当然档案所载的数字有些问题，但是能说明一个问题，即归化城土默特蒙古中有部分人从事农耕。但自耕地仅占其所拥有土地的一小部分，其更大程度上是依靠出租土地和典当土地维持生计。而"沙石地"因不能耕种，被保留下来，成为牧场。这亦说明除了沙石不堪耕种之区外，可堪耕种的地方可能已经变成农耕之区。牧场的存在亦说明归化城土默特蒙古在从事农耕的同时，仍兼事畜牧。

该件档案的时间为雍正十二年（1734），说明早在雍正十二年之前，归化城土默特就已经进行了土地开垦。这些被开垦的土地，原是归化城土默特蒙古的牧场。由于牧场被大量垦殖，导致归化城土默特蒙古的畜牧业衰退。归化城土默特蒙古部众中的一些人开始接受农耕生活方式，逐渐与流入当地的民人一起从事农耕生产。亦有一些人拒绝农耕，仍坚持游牧生活方式，在游牧地被开垦后，被迫向不堪耕种之区迁移。在此情况下，归化城土默特地区的畜牧业受到严重的影响，而农耕业则取得了较大发展。这种农耕进畜牧退，导致归化城土默特蒙古自身发展受到很大影响。

《土默特志》卷8《风俗》载土默特蒙古人不习农耕：

---

① 土默特左旗档案馆藏：归化城副都统衙门档案，户司《左翼首甲穆特布佐领下原拨户口地亩册》，档案号：80—33—1.1函—1。乌仁其其格：《18至20世纪初归化城土默特财政研究》，内蒙古大学，2007年博士学位论文，有译文，第8页。笔者略有改动。

蒙古游牧为生，初多肉食，近以汉民北耕，亦有甘食五谷，然仍不习农业。①

清初，归化城土默特地区虽然是西北战事的前沿阵地，但是亦保持相对的安定。这种相对安定，对于恢复和发展本区域的农牧业是十分有利的。王建革认为："清代初年，……归化城土默特二旗的农业发展已有了一定的基础，而其他一些蒙古地区也有农业的要求……对植物性食品的需求会迫使蒙古族自身采取农业。"② 这个观点具有一定的合理性。明末，归化城土默特地区的板升农业就有了一定的发展。清初，社会较为安定，且本区具有从事农耕较为优越的自然地理条件。在社会安定的条件下，农业自然会取得一定的发展。但是"对植物性食品的需求会迫使蒙古自身采取农业"的论断，则不尽如此，虽然其论断并非专指归化城土默特蒙古。明末板升农业期间，归化城土默特蒙古有板升农业，而从事板升农业的则是流入到该地的民人。同时，明王朝与归化城土默特部有互市贸易，在互市贸易中亦可以得到植物性食品。故明代归化城土默特蒙古可能并不从事农耕。进入清代，归化城土默特地区为清政府所管辖，它同中原地区均处在大清王朝统治之下，因此归化城土默特蒙古可以较为方便的从中原地区获取粮食。因此王建军先生的"对植物性食品的需求"的观点，也并非"迫使蒙古自身采取农业"的理由。

《清圣祖实录》卷191，康熙三十七年（1698）十一月丁巳条载：

> 上谕之曰：蒙古之性懒惰，田土播种后，即各处游牧。谷虽熟，不事刈获。时至霜陨穗落，亦不收敛，反谓岁歉。又因盗贼众多，将马畜皆置之近侧，夜则圈之宿处，以致马畜瘦毙，生计窘乏。③

该条其实有以下几层意思：1. 蒙古依然是以游牧为主的；2. 农业生产技术是较为原始的；3. 不懂农时；4. 没有收割工具；5. 蒙古游牧方式已经改为圈养。这五点所集中到一点就是蒙古依然是以游牧经济为主的，而农耕是可有可无的。据此推知，清初蒙古并非是对植物性食品的需求而被迫改事农耕的。

阿·马·波兹德涅耶夫《蒙古及蒙古人》第4章《从归化城经张家口至承德府》中写道：

> 呼和浩特土默特人在归顺中国的那个时期，过的几乎完全是游牧生活，只是到清朝以后才有些人开始在自己游牧地带最合适的地方开垦出一些土地从事农耕。到了康熙和雍正年间，由于迁居到这里的汉人增多，土默特人开始把适于耕种的土地出租给汉人。④

---

① 清光绪年间刊本影印：《土默特志》，台北：成文出版有限公司，1968年，第149页。
② 王建革：《农牧生态与传统蒙古社会》第6章《农业渗透与半农半牧》，济南：山东人民出版社，2006年，第264页。
③ 官修：《清圣祖实录》卷191，康熙三十七年十一月丁巳条，北京：中华书局，1985年，第1027页。
④ 阿·马·波兹德涅耶夫著，张梦玲等译：《蒙古及蒙古人》（第2卷），呼和浩特：内蒙古人民出版社，1983，第157页。

这段论述，是有道理的，也是比较接近本区农业生产实际的。在一些文献中，亦载在康熙年间，归化城土默特地区就有一些土地被租给民人用于农耕。

安斋库治在《清末における绥远の开垦》中认为：

> 以归化城为中心的土默特两翼地区，由于它的社会生产早已转化为农业而为人们所注意。土默特两翼虽然也是构成内蒙古的一个重要地带，但它具有这样一些重要特点，即依靠畜牧业获取生活资料的游牧畜牧业经济早就失去了统治地位，农业已经变成了今天的主要生长部门；占据这个地区的游牧民——土默特蒙古很早就失掉了作为种族特点的游牧的社会结构和种族固有的语言等等。①

其实这种观点也并非是完全合理。毫无疑问，明朝统治末年就有大量的汉人流入归化城土默特地区从事板升农业。在板升农业兴起之前，边外蒙古诸部所获取粮食的主要方式为：抢夺和互市。笔者曾对有明一代，蒙古入边侵扰的情况进行统计：几乎每年都会发生蒙古入边侵扰的情况。② 因为互市问题，蒙古诸部与明朝产生冲突的事件更是层出不穷。这亦说明，明末，归化城土默特地区虽然有板升农业的存在，但是蒙古各部并没有从事农耕，依然是以游牧为主。入清以后，归化城土默特蒙古也并非是放弃了原来的游牧生活。如陈赓雅《西北视察日记》的《包头杂讯一束》中，有这样的描写：

> 相传包头在清代一片沙漠，人烟稀少，集五家或十家为一村，居民多为蒙人，纯以游牧为生活。③

这是陈赓雅在20世纪30年代在包头采访所得。虽然这段叙述距清初已有数个世纪，所描述的和真实可能有一定的差距，但在一定程度上说明归化城土默特蒙古依然钟情于游牧生活，而并非农耕生活。因此认为土默特蒙古很早就失去了作为民族特点的游牧社会结构其实并不符合事实。

道光《榆林府志》卷3《舆地志·附边界》载：

> 我朝设立中外疆域于各县边墙口外，直北禁留地五十里作为中国之界。康熙二十一年贝勒达尔奏乞近边四十里之外准其游牧，奉旨俞允。三十六年贝勒松拉普奏请与内地民人合伙种地，蒙恩准行。此即开垦之始也。五十八年，贝勒达锡拉卜坦以民人种地若不立界址，恐致侵占游牧等情申请。因特命侍郎拉都浑前来榆林等处踏勘，即于五十里界内，有沙者以三十里立界，无沙者以二十里立界，准令民人租种。每牛一

---

① 安斋库治：《清末における绥远の开垦》，满铁调查月报，第19卷12号，南满洲铁道株式会社，1939年。
② 吴超：《13至19世纪宁夏平原农牧业开发研究》，长春：吉林大学出版社，2013年。
③ 陈赓雅：《西北视察记》，兰州：甘肃人民出版社，2002年，第47页。

俱,准蒙古征粟一石、草四束,折银五钱四分。①

清初,政府禁止民人出边耕种,并在沿边各处划出禁留地五十里作为中原与边外的过渡地带。康熙二十一年(1682),贝勒达尔请求在近边四十里之外游牧得到允许。这说明,此时蒙古各部依然是以游牧为生的。此条所载虽然为鄂尔多斯各部,但能在一定程度上能说明边外蒙古各部,在清初时依然是以游牧为生的。康熙五十八年(1719),贝勒达锡拉卜坦亦以"以民人种地若不立界址,恐致侵占游牧"为由,请求勘察土地,设立边界。这亦说明边外蒙古各部并非失掉游牧生活。康熙三十六年(1697),贝勒松拉普奏请与内地民人合伙种地,蒙恩准行。这时才算开启了蒙地开垦的序幕。

康熙年间,蒙地被开垦,这应该是没有问题的。据道光《榆林府志》所载,为康熙三十六年(1697),而据汪灏《随銮纪恩》中载:

> 八月初三日……康熙十年后,口外始行开垦。皇上多方遣人教之树艺,又命给之牛、种,致开辟未耕之壤,皆成内地。②

该文献所指虽然为内蒙古东部地区,但并非对归化城土默特地区没有可借鉴的地方。它间接地说明了清政府对口外牧场的开垦其实是持有一定默许,甚至鼓励的态度。这在一定程度上刺激了民人去口外谋生的积极性。该条所载为康熙十年(1671)以后,民人已经到口外从事农业生产。据乾隆七年(1742)十月十五日,山西巡抚喀尔吉善的奏折所载,则为康熙三十年(1691):

> 查归化城土默特蒙古与察哈尔接壤,为云中一带藩篱。所设官弁兵丁向不支给俸饷,惟资地亩以为养赡。各安驻牧拱卫边疆。无如蒙古民人不谙耕种。自军兴以来,与归化城民人聚居,鲜衣美食渐染成风,滋生日广,用度日繁,所有地亩典给民人,遂至生计窘迫。……土默特蒙古原设二十个佐领,嗣后生齿众多,又编有四十个佐领,连蒿齐特两个佐领,共为六十二个佐领。现今官一百六十员,额甲五千名,壮丁幼丁三千八百名。其出征年老、残废、退甲人等,并伊等妻子、寡妇、孤子家口以及喇嘛、沙弼那尔共六万余口。系在内扎萨克四十九旗之内,向来并无俸饷,俱随水草游牧生理。自康熙三十年以后,蒙古等始行耕作,其有力之人虽开垦耕种,但仍赖草地孳生牲畜。从前自备鞍马,屡次出征,并每岁纳粮当差及养赡家口,甚为充裕,数年以来,牲畜消耗,地亩失时,现今生计已不比从前,而一切当差纳粮等事,并无

---

① 李熙龄:《榆林府志》卷3《舆地志·附边界》,道光21年榆林府衙版本(第3册),图版4。
② 汪灏:《随銮纪恩》,见《小方壶斋舆地丛钞》(第1帙),南清河王氏铸版,上海著易堂印行,光绪十七年,第290页。

贻误。①

其实，无论是康熙十年（1671）、三十年（1691），还是三十六年（1697），准许蒙地开垦，只是由于其所针对的地区不同，时间上出现的这种差异。而一般来讲，在准许开垦土地的诏令颁发之前，就已经有民人在蒙地开垦。故，据上述文献，大致可以推知归化城土默特地区土地开垦应在康熙三十年（1691）之前，从事土地垦殖的是到口外谋生的民人。

入清以后，清政府虽然将归化城土默特蒙古安置在归化城土默特地区，并分给一定数量的土地。但是归化城土默特蒙丁却需要承担没有俸饷、装备自备的兵役。因此归化城土默特蒙古无力、也无暇经营其分到的土地。为了维持生计，承担兵役，只有将赖以为生的户口土地出租给民人耕种。早在明代就在该地区存在的板升农业，对归化城土默特蒙古有一定的影响，客观上归化城土默特蒙古比较容易接受这种定居式板升农业。把土地出租给民人，不再需要自己对土地经营，到时就能获取一定的租资，且出租土地并不影响其从事游牧生产，亦不影响其服役，租资还能在一定程度上缓解其生活窘迫。因此，归化城土默特地区早期农业，应是以出租为主的民人从事的耕作农业。这种农业对归化城土默特蒙古来讲是游牧业的一种补充。故，在归化城土默特地区这种以出租为主的农耕很好地解决了农业要求定居，游牧业要求逐水草而居的矛盾。

归化城土默特蒙古人把适合于耕种的土地租给流入到该地的民人耕种。只有那些不堪耕种的土地被保留下来，成为牧场。由于牧场的减少，归化城土默特蒙古在出租土地收取租资的同时，亦逐渐定居下来，从事农耕和畜牧业。随着民人的大量涌入，耕地日益侵占牧场，导致牧场日渐萎缩。这种压力才是促成归化城土默特蒙古转向农耕的主要原因。

山西巡抚喀尔吉善奏折中称归化城土默特蒙古自康熙三十年（1691）以后，"始行耕作"，值得注意的是后文的"其有力之人虽开垦耕种，但仍赖草地孳生牲畜"这个表述。什么是"有力之人"呢？一般可以理解为：1. 归化城土默特蒙古王公、贵族、官员这些有权势的人家，他们不仅占有大量的土地，同时亦有足够的人力、畜力从事农业生产；2. 归化城土默特蒙古人丁较多的户，他们之中既有人丁当差服役，又有人等从事农耕、畜牧。"仍赖草地孳生牲畜"说明归化城土默特蒙古"有力之人"依然从事畜牧业。这些"有力之人"既从事农耕业又从事畜牧业，就说明在归化城土默特地区，归化城土默特蒙古是农牧业兼营的。而与"有力之人"相对应的是"无力之人"。那么归化

---

① 中国科学院地理科学与资源研究所、中国第一历史档案馆：《清代奏折汇编·农业·环境》，北京：商务印书馆，2005年，第69—70页。

城土默特蒙古的"无力之人"是指的普通蒙古部众，他们人单力薄，加上沉重的差役，无力亦无暇经营其土地（蒙丁地或户口地）。在此情况下，他们只能靠出租地亩，收取租资维持生计。而他们又毫无租佃土地的经验，加上没有丈量土地的传统。因此与民人签订的契约（见上文），往往有这样或那样的缺陷，导致归化城土默特蒙古在辗转出租土地的过程中逐渐失去了对土地的所有权。在官无俸、兵无饷，又失去资以养赡的蒙丁地（户口地）的情况下，生活日渐窘迫，最后沦落为穷苦蒙古。亦即这些"无力"之蒙古可能并没有从事传统的畜牧业，亦没有从事农耕。而他们的土地在辗转出租的过程中，成为或蒙古贵族、官员或地商或民人开垦的耕地。当然其中亦有部分归化城蒙古人在从事传统畜牧业的同时，亦从事农耕，同时亦出租部分土地给民人获取租资（见前引档案）。贺扬灵在《察绥蒙民经济的解剖》第2章《察绥蒙民的生产方式及其关系》第一节《纯农区域》中写道：

> 在这种区域中，蒙民因为牧地的缩小，在生计上感受相当的威胁，不得不随汉人从事农业的经营，如土默特旗及伊克昭盟近河套各旗等。但以生产技术的不纯熟，大半是以牧为主，以农为副；或自为地主而以汉人为佃农，这种不单纯的作业，当然是在生产方式转变的历程上所不能免的现象。因为游牧是蒙古人民唯一的拿手戏，他们总不愿放弃这种传统的技能，就是转变了这种游牧的方式而定居的农民，亦还是在一个住宅的周围中划圈一块土地，围以高约五尺许的大墙，并设门扇，以为关放，牛羊就在这种有限度的范围中繁殖。这种牧法是与汉人饲养家畜一样，不过所畜的种类不同，一是偏于猪牛骡等，一是大半或全数是牛马羊等。……至于蒙人对于农耕，多少还有一点蔑视的行径，有的自己不耕，专以地租为生计，有的雇用汉人，代替耕种，但为生存竞争的迫协，牧地缩小，有的不得不逐渐与汉人生活同化起来，如土默特旗及伊克昭盟大部分蒙民，都成为"道地"的农民了。这种"道地化"的农业牧民，在生存上已脱离了"顿托"的方式，而成为田舍翁了。①

贺扬灵在20世纪30年代，把归化城土默特、伊克昭盟划为纯农区。此时的归化城土默特、伊克昭盟蒙古人虽然因为牧地缩小，生活窘迫等原因，改习农耕，但大部分蒙古人依然是以牧业为主，农耕为辅，土地租佃则较清朝统治时期更为频繁。这种农牧业兼营的生产方式，在归化城土默特、伊克昭盟地区从牧业向农业转变的过程中，是不可避免的现象。这同时也说明归化城土默特、伊克昭蒙古人并不愿意放弃其所擅长的游牧而从事其不擅长的农耕。但是在牧场日渐萎缩的情况下，不得已而求其次——农牧兼营。而在住宅周围建有牲畜圈舍，其实是集约化畜牧业的早期表现形式。当然这种圈养牲畜

---

① 贺扬灵：《察绥蒙民经济的解剖》，北京：商务印书馆，1935年，第28—29页。

的方式，是蒙古人适应形势的变化，学习汉人圈养牲畜的技艺。该件文献所载虽然是20世纪30年代归化城土默特、伊克昭盟蒙古人的生产生活方式，但是却在一定程度上反映了清代归化城土默特蒙古人的生产生活方式。这种生产生活方式与清代相比，只比清代的生产生活方式汉化程度更强而不是更弱。据此可以推知，清代归化城土默特地区土地农耕化虽然出现较早，但是从事农耕的主要是流入该地的民人。归化城土默特蒙古依然以牧业为主，农业为辅的格局，只不过畜牧业不再是以前逐水草而居，而是开始了圈养式的畜牧业。据贺扬灵的描述，归化城土默特蒙古所饲养的牲畜主要是牛、羊、马。而定居牧业的出现，也使归化城土默特蒙古以部落、家族或者血缘为纽带组成一定数量的村庄。（见上文）

归化城土默特地区由于民人大量涌入，使该地区可资畜牧的牧场逐渐减少，因此，清代归化城土默特地区的农业主要以农耕为主，兼有少量的畜牧。而从事畜牧业的主要为归化城土默特蒙古。归化城土默特蒙古的畜牧业又可以分为：普通蒙古人的畜牧业和召庙畜牧业。

在雍正十二年（1734），户司上报的《左翼首甲穆特布佐领下原拨户口地亩清册》（蒙文）载有瓦·阿尤西苏木塔布板申村有"牧场二顷"①，显然这两顷牧场，塔布板申村的蒙古人可以在此放牧的，说明归化城土默特蒙古人依然有部分部众从事畜牧业。但该村牧场的数量同自耕或出租的土地数量相比，只占很少一部分，且二顷牧场所能饲养的牲畜数量也是极为有限的。由于缺少归化城土默特地区载畜量的统计，笔者依靠下面的数据对瓦·阿尤西苏木塔布板申村二顷牧场能养活羊的数量进行推算。在《中国西部综合生态系统管理示范点建设》第6章《内蒙古自治区IEM示范点建设》第3节《四子王旗巴音嘎查示范点建设》中载有天然草原的平均亩产量：

> 根据有关资料记载，20世纪80年代初天然草原平均亩产草量80公斤，2006年平均亩产草量不足35公斤。……实行"以草定畜"政策，30亩草场1个绵羊单位。该区共有70万亩草场，通过杂交育肥和舍饲圈养，现在进入草场的羊只有1万只，70亩草场养育1只羊，比政府规定的30亩草场1个绵羊单位提高了40亩。现在，草群盖度增加了7%，产草量由原来的35公斤/亩，提高到了162公斤/亩，草原生产力大幅度提升，实现了项目设计目标。②

---

① 土默特左旗档案馆藏：归化城副都统衙门档案，户司《左翼首甲穆特布佐领下原拨户口地亩册》，档案号：80—33—1.1函—1。乌仁其其格：《18至20世纪初归化城土默特财政研究》，内蒙古大学，2007年博士学位论文，有译文，第8页。
② 江泽慧：《中国西部综合生态系统管理示范点建设》第6章《内蒙古自治区IEM示范点建设》，北京：中国林业出版社，2013年，第108—109页。

由于四子王旗的自然条件较归化城土默特地区的自然条件稍差，故不依据20世纪80年代初的产草量80公斤/亩，亦不依据2006年的产草量35公斤/亩，而采用草原恢复后的162公斤/亩的标准计算。"二顷牧场"为200亩，以草完全利用算，产草32400公斤。再据《巴音塔拉嘎查调查》所载："1个绵羊单位日食草量为2公斤干草。"[①] 一只绵羊一年约食730公斤干草，那么32400公斤草能养活约45只绵羊。这还是按照最高标准推算的，该村的牧场为沙石不堪耕种之地，是不可能产如此数量的草的，因此这二顷牧场实际上所养活的羊的数量要远远低于笔者所推算的数量，由此可窥见本区的畜牧业已经衰落之一斑！由于该村的土地已经被大量开垦，导致畜牧业处于可有可无的地位。虽然在归化城土默特副都统衙门档案中有数十件归化城土默特左右两翼原拨户口地亩草场清册[②]，这些地亩草场清册均为雍正和乾隆时期的，既有归化城土默特两翼各佐领所属地亩草场清册，亦有各召庙所属草场地亩清册，但在乾隆以后不见草场清册而代之以地亩册，这其实在一定程度上说明一个问题：即归化城土默特地区的草场，在乾隆时期得到大规模的开垦，牧场已经严重萎缩。因此乾隆以后的地亩草场清册，牧场作为耕地的附属而出现。这一现象表明该地农耕业取得较大的发展，畜牧业日渐萎缩。与此同时，在归化城副都统衙门档案中，自乾隆时期开始，出现大量的私垦牧场案卷，如乾隆四十五年（1780），张宝山私垦牧场案[③]。私垦牧场事件地频发，在一定程度上说明清政府的所谓禁垦的政策执行力度不够，另一方面也说明清政府对蒙地私垦牧场，实际上所采取的是一种纵容政策。这种政策所导致的后果就是民人大量涌入归化城土默特地区、牧场被垦为耕地，农耕业获得长足发展，而畜牧业则严重萎缩。

[①] 李澜：《巴音塔拉嘎查调查》，北京：中国经济出版社，2010年，第135页。
[②] 土默特左旗档案馆藏：归化城副都统衙门档案，档案号：80图3号—1、80—图4号—2、80—图5号—3、80—图6号—4、80—图9号—5、80—图10号—6、80—15号—7、80—16号—8、80—17—9、80—18—10、80—19—11、80—20—12、80—21—13、80—22—14、80—23—15、80—24—16、80—25—17、80—25—18、80—26—19、80—30—20、80—32—21、80—24—22、80—38—23、80—33.2 函—2—53、80—33—3.2 函—3—54、80—33—5.3 函—5—55、80—33—4.3 函—4—56、80—33—8.4 函—8—59、80—33—10，6 函—10—60、80—33—11.6 函—11—61、80—33—14.6 函—14—64、80—33—15.6 函—15—65、80—33—16.7 函—16—66、80—33—17.7 函—17—67、80—22—18.8 函—18—68、80—33—19.9 函—19—69、80—33—20.9 函—20—70、80—33—21.10 函—21—71、80—33—22.10 函—22—72、80—33—23.10 函—23—73、80—33—24.11 函—24—74、80—33—38.11 函—28—79、80—33—29.12 函—29—80、80—33—30.12 函—30—81、80—33—31.12 函—31—82、80—33—32.13 函—32—83、80—33—33.13 函—33—84、80—33—34.14 函—34—85、80—3—35.14 函—35—86、80—33—48—104 等。这些档案为满文和蒙文档案，部分案卷有汉文译文。
[③] 土默特左旗档案馆藏：归化城副都统衙门档案，萨拉齐厅《申请委员会审吕成美控张宝山私垦草场案的呈文》，档案号：80—5—1881。

第五章 归化城土默特地区的农业

世代居住于归化城土默特地区的土默特蒙古人，由于政治、经济上的因素，导致其畜牧业受到严重地摧残。在此消彼长的情况下，农耕业愈加发达，畜牧业仅是对农耕业的一种补充。归化城土默特蒙古仅能在服差役之余，从事有限度的畜牧业。而这种畜牧业，随着归化城土默特蒙古从游牧向定居生活的转变而变成圈养牧业。"大半以牧为主，以农为辅"是蒙古人不愿意放弃传统的游牧业的一种体现。圈养牧业的出现一方面是其生活方式和畜牧技艺汉化的表现，另一方面则是蒙古人保留其游牧业的一种迫不得已的尝试。这种尝试又进一步加速了归化城土默特蒙古汉化的进程，以至于现在归化城土默特蒙古是汉化程度最深的蒙古人，在某些方面已经同汉人没有差别。

由于归化城土默特地区牧场被大量开垦，到乾隆年间，归化城土默特地区的牧场就不甚宽裕。据《清高宗实录》卷178，乾隆七年（1742）十一月丙辰条载：

> 又奏：土默特蒙古，生计艰难，多有典出地亩，应酌筹久远资生之计。从前喀尔吉善请令民人纳粮，分给蒙古。并将未垦之地，招民耕种。经臣等议令该抚，会同该将军、都统妥议具奏。今该都统吉当阿等会议，以量征官银，为数无多，不敷散给，转启民人久远侵占之弊。惟当定以年限彻还，使民人不致亏本，而蒙古得复原业。应如所议。按原价定限退还，均匀分给蒙古，自后不许复行典卖，违者按例治罪。再土默特地土，本系恩赏游牧，从前既未均派，任有力者多垦，则侵占既多，无力之人，不得一体立业。今吉当阿等议以地多之人酌量拨出，分给穷苦之家。据称官兵喇嘛等俱各悦服，亦应如所议。令地多者量拨五千顷，将家口众而地亩少，及无地之蒙古等，按口分给，立业耕种，将来年满彻回，再行均分。至未垦草地，原恐其荒弃，是以招民垦辟。今既称土默特两旗蒙古并各喇嘛沙弼那尔等，牧厂不甚宽裕，且各扎萨克游牧处之民人、蒙古及喀尔喀贸易之马驼牲畜，皆赖此牧放，若将草地陆续招垦，必致侵占牧所，于蒙古未便，仍当禁其耕种。亦应如所请。从之。①

据此可知，乾隆初年，归化城土默特蒙古人的生计就已经出现困难，造成这种困难的原因应同蒙人典卖土地有一定的关系。但其根本原因还在于归化城土默特蒙古要承担繁重的差役。随着土地的进一步开垦，在乾隆初期，归化城土默特地区就已经出现了"牧场不甚宽裕"的现象。当然归化城土默特地区的牧场不甚宽裕，除民人大量涌入该地区从事垦殖外，还同清政府不断圈占归化城土默特牧场有密切关系。这样所导致的后果就是归化城土默特蒙古势力日衰，人口增长日缓，畜牧业衰微。

乾隆初年对归化城土默特地亩进行清查，据归化城都统噶尔玺等奏称：

> 兹据参领等查报：土默特两旗蒙古共四万三千五百五十九口，原有地亩、牧场、

---

① 官修：《清高宗实录》卷178，乾隆七年十一月丙辰条，北京：中华书局，1985年，第291页。

及典出田地，共七万五千四十八顷有奇。此内去年查出实无地亩之蒙古，二千八百十二口；人多地少之蒙古，二千一百五十六口。伊等耕种地亩，三百三十四顷有奇。再去年各佐领未经报出，今经查出有田三二十亩以上、一顷以下不等之蒙古，二万二千一百四口。耕种地亩，一万三千四百六十五顷有奇。再典给民人地亩，四千顷。除牧场地一万四千二百六十八顷有奇外，现在田地多余之人，一万六千四百八十七口，耕种地亩四万二千八百顷有奇。①

根据此次清查，在乾隆八年（1743）清查归化城土默特地亩之时，归化城土默特地区尚有"一万四千二百八十六顷有奇"的牧场。若按照上文计算标准进行计算，14286顷土地，可产草 231433200 公斤，大约能养活 317032 只绵羊。土默特两旗蒙古共有 43559 口人，平均每人约有 7.28 只绵羊。以一户蒙古人家 4 口计算，每户约有 29 只绵羊。这个数字看起来不少，但是要知道这个数字只是理论上推出的数字，与实际情形要有一定差距。由于贫富分化的问题，土地被逐渐集中到少数蒙古人手中。归化城土默特蒙古可以根据其所拥有的土地分为四种情形：无地蒙古、人多地少蒙古、多地蒙古、土地正常蒙古。无地少地蒙古约有 27072 口，约占归化城土默特蒙古总人口的 62%；多地蒙古有 14687 口，约占归化城土默特蒙古总人口的 34%；土地正常之蒙古为 1170 口，约占归化城土默特蒙古总人口的 3%。这种土地占有结构，说明了一个问题，即土地被少数人占有的趋势正在加剧，亦在一定程度上说明该地区的畜牧业被少数蒙古人所拥有。因此所推出的平均每户约有 29 只绵羊，仅表明该地区存在有一定数量的畜牧业。同时由于归化城土默特蒙古人要承担各种差役，即使在理想状态下，平均每户拥有 29 只绵羊，各种差役均要从这 29 只绵羊中支出，那么如此数量的绵羊能不能够维持四口之家一年的生活？显见，如此数量的绵羊很难维持四口之家一年的各种开销。

阿·马·波兹德涅耶夫《蒙古及蒙古人》第 4 章《从归化城经张家口至承德府》中写道：

> 呼和浩特土默特旗人总数为四千零九十六户，一万八千五百七十六人。现在这些居民大多是在农村或乡屯种田，过着定居生活。像这样的乡村和官屯在左翼三十个苏木管辖下的总共有二百九十个，在右翼三十个苏木管辖下的总共有二百二十六个。在这二百二十个乡屯里住的全是土默特人。……过游牧生活的土默特人主要是住在大青山以北的三个苏木，一般来说，他们都在靠近茂明安边界的呼雅克图鄂博周围放牧，至于具体的放牧地点，我没有记载。在所有这些游牧地区，无论旗兵、平民或属于各

---

① 官修：《清高宗实录》卷 198，乾隆八年八月壬子条，北京：中华书局，1985 年，第 542—543 页。

寺召的沙比纳尔都混居在他们游牧的草地上，或定居在乡屯里。①

从其记载来看，归化城土默特地区的游牧之区由于土地的开垦，已经萎缩到大青山以北。这是农耕进，游牧退的体现。同时需要注意的是"过着定居生活"，在"呼雅克图鄂博周围放牧"，这说明即使是从事畜牧的蒙民亦不像以前那样从事游牧，而是采取了定居式的畜牧业。而在"呼雅克图鄂博周围放牧"则说明该归化城土默特地区的牧场已经非常少，牧民无法从事传统的游牧。只能从事定居式圈养畜牧业。

《土默特志》第4章《经济志·牧业》，对清代归化城土默特蒙古的畜牧业进行了简单叙述：

> 康熙、雍正、乾隆时期，清廷大量划拨、垦放土默特的牧地，加上蒙汉民的私放私垦，土默特牧场已不甚宽裕，尤其是大青山南已无大片牧场。除大青山北召河地区的几个苏木外，本地区已由牧转农。清朝中期，大青山南的蒙汉人民由饲养大畜逐渐转化为饲养耕畜和小畜。较富有的蒙族人家一般饲养十几到几十只大畜，数十到数百只羊。中等蒙户只饲养几只大畜，十几到几十只羊。下等蒙户只有一两头耕畜或几只羊，穷苦蒙古则牲畜全无。汉族人家饲养大畜也主要是为农耕服务，有的则用于拉车运输，饲养的小畜一般是几到十几只，有的人家则大小畜全无。大青山以北，如呼雅克图敖包周围的蒙古族，有的人家大畜上百，小畜上千，但这类人家为数不多。养几十只和几百只羊的人家略多些。大部分是十几只大畜和几只羊。土默川一些纯蒙村，牧场尚较宽裕，有十几到几十顷。如忽拉格气、卡台基、东甲兰营等村，清代还是以牧为主，较富有的人家都养有十几到几十只大畜、几十到几百只羊。②

这段叙述，其实同阿·马·波兹德涅耶夫《蒙古及蒙古人》中的记载是相似的。同样说明归化城土默特地区的畜牧业已经严重萎缩，农耕是本地区的主业，亦可证上文笔者所推测的平均户约有29只羊。

归化城土默特蒙古的放牧方式，应是对元代蒙古人放牧方式的传承。元代，蒙古族已经采用分群放牧和牧人专业化放牧。周清澍在《元朝的蒙古族》中，据《元史》卷100《兵志·马政》所载，认为："牧人的分工更为专业化，见于记载的有羯羊倌（亦儿哥赤）、山羊倌（亦马赤）、羊倌（火你赤）、骡马倌（苟赤）、骟马倌（阿塔赤）、一岁马驹官（兀奴忽

---

① 阿·马·波兹德涅耶夫著，张梦玲等译：《蒙古及蒙古人》（第2卷），呼和浩特：内蒙古人民出版社，1983，第156页。
② 土默特左旗《土默特志》编纂委员会：《土默特志》（上），呼和浩特：内蒙古人民出版社，1997年，第235页。

赤)、马倌(阿都赤)等名目。这种大规模的分群放牧,很有利于畜牧业的发展。"① 据相关记载可知:亦马赤,为元朝皇室、诸王属下牧山羊者及掌管山羊群者,蒙古语的音译。又译作"伊玛齐"。亦儿哥赤,元朝皇室、诸王属下牧羯羊及掌管其事的官员,蒙古语的音译。② 在归化城土默特地区,有很多有特色的地名,如"'霍拉格气'(放绵羊羔者)、'添密'(放骆驼者)等,都是阿勒坦汗时代分牧办法保留在村名上的印记。"③ 这些村名更加说明了归化

---

① 周清澍:《元朝的蒙古族》,见中国蒙古史学会:《中国蒙古史学会论文选集》,呼和浩特:内蒙古人民出版社,1980年,第58页。此后此论断被广泛使用。据笔者统计,有:(1)《蒙古族简史》编写组:《蒙古族简史》,呼和浩特:内蒙古人民出版社,1985年,第80页;(2)范文澜、蔡美彪:《中国通史》(第7册),北京:人民出版社,1994年,第320页;(3)云峰:《中国元代科技史》,北京:人民出版社,1994年,第93页;(4)《阿鲁科尔沁旗志》编纂委员会、阿拉坦格日乐:《阿鲁科尔沁旗志》,呼和浩特:内蒙古人民出版社,1994年,第338页;(5)土默特左旗《土默特志》编纂委员会:《土默特志》(上),呼和浩特:内蒙古人民出版社,1997年,第237页(所写为据《明史》,);(6)李罗力等:《中华历史通鉴》第1部《经济史卷》,北京:国际文化出版公司,1997年,第671页;(7)麻国庆:《草原生态与蒙古族的民间环境知识》,内蒙古社会科学,2001年,第1期,第52—57页(所写为据《明史》);(8)《蒙古族通史》编写组编:《蒙古族通史》,(上)北京:民族出版社,2001年,第266页;(9)义都合西格、曹永年:《蒙古民族通史》(第2卷),呼和浩特:内蒙古大学出版社,2002年,第143页;(10)泰亦赤兀惕·满昌:《蒙古族通史》(5),沈阳:辽宁民族出版社,2004年,第100页;(11)廖国强、何明、袁国友:《中国少数民族生态文化研究》,昆明:云南人民出版社,2006年,第42页(所写为据《明史》);(12)芈一之:《黄河上游地区历史与文物》,重庆:重庆出版社,2006年,第253页;(13)《蒙古族简史》编写组编:《蒙古族简史》,北京:社会科学文献出版社,2007年,第54页;(14)盖志毅:《制度视域下的草原生态环境保护》,沈阳:辽宁民族出版社,2008年,第225—226页(所写为据《明史》);(15)暴庆五:《蒙古族生态经济研究》,沈阳:辽宁民族出版社,2008年,第415页;(16)王磊义、姚桂轩、郭建中:《藏传佛教寺院美岱召五当召调查与研究》(上),北京:中国藏学出版社,2009年,第85页(所写为据《明史》);(17)《蒙古族简史》修订本编写组编:《蒙古族简史》,北京:民族出版社,2009年,第64页;(18)梁冰:《鄂尔多斯通史稿》(上),呼和浩特:内蒙古大学出版社,2009年,第476页;(19)李幹:《元代民族经济史》(上)北京:民族出版社,2010年,第685页;(20)郝维民、齐木德道尔吉:《内蒙古通史》第3卷《蒙元时期的内蒙古地区》,北京:人民出版社,2011年,第245页;(21)肖东发:《养殖史话·古代畜牧与古代渔业》,北京:现代出版社,2015年,第37页。其中有的著作并没有标明出处,有的著作则引自麻国庆的《草原生态与蒙古族的民间环境知识》,而麻国庆的《草原生态与蒙古族的民间环境知识》,则是引自土默特左旗《土默特志》编纂委员会:《土默特志》(上),其中有的著作写着据《明史》,载笔者查阅《明史》,并没有发现相关记载,此相关记载见《元史》卷100《兵志·马政》,而最早把此条认为是"据《明史》"的说法,则出自《土默特志》,显见这是学者们在引用文献或者转引文献时,并没有认真核对的缘故。

② 张政烺:《中国古代职官大辞典》,郑州:河南人民出版社,1990年,第488页;高文德编著、蔡志纯等撰稿:《中国少数民族史大辞典》,长春:吉林教育出版社,1995年,第871页。

③ 土默特左旗《土默特志》编纂委员会:《土默特志》(上),呼和浩特:内蒙古人民出版社,1997年,第237页。麻国庆:《草原生态与蒙古族的民间环境知识》,内蒙古社会科学,2001年,第1期,第52—57页,中予以引用。廖国强、何明、袁国友:《中国少数民族生态文化研究》,昆明:云南人民出版社,2006年,第42,则引自麻国庆:《草原生态与蒙古族的民间环境知识》,盖志毅:《制度视域下的草原生态环境保护》,沈阳:辽宁民族出版社,2008年,第225—226页、王磊义、姚桂轩、郭建中:《藏传佛教寺院美岱召五当召调查与研究》(上),北京:中国藏学出版社,2009年,第85页,等则没有标明出处。

城土默特蒙古传承了元代蒙古族的游牧方式。

清乾隆以后，由于土地被清政府大量圈占、大量民人涌入等因素导致土地牧场大面积萎缩，加之归化城土默特蒙古需要承担差役，无力从事畜牧和农耕。因此，"专门从事畜牧业的蒙古人逐渐减少、土默特蒙古开始盖屋筑屋，逐渐定居，且只能在分配给自己尚未开垦的户口地和官滩牧地内放牧"①。结合上文笔者对乾隆八年（1743）清查归化城土默特地亩时牧场载畜量的推测，可知，归化城土默特地区的畜牧业已经完全沦为农耕农业的补充。穷苦蒙古，为了养家糊口，只能靠为别人放牧谋生。"一些牲畜不多的穷苦蒙古，有的为绥远八旗马厂放牧马匹。据载：1740 年，绥远八旗马厂'每马一匹，用银一钱，雇觅蒙古放牧。如有倒毙遗失，俱系蒙古补赔。'……穷苦蒙古在挣绥远八旗军马放牧银的同时，也可以捎带放牧自己的牲畜。"② 当然亦有一些蒙古人为了谋生，可以揽无力放牧之家的牲畜在自己牧场内放牧，收取一定的报酬。

归化城土默特地区各召庙均占有一定量的香火地（见上文），这些土地，一部分自种，一部分出租，一部分用以放牧。各召庙牧场的生产经营主要是通过"苏鲁克从事畜牧生产，牧场境内从事畜牧业生产的劳动者为呼图克活佛或寺院所属沙毕纳尔。一般情况下，蒙古社会各阶层向呼图克图活佛或寺院各吉萨（仓）施舍的牲畜首先成为寺院畜牧业生产的基本生产资料，寺院管事喇嘛得木齐、尼尔巴等把这些施舍得来的牛、马、羊、驼等牲畜分给呼图克图活佛或寺院所属沙毕纳尔放牧。而这些沙毕纳尔放牧的自然繁殖及畜产品的大部分被所属呼图克图活佛或寺院吉萨占有，沙毕纳尔仅仅食用牲畜的乳汁和绒毛来维持生活。沙毕纳尔向寺院和呼图克图缴纳的牲畜、黄油、银钱、粮谷等各种赋税均属于此类收入"③。

召庙牧场一般分布在大青山后，经营召庙牧场的一般为召庙所属沙毕纳尔。锡勒图呼图克图住持呼和浩特锡勒图召（席力图召），系呼和浩特地区最有势力和影响的活佛系统，曾多次担任总管呼和浩特喇嘛班第之喇嘛印务处的掌印扎萨克达喇嘛和副达喇嘛，与理藩院和历代皇帝有着密切的联系。④ "呼和浩特锡勒图呼图克图所属一千多名沙毕纳尔世代居住在大青山后的属庙西拉木伦召周围的牧场，给呼图克图放牧，呼图克图本人

---

① 土默特左旗《土默特志》编纂委员会：《土默特志》（上），呼和浩特：内蒙古人民出版社，1997 年，第 237 页。
② 土默特左旗《土默特志》编纂委员会：《土默特志》（上），呼和浩特：内蒙古人民出版社，1997 年，第 237 页。
③ 胡日查：《清代内蒙古地区寺院经济研究》，沈阳：辽宁民族出版社，2009 年，第 168 页。
④ 胡日查：《清代蒙古寺庙管理体制研究》，沈阳：辽宁民族出版社，2013 年，第 29 页。

和席力图召喇嘛每年所需肉食、香灯所需黄油等均来自沙毕纳尔的畜牧业收入。"① 据《绥远通志稿》卷77《宗教》载，阿导沁为召庙放牧的黑徒：

> 阿导沁，凡隶属于召寺之黑徒人众，其有被派为活佛牧放牛马或为召寺公众孳拏牲畜者，则名之曰阿道沁。约分为两种：一种为黑徒之贫者，以身力佣于寺，仅可得食宿，而不能得工赀；一种为黑徒之有产者，其自养之牛马驼羊，已繁息成群，寺中谙其经验，嘉其成绩，则以活佛或公中牲畜分拨寄牧，递滋生既多，乃酌赏少许，用酬其劳。②

据蒙文档案记载：席力图召的大部分牧场都集中在大青山以北锡拉木伦一带，该召所放的苏鲁克里有骆驼、马、牛、羊等。③ 从乾隆二十五年（1760）末，呼和浩特寺院牧场被分到大青山以北土默特旗辅国公喇嘛扎布四苏木管辖之后，寺院沙毕纳尔和土默特"四苏木的蒙古人都居住在牧场内"。④ 这一点，在阿·马·波兹德涅耶夫《蒙古及蒙古人》第3章《归化城》中也有提及：

> 席力图格根的沙比纳尔，……有一千人，属于各个不同的民族。当然，他们大都是土默特人，然而也有一些是蒙古族其他支系的人，甚至还有唐古特、藏族等其他民族的人。席力图格根有自己的土地供这些沙比纳尔造屋居住，有些土地由克克伊尔根城向北伸展出：在南边与此城郊区的耕地毗连；在西边同茂明安旗土地相连；在北边同喀尔喀达尔罕贝勒旗相连；在东边同四子王旗土地相连。由于划给席力图格根的沙比纳尔游牧区很小，因此格根的沙比纳尔们，凡出生于土默特的，可以说根本就不在这些地方住，而是仍旧住在他们世代居住的地区，只有其中的蒙古人、喀尔喀人、唐古特人、西藏人等等才在上述的地区范围内游牧。⑤

这说明席力图召牧场的畜牧业是苏鲁克畜牧业。这种畜牧业满足了召庙喇嘛的各种需求。虽然在某种程度上，这种苏鲁克畜牧业存在一定的剥削成分，但却在一定程度上解决了沙毕纳尔的生活问题，这其中具有一定互惠成分。

五当召，始建于清康熙年间，吉忽伦图苏木五当沟内的大青山深处。其所属牧场位于该召周围。五当召所属"沙毕纳尔居住在该召周围的牧场，放牧各吉萨（仓）所属牲

---

① 胡日查：《清代内蒙古地区寺院经济研究》，沈阳：辽宁民族出版社，2009年，第168页。
② 绥远通志馆：《绥远通志稿》卷77《宗教》（第89册），内蒙古自治区图书馆藏（稿本），第25页。
③ 金峰：《呼和浩特史蒙古文献资料汇编》（第1辑），海拉尔：内蒙古文化出版社，1988年，第129页。
④ 金峰：《呼和浩特史蒙古文献资料汇编》（第5辑），海拉尔：内蒙古文化出版社，1988年，第236页。
⑤ 阿·马·波兹德涅耶夫著，张梦玲等译：《蒙古及蒙古人》（第2卷），呼和浩特：内蒙古人民出版社，1983，第81页。

畜,在档案中又称他们为'看管苏鲁克者'或者'保管牲畜者'"。①

席力图召和五当召的畜牧方式均为苏鲁克,苏鲁克牧业是什么?田山茂在《清代蒙古社会制度》中,对苏鲁克实行的原因进行了探讨,他认为:

> 乾隆初,对阴山山脉以南蒙古和东南蒙古进行开发,人口增加到当时农业技术所能维持的程度。和汉人农民同时或更早些,商人的迁入也增多了,他们用商品贸易、高利贷等手段来剥削王公和旗民。由于商业资本的侵入,使蒙古社会开始卷入货币经济的漩涡,上上下下都迫切感到获取货币的必要。于是在他们所有的牧地上,开始招致汉人垦种,或自己当地主牟取地租之利,或使用汉人农奴经营农业,或仅为得一笔荒价而出放土地,用种种方法建立起以汉人的农业为基础的经济机构。倘这些收入还不能餍足时,甚至还出典耕地,向汉人借款。如偿还商品代价或贷款利息的牲畜被汉人赶走,依牧业为生的蒙古人的生活即无法维持,于是便出现了苏鲁克制度。所谓苏鲁克制是把已归汉人所有的牲畜托放给蒙古牧民,规定种种条件,每年由增殖部分支付一定头数的牲畜,作为类似佃租的代价。于是蒙古人不仅在农业方面,而且在畜牧业方面也日益处于汉人商业资本、技术和勤勉性等支配之下。②

国内学者对苏鲁克制也进行了论述,但大都沿用1961年中华书局《辞海》编辑所修订《辞海印行本》关于苏鲁克的词条:

> 苏鲁克:蒙古语,意思是"群",通常指畜群。我国解放前,牧民代养牧主的牲畜叫养苏鲁克;蒙古王公贵族、上层喇嘛、旗府、庙仓以劳役形式将畜群交给属民放牧,叫放苏鲁克;牧主和商人将畜群租给牧工放牧,也叫放苏鲁克。③

此后学者对苏鲁克制的解释,基本上限制在此范围内,如《中国少数民族史大辞典》中载:

> 苏鲁克:蒙古语音译,原意为"畜群"。通常指蒙古牧区牧工与牧主间的一种牲畜承放制度。清中叶以前蒙古封建王公贵族、旗府、寺院、上层喇嘛等把畜群托给属民代为放牧,称为放"苏鲁克"。一般是牲畜的乳、毛等归牧民,孳生畜归牧畜主,……后随着商业高利贷资本进入牧区,封建领主制度受到冲击,逐渐演变成带有租佃性质的"苏鲁克",牧主、商人等将牲畜租贷给牧民放牧,按一定比例收取仔畜或其他畜产品。承租办法在各地区、各领地内亦各不相同,由牧主与牧工商定。凡在

---

① 胡日查:《清代内蒙古地区寺院经济研究》,沈阳:辽宁民族出版社,2009年,第169页。
② 田山茂:《清代蒙古社会制度》,呼和浩特:内蒙古人民出版社,2015年,第169—170页。
③ 中华书局辞海编辑所修订:《辞海试行本》第3分册《经济》,中华书局辞海编辑所,1961年,第164页。

天灾、疫病等正常情况下，繁殖的仔畜归牲畜所有者，未成活的交羔皮。牧户对承租牲畜可以乘骑、挤奶、剪毛等。如牲畜死亡和丢失，牧户要负责赔偿。承租时间事先确定，有临时的，也有承租数年长期性的。①

这仅仅是对"苏鲁克"制的解释，并没有说明苏鲁克制是如何运作的。在《杭锦旗志》第12卷，第1章《生产关系变革》中，对苏鲁克制的如何运作进行了描述：

> 苏鲁克，系蒙语，意为畜群。清朝、民国时期，贫苦牧民为维持生计，揽放召庙、王公、贵族及富裕牧民的畜群。揽放苏鲁克，须带一定礼品登门请求雇主，无力备礼者则被雇机会很少。揽到畜群，或在雇主住地放，或在牧工住地放，或由雇主指定地点。放大畜苏鲁克的牧工，多食宿于雇主家中，每年能得到1头3岁口的大畜，并配有冬夏衣服，个别的还能分得少量粮食、肉食等。放小畜苏鲁克的牧工，多不和雇主家一起食宿，报酬以绒毛为主，另外产双羔可得1只，羔羊产的羊羔也归牧工。雇主每年定期到畜群给所产仔畜打印记一次，打印记后所产仔畜也归牧工。打印记时忌讳所有仔畜尽数打完，总要留3.5只羸羔归牧工，俗称留"圈底子"。雇工对牧工没有具体生产指标要求，死亡的牲畜须交回皮子，并附印记（耳记）。丢失的牲畜须赔偿。雇主视年景好坏，向牧工索要数量不等的奶食品。少数富户拥有数十群苏鲁克。召庙的苏鲁克也较多。②

在《内蒙古自治区巴彦淖尔盟阿拉善旗清代单行法规及民刑案件判例摘译》中，亦载有苏鲁克制：

> 咸丰元年八月十二日，好依尔呼都嘎图们（万）苏鲁克浩特三百一十五只绵羊放牧人台吉扎木苏请求："小人家贫，今年打算给长子盖房子，但无毡子等物件，苦于备置，希将今年秋毛赐予小人。"查以往对贫苦台吉，有赐予渡命物资进行救济之例，且该台吉只求其所放牧绵羊之秋毛，经转呈，验准如请示。③

奇格《古代蒙古法制史》中引用道光二年（1822）三月十九日阿拉善扎萨克王爷颁布的规定：

> 查近数年来，本王苏鲁克绵羊增多，水草感到缺乏，如能将和希格图木伦河沿，

---

① 高文德编著、蔡志纯等撰稿：《中国少数民族史大辞典》，长春：吉林教育出版社，1995年，第1006页。其他如唐祈、彭维金：《中华民族风俗辞典》，南昌：江西教育出版社，1988年，第333页；《畜牧兽医名词词典》编辑委员会编：《畜牧兽医名词词典》，呼和浩特：内蒙古人民出版社，1985年，第368页；许涤新：《政治经济学辞典》（上）北京：人民出版社，1980年，第232页，等，均同此记载类似。

② 崔永峰、贡生淖尔布：《杭锦旗志》，呼和浩特：内蒙古人民出版社，1994年，第331页。

③ 全国人民代表大会民族委员会办公室编译：《内蒙古自治区巴彦淖尔盟阿拉善旗清代单行法规及民刑案件判例摘译》，全国人民代表大会民族委员会办公室，1958年，第11页。

除原有仓里种的地以外，将其余我旗属下家人等所种之地永远禁止，将河水下放，以供苏鲁克绵羊饮用，在后日对绵羊及马群苏鲁克有莫大之利益。为此，规定今后禁止在该河沿种田地。永为定例遵行，记入印文档册。①

在《克什克腾旗志》中，对苏鲁克制中的牧人与牧主之间的权利和义务进行了比较详细地描述：

> 苏鲁克（又称"孳生"，农区称"份养"），畜主以群或以数将牲畜分给无畜或少畜农牧民代养。一般3年为一周期，畜主保本，所产仔畜对半、四六、三七或二八分成，绒毛、奶酪归养户。养户有权使用苏鲁克畜。饲草，由养户备；饲料，畜主出地、具、种籽，养户经营，收获亦对半、三七或二八分。每年秋季畜主派人点畜结算，丢失或狼吃，由养户赔偿。病死，养户出示"印记"物，从册中注销。为获继养权，养户主动给畜主打材、打草、帮工、护院，以至出行随侍，这些均为义务工。②

综上可知，在内蒙古地区苏鲁克制是普遍存在的一种游牧方式。这种游牧方式说明内蒙古的畜牧业经历了一种从传统的自由放牧到委托放牧的转变，这种转变在一定程度上是蒙古族汉化在游牧方式上的具体体现。而委托放牧在一定程度上就是雇工放牧，亦可以认为苏鲁克制在某种程度上是传统经济生产方式的变革。能不能据此认为苏鲁克制具有一定资本主义萌芽性质，还有待进一步深入探讨。《杭锦旗志》所载"贫苦牧民为维持生计，揽放召庙、王公、贵族及富裕牧民的畜群。揽放苏鲁克，须携带一定礼品登门请求雇主，无力备礼者则被雇机会很少"③，是比较切近当时社会真实情况的。当然在归化城土默特地区，亦是采取苏鲁克制的。这种放牧制度虽然存在一定的剥削，但在当时的社会条件下，其实也是一种互惠的制度，不能因存在剥削而否认这种放牧制度的进步意义。

胡日查在《清代内蒙古地区寺院经济研究》中载："道光九年（1829）五当召玛尼吉萨管事喇嘛的从委托茂明安诸户放牧的大小154只羊、20头牛上收取25只羊、1头牛。"④ 牧于"苏尼特右旗巴伦明安呼济塔尔塔拉6户28人牧放着250匹马、130头牛、540只羊和4峰骆驼。其中29匹马、40头牛、130只羊为牧户所有，其余全部是20年来喇嘛庙寄养在这里的。牛、马身上有表示归寺庙的烙印。对于牛，代养者可以自由挤奶食用。喇嘛庙一年检查一次牛的头数。牛死后，必须把牛皮交回寺庙以作死亡证明，免除赔偿。遭到狼害或被盗，则不负赔偿责任。增加在30%以上的头数，归代养者所有。

---

① 奇格：《古代蒙古法制史》，沈阳：辽宁民族出版社，1999年，第201页。
② 李振刚：《克什克腾旗志》，呼和浩特：内蒙古人民出版社，1993年，第438页。
③ 崔永峰、贡生淖尔布：《杭锦旗志》，呼和浩特：内蒙古人民出版社，1994年，第331页。
④ 胡日查：《清代内蒙古地区寺院经济研究》，沈阳：辽宁民族出版社，2009年，第169页。

对于马的管理，亦同于此。对于羊，每年要检查两次，羊毛全部归庙方"。①

斯日古楞在其硕士学位论文中，依据《巴音塔拉盟史料集成》《呼和浩特史蒙古文献资料汇编》等文献，对呼和浩特召庙香火地的分布予以论述，笔者简单地对其予以转述：呼和浩特乃穆齐召（隆寿寺）香火牧地分布于大青山以北的洪古尔白、布鲁图、布敦海拉苏台、纳林海拉苏台等地；班第达召（尊胜寺）所属牧场分布于八旗牧场东南侧，和该召周围地区；诺门汗召所属牧场也在大青山以北地方，八旗牧厂西南侧；五当召牧场南至吉丹达巴，北至茂明安旗，西至乌喇特后旗，东至茂明安、乌喇特后旗和土默特交界处，牧场东西约75公里，南北约40公里。② 这一方面说明召庙占有一定数量的牧场，有从事畜牧业的先决条件。而召庙所属沙毕纳尔则是从事畜牧业的主要劳动力。因此归化城土默特地区的召庙苏鲁克畜牧业是有所发展的。

但是总体上讲，召庙所拥有的牧场数量较少，因此其苏鲁克畜牧业发展水平亦十分有限。大学士鄂尔泰在乾隆七年（1742）三月《会议酌筹土默特经久孳生之计》中写道："今土默特两旗蒙古并各寺喇嘛、沙毕那尔等牲畜牧场不甚宽裕，惟赖各村附近未垦草场内牧放四项牲畜，割草过冬。"③ 这是归化城土默特蒙古畜牧业的真实体现。归化城土默特地区的土地经过圈占、放垦，导致草场逐渐消失，土默特两翼的畜牧业逐渐被农耕业所取代。虽然在一定范围内保留有苏鲁克畜牧业或者少量的圈养畜牧业，但这仅是对农耕的一个补充，基本上处于从属的地位。

二、归化城土默特蒙古的农业（农耕）

归化城土默特地区的农业（农耕），在明代就已具有一定的雏形。当然，这时的农业是以流亡到该地区的民人为主的板升农业。归化城土默特蒙古依然是以畜牧为生。虽然也有相关文献对归化城土默特部的农耕进行描述，如前引萧大亨在《北虏风俗·耕猎》中写的"但有耕种，惟藉天，不藉人。春种秋敛，广种薄收，不能胼胝作劳，以倍其人"④。这种耕种其实算不上农耕，可以算作是广泛撒种式的农业，和农耕还是有相当大的差距。因此明末归化城土默特蒙古的农耕算不上真正的农耕。清初，在相当长的一段时间内，归化城土默特蒙古的农耕业都是这种农业。前引《清圣祖实录》卷191，康熙三十七年（1698）十一月载："上谕之曰：蒙古之性懒惰，田土播种后，即各处游牧。

---

① 胡日查：《清代内蒙古地区寺院经济研究》，沈阳：辽宁民族出版社，2009年，第170页。
② 斯日古楞：《清代内蒙古地区寺院土地问题研究》，内蒙古师范大学，2008年硕士学位论文。
③ 引自晓克：《土默特史》，呼和浩特：内蒙古教育出版社，2008年，第303页。
④ 萧大亨：《北虏风俗·耕猎》，见薄音湖、王雄编辑点校《明代蒙古汉籍史料汇编》（第2辑），呼和浩特：内蒙古大学出版社，2006年，第243页。

谷虽熟，不事刈获。"① 这句的重点在"田土播种后，即各处游牧"，初看"田土播种"似乎可以理解为蒙古人已经从事农耕，其实并不是这样。蒙古人所擅长的是游牧，当然对农耕这样的劳动并不熟悉。且"蒙古之性懒惰"，所说虽然颇有偏见，但对农耕这一点来讲，还是有一定的合理成分的。故蒙古人不可能在从事游牧的情况下，花费大量的力气去翻耕土地播种籽粒。蒙古人的"田土播种"可能是一种漫撒种籽的播种方式，这种播种方式不需要翻耕土地，直接把种籽撒到田土上即可。这一点，在一些文献中亦有记载，如《热河志》卷75《藩卫一》载乾隆皇帝所作《蒙古田》：

> 蒙古昔种田，撒种委之去。
> 谓曰靠天收，秋成乃刈获。
> 其去非无因，或猎或考牧。
> 而今则不然，均习耕耨务。
> 课雨与量晴，不殊三农虑。
> 然实废牧猎，斯亦忘其故。
> 青海更甚兹，饮酒安眠豫。
> 田猎牧俱懈，穷番攘且惧。②

该文前半所描写与《清圣祖实录》卷191所载类似，但是进入乾隆朝后，蒙古人开始学习耕作技术，荒废了牧猎。周清澍认为："清朝初年，蒙族人民也有从事农耕的，但耕种技术水平还很低下，大多仍处于半农半牧或以农业作为副业的状态。……汉族农民大批迁入内蒙古地区以后，逐渐把内地选种、施肥、开畦、培垅、兴修水利、注意农时等精耕细作的技术传播开来。"③ 此见解是有道理的，归化城土默特蒙古在和民人交往的过程中，已经开始学习耕作技术，从事农业生产。

《土默特志》卷10《义行》载右翼三甲蒙古披甲桃尔户从事农耕：

> 右翼三甲蒙古披甲鄂勒吉图于雍正年……生大习尔麻，大习尔麻生巴图吉尔格勒……生业寰落，生桃尔户，桃尔户生赞布，父子且佣且樵，以养其亲。虽家贫如洗，终其父之身，无所苦楚。厥后以勤约稍集家资，购田劝稼，桃尔户亦以积善继其先志，久施方药活人最伙。④

文献所载"且佣且樵"，即被别人雇佣，至于从事何种工作则不得而知，但应是一

---

① 官修：《清圣祖实录》卷191，康熙三十七年十一月丁巳条，北京：中华书局，1985年，第1027页。
② 和珅：《热河志》卷75《藩卫一》，辽海丛书，北京：全国图书馆文献缩微复制中心，第571页。
③ 周清澍：《试论清代内蒙古农业的发展》，内蒙古大学学报，1964年，第2期，第35—63页。
④ 清光绪年间刊本影印：《土默特志》，台北：成文出版有限公司，1968年，第179页。

种靠力气谋生的工作，"樵"为樵采，即打柴。这种描述说明一个问题，蒙古桃尔户已经失去赖以生存的土地，为此只能靠出卖劳动力和樵采维持生计。因为勤快，稍微有了积蓄，就开始"购田劝穑"，从事农耕。其实这也说明归化城土默特蒙古已经开始专向农耕。

笔者认为明末清初的归化城土默特蒙古的农业，从整体上来讲，还不能算作是农耕，这种农业只是其从事主业（畜牧业）的一种补充。当然，不能否认，清初，归化城土默特蒙古已经有部分部众从事农耕。上引雍正十二年（1734），户司上报的《左翼首甲穆特布佐领下原拨户口地亩清册》中载"披甲巴德玛扣布"有自耕地"一顷四顷""那苏图"有自耕地"二十五亩"。① 就说明归化城土默特蒙古有部分部众已经开始从事农耕。归化城土默特蒙古的农耕业肇始何时，笔者认为清初归化城土默特蒙古即有部分部众经营自耕农业。明代的板升农业，仅是民人的农耕业，虽然有部分蒙古部众可能会学习民人的耕作技术，但对整个归化城土默特蒙古部众而言，是极少数的。明代归化城土默特蒙古的农业也只可能是广泛撒种粗放式的农业。进入清代后，这种广泛撒种粗放式的农业开始有一定的改观。

据归化城副都统衙门档案所载，在雍正时期，归化城土默特蒙古已经营自耕地（上文）。另一件户司《右翼首甲多尔济云隆佐领下原拨户口地草场清册》亦载有："该村共住十五户，其中自耕地七个人的共十四顷五十亩，合种地十八顷五十亩，租种地共二十二顷九亩，当出地共四十八顷六十四亩。"② 这个村庄有 15 户人家，有 7 户从事农耕，从事农耕的蒙古人占到本村人口的将近一半，说明该村的自耕农业已有一定的发展。在民人大量涌入归化城土默特地区，土地被大量开垦的情况下，由于牧场被大量侵占，归化城土默特蒙古已经开始转变传统的游牧方式，转为农耕。因此，清代应是归化城土默特蒙古由牧转农的巨变时期。对归化城土默特蒙古来讲，所转变的不仅仅是生产经营方式的由牧转农、生活习俗逐渐汉化的过程，而是归化城土默特蒙古逐渐失去赖以生存土地的过程。

归化城副都统衙门档案《归化城土默特左翼首甲穆特布佐领下原拨户口地亩清册》（蒙人），载有雍正五年至乾隆七年（1727—1742），土默特左翼首甲原拨户口土地使用

---

① 土默特左旗档案馆藏：归化城副都统衙门档案，户司《左翼首甲穆特布佐领下原拨户口地亩册》，档案号：80—33—1.1 函—1。乌仁其其格：《18 至 20 世纪初归化城土默特财政研究》，内蒙古大学，2007 年博士学位论文中有译文，第 8 页。笔者略有改动。

② 土默特左旗档案馆藏：归化城副都统衙门档案，户司《右翼首甲多尔济云隆佐领下原拨户口地草场清册》（满文），档案号：80—33—19.9 函—19。

情况:①

雍正至乾隆年间归化城土默特左右首甲原拨户口地使用情况表（单位：顷）

村名	户数	人口	耕地面积	自耕地	合种地	出租地	典当地	牧场
苏布尔日干板申	19	43	96.05	3.09	13.77	19.22	59.97	
扎兰板申	4	22	49.73	10.85		18.53	20.35	10
野马图板申	20	73	105.16	25.55	8.04	23.33	48.24	
会苏板申	15	64	127.96	13.62	3.10	84.5	26.74	8
包尔合少板申	23	96	302.02	23.25	20.68	233.67	24.42	
乃莫板申	28	102	171.3	69.18	2.2	99.92		10
古尔半乌素板申	15	52	138.62	23.23		53.89	61.5	
哈录板申	1	2	4.75	4.75				
沙巴尔台板申	1	8	11	11				
李宝板申	1	3	4.35	2.05		1.6	0.7	
哈林产阿曼板申	1	3	2.54	1.09		1.28	0.17	
呼和浩特等地	2	15	2.47	0.7		1.77		
合计	130	483	1016.85	188.36	47.79	537.71	242.09	28

归化城土默特左翼首甲共有 130 户人家，有自耕地 188.36 顷，合种土地 47.79 顷，哈录板申和沙巴尔台板申 2 户人家，土地没有租典，而是自己从事农耕。这说明归化城土默特左翼首甲已经有相当数量的蒙古人从事农耕，其垦种土地亦有一定的规模。虽然不及出租和典当土地的数量，但是却在一定程度上说明归化城土默特左翼首甲的蒙古农耕业已经占有相当的比重。左翼首甲牧场的数量仅 28 顷，说明归化城土默特左翼首甲土地基本被垦种完毕，畜牧业已经沦为从属的地位。归化城土默特左翼首甲蒙古人从事农耕土地数量远远超出牧场的数量，说明归化城土默特左翼首甲蒙古人已渐渐接受农耕。本区域农耕成为主业，畜牧业仅是农耕的补充。另外据《右翼首甲多尔济云隆佐领下原拨户口地亩草场清册》载西班弟苏木，9 个村，102 户人家，有耕地 589 顷 64 亩，牧场 76 顷②，耕地的数量远远超过了牧场的数量。土默特左右两翼蒙古均出现耕地远超牧场的现象，说明该区域农耕获得较大的发展，而畜牧业则严重萎缩，且这一现象可能在归化城土默特地区比较普遍。

清《土默特志》载："凡系蒙民自种者，地水随其自用。"③《海岱村水碑》亦载：

---

① 土默特左旗档案馆藏：归化城副都统衙门档案，户司《左翼首甲穆特布佐领下原拨户口地亩册》（蒙文），档案号 80—33—1.1 函—1—52。引自乌仁其其格：《18 至 20 世纪初归化城土默特财政研究》，内蒙古大学，2007 年博士学位论文，第 40 页。
② 土默特左旗档案馆藏：归化城副都统衙门档案，户司《右翼首甲多尔济云隆佐领下原拨户口地草场清册》（满文），档案号：33—19.9 函—19。
③ 土默特左旗《土默特志》编纂委员会：《土默特志》（上），呼和浩特：内蒙古人民出版社，1997，第 167 页。

"至后使水，蒙古自种之地，许先浇灌。"① 乾隆四十八年（1783）六月，《鄂尔格逊纳木扎尔色令告刘继文不还土地案卷》中载有："缘我故祖金巴生前有自己耕种的水地七块。"② 均说明归化城土默特蒙古人中，已有部分部众从事农耕。据清末土默特两翼旗清丈土地数量统计，"土默特两翼旗应清丈地亩84806顷，其中蒙古自种户口地3482顷43亩"③，"蒙古自种地仅有原户口地的5%"④。显见归化城土默特蒙古虽然有一定数量的自耕地，耕地数量仅占其中很少一部分。这说明在归化城土默特地区从事农耕的主体仍是民人，虽然归化城土默特蒙古有部分部众亦从事农耕，但其人口数量并不多。

上表中合种土地有47.79顷。这个合种土地中包含二八合种。一般来讲，合种土地有两种形式："一种由出租人和承租人按照一定条件组合生产要素并分配收获物的土地经营方式；一种为二八合种，即地主提供土地、牲畜、农具、种籽和肥料等生产资料，佃农出劳动力耕种，收获时地主得八成，佃农得二成"⑤，笔者认为合种或二八合种同伴种类似，"伴种地：土地由地主提供，土地以外的一切生产手段都由佃户筹措，其收获由地主和佃户按契约比例分配的佃耕制度。"⑥

清代归化城土默特地区的伴种，应当是随着晋陕民人流入该地区后而出现的。清代山西、陕西土地伴种非常流行，如"地主出土地、农民出劳力。收获后四六分成，地主得六成，农民得四成"⑦。据同治《河曲县志》卷5《风俗类·民俗》载：

> 河邑地瘠民贫，力农终岁拮据，仅得一饱，若旱年则枵腹而叹，有田之家自出赀本，招佃户，备作三分，其岁之入田主得二，佃户得一，谓之安牛犋。佃户出赀本耕作二分，其岁入田主与佃户对分，谓之伴种。⑧

在《山西近代经济史1840—1949》中，对清代山西的伴种情况亦进行了描述：

> 清代山西的地租剥削，以分成租而言，一般采取对分制，如乾隆年间"山西马邑

---

① 转引自高景哲：《清末民国土默特右旗的社会状况》，内蒙古大学，2012年硕士学位论文。
② 土默特左旗档案馆藏：归化城副都统衙门档案，萨拉齐厅《申报审断鄂尔各逊纳木扎尔色令告刘继文一案情形》，档案号：80—5—1899。亦见于陈志明：《土默特历史档案集粹》，呼和浩特：内蒙古人民出版社，2007年，第86—87页。
③ 土默特左旗《土默特志》编纂委员会：《土默特志》（上），呼和浩特：内蒙古人民出版社，1997，第194、241页。
④ 土默特左旗《土默特志》编纂委员会：《土默特志》（上），呼和浩特：内蒙古人民出版社，1997，第609页。
⑤ 乌仁其其格：《18至20世纪初归化城土默特财政研究》，内蒙古大学，2007年博士学位论文，第40页。
⑥ 田山茂：《清代蒙古社会制度》，呼和浩特：内蒙古人民出版社，2015年，第182页。
⑦ 祁县志编纂委员会编：《祁县志》（第1章《土地所有制》），北京：中华书局，1999年，第129页。
⑧ 金福增修、张兆魁、金钟彦纂：《河曲县志》，同治十一年，河曲县署存板，卷5，图版50。

县王荀汉给地主卢宋素伴种,秋后对分粮食"。其次采取的是四六分成制,如乾隆时,河曲县农民张洪才佃种张兴海土地,议明"张兴海出籽种、工本,张洪才只出人力,俟收获时,扣除工本,四六分粮"。三七分成制在山西也有所见,如山西岢岚县佃农李京等4人,共同揽种地主温尧土田地,这几户佃农均无籽种、粪土与牲口,均靠地主共给,"他们只出耕力",在分配时,"地主分七分,他们四人共分三分"。又如嘉庆道光年间,山西盂县"田地耕种多提收小户,每人地约五六十亩,计亩给口食,每亩约一斗,至秋成熟,随年丰歉,客得一,主得二"。①

成汉昌在《中国土地制度与土地改革——20世纪前半期》,写道:

> 陕西绥德、米脂地区实行的"伙种"又有两种情况:一是发生于地主与佃农之间的租佃关系,其形式与河北等地大体相同;另一种是发生于劳动群众之间的关系,一些中农或贫农土地有余而劳力不足,而另一些中农或贫农土地不足但劳力有余,这样双方合作,一方出土地,一方出力,经营所得,双方平分,至于种子、肥料、农具、耕畜由何方出并不一定。很明显,这种"伙种",已不带有租佃性质,而是劳动者之间的一种生产互助。②

据上可知,清代晋陕地区伴种土地流传较广,那么当这些民人流入归化城土默特地区后,亦采取了这一土地耕作方式。归化城土默特地区具有从事伴种耕作业的有利条件:1. 归化城土默特蒙古人拥有土地,却不善于耕作;2. 民人拥有耕作技术,却没有土地。在此情况下,双方合作是最佳的选择。当然这种合作亦两种可能:1. 单纯的租佃关系;2. 亦有因劳动力不足,而出现的生产互助。

据《土默特志》第5章《政治志》载:

> 伴种:业主将地交他人耕种,人工、籽种等概由种地者承担(也有的种地者只出人工,其余农具、牲畜、粪肥、籽种、水等一律由业主提供,汉族伴种蒙古大户田亩多属此类)。其收获物,按事先约定对半分成(也有四六、三七或倒四六分成的)。此种租佃方式称作伴种,多不写约据,此收获以后,彼此关系即告了结,若继续伴种,得重新约定。至于收获物中的副产品,如穰秸、干草等,归出牛犋一方所有。③

据其描述,归化城土默特地区好像没有因劳动力不足,出现生产互助式的伴种。而龚致林则把绥远地区的伴种分为大小伴种:

---

① 刘建生等:《山西近代经济史 1840—1949》,太原:山西经济出版社,1995年,第22页。
② 成汉昌:《中国土地制度与土地改革——20世纪前半期》,北京:中国档案出版社,1994年,第66页。
③ 土默特左旗《土默特志》编纂委员会:《土默特志》(上),呼和浩特:内蒙古人民出版社,1997年,第470页。

大伴种则农具牲畜肥料皆由地主负责，佃民仅效劳力，收获后，普通系地主六佃户四分，间有各得其半者。小伴种则农具牲畜肥料悉由佃户自备，收获后地主至少二成，佃户至高八成，但仅集宁一县有之。普通则地主四成，佃户六成，间亦有对分者，以耕地之优劣而临时约定之。①

满都勒述克什格《土默特春秋》中写道：

按照当时后山的惯例：凡来伴种蒙民土地者，只要有劳力和耕种技术就行，称作伴种地的地伙计。由东家提供土地、农具、耕畜、籽种、生活住房等生产资料和生活资料，并且借给伴种地户第一年的生活口粮。只要保持伴种关系，东家每年就提供这些生产、生活资料。其收获分成是第一年开荒所种收获，按一九分成，即给东家交一成，地伙计自留九成；第二年二八分成，地伙计自留八成；从第三年起，以后永按三七分成，耕种者自留七成。②

据上所述，归化城土默特地区的伴种，似乎没有晋陕地区伴种分成比例高，"一九""二八""三七"分成都有，且都是地伙计占大头。为何会出现这种现象呢？笔者认为：1. 归化城土默特地区的土地为荒地，土地开垦成熟地，难度较大。2. 本区域干旱少雨，对农作物生长非常不利。3 归化城土默特蒙古无暇从事农耕，与其让土地荒芜，不如和民人伙种。4. 出于拉拢民人从事垦殖的需要。

归化城土默特地区的伴种，是农业生产发展到一定阶段后出现的。归化城土默特蒙古在牧场日益被侵占，畜牧业日趋萎缩，迫于生计而不得不转农的情况下，由于他们并不擅长农耕，且要承担繁重的差役而无力耕作时，流入该地的民人为其提供了土地伴种的劳动力资源。同时流入该地的民人一无所有，为了谋生，只能靠出卖劳动力换取生活物质。在此情况下，伴种成为一些蒙古和民人之间可合作的选项之一。归化城土默特蒙古提供土地、牲畜、种籽、肥料、农具等，民人提供劳动力的伴种或者伙种农业成为可能。土默特蒙古除了获得地租外，还获得牲畜、种籽、肥料、农具等所产生的利润。民人则在从事生产劳动的过程中，获得赖以生存的物质。这种合作，其实对蒙、民双方都是有利的，也可以说是一种共赢。

当然，伴种这种合作从事农耕的生产方式，从根本上来讲，还不能算作是单纯的归化城土默特蒙古的农耕，只能算是归化城土默特蒙古人提供土地等生产资料，民人提供技术和劳力的一种合作农耕。如果是"劳动力"互助式的伴种，则可以认为是归化城土

---

① 龚致林：《绥远各县概况》，西北问题季刊，1934 年，第 1 卷，第 2 期。闫天灵：《汉族移民与近代内蒙古社会变迁研究》，北京：民族出版社，2004 年，第 184—185 页，亦引用该论述。
② 满都勒述克什格：《土默特春秋》，呼和浩特文史资料，第 15 辑，呼和浩特：远方出版社，2004 年，第 25 页。

默特蒙古的农耕方式。当然在上文"土地纠纷"中,亦对"自种"土地有所涉及。其实这也说明归化城土默特蒙古有部分部众从事农耕生产。

归化城土默特地区召庙香火地,亦有部分土地为自种或者伴种的经营方式。乌云在《乾隆初年土默特地区寺院香火地亩册探析》中写道:

> 寺院土地分为耕地和牧场。当时,土默特地区土地经营方式主要有三种,即自种地、伴种地、租种地,少数寺院有典地现象。自种地各寺均有,大喇嘛、德木齐、格斯贵、格隆等都有自种地亩。在几种经营方式中,租种土地最多,表明出租土地是当时各寺院最普遍的经营模式。档案记载的土地租种者,多为山西、陕西等省的民人。档案中出现较多的是府谷县、河曲县、太原府、保德州等县府。伴种地数量比租种地少,伴种是指合作经营土地的一种方式,即将地交与他人耕种,收获分成。①

据其论述,召庙的香火地有三种经营方式:自种、伴种和租种。从事自种的人为各寺喇嘛、黑徒等人。而租种、伴种的人为来自山西、陕西的民人,其中以府谷、河曲、太原、保德等地民人为多。

有关召庙香火地的经营情况,乌云根据归化城副都统衙门档案中的《香火地亩册》②,对乾隆初年归化城土默特地区部分召庙的香火地经营情况进行统计:③

乾隆初年归化城土默特地区部分召庙香火地统计表(单位:顷)

召庙名	俗称	自种地	租种地	伴种地	典地	合计
延寿寺	席力图召	305.16	834.51	205.76		1345.43
无量寺	大召	928.53	666.94	288.96	116.51	2000.94
崇福寺	彭顺召	499.52	2533.73	42.75	19.39	3095.39
尊胜寺	班弟达召		60.35			60.35
灵照寺	美岱召	72.91	60.38	7.40		140.69
太平召	旗召	135.56	113.5	7.43		256.49
章庆寺	忽寨召	16	7.80	50.4		74.2
崇禧寺	东喇嘛洞召	96.77	74.55	11.3		182.62
广法寺	后板升召	21				21
合计		2075.45	4351.76	614	135.9	7177.11

据上表可知,归化城土默特地区召庙自种香火地达2075.45顷,占香火地总数的28.9%,可见召庙自种香火地在归化城土默特地区是普遍存在的。胡日查在《内蒙古地区寺院经济研究》写道:"根据大召达喇嘛罗卜藏雅林丕勒老人回忆,现今和林格尔县

---

① 乌云:《乾隆初年土默特地区寺院香火地亩册探析》,内蒙古社会科学,2010年,第3期,第58—62页。
② 土默特左旗档案馆藏:归化城副都统衙门档案,《香火地亩册》(蒙文),档案号:80—41—1~80—41—18。
③ 乌云:《乾隆初年土默特地区寺院香火地亩册探析》,内蒙古社会科学,2010年,第3期,第58—62页。其中有些统计数据有误,笔者已订正。

境内，呼和浩特郊区察罕苏布日嘎村、土默特左旗宾珠海乡西巴古齐村和呼吉日等地曾是大召的耕地，该召喇嘛给耕地的沙毕纳尔盖个小庙以便耕种和拜佛。"① 同时有些土地，喇嘛、黑徒是不能随意转租他人的，如"白分耕地（户口地）"。据道光十七年（1837）的土地契约，"呼和浩特某些寺庙以白分耕地的名义，把香火地分给喇嘛和沙毕纳尔（黑徒）耕种，黄、黑徒众商定每一石粮中提取三桶交于寺庙，并规定此类土地由黄、黑徒众只能自己耕种，不能转手擅自出租给民人或卖给他人，若自己不种而转手出卖于汉人，该地则永远收回庙里"②。

归化城土默特地区召庙的伴种香火地虽然与租种、自种相比较少，但亦有相当的数量，达 614 顷。这种伴种土地，应是召庙提供土地等生产资料，黑徒或民人出劳力的一种合作经营方式，当然可能还存在合伙耕作的情形。据《呼和浩特史蒙古文献资料汇编》载，呼和浩特五塔寺的达喇嘛拉巴克、朋苏克为首之四十九口人在塔宾格尔板升嘎查占有耕地两处，共计三十二顷。他们与迁至此地的朔州、台州、祁县、太原县民人一起合作耕种。其中，黑徒乌力吉图两口把嘎查之东一块二顷二十亩次地，与祁县民人刘敬熙、王兴一起合作耕种；黑徒布延图五口把嘎查之东一块二顷六十亩次地，与邢州民人谷海佘一起合作耕种；黑徒乌巴什四口把嘎查之西北一块一顷次地和嘎查之北一块四十亩次地，与邢州民人付亭子一起合作耕种。③ 这种合作耕种，可能有合作互助的成分在其中。

归化城土默特地区各个召庙均有相当数量的喇嘛和黑徒，这些喇嘛、黑徒是经营耕地的主要力量。如乾隆八年（1743）延寿寺"经营耕地的喇嘛人数为 101 人、黑徒 105 名"④。乌云根据归化城副都统衙门档案中的《香火地亩册》对乾隆七年、八年（1742、1743）归化城土默特地区召庙经营耕地喇嘛、黑徒数量进行统计：⑤

---

① 胡日查：《内蒙古地区寺院经济研究》，沈阳：辽宁民族出版社，2009 年，第 78 页。
② 金峰：《呼和浩特史蒙古文献资料汇编》（第 2 辑），海拉尔：内蒙古文化出版社，1988 年，第 15 页。
③ 金峰：《呼和浩特史蒙古文献资料汇编》（第 2 辑），海拉尔：内蒙古文化出版社，1988 年，第 98—99 页。
④ 乌云：《乾隆初年土默特地区寺院香火地亩册探析》，内蒙古社会科学，2010 年，第 3 期，第 58—62 页。
⑤ 乌云：《乾隆初年土默特地区寺院香火地亩册探析》，内蒙古社会科学，2010 年，第 3 期，第 58—62 页。其中有些统计数据有误，笔者已订正。

乾隆初年归化城土默特地区部分召庙经营耕地喇嘛、黑徒统计表（单位：人）

寺院	德木齐	格斯贵	格隆	格孙	班第	黑徒	其他	合计
延寿寺		8	22	30	41	105		206
无量寺	2	6	20	30	38	80	2	178
崇福寺			43	44	72	185	2	346
崇寿寺	1	8	26	94	95	111	81	416
尊胜寺				2		2	9	13
灵照寺		22	8	27	22	5	2	86
太平召		6	19	19	20			64
章庆寺			2	3	4	6		15
合计	3	50	140	249	292	494	96	1324

据上表，乾隆初年，归化城土默特地区各召庙均有喇嘛、黑徒经营耕地。清代蒙古寺庙喇嘛内部等级制度十分严密，"清朝在蒙古地区寺庙喇嘛内部制定了严格的等级职位。其中的行政性品级顺序为转世喇嘛、扎萨克达喇嘛、副扎萨克达喇嘛、扎萨克喇嘛、达喇嘛、副达喇嘛、苏拉喇嘛、德木齐、格斯贵、经头、涅尔巴、哈比尔、札麻、格隆、班第、额外教习喇嘛。……有呼图克图、格根、诺们汗、沙布乃、达尔汗等称号的有资格转世的喇嘛为寺庙最高等级的喇嘛，俗称'活佛'或'佛爷'。……活佛在寺庙里政教地位很高……掌握政教两权，在宗教上是教主，在行政上是首长。……商卓特巴、绰尔济、德木齐、格斯贵等职位的喇嘛，为上层喇嘛的第三层。商卓特巴喇嘛又称'尚斯'，是活佛的谏正者，在佛仓中总揽大权住持一切。……绰尔济是负责主管寺庙教义的喇嘛，德木齐是次于达喇嘛而辅助其职务者。……格斯贵，一称'格布黑'，是管理寺庙的僧众，纠察喇嘛的素行，有行为不检致犯教规者，由格斯贵去办理，可称为'执法喇嘛'……清代蒙古普通寺庙的下层喇嘛包括多尼尔、哈尼尔、且布尔其、扎玛以及普通小喇嘛班第等。"① 可知德木齐、格斯贵、格隆、格孙是有身份和地位的上层喇嘛，他们不可能亲自从事农耕，表中所体现的应是这些人拥有相当数量的耕地，是耕地的实际拥有者。而班第则是最下层喇嘛，可能要具体从事农耕活动。黑徒（沙毕纳尔）则是召庙和呼图克图的属民，他们不承担旗或政府部门差役，不缴纳实物税，而是世代对所属召庙和呼图克图承担供养义务。他们是寺庙的主要生产者和劳动者，因此黑徒的数量要远远超过了德木齐、格斯贵、格隆、格孙、班第等喇嘛的数量。故召庙自耕的香火地主要劳动者应是黑徒，可能还有少部分的身份地位较低班第喇嘛。这些身份较低的班第喇嘛中，除了有崇佛自愿当喇嘛者的人外，相当一部分是为逃避差役或生活所迫而出家当喇嘛的蒙古部众。这些喇嘛中有的因当喇嘛而摆脱了生活窘迫的命运，亦有些喇嘛并

---

① 胡日查：《清代蒙古寺庙管理体制研究》，沈阳：辽宁民族出版社，2013年，第170—173页。

没有摆脱贫困的命运。如延寿寺和章庆寺"无地喇嘛、黑徒人数非常多"①，这些人是召庙自耕地的主要劳动力。如"崇寿寺的沙毕纳尔达日玛经营土地达34顷，沙毕纳尔索日穆经营土地亦达28顷之多"②。据《绥远通志稿》卷77《宗教》载：

> 檀莱沁，绥境各大召庙，当明清两朝迎佛建寺之初，其本管王公施主等，既均拨与香灯养赡之地，则此地之一切生息处理权悉由本寺之活佛、达喇嘛等自行住持之。最初大率只供全寺黄、黑徒众牧畜之用。厥后渐令黑徒中之精农事者，择牧场隙地种艺五谷，以省僧众入市籴粮之烦，年久成习。则牧业日减，而农业日增。于是教中称此种植田地以谋生计者为檀莱沁，盖蒙语谷为檀莱，故称种谷人为檀莱沁。③

综上所述，归化城土默特蒙古的农耕，明代末年，随着民人的涌入，板升农业的出现，蒙古人已经有了较为粗放式的农业生产。入清以后，随着民人的大量涌入，归化城土默特地区的土地进入大规模的开垦期。牧场被大量侵占，归化城土默特蒙古被迫由牧转农。在转农的过程中，并非完全放弃畜牧业。归化城土默特蒙古在逐渐转农的过程中，逐渐接受了民人较为先进的农耕技术，从事农业生产。但归化城土默特地区的农耕并不是以归化城土默特蒙古为主的农耕，而是以民人租佃土地、开垦土地为主的农耕。

第二节　清代归化城土默特地区回民农业

回民亦是清代归化城土默特地区的主要居民，他们为归化城土默特地区的社会经济发展做出了十分重要的贡献。

自康熙年间开始，就有一定数量，从事贸易的回民在归化城定居（见上文），至乾隆年间，一部分回民随军来到归化城居住。这些回民虽然大多以商业为主，但亦有务农者。据《绥远通志稿》卷76《民族·回族》载：

> 自清乾隆间，平定准部，回族随军东来，居住归化城者，不及千人……间亦有务农者，其勤苦卓绝，实非他族可及。④

据《绥远通志稿》卷57《宗教·伊斯兰教》载：

> 乾隆二十二、三年间，准部初平而未大定……其出力回军之一部，则驻归化城外

---

① 乌云：《乾隆初年土默特地区寺院香火地亩册探析》，内蒙古社会科学，2010年，第3期，第58—62页。
② 乌云：《清至民国时期土默特地区藏传佛教若干问题研究》，内蒙古大学，2010年博士学位论文。
③ 绥远通志馆：《绥远通志稿》卷77《宗教》（第89册），内蒙古自治区图书馆藏（稿本），第25页。
④ 绥远通志馆：《绥远通志稿》卷76《民族·回族》（第88册），内蒙古自治区图书馆藏（稿本），第1—2页。

候命，总数不足千人。初居城东南三十八里之草原。恣其住牧，日久遂成村落。并建寺以崇其教。即今之所谓八拜村回回营也。迨乾隆五十四年，因回民既不便返回新疆，且解除兵籍后，有妻孥而无恒产，又不便令其久居，占据土默特蒙古户口游牧地，于是驻防将军、都统等奉命饬其散居，使其自由谋生。①

据此，乾隆年间一部分驻扎在归化城东南的回民，应是以畜牧为主的。但是此时他们所在的回回营应是占据归化城土默特蒙古游牧之地。鉴于此，绥远城将军、都统等人奉命让回民散居和自由谋生。据光绪二十六年（1900），归化城蒙古民事府给副都统衙门户司所发的咨文称"乾隆年间因本族分家，奉旨发在斯地都统大人属下为民，拨给回回营子八拜村户口地四块"②，这应是在归化城土默特蒙古游牧之地拨出一定数量的土地给回民使用。而据"马成恩"的供词来看，这些土地应是回民的户口地。

马珍在《呼和浩特回族经济考》中写道："居住在呼和浩特（包括旗县）村镇的回族中，不少人有着从事农牧业生产的悠久历史。在清代，土左旗察素齐镇的十六户回族人都有一定数量的土地，农业经济作为村镇回族的基础产业占有重要地位。如薛良在坝泉子有耕地数顷，在召门头（白塔召小公园前）有灌溉条件极好的耕地一顷多。白俊有耕地五六顷，每年可收粮七八百石。吴凤琪、马慈命、马有福等分别置有耕地数十亩至百多亩。……在归化城近郊也有不少回族菜农专事蔬菜种植生产。如东菜园（今青城人民公园北门一带）的回族菜农麻富业，祖籍山西右玉县，有水浇菜园地二百余亩，雇佣长工20余人，专事种植蔬菜。另如城东回族刘氏一门，数代种植蔬菜。"③

回民，大多以经商为业，清廷虽然曾拨给一定数量的户口地，但是回民一般不善于耕作，而是把土地租给汉民（见上文），而同治年间"迁入察素齐的薛、白、金三姓回民向当地蒙古租典了一部分土地，大部分是雇工经营或出租，有少部分自己耕种"④。

综上，归化城土默特地区的回民大多以经商为业，虽然政府曾分给他们一定数量的户口地，但只有少部分回民经营畜牧业和农耕。

---

① 绥远通志馆：《绥远通志稿》卷57《宗教·伊斯兰教》（第92册），内蒙古自治区图书馆藏（稿本），第4页。
② 土默特左旗档案馆藏：归化城副都统衙门档案，《归化城蒙古民事府咨查回民马成恩闲人有无拨过户口地亩》：档案号80—5—2222。该案卷亦见于白贞：《土默特回回户口地浅证》，内蒙古社会科学，1985年，第2期，第53—57页，其文载为"道光二十六年八月十九日"，误，档案为"光绪二十六年八月十九日"。
③ 马珍：《呼和浩特回族经济考》，呼和浩特回族史料（第5辑），2003年，第12页。
④ 土默特左旗《土默特志》编纂委员会：《土默特志》（上），呼和浩特：内蒙古人民出版社，1997年，第242页。

第三节 归化城土默特地区的土地垦殖

清代归化城土默特地区的农业（农耕），是伴随着民人大量涌入该地，进行土地垦殖而发展起来的。因此探讨该地区的农业问题，该地区的土地开垦是绕不开的问题。而该地区的土地垦殖，又同清政府经营该地区的措施密不可分。有不少学者均对内蒙古地区的土地垦殖进行了论述，提出了不少可资借鉴的观点。

有关清代内蒙古地区的土地垦殖问题，有很多学者做过研究，如赵云田《清朝统治蒙古经济政策的几个问题》[①]、《清朝统治蒙古经济政策管探》[②]、《清朝政府对蒙古、东北封禁政策的变化》[③]，况浩林《评说清代内蒙古地区垦殖的得失》[④]，邢亦尘《关于蒙垦分期问题的思考》[⑤]，汪炳明《是"放垦蒙地"还是"移民实边"？》[⑥]，马永山《关于清末蒙地开发的两个问题》[⑦]，马永山、赵毅《清朝关于内蒙古地区禁垦放垦政策的演变》[⑧]，赵毅《清代蒙地政策的阶段性演化》[⑨]，刁书仁《论乾隆朝蒙地的封禁政策》[⑩]，张秀华《清末放垦蒙地的实质及其对蒙古经济社会发展的影响》[⑪]，阎光亮《论清代禁垦蒙地政策》[⑫]，陈建华、魏百刚、苏大学主编《农牧交错带可持续发展战略与对策》[⑬]，段友文《走西口移民运动中的蒙汉民族民俗融合研究》[⑭]，色音《蒙古游牧社会的变

[①] 赵云田：《清朝统治蒙古经济政策的几个问题》，中国蒙古史学会论文选集，1983年，第325—335页。
[②] 赵云田：《清朝统治蒙古经济政策管探》，中央民族学院学报，1984年，第4期，第39—48页。
[③] 赵云田：《清朝政府对蒙古、东北封禁政策的变化》，中国边疆史地研究，1994年，第3期，第20—27页。
[④] 况浩林：《评说清代内蒙古地区垦殖的得失》，民族研究，1985年，第1期，第46—53页。
[⑤] 邢亦尘：《关于蒙垦分期问题的思考》，内蒙古社会科学，1989年，第3期，第57—62页。
[⑥] 汪炳明：《是"放垦蒙地"还是"移民实边"？》，蒙古史研究，第3辑，呼和浩特：内蒙古大学出版社，1989年，第194页。
[⑦] 马永山：《关于清末蒙地开发的两个问题》，内蒙古民族师院学报，1991年，第2期，第35—38页。
[⑧] 马永山、赵毅：《清朝关于内蒙古地区禁垦放垦政策的演变》，社会科学辑刊，1992年，第5期，第86—91页。
[⑨] 赵毅：《清代蒙地政策的阶段性演化》，东北师大学报，1993年，第1期，第38—43页。
[⑩] 刁书仁：《论乾隆朝蒙地的封禁政策》，史学集刊，1996年，第4期，第25—29页。
[⑪] 张秀华：《清末放垦蒙地的实质及其对蒙古经济社会发展的影响》，吉林大学社会科学学报，2007年，第3期，第81—86页。
[⑫] 阎光亮：《论清代禁垦蒙地政策》，社会科学辑刊，2007年，第4期，第148—153页。
[⑬] 陈建华、魏百刚、苏大学：《农牧交错带可持续发展战略与对策》，北京：化学工业出版社，2004年。
[⑭] 段友文：《走西口移民运动中的蒙汉民族民俗融合研究》，北京：商务印书馆，2013年。

迁》①，晓克主编《土默特史》② 等，这些论著在对内蒙古地区的土地垦殖问题进行了探讨，其主要区别在于清政府在内蒙古地区土地政策的变化上，大致有三种观点：1. 清初，对蒙古、东北地区并没有实行禁垦，从乾隆初年起，清政府开始对蒙古实行禁垦，到鸦片战争后逐步放垦。③ 2. 从后金天聪八年（1634）至1857年为禁垦时期，从1858年至1901年为限垦时期，从1902年至1911年为放垦时期。④ 3. 从顺治元年到乾隆十三年（1644—1748）为第一阶段，从乾隆十四年到乾隆六十年（1749—1795）为第二阶段，从嘉庆元年到光绪二十七年（1796—1901）为第三阶段，从光绪二十八年（1902）到清亡为第四阶段。⑤ 学者们对清代蒙古地区的土地政策划分为几个阶段，这是见仁见智的。笔者认为，有关清政府对蒙古地区土地政策的问题，以某一条例的颁发作为某一阶段开始或者结束的依据，往往割裂了事件本身的内在联系。而清政府在蒙古地区土地政策的变化是非常复杂的，绝不是颁发几条条例所能解决的。但这也恰恰说明了清政府对蒙古地区的土地政策的前后发生了变化，其间亦有反复。当然，归化城土默特地区的土地关系亦因清政府土地政策的变化而变化。笔者虽然也对归化城土默特地区的土地垦殖进行划分，但仅分为放垦前和放垦两个阶段进行论述。

一、放垦前清政府在归化城土默特地区的土地政策

清初，归化城土默特地区的土地被分给归化城土默特蒙古。归化城土默特蒙古依然以游牧生活为主，因此土地垦殖数量有限。当然其中还存在着一定数量的板升农业。如："此二日所见蒙古，皆有土屋，能耕种燕麦糜子。时方五月中，麦仅二寸，其土硗可知矣。"⑥ 这里所讲的应是清初的板升农业，而从张鹏翮所述"时方五月中，麦仅二寸"可知归化城土默特地区种植的是春小麦，并非因为"土硗"造成的麦仅二寸。当然这仅是说明归化城土默特地区在清初有一定数量的板升农业存在。那么，清初，对于内蒙古地

---

① 色音：《蒙古游牧社会的变迁》，呼和浩特：内蒙古人民出版社，1998年。
② 晓克：《土默特史》，呼和浩特：内蒙古教育出版社，2008年。
③ 赵云田：《清朝政府对蒙古、东北封禁政策的变化》，中国边疆史地研究，1994年，第3期，第20—27页。
④ 邢亦尘：《关于蒙垦分期问题的思考》，内蒙古社会科学，1989年，第3期，第57—62页。
⑤ 马永山：《关于清末蒙地开发的两个问题》，内蒙古民族师院学报，1991年，第2期，第35—38页；马永山、赵毅：《清朝关于内蒙古地区禁垦放垦政策的演变》，社会科学辑刊，1992年，第5期，第86—91页；赵毅：《清代蒙地政策的阶段性演化》，东北师大学报，1993年，第1期，第38—43页；色音：《蒙古游牧社会的变迁》，呼和浩特：内蒙古人民出版社，1998年，第4—12页。四篇论著，对内蒙古地区垦殖分期划分是完全相同的。
⑥ 张鹏翮：《奉使俄罗斯日记》，哈尔滨：黑龙江教育出版社，2014年，第29页。

区的土地政策是什么呢？

由于经历了长期战乱，农业生产受到严重破坏。故，在国家安定伊始，采取了一系列恢复发展生产的措施。从顺治朝开始，政府即鼓励民人进行土地垦殖，并以垦殖土地的多少作为官员殿最的标准。据《清世祖实录》卷43，顺治六年（1649）三月壬子条载：

> 谕内三院：自兵兴以来，地多荒芜民多逃亡，流离无告，深可悯恻。著户部、都察院传谕各抚按，转行道、府、州、县有司：凡各处逃亡民人，不论原籍别籍，必广加招徕，编入保甲，俾之安居乐业。察本地方无主荒田，州县官给以印信执照，开垦耕种，永准为业。俟耕至六年之后，有司官亲察成熟亩数，抚按勘实奏请。奉上谕，方议征收钱粮。其六年以前，不许开征，不许分毫佥派差徭。如纵容衙官、衙役、乡约、甲长、借端科害，州县印官，无所辞罪。务使逃民复业，田地垦辟渐多。各州县以招民劝耕之多寡为优劣，道府以责成催督之勤惰为殿最。每岁终，抚按分别具奏，载入考成，该部院速颁示遵行。①

这一政策一方面刺激了民人开垦土地的激情，同时亦刺激了官员劝民农垦的积极性。而这亦可能影响到地处晋陕边外归化城土默特地区。首先，归化城土默特地区本身已经具有一定的农业基础（板升农业），晋陕民人较为容易到达这一地区。其次，这一地区为地广人稀之区，能够容纳一定数量的人口。在清政府鼓励招民垦荒政策的刺激下，晋陕民人难免不会出口，从事农耕。顺治十二年（1655）所颁布的禁止口外开垦牧地之令，其实从另一个方面说明了，清初鼓励招徕民人垦荒政策在口外产生了一定的影响，一些民人已经到口外从事农耕。

据《钦定大清会典事例》卷166《户部·田赋·开垦一》载：

> （顺治）十二年题准：各边口内旷土，听兵垦种，不得往口外开垦牧地。②

这是文献所见，清政府关于口外不准开垦牧地的最早记载。该条例规定口内空地士兵可以垦种，但是不允许到口外开垦牧地。但是这条文献记载的背后所隐含的是什么？清政府为何要颁布这条禁令？笔者认为，这应是出现了士兵、民人到口外开垦牧地的事情，导致牧场被破坏，所以清政府才会颁布禁止到口外开垦牧地的禁令。

另据《钦定大清会典事例》卷980《理藩院·赋税》载：

> 王公等额征所属税物：顺治初年定，蒙古王公、台吉等每年征收所属，有五牛以

---

① 官修：《清世祖实录》卷43，顺治六年三月壬子条，北京：中华书局，1985年，第348页。
② 昆冈等修，刘启端等纂：《钦定大清会典事例》卷166《户部·田赋·开垦一》，续修四库全书（第800册），上海：上海古籍出版社，2002年，第673页。

上，及有羊二十者，并收取一羊；有羊四十者，取二羊，虽有余畜，不得增取；有二羊者，取米六锅；有一羊者，取米一锅。①

清初，蒙古以游牧为生，蒙古王公、台吉每年向下属征收牛羊是可以理解的。需要注意的是"有二羊者，取米六锅；有一羊者，取米一锅"，蒙古部众羊是可以有的，但"米"从何而来？一般意义上理解，只有农作物达到一定的规模，才可能作为赋税征收实物。清初蒙古王公、台吉所征收的赋税中有"米"，这应说明蒙古地区"米"的种植应当达到一定的规模。上文曾论及康熙时期曾派人到蒙古地方教授树艺，而归化城土默特地区亦有一定量的板升农业。清初在归化城土默特地区从事板升农业的人员是因战争原因逃到该地的民人，而归化城土默特蒙古仍然以游牧为生。那么这些以游牧为生的归化城土默特蒙古如何获得"米"来交纳赋税呢？一般来讲，清初归化城土默特蒙古获得"米"的方式大致可以有以下几种：1. 向民人购买；2. 自种耕地；3. 收租。清初，以游牧为生的归化城土默特蒙古在拥有一定数量的土地，且承担繁重兵役的条件下，显然向民人购买和自种耕地都不是最佳选择，那么为了获得"米"，只能靠收取地租来获得。据此，大约可以推知清初归化城土默特蒙古就已经将土地出租给民人耕种，借此收取一定数量的地租维持生活。田山茂认为"事实上，当时已经有一部分蒙古人经营农业，但还不能认为农业已经成为一般普及的生产。顺治年间的情况可能也大致相同。因而还不能认为蒙古人生产的谷米数量已经达到可以作为赋税对象那么多。"② 这一论断还是比较合乎情理的，特别是在归化城土默特地区，民人租种蒙古土地现象非常普遍，归化城土默特蒙古因出租土地而获得"米"也就是合乎情理之事了，用米交纳赋税也就顺理成章了，至于交纳赋税时的"锅"的大小则不得而知了。

据上所述，顺治时期所颁布的土地禁垦的命令并没有认真执行，在某种程度上，清政府对民人到口外从事土地垦殖是予以鼓励的。据《钦定大清会典事例》卷159《户部·田赋》载：

(康熙八年) 今张家口、杀虎口、喜峰口、古北口、独石口、山海关外，各有旷土，如宗室官员及兵丁，有愿将壮丁地亩退出，取口外闲地耕种者，该都统给印文咨

---

① 昆冈等修，刘启端等纂：《钦定大清会典事例》卷980《理藩院·赋税》，续修四库全书（第811册），上海：上海古籍出版社，2002年，第715页。该条同《蒙古律例》卷2《户口差徭》，所载略有不同，载："凡蒙古王公台吉等，每年向伊属下人征收差使，有五牛以上之人取羊一只，有二十只羊之人取羊一只，有四十只羊之人取羊二只。有牛二只之人取米六釜，有牛一只取米三釜，……若混行多征差役者，治罪。"内蒙古大学法学院藏（线装书），第55—56页。

② 田山茂：《清代蒙古社会制度》，呼和浩特：内蒙古人民出版社，2015年，第256页。

送，按丁拨给。①

汪灏《随銮纪恩》中载：

> 八月初三日……康熙十年后，口外始行开垦。皇上多方遣人教之树艺，又命给之牛、种，致开辟未耕之壤，皆成内地。②

这一条，说明清政府对蒙地所谓的禁垦并没有认真执行，而在康熙十年（1671）之后"口外始行开垦"。这个开垦则是在政府主导，并教授一定技能的条件下的开垦。从张家口出发，向西即可进入蒙地，晋陕边民进入归化城土默特地区则更为便捷，且归化城土默特地区本身就较好的农业基础，也就更容易接受农耕技术。故在这种政策的刺激下，归化城土默特地区的农耕应有较大的发展。

据《清圣祖实录》卷191，康熙三十七年（1698）十一月丁巳条载：

> 原任内阁学士黄茂等，前往教养蒙古。……上谕之曰：蒙古之性懒惰，田土播种后，即各处游牧。谷虽熟，不事刈获。时至霜陨穗落，亦不收敛，反谓岁歉。……蒙古地方，多旱少雨，宜教之引河水灌田。朕巡幸所至，见张家口、保安、古北口，及宁夏等地方，皆凿沟洫，引水入田，水旱无虞。朕于宁夏等地方，取能引水者数人、遣至尔所。……且蒙古地方既已耕种，不可牧马。非数十年，草不复茂。尔等酌量耕种。其草佳者，应多留之。蒙古牲口，惟赖牧地而已。③

该条文献所载为康熙十年（1671），内阁学士黄茂等人前往教养蒙古，康熙皇帝给予建议。说明此时蒙古人的农业生产是广种薄收——种子播种后，即到处游牧。以至于谷子成熟，反而不知道收获。亦说明此时蒙古人仍然是以畜牧业为主的生活方式，农耕仅是可有可无的补充。而畜牧则因为盗贼众多，故"将马畜皆置之近侧，夜则圈之宿处"，导致马畜瘦毙，则蒙古生计窘乏。加上蒙古地区，多旱少雨，应当仿照张家口、宁夏等地，开渠引水。并且在可耕种的地区不要再放牧马匹，水草丰美的地方应当给予较多的保留，以便蒙古放牧使用。说明早在康熙时期，清政府就有让蒙地由游牧转为农耕的想法，并将这一想法付诸实施。清廷这种蒙地由游牧转为农耕的思路，亦是该区域土地屡禁不止的根源。

在清政府鼓励招垦的政策下，各地官员必然把招垦工作作为日常工作的核心。与此同时，亦有大量的民人赴口外谋生。《忻州志》《偏关县志》《左云志》《和林格尔县志

---

① 昆冈等修，刘启端等纂：《钦定大清会典事例》卷159《户部·田赋》，续修四库全书（第800册），上海：上海古籍出版社，2002年，第582页。
② 汪灏：《随銮纪恩》，见《小方壶斋舆地丛钞》（第1轶），南清河王氏铸版，上海著易堂印行，光绪十七年，第290页。
③ 官修：《清圣祖实录》卷191，康熙三十七年十一月丁巳条，北京：中华书局，1985年，第1027页。

草》《萨拉齐县志》均有晋陕边民赴归化城土默特地区谋生的记载（见上文）。① 可见清政府的禁止开垦土地的命令并没有严格执行，而其鼓励垦荒的命令确实执行比较顺利。即，禁止土地垦殖的命令显然有违当时社会发展的潮流，而鼓励土地垦殖，是顺应当时社会发展的趋势，因势利导的结果。

《河套图志》卷4《屯垦》载：

> 康熙二十一年，贝勒达尔奏，乞近边四十里之外，准其游牧。三十六年，贝勒松拉普奏请准与内地民人合伙种地，开边之由自此。五十八年，命侍郎拉都浑以三十里立界，界内之地，准民租种。每牛一犋，准蒙古收取内地租糜子五斗。至雍正八年，仍以五十里为定界，命地方官折征粮草。十年，鄂尔多斯荒歉，复准蒙古情愿招民越界种地，收租取利者，听其自便。从此内地民人以口外种地为恒产，蒙古亦资地租为养赡。②

这段文献虽然所指为鄂尔多斯，但在整个河套地区，民人租种蒙地的现象具有一定的普遍性。正是在清政府这种看似相左的政策之下，归化城土默特地区土地垦殖得以迅速发展。

清初，归化城土默特蒙古被原地安置在归化城土默特地区，但是政府对归化城土默特蒙古并不信任，因此其"安堵如故"重点体现在"堵"上（见上文）。其实这是割断归化城土默特蒙古与其他蒙古部落、汉民的交往，达到削弱其势力的目的。故，清政府分封蒙古各部，划定牧场，供其游牧。据《清太宗实录》卷21，天聪八年（1634）十一月壬戌条载：

> 分给蒙古诸贝勒地，……既分之后，倘有越此定界者，坐以侵犯之罪。至于往来驻牧，务彼此会齐，同时移动，不许参差。③

在归化城副都统衙门档案中，确有人因私垦而受到惩处。如乾隆二十九年（1764）八月二十六日，绥远城将军《为拉西毕雅尔图违禁开垦被革二等台吉并由其子承袭的咨文》中，二等台吉拉西毕雅尔图，因违禁开垦，被革去二等台吉。④ 邢亦尘据此认为：

---

① 方戊昌：《忻州志》卷8《风俗·物产附》，光绪六年刻本，山西省图书馆藏；卢承业原编，马振文等增修，王有宗校订：《偏关县志》，台北：成文出版有限公司，1968年，第76—77页；余卜颐修，蔺炳章纂（光绪）《左云志》，民国石印本，《中国数字方志库》，中国籍古轩图书数字技术有限公司发行，第35页；刘汉鼎：《和林格尔县志草》，内蒙古自治区图书馆藏（稿本）；张树培：《萨拉齐县志》，内蒙古自治区图书馆藏（稿本），小大铅印局承印。
② 张鹏一：《河套图志》卷4《屯垦》，在山草堂本，1922年，内蒙古自治区图书馆藏（稿本）。
③ 官修：《清太宗实录》卷21，天聪八年十一月壬戌条，北京：中华书局，1985年，第276页。
④ 土默特左旗档案馆藏：归化城副都统衙门档案，《为拉西毕雅尔图违禁开垦被革二等台吉并由其子承袭的咨文》，档案号：80—17—121。

"各蒙旗越界游牧尚且严格禁止,内地民人前往垦种更是不允许的……封禁政策同样也包含有禁垦的内容。"此观点笔者认为还是有待商榷的。首先,越界游牧是一蒙古部落对另一蒙古部落牧场的侵占,被侵占牧场一方因此会失去相关权益,而侵占牧场一方则会因此获罪。其次由于土地属于蒙古所有,民人前往垦种,是民人提供劳动力和技术,而且收获物有一部分是要交与蒙古的,蒙古会因民人的垦种而获利。蒙古仅靠出租土地就能获得一定的利益,故对蒙古来讲招民垦殖是有利益驱动的。在利益驱动之下,蒙人招民私垦完全是有可能的。因此不允许内地民人到口外垦种和实际到口外垦种其实是两个完全不同的概念。因此,所谓禁垦可能更多的是表面文章。而归化城土默特地区私垦现象很早就出现,其实也说明了封禁和禁垦是两个完全不同的问题。"整个内蒙古地区,除少数临近内地蒙旗的原有农业外,大部分蒙旗依然是'未谙耕种,徒资牧养',移民垦荒远未形成突出的社会问题,蒙地实际处于一种不封自闭的状态,根本无须颁发禁令。"[①] 这一论断是中肯的,特别是处于农牧交错带的归化城土默特地区,具有从事农耕的优良条件,该区农耕在移民垦荒的带动下有很大的发展。清初,归化城土默特地区的土地又被清政府以各种名义进行圈占,这种被圈占的土地是招民垦殖的,即所谓官垦。归化城土默特蒙古则由于生计问题招民垦荒,这其中有官垦亦有私垦成分的存在。这种官垦、私垦并行的模式,在归化城土默特地区一直延续到放垦。故笔者认为,清政府并非真正的要在蒙古地区禁垦,而是做些表面文章而已。从清政府在归化城土默特圈占地亩,亦可得出,清政府在归化城土默特地区开垦土地之意图。被清政府所圈占的归化城土默特地亩等都是需要开垦耕种的。在官方开垦耕种土地的前提下,民间私垦也就难以禁绝了。故清政府对民间的私垦行为也就予以默许了。

私垦土地,主要表现为归化城土默特蒙古将土地以租佃的方式让民人耕种,自己收取租金(见上文),据归化城土默特土地契约所载,最早的蒙古与民人之间的土地契约为雍正九年(1731)十一月十三日,伍把什将城西龙王庙村的一块土地租给杨崇龙,收取押地银100两,每年地租银6两。[②] 据归化城土默特土地契约(见上文),归化城土默特蒙古出租土地获取租资维持生活,而民人则依靠耕种地亩获利为此生活,这是一地养二民政策在归化城土默特土地租佃上的具体体现。

这一时期归化城土默特地区的官垦,主要为康熙年间,归化城土默特蒙古以效纳的方式被清政府圈占的"大粮地""小粮地""庄头地""公主府地""台站地""马厂地"

---

① 邢亦尘:《关于蒙垦分期问题的思考》,内蒙古社会科学,1989年,第3期,第57—62页。
② 呼和浩特塞北文化研究会、云广藏:《清代至民国时期归化城土默特土地契约》(第4册上),呼和浩特:内蒙古大学出版社,2012年,第2—3页。

等等（见上文），这些土地被清政府圈占后，是作为农耕地使用的。如此数量巨大的土地，是需要大量的民人进行垦种的。因此这一时期有一定数量的民人进入归化城土默特地区从事农耕。

具体来讲，归化城土默特地区的土地是在清政府主导下的，在圈占归化城土默特蒙古土地名义下的土地垦殖，而归化城土默特蒙古则是迫于生计下的招民私垦。因此所谓的清初归化城土默特地区的土地政策应是清政府主导下官垦为主，在一定范围内允许归化城土默特蒙古私垦。正是在官垦归化城土默特土地的带动下，刺激了晋陕民人进入归化城土默特地区从事农垦热情。最初是春去秋还"雁行人"的方式进入该地，但这仅是民人在归化城土默特地区定居的前奏。"从雁行到定居，逐渐形成村落和市镇，是蒙古地区农耕村落化、城镇化过程的一个显著特点。起初进入蒙地的汉人，大多数是春令出口种地，冬则遣回的雁行人，属于季节性流动人口，尚不能算为严格意义上的移民。从某种意义上说，雁行人是内地汉人迁入内蒙古地区的先驱。从雁行到定居，的确经历了漫长而复杂的过程。来回摆动的过程中逐渐沉淀下来，变成移民，是塞外汉族定居人口积聚的主要途径。"① "在土默特地区陆续放垦了一些台站地、公主府地、庄头地、马厂地、大小粮地、蒙古贵族封地、户口地等。如康熙三十一年（1692），清廷在土默特地区设了四个驿站，每个台站周围四十里划做台站地。康熙三十四年（1695），清廷用圈地法圈占了13个庄头地。随后，乾隆二年（1737）起陆续放垦了一些大粮地，乾隆三年（1738），又划拨了绥远八旗马厂，乾隆三十七年（1772），清朝又以代买米地（即小粮地）的名义丈放了一些牧地。这些都是官方招徕汉族农民进行公垦。而蒙古族王公贵族的封地及户口地，则由私人出租与汉民私垦。"② 虽然清初颁布限制民人出边开垦的命令，如以"印票"限制民人进入口外开垦土地，只有领有印票的民人才可以到口外开垦土地。据《钦定大清会典事例》卷978《理藩院·户丁》载：

> （乾隆十三年）又议准：喀喇沁三旗，自康熙年间，呈请内地民人前往种地，每年由户部给予印票八百张，逐年换给。现今民人前往者众，此项印票竟成具文，应行停止。嗣后责令司员暨同知通判等，查明种地民人确实姓名，现在住址、及种地若干，一户几口，详细开注，给予印票。贸易民人，亦一例查给。仍令乡长、总甲、牌头等，于年终将人口增减之数，报官查核，换给印票。③

---

① 珠飒：《18—20世纪初东部内蒙古农耕村落化研究》，呼和浩特：内蒙古人民出版社，2009年，第121页。
② 段友文：《走西口移民运动中的蒙汉民族民俗融合研究》，北京：商务印书馆，2013年，第78页。
③ 昆冈等修，刘启端等纂：《钦定大清会典事例》卷978《理藩院·户丁》，续修四库全书（第811册），上海：上海古籍出版社，2002年，第703页。

据此可知，每年由户部颁予印票八百张，给予民人，允许他们到喀喇沁三旗耕种土地。这同喀喇沁三旗向清政府申请，要求允许民人到此耕种有关。而实际情况是到乾隆十三年（1748），由于民人大量涌入喀喇沁三旗，导致印票成一纸空文。笔者认为，这项限制民人出口耕种的政策仅是针对喀喇沁三旗。绝大多数学者引用此条文献用以说明清政府使用"印票"限制民人出口的数量，认为此例是普适于整个蒙古地区的，但并没有其他相关文献能说明这个问题。故蒙古其他各旗是否也照此办理？则不得而知。而政府颁发"印票"本身就是"禁垦"政策松动的表现。

据《口北三厅志》卷1《地舆》载：

> 雍正二年，理藩院为知会事，据都统洪升等奏称：……若令伊等连妻子一同带去居住，恐其生事，不准带领妻子前往。除情愿在口外过冬人等外，余者俟秋收之后，约令入口。每年种地之时，再行出口耕种。其出行人行走之处，着令照验同知关防文书，准其行走。①

口北三厅指张家口厅、独石口厅、多伦诺尔厅。显见，有汉人到口北三厅之地耕种。由此推知，亦有一定数量的民人到归化城土默特地区从事耕作，而事实也确实如此。根据《清高宗实录》卷178，乾隆七年（1742）十一月丙辰条载"喀尔吉善等人奏折"：

> 土默特蒙古，生计艰难，多有典出地亩，应酌筹久远资生之计……至未垦草地，原恐其荒弃，是以招民垦辟。今既称土默特两旗蒙古，并各喇嘛沙弼那尔等，牧厂不甚宽裕，且各扎萨克游牧处之民人、蒙古及喀尔喀贸易之马驼牲畜，皆赖此牧放。若将草地陆续招垦，必致侵占牧所，于蒙古未便，仍当禁其耕种。亦应如所请。从之。②

据喀尔吉善等所奏，归化城土默特蒙古的土地多有租典，并且被民人垦辟，所以导致归化城土默特蒙古无地、少地人数量的增加。由于土地被垦殖，必然导致侵占牧厂。致使归化城土默特蒙古失去生计，因此恳请禁止耕种。这说明归化城土默特地区有大量的民人在此从事农耕。乾隆八年（1743）开始清查归化城土默特地亩，据《清高宗实录》卷198，乾隆八年（1743）八月壬子条载：

> 归化城都统噶尔玺等奏：上年十一月内，大学士议准山西巡抚喀尔吉善等所奏，将土默特蒙古典给民人地亩，年满赎回分给贫乏蒙古臣等遵即晓谕众蒙古。将牧场禁止开垦，并行令巡道晓谕民人外，拣派参领十二员，会同该扎萨克，覆查蒙古地亩、及人口数目。嗣因蒙古耕地，不计顷亩，只计牛具，一时难查。本年虽得地亩，耕种

---

① 金志章：《口北三厅志》卷1《地舆》，中国边疆史志集成（第61册），全国图书馆文献缩微复制中心，2002年，第79页。
② 官修：《清高宗实录》卷178，乾隆七年十一月丙辰条，北京：中华书局，1985年，第291页。

不及。请将本年办给蒙古之地，仍暂归各业主耕种，秋收后再行彻出，照官租例，一具令纳银三两，给贫乏蒙古。其田地照数指给，从明年起自行耕种。……兹据参领等查报：土默特两旗蒙古，共四万三千五百五十九口。原有地亩、牧场、及典出田地，共七万五千四十八顷有奇。此内去年查出实无地亩之蒙古二千八百十二口，人多地少之蒙古二千一百五十六口。伊等耕种地亩三百三十四顷有奇。再去年各佐领未经报出今经查出，有田三二十亩以上、一顷以下不等之蒙古二万二千一百四口，耕种地亩一万三千四百六十五顷有奇。再典给民人地亩四千顷。除牧场地一万四千二百六十八顷有奇外，现在田地多余之人一万六千四百八十七口，耕种地亩四万二千八百顷有奇。臣请将参领等查明之七万五千四十八顷，除牧场及典出地亩并现在之三二十亩以上、一顷以下者不论外，于四万二千八百余顷内，拨出四千六百三十三顷十二亩，分给实无地亩及人多地少之蒙古，每口以一顷为率，以为常业。请耕田在一顷以上者，无须重给。惟于地少之户，均匀派拨。其陆续年满彻回者，亦照此办理造报。又土默特耕地，向俱任意开垦，无册档可稽。去年各佐领呈出数目，与本年参领所查，亦不相符。请自明年起，凡有地亩，俱著丈量。所丈各户地亩，较原查之数，多至一顷以上者，计亩彻出分给。如所余无几，仍归本主耕种。俟丈量明确时，将实数于各名下注明备查，以免隐匿。得旨：是，汝等即会同速办。①

这一条即为大家所论及的乾隆时期的撤回地亩之令。清廷之所以颁发撤回地亩之令，是因为民人大量涌入归化城土默特地区，从事土地垦殖所导致的。根据副都统噶尔玺等人奏折，乾隆八年（1743），归化城土默特蒙古典给民人地亩四千余顷。据归化城土默特土地是"向任意开垦，无册档可稽"，可以推知，归化城土默特地亩开垦是比较随意，这不仅造成开垦地段的随意，同时亦造成开垦地亩大小的随意性。这说明归化城土默特蒙古对土地耕作技术比较陌生，同时亦说明归化城土默特蒙古并不从事农耕生产，而仅仅依靠租典土地，获得租金维持生活。正因土地开垦日益侵占归化城土默特蒙古失去赖以生存的牧厂，为维护归化城土默特蒙古的生计，政府才决定禁止开垦牧厂。这在某种程度上讲是农耕文明的扩张，导致游牧文明衰退。而土地开垦的任意性，正是归化城土默特地区私垦现象的日趋集中，牧场逐渐消失的体现。正是因为清政府严禁开垦牧厂之令，归化城土默特两翼蒙古又要去当苦差，根本无力去从事游牧，加之农耕文明的不断扩张，亦让其不得不放弃游牧文明。归化城土默特蒙古在一无精力、二无技术的前提下，租典土地无疑是其最好的选择。清代山西、陕西等地大量的民人流入归化城土默特地区谋生，在一方需要出租土地获得租银为生，另一方需要获得土地耕种权，收获粮食谋生

---

① 官修：《清高宗实录》卷198，乾隆八年八月壬子条，北京：中华书局，1985年，第542—543页。

前提下，双方都有土地租典的需求。归化城土默特蒙古土地租典以后，收取租金，不再过问土地的经营，民人获得耕种权后，只要按时交纳租金，就可以随意支配土地。因此在归化城土默特地契中其固定的格式是"认契不认人"。

因此，在上述认契不认人，不干涉民人经营土地的前提下，民人可以有更大的经营自主权。蒙古的计算地亩的方式，又为民人多占、多垦土地提供了便利。在此情况下，民人在此租种土地所获得的收益要远远超过内地耕种土地所获收益。民人一方面出于生存的本能，另一方面为了获得更多的利益，即趋利避害的本能导致越来越多的民人汇入走西口的洪流。据《钦定大清会典事例》卷978《理藩院·户丁》所载，"蒙古地方寄居民人日多"：

> 乾隆十三年议准：蒙古地方，民人寄居者日益繁多，贤愚难辨。应责成该处驻扎司员及该同知、通判，各将所属民人逐一稽考数目，择其善良者，立为乡长、总甲、牌头，专司稽查，遇有踪迹可疑之人，报官究治，递回原籍。该司员、同知、通判，每年于春秋二季，将所属民人姓名，造成册档，并饬取具乡长、总甲、牌头各无容留匪类甘结存案，此内有作奸犯科之人，视其所犯轻重，将乡长等分别治罪。其托名佣工之外来民人，一概逐回。如实系亲戚骨肉倚赖为生者，即取具容留之人甘结，后有过犯，一并治罪。又议准：蒙古民人借耕种为由，互相容留，恐滋事端，嗣后蒙古部内所有民人，民人村中所有蒙古，各将彼此附近地亩，照数换给，令各归其地。①

由此可知，清政府用"印票"来限制民人出口这一措施是失败的。而从中亦可得出民人出口的缘由：1. 托名佣工；2. 投靠亲戚；3. 耕种。而所有的这些缘由最终都可以归之为出口谋生。为了便于对这些出口民人的管理，乾隆朝仿内地保甲制度，在蒙古地区设立保甲。

归化城土默特地区大量的官地和蒙古户口地，均需大量的汉人进行耕种，故在清政府官垦归化城土默特土地的刺激下，大量民人涌入归化城土默特地区。上所引"实系亲戚骨肉倚赖为生者"，即对乾隆十三年（1748）之前对不准携带家眷之规定进行的变通，这甚至可以被理解成变相携带家眷，从而由雁行变为定居。亲属投靠式的容留，则进一步说明民人已经在此定居多时。亲属容留亲属式的出边垦殖，可能是乾隆十三年（1748）之前民人出边垦殖的一种比较重要的形式。这些投亲式的民人进入归化城土默特地区后，多是以原籍为基础，聚族而居（上文一些汉族村庄名就在一定程度上说明这一问题）。其原因大致为：1. 在一个陌生的环境，亲朋之间可以有所依靠；2. 可以抱

---

① 昆冈等修，刘启端等纂：《钦定大清会典事例》卷978《理藩院·户丁》，续修四库全书（第811册），上海：上海古籍出版社，2002年，第702页。

团取暖。下文的"蒙古部内所有民人，民人村中所有蒙古"，则说明蒙古民人杂处，而这正是蒙民互相容留产生的结果。蒙民杂处从根本上来讲与清政府所推行的民族隔离政策相悖的。清政府出于蒙汉隔离的需要，但又不至于滋生事端，所以要求"蒙古部内所有民人，民人村中所有蒙古，各将彼此附近地亩，照数换给，令各归其地"的政策。

最初进入蒙地的民人是不准携带家眷的，亦不准娶蒙古妇女为妻。据《钦定大清会典事例》卷978《理藩院·户丁》载：

> （康熙）二十二年，凡内地民人出口，于蒙古地方贸易耕种，不得娶蒙古妇女为妻。倘私相嫁娶，查出，将所嫁之妇离异，给还母家，私娶之民照地方例治罪，知情主婚，及说合之蒙古人等，各罚牲畜一九。①

康熙二十二年（1683），清政府规定，内地民人到蒙古地方从事贸易、耕种，不能娶蒙古妇女为妻，如违反则给予相应的处罚。那么，康熙二十二年（1683），清政府为何要发布如此禁令呢？矢野仁一认为"当时汉人占耕蒙地之弊，尚不太甚；因此可能不是为了阻止汉人久住蒙地而发布的。康熙帝可能生怕为解决衣食问题而暂时出口耕种的移民，因通婚惹起纠纷而发布的。"②"考虑到当时汉族移民主要是季节性的、暂时性的且其品质良莠不齐，都是迫不得已而离乡背井的贫民或流民，可以设想，其中可能也有并非建立真正的家庭生活的，或者一有了财产便抛弃妻子返回故乡的分子……也和顺治帝禁止汉族移民是离间蒙汉的政策一样，关于禁止通婚也未尝不可以理解为是为了避免汉族势力侵入蒙地的政策。"③这条禁令的颁布，其实也间接地说明已经有一定数量的汉人在此定居，且娶蒙古妇女为妻，并有蒙汉通婚纠纷事情的发生。清政府从康熙年间即将民人出口从事农垦和婚姻问题联系起来，笔者认为清政府之所以禁止蒙民通婚，除了出于蒙民隔离政策的因素外，还可能因为民众中有不少反清人士，这些人流落到该处，可能对蒙古产生一定的影响。尤其是害怕蒙民通婚之后，蒙民走向联合，这将危及清政府的统治。雍正八年（1730）九月，有一份土地契约《李清成租舍力图召东仓名下五十家子路南地基约》亦能说明此时有民人在归化城土默特地区。④虽然不知道李清成从事什么职业，但却能说明早在雍正年间，归化城土默特地区就有民人在盖房定居，从事生

---

① 昆冈等修，刘启端等纂：《钦定大清会典事例》卷978《理藩院·户丁》，续修四库全书（第811册），上海：上海古籍出版社，2002年，第701页。
② 矢野仁一：《近代蒙古史研究》，弘文堂1938年，第105—106页。转引自田山茂著，潘世宪译：《清代蒙古社会制度》，呼和浩特：内蒙古人民出版社，2015年，第259页。
③ 田山茂：《清代蒙古社会制度》，呼和浩特：内蒙古人民出版社，2015年，第260页。
④ 呼和浩特塞北文化研究会、云广藏：《清代至民国时期归化城土默特土地契约》（第4册上），呼和浩特：内蒙古大学出版社，2012年，第1页。

产活动。这亦说明民人在归化城土默特地区已经由雁行客变成定居客民。

在康熙初年，已经有大量的汉人到蒙地垦荒。如《清高宗实录》卷348，乾隆十四年（1749）九月丁未条载：

> 谕：蒙古旧俗，择水草地游牧，以孳牲畜，非若内地民人，倚赖种地也。康熙年间，喀喇沁扎萨克等，地方宽广，每招募民人，春令出口种地，冬则遣回，于是蒙古贪得租之利，容留外来民人，迄今多至数万。①

此条所载虽然是喀喇沁地方在康熙年间就已经有数万人在此垦种。那么归化城土默特地区地处晋陕边地，晋陕民人流入该地区更为便捷。因此康熙年间，归化城土默特地区的晋陕民人可能比喀喇沁的民人更多。如有的文献记载："康熙二十七年（1688）及三十年（1691），法国传教士郭尔毕良曾两次旅行蒙古地方，看到辽河河边地方有汉族行商房舍；又在张家口到归化城的蒙古高原上，亲眼看见汉族农民耕种田地。"② 钱良择在《出塞纪略》中写道：

> （康熙二十七年五月）十一日，……石槽石碾遗诸草间，意旧有居民。午，余暑甚。行百余里，屯台哈窝儿，译言庄地也。平衍如掌，四山环之，下有泉，泉旁茆台分列。地皆耕种。云是内大臣所置庄地也。③

张鹏翮《奉使俄罗斯日记》载归化城：

> 今设蒙古都统一员，副都统一员，管所部八千人。有城郭、土屋、屯垦之业，鸡、豚、麻、黍、豆、面、葱、韭之物。外番贸易者络绎于此，而中外之货亦毕集。④

上引文所描写的均涉及康熙年间归化城土默特一带农业概况。说明这一带亦有大量的民人在此从事农垦。而种植农作物的品种，已经同内地没有区别。这在一定程度上说明该地区农业已经有了较大的发展。

《清世宗实录》卷129，雍正十一年（1733）三月丙戌条载：

> 理藩院议覆：巡查归化城郎中舒鲁克条奏，扎萨克蒙古等有违例越界，在归化城地方居住者，应交归化城都统等查明。除贸易行走之人，不必驱回外，其余俟青草发生时，即令回各旗原游牧地方，嗣后不得越界居住。至民人出口，在各扎萨克地方，贸易、种地，娶蒙古妇人，生有子嗣者，交归化城都统、同知等，细查伊等原籍姓名

---

① 官修：《清高宗实录》卷348，乾隆十四年九月丁未条，北京：中华书局，1985年，第799页。
② 杜·哈尔德：《有关中国的记载》，转引自田山茂著《清代蒙古社会制度》，呼和浩特：内蒙古人民出版社，2015年，第260页。
③ 钱良择：《出塞纪略》，收入王锡祺辑《小方壶斋舆地丛钞》（12），南清河王氏铸版，上海易堂印行，光绪十七年，第32页。
④ 张鹏翮：《奉使俄罗斯日记》，哈尔滨：黑龙江教育出版社，2014年，第32页。

户口数目，造册具报。内有愿归原籍者，由该同知给与印结，准其带领妻子入口。嗣后仍照旧例，严禁蒙古妇女不许与民人为婚。如有违禁私娶私嫁者，将所娶妇人离异，媒保说合人，一并治罪。均应如所请。从之。①

这条文献所载，说明了如下四点：其一，越界放牧行为的存在。一些越界到归化城土默特地区游牧，"在归化城地方居住者"应指私自到归化城土默特地区的其他部落蒙古人，并没有如前文所引"天聪八年（1634）十一月壬午条"所载的"倘有越此界者，坐以侵犯之罪。"② 其二，这些越界游牧居住之蒙古人，应当让归化城都统查明，除了从事贸易的人员不需要驱回本处外，其余的人员等"青草"发生时，即令回各旗原游牧地方。其实也就说清代的禁止越界游牧的命令并不是如邢亦尘先生所述的"各蒙旗越界游牧尚且严格禁止"③，而是略有变通。据文献可知，也仅是在青草萌发之后，将越界之蒙古驱回原游牧场而已，并没有实质性的惩罚措施。其三，对民人出口，娶蒙古妇女，生有子嗣的人家，交给归化城都统、同知等，详细查明原籍、姓名、户口等情况，造册上报。如果有愿意回原籍的，则由该同知给予印结，允许其带领妻子回原籍。其四、此后，再发生违禁私娶蒙妇的行为，则照旧例处罚。这一点其实能说明如下问题：1. 已有相当数量的民人娶蒙妇为妻，且生有子嗣；2. 这些私娶蒙妇的民人并没有按照严禁私娶蒙妇条例进行处理；3. 雍正十一年（1733）三月，政府对私娶蒙妇的人员予以登记查核，并对此予以认可；4. 重申民人禁娶蒙妇法令。这一做法其实在一定程度上是变相承认民人私娶蒙妇的合法性，并可能进一步刺激了民人私娶蒙妇的行为。因为此前私娶蒙妇并生有子嗣的人家已经得到政府的认可，并且可以携带妻子回原籍。虽然政府再次重申此禁令，但还是有可能对私娶蒙妇的行为予以认可的。

乾隆十五年（1750），清政府对民蒙禁止婚姻之例又再次重申，据《清高宗实录》卷366，乾隆十五年（1750）六月甲戌条载：

> 军机大臣等议覆：……蒙古与民人为婚宜禁，查例载民人出口，在蒙古地方贸易种地，如私行嫁娶者，将所娶之妇离异，民人照内地例治罪，蒙古罚一九牲畜。今据称现有民人与蒙古为婚者，除已获之犯，按照办理外，应令该管地方官严禁。如再事犯，即将该管官参处。从之。④

据"现有民人与蒙古为婚者，除已获之犯，按照办理外，应令该管地方官严禁"，其实这句话隐含着"没有被查出的，是予以默认的"，该管地方官虽然负有执行严禁民

---

① 官修：《清世宗实录》卷129，雍正十一年三月丙戌条，北京：中华书局，1985年，第679页。
② 官修：《清太宗实录》卷21，天聪八年十一月壬戌条，北京：中华书局，1985年，第276页。
③ 邢亦尘：《关于蒙垦分期问题的思考》，内蒙古社会科学，1989年，第3期，第57—62页。
④ 官修：《清高宗实录》卷366，乾隆十五年六月甲戌条，北京：中华书局，1985年，第1039页。

蒙婚姻之例的责任，但是在"如再事犯，即将该管官参处"的条例下，他们显然不愿意执行这一"严禁民蒙婚姻"的条例。这一条例其实是变相鼓励该处官员对蒙民婚姻事件予以隐瞒和默许。

乾隆三十七年（1772），清政府再次颁布不准出边在蒙古地方开垦地亩的禁令。据《钦定大清会典事例》卷979《理藩院·耕牧》载：

（乾隆）三十七年定：口内居住旗民人等，不准出边在蒙古地方开垦地亩，违者照例治罪。①

显而易见，屡次颁布的禁垦之令并没有能够阻止民人出口垦种的脚步，反而是越来越多的人流入边外，从事农垦。正是在这种屡禁不止，清政府变相默许的条件下，在乾隆四十二年（1777），对蒙民结婚事件予以明确认可，据《清高宗实录》卷1045，乾隆四十二年（1777）十一月乙酉条载：

理藩院议覆：侍郎博清额等奏，审拟民人梁依栋，聘娶台吉海青之女为妻，应令离异。得旨：梁依栋不知民人不准与蒙古结姻之例，礼聘海青之女为妻，系台吉达玛琳为媒，两家情愿，与因债逼勒谋娶者不同。民间违例聘娶蒙古之女为妻，固有应得之罪。而蒙古收受聘礼，愿结为婚，岂得无罪。蒙古、民人，均系朕之臣仆，今梁依栋既以礼聘，并非强娶，著不必令其离异。②

据文献可知，民人梁依栋聘娶台吉海青之女为妻，按照蒙民禁止婚姻之例，应当让其离异。但乾隆皇帝认为：蒙、民均是大清的属民，且是梁依栋礼聘，并非强娶，因此判令不必让其离异。这是有条件的对蒙民婚姻事件的认可：在礼聘非强娶、双方自愿的情况下，蒙民结婚事件是得到允许的。这其实是对禁止蒙民婚姻律令的变通。这在一定程度上对蒙民结婚事件是一种刺激。正是因为蒙民结婚事件的增多，乾隆五十二年（1787），下令停止禁止民人娶蒙古妇女之例。据《钦定大清会典事例》卷978《理藩院·户丁》载：

乾隆五十二年奏准，将禁止民人娶蒙古妇女之例停止。③

《清高宗实录》卷1282，乾隆五十二年（1787）六月乙巳条载：

谕军机大臣等：……从前定例，内地民人不准婚娶蒙古妇女，或因民人等暂时出

---

① 昆冈等修，刘启端等纂：《钦定大清会典事例》卷979《理藩院·耕牧》，续修四库全书（第811册），上海：上海古籍出版社，2002年，第709页。

② 官修：《清高宗实录》卷1045，乾隆四十二年十一月乙酉条，北京：中华书局，1985年，第1000页。

③ 昆冈等修，刘启端等纂：《钦定大清会典事例》卷978《理藩院·户丁》，续修四库全书（第811册），上海：上海古籍出版社，2002年，第701页。

口谋生，在彼婚娶，易滋事端，是以设有明禁。近来生齿日繁，内地民人，子身出口贸易种地者，不可胜计。伊等相处日久，往来婚娶，势难禁止。……至民人不得婚娶蒙古妇女，不但此条可删，并可无庸形之章牍。①

该条不仅把禁止蒙民婚姻之条废止，同是也表明了禁止蒙民婚姻的原因——民人暂时出口谋生，在彼结婚，易滋事端。这种原因，其实亦是一种表面文章，为清初蒙汉隔离政策找一个借口而已。乾隆皇帝亦看到，在内地人口大量增加，出口谋生的移民亦大量增多的前提下，蒙民婚姻是大势所趋，难以禁止的，与其堵倒不如疏。因此下令废除禁止蒙民婚姻之例。

据上可以推知，雍正十一年（1733）所重申的民人禁娶蒙妇之令并没有认真执行下去，而是如笔者所推测的只是进一步刺激了民人私娶蒙妇的行为。正是因为移民的大量增加，禁止蒙民婚姻之令无法推行，故乾隆五十二年（1787），下令将禁止民人娶蒙妇令停止。这其实亦是承认此前民人私娶蒙妇行为的合法性。亦是对蒙汉隔离政策的松动的表现。嘉庆六年（1801）又再次重申禁止民人私娶蒙妇之令，《钦定大清会典事例》卷978《理藩院·户丁》载：

嘉庆六年议准：嗣后将民人娶蒙古妇女之处，严行禁止。其业经娶过者，任伊等两家情愿，均令陆续带回原籍。禁止后，仍有私娶蒙古妇女者，一经旁人告发，将所娶之妇离异，交还母家，将主聘妇女之人枷号三月，满日鞭一百，将违例之民亦枷号三月，满日鞭一百，解回原籍。失察之该台吉罚三九牲畜，该扎萨克罚俸六月。倘该扎萨克台吉自行查出，免其议处。②

嘉庆六年（1801）所重申的民人禁娶蒙妇之令，亦对此前私娶蒙妇行为予以认可。这在一定程度上说明，清政府关于禁止民人私娶蒙妇之令其实是一具空文。而民人在蒙地娶妻生子，增加了其安居乐业的可能。这种安居乐业又进一步刺激了民人到边外垦种的激情。归化城土默特地区的土地在民人大量涌入的情况下得到进一步的垦殖。而所谓的清政府既定的民族隔离政策，在对民人私娶蒙妇行为默许的情况下，更不可能得到真正实施。据《清仁宗实录》卷118，嘉庆八年（1803）八月丙寅条载：

其聘娶蒙古之女为妻于该民身故后，将伊妻子给与该处扎萨克为奴，其隶呼图克图徒众地方者，即著为其所属。③

该条文献虽然载娶蒙古妇女的民人去世后，遗孀及子女要给所属扎萨克或者呼图克

---

① 官修：《清高宗实录》卷1282，乾隆五十二年六月乙巳条，北京：中华书局，1985年，第182页。
② 昆冈等修，刘启端等纂：《钦定大清会典事例》卷978《理藩院·户丁》，续修四库全书（第8011册），上海：上海古籍出版社，2002年，第701页。
③ 官修：《清仁宗实录》卷118，嘉庆八年八月丙寅条，北京：中华书局，1985年，第573页。

图为奴。虽然这种政策对蒙民婚姻具有一定的惩罚的性质,但是亦在一定程度上对蒙民婚姻事件的认可。

嘉庆时期,清政府规定严禁开垦牧厂,对私垦牧场王公、贝子等予以处罚。据《钦定大清会典事例》卷978《理藩院·户丁》载:

> (嘉庆十一年)又定:各扎萨克王贝勒贝子公、闲散王贝勒贝子公等,私行招聚民人开垦地亩。一人至十人者,罚俸一年,失察之盟长等罚扎萨克俸一年;十一人至二十人者,罚俸二年,失察之盟长等罚扎萨克俸二年;二十一人至三十人者,罚俸三年,失察之盟长等罚扎萨克俸三年;四十一人至五十人者,革职留任,五年无过,报院奏请开复。五十人以上者,革职不准开复。该盟长等随案请旨,无俸协理台吉塔布囊、闲散台吉塔布囊等,招聚一人至十人者,罚二九牲畜;失察之盟长扎萨克等,各罚扎萨克俸三月;十一人至二十人者,罚三九牲畜,失察之盟长扎萨克等,各罚扎萨克俸六月;二十一人至三十人者,罚四九牲畜,失察之盟长扎萨克等,各罚扎萨克俸九月;四十一人至五十人者,革职,罚五九牲畜,五年无过,报院奏请开复。失察之盟长扎萨克等,罚扎萨克俸一年。所属蒙古等,私行召募民人开垦地亩者,无论人数多寡,官员革职,罚二九牲畜。平人枷号半年,满日鞭一百,严行管束。失察之该台吉塔布囊及该扎萨克协理台吉等,分别罚九。如获罪已结后,仍不知悛改,依旧违犯,或代认该王公台吉塔布囊私募开垦罪名者,发往南省交驿站充当苦差。该王公台吉塔布囊,从重治罪。①

嘉庆十五年(1810),又再次强调禁止私招民人开垦。据《清仁宗实录》卷228,嘉庆十五年(1810)四月庚子条载:

> 交理藩院行文该盟长扎萨克等,谕以皇上轸念蒙古久远生计,虑及开垦益多,有妨游牧。嗣后各部落内,除先经开垦地亩外,不准再有私招民人开垦之事。②

清政府在牧场被垦,而又屡禁不止的情况下,对已成事实进行承认,要求除已垦土地外,不得增垦土地。《清仁宗实录》卷235,嘉庆十五年(1810)十月己亥条载:

> 谕内阁:来仪等奏查明归化城沙拉穆楞牧场,复被民人私行垦种,会商办理一折。归化城沙拉穆楞牧场,为该处蒙古等生计攸关,若有民人私垦地亩,自应随时驱逐,例禁綦严。兹据该将军等查明,该处现在种地民人,为数较多,居住已非一载,开成熟地之外,尚有试垦未经成熟、费过工本地七八百顷,若竟一律驱逐,毁其庐

---

① 昆冈等修,刘启端等纂:《钦定大清会典事例》卷978《理藩院·户丁》,续修四库全书(第811册),上海:上海古籍出版社,2002年,第703—704页。
② 官修:《清仁宗实录》卷228,嘉庆十五年四月庚子条,北京:中华书局,1985年,第60页。

舍，未免穷无所归。请照乾隆二十五年升科之例，免其驱逐，将所征银两量为变通，为该处喇嘛蒙古等香火养赡之资。经此次查办后，该处空地即不许多垦一垄，多容一人等语。此等种地穷民，惟利是图。现既垦种多年，自未便径行驱逐，致令流离失所。但向来游牧地方民人，私垦地亩，往往以阅日既久，碍难驱逐，日后毋许再添为词，竟成故套。若不实力查办，或致驱而复集，数年后仍不过如此声请，则查禁仍属具文。著该将军，会同该省巡抚，悉心筹酌。出口民人，责成该地方官，于关隘处所，随时查察，严行饬禁。其偷垦民人，责成该将军副都统转饬所属，分往各村详加查点，毋任再添一户，再垦一亩。若有新来户口，即时驱逐，俾免日后复有未能驱逐情事，致碍游牧。其应如何严立章程、定以限制之处，著该将军等会同妥议具奏，余俱著照该将军等所奏办理。……该处系游牧之所，蒙古地方向未设立保甲。今该将军等因查禁私垦民人，仿照办理，责令互相首报，亦属筹办之一法。惟是此等出口民人，原应于关隘处所豫为严禁，毋令流民滥行偷越，则游牧地方，自无虑聚集多人，碍难驱逐。若专责成保甲稽察，恐日久奉行不力，仍属空言。该将军等既有此奏，即著妥为经理，仍一面严饬地方官及守口弁兵，遵照旧例，遇有出入民人，如系只身，验票放行。其移眷之户，概行禁止。庶偷越者少，私垦之源可冀渐除矣。①

虽然清政府严禁私垦地亩，但是偷越者众，私垦者多。虽然绥远城将军欲仿照内地保甲之法，稽查人户。但并不能从根本上杜绝偷越的民众。因此，严令地方官和守口的弁兵，严查出口的民人：只身一人，验票放行；携带家眷者，一概禁止。但是，这也仅是表面文章，并不能真正的杜绝民人流入口外从事农业生产。

据上所述，清初所颁布的禁婚、禁垦条例并没有阻止或延缓民人进入归化城土默特地区的进程。从顺治朝开始，就有民人流入归化城土默特地区，到康熙朝时，在政府大量圈占归化城土默特蒙古牧场，官放牧场的刺激下，民人进一步涌入归化城土默特地区。虽然政府有"春去秋回"和"禁止蒙民婚姻"的条令，但在实际执行中，其实是民人垦种和定居的变相默许。因此在官放牧场的带动下，归化城土默特蒙古的私垦也进一步发展起来。

二、放垦前归化城土默特地区的土地垦殖

放垦前，归化城土默特地区的土地，清政府对私垦的默许下和在官垦带领下，被大量开垦。而官垦土地指归化城土默特地区被划拨的各类官地，这类土地在官府许可下招民垦种。故有必要探讨一下放垦前归化城土默特地区的土地垦殖情况。

---

① 官修：《清仁宗实录》卷235，嘉庆十五年十月己亥条，北京：中华书局，1985年，第165—166页。

据《土默特志》载：雍正十三年（1735），土默特境内划出八处作为大粮地，共丈放四万顷；乾隆年间归化城五厅共丈放二万一千五百余顷、代买米地一千五百余顷。① 这些土地都是官府主导下的官垦，其目的为"饬交地方征粮以备军食"②。归化城土默特地区土地"以公垦为主，是在官府的组织下开发的……主要是旱地开垦和旱作农业，"③ 其生产关系是"农民分别与官府、贵族、蒙古士兵等直接结成租种关系"④"这次屯田并非军垦，而是大规模招徕晋陕两省农民出口垦殖。"⑤

据记载，乾隆二年（1737）二月二十五日，和林格尔笔贴式《申解岔河口柜头交到地租银》载清水河界内七墩等柜及岔河口柜收到上年地租银九千七百五十九两五钱四分一厘。⑥ 从地租银收获量来看，和林格尔地区的土地垦殖已经达到了一定规模。据上文，归化城土默特地区有各类官地大约有48442顷。⑦ 这些土地可以生产多少粮食呢？

有关我国北方地区的粮食亩产量，很多学者进行研究，其粮食亩产量在150斤至230斤之间⑧。有关归化城土默特地区粮食亩产量的问题，可以从乾隆三十九年（1774）八月二十二日，清水河厅《呈报本属秋禾实收分数清折》窥见一斑：

  清水河通判开报秋禾实收分数折

    分驻清水河管□□□□□通判为即行查报事，遵将所属乾隆三十九年分秋禾实收分数理合开折呈送须至折者

    计开：

---

① 清光绪年间刊本影印：《土默特志》卷5《赋税·附输田》，台北：成文出版有限公司，1968年，第83—84页。
② 清光绪年间刊本影印：《土默特志》卷5《赋税·附输田》，台北：成文出版有限公司，1968年，第83页。
③ 张世满：《清代民族地区平原开发与边疆经略——以内蒙古土默川、后套平原开发为线索》，学术月刊，2009年，第4期，第133—138页。
④ 张世满：《清代民族地区平原开发与边疆经略——以内蒙古土默川、后套平原开发为线索》，学术月刊，2009年，第4期，第133—138页。
⑤ 晓克：《土默特史》，呼和浩特：内蒙古教育出版社，2008年，第301页。
⑥ 土默特左旗档案馆藏：归化城副都统衙门档案，和林格尔笔帖士《申解岔河口柜头交到地租银》，档案号：80—5—1837页。
⑦ 彭勇：《清代土默特土地占有方式》，土默特史料（第18辑），1985年，第258—279页。
⑧ 有关粮食亩产量，可参见：吴慧：清代北方直隶、鲁、豫等地区普通农田粮食亩产量多则200斤，少则100斤，平均每季150斤，以两年三季算，每亩每年常量为225斤（吴慧：《中国历代粮食亩产研究》，北京：中国农业出版社，1985年，第181页）；黄冕堂：鲁西南平原上等地粮食亩产量为220斤左右，中等地亩产为170斤左右，下等地的亩产为120斤左右（黄冕堂《清代农田的单位面积产量考辩》，文史哲，1990年，第3期，第43—48页）；马若孟：粮食亩产量214斤的数字的调查结果更具科学性（马若孟：《中国农民经济——河北和山东的农民发展1890—1949》，江苏人民出版社，1999年，第234页）。

东乡

上地遇丰年每亩收京仓斗一石四斗

本年每亩实收京仓斗九斗八升

中地遇丰年每亩收京仓斗一石二斗

本年每亩实收京仓斗八斗四升

下地遇丰年每亩收京仓斗一石

本年每亩收京仓斗七斗

东乡实在收成七分

南乡

上地所□□□□□□□□□

中地遇丰年每亩收京仓斗一石

本年每亩实收京仓斗七斗

下地遇丰年每亩收京仓斗七斗

本年每亩实收京仓斗四斗九升

南乡实在收成七分

西乡

上地遇丰年每亩收京仓斗一石五斗

本年每亩实收京仓斗一石五升

中地遇丰年每亩收京仓斗一石三斗

本年每亩实收京仓斗九斗一升

下地丰年每亩收京仓斗一石

本年每亩实收京仓斗七斗

西乡实在收成七分

北乡俱系蒙古地亩部分等则秋禾遇丰年每亩收京仓斗七斗

本年每亩实收京仓斗四斗九升

北乡实在收成七分

以上四乡统计秋禾实在收成七分

乾隆三十九年八月二十二日通判苏尔通阿[①]

该件档案所载乾隆三十九年（1774）秋禾收成，按丰年和上中下地分别记载，据此

[①] 土默特左旗档案馆藏：归化城副都统衙门档案，清水河厅《呈报本属秋禾实收分数清折》，档案号：80—7—3132。

列表如下：

乾隆三十九、四十年清水河四乡秋禾收成表（单位：仓石/亩）[①]

时间	地区	上地丰年	本年实收	中地丰年	本年实收	下地丰年	本年实收
乾隆三十九年	东乡	1.4	0.98	1.2	0.84	1	0.7
	南乡	?	?	1	0.7	0.7	0.49
	西乡	1.5	1.05	1.3	0.91	1	0.7
	北乡	0.7	0.49				
乾隆四十年	东乡	1.4	0.98	1.2	0.84	1	0.7
	南乡	?	?	1	0.7	0.7	0.49
	西乡	1.5	1.5	1.3	0.91	1	0.7
	北乡	0.5	0.35				

据统计表，笔者将丰年四乡秋禾收成、四乡实际秋禾收分别平均：遇丰年时，清水河四乡平均亩产量为1.08石/亩，合172.8市斤（以160斤/石计算）；乾隆三十九、四十年秋禾实际平均亩产量为0.78石/亩，合124.8市斤（以160斤/石计算）。可见归化城土默特地区的粮食亩产量比中原地区的粮食亩产量略低。若以124.8斤/亩计算，归化城土默特地区被开垦的官地48442顷，总共可以收获6064556160斤粮食。假如以每人耕种50亩计算，则需要96884人从事农耕。这些人绝大部分应是流入归化城土默特地区的民人。

这些粮食能供多少人一年的消费呢？"一个人平均月食实到不了36市斤，按今时实际水平，非农业人口的人均口粮是每月32.5市斤，农业人口大小男女平均则可按35.2市斤计算，古今人的食量变动不很大，清代也可按此计算；以清代城乡人口比例3:7加权平均为34.4市斤……口粮外的生活用粮和生产用粮，约占粮食总量的十分之三，口粮占十分之七。"[②] 以口粮占七成，每人月平均消费34.4斤计算，则有口粮423,189,312斤，大约可供1,025,167人消费一年。当然这些粮食除一部分自用外，绝大部分是运到外销售。由此可见官垦规模的庞大，从事官垦的民人亦达到相当数量。

据乾隆年间归化城土默特右翼五甲、六甲户口草场清册记载：土默特右翼五甲吉雅

[①] 资料来源：土默特左旗档案馆藏：归化城副都统衙门档案，清水河厅《呈报本属秋禾实收分数清折》，档案号：80—7—3132；清水河厅《开报本属二麦实收分数清折并四乡甘结》，档案号：80—7—3133。

[②] 吴慧：《清前期粮食的亩产量、人均占有量和劳动生产率》，中国经济史研究，1993年，第1期，第43—48页。

图佐领下原拨户口地亩草场中共有土地 823 顷 73 亩，其中有 551 顷 73 亩土地被开垦[①]；土默特右翼六甲诺孟得勒格尔佐领下原拨户口地亩草场共有土地 706 顷 62 亩，其中 569 顷 12 亩土地被开垦。[②] 归化城土默特右翼五甲、六甲共有土地 1530.35 顷，其中被开垦的土地有 1120.85 顷，被开垦土地占全部土地的 73.2%。归化城土默特右翼五甲、六甲的土地开垦应是属于私垦范畴。由此可窥见早在乾隆时期，归化城土默特地区的土地就已经被大量开垦。而有关民人私垦归化城土默特两翼的土地，是依靠租佃契约来维护蒙民双方权利（见上文）。按粮食 124.8 斤/亩，七成粮食可以作为口粮，人均月消费 34.4 斤计算，那么 1120.85 顷土地，可以收获 13988208 市斤，有口粮 9791745.6 斤，可供约 23720 人一年的消费。以每人可以耕种 50 亩计算，则需要 2242 人从事农耕，而这些从事农耕的民人应绝大部分是流入本地的民人。故大约可以推知，在乾隆时期归化城土默特右翼五甲、六甲的土地就已经被大量开垦，且聚集了一定数量的人口。

据归化城副都统衙门档案，乾隆三十二年（1767）三月绥远城粮饷同知《催交土默特六十二佐领未完米石的申文》载"窃查归化城土默特六十二佐领每年额交米三千五十石，应交贮绥远城丰裕仓以充驻防官兵口粮之糈"[③]，以 0.78 石/亩计算，仅上交到绥远城丰裕仓的粮食就约需要 3917 亩耕地。据《土默特志》卷 5《赋税·附输田》载善岱等八处垦地"每亩以三升征米，共征米十二万仓石"。[④] 那么归化城土默特六十二佐领亦按照每亩 3 升交纳仓粮，则 3050 石米需要约 101667 亩耕地。按粮食 124.8 斤/亩，七成粮食可以作为口粮，人均月消费 34.4 斤计算，这些土地可以生产 12688041.6 斤粮食，折合口粮 8881629.12 斤，约可供 21515 人消费一年。这些土地绝大部分是出租给民人耕种的，亦可证在乾隆三十二年（1767）之前，归化城土默特地区的土地就已经被大量垦殖，聚集了一定数量的民人。

再据《清宣宗实录》卷 379，道光二十二年（1842）八月癸卯条载：

> 谕内阁：前因奕兴等奏大青山后牧地有游民占据，请饬官为驱逐，当降旨著山西巡抚筹画妥议具奏。兹据梁萼涵奏称：大青山后沙拉穆楞昭，暨诺们汗昭等处游民，于封禁牧地，私行租种，本应严加驱逐。惟查该游民等生聚有年，原籍均无家产，请

---

① 土默特左旗档案馆藏：归化城副都统衙门档案，户司《右翼五甲吉雅图佐领原拨户口地亩草场清册》（蒙文），档案号：80—47—12。
② 土默特左旗档案馆藏：归化城副都统衙门档案，户司《右翼六甲诺孟德勒格尔佐领原拨户口地草场清册》（蒙文），档案号：80—47—14。
③ 土默特左旗档案馆藏：归化城副都统衙门档案，绥远城粮饷同知《催交土默特六十二佐领未完米石的申文》，档案号：80—6—2433。
④ 清光绪年间刊本影印：《土默特志》，台北：成文出版有限公司，1968 年，第 84 页。

仿照成案，免其驱逐，地亩放给租种，征得租银，分给喇嘛蒙古，作为香火养赡之资等语。该处游民，既无家可归，一旦逐令回籍，必致流离失所。著准其援照成案办理，以示体恤。①

据《归绥县志·经政志·赋役》载："代征大青山后沙拉穆楞等十八村地租，道光二十九年（1849）升科认垦地592顷11亩4分，每亩征租银3分1厘8丝。"②《晋政辑要》卷10《户制·杂赋九》所载和此略有差异：

> 大青山后沙拉穆楞寺西聚宝庄等二十七村牧厂地一千二顷七亩七分，每亩征银二分一厘五毫。卷查咸丰九年绥远城将军成凯奏准此项地亩，道光二十九年以前喇嘛、蒙古与民人私相租种，前经奏准以该民人生聚多年，势难驱逐，查明无碍游牧，请援照成案放地租种，以示体恤，每亩租银三分一厘八丝。道光二十九年升科，取认地五百五十顷二十九亩八分，共征银一千七百一十三两三钱二分六厘。三十年续认地一千一百五十九顷一十一亩四分，共认地一千七百九顷四十一亩二分，额征租银五千三百一十二两八钱五分二厘四毫九丝。每年仍派土默特参领一员前赴各村地界多立鄂博，于春耕秋收之际，过围寻查一次，修复鄂博一次。在租银内提取一百两以备需用，余银分给喇嘛七成，蒙古三成，以为香火养赡之资。嗣以此项地亩，原放地亩本多碛，确又未除山沟、道路，以致顷亩较形不足，认种之后，地户时有逃亡，及赋额过重，屡多积欠，拟请援案酌减，以纾民力，而期经久。经该应会同喇嘛蒙古人等丈明该处二十八村，计地一千一十三顷七亩七分，除必力圪库一村蒙古尔林沁原种地十一顷无人认种撂荒外，计二十七村，实种地一千二顷七亩七分，核与原案顷亩数目悬殊，委因地薄租重，有认而未种及种后逃弃，切实勘丈，实无隐匿。③

根据记载，大青山后沙拉穆楞等二十七村现实有耕地1002.077顷。按粮食124.8斤/亩，七成粮食可以作为口粮，人均月消费34.4斤计算，大青山后沙拉穆楞等二十七村共可收获12505920.96斤，有口粮8754114.67斤，可供约21206人一年的消费。仅大青山后沙拉穆楞等二十七村的所开垦的土地就可供如此数量的人口一年的消费。也大约可以推知，咸丰时期，沙拉穆楞等二十七村就已经聚集了一定数量的人口。

上述为大青山后沙拉穆楞等二十七村土地开垦数量。再以沙拉穆楞村为例计算，沙拉穆楞被开垦土地数量。据归化城副都统衙门档案载光绪二十八年十一月二十七日，归化城同知《申解沙拉穆楞地租银》载："一申解光绪二十六八两年分沙拉穆楞地租银两

---

① 官修：《清宣宗实录》卷379，道光二十二年八月癸卯条，北京：中华书局，1985年，第847页。
② 郑裕孚：《归绥县志》，民国23年北平文岚刻印，内蒙古图书馆藏。第23页。
③ 刚毅修、安颐纂：《晋政辑要》，续修四库全书（第883册），上海：上海古籍出版社，2002年，第450—451页。

数目由……今查每年额征银一千八百四十两二钱九分一厘。"以每亩征银"二分一厘五毫"计算，约需垦种85595亩。按粮食124.8斤/亩，七成粮食可以作为口粮，人均月消费34.4斤计算，可以收获10682256斤粮食，有口粮7477579.2斤，可供约18114人一年消费。

再以大青山十五沟所收地租银，推算其地亩和可收获粮食数量。据归化城副都统衙门档案咸丰七年（1857）五月，归化城同知《呈报所收十五沟地租银两收支清册》载：

> 归化城旗库所收哈尔吉勒等十五沟地租银两支销过各项数目清册（方印一方）
>
> 归化城旗库所收咸丰六年分哈尔吉勒等十五沟地租银九十一两二钱二分九厘五毫八丝八忽之内，应该乌汉格呼勒佐领下阿噜板申村纳音保等，银两不敷，照旧文支给，酌量均匀分给银两数目：
>
> 一、支给阿噜板申村纳音保等咸丰六年分地租银三十九两二钱零一厘四毫五丝。
>
> 一、支给干珠尔巴墨尔根诺门罕喇嘛徒众等咸丰六年分地租银三十九两二钱零一厘四毫五丝。
>
> 一、旗务衙门用过杂项公费银一十二两八钱二分六厘六毫八丝八忽。
>
> 以上支给蒙古等地租银并杂费银共九十一两二钱二分九厘五毫八丝八忽
>
> 咸丰七年闰五月日①

档案载十五沟"咸丰六年（1856）分哈尔吉勒等十五沟地租银九十一两二钱二分九厘五毫八丝八忽"，以每亩土地征银"三分一厘八丝"（咸丰九年（1859）以后为"二分一厘五毫"）计算，约被垦种2935亩土地，蒙古、喇嘛按三七分养赡之资，土地等亦可按蒙古、喇嘛三七划分，则：阿噜板申村纳音保等有被垦种土地881亩，干珠尔巴墨尔根诺门罕喇嘛徒众等有被垦种土地2054亩。按粮食124.8斤/亩，七成粮食可以作为口粮，人均月消费34.4斤计算，约可收获366288斤粮食，其中有口粮256401.6斤，以每人没有消费34.4斤计算，则可供621人一年消费。当然这些地租银仅是而上文所载十五沟有耕地443顷②应交地租银的中的一部分。

再如，清代归化城宁祺寺的耕地零星分布在城周围40多个村庄，据内蒙古图书馆藏编号为04933号档案所载，嘉庆六年（1801），宁祺寺共有租户79户，实交租额177426文，欠租额31815文。③没有查到嘉庆六年（1801）的钱价，但据归化城副都统衙门档

---

① 土默特左旗档案馆藏：归化城副都统衙门档案，归化城同知《呈报所收十五沟地租银两支收清册》，档案号：80—6—2483。
② 彭勇：《清代土默特土地占有方式》，土默特史料（第18辑），1985年，第258—279页。
③ 忒莫勒：《清代呼和浩特宁祺寺部分蒙文档案管窥》，内蒙古师范大学大学报，1997年，第3期，第51—57页。

案载，道光十三年（1833）四月份钱价为"每市平纹银一两换钱一千二百四十五文"①，以此标准计算，宁祺寺实征银142.4两，欠租银25.55两，共应征银约168两。照嘉庆六年（1801）每亩征银"三分一厘八丝"计算，则宁祺寺约有5405亩耕地。考虑到有历年积欠的情况，仅以实征额计算，宁祺寺也约有4582亩耕地。以耕地4582亩，按粮食124.8斤/亩，七成粮食可以作为口粮，人均月消费34.4斤计算，约可收获572833.6斤粮食，其中有口粮400283.52斤，可供970人一年消费。仅宁祺寺就有约4500余亩以上的耕地，其口粮可供970余人一年消费。那么可以推知归化城土默特地区召庙香火地数量以及从业人口数量亦是非常庞大的。

在归化城土默特地区，一些地商从蒙古人手中承揽土地，然后租给民人耕种。如道光十三年（1833），《韩泽民、周达、贺俊杰租地约》载：

> 立租约人韩泽民、周达、贺俊杰，今租到三成公办到茂明安合少塔拉补拉圪袄尔七了地一段，熟茬代荒，共三奉，计地七十二顷，东至二奉地界，西至六奉地界，南至归化城大道为界，北至广义魁大道为界，四至分明，言明每一顷出付三成公白银十三两整，系交宝银，言明四标，交宝银五百两，七月标全清。每年随带水草钱，七十二千文整。此地道光十三年春季起，至道光廿二年秋后止。地内不许窝娼聚赌。地满之日起，约归三成公守官，与种地人无涉。日后有蒙古民人、衙门差事、种地人所出，与三成公无干。有蒙古民人争夺者，有三成公一面承当。恐口无凭，故立此合同约为用。
>
> 计开此地南北至大道，东西阔六百七十六步。
>
> 另写新约，此约以为故纸。
>
> 道光十三年正月二十一日立
合同为凭各执一纸（骑缝）
同中人：
银良玉（十字押）
白尚智（十字押）
王发（十字押）②

此契约中的三成公即一地商，其一次出租给韩泽民、周达、贺俊杰三人72顷土地。

---

① 土默特左旗档案馆藏：归化城副都统衙门档案，归化城同知《咨送各色粟粮时估市价清册》，档案号：80—6—2480。该件前后钤有"办理归化城蒙古民事同知关防"印共九处。
② 内蒙古大学图书馆藏、晓克藏：《清代至民国时期归化城土默特土地契约》（第1册），呼和浩特：内蒙古大学出版社，2011年，第99—100页。

显然是三成公从蒙古人手中承租了大片土地，转租给韩、周、贺三人。其地价为每顷付银"十三两"，则每亩需付银0.13两。这个地价是沙拉穆楞每亩征银"三分一厘八丝"和咸丰九年（1859）以后的"二分一厘五毫"的4.18和6.05倍，可知地商靠转租土地获取高额的利益。据韩、周、贺则每人平均承担24顷土地推算，此三人也并非真正的土地承租者，而是要把土地再一次转租出去。那么真正承租土地的民人则要承担更高的租资。而文书中"有蒙古民人争夺者，有三成公一面承当"则在一定程度上说明地商已经取得了土地的支配权。

土默特六成地亦被清政府开垦，其押荒银被发商生息（见上文），这说明六成地的地权已经完全不属于归化城土默特蒙古。如《王禄子承领地的执照》，即说明这一问题：

> 户部为给照事山西巡抚刚奏土默特六成地亩前经绥远城将军奏准，招佃开垦办理押荒升科。兹据查明此项地亩，逐段放垦应照从前丰镇宁远两厅办理押荒，案请发部照填给等因，于光绪十三年十一月初十日奉朱批。户部知道。钦此。本部查土默特开垦地亩仿照丰宁两厅章程，各佃户认垦地若干亩，即将地段坐落四至编列字号入册注明。如有侵越影射，即行严惩。所垦各地亩征银××××××并将押荒银两照则交纳，发给执照，按则完租，如有拖欠即撤地另佃，并将办地商名永远革除。至地户领照以后，指分地段，挨编字号，造编鱼鳞册，并责成户总，仍由地方官随时抽查，以期便民而防蒙弊。今据民人王禄子承领×垦熟地××××坐落在酉字坚系归绥道所属萨拉齐地方，每亩应交押荒银××××地课银××××过闰每两加增银三分，正银一两，加杂银五分，共交押荒银××××两，地课银××××两。自光绪×年起升科，除饬令按年照数完纳不准丝毫拖欠外，相应颁发执照，发交该×××转给民人收执，并填明照根截下，随册送部，以凭稽缴。可也。须至执照者。
>
> 计附地×× 东至×× 西至×× 南至×× 北至××
>
> 右执照给××转发王禄子准此
>
> 　　　　　　　　　　　　光绪十四年三月廿日
> 　　　　　　　　　　　　部地银租各数四至均填印据内①

这不仅说明六成地权已经不属于蒙古，同时亦说明，早在蒙地放垦之前，归化城土默特地区的土地就已经被开垦殆尽。

---

① 土默特左旗档案馆藏：归化城副都统衙门档案，萨拉齐厅《发给地户王禄子承领地的执照》，档案号：80—5—557；亦载于陈志明：《土默特历史档案集粹》，呼和浩特：内蒙古人民出版社，2007年，第107页。

三、放垦前归化城土默特地区的粮价

粮价，在以农业为主的中国古代社会来讲，是一个重要的经济指标。粮价的高低直接影响到国家社会经济生活的各个方面。同时在一定程度上，粮价是经济是否繁荣、社会是否安定的重要依据。当然粮食价格受到供求关系的影响，而供求关系又受到多种条件影响：如人口因素、土地因素、自然灾害、生产技术、社会安定与否等等。中国历代王朝对粮食价格都非常重视，同时采取一定的措施保护粮食价格。如春秋时期越国计然的"平粜法"①，战国时期魏国实行李悝的"平籴法"。② 已经认识到粮食价格的波动对民、商都会产生影响，国家应采取一定的措施对粮食进行调控。此后"平粜""平籴"之法，被广泛采用。

入清以后，清政府十分重视粮食价格。从康熙朝开始，地方官员要向皇帝密折奏报雨雪粮价，到乾隆朝奏报粮价制度最终形成。由于在清代档案中留存下来大量粮价折和粮价清单及粮价细册，对研究中国古代经济史等具有十分重要的参考价值，故自20世纪初，就有很多学者对此进行搜集、整理和研究。如20世纪20—40年代，寄萍《古今米价史略》③，应奎《近六十年之中国米价》④，上海市社会局《上海最近五十六年米价统计》⑤，柳诒徵《江苏各地千六百年之米价》⑥，汤象龙先生等一批学者的对道光至宣统朝的粮价进行整理，后被中国社会科学院经济所数字化处理为《清代道光至宣统间粮价表》⑦，吴麟《清代米价》⑧ 等。新中国成立后，越来越多的学者对清代粮价研究。如著名学者全汉升，自20世纪50年代开始，从档案、奏折等文献中辑出大量的粮价资料，

---

① 司马迁：《史记》卷129《货殖列传》北京：中华书局，1963年，第3256页。计然提出："六岁穰，六岁旱，十二岁一大饥。夫粜，二十病农，九十病末。末病则财不出，农病则草不辟矣。上不过八十，下不减三十，则农末俱利，平粜齐物，关市不乏，治国之道也。积著之理，务完物，无息币。"
② 班固：《汉书》卷24（上）《食货志第四》北京：中华书局，1962年，第1124—1125页。李悝提出："籴甚贵伤民，甚贱伤农；民伤则离散，农伤则国贫。故甚贵与甚贱，其伤一也。善为国者，使民毋伤而农益劝。……是故善平籴者，必谨观岁有上中下孰。上孰其收自四，余四百石；中孰自三，余三百石；下孰自倍，余百石。小饥则收百石，中饥七十石，大饥三十石。故大孰则上籴三而舍一，中孰则籴二，下熟则籴一，使民适足，贾平则止。小饥则发小孰之所敛，中饥则发中孰之所敛，大饥则发大孰之所敛，而粜之。故虽遇饥馑水旱，粜不贵而民不散，取有余以补不足也。"
③ 寄萍：《古今米价史略》，江苏省立第二农业学校月刊，1921年，第1期。
④ 应奎：《近六十年之中国米价》，钱业月报，1922年，第3期。
⑤ 上海市社会局：《上海最近五十六年米价统计》，社会月刊，1929年，第2期。
⑥ 柳诒徵：《江苏各地六千年来之米价》，史学杂志，1930年，第3、4期，《柳诒徵史学论文续集》，上海：上海古籍出版社，1991年，第461—496页。
⑦ 中国社会科学院经济所编：《道光至宣统间粮价表》，广西师范大学出版社，2009年。
⑧ 吴麟：《清代米价》，中央日报，1948年1月21日。

并刊发一系列研究成果。① 王业键从20世纪70年代开始，创建"清代粮价资料库"，于2008年完成资料库建设，其间亦发表一系列学术论文。② 彭信威③、严中平④、王世庆⑤、陈支平⑥、刘崑⑦、陈金陵⑧、王道瑞⑨、常建华⑩、陈春声⑪、蒋建平⑫、唐文基⑬、龚胜

---

① 全汉升：《美洲白银与十八世纪中国物价革命的关系》，"中央研究院"历史语言研究所集刊（28），1957年，第517—550页；《清雍正年间（1723—1735）的米价》，"中央研究院"历史语言研究所集刊（30），1959年，第517—545页；《清中叶以前江浙米价的变动趋势》，"中央研究院"历史语言研究所集刊外编（第4种），1960年，第351—357页；《近代四川合江县物价与工资的变动趋势》（上），"中央研究院"历史语言研究所集刊（34），1962年，第265—274页；《乾隆十三年的米贵问题》，庆祝李济先生七十岁论文集，1965年，第333—352页；《清朝中叶苏州的米粮贸易》，"中央研究院"历史语言研究所集刊（39），1969年，第71—86页；Mid—Ch'sing Rice Markets and Trade：An Essay in Price History, Cambridge Harvard University Press, 1975年，第1—61页；《清朝康熙年间（1662—1722）将年及附近地区米价》，香港中文大学中国文化研究所学报，1979年第10期，第517—546页，等。

② 王业键：《The Secular Trend of Prices during the Ch'sing Period（1644—1911）》，中国文化研究所学报，1972年，第2期，第348—371页；《清代的粮价陈报制度》，故宫季刊（第3辑），1978年，第53—66页；《十八世纪福建的粮食供需与粮价分析》，中国社会经济史研究，1987年，第2期，第68—100页；《十八世纪中国粮食供需的考察》，近代中国农村经济史论文集，台北："中央研究院"近代史研究所，1989年，第271—289页；《十九世纪前期物价下落与太平天国革命》，《世变、群体与个人：第一届全国历史学学术讨论会论文集》，台大历史系，1996年，第259—284页；《清中叶东南沿河粮食作物分布、粮食供需及粮价分析》，"中央研究院"历史语言研究所集刊（第2辑），1999年，第363—397页；《清代中国气候变迁、自然灾害与粮价的初步考察》，中国经济史研究，1999年，第1期，第3—13页；《十八世纪东南沿海米价市场的整合性分析》，经济论文丛刊，2002年，第2期，第151—173页；《清代的粮价陈报在制度及其评价》，清代经济史论文集，台湾：稻乡出版社，2003年，第1—36页；《清代粮价之可靠性检定》，清代经济史论文集（2），台湾：稻乡出版社，2003年，第289—315页，等。

③ 彭信威：《中国货币史》，上海：上海群联出版社，1954年。

④ 严中平：《中国近代经济史统计资料选辑》，北京：科学出版社，1955年。

⑤ 王世庆：《清代台湾的米价》，台湾文献，1958年，第4期。

⑥ 陈支平《试论康熙初年东南诸省的熟荒》，中国社会经济史研究，1982年，第2期，第40—46页；《清代前期福建的非正常米价》，中国经济史研究，1988年，第3期，第18—25页。

⑦ 刘崑：《清代粮价奏折制度浅议》，清史研究通讯，1984年，第3期，第16—19页。

⑧ 陈金陵《清朝的粮价奏报与其盛衰》，中国社会经济史研究，1985年，第3期，第63—68页。

⑨ 王道瑞：《清代粮价奏报制度的确立及其作用》，历史档案，1987年，第4期，第80—100页。

⑩ 常建华：《乾隆早期廷议粮价腾贵问题探略》，南开学报，1991年，第6期，第37—46页。

⑪ 陈春声：《清代的粮价奏报制度》，《市场机制与社会变迁——18世纪广东米价分析（附录一）》，广州：中山大学出版社，1992年。

⑫ 蒋建平：《清代前期米谷贸易研究》，北京：北京大学出版社，1992年。

⑬ 唐文基：《乾隆时期的粮食问题及其对策》，中国社会经济史研究，1994年，第3期，第48—56页。

生[1]、吴承明[2]、黄冕堂[3]、邓永飞[4]、邓玉娜[5]、王砚峰[6]、穆臣[7]、罗畅[8]、朱琳[9]、余开亮[10]等学者，国外一些学者如安部健夫[11]、岸本美绪[12]、松田吉郎[13]、则松彰文[14]、田仲一[15]、威尔金森[16]、李明珠[17]等学者，亦以粮价折或粮价细册为依据，对清代的粮价数据和粮价奏报制度进行研究。而这些研究成果主要集中在江南、岭南、福建、陕西、湖南、直隶、甘肃、台湾等地区，没有涉及归化城土默特地区。故笔者拟以归化城副都统衙门档案的相关记载，探讨归化城土默特地区的粮价问题。

在归化城副都统衙门档案中，有数件关于粮价的公文、粮价清册，这为我们研究归

---

[1] 龚胜生：《18世纪两湖粮价时空特征研究》，中国农史，1995年，第1期，第48—59页；龚胜生《从米价长期变化看清代两湖农业经济的发展》，中国经济史研究，1996年，第2期，第80—87页。

[2] 吴承明：《利用粮价变动研究清代的市场整合》，中国经济史研究，1996年，第2期，第88—94页。

[3] 黄冕堂：《中国历代粮食价格问题通考》，文史哲，2002年，第2期，第33—48页。

[4] 邓永飞：《米谷贸易、水稻生产与清代湖南社会经济》，中国社会经济史研究，2006年，第2期，第45—54页；《清代湖南水稻生产技术探析》，中国社会经济史研究，2007年，第3期，第34—39页。

[5] 邓玉娜：《禁曲六疏的启示——论清代河南粮食贸易发展的影响因素》，中国人民大学，2006博士学位论文。

[6] 王砚峰：《清代道光至宣统间粮价资料概述——以中国社科院经济所图书馆馆藏为中心》，中国经济史研究，2007年，第2期，第102—108页。

[7] 穆臣：《制度、粮价与决策：清代山东雨雪粮价研究》，北京大学，2009年博士学位论文；《清代雨雪折奏制度考略》，社会科学战线，2011年，第11期，第103—110页。

[8] 罗畅：《两套清代粮价数据资料的比较与使用》，近代史研究，2012年，第5期，第142—156页。

[9] 朱琳：《回顾与思考：清代粮价问题研究综述》，农业考古，2013年，第4期，第191—201页。

[10] 余开亮：《清代晚期地方粮价报告研究：以循化厅档案为中心》，中国经济史研究，2014年，第4期，第65—74页；《粮价细册制度与清代粮价研究》，清史研究，2014年，第4期，第1—12页。

[11] 安部健夫：《粮食供需研究——视为〈雍正史〉的一章》，东洋史研究，1957年，第4期，第120—213页。

[12] 岸本美绪：《清代前期江南的米价动向》，史学杂志，1978年，第9期，第1—33页；《清代前期江南的物价动向》，东洋史研究，1979年，第4期，第77—106页；《关于康熙年间的谷贱问题》，东洋文化研究所纪要，1982年；《清代中期的经济政策基调》，近代史研究，1987年，第11期，等。

[13] 松田吉郎：《广东广州府之米价动向与粮食供需调整》，中国史研究，1984年，第8期，第22—33页。

[14] 则松彰文：《雍正时期粮食流通与米价变动》，九州大学东洋史论文集，1985年，第14集，第157—188页。

[15] 田仲一：《关于清代浙东宗族组织形态中宗祠戏剧的功能》，东洋史研究，1986年，第4期，第620—655页。

[16] Wilkinson：The Nature of Chinese Grain Price Quotatious, 1600—1900, Transactions of the International Conference of Orientalists in Japan 14, 1969, 第54—65页；Studies in Chinese Price History, Princeton University, 1970, New York: Garland Pub, 第138—199页。

[17] Lillian M. Li：Grain Prices in ZhiLi Province, 1736—1911, Chinese History in Economic Perspective, 1992, 第70—100页。

化城土默特地区的粮价提供了可资参考的资料。归化城副都统衙门档案中有数件关于禁止高价出售粮食的公文，如乾隆十八年（1753）七月，户司《为知照同知等官禁止高价出售粮米的呈文》①；光绪十八年（1892）八月，户司《为定粮价以禁止高价出售的呈文》②；乾隆二十二年（1757）四月十一日，巡查归绥两城通判《为查归化城、绥远城二同知请定米价的咨文》。③ 同时亦有关于上报粮价的公文，如乾隆二十九年（1764）十一月五日，归化城通判《为业已报上各种粮食之季价的呈文》④；乾隆三十八年（1773）三月十一日，户司《为札付同知查看粮食时价的呈文》⑤；乾隆五十年（1785）十一月三日，归化城同知《为报谷物时价的呈文》。⑥ 还有一些粮价细册，据笔者统计有 16 件：道光年间两件，分别为道光十八年（1838）三月和道光二十三年（1843）四月的粮价细册⑦；咸丰年间 4 件，分别为咸丰元年（1851）一月、咸丰九年（1859）四月、咸丰九年（1859）九月和咸丰九年（1859）十一月的粮价细册⑧；同治年间 2 件，分别为同治四年（1865）十月和同治四年（1865）十二月的粮价细册⑨；光绪年间有 8 件，分别为

---

① 土默特左旗档案馆藏：归化城副都统衙门档案，户司《为知照同知等官禁止高价出售粮米的呈文》，档案号：80—24—1305。
② 土默特左旗档案馆藏：归化城副都统衙门档案，户司《为定粮价以禁高价出售的呈文》，档案号：80—24—1306。
③ 土默特左旗档案馆藏：归化城副都统衙门档案，巡查归绥两城大臣《为查归化城、绥远城二同知请定米价的咨文》，档案号：80—24—1308。
④ 土默特左旗档案馆藏：归化城副都统衙门档案，归化城通判《为业已报上各种粮食之季价的呈文》，档案号：80—24—1309。
⑤ 土默特左旗档案馆藏：归化城副都统衙门档案，户司《为札付同知查看粮食时价的呈文》，档案号：80—24—1310。
⑥ 土默特左旗档案馆藏：归化城副都统衙门档案，归化城同知《为报谷物时价的呈文》，档案号：80—24—1313。
⑦ 土默特左旗档案馆藏：归化城副都统衙门档案，归化城同知《咨送各色粟粮时估市价清册》，档案号：80—6—2480；归化城同知《咨送各色粟粮时估市价清册》，档案号：80—6—2481。
⑧ 土默特左旗档案馆藏：归化城副都统衙门档案，归化城同知《饬知咸丰元年八、九月谷价》，档案号：80—6—2491；归化城同知《饬知咸丰八年下半年谷价》，档案号：80—6—2488；归化城同知《饬知咸丰九年上半年谷价》，档案号：80—6—2489；归化城同知《咨送咸丰九年九、十月银钱比价》，档案号：80—6—2490。土默特左旗档案馆藏。
⑨ 土默特左旗档案馆藏：归化城副都统衙门档案，归化城同知《饬知同治三年十月至四年七月谷价》，档案号：80—6—2495；归化城同知《饬知同治四年八、九、十月谷价》，档案号：80—6—2496；土默特左旗档案馆藏。

光绪二年（1876）1 件①、光绪五年（1879）九月 5 件②、光绪十三年（1887）1 件③、光绪十五年（1889）1 件④粮价细册。在归化城副都统衙门档案中，还有其他一些档案中有些许粮价的记载，如嘉庆十八年（1813）十一月 4 日，户司《咨复土默特仓采购粟米入库等事》载："查每仓石市价银二两三钱，采买谷二千仓石，共需银四千六百两。"⑤

清代粮价奏报源于康熙朝，据相关文献所载，康熙皇帝最早询问有关雨雪粮价的记载，应是康熙十八年（1679）十月，康熙皇帝咨询出京至湖广恤刑的刑部员外郎达岱有关湖广的情形，《康熙起居注》所载康熙十八年（1679 年）十月：

> 十三日甲戌。早，上御乾清门，听部院各衙门官员面奏政事……刑部员外郎达岱自湖广恤刑还，复命。上问："湖广年岁如何？"达岱奏曰："今春二麦大熟。因夏入亢旱，秋禾不能全获。"上又问百姓生计及米价贵贱，达岱奏曰："米每石直一两，麦每石六钱。连年楚省皆熟，兼以今春麦收，不致有流离失所之事。"⑥

康熙皇帝出于了解地方实际情状的需要，向离京到地方的官员询问相关情况，但还没有形成一项固定的制度。到康熙二十五年（1686）三月，康熙皇帝要求地方官员随折上报各省晴雨：

> 谕大学士等：各省晴雨，不必缮写黄册、特本具奏。可乘奏事之便，细字折子，附于疏内以闻。⑦

康熙皇帝要求各省晴雨"附于疏内以闻"，这是一种要求地方大员所办的事务，同到地方巡查的在京大员是不同的。"现存最早的奏报雨雪粮价的奏折，是康熙二十八年（1689）大学士伊桑阿用满文奏报的京城得雨情形的折子。现存最早的汉文折子，是康

---

① 土默特左旗档案馆藏：归化城副都统衙门档案，归化城蒙古民事府《饬知光绪二年二月至七月粮价》，档案号：80—6—2516。
② 土默特左旗档案馆藏：归化城副都统衙门档案，归化城蒙古民事府《饬知光绪二年粮价》，档案号：80—6—2519；归化城蒙古民事府《饬知光绪三年粮价》，档案号：80—6—2520；归化城蒙古民事府《饬知光绪元年粮价》，档案号：80—6—2523；归化城蒙古民事府《饬知同治十三年粮价》，档案号：80—6—2524；归化城蒙古民事府《饬知光绪四年粮价》，档案号：80—6—2525。
③ 土默特左旗档案馆藏：归化城副都统衙门档案，归化城同知《饬知光绪十三年正月粮价》，档案号：80—6—2625。
④ 土默特左旗档案馆藏：归化城副都统衙门档案，归化城通判《为册报光绪十四年春夏二季粮价的咨文》，档案号：80—24—1317。
⑤ 土默特左旗档案馆藏：归化城副都统衙门档案，户司《咨复土默特仓采购粟米入库等事》，档案号：80—6—2474。
⑥ 中国第一历史档案馆整理：《康熙起居注》，（第 1 册），北京：中华书局，1984 年，第 444 页。
⑦ 官修：《清圣祖实录》卷 125，康熙二十五年三月丁巳条，北京：中华书局，1985 年，第 324 页。

熙三十二年（1693）苏州织造李煦奏报苏州地区雨雪情形的奏折"①。据康熙三十二年（1693）七月，《苏州得雨并报米价折》载：

> 窃惟今夏天时亢旱，各处祈雨，仰赖皇上洪福，于六月十八日已得甘霖。近复霑足。苏州地方，傍河田地原有蓄水可车，竟属无恙。惟山田高壤，播莳稍迟者，约有五六分收成。目下米价亦平，粗者七钱上下，细白者九钱、一两不等，民情安堵，共庆天庥。臣无地方之责不应渎陈，仰见皇上爱民如子，视民如伤之至意。敢就所知，谨奏以闻。
>
> 朱批：朕已大安。五月间闻得淮徐以南时旸舛候，夏泽愆期，民心慌慌，两浙尤甚。朕夙夜焦思，寝食不安。但有南来者，必问详细。闻尔所奏，少解宵旰之劳。秋收之后，还写奏帖奏来。凡有奏帖，万不可与人知道。②

学者们均以此件奏折上所载康熙皇帝朱批作为清朝粮价奏报制度的开始。需要注意的是在奏折中有"臣无地方之责不应渎陈"，而李煦"敢就所知，谨奏以闻"其实是一种"渎陈"行为。说明这种上报粮价的事情应是地方官员的职责，同时亦说明在此之前就有地方官员上报粮价的行为。粮价奏报行为以前虽然有，但是为地方官员之职责，并没有形成制度。据康熙朱批可知，粮价奏报是以密折的形式上报的，"可以向皇帝奏报的官员，仅限于皇帝的心腹家奴，其他官员只有得到皇帝的允许才能具折奏事"。康熙、雍正时期，密折奏报粮价制度存在诸多问题，即不系统，也不规范，直到乾隆朝，清代粮价奏报制度才基本确立。③

乾隆元年（1736）五月二十四日，谕旨："各省督抚具折奏事时，可将该省米粮时价开单就便奏闻，不必专差人来，其奏报单内或系中价，或系中贵价，或系价贱，俱逐一注明。其下月奏报之价与上月相同，或不相同，一律注明。若本月已经随折奏报，再有奏事之便，不必再报。"④ 明确了粮价按月奏报，并要求与上月粮价进行比较，使粮价奏报由从前密折密报变为各督抚的日常事务，从而基本确立了粮价奏报制度。

各省督抚编制粮价折（清册）的来源是基层上报的粮价细册。余开亮根据乾隆二十八年（1763）十二月初二日，文绶《奏为各省粮价请令按月报备以稽核折》中所载：

---

① 王玉茹、罗畅：《清代粮价数据质量研究——以长江流域为中心》，清史研究，2013年，第1期，第53—69页。引自刘子扬、张莉：《康熙朝雨雪粮价史料》，北京：线装书局，2007年。
② 故宫博物院明清档案部编：《李煦奏折》，北京：中华书局，1976年，第1—2页。
③ 相关论述，可参考：王道瑞：《清代粮价奏报制度的确立及其作用》，历史档案，1987年，第4期，第80—100页。
④ 中国第一历史档案馆藏：《乾隆元年湖南巡抚钟保奏报粮价折》，雨雪粮价类，第1包。转引自陈金陵：《清史浅见》，沈阳：辽宁民族出版社，2013年，第136页。

"窃惟我皇上念切民瘼，以各省米粮有关民食，市价贵贱时时上厪宸衷，令各督抚将市粮市价按月奏闻，并奉廷寄折式各按州郡分别价贱、价中、价贵汇缮清折恭呈御览，此圣主爱民重农之至意。各督抚据各属每月所报市粮时价必皆察访确实方敢入告。但各省州县粮价细款，惟甘省奴才于臬司任内代办藩司事务，知于近年始经造册送部。……奴才愚见似应请令各省督抚每月奏报粮价之时，即将各州县米谷豆麦各项粮价细数造册咨部存案……"①，"光绪朝《清会典事例》中找到乾隆皇帝最后的意见：二十八年奏准，各省督抚每月奏报粮价之时，将各州县米谷麦豆各项粮价细数造册咨部存案"②，认为："粮价细册制度在各省推行的时间在乾隆二十九年（1764），而此之前仅有陕西、甘肃、四川三省将州县粮价造册报部。"③

据此可知，粮价细册是造报粮价清册的来源。而有关粮价细册，仅有江苏、陕西、河南、云南、甘肃等地存有粮价细册资料，但多寡不一。④ 没有涉及归化城土默特地区的粮价细册。

清代归化城土默特地区的粮价细册，共有如下几种类型：一种是记载每年四、五、六三个月粮食、钱价细册；一种是记载每年四、五、六三个月粮价细册；一种是按月记载全年的粮价、钱价细册；一种是按月分旬记载全年粮价钱价细册；一种为按月分旬记载全年粮价细册。

如归化城同知《咨送各色粟米粮价时估市价清册》所载为每年四、五、六三个月的粮价、钱价细册，载：

归化城蒙古民事府文咨送

道光十三年起至十七年七月底止各色粟粮时估市价清册归化城蒙古民事府为造送事，今将道光十三年起至十七年七月底止各色粟粮时估市价造册咨送，须至册者。

计开：

道光十三年四月分，

小米每仓石价银三两一钱六分七厘，

麦子每仓石价银二两二钱九分，

---

① 余开亮：《粮价细册制度与清代粮价研究》，清史研究，2014年，第4期，第1—12页。文绥《奏为各省粮价请令按月报备以稽核折》，见《宫中档乾隆朝奏折》（第19辑），台北故宫博物院，1982年，第758页。
② 余开亮：《粮价细册制度与清代粮价研究》，清史研究，2014年，第4期，第1—12页。
③ 余开亮：《粮价细册制度与清代粮价研究》，清史研究，2014年，第4期，第1—12页。
④ 有关粮价细册的存世情况，可参见余开亮：《粮价细册制度与清代粮价研究》，清史研究，2014年，第4期，第1—12页。

荞麦每仓石价银一两五钱五分，

高粱每仓石价银一两五钱七分，

豌豆每仓石价银一两九钱五分，

黑豆每仓石价银一两八钱七分，

莜麦每仓石价银一两九钱一分，

谷子每仓石价银一两九钱，

钱价每市平纹银一两换钱一千二百四十五文，

【中略】

道光十八年三月日

特授归化城蒙古民事府加五级记录十次文为咨送事，案准贵司咨开，右将自道光十三年起至十七年七月底止，杂粟每石按照青黄不接时估价值造册咨送，以凭报部查核等因。准此。查每年四五六月分即系青黄不接之时，拟合将历年各色粟粮时估市价造册咨送，为此合咨贵司，希即查照转报施行，须至咨者。

计咨送清册一本。

右咨

归化城户司

道光十八年三月十二日咨

前事

咨押

【后略】①

该件文书所统计的为道光十三年（1833）起至道光十七年（1837）七月底为止，归化城土默特蒙古民事府上报的每年四、五、六三个月报归化城户司的粮价细册。从其统计来看，该地区统计小米、麦子、荞麦、高粱、豌豆、黑豆、莜麦、谷子八种粮食作物，同时上报每月钱价。从统计的粮食作物的种类来看，这八种作物为该地区的主要粮食作物。

同治四年（1865）粮价，则是按月分旬记载粮价、钱价细册，但仅记载了八月下旬的粮价、钱价。② 光绪元年（1875）的粮价细册，开始每月分为上、中、下三旬统计，其中十月份仅有中旬和下旬粮价细册，该件细册格式如下（摘录）：

---

① 土默特左旗档案馆藏：归化城副都统衙门档案，归化城同知《咨送各色粟粮时估市价清册》，档案号：80—6—2480。该件前后钤有"办理归化城蒙古民事同知关防"印共九处。

② 土默特左旗档案馆藏：归化城副都统衙门档案，归化城同知《饬知同治四年八、九、十月谷价》，档案号：80—6—2496。

归化城蒙古民事府常为通饬遵照事，今将光绪元年正月分粮价时估，开单知会。须至单者。

计开：

上旬：

小米每仓石价银二两六钱六分，

麦子每仓石价银二两六钱一分，

荞麦每仓石价银一两九钱五厘，

高粱每仓石价银一两八钱六分，

豌豆每仓石价银一两九钱一分二厘，

黑豆每仓石价银二两八钱三分，

莜麦每仓石价银二两一钱七分，

谷子每仓石价银一两五钱九分六厘，

钱价每市平纹银一两换钱一千八百九十文。

光绪五年九月日移照会押

归化城蒙古民事府常为通饬遵照事，今将光绪元年正月分粮价时估，开单知会。须至单者。

计开：

中旬：

小米每仓石价银二两六钱六分，

麦子每仓石价银二两六钱一分，

荞麦每仓石价银一两九钱五厘，

高粱每仓石价银一两八钱六分，

豌豆每仓石价银一两九钱一分二厘，

黑豆每仓石价银二两八钱三分，

莜麦每仓石价银二两一钱七分，

谷子每仓石价银一两五钱九分六厘，

钱价每市平纹银一两换钱一千八百九十文。

光绪五年九月日移照会押

归化城蒙古民事府常为通饬遵照事，今将光绪元年正月分粮价时估，开单知会。须至单者。

计开：

下旬：

小米每仓石价银二两六钱六分，
麦子每仓石价银二两六钱一分，
荞麦每仓石价银一两九钱五厘，
高粱每仓石价银一两八钱六分，
豌豆每仓石价银一两九钱一分二厘，
黑豆每仓石价银二两八钱三分，
莜麦每仓石价银二两一钱七分，
谷子每仓石价银一两五钱九分六厘，
钱价每市平纹银一两换钱一千八百二十文，
光绪五年九月日移照会押

【后略】①

清代归化城土默特地区的粮价格式，无论是按月记载还是按旬记载，无论是否开列钱价，其格式是基本一致的。这种记载格式，同其粮价折还是有所区别的。乾隆三年（1738）二月，湖广总督德沛奏报湖广粮价单时的格式如下：

武昌府属价中，查与上月价银稍增。
上米每仓石价银八钱三分至一两，
中米每仓石价银八钱至九钱五分，
下米每仓石价银七钱至八钱五分，
大麦每仓石价银三钱至四钱七分，
小麦每仓石价银六钱至八钱五分，
黄豆每仓石价银八钱五分至九钱。②

该件粮价单把米分为上、中、下三等，每个中粮食均有一定的价格波动区间。再如光绪三十三年（1906）八月，直隶顺天府所报粮价单格式为：

顺直各属光绪三十三年八月份市粮价。
顺天府属：价减
粟米每仓石价银二两六钱至五两，较上月减五钱。
……

---

① 土默特左旗档案馆藏：归化城副都统衙门档案，归化城蒙古民事府《饬知光绪元年粮价》，档案号：80—6—2523。
② 引自王玉茹、罗畅：《清代粮价数据质量研究——以长江流域为中心》，清史研究，2013年，第1期，第53—69页。

> 高粱每仓石价银一两五钱至三两二钱,与上月相同①

因为这是各府报部的粮价单,而各府所属各地粮价均不相同,因此粮食价格有一个波动的空间。而归化城土默特地区,与内地各府并不相同,其粮价仅是一地的粮价,故所报每月粮食价格没有波动区间。

地处西北地区的循化厅亦存有一定数量的粮价细册,其细册为斗行上报到厅。如光绪十一年(1885)三月十三日,斗行黄连喜《为报三月初一日至初十日米粮时估价事》载:

> 米价
>
> 禀
>
> 韩四十一
>
> 斗行吴学智叩
>
> 黄连喜
>
> 禀
>
> 大老爷案下报到三月初一日起至初十日止米粮时估,
>
> 小麦每市斗大钱六百文麦面每市斗大钱五百五十文,
>
> 豌豆每市斗大钱六百文豆面每市斗大钱五百文,
>
> 青稞每市斗大钱五百文稞面每市斗大钱四百五十文,
>
> 光绪十一年三月十三日禀。②

循化厅的粮价报告有半月报一次情况,如光绪六年(1880)二月至八月半月报粮价单③。在光绪九年(1883)十一月之后为旬报,"此后每月初一日至十日止,到十一日呈报;十一日至二十日,廿一日报;至卅日,下月初一日报"④。光绪九年(1883)十二月的粮价报告中,斗行未详细声明所报粮价的时间跨度,厅官即批示"以后具禀应叙明白

---

① 中国第一历史档案馆藏:《粮价单》,(胶片),直隶省第21卷。引自王砚峰:《清代道光至宣统间粮价资料概述——以中国社科院经济所图书馆藏为中心》,中国经济史研究,2007年,第2期,第102—110页。

② 斗行黄连喜《为报三月初一日至初十日米粮时估价事》,循化厅档案:档号:07—3383—3;引自余开亮:《清代晚期地方粮价报告研究——以循化厅档案为中心》,中国经济史研究,2014年,第4期,第65—74页。

③ 青海省档案馆藏:循化厅档案:档号:07—3386,第6—16页;引自余开亮:《清代晚期地方粮价报告研究——以循化厅档案为中心》,中国经济史研究,2014年,第4期,第65—74页。

④ 斗行黄连喜等《为报米时估价事》,光绪九年十一月,青海省档案馆藏,循化厅档案,档号:07—3380—18;引自余开亮:《清代晚期地方粮价报告研究——以循化厅档案为中心》,中国经济史研究,2014年,第4期,第65—74页。

某月某日起某日止十天时价,作一次呈报,不准似此含混取戾,每月初十、二十、三十日,三次呈报。"① 循化厅的粮价亦没有变化波动的区间,这是因为循化厅亦为地方基层的机构。据相关研究,在西北地区斗行负有向官府上报米价的职能。②"斗行"的选任要有乡约、商人的推荐,官府的任命,据光绪六年(1880)十二月,循化厅档案记载:

> 情缘保安地方设在极边,向有斗行,每逢商贩、杂货、青盐、青油、碎小等物公卖公买,自世乱以后,未有斗行,每来各物,时抬时压,价值不定,以致行市大有不利。是以小的等商民将民人安其俊为人勤慎小心,堪以公举,以当斗行,因而公议,恩祈恩宪大老爷怜念下情,恩准赏发执照,著伊小心专责以利行市。③

此处"斗行"的任命,需要乡约、商人的联名推荐,然后经由官府批准,发放任命执照。归化城土默特地区粮价是不是由斗行上报,没有相关资料来说明。有关县级粮价上报的问题,一般认为县级粮价为州县衙役和书吏到市场调查所得,或由粮行或米牙报告。④ 而归化城土默特地区所见粮价细册,为归化城同知、归化城蒙古民事府、户司、通判等上报,其资料来源应是各署衙役和书吏到市场调查所得,或者由当地粮行或米牙报告。这些粮价按旬上报到归化城蒙古民事府(归化城厅),然后由归化城蒙古民事府(归化厅)转换成统一的计价单位,编制粮价细册,上报山西布政使。由于归化城蒙古民事府是基层单位,所以其谷价并没有波动的区间。

归化城土默特地区的粮价除了上报给山西布政使外,还要上报给绥远城将军,据乾隆十二年(1747)十月初三日,绥远城将军补熙《奏闻土默特地方农作物收成情形折》载:

---

① 斗行黄连喜等《为报米粮时估事》,光绪九年十二月十七日,青海省档案馆藏,循化厅档案,档号:07—3380—21;引自余开亮:《清代晚期地方粮价报告研究——以循化厅档案为中心》,中国经济史研究,2014年,第4期,第65—74页。
② 有关斗行的相关研究,参见刘静山:《先有复盛公,后有包头城——山西祁县乔姓复子号沿革》,包头史料荟要(第1辑),包头市档案馆,1980年,第132页;王致中:《歇家考》,青海社会科学,1987年,第2期,第77—74页;马明龙、何佩龙:《青海地的歇家》,青海民族学院学报,1994年,第4期,第26—29页;董万鹏:《银川斗行与粮食加工作坊》,宁夏文史资料(第20辑),宁夏人民出版社,1997年,第146—147页;李刚、卫红丽:《明清时期山陕商人与青海歇家关系探微》,青海民族研究,2004年,第2期,第66—69页;胡铁球、霍维洮:《歇家概况》,宁夏大学学报,2006年,第6期,第22—26页;胡铁球:《歇家牙行经营模式的形成与演变》,历史研究,2007年,第3期,第88—108页。
③ 保安城乡约王正全等《为公举安其俊以当斗行恳发执照事》,青海省档案馆藏《循化厅档案》,档号:07—3315—9。引自余开亮:《清代晚期地方粮价报告研究——以循化厅档案为中心》,中国经济史研究,2014年,第4期,第65—74页。
④ 王业键:《清代的粮价陈报制度》,见《清代经济史论文集》(2),台北:稻香出版社,2003年,第20—21页。

补熙奏：土默特现已收麦子七八成，秋季清水河等地粮食减少，该地七个土默特蒙古牛录粮食产量不一，其余各地粮食都收了七八分，所有粮食价钱均公平、平和。为此奏。①

我们再来看看归化城土默特地区的粮价数据，为了便于说明问题，笔者把归化城土默特地区的粮价数据分成两类，即归化城土默特地区的分月粮价统计数据和归化城土默特地区的分旬粮价统计数据。

归化城土默特地区分月粮价表②

时间	月份	小米	麦子	荞麦	高粱	豌豆	黑豆	莜麦	谷子	钱价
道光十三年	4	3.167	2.29	1.55	1.57	1.95	1.87	1.91	1.9	1245
	5	3.167	2.29	1.55	1.57	1.95	1.87	1.91	1.9	1245
	6	3.167	2.29	1.55	1.57	1.95	1.87	1.91	1.9	1260
道光十四年	4	3	2.29	1.5	1.57	1.95	1.8	1.91	1.8	1260
	5	3	2.29	1.5	1.57	1.95	1.8	1.91	1.8	1270
	6	3	2.29	1.5	1.57	1.95	1.8	1.91	1.8	1280
道光十五年	4	3	2.29	1.5	1.57	1.95	1.8	1.91	1.8	1245
	5	3	2.29	1.5	1.57	1.95	1.8	1.91	1.8	1240
	6	3	2.29	1.5	1.57	1.95	1.8	1.91	1.8	1250
道光十六年	4	3.1	2.35	1.55	1.62	2	1.85	1.97	1.86	1230
	5	3.15	2.27	1.58	1.65	2.2	1.87	2	1.89	1270
	6	3.6	2.6	1.85	1.88	2.25	2.12	2.3	2.16	1300
道光十七年	4	4.267	2.95	2.15	2.2	2.57	2.45	2.68	2.56	1410
	5	4.267	2.95	2.15	2.2	2.57	2.45	2.68	2.56	1480
	6	4.267	2.95	2.15	2.2	2.57	2.45	2.68	2.56	1450
道光十八年	4	4.434	2.95	2.22	2.28	2.57	2.45	2.68	2.66	?
	5	4.6	2.95	2.32	2.38	2.57	2.55	2.68	2.76	?
	6	4.6	2.95	2.32	2.38	2.57	2.55	2.68	2.76	?
道光十九年	4	3	2.5	1.6	1.6	2.5	1.9	1.85	1.9	?
	5	3	2.5	1.6	1.6	2.5	1.9	1.85	1.8	?
	6	3	2.5	1.6	1.6	2.5	1.9	1.85	1.8	?
道光二十年	4	3.332	2.21	1.9	1.9	2.35	2.2	2.21	2	?
	5	3.332	2.21	1.9	1.9	2.35	2.2	2.21	2	?
	6	3.32	2.21	1.9	1.9	2.35	2.2	2.21	2	?
道光二十一年	4	2.75	2.64	1.71	1.7	2.16	2.4	2	1.65	?
	5	2.75	2.64	1.71	1.7	2.16	2.4	2	1.65	?
	6	2.75	2.64	1.71	1.7	2.16	2.4	2	1.65	?
道光二十二年	4	3	0.92	1.8	1.87	2.4	2.19	2.17	1.8	?
咸丰九年	1	3.26	3.15	2	2.15	2.32	2.25	2.71	1.18	
	2	3.16	3.15	2	2.15	2.32	2.25	2.71	1.18	
同治十三年	12	2.66	2.66	1.95	1.86	1.912	1.83	2.17	1.596	1810
光绪二年	2	2.66	2.61	1.95	1.86	1.912	1.83	2.17	1.596	?
	3	2.66	2.61	1.95	1.86	1.912	1.83	2.17	1.596	?
	4	2.78	2.725	1.997	1.97	1.965	1.897	2.381	1.668	?
	5	2.78	2.725	1.997	1.97	1.965	1.897	2.381	1.668	?
	闰5	2.78	2.725	1.997	1.97	1.965	1.897	2.381	1.668	?
	6	2.78	2.725	1.997	1.97	1.965	1.897	2.381	1.668	?
	7	2.78	2.725	1.997	1.97	1.965	1.897	2.381	1.668	?

---

① 中国第一历史档案馆藏：《军机处满文月折包》，档案号：0616—011，缩微号：015—139。
② 资料来源：土默特左旗档案馆藏：归化城副都统衙门档案，归化城同知《咨送各色粟粮时估市价清册》，档案号：80—6—2480、80—6—2481、80—6—2524、80—6—2489、80—6—2516。粮价为每仓石银两数量，单位为两；钱价为每两银子兑换铜钱数量，单位为文。钱价短缺用"?"表示。

归化城土默特地区分旬粮价表[①]

时间	月份	旬	小米	麦子	荞麦	高粱	豌豆	黑豆	莜麦	谷子	钱价
同治四年	8	上	2.5	2.33	1.96	1.85	1.91	1.8	2.8	1.5	1380
		下	2.5	2.33	1.96	1.85	1.91	1.8	?	?	?
光绪元年	1	上	2.66	2.61	1.95	1.86	1.912	2.83	2.17	1.596	1890
		中	2.66	2.61	1.95	1.86	1.912	2.83	2.17	1.596	1890
		下	2.66	2.61	1.95	1.86	1.912	2.83	2.17	1.596	1820
	2	上	2.66	2.61	1.95	1.86	1.912	2.83	2.17	1.596	1830
		中	2.66	2.61	1.95	1.86	1.912	2.83	2.17	1.596	1850
		下	2.66	2.61	1.95	1.86	1.912	2.83	2.17	1.596	1840
	3	上	2.66	2.61	1.95	1.86	1.912	2.83	2.17	1.596	1850
		中	2.66	2.61	1.95	1.86	1.912	2.83	2.17	1.596	1850
		下	2.66	2.61	1.95	1.86	1.912	2.83	2.17	1.596	1830
	4	上	2.66	2.61	1.95	1.86	1.912	2.83	2.17	1.596	1820
		中	2.66	2.61	1.95	1.86	1.912	2.83	2.17	1.596	1800
		下	2.66	2.61	1.95	1.86	1.912	2.83	2.17	1.596	1820
	5	上	2.66	2.61	1.95	1.86	1.912	2.83	2.17	1.596	1820
		中	2.66	2.61	1.95	1.86	1.912	2.83	2.17	1.596	1830
		下	2.66	2.61	1.95	1.86	1.912	2.83	2.17	1.596	1840
	6	上	2.66	2.61	1.95	1.86	1.912	2.83	2.17	1.596	1900
		中	2.66	2.61	1.95	1.86	1.912	2.83	2.17	1.596	1880
		下	2.66	2.61	1.95	1.86	1.912	2.83	2.17	1.596	1850
	7	上	2.66	2.61	1.95	1.86	1.912	2.83	2.17	1.596	1830
		中	2.66	2.61	1.95	1.86	1.912	2.83	2.17	1.596	1830
		下	2.66	2.61	1.95	1.86	1.912	2.83	2.17	1.596	1810
	8	上	2.66	2.61	1.95	1.86	1.912	2.83	2.17	1.596	1820
		中	2.66	2.61	1.95	1.86	1.912	2.83	2.17	1.596	1820
		下	2.66	2.61	1.95	1.86	1.912	2.83	2.17	1.596	1810
	9	上	2.66	2.61	1.95	1.86	1.912	2.83	2.17	1.596	1810
		中	2.66	2.61	1.95	1.86	1.912	2.83	2.17	1.596	2020
		下	2.66	2.61	1.95	1.86	1.912	2.83	2.17	1.596	2020
	10	中	2.66	2.61	1.95	1.86	1.912	2.83	2.17	1.596	2050
		下	2.66	2.61	1.95	1.86	1.912	2.83	2.17	1.596	2060
	11	上	2.66	2.61	1.95	1.86	1.912	2.83	2.17	1.596	2080
		中	2.66	2.61	1.95	1.86	1.912	2.83	2.17	1.596	2050
		下	2.66	2.61	1.95	1.86	1.912	2.83	2.17	1.596	2050
	12	上	2.66	2.61	1.95	1.86	1.912	2.83	2.17	1.596	2040
		中	2.66	2.61	1.95	1.86	1.912	2.83	2.17	1.596	2100
		下	2.66	2.61	1.95	1.86	1.912	2.83	2.17	1.596	2070

---

① 资料来源：土默特左旗档案馆藏：归化城副都统衙门档案，档案号：80—6—2496、80—6—2523、80—6—2525。粮价为每仓石银两数量，单位为两；钱价为每两银子兑换铜钱数量，单位为文。

续表

时间	月份	旬	小米	麦子	荞麦	高粱	豌豆	黑豆	莜麦	谷子	钱价
光绪四年	1	上	4.231	3.474	2.838	2.5976	2.599	2.496	2.596	2.5386	1410
		中	4.6971	3.6274	2.958	2.6976	1.599	2.5946	2.746	2.6366	1420
		下	4.4856	3.6574	2.988	2.7476	2.719	2.6246	3.796	2.6914	1430
	2	上	4.4856	3.6574	2.988	2.7476	2.719	2.6246	3.796	2.6914	1430
		中	4.4856	3.6574	2.988	2.7476	2.719	2.6246	3.796	2.6914	1460
		下	4.4856	3.6574	2.988	2.7476	2.719	2.6246	3.796	2.6914	1490
	3	上	4.4856	3.6574	2.988	2.7476	2.719	2.6246	3.796	2.6914	1490
		中	4.4856	3.6574	2.988	2.7476	2.719	2.6246	3.796	2.6914	1490
		下	4.4856	3.6574	2.988	2.7476	2.719	2.6246	3.796	2.6914	1520
	4	上	4.4856	3.6574	2.988	2.7476	2.719	2.6246	3.796	2.6914	1535
		中	4.4856	3.6574	2.988	2.7476	2.719	2.6246	3.796	2.6914	1510
		下	4.57	3.6574	3.88	2.7476	2.719	2.6246	3.796	2.742	1465
	5	上	4.57	3.6574	3.88	2.7476	2.719	2.6246	3.796	2.742	1475
		中	4.57	3.6574	3.88	2.7476	2.719	2.6246	3.796	2.742	1430
		下	4.57	3.6574	3.88	2.7476	2.719	2.6246	3.796	2.742	1415
	6	上	4.57	3.6574	3.88	2.7476	2.719	2.6246	3.796	2.742	1425
		中	4.57	3.6574	3.88	2.7476	2.719	2.6246	3.796	2.742	1430
		下	4.57	3.6574	3.88	2.7476	2.719	2.6246	3.796	2.742	1450
	7	上	4.4856	3.6574	2.988	2.7476	2.719	2.6246	3.796	2.6914	1440
		中	4.4856	3.6574	2.988	2.7476	2.719	2.6246	3.796	2.6914	1440
		下	4.4856	3.6574	2.988	2.7476	2.719	2.6246	3.796	2.6914	1430
	8	上	4.4856	3.6574	2.988	2.7476	2.719	2.6246	3.796	2.6914	1440
		中	4.4856	3.6574	2.988	2.7476	2.719	2.6246	3.796	2.6914	1440
		下	4.4856	3.6574	2.988	2.7476	2.719	2.6246	3.796	2.6914	1410
	9	上	4.2357	3.6574	2.958	2.5836	2.666	2.5846	3.796	2.6914	1440
		中	4.2357	3.6574	2.958	2.5836	2.666	2.5846	3.796	2.6914	1410
		下	4.2357	3.6574	2.958	2.5836	2.666	2.5846	3.796	2.5914	1480
	10	上	4.2357	3.6574	2.958	2.5836	2.666	2.5846	3.796	2.5914	1430
		中	4.2357	3.6574	2.958	2.5836	2.666	2.5846	3.796	2.5914	1300
		下	4.2357	3.6574	2.958	2.5836	2.666	2.5846	3.796	2.5914	1300
	11	上	4.3523	3.6574	2.9258	2.5986	2.697	2.5946	3.816	2.6114	1300
		中	4.3523	3.6574	2.9258	2.5986	2.697	2.5946	3.816	2.6114	1230
		下	4.3523	3.6574	2.9258	2.5986	2.697	2.5946	3.816	2.6114	1195
	12	上	4.3523	3.6574	2.9258	2.5986	2.679	2.5946	3.816	2.6114	1210
		中	4.3523	3.6784	2.9258	2.5986	2.679	2.5946	3.816	2.6114	1210

　　据上述两份粮价表大致可知，道光、咸丰、同治、光绪四朝，在同一年分里粮价细册中所标识的粮价似乎没有变化。但是在同一个年份里，道光、咸丰、同治、光绪四朝的银钱比价却发生很大变化。另一个比较显著的特点，粮价统计甚至精确到厘毫。如此精确的统计，在大宗收购或者出卖粮食的情况下还是可以行得通的。但是对普通老百姓来讲，购买粮食的粮价精确到毫的统计，本身可能是存在一定问题的，即这个粮价是较

为可疑的。王业键等《清代粮价之可靠性检定》中亦对粮价记录中连续几个月价格不变的问题，提出质疑，并对清代不同地区粮价资料的可靠度进行检测。① 其实在乾隆初年，就有人提出粮价造假的问题，乾隆七年（1742）四月十八日，工科给事中杨二酉《奏请嗣后直省平粜谷价不得依时价而平减等事》载：

> 向来州县中，除地方实在灾荒，不敢讳匿外，每收成五六分，则报七八分；收成七八分，则报九十分。而谷价低昂之数，每石值八九钱，则仅报六七钱。以示该属年谷顺成，无烦上司焦虑，此锢习也。②

《清史稿》卷374《姚文田》载：

> （嘉庆十八年）大吏奏报粮价，有市价至四五千钱，仅报二两内外，其于收成，又虚加分数，相习成风。③

在上表中光绪四年（1878）的粮价为四两三钱多，而光绪六年（1880）十一月，归化城同知《呈请采买土默特仓谷价及前挪垫各银两一并饬发》中有这样的记载：

> 【前略】
>
> 十一月上旬市集粮价时估每仓石谷价银一两八钱三分六厘六毫，尚属平。减所有采买一切情形以及运脚折耗杂费等项。前奉户部核准行知每谷一仓石须加运脚折耗杂费等项银四钱七分五厘，核计连市价，每谷一仓石需银二两三钱一分一厘六毫。卑署厅细加察访，悉心确核，委系实在情形，并无浮冒情弊，应请采买谷二千仓石，共需银四千六百二十三两二钱，内有每石杂费银四钱七分五厘，共杂费银九百五十两。
>
> 【后略】④

光绪六年（1880）十一月的谷价银"银一两八钱三分六厘六毫"，加上"运脚折耗杂费等项银四钱七分五厘，核计连市价，每谷一仓石需银二两三钱一分一厘六毫"，远不及光绪四年（1878）的四两三钱多。而这个数字是归化城同知悉心查访后所得，应是比较真实的。如果这个数据是比较真实的，那么光绪四年（1878）的四两三钱多的粮价数据则可能存在一定的水分。故笔者认为粮价可能存在造假现象，或者说奏报粮价造假可能是一种潜规则。但光绪六年（1880）粮价远低于光绪四年（1878）粮价，如果粮价

---

① 王业键：《清代粮价之可靠性检定》，清代经济史论文集（2），台北：稻乡出版社，2003（2），第289—315页。
② 中国第一历史档案馆：乾隆七年四月十八日工科给事中杨二酉《奏请嗣后直省平粜谷价不得依时价而平减等事》，朱批奏折（财政类），档案号：04—01—35—1118—032。
③ 赵尔巽：《清史稿》卷374《姚文田》，北京：中华书局，1976年，第11548页。
④ 土默特左旗档案馆藏：归化城副都统衙门档案，归化城同知《呈请采买土默特仓谷价及前挪垫各银两一并饬发》，档案号：80—6—993。

造假，应当往把粮价尽量的往少了报，以便营造虚假盛世的景象，但无法解释光绪四年（1878）粮价高于光绪六年（1880）的粮价。为什么会出现这种现象呢？这应是因为光绪三年（1877）至光绪四年（1878），归化城土默特地区发生严重旱灾：

> （光绪）四年，各厅复大饥，以连年荒旱，罗掘已空，有人相食者。各地鬻卖妇孺者成市。时斗米值钱由五百涨至二千。路有粮车，辄为饥民掠夺而去，官不能禁。惟后套一带居民较少，人有积粮，无乏食逃亡者。当大灾期间，各地街头攫食，傍晚截道者，日有所闻。归化城有尹龙者，无赖子也，入夜乘行部内，自后扬索勒人头，负至避处，剥取财物，被害而死者甚多，全城悚惧。夜后行人谓之套白狼，积年有余，始捕获诛之。①

由于连年灾荒，造成本地区粮食产量大幅减少，产生供需矛盾，而导致粮价偏高。抢劫、勒索事件时有发生。

清政府为维护社会稳定，对银钱比价进行一定调控。如前文，归化城土默特地方官员曾颁布《钱法章程》。《钱法章程》虽然在一定程度上对银钱比价进行规定，但却只能缓解一时，并不能从根本上解决钱价上涨这一问题，但此时的银钱比价仍然有一定的可信性的。上表中有道光十五、十六年四、五、六三个月的粮价，在归化城副都统衙门档案中，有关于道光十五、十六年钱价的咨文。如道光十五年（1835）十一月三日，归化城同知《咨复银钱比价》中载："本年十月上旬钱价每市平纹银一两换钱一千二百五十五文，中旬钱价每市平纹银一两换钱一千二百七十文，下旬钱价每平纹银一两换钱一千二百五十文。"②道光十六年（1836）十月二十九日，归化城同知《咨复银钱比价》中载："本年十月分上中下三旬，每两纹银易钱时估价值迅速查明见覆等因，准此查本年十月上旬钱价每市平纹银一两换钱一千三百二十文，中旬钱价每市平纹银一两换钱一千三百三十文下旬钱价每平纹银一两换钱一千四百文。"③这两个年份10月的钱价同表中该年四、五、六三个月的粮价相差不大，故"钱价"基本上是可信的。

虽然谷价看似没有发生变化，但是银钱比价却发生了很大变化。那么百姓在实际支付的银钱则是随着银钱比价的变化而变化。因此把表中的谷价用钱价换算，则可以看出归化城土默特地区的粮价发生很大的变化。

---

① 绥远通志馆：《绥远通志稿》卷29《灾异》（第37册），内蒙古自治区图书馆藏（稿本），第10—11页。
② 土默特左旗档案馆藏：归化城副都统衙门档案，归化城同知《咨复银钱比价》，档案卷号：80—6—2478。
③ 土默特左旗档案馆藏：归化城副都统衙门档案，归化城同知《咨复银钱比价》，档案卷号：80—6—2479。

道光至光绪年间归化城土默特地区粮价表（单位：文/仓石）[①]

时间	月份	小米	麦子	荞麦	高粱	豌豆	黑豆	莜麦	谷子
1833	4	3942.915	2851.05	1929.75	1954.65	2427.75	2328.15	2395.14	2365.5
	5	3942.915	2851.05	1929.75	1954.65	2427.75	2328.15	2395.14	2365.5
	6	3990.42	2885.4	1953	1978.2	2457	2356.2	2406.6	2394
1834	4	3780	2885.4	1890	1978.2	2457	2268	2406.6	2268
	5	3810	2908.3	1905	1993.9	2476.5	2286	2425.7	2286
	6	3840	2931.2	1920	2009.6	2496	2304	2444.8	2304
1835	4	3735	2851.05	1867.5	1954.65	2427.75	2241	2377.95	2241
	5	3720	2839.6	1860	1946.8	2418	2232	2368.4	2232
	6	3750	2862.5	1875	1962.5	2437.5	2250	2387.5	2250
1836	4	3813	2890.5	1906.5	1992.6	2460	2275.5	2423.1	2287.8
	5	4000.5	2882.9	2006.6	2095.5	2794	2374.9	2540	2400.3
	6	4290	3380	2405	2444	2925	2756	2990	2808
1837	4	6016.47	4159.5	3031.5	3102	3623.7	3454.5	3778.8	3609.6
	5	6315.16	4366	3182	3256	3803.6	3626	3966.4	3788.8
	6	6187.15	4277.5	3117.5	3190	3726.5	3552.5	3886	3712
1865	8	3450	3215.4	2704.8	2553	2635.8	2484	3864	2070
		3450	3215.4	2704.8	2553	2635.8	2484	?	?
1874	12	4814.6	4814.6	3529.5	3366.6	3460.72	3312.3	3927.7	2888.76
1875	1	5027.4	4932.9	3685.5	3515.4	3613.68	5348.7	4101.3	3016.44
		5027.4	4932.9	3685.5	3515.4	3613.68	5348.7	4101.3	3016.44
		4841.2	4750.2	3549	3385.2	3479.84	5150.6	3949.4	3904.72
	2	4867.8	4776.3	3568.5	3403.8	3498.96	5178.9	3971.1	2920.68
		4921	4828.5	3607.5	3441	3537.2	5235.5	4014.5	2952.6
		4894.4	4802.4	3588	3422.4	3518.08	5207.2	3992.8	2936.64
	3	4921	4828.5	3607.5	3441	3537.2	5235.5	4014.5	2952.6
		4921	4828.5	3607.5	3441	3537.2	5235.5	4014.5	2952.6
		4867.8	4776.3	3568.5	3403.8	3498.96	5178.9	3971.1	2920.68
	4	4841.2	4750.2	3549	3385.2	3479.84	5150.6	3949.4	3904.72
		4788	4698	3510	3348	3441.6	5094	3906	2872.8
		4841.2	4750.2	3549	3385.2	3479.84	5150.6	3949.4	3904.72
	5	4841.2	4750.2	3549	3385.2	3479.84	5150.6	3949.4	3904.72
		4867.8	4776.3	3568.5	3403.8	3498.96	5178.9	3971.1	2920.68
		4894.4	4802.4	3588	3422.4	3518.08	5207.2	3992.8	2936.64
	6	5054	4959	3705	3534	3632.8	5377	4123	3032.4
		5000.8	4906.8	3666	3496.8	3594.56	5320.4	4079.6	3000.48
		4921	4828.5	3607.5	3441	3537.2	5235.5	4014.5	2952.6
	7	4867.8	4776.3	3568.5	3403.8	3498.96	5178.9	3971.1	2920.68
		4867.8	4776.3	3568.5	3403.8	3498.96	5178.9	3971.1	2920.68
		4814.6	4724.1	3529.5	3366.6	3460.72	5122.3	3927.7	2888.76
	8	4841.2	4750.2	3549	3385.2	3479.84	5150.6	3949.4	3904.72
		4841.2	4750.2	3549	3385.2	3479.84	5150.6	3949.4	3904.72
		4814.6	4724.1	3529.5	3366.6	3460.72	5122.3	3927.7	2888.76
	9	4814.6	4724.1	3529.5	3366.6	3460.72	5122.3	3927.7	2888.76
		5373.2	5272.2	3939	3575.2	3862.24	5716.6	4383.4	3223.92
		5373.2	5272.2	3939	3575.2	3862.24	5716.6	4383.4	3223.92
	10	5453	5350.5	3997.5	3813	3919.6	5801.5	4448.5	3271.8
		5479.6	5376.6	4017	3831.6	3938.72	5829.8	4470.2	3287.76
		5532.8	5428.8	4056	3868.8	3976.96	5886.4	4513.6	3319.68
	11	5453	5350.5	3997.5	3813	3919.6	5801.5	4448.5	3271.8
		5453	5350.5	3997.5	3813	3919.6	5801.5	4448.5	3271.8
		5426.4	5324.4	3978	3794.4	3900.48	5773.2	4426.8	3255.84
	12	5586	5481	4095	3906	4015.2	5943	4557	3351.6
		5506.2	5402.7	4036.5	3850.2	3957.84	5858.1	4491.9	3303.72

---

① 该表仅换算了有钱价的粮价清册。

续表

1878	1	5965.71	4898.34	4001.58	3662.62	3664.59	3519.36	3660.36	3579.43
		6669.88	5150.91	4200.36	3830.59	2270.58	3684.33	3899.32	3743.97
		6414.41	5230.01	4272.84	3929.01	3888.17	3753.18	5428.28	3848.70
	2	6414.41	5230.01	4272.84	3929.01	3888.17	3753.18	5428.28	3848.70
		6509.56	5339.80	4362.48	4011.50	3969.74	3831.92	5542.16	3929.44
		6683.54	5449.53	4452.12	4093.92	4051.31	3910.65	5656.04	4010.19
	3	6683.54	5449.53	4452.12	4093.92	4051.31	3910.65	5656.04	4010.19
		6683.54	5449.53	4452.12	4093.92	4051.31	3910.65	5656.04	4010.19
		6818.11	5550.25	4541.76	4716.35	4312.88	3989.39	5769.92	4090.93
	4	6685.40	5614.11	4856.58	4217.57	4173.67	4208.76	5826.86	4131.30
		6732.49	5522.67	4511.88	4148.88	4105.69	3963.15	5731.96	4064.01
		6695.05	5358.01	5684.2	4025.23	3983.34	3845.04	5561.14	4017.03
	5	6740.75	5394.67	5723	4052.71	4010.53	3871.29	5599.1	4044.45
		6535.1	5230.08	5548.4	3929.07	3888.17	3753.18	5428.28	3921.06
		6466.55	5175.22	5490.2	3887.85	3847.38	3713.81	5371.34	3879.93
	6	6512.25	5211.80	5529	3915.33	3874.58	3740.06	5409.3	3907.35
		6535.1	5230.08	5548.4	3929.07	3888.17	3753.18	5428.28	3921.06
		6626.5	5303.23	5626	3984.02	3942.55	3805.67	5504.2	3975.9
	7	6459.26	5266.66	4302.72	3956.54	3915.36	3799.42	5466.24	3875.62
		6459.26	5266.66	4302.72	3956.54	3915.36	3799.42	5466.24	3875.62
		6944.08	5230.08	4272.84	3929.07	3888.17	3753.18	5428.28	3848.70
	8	6459.26	5266.66	4302.72	3956.54	3915.36	3799.42	5466.24	3875.62
		6459.26	5266.66	4302.72	3956.54	3915.36	3799.42	5466.24	3875.62
		6459.26	5266.66	4302.72	3956.54	3915.36	3799.42	5466.24	3875.62
	9	6099.41	5266.66	4259.52	3720.38	3839.04	3721.82	5466.24	3875.62
		5972.34	5156.93	4170.78	3642.88	3750.6	3644.29	5352.36	3794.87
		6286.84	5412.95	4377.84	3823.73	3945.68	3825.21	5618.08	3835.27
	10	6057.05	5230.08	4299.94	3694.55	3803.8	3695.98	5428.28	3795.70
		5506.41	4754.62	3845.4	3358.68	3465.8	3359.98	4934.8	3368.82
		5506.41	4754.62	3845.4	3358.68	3465.8	3359.98	4934.8	3368.82
	11	5506.41	4754.62	3845.4	3358.68	3465.8	3359.98	4934.8	3394.82
		5353.33	4498.60	3598.73	3196.28	3317.31	3191.36	4693.68	3273.52
		5168.73	4370.59	3496.33	3105.33	3222.92	3100.55	4560.12	3120.62
	12	5266.28	4425.45	3540.22	3144.31	3241.59	3139.47	4617.36	3159.79
		5266.28	4425.45	3540.22	3144.31	3241.59	3139.47	4617.36	3159.79

归化城土默特地区的所统计的八种粮食价格波动趋势基本是一致的，要么同长要么同跌。因此笔者仅以该地区主要粮食小米为例，制作出道光至光绪年间价格波动图：

清道光至光绪年间归化城土默特地区小米价格波动图

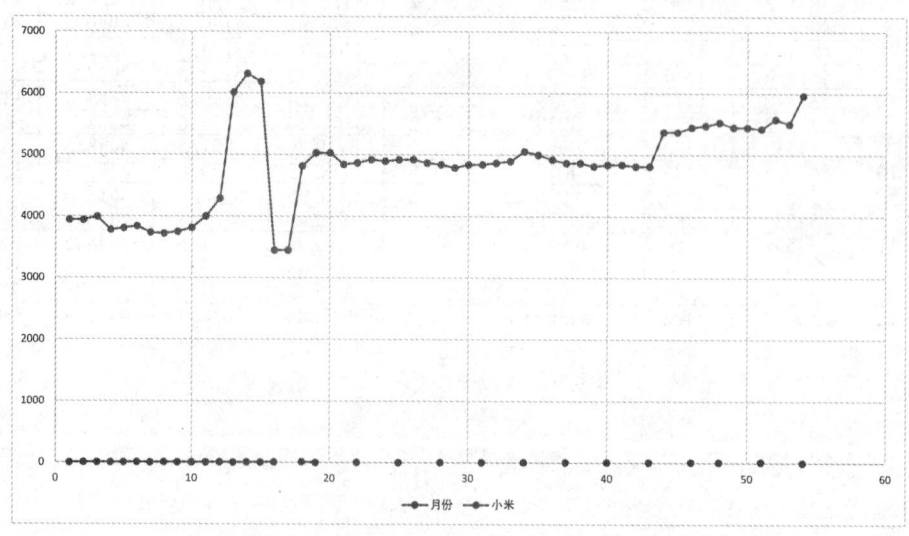

在道光十七、十八年间，归化城土默特地区的粮食价格急遽上涨，此后略有回落，咸丰、同治时期直到光绪元年（1875），粮价虽然小幅度上扬，但价格基本趋于平稳。光绪四年（1878）八月份之前，粮价一直在高位运行，但是从九月份开始，粮价开始回落。而另一个值得注意的现象是，在道光十三至十七年（1833—1837），谷价随着银价的增长而增长。但是到了光绪元年（1875）和光绪四年（1878）时，呈现出银钱比价越高谷价越低，银钱比价越低谷价越高的趋势。但总的来看光绪年间的谷价要高于道光咸丰年间的谷价。光绪初年的银钱和谷价呈现出的这种现象，可能同归化城土默特地区流通货币有很大关系。①

影响粮价涨落的因素很多，如季节、灾荒、战乱、生产技术、农作物品种、人口、市场和银价等方面。具体到归化城土默特地区，虽然也受到上述因素的影响，但总的来讲，该地区在清代没有经历大的社会动荡，社会比较安定。随着移民带来了中原地区的农耕技术，该地区的农耕业有了很大发展。虽然也有灾荒导致粮价上涨的年份，但并不多见。归化城土默特地区的粮食生产在满足本身需求的前提下，可能有一部分被运到外地。据《清世宗实录》卷34，雍正三年（1725）七月癸亥条载：

> 归化城土默特地方，年来五谷丰登，米价甚贱。查黄河自陕西黄甫川界入口，河之两岸，一属山西，一属陕西。应自归化城购买米石，从黄甫川界黄河，运至内地，到土拉库处，修建仓廒收贮。其归化城、大青山、黄河岸口亦建一仓，买米存贮，以便由黄甫川界运至土拉库处，再修造船只运至陕西潼关地方。其修仓、修船、往来挽运，所费钱粮，谅亦无多。刑部员外郎觉罗明寿，系朕深知之人，再著理藩院，遴选谨慎笃实贤能司官一员，同伊驰驿速往，会同山西巡抚伊都立，归化城都统丹晋等，将查仓、修船、挽运水手，及需用等项，详议具奏。若此事易办，则外而蒙古，内而百姓，大有裨益。②

可见在雍正时期，归化城土默特地区的土地就已经被大量开垦，以至于政府就有把归化城土默特地区所产粮食通过黄河外运的想法。再如乾隆八年（1743）八月十八日，山西巡抚刘于义上奏：

> （山西）道路崎岖，不通商贩，虽丰稔之年，米价视别省加贵，一遇歉收，仓石小米即每石至五两六两不等……即闻归化城、托克托城一带连岁丰收，米价甚贱，荞麦价值不足抵偿收获工价，竟有弃荞麦于田不收者……若能将口外之米运入内地，庶几米价可平。但查归化城、托克托城等处，离太原千有余里……若以陆路转运，车骡

---

① 有关归化城土默特地区的货币问题，请参见上文。
② 官修：《清世宗实录》卷34，雍正三年七月癸亥条，北京：中华书局，1985年，第523页。

雇价为费甚多，运到内地已与市价相去无几，商贩惟有乘大青山木筏之便带运米石。……若能将口外之米以牛皮混沌运入内地，则米价自平，可谓山西永远之利，而陕、豫需米，亦可分济邻封矣。①

正是由于归化城土默特地区土地被涌入的民人大量开垦，导致粮食储量增加，这就出现供大于求的，粮价甚贱的境况，而由于荞麦产量较低，收获荞麦的价值不足以抵偿工价，以至于弃收荞麦。这其实也间接说明早在雍正时期，归化城土默特地区的土地就被民人大量开垦，且取得了非常显著的效果。如乾隆三年（1738）二月三日，户部《饬报归化城仓、脱脱城仓米谷动用情况》载：

> 户部为报明事，山西司案呈乾隆二年十
> 二月二十一日准归化城都统根敦等咨，称查乾隆元年十二月内，归化城仓发出用过借给过米谷，咨报大部销算。归化城仓实有粟米一万七千一百五十八仓石七斗一合六勺三抄二撮，粟谷四千二百八十四仓石八合七勺二抄八撮，此内本年借给过土默特各佐领粟米四千四百三十仓石。前因蒙古等所种禾苗被旱无收，本处咨报理藩院奏准，暂停交纳。俟次年秋收时照数入仓补额。又除用过各官俸米并口粮米共五百八十三石八斗一升七合三勺，粟谷二百八十二仓石一斗二升五合外，实存剩归化城仓粟米一万二千一百四十四仓石八斗九升四合三勺三抄二撮，粟谷四千一仓石八斗八升三合七勺二抄八撮。开上年十二月内由脱脱城仓发出用过借给过米谷咨报大部销算，实有粟米二万三千九百二仓石八斗五升，粟谷四万四千二百七十七仓石五斗，此内除本年赏给过土默特二旗官兵并七个固楞喇嘛等粟米一万五千二百仓石，赏给过鄂尔多斯贝子那木查尔色楞罗卜藏二旗贫乏人等粟米五千四十仓石五斗外，实存剩脱脱城仓贮粟米三千六百五十八仓石三斗五升，粟谷四万四千二百七十七仓石五斗。应将本年归化城、脱脱城二处仓用过借给过米谷数目，存剩米谷数目，分晰造具清册，咨送理藩院外相应移咨等因前来。查前项归化城仓用过各官并跟后人等米石粟谷系应给之项，应毋庸议其借过米石，行文该都统，俟秋后照数征收还项，并将各仓实存米谷加谨收贮，俟有动用之处，报部查核。其脱脱城仓赏过米石，移咨理藩院查核，知会本部可也。须至咨者。
>
> 右咨
>
> 归化城都统乾隆三年二月初二日
> 七品京官杨□（画押）

---

① 叶志如选编：《乾隆朝米粮买卖史料（上）》，载《山西巡抚刘于义为筹划将口外之米以牛皮混沌运入内地事奏折》，历史档案，1990年，第3期，第23—30页。

员外郎洪□（画押）①

该件档案所载乾隆二年（1737），归化城仓"实有粟米一万七千一百五十八仓石七斗一合六勺三抄二撮，粟谷四千二百八十四仓石八合七勺二抄八撮"，脱脱城仓"实有粟米二万三千九百二仓石八斗五升，粟谷四万四千二百七十七仓石五斗"。可见其粮食储量是非常大的。吴慧认为我国古代粮食加工效率很低，"粟的加工率为60%"②，以此为标准，粟谷"四千二百八十四仓石八合七勺二抄八撮"折合成粟米则约为2570.5仓石，粟谷"四万四千二百七十七仓石五斗"，折合成粟米则约为26566.5仓石；那么归化城土默特地区归化城仓和脱脱城仓共有粟米则约为701985.6仓石。"明清时期，南北民间量器十分混乱，但官方统一核定的南方稻谷和北方杂粮一石约为120斤。又雍正四年（1726），户部议定南方的白粮北运过坝由有关关卡抽验，规定白米一石为160斤……可以推算北方的小米、粟米、黄豆一官石亦为160斤。"③由归化城仓所存粮用仓石计算可以知道此应为官石，即每石重160斤，那么归化城土默特两仓约有粟米112317696斤。据上文粮食亩产量以124.8斤/亩计算，归化城土默特两仓粟米112317696斤，约需899982亩土地。以每人每月消费34.4斤粮食计算，则每年每人消费412.8市斤粮食。那么归化城土默特两仓78622387.2斤口粮，约可供190461人一年的消费。而这仅仅是归化城仓、脱脱城仓储存的粮食所需要土地的数量，如果考虑到归化城五厅以及民间开垦土地和储存粮食的数量，那数字就更为庞大，所能养活的人口就更多了。这也就足以说明为何雍正、乾隆时期，归化城土默特地区的粮价甚贱了。正是因为归化城土默特地区产粮甚多，所以政府才有把归化城土默特地区的粮食通过黄河运到晋陕等地的构想。

清代，归化城土默特地区土地被大量开垦，成为主要粮食产区。但粮价却不断上涨。如据嘉庆十八年（1813）十一月，户司《咨复土默特仓采购粟米入库等事》载"查每仓石市价银二两三钱"④，到光绪时期则每石达到4.3两多。虽然有银钱比价在不断上涨而导致粮价上涨的因素，但依然能说明归化城土默特地区粮价在不断上涨的。据上表，道光至光绪初年，归化城土默特地区的粮价有一个高低起伏的过程。这同当时清政府所处

---

① 土默特左旗档案馆藏：归化城副都统衙门档案，户部《饬报归化城仓、脱脱城仓米谷动用情况》（满汉文），档案号：80—6—2387。
② 吴慧：《清前期粮食的亩产量、人均占有量和劳动生产率》，中国经济史研究，1993年，第1期，第43—48页。
③ 黄冕堂：《清代农田的单位面积产量考辩》，文史哲，1990年，第3期，第27—38页。
④ 土默特左旗档案馆藏：归化城副都统衙门档案，户司《咨复土默特仓采购粟米入库等事》，档案号：80—6—2474。

的社会大环境有很大关系，特别是鸦片战争以后，外国商品大量涌入中国内地，给中国自给自足的自然经济是一个严重冲击。巨额的战争赔款，又导致白银大量外流，这都是导致道光至光绪年间银钱比价失衡的原因。归化城土默特地区流行劣质铜钱（见上文），也是导致银钱比价失衡的原因之一。在以农业为主的我国古代社会，是一个相对封闭的社会，农业生产技术基本上没有发生大的变革，在没有发生十分严重灾害的条件下，每年的农业收获量相差不大。在收获量一定的情况下，归化城土默特地区人口的增加，导致供需失衡，也是粮价上涨的因素之一。被开垦的土地因种种原因而被撂荒，导致粮食收获量的下降，供需失衡，也是粮价上涨的因素之一。当然清政府为了维护其统治地位，维持社会安定，也采取一定的措施，维护粮价的稳定。如清廷采取常平仓制度、制定钱法章程以及保持粮食流通的畅通等措施，在一定程度上缓解了银钱比价和粮价上涨的问题，但没有从根本上解决该问题。上文咸丰年间，归化城土默特地区的钱法章程其实就能说明这个问题。

综上，放垦前归化城土默特地区的粮价说明该区域的农作物品种是多样的，同时亦说明本区域的土地垦殖达到了一定的规模。归化城土默特地区的粮食被运到山西，并能接济陕、豫，一方面说明该地区的土地开垦数量之大，同时也说明粮食流通较为顺畅。而粮食流通的顺畅，不仅可以使归化城土默特地区的粮价不致过低伤农，又可以平抑晋、陕、豫过高的粮价。

四、清末归化城土默特地区的土地放垦①

清末归化城土默特地区的土地放垦，应当归之于清末绥远土地放垦之中。有关清绥远地区土地放垦，邢亦尘《关于蒙垦分期问题的思考》②；安斋库治《清末绥远的开垦》③；李玉伟《略论清末绥远地区的蒙垦》④、李玉伟《试论清末绥远地区的蒙垦》⑤ 等均涉及清末绥远地区土地放垦的背景、措施、章程、反清查斗争等。晓克在《土默特史》第 7 章《清末的土地清查》⑥ 中，从清查地亩的背景、土默特两翼土地状况、整理地亩地谱的提出、清查地亩总局、二十二条试办章程、土地清查过程、反清查地亩斗争、

---

① 本部分论述，是在参考土默特左旗《土默特志》编纂委员会：《土默特志》（上）；晓克《土默特史》；《归化城副都统衙门档案》；《申报》等文献、研究成果的基础上进行论述的。
② 邢亦尘：《关于蒙垦分期问题的思考》，内蒙古社会科学，1989 年，第 3 期，第 57—62 页。
③ 安斋库治：《清末における绥远の开垦》，满铁调查月报，第 19 卷 12 号，南满洲铁道株式会社，1939 年。
④ 李玉伟：《略论清末绥远地区的蒙垦》，内蒙古社会科学，2001 年，第 3 期，第 47—50 页。
⑤ 李玉伟：《试论清末绥远地区的蒙垦》，河套大学学报，2010 年，第 3 期，第 9—13 页。
⑥ 晓克：《土默特史》，呼和浩特：内蒙古教育出版社，2008 年，第 362—379 页。

清查地亩余绪等几个方面，对归化城土默特地区的土地清查进行论述。笔者拟在此基础上，从以下几个方面，对清末归化城土默特地区的土地放垦进行论述。

清末归化城土默特地区的土地放垦，准确的讲应是土地的清丈，因为早在蒙地放垦之前，归化城土默特地区的地亩就已经被开垦殆尽。

（一）有关归化城土默特寄民编籍的问题

有关清政府放垦蒙地的原因，专家们进行了论述。如有关清末放垦蒙地的原因，邢亦尘认为："清朝统治者为了缓和国内各种社会矛盾，转移内地人民的斗争视线，对山东、直隶、山西等省人民大批逃亡蒙古和东北各地，放任自流，不加约束。对蒙古地区的蒙汉各族人民，则采取允许蒙旗开放荒地，招纳移民的办法，平息广大农牧民的不满和反抗。"① 陈建华等认为："为缓解镇压太平天国运动和鸦片战争赔款带来的财政危机，对蒙地实行新政，即实行移民实边政策，对蒙荒（即草原）实行全面放垦。"② 色音认为："在强敌侵凌，边疆危机和财政危机的双重危机的双重困扰下，在朝野舆论普遍呈请下，清王朝的当权者终于认识到开垦蒙荒'裕国课而重边防'，于旗民生计，均有裨益，才彻底放弃了禁垦荒地的祖宗家法。"③ 段友文认为："一是出现了边疆危机……二是出现了财政危机。"④ 这些论述均围绕清末中国所面临的各种政治、经济问题展开，是比较中肯的。而清政府在放垦蒙地之初，仅是对乌兰察布盟和伊克昭盟的土地进行丈放，并没有打算对归化城土默特地区的土地进行放垦或清丈，因为本区域已经无地可放。

归化城土默特地区有大量的民人从事农耕，却仅是以客民的身份居住，这种情况，对清政府的统治是非常不利的。因此，1883 年，山西巡抚张之洞上奏，要求口外七厅改制、寄民编籍。"1883 年 9 月（光绪九年），山西巡抚张之洞上疏奏请口外 7 厅改制，寄民编籍。所谓 7 厅改制，是把理事厅改为抚民厅，也即改派出机构为隶属于山西的地方行政单位。寄民编籍，就是将寄居于土默特地区的客民户口编在当地，由客籍变为土著。"⑤ 但是时任绥远城将军丰绅和归化城副都统奎英在《驳张之洞口外七厅改制寄民编籍疏的奏折》中认为客民编籍有碍蒙古生计：

---

① 邢亦尘：《关于蒙垦分期问题的思考》，内蒙古社会科学，1989 年，第 3 期，第 57—62 页。
② 陈建华、魏百刚、苏大学：《农牧交错带可持续发展战略与对策》，北京：化学工业出版社，2004 年，第 18 页。
③ 色音：《蒙古游牧社会的变迁》，社会学人类学论丛（第 11 卷），呼和浩特：内蒙古人民出版社，1998 年，第 11 页。
④ 段友文：《走西口移民运动中的蒙汉民族民俗融合研究》，北京：商务印书馆，2013 年，第 80 页。
⑤ 土默特左旗《土默特志》编纂委员会：《土默特志》（上），呼和浩特：内蒙古人民出版社，1997 年，第 429 页。

奴才丰绅、奴才奎瑛跪奏。编籍势必占碍该旗游牧，恳请各厅体制复旧，为土默特界内晋抚条陈，归化五厅寄居客民勿编民籍，仍遵成案，稽查贼匪以靖地方，而愿蒙古生计，据情恭折具奏，仰祈圣鉴事。窃奴才等据所属土默特两翼十二参领联衔报称，情因职等转奉檄饬，因晋抚条陈，口外七厅，关系重要，今昔治理不同，请将理事厅员仿照直隶成案改设抚民，要缺满汉兼用，编民立学以修边政等因。奏准。转行前来。遵查土默特两翼蒙古官兵，先于崇德年间，带地投诚以来，原定四至界内，纵横千数余里，其间青山前有五厅，耕种官地民户万数余家，此外均是蒙古户口田地、游牧草厂，其各厅集镇商贾村庄农民，多系只身贸易佣工，每年春出冬归，并非土著。查原奏一户籍宜编立也。查七厅半系客民寄居，五方杂处，良莠不齐，村舍零星，人情涣散，现欲整齐治理，非查造户籍无从措手，应令各厅员分为三等办法，将种地纳粮者编为粮户，无论久暂，均编入籍。置有房产，种有田地者，编为业户，虽不纳粮，亦应编籍。携有眷口并无房产，不常厥居者，编为寄户。其有只身佣趁无户可编者，无人保留，即行驱逐夺籍。蒙古仍隶该旗，不入民籍等语。卷查雍正十二年十二月间准理藩院来咨，经归化城都统丹津清文奏，因归化城地面甚属辽阔，蒙古民人在于乡村居住甚多，若不设立保甲，难以稽查匪类，其有只身棍徒，不准潜匿其间。盗贼逃人案件，层见叠出。今将民人专归同知管辖，应请饬下山西巡抚，臣再行严饬同知等官，仿照内地保甲之例，在于归化城内外地面设立街长、十家牌，乡村设立甲头，十家长。十甲牌每年春秋二季，稽查民人，如果知其来历，系有根成者，准其互相结保，不准容留面生，可疑之人即行具报。又所辖土默特两旗蒙古召庙喇嘛黑徒人等亦应设立村甲，互相稽查，倘有隐匿逃人不报，即将蒙汉甲头治罪。如此简便办理，则凶徒匪类盗贼以及逃人难以隐藏，一并除息等因具奏。旋经总管侍卫内大臣丰绅额等议奏，都统丹津等奏请，归化城等处地居民人并土默特蒙古、喇嘛、黑徒人等均照原奏设立十家长、甲头，稽查盗贼匪类等因。查归化城拣方放同知原议案内，准其设立十家长、甲头在案，该大臣等自应遵照原议办理，务须实心奉行。仍饬巡查官员，不时访查。倘若疏懈，并不实心奉行，即行参办等因。于雍正十二年十一月二十九日覆奏，奉旨：依议。钦此钦遵。咨行在案。□查本旗界内原设五厅，专司蒙古民事，满蒙兼用厅印，铸文曰协理归化城蒙古民事同知关防，果有蒙民交涉词讼，会同蒙员，秉公断理，无不平允结案。今改满汉兼用抚民通判，新印铸文曰：山西和林格尔抚民通判之关防，设遇蒙民交涉案件，恐难办理，且与牧地事体不宜。自我朝定鼎以来，蒙民各有分晰，以边墙为界，边墙以里，府、厅、州、县俱系民人，籍贯各有定籍。譬如此州之民不准冒入彼州之籍，此内地民人与民尚有分晰。边墙以外杀虎等口，俱系蒙古部落扎萨克旗游牧草厂，亦系各旗各立敖包为界，详查原定之由，是恐越界致酿争端，以示各守各土，不准越界侵占。此外藩之蒙与蒙犹有分晰，仰自我皇上睿虑周详，定有内地外藩治理不同，近来客民虽有租典蒙古房地，同村杂居，尚称相安，伏思土默特界内编立民籍，必占蒙古牧地，而本旗官兵向无钱粮，悉赖，国家恩赏户口地亩，养赡当差，实与驻防粮饷无异。其大青山前散住五十六佐领下蒙众，山后居住四佐领下兵丁、台吉、喇嘛徒众，历来全靠户口田地游牧度活，倘准流民编籍落户，定占房围井道，无非蒙古地面，诚恐日久蒙民杂处，互相勾串盗买愚蒙房产在所不免。又兼本旗人丁生齿日繁，果将山前蒙地安居，日聚月广，占地愈多，似有鸠夺鹊巢之势。阖旗蒙人闻知，甚是慌惧。尤可虑者，将来若将山前蒙众拥挤山后，彼处地窄人稠，原出产不敷糊口，必然出界求食，外蒙岂能容乎？奏虽然声明编民无碍蒙古，职等遍查本旗界内膏腴之地，早已开垦成熟，耕种有年。其洼甸、沙碛零星段落，留作牧厂，各有业主。而寄居客民素本往来无定，其中多系租典蒙地佣工，亦有贸易谋食，偶有不法之徒，送厅究治逐境。一经编籍落户，即是土著。厅民不但滋事难趋，犹虑侵占牧地。勿论安插某旗地面，均是蒙古村庄，难免口角争占之事。职等再四思维，惟有恳恩代奏，祈将土默特界内勿编民籍。仍遵旧章，稽查奸匪。客民照旧寄居，即少侵占蒙地，厅官循旧办理蒙古民事，则于阖旗老幼远年生计有益。为此联衔请奏前来等情。据此奴才等详核山西抚臣张之洞条陈仿照直隶成案，边外归化五厅编民清匪，原为整理地方起见，无如土默特旗初设例案定章，核与直隶成案，口外张、独、多三厅客民情形不同，惟有此块蒙古游牧，系乾隆七年十一月间，蒙恩赏给该旗众蒙户口牧厂，以资养赡当差，如同饷粮。若将流民编籍，自必侵占牧地，实与蒙古生计大有关碍。奴才等忝在守土，既据参领联衔，呈明该旗界内寄居客民编籍占碍蒙古地土，情词恳切，曷敢缄默壅于上闻，请将归化五厅体制仍旧，勿编民籍，仍遵成案巡查贼匪、客民，依旧寄居之处，出自圣裁。奴才等恭候命下之日，遵照办理。除咨吏、户、礼、兵、理藩院、山西巡抚查照外，所有土默特界内晋抚条陈归化五厅寄居客民编籍，势必占碍该旗游牧，恳请各厅体制复旧，勿编民籍，仍遵成案，稽查贼匪，以靖地方，而顾蒙古生计缘由，是否有当，据情恭折具奏。伏乞皇太后皇上圣鉴训示流民编籍原为安靖地方起见然于蒙古生计，未免有碍。详阅该将军所奏，尚系实情，著山西巡抚再行详查具奏。

光绪十年二月初十日①

由于丰绅、奎英等人认为客民编籍有碍蒙古生计，因此清政府要求山西巡抚、察哈尔都统、绥远城将军、归化城副都统会商确查，然后奏明办理。对于寄民（客民）编籍有碍游牧的问题，归绥道阿克达春予以反驳：

> 查归化等厅土默特地面，与直隶张、独、多等厅之在察哈尔地面情形稍有不同者。察哈尔蒙古在本朝已编隶八旗，而土默特蒙古自命为外藩，颇欲私其分土，故沿边吏治愈难。
>
> 溯查土默特部，明季时实已为察哈尔林丹汗所袭灭，其部人或役属于察军，或逃匿于他处。我朝天聪年间，大军征破察哈尔，进师归化城，林丹汗由归化城西遁。土默特头目等始得集众投降。我朝兴灭继绝，令其仍居土默特游牧，复其前朝顺义王爵。未及，该蒙人与明边将通谋，欲邀我兵归路，于是执其王、削其爵，因为土默特两翼，而以投诚两头目世袭二都统分统之。嗣后裁并为一副都统，又改为京简放。当土默特投诚时，地已非其所有，而该参领等尚谓带地投诚，一若不知其地为我朝赏还之地者。
>
> 现其所称我朝定鼎分界边墙，各守各土，不容越占等语，殊有乖普天王土之义。至其所虑民人一遍户籍，即成土著，必致占蒙古之游牧，碍蒙古之生计，则有必不然者。查土默特附近边内，其服食起居，竟与内地民人无异，渐至惰窳成性，有地而不习耕耘，无畜而难为孳牧，惟赖民人垦种其地，始有粮可食，有租可用。故现在该蒙古以耕牧为生者十之二三，借租课为生者十之七八。至该旗所谓游牧户口地者，自康熙年间以来，久已陆续租给民人，以田以宅二百年于兹矣。
>
> 该民人等久已长其子孙，成其村落。各厅民户何止烟火万家？此等寄民即不编籍亦成土著。历年既久，寄民渐多。迨同治年间，因陕西回氛不靖，口外剿防吃紧，各军有在此驻扎者，有此经过者，迄今遗勇尚多。在雍正间寄民尚少之时，仅止设立牌甲，已足稽查边氓。至于今日，若仅设立牌甲，人无定名，籍无定户，土客混淆而莫辨，赋役散乱而难稽，欲施治理，诚难措手。现定编籍章程，亦与蒙古比丁无异。蒙古比丁不闻以生齿日繁挤民以回口里，民人编籍以后，亦何至挤蒙古而往后山？
>
> 且户籍不编，则现在者既漫无稽考，未来者更漫无限制，不但有人满之患，且恐

---

① 土默特左旗档案馆藏：归化城副都统衙门档案，将军丰绅、副都统奎英《驳张之洞口外七厅改制寄民编籍疏的奏折》，档案号：80—2—866。亦载于：《申报》（上海版），1884 年 4 月 17 日，星期四，第 3953 号，甲申年三月二十二日，清光绪十年甲申三月二十二日，第 10 版。亦收录于：陈志明：《土默特历史档案集粹》，《绥远城将军归化城副都统为归化五厅客民编籍势必占碍游牧的奏折》，呼和浩特：内蒙古人民出版社，2007 年，第 31—32 页。

盗贼窃发，蒙民械斗，衅皆由此而起。一编户籍，良民之有业者方能编收入籍，游民无业者，即可驱逐出境，并将后来寄民定有入籍年分，则续来者亦有限制，则客土分而良莠易别，盗贼息而蒙民皆安，此理甚易解也。

至于著籍之户或有滋事之人，轻则查明原籍，重责徒流军遣。国有常刑，谓一登天府之版图，即成莠民之渊薮耶？①

张之洞对"客民编籍有碍游牧"这一问题，再次上奏予以驳斥：

窃臣接准绥远城将军丰绅、归化城副都统奎英来咨，具奏土默特界内归化城五厅寄居编籍，势必占碍该旗游牧，拟请各厅体制复旧，勿编民籍一折，钞奏咨会到臣。当即飞饬布政使奎斌、归绥道阿克达春详切查核去后，兹据奎斌先后禀复云云，请奏前来。

臣查口外七厅因历年吏治不修，边政废弛，深恐薮匪养痈，蒙民不能绥辑，是以奏请改为抚民同、道，奉旨允准。后复饬藩臬两司、归绥、雁平两道筹议未尽事宜。因阿克达春久任塞外，奎斌熟悉边情，特饬该道详拟条目，该藩司亲往体察。奎斌周历回省后，据称目前改章整饬众情贴然，欣欣望治。臣复加审核，兼考诸历任边外各员，始行陈列十二条，于上年九月二十九日奏请敕议施行。

兹阅丰绅钞奏，实深骇异。查户籍三等之外，里甲不具保结者，即行驱逐递籍，并议编牌册，分列良莠，此臣原奏第五条也。清界限，查蒙情，使蒙无失地之忧，此臣原奏之第六条也。臣仰体朝廷一视同仁之义，绥边弭患之规，现在办法皆民、蒙两益之事。编籍一条正是原本雍正年间奏准设立牌甲旧章办理，既非迁内地流民以实边防，亦非使现有客民另占蒙地。

夫大青山以南，归化城以东以西，延袤数千里，西汉元朔以来久为郡县，即定襄、云中、五原三郡之境。况以国家修养生聚二百余年，士农工商数十万户断无驱还口内之理。著籍与否，与蒙古生计何干？若如所奏，则是土客清杂，转可相安。法制井然，反生疑虑。臣愚，良所未解。窃惟辽沈以北，吉林以东，圣朝丰镐龙兴之地，今皆编有民籍版册，蕃庶学校萃之。土默特一区，本为林丹汗袭灭，而我太宗亲征所获，赏还该蒙之地，岂可有分疆而自为风气？

至折尾所请体制复旧一条，尤近枝蔓。谨考七厅规制，祖宗以来屡有变通，无非因时制宜，日臻美备。土默特初设世袭都统，继改为由京员简放副都统，并设常驻将军。七厅初设协理笔帖式，继改为通判，继又或改为同知，继又设归绥道。若必复旧

---

① 土默特左旗《土默特志》编纂委员会：《土默特志》（上），呼和浩特：内蒙古人民出版社，1997年，第429—430页。

制而后可,然则尽罢将军、副都统一切文武各官,仍复世袭都统,蒙部乃能安居乎?

兹据奎斌、阿克达春先后查明禀复各节,甚为明晰浅显。总之,因编户籍而侵夺牧产实无此理。因改抚而蒙众慌惧实无其事。相应据实奏陈,仰恳敕部仍照臣前奏各条,迅速复议,以便遵行。①

清政府要求会商确查,而后奏明办理。光绪十年(1884)闰五月,山西布政使奎斌《关于土默特客民编籍请复加确核的咨文》中载:

> 署理山西巡抚部院兼管提督盐政印务节制太原城守尉布政使奎为会同编籍事,光绪十年闰五月二十一日准贵都统咨开,左右司案呈,于本年四月初二日准户部咨开,山西司案呈,本部议覆,绥远城将军丰绅等奏土默特界晋抚条陈客民编籍占碍游牧,拟请体制复旧,勿编民籍一折。光绪十年三月二十日具奏奉旨依议。钦此。遵抄录原奏恭录谕旨粘连咨行前来等因。正在商办间,于五月十一日接准贵署抚部院咨开,窃照抚部院于光绪十年三月开查改设厅制,编立户籍。晋属口外七厅情形不一,如归化五厅,皆在土默特地面,系属将军、副都统辖,去敝境较远,有碍游牧与否,情形不得深悉。咨行将军、副都统与山西巡抚将归化五厅会商酌定,如其界,恳请加封咨报理藩院有案。其邻村风闻知编民,尚且警疑,而当局慌惧者何为,实无其事。此妨碍贵都统力主设立牌甲,亦是防匪类之难稽两事。仍请贵都统覆加确核会同具奏。理合处实咨覆,谨请查照施行。须至咨者。
>
> 右咨呈
>
> 归化城副都统②

经山西巡抚、察哈尔都统、绥远城将军、归化城副都统等会商确查,认为寄民编户无碍蒙古游牧。当然这个会商确查是在什么条件下进行的则不得而知,其中是不是有一定的利益纠葛,或者说有一定压力在其中,而导致绥远城将军、归化城副都统改变了其寄民编籍有碍蒙古游牧的主张,亦不得而知。总之在各大员会商确查的条件下,为寄民编籍开了绿灯。因此清政府命"绥远将军督率土默特参领,按照当年界址,无论已开未开,绘图贴说,办理编立客民户籍,报地升科事宜"。③ 据张之洞制定客民编制办法:

> 土默特各旗界与察哈尔各旗界本为各该厅该管境地者,应令各厅员分为三年等办

---

① 土默特左旗《土默特志》编纂委员会:《土默特志》(上),呼和浩特:内蒙古人民出版社,1997年,第430—431页。
② 土默特左旗档案馆藏:归化城副都统衙门档案,山西巡抚奎斌《关于土默特客民编籍请复加确核的咨文》,档案号:80—4—1521。
③ 土默特左旗《土默特志》编纂委员会:《土默特志》(上),呼和浩特:内蒙古人民出版社,1997年,第181页。

法，将种地纳粮者，编为粮户，无论久暂，均编入籍；置有房产种有田地者，编为业户，虽不纳粮，亦应编籍；携有眷口，并无房产，不常厥居者，编为寄户，如寄居年久，情愿入籍，准取里甲保结，编入现住里甲，准其一体应试；其有只身佣趁，无户可编者，应附于三等户籍之内，倘三等中皆不具保容留，即行驱逐，递籍管束；蒙古仍隶该旗，不入民籍；回民与汉民一体编审，但注明回民字样，以备稽考。①

张之洞根据不同情况分别编制客民入籍办法。1884年，寄民就地编籍。晓克认为："编户以后的客民据有蒙古地亩只是一个时间问题，而清查土默特地亩，官为卖之，正是适应由客籍变成土著的民人'贪有根业'的需要进行的。就这个意义上说，占碍游牧，蒙古失地是编籍的必然结果。"②这个观点有一定的合理性成分，笔者认为寄民编籍并非导致蒙古失地、占碍游牧的原因。在寄民编籍之前，归化城土默特地区的游牧情形如何？归化城土默特蒙古对土地的实际占有情形如何？归化城土默特地区在民人大量涌入的情况下，土地早已被开垦殆尽，游牧业已经处于可有可无的境地。而归化城土默特蒙古迫于生计，早已经将土地以似租实卖、似典实卖的形式将土地的领有权和使用权转让给民人，失去了土地。那么在游牧业早已衰微，土地早已失去的情形下，对寄民编籍又何谈导致蒙古失地、占碍游牧呢？不可否认的是寄民编籍之后，民人在该地区的归属感增强，让民人能更好的融入本区域，安心在本地从事生产经营活动，故寄民编籍在客观上其实还起到促进本区域社会经济发展的作用。

（二）归化城土默特两翼土地清丈问题

归化城土默特两翼的土地关系是复杂的，有庄头地、台占地、大粮地、小粮地、马厂地、鳏寡孤独地、户口地、召庙香火地等多种类型（见上文）。这些土地大多靠租典给民人从事生产经营活动。

归化城土默特两翼的土地在不断租典给民人耕种的过程中逐渐失去。"卖租亦即卖地，倒租事实上已承认地属他人，这仅是两翼蒙古丧失地权的一种情况。……还有几种转租转卖形式，如有的承租承典者回转原籍，将地推给别人；有的几经转租转典，地亩被死约绝卖；有的借口租自他人，坚不承认原主的地权，如此等等，不一而足。两翼蒙古就是这样'既失其地，又失其租'的。"③

有关蒙地放垦的问题，光绪十二年（1886），山西巡抚刚毅认为"伊克昭盟所属地

---

① 张之洞：《张文襄公全集·奏议》卷6《筹议七厅改制事宜折》，近代中国史料丛刊，台北：文海出版社，1970年，第684—685页。
② 晓克：《土默特史》，呼和浩特：内蒙古教育出版社，2008年，第363页。
③ 晓克：《土默特史》，呼和浩特：内蒙古教育出版社，2008年，第365页。

方，地近塞城，远拱京畿，形势所关，不独为晋省紧要边防，实亦中外吃重关键，诚能及时筹议屯政，无事则固吾边圉，免为逋逃渊薮，有事则防敌伺隙，便于控制事机"①。此处所涉及的虽然为伊克昭盟，但体现了蒙地屯垦实边的意图。光绪二十三年（1897）山西巡抚胡聘之《屯垦晋边折》中："晋边伊克昭、乌兰察布二盟地，川原饶沃，迩来互市日增，强邻所逼，形胜所在，亟宜预之为防。"② 但是他们的观点并没有得到清政府的重视。随着列强的入侵，不平等条约的签订，巨额的战争赔款，导致清政府财政枯竭。特别是《辛丑条约》中，西方列强要求清政府赔偿四亿五千万两白银之后，清政府就谕示军机大臣：

> 此次赔款，为数过巨，自应分饬各督抚合力通筹。各省库款支绌，朝廷固所深知。然，当事处万难，必须竭力筹措，确有指抵之款，庶不致各国借口，侵我自主利权。著各省通盘核计，将一切可省之费，竭力裁节。至地丁、漕折、盐课、厘金等项，更当剔除中饱，涓滴归公。此外应如何设法之处，亦须悉心筹度，不遗余力，以期凑集抵偿。该督抚等受恩深重，其各激发天良，力维大局，不得以无款可筹，稍存诿卸。现在款议渐将就绪，为期甚迫，著即将筹定情形，迅速电奏。③

光绪二十七年（1901）四月二十日，岑春煊提出开垦蒙地："近则俄人之势日益强盛，蒙古之众日就贫弱。边臣皆知蒙兵易练，而苦于无饷，蒙古欲自练其兵，而苦于无力。是则欲练蒙兵，非筹练费不可，欲筹练费，非开蒙地不可。自辛巳俄人换约以来，行走卡伦，役使台站，经库伦而达张家口途程二千余里，讥禁毫无。而我边备不修，兵窳器钝，科城七部，乌库四盟，虚若无人，倘出非常，何勘设想。备之策，莫如开蒙部之地，为民耕之地，而竭蒙地之租，练蒙部之兵，边实兵强，防密盗靖，计无先于此者。"④ 正是在清政府财政枯竭的情况下，岑春煊提出放垦蒙地。这对财政枯竭、病入膏肓的清政府来讲，不能说不是一剂良药。此后，岑春煊又再次上奏："臣维现在时局艰难，度支竭蹶，兵费赔款之巨，实为历来所未有……其言救贫者，则或议裁节饷费，或拟振兴工商，然汰兵省官，所节无几，矿路制造，效难骤求。以糜财河沙之时，而规取锱铢之入，是虽理财之常理，仍无应急也。查晋边西北乌兰察布、伊克昭二盟蒙古十三族，地方旷衍，甲于朔陲……以各旗幅员计之，广袤不下三四千里。若垦十之三四，当可得田数十万顷。二十五年，前黑龙江将军恩泽奏请放扎赉特旗荒地。计荒价一半可得

---

① 朱寿朋：《光绪朝东华录》，北京：中华书局，1958年，第2164—2165页。
② 引自赵云田：《清末新政研究》，哈尔滨：黑龙江教育出版社，2014年，第57页。
③ 朱寿朋：《光绪朝东华录》，北京：中华书局，1958年，第4659页。
④ 岑春煊：《跪奏为垦开晋边蒙地屯垦以恤藩属而弥隐患恭折》，引自赵云田：《清末新政研究》，哈尔滨：黑龙江教育出版社，2014年，第67页。

四五十万两。今鄂尔多斯、近晋各旗论之，即放一半亦可三四倍……何可胜言，是利于国也。"① 黄时鉴认为："所谓'垦务则朝出一令，暮入千金'，正是这个主意使清政府决定实行'移民实边'政策的。"② 学者们据此认为，清政府决定放垦蒙地应是基于岑春煊的奏折而引发的。③ 由于岑春煊的奏议符合清政府急于筹款的需求，因此清政府当即谕示军机大臣："岑春煊奏，筹议开垦蒙地，特派八旗大员督办一折。晋边西北乌兰察布、伊克昭二盟，蒙古十三旗荒地甚多，土脉膏腴，自应及时开垦，以实边储，于旗民生计，均有裨益。著派贻谷驰赴晋边督办垦务，即将应办事宜，会同该将军、巡抚随时筹议具奏。"④ 随着贻谷办理蒙垦，清政府最终废除了在东北、蒙古实行二百余年的封禁政策。光绪二十八年（1902）五月一日，清政府在归化城设立了"督办蒙旗垦务总局"，八月九日，在包头设立了办理乌、伊两蒙垦务局，在伊盟各旗设立了垦务分局。随着垦务机构的设立，蒙古地区的垦荒进入高潮。但此时蒙垦所指的为乌兰察布和伊克昭盟的蒙地放垦，并非归化城土默特两翼的土地放垦。

归化城土默特两翼土地的放垦，是在归化城副都统及各参、佐领的要求下施行的。这可能是因为，乾隆年间曾因归化城土默特蒙古失地现象严重这一问题，清政府对归化城土默特两翼蒙古的土地进行整理，两翼蒙古因此又重新获得土地。那么，贻谷担任垦

---

① 《岑春煊奏折》，光绪二十七年十一月二十六日，见《光绪谕折汇存》，引自黄时鉴：《论清末清政府对内蒙古的"移民实边"政策》，内蒙古大学学报，1964 年，第 2 期，第 65—77 页。
② 黄时鉴：《论清末清政府对内蒙古的"移民实边"政策》，内蒙古大学学报，1964 年，第 2 期，第 65—77 页。
③ 相关论述，可参见：沈斌华：《内蒙古经济发展史札记》，呼和浩特：内蒙古人民出版社，1983 年；浩帆：《内蒙古蒙古民族的社会主义过渡 1947—1987》，呼和浩特：内蒙古人民出版社，1987 年；陈育宁：《鄂尔多斯——河套历史概述》，北京：中国华侨出版社，1989 年；卢明辉：《清代蒙古史》，天津：天津古籍出版社，1990 年；徐杰舜、韦日科：《中国民族政策史鉴》，南宁：广西人民出版社，1992 年；卢明辉：《清代北部边疆民族经济发展史》，哈尔滨：黑龙江教育出版社，1994 年；邢亦尘：《朔漠集》，呼和浩特：内蒙古人民出版社，1995 年；色音：《蒙古游牧社会的变迁》，呼和浩特：内蒙古人民出版社，1998 年；李根蟠：《中国经济史上的天人关系》，北京，中国农业出版社，2002 年；成崇德：《清代西部开发》，太原：山西古籍出版社，2002 年；赵云田：《北疆通史》，郑州：中州古籍出版社，2003 年；肖瑞玲：《明清内蒙古西部地区开发与土地沙化》，北京：中华书局，2006 年；乌日陶克套胡：《蒙古族游牧经济及其变迁》，北京：中央民族大学出版社，2006 年；曹永年：《内蒙古通史》（第 3 卷），呼和浩特：内蒙古大学出版社，2007 年；珠飒：《18—20 世纪初东部内蒙古农耕村落化研究》，呼和浩特：内蒙古人民出版社，2009 年；梁卫东：《清末鄂尔多斯基层社会控制研究》，北京：民族出版社，2009 年；郝维民、齐木德道尔吉：《内蒙古通史》（第 5 卷），北京：人民出版社，2011 年；杨强：《蒙古族法律传统与近代转型》，北京：中国政法大学出版社，2013 年；于苏军、奇景阳：《记名札萨克的家园》，北京：民族出版社，2013 年；赵云田：《清末新政研究》，哈尔滨：黑龙江教育出版社，2014 年。
④ 官修：《清德宗实录》卷 490，光绪二十七年十一月戊子。北京：中华书局，1987 年，第 483 页。

务大臣,对绥远地区的土地进行垦放,可能使归化城土默特两翼蒙古看到了重新分到土地的一丝希望。因此,光绪三十年(1904)二月,土默特兵司翼长伊精额、户司翼长福禄等十二位参领想借贻谷办理垦务之际,挽回归化城土默特蒙古失地、失租的颓势,因此他们联名呈文给贻谷,要求清丈归化城土默特地亩、整理地谱。

    土默特兵、户司掌关防参领伊精额、福禄、参领苏精额、松阿里、哈芬阿、纳苏克、齐布森、乌尔贡额、福森泰、都格尔扎布、若宪、苏联泰等禀称:为禀请一律清厘地亩、整顿地谱事。窃查土默特两翼地……约广四百余里,约袤三百余里。当年经历任将军即由本旗界内之地,奏明与绥远城八旗拨出大小粮地,各召庙游牧香火地、庄头地、公主府地,此外除去山河、沙、卤等处,俱系皇恩原赏土默特十二参领所属六十佐领蒙古官兵当差养赡。始尔各属蒙古跟地游牧,散居各村,继则内地民人出口租种蒙古地亩,原租一块,吃租若干。嗣后民人私相典卖,蒙地不由蒙古而由民人自便。内有民人原租之地一段分卖数段,有隐匿地亩不出租钱者,有原租之地蒙古受价无几而民人架得余价倍者,有寄民冒称原占以为业主者,此寄民租种蒙古地亩强占之大概情弊。至民人所占镇乡住宅地基,每年所出地谱租钱,先占者既少,后占者又下。或因地亩,或因地谱,往往互议不定,兴讼由此而出,斗殴由此而兴,彼此挟嫌仇杀相寻,不过二三年间,多因地亩情形酿出人命重案。种种因地起衅者,是当年未定有公平之法、不易之章程故耳。参领等公同相商,应该将土默特阖旗蒙古地亩、地谱一律整顿,按照地亩膏腴硗薄,定出上中下一定章程,酌将地价、押荒公平议定,俾蒙古民人有所遵循。否则民人虽有地而未能安业,蒙古虽有租而未能实受。……倘蒙允准,据情奏明,设局委员,先行查明地亩若干,如何重新押荒,如何增加租项,使蒙古民人各有遵循,拟定一劳永逸之章程,使蒙、民均各安居乐业,永免口角争端之事。一俟清丈后,稽出余地余租或与各属蒙古失业无租之人均匀酌拨,以资当差,或予参领、佐领等官酌拨廉俸办公。押荒地价,半为充公,以作局员经费,半为各处当差官员兵丁以作津贴。如此办理,实与蒙、民两有裨益。参领等不揣冒昧,据实直陈,肃此具禀,伏乞垂鉴采择,俯准施行。再拟办法章程五条,粘呈于后。①

  据十二参领等呈文来看,他们所提出的整理归化城土默特地亩,其实是要求确认归化城土默特蒙古对土地的所有权,清查被多占多种的土地。整理地谱亦是确保归化城土默特蒙古对地租收取权及增加地租收入。这并不是要求开垦新的荒地,而是整理已经开垦的熟地。他们这些要求,显然是与清政府放垦蒙地的方针相背离的。清政府是要通过

---

① 彭勇:《钦差与晚清清丈土默特土地的活动》,土默特文史资料(第6辑),1994年,第77—78页。亦载于晓克:《土默特史》,呼和浩特:内蒙古教育出版社,2008年,第366—367页。

放垦蒙地，增加财政收入，缓解目前财政收入不足的窘境。当然，归化城土默特参领们清理地亩的目的是重新获得土地，显然这只是他们一厢情愿的想法。贻谷深知归化城土默特地区的土地情况远较乌兰察布盟、伊克昭盟复杂，直到光绪三十一年（1905）正月十九日，贻谷才对十二参领的呈文进行答复：

> 据此，除批禀及章程均悉。土默特政务既毕已久，举废兴利，该参领等与有责焉。兹据禀请清厘地亩、整顿地谱。具见关情桑梓，悉心筹画，实堪嘉许。惟立法先期防弊，仰候本大臣详细斟酌妥善，再行饬令举办，总求收整理之效，而无骚扰之害，庶可见诸施行，不至动兹怨忧，是则本大臣将军所望于该参领等者也。①

光绪三十一年（1905）二月，贻谷奏准设立"土默特查地处"，派委花翎三品衔山西候补知府清治为会办。清治上任以后，该年五月，以查地各事章程未定，请假赴京引见。② 九月，清治认为：一方面清查地亩是将蒙古赖以当差及养赡的户口地剥夺，仅保留有微不足道且毫无保障的地租，另一方面民人虽然获得地权，但是却要缴纳地价、加价等费，同时土地升科后还须缴纳官粮。这必然导致蒙、民的不满。加之当时归化城土默特地区遭受旱灾，强行清查地亩可能会引起民变。清治拖延不办，并于十月份请求辞职。③ 因此归化城土默特地亩清查工作在光绪三十一年（1905）并没有施行。

光绪三十二年（1906）九月十七日，贻谷委行辕文案总办张光鼐为土默特查地处总办，同时委派的会办等官员。④ 十月八日，查地处总办张光鼐禀请将查地处改为："清查土默特地亩总局"，十一月初一，张光鼐呈报查地总局的总办、会办等官员，其名单如下：

> 总办张光鼐（行辕兼差）
>
> 会办直隶州吕继纯、陈光远、知州景禔（以上系行辕兼差）、协领普祥（绥远城兼差）、参领伊精额、陆军翼长福禄（以上二员系土旗兼差）
>
> 主稿知县乔樾荫（行辕兼差）、防御吉兰（绥远城兼差）、署参领贺色奋（土旗兼差）
>
> 委员佐领喜蒙额、佐领刚仁阿、骁骑锡拉奉阿、骁骑僧额、前锋塔清阿、前锋图

---

① 光绪三十一年正月，贻谷就土默特参领伊精额等呈请清查地亩地谱转咨绥远城将军，内蒙古自治区档案馆编：《清末内蒙古垦务档案汇编》，呼和浩特：内蒙古人民出版社，1999年，第826页；亦载于彭勇：《钦差与晚清清丈土默特土地的活动》，土默特文史资料（第6辑），1994年，第77—78页。
② 彭勇：《钦差与晚清清丈土默特土地的活动》，土默特文史资料（第6辑），1994年，第79页。
③ 参考：彭勇：《钦差与晚清清丈土默特土地的活动》，土默特文史资料（第6辑），1994年，第7页；晓克：《土默特史》，呼和浩特：内蒙古教育出版社，2008年，第368页。
④ 彭勇：《钦差与晚清清丈土默特土地的活动》，土默特文史资料（第6辑），1994年，第79页。

们额齐尔（以上各员均系土旗兼差）、书联、希蒙阿、王祖培、唐鹏寿、逢昌（以上均系行辕兼差）。①

地亩总局成立之后，在土默特户司调出两翼蒙古户口地亩册等资料以备查考的同时派出帮办宋乃楫、主稿贺色畬等到左翼首甲麻花板村调查管内村庄、户数、耕地亩数和土地租典关系。这次调查因为天寒而被终止。②但是张光鼐根据此次调查得到的不完整资料，拟定出《清查土默特地亩试办章程（二十一条）》（摘录）：

  第一条，此次办理清查，宜将各佐牧地、户口地、绝户地及召庙各地，逐项分别丈量，确知其数，无令牵混。

  第二条，蒙古户口地亩多系典给民人，得到地价，地已非其所有，应准实出地价之户，照旧管业。惟原出地价多寡不等，须各按地则饬再交价归公，发给印照，以凭执守。自后永以印照为据，不准该蒙户争夺原地，并应另定岁租章程，由官署按年征收，转给原主。另发原主租照据，以凭领取租项。……所有租典约据无"回赎"字样及虽有"回赎"字样而限未满者，均照交价暂照章程办理。惟有领行活租一项，约内无年限，无永租字样，……限两月内取赎，如逾限不赎，仍照民户交价领照章程一律办理，以免参差。

  第三条，户口地亩转相租典、更易多主，无复当日拨地旧观，今欲一一查丈，应先传验租典约据，质询两造，如确系得价出价，并无别项纠葛及蒙混影射情弊，方准照第二条办理。

  第四条，凡租典户口地之户，曾经出过地价，经局验明约据，确无欺伪，应照约内所注亩数四至核实勘丈，如丈有缺少，即照此次丈明之数核实给颁。倘或余多，割出归公，仍准该户认领。此项余地，如过十亩以上，照现定原地价值加倍饬交。不及十亩者，仍与原地一律办理。其私垦公地，并无约据可凭者，如无纠葛，亦准原种之户承领。惟地由私垦，从前并未出价，此次承领，应照第七条归公地亩办法，饬令加倍缴价，方准承领。

  第五条，如遇有伪造约据，无论系蒙古冒认主地，抑系民户希图得地，及民蒙通同作弊，一经查出，立将伪约扣留，其所指地亩数归公另放。或遇有一地数约，彼此争执者，应由局详查来历，持平判断。

  第六条，有户口地之蒙户，如自分地以来自行耕种，并未出典出租，考之档册，果确有可凭，查其现地数目，亦无出入，应另发给印照，准其照旧管业，免交地价，

---

① 彭勇：《钦差与晚清清丈土默特土地的活动》，土默特文史资料（第6辑），1994年，第79页。
② 彭勇：《钦差与晚清清丈土默特土地的活动》，土默特文史资料（第6辑），1994年，第80页。

以示体恤。

第七条，各佐绝户地亩，向系该佐官弁等私收租钱，此次清查，不咎既往，惟撤地归公，一律另放。如租户曾经出过地价，查无虚假，照各户口地一律按则加价，准该租户承领管业。……

第八条，凡各佐草滩牧地有经民户私垦成熟者，不咎既往，应查明一律丈放。

第九条，各项地亩肥瘠悬殊，必须多分等则，以定地价。兹拟区为上则，上次则，中则，中次则，下则、下下则六等。凡系加价之地，上地每亩一两六钱，上次地一两二钱，中地八钱，中次地四钱，下地二钱，下下地一钱。若草滩牧地未经开垦，归公另放者，上地二两，上次地一两六钱，中地一两二钱，中次地八钱，下地四钱，下下地二钱。

第十条，各项地亩岁租数目亦应按照地则分别酌定，拟上地每亩每年征银二分二厘，上次地二分，中地一分八厘，中次地一分六厘，下地一分二厘，下下地一分。

第十一条，所有召庙各地，亦均系取过租户地价，应一律照户口地亩办理，按则加价，发给地户印照，准其管业。惟所收此项地价银，拟以一归公，一半归庙。俾资香火，并发给该庙取租照据，每届秋后，仍由该召庙向各地户照新定租章收取租银，不得额外增取。该各地户亦不得延欠不交……

第十二条．所有加收户口地亩价银，若一概归公，该地主不能无望，拟提出十成之二发给原主，用来示体恤，归公之地，不在此例……

第十三条，各项地亩应征岁租，除蒙户自种户口地不纳岁租外，所有官放新旧各地，每年应征租银，拟由都署于归化城设立交租局，照章征收。……外厅，离城较远，应于征租时，派员前赴厅治设立分局，照章征收。所有经费均于租银内酌提，以资办公。

第十四条，各项地亩经局挨次清丈，应先发给领户照条，注明应交地价数目，限期饬缴，俟交清后，即换给印照，以凭执守。

第十五条，此项领地印照及领取岁租印据，均请由军署刊发，钤用将军、副都统印信，以昭信守。每张地照，拟收纸张费银三钱，每张租据拟收纸张费银一钱。

第十六条，所有应收地价岁租银两，均照东西各垦局向章按库平核收，外加一五火耗，别无浮费。

第十七条，此次办理清查所有需经费，应请仍照西盟及台站垦局章程由地价内提取三成，以资办公。

第十八条，各项地内有沙碱不堪耕种，及仅可种植树株之地，应于六等地则外，另行酌核办理。

第十九条，各项地亩内有引用水利者，闻蒙民有收取水租之事，亦或立有约据，应一并查明，另定章程。

第二十条，凡领户交齐地价承领印照后，如或将地转卖，该买主须于一年内赴土默特户司报明过割，将原照交销，另换执照，……如该地户买地已逾一年，匿不报明，一经查出，或被告发，照应交银数加倍罚，用示惩儆。

第二十一条，蒙古租典地亩，自应准其加价承领。惟蒙种蒙地，宜与民户有区别，拟俟勘查确实后，将此项地价减半核收，以示格外体恤。若或假冒及民户妄讬，一经查出，定必严行惩办。①

为此，归化城土默特诸参领对《清查土默特地亩试办章程（二十一条）》进行会商，提出三条意见：

谨将奉札会同酌拟查办土默特阖旗垦地亩有碍情形三条呈列于后：

一、土默特阖旗蒙众，所收户口地亩租资，拟令分赴各厅，执照取租一款。有妨蒙古生计。查阖旗蒙众所收租项，系奉皇恩赏给户口之地。当因不谙播种，租典与民，跟牧收租以资当差养赡者十之八九，兹值查办之际，召庙租资自行收取，六十佐领下蒙众赴厅讨取，是为一事两歧。如饬厅征收，是蒙有跋涉之苦，民有扰累之害。应请毋庸交厅收取，仍令各蒙自行收而免苦累。

一、所拟凡蒙众自种之地与民户一律加增地价一款。查土默特阖旗地亩，前奉雍正上谕办理屯田，及至乾隆年间复行整顿，将此项地亩赏给土默特六十佐领下蒙古，奉旨设立界址而免越占。所有土默特蒙众，除自己户口外，虽有置到之产，是乃同宗蒙古之产。身应兵差，冒死卫镳而阵亡者，亦复不少。此次清厘地亩，与民一律加价，似与民人无所区别。恳请凡蒙古自种之地及蒙租蒙地毋庸加价，以示体恤而免苦累。

一、所拟土默特蒙众活约典出钱到回赎之地，一并加价一款。查蒙古典出地亩嗣后如凑集钱项，能以遵例回赎者，准予回赎。如加价不容回赎，可谓蒙人失业。又与原奏不符。恳请凡系活约出典之地，仍令该蒙古原价回赎，以示体恤，而□核实。

左翼首甲参领松阿里
左翼二甲署参领达恒泰
左翼三甲署参领倭什阿
左翼四甲参领倭什珂
左翼五甲参领苏克精额

---

① 彭勇：《钦差与晚清清丈土默特土地的活动》，土默特文史资料（第6辑），1994年，第80—83页。

左翼六甲参领若宪

右翼首甲参领哈芬阿

右翼二甲署参领贺色㟆出差

右翼三甲参领德隆阿

右翼四甲参领苏春

右翼五甲参领伊精额

右翼六甲参领裕格图

光绪三十二年十二月初九日①

归化城土默特参领经商办，提出的这三条意见，是比较符合当时归化城土默特蒙古的实际情况的："以上三条，参领们是以极其严肃的态度提出的，署名之后还加盖各自的关防。其中第一条，参领们是要求蒙租由蒙古人自行收取，不必经由各厅代征。字面上是为免于苦累，实则是担心遭受各厅胥吏的需索刁难，而且有加大厅官权限，削弱旗权之虞。第二条是要求蒙古自种户口地免征加价，理由是户口地为附带兵差义务的蒙古私产，如与民人一样征收加价，则与朝廷抚恤蒙旗的谕旨相悖。第三条最重要，是要求准予两翼蒙古回赎活约出典之地。民间出典之房屋地亩，产权仍属原主，一向是到期钱到回赎，例律也无不准回赎之条文，如不许回赎，岂不令蒙古产业丧失？"② 归化城土默特参领们的意见令张光鼐左右为难，既不能贸然应允，也不便断然回绝。同时他对清查归化城土默特地亩的繁杂性也有一定的认识。如果按照该章程办理，可能会激化蒙民之间、官蒙、官民之间的矛盾，激出事端。因此，在当年十二月份，张光鼐辞去总办一职。安斋库治认为"张光鼐接到该意见书后，估计到土默特的土地整理的复杂情况，将会激化蒙汉之间的利害关系，提出了辞职的要求，表示了垦务大臣对土默特两翼的委婉的抗议。于是土默特两翼在光绪三十三年（1906）一月，向垦务大臣再次送上禀文，间接表示取消了他们的要求。"③ 鉴于此，"贻谷一面向归化城土默特诸参领施加压力，一面任命补用直隶州知州王德荣为清查土默特地亩总局总办"④。归化城土默特诸参领在贻谷的压力之下，妥协了。他们在给贻谷的禀文中说："参领等虽生长于斯土，而本地土情多

---

① 土默特左旗档案馆藏：归化城副都统衙门档案，土默特十二参领《奉札公同查办土默特阖旗地亩有碍情形的呈文》，档案号：80—5—599。亦载于陈志明：《土默特历史档案集粹》，呼和浩特：内蒙古人民出版社，2007年，第25页。

② 晓克：《土默特史》，呼和浩特：内蒙古教育出版社，2008年，第370—371页。

③ 安斋库治：《清末における绥远の开垦》，满铁调查月报，第19卷12号，南满洲铁道株式会社，1939年。

④ 晓克：《土默特史》，呼和浩特：内蒙古教育出版社，2008年，第371页。

不谙悉，于查地垦务情形素不讲求，何敢冒昧挽越。当兹开办之际，仍祈宪台鉴核定章示下参领等，以便遵守而免耽延。"① 贻谷据此，批复"所拟章程，参领等既同愿递办，毫无异词，给土默特清查地亩总局查照所定章程迅速开办"②。王德荣接任清查土默特地亩总局总办后，在上述"清查土默特地亩二十一条"的基础上，适当考虑到归化城土默特诸参领的合理意见，拟定出《清查土默特地亩试办章程（二十二条）》：

> 钦命督办蒙旗垦务大臣理藩部尚书衔绥远将军贻谷为咨行事案据奏办清查土默特地亩总局详称为详请核定事。窃职局开办清查前，经禀明从左翼首甲入手，曾经帮办宋令乃楫会同员司人等查验地约，将首佐、二佐大致查明，拟即分起接查三佐，并先就近清查右翼首甲佐，期无闲旷。惟查兹事体大，端绪纷繁，考其情形，如治已乱之丝扫迎风之业至茫无所指。兹谨酌拟试办章程二十一条，另给缮清折呈请鉴核，如蒙核定，请即将大概情法先行奏明一面咨会军副署，刊发告示，俾众周知。职局即就已查之地，要慎试办，如有未尽事宜及须随时随地另行变通之处，届时禀明办理，合详请宪台核示为此。
>
> 谨将酌拟清查土默特地亩试办章程缮具清折，恭呈宪鉴：
>
> 第一条，此次办理清查，宜将各佐牧地、户口地、绝户地及召庙各地，逐项分别丈量，确知其数，无令牵混。
>
> 第二条，蒙古户口地亩多系典给民人，得过价值，地已非其所有，应准实出地价之户，照旧管业，惟原出地价多寡不等，须各按地则饬再交价归公，发给印照，以凭执守。自后永以印照为据，不准该蒙户争夺原地，并应另定岁租章程，由官署按年征收，转给原主。另发原主租照据，以凭领取租项。详章列后。至租典约据名目不同，有所谓活约，定以年限取赎者，大都辗转相仍，屡次加价，宽展年限，核其所得银数，往往浮于地之所值，钱债纠缠，狱讼每因之而起。此次查地，正宜清查其源。所有租典约据无"回赎"字样及虽有"回赎"字样而限未满者，均照交价给照章程办理。惟有暂行活租一项，约内无年限，无永租字样，但言钱到即行回赎者，此或出于一时急需，权行质押，抑或邃令民户缴价认领，稍欠允洽，然听其久悬不结，则查地亦难于久待。拟由局出示晓谕，凡此项地亩，限令于两月内取赎，如逾限不赎，仍照

---

① 光绪三十二年十二月，《贻谷就伊精额等参领禀覆章程有碍情形扎清查土默特地亩总局》，《垦务档案复印件》，第1698页。内蒙古档案馆藏。引自晓克：《土默特史》，呼和浩特：内蒙古教育出版社，2008年，第371页。

② 光绪三十二年十二月，《贻谷就伊精额等参领禀覆章程有碍情形扎清查土默特地亩总局》，《垦务档案复印件》，第1698页。内蒙古档案馆藏。引自晓克：《土默特史》，呼和浩特：内蒙古教育出版社，2008年，第371页。

民户交价，领照章程一律办理，以免参差。

第三条，户口地亩转相租典，更易多主，无复当日拨地旧观，今欲一一查丈，应先传验租典约据，质询两造，如确系得价出价，并无别项纠葛及蒙混影射情弊，方准照第二条办理。

第四条，凡租典户口地之户，曾经出过地价，经局验明约据，确无欺伪，应照约内所注亩数四至核实勘丈，如丈有缺少，即照此次丈明之数核实给领。倘或余多，划出归公，仍准该户认领。此项余地，如过十亩以上，应照现定原地价值加倍饬交。不及十亩者，仍与原地一律办理。其私垦公地，并无约据可凭者，如无纠葛，亦准原种之户承领。惟地由私垦，从前并未出价，此次承领，应照第七条归公地亩办法，饬令加倍交价，方准承领。

第五条，如遇有假造约据，无论系蒙古冒认主地，抑系民户希图得地，及民蒙通同作弊，一经查出，立将假约扣留，其所指地亩归公另放。或遇有一地数约，彼此争执者，应由局详查来历，持平判断。倘所争均有不实，与无约之地等，亦即撤地归公。

第六条，有户口地之蒙户，如自分地以来自行耕种，并未出典出租，考之档册，果确有可凭，查其现地数目，亦无出入，应另发给印照，准其照旧管业，免交地价，以示体恤。

第七条，各佐绝户地亩，向系该佐官弁等私收租钱，此次清查，不究既往，惟撤地归公，一律另放。如租户曾经出过地价，查无虚假，照各户口地一律按则加价，准该户承领管业，若并未出过地价，仅出年租者，该租户如仍欲承领原地，应照所定户口地则加价之数加价倍交价，以示平允。

第八条，凡各佐草滩牧地有经民户私垦成熟者，不咎既往，应查明一律丈放，准其承领。惟地亩私垦，从前并未出过地价，此次承领，亦应照第七条加倍交价章程办理。

第九条，各项地亩肥瘠悬殊，必须多分等则，以定地价。兹拟区为上则，上次则，中则，中次则，下则，下下则六等。凡系加价之地，上地每亩一两六钱，上次地一两二钱，中地八钱，中次地四钱，下地二钱，下下地一钱。若草滩牧地未经开垦，归公另放者，上地每亩二两，上次地一两六钱，中地一两二钱，中次地八钱，下地四钱，下下地二钱，以示区别。

第十条，各项地亩岁租数目亦应按照地则分别酌定，拟上地每亩每年征银二分二厘，上次地二分，中地一分八厘，中次地一分六厘，下地一分二厘，下下地一分。

第十一条，所有召庙各地亦均系取过租户地价，应一律照户口地亩办理，按则加价，发给地户印照，准其管业。惟所收此项地价银，拟以一归公，一半归庙，俾资香火，并发给该庙取租照据，每届秋后，仍由该召庙向各地户照新定租章收取租银，不得额外增取。该各地户亦不得延欠不交及照章减交。违者准该召庙及该地户赴官理诉，立请究办，以息纷争。

第十二条，所有加收户口地亩价银，若一规归公，该地主不无绝望。拟提出十成之二发给原主，用来示体恤，归公之地，不在此例。惟该蒙户既知地归官办，难保无仍向租户借回赎为名，私有勒索情事，应请严行示谕，自此以后，凡系取过租户地价之地，以原约为凭，统归查地局清查办理，不准该原户私再取价，以防扰累。

第十三条，各项地亩应征岁租，除蒙户自种户口地不纳岁租外，所有官放新旧各地，每年应收租银，拟由都署于归化城设立征租局，照章征收。仿照粮串式样，刷印征租联单，钤用户司关防，于地户纳租清讫后，掣单发给，仍存根备查。其应得户口岁租之蒙户，应将领租印据赴本佐领呈验汇齐转详参领，移知征租局领取。抑或该蒙户与地户同住一村，拟自向地户收取，亦可准从其便。惟必须先由本旗佐领汇报参领，移知征租局，掣出征租联单，饬由本佐领转交食租蒙户，凭此取租。俟取租清讫后，即将联单交给地户，以昭凭信。其庙召地亩拟自向地户取租者，亦照此办理。至地在外厅，离城较远，应于征租时派员前赴厅治，设立分局，照章征收，所有经费均于租银内酌提，以资办公。

第十四条，各项地亩经局挨次清丈，应先发给领户照条，注明应交地价数目，限期饬交，俟交清后，即换给印照以凭执守。

第十五条，此项领地印照及领取岁租印据，均请由军署刊发，会用将军、副都统印信，以昭信守。每张地照拟收纸张费银三钱，每张租据拟收纸张费银一钱，此外无毫浮费。

第十六条，所有应收地价岁租银两，均照东西各垦局向章按库平核收，外加一五火耗，别无浮费。

第十七条，此次办理清查所有需经费，应请仍照西盟及台站垦局章程由地价内提取三成，以资办公。

第十八条，各项地内有沙碱不堪耕种，及仅可种植树株之地，应于六等地则外，另行酌核办理。

第十九条，各项地亩内有引用水利者，闻蒙民有收取水租之事，亦或立有约据，应一并查明，另定章程。

第二十条，凡领户交齐地价承领印照后，如或将地转卖，该买主须于一年内赴土默特户司报明过割，将原照缴销，另换执照，仍应军、副两署合用印信，以期与前一律。每换地照，应令该地户照买价，每两缴银五厘，其用钱交易者，亦以银按市价核算，发照时一面注册，一面知照该地所隶厅署查照备案。如该地户买地已逾一年，匿不报明，一经查出，或被告发，照应交银数加倍罚，用示惩儆。

第二十一条，蒙户租典地亩，自应准其加价承领。惟蒙种蒙地，宜与民户稍有区别，拟俟勘查确实后，将此项地价减半核收，以示格外体恤。若或假冒及民户妄讬，一经查出定必严行惩办。

第二十二条以上各条如蒙核定，应请将大致办法先行奏咨立案，并请刊发告示，俾众周知。如有未尽事宜及应行变通之处，随时禀明办理。

□□具申伏讫照验施行等情，据此除批据详及拟呈清查土默特地亩试办章程清折均已阅悉，缕析条分极为缜密。应准照行。仰即先行试办。仍候奏明并咨会军、副署会□□晓谕□□周知外，相应粘抄原呈的拟清查土默特地亩试办章程清折一纸，咨明贵副都统请烦查照办理施行。须至咨者。

计粘抄原呈清折一纸

右咨

归化城副都统
光绪三十三年二月初八日①

王德荣所定《清查土默特地亩试办章程（二十二条）》是在张光鼐所定《清查土默特地亩试办章程（二十一条）》基础上制定的，仅对部分内容稍作修改。该章程可以进行以下几点理解：

1. 混淆"典""卖"土地的概念。该试办章程中的第二条"蒙古户口地亩多系典给民人，得过价值"，这里得过的价值应是"典地价"，而不是"卖地价"。据其下文"地已非其所有，应准实出地价之户，照旧管业。"典出的土地，是典出的使用权，而非所有权。此处之"地已非其所有"，其实是不承认归化城土默特蒙古对典出土地拥有的回赎权。即认为典出的土地即绝卖的土地。这种混淆典、卖的目的即是其"须按各地则饬再交价归公。"其实是政府的一种敛财手段。

2. 对归化城土默特蒙古回赎土地种种限制。"所有租典约据无'回赎'字样及虽有'回赎'字样而限未满者，均照缴价给照章程办理"，即不管是何种约据，均可以交价领照，从而成为官卖土地。这种政策对归化城土默特蒙古民众来讲是牺牲了土地所有权，

---

① 土默特左旗档案馆藏：归化城副都统衙门档案，垦务大臣贻谷《发清查土默特地亩试办章程的咨文》，档案号：80—5—587。亦载于陈志明：《土默特历史档案集粹》，呼和浩特：内蒙古人民出版社，2007年，第27—28页。

而对民人来讲则是增加了地价、加价等各种费用。这是变相收敛蒙、民钱财的政策。对"活租约"所载"钱到即行回赎",清查地亩章程要求"凡此项地亩,限令于两月内取赎,如逾限不赎,仍照民户交价,领照章程一律办理,以免参差。"归化城土默特土地活租约较少,即使有一定数量的活租约,归化城土默特蒙古民众也很难在两个月内凑齐地价进行回赎,加上承租之户不愿回赎,因此虽然允许归化城土默特蒙古在"两月内取赎",但真正能回赎的很少。不能回赎的土地又被官府加价出卖了。这就造成蒙人无钱回赎而失去土地,民人则会因此上交地价,增加其负担。看似对蒙、民均十分公允,其实这种公允之下掩藏着清政府对蒙、民的盘剥。

3. 清查出多余的土地,则"割出归公,仍准该户认领,如过十亩以上,应照现定原地价值加倍饬缴,不及十亩者,仍与原地一律办理"。归化城土默特蒙古租典土地,对地亩大小没有较为准确的概念,往往是承租之人多占土地。在此情况下,民人多占的土地归公,且要加倍缴纳地价,必然引起民人的不满。民人私垦公地,加倍缴价,亦会激起民人的不满。

4. 绝户地亩"撤地归公,一律另放"。归化城土默特地区,各佐绝户地亩,向来由该佐官弁收取,是该佐的公产。章程规定绝户地亩"撤地归公,一律另放",其实是剥夺归化城土默特两翼对绝户土地的所有权。"事实上并未由地亩局另放,而是照贻谷的饬令'留备绥远城官兵认领,俾资阖城安插,均得世业'。"[①] 这是置归化城土默特蒙古民众于不顾,剥夺归化城土默特两翼的土地为绥远城旗兵的世业。此举必然导致归化城土默特蒙古的不满。而承租绝户地的民人则要加倍缴纳地价,这又导致民人的不满。

5. 各佐草滩牧地"有经民户私垦成熟者"一律丈放,加倍缴价。草滩牧地未经开垦,归公另放。总之,归化城土默特的草滩牧地,一律丈放,按地则缴纳地价。

6. 召庙香火地,一律照户口地亩办理,按则缴纳地价。地价银一半归公,一半归庙。这其实是对召庙香火地亩的盘剥,必定招致喇嘛及民人的反对。

7. 加收"户口地亩银",十分之二发给原主,十分之八归公。而归公之地加收地亩银则全部归公。这完全是清政府抢占蒙民的收入,必定招致蒙民的不满。

8. 所有官放新旧各地,每年由征租局照章征收岁租。蒙户自种户口地不纳岁租。所有岁租银,按库平核收,加收一五火耗。

9. 每张地照,征收纸张费银三钱,每张收据收纸张费银一钱。

10. 蒙户自种地亩,按地价减半收取。

据此可以得出,《清查土默特地亩试办章程(二十二条)》完全没有采纳归化城土

[①] 晓克:《土默特史》,呼和浩特:内蒙古教育出版社,2008年,第372页。

默特诸参领所提出的：1. 蒙古自行收取岁租；2. 蒙户自种土地免收加价；3. 准予蒙古回赎活约典出之地。反而是规定"由归化城厅设立征租局，照章征收"，征租局"所有经费均于租内酌"。蒙户自种土地"地价减半征收。"活约租典地亩依然是"限令两月取赎。"清查土默特地亩章程既损害了归化城土默特蒙古的利益，也损害了民人的利益，同时加剧了清政府与蒙、民之间的矛盾。但是贻谷认为，清查土默特旗地亩，重在清厘，无须担心蒙古生计问题。光绪三十三年（1906）十一月三十日贻谷在《奏为土默特旗本有户口地亩重在清厘，无庸另筹生计》的奏折：

> 钦差垦务大臣绥远城将军贻谷奏为土默特旗本有户口地亩重在清厘，无庸另筹生计，恭折仰祈圣鉴事。……绥远城驻防旗民拟筹生计已由奴才贻谷专折奏陈在案。归化城所属系蒙古土默特旗，查该旗系带地投诚，当蒙赏给原地居住。蒙俗向重游牧不善耕耘，而该地密迩晋边，濡染既深，亦随逐渐开垦。前于乾隆年间两次分拨户口地亩，俾各自耕种，该蒙民等分住各村，从事稷锄，已成习惯。其饶裕者亦以地亩足贵，往往于户口地外增置田园，其贫苦者，虽或将地租典与人，仍有岁租可得。综计六十佐之官员兵丁向无俸饷，胥赖户口地亩以支持。是其计口授田行之已久，非特与绥远旗兵荷戈塞外、饷糈仰给公家，其情形显有不同。即较之察哈尔蒙旗以放牧之余，仍食常年俸饷者亦复稍异。惟该旗分田年久，轇轕丛生，往往知租而不知地，辗转迷失，以致民户侵渔隐匿，纷争之起讼日积多，案无一结。本厅及早清厘，在历任将军、副都统未尝不注意于此，特以一经举办，恐因民蒙交涉，起满汉之龃龉，数年于兹，牵延隐忍，遂使一块完土结成一团乱丝。奴才贻谷到任时，体察情形，确知其万不可，已当将一切情弊据实详细奏陈。奉旨允准，兹又选奉明诏，饬令安插旗丁，抚恤蒙藩，是此清厘地事实，以抚恤之至意，为安插之实行，盖不必专言安插，而安插即寓其中，不为格外体恤，而体恤莫切于此。现在督饬局员分段办理，俟查清后，将岁租所得于官则定以津贴，于兵则食其原租。其自种户口地者，仍各安业。该旗之生计不外是矣。除查地情形另行奏报外，所有土默特生计无庸另筹缘由，谨合词恭折，具陈伏乞。①

这个奏折，其实是侵占蒙古土地，"安插旗丁"，其"为安插之实行，盖不必专言安插，而安插即寓其中"。这种偷梁换柱的行为怎么能说是体恤蒙古呢？这分明是置归化城土默特蒙古生计于不顾。贻谷虽然认为清丈归化城土默特地亩有一定的困难，但是这是"清查土默特地亩以安民业而恤蒙艰"，光绪三十三年（1906）十二月十五日，他在

---

① 内蒙古自治区档案馆编：《清末内蒙古垦务档案汇编》，呼和浩特：内蒙古人民出版社，1999年，第821—822页。亦载于《奏设政治官报》（3），台北：文海出版社，1965年，第62—64页。

《清查土默特地亩以安民业而恤蒙艰详陈办法》的奏折写道：

> 奏为清查土默特地亩以安民业而恤蒙艰详陈办法恭折仰祈圣鉴事，窃查土默特旗界内民蒙杂居，地亩淆混，奴才贻谷到任以来，叠经全旗参领公同印票吁请清厘。谨于光绪三十一年二月间会同前任归化城副都统文瑞，奏请开办，奉请允准在案，嗣因其事繁难，满汉官员意见不能融洽，无从着手。境内又复荒旱，姑从缓议。至去年十月间，始行设局，名曰清查土默特地亩总局。由奴才等札派分省补用直隶州知州王德荣充该局总办，督率员司分投查勘，务使民不失地，蒙不失租，收一地二养之公益，无此疆彼界之互侵，庶几民蒙各安其居，不相纷扰。即嗣后土出讼案，亦可凭所发印照立断，以平其争讼。已酌拟章程，逐渐畅办。敬将大概情形为我皇太后皇上缕晰陈之。土默特地土，晋之北鄙也。境内分设归化、萨拉齐、托克托、和林格尔四厅，武川、清水河二厅亦半属土默特之地。其间村落相望，人烟稠密，无异内地，推原其始，民人负未出疆，爰得我所，蒙户质田得价以养其生。民有余力假蒙地以办之，蒙有余地假民力以芸之。公平交易，人情之常。因为朝廷禁令所不及，乃转相租典，叠经分割。始则蒙与民私立约据，继则民与民私立约据，一地数约，一约数主。而蒙户年久迷失，既失其地，又失其租，虽经涉讼，官断无从，如此则病在蒙。百亩之田，五亩之宅，终岁勤劬，民生不易。而安分良民，地无印契，奸民劣蒙勾串加价，而觊觎之要索，赎地而攘夺之。因谨厚以倾家，恃狡黠为得计，实为风俗、人心之大害。如此则病在民。现值朝廷抚绥藩属，统西北蒙疆数千里，通饬调查物产，绘其地图，以固吾圉。直、晋、秦三边，东则察哈尔，西则乌、伊两盟，均经开垦，疆里井然。惟土默特横亘其中，势如丝乱。而欲其理，理之必自清查地亩始。惟地势宽长各四百余里，而各厅粮地、绥远米地、台站地、公主府地必须一一划出，其难一也。凡一苏木内，而官兵户口地、官滩、牧厂地、绝户地、各台庙地，必须一一分清，其难二也。清查必先勘丈，而地亩零星，大半不成片段，丈地百块，或仅顷余。安绳一根在东段，各垦一日，能丈十余顷者，此则不过一二顷，其难三也。丈地必先验约，而新约、旧约辗轇重重，细为辨其真赝，明其曲直，每遇一案，动费周折，始得剖析清楚，各无异言，其难四也。用人既多，经费所出必取之于地，而民人耕种均经蒙户租典，或已得过压租，或已得过典价，此次万难多取。且水地、旱地肥瘠悬殊，势非多分等则，不能得其公平，其难五也。岁租所入，蒙古恃为生计。既给民户以执照，亦必给蒙户以租据，使两有凭证，以便按年取与，第其原租之数，多寡参差，相去或至百倍，不可以等则核定。俱待验其白契，衰多益寡，临时斟酌，注其数于印照、印据之内，其难六也。此次开办，先从归化负郭之田入手，由近及远，挨次清查。该旗共分六十佐。现已查讫十有余佐，凡地经民人租典，虽曾出过价值，尚非永业。此后蒙

古永不赎地，应饬令民人补交地价，以作经费。户口之地酌提二成，发给蒙古原主，用示体恤。民人补交地价，共分八则，上则地每亩一两六钱，上中地一两二钱，上次地八钱，中上地六钱，中地四钱，中次地三钱，下地二钱，下下地一钱。其草滩牧地未经开垦归公。出放之地，仿此略加变通。俟民人清缴后，发给印照，永为该户执业。至蒙古自种之地，亦为清丈，发给印照，不取地价，不出岁租，以其为蒙人之原业也。均经该局详拟章程，禀请核办前来。奴才等覆查无异，转饬遵办，以竟其功。盖土默特定制在官无俸，在兵无饷，惟此土地以为户口之养赡，而又变价度日，典卖于民，积至今日。常年所入仅有岁租。阖旗官兵数千户，困苦颠连，其情可悯。此次清查后，拟将官滩、牧厂、绝户之租，由该旗户司征收，作为该旗公款，自参佐以次分定津贴，以资办公官兵。各庙户口之租，本系各人私产，仍以属之本人，以昭公允。总之清查主义，在化民蒙之争，而使各利其利，庶与东之察哈尔左右翼，西之乌、伊两盟结成一块完土，政教之原，实基于此。所有土默特地亩情形及现在办法缘由，理合恭折合词具陈。①

据贻谷奏折可知，贻谷"清查土默特地亩章程""土默特旗本有户口地亩重在清厘，无庸另筹生计"和"清查土默特地亩以安民业而恤蒙艰详陈办法"的奏折都是打着体恤蒙古的幌子，而行侵害蒙古利益之实。其所提出的"化蒙民之争，而使各利其利"，更是其借清查土地之名，行敛财之实的借口。当然这样的行为不仅侵害了归化城蒙古的权利，同时亦侵害了民人的权利。故其清丈地亩必然遭到蒙、民的抵制，甚至反抗。

清理归化城土默特的土地，按照如下程序进行："清查地亩是按照由近及远的原则进行的，即由归化城附近的左翼首甲开始，逐渐向其他甲佐推行。其程序先由地户在限期之内报地，再由查地局验约，并与户司地亩册对照，而后派员丈量，登记造册，发给地户照条以凭领照。"② 从 1907 年 2 月开始，先后清丈了左翼首甲、右翼首甲、二甲、三甲地亩，到 7 月份，共清丈地亩有 4880 余顷。③ 在清丈土地过程中，试办章程中的加价、地价、岁租的六个等则改为 8 个等则。

---

① 土默特左旗档案馆藏：归化城副都统衙门档案，垦务大臣贻谷《抄送奏请清查土默特地亩以安民业而恤蒙艰办法的咨文》，档案号：80—5—598。亦载于陈志明：《土默特历史档案集粹》，呼和浩特：内蒙古人民出版社，2007 年，第 29 页。亦载于《申报》（上海版），1908 年 1 月 15 日，星期三，第 12562 号，丁未年十二月十二日，清光绪三十三年十二月十二日，第 10 版。
② 晓克：《土默特史》，呼和浩特：内蒙古教育出版社，2008 年，第 373 页。
③ 晓克：《土默特史》，呼和浩特：内蒙古教育出版社，2008 年，第 373 页。

清查土默特地亩等则、加价、地价、岁租表（单位：两/亩）①

等则	加价	地价	岁租
上则	1.6	2.0	0.022
上中则	1.2	1.6	0.02
上次则	0.8	1.2	0.02
中上则	0.6	0.8	0.018
中则	0.4	0.6	0.018
中次则	0.3	0.4	0.016
下则	0.2	0.3	0.012
下下则	0.1	0.2	0.01

到七月末，因为土默特地区的土地非常零碎，所征地价很少甚至少于执照费，这就有点不合情理。故将执照费从"三钱银子降到八分银子"，按照新的照费标准，当时共发出民户执照5000张、蒙户租据2000张。②对于已经交纳地价的蒙古、民人，清政府颁发照票，如：

花字第三十九号（骑缝）（钤蒙汉双璧"奏办清查土默特地亩总局之关防"印）

奏办清查土默特地亩总局为发照票事，今据右翼六甲三佐蒙古七十八自种西老将营村户口地一段，东至路，西至路，南之王姓，北至路。除不堪耕种地〇外，净地一十亩四分二厘。业经本局丈明，相应给予照票以凭换取印照，须至照票者。（钤蒙汉双璧"奏办清查土默特地亩总局之关防"印）

光绪三十四年三月十五日花字第三十九号③

种地的蒙古人或民人需要凭此地亩总局发放的照票，换取印照，即土地执照。

租单，类似于照票，如：

租单机字第五十九号（骑缝）（押蒙汉双璧"奏办清查土默特地亩分局之钤记"印）

奏办清查土默特地亩分局为给发租单事，今查右翼六甲三佐西老将营村户口地一段。东至路，西至刘姓，南至七十八，北至七十八。经本局丈明，定为下则。除不堪耕种外，净余地二十六亩。由萨拉齐厅地户魏银喜承领，每亩应交岁租银，共应交岁租银。为此给发租单，凭此取租。仍俟该地户换领印照后，持赴本局呈缴，换领食租

---

① 土默特左旗《土默特志》编纂委员会：《土默特志》（上），呼和浩特：内蒙古人民出版社，1997年，第192页。
② 土默特左旗《土默特志》编纂委员会：《土默特志》（上），呼和浩特：内蒙古人民出版社，1997年，第192页。执照又分为大照、小照两种：大照为交清地价而领的印照，纸面较大；小照为只交一半以上地价，剩余地价没有交清而发给的临时印照，纸面较小。
③ 杜国忠藏：《清代至民国时期归化城土默特土地契约》（第3册），呼和浩特：内蒙古大学出版社，2012年，第376页。

印据。须至租单者。(押蒙汉双璧"奏办清查土默特地亩分局之钤记"印二)

　　右给食租原主七十八准此

　　光绪卅四年三月十七日机字第五十九号

　　机字第五十九号（骑缝）①

租单是发给承租之人和原地主的凭照。地户换领印照之后，凭租单到地亩分局缴纳岁租，换取食租印据。食租原主凭租单到地亩分局领取地租。

清查土默特地亩章程，是根据绥远城附近的蒙地制定的，在清丈土地的时候，发现这个章程同各地的具体情况有很大出入，特别是在清丈萨拉齐厅土地的时候，这种出入就更加明显。

1907年6月，设立萨拉齐清丈地亩分局，由刘鸿逵、福禄任会办。刘鸿逵、福禄率领委员吴乾元、屠实中、王铭中、夏人杰、塔庆阿、图们鄂齐尔、察克都尔色楞、司事书手等28人前往萨拉齐清丈地亩。②历时三个月，共清查十余村的地亩。光绪三十三年（1906）九月二十日，刘鸿逵在其禀文中说：

　　奏办清查土默特地亩总局为详情事，应照职局于六月间，派员赴萨拉齐厅，清查土默特地亩，今已三月之久，丈地仅十余村之多，均由职局会办刘直牧鸿逵，督卒员司办理。现值秋成之后，应即一律丈清。③

在该禀文中，刘鸿逵指出："萨拉齐清查地亩，已于六月间设局开办。凡民人补交地价，分为八则，蒙古收取岁租分为六则，均仿照归厅所办定章，转饬遵办。惟归、萨蒙租多寡不同，由来已久。职鸿逵办理萨厅地亩，考约据，证人之言，已知新章与旧俗不符，蒙人受亏实甚"；"职等遵于八月二十五日到萨，详查萨城东、西各村情形，饬令各佐领催呈验旧约，详细查阅约中所载，大概是永租字样，每亩仅得过压租过约钱数百文，与归化城典地者情形迥别"；"岁租……每亩自萨市钱三四十文至数百文、千余文不等，且不以地之肥瘠为多寡，水地有少至数十文者，旱地有多至数百文者，参差不齐，实难以地则核定。况约中所载，间有注成粮数，或谷米数升，或糜子数斗，又实难以银数、钱数核定也"。④

---

① 杜国忠藏：《清代至民国时期归化城土默特土地契约》（第3册），呼和浩特：内蒙古大学出版社，2012年，第386页。
② 土默特左旗《土默特志》编纂委员会：《土默特志》（上），呼和浩特：内蒙古人民出版社，1997年，第192页。
③ 安斋库治：《清末における绥远の开垦》，满铁调查月报，第19卷12号，南满洲铁道株式会社，1939年。
④ 土默特左旗《土默特志》编纂委员会：《土默特志》（上），呼和浩特：内蒙古人民出版社，1997年，第193页。

鉴于此，在萨拉齐清查地亩时，必然不能按照清查地亩章程进行。因此就要对章程进行修改。为此，"总办王德荣、会办福禄、都格尔札布、帮办宋乃楫等聚于萨拉齐，具体调查了各村情况，并令各佐领拿出旧有契约书，详细加以研究。发现本地契约多为永租性质，蒙古人每亩地仅得压租及过约钱几百文，同归化城一带的典地在形式上或性质上完全不一样。从形式上看，归化城一带民户须向蒙户交纳典价（这个典价即买地钱，与内地相比，贱得很多，但比押地钱高得多），而萨拉齐一带则仅仅交纳相当于岁租保证金的压租（押地钱）而已。在岁租的交纳形式上两地也有不同，萨拉齐一带有交纳现金的，也有交纳实物的，而归化城则一律以现金交纳，二是萨拉齐一带的岁租额不像归化城一带是按土地肥瘠而定租额多寡"①。并对试办章程进行补充："拟请将萨境蒙古岁租，除每亩在萨市钱一百文以上者，酌减二成外，余均一律照旧。局中租单，统照蒙古收租约据填写原收钱数，此后即以萨厅现在通用九十文为百，作为定例。自此以后，民人各执印照，永不出压租过约钱文……如遇无约私种及官滩牧厂归公另放之地，仍按地则，照局中前定章程办理，以昭划一。"②

安斋库治认为："上述办法的主要精神是：第一，压低蒙古人所收地租——岁租，原定收租在萨市钱一百文以上的，酌减百分之二十；第二，将萨市钱对于制钱的比例固定起来，定为一百比九十；为了确定民人的管业权，禁止从前回赎时收取过约钱的惯例。可以看出萨拉齐一带，蒙古人对于土地的所有权并没有像归化城附近那样解体。收取过约钱，证明回赎的权利依然在蒙古人手中；用实物形态交纳岁租，也同样说明蒙古人土地所有权的牢固性。与此相反，在归化城附近，出典的定态却占主要地位，这大概是伴随当地商业发展而来的现象。商业和高利贷的发展，即对于土地的封建所有者蒙古人的高利借贷，使这种典的关系得到发展，而在这种关系之下，蒙古人不仅几乎全部丧失了对土地的回赎权利，甚至连收取岁租的权利本身也都丧失掉了。"③

清理归化城土默特地区的地亩，不仅侵夺了归化城土默特蒙古对土地的回赎权，同时也导致民人在对土地实际占有权利的同时，却增加了其地价、租赋支出。因此这个政策是在剥夺蒙古土地的前提下，进一步加强对民人盘剥。这种损害蒙、民利益的政策，必然会导致蒙、民联合抵制。光绪三十三年（1906）五月下旬，萨拉齐厅在吴坝村设立

---

① 土默特左旗《土默特志》编纂委员会：《土默特志》（上），呼和浩特：内蒙古人民出版社，1997年，第193页。
② 土默特左旗《土默特志》编纂委员会：《土默特志》（上），呼和浩特：内蒙古人民出版社，1997年，第193页。
③ 安斋库治：《清末における绥远の开垦》，满铁调查月报，第19卷12号，南满洲铁道株式会社，1939年。

清查分局。反清丈地亩运动在吴坝村首先爆发。根据时任萨拉齐同知屠义矩的报告：

> 吴坝村设局以来，为数日久，未能动手。二十五日曾有甲会多人，来署声喊，借口青苗，恳求展缓。二十六在该村鸣锣聚众，扰攘终日。二十七大早，男女老幼塞署开堂，已不可理喻情怨。卑职即于下午前往吴坝村开导弹压，早见人山人海拥挤庙前。甲会隐藏，只众地户出头应话。惟有饬令地户等情相劝谕，限日开丈。若有不明之处，仍准来署请示。甲会既经躲避，则此事已无主名，即有无赖匪徒，乘机滋扰，霎时间拆去庙房三间，墙外砖石如雨，仍然乱击钟鼓，号召别村。卑职亲往喝阻，几为石块所中。一时喧嚷涕零，不容再行设局，不得已将各委员护送到署，暂避凶峰。①

这次反清丈地亩运动逐渐向邻村扩大，越来越多的蒙、民卷入了这场运动。贻谷看到形势恶化，就派遣"土默特查地局总办王德荣急赴萨拉齐，同时又派出垦务亲军、绥远城陆军、绥远城马队及口外巡防马队等开始对农民进行镇压。并逮捕这次反抗运动的守谋者和组织者"②。据光绪三十三年（1906）七月十五日，垦务大臣贻谷《查办萨属吴公坝等村聚众抗查地亩的咨文》载：

> 钦命督办蒙旗垦务大臣理藩部尚书衔绥远城将军贻为咨行事。光绪三十三年七月初一日，据清查土默特地亩总局总办分省补用直隶知州王直牧德荣，署萨拉齐抚民同知屠丞义矩禀称：窃卑职德荣前蒙宪台派赴萨拉齐厅查办吴坝、朱尔圪岱等村聚众抗拒查地一案，遵即起程，于六月初六日带队驰抵厅城，其时所聚之人业已分散，而人心浮动，妄起谣言，当即出示晓谕，告以仅拿该二村为首棍徒，其余一概不问。于是莠民敛迹，市面安堵如常。复经卑职义矩谕令乡耆前往开遵，又令祝巡札委来村设局清丈土默特地亩，随蒙张示定章在村等，因小的等村素皆老幼愚农，概无识字之辈，是否如何，本无知识，嗣问外人传喧，只知每亩有八九，近两年来虽非灾荒，收成极为欠薄，所有本年之禾苗独佳者，皆因地歇多年，突遇奇发，更兼入春以来，时雨时霈所致。想小的等村，当孔道委同禀陈，伏乞宪鉴批示，只遵等情。据此，除批据禀已悉，吴坝、朱尔圪岱等村聚抗查地一案，前惟饬拿主谋首事之人，解辕讯办，其余一概不问。③

这次反清丈地亩的运动，是蒙、民共同发起的。这次运动的首谋者和组织者被捕并

---

① 安斋库治：《清末における绥远の开垦》，满铁调查月报，第19卷12号，南满洲铁道株式会社，1939年。
② 安斋库治：《清末における绥远の开垦》，满铁调查月报，第19卷12号，南满洲铁道株式会社，1939年。
③ 土默特左旗档案馆藏：归化城副都统衙门档案，垦务大臣贻谷《查办萨属吴坝等村聚众抗查地亩的咨文》，档案号：80—5—593。亦载于陈志明：《土默特历史档案集粹》，呼和浩特：内蒙古人民出版社，2007年，第30页。

被处决。"这次运动并不是由汉族农民掀起来的。土默特蒙古人也同汉族农民一起参加到这次运动中来，其中如六六、大挠子、小挠子、来柱子、彭大秃、宿红等人都曾起过领导作用。因此，在萨拉齐地方爆发的农民的大众运动，绝不仅仅是由汉族农民掀起来的……这次运动却唤起了对垦务大臣开垦方针和清厘方针的批判和反省。农民减轻了应征的加价，垦务大臣贻谷则以此作为其罪状之一而被查办大臣鹿传霖揭发，并成为他丧失政治生命的内部要素之一。"① 归化城土默特清查地亩的行动也因此中断。

据《土默特志》统计，土默特清查地亩总局从成立到撤销，清丈了"土默特十二甲喇中的左翼首甲、右翼首甲、二甲、三甲、六甲，共5个甲喇的户口地、绝户地、官滩牧地、蒙古人自种地和民佃地，计9985顷61亩7厘。其中左翼首甲清丈土地1653顷87亩5分2厘，右翼首甲、二、三清丈土地3225顷16亩1分1厘5毫，右翼六甲清丈土地4985顷11亩5分7厘。应征收价银222136两2钱9分8厘9毫，除拖欠外，仅收24072两，再加上其他收入才25624两3钱1分9厘，除去开支，剩余983两3分6厘"。② 这个结果显然没有达到纾缓清廷财政的目的，却造成了新的社会不安定因素。归化城土默特地区的放垦行动被停也就不难理解了。

土默特查地局勘丈两翼所属各村地亩数目表（单位：顷）③

甲佐	村名	地亩数	村名	地亩数	村名	地亩数
左翼首甲	大小台什、后巧尔报	77.9943	前后石头新营	88.1282	姑子板	77.1094
	南地村	97.0873	塔布秃力亥	101.9157	毫沁营	139.0039
	生盖营	61.5051	三合村	772.8651	滕家营	108.3878
	罗家营	95.3662	什兰岱村	152.3945	哈拉沁村	74.4312
	乌尔补浪	35.0065	讨速号村	87.4547	哈拉更尔	55.6671
	黑土洼村	1.0418	双顺尔	105.8693	麻花板村	164.5698
	代州营	45.3872	营房道	14.489		
	合计					2355.674

---

① 安斋库治：《清末における绥远の开垦》，满铁调查月报，第19卷12号，南满洲铁道株式会社，1939年。
② 土默特左旗《土默特志》编纂委员会：《土默特志》（上），呼和浩特：内蒙古人民出版社，1997年，第194页。
③ 土默特左旗《土默特志》编纂委员会：《土默特志》（上），呼和浩特：内蒙古人民出版社，1997年，第196—202页。

续表

甲佐	村名	地亩数	村名	地亩数	村名	地亩数
右翼首、二、三甲	阿益圪沁	19.482	栽森村	59.734	台格木	104.5568
	羊羔村	59.3127	袄太村	86.6714	霍拉格气	40.7432
	庙营、耿家打尔架	48.192	什报气	27.0464	白石头沟	3.13
	西五速图	109.0987	塔什板申	120.1944	倘不浪	122.7724
	东五速图	76.9991	坝口子	33.3414	兵州亥村	93.198
	什拉门更、攸攸板申	105.8083	毕克齐	143.1916	察素齐	209.2412
	北什轴	166.7261	上下十里坡、五里坡	120.9924	此老村	112.8193
	东、西、后红代尔村	44.5881	大、小圪报尔村	68.2884	大、小里保	52.7887
	常合赖	192.7962	新营子	44.5141	出堰村	35.5536
	讨合气	20.9385	朱根岱	46.3851	朱尔沟	23.1462
	古城	45.1039	大毕克齐	10.5759	平基村	48.2384
	东、西沟门	12.7936	南什轴	22.9292	三盖村	17.409
	典什气	7.979	圪斯贵	41.739	把什板申	41.6959
	乌兰板申	18.3315	西淤地村	86.1994	袄尔圪逊	60.642
	账房村	15.1599	毛挠亥	83.92	西梁村	17.2222
	什兵地村	38.2977	苏盖营	23.1169	察汉图拉海	26.8151
	杨家堡	43.4923	王毕克齐	20.9434	阎桂房	11.1039
	康台吉村	29.2273	一间房	24.6771		
	合计					3139.863
右翼六甲	吴坝村	162.952	朱尔圪代	114.5324	大袄兑村	108.619
	官坝村	159.823	黑麻板	18.6968	小厂库伦	62.0637
	鄂尔圪逊	162.6057	小鄂尔圪逊	123.9467	公吉板申	151.188
	板申气	137.8291	魏俊村	141.2426	沙尔沁村	158.9466
	澄口村	250.0298	苗六营村	132.6254	水涧沟村	108.2568
	北只图村	162.1409	小袄兑村	56.916	偏关营	95.3084
	马留尔村	9.9783	土合气村	115.5346	把拉盖村	64.3276
	霍家园村	20.299	范胡营村	313.7348	大葫芦头村	269.9912
	公盖营等9村	1183.5372				
	合计					4285.126

笔者据《土默特志》所载数据进行统计，清查地亩总局共清丈归化城土默特左翼首甲、右翼首甲、二甲、三甲、六甲，共5个甲喇的户口地、绝户地、官滩牧地、蒙古人自种地和民佃地，共计9780.663顷。其中左翼首甲清丈土地2355.674顷，右翼首甲、二、三清丈土地3139.863顷，右翼六甲清丈土地4285.126顷。与《土默特志》所统计的数字是有一定差异的。据《土默特志》载："土默特两翼旗应清丈地亩共有84806顷，其中蒙古自种户口地3482顷43亩，其中蒙古自种户口地3482顷43亩，民佃（已租出，不能收回）地32729顷8亩，户口地（已出租，但所有权仍在蒙古手中）32763顷31亩，官滩地7714顷37亩、绝户地905顷48亩、召庙地1189顷67亩、河套地2480顷、

村占地 2391 顷 67 亩、茔占地 790 顷 13 亩。"① 据此可见，归化城土默特地亩清理所取得的效果非常有限，却引起了蒙、民的抵抗。

（三）归化城土默特地区马厂地和驿站地的放垦

1. 绥远八旗马厂地的放垦

归化城土默特两翼境内有绥远八旗马厂地两处：一为位于和林格尔、清水河地区的右卫八旗马厂地，面积万余顷；一为大青山后绥远城八旗马厂地，面积约为 2.4 万顷（见上文）。右卫八旗马厂地原为牧放马匹拨给的土地，但驻军官兵不仅放牧马匹，还招民垦种。"在八旗马厂原定四至内之地，系与蒙古等掺杂游牧之地"②。这必然引起驻防官兵与归化城土默特蒙古之间的纠纷。在八旗军从右卫移驻绥远城之后，乾隆三年（1738），在大青山后又划拨 1.2 万余顷土地作为牧厂，同时绥远城八旗又侵占归化城土默特土地 1 万多顷。

绥远城八旗马厂地早在乾隆至嘉庆年间就已经被放垦约六千余顷。据嘉庆十二年（1807）八月二十五日，察哈尔都统庆怡奏：

> 又查得大青山八旗马厂地面辽廓，绵亘四五百里，除该将军等先后奏请开垦六千余顷外，约略计算尚余草地二万余顷。从前奏准开种与此次请开之地俱在大青山之北，从前所开地亩六千余顷，俱系山北之东西及中间散布开种，现今该将军等请开之地，即在从前已开之处各就地势展拓。若于所余草地招垦数百顷，筹补粮额，于游牧尚无妨碍。③

道光年间，右卫八旗马厂地亩又被开垦，据道光四年（1824）五月初四，绥远城将军德英阿、山西巡抚邱树棠奏：

> 右卫城守尉庆禄、归绥道岳祥□□，奉委前往该处督同归化城同知文明逐细勘丈，右卫八旗马厂周围七十六里零，核计共地二千六百二十五顷八十四亩，内除山河、沟渠、沙滩等地一千三百余顷不堪耕种，净有可垦地一千三百余顷。④

无论是右卫马厂地还是绥远城马厂地，早在清末蒙地放垦之前就已经被大量丈放。

---

① 土默特左旗《土默特志》编纂委员会：《土默特志》（上），呼和浩特：内蒙古人民出版社，1997 年，第 194 页。
② 土默特左旗档案馆藏：归化城副都统衙门档案，左翼三甲参领《为将本甲牧场如若作为马场游牧不免致有流离失所呈请饬查》，档案号：80—22—231。
③ 中国科学院地理科学与资源研究所、中国第一历史档案馆：《清代奏折汇编·农业·环境》，北京：商务印书馆，2005 年，第 356 页。
④ 中国科学院地理科学与资源研究所、中国第一历史档案馆：《清代奏折汇编·农业·环境》，北京：商务印书馆，2005 年，第 416 页。

"山后八旗马厂地早在乾隆至嘉庆年间就已垦放约六千顷,该垦地清末已荒废近半。光绪二十七年(1901),绥远城将军信恪为编练新军,曾拟开山后马厂地,但未及实施,钦差督办垦务大臣已莅绥履任。1902年,贻谷设立绥远八旗马厂垦务局,着手放垦马厂地。"①

放垦绥远八旗马厂涉及八旗马厂和土默特两翼蒙古土地的划界问题。因划界问题,绥远八旗与归化城土默特两翼之间纠纷不断。垦务大臣与绥远城将军向归化城副都统发公文,要求共同解决划界问题。但是绥远城协领与土默特各参领在马厂界址问题上意见分歧,此次测界未能进行。1902年7月,归化城土默特两翼十二参领联衔呈文贻谷,控诉绥远城协领等欺凌霸占土默特地亩:

土默特伊精额等呈控被绥远城协领等欺凌霸占马厂由

归化城土默特兵司翼长伊精额、户司翼长松阿哩、参领苏克精额、福禄、哈芬阿、乌尔贡额、纳素克、齐布森、萨拉素、福森泰、若宪、都格尔札布等联名谨禀钦差大臣大人阁下,敬禀者,窃卑职等俱系边外蒙古,不揣冒昧,敢将大青山后八旗马厂土默特蒙古屡被绥远城协领等欺凌侵占,其贪腹不止饮河各节,分条据陈,敬为我宪台明鉴览:

一、绥远城八旗官兵、归化城土默特两翼蒙古俱系皇上世仆,自土默特投诚后,仍将原有之游牧赏给土默特两翼蒙古官兵当差养赡,或牧或耕,以资糊口生计。即以绥远城八旗马厂而言,前在右卫驻扎时,曾由土默特南界内清、和两厅之间拨过马厂数千顷,嗣经移驻绥远,复经前任将军由土默特山后各佐领蒙古暨召庙喇嘛糊口牧畜厂内拨给八旗马厂,俱有界段,统共二万一百余顷,系奏定为公共游牧,案据昭然。维时马厂界外,另有土默特原产,奉断游牧,多寡实与八旗无涉。而马厂界内与土默特蒙古公共游牧者,不能无故揆核议异。是乾隆六十、嘉庆十四等年,因添满营钱粮,计三次由土默特游牧内垦放地七千余顷,每年由厅征解绥远城银一万五千余两。似此如何不富。其蒙古游牧界内居住之原业蒙古,既失其业,又失其牧,似此如何不贫。当经前任都统因碍蒙古生计,咨准理藩院行令将军、都统会同复议,四至及牧马各地方,均从先议,四至樽田空出蒙古各游牧,是以案内声叙四界内蒙古仍在马厂居住。是所以系专指蒙古准于马厂界内公共游牧,并非马厂随蒙古到何处即可放牧明文。试思当年办理此案,蒙古不失游牧之所,而八旗有牧马之处,所办平允,令人感戴。乃绥远城协领等朦胧前任将军,将马厂借以学堂招民开垦以作经费等因入奏,奉旨钦差宪台开垦两盟牧地,就便开垦马厂。然此马厂原奏案内有土默特蒙古公共游牧

---

① 晓克:《土默特史》,呼和浩特:内蒙古教育出版社,2008年,第375页。

字样，宜有游牧一半，自应分拨一半。其清、和两厅界内前拨马厂，既已移驻绥远，大青山后又拨马厂，应将前拨土默特牧马厂归还土默特蒙古，方为办公正理。迄今有年未还。因查此项作为绥远城经费，今又借学堂为名，又将后山马厂作为经费，日前与绥远城协领等晤面时，同看成案内八旗马厂界内土默特蒙古有公共游牧字样，而其以闲言弗论，意谋独得鲸吞，殊属贪心不厌。今卑职等不得不将前后拨与马厂情形陈明，当时奏定公共游牧，是为两城共同之地，今绥远城既欲垦牧得租，必以官马无用，似应一半开垦，可否委员协同两城前往山后，先行通盘勘丈两城牧地，以归水落石出，而免蒙古失所流离，恭候断办遵行。

……

一、光绪二十七年九月十八日，接得绥远城内公文内开：大青山后八旗马厂界址，南北计二百里，东西计三百里"等因，饬行到司，卑职等公同合议，即以南北界而论，由土默特北界核起，至归化城止，大约一百二三十里，由归化城往南，再有八九十里，八旗马厂方足南北二百里之数。由此观之，绥远城协领等窥觑土默特阖旗地界，洵属妄谋。日前卑职等与绥远城协领等在本旗户司觌面之际，谈及上年行来八旗马厂南北二百里、东西三百里之界，伊等又以为误，从新返回，愿照道光二十三年部议，仍循旧界办理。卑职等再四思维，现在之协领办公检查案卷，自称谬误悔过，于兹诚恐将来隔有年久，后人检出误为此三百里二百里之案，势必于土默特后人，又执狡展，岂非徒费周章耶？今卑职等应将前情陈明，乞请即时更正公断，以免将来纠葛，而饬两城和谊。以上谨拟三事，除径禀署将军都宪外，为此恳请钦差大臣大人……伏乞垂鉴。①

贻谷拒绝归还右卫八旗马厂所占之地，而仅仅同意勘绥远八旗马厂地界。勘察大青山后八旗马厂地的工作，自1902年10月开始，到1903年5月全部丈量完毕，历时7个月。据光绪二十九年（1903）闰五月二十一日，《督办垦务大臣奏酌拟办理绥远城牧厂情形折》载：

督办垦务理藩院尚书衔兵部左侍郎奴才贻谷，署理绥远城将军归化城副都统奴才文瑞跪奏，为查明绥远城牧厂情形，并照原奏酌拟变通办法，恭折，仰祈圣鉴事。窃绥远城八旗牧厂，前经调任将军信恪奏明，扩充垦务。钦奉谕旨，随时会商奴才贻谷办理。当因牧厂地界与土默特尚有轇轕，未便率行开放。经奴才贻谷委员会同绥远城土默特各员前往履勘，拟俟统行清丈后，按照道光二十三年奏案，将八旗应得地数划

---

① 土默特左旗《土默特志》编纂委员会：《土默特志》（上），呼和浩特：内蒙古人民出版社，1997年，第183—184页。

归绥远城分别开垦留牧，余地划出另行垦放。业经陈明在案。伏查乾隆三年，由土默牧地内恩赏绥远城驻防官兵牧厂，原系南北宽一百里，东西长三百里。旋于是年七月间仍在大青山后，另指十处作为牧厂。八旗、两翼各分四至，中间空地照旧归土默特。其牧厂界内，土默特蒙古亦准寄居。先系随同水草公共游牧，后于乾隆二十八年，经将军蕴著春奏明，在牧厂界外拜衡郭尔山前另断土默特游牧，而绥远城泥于从前公共之文，不免时有顷越，遂有道光二十三年互争游牧之案。将军奕兴、归化城副都统成凯先后具奏，奉旨著仍赏给土默特，其八旗马厂仍循旧界以杜争端等因。钦此。然判别于马厂之外者，游牧虽已各分，而错处于马厂之中者，地段依然相接。杂居日久，犋俱无猜。厂地渐就混同，土默特亦未尝考其界划。迨至去年，奉旨扩充垦务，土默特参领等始以牧厂以当有该旗应得之地，赴奴才贻谷处呈请分别办理。奴才等调阅两处地图界址，里数均多不合。详加询问，而绥远城土默特官员等皆不能指其应分地段。奴才等遂于七月间会委各员前往查勘。因地方辽阔，一时未能丈量。各委员就勘所及，证以绥远城地图，用按里合顷之法核计，共有三万二千余顷。较道光二十三年奏案八旗马厂除已放地亩外，尚有草地二万余顷之语迥不相符。奴才等以非统行丈量，终难凭信。惟时值秋冬之际，天寒地冻，人力难施。本年二月间拣派绳丈委员，分赴八旗两翼马厂，认真逐加勘丈。现虽未一律丈竣，而就各处册报，核其地数，较旧案实有增多。奴才等传同绥远城协佐领，土默特参、佐领等公同商酌，拟照前奏，将绥远城牧厂除已放粮地不计外，应得草地二万零一百四十一顷十亩划清，其余地亩仍划还土默特。该员等均无异词。此奴才等查明绥远城牧厂与土默特应行各清地界之实在情形也。至牧厂之地，乾隆六十年、嘉庆十一年、十四年，因筹满营养育兵及孀妇、孤女养赡钱粮，先后三次奏放，共计七千三百余顷。由归化厅按年征租，现在统应粮地。此外所放荒地，间有私垦，尚不甚多。迭次出示招报，迄今报者寥寥。奴才贻谷饬令委员到地时，一面丈量，一面清查。除粮地外，无论已垦、未垦，一律清丈。按照定例，以二百四十弓为一亩。俟统行丈完后，先划足绥远城二万一百四十一顷十亩之数，分别垦牧。详察牧厂各地，以正蓝旗、两翼土性为最，正白、厢蓝两旗次之，正黄、镶黄、正红三旗又次之。厢白、厢红两旗山多地劣，可耕之地较少。现拟照信恪原奏，略加变通。除去山河、道路、村镇及仅宜牧而不宜耕者留作牧地，余均尽数开放。以三分计之约计应放地亩不过二分上下，与原奏不甚相悬。该处厂地尚无旗员、地商串通私卖、私租等弊，与察哈尔左右翼情形不同。应牧押荒即照他处稍增，民户亦当愿领。惟地质既分等次，荒价亦应有区别。庶上地不致贱放，次地不至滞销。参酌户部奏章，量为变通。上地每亩收报荒银四钱，中地三钱，下地二钱，先行试办开垦。如有窒碍，仍由奴才等随时妥议奏明。所收荒价以四成留作办垦经费，以六成为建立学堂、改练新军等项之需。至部章押荒，虽判等差，地租则统照一律。查向办开垦王公报效马厂章程，每亩征官租银一分四厘，多征私租银四厘。而绥远城前放成□，则系每亩征官租银二分一厘五毫。奴才等窃见承种粮地各户，因欠租报逃者不少。博访舆论，新垦厂地若仍照二分一厘五毫征，恐民力实有未逮。与其后来避租逃弃，使地之仍旧荒芜，何如赋则从宽，使民户易于输纳。且口外放地段，亩多按三百六十弓，而厂地则向按二百四十弓。广袤既殊，租入尤应量为体恤。拟仍照各处开放马厂部章，每亩征银一分四厘。遇闰每两加征银□分，每征银一两，加耗银五分。既非王公报效马厂，即无庸另征私租。其升科年限，分别已垦、未垦。已垦之地□收缴押荒，次年升科。未垦之地于缴纳押荒后，试垦三年，再行升科。并解升科租银应需倾镕火耗，解费每亩加收银一厘一毫，以□限制核计。现定租银专就牧厂而言，比旧额似形减少。若以东西各垦通盘筹算，各垦之定一分八厘租者，其地则以二百六十弓为一亩。牧厂之定一分四厘租者，其地则以二百四十弓为一亩，不能不因其旧，并不能不酌其平。奴才贻谷维持全局之心，实在于此。顷在口外添设厅治，分划地界，尚未奏定。此项地租应归何衙门征收，俟随后详加体察，再由奴才等会同山西巡抚臣具奏。所有查□绥远城牧厂应分地亩并照原奏酌拟变通办法情形，是否有当。谨合词恭折具陈。伏乞皇太后、皇上圣鉴训示，遵行。谨奏。奉朱批户部议奏。钦此。①

据清查结果来看，绥远城八旗马厂侵占归化城土默特地亩一万二千余顷。据此，贻谷拟除去已经放垦的八旗马厂地，仍保持八旗马厂二万余顷的草场后，剩余的土地才还给归化城土默特两翼。显然这是一次合法的侵占归化城土默特两翼蒙古的土地。同时贻谷根据此次勘丈土地情况，对马厂的土地有了一定的了解，并具体规定了马厂开垦章程、押荒与征租标准。从1903年8月开始招民认垦，但是认垦土地之民人很少。据光绪二十九年（1903）十二月初六日，绥远城将军贻谷奏《携印赴边履勘八旗牧厂荒地情形折》载：

> 督办垦务理藩院尚书衔绥远城将军奴才贻谷跪奏，为携印赴边，履勘绥远八旗牧厂荒地情形，恭报起程日期。……现统行丈竣，出示招垦。并令拟变通押荒升科办法奏明在案。惟迄今报领之户寥寥无几。正在筹虑放垦之难，而土默特旗复以失地为请矣，四子王旗忽以溢丈争论矣，各起委员又咸以旧领粮地各户纷纷占垦呈请清查矣。

---

① 《申报》（上海版），1903年7月15日，星期三，第10860号，清光绪二十九年闰五月二十一日，第15版。

是牧厂地亩现并未获丝毫之利，而已先滋纠绕之端。①

为了进一步使八旗马厂能够更好的放垦，贻谷请求遴选人员帮办牧厂事宜，据光绪三十年（1904）正月十九日，绥远城将军贻谷奏《请遴员帮办牧厂事宜片》载：

> 贻谷片：再绥远八旗牧厂垦务，系建军兴学所关。奴才前既奉命会商，今更责无旁贷。无论放垦如何为难，亦必须实力经营，期可变通尽利。此次奴才躬亲周历，察知办理疲滞情形，已于折内详细陈明另筹办法，惟相机因应，全在督理其事者，随时亲临地所操纵得宜。奴才自督办蒙垦以来，并作兼营，时虞弗给，刻西盟已收各地方，现正逐端筹办，或招民认领，或相地开渠。一俟春融，尤须奴才往为查勘，未便专顾牧厂一隅。而牧厂各项兴垦，近更时不容缓。因思归化城副都统文瑞，年余来三次署理绥远军篆，与奴才商办垦务，遇事和衷资，其经画此项厂地情形诸事，尤为熟习。查归化事务尚简，若令其帮同奴才办理牧厂垦务，相与维持，虽遇奴才西逐东驰，有该副都统就近筹划，或分赴牧厂放垦，为之督率兴办，必克成效渐收，于事有裨。②

贻谷不仅请求归化城副都统文瑞帮办牧厂垦务，同时提出试办屯垦事宜。据绥远城将军贻谷奏《变通开放厂地并拟办屯垦事宜折》载：

> 督办垦务理藩院尚书衔绥远城将军奴才贻谷跪奏，为绥远城牧厂地亩垦放较难，现在另筹变通办法，并拟试屯田，以资分垦，而期有效，恭折，仰祈圣鉴事。窃绥远城八旗厂地，扩充开放。叠经奴才将派员丈量酌拟办法，赴边亲行履勘各情形奏明在案。伏查前项牧厂在大青山后，当塞外极寒之地，本非处处宜耕。从前乾隆、嘉庆年间，四次垦辟，均系择地开放，此次经前任将军信恪奏请，将全厂三分垦二，固知膏腴之地本已无多。奴才前因出示招垦，领户寥寥，将章程略予变通，于应收荒价宽定限期，分起征缴。乃时逾数月，仅据民户陆续认领地二百余顷。奴才以此举关系人民生计，且学堂、练兵经费皆将于此取资，若任其观望迟回，深恐废时糜饷。前此屡勘厂地不易开放，几疑不便私图之人从中摇惑。及亲往履勘后，博稽舆论，遍察土宜，天气则寒早暖迟，地脉则瘠多腴少，其堪列上则者，大半在已放粮地中。加以多年久未查清逃粮溢垦之奸民，又复择肥而取。凡未经垦辟之地，多系蒙沙含石，为老农所不屑经营。又兼四接两盟，东邻两翼，同时兴垦，人人有较量优劣之心，且毗连之四子王、达尔罕诸盟，自放蒙地，贱取其值，彼广招徕，此更碍放。现在兴学建军，业

---

① 《申报》（上海版），1904年1月22日，星期五，第11051号，清光绪二十九年十二月初六日，第11版。

② 《申报》（上海版），1904年3月5日，星期五，第11090号，清光绪三十年正月十九日，第12版。

已刻不容缓。奴才日夜筹划,窃虑无米为炊。因迫令垦务公司呈缴押荒现银,指认地三百余顷。又由奴才将应得廉俸公费尽数指认地亩,以为之倡。即饬该城协佐领以下官员兵丁,量力认领,分期缴价,留作恒产。复出示将民户荒价,分为三限,每六个月征收一次。并于查勘厂地时,暂驻后山地方,传集商民反复开导,释其疑惧观望之心。附近居民,辄肯首先承领。现据局员报称,领地民户较前稍形踊跃。统计官民已认之地,截至本年十一月底止,共有一千余顷。转瞬春融将届,东作方兴,愿受一廛或可更期畅旺。仍当饬令局员,随时认真劝领,以冀早日竣事。惟厂地既非沃壤,办理又加此其难,无论如何设法招致,度亦不能放及三分之二。奴才熟加筹议,与其待价而遗旷土,终无以应急,而何如选土而习躬耕,转可以资生。查旗兵坐食钱粮,畏牌勤苦,久已习为固然。方今庶政修明,振兴农学,而满营兵弁徒,应差操之故事,不知耕作之本原,体懈志偷,安望其缓急可恃。奴才到任以来屡加简阅,□忧之际,此牧荒难放,分作屯田,计诚两得。前于履边之顷,勘得两翼马厂地势平坦,土性亦尚可耕种。拟将该处厂地一千一百余顷,尽数拨归八旗,选择满蒙壮丁,每旗百名,仿照吉林双城堡章程,试办屯垦。其详细办法,容俟拟定,另行具奏。但建盖屯丁房屋,制买农具、籽种,需费甚巨。现值旗库支绌,罗掘早空,即将来荒价畅收,只能用之学堂、练兵,何暇别资挹注。应由奴才督饬协佐领等另行设法筹款,务在必行。纵使经费不充,亦必先就一二处试办,以后渐推渐广,庶免土地荒芜之虞,兼有兵农合一之规,似可兴学练军,并期两得。至此项屯地,既由八旗兵丁自行垦种,应恳恩免征荒价岁租,以示体恤。将来屯地渐著成效,得有余资,尚可筹拨各旗办公之费。如此则各军士竞务农功,教艺屯边,知稼穑艰难,而无遗募民塞下,将耰锄荷畚而偕来,于垦务庶有裨益。所有变通开放厂地,并拟试办屯垦各缘由,是否有当,理合恭折具陈。伏乞皇太后、皇上圣鉴,训示。谨奏。①

办理屯垦,除了需要大量的劳动力外,还需要有相当数量的力畜,这就需要大量的资金,可是贻谷办理垦务所缺的就是资金。为解决资金短缺的问题,在光绪三十年(1904)三月初七,绥远城将军贻谷奏《为绥远城屯垦需用牛具无款可筹,拟请援案开办牛捐折》载:

奴才贻谷、文瑞跪奏,为绥远城屯垦需用牛具,无款可筹,拟请援案开办牛捐,以资接济,而裨耕作,恭折,仰祈圣鉴事。窃奴才贻谷,于上年十二月间,因绥远城牧厂荒地未能全行开放,拟将两翼厂地留归八旗屯垦,由奴才设法筹款试办。业经陈明,奉旨允准在案。伏维屯田之利,史册昭然。我朝慎重塞防。从前疆臣之留意边陲

---

① 《申报》(上海版),1904年3月5日,星期五,第11090号,清光绪三十年正月十九日,第12版。

者，罔不视为急务。近日若吉林之双城堡，天津之盐水沽、新城一带，西北路之乌鲁木齐、科布多等处地方，率皆行之而有效。此次筹开绥城利益因招垦而议及屯田，待米为炊，情形尤急。奴才等于奉旨后熟筹兴办事宜，及应需经费，无如绥城旗库向本支绌，近年以来更属罗掘一空。即如改练新军，建立学堂之费，仰给于牧厂荒价，指禾待实，尚苦挹注无从，此外别有经营，其艰窘更复可想。奴才贻谷自上年到任后，目睹情形于各项用度支绌，无不力从撙节，甚至综理不遗竹木捐贷及于俸廉，凡有可为绥城谋生计助饷需者，皆殚竭心力为之。屯垦一举可以儆旗兵之惰，而裕军食之源。奴才既筹划于先，未便因办理无资，遂尔中辍。溯查光绪四年、十九年，直隶年岁灾歉，耕牛缺乏，经前直隶督臣李鸿章两次奏请，由察哈尔各旗群满蒙官兵捐助耕牛，援案请奖。光绪二十六年察哈尔都统奎顺等，复因饷项支绌，奏请开办牛捐有案。现在绥城屯垦，农具在所急需，而尤以耕牛为大宗。口外向系产牛之区，奴才贻谷办垦两年，久居蒙地，凡有举动，向为各蒙众所信从。若以要政向其筹捐，似不难于集事。拟援照叠次成案，在察哈尔左右翼各旗□地方开办牛捐，凡有满蒙官兵等捐助耕牛者，每牛一只，仍折收实银十四两，均各按所捐多寡，比照成案核给奖叙。如有绥远城官兵及寄居口外多蒙地之商民，愿助耕牛，亦拟请一律收捐请奖。惟查二十七年，户部议覆奎顺等办捐原奏，嗣后如因饷需紧要，情殷报效者，只准以实银捐输，不得援案捐助耕牛等语。窃思现在因屯垦急需牛只，必待收银购易，不免辗转稽迟，兼之口外去冬牛价骤昂，若按定价收捐，以时价收买，必至亏折。此项捐案，向只口外旗蒙官兵及寄贸蒙地商民始肯报捐，与内地筹饷、筹赈各捐毫无妨碍。且此次需牛应用始议牛捐，与从前成案之重在集款者情形亦异。拟请稍予变通。遇有官兵商民人等捐缴实银未能足数，愿以牛只搭捐，或愿径以牛只交纳者，但察其实系膘壮可用，亦准验收，仍按每只十四两折合银数。嗣后他处筹集饷需，不得援以为例。其事竣后，核给奖叙，仍遵照部章，只准奖给虚衔、封典贡监、翎枝，概不准请奖实官，以符定制。但近来各处捐局，意在广为招致，往往按减成数目，再行减折收捐。核计牛捐成案，较之现行各捐减收之数，间有增多，诚恐捐生裹足。拟请于比照成案之中，仍核与各处捐例，不甚悬殊，庶期踊跃。其有无从比照成案者，则照各省工赈捐案章程办理。俟集捐至三万两，即行停止。如蒙俞允，即由奴才等遴员在张家口、归化城两处报捐，将来集有成数时，再行援案奏请奖叙。奴才等为屯垦需牛无款购备起见，是否有当，理合恭折具奏，伏乞皇太后、皇上圣鉴，训示。谨奏。奉朱批。户部议奏。钦此。①

---

① 《申报》（上海版），1904年4月22日，星期五，第11280号，清光绪三十年三月初七日，第12版。

据上可知，贻谷为绥远城八旗马厂地放垦进行了多方筹划。虽然有较为优惠的条件和政策，但是由于土地贫瘠、地处寒冷之区，民人认领者很少。虽然鼓励八旗官兵认领，甚至贻谷带头认领土地，但响应者少。据光绪三十三年（1906）七月二十二日，萨拉齐署同知屠义矩《申覆遵饬查明缓征土默特厂地案内各租银数目》载有"招民认垦荒地五十顷上下。"① 由此可见民人是不乐意认垦荒地的。据《土默特志》统计，"自1902年到1908年，马厂垦务局共放地3786顷27亩7分。内有贻谷、文哲珲领地130顷，八旗兵领地326顷95亩，西路垦务公司领地473顷10亩7分8厘，农户领地1563顷50亩，兴屯垦地1292顷72亩，应征押荒银37570两4分2厘"② 。这些土地仅占绥远八旗马厂地的约15%。由此可见绥远八旗马厂放垦土地之成效是十分低下的。

2. 土默特境内台占地放垦

土默特境内有台站六个，台站土地均从两翼草场中划拨，用作牧放驿站马匹和站丁的牲畜（见上文）。随着归化城土默特两翼草场被开垦为良田，站地也租给民人耕种。因此到清末贻谷办理绥远垦务时，站地已大多被垦为良田。站产有的变为蒙产，有的被私人侵占，最后所剩无几。贻谷在1906年的示谕中称："凡站路所经例禁私垦，乃历年既久，其附近站地民户往往有偷行越垦及站蒙私相租佃事情。近查各站地有垦至十之四五、十之二三者，若不设法清理，将来必尽成私垦，实与台务大有妨碍。"③

1906年3月，正式成立"办理杀虎口驿站垦务局"，着手丈放站地。其官员名单如下：

  总办：王德荣、景禔、奎显

  会办：李年庆、黄桂荬、余宝滋、乔樾荫

  帮办：郝敬瑞④

归化城土默特境内六站驿马厂地已被开垦，侵占为数甚多。杀虎口驿站垦务局报呈："唯土默特境内六站驿马厂附近内地，开垦最多。与各站兵户口地不相毗连，而驿站传道衙门查无康熙年间所定里数原案。以致各站之地全被蒙汉人民任意侵占，即如归化驿站，原在大小黑河之间，现驿站租垦收租者，统计不到六七十顷，是每面不过十五里之

---

① 土默特左旗档案馆藏：归化城副都统衙门档案，萨拉齐同知《申复遵饬查明缓征土默特厂地案内各租银数目》，档案号：80—6—874。
② 土默特左旗《土默特志》编纂委员会：《土默特志》（上），呼和浩特：内蒙古人民出版社，1997年，第183—185页。
③ 土默特左旗《土默特志》编纂委员会：《土默特志》（上），呼和浩特：内蒙古人民出版社，1997年，第202页。
④ 土默特左旗《土默特志》编纂委员会：《土默特志》（上），呼和浩特：内蒙古人民出版社，1997年，第203页。

谱，断非原日旧观。而其中尚有蒙古多户零星错杂，借口是其户口，不听丈量。至本站原设站兵五十名，现所存者不过十户，余者全属绝户，而绝户之地，亦竟十不得一二处。夫户有绝时，而地无绝理，乃一经清理，不曰蒙产户口，即是召庙收租，辗转支吾，穷于究诘，推求其故，有原日战兵典与蒙古、召庙之地，有后日站兵收于蒙古、召庙之租，迨至年久，或因人亡户绝，或因回赎无资，于是变站产为蒙产。至于暗相侵越，或因站兵之女与苏木结婚，以公产作奁者更无论矣。和林等处，无不皆然。"①

据景祺、李年庆、黄桂棻在1906年2月呈报《站地垦务局开办章程》载：

> 至站地放垦应收押荒经费数目，遵查原奏，在土默特境者，比照右翼办法，即拟每地一亩征收押荒库平银二钱，经费库平银一钱……至土默特境内站地处分归、和等厅甚零星，招放恐不容易，拟请饬下西路公司全数认领，预征押荒。②

1906年4月，贻谷派委德裕等六员为绳丈各差。和林分局由郝敬瑞负责，办理和林、新店、杀虎口三站垦务；钟英会办归化城、萨勒庆两站垦务；李景欣办理杜尔格站垦务。③ 站地与户口地亩混杂交错，又无案据可查，丈放无法进行。④ 在丈放台站地过程中，拟对占地地亩不足的地方，从两翼划地补足。如"归化站地有亏原数"，贻谷令土默特两翼诸参领会商予以解决，经过会商，决定将萨属壮丁营子先年报退之地百余顷划补归化各站之亏数。贻谷得到禀覆，立即命令"站地局派员会同该参领前往履勘"⑤。据《土默特志》统计，杀虎口站地垦务局从1906年3月到1908年4月，"共丈放土默特境内六台站地1383顷69亩4分3厘9毫，应征押荒银41510两8钱3分"⑥。

（四）停办垦务

贻谷在办理蒙垦期间，所贯彻的就是剥夺蒙古对土地的所有权（领有权）。不仅对乌兰察布盟、伊克昭盟恩威并用，对归化城土默特两翼亦是如此。归化城土默特两翼诸

---

① 土默特左旗《土默特志》编纂委员会：《土默特志》（上），呼和浩特：内蒙古人民出版社，1997年，第202—203页。
② 土默特左旗《土默特志》编纂委员会：《土默特志》（上），呼和浩特：内蒙古人民出版社，1997年，第202—203页。
③ 土默特左旗《土默特志》编纂委员会：《土默特志》（上），呼和浩特：内蒙古人民出版社，1997年，第203页。
④ 晓克：《土默特史》，呼和浩特：内蒙古教育出版社，2008年，第376页。
⑤ 光绪三十二年四月，《达恒泰等十二参领遵饬议以公地抵补站地亏数》，《垦务档案复印件》，第1699—1701页，内蒙古档案馆藏。引自晓克：《土默特史》，呼和浩特：内蒙古教育出版社，2008年，第376页。
⑥ 土默特左旗《土默特志》编纂委员会：《土默特志》（上），呼和浩特：内蒙古人民出版社，1997年，第202—203页。

参领迫于贻谷的威势，不得不屈从。而这种屈从着实导致归化城土默特蒙古地权的丧失。民人虽然在一定程度上取得了土地的管业权，但是却增加了原本沉重的负担。而一些对限制回赎权抱有不满情绪的归化城土默特官兵，开始进行回赎土地的尝试，这就导致蒙民之间土地纠纷频发。

1907年冬，归化城副都统文哲珲以"破坏边局，蒙民怨恨"为由，参奏贻谷。据文哲珲奏《参垦务大臣败坏边局欺朦巧取折》载：

> 奏为特参垦务大员败坏边局，欺朦巧取，蒙民怨恨，后患堪忧，恭折据实直陈，仰祈圣鉴事。窃查垦务大员，绥远城将军贻谷，自光绪二十八年办垦以来，按其奏章报销，无一不动听合款。考其实行诸事，无一不巧取欺朦。由是蒙民怨恨，历启衅端。奴才见闻既确，曷敢徇隐不言。谨撮其大概情形为我皇太后、皇上陈之。查垦务大员将军贻谷，素行险诈，于初办蒙垦，不以诚信待人，勿论蒙汉遇事，即施其愚弄手段，以至蒙民怨恨。目前虽皆仰赖朝廷德泽，惟蒙心不平，恐难长久相安，后患更不堪设想。按乌审贝子一旗论，闻该大臣办垦无法，使令喇嘛王德呢玛愚弄该贝子，逼令报地，许给升授盟长，请加王衔。该贝子遂由行辕借银五千两，径送该大臣作为谢礼。而王喇嘛等从中勒索甚巨。该旗蒙众以银地两失，大动公愤，聚众二千余人，声言先杀王喇嘛，再向垦务办理。该大臣不知愧悔，仍派委员吴逮菜等往要借银，并按三分行息算利。该蒙众由此，愈形怨恨，聚众至今仍未散。陕边厅县及布政使衙门，均经该蒙旗呈报有案。又杭锦贝子，原系盟长，即因报地参革。该大臣复又愚弄该旗梅楞棍布，将该旗后报之地，应得荒价使银三万两，报效各处公用。遂又使银二万两作为与该贝子京中布置开复盟长之费。后经该旗蒙众询知，并无布置之事。众怒难遏，遂借端将梅楞棍布捆拿，意在谋杀泄忿。该大臣闻信息嘱在该旗办盐之商人王同春等会同委员百方安慰，并伪谕先放棍布，所有扣留该旗银两，垦务大臣代其存收，要则去领。幸值该贝子进京事急，暂为悬搁未结。两旗如此，他旗可知。此该大臣愚弄蒙古，欺朦朝廷之明证也。查该大臣办理各处垦务，收取押荒，任意增加。闻归化城南站地每亩有收十二两或十八两不等，较奏章多收十倍，小民不堪其苦。故前有和厅民乱伤兵之端，后有萨厅聚众攻局之事。至于河套农民陈四党羽与王同春因争渠报复之故，准噶尔台吉与该贝子争地家事，该大臣存心险恶，有意酿成，以为张大其事，留冒销兵费之地步。又闻该大臣造报察哈尔垦务销案，浮冒银二十四万两。因与该收支斌仪分润不妥，央由商民李甲三转圜。又克扣各局委员薪水、车马费，或有改放津贴，以少报多，以无作有。又巧取后套地价，如先放后报，其间租价尽数入己。又原收蒙地以千顷算百顷，蒙旗即得百顷之租，敢怒而不敢言。达拉特一旗更甚。又渠工杂费弊窦太深。又自设公司，以二十七万两股本购买套地，将可得三四百

万两。又未专案奏明擅拆绥远城仓廒十二座，借名修城盖学，所余势必捏销。又借名修城，擅开捐案，蓝翎一支捐银二十五两，所得银万余两，巧为入已，捏造假档存查。此案既未奏明，又未报部，专利营私，是其常态。又开办马厂，择选好地，借名公司，实则令其家丁李孟二姓自种，公图私利。其不堪耕种者，或令民领，或强令旗认，从中设法逼令报效。又奏办牛捐银六万两，实用不过二三千两，余皆捏销。又借名在绥提款放赈，实则仍扣兵饷，至其擅卖库存官物，贩卖油盐煤米布匹。强扣兵饷，妇孺皆知，满城人口自该将军到任后，已死一千余口之多。剥削情形已可概见。又拣放官缺，随意勒索银两。应补人员虽力求他补，势必择肥而食，断无脱漏。此项银两，借名公用，实则辗转挪移，捏造假档，渐入私囊。又将二十六年借动补修军需所余银三千两，早经入已。今因办理销案，恐被搜评，遂将旧档隐匿，复令左司禀明，并未接收此档，以灭其入已之迹。而反向□在左司当差人员，逼索册档，勒要该将军在绥并无侵吞款项印结，似此自知情虚显而易见。又在后套开设晋泰玉字号，在归化城开设聚锦堂饭庄，德日新皮庄。又以公款得私利，以官势作钱，盘存杂粮，贩烟土与商争利。此该大臣将军不顾大局，肆意营私之明证也。奴才与其办事，一方屡次谏劝，置若罔闻。该大臣将军自信所作假档，无患败露，故敢肆行无忌。奴才明知该大臣将军权势熏灼，党援甚多，惟思受恩深重，值此时艰，故敢不计利害，冒昧直陈。抑奴才更有请者，文武各员，久居其威焰之下，或素受其惠，恐多不肯直言。该大臣既造假档，查办此案若凭调查档案，无以见确证而服众心，可否请旨将奴才等职任一并□去，请派公正大员接办，后再行按节质询，方见水落石出。抑或请旨派员密查，俾得实情之处，出自圣裁。否则即奴才一人，承见闻不实之咎，无足轻重。奈边局败坏，将何以维持？所有特参大员，败坏边局缘由，是否有当，谨恭折具陈，伏乞皇太后、皇上圣鉴训示遵行。不胜悚惶之至。谨奏。①

清政府据此，命协办大学士鹿传霖赴绥远城查办贻谷参劾案。鹿传霖于光绪三十四年（1908）二月二十九日抵达归化城，对贻谷参劾案进行查办。四月十一日，鹿传霖对文哲珲所参各条逐一予以回复，并认为贻谷办理垦务有"二误四罪"，并对贻谷等革职之后，蒙垦善后事宜提出五点意见。根据鹿传霖等奏《查明贻谷被参各款折》载：

奏为查明垦务大臣被参各款，谨分别轻重，据实胪陈，并保荐贤员办理善后事宜，以绥蒙藩，而收实效，恭折，仰祈圣鉴事。窃臣等钦奉谕旨，查办蒙旗垦务。光绪三十四年二月二十九日行抵归化城，业经恭折具报在案。查绥远城将军垦务大臣贻

---

① 《申报》（上海版），1908年5月12日，星期二，第12673号，清光绪三十四年四月十三日，第10版。

谷，督办内蒙古东西盟垦政，七载于兹，一旦为副都统文哲珲列款纠参营私有十余事之多，冒款在数百万以上，实属骇人听闻。臣等请训时，荷蒙圣谕，周详谆谆，以恤蒙藩，固人心为先务。臣等窃谓办理垦务之善不善，当以群情之向背为衡，款项出入之实不实，当以一念之公私为断。当在京时，检阅原参各节，除检带度支部案卷备查考外，有宜在乌准两旗访询者，有宜包头、南站等处考查者，有宜在陕西调查者，当即电致陕西抚臣恩寿，检齐有关河套垦河案卷，交前乾州直隶州知州吴廷锡驰送归化行馆备查。一面札委吏部主事王宪章驰赴陕西榆林府调阅案卷，就近赴乌、准、杭锦各旗访查。抵归化后，又派度支部主事刘泽熙前赴包头、南站等处采访舆论，并守提包头公司文书簿籍。一面咨会该将军，凡参案有关之卷宗，悉令检齐咨送，以凭查究。两旬以来，臣等督同各司员朝夕钩稽，逐款考较，并摘传垦局及绥远城在事各员，面加究诘，一一呈递亲供。旋据吴廷锡赍陕卷至，刘泽熙、王宪章亦先后至。臣等体察蒙情，参稽舆论，穷诘垦员，印证陕卷，俱已得其要领。

伏查文哲珲原奏，分两大端。一曰愚弄蒙古，一曰肆意营私。而大旨不外于欺朦取巧四字。如谓该大臣用王德呢玛愚弄乌审贝子报地，许给盟长。该贝子在行辕借银五千作谢仪，按三分算利。蒙众怨恨，聚众未散。查乌审报地后，至今聚众抗垦属实。委员询问借银作谢一事，蒙众均言此系贝子与将军密事。惟自去冬，吴委员常向贝子要借银，云系将军代垫该旗赔教银三千两，三分起息，贝子未还。原参有因。又云杭锦贝子，既因报地参革盟长，该大臣复愚弄梅楞棍布，从该旗应得荒价内，使银五万两一节。查杭锦贝子报效银三万，伊子报效五千，均奏咨有案。惟该旗应分荒价银十一万二千两，贻谷扣实留六万八千两，除三万五千外，计多扣三万三千两，原参有因。又蒙众将梅楞棍布捆拿，意在谋杀泄忿一节。据王同春供，二十八年，蒙众因合旗报垦，贻谷独赏棍布银六千两。众心不服，将棍布围住。三十三年九月，姚学镜所管官盐局，将蒙盐尽归官卖。蒙众以为棍布所为，复行围住，两次皆同春解散。原参有因。又云准噶尔台吉与贝子争地，陈四党羽与王同春争渠，报复该大臣有意酿成一节。查该台吉即丹丕尔，此次调阅准旗全卷，但有剿办之案，无争地之事。盖误杀丹丕尔。该副都统亦会行有所避忌，故举其细，而遗其大也。若王陈互斗酿命事，在贻谷未办垦以前，原参不实。又云察哈尔报销浮冒银二十四万，与收支斌仪分润不妥，央由商民李甲三转圜一节。查察哈尔垦务报销度支部核准有案，收拨各款均属相符，惟垦局之渔利，有数倍于二十四万者，弊在公司而不在报销。原参不中肯。又云克扣委员薪水。讯据斌仪，供称薪水有定章，而委员有勤惰，无功则减，有劳则增，此用人者操纵之术。至心之公私与加减之数是否相抵，则未易究诘。原参有因。又云巧取后套地价，如先放后报其间租价，尽数入已。查此一项全归公司，原参尚实。又云原收蒙地以千顷算百顷，蒙旗即得百顷之租，达拉特旗尤甚一节。查垦局由教堂赎回四成达旗地二千顷，垦员丈放，除去沙梁树石，尚短七百余顷。又令该旗指上地一千顷补之，计溢出二三百顷，无以千顷算百顷之事。原参不实。又云自设公司，以二十七万股本购买套地，可得三四百万两，此即指公司地价而言。原参有因。又云擅拆仓厫十二座，此有奏案，所参不实。又云擅开蓝翎捐，每支二十五两。据各协领供此捐系为城工筹款。调阅翎照，则功牌也。查功牌无捐纳者。贻谷捐银万余，并无奏案。原参属实。又云家丁李姓孟姓种马厂地，以图私利一节。臣等派员查得，贻谷令李姓等在哈噜村设局种地，而兼放账。民间借钱先扣五月利息。又令举人通泰贩卖烟土。上年李姓札饬孟姓，始将厂地作为绥远城公业。又云借名放账，实则仍扣兵饷。原参均实。又云牛捐捏销一节。查此案原请六万，照顺直赈捐，其实减折招徕，仅二万余两，并无捏销。原参不实。又云擅卖库存官物。查库存无用刀枪，贻谷奏请改铸农器。原参有因。又云贩卖油盐米布。据防御英山供，将军在绥远城设一官木厂，一杂货店，弁兵买棺木、食物即从月饷扣还。原参有因。又云拣放官缺，随意勒索银两。据各协领供称，将军每挑缺，即在拣单上手批出银若干两，以备置办枪械。原参有因。又云在后套开设晋泰玉字号，在归化开设银庄、皮庄。查无确据。原参不实。

以上各节，原参有虚有实，情节有重有轻。以大臣创办大政，既任劳，必任怨，既任怨，必任谤。苟能利国家而固边圉。则公罪固当曲宥，即赏过亦可矜原。臣等于蒙盟垦务，反复推求，窃谓贻谷于此一事有二误，有四罪。此无可解免者也。

一曰误认宗旨。朝廷开放蒙地，乃恤蒙以实边，非攘地以图利也。即顾名思义，乃垦荒非垦熟也。而贻谷视为谋利之道。于蒙古报地，则多益求多，于地户征租，则刻益加刻。取游牧之地而垦之，而蒙民怨矣。夺垦熟之地而卖之，而汉民怨矣。放地有押荒又有地价，种地有岁租、有渠租。而烟地又有另租地价，另租皆无奏案。其实六七年来，度支部所入者仅押荒银二十余万耳，于国帑仅毫末之益，而边民受邱山之累。此一误也。

一曰误用小人。垦务开办之始，局员二百余人，其中岂无君子。使贻谷知人善任，何至为众怨所归。无如宗旨既误，贤者不能虐民取媚，且以忠梗见疏。其所任者如姚学镜，则晋之干员，贪而狠者也。以五原厅同知兼垦局公司两总办斌仪者，晋昌私人，贻谷信之，庸鄙无能，不数年而保至道员。东路公司及察哈尔销案皆其一手办理。景禔者，躁妄喜事，险刻性成，贻谷以为南站公司总办。又如陈光远、岳钟麟、郑天馥、吕继纯、林毓杜，大抵仰承意旨，朋比为奸。而陈四命案主谋，杀人之王同春，系严拿未获之犯。贻谷派为垦局委员，地方官畏不敢捕。直至去年终，京控事发，始据咨称秘密拿获，已在垦局当差五年矣。下至商人李甲三，举人通泰，家丁李成斌、孟昭发，皆假威图利，倚势作奸。其始用小人而不知，反为小人所用。其究也遂怙过攘利而不恤。此二误也。

有此二误，而四罪于是乎成。

一曰巧设公司。光绪二十八年，贻谷奏设垦务公司，系仿铁路、矿务、工艺厂各公司之例。查路矿工厂皆平地为山，每一事动，需数十百万，朝廷无此巨款，不得不假借公司。若垦务则蒙古献地于国家，国家放地于垦户，旧田得价，价即帑金，计亩征租，租皆正课。有土此有财不须本，而自获利者也。贻谷原奏谓地商包揽之弊，概行禁止。惟垦局零星散放，纷扰实多，请于张家口设立公司后，又分为东西两公司，凡入股者，核照荒价领地。所谓荒价者，即每亩收押银三钱也。如公司领地千顷，先缴押荒银三万两，即拨地任其转售。东公司定价上地每亩八钱，而公司非上地不领，以千顷计地价坐得八万，一反手间，即赚银五万矣。而东西两公司共领地二万顷，是蒙古报效朝廷之地，价钱全为公司所蚀，……如谓垦局纷扰，公司既不畏纷扰乎？既不准地商包揽，公司独可包揽乎？如果垦局与公司各派专员，犹可说也。乃西盟总办为姚学镜，西公司总办亦姚学镜。卷查该大臣札稿，有垦局委员，悉充公司委员之语。何以众人办一局之事，则畏其繁难，一人兼两处之差，而转形优裕乎？总由垦员视垦务为利薮，若从垦局侵渔，既畏人言，亦无大宗进项，乃怂贻谷巧立公司名目，先借垫款为词，使地亩尽入公司，而后群食其利。明明盗窃国财，而人不得议其非。该公司既收官款，而入私囊，又佯于应分红利中提万余金为报效，以饰其贪，而示其忠。又称渠工经费，借用公司银二十余万两，是目前藩臣纳土，全为公司所并吞。而后来垦户交租，尚需与公司作偿款，蒙汉俱受其害，而国家不名一钱。此贻谷之罪一也。

一曰匿款不报。蒙地既经报垦，则铢金尺土，俱属天家。督垦大员何款不应入销，何地不应入告？而公司所取之地价浮于押荒者，由数倍至数十倍不等。皆无奏案可稽。臣等调查南站垦户领地执照二十余张，内仅大照五张，余皆公司小照。调阅公司票根，又另有将军执照。如薛向清一户，共荒熟地四十亩，部照填押荒银十二两，小照填地价库平银三百一十四两。其余大率类此。此等办法皆景禔一人所为，及传景禔来案，则覆称告假回籍。嗣传吕继纯、黄树棻到案，诘以地价，每亩至少若干，至多若干。据供少者自二两起，多者至三百七十两止。而押荒仍每亩三钱也。诘以南站公司先缴押荒银若干，则称未交押荒，但垫出开办经费一万二千两而已。原参谓南站地价有每亩十二两、十八两者，尚未得攘夺刻剥之实也。又讯据王同春供，两次报效地一万五千余顷，内有水渠四道，已垦者约七八百顷，此名永租地，不在蒙旗报地之数，亦不在垦局所放一万六千顷之数。每年每顷交蒙人租银五两。除蒙租外，实可获利银二万余两等语。质之姚学镜，据供地随渠交，渠归公司修，故地亦为公司有。查贻谷收地至一万六千顷之广，岁八至二万余金之多，并不上闻，即任公司专利。自三十一年起，计得租银六七万两。不知王同春所谓报效者，报效朝廷乎？抑报效公司乎？贻谷之督垦为朝廷乎？抑为公司乎？又据姚学镜供，察哈尔垦局公司，久经奏撤。去年该将军因从前丈放，从宽垦户，地多溢出。因又派员重丈一次，以期核实等语。夫既重丈农田，自必重收地价，事无奏案，款属何人？计其欺隐之财殆难更仆数。此贻谷之罪二也。

一曰朦放站地。朝廷怜蒙人之放弃其地也，于是有督办垦务之命，意在开荒备边，代各盟经营生计。而贻谷不喻此意，既以威胁利诱，并蒙人荒熟之地而收之，乃侵□而及于站地，及为将军又侵，寻而及土默特。妄称与蒙地事同一律，而不知毫厘千里也。查站地所以养站兵，兵不自耕，乃招垦取租以自养。土默特自圣祖仁皇帝征服以后，留一公爵，而不预扎萨克事，别以都统治之，每兵一名，给地五顷，兵亦不自耕，仍招收租以自养。二百年来土站各兵之地田，多换佃户尽承粮，又土性饶瘠向非杭、特两旗土腴可比。垦者多乾隆间旧户，既完正赋，又出徭钱，一旦迫令熟地一亩交地价一两二钱，荒地交荒价八钱，民穷无力，怨讟繁兴。和、萨两厅朝夕催科，疲于敲扑。其具有天良者，则禀求交卸，而仰承意旨。如郝敬端、乔槭荫者，则极力追呼，此原参所指和、萨聚众之所由来也。驿传之员奎显初受贻谷之愚，尽站地而报之。贻谷假以总办之名，月给百金。既而各章盍昆都及站兵等，人人枵腹，乃禀求津贴。贻谷饬站地局借给二十站官兵银三百六十金，仍俟将来筹定经费时扣还。又以每亩一两二钱之地价为不足。乃中旱地而放及园圃，由园圃而放及房基，由房基而放及庐舍铺面。卷查上年八月，该将军札和林厅云，三站民户异常刁狡，自新店阻垦以后，和林本街已经丈放之地，亦复希图翻异云云。查从来放荒未有放及街道者，主稿之景禔竟昌言不讳，实所希闻。札文又云房屋华美者，租价必多，缴价稍重亦不过，如预支数年租价而已。此等办法直使民间自行修建之屋，又自行购买一次，是一屋而再造也。臣等前在宁远行次，有和林地户百余人环跪乞查恩来者，无不皆良善之人，而控者亦实有倒悬之势。此贻谷之罪三也。

一曰误杀台吉。蒙古报垦本非蒙人所愿，故王公、贝子报地，而其下往往怨咨，夺我祁连山，六畜不蕃息，自古然矣。垦局委员又贪得无厌，以致蒙人视局如坑堑，而垦员亦视蒙若寇仇。光绪三十一年五月，准旗分局委员岳钟麟禀称，蒙民们肯吉亚聚众抢局，并无以吉丹丕尔之名。六月朔包局总办姚学镜转据岳钟麟禀称们肯吉亚仍盘踞老巢，皆由丹丕尔主使。并谓蒙人皆当寸磔。于是以丹丕尔为首逆，经贻谷具奏请剿，而电传谕旨，仍有勿得操切之戒。而垦员恨其鸷，必欲用兵以示威。带兵官诞其财，又欲邀□而列保，张大其词，几同巨寇。盖丹丕尔年老少康，而性戆者也。十月十三日，参将谭涌发、副将及泰才、委员林毓杜、杨守性等黉夜往捕，丹丕尔开枪抵拒，兵队即纵火焚烧，毙家属五人。而丹丕尔人已财尽，父子潜逃。按之陕西神木县勘验禀词，其子妇塔木几所供，实无叛逆情形。果为叛逆，该旗岂敢报案请验。神木知县又岂能录供通禀乎。及丹丕尔就获，文武员弁所禀，几于凶悖无伦。而始终集众自卫者不过数十人耳。案交归化厅同知樊恩庆审讯，恩庆知其冤不忍锻炼，为吕继纯所揭，乃别委姚学镜、余宝滋承审。而狱词果具。在垦员以为戮此一人，则蒙旗破胆，永无抗垦之虞。而不知三字狱成，两盟心痛，益播垦局之恶声也。论者谓丹丕尔诚有罪，然罪不至死。姚学镜为岳钟麟所蔽，贻谷又为姚学镜所蔽，既请剿办于先，不得不一错到底，而丹丕尔白头就戮矣。此贻谷之罪四也。

以上所陈，蒙盟大局几为贻谷所误。贻谷实为群小所误，群小之厚官，谤拂民心，又皆为一利字所误。向非文哲珲讦奏后患正复无穷。然该副都统之奏参实贻谷逼迫使然，非真为国而为民也。原参所指补修军需余银三千两，久经入已一节，与贻谷所参二十六年补修军械银八千两，仅实用七百余两同是一事，余款无着，则彼此指为侵吞。账据无存，则彼此诋为毁匿。调阅案卷，仅有协领景秀呈出账目一本，及领字十九张，该副都统亲笔信函两纸。传讯景秀及库书吉存湍，奇先，防御呢玛山等，均不能指实查阅。文哲珲两函一致，贻谷有顾全斯事四字一致。文案处陈光远有□请代呈册禀之语。臣等参详此事，文哲珲谓贻谷入已，实诬属虚。而贻谷专罪文哲珲一人，亦非公论。盖此项余银寄库，直视同闲款开支，必非一人所蚀。检阅领字共领银二千余两，皆云以备支用，内有送□署将军程仪百两，亦取诸此。彼时左司十余人，荣昌居首，文哲珲次之，诚恐办公者，事事侵挪，而在事者，人人染指。贻谷二十八年冬到任，直至去年催办报销，始行查问，则未见此款可知矣。文哲珲果未分润，何为？必欲顾全。而且代造销册应交后任将军查明，分别究追核办。塔尔巴哈台参赞大臣荣昌应否解任来绥备质，出自圣裁。总之库款丝毫为重，必应究明。然较诸垦务公司之横吞巨款者，则有窃国窃钩之判，是此一事于正案为旁支款，于侵为少数矣。

臣等窃查两盟垦务以公司为藏身之固，以渠工为报销之额，以官钱避为转运之枢。而总以国家土地贩卖得财，为群小经商之本。其实西公司二十八万之股本，皆公款也，何得捏名巧取。借垫二十余万之渠费，亦公款也，何得公家认还。应请革去公司名目一切放地收款修渠事宜，全归垦务局办理。其已放、未收之地价，及王同春报效渠地之岁租，由接办垦务者查明，一并列入正款报部候提。至东盟垦务，早经奏结，而又重丈重征。臣等就近札饬宁远厅同知丁英年查复，据称该厅属重收地价一万余两推之，张、独、多各厅不知收银凡几，公司已撤，谁则得之，亦应查究明确，追缴入官。至其丈放站地及土默特地，以房基一亩而有取至三百七十两者，可谓至酷奇贪。此地本有赋役，与蒙古报地悬殊。应请酌提站地岁租，津贴站员、兵丁。土默特地从此不□丈放，未收之地价概予豁除。其已收之地价四万一千二百余两，若逐户发还，又恐吏役中饱，应即存库候拨。凡领照者，无论房基、地亩均准作为己业，以广皇仁。至垦局各员，凡贻谷倚任最深者，则蒙汉之诟厉亦愈甚。山东候补道斌仪聚敛附益，娄款不赀。云南候补直隶州知州景禔苛暴险诐，商农共愤。署东胜厅同知岳钟麟，仇蒙诬叛，几坏边局。山西候补知县吴逮棻，以兵压民，形同寇盗。分省补用府经历志良，逼追地价，惨用非刑。应请一并革职，发往新疆效力赎罪。五原厅同知姚学镜，心贪手辣，率定爱书。候补参将译涌发，虚报冒功，纵兵掳物，应请一并革职，发往军台效力赎罪。分省补用知府陈光远，直隶州知州黄桂菜，山西候补直隶州知州吕继纯、同知郝敬端、余宝滋，知县郑天馥、林毓杜、乔樾阴、通泰，皆骄谄互用，迎合殃民，应请一并革职。各该遣员，应俟接办垦务大臣，查明款项，交代清楚，再予分别戍边。回籍王同春已入圜扉，虽倾产归公，不足抵杀人之罪，应就所犯本案，归地方官办理。李□三即李先春，恃与军属往来，面辱官长。署归化厅同知张嘉桢因之去任，应□归绥道传案，责饬递籍管束。家丁孟昭发，积恶多端，闻风逃匿。应勒令贻谷交出，发边充军。垦务败坏至此，而历年奖劳绩，冒军功文武各员，屡邀奏保，何以服人？相应请旨饬下吏部、陆军部，将贻谷历年保案一并撤销，以快人心，而彰公道。文哲珲向亦阿附贻谷，土默特地是其专辖，而听苛敛。丹丕尔之狱又随同画诺。此次因侵款之事，恐贻谷奏参，乃为先发之计，似亦咎有应得。惟贻谷、文哲珲均系一二品大员，应如何分别惩处之处，伏候圣裁。

夫以两盟垦务，承群小以酷济贪之后，必有善其后者始能挽边局而靖人心。然矫小人之弊，而遂尽反所为则又不可。臣等筹商善后事宜，举其大略，厥有五端。

一曰服蒙心。蒙古既报地于前，何又抗垦于后。由贻谷既收其地，复分其租，谬持蒙人宜弱，不宜强之说，绝不谋其教养之事。除王公、贝子偶邀褒宠外，扎萨克以下皆重有所失，而一无所得。蒙情安得不怨？今后凡蒙地所出之财，宜尽以备蒙古之用．朝廷放垦之意诚，以乌塔逼近，北邻内蒙古，富则可以济其饷，强则可以济其师。岂利此区区二十万金哉？惟兴蒙学、练蒙兵，增非沙漠穹庐所能骤办。当先于归绥立文武学堂各一所，选蒙人秀特子弟而教之，俾学成，转相传习。以地价及三成岁租充为经费，此强蒙之基也。贻谷用一王德呢玛，而乌审至今抗垦。赏一梅楞棍布，而杭锦至今不服。后来者当重惩二奸，以舒积忿。果能如上所言，而蒙人不倾心内向者未之有也。

二曰查款目。臣等调查垦局及公司账簿，率经抽改，出入多不相符。查东西两盟,共放地五万余顷,以每亩八钱计,当得地价四百余万两。而六七年来,地价未入奏销,簿籍又无确数。朝廷仅入押荒银二十万两。又拨解直隶、山西等处银三十五万余两。即使渠工除五十余万,历年垦局经费再除四十余万,分给蒙古除二十余万,已放、未收者再除二十余万,犹应有二百余万。而西公司反云亏银十万有奇。及传东公司总办斌仪,询以该公司所提公积花红各五万两何在?则称公积尚存花红已散,然亦未见分金之据也。况王同春报地之岁租,左右两翼重收之地价,南站放地六七千顷,房屋铺面暴敛横征而云,仅收银四万余两,亦恐不实。况渠工浮冒,路人所知。河套未放之地,年年取租,租银安在?皆应实力清查追还天府。否则贪人重为民害,而仍坐拥厚资,亦非情法之平也。

　　三曰清地租。达拉特教案赔款,我以十七万两赎回四成地及四成补地二千余顷,应为我自有之地。西盟七旗报效放垦者,凡一万六千余顷,曰分租地,亦当为我有者也。王同春所报之一万五千顷,曰永租地,我种则认蒙租,不种则还为蒙地也。今当分别清厘。我赎回之地,应照内地赋则,按亩升科。分租地定有等则,应仍其旧。永租,亦仍王同春之旧,每顷付蒙租五两,我可收二十两有余。惟各地有已放、未放之别。未放之地又有荒熟之别。荒地未放者,亟宜招垦,荒价及绳丈从宽,则丈放必易。熟地未放,则蒙人先已共给汉民,后乃报诸垦局,即欲多收地价,亦应先尽原佃承耕。而垦员贪利恃强,必尽逐原佃而转卖之,以图厚利,遂致蒙汉交愤,聚众抗官。丹丕尔之狱由此,乌审全旗至今聚众抗垦亦由此。垦员自知夺地之非,佯指黑界恶地与之,以荒易熟,民不肯迁。又设分年闭地之法,未迁则征原佃之租。俟其既迁,坐得上腴之价。今当酌除闭地迁民之令,其地向为谁种,即令其人缴价纳租,一反掌而民心定矣。分租地蒙七我三,永租地如王同春言似是蒙三民七。垦局租章岁以全租交局,再由局给蒙,不免克扣剥蚀之弊。应饬各垦户每年纳租时,即按向章数目,分别交蒙、交官,以归简易。又查沿渠腴地均为贻谷亲朋及垦员等占领,人多不平,应一并入官,另行丈放取价。不惟蒙汉悦服,亦天理国法所应尔也。

　　四曰筹推广。伊盟七旗所报之地,特十分之一耳。其沿河千里,广漠无垠,渠至何处,即垦至何处,无尽藏者也。西公司借渠工销纳数十万金,而王同春所报四渠未增尺寸,足见修渠经费半属捏销。今当少减岁租而加渠租,即尽渠租而充渠费,渠增则地增,地增则租增,久久不息。可冀斥卤,皆为膏腴,而岁入滋多,边饷有赖,耕农群集,荒漠成村,御强邻,设行省,皆基于此。此蒙藩之福,亦国家万世之利也。又据姚学镜面陈,特旗赔教之款,本三十七万,全以土地为质,除我已赎回外,教堂仍留地数千顷,须三十万取赎。顷年教士招垦取租,民多赴之。及此不赎,异日垦地多而获利厚,将无取赎之期。此则望诸接办垦务者早筹的款取赎,若能令公司吐其所食十之一二，立可珠还。朝廷有献琛益地之祥藩属销唇火积薪之患。诚当务之为急也。

五曰谋交通。垦员敢于放利敛怨者，特其僻在塞外，不能呼吸通帝座耳。今当接修归太电线，俾省会之气通，再筹修绥张铁路，直达京师，俾朝天之路捷，铁路附于同太公司之内，由山西绅富集捐。电线所费较廉，即由晋库筹拨先行开办。如铁路成，不仅朝觐讼狱之便也，商货往来交易百产滋丰，蒙古盐硷皮革之利将遍天下，归城税务亦当百倍于前。将见原隰龙鳞市廛栉比，晋边顿实，蒙矿争开，万里冰天立有雨集云兴之势。此又当务之为急也。

凡此五端，应俟接办垦务大臣揆度情形，斟酌损益，再行奏明办理。要之得人则治，不得人则仍属空言。查垦务初开，督垦大臣与绥远将军本各自为政，嗣贻谷就绾军符垦旗始合而为一。向使有互相纠查之人，或者独断误边，不至如是之甚。今宜仍分两事，龙河重镇，请别简廉干公正之军臣，专司旗务。而以督垦大臣，专办两盟善后事宜。惟转败为功，非得精明、慈惠、丰财、和众之员不胜此任。

查现任山西布政使丁宝铨，公忠、亮直、心细、才长，若使接办垦务，厥有五便。如贻谷去任，更替宜速。宝铨即由晋藩赴归绥。便一。垦员贪劣者多，一经撤换则接替需人。宝铨以晋藩用晋吏，知之有素，调遣亦灵。便二。公司垦局，侵欺漏匿款目纷繁，综核追交，棼丝待理。宝铨清刚明练，人不能欺。便三。恤蒙安民，亦不听乌审终抗赎田辟土，而不使民教相争。宝铨惠而有威，必能藏事。便四。铁路股捐，最难招集。宝铨从福公司之手，夺回晋矿权利，晋人感戴浃髓，沦肌就地。筹捐，则绥张铁路其成必速。便五。臣等公同商酌，保其必能胜任。如蒙俞允，即请以山西布政使丁宝铨接充垦务大臣。更拟仰恳天恩，赏加理藩部侍郎衔，使全蒙归其制驭，实于边局有裨。所有查明贻谷被参各款，并保贤员接办垦务各缘由，谨具折，由驿一百里驰陈。臣等于拜折后，即行起程，仍由太原回京。前勘查办事件关防一颗，俟抵京复命后，即送礼部查销，合并陈明。①

据鹿传霖的禀覆，贻谷被革职查问。在贻谷被参的同时，文哲珲亦被贻谷以"侵吞库款"为由参奏：

奏为大员侵吞库款请旨切实查办，恭折。仰祈圣鉴事。窃维从前绥远款项，本属一团乱丝，而光绪二十六年，防边用款六万余两为尤甚。其中本多浮冒，但系卷称由

---

① 《申报》（上海版），1908 年 5 月 10 日，星期日，第 12671 号，清光绪三十四年四月十一日，第 10 版。《申报》（上海版），1908 年 5 月 11 日，星期日，第 12672 号，清光绪三十四年四月十二日，第 10 版。

归绥道报销。奴才未便过问。惟修军械一项八千四百七十五两六钱二分一厘一毫八丝八忽，经前任将军信恪奏明，由绥远城开单报销。叠经部省咨催，迄今尚未奏报。奴才详查，卷无账无单，亦并无款。仅据原管修理军械，现任左司协领景秀，会同印房协领哈布尔札布，将当日自存册底交代清单一并呈出，仅实用七百七十四两零一分八厘零五丝二忽。详询属实。该二员并矢口不移。而所余款项，竟无著落。当以办事尚有数员，必须详查方能□奏。遂于去腊行查，以正月初六日为限，本拟开印出奏，因各员声覆未齐，复行咨札分催，间有覆文，仍涉影响。查二十六年办理军需，系现任塔尔巴哈台领队大臣荣昌□协领任时为总办，而现任归化城副都统文哲珲以防御而委帮办，以其才力心计有余，一切悉听指挥，余皆奉令承教。此款实用七百两有奇。此外闻该副都统以四千三百两为拟补协领之酬，所有报销账目及原用图记，均行销灭。余则在前二三员分润。而正管修理军械之员，毫未沾染，人人皆知。但文哲珲以绥远城人，膺现任归化副都统，率多因亲族势力不敢明言。当奴才行查之时，惟该副都统张皇殊甚，到处托人向奴才求不出奏，并有亲笔函来，求另设法融化为证。而行查各员，此推彼诿，致此案无从办起。该副都统复于开印日期接见景秀、哈布尔札布二员，大加申斥，声色俱厉。谓此实帐，如何呈得将军，致将绥城用款底蕴泄出。盖绥远城用款已往多如是也。夫款无论内销、外销，总以公存公用，为一定不易之则。今实帐具在，实款毫无，非彻底根究，无从开报。况绥库前存杂款尚多，皆以二十六年托词用尽，致令库储如洗。此款即为侵吞之确证。案卷俱在，时日可考。因荣昌、文哲珲均系大员，应请钦派查办。理合恭折具陈。伏乞皇太后、皇上圣鉴训示。谨奏。①

根据鹿传霖就贻谷案的禀覆，陆军部就文哲珲"侵吞库款"进行处理。据《陆军部议覆文哲珲处分》载：

四月十七日陆军部遵旨议处一折，略谓归化城副统文哲珲于库款亦有侵挪，且向亦阿附贻谷，听其苛敛，随同画诺，钦奉谕旨交部严加议处。据原奏内称补修军械余银一项，文哲珲谓贻谷入己，实属虚诬。而贻谷专罪文哲珲一人，亦非公论。盖此项余银寄库，直视同闲款开支，必非一人所蚀。检阅领字共银二千余两，皆云以备支用，内有送前署将军程仪百两，亦取诸此。彼时左司十余人，荣昌居首，文哲珲次之。臣等详查此案虽未有侵吞入己实据，惟核其支用情形，殊与擅自挪移别用者，无所区异。应请将归化城副都统文哲珲照内外旗员将经管正期钱粮擅自挪移别用者革职私罪例议以革职。惟系奉旨严加议处，臣部例止革职，无可再加。其报销补修军械一

---

① 《申报》（上海版），1908年5月12日，星期二，第12673号，清光绪三十四年四月十三日，第10版。

款，应俟塔尔巴哈台参赞大臣荣昌赴绥，交接任将军切实查办奏明后，再行核议等语。奉旨：依议。①

据此，文哲珲虽然"未有侵吞入己实据，惟核其开支情形，殊与擅自挪移别用，无所区异"，但仍照"内外旗员将经管正期钱粮擅自挪移别用"例，将其革职。

垦务大臣贻谷被革职解问，归化城副都统文哲珲被革职，绥远蒙垦就此停顿，归化城土默特地亩清理亦因此停顿。"贻谷清查土默特地亩近万顷，应征地价、加价等银计22.2万两，实际征收仅2.4万两，加上其他收入也只有2.56万两。而查地局的公费、薪金、车马费、弹压费就多达2.47万两，收支相抵，仅剩九百余两。"② 这说明清查土默特地亩并没有取得预期效果，这种得不到广大蒙、民支持的清查土默特地亩的运动是注定要失败的。虽然鹿传霖在奏折中提出"善后五端"，但并没有解决蒙、民因土地纠纷而导致的社会矛盾。如宣统二年（1910），归化城同知刘晋荣给瑞良的禀文中说："归化所辖尽是土默特蒙地，凡内地民人来此种地，向由蒙古立约租种，并无一定办法。嗣奉前钦宪贻设局清丈，已丈之地令民人呈缴押荒银两，给领印照，准其永远承种。惜丈放未竣遂即中止，以致原主蒙古心抱不平，纷纷涉讼争赎。一经查证，蒙古以丈地未竣为词，民人又以领有印照为据。虽约据有活典、永租之别，而事关奏案，究不敢居然臆断，辗转思维，唯有详请颁定章程，俾资遵奉。"③

1911年正月，归化城副都统麟寿向绥远城将军、垦务大臣瑞良提出一个解决方案："查此案涉讼之由多由民人执持查地局小条，以为领有大照，抗阻赎地。今定拟，嗣后领有军都宪会印大照，无论已交未交押荒银两者，分别约内有无永远、活典字样办理，但系执持查地小条者，应请一律作为无用之据，遵照未查地以前旧章办理，不准民人借小条之口抗赎。"④ 瑞良根据刘晋荣和麟寿的建议，拟定了章程。该章程重申有关永租地准民人交价领照永远管业和蒙古有权回赎活约地。⑤ 民国初年对归化城土默特土地的清理亦是参照了贻谷的《清查土默特地亩试办章程》进行的。本文在此不予论述。

清末，放垦蒙地的目的在于增辟财源。从归化城土默特地亩清理结果来看，并没有起到增辟财源的效果。而清政府为稳定边疆，移民实边而放垦蒙地，仅是一种概念的炒

---

① 《申报》（上海版），1908年6月1日，星期一，第12692号，清光绪三十四年五月初三日，第4版。
② 晓克：《土默特史》，呼和浩特：内蒙古教育出版社，2008年，第376页。
③ 土默特左旗《土默特志》编纂委员会：《土默特志》（上），呼和浩特：内蒙古人民出版社，1997年，第223页。
④ 《垦务档案复印件》，第1756—1757页。内蒙古档案馆藏。引自晓克：《土默特史》，呼和浩特：内蒙古教育出版社，2008年，第379页。
⑤ 相关论述，可参见：晓克：《土默特史》，呼和浩特：内蒙古教育出版社，2008年，第379页。

作,"许多优良地段为官绅富商抢先占领,加价出售,有的领而不垦、不售,坐地等价上涨,致使大片地亩闲置浪费,蒙旗收不到地租,一般穷苦垦民得不到土地。"① 而所谓移民,仅是单纯等待民人自然流入,而这些自然流入蒙地的民人大多是穷苦老百姓,根本无力支付承领土地所需押荒银两,他们只能靠出卖劳动力谋生。虽然民人大量进入蒙地,导致了农牧冲突,生态环境恶化等问题,但也推动了蒙古族从游牧走向定居,同时促进了城镇的兴起和商业的发展。

清政府推行的蒙地放垦政策,带有对蒙古族的歧视性和明显的民族压迫性。它剥夺了蒙古族对土地的所有权(领有权),因此遭到蒙古各阶层的抵制和反对,大肆掠夺蒙地,必然导致民族矛盾的激化。虽然对民人的土地管业权予以确认,但却加重了民人的各种税赋,必然也引起民人的反对。蒙、民因土地问题,亦产生土地纠纷,矛盾激化。清廷这一蒙垦政策造成了多种矛盾冲突的发生,尤其是蒙民之间,民民之间的对抗,如不及时消除这个隐患,对边疆地区的稳定和发展是非常不利的。

第四节 归化城土默特地区的农牧业技术与农畜种类

清代,归化城土默特蒙古本是游牧、渔猎为生。随着晋陕民人大量流入,开垦荒地,中原地区的农业技术也随之传入该地区。归化城土默特蒙古人也逐渐接受民人的农耕生产方式,从事农耕。民人也学习蒙古的牲畜饲养方法,从事家畜饲养。因此,清代归化城土默特地区是以农耕,兼有少量畜牧和家畜饲养的农业经济形态。

一、农耕技术、农作物

明嘉靖年间,大量民人流入蒙古漠南地区,他们向蒙古人租佃土地,开垦荒地,从事农耕、畜牧、狩猎等生产经营活动。据《大隐楼集》卷16《云中处降录》载:

> 岁掠华人以千万计,分部筑室于丰州之川,名曰板升,而彼知屋居火食矣。赵全有众三万,马五万,牛三万,谷二万余斛。李自馨有众六千。周元有众三千,马牛羊称是。余各千人。蜂屯虎视,春夏耕牧,秋冬围猎。②

这一时期,流入丰州川的民人从事农耕和放牧,其放牧的牲畜有马、牛、羊,且都达到一定的规模,仅赵全所属就有"马五万、牛三万"。他们种植的农作物为"谷",至

---

① 张秀华:《清末放垦蒙地的实质及其对蒙古经济社会发展的影响》,吉林大学社会科学学报,2007年,第3期,第81—86页。
② 方逢时撰,李勤璞校注:《大隐楼集》卷16《云中处降录》,沈阳:辽宁人民出版社,2009年,第266页。

于"谷"的种类则不得而知。这些民人"春夏耕牧",即春天和夏天,天气暖和,适宜于从事农耕和放牧,而"秋冬围猎",则是秋天、冬天要狩猎。这说明了流入本地的民人也接受了蒙古族的生产生活方式,他们的社会经济生活方式为农耕、放牧、狩猎等形态。经过他们辛勤耕耘,丰州川的农业生产有了很大的发展。顾祖禹《读史方舆纪要》中载:①

> 青山,在府西北塞外,……明嘉靖初,中国叛人逃出边者,升板筑墙,盖屋以居,乃呼为板升。有众十余万,南至边墙,北至青山,东至威宁海,西至黄河岸,南北四百里,东西千余里,一望平川,无山陂溪涧之险,耕种市廛,花柳蔬圃,与中国无异。

据此所载,流入到丰州川的民人,不仅从事农耕,种植粮食作物,开设店铺,同时还种植花草、蔬菜等经济作物。这种生产生活方式,正如文中所讲的"与中国无异"。

明人萧大亨在其《北虏风俗》中写道:

> 论者咸曰:"夷人肉食,不藿食也。"又曰:"不火食也。"此在上古或然耳。今观诸夷耕种,与我塞下不甚相远。其耕具,有牛有犁;其种子,有麦有谷,有豆有黍,此等传来已久,非始于近日。惟瓜、瓠、茄、芥、葱、韭之类,则自款贡以来,种种具备。但其耕种惟藉天,不藉人。春种秋敛,广种薄收,不能胼胝作劳,以倍其入。所谓耕而卤莽,亦卤莽报予者非耶?且也腴田沃壤,千里郁苍,厥草惟天,不似我塞以内,山童川涤,邈焉不毛也。倘能深耕溉种,其倍入又当何如。②

可见明代归化城土默特地区农耕业已经初具规模。耕具有牛有犁,农作物有谷,有豆,有黍。同时种植"瓜、瓠、茄、芥、葱、韭"之类的蔬菜。但是本地农作物的种植是"惟藉天,不藉人。春种秋敛,广种薄收"。

部分蒙古人受到汉人的影响,也开始从事农耕。当然此时的蒙古人的社会经济生活方式依然是以游牧、渔猎为主,而农耕是可有可无的。民人对蒙古人的农耕种植方式产生影响,但蒙古人并不是像汉人那样从事精耕细作的生产经营方式,而是一种粗线条的学习,即他们早期的农业是"漫撒籽"的农业。这种"漫撒籽"的农业播种方式,仅是初学汉人的耕作技术。王建革认为:"内蒙南部的牧民早就学会了粗放型'漫撒籽'式农业,这种农业是游牧的附庸,与汉族精耕细作有着根本的不同。作物是糜子,野生型

---

① 顾祖禹:《读史方舆纪要》卷44《山西六》,北京:中华书局,2005年,第2006页。
② 萧大亨:《北虏风情》,薄音胡、王雄编辑点校:《明代蒙古汉籍史料汇编》(第2辑),呼和浩特:内蒙古大学出版社,2006年,第243页。

强,施肥中耕等精细作环节没有,但技术程序与汉农业明显不同。"① "在从蒙族农业向汉族集约化农业转变的过程中,并不是像汉农业那样完成原技术中的几个程序替代即可,而是要彻底接受汉农业向汉人学习。"② 而这种学习是"'照别人说的做'或'照别人做的样子做'"③。这种照样学样的农业生产方式,说明蒙古族部众仅是学到农耕技术的皮毛,对农业生产技术并没有进一步深入了解。所以此时的农业是粗放式的"漫撒种籽"的农业。

入清以后,归化城土默特蒙古的生产经营方式则发生一定的变化。据《清圣祖实录》卷153,康熙三十年(1691)十二月丙戌条载:

> 理藩院题:归化城一带地方耕牛,八旗内佐领两人共助一牛。其耒耜等项,俱移文山西巡抚预备。上谕曰所用耕牛,不必令其帮助,即于御厂内牛取用;耒耜等项,若令巡抚制备,将仍委之属吏,一委属吏,必致累民,其铁器,著支用库银制造,从驿递运送。边外木植甚多,其木器即于彼处制用。夫农田者,人生之根本,朕凡所至之地,先察其土田,边外耕种,必培护谷苗,使高其垄。此皆由土性寒而风又凛冽之故,不如此,则谷苗不能植立矣。内地之田,其垄不高,各处耕种不同者,皆随其地土之宜也。④

据此条可知,归化城地区的土地开垦,所用耕牛由御厂内提供;所用耒耜等物,支用库银打造,然后通过驿站递运。同时土地种植方法采取"高其垄",这是因为此地土性寒而又风凛冽实情,所采取的培高田垄的方法进行种植——垄作耕法。这是因地制宜,根据本地的特点制定谷物种植方法。卢明辉认为康熙年间,东蒙的农民就已经向汉移民学到了垄作耕法和耕锄。⑤ 上引文已经说明归化城土默特地区已经采用高培垄的垄作耕法进行农耕,而作为农业开发较早的归化城土默特地区,其锄耕亦应随垄耕法一同在归化城土默特地区使用。这种农耕技术必然是流入到归化城地区的民人所使用的。归化城土默特蒙古人依然采用那种粗放式的农业生产技术从事农业生产。

据《清圣祖实录》卷191,康熙三十七年(1698)十一月丁巳条载:

---

① 王建革:《农牧交错与结构变迁:清代内蒙古地区的农业与社会》,中国历史地理论丛,2002年,第3辑。第77—91页。
② 王建革:《农牧交错与结构变迁:清代内蒙古地区的农业与社会》,中国历史地理论丛,2002年,第3辑。第77—91页。
③ 汤姆·R·伯恩斯等著,周长城等译:《结构主义的视野:经济与社会的变迁》,北京:社会科学文献出版社,2000年,第259—260页。
④ 官修:《清圣祖实录》卷153,康熙三十年十二月丙戌条,北京:中华书局,1985年,第695页。
⑤ 卢明辉:《清代内蒙古地区垦殖农业发展与土地关系的嬗变浅析》,载刘海源主编:《内蒙古垦务研究》(第1辑),第17页。

上谕之曰：蒙古之性懒惰，田土播种后，即各处游牧。谷虽熟，不事刈获。时至霜陨穗落，亦不收敛，反谓岁歉。①

蒙古的田土播种之后，蒙古人依然是从事游牧生活，因此导致"谷虽熟，不事刈获。""刈"本意指"小镰刀"，这里指收割。既然要收获谷物，必然使用收割工具。因此本地所用工具应当是镰刀之类的工具，而贺扬灵则认为蒙古人没有特别的收割工具仅是"腰上只带一把小刀子，只是胡乱割了了事。"贺扬灵在《察绥蒙民经济的解剖》中写道：

> 蒙古人附带生产是农业，而主要的生产是牧业，所种植的多为一些糜黍子，这亦是蒙古固有的谷种。其方法，多是四月间入种，先以牛很简单地锄耙一下，就把种子下去。雨后这些种子自然会侵入土层里面，再过相当时期，到了秋天，就穗而结实了。他们没有特别的刈获农具，腰上只带一把小刀子，只是胡乱割了了事。这种耕种与收获方法，是原始的。……他们的农地是由牧场分割的，因此表现的形式，有的是圆形，有的是半圆形，有的是方形，有的是册形的。②

蒙古人的耕种技术水平是比较落后的，"大多仍处于半农半牧或以农业作为副业的状态。……汉族农民大批迁入内蒙古地区以后，逐渐把内地选种、施肥、开畦、培垄、兴修水利、注意农时等精耕细作的技术传播开来"③。这种学习汉人的耕作技术是一个渐进的过程，当然在一定程度上讲，亦是民族融合渐进的过程。

据张鹏翮所载："此二日所见蒙古，皆有土屋，能耕种燕麦糜子。时方五月中，麦仅二寸，其土硗可知矣。"④亦可知道本地农耕种植为春耕。此处之"时方五月"当指我国阴历纪年，时值应为阳历六月份。

《归化城厅志》卷19《风俗》载：

> 其农力作勤苦，然薄于粪壅，地多砂碛斥卤，喜雨苦旱，而沙漠之区风高霜早，清明前后，始种麦豆，五月种谷粟、黍、稷、莜、荞、麦各种，丰年每亩收成约七八斗，多至石余者，则仅见矣。大青山后，节气尤迟，天寒较早，五月尚需披裘，七月即已降霜，往往禾稼芃芃，大有可秋，一遇霜冻，则成熟无望。⑤

有关耕作工具方面，据光绪时期《忻州直隶州志》载，乾隆时，忻州知州窦容邃曰：

---

① 官修：《清圣祖实录》卷191，康熙三十七年十一月丁巳条，北京：中华书局，1985年，第1027页。
② 贺扬灵：《察绥蒙民经济的解剖》，北京：商务印书馆，1935年，第17—38页。
③ 周清澍：《试论清代内蒙古农业的发展》，内蒙古大学学报，1964年，第2期，第35—63页。
④ 张鹏翮：《奉使俄罗斯日记》，哈尔滨：黑龙江教育出版社，2014年，第29页。
⑤ 刘鸿逵：《归化城厅志》卷19《风俗》，内蒙古自治区图书馆藏（稿本）（第10册），第39页。

忻郡土满人稠,耕农之家十居八九,贸易商贩者十之一二,惟机杼纺绩之声无闻焉。迹年来,家有余丁多分赴归化城谋生开垦,春季载耒耜而往,秋收盈橐囊而还。予初至,恐其迁徙靡定也,后访得其实,乃知人烟辐辏,食指繁多,分其壮丁于口外,实养其老幼于家中也。①

忻州人到归化城谋生开垦,是载"耒耜而往",这里的"耒耜",显然是指农业生产工具。据《马首农言》载:"耒,耜上勾木也。耜,锸也。犁,垦田器也。耒耜曰犁耙,所以散坺,去芟,渠疏之义也。凡耕而后有耙。榜,无齿耙也。挞,打田一筹也。櫌,槌块器也。"②该书又载:"镵,犁之金也。铧,锸类起土者也。镵开生地,铧开熟地。北方多用铧,南方皆用镵。"③那么,据此大约可以推知,晋陕民人到归化城一代垦荒,是带有"耒耜"这类农业生产工具的。从其统计地亩所用单位有"犁""犋"(见上文),一犁即一头牛拉犁一天所耕之地,一犋亦是一头牛拉一天犁所耕之地。用"犁"和"犋"作为地亩的计量单位,显见该处用牛拉犁是通行的耕作方式,亦可知本地农业开垦是使用犁的。至于这种犁,是"镵"还是"铧"则不可推知。据《马首农言》所载,北方用"铧",南方用"镵",可知晋陕民人带到归化城一代的犁地工具可能为铧。

携带生产工具到口外从事土地开垦的民人如何开垦土地的呢?由于记载的缺失,无法推知。笔者查阅文献,发现杨屾在《知本提纲》中,介绍了开垦荒地的方法:

垦荒亦力耕之要,利器乃垦荒之本。此下又言垦荒之要,以推广力耕之道也。垦,开也。利器谓如大犁、钁斧、利刃、铁齿耙、铁齿耙,及尖镵、鐯刀、刺劳、钐镰之类。言开垦荒地为力耕之要务,生财之大原;然必先备诸器,以为去草之本,开垦自无难矣。④

该书又载有除草的方法:

冬春则燔燎,夏、秋则芟夷。此下详言去草之法,乃垦荒之始事也。燔燎,焚烧也。夷与芟同,皆去草之名也。冬、春之际,草木干枯,用火焚烧。待春雨下降,地气通润,草芽欲发,然后用坚重大犁,或二牛、或三牛以开之。若夏秋之间,草木荣盛,必用鐯刀或大镰钐之,俟干枯焚烧后,亦用前犁开之。此皆未开之先除草之方,所当因时而早谋者也。⑤

---

① 方戊昌:《忻州志》卷8《风俗·物产附》,光绪六年刻本,山西省图书馆藏。
② 祁寯藻著,高恩广、胡广华注:《马首农言注释》,北京:农业出版社,1991年,第22页。
③ 祁寯藻著,高恩广、胡广华注:《马首农言注释》,北京:农业出版社,1991年,第23页。
④ 杨屾撰,郑世铎注:《知本提纲》之《农则耕稼一条》,载于王毓瑚辑《秦晋农言》,北京:中华书局,1957年,第15页。
⑤ 杨屾撰,郑世铎注:《知本提纲》之《农则耕稼一条》,载于王毓瑚辑《秦晋农言》,北京:中华书局,1957年,第15—16页。

该条不仅载有除草之法，同时亦载有二牛或三牛拉犁耕地之法。同时该书又载犁的使用方法：

> 弱则犁而即掩，劲则劚而后耕。此下言初开之时，去草之方也。凡细弱之草，其体本弱，犁过自然掩盖，无庸别除。若坚硬之草，或树木之根，其体皆劲，必先用钁掘去，然后行犁以耕之，自无不开也。

> 耒加以利刃以断根，耙随耙抓以除秽。方耕之时，耒前缚以利刃，犁行力推，凡一切新脆根株，迎刃自断，而耒耜无伤。耕后再用铁耙抓开草根土块，更以铁耙随后搂去草根芜秽之物，干则焚烧，而荒地可变熟田矣。①

这是一整套开垦荒地方法，虽然所载为中原地区之开荒方法，但归化城土默特地区多草场，且从事土地开垦的民人是晋陕民人，所以可能带去这种土地开垦方法从事土地开垦。

康熙三十六年（1697），据汪灏《随銮纪恩》中载：

> 八月初三日……康熙十年后，口外始行开垦。皇上多方遣人教之树艺，又命给之牛、种，致开辟未耕之壤，皆成内地。②

据此亦可推知，清政府为发展农业，大力推广农业生产技术。"树艺"是什么呢？据《知本提纲》之《农则树艺一条》③，详细介绍了树的栽培方法以及注意事项。而文中"命给之牛、种，致开辟未耕之壤，皆成内地。"说明口外各地开垦土地是使用牛耕，并且牛、种均由官府提供。

上文曾对伴种进行论述，其实伴种也是归化城土默特蒙古向民人学习农业生产技术的一种方式。虽然伴种更多的情况是蒙古出地、民人出力式的种植方式，但是在实际操作过程中，亦有蒙古、民人联合耕种的情况，在联合耕种过程中，蒙古逐渐掌握了民人的农耕生产技术。如雍正年间，五塔寺五十个喇嘛在塔宾格尔板升嘎查与民人合作耕种④，乾隆年间，五塔寺黑徒乌力吉图与祁县民人刘敬照、王兴，黑徒布延图与邢州民人谷海佘，黑徒乌巴什与邢州民人付亭子等合作耕种土地。⑤

---

① 杨屾撰，郑世铎注：《知本提纲》之《农则耕稼一条》，载于王毓瑚辑《秦晋农言》，北京：中华书局，1957年，第16页。
② 汪灏：《随銮纪恩》，见《小方壶斋舆地丛钞》（第1轶），南清河王氏铸版，上海著易堂印行，光绪十七年，第290页。
③ 杨屾撰，郑世铎注：《知本提纲》之《农则树艺一条》，载于王毓瑚辑《秦晋农言》，北京：中华书局，1957年，第63—76页。
④ 金峰：《呼和浩特史蒙古文献资料汇编》（第2辑），海拉尔：内蒙古文化出版社，1988年，第98—99页。
⑤ 金峰：《呼和浩特史蒙古文献资料汇编》（第2辑），海拉尔：内蒙古文化出版社，1988，第98页。

《蒙疆农业经济论》认为"长期以来,中国传统的精耕细作农业技术就兼具这种文化属性,自春秋战国以来,这种体系已成为汉文化的一个核心的部分,有着较强的文化刚性,有其不变的结构特征。技术的各个环节,包括耕作、播种、施肥、中耕、收获等等,总体上已构成一种程序,一种文化符号,编入汉文化的整体。在北方,这种技术体系以耕—耙—耢的土壤耕作体系为基础,高劳动投入式的积肥、施肥和中耕为特征。技术特征也因作物、种植制度和灌溉等条件的不同而有所替代或调整,如休耕期可以替代施肥,人力耕作可替代畜力耕作,等等。这些微调的过程也是传统技术体系因历史条件不同而做出的适应。精耕细作随汉人的迁移复制到蒙古地区,基本上未出现大的变化,这即体现着文化刚性。但也随生态条件的改变而出现稍微的变异,特别是因生态环境的变化对工作制度做出了调整。华北内地的种植制度往往由于人口压力而连作和施肥,但在新开垦地区,土壤肥沃,连种七八年不影响产量,农民也实行所谓'游耕制',即不固定于一处耕作,随土壤肥力消耗程度而换地另佃。这实际上在利用新的耕作制度来代替施肥,另外,还有代替施肥的技术,如通过压青法恢复地力,休耕一二年后翻青等等,这在阴山以北的小麦和莜麦种植地带尤为流行。"① 据《东部内蒙古产业调查》:"蒙古人行抛荒农法,汉人行轮作耕法或休闲农法。蒙古人种的是糜子,种几年地力耗尽,抛荒,觅地另种。汉人实行的休闲农法是将农田分三份,其中的2/3耕作,1/3休闲。轮作农作法是将谷子、高粱和黄豆进行三年轮作的农法。但汉族集约农业的同化作用是明显的,在接近汉人聚居区,蒙古人的农作接近汉人,在游牧占优势的地区,蒙古人的农法明显地显示出自己的特点。"②

《绥远通志稿》卷73《民族·汉族》载:

> 归厅同知方龙光禀:春末开冻,秋初陨霜,燠少寒多,禾稼难以长发。每年稼只一季。每亩丰收不过数斗,地或歇年而不种,人或秋归而少出,燕、晋、秦、陇,喇嘛、蒙、回无不有。③

此处所载"地或歇年而不种"即上文所讲轮作之法。据上可知,轮作之法在归化城土默特地区是较为常用的农作方法。

---

① 山田武彦、关谷阳一:《蒙疆农业经济论》,日光书院,昭和19年,第202页。引自王建革:《农牧交错与结构变迁:清代内蒙古地区的农业与社会》,中国历史地理论丛,2002年,第3辑。第77—91页。
② 农商务省:《东部内蒙古产业调查》(第1版),1916年,第35—36页。引自王建革:《农牧交错与结构变迁:清代内蒙古地区的农业与社会》,中国历史地理论丛,2002年,第3辑。第77—91页。
③ 绥远通志馆:《绥远通志稿》卷73《民族·汉族》(第85册),内蒙古自治区图书馆藏(稿本),第6页。

有关本地农作物，上文已经论述到"糜子"这种农作物，其生育期短、耐旱、耐寒、耐瘠薄。这种农作物非常适宜在归化城土默特地区种植。王建革认为："糜子是野生性强的作物，不用精耕细作也可高产，要实现集约化经营，要选谷子、小麦、高粱等集约化作物。"① 在归化城的《各色粟粮时估市价清册》中，"小米、麦子、荞麦、高粱、豌豆、黑豆、莜麦、谷子"（见上文）是土默特地区作为统计粮价的基本农作物。小米，即粟米，谷子去皮后即小米。因此本地种植谷子、荞麦、高粱、豌豆、黑豆、莜麦，且谷子的种植面积是非常大的，而这些农作物，都是耐寒、耐旱作物。

《绥远通志稿》卷73《民族·汉族》载：

> 普通人民主要食物，除城市情形略有区别外，当以莜麦、小米为大宗。犹衣服之重土布、羊皮也。小麦多产于后套及山后，山前较少。莜麦、荞麦亦以山后为重。山前大量产荞、谷、糜、黍等杂粮。食油亦山后所出，为菜籽所制。西部及东部所制者，多用亚麻，即通称胡麻油也。山前所产为麻子，制出之油，曰麻油。中部农村即以此为食油。城市无食之焉。马铃薯到处皆有，为各县通行之副食品，其辅佐农食之缺乏，变换农食之单调，功用极大。与城市作为食品之点缀物者，大异其趣矣。惟本省虽称米粮之乡，究少特殊产物。故民间日用及宴会，类皆大同小异，不出猪羊牛肉及寻常蔬菜，即白米一项，尚系购自外省。②

王建革认为："蒙民的作物主要是糜子，另外还有黍子、莜麦等。对蒙人而言，他们之所以选择这些作物，不仅在于这些作物具备在寒冷地区的栽培条件，更在于这些作物适合了蒙古人的耕作习惯。因为这些古老的作物野生性和抗逆性强，不用精耕细作便可有收成。不但适合蒙古草原生态特点，也符合蒙古人游牧民那种懒惰的习性。因为这些作物在土壤肥沃的草原，即使少耕作，不施肥，也有好收成。"③

贺扬灵认为：糜子和荞麦是适于粗放耕作的方式的。但是粟和小麦则不能粗放耕作，这些作物抗逆性差，必须进行精耕细作才能有所收获。在内蒙古中部地区，主要的作物有高粱、粟、荞麦、杂谷，甚至是高集约化的蔬菜。④ 山田武彦、关谷阳一在《蒙疆农业经济论》中写道："在蒙古草原中部，作物分布以阴山山脉为分界线，莜麦、大麦、

---

① 王建革：《农牧交错与结构变迁：清代内蒙古地区的农业与社会》，中国历史地理论丛，2002年，第3辑，第77—91页。
② 绥远通志馆：《绥远通志稿》卷73《民族·汉族》（第85册），内蒙古自治区图书馆藏（稿本），第21页。
③ 王建革：《定居与近代蒙古族农业的变迁》，中国历史地理论丛，2000年，第2期，第25—44页。
④ 贺扬灵：《蒙古人の家庭経済と生活》，蒙古，昭和十四年十二月十二月号，第70—73页。引自王建革：《定居与近代蒙古族农业的变迁》，中国历史地理论丛，2000年，第2期，第25—44页。

荞麦、亚麻、菜籽、马铃薯等耐寒性、耐旱性的作物在阴山山脉北部占压倒多数的地位，而粟、高粱、绿豆等抗旱性强、耐寒性弱的作物则分布于阴山南部地区。"

《土默特志》卷8《食货》中载：

> 其产生五谷，略备莜麦即油麦，青稞者曰青莜麦。民食所重，又有小麦，其味佳种者犹鲜。次胡麻，次穄，又有荍子，以饲畜，为粢者窶人耳，黍稗间植焉。豆种颇多，黄黑紫绿扁豌豇莲，悉以佐谷。①

除了种植上述粮食作物外，正如贺扬灵所述，本区域还有高集约化蔬菜种植。据乾隆元年（1736）七月二十八日，归化城同知《报明东五素兔村发生命案请委员会同相验的呈文》载有"本村石仁菜园内，有外来达子三人赶羊进园放牧。"② 至于菜园种所种植的蔬菜种类则不得而知。在归化城土默特土地契约中，亦有关于菜园租卖的记载，如光绪二十六年（1900），《蒙古观音保卖园契》载有"永远种植禾菜""每年以其种菜""与蒙古吃杂菜一百五十斤"等。③

还有一些回民从事蔬菜的种植。"归化城近郊也有不少回族菜农专事蔬菜种植生产。如东菜园（今青城公园北门一带）的回族菜农麻富业，祖籍山西右玉县，有水浇菜园地二百余亩雇佣长工20余人，专事种植蔬菜。另如城东回族刘氏一门，数代种植蔬菜。"④

《土默特志》卷8《食货》中载：

> 烟叶、辣椒之类，资于人者，亦闲播其种。其瓜则西东南，王果则桃、杏、李、苹、海棠，宾恒多有之，惟琐琐、葡萄为兹土佳品。载《一统志》中。⑤

王治和在《土默特境内的河流湖泊》中写道："五当沟水……沙尔沁、鄂尔逊村，盛产红辣椒大蒜""万家沟……沟口两岸村落，产大黄杏""朱尔沟水……朱尔沟村……烟叶最负盛名""水磨沟水……毕克齐镇，园地特多，各种蔬菜及白麻、烟叶诸物为本县第一产区""红山口沟水……城外四郊之负郭园户，约有二百余家引用扎达海河水，能灌溉园地约十一二顷，所产各种蔬菜，足供新旧两城及附近乡村之用。"⑥《土默特志》载："归化城内札达海河，……水自公主府而下凿渠分为二派，一绕城隍庙左，至庙前则架木槽过小壑，引溉城东一带菜园；一由庙后南流，城北近山麓处，平地泉渊甚多，

---

① 清光绪年间刊本影印：《土默特志》，台北：成文出版有限公司，1968年，第145页。
② 土默特左旗档案馆藏：归化城副都统衙门档案，归化城同知《报明东五素兔村发生命案请委员会同相验的呈文》，档案号：80—4—1041页。
③ 铁木尔：《内蒙古土默特金氏蒙古家族契约文书汇集》，北京：中央民族大学出版社，2011年，第86页。
④ 马珍：《呼和浩特回族经济考》，呼和浩特回族史料（第5辑），2003年，第12页。
⑤ 清光绪年间刊本影印：《土默特志》，台北：成文出版有限公司，1968年，第145页。
⑥ 王治和：《土默特境内的河流湖泊》，土默特史料（第18辑），1985年，第302—326页。

群泉汇流，遂成札达海河。城西南负郭之务农圃者，赖此获灌溉至利。清雍正间为郝、任、卜、袁四姓，历年既久，户族益多，每因用水，时起讼争。民国十七、八年屡遭旱灾，河水涸浅，不足溉用，于是争端复起。经归绥县府讯断，规定办法，刊立石碑，详记其事。俾资人永久遵守。"①

在《第一个到中国来的俄国使节》中，佩特林也谈到板升一带收获的农作物："在蒙古地方出产所有的谷物，即谷子、小麦、燕麦、大麦，还有其他多种。也有我们不知道的白面包。同时，在蒙古不管什么蔬菜都有。有苹果园，有甜瓜、西瓜、南瓜、樱桃、柠檬、黄瓜、葱、蒜。"据1654年，伊·巴伊科夫在其《赴清帝国的出使报告》：

> 呼和浩特……他们的耕地与俄国相仿。他们种植的庄稼有：黍、小麦、大麦、燕麦、亚麻和大麻；瓜果蔬菜有：蒜、胡萝卜、胡桃和很多榨油的籽仁。有各种树木：橡树、桦树、松树，也有雪松、菩提和云杉。……城的四周都是耕地。②

《绥远通志稿》卷73《民族·汉族》载：

> 其食物在省境内较为特殊者，则有归绥之长山药、葱、蒜，萨县之瓜、桃、烟叶、白菜，托县之倭瓜，萨、托之鲤鱼，和林之蒜，皆迥异常品，具有特色者也。③

据上可知，归化城土默特地区的粮食作物及蔬菜的品种还是较为丰富的。

除了上述农作物及蔬菜外，归化城土默特地区还种植罂粟。如同治七年（1868）十一月，归化城蒙古民事府《咨请饬属催交蒙民罂粟税款》（见上引文）④ 载："蒙民栽种罂粟地亩应征厘银……扣扣板申等二十八村蒙古甲头那速图等及什拉门更等四十四村蒙古甲头五太保等，同称伊等应交罂粟地亩厘钱均愿到伊等上司处交纳等语，理合禀明等情。"显见扣扣板申等二十八村、什拉门更等四十四村都是种植罂粟的。

阿·马·波兹德涅耶夫《蒙古及蒙古人》中亦对归化城地区种植罂粟问题进行了简单描述：

> 美岱村……由于客店里的地方不够，我只好和一位汉族老头儿住在一个房间里。他是个专门贩卖鸦片的商人……这里开始种植鸦片却只有二十五到三十年的历史……当地人种鸦片用的都是最好的地，而且对鸦片又需要像果木那样细心管理。他说：如

---

① 土默特左旗《土默特志》编纂委员会：《土默特志》（上），呼和浩特：内蒙古人民出版社，1997年，第170页。
② 苏联科学院远东研究所等编：《十七世纪俄中关系》（第1卷），第74号文件。北京：商务印书馆，1978年，第251页。
③ 绥远通志馆：《绥远通志稿》卷73《民族·汉族》（第85册），内蒙古自治区图书馆藏（稿本），第21—22页。
④ 土默特左旗档案馆藏：归化城副都统衙门档案，归化城蒙古民事府《咨请饬属催交蒙民罂粟税款》，档案号：80—6—2499。

果把这些土地和劳力都用来种小麦的话，那我们也不会挨饿了。①

据此可以推知，这里鸦片种植的面积是非常大的。正是因为种植面积大，所以清政府才会对罂粟进行征税。

清政府虽然在1884年对罂粟种植进行查禁，但禁而不绝：

> 又如原奏内称查禁罂粟筹办兵糈，无不从中挽越一节。查归绥道禀复，内称，准副都统来咨之禁种罂粟，互相稽查，倘有私栽罂粟，被获者，如系民人，交地方官惩治。如系蒙古，令其总解户司等语。该道指为不由地方官办理，是其袒庇挽越之实。据查民人则交地方，蒙古则交户司，分晰甚为明确，亦属循例办理。②

在贻谷办理绥远垦务之时，曾经提出重征罂粟种植税，以此作为严禁罂粟种植的方法。据贻谷《奏为蒙旗自种罂粟向不纳税，致有奸民冒混隐漏等弊，拟援照山西土捐办法一律征收折》载：

> 督办垦务理藩院尚书衔绥远城将军奴才贻谷、归化城副都统世袭二等刚烈男奴才文瑞跪奏，为蒙旗自种罂粟向不纳税，以致奸民冒混隐漏弊深，拟援照山西土捐办法，一律征收，以杜取巧，而济要需，恭折，仰祈圣鉴事。……独土默特蒙人自种洋烟，地方官向不过问，以故奸蒙餍无税之便宜，种烟多于种粟。而又包揽汉烟地亩，认为己种受获甚微，大妨□课。土默特本产之地□种居十之二三，民种居十之七八。③

但是贻谷的这种办法，并没有取得禁止种植罂粟的效果。宣统元年（1909），绥远城将军信勤又奏查禁烟：

> 署绥远城将军信勤奏称查禁烟一事。自前任将军以来，奉行未尝不力，而烟籍卒未减除。推原其故，良由塞外高寒，偏宜罂粟，产多价贱，流毒滋深。迭次与前署归化城副都统三多、分巡归绥兵备道胡孚宸往复筹商定议，会同设立归绥禁烟公所。就归化城租赁民房一所，以资开办，不分满汉蒙旗，统由该公所施禁，一面禁吸，即一面禁种、禁售。④

据此可知，归化城土默特地区罂粟种植面积是比较大的，虽然也有禁烟的条例、措施，但却禁而不绝。

二、水利技术

归化城土默特地区的土地绝大部分为旱地，能使用河水、涧水浇灌的只有大青山南

---

① 阿·马·波兹德涅耶夫著，张梦玲等译：《蒙古及蒙古人》（第2卷），呼和浩特：内蒙古人民出版社，1983年，第147页。
② 《申报》（上海版），1884年8月28日，星期四，第4086号，清光绪十年甲申七月初八日，第11版。
③ 《申报》（上海版），1905年7月5日，星期三，第11571号，清光绪三十一年六月初三日，第16版。
④ 《申报》（上海版），1909年6月16日，星期三，第13061号，清宣统元年四月二十九日，第10版。

面的土默特平原的土地。上文曾对土默特地区主要河流湖泊进行叙述。除了自然河流、湖泊外，归化城土默特地区的土地亦依靠水渠、水井进行浇灌。

《绥远通志稿》对归化城土默特地区的水渠做了较为详细的叙述。据《绥远通志稿》卷 24（下）《水利》载萨拉齐境内有民生渠、苏寨沟门村石渠、万家沟下游东渠[①]；托克托境有内永顺渠[②]、归绥境内有大黑河流域渠道[③]、清水河境内有青龙渠、兴隆渠等。[④]

在归化城土默特地契中，所列地亩四至中经常出现"南（或东、西、北）至渠"的记载，说明该处土地是依靠渠水浇灌的。契约中还载有"凿井"，这可能是需要靠井水浇灌土地，当然亦食用井水。在契约中亦有"开渠、打坝、洪水淤地、修理住座、取土吃水"[⑤]的记载。"开渠"即开凿水渠，"打坝"亦与修建水渠相关。而"洪水淤地"则可使贫瘠的土地变为肥沃的可耕之田。据《土默特志》载"贾家淤地"，即是经洪水漫灌以后，形成的肥沃良田。[⑥] 修渠时，根据地亩的多少出工和分配水权。如"归化城内札达海河"修渠时"河南园西一段，应锹夫二十二张，分水四份，分水石口为二尺四寸，南一段应锹夫三十三张，分水六分份，分水石口为三尺六寸"[⑦]。可见修渠时，是使用铁锹开挖水渠的。当然使水也含有一定的水利技术在其中，上文已对水权和使水情况予以论述，在此不再赘述。

三、畜牧技术

自明代开始，归化城土默特地区的就有一定的农耕，从事农耕的主要是流入本地的民人，生活在此地的归化城土默特蒙古则主要从事游牧，当然亦有一少部分蒙古人从事农耕。

---

① 绥远通志馆：《绥远通志稿》卷 24（下）《水利》（第 31 册），内蒙古自治区图书馆藏（稿本），第 1—14 页。
② 绥远通志馆：《绥远通志稿》卷 24（下）《水利》（第 31 册），内蒙古自治区图书馆藏（稿本），第 19 页。
③ 绥远通志馆：《绥远通志稿》卷 24（下）《水利》（第 31 册），内蒙古自治区图书馆藏（稿本），第 32—33 页。
④ 绥远通志馆：《绥远通志稿》卷 24（下）《水利》（第 31 册），内蒙古自治区图书馆藏（稿本），第 55—56 页。
⑤ 铁木尔：《内蒙古土默特金氏蒙古家族契约文书汇集》，北京：中央民族大学出版社，2011 年，第 10 页。
⑥ 土默特左旗《土默特志》编纂委员会：《土默特志》（上），呼和浩特：内蒙古人民出版社，1997 年，第 155 页。
⑦ 土默特左旗《土默特志》编纂委员会：《土默特志》（上），呼和浩特：内蒙古人民出版社，1997 年，第 170 页。

乾隆七年（1742）十月十五日，山西巡抚喀尔吉善奏：

> 查归化城土默特蒙古……向来并无俸饷，俱随水草游牧生理。自康熙三十年以后，蒙古等始行耕作，其有力之人虽开垦耕种，但仍赖草地滋生牲畜。①

据此可以推知，在康熙三十年（1691）之前，归化城土默特蒙古是以畜牧经济为主。自康熙三十年（1691）始，归化城土默特蒙古人虽然有人从事农耕，但仍然以畜牧经济为主。据《绥远通志稿》卷43《牧业》载：

> 清初，蒙古内附，地属藩封。在土默特境命官设治，于是边民于农垦之外，仍兼重牧畜。②

此处之边民"于农垦之外，仍兼重畜牧"，是指民人在从事农垦的同时兼营畜牧业。因此，清初归化城土默特地区是农牧兼营的农业经济形态。据《土默特志》所载："清朝中期，大青山南的蒙汉人民由饲养大畜逐渐转化为饲养耕畜和小畜。较富有的蒙族人家一般饲养十几到几十只大畜，数十到数百只羊。中等蒙户只饲养几只大畜，十几到几十只羊。下等蒙户只有一两头耕畜或几只羊，穷苦蒙古则牲畜全无。汉族人家饲养大畜也主要是为农耕服务，有的则用于拉车运输，饲养的小畜一般是几到十几只，有的人家则大小畜全无。大青山以北，如呼雅克图敖包周围的蒙古族，有的人家大畜上百，小畜上千，但这类人家为数不多。养几十只和几百只羊的人家略多些。大部分是十几只大畜和几十只羊。土默川一些纯蒙村，牧场尚较宽裕，有十几到几十顷。如忽拉格气、卡台基、东甲兰营等村，清代还是以牧为主，较富有的人家都养有十几到几十只大畜、几十到几百只羊。"③

据《绥远通志稿》卷43《牧业》载：

> 到本省居民，其初出口外也，多为晋北农人，租种蒙地垦荒而外，又多经营养羊副业，亦有以孳生羊只为主要，而辅之农业者。耕牧最早之地，为今归、萨、和、托各县。当时土广人稀，水草平滩，所在皆是，最宜牧畜，且较农事省工利厚，而足以赡身家。于是因利乘便，多则百数十只，少或至数只。量力购牧，反复蕃滋，隔年出售，留羔长养，俗谓之存羊。经营年久，往往赖此起家。故土人在昔年农村中，稍有积蓄者，类多为存羊之家。而所谓农业者，即便食用有余，亦每因年丰，粮价甚贱，难获厚利。必遇歉岁，存粮者始可居积以取赢。然此皆大户致富之术，非小农之所敢

---

① 中国科学院地理科学与资源研究所、中国第一历史档案馆：《清代奏折汇编·农业·环境》，北京：商务印书馆，2005年，第69—70页。
② 绥远通志馆：《绥远通志稿》卷43《牧业》（第51册），内蒙古自治区图书馆藏（稿本），第2页。
③ 土默特左旗《土默特志》编纂委员会：《土默特志》（上），呼和浩特：内蒙古人民出版社，1997年，第235页。

望也。若小农，则年非借数羊或十数羊之售价，不足以宽裕其生活。盖小农所种旱地，收量有限，每年就草场之便，带牧羊只，其事固易为也。同光以还，中部居民，以开地渐广，户口渐繁，村落棋布，附近草滩，以牛马群牧放日多，而养羊者逐日见减少。间有大户，择定牧地，存有羊群，究属少数耳。自山前存羊之户少，于是归属之。山后萨属之西套，农户牧业，乃代之而兴。其赴山后与入套种地者，亦与山前情形稍异。其中多大地户，资力、人力兼备，而水草丰美，不亚中部，往往大批养羊之外，山后并存马群，套地多养驼只。①

民人兼营农牧，其畜牧业以养羊为主。多的人家有羊百数十只，少的人家也有数只。经过多年的繁殖，隔年出售羊只，把羊羔留下，谓之存羊。这其实是一种畜养方法，保证羊只能正常繁衍。大户人家依靠养羊致富。而小农人家只能就"草场之便，带牧羊只"。同治、光绪以后，牛马群牧日渐增多，而养羊之户逐渐减少。

《绥远通志稿》卷43《牧业》载：

> 归绥县，设治最早，地多垦辟。各处草滩皆作村畜公牧之场，全境内已无广大牧地，故无专营牧畜以为生业者。惟沿北一带及南境黑河两岸，水草丰美，农家多以养羊为其副业。亦皆孳生有限，合数家所有为一群，公雇村人牧之。牛马骡驴均供耕作之用，亦无孳养为业者。终年饲于家厩，鲜有出牧者。惟在夏秋二季，野草结实时，有闲人入北山沟中放牧以饱夜草者。附近有场户承揽，为时不过二月。养驼者多大户，每户素有恒以千数，专作西北长途运输之用，皆脚户也。入夏草长时，牧放山后蒙地，秋后凉爽则皆收回，揽货起运。骡驴收养，略同牛马，惟数量较少。猪鸡二畜，在各村农户，几于家家养之。②

据此可知，农户以养羊作为副业，由于羊的数量有限，所以多家合雇村人，共同放牧。而饲养的牛马骡驴是作为畜力使用的，这些牲畜主要是圈养，只是在夏、秋两季，野草结实的时候，人们把牲畜放到北山沟放牧。这些牲畜多由蒙古人承揽放牧。饲养骆驼的为大户人家，每户有数千头，充当运输，夏季草生长季节，在山后蒙地牧放，秋后收回。驴、骡的饲养同牛马类似。同时，各村农户均饲养猪和鸡。萨拉齐、包头、托克托、清水河、和林格尔的牧放牲畜方式和牲畜种类同此类似。

在归化城土默特地区，一些大型商号，亦从事畜牧业。据《绥远通志稿》卷43《牧

---

① 绥远通志馆：《绥远通志稿》卷43《牧业》，内蒙古自治区图书馆藏（稿本）（第51册），第2—3页。
② 绥远通志馆：《绥远通志稿》卷43《牧业》，内蒙古自治区图书馆藏（稿本）（第51册），第2—3页。

业》载：①

> 清初……大小蒙商，……各地皆有分号行销，所收羊、马、驼畜，择地定场放牧，秋高草肥，畜皆茁壮，始分群陆续而还。每年转销内省者，羊约四十余万只，马十余万匹，骆驼一万只以上。故昔之经商蒙地者，其小本商人多在内蒙附近售货，易其皮毛，辗转营利。资力稍厚者，则多有牧场，以为存养牲畜之场。三大号者，规模宏大，秋冬之际，羊马之群数，少者始入城，大群则在蜈蚣坝歇场待售。……各商之在外路也，凡大商号，多经商而兼营牧畜。如大盛魁、元盛德诸号，每年孳生羊马，为数甚钜。②

归化城土默特地区的牲畜放牧方式，前文已论述。一些蒙古人为了生计，承揽牲畜放牧工作。据《土默特志》载："1740年，绥远八旗马厂'每马一匹，用银一钱，雇觅蒙古放牧。如有倒毙遗失，俱系蒙古补赔'。"③

所雇佣放牧之人，一般具有一定的专业技术：懂得简单的畜病防治和会看水草。"民间历来有一些改良畜种的传统做法。种羊一般为大户及揽放羊群者所有，种马为大户或专业者所有，种驴为专业者所有，种猪为大户所有，也有专养种猪者，种牛大小户间有。需交配者，母畜主人需给种畜主人一定的报酬。"④

牲畜疾病的防治，是比较落后的。一般而言，大畜有病多请民间兽医以中草药灌治，小畜则各自用土法治疗。《土默特志》载有民间传统牲畜防病治病方法：

> 大畜在役使或长途行走后，不能急于喂饮，尤不宜急于饮水，以防得病。剪马尾、打马鬃宜在春末夏初，过迟则影响马匹驱赶蚊虫。秋天羊圈不起粪，防止羊受潮起疥。羊怕吃带露水的草，所以前晌要在晾羊盘先"晾羊"，俟露水落尽后才可出群放牧。但对有火症的羊群，也可吃露水草一二次，以清胃火。吊马，在役使或饱食后，高系缰绳，将马头仰起，一般吊二三小时，可防病。灌马，一般在春季给马灌大黄，用以泻火开胃增进食欲。马略有小病，有时可以人喝完的中药渣水煎后连渣灌之，可起治疗作用。遛马，重劳役、长途行走、阉骟或诊疗后，牵马慢行一会，然后喂食。骟马忌惊吓。灌牛，逢惊蛰日，大青山后一般给牛灌獾子油，大青山前一般以

---

① 绥远通志馆：《绥远通志稿》卷43《牧业》（第51册），内蒙古自治区图书馆藏（稿本），第2页。
② 绥远通志馆：《绥远通志稿》卷43《牧业》（第51册），内蒙古自治区图书馆藏（稿本），第23—28页。
③ 土默特左旗《土默特志》编纂委员会：《土默特志》（上），呼和浩特：内蒙古人民出版社，1997年，第238页。
④ 土默特左旗《土默特志》编纂委员会：《土默特志》（上），呼和浩特：内蒙古人民出版社，1997年，第238—239页。

麻油素糕食之，可润胃。澡羊，夏日将羊赶入水中，羊倌以手洗其毛，相传可以去火。啖羊，夏秋时，大青山前一般将盐撒在地上，让羊食入少许盐分，大青山后有撒盐者，也有撒碱者，有碱滩的地方将羊赶入滩中吃草，可以防病清胃。但不宜经常进碱滩牧放。以白马莲花治大畜尿结。以多年吸水烟的羊骨，捣碎灌服，治结症。灌服人或畜的粪、尿，治大畜肚胀。泡服狼毒草，治羊嘴生蛆。灌服腌菜汤，治羊烂嘴病。以热砖、热毛巾、热毛毡敷于羊尾骨及闹骨处，治羊转转疯。点燃草纸卷以烟熏马鼻，治水肿、感冒等症。[1]

在清末，多伦诺尔同知卢司马鼓励畜牧工艺，载：

> 我朝自龙兴辽沈，抚有中夏，幅员之广，超越前古……凡两蒙古之君长，皆隶理藩院……然数百年来……而日处冰天雪地之中，毳幕既衣，牧畜为事。与内地之民苦乐既殊，智慧亦异。鄙人尝游塞外，每见蒙民驱牛、马、驼、羊至内地易货，无忧无虑，不识不知，大有无怀葛天气象……蒙古既无蚕桑之利，又无工艺之兴，仅恃此畜牧，何能转贫为富？……爰定章程以为蒙汉商民劝，一为选择牛、羊、马、驼佳种……宜先设畜牧工艺学堂，延各国之精于畜牧工艺者，至塞外教习。无论蒙汉子弟，招入学堂，肄业方始，为根本切实之图。[2]

选择牲畜优良品种，并设立畜牧工艺学堂教授蒙汉子弟，对于畜牧业的发展是有十分有利的。但时处社会发生激烈动荡的清末，其究竟有无施行，笔者没有查到相关记载，不好妄加推测。

附论：归化城土默特地区的林业、渔业

归化城土默特地区林业资源，在古代是十分丰富的，在大青山和山前一代曾是林木茂盛、树种繁多的地方。"清朝康熙、雍正年间，大青山林木曾大量被官私砍伐买卖，按雍正末年《朔平府志》载，毕克齐'大青山材木在此买卖'。河口、毛岱，都是由水道往山西、陕西运送大青山木材的重要渡口。据土默特文献档案载，1736年修建绥远城，原拟在乌拉山砍伐木20余万株，后经建威将军王昌咨请：'工程用木，于大青山砍

---

[1] 土默特左旗《土默特志》编纂委员会：《土默特志》（上），呼和浩特：内蒙古人民出版社，1997年，第239—240页。
[2]《申报》（上海版），1901年11月19日，星期二，第10270号，清光绪二十七年十月初九日，第1版。

伐足够',准予就近砍伐大青山林木,用于建城工程。"①

《绥远通志稿》卷45《林业》对归化城土默特地区的林业情况予以了描述,认为清初,由于本地多草滩,适宜放牧,而民人以农耕为根本,对种树并不重视。②大青山、乌拉山均为大森林,在土默特投诚以后,大青山的林木被开采官用。在绥远城建成以后,大青山上的树木就基本上被砍伐完了。大青山树木有松、柏、桦、榆、杨、柳各种,其中以松、柏、桦为最多。③当然本地亦有部分果园,如萨拉齐有"果园五十顷"。④

归化城土默特地区河流、湖泊均产鱼,且有以捕鱼为生的渔户。如包头沿黄河的一代的"马二圪堵、昭君坟、兰虎圪堵、李虎圪堵、打不素太、兰桂窑、五达不老、三叉口、花匠营子、黄草洼、王大汉营子、南海子、什大股、帽儿上、磴口等二十余村,均有渔户,捕鱼为生"。⑤萨拉齐的"八大股、黑豆壕、金家圪堵、高龙渡口等数村,共有渔户七八家,约四十余人"⑥。托县"沿黄河之海参不拉村、盐池村及喇嘛湾有渔户十五家,渔人约七八十名而已"⑦。

鱼的种类主要有"鲤鱼、鲇鱼、鲫鱼、蛇鱼、拉麻棍鱼数种"⑧。每种鱼都有其特点,如"鲤鱼身长立扁,鳞大而光莹,口无锐齿。鲇鱼头部圆大平扁,尾部尖细,口有齿,身有粘沫。且触须甚长。白鱼形类鲤鱼,惟色白身梳板,或鲫瓜子。蛇鱼,形细长,似蛇,故名。拉麻棍鱼,亦细长,惟较蛇鱼稍宽。各种鱼类,形状互异,而鲤鱼复有黑鲤、金鲤之别,盖黄河自托县喇嘛湾以上为泥床,所产之鲤鱼为黑鳞,味甚平淡。自喇嘛湾以下为石床,所产之鲤鱼为金鳞,味较鲜美。所有产量,以鲤鱼为最多,价格亦高。鱼肆所售者,多属此种。而春季开河鲤鱼,肉更肥美,为本省最应时之食品,远近驰名,脍炙人口。其他数种较少,价格亦廉。"⑨鱼的产量也较高,据相关记载,包头全年产鱼约"三万五千斤"、萨拉齐全年产鱼约"二千九百斤"、托县全年产鱼约"十万斤"。⑩

包头、萨拉齐鱼汛分春秋二季,各有一个月,托县分为三期,春季二月开河期捕鱼

---

① 土默特左旗《土默特志》编纂委员会:《土默特志》(上),呼和浩特:内蒙古人民出版社,1997年,第259页。
② 绥远通志馆:《绥远通志稿》卷45《林业》(第53册),内蒙古自治区图书馆藏(稿本),第1—2页。
③ 绥远通志馆:《绥远通志稿》卷45《林业》(第53册),内蒙古自治区图书馆藏(稿本),第3页。
④ 绥远通志馆:《绥远通志稿》卷21《土地》(第25册),内蒙古自治区图书馆藏(稿本),第4页。
⑤ 绥远通志馆:《绥远通志稿》卷46《渔业》(第54册),内蒙古自治区图书馆藏(稿本),第3页。
⑥ 绥远通志馆:《绥远通志稿》卷46《渔业》(第54册),内蒙古自治区图书馆藏(稿本),第7页。
⑦ 绥远通志馆:《绥远通志稿》卷46《渔业》(第54册),内蒙古自治区图书馆藏(稿本),第7页。
⑧ 绥远通志馆:《绥远通志稿》卷46《渔业》(第53册),内蒙古自治区图书馆藏(稿本),第4页。
⑨ 绥远通志馆:《绥远通志稿》卷46《渔业》(第53册),内蒙古自治区图书馆藏(稿本),第4页。
⑩ 绥远通志馆:《绥远通志稿》卷46《渔业》(第54册),内蒙古自治区图书馆藏(稿本),第5页。

一月,夏季六月伏水期,捕鱼十日,秋季九月为秋水期,捕鱼一月。渔民捕鱼皆用渔网,亦有少量使用渔栅的。①

综上所述,清代归化城土默特地区的农作物品种以谷子、小麦、莜麦、高粱、豌豆、黑豆为主,兼有其他作物。同时本地蔬菜种植也有一定的规模,蔬菜的种类亦较多。本地的畜牧业在这一时期逐渐衰微,牲畜饲养由传统的放牧转为圈养。牲畜的种类以马、牛、羊、猪为主。民人在农耕兼营畜牧的同时还饲养一些家禽。当然本地林业发展较为缓慢,在一些地区有果园。亦有一部分民众从事捕鱼业。而农耕技术,随着民人的传入本地区,一些蒙古人逐渐学习民人精耕细作的土地耕作方式从事农业生产,而民人亦学习蒙古人的畜牧方式,从事牲畜饲养。

小结

归化城土默特地区的农业在清代获得长足的发展。入清以后,清政府在归化城的统治策略,导致归化城土默特地区的土地被大量开垦。这些从事土地开垦的人多是晋陕流入本地的汉人。当然归化城土默特蒙古人亦受到汉人的影响,亦从事农业生产。生活在这一地区的其他各族人民,亦为本地区的社会经济发展做出了应有的贡献。

内地农业技术的传入,在客观上起到了促进归化城土默特蒙古从游牧到农耕的转变。随着内地农业生产技术的传入,本地的农作物的种类也日益多样化。因此本区在清代成为重要的粮食产区。

本区的土地垦殖从清初的禁垦,到默许垦殖再到清末的放垦也经历了一个发展过程。当然清末蒙地放垦是以聚敛钱财,缓解清政府财政危机为目的的。虽然清末放垦蒙地最后不了了之,但在客观却制造了蒙汉之间的矛盾。

当然,本地区的畜牧业作为农业的补充一直存在。这一时期,畜牧业已经从的游牧,转为圈养和不定时的游牧。牲畜的饲养技术也有进一步提升。

---

① 绥远通志馆:《绥远通志稿》卷46《渔业》(第54册),内蒙古自治区图书馆藏(稿本),第5页。

第六章　清代归化城土默特地区的自然灾害与赈济

归化城土默特地区是自然灾害频发的地区。目前，学界对内蒙古地区的灾荒研究较为深入，主要有吴彤、包红梅《清后期内蒙古地区灾荒史研究初探》①；牛敬忠《近代绥远地区的灾荒》②、《近代绥远地区的社会变迁》③；包庆德《清代内蒙古地区灾荒研究状况之述评》④、《内蒙古地区灾荒研究的背景及其意义》⑤、《清代内蒙古地区灾荒研究概况》⑥、《清代内蒙古地区灾荒研究》⑦；包红梅《清代内蒙古地区灾荒成因分析》⑧；刘海涛《光绪十七年——十八年绥远地区灾荒的社会史分析》⑨；郝维民、齐木德道尔吉主编《内蒙古通史》第五卷《清朝时期的内蒙古》（2）⑩ 等。上述研究成果对内蒙古地区的水旱霜冻等自然灾害、救济措施、灾荒发生的因素进行了分析和研究。但是其着眼点为整个内蒙古地区或者绥远地区，虽然都涉及了归化城土默特地区，但是单独对归化城土默特地区的灾荒进行论述的著作则付之阙如。本章拟在借鉴上述研究成果的基础上，依照相关文献，对清代归化城土默特地区的灾荒问题进行探讨。

---

① 吴彤、包红梅：《清后期内蒙古地区灾荒史研究初探》，内蒙古社会科学，1999年，第3期，第57—65页。
② 牛敬忠：《近代绥远地区的灾荒》，内蒙古大学学报，2000年，第3期，第87—92页。
③ 牛敬忠：《近代绥远地区的社会变迁》，呼和浩特：内蒙古大学出版社，2001年。
④ 包庆德：《清代内蒙古地区灾荒研究状况之述评》，中央民族大学学报，2003年，第5期，第87—93页。
⑤ 包庆德：《内蒙古地区灾荒研究的背景及其意义》，黑龙江民族丛刊，2003年，第4期，第54—58页。
⑥ 包庆德：《清代内蒙古地区灾荒研究概况》，中国史研究动态，2004年，第4期，第7—13页。
⑦ 包庆德：《清代内蒙古地区灾荒研究》，北京：人民出版社，2015年。
⑧ 包红梅：《清代内蒙古地区灾荒成因分析》，前沿，2004年，第4期，第175—177页。
⑨ 刘海涛：《光绪十七年——十八年绥远地区灾荒的社会史分析》，内蒙古大学，2007年硕士学位论文。
⑩ 郝维民、齐木德道尔吉：《内蒙古通史》第5卷《清朝时期的内蒙古》（2），北京：人民出版社，2011年。

第一节　归化城土默特地区自然灾害

有关归化城地区的自然灾害，《绥远通志稿》卷29《灾异》、卷30《赈务》对灾害做了简单记载，其他文献中，亦有些许归化城土默特地区的自然灾害的记载，但也仅是一笔带过。据《绥远通志稿》记载，该地的自然灾害以旱、水灾害为主，亦有蝗虫灾害。而有些记载，仅是说发生饥荒代赈，并不清楚发生了何种自然灾害而导致的饥荒。如《绥远通志稿》卷29《灾异》载：

> 高宗乾隆十一年，口外各厅饥，是年修大同八县城垣，代赈归化城就食贫民。①

"口外各厅饥"，就说明此处发生了饥荒，什么原因导致的饥荒？则不得而知。"代赈归化城就食贫民"，意思应是因灾荒到归化城流浪乞讨的穷苦老百姓。从这一点来看，归化城并没有发生严重饥荒，因此穷苦老百姓才到归化城就食。由于流入的贫民数量增多，所以才用修大同八县城垣代赈之法解决到归化城贫民的生活问题。光绪朝，则记载较为详细。如

> （光绪）四年，各厅复大饥，以连年荒旱，罗掘已空，有人相食者。各地鬻卖妇孺者成市。时斗米值钱由五百涨至二千。路有粮车，辄为饥民掠夺而去，官不能禁。惟后套一带居民较少，人有积粮，无乏食逃亡者。当大灾期间，各地街头攫食，傍晚截道者，日有所闻。归化城有尹龙者，无赖子也，入夜乘行部内，自后扬索勒人头，负至避处，剥取财务，被害而死者甚多，全城悚惧。夜后行人谓之套白狼，积年有余，始捕获诛之。②

1878年，口外各厅因连年荒旱，导致大饥荒的发生。饥荒发生的惨况：人相食，鬻卖妇孺成市（笔者按：今呼和浩特市玉泉区通顺街西段至西顺城街这一段，旧时被称之为"人市"），米价上涨，饥民抢劫。

光绪十七、十八、十九年，归化城土默特地区发生连年荒旱，造成严重灾荒。清政府虽然采取了一系列赈济灾荒的措施，但是依然造成大量民人流离失所、饿死于道的惨状。如《申报》载："惟口外归绥等厅，因去年歉收，冬春无雪，小民生计异常艰窘。归化所属之大青山后，毗连茂明安等旗，地方荒旱尤甚，哀鸿遍野，□致归化城、萨拉

---

① 绥远通志馆：《绥远通志稿》卷29《灾异》（第37册），内蒙古自治区图书馆藏（稿本），第7页。
② 绥远通志馆：《绥远通志稿》卷29《灾异》（第37册），内蒙古自治区图书馆藏（稿本），第10—11页。

齐等处□□□食贫民多至一万三四千人。"① 可见此时灾荒所造成"哀鸿遍野"的惨状。很多人流落到归化城、萨拉齐等处乞食。随着灾害程度的进一步加深，"大青山后饥民众多，嗷嗷待哺，始则拆卖房屋，继则鬻及子女"②。这就不仅仅是"哀鸿遍野"和流落异地乞食的惨状了，而是出现了拆卖房屋、卖儿鬻女以维持生存的境况了。这一方面说明灾荒程度进一步加深，另一方面也说明了政府的赈济措施不力。《申报》所刊《北地灾状》中写道："张家口外自包头镇以至归化城，绵延数百里。去年颗粒无收，小民束手无策。相率转徙他方，中途毙命者，指不胜屈，即年力强壮之人，苟延残喘，亦皆鸠形鹄面，瘦骨如柴，体肿肢浮，延颈待毙。富者尚得以莜麦面充饥，贫者寻食草根、树皮，聊图果腹，岌岌乎朝不保暮。往时骆驼出口皆驮红茶，去冬则大半改驮麦子、白面，以救饥民。见者皆视为珍宝，争相购取。业此者获利倍蓰，饥馑之余，即骨肉亦不能复顾，卖男鬻女不以为异，五六岁者仅易大钱五六百文。"③ 这篇名为《北地灾状》的记述，虽然是根据来自口外人的叙述，有一定夸大的成分在其中，但是亦与当时的真实情况相差不远。而《申报》所刊《上海北市丝业会馆筹振公所接潘振声先生自宣化来书照登》载有：

> 边外七厅，西路以萨拉齐之西堡头及山后各庄为最重，据云去冬死亡过多，卖男鬻女，亦不知若干，妇女年轻者五六千文，稍长及幼女不过一二千文。归化城左近一带稍可支持，惟山后种地各户，死亡枕藉。东路以丰镇厅为尤重，去冬死尸遍地，卖男鬻女，载于道路，迄今尚未能止，言之惨然。因念西路灾情虽重，离此几及千里，情形未必能详。丰镇即须经过，褚敦翁现尚未到，岂忍身到灾区，目睹灾民朝不保暮情形。不即为拯救转舍近而图远，适银款已到宣化，当即驰回。请将该款径解丰镇，并函告杏宪，请褚敦翁到日，即径往西堡头，渠由西查来，表由东查往彼，此可以相接。乃于初七日出向洋河关，入山西丰镇厅境，一路车载妇女，或系人贩载入关，或系自行入关售卖，络绎不绝。于道见者，即为截回，询其情形，实系在家即须饿死，不得已卖与他人，家中得有余钱，借可多活数日。本人亦可逃生，竟有连子女同卖者，情形最为可惨。……因之亦有截回者。路过山岭，有尸赤身仰卧，无人掩埋……所历各庄，半多房屋拆去，人民死亡逃卖几尽。晚宿高庙，本系大村铺户均已闭□，

---

① 《申报》（上海版），1892年6月4日，星期六，第6866号，壬辰年五月初十日，清光绪十八年五月初十日，第13版。
② 《申报》（上海版），1892年8月18日，星期四，第6941号，壬辰年闰六月二十六日，清光绪十八年闰六月二十六日，第1版。
③ 《申报》（上海版），1893年2月25日，星期六，第7127号，癸巳年正月初九日，清光绪十九年正月初九日，第2版。

拆房者不计其数。男死女卖者约有二百余人。清晨起身，又见一尸下半身已为犬食，仅一腿一足，惨不忍睹。及至二道河镇，又见无主幼孩，形容槁瘦，带涕求乞。更有中年男子，亦多东倒西歪，奄奄待毙。在村中又见一尸。土人云：去冬今春，死者无数，村外开两大坑均皆填满，刻下天气稍和，较从前稍少，然死者仍每日不绝。村外妇女闻赈，远来求乞，见有二妇，面黑皮肿，行路歪斜，已有不能久待之势。外视各户中，多朝不保暮，或数日不食粮食，或仅日一食，衣衫褴褛，形容枯槁。约有百余户镇店，犹复如此，则荒村可知。男死于家，女卖于外。房屋拆去，墙仅壁立，轻者二三成，重者过至穷小村庄闻竟有死亡尽者。盖缘此处已连年遭灾。前二年犹有一二收成，去年春夏亢旱，秋禾未种，逮至得雨已迟，补种荞麦，霜来过早，颗粒无收，灾民均食荞麦花及梗和糠借以充饥，然能有者尚称中户，下此并不可得。冬雪过深，饥寒死者不下十余万人。现在乔花麦梗均皆食尽，荒僻村庄闻已有食死人肉者，言虽未必果确。若不急为赈济，恐亦即在目前。此次之灾，虽尚不如从前，晋灾之重，而亦相去无多。①

《申报》所刊，为上海北市丝业会馆筹振公所潘振声先生去口外所见、所闻，应是灾荒境况的真实写照。据其所载的灾荒程度要远远严重于上文所引1892年6月、8月以及1893年2月《申报》所载的灾荒。光绪十九年（1893）四月，口外归化城一带已经出现"卖儿鬻女""死亡枕藉""食死人肉"的惨状。而据村人所言"去冬今春，死者无数。村外巷两大坑均皆填满，刻下天气稍和，较从前稍少，然死者仍每日不绝"。则说明灾荒程度进一步加重，而政府的赈济措施并没有能够有效缓解灾荒带来的影响。

据《绥远通志稿》《申报》所载，归化城土默特地区发生灾荒情况，列表如下②：

归化城土默特地区发生灾荒情况表

时间	地点	灾荒	赈济措施
1745	口外各厅		代赈（修大同等八县城垣）
1746	口外各厅	饥	代赈（修大同等八县城垣）
1748	萨拉齐厅善岱	旱	赈恤
1770	萨拉齐厅	旱	蠲免
1771	归化城、和林格尔各厅	旱	蠲免
1773	归化城八十三村	水	赈恤
1775	归化城八十三村	水	借给粟米
1780	归化城各厅		免额赋

---

① 《申报》（上海版），1893年4月13日，星期四，癸巳年二月二十七日，清光绪十九年二月二十七日，第9版。
② 绥远通志馆：《绥远通志稿》卷29《灾异》（第37册），第7—20页；绥远通志馆：《绥远通志稿》卷30《振务》（第38册），第8—18页。内蒙古自治区图书馆藏（稿本）。

续表

时间	地点	灾荒	赈济措施
1788	归和丰宁		免田租
1822	归化城、萨拉齐	水	抚恤
1827	萨拉齐	水	蠲免额赋、贷谷
1841	萨拉齐、和林格尔	灾	赈贷、蠲缓新旧正赋
1846	归化城	旱、蝗	蠲免田租、蠲缓额赋
1849	萨拉齐厅	灾	蠲缓新旧赋额
1856	归化城厅	淫雨、水灾	
1858	口外、归化城厅	瘟疫	
1877	口外各厅、萨、托克托黑城9村、和、清水河太平庄181村、清水河富民庄3村	亢旱	开仓放赈、蠲免数额不等、蠲缓
1878	口外各厅	连年荒旱	
1879	萨拉齐沙海子43村、西河堰5村、清水河、和林格尔		免征、减收、蠲免
1891	归化城、萨拉齐	冻、旱	蠲免、借谷
1892	归绥道七厅	旱	多种放赈方式、设局办理赈恤
1894	归化城厅吉圪速太等村，清水河东乡、北乡、西乡各村、萨拉齐善岱村	（归）霜冻（清）水、旱（萨）水	蠲缓
1895	归化城厅、和林格尔、清水河、萨拉齐	（归）雹（和）水（清）水（萨）水	蠲缓、停征
1900	归绥道七厅	大旱	开仓放赈、发种粮
1904	萨拉齐、归、托、和	水、霜冻	发银赈、豁免缓征（萨）、设厂施粥

据上所载，清代归化城土默特地区共有25个年份发生自然灾害。其中旱灾发生的年份有10个，水灾发生的年份有8个，冻灾发生的年份有3个，另有7个年份不知道发生什么灾害，另有1个年份发生了瘟疫。其中1846年，因旱灾导致蝗虫灾害的发生。其中：1745年至1749年5年间发生3次自然灾害，平均1.67年发生一次自然灾害；1770年至1789年的20年间发生六次自然灾害，平均3.3年发生一次自然灾害；1840年至1859年的20年间发生5次自然灾害，平均4年发生一次自然灾害；1875年至1879年的5年间发生3次自然灾害，平均1.67年发生一次自然灾害；1890至1905年的15年间发生6次自然灾害，平均2.5年发生一次自然灾害。据自然灾害发生频率大约可以推知，清代归化城土默特地区自然灾害发生的频率是较高的，平均每两年就会发生一次自然灾害，且有越来越频繁的趋势。

据上可见，本区域自然灾害多以旱、水灾害为主，同时有霜冻自然灾害的发生。而一般在旱灾的年份，蝗虫灾害也会发生。

第二节　清政府的赈灾措施

自然灾害发生以后，政府或社会团体或个人会采取一定的措施进行赈恤。这些措施对于救助灾民、恢复和发展生产都起到十分重要的作用。起初，赈灾措施主要是在官府主导下的蠲免、蠲缓、借谷、开仓放赈、发银放赈等措施。清后期，一些社会团体和个人也积极参与赈灾。

归化城副都统衙门档案中，有一些关于赈灾的档案，如乾隆三十九年（1774）六月，绥远城将军《咨报土默特二旗被灾情况及借谷事》载：

> 咨镇守绥远城等处将军兼管右卫归化城土默特官兵调遣宣大二镇绿旗官兵功加八等军功记录十七次加一级□□□□咨为

> 咨报事右司案呈乾隆三十九年六月初十日准户部咨开山西司案呈乾隆三十九年五月初四日准署山西巡抚巴咨称准部咨开，土默特二旗蒙古人等上年被灾六分以上各户口，前据该将军奏请，照乾隆二十三年之例，于归化城厅仓内借给谷石，于三十九年秋后为始，分作二年征收还仓在案。今该将军咨称前项酌借谷石移咨晋抚，于三十九年开印后，令归化城同知会同旗员公同放给，应行山西巡抚。俟放竣之日，造具实在出借谷数细册送部查核等因。行据归化城同知、托克托城通判将被灾六分以上土默特蒙古等共七百三十五户，按奉发原册数目，每口借给谷四斗。归化城同知出借过谷五百七十石四斗，托克托城通判出借过谷六百八十六石四斗，俱在于各该厅仓贮军需谷内动给，造具实在出借细数花名册结，由道覆核前来，按册核算数目，均属相符。除移饬将出借谷石照数征还外，所有原册相应咨送等因前来。查册开土默特两旗蒙古乾隆三十八年被灾六分以上七百三十五户，内归化厅被灾蒙古等二百九十三户，共借过谷五百七十石四斗、托克托城被灾蒙古等四百四十二户，共借过谷六百八十六石四斗，全部核算相符，应令该抚查验原奏，于本年后为始，分作二年，按数征还报部查核，仍将前项出借共谷一千二百五十六石八斗，先行造入仓粮奏销参册内，具题核销，并知照绥远城将军可也等因前来。准此。除檄行归绥道转饬各该厅遵照办理外，相应呈请移咨归化城副都统查照等情，据此拟合移咨。为此合咨贵副都统，烦请查照施行。须至咨者。

> 右咨

　　　　　　　　　　　　　　　　　　　　　　　　　归化城副都统

第六章 清代归化城土默特地区的自然灾害与赈济

乾隆三十九年六月十五日①

据档案所载，乾隆三十八年（1773），归化城土默特蒙古受灾，绥远城将军奏请，仿照乾隆二十三年（1758）的条例，在归化城厅仓内借谷给被灾六分以上各户，借贷的谷物从三十九年开始，分两年归还。这是当时的借贷赈灾措施。绥远城将军这一借谷石移咨山西巡抚后，于乾隆三十九年（1774），令归化城同知会同土默特旗员发放粮食，然后造具"实在出借谷数细册送部查核"。根据档案所载，归化城、托克托等共有735户土默特蒙古受灾六分以上，按照每口借给四斗发放：归化城厅被灾蒙古293户，借谷570.4石；托克托厅被灾蒙古442户，借谷686.4石，均从该厅仓贮军需谷内开支。"出借细数花名册结"由归绥道"覆核前来按册核算数目均属相符"。借出的1256.8石谷物，从乾隆三十九年（1774）开始，分两年，按数征还，报部查核。仍须将借出谷物"先行造入仓粮奏销参册内，具题核销"。

乾隆三十九年（1774），归化城土默特地区粮食灾后获得丰收。据乾隆三十九年（1774）八月，托克托厅《呈报本属秋禾实在收成情形》载："蒙宪檄饬令将每年秋禾实在收成分数查明中下地亩，据实造报……兹查卑属地方乾隆三十九年（1774）秋禾实在收成七分，理合将中下地亩备造清册一本，取具各乡里民甘结，具文申送都统大人查考，除径报将军、院宪……清册一本，甘结一纸。"②可知乾隆三十九年（1774），托克托厅属地本年秋禾实在收成七分。据乾隆三十九年（1774）八月，清水河厅《呈报本属秋禾实收分数清折》载乾隆三十九年（1774），清水河厅东、南、西、北四乡，上、中、下、地，"秋禾实在收成七分"③。据乾隆四十年（1775）六月，清水河厅《开报本属二麦实收分数清折并四乡甘结》亦载清水河厅东、南、西、北四乡，上、中、下、地，"四乡统计二麦实在收成七分"④。同时具有四乡甘结：

> 具甘结人田如江，系年里汾州窑村东乡地户，今于与甘结事，依奉结得小的等东乡乾隆四十年分，二麦实在收成七分，不致捏饰。甘结是实。
>
> 乾隆十四年六月日

具甘结人郭玉奇，系和里寺儿沟南乡地户，今于与甘结事，依奉结得小的等南乡

---

① 土默特左旗档案馆藏：归化城副都统衙门档案，绥远城将军《咨报土默特二旗被灾情况及借谷事》，档案号：80—6—2440，土默特做起档案馆藏。
② 土默特左旗档案馆藏：归化城副都统衙门档案，托克托厅《呈报本属秋禾实在收成情形》，档案号：80—7—3131。
③ 土默特左旗档案馆藏：归化城副都统衙门档案，清水河厅《呈报本属秋禾实在收成情形》，档案号：80—7—3132。
④ 土默特左旗档案馆藏：归化城副都统衙门档案，清水河厅《开报本属二麦实收分数清折并四乡甘结》，档案号：80—7—3133。

乾隆四十年分，麦实在收成七分，不致捏饰。甘结是实。

乾隆十四年六月日

具甘结人史古贤，系盟里朝天壕西乡地户，今于与甘结事，依奉结得小的等西乡乾隆四十年分，二麦实在收成七分，不致捏饰。甘结是实。

乾隆四十年六月日

具甘结人邓充武，系镶蓝旗富民庄北乡地户，今于于甘结事，依奉结得小的等北乡乾隆四十年分，二麦实在收成七分，不致捏饰。甘结是实。

乾隆十四年六月日

清折一扣，甘结一套。

右申

归化城都统大人

乾隆四十年六月初九日通判苏尔通阿汇报麦实收分数事

巡检聂名标

经承常贵

分驻清水河管理蒙古民事通判，为汇报二麦实收分数事。案蒙宪行令，将所属地方二麦收成分数，查明上中下等则，四乡统计约收七分，预开清折，申报在案，兹当收割之际，复查四乡二麦统计实在收成七分，与前报约略收成分数相同，并无增减。理合取具里民甘结，开折，具文申报。

宪台查核为此备由具申，伏乞照验施行，须至申者。

计申送清折一扣，甘结一套。

右申

归化城都统大人①

显见，清政府对每年秋禾收成是非常重视的，为防止官民作弊，清廷需要取据乡民收成甘结，以确保所呈事件的真实性。这个甘结对于清政府了解各地每年的粮食丰歉情况，及时对受灾地区采取一定的救济措施提供参考。

档案中亦有归还借粮的记载，乾隆三十九年（1774）十一月，托克托通判《收回土默特被灾各蒙古原借免息谷的印结》载：

托克托城通判今于闻事依奉结得卑职奉拨乾隆三十八年分土默特被灾各蒙古等交还原借仓贮一件，遵旨议奏事。案内乾隆三十九年分应还一半免息谷三百四十三仓石

---

① 土默特左旗档案馆藏：归化城副都统衙门档案，清水河厅《开报本属二麦实收分数清折并四乡甘结》，档案号：80—7—3133。

二斗，俱系实贮在仓，并无短少情弊。印结是实。乾隆三十九年十一月日通判记录一次记功四次舒鲁（画押）

  托克托城通判今于兴仓收为奏闻事。依奉收到卑职奉拨乾隆三十八年分土默特被灾蒙古等交还原借仓贮一件，遵旨议奏事。案内乾隆三十九年分应还一半免息谷三百四十三仓石二斗，俱系实贮在仓，并无短少。仓收是实。

  乾隆三十九年十一月日通判记录一次记功四次舒鲁（画押）

  托克托成通判造送三十八年被灾蒙古原借平仓□册①

这件档案和上件档案是相承的。这件档案所载，土默特被灾蒙古分作两年归还所借仓谷，是托克托厅受灾蒙古归还乾隆三十九年（1774）分的"一半免息谷"343.2石，"俱系实贮在仓，并无短少，仓收是实"。既然分作两年，乾隆三十九年（1774）还一半免息谷，乾隆四十年（1775）亦应还另一半免息谷。既然有免息谷物，那么就一定还有缴纳利息的谷物。这件档案是归还仓粮后，仓所开具的印结，用以证明已经归还仓粮。这种赈灾方式应是赈贷的方式。

《绥远通志稿》卷29《灾异》、卷30《振务》中对绥远地区的灾异和赈灾做了记载，涉及归化城土默特地区。光绪朝以前的赈灾记载很简单，仅是载有"代赈""蠲免""赈恤""赈缓""赈贷"②，光绪朝"赈灾册"③，则对赈灾进行了较为详细的记载。

《绥远通志稿》卷29《灾异》中载有光绪三年（1877年）的归化城各厅受灾情状：

  （光绪）三年，口外各厅大饥，萨、托、和、清四厅尤甚。上年秋稼禾未发，春夏又复亢旱，秋苗未能播种。各厅开仓放赈。饥民旦夕，仓谷不敷，饿殍遍野。④

从这条文献中，可知萨、托、和、清四厅自光绪二年（1876）开始就发生旱灾，导致"上年秋稼禾未发"，本年"秋苗未能播种。"因此各厅开仓放赈。但是仓储之粮不敷放赈支出，造成"饿殍遍野"的悲惨景象。

《绥远通志稿》卷30《振务》载有光绪三年（1877）清、萨、和、托四厅的赈济措施：

  光绪三年……成灾七分清水河厅太平庄等一百八十一村，蠲免十分之二。成灾之

---

① 土默特左旗档案馆藏：归化城副都统衙门档案，托克托通判《收回土默特被灾各蒙古原借免息谷的印结》，档案号：80—6—2442。该件档案钤有"分驻托克托管理蒙古民事通判关防"三方。
② 绥远通志馆：《绥远通志稿》卷29《灾异》（第37册），内蒙古自治区图书馆藏（稿本），第10—11页。
③ 绥远通志馆：《绥远通志稿》卷30《振务》（第38册），内蒙古自治区图书馆藏（稿本），第8—18页。
④ 绥远通志馆：《绥远通志稿》卷29《灾异》（第37册），内蒙古自治区图书馆藏（稿本），第10页。

托克托厅黑城等九村，清水河厅富民庄等三村，蠲免十分之一。蠲余钱粮缓至光绪四年麦熟后。被灾七分、六分、五分，分作二年带征。萨拉齐、和林格尔未被灾及歉收村庄地亩，缓至四年麦熟后启征。清水河、托克托各民欠，均缓至五年秋后，按最先年分，二年带征。萨拉齐原缓带征各钱粮米豆，一律蠲免。①

据其所载，清政府对受灾地区，根据受灾程度的不同，分别给以蠲免十分之一二、缓征一至二年的钱粮米豆，甚至蠲免原缓带征收的钱粮米豆。《申报》亦载清政府对此次灾荒所采取的措施：

> 查此次办理赈务，先经派员分往奉天及归化城包头镇产米之区采买粮石，并委员分赴各州县，会同地方官敦劝绅富，竭力输将，赶紧交纳，以济急需。一面于省城设局，由本司道悉心经理，刊发册式，饬属遵照填注以期妥速。因日久无雨，禾苗日就枯槁，又饬令改种荞麦杂粮，满拟雨泽渥沾，尚可稍资补救。无如自夏徂秋，各属禀报，每逢阴云密布，旋为大风吹散，或仅得微雨，或一二寸不等。天干地燥，烈日如焚。补种荞麦杂粮出土后，仍复黄萎，收成触望。兹据……归化城、和林格尔、清水河、萨拉齐、托克托城等七十六厅州县，先后禀报秋禾被旱、被雹成灾到司，节经委员分往会勘被灾分数，应行蠲缓钱粮米豆，并查明应赈户口，应需用款若干。……亟应广筹粮运，以资赈抚。业经奉札派委候补知府张鹏，督率正佐委员前往直隶获鹿县，设局转运粮石，一面飞催各路买粮之员，赶速采运。又饬属广为招商，采办米粮，源源接济，务使粮无缺乏。其地瘠灾重，情形迫不及待，地方先行酌发赈银，俾得早沐皇仁，而免失所。如能得雨，可望种麦之处，农民无力购买籽种者，亦酌拨银两，委员解交，会同地方官查明核实散给。……除被灾分数及蠲缓钱粮米豆各数目，俟委员勘议到日，再行汇案，详细请奏。如有续报被灾处所，应归入详报分数，案内汇总办理等情。②

据上文可知，清政府采取如下措施：1. 派人到产粮区购买粮食，同时广为招商，采办米粮；2. 派人到各州县协同地方官敦劝绅富捐粮款；3. 在省城设局办理振务；4. 饬令改种荞麦；5. 蠲缓钱粮米豆；6. 广筹粮运；7. 发赈银及购买籽种之银两。这些措施，对于缓解灾情起很大的作用。

光绪五年（1879），归化城土默特地区又发生旱灾。据《绥远通志稿》卷30《振务》载：

> （光绪）五年……旱地萨拉齐厅沙海子等四十三村，西河堰等五村，收成歉薄，

---

① 绥远通志馆：《绥远通志稿》卷30《振务》（第38册），内蒙古自治区图书馆藏（稿本），第10页。
② 《申报》（上海版），1877年11月26日，星期一，第1716号，清光绪三年十月二十二日，第5版。

一并缓征。清水河未种荒地，全行免征。和林格尔水乡之旱地，减二成征收。托克托、清水河均减三成征收。……八月，山西巡抚曾国荃奏，准仿照直隶章程，派员赴归绥七厅，设局劝捐牛马以资耕作。赈册载：归化城商民捐马六百匹，蒙古苏尼特君王之母索隆果特氏捐牛一百只，乌珠穆沁右翼亲王、浩齐特左翼郡王捐马五百匹。……九月，萨拉齐、清水河、托克托、和林格尔各厅，大祲之后，民困未苏，若将历年带征各项钱粮，照常征收，民力实有未逮。将各厅未完分年带征蠲免原缓民欠。光绪三年年正耗钱粮米石租银土盐税以及各厅民欠，光绪二年以前，历年带征未完正耗钱粮米石租银土盐税，着一律豁免。①

光绪五年（1879）归化城土默特地区大旱，政府仅蠲免、缓征各项税赋。这其实是"大祲之后，民困未苏，若将历年带征各项钱粮，照常征收，民力实有未逮"，所以时任山西巡抚曾国荃请求仿照"直隶章程，设局劝捐牛马以资耕作"。根据赈册的记载：归化城商民捐马六百匹、苏尼特郡王的母亲索隆果特氏捐牛一百只、乌珠穆沁右翼亲王、浩齐特左翼郡王捐马五百匹。据此可见曾国荃的"设局劝捐牛马以资耕作"请求得以实施。同时各厅的民欠一律豁免。这些措施的实施，对于恢复大灾之后归化城土默特的经济发展和社会稳定起到十分重要的作用。

光绪十七年（1891），归化城土默特地区又发生冻旱灾，十八年又发生严重旱灾。据《绥远通志稿》卷29《灾异》载：

十七年秋，归化城及山后粮地，萨拉齐西部大佘太，冻旱成灾，……粮价大涨，饥民载道。十八年，归绥道属七厅及蒙旗大饥，去岁灾歉，入春至夏无雨，不能下种，秋收无望。情形与光绪三、四年略同。全境赤地千里，死者枕藉。口外粮价，粗粮斗不过市钱三百，小麦七八百，至是麦价一千八百文，而粗粮增至四倍。初各地有存粮者，皆昂价以出，继而公私仓廪俱无。省委知府锡良携款来城赈抚。丰镇有义振委员潘民表集款十余万放振，该区较少甚，北境二道河，康保儿一带，野无青草，有食人肉者。托河地方，当大旱时，宁夏境内丰收，莠民收买子女以船运宁，转售获利。人数达三千以上。大佘太向为产粮之区，居民村从来多粗可支度，而由广盛魁、明安川一带逃至饥民日众，求食不得，率皆饿毙，纵横道路，为状甚惨。年幼子女，众多卖运宁夏，时大同旗营推官袁德胜驻防于此，目睹饥民大集，恐生意外，原为赴□迎京派办振员黄进士，请急救余民，以安众心。饥民迫不及待，聚众千余，由落籍之府谷豪民郭殿阳率之，围大户杨东山宅，索粮。宅多自卫枪，欲击之以示威，众大哗，几酿巨变。德胜调停，由宅主施饭三日，继由广明西施四五日。既黄振员至，人

---

① 绥远通志馆：《绥远通志稿》卷30《振务》（第38册），内蒙古自治区图书馆藏（稿本），第11页。

各给米一斗五升，八十市钱。三千逃佘人民，类以不死。萨厅少壮逃散，幼者出卖，老弱而死者大半。厅令掘大坑掩埋之，俗名曰万人坑。宁远、和林、清水河以连年大旱，死亡亦多。次年春，归化振务总局派员分赴灾区放振。多类存活。又俗尚俭，有蓄谷备荒者。①

此处不仅记载光绪十八年（1892）灾害发生的惨状，同时亦包含具体的赈济措施——锡良携款来城赈抚，丰镇义振委员潘民表集款十余万放振，杨东山施饭三天，广明西施饭四五日，办振员黄进士至人各给米一斗五升、八十市钱。次年春天，归化振务总局派员分赴灾区放振。据《绥远通志稿》卷30《振务》载，光绪十七年（1891）冬，十八年（1892）春，归化城一带发生严重灾荒，政府采取开仓借粮、设局赈恤等措施来应对灾荒：

（光绪）十七年冬，归化城一带被冻歉收，奉文蠲免钱粮，出借仓谷。卷查十七年冬，十八年春两次，陆续出借常平仓、丰备仓、义仓共计仓谷八千五百八十四石一斗五升。十八年春，归化城一带被旱成灾，省委锡良来城设局办理赈恤。②

这种出借仓粮只能在一定程度上缓解灾荒的发生。当然借出去的仓粮，是要归还的，而很多贫民根本无力归还所借仓粮。这种出借仓粮的政策在灾荒发生初期，可能是一种让贫民望而生畏的政策。故光绪十七年（1891）冬和十八年（1892）春，两次仅借出仓谷八千五百八十四石一斗五升。按照每仓石160斤、每人每月消耗34.4市斤计算③，总共借出1373464市斤谷，假设这些谷全是脱过壳的粟米，则约可供39937人生活一个月。从光绪十七年（1891）冬、十八年（1892）春，可并不止一个月，归化城土默特地区的灾民也远非4万人。

针对这次灾荒，光绪十八年（1892）五月，山西巡抚奎俊上奏请求：

将应征钱粮米豆分别蠲缓，并令各属分□厂赈济贫民。声明粟谷青黄不接之候，应否调剂时察看情形，再行酌办在案。……饬令详□贫户口，先行酌借常平、丰备等仓谷石，以资□济……即经臣赶紧饬司筹拨款项，复饬各厅借动仓谷，按口酌给钱米，一律妥□遣散，□俟得□□再行量给籽种，俾资耕作，勿任流离失所。④

时任山西巡抚奎俊并没有意识到灾荒已经发展到何种严重的程度，清政府也并没予

---

① 绥远通志馆：《绥远通志稿》卷29《灾异》（第37册），内蒙古自治区图书馆藏（稿本），第11—12页。
② 绥远通志馆：《绥远通志稿》卷30《振务》（第38册），内蒙古自治区图书馆藏（稿本），第12页。
③ 采用上文的计算标准。
④ 《申报》（上海版），1892年6月4日，星期六，第6866号，壬辰年五月初十，清光绪十八年五月初十日，第13版。

以足够的重视。奎俊认为仅借给灾民常平、丰备等仓所存粮食，然后再给籽种，资助其耕作，就能有效缓解灾荒带来的影响，甚至能达到"勿使流离失所"的目的。当然，上述措施对一般性的小型灾荒能起到赈荒的效果，但是这次灾荒来势凶猛，远远超出了奎俊的预料，因此奎俊所提出的措施，根本无法起到赈荒的效果。

据《申报》载清政府委派锡良来归化城办理振务，采取了一定的赈济措施，先由"归绥道库备荒项下拨银十万两，饬由包头等处购种运回，按户散给两个月口粮，以资糊口"，又请求"复由藩库拨银六万两，解往购粮备赈"①。虽然此时锡良已经看到灾荒发生的惨状，亦采取了相应的赈济措施，但在当时的社会条件下，其实际效果，可能还是要大打折扣的。

因此上述的赈灾措施，虽然在一定程度上缓解灾情，却并没有改变灾情的进一步发生。据《绥远通志稿》卷30《振务》载：

> 赈册载：十八年六月起至七月止，放给贫民两月口粮，计男女大小，以两小口折一大口，合计贫民十三万二千九百三十三口半。每大口两月口粮仓斗一斗八升，共放仓斗粮二万三千九百二十八石三升。内动用常平仓谷九百五十三石六斗九升六合五勺，收抚恤局购买杂粮仓斗二万三千一百五十四石三斗三升有奇。共计仓斗粮二万四千一百零八石零三升。除动用外，余粮一百八十石存仓。粮价运费均为押荒项下动支。②

据赈册所载，十八年六月起至七月止，共计有贫民139233.5口，而上述赈灾时据推算仅为仅四万人一个月的口粮，这个数字不及灾民总数的三分之一。如果按照"每大口两月口粮仓斗一斗八升"计算，一斗八升合28.8市斤，两个月的口粮为28.8市斤，也就仅能保证不被饿死。光绪十七年（1891）冬、十八年（1892）春所借出1373464市斤谷，可以赈济约47690人，也仅赈济了约三分之一的灾民。光绪十八年（1892）六、七两个月，共计发放仓粮二万三千九百二十八石三升，其中包含常平仓九百五十三石六斗九升六合五勺、抚恤局购买的杂粮十二万三千一百五十四石三斗三升。除去放赈的粮食，尚剩余一百八十石。

据《绥远通志稿》卷30《振务》所载光绪十八年（1892），锡良上报山西巡抚的禀文称，放赈粮食的来源：

> 归化厅山后粮地各村及茂名安等旗地方，去年禾麦无收，今年被旱尤甚，人心岌

---

① 《申报》（上海版），1892年8月18日，星期四，第6941号，清光绪十八年闰六月二十六日，第1版。
② 绥远通志馆：《绥远通志稿》卷30《振务》（第38册），内蒙古自治区图书馆藏（稿本），第12页。

发，查各厅仓谷，归化存无，萨拉齐现存一千二百余石，丰镇现存一万六千余石，宁远现存六千余石，清水河现存五千四百余石，和林格尔现存二千九百余石，托克托现存四千余石。由包头采买市斗杂粮一万□千余石，用银五万五千零五十八两余。托城河口采买谷子市斗二千石，小米市斗一千石，杂粮市斗二百二十石。用银一万一千六百六十两。丰镇采买谷子市斗二千石，用银五千一百六十两。统计萨、丰、宁、清、和、托六厅存故仓斗三万五千五百余石，采买杂粮市斗二万四千二百余石，合仓斗四万四千零五十余石，共用银七万三千四百余两。当拟拨银五千两，交张副将，在缠金附近渡口，截买宁夏船粮，散放前后套一带贫民。①

由于本地连年灾荒，归化厅仓已经没有存粮，萨拉齐、丰镇、宁远、清水河、和林格尔、托克托等仓仅存有35500余石粮食。这些粮食对于灾荒严重的归化城土默特地区是远远不够的。因此锡良在包头用银55058两，采买市斗杂粮一万八千余石；托克托城河口用银11660两，采买市斗谷子二千石、小米市斗一千石、杂粮市斗二百二十石；丰镇用银5160两，采买谷子市斗二千石。共计采买粮食市斗二万四千二百余石。加上"萨、丰、宁、清、和、托六厅存故仓斗三万五千五百余石"，合计仓斗"四万四千零五十余石"。据此推算，一仓石约合2.3市石。这些粮食用银73400两，购买的这些粮食则合每仓石6.957两白银。光绪四年（1878）八月份，归化城土默特地区亦发生灾荒，此时粮价仅为每仓石4.4856两白银（见上文）。这个价格要远高于光绪四年（1878）八月份的粮食价格，这在一定程度上也说明光绪十七、十八年的灾荒程度要严重于光绪四年（1878）。此次赈济，清廷不仅发放给灾民口粮，同时亦发给灾民银钱。

据《绥远通志稿》卷30《振务》载：

> 赈册载：本城及山前后四乡，共放过贫民折实大口一十三万一千四百六十九口半，本城及山后贫民每大口放给市钱一百五十文。山前贫民每大口放给仓斗粮三升。收过奉发冬赈银三千两，又奉发乔致庸捐麦变价银三千三百两，又给官商张家桢、乔晋仪等及十五社捐谷捐银共合捐款银一万零一百四十九两七钱四分四厘。动用过仓斗粮二千二百五十七石四斗八升五合。又用过市钱八千三百八十三串，又余糜谷七百九十一石七斗一升五合，又余市钱二千三百五十九串三百一十六文。内解春抚局银三千三百三十五两四钱四分五厘，又解交糜谷七百九十一石七斗一升五合。除解交春抚局外，实存二千两，市钱二千三百五十九千三百一十六文，留作春抚杂费。②

---

① 绥远通志馆：《绥远通志稿》卷30《振务》（第38册），内蒙古自治区图书馆藏（稿本），第12—13页。
② 绥远通志馆：《绥远通志稿》卷30《振务》（第38册），内蒙古自治区图书馆藏（稿本），第13页。

本次灾荒情形较为严重，仅归化城及山前后四乡，就赈济贫民折实大口 131469.5 口。本城及山后贫民每大口发给市钱 150 文，山前贫民每大口发给仓斗粮 3 升。同时赈册载有这些银两来源主要有两个方面：1. 政府：冬赈银 3000 两；2. 商人捐项：乔致庸捐麦变价银 3300 两、张家桢、乔晋仪等及十五社捐银 10149.744 两。动支仓斗粮 2257.485 石、市钱 8383 串。剩余糜谷 791.715 石、市钱 2359 串 316 文。解春抚局银 3335.445 两、糜谷 791.715 石。实存银 2000 两、市钱 2359316 文，留作春抚杂费。

光绪十九年（1893），灾荒进一步蔓延，《绥远通志稿》卷 30《振务》载：

> 赈册载：自光绪十九年二月起至六月底止，放过贫民钱米三次。第一次，每大口放给一个半月口粮，仓斗一斗三升五合，以九升作一月口粮，以四升五合作为籽种。第二次每大口放给一月口粮，仓斗九升。有地贫民每大口加放赎取农具满钱一百五十文。第三次每大口放给一月口粮仓斗九升。收过春抚局及包头采运局仓斗粮三千六百零二石九斗七升五合，又收赈款银十二万五千三百二十四两二钱有奇。又收十八年冬赈用余银二千两，市钱二千三百五十九千三百一十六文。动用过仓斗杂粮三千六百零二石九斗七升五合，又动用赈款购粮及运费共银十一万八千一百五十一两一钱七分有奇。支给过办赈员绅弁兵书役薪水饭食等杂费，动用过冬赈余款银一千七百五十四两八分有奇，市钱二千三百五十九千三百文有奇。①

光绪十九年（1893）二月至六月，除发放贫民口粮外，同时发放籽种。这期间共发放三次，均以仓斗九升作为一月口粮，仅合 14.4 市斤粮食，每人每天不到半斤粮食。第一次发放的"四升五合"作为籽种，用以播种。第二次每大口发放赎取农具满钱 150 文，用以赎取农具。春抚局和包头采运局粮食仓斗 3602.975 石、赈款银 125324.2 两，十八年的冬赈余银 2000 两、市钱 23593316 文。动支仓斗杂粮 3602.975 石，赈款购粮及运费用银 118151.17 两。同时支给办赈员绅、弁兵、书役薪水饭食等杂费，用银 1754.08 两，市钱 2359300 文。光绪十九年（1893）正月，清政府由户部拨银十万两，用以赈灾。② 总办委员锡良认为赈灾需款为数甚巨，据《绥远通志稿》卷 30《振务》载：

> 总办委员锡良禀称，各厅灾重地广，分十六路，随查随放，综计归、萨、和、托、清五处，小口折大口，计灾民五十余万名口。……其归化等五厅，先放给一个月口粮，计共需米四万七八千石，现值雪泽普沾，正可及时耕种。再加半个月口粮作籽种，统于二月初一日以后，仍拟展放两次，惟所需粮价，除已发赈款二十五万两，计

---

① 绥远通志馆：《绥远通志稿》卷 30《振务》（第 38 册），内蒙古自治区图书馆藏（稿本），第 14 页。
② 绥远通志馆：《绥远通志稿》卷 30《振务》（第 38 册），内蒙古自治区图书馆藏（稿本），第 14 页。

尚不敷银十万两之谱。……需款甚钜云云。①

根据锡良的禀文，可知归、萨、和、托、清五厅，小口折大口，计灾民五十余万，即实际受灾人口远超五十余万。这些受灾人口，一个月的口粮就需米四万七八千石。由于下雪，有效缓解了旱情，因此可以及时播种。以半个月的口粮作为籽种，因此所需银两甚巨。

鉴于此，各省义赈委员携款来归化城土默特地区进行协赈、义赈。直隶、上海有义赈委员到口外义赈：

> 直隶设局劝捐委员来城，办理协赈，江浙等省善士集款来城举行义赈。查直隶义赈委员褚教谕成炜放过归化厅属山后六厅贫民折实大口九万一千一百一十二口半，第一次每口满钱四百文，第二次每口满钱二百文，共放过满钱五万四千六百六十七串有奇。又放过流民满钱共八百九十五串有奇。又直隶义赈委员李朗州士钰，放过归化厅属山前后八厂共贫民折实大口十一万零四百二十五口半，每口满钱四百文，共放过满钱四万四千一百七十串有奇。又直隶委员刘官查启彤放过归化厅属山前后四乡贫民折实大口七万九千九百零九口半，每口满钱四百文，共放过满钱三万一千九百六十三串八百文，又放过流民满钱五百零八串有奇。②

直隶褚成炜、李士钰、刘启彤对归化厅灾民、流民发放满钱，合计281447.5人次，满钱132223.8串。按一串钱1000文计算，按光绪四年（1878）四月1535文铜钱换一两银子计算，则可折银86139.28两。

上海北市丝业会馆筹振公所的潘振声等人到口外义赈，据其信件所载：

> 归化城左近一带稍可支持，惟山后种地各户，死亡枕藉。……褚敦翁现尚未到，岂忍身到灾区，目睹灾民朝不保暮情形，不即为拯救，转舍近而图远，适银款已到宣化，当即驰回。请将该款径解丰镇，并函告杏宪，请褚敦翁到日，即径往西包头……乃于初七日出向洋河关，入山西丰镇厅境，……有连子女同卖者，情形最为可惨。现共截有四百余人，已问明住址，请友分路送回其家，酌给钱文，勿令再卖。现闻义赈到来此风，渐息关口，亦已言明，凡属灾民，均令回家领赈。……汉仙廉访所云十七万之数，系去冬所放米赈，专挑极贫，不过十分之二三，今年次贫之户均成极贫……若待捐款集时，再行起解，恐灾民死亡已多，不能久待。惟有仰求诸大善长，先行设法借垫十五万金，速行起解，即或不能如数，亦祈先解十万金，其余五万随后续解，

---

① 绥远通志馆：《绥远通志稿》卷30《振务》（第38册），内蒙古自治区图书馆藏（稿本），第15页。
② 绥远通志馆：《绥远通志稿》卷30《振务》（第38册），内蒙古自治区图书馆藏（稿本），第15—16页。

第六章 清代归化城土默特地区的自然灾害与赈济

以使查完二道河后,即接查章皋、隆胜以至丰镇。①

此文所载上海北市丝业会馆筹振公所在口外进行筹款义赈的情况,且据其所言,在光绪十七年(1891)冬天他们曾经进行米赈,但是所赈济的仅是极贫之家。随着灾荒程度的进一步加深,以前的次贫之家现在也变成了极贫之家。因此请求"诸大善长"先行设法"借垫十五万金",然后迅速解送。如果没有十五万,先解送十万,其余五万随后再解。在光绪十九年(1893)三月二十五日,杨光第、刘词卿等应潘振声的请求,解送银两到归化城等处,帮助潘振声散放:

> 光于正月二十二日面奉上宪钧谕,委解晋赈银两赴归化城等处,帮同潘振翁查户散放等因。遵于廿四日会同刘词卿兄管解起程,于二月初二日行抵宣化,相遇振翁,会晤之下,据云探听归化城前山稍有收成,惟后山一带灾情较重。……窃查关外七厅,以丰镇、归化为最重。……务求士杏宪广为设法,迅解巨款。此间查户人手既少,款项所短甚巨,顷得宪电允有续解五万,务祈迅赐派员速解,并乞添派查赈熟手十余人,速即来丰通力合作,以冀速查速放。②

上海六马路仁济善堂筹赈公所为此次灾荒筹集赈款,据《申报》载:

> 招商局文案房诸君,节省席资,移赈洋银二十元,协和成烟行主,暨王春华、李海珊三君,合助五十二元,均入并赈项下。……又志成信票号,由金陵汇来无名氏及杭州沈延潼两大善士各洋一百元,又陈桂英校书乐助山西赈洋十元。③

除政府对这次灾荒进行赈济之外,各省亦广泛筹集善款,对灾区进行救助。上文所载直隶、上海两地义赈委员在归化城土默特灾荒赈济中发挥了积极的作用。同时直隶总督李鸿章在《筹办晋赈片》中写道:"饬筹赈局司道电商南中义绅,劝其捐款五万两,并由运司季邦桢借拨三万两,海关道盛宣怀捐二万两,派委山东候补知县潘民表饬令在津采运大米一万石,续派候补知州冯庆镛解往边外一带赈济,并出示招商运米,停收厘税,严禁遏籴抬价等情。"④

根据《绥远通志稿》所载,已经拨银二十五万两,陆续筹捐银二十余万两,解往归化城。⑤ 直隶总督李鸿章派刘启彤携带两湖漕折运费等银14万两到归化城办赈恤。⑥ 长芦盐运使季邦桢、直隶津海关道盛宣怀筹办义赈款共计十二万八千两:

---

① 《申报》(上海版),1893年4月13日,星期四,清光绪十九年二月二十七日,第9版。
② 《申报》(上海版),1893年5月10日,星期三,第7201号,清光绪十九年三月二十五日,第9版。
③ 《申报》(上海版),1893年4月30日,星期日,第7191号,清光绪十九年三月十五日,第4版。
④ 绥远通志馆:《绥远通志稿》卷30《振务》(第38册),内蒙古自治区图书馆藏(稿本),第16页。
⑤ 绥远通志馆:《绥远通志稿》卷30《振务》(第38册),内蒙古自治区图书馆藏(稿本),第16页。
⑥ 绥远通志馆:《绥远通志稿》卷30《振务》(第38册),内蒙古自治区图书馆藏(稿本),第16页。

四川龚潘司垫款汇解捐项银六万两，湖北善后局汇解捐银一万两，施守则敬解到捐银一万四千两，又借垫银二万两，谢绅家福解到捐银五千两，鸿胪寺刘京卿捐银一千两，荫瑞堂捐银一千两，浙江省借垫丝茶捐拨晋边济赈项下尚存银一千一百三十六两，上海备赈借项下尚存银一万四千三百八十两，各零户捐银一千四百八十两，共凑解银十二万八千两。选派委员，妥速解往，先至丰镇交明藩绅。归丰宁等处查放银五万五千两。再将下余银七万三千两，由丰起解赴归化，交刘道启彤查放，分拨诸绅等迅速散放，以凭接济。并搭解施守捐正气丸一万服，募捐救疫丹、痧气丸一万服，各半分给。①

光绪十九年（1893）七月，山西口外各厅振务已经完成，在官府和多方努力之下，加上天气好转，归化城土默特地区的灾情得到一定程度的缓解。据《申报》载："窃臣承准军机大臣字寄光绪十九年（1893）七月二十二日奉上谕，御史褚成博奏山西口外七厅赈务已完。"② 为舒缓民力，"蠲免归化各厅应征钱粮十分之五"③。光绪十九年（1893），归化城土默特地区的旱情虽然有一定的缓解，但是不少地区依然有灾情的出现。据《申报》所载：

归化城厅禀报，大山后厂地吉圪速太等村，及空闲厂地内银苔，四旗厂地秋禾被霜遭冻。清水河厅详报东乡黄花峁等村，夏麦被水，南乡老窑子村秋禾被旱，北乡老朱窑并镶蓝旗富民店等村秋禾被霜。暨东西北各乡，石湾子、柳青海子堰各等村秋收均歉，萨拉齐厅禀报善岱等村秋禾被水。④

可见，归化城土默特地区大灾刚过，小的灾情就不断出现，如光绪二十一年（1895），"归化城厅禀报大青山后厅地内□剩营子并厢蓝旗等村秋禾被雹。和林格尔厅禀报正蓝旗新安等庄物里前□等村雨水过多，收成歉薄。清水河厅禀报旺兴等村及不□窊村被水，祁家沟等村秋禾被□，又黄花□及厢蓝旗当民庄等村收成均歉。萨拉齐厅禀报木头期等村及李塑等村地亩被水生碱，秋收歉薄"⑤。归绥道在查勘灾情后，对受灾民众采取或"展缓新粮"或"展缓旧赋"，对乏食贫民"先妥为赈抚"，对水冲塌房屋灾民"酌给□费"⑥。

归化城土默特地区灾情十分严重，在光绪十九年（1893）之后虽然有所缓解，但民

---

① 绥远通志馆：《绥远通志稿》卷30《振务》（第38册），内蒙古自治区图书馆藏（稿本），第16页。
② 《申报》（上海版），1895年3月7日，星期四，第7856号，清光绪二十一年二月十一日，第12版。
③ 绥远通志馆：《绥远通志稿》卷30《振务》（第38册），内蒙古自治区图书馆藏（稿本），第17页。
④ 《申报》（上海版），1894年1月9日，星期二，第7440号，清光绪十九年十二月初三日，第12版。
⑤ 《申报》（上海版），1895年1月29日，星期二，第7819号，清光绪二十一年正月初四日，第12版。
⑥ 《申报》（上海版），1895年1月29日，星期二，第7819号，清光绪二十一年正月初四日，第12版。

力未纾，故时任山西巡抚张煦请求停征山西口外各厅粮差。据《申报》载：

> 山西巡抚臣张煦跪奏为遵旨严禁粮差浮索以除民累，并查明山西口外各厅灾后荒地，援案吁恳天恩，暂予停征四年，恭折仰祈圣鉴事。……委系户逃地荒粮银无著。溯查光绪三四年，岁逢大祲，经前抚臣曾国荃将晋省荒地奏请分别停征三四年在案。今口外各厅荒地拟请援案，自光绪十九年上□起停征四年，届时能否垦复，再行核办等情，呈请具奏前来。①

时任山西巡抚张煦请求援照光绪三、四年（1877、1878）归化城土默特大旱时，将荒地停征三四年的旧例，请求停征山西口外各厅粮差四年。

时隔不久，光绪二十六年（1900），归化城土默特地区又发生严重旱灾，《绥远通志稿》卷30《振务》载：

> 二十六年，归绥道属七厅夏秋无雨，大旱成灾，以秋禾颗粒未收。至次年春，各厅城乡贫民饿毙极多。道饬所属各厅官查明被灾极贫之户，开发各厅存贮仓谷，计口散放。每人得谷三斗余。按有地之家，酌发种粮，旋以夏田薄有收获，灾民幸免流亡。②

这次灾荒，导致秋禾颗粒无收。光绪二十七年（1901）春天，归绥道属七厅，均有贫民饿死。政府所采取的赈济措施为：查明受灾极贫之户，将各厅所存仓粮，按每人三斗发放。有土地的人户，发给种籽。

归化城副都统衙门档案，亦载有光绪二十六年（1900）归化城土默特地区灾荒发生，光绪二十八年（1902）三月，萨拉齐同知《呈请应否带征二十六年分六成正耗银请批示》中载有："户司案呈，案查光绪二十六年（1900）十月间，据萨拉齐同知丁启宇详报六成官地秋末被灾，应征本年租银缓至二十七年秋后分作二年带征等情"，"惟光绪二十六年（1900）秋禾被旱成灾，应征十年正耗租银，经前署厅丁丞启宇会同委员拟议详请缓至二十七年秋后分年带征"③，此件档案所载光绪二十六年（1900）秋末，归化城土默特地区发生旱灾，请求缓征正耗银两。

再据光绪三十一年（1905）十一月，萨拉齐同知《呈报六成官地被缓征二十六年正耗润银数目清册》载："六成官地被灾缓征二十六年正耗闰银数目清册，山西归绥道属之萨拉齐抚民同知今将卑厅会同委员勘明本年六成官地，各局被旱成灾，被冻成灾，带

---

① 《申报》（上海版），1895年3月7日，星期四，第7856号，清光绪二十一年二月十一日，第12版。
② 绥远通志馆：《绥远通志稿》卷30《振务》（第38册），内蒙古自治区图书馆藏（稿本），第17—18页。
③ 土默特左旗档案馆藏：归化城副都统衙门档案，萨拉齐同知《呈请应否带征二十六年分六成正耗银请批示》，档案号：80—6—1066。

征光绪二十六年（1900）正耗闰银，拟请缓至三十二年秋后"，"光绪二十六年（1900）分秋禾被旱成灾六分之：正南乡河东二局……河东三局……东南乡河东四局……西南乡河西一局……以上四局……照例蠲免十分之一……迭次详准递缓至三十一年秋后起，分年带征，兹各该局复又被灾，新旧并征，民力未逮，拟请将此项旧欠缓至三十二年秋后起，照原限分作二年带征。秋禾被旱成灾五分之西南乡河东一局……河西二局……以上二局……照例蠲免十分之一，……迭次详准递缓至三十一年秋后起分年带征，兹各该局复又被灾，新旧并征民力未逮，拟请将此项旧欠缓至三十二年秋后起，照原限，分作二年带征。"① 虽然所载是六成官地因受旱灾，冻灾，导致粮食收成受损，故请求缓征正耗银两，但亦说明归化城土默特地区亦有受灾之区，政府亦应采取一定的赈灾措施进行赈灾。

故大约可以推知，光绪二十六年（1900），归化城土默特地区发生旱灾，政府亦采取蠲免、缓征、发给种籽等措施进行赈济。

光绪三十年（1904），归化城土默特地区再次发生灾荒，据《绥远通志稿》卷30《振务》所载，该年秋天萨拉齐"被水成灾"政府采取"发库银"赈济"灾民之下贫者"，豁免当年"额征地租"。归、托、和各厅，受到霜冻，在归化城内"设厂施粥"进行救济。② 六成官地"秋禾被灾被冻成灾，带征光绪三十年（1904）正耗租银，拟请缓至三十二年秋后带征"，其中受灾七分的有：西南乡河西一局甲、乙、丙字监；河西二局丁、戊、己、庚、辛、壬、癸字监；河东一局子、丑、寅字监。以上各监"蠲免十分之二正银"。其中受灾六分的有：正南乡河东二局卯、辰、巳字监；河东三局申字监；河东四局酉、戌、亥字监。以上各监"减免十分之一正银"。③

综上所述，归化城土默特地区是灾荒发生频率较高的地区，在灾荒发生时，清政府虽然采取了一定的赈济措施，对一些小的灾荒，能起到比较有效的效果，但是遇到严重灾荒，则起不到很好的作用。清末，民间有一些组织，协助政府进行赈灾，起到十分重要的作用。但是在当时的社会条件下，政府和民间的赈济措施，所能起到的效果十分有限。

---

① 土默特左旗档案馆藏：归化城副都统衙门档案，萨拉齐同知《呈报六成官地被缓征二十六年正耗润银数目清册》，档案号：80—6—848。
② 绥远通志馆：《绥远通志稿》卷30《振务》（第38册），内蒙古自治区图书馆藏（稿本），第18页。
③ 土默特左旗档案馆藏：归化城副都统衙门档案，萨拉齐同知《呈报六成官地秋禾被灾递缓带征三十年正耗银两数目清册》，档案号：80—6—847。

第三节 清代归化城土默特地区灾荒发生的原因分析

明清时期,是我国历史上的又一次寒冷时期,被学者们称之为"明清小冰期"或"现代小冰期"。这一时期,气候寒冷干燥,自然灾害多发。如光绪十七、十八年,归化城土默特地区发生的特大灾荒就同寒冷的气候有很大关系。据研究表明:"1892—1893年冬季的严寒发生于明清小冰期第三次寒冷时期的末尾。"[①] 这次自然灾害,导致归化城土默特地区发生严重灾荒。虽然自然灾害不是人力所能左右的,但是却可以尽可能降低灾害所造成的影响。清代归化城土默特地区灾荒的发生,虽然同历史时期气候变化有很大关系,但是人类的活动却在一定程度上影响着自然灾害所造成灾荒的程度。

自然灾害的形成与发展,既有自然界本身的变化因素,又有人类社会某些活动的影响,可以说是人与自然互动的结果:良性互动,则有利于人类和自然和谐共处;恶性互动,则造成自然灾害。历史上的自然灾害,虽然自然因素占据主导地位,但是人类活动在某种程度上进一步加深了自然灾害的影响。人类对自然灾害的影响,主要表现为:人类不合理地活动诱发自然灾害,同时进一步加深自然灾害的影响。在小农经济占据主要地位的我国古代社会——靠天吃饭,气候条件对农业生产的影响很大。如果风调雨顺,庄稼就会有好的收成;如果旱涝灾害,庄稼就会减产甚至绝收。中国古代,人们抵御自然灾害的能力很差,一旦发生自然灾害,就会造成灾荒,由此引起一定的社会动荡。中国历史上,每次大的社会动荡,都或多或少的与自然灾害有关联。

多位学者对内蒙古地区自然灾害发生的因素进行了探讨,如包庆德在《清代内蒙古地区灾荒研究》中,对内蒙古地区发生灾荒的社会因素进行分析,认为:1. 制度因素——封建剥削与思想,导致灾荒的根本制度因素。技术落后,人民抵御灾害的实际能力低下;2. 人口增加超过了草原承载力;3. 过垦过牧,加大灾害的侵害力度。[②] 包红梅在《清代内蒙古地区灾荒成因分析》中,从灾害孕育形成的自然环境因素、灾害发生的社会因素两方面进行分析,认为清代内蒙古地区受地理位置、气候条件及地貌特征等综合因素的影响,自然灾害地发生具有明显的时空分布特征,表现为自然灾害发生的季节性和地域差异性。封建剥削制度则是灾荒不断发生的根本社会原因,而人口的增加、粗放式的生产经营方式、低下的文化素质及封建迷信思想、过垦过牧等不合理的人类活

[①] 龚高法、张丕远、张瑾瑢:《1892—1893年的寒冬及其影响》,地理集刊,第18号,古地理与历史地理,北京:科学出版社,1987年,第134页。
[②] 包庆德:《清代内蒙古地区灾荒研究》,北京:人民出版社,2015年,第161—178页。

动等,均在一定程度上加深了自然灾害的侵害力度。① 牛敬忠在《近代绥远地区的灾荒》中认为,自然条件方面对灾荒的发生有一定的影响,而社会动荡不安、救灾措施不力,则进一步加重了灾荒发生的程度。②

毫无疑问,上述专家关于内蒙古地区灾荒发生的原因分析,还是比较合理的。具体到归化城土默特地区,灾荒发生的因素,笔者认为主要有以下几个方面:

一、自然环境因素。自然灾害的发生,离不开特定的自然环境。环境因素在一定程度影响着自然灾害的发生。归化城土默特地区,地处干旱半干旱区域,北有阴山,西有黄河和库布齐沙漠,其自然条件是较为恶劣的。自然环境因素决定了该地区是自然灾害多发、易发区域。本区域虽然有黄河、大黑河、小黑河等自然河流可资灌溉农业,但本区水利设施极不发达,农业生产基本靠雨水维持,一旦发生旱灾,则对农业生产造成十分严重的影响。本区域主要自然灾害即为旱灾,历史上该区域所发生的严重灾荒,大部分是旱灾造成的。

二、制度因素同样也是灾荒发生的重要原因。包庆德等学者认为封建剥削思想是导致灾荒的根本社会因素。毫无疑问,这个观点是有其合理性的。其实造成灾荒的制度因素,除了剥削思想这一因素外,在归化城土默特地区还有其他原因:1. 清政府的"围堵"归化城土默特部,导致归化城土默特部抵御自然灾害的能力下降。自清初开始,清政府开始"围堵"归化城土默特部,为了限制其发展,不断圈占其土地,不断减少的土地已经不足以维持归化城土默特部的游牧生活,为了生存发展,不得不由牧转农。2. 清政府在蒙地所推崇的"藏传佛教"信仰,很多归化城土默特蒙古部众,为逃避沉重的赋役,出家为僧。这大大减少了归化城土默特蒙古从事生产的劳动力。3. 归化城土默特蒙古男丁要承担没有俸饷的兵役,这进一步削弱了归化城土默特蒙古从事生产的能力,同时进一步削弱了其抵御自然灾害的能力。可以说,清政府的"围堵"归化城土默特部的政策,在某种程度上加重了本区域自然灾害的影响。

三、农业生产技术,亦是灾荒发生的重要因素。在归化城土默特地区,农业生产虽然有民人带来的传统的精耕细作的生产技术。民人所租种土地要么为蒙古所有,要么是清政府圈占归化城土默特部的土地,民人仅有土地的使用权而没有所有权。归化城土默特地区的土地较为充足,只需要租种土地,就能够获得较多的收入,因此并不需要改进和提高农业生产技术。归化城土默特蒙古虽然由牧转农,但这种转变历时较为漫长。他们所从事的农耕仅是粗浅地照仿——浅耕、漫撒,不注重田间管理。因此这种农业抵御

---

① 包红梅:《清代内蒙古地区灾荒成因分析》,前沿,2004年,第4期,第175—177页。
② 牛敬忠:《近代绥远地区的灾荒》,内蒙古大学学报,2000年,第3期,第87—92页。

自然灾害的能力是十分低下的,即技术低下的农业生产技术也是导致灾荒发生的一个十分重要的因素。

四、盲目开垦,导致环境恶化,也是灾荒发生的一个十分重要的因素。归化城土默特地区,由于民人的大量涌入,土地被大量开垦。而这一地区本是环境较为恶劣的地区,并不适宜从事农业开垦。大量被开垦的土地,在干旱少雨、风沙侵蚀的情况下,很容易沙化。民人的大量涌入,开垦土地,归化城土默特部的由牧转农,又进一步加速了土地沙化进程。土地沙化面积的不断扩大,可资利用的土地资源则不断减少,但人口却在不断增加。在此消彼长的条件下,归化城土默特地区的土地承载力在不断降低,以至于无力承受日益增多的人口。在此情况下,自然灾害一旦发生,就会造成严重的后果。光绪十七、十八年归化城土默特地区特大灾荒也正是这种情况的集中表现。

五、政府赈济措施不力,也是灾荒发生的一个重要因素。在灾荒发生时,政府的备荒措施显然是不够的。如前文所述,政府在赈荒之初,并没有认识到灾荒的严重程度,仅想依靠借给百姓仓粮、提供点籽种进行赈济。有限的仓粮,在严重灾荒发生时,往往是杯水车薪。事情发展的情况显然超出了清政府的预料,灾情过重,致使清政府无力应对或疲于应对,即使后来的采取"拨款""筹运粮款""募集赈款""发放赈款、仓粮"等措施,也存在不及时、不到位的问题。

六、灾荒发生的程度亦同社会环境相关。一般来讲,社会较为安定,人们能够安居乐业。这时即使发生自然灾害,人民也有一定地抵御自然灾害的能力。这种抵御自然灾害的能力加上政府的赈济,完全可以将自然灾害的影响降到最小。但是当社会动荡不安,人们无法安居乐业,那么老百姓抵御自然灾害的能力就弱,甚至没有。这时即使政府采取相应的救济措施,却只能在一定程度上缓解自然灾害的影响,但是灾害的影响依然十分巨大。纵观清代归化城土默特地区灾荒发生的情况,嘉庆以前,社会较为安定,人们能够安居乐业,因此发生灾荒的频率较低,影响较小。而道光朝以后,由于西方列强入侵,国内各种矛盾激化,社会动荡不安,人们无法安心从事社会生产。因此这时抵御自然灾害的能力就弱、甚至丧失。此时的清政府疲于应付各种社会矛盾,对于灾荒的赈济往往是有心无力,有时甚至放任灾荒的发生。

综上所述,清代归化城土默特地区灾荒的发生,既有自然环境因素又有制度因素和各种社会因素。在各种因素的综合作用下,归化城土默特地区的灾荒的发生频率呈现出越来越频繁的趋势。政府虽然采取了一定的赈济措施,在一定程度上缓解了灾害所造成的影响。清末,亦有民间力量参与灾荒的赈济工作,这对于减轻灾荒所造成的后果是十分有利的。对清代归化城土默特地区自然灾荒问题的探讨,笔者认为应当把清政府应对灾荒的措施放在当时的社会环境之中，不能割裂当时的社会环境，孤立的谈论清政府的应对灾荒的措施。

小结

归化城土默特地区是自然灾害发生比较频繁的地区，其自然灾害以旱灾、蝗灾为主，兼有水涝灾害的发生。面对自然灾害，政府亦采取一定的赈济措施进行赈济。清末，归化城土默特地区连续发生规模大的灾荒，在当时的社会条件下，政府虽然采取了一定的赈济措施，但是却存在救济不力的问题。与此同时，民间组织，亦对归化城土默特地区发生的灾荒进行了一定的救济，但政府依然是进行赈济的主导力量。本区域自然灾害发生，由此引起灾荒的发生，其原因是较为复杂的，既有自然因素，又有社会因素，在各种因素的总和作用下，导致本地区自然灾害发生越来越频繁，自然环境越来越恶化。

第七章 清代归化城土默特地区的社会生活

清代，归化城土默特地区由于汉族、满族、回族等民族的涌入，这里成为蒙、汉、满、回等多民族共同生活的区域。人们在长期的交往过程中，互相学习，为本区域社会经济发展作出应有的贡献。为此，笔者拟以归化城土默特地区的社会生活为研究对象，试从工商业、教育、司法、婚姻关系等方面对归化城土默特地区的社会生活进行探讨。

第一节 清代归化城土默特地区的工商业

清代归化城土默特地区，位于漠南中心地带，是内陆通往西北、蒙古地区的交通枢纽，因此战略、经济地位非常重要。归化城土默特地区兴起了一些商业城镇，如归化城、包头、萨拉齐、可可以力更、河口镇等。其中以归化城和包头最为重要。

早在明末，归化城就成为漠南蒙古与中原互市的主要场所。入清以后，归化城是内陆通往西北、蒙古的交通枢点。从归化城出发，可达库伦、乌里雅苏台、新疆。归化城到漠北的商路有三条，到新疆的商路也有三条。① 由于政治、交通等方面的因素，导致归化城土默特地区商业的繁盛。清末和民国时期的一些论著和调查报告中，就对归化城土默特地区商业状况、蒙汉商业、中俄贸易起源、发展、繁荣等进行了较为详细的描述。

---

① 内蒙古公路交通史志编委会：《内蒙古古代道路交通史》，北京：人民交通出版社，1997年，第218—219页。载：归化城至库伦商路，由归化城北出，过大青山，可镇、什拉毛林召……到外蒙古的图古里克……苏乌苏，接库伦路台站至库伦。另一条，由归化城经百灵庙……至库伦。归化城至乌里雅苏台商路，由归化城过大青山到可镇，然后折向西北……到乌布尔噶兰图、巴彦图、帖末尔特山口进抵乌里雅苏台。归化城至新疆商路……北路，又称蒙古草原路，此路分大小西路，小西路经武川、百灵庙，大西路经武川、瓦窑等处……西北抵古城。……中路……自归绥经武川至百灵庙分前后路，到合勒孟台会合，抵明水西行至古城、乌鲁木齐，……南路……从归绥经包头、宁夏、兰州、凉州等处而达古城。

如俄国阿·马·波兹德涅耶夫《蒙古及蒙古人》[1]；法国古柏察《鞑靼西藏旅行记》[2]；铁汉《归化之蒙古商务观》[3]、《归化商务之状况》[4]；《本省纪闻——归化近状》[5]；《归化组织商务会》[6]；魏勃、刘驹宾、卓宏谋、徐致善《调查张家口、归化城开辟商埠》[7]；《归绥现状与将来》[8] 等。新中国成立后，"归化城地区的商业"，特别是"旅蒙商"，亦是学者们关注的热点问题之一。其研究成果大致从以下几个方面进行论述：

一些学者对归化城作为商业城镇兴起、繁荣及衰落的原因进行了探讨，如袁森坡《康雍乾经营与开发北疆》[9]；杜晓黎《归化城与蒙古草原丝路贸易》[10]；陈喜波、颜廷真、韩光辉《论清代长城沿线外侧城镇的兴起》[11]；刘蒙林、孙利中《内蒙古古城》[12] 等。

一些学者则把研究重点放在归化城商业及旅蒙商的研究上，取得较为丰硕的成果，如黄时鉴《清代内蒙古社会经济史概述》[13]；戴学稷《呼和浩特简史》[14]；卢明辉《清代蒙古地区与中原的经济贸易关系》[15]；沈斌华《内蒙古经济发展史札记》[16]；阮芳纪《从清初到五四运动前夕呼和浩特地区商业的发展》[17]；邢野等《呼和浩特千年大事》[18]；肖

---

[1] 阿·马·波兹德涅耶夫著，张梦玲等译：《蒙古及蒙古人》（第2卷），呼和浩特：内蒙古人民出版社，1983年。
[2] 古柏察著，耿昇译：《鞑靼西藏旅行记》，北京：中国藏学出版社，1991年。
[3] 铁汉：《归化之蒙古商务观》，山西实业报，第20期，1912年12月15日，第25页。
[4] 铁汉：《归化商务之状况》，山西实业报，第20期，1912年12月15日，第63页。
[5] 《本省纪闻—归化近状》，山西实业报，第17期，1912年11月1日，第74页。
[6] 《归化组织商务会》，山西实业报，第6期，1912年7月1日，第63页。
[7] 魏勃、刘驹宾、卓宏谋、徐致善：《调查张家口、归化城开辟商埠》，农商公报，第7期（第1卷第7册）1915年2月15日，第27—36页。
[8] 《归绥现状与将来》，东方杂志，第12卷第2号，1915年2月1日，第1—4页。
[9] 袁森坡：《康雍乾经营与开发北疆》，北京：中国社会科学出版社，1991年。
[10] 杜晓黎：《归化城与蒙古草原丝路贸易》，内蒙古文物考古，1995年，Z1期，第42—49页。
[11] 陈喜波、颜廷真、韩光辉：《论清代长城沿线外侧城镇的兴起》，北京大学学报，2001年，第3期，第12—18页。
[12] 刘蒙林、孙利中：《内蒙古古城》，呼和浩特：内蒙古人民出版社，2014年。
[13] 黄时鉴：《清代内蒙古社会经济史概述》，蒙古史论文选集（第3辑），1983年，第181—222页。
[14] 戴学稷：《呼和浩特简史》，北京：中华书局，1981年。
[15] 卢明辉：《清代蒙古地区与中原的经济贸易关系》，内蒙古社会科学，1982年，第5期，第21—30页。
[16] 沈斌华：《内蒙古经济发展史札记》，呼和浩特：内蒙古人民出版社，1983年。
[17] 阮芳纪：《从清初到五四运动前夕呼和浩特地区商业的发展》，内蒙古近代史论丛（第2辑），呼和浩特：内蒙古人民出版社，1983年。
[18] 邢野：《呼和浩特千年大事》，呼和浩特：内蒙古人民出版社，1991年。

瑞玲《明清呼和浩特地区经济类型的变革》[①]；卜万恒《清代呼和浩特地区的手工业》[②]；卢明辉《清代北部边疆民族经济发展史》[③]、《旅蒙商（17~20世纪中原和蒙古地区的商贸关系）》[④]；内蒙古社会科学院历史所《内蒙古通史》[⑤]；高延青《呼和浩特经济史》[⑥]；张正明《晋商兴衰史》[⑦]、《明清晋商及民风》[⑧]；李希曾《晋商史料与研究》[⑨]；《土默特志》[⑩]；《内蒙古自治区志·商业志》[⑪]；穆雯瑛《晋商史料研究》[⑫]；孔祥毅、王森《山西票号研究》[⑬]；孔祥毅《金融票号史论》[⑭]；刘春玲《试析清代走西口的成因》[⑮]；冯君《清代归化城商业贸易的兴衰及其影响》[⑯]；李令福《清代山西城市发展与社会变迁》[⑰]；郝维民、齐木德道尔吉总主编《内蒙古通史》第5卷《清朝时期的内蒙古》（3）[⑱]；沈健《历史上的大移民——走西口》[⑲]等。上述研究成果，借助典志、方志、调查报告等文献资料，对归化城土默特地区的商业发展及旅蒙商进行了研究。

另外一些学者，根据归化城地区的榷关税务资料，对归化城的商业进行探讨。如祁美琴《清代榷关制度研究》[⑳]《关于清代榷关额税的考察》[㉑]；杨选第《清代呼和浩特地

---

① 肖瑞玲：《明清呼和浩特地区经济类型的变革》，内蒙古师范大学大学报，1992年，第4期，第38—46页。
② 卜万恒：《清代呼和浩特地区的手工业》，内蒙古师范大学大学报，1993年，第4期，第54—60页。
③ 卢明辉：《清代北部边疆民族经济发展史》，哈尔滨：黑龙江教育出版社，1994年。
④ 卢明辉：《旅蒙商（17—20世纪中原和蒙古地区的商贸关系）》，北京：中国商业出版社，1995年。
⑤ 内蒙古社会科学院历史所：《内蒙古通史》，北京：民族出版社，1995年。
⑥ 高延青：《呼和浩特经济史》，北京：华夏出版社，1995年。
⑦ 张正明：《晋商兴衰史》，太原：山西古籍出版社，1995年。
⑧ 张正明：《明清晋商及民风》，北京：人民出版社，2003年。
⑨ 李希曾：《晋商史料与研究》，太原：山西人民出版社，1996年。
⑩ 《土默特志》编纂委员会编：《土默特志》，呼和浩特：内蒙古人民出版社，1997年。
⑪ 《内蒙古自治区志·商业志》编纂委员会编：《内蒙古自治区志·商业志》，呼和浩特：内蒙古人民出版社，1998年。
⑫ 穆雯瑛：《晋商史料研究》，太原：山西人民出版社，2001年。
⑬ 孔祥毅、王森：《山西票号研究》，北京：中国财政经济出版社，2002年。
⑭ 孔祥毅：《金融票号史论》，北京：中国金融出版社，2003年。
⑮ 刘春玲：《试析清代走西口的成因》，阴山学刊，2004年，第2期，第66—69页。
⑯ 冯君：《清代归化城商业贸易的兴衰及其影响》，内蒙古师范大学，2007年硕士学位论文。
⑰ 李令福：《清代山西城市发展与社会变迁》，北京：同心出版社，2011年。
⑱ 郝维民、齐木德道尔吉：《内蒙古通史》第5卷《清朝时期的内蒙古》，北京：人民出版社，2011年。
⑲ 沈健：《历史上的大移民——走西口》，北京：北京工业大学出版社，2012年。
⑳ 祁美琴：《清代榷关制度研究》，呼和浩特：内蒙古大学出版社，2004年。
㉑ 祁美琴：《关于清代榷关额税的考察》，清史研究，2004年，第2期，第61—70页。

区工商杂税》[①];王来刚《西口简析》[②];何勇《清代漠南地区的商业重镇归化城》[③];许檀《清代山西归化城的商业》[④]等。

上述这些研究成果,利用相关文献资料,对归化城土默特地区,尤其是归化城的商业、旅蒙商兴起、繁荣、衰落进行了深入细致的研究。本节拟在此研究基础上,借助档案、契约文献,对归化城土默特地区的商业情况予以探讨,以期起到查漏补缺的作用。

一、归化城土默特地区的商业

(一) 归化城土默特地区的商号、行社

归化城是因互市而兴起的城市,互市促进了归化城的发展。入清以后,归化城成为清政府军事行动的后方补给站,很多军事物质均在此采购,由此带动了随军贸易的兴起,也因此带动了随军商人团体的兴起,随军商业的兴起,又促进了归化城的发展。前述学者对旅蒙商论述颇多,但是大多涉及对蒙汉贸易、中蒙贸易或者蒙俄贸易,也涉及归化城土默特地区对商品交易,其立足点多是以榷关税额方面对归化城土默特地区对商品交易进行论述。

归化城土默特地区的商业以"金融业、批发业、贩运业以及皮毛加工、餐饮旅店等业为主"[⑤]。从事这些商业活动对人员,是以旅蒙商为主的。而所谓旅蒙商,则是随着清政府征发蒙古各部而产生的随军服务贸易的商队。卢明辉认为:"人们便把这些在随军贸易的带动下,蒙古高原地区从事民族贸易活动的内地商贾,称为旅蒙商。"[⑥]旅蒙商主要从事以货易货的生意:春夏之际,到蒙古各部以货易换牲畜、皮毛等物品;秋冬之际把牲畜、皮毛运回归化城,然后运回内地销售。旅蒙商人出于贸易等需要,纷纷在归化城设店,进行贸易。康熙年间,归化城就已经是商贾云集之地,据张鹏翮《奉使俄罗斯日记》中载,康熙二十九年(1690),康熙皇帝到归化城见到如下景象:"外番贸易络绎于此,而中外之货亦毕集。"[⑦]《亲征朔漠方略》卷31载康熙三十五年(1696)十月,

---

① 杨选第:《清代呼和浩特地区工商杂税》,内蒙古师范大学大学报,1992年,第2期,第18—23页。
② 王来刚:《西口简析》,阴山学刊,2004年,第2期,第63—65页。
③ 何勇:《清代漠南地区的商业重镇归化城》,载张利民:《城市史研究》,(第24辑),天津,天津社会科学出版社,2006年。
④ 许檀:《清代山西归化城的商业》,中国经济史研究,2010年,第1期,第83—92页。
⑤ 许檀:《清代山西归化城的商业》,中国经济史研究,2010年,第1期,第83—92页。
⑥ 卢明辉:《清代北部边疆民族经济发展史》,哈尔滨:黑龙江教育出版社,1994年,第169页。
⑦ 张鹏翮:《奉使俄罗斯日记》,哈尔滨:黑龙江教育出版社,2014年,第29页。

康熙皇帝出巡归化城时所见:"归化城商贾丛集,……归化城马驼甚多,其价亦贱,官员侍卫兵丁有欲借银贩买马驼者,奏闻借给。"① 据此可以推知,康熙年间,归化城已经发展成为商业繁盛之区,马、驼的价格非常低,说明这里商品贸易中牲畜交易占很大比重,以至于清政府官兵来到这之后,竟然借钱贩买马驼。乾隆四十年(1775)十一月二十九日,署理山西巡抚巴延山《奏报查明归化城税务情形事》载归化城:"商贾云集,诸货流通,而蒙古一带土产日多,渐成行市""居民稠密,行户众多,一切外来货物先汇集该城囤积,然后陆续分拨各处售卖。"② 这一方面说明归化城"商贾云集,诸货流通"而成为蒙古地区的商业枢纽和贸易中心。

为了加强对归化城商业贸易的管理,清政府在归化城设置税卡栅栏,征收过往商品关税。同时为了让商业贸易顺利进行,并且能够有效地控制贸易的发展,清政府规定,内地汉商到蒙地做生意必须领取照票。据《绥远通志稿》卷49上《商业》载:

> 自清乾隆四十二年以还,凡商民自归化城前往乌鲁木齐等处贸易者,俱由都统衙门发给照票,扎萨克旗分则由厅官详报,照例给发。盖所以取便稽核也。乃日久玩生,无照营业,遂至成例。嘉庆五年,署定边左副将军齐登扎布以归化城商民于山后各扎萨克旗贸易日多,稽查纷繁,恐滋事端,奏请嗣后发给照票,方准贸易,以便稽查。奏准理藩院咨行绥远城将军派员赴都请领本院所制照票,发给商民,前往乌里雅苏台等处及各蒙古地方,勒限贸易。俟贸易完竣,依限缴销。其制迄于清末,沿用不改。③

在归化城副都统衙门档案中,即有关于贸易的照票95件。主要有如下几类:归化城厅发给商民往乌鲁木齐、喀尔喀贸易的照票;归化城兵司发给商民往乌鲁木齐、巴里坤、喀尔喀、乌里雅苏台贸易的照票;乌鲁木齐都统发给商民路照请查验的咨文、定边佐副将军报前往归化城贸易商民名单等。④ 这95件贸易照票类,其中绝大多数为乾隆四十一年至五十九年(1776—1794)的档案,仅有3件嘉庆和1件光绪时期的档案。归化城副都统衙门档案所载商号主要有:德盛号、复成义、富成号、复成公、亨泰玉、亨兴通、隆玉昌、茂盛荣、全义号、仁和泰、仁和玉、三合公、三合盛、三义号、双盛全、天福

---

① 温达:《圣祖仁皇帝亲征平定朔漠方略》卷31,影印文渊阁四库全书本(第355册),台北:台湾商务印书馆,1986年,第373—374页。
② 中国第一历史档案馆藏:巴延山:《奏报查明归化城税务情形事》,档案号:03—0630—040。
③ 绥远通志馆:《绥远通志稿》卷49上《商业》(第57册),内蒙古自治区图书馆藏(稿本),第3—5页。
④ 土默特左旗档案馆藏:归化城副都统衙门档案,贸易照票类档:档案号:80—10—3297~80—10—3390。

泰、万和号、兴盛明、义和珍、义盛全、永公号、永和魁、永和岐、永积魁、永茂兴、永胜公、永盛成、永盛号、永顺和、永兴发、永兴绍、永兴珍、元盛德、元兴号、源兴泉、治兴元①、万盛魁、兴盛魁、亨义兴、敦盛永、恒盛张、源成泰、广仁号、德巨炉、元亨顺、元升永、永生魁、大胜德、世远堂、谦豫和、育生堂、和盛碾房、同德堂、富锡荣、长泰店、福元楼、义和堂等②商号。除了这些商号，还有一些商民，如东明芳、范荣富、冯耀安、高会魁、郭开瑞、郭柱、郝容、冀秉孝、靳学梁、李世俊、李天锦、李在甲、李在荣、李之升、刘廷勋、鲁敦壁、马普、莫士魁、牛宝仁、施朝殿、王常六、王琮、王贵、王士公、王廷符、王廷辅、王璋、武天赐、武锡禄、锡永、许之锦、永成焕、张富元、张凌云、张以恭、张执礼、张志英、赵瑾、郑希文等人。③这说明归化城土默特地区不仅有大量的商号，而且亦有为数众多的行商从归化城到乌鲁木齐、喀尔喀、巴里坤、乌里雅苏台等地从事贸易活动。从康熙时期就已经出现到商贾云集的归化城，随着边疆地区社会的安定，到乾隆朝则更为兴盛。

这些领取照票的商号和商民，到乌鲁木齐、喀尔喀、巴里坤、乌里雅苏台等地从事贸易时，要按照照票所规定到路线、期限、地点进行贸易。他们到达交易地点，要到当地查验照票，返回归化城之后，要查销照票。如乾隆四十一年（1776）十二月，归化城厅《申报查销三义号商民由迪化回程之路照》。④照票如果因某种原因毁、失，也要申请核销，如乾隆四十八年（1783）七月，兴盛明张世恒因河水冲走照票，由复成公刘附作证，请求销号⑤；乾隆五十四年（1789）三月，仁和泰武维礼照票被水冲失，故申请销号⑥；乾隆五十六年（1791），李之春因中途遇到火灾，照票被烧毁，申请销号。⑦这种贸易核发、核销贸易照票的规定：一方面有对从事贸易商民的控制，维护边疆社会稳定的作用；一方面制约着边疆贸易的发展。

---

① 土默特左旗档案馆藏：归化城副都统衙门档案，贸易照票类档；档案号：80—10—3297～80—10—3390。
② 土默特左旗档案馆藏：归化城副都统衙门档案，《户司 征解房租银簿》，档案号：80—6—2553。
③ 土默特左旗档案馆藏：归化城副都统衙门档案，贸易照票类档；档案号：80—10—3297～80—10—3390。
④ 土默特左旗档案馆藏：归化城副都统衙门档案，归化城厅《申报查销三义号商民由迪化回程之路照》，档案号：80—10—3298。
⑤ 土默特左旗档案馆藏：归化城副都统衙门档案，兴盛明张世恒《为河水冲去照票有复成公刘驸作证恳销号的呈文》，档案号：80—10—3343。
⑥ 土默特左旗档案馆藏：归化城副都统衙门档案，归化城厅《为仁和泰武维礼之照票被水冲失申请销号》，档案号：80—10—3350。
⑦ 土默特左旗档案馆藏：归化城副都统衙门档案，李之春《呈报途中因火灾将路照毁失乞予销号》，档案号：80—10—3366。

清政府对归化城地区的商品贸易在一定程度上是给予支持。据《平定准噶尔方略续编》卷2载，乾隆二十五年（1760）四月庚辰：

> 上谕军机大臣曰：同德奏称北路蒙古等愿以牲只来巴里坤、哈密辟展贸易者，俱由乌里雅苏台将军给与执照，其由张家口、归化城前往之商民及内地扎萨克蒙古等因领照纡回，是以来者甚少等语。新疆驻兵屯田，商贩流通所关最要。著传谕直隶、山西督抚及驻扎将军扎萨克等，凡旗民愿往新疆等处贸易，除在乌里雅苏台行走之人仍照前办理外，其张家口、归化城等处由鄂尔多斯、阿拉善出口，或由推河阿济行走，著各该地方官及扎萨克等按其道里给与印照，较之专向乌里雅苏台一路可省四十余日程途，商贩自必云集，更于新疆有益。①

据这段论述可知，由于到巴里坤、哈密等处贸易，乌里雅苏将军处领取执照。这就造成张家口、归化城及内地扎萨克蒙古的商人因领取执照，增加程途，导致商人很少到该地贸易。但清廷在新疆等地驻兵屯田，需要商品交流，且认识到"新疆驻兵屯田，商贩流通所关最要"。出于解决往来"甚少"，程途"迂回"的需要，清政府决定，凡旗民愿意往新疆等处贸易，"著各该地方官及扎萨克等按其道里给与印照"。据归化城副都统衙门档案所载，乾隆四十年（1775）至乾隆五十九年（1794）间，有大量的商号、商民由归化城到乌里雅苏台、喀尔喀、巴里坤、乌鲁木齐等地从事贸易活动。有关归化城土默特地区的商号，散见于各种记载，但没有一个确切的统计。除了在归化城副都统衙门档案中载有商号的记载，在《清代至民国时期归化城土默特土地契约》中亦见有大量的商号。据笔者统计，在土地契约中，归化城大约有354家商号，包头约有135家商号。地契所载归化城最早的商号为乾隆六年（1741）地契中的"永公号"②，包头最早的商号为乾隆五十七年（1792）地契中的"三义公"。③ 而档案所载商号见于地契者仅有乾隆六年（1741）归化城的地契中"永公号"④，同治十一年（1872）包头地契中的"永

---

① 傅恒：《平定准噶尔方略续编》卷2，影印文渊阁四库全书（第359册），台北：台湾商务印书馆，1986年，第520—521页。
② 呼和浩特塞北文化研究会、云广藏：《清代至民国时期归化城土默特土地契约》（第4册上），呼和浩特：内蒙古大学出版社，2012年，第3—4页。
③ 内蒙古大学图书馆藏、晓克藏：《清代至民国时期归化城土默特土地契约》（第1册），呼和浩特：内蒙古大学出版社，2011年，第1页。
④ 呼和浩特塞北文化研究会、云广藏：《清代至民国时期归化城土默特土地契约》（第4册上），呼和浩特：内蒙古大学出版社，2012年，第3—4页。

和魁"①。光绪十八年（1892）的"义和堂"。②阿·马·波兹德涅耶夫所述蒙古商号见于《归化城副都统衙门档案》者，仅有乾隆五十四年（1789）即有"天兴恒"商号③和光绪九年（1883）的"元升永"④；见于地契者仅有归化城：乾隆五十二年（1787）契约的"东升店"⑤，光绪二年（1876）的"义兴魁"、光绪二十年（1894）的"一善堂"、光绪三十二年（1906）的"永盛长"。⑥这说明归化城土默特地区的商号众多，且世代相沿的老字号亦占有一定的比例，这都是促使归化城商贸繁盛的重要因素。

在《清代至民国时期归化城土默特土地契约》中，有506件契约载有归化城的商号，其中乾隆年间的地契有54件，嘉庆年间地契有52件，道光年间的地契有127件，咸丰年间的地契有27件，同治年间的地契有73件，光绪年间的地契有150件，宣统年间的地契有10件，不知年代者有13件。有185件地契载有包头地区商号，其中乾隆年间的地契2件，嘉庆年间的地契有21件，道光年间的地契有61件，咸丰年间的地契21件，同治年间的地契53件，光绪年间的地契有25件，宣统年间的地契2件。据地契所载商号的数量来看，大致可以得出，归化城在乾隆年间商业贸易已经比较繁荣，有大量商号在该处经营。包头地区则是在乾隆年间，有商号在该处经营，到嘉庆时期，在包头从事商业贸易的商号开始增多，道光年间，包头地区的商业逐渐走向繁荣。

在众多学者对归化城土默特地区商业贸易进行论述的时候，大多都提到皮毛业和制皮作坊。《清代至民国时期归化城土默特土地契约》中亦见有皮作坊，如嘉庆十六年（1811）的"刘皮房""牛皮房"，嘉庆二十六年（1821）的"皮房"，道光二十八年（1848）的"李皮房""郭皮房"，道光二十九年（1849）的"魁盛义皮房"⑦，光绪十

---

① 内蒙古大学图书馆藏、晓克藏：《清代至民国时期归化城土默特土地契约》（第1册），呼和浩特：内蒙古大学出版社，2011年，第379—380页。
② 内蒙古大学图书馆藏、晓克藏：《清代至民国时期归化城土默特土地契约》（第2册），呼和浩特：内蒙古大学出版社，2011年，第126—127页。
③ 土默特左旗档案馆藏：归化城副都统衙门档案，朋松召喇嘛《将小西街铺两间租予天兴恒的永租约》，档案号：80—15—60。
④ 土默特左旗档案馆藏：归化城副都统衙门档案，《户司征解房租银簿》，档案号：80—6—2553。
⑤ 呼和浩特塞北文化研究会、云广藏：《清代至民国时期归化城土默特土地契约》（第4册上），第83—84页。在道光和同治年间的地契中亦见"东升店"；分别见呼和浩特塞北文化研究会、云广藏：《清代至民国时期归化城土默特土地契约》（第4册上），呼和浩特：内蒙古大学出版社，2012年，第300—301页；呼和浩特塞北文化研究会、云广藏：《清代至民国时期归化城土默特土地契约》（第4册中），呼和浩特：内蒙古大学出版社，2012年，第22—23页。
⑥ 呼和浩特塞北文化研究会、云广藏：《清代至民国时期归化城土默特土地契约》（第4册中），呼和浩特：内蒙古大学出版社，2012年，第84—85、193—194、353—354页。
⑦ 呼和浩特塞北文化研究会、云广藏：《清代至民国时期归化城土默特土地契约》（第4册上），呼和浩特：内蒙古大学出版社，2012年，第191—192、405—406、412、420—421页。

五年（1889）的"刘皮房"，光绪二十二年（1896）的"大成永皮房"①等。这说明归化城地区的皮革加工业具有一定的规模，同时亦说明归化城的皮毛交易是比较繁盛的。

虽然绝大多数商号仅从地契无法推知其所从事的行业，但是亦有一些商铺可以知道其所从事的行当，如归化城商号：茶铺、茶馆有"茶馆""郭茶铺"②；车铺有"马小车铺""杨小车铺"③；饭铺有"旧倨锅""天兴园饭铺"④；缸房有"聚兴缸房""养世福缸房"⑤；弓铺有"闫弓铺""李弓铺"⑥；骡马驼店有"晋魁骡店""德隆骡店""骆驼店"⑦；面铺有"广兴面铺""面铺""信泰恒号"⑧；木匠铺有"永吉魁木匠铺""赵木匠铺"⑨；染坊有"染房""德聚兴染坊"⑩；肉铺有"辛文肉铺""德盛肉铺"⑪；筛子铺有"王筛子铺""筛子铺"⑫；铜、铁、炉、锅铺有"王铜铺""张铁炉""德和炉""尚

---

① 呼和浩特塞北文化研究会、云广藏：《清代至民国时期归化城土默特土地契约》（第4册中），呼和浩特：内蒙古大学出版社，2012年，第164—165、212—214页。
② 呼和浩特塞北文化研究会、云广藏：《清代至民国时期归化城土默特土地契约》（第4册上），呼和浩特：内蒙古大学出版社，2012年，第201—202、298页；呼和浩特塞北文化研究会、云广藏：《清代至民国时期归化城土默特土地契约》（第4册中），呼和浩特：内蒙古大学出版社，2012年，第64页。
③ 呼和浩特塞北文化研究会、云广藏：《清代至民国时期归化城土默特土地契约》（第4册上），呼和浩特：内蒙古大学出版社，2012年，第171—172、186、335—336页。
④ 呼和浩特塞北文化研究会、云广藏：《清代至民国时期归化城土默特土地契约》（第4册中），呼和浩特：内蒙古大学出版社，2012年，第18—19、119—120、281—282、382—384页。
⑤ 呼和浩特塞北文化研究会、云广藏：《清代至民国时期归化城土默特土地契约》（第4册上），呼和浩特：内蒙古大学出版社，2012年，第18—19、231—232页。
⑥ 呼和浩特塞北文化研究会、云广藏：《清代至民国时期归化城土默特土地契约》（第4册上），呼和浩特：内蒙古大学出版社，2012年，第279—280、18—19、37—38页。
⑦ 呼和浩特塞北文化研究会、云广藏：《清代至民国时期归化城土默特土地契约》（第4册上），呼和浩特：内蒙古大学出版社，2012年，第25—26页；呼和浩特塞北文化研究会、云广藏：《清代至民国时期归化城土默特土地契约》（第4册中），呼和浩特：内蒙古大学出版社，2012年，第115—116、140页。
⑧ 呼和浩特塞北文化研究会、云广藏：《清代至民国时期归化城土默特土地契约》（第4册上），第78—79、169页；呼和浩特塞北文化研究会、云广藏：《清代至民国时期归化城土默特土地契约》（第4册中），呼和浩特：内蒙古大学出版社，2012年，第126—127页。该商号开设碾坊、面铺。
⑨ 呼和浩特塞北文化研究会、云广藏：《清代至民国时期归化城土默特土地契约》（第4册上），呼和浩特：内蒙古大学出版社，2012年，第45、293—294页。
⑩ 呼和浩特塞北文化研究会、云广藏：《清代至民国时期归化城土默特土地契约》（第4册中），呼和浩特：内蒙古大学出版社，2012年，第31—32、307—308页。
⑪ 呼和浩特塞北文化研究会、云广藏：《清代至民国时期归化城土默特土地契约》（第4册上）第272页；（第4册中），呼和浩特：内蒙古大学出版社，2012年，第81—82、351—352、397—399页。
⑫ 呼和浩特塞北文化研究会、云广藏：《清代至民国时期归化城土默特土地契约》（第4册中），呼和浩特：内蒙古大学出版社，2012年，第64、96页。

铁炉"①；香房有"张香房""永香馆"②；鞋、靴铺有"和合靴铺""靴铺""隆昌号靴铺""钉鞋小铺""郝鞋铺""珍隆靴铺"③；烟铺有"复兴烟铺""和义昌烟铺"④；毡房有"恒聚泉毡房""永盛毡房"⑤；此外还有"锦荣篓铺""剃头铺""花匠铺""画匠铺"⑥"新万镒隆蜡铺""涌源茂货铺""郭菜铺""袁兴栈房""永丰当铺""义和砖窑"等。⑦ 包头的商号则有："张肉铺""高肉铺"，是以姓氏作为名号卖肉的肉铺；"洪泰炉"是制作火炉的手工作坊；"吕酒馆"是吕姓人家制作酒兼卖酒的店铺；"高面铺"是高姓卖面粉的商铺；"马粉房"可能是马姓卖粉条的作坊；"三成马店"是骡马店。"惠和药房"是买药的药房；"崔草铺"可能崔姓买卖草的商铺。⑧ 据《清代至民国时期归化城土默特土地契约》所载已知从事具体行业的商铺可知，归化城和包头地区的商号从业范围是多种多样的，这亦可推知归化城土默特地区的商贸业是非常繁荣的。

清代归化城众多的商铺或商号结成行社，故有"清初归化城商贾有十二行"⑨ 之称。据《古丰识略》卷21《地部·赛社》载有归化城各社每年的赛社活动（见上文），其所载归化城社有："安静社、宝丰社、边宁社、车店行社、成衣社、诚敬社、诚意社、崇

---

① 呼和浩特塞北文化研究会、云广藏：《清代至民国时期归化城土默特土地契约》（第4册上），第364—365、390—391页；呼和浩特塞北文化研究会、云广藏：《清代至民国时期归化城土默特土地契约》（第4册中）呼和浩特：内蒙古大学出版社，2012年，第81—82、353—354页。

② 呼和浩特塞北文化研究会、云广藏：《清代至民国时期归化城土默特土地契约》（第4册上），第304—306页；呼和浩特塞北文化研究会、云广藏：《清代至民国时期归化城土默特土地契约》（第4册中），呼和浩特：内蒙古大学出版社，2012年，第17—18页。

③ 呼和浩特塞北文化研究会、云广藏：《清代至民国时期归化城土默特土地契约》（第4册上），第48、130、226、365—366、437—438页；呼和浩特塞北文化研究会、云广藏：《清代至民国时期归化城土默特土地契约》（第4册中）呼和浩特：内蒙古大学出版社，2012年，第99—100页。

④ 呼和浩特塞北文化研究会、云广藏：《清代至民国时期归化城土默特土地契约》（第4册上），第90—93页；呼和浩特塞北文化研究会、云广藏：《清代至民国时期归化城土默特土地契约》（第4册中）呼和浩特：内蒙古大学出版社，2012年，第197—198页。

⑤ 呼和浩特塞北文化研究会、云广藏：《清代至民国时期归化城土默特土地契约》（第4册上），第256—257页；呼和浩特塞北文化研究会、云广藏：《清代至民国时期归化城土默特土地契约》（第4册中）呼和浩特：内蒙古大学出版社，2012年，第113—114、218—219页。

⑥ 呼和浩特塞北文化研究会、云广藏：《清代至民国时期归化城土默特土地契约》（第4册上），呼和浩特：内蒙古大学出版社，2012年，第98、115—116、425—426、431页。

⑦ 呼和浩特塞北文化研究会、云广藏：《清代至民国时期归化城土默特土地契约》（第4册中），呼和浩特：内蒙古大学出版社，2012年，4B、第50、83—84、96、114—115、79—80、190—193页。

⑧ 内蒙古大学图书馆藏、晓克藏：《清代至民国时期归化城土默特土地契约》（第1册），呼和浩特：内蒙古大学出版社，2011年，第193—194、322—323、193—194、201—203、351—352页；内蒙古大学图书馆藏、晓克藏：《清代至民国时期归化城土默特土地契约》（第2册），呼和浩特：内蒙古大学出版社，2011年，第45—46、110—111页。

⑨ 绥远通志馆：《绥远通志稿》卷36《金融》（第46册），内蒙古自治区图书馆藏（稿本），第1页。

德保安社、崇福社、醇厚社、代州社、单刀社、德先社、德义社、定福社、定襄社、汾孝社、福虎社、福隆羊社、福庆驼社、福盛社、福兴牛社、福兴羊社、盖城社、公义社、崞县社、合义社、河神庙鬼君社、恒云社、集锦社、集义社、交城社、介休社、金龙社、金炉社、晋阳社、京都社、净发社、聚锦社、聚仙社、良缘社、灵佑社、六合社、鲁班社、骡店行社、马王社、蒙古社、宁武社、农民社、农圃社、平安灯社、平安社、平安义社、平义社、祁县社、青龙社、荣丰社、三官社、三义社、上党社、生皮社、圣母社、十二行社、寿阳社、太谷社、太平社、太阳社、太原社、通顺社、威镇社、蔚州社、瘟神社、文水社、吴真社、仙翁社、咸宁社、忻州社、兴旺社、义合社、义和社、义仙社、意诚社、意和社、银炉社、应浑社、盂兰社、盂县社、榆次社、云中社、鄭侯社、毡毯社、真庆社、纸房社、纸匠公义社、忠义社"①。从其所载各社的数量来看，归化城的商业贸易是非常繁荣的，这些行社组织，有的是以地区为主结合而成的，有的则是以行业为主结合而成的。

据《支那别省全志》第17卷《山西省》第9编《商业机关》第14章《归化城の商业机关》记载归化城的商人大多来自山西、直隶，他们结成十五社、社外九社、八大庄口、四大店口、三大号口、家鞑子行为主的商贸业。② 显然《古丰识略》所载归化城社的数量要远远超过《支那别省全志》的记载。在《归化城の商业机关》中，所载"十五社"分别为：醇厚社（巨生泰、聚生厚、聚生泰、聚兴庆、天顺泰、万顺恒、永顺恒等20余户）、聚锦社（德和店、德兴店、东升店、东泰店、会丰店、奎隆店、天荣店、通顺店、西盛店、义万盛店、源巨昌店等50余户）、青龙社（万盛六、丰盛魁、长泰涌等20户）、福虎社（约40户）、宝丰社、集义社（奥盛正、三义兴、泰和德、永德魁等十数户）、威镇社（春泉泰、德和勇、恒巨涌、中泰恒等数家）、聚仙社（广和元、四盛元、永馨馆等17户）、仙翁社（17户）、兴隆社、毡毯社（晋丰永、天元成、中元永等约十数户）、衡义社③（谦益长、庆兴泰、泰兴玉、天盛玉等十数家）、集锦社、当行社（德永当、复源当、谦和当、日盛当、天盛当、义源当等）、马店社（30户）等。④ 其所载"外九社"为：铁行社（福盛隆、恒裕昌、恒裕丰等十数户）福兴社（天盛长、万盛义、文合公、兴盛公等）福庆社（天元德、协盛玉、元盛泰等十数家）生皮社（兴隆、

---

① 《古丰识略》卷21《地赛社》，中国边疆史志集成（第27册），北京：全国图书馆文献缩微复制中心。第194—198页。绥远通志馆：《绥远通志稿》第12册（附册）《归绥识略》，呼和浩特：内蒙古人民出版社，2007年，第128—133页。
② 东亚同文会：《支那别省全志》第17卷《山西省》，1898年，第737页。
③ 衡义社中的细皮行又组成荣丰社。
④ 东亚同文会：《支那别省全志》第17卷《山西省》，1898年，第737—741页。

玉龙义等十数户）金炉社（泉德炉、天元炉等20户）染坊（永吉昌、永昌义、永泉义等）蜡行社（宝义、大元昌、万义永等20余户）药行社（永合堂、广泰和、广兴泰等十数户）煤炭行社（万义店、公义店、元盛店等二十余户）等。① 其所载"社外各行"分别为：山货行（德合明、万成德、永成泉等十户）银匠行（福兴永、三合义、万福兴等10余户）杂营行及杂营摊、西营驼户等。② 其所载八大庄，主要有茶、布、票、羊、京货、府、谷口：茶庄（大德常、大德诚、锦丰泰、巨贞义、三玉川、天聚和、兴隆义、元盛川等）、布庄（德隆元、复合成、聚恒昌、谦恒泰、通顺成、通顺长等十余户）、票庄（锦生润、盛川、太德玉、长元太等12家）、羊店（属福兴社）、京货店（玉丰厚、协和泰记、广义成等十数户）、府庄（德润泰、广义兴、双义荣等）、谷庄、口庄（公和益、汉昌玉景兴祐、永盛和）等。③ 归化城等四大店口则市指聚锦社的："通顺、长泰、东升、奎隆"四家货店；三大号口则是指聚锦社的"大盛魁、天义德、元盛德"三家商店；家靴子行则为蒙古各地商人载归化城商铺结成的商业组织。④《支那别省全志》第17卷《山西省》第9编《商业机关》第15章《包头镇の商业机关》对包头的粮店（德生玉店、广生店、巨川汇、庆生泰、通和店、义生诚店、义泰店、永和诚店等24户）、货店（德义公、德源成、广恒西、广义公、广义恒、广义盛、恒义德、集义公、三元和、义成店、义同厚、长盛公等）⑤ 进行了叙述。在《支那别省全志》第17卷《山西省》第10编《金融货币及度量衡》第46章《归化城の金融机关》载有归化城钱铺及票号，钱铺为瑞生庆谦益永、大成兴、恒升昌、义生德、恒吉昌、大丰玉、双兴厚、法中庸、隆盛厚、太和昌、大厚玉、谦益恒、德生昌、大甡玉、万昌咏、裕盛厚、双盛成、长盛馨、达泉同、永和号、天亨玉、义太祥、德太和、元言太、复泉茂、隆昌玉、协和成、大德咏；银号为兴盛号、元成生、永兴号、吉泉长、升恒义、葛盛永、恒和祥、德成兴、德成号。⑥ 在第10编《金融货币及度量衡》第47章《包头镇金融及货币》中载有包头镇的钱铺、银号和当铺，钱铺有复巨恒、公和源、复盛西、公和泰、广义和、广顺长、广顺恒、聚兴亨、兴顺恒、德厚源、复兴隆、于和成；银号有西盛公、德兴号、广兴亨、中孚号、广义和；当铺有：复盛西、复西公、复盛全等。⑦

---

① 东亚同文会：《支那别省全志》第17卷《山西省》，1898年，第742—744页。
② 东亚同文会：《支那别省全志》第17卷《山西省》，1898年，第744—745页。
③ 东亚同文会：《支那别省全志》第17卷《山西省》，1898年，第745—746页。
④ 东亚同文会：《支那别省全志》第17卷《山西省》，1898年，第746—747页。
⑤ 东亚同文会：《支那别省全志》第17卷《山西省》，1898年，第749—750页。
⑥ 东亚同文会：《支那别省全志》第17卷《山西省》，1898年，第885—886页。
⑦ 东亚同文会：《支那别省全志》第17卷《山西省》，1898年，第889—890页。

在归化城土默特地区，仅归化城及包头镇就有如此众多的商号从事商品贸易活动，由此可见归化城土默特地区商品贸易的繁盛情形。这些商号所结成的十五社、社外九社、八大庄口、四大店口、三大号口、家驮子行等都有自己的经营范围，而大多是同一地区的人经营同一行业。如山西人经营商号所结成的醇厚社，经营洋货铺、估衣铺生意；山西商人经营商号结成的聚锦社，经营货店、粮店和客栈生意；祁县、榆次商人经营商号结成的青龙社，经营面粉及纸张生意；归化城本地人经营商号结成的集义社，主要经营皮靴铺生意；忻州人经营商号结成的衡义社，主要经营生皮、鞣皮和皮革贩卖生意；太原和本地人经营商号所结成的当行社，主要经营质典生意；茶庄则主要是由天津和太原人经营的贩运茶叶生意；府庄则是山东东昌府人经营的杂货铺；口庄则是张家口人经营的杂货铺。集锦社和兴隆社是从事蒙区和西北边疆贸易的行商组织；仙翁社和聚仙社分别经营餐馆和茶馆；票庄则经营票号；布庄从事棉布批发；马店社是骡马行的同业组织，福兴社和福庆社则分别为从事牛羊和骆驼买卖的牙商组织。① 各商社所属商号多寡不一，多的有五六十家，少的也有十余家。

从事某一行业的商号，亦集中在一定的区域，形成规模连片经营。据《绥远通志稿》卷17《城市》载：

> 大南街既为全市之主干，又为商业繁盛之中心。昔年繁盛地段，北自大十字街，南至小十字街为止。……其营牲畜皮毛各商，多在市之北部太平街一带；粮商多在市之南部南柴火市一带；钱商以南街之头、二道巷为多。此外商业较多之区，大南街而外，其次为大西街、小东街、东西五十家街、大召前街、牛桥街。其他街巷又其次者也。而大召前、羊岗子两处，昔为南北两市场，百物杂陈，乡民购物，恒聚于此，间多摊商，售各种玩具、古物，亦有临时杂技，故有人每涉足焉。北门内西偏，旧为仓廒院。②

（二）金融业

在归化城土默特地区，钱号、票号在商品交易中发挥着重要的作用，在上述众多的商社中，宝丰社各钱号、票号组成的行社，是重要的商社之一，据《绥远通志稿》卷38《金融》载：

> 清初归化城商贾有十二行，相传为都统丹津由山西北京招致而来。成立市面，商业始有萌芽。惟时汉蒙错处，交易多以货易货懋迁有无，银钱仅搭用而已。乾嘉以

---

① 东亚同文会：《支那别省全志》第17卷《山西省》，1898年，第737—746页。
② 绥远通志馆：《绥远通志稿》，内蒙古自治区图书馆藏（稿本）（第21册），第10—11页。

后，北路藩商营业日畅，交易纯以银为本位，钱为辅币。同光之交，西路亦通，于是西北两路每年外货输入价值在二千万两以上。其时市面现银现钱充实流通，不穷于用。银钱两业遂占全市之重心。而操奇计赢，总握其权，为百业周转之枢纽者，厥为宝丰社。社之组设，起于何时，今无考。然宝丰社在有清一代，始终为商业金融总汇，其能调剂各行商而运用不穷者，在现款凭帖而外，大宗过付，有拨兑之一法。此则为本省以往金融之特色。而为内地之所无者也。拨兑之设，殆在商务繁盛之初，兼以地居边塞之故，交易虽大，而现银缺少，为事实之救济及便利计，乃由各商转账，籍资周转。历年既久，遂成金融不易之规，且代货币而居重要地位。[①]

据此可知"宝丰社"在归化城商业贸易中占有十分重要的地位，这个论述同阿·马·波兹德涅耶夫《蒙古及蒙古人》第3章《归化城》的论述大致是相同的："因为这里有许多家银号，支付货款比较方便。换句话说，现在原料是在包头或克克伊尔根（武川）买卖，而货款则在归化城结算。"而《支那别省全志》所载归化城及包头镇钱号、票号等亦在一定程度上说明金融业在归化城占有十分重要的地位，而宝丰社则是各钱号、票号结成的行社，由此亦说明宝丰社在归化城商品交易中占有十分重要的地位。

宝丰社不仅在归化城商品交易中占有十分重要的地位，同时其还有稳定本地钱市的作用。早在咸丰元年（1851）整顿钱法之时，宝丰社就要同其他十一社通融调拨现钱（见上文），但是归化城土默特地区，钱法紊乱。在商人逐利的前提下，咸丰元年（1851）整顿钱法并没有取得良好效果。因此在咸丰元年（1851）之后，归化城土默特不断进行钱法整顿。

《绥远通志稿》卷38《金融》载：

> 归化城买卖之患，在乎钱行之窃利，而钱商之窃利，由钱法之无定章。自光绪六年，前任山西巡抚曾批定五五抵百，历任道厅，皆假因时制宜为词，不肯实力奉行。……去年冬令，钱底愈乱，银价有名无实，钱数则需多济寡。街市不通，兵民交困。所以本将军札饬前署归厅德生，认真整理。……续经本将军传问十四社，皆据票复，独宝丰社不遵。……从此明定章程，饬令晓示各行商永远遵行，不准再有紊乱。……此勒石三贤庙，俾尔永远奉行。特示。此光绪十七年事也。然不久，钱价由迭次低落，……自二十五年春，官厅严行禁绝，价以二五抵百，不准掺用私钱。复以银钱两利相悬。规定各以四厘为率，使两利相等，不得高抬低落，仍在归厅署前，勒石以示永遵。讫光绪末，……迭经官厅整顿，未收实效，其后通常周使。钱底大则夹

---

① 绥远通志馆：《绥远通志稿》卷38《金融》，内蒙古自治区图书馆藏（稿本）（第46册），第1—2页。

私钱,钱底小则纯为大钱,其价为二十或一八抵百,清末民初未之改也。又掺使砂钱,在光绪十四年间,已严禁一次,并经过十五社,外十五社、乡耆,三元成算,在三贤庙乡耆办公所内,公立严禁砂钱碑记。原文略谓:夫制钱之内掺使砂钱,本干例禁,近年归城间行掺使,迄今愈行愈广,蒙道宪安府生炳出示严禁,并会乡耆等酌量改除后,公议存砂钱者,到三贤庙换取制钱,斤两相抵,永绝后患。如再有不法之徒,仍蹈故辙,禀官究治,绝不宽恕。恐年远无据,将砂钱毁铸铜碑,俾阖邑周知,以昭儆戒而资永遵云。乃经时未久,碑戒犹存。至光绪二十年后,又复遍地流行。弊之难革如是。……其中银钱商人,以山西祁、太帮为最,忻帮次之,代帮及同帮又次之。故其一切组织,亦仿内地习惯办理。由各钱商□合行社名为宝丰社。社内执事号称总领,各钱商轮流担任。为交易便利计,故有钱市之设,按市面之需要,定银分及汇水之价格。①

由于本地银两较少,因此该地区流行"谱银"。"谱银"的作用类似货币,但并非是实质货币,仅以货物作为后盾的单纯信贷,如果没有货物作为抵备,则钱行不予转账。归化城各商之间交易,通常通过钱行拨帐"谱银",用以周转。除了"谱银"之外,还有"拨兑行使情状",此与"谱银"类似,但是仅能代表制钱。"谱银"和"拨兑行使情状"在归化城市面上统称之为"城市钱"。钱行及各商号均可发行号帖,代替银钱,用以周转。钱行和粮行的凭帖,被视为现款,具有一定的储蓄功能。号帖有两种,一种是商号开出的本商号的凭帖,代表商号的信誉,见帖即付,拨帐现款均可。一种是附帖,这是由甲号开出至乙号代付的凭帖,此凭帖的信用较低,有时乙号不存甲号之款,可以拒绝支付。一般来讲,归化城土默特地区的商品交易,大多用拨兑和号帖,现钱仅作为找搭之用。② 因此各商号收使银钱,必须经过钱行为之过帐,否则无从周转。故宝丰社作为钱行的行社,在归化城商品交易中占有十分重要的地位。《绥远通志稿》卷38《金融》载:

> 在昔钱行操纵其间,固有鱼肉各商之弊,而缓急可资,亦大有辅翌各商之力,故宝丰社之于市面,其利害盖参半焉。如各项商业货欲多购存货品,或欲多贪放账款,有钱行以称贷之,则营业顺遂,利不后时,至于行商大贾,西北路每年输出输入之货数达钜万,春出冬还,以银办货,以货易银,往返过付,更非钱行不办。故宝丰社者,乃昔日金融之总汇,行商坐贾皆与之有密切关系,而不可须臾离者也。平日行市

---

① 绥远通志馆:《绥远通志稿》,内蒙古自治区图书馆藏(稿本)(第46册),第4—6页。
② 参考绥远通志馆:《绥远通志稿》,内蒙古自治区图书馆藏(稿本)(第46册),第6—7页。

松紧，各商毫无把握，遇有银价涨落，宝丰社具有独霸行情之权。①

"谱银"与"拨兑行情状"虽然代替银钱用以周转，但是两者还是有一定的区别。"拨兑钱"其性质为永远周转，并不兑现。"谱银"则有周转、兑现的区别。用于拨兑不兑现的谱银称之为"客兑银"。而用以兑现的则是"谱拨现银"，为期一个月即须兑现，又称之为"点个现银"。在标期、骡期（见上文）各商行收项、付项均归入钱行，由各钱行互相拨兑，期限为三日。每期下月的第一日过拨钱项，第二日过拨银项，第三日则是各钱商在设所集会，会同总领进行总核对，称为"订卯"。《绥远通志稿》卷38《金融》载：

> 盖订卯者，所以责谱拨之实也，且必须每月责实一次，所以慎防外腴内空之弊。……故在订卯制钱，收付银钱各项，均须切实抵备，保持信用。又订卯时，互对账目，或发现宗项错误，或虽经过帐，空无指项，则付出之款，仍可收回，不生效力，俗谓之回帐。其应回帐之款，虽在过拨时，辗转数号，甚或延期数年，亦可根据各号账目，递予回销。此以拨兑钱市特有之办法。亦唯拨兑银钱，始能行此办法也。如为回拨之项，则不能回帐。此外亦银登账粗疏，经时已久，不易寻得根蒂者，亦不能回帐。惟其损失，须由登账粗疏之家负担。又订卯日，彼此过付钱项，以十吊为起码，银项以十两为起码，十吊十两以下，暂不过付，以订卯为期一日，避烦琐也。其最后清结，有延期至十余年者，虽暂不清结，然积年盈亏，本利各得彻底清算，逐年递推，俗谓蛇蜕皮法。而银项则至标期，必须清结一次，以钱虚银实，交易结算故也。各行商家，平日在钱行开付钱银，如有欠项，月底清偿，则免加息。一逾此限，拖至下月，即须付息。此为各商与钱行往来通例。如届标骡之期，本号收项不敷开付，须向钱行称贷银项，其利较重。临时另议加头，不按规定银利之分数，此种利息，名曰满加。商家、住户在钱行所存银钱，谓之浮事，酌给月息，然与银利相较，则银利重而钱利轻，自昔为地面大弊。迭经官厅整顿，日久玩生，终难得其平衡。存户以信托钱行，故月息虽小，在所不较，借户以急于用款，故月利虽大，不暇顾及。是以银钱利不平均之弊，在事实上为难除焉。归包两处行商坐贾，相辅而行，商贩运货物至大青山后诸部落及新疆一代出售，易得金银、牲畜、皮毛、药材等以归。当时有后山营路与西北营路各生意。其贸易于乌里雅苏台一带者为前营，贸易于科布多一带者为后营，贸易于毕雅尔、伊犁、新疆古城子、红庙子等处者为西营。凡经商于诸营路者，路途遥远，携带多金不便，皆向票庄汇兑。而票号之设最晚，盖始于清之季年。前此营业往来，纯为以货易货，自有票号，银项始能调动。票商之来绥也，初仅

---

① 绥远通志馆：《绥远通志稿》，内蒙古自治区图书馆藏（稿本）（第46册），第8页。

有祁县帮之大盛川、存义公、合盛元,太谷帮之锦生润,京都之蔚丰厚诸号。光绪十三年,茶庄大德兴鉴于票号生意发达,遂亦改营此业,更名曰大德通、大德恒。彼时银行未兴,往来款项概经票号之手,汇兑频繁,分号林立,光宣两代,实为极盛时期。尤以大德通、合盛元、存义公为最,票号增至十三家,盖行商坐贾急贷其资以为子母钱。自光绪二十九年后,兴办垦务,凡行辕所收地价、押荒款项及垦务公司垫款,解部各款,亦皆归其汇兑。故其营业日见充盈。藩商钜贾,欲存贷则有钱行资其垫办,欲调款,则有票号赖以汇通,当年金融活动情况可见矣。①

除钱号、票号外,当铺亦是归化城土默特地区重要的机构。上述行社商号中即有从事典当行业的商号,如天成当、大裕当,包头的复盛西、复西公、复盛全等。当然在归化城其他各厅亦有当铺从事经营活动,如萨拉齐到民国时期还有四家当铺存在。②据《土默特志》统计,早在乾隆四年(1739),归化城就有大当铺两个,小当铺七十个,其后当铺逐年增加,到嘉庆十八年(1813),归化城地区有当铺222座,全年当课税银即达1332两。③据清政府对当课税的规定:"征收归化城地方当铺税银,大当每年税银各十二两,小当每年各六两"④,在光绪二十九年(1903)的当课税银竟达六千余两⑤,可知归化城土默特地区的当铺数量是十分庞大的。

典当业是以抵押贷款为主要业务的高利贷金融组织。而向当铺借款的则主要是各族贫苦农牧民、小商贩、小手工业者。据《土默特志》载:

> 抵押的期限(即满当期)本地区各地有所不同,有几个月的,有1年的、1年半的、2年的,最长可长达3年。抵押借款的利润按月计算,月利一般为3分,也有2分5厘或2分的。借1天也按1个月计算利息,还有"过三不过四"或"过三不过五"的规定。即满一个月零三天,仍按一个月计利,如超过4天或5天,就按两个月计利。在典当时,一般只给典当物所值市价的一半,俗称"值十当五",有时低到典当物价值市价的30%或20%。在开票时还有写上"油、糟、坏、烂"等字样,以防

---

① 绥远通志馆:《绥远通志稿》卷38《金融》,内蒙古自治区图书馆藏(稿本)(第46册),第10—12页。
② 绥远通志馆:《绥远通志稿》卷49下《商业》(第58册),内蒙古自治区图书馆藏(稿本),第1页。
③ 土默特左旗《土默特志》编纂委员会:《土默特志》(上),呼和浩特:内蒙古人民出版社,1997年,第595页。
④ 土默特左旗《土默特志》编纂委员会:《土默特志》(上),呼和浩特:内蒙古人民出版社,1997年,第595页。
⑤ 土默特左旗《土默特志》编纂委员会:《土默特志》(上),呼和浩特:内蒙古人民出版社,1997年,第596页。

回赎物件时发生纠纷对当商不利,本来一件很好的皮袄或皮张,当票上却要写成"虫吃鼠咬、光板无毛",有的当票上干脆印着"倘有天灾人祸,虫伤鼠咬,各安天命,过期不赎,听凭变卖作本"等文字,而且这些字大都是专业用字,一般人也是无法认识的。当物过期不赎,就称"老号",当铺则可下架拍卖处理。①

当铺在某种程度上还具有官当的性质。归化城各厅当铺负有替政府放贷的职能,即政府把一部分税银发放给当铺,当铺将这些税银替政府生息。这是政府的一项重要的财政收入,一些重要的开支均从发商生息银两中支付。如《土默特志》卷7《政典考》载:

> 驼价生息备办差务:驼五百只,每只变价银二十两,共银一万两。由归绥道交当铺商民,每两每月生息一分,按四季交副都统衙门备办。②

在归化城副都统衙门档案中,即载有发商生息的记载。如光绪十九年(1893)三月,绥远城将军《移咨将粮饷厅库存六成押荒银项全数解交土默特旗库》中载有:"萨拉齐厅原解土默特六成地押荒银二万七百九十三两三钱六厘,系解市平,较库平每百两短银一两,当经蒙将军批令,将前项押荒短平银两,由下剩余存库平租耗银三千余两,拨出银两补足,库平与租耗一律发商。自光绪十八年(1892)正月初一日起,按月一分生息等因。饬绥远城粮饷同知在库存土默特六成官地押荒并租耗内提动库平银三万两,檄委分往解送归、萨、丰、宁、托等五厅,散给各当商等承领等情。"③ 该件档案所载,将土默特六成官地押荒银,按月一分生息,发给归、萨、丰、宁、托五厅的当商生息。归化城副都统衙门档案中亦有各当商承领生息银两书册,据光绪二十二年(1896)十二月十五日,归化城同知《呈送详领土默特六成地租转发各当商分领生息书册》载:"一详领饬发土默特六成地租银转发各档商分领生息,由调署归化城抚民同知、朔州知州为遵照□□银两事,窃卑厅详领饬发土默特六成地租银转发各当商分领生息缘由。除备册不录外。……归所详解请领饬发土默特六成地租银三千五百两转发各当商分领银两……依奉领到饬发土默特六成地租生息印三千五百两,不致冒领所具印领是实。"④

据此,可知此次归化城同知领到白银三千五百两,需转发各当商生息,但是发商生

---

① 土默特左旗《土默特志》编纂委员会:《土默特志》(上),呼和浩特:内蒙古人民出版社,1997年,第313页。
② 清光绪年间刊本影印:《土默特志》卷7《政典考》,台北:成文出版有限公司,1968年,第128页。
③ 土默特左旗档案馆藏:归化城副都统衙门档案,绥远城将军《移咨将粮饷厅库存六成押荒银项全数解交土默特旗库》,档案号:80—6—2688。
④ 土默特左旗档案馆藏:归化城副都统衙门档案,归化城同知《呈送详领土默特六成地租转发各当商分领生息书册》,档案号:80—6—803。

息银在某种程度上还有强行摊派的意味。据光绪二十四年（1898）二月二十二日，丰镇同知《咨领土默特六成地租押荒生息本银》载："奉文后即饬该当商德锦荣、万中源等承领，惟该当商等均以近来生意萧索，不能开销，且发生息银两甚多，实难再领，忽请免领具禀前来，卑厅以生息银两，既已奉发，万不能推却反复开导，始据该当商等均愿具领，……奉发土默特六成地租库平银三千五百两，已发厅属当商德锦荣等三十七家分领营运，每家分领本银九十四两五钱九分五厘，共领本银三千五百两，遵饬自光绪二十三年（1897）正月初一日起按月一分生息，按季由商亲解，嗣后如有亏短，该商等情愿公赔，不致扶捏印结是实。……具互保甘结……嗣后如有一户亏短，各商情愿公赔，互保甘结是实。"① 当商以"生意萧索，不能开销，且发生息银两甚多"为缘由，拒绝承领发商生息银两。因此丰镇同知以"以生息银两，既已奉发，万不能推却，反复开导，始据该当商等均愿具领。"这里所说的"开导"，恐怕是官面文章，难免不会有威逼利诱在其中。在官府威逼利诱之下，丰镇厅各当商才愿意承领生息本银，且签署互保甘结。除丰镇厅出现不愿意承领生息本银外，其他各厅亦有当商不愿意承领生息本银的记载，如"归化城当商原领息款已多，营运非易，恐致亏短，嗣后再有息款，请改发别处，或发别商承领等情"②，鉴于此，又将生息银两转发"道复查归化城商行内十五社，除内有八小社难以发给生息外，其余七大社均系资本尚厚，可以发给生息，至行外各店口，现有四十余家，多系票号、借贷、茶庄、布庄，尤属殷实字号，更可发给生息，应请嗣后续发土默特地租生息一款，以四成发给行内七大社承领生息，以六成发给行外各庄口承领生息。惟生息一项，当商尚不愿承领，各行更有可推辞，应请明定章程，出示晓谕，嗣后发交生息，不致临时互相推诿等因"③。据此可知，归化城的生息银，是政府一项重要的财政收入。但是，发商生息银两随着清末社会大动荡，各商号越来越难以营运下去，出现各商号不愿承领和不承领的境况。鉴于此，清政府只好强行摊派。因此在某种程度上发商生息银具有强行摊派、勒索的一面。

（三）归化城的商业贸易

归化城的旅蒙商大多来自山西、河北等地。这些旅蒙商在归化城设有商号，将从内

---

① 土默特左旗档案馆藏：归化城副都统衙门档案，丰镇同知《咨领土默特六成地租押荒生息本银》，档案号：80—6—809。
② 土默特左旗档案馆藏：归化城副都统衙门档案，萨拉齐同知《咨送请领土默特六成地租息银清册》，档案号：80—6—826。
③ 土默特左旗档案馆藏：归化城副都统衙门档案，萨拉齐同知《咨送请领土默特六成地租息银清册》，档案号：80—6—826。

地收购的布匹、绸缎、砖茶、铁器等物品在归化城汇集,然后再由归化城贩运到库伦、喀尔喀、巴里坤、乌里雅苏台,进而贩运到俄罗斯等地。返回归化城时,将皮毛、牲畜、木材、药材等物品带回归化城,然后由归化城贩运到内地。由于旅蒙商是由随军服务贸易的商队发展而来的,因此他们同清政府有着千丝万缕的关系,具有一定的官商性质。在此情况下,他们逐渐取得了在库伦、科布多、巴里坤、喀尔喀、乌里雅苏台等地经商特权。而归化城是中原内地与塞外蒙古地区交通枢纽,旅蒙商人控制归化城地区的商品贸易,进而控制和垄断了中原内地与塞外蒙古地区商品交易。

自明末,归化城就已经成为中原与蒙古牲畜交易的重要市场,入清以后,出于军事上的需要,清政府亦经常在归化城土默特地区采购军马和骆驼。这就进一步刺激了归化城地区的牲畜贸易的发展,而牲畜交易又带动了金融、批发、贩运、皮毛加工、粮食、餐饮旅店等业的发展。归化城作为重要的货物转运枢纽,从而发展成为重要的商业城市。

1. 牲畜交易

归化城是漠南重要的牲畜交易市场。阿·马·波兹德涅耶夫《蒙古及蒙古人》第 3 章《归化城》、第 4 章《从归化城经张家口至承德府》中写道:归化城的商人从蒙古等地换回骆驼、马、牛、羊等牲畜在归化城出售,然后从归化城运输到中原各地。其中北京的夏盛和、夏和义、天和德及三和成,每年从归化城赶走不下 50 万只羊。清末,而由于包头、克克伊尔根(武川)的兴起,归化城牲畜交易数量锐减,但货款结算却在归化城进行,到归化城售卖的牲畜有牲口贩子在蒙古收购赶到归化城出售,全年都有,数量比较少。大批牲畜则来自土谢图汗部、四子王旗、阿拉善旗蒙古人赶来的。①

古伯察曾于道光二十四年九月(1844)在归化城逗留,他在《鞑靼西藏旅行记》第 1 卷第 5 章中,对归化城的商业进行了描述:

> 青城的商业贸易规模很大,……蒙古人把大群的牛、马、羊和骆驼赶到那里,……青城特别以其大宗的骆驼交易而著名。城中主要街道都通向一个辽阔场地是要出售骆驼的汇集地。从这块场地的一端延续到另一端的驴背形高台阶使这一市场酷似其中开了巨大犁沟的耕田。所有的骆驼都排成行,一头挨一头地拴起来,安排的如此巧妙,使它的前蹄正好踏在这些高台阶的上部。这样的一种姿态突出了和在某种意义上加大了这些本来就个头庞大的牲畜。……骆驼交易始终通过经纪人而成交。卖主和买客从来不会共同在一起商议。他们选择一些与出售无关的人,他们提价、讨论和确定价格。其中一人维护卖主的利益。这些"买卖说和人"再无其他职业,他们

---

① 阿·马·波兹德涅耶夫著,张梦玲等译:《蒙古及蒙古人》(第 2 卷),呼和浩特:内蒙古人民出版社,1983 年,第 98—102 页。

从一个集市赶到另一个集市而追踪交易,正如他们所说的那样,他们一般都懂得牲畜的情况,灵牙利口,特别是具有能经住一切考验的诡诈。……一旦当涉及价格问题时,舌头便不再发挥功效了,而仅仅是用手势来讲话,互相拉手,在他们服装长而宽的袖筒中以其手指来表示商品价格的高低。①

他的描述同阿·马·波兹德涅耶夫描述,相差不大。但是古伯察所描述的则更多的带有一种偏见(参见《鞑靼西藏旅行记》第4章、第5章)。

《绥远通志稿》卷49上《商业》中载运回的货物则以"绒毛、皮张各项、牲畜为主"②,在运回归化城的货物中,牲畜应是最主要的,归化城每年销往京帮的口羊就达"二十余万"③。据此可知,归化城的皮毛、牲畜交易量是非常大的。据相关记载,归化城设有专门的牲畜交易市场。归化城牲畜交易市场通称为"桥",以牲畜交易品种分为"马桥""羊桥""牛桥""驼桥"四种。据《古丰识略》卷18《地部·市集》载:

> 归化城牲畜交易约有数处,其马市在绥远城,曰马桥;驼市在副都统署前,曰驼桥;牛市在城北门外,曰牛桥;羊市在北茶坊,曰羊桥。④

旅蒙商人通过物物交换的形式,从蒙古等地换回大批的马、牛、羊等牲畜,同时漠北、漠西的蒙古人亦驱赶牲畜去归化城交易。阿·马·波兹德涅耶夫写道:到归化城售卖的牲畜有牲口贩子在蒙古收购赶到归化城出售,全年都有,数量比较少。大批牲畜则来自土谢图汗部、四子王旗、阿拉善旗蒙古人赶来的。⑤

归化城每年的牲畜交易量非常大,政府为此专门收取牲畜交易税。从牲畜交易税的税额,亦可推知归化城的牲畜交易量。在《土默特志》卷5《赋税》载:

> 其所税之关,向者牲畜等税,皆自派员起征,每价一两,抽钱八文以充公费,年终报理藩院核销。至乾隆二十六年,由杀虎口管理,每年包给公费七千两者,著为例。至三十一年,改派理藩院章京驻归化管理牲畜税,未几,奏移归绥道。⑥

张曾在《归绥识略》卷36《物部·税课》载"牲畜税":

---

① 古柏察著,耿昇译:《鞑靼西藏旅行记》,北京:中国藏学出版社,1991年,第150页。
② 绥远通志馆:《绥远通志稿》卷49上《商业》(第57册),内蒙古自治区图书馆藏(稿本),第5页。
③ 绥远通志馆:《绥远通志稿》卷49上《商业》(第57册),内蒙古自治区图书馆藏(稿本),第5页。
④ 钟秀、张曾:《古丰识略》,中国边疆史志集成(第27册),北京:全国图书馆文献缩微复制中心,2007年,第186页。
⑤ 阿·马·波兹德涅耶夫著,张梦玲等译:《蒙古及蒙古人》(第2卷),呼和浩特:内蒙古人民出版社,1983年,第102页。
⑥ 清光绪年间刊本影印:《土默特志》,台北:成文出版有限公司,1968年,第81—82页。

初有土默特人员记档之例,专为稽查盗卖马匹而设。每价银一两,抽制钱八文。所收记档钱文,交储土默特旗库,以资公费,按年造报理藩院核销。乾隆二十六年,因内地商贾将茶、布等项贩运出口,换回驼、马、牛、羊四项牲畜,例应进口纳税。恐其到归化城记档后,辄从小径贩往他省,易致偷漏。即准杀虎口监督期成额奏,将土默特派员抽收记档钱文,作为正额统归杀虎口兼收,其土默特岁给公费,即由监督给发足用,报部查销。三十一年十月,副都统吉福条奏,蒙古各扎萨克,赶牲畜来城,杀虎口差人记档收税,伊等不通蒙古言语,只登记牲畜钱文数目,并未及其姓名、旗分、佐领,遇有盗贼事件,无从稽查。因派理藩院章京一员,驻归化城管理牲畜记档税务,并将归化城烟、油、酒、皮张落地税,亦令新派章京兼管。此归化城抽收牲畜税之始也。①

《古丰识略》卷40《物部·税课》中载:

归化城税课正银……此例定于乾隆三十五年,前此三十四年户部议准归化城税务改归山西巡抚兼管,选派道府贤员按年更替,本年即奏委河东道桂林监收,自四月十三日起至次年四月十二日止,一年其内,共收过杂税银一万六千五百四十八两七钱九分,牲畜税钱九千一百三十七千六百一十文。②

《绥远通志稿》卷36《关税》载:

至乾隆时,五厅设治,客民日多,百业随以繁盛。二十六年,杀虎口监督期成额奏准增设归化关。二十九年杀虎口关监督升任山西按察使,奏准于归化适中之地,设立总局,并在城之四面立四栅口,各设分卡,并添设书巡家人六十名,蒙古笔帖式二人。其时办法,归化城征收落地杂税,至于征收牲畜税,则设有归化、绥远城、西包头、萨拉齐、托克托、和林格尔、昆都伦、八十家子等八分局。……关税每年比额:杂税银一万五千两,牲畜税九千串,此例定于乾隆三十五年。……自四月十三日起,至次年四月十二日止,一年期内,共收过杂税银一万六千五百四十八两七钱九分,牲畜税九千一百三十七千六百一十文。③

从牲畜税的税额来看,归化城每年牲畜交易量是非常大的。乾隆三十四年至三十五年(1769—1770),牲畜税九千一百三十七千六百一十文,以每价银一两抽制钱八文计

---

① 绥远通志馆:《绥远通志稿》第12册(附册)《归绥识略》,呼和浩特:内蒙古人民出版社,2007年,第472—473页。
② 钟秀、张曾:《古丰识略》,中国边疆史志集成(第28册),北京:全国图书馆文献缩微复制中心,2007年,第806页。
③ 绥远通志馆:《绥远通志稿》卷36《关税》(第44册),内蒙古自治区图书馆藏(稿本),第1—4页。

算，则每年牲畜交易额达 11421326.25 两白银。据阿·马·波兹德涅耶夫在《蒙古及蒙古人》中所载清末归化城"骆驼二十两到三十两；普通马七两到九两；公牛约八两；母牛六到七两；羊一两到一两三钱"①。取羊的中间价，以每只羊一两二钱计算的话，归化城每年羊的交易量约达 9517772 只羊。亦取骆驼的中间价，以骆驼每匹二十五两计算，归化城每年骆驼的交易量则达 456853 匹。乾隆年间的牲畜价格要低于光绪时期，即乾隆时期的牲畜交易量要远远超过以羊或以骆驼为标准计算出的牲畜交易量。何勇在《清代漠南地区的商业重镇归化城》中，认为乾隆三十四年（1769）牲畜税钱，相当于四万匹马或者一百六十余万只羊的交易。②《旅蒙商大盛魁》中则认为："归化城大小旅蒙商及通事行清末生意好时，每年约赶回八十万只羊和十几万匹马，连附近大户的存羊、存马计算在内，约有一百万只羊、二十万匹马。这就是归化城羊马交易市场的主要容量。"这两个数量均不少于笔者仅以羊或骆驼为标准单位推算出的牲畜数量，当然这仅是理论上的计算数字，实际上归化城的牲畜交易绝非仅仅骆驼和羊这两种牲畜，但却能说明本地牲畜交易量是十分庞大的。

阿·马·波兹德涅耶夫在《蒙古及蒙古人》中所载京帮每年从归化城赶走的羊不下五十万只，其中仅归化城每年消费的羊不下二十万只、牛近四万头。③京帮每年从归化城赶走的羊数量就是《绥远通志稿》所载的"二十余万"的 2.5 倍。这在一定程度上说明，清末归化城牲畜贸易趋于衰落。据《绥远通志稿》所载："自蒙部尚云断绝，牲畜一项，不及当年十分之二。即以羊计之，从前冬令入境者多至四十万头，今则四、五万头而已。"④即便入境牲畜数量不及以前"十分之二"，但亦可推知归化城为漠南地区最重要的牲畜交易市场。

2. 驼运业

归化城是重要的商品集散地，大量的货物需要从归化城运到其它地区或从其他地区运回，驼运业由此兴起。有关归化城驼运业的盛况，大多数学者均引用用阿·马·波兹德涅耶夫《蒙古及蒙古人》第 3 章《归化城》中的数据。阿·马·波兹德涅耶夫根据搜集到的资料，对归化城从事驼运业的商号进行统计。在归化城从事驼运业的主要有十二

---

① 阿·马·波兹德涅耶夫著，张梦玲等译：《蒙古及蒙古人》（第 2 卷），呼和浩特：内蒙古人民出版社，1983 年，第 102 页。
② 何勇：《清代漠南地区的商业重镇归化城》，载张利民：《城市史研究》，（第 24 辑），天津：天津社会科学出版社，2006 年，第 149 页。
③ 阿·马·波兹德涅耶夫著，张梦玲等译：《蒙古及蒙古人》（第 2 卷），呼和浩特：内蒙古人民出版社，1983 年，第 98—99 页。
④ 绥远通志馆：《绥远通志稿》卷 49 上《商业》（第 57 册），内蒙古自治区图书馆藏（稿本），第 11 页。

家,各有数量不等的骆驼"双兴德 700 峰骆驼、天兴恒 300 峰骆驼、徐德 240 峰骆驼、徐财 300 峰骆驼、丁宽 200 峰骆驼、王茂华 200 峰骆驼、邵宗 200 峰骆驼、陈万银 90 峰骆驼、化柱 100 峰骆驼、富盛永 100 峰骆驼、元德魁 500 峰骆驼、天聚德 400 峰骆驼。"[①]此外还有上百家有三、四十峰骆驼从事运输的商号。一些大商号,则自备骆驼,如大盛魁有 1500 峰骆驼、元盛德有 900 峰骆驼、天义德有 900 峰骆驼、义和敦有 700 峰骆驼,此外一善堂、三合元、庆中长、天裕德、大庆昌等各有 150 至 200 峰骆驼。[②]这些商号都有自己固定的路线,有的专去蒙古和东土耳其斯坦,有的专去古城、乌鲁木齐,有的专去乌里雅苏台、科布多,有的专去俄国。而古伯察对归化城骆驼交易市场的叙述,亦可从侧面论证归化城驼运业的兴盛。从骆驼数量、从事驼运业的商号以及骆驼交易市场的兴盛,均可以推出归化城的商品贸易是十分活跃的,是漠南地区重要的商品集散地。

3. 皮毛交易

归化城商品交易中,皮毛占有很大比重。在归化城土默特档案中,有关清政府与俄罗斯通商交易的记载,见于乾隆五十六年(1791)十二月十七日,绥远城将军《为已准与俄罗斯贸易此次所禁之各种皮类仍旧照旧准许买卖的咨文》[③],可知早在乾隆以前,归化城的皮毛就有一部分来自俄罗斯。《绥远通志稿》运回的货物则以"绒毛、皮张各项、牲畜为主。"[④] 归化城消费的牛羊身上剥下的皮几乎不外运,就在归化城城北和城西的皮革厂加工。阿·马·波兹德涅耶夫《蒙古及蒙古人》第 3 章《归化城》写道:

> 这种大小作坊共约三十五家,可是我只参观了三家。所有这些工厂的鞣革槽都是在地面挖坑,用砖砌成。皮上的毛用石灰去除,而不是用灰烬去除;为使皮子柔软,在鞣制时放少量的面粉和碱(完全不用鞣料),然后把皮革放一段时间,等到碱从皮革里渗出来以后,皮革就变白了。呼和浩特制作的皮革只有白色和棕褐色,这里根本看不到其他颜色的皮革。[⑤]

除了本地消费产生的牛皮、羊皮,归化城商人在交易中带回的皮毛,还有一部分皮

[①] 阿·马·波兹德涅耶夫著,张梦玲等译:《蒙古及蒙古人》(第 2 卷),呼和浩特:内蒙古人民出版社,1983 年,第 96 页。
[②] 阿·马·波兹德涅耶夫著,张梦玲等译:《蒙古及蒙古人》(第 2 卷),呼和浩特:内蒙古人民出版社,1983 年,第 97—98 页。关于有关归化城驼运业的论述,被广大研究者所采用。
[③] 土默特左旗档案馆藏:归化城副都统衙门档案,绥远城将军《为已准与俄罗斯贸易此次所禁之各种皮类仍旧准许买卖的咨文,档案号:80—32—5。
[④] 绥远通志馆:《绥远通志稿》卷 49 上《商业》(第 57 册),内蒙古自治区图书馆藏(稿本),第 5 页。
[⑤] 阿·马·波兹德涅耶夫著,张梦玲等译:《蒙古及蒙古人》(第 2 卷),呼和浩特:内蒙古人民出版社,1983 年,第 100—101 页。

毛来自蒙古各部。古伯察写道:"蒙古人……同样也用车子把皮货、蘑菇和盐巴运到"①归化城。阿·马·波兹德涅耶夫则写道:三音诺颜部(赛音诺颜部,喀尔喀四部之一)的蒙古人运到归化城的主要是"油脂、皮毛"②。归化城的皮毛来源较为广泛,其数量亦较为庞大。而据阿·马·波兹德涅耶夫对皮革作坊的描述,归化城的制皮工艺是较为落后的。这主要是因为归化城是商品集散地,皮毛等商品到归化城后,又被转运到外地。其中野兽皮运往大同加工,羊皮由明德府与交城县皮商收购,牛皮运往张家口加工。③"在鸦片战争之前,归化城皮毛行业一直停留在几家土拔毛店,生产一些粗陋的毡制品,那时的皮张交易由皮贩子和皮庄直接交易。"④阿·马·波兹德涅耶夫对这一点也进行了论述:

> 用牛毛,有时也掺一些驼毛和羊毛下脚料,制作马衣用的毛毡。它们通常可分为三等。其中最差的一种毡子织得相当稀松,宽为一尺二寸;二等毡子叫十样锦,因为这种毡子面上有十种不同的颜色,织的也结实的多,宽为一尺三寸;最后一种是头等毡子,织的就更密了,宽也是一尺三寸,全都染成一色的深棕色,它们名字称叫金镶玉。呼和浩特这种马衣用的毛毡制造业可以说是一种家庭手工业,虽然家数不多。今年最多只剩下二三十家了,每家有四个、八个,甚至十个帮工。织工把织好的单幅毛毡整幅的出售给专门卖马衣的店铺,这些店铺又把毛毡裁成几段,再把它们缝成三幅宽的马衣,主要是运往张家口……呼和浩特出售马衣的铺子主要有四家:1. 义兴魁,年销售量约为九千条;2. 德盛长,销售量约为三千条;3. 永盛长,年销售量约为二千条;4. 永长成,销售量也是二千条左右。这四家铺子中,前三家和张家口做生意,最后一家只在呼和浩特做生意。⑤

鸦片战争之后,随着外国洋行的进入,皮毛出口量上升,导致皮毛价格上涨。也就导致了归化城的皮毛、牲畜店陡增。上述商号中即有从事皮毛交易的行社。据文献记载,在归化城交易的皮张主要有:

> 绵羊皮:亦称老羊皮,又分为营路皮、默勒更皮、脑包合少皮等数种。归化城可月制2万余件皮袄、皮裤,输出额每年约50余万张。山羊皮:分冬皮和板子皮两种。

---

① 古柏察著,耿昇译:《鞑靼西藏旅行记》,北京:中国藏学出版社,1991年,第150页。
② 阿·马·波兹德涅耶夫著,张梦玲等译:《蒙古及蒙古人》(第2卷),呼和浩特:内蒙古人民出版社,1983年,第103页。
③ 王忠民:《呼和浩特历史文化撷翠》,呼和浩特:内蒙古人民出版社,2007年,第374页。
④ 王忠民:《呼和浩特历史文化撷翠》,呼和浩特:内蒙古人民出版社,2007年,第374页。
⑤ 阿·马·波兹德涅耶夫著,张梦玲等译:《蒙古及蒙古人》(第2卷),呼和浩特:内蒙古人民出版社,1983年,第100—101页。

冬皮质量最好，大多销天津或出口，每年输出约计70余万张。板子皮大多作为裁制皮裤和坎肩原料。羔子皮：有大毛、小毛之分。大毛羔皮运销山西大同、阳高、北京、湖北汉口。小羔皮销于上海、江苏。牛皮：多于外蒙古黑兰以力更等处运来。七八月份出产的皮张质量最佳。好牛皮制成马靴、蒙古靴，次牛皮制成马车缰索。马皮和驼皮：多制成皮筋、股子皮和钉鞋皮，卖至山西雁北地区，每年输出七八万张。此外还有长毛牛皮、白山间皮、肚剥羔子皮，专门出口。珍贵皮张：有灰鼠皮、扫雪、猞猁、旱獭、狐、狼、豹等20余种，主要产地为外蒙古。大部运往北京、大同，另一部分由洋行直接出口。在归化城皮毛市场上交易的羊毛大量外运……套毛，产地在外蒙古库伦一带，……每年可输出1000余万斤。玉毛……伏毛……秋毛……此外还有西牛尾、马尾、马鬃、驼毛、驼绒等交易。还有少量山羊绒出售，每年约200余万斤。①

阿·马·波兹德涅耶夫对皮毛交易也进行了论述：

现在驼毛在呼和浩特的出售量不超过一万斤，每一百斤的价钱是六两至七两半。羊毛的输入量同驼毛接近。每一百斤是四两五钱至七两。从前运到呼和浩特的山羊绒毛，现在几乎全部运到包头销售，价钱是每一百斤十一两。熟绵羊皮每张售价为九百归化钱，也就是将近三钱四分银子。熟山羊皮今年的价格是每张一千三百文，约合四钱八分白银。由于通过上海出口需要的增加，这种羊皮在呼和浩特的价格和输入量都提高了。牛皮价钱每张四千文，约合一两五钱银子。羊羔皮平均每张值三钱二分。马尾价钱每一千斤为三百到四百两，零售价钱每一百斤至少是四十五两。②

侯汉卿在《察绥工商业概况及其危机》中载有归绥和包头在民国十四年（1925）和民国二十一年（1932）输入皮毛牲畜比较表，在该表中列有驼毛、羊毛、羊绒、羊皮、山羊皮、羔皮、牛皮、马皮、狐皮、狼皮、貂皮、獭皮、灰鼠皮、马尾、牛尾、马鬃等输入的数量和价格。③何勇在《清代漠南地区的商业重镇归化城》中对此表进行了统计："清末民初之时，皮毛的输入量有所增加，年均输入归化城的皮毛产品计羊毛约560万斤，驼毛250万斤，羊皮近60万张，牛马匹约7万张，其他野生动物皮张近40万张。"此数字虽然为民初归化城土默特地区的皮毛输入量，但可推知清代归化城土默特地区的皮毛交易是较为繁盛的。

---

① 王忠民：《呼和浩特历史文化撷翠》，呼和浩特：内蒙古人民出版社，2007年，第375—376页。
② 阿·马·波兹德涅耶夫著，张梦玲等译：《蒙古及蒙古人》（第2卷），呼和浩特：内蒙古人民出版社，1983年，第100—101页。
③ 侯汉卿：《察绥工商业概况及其危机》，开发西北，1935年，第3卷，1、2期合刊，第103—138页。

4. 茶叶贸易

茶叶贸易，是探讨归化城商品贸易中绕不开的话题。在归化城对外商品贸易中，茶叶占有非常大的比重。在清初，归化城茶叶在某种时候竟然起到了货币的作用。也就是说归化城的茶叶贸易在归化城的商业贸易中占有十分重要的地位。早在顺治十一年（1654），伊·巴伊科夫出使中国，他在《赴清帝国的出使报告》中写道：

> 呼和浩特……他们的市场很大：店铺是砖砌的，铺面后边建有庭院。……买卖时用银两，他们的一两等于他们的十钱，……各种零星物品用茶叶计价购买，每十四包茶叶可以买价值一两银子的东西。①

笔者查阅归化城副都统衙门档案：最早从归化城运往外地的茶叶，为乾隆十一年十一月十五日，《归化城等地赈济喀尔喀郡王策林拜多布等三旗贫民粮食米茶事》② 呈文；最早运输砖茶的档案，则为乾隆四十六年（1781）二月二十六日，归绥兵备道《报明解往科布多砖茶日期并咨副都统》③ 的咨文。在上述行社商号中，即有经营茶叶的行社和商号。

学者们在探讨归化城茶叶贸易中，大多引用阿·马·波兹德涅耶夫在《蒙古及蒙古人》中的相关论述：

> 呼和浩特的商业中，自古以来最主要的项目就是茶叶，而茶叶之中又以砖茶，尤其是二十四块一箱的砖茶。……这种砖茶在归化城的销售量竟达四万箱。可是去年这种茶运来的数量却连三万箱也不到了。……从前运到归化城，并再从这里主要运往古城的七十二块一箱的砖茶，现在根本就不往这里运，而被另一种茶叶所代替，这就是一百一十块一箱，重量为一百二十斤的纯茶。……木墩茶的输入量也同样减少了。……一种叫做"百两"的木墩茶在归化城的输入量看来也保持了下来，……因为这种茶的输入量始终也没有超过一千五百箱。……白毫茶的运输路线可说是已完全不再经过归化城了。这类茶可分为各种红茶和绿茶，以前从归化城运出的数量达三万到三万五千箱，……这样一来，归化城所运输和经理的只剩下一种三十九块一箱，主要运往蒙古，尤其是乌里雅苏台地区的砖茶。这种茶叶的输入量也许比以前增加了，现在运到归化城的这种砖茶也达到了三万箱。……不少巨贾富商的地方，他们在这里

---

① 苏联科学院远东研究所等编：《十七世纪俄中关系》（第1卷），第74号文件，北京：商务印书馆，1978年，第251页。
② 土默特左旗档案馆藏：归化城副都统衙门档案，《归化城等地赈济喀尔喀郡王策林拜多布等三旗贫民粮食、茶叶事》，档案号：80—23—751。
③ 土默特左旗档案馆藏：归化城副都统衙门档案，归绥兵备道《报明解往科布多砖茶起程日期并咨副都统》，80—11—3393。

做着百万巨额的生意，总共卖出十万多箱茶叶，将近一百万匹布及其他物品。①

据阿·马·波兹德涅耶夫所述，归化城商业，最重要的项目为茶叶贸易，茶叶又以砖茶为主。由于贸易商路的变化，茶叶价格虽然没有上涨，但是雇工和运输费用上涨以及俄国大茶商莫勒恰诺夫竞争，归化城茶叶贸易日渐衰落。这其实也在一定程度上说明以前归化城商业贸易的繁盛。清末，归化城茶叶贸易衰落，但并非完全停顿，运往科布多等地的砖茶，依然需要从归化城出发。如光绪十六年（1890）九月，绥远城将军《为解运砖茶至科布多咨副都统所属各台妥为应付》②；光绪八年（1882）五月，绥远城将军《塔尔巴哈台参赞大臣派王辑瑞赴归化城买茶回塔的咨文》③等，均说明有部分茶叶仍需经由归化城贩运至科布多、塔尔巴哈台等地。

归化城茶叶贸易的衰落，同商路改变有很大关系，当然商路改变同清政府政策改变有关。阿·马·波兹德涅耶夫在《蒙古及蒙古人》写道：

> 据说早在19世纪70年代末，著名的总督左宗棠为了整顿他所管辖的，已遭东干人破坏的东土耳其斯坦地区，并使其富裕起来，曾向政府提出请求，要把运往西部地区的商品尤其是茶叶，不经过归化城，而经过甘肃运往西部。④

这种论断，是有道理的。据光绪三年（1877）七月初一《申报》刊载时任广东监察御史邓庆麟《为甘茶引地被归化城私茶侵占，请旨交督臣派员设局一手经理，并停理藩院茶票，以昭画一，而裕饷事》一文所载，可知"甘茶引"之茶与归化城无"茶引"之私茶在新疆、恰克图、俄边、西洋等地茶叶贸易产生竞争。因此要求："然使归化城之漏卮不塞，理藩院之护票不停，则官引将无人承领，而课额又凭谁而办乎？臣愚以茶务乃陕甘总督专政，十羊九牧，事属两歧，实非政体，相应请旨，饬停理藩院票茶。无庸给。并将归化城茶税责成甘督一手经理，查照先课后引章程，由督臣派委大员。"⑤这其实在一定程度上说明从甘肃贩运到新疆、恰克图、俄边及西洋等地进行茶叶贸易的商人是要领取茶引的，而归化城茶叶贸易则仅需理藩院的"茶票"。"茶引"和"茶票"所需交纳的费用是有很大差距的："理藩院准给四联执照，每票市茶一万二千斤，完厘银

---

① 阿·马·波兹德涅耶夫著，张梦玲等译：《蒙古及蒙古人》（第2卷），呼和浩特：内蒙古人民出版社，1983年，第92—105页。
② 土默特左旗档案馆藏：归化城副都统衙门档案，绥远城将军《为解运砖茶至科布多咨副都统所属各台妥为应付》，档案号：80—10—3390。
③ 土默特左旗档案馆藏：归化城副都统衙门档案，绥远城将军《塔尔巴哈台参赞大臣派王辑瑞赴归化城买茶回塔的咨文》，档案号：80—11—75。
④ 阿·马·波兹德涅耶夫著，张梦玲等译：《蒙古及蒙古人》（第2卷），呼和浩特：内蒙古人民出版社，1983年，第93—94页。
⑤ 《申报》（上海版），1877年8月9日，第1623号，星期四，清光绪三年七月初一日，第4版。

三十两，税银二十一两七钱八分，是砖茶厘税，较甘茶每引八十斤完课银四两四钱四分者，每票一万二千斤即已减银六百一十四两零矣，无怪私茶之充斥也。……推原其故，总由归化城无引私茶税轻价贱，全占茶引地，以致商累日深，而额亦无著也。"① 这一方面说明归化城私茶对"甘茶引"官茶的冲击，同时亦说明归化城茶叶贸易的繁盛。其实这里还是有区别的，"甘茶引"所卖之官茶，为绿茶或红茶，并非砖茶，而归化城茶叶贸易则主要是砖茶。在一定程度上是低价砖茶对高价绿茶或红茶的冲击。虽然说归化城砖茶对甘茶引造成了冲击，但是却从另一个方面说明了新的运输路线的开辟，在一定程度上对归化城茶叶贸易也是一种冲击。这种状况在1886年后就发生了根本改变，造成了归化城砖茶贸易和甘茶引双输的局面。"自1886年起，由于俄国人自己也开始向这些地区运销茶叶，中国商人因俄国人的竞争而在这些茶叶的贸易上年年赔本。现在归化城人人都知道俄国西伯利亚最大茶商莫勒恰诺夫的名字，据说他的营业使归化城好几十家商人破产了。"②

5. 绸缎、布匹

归化城的丝绸贸易，是对外出口贸易的另一大宗货物。上述行社、商号中，就有从事对外丝绸贸易的行社、商号。在归化城副都统衙门档案中，有关绸缎的记载很少，仅见乾隆三十九年（1774）七月，定边佐副将军《为收讫彼处运来之绸缎等物咨归化城副都统》③，乾隆五十年（1785）十月，参领巴尔米特《为绸缎等物被盗的呈文》④ 和宣统三年（1911）六月，武川同知《造送商民王有顺被抢绸缎洋货马匹账册》⑤ 等。其实早在顺治时期，归化城的丝绸贸易就较为繁盛，据1654年伊·巴伊科夫在其《赴清帝国的出使报告》：

> 呼和浩特……他们店铺里的货物，有他们中国的各色花缎和棉布，还有各种颜色的丝绸。⑥

山西等地的商人将从内地收购的布匹、丝绸汇集到归化城，再由归化城运到漠北、

---

① 《申报》（上海版），1877年8月9日，第1623号，星期四，清光绪三年七月初一日，第4版。
② 阿·马·波兹德涅耶夫著，张梦玲等译：《蒙古及蒙古人》（第2卷），呼和浩特：内蒙古人民出版社，1983年，第94页。
③ 土默特左旗档案馆藏：归化城副都统衙门档案，定边佐副将军《为收讫彼处运来之绸缎等物咨归化城副都统》，档案号：80—21—679。
④ 土默特左旗档案馆藏：归化城副都统衙门档案，参领巴尔米特《为绸缎等物被盗的呈文》，档案号：80—28—1669。
⑤ 土默特左旗档案馆藏：归化城副都统衙门档案，武川同知《造送商民王有顺被抢绸缎洋货马匹帐册》，档案号：80—4—916。
⑥ 苏联科学院远东研究所等编：《十七世纪俄中关系》（第1卷），第74号文件，北京：商务印书馆，1978年，第251页。

新疆甚至俄罗斯和西欧等地。如"乾隆年间山西右玉商人贾有库在归化城开设三义号绸缎杂货铺，该商铺在乌鲁木齐的新旧两城和阿克苏均设有分号，在伊犁设有'发货寓所一处'，'各有伙计在彼管事'。仅阿克苏分店就有'一万多两本银的货物'。"① 由此亦可推知当时丝绸贸易的繁盛。但是，随着18世纪60年代开始的工业革命，就首先发生在纺纱业。这种工业化的纺纱无论在效率还是在质量上，都要高于中国传统的手工业。在清政府闭关锁国的大门被打开后，廉价的纺织品很快就充斥了中国市场，这对中国传统手工纺织业造成巨大冲击。清末，从事丝绸贸易的商号所出售的棉布和纺织品几乎都是外国货。据阿·马·波兹德涅耶夫在《蒙古及蒙古人》中写道："现在呼和浩特销售和运出的棉布及纺织品几乎全是外国货"，主要有"花旗人头粗洋布、杂牌粗洋布、花旗飞龙斜纹布、杂牌斜纹布、细洋布、杂牌细洋布、白洋标布、象城羽毛、太和羽绫、虎牌哔叽"，"现在归化城出售的布匹全都是外国货，中国生产的只有丝织品，棉布只有大布一种，尽管如此，运到归化城的外国布匹还是减少了"。②

6. 木材贸易

土默特地区的木材贸易，应该分为两个部分，其一是清政府允许商民将大青山树木采伐贩运，其二是商民从漠北贩运树木。

有关清政府允许商民采伐贩运，自康熙时期就已经开始。《清文献通考》卷31《征榷考》载：

(康熙)三十八年，准内地商人往杀虎口外伐木，入口贩卖验放输税。工部议覆：山西巡抚倭伦疏，言殷实商人，愿往杀虎口外大青山等处采木者，请令其赴部具呈，给票，守口官兵验明放行，输税入口贩卖。查杀虎口外从无砍木之例，应将该抚所请，毋庸议。得旨。内外之民俱属一体，大青山木伐卖，商民均为有益，著照该抚所请行。③

据《石渠余纪》卷6《纪关税》载：

康熙间，特准商人于杀虎口外大青山采木，输税入口……给与蒙古山价，既可为贫乏养赡之资，而材木运入内地，又可供官民兴作之用。④

这两条文献所述，应为同一件事，即时任山西巡抚倭伦奏请允许商人到大青山砍伐

---

① 沈健：《历史上的大移民——走西口》，北京：北京工业大学出版社，2012年，第197页。
② 阿·马·波兹德涅耶夫著，张梦玲等译：《蒙古及蒙古人》(第2卷)，呼和浩特：内蒙古人民出版社，1983年，第95页。
③ 官修：《清文献通考》卷31《征榷考》，影印文渊阁四库全书(第632册)，台北：台湾商务印书馆，1986年，第648—649页。
④ 王庆云：《石渠余纪》，清光绪十六年龙璋刻本，第155页。

树木。清政府认为砍伐贩运大青山树木，于商于民均有益，因此批准了倭伦的请求。据"杀虎口外从无砍木之例"亦说明在康熙三十八年（1699）之前，大青山的树木并没有被大量砍伐。

乾隆初年，开始修建绥远城，需要大量的木材，于是清政府就地取材，很快大青山上的树木就被大量砍伐，可用之木急遽减少，以至于出现无木可采的情状。据《清高宗实录》卷642，乾隆二十六年（1761）八月戊寅条载：

> 又谕，工部参奏杀虎口监督期成额应征大青山木税额银，并无丝毫报部一折。此事殊不可解。该处税项七千六百余两，系历年常额，各监督相沿承办无异。何独期成额一人，竟无丝毫报部。即云可采之木甚少，亦应俟承办经时，始有成规。又何以于甫经到任时，即将木无可采，请缴原领部票，尤情理所必无者。……著传谕鄂弼，令其密访严查，并将该监督期成格各项木税底簿，调齐确核，一有弊端，即行据实覆奏。寻奏，详核底簿，诘讯胥吏，实因山木砍尽，积年相沿，以户税赢余，抵解工部木税，并无征多报少情弊。①

据道光十八年（1838）二月十九日，申启贤《山西巡抚申启贤奏大青山无木可采归化城、托克托城木税请仍归杀虎口监督管理折》奏称"现在大青山并无木植，即将来生发实难，轻议采取，所有积善奏请开采大青山木植之处，应毋庸议"，"经户部查明大青山先于乾隆二十五年（1760）经军机处奏明无木可采"，"迄今封禁多年"。② 可见大青山经过多年采伐之后，在乾隆二十五年之后，就已经无木可采，故清政府对大青山采取了封禁政策。从乾隆二十五年（1760）到道光十八年（1838）近80年的时间内，大青山的森林植被并没有得以恢复，故申启贤在奏折中说"大青山无木植，实难生发"。《绥远通志稿》将大青山树木被采伐殆尽的原因归之为："土默特以输诚内属，遇事每多报效，而大青山之林木，亦于是时开采，以供官民建设之用。今省垣及萨托一带公家廨宇，旧家屋舍，以及各大召庙，类多油松大料，其初，悉就地取材，俗谓之本山货。相传绥远城工竣，而大青山之木遂空。所述虽过当，然自归绥二城及各厅治前后兴筑，与夫民商购用，举一山之储备，开一道之规模，大量松材，采取略尽。"③ 此论述是比较中肯的，正是因为归化城土默特"遇事每多报效"，才导致归化城土默特蒙古生计日益窘迫。

---

① 官修：《清高宗实录》卷642，乾隆二十六年八月戊寅条，北京：中华书局，1985年，第183—184页。
② 中国第一历史档案馆：《清宫珍藏杀虎口右卫右玉县御批奏折汇编》（上册），北京：中华书局，2010年，第177—183页。
③ 绥远通志馆：《绥远通志稿》卷45《林业》（第53册），内蒙古自治区图书馆藏（稿本），第2—3页。

到乾隆嘉庆年间，本地的木材已经采伐殆尽，故"大宗所需，皆仰给于宁武之白杉、红杉"①。

由于归化城土默特地区树木被砍伐殆尽，因此大量的木材需要从外地贩运。这些木材主要来自漠北，多由蒙古人从库伦运到归化城，亦有商民到喀尔喀采购木材。据阿·马·波兹德涅耶夫《蒙古及蒙古人》第3章《归化城》载：

> 北部蒙古人从库伦运往呼和浩特的各种木材中，主要是锯成方木和板子的松木。但是，把这种木材运到这里的还是以当地专门经营木材的商人居多，他们都特地去喀尔喀采购这种木材。这里木材的价钱完全取决于方木的粗细，因为它的长度都一律是六尺长，约合三俄尺。在库伦，方木的价钱每寸厚约值十八沙拉采，约合三十六个银戈比；在呼和浩特，八寸厚的方木每寸价值三百六十兆苏，若按现今的行价折算，则合我国的货币五十六个银戈比。②

7. 药材、鹿茸交易

归化城、包头是重要的药材、鹿茸交易中心。《绥远通志稿》卷49上《商业》中载有："关于商货之出入，其由西北来者，……药材又次之。"③同书卷49下《商业》载包头出境之货物，药材为大宗："包头……后套的牲畜、甘草及各种药材，临河、五原的粮食等，都经过这里专销内地，变成西北地区的重要商埠之一。……归化城，是清廷设置的对蒙贸易中心之一……将各地的土特产品，诸如皮毛、牲畜、葡萄干、药材等运回，销往北京、天津等地。"④

有关本地区鹿茸交易情形，《绥远通志稿》卷49上《商业》对本地区鹿茸交易也尽行了记载：⑤

> 其属于新疆帮者，并可以现银、金砂、鹿茸、葡萄、杏、瓜、干果之类为主要货品，大抵来年各地之供求，需适合其需要，然后商人之获利始丰。其运回之货，各商帮者中尤以京羊庄、鹿茸客著称于时，号为钜商。……茸盘原在张家口，后改归化，

---

① 绥远通志馆：《绥远通志稿》卷45《林业》（第53册），内蒙古自治区图书馆藏（稿本），第3页。
② 阿·马·波兹德涅耶夫著，张梦玲等译：《蒙古及蒙古人》（第2卷），呼和浩特：内蒙古人民出版社，1983年，第102页。
③ 绥远通志馆：《绥远通志稿》卷49上《商业》（第57册），内蒙古自治区图书馆藏（稿本），第7页。
④ 绥远通志馆：《绥远通志稿》卷49下《商业》（第58册），内蒙古自治区图书馆藏（稿本），第3页。
⑤ 绥远通志馆：《绥远通志稿》卷49上《商业》（第57册），内蒙古自治区图书馆藏（稿本），第5页。

每到冬季,茸客麇集,陈列市场,开盘定价。①

阿·马·波兹德涅耶夫在《蒙古及蒙古人》也予以记载:

> 这座城市还是一个买卖鹿茸的主要市场。这些鹿茸来自维尔年斯克、比斯克、米努辛斯克,有的来自恰克图,有的则是来自中国的属地伊犁、塔尔巴哈台、科布多、乌里雅苏台、古城、哈密、宁夏及其他地区。……近年来呼和浩特的这种贸易已经大大地衰落了。衰落的第一个原因,也是主要的原因,在于三四年前鹿茸价格的下跌。其次由于把鹿茸运到归化城已不是那么有利可图,一些商人就不再收购它了。另一些商人即使收购,也不再将他们运到归化城去,而是在张家口就卖掉。因此这种商品的市场就逐渐分散。但尽管如此,归化城的这种贸易继续存在。②

8. 粮食贸易

由于归化城土默特地区的土地被大量开垦,因此本地成为清政府的重要粮食产地。上文曾对归化城土默特地区的粮食通过黄河运到晋陕等地。当然亦有部分粮食被运到漠北蒙古各部。《绥远通志稿》卷49上《商业》载:

> 本省境内之商情,则自昔仍以粮食为主产。《归绥识略》于商集中,特言及之,略谓口外蒙古厂地宽阔,人物繁庶,米粟粜籴,较别处尤急。各厅俱有粟店行,按时价出入,毋许闭积。其距厅遥远者,亦得就近为市。如归化城属之毕克齐及山后之毛克伊里根(今武川县城)等镇,托克托城属之河口,萨拉齐属之泊头镇(即包头镇)皆米粟汇聚所在,舟车驰运,络绎不绝云。……当时归化而外,北有可镇山后之粮,南有河口,西有包头,东有丰镇山前之粮。然以市面历年习惯,各处均按时价入店粜籴,不另设市。仅包头有粮市,逐日上市以定行情。……于是包头之油粮业……包市粮盘,在清代曾盛极一时。③

显见,归化城、包头粮食贸易是比较繁盛的,尤其包头的粮盘,在清代更是盛极一时。萨拉齐也是一重要粮食交易地区,据《绥远通志稿》卷49下《商业》载:

> 萨拉齐……民国初年,尚有……粮店十家。④

据此大约可以推知,在归化城土默特地区,归化城和包头是两大商品集散地,除此

---

① 郝维民、齐木德道尔吉:《内蒙古通史》第5卷《清朝时期的内蒙古》(3),北京:人民出版社,2011年,第1318页。
② 阿·马·波兹德涅耶夫著,张梦玲等译:《蒙古及蒙古人》(第2卷),呼和浩特:内蒙古人民出版社,1983年,第133页。
③ 绥远通志馆:《绥远通志稿》卷49上《商业》(第57册),内蒙古自治区图书馆藏(稿本),第5—7页。
④ 绥远通志馆:《绥远通志稿》卷49下《商业》(第58册),内蒙古自治区图书馆藏(稿本),第1页。

之外，萨拉齐等地亦是区域商品集散中心。河套地区的粮食通过黄河运到包头，然后由包头运往各地行销。据《绥远通志稿》卷73《民族·汉族》引《五原厅志略》所载：

> 河套……地商久居其处，相地经营，佃户则春出秋归，择地而租，俗谓之跑青牛犋。收获粮食，即由黄河运赴包头、河曲、碛口一带行销，不肯稍事储蓄，获利太易。①

归化城一些行社商号从事粮食贸易（见上文）。《支那别省全志》第17卷《山西省》第9编《商业机关》第14章《归化城の商业机关》所载"十五社"的聚锦社则是经营粮食批发业的商社，专营粮食批发的有20余家。②《支那别省全志》第17卷《山西省》第9编《商业机关》第15章《包头镇の商业机关》载包头的粮店有德生玉店、广生店、巨川汇、庆生泰、通和店、义生诚店、义泰店、永和诚店等24户。③

古伯察在《鞑靼西藏旅行记》第1卷第5章中，对归化城粮食也被运到漠北进行了论述：

> 他们作为交换而在回程中运去了砖茶、布帛、马鞍，在供奉的偶像面前焚烧的香烛、莜麦面、小米和某些炊具。④

从上述几种重要的商品贸易情况来看，归化城的商品贸易是非常活跃的，由此也带动了归化城的发展。清末，归化城商业贸易逐渐趋于衰落，其原因是多方面的。这同清末中国在西方列强入侵之下，处于被压迫、被欺凌的地位有很大关系。当然也有旅蒙商自身的因素导致归化城商业贸易的衰落。探究起来，归化城商业贸易衰落的原因，可以从以下几个方面思考：1. 西方列强资本的入侵，导致旅蒙商很难同西方列强尤其是俄国商人竞争；2. 由于西伯利亚铁路的开通，大量的货物从俄国运到蒙古，导致旅蒙商失去在蒙古市场上的垄断地位；3. 清政府为偿还战争赔款，对商人征收各种捐税，导致商人很难获利；4. 旅蒙商人思想因循守旧，不能适应科技发展，经营方式变更的需求。

二、归化城土默特地区的工业

（一）手工业

归化城土默特地区的工业，准确地说应是归化城土默特地区的手工业。在前述行社

---

① 绥远通志馆：《绥远通志稿》卷73《民族·汉族》（第85册），内蒙古自治区图书馆藏（稿本），第7页。
② 东亚同文会：《支那别省全志》第17卷《山西省》，1898年，第738页。
③ 东亚同文会：《支那别省全志》第17卷《山西省》，1898年，第749—750页。
④ 古柏察著，耿昇译：《鞑靼西藏旅行记》，北京：中国藏学出版社，1991年，第150页。

商号中，就有一些手工业从业者的行社，如染坊、制皮坊、制靴作坊、制毡作坊、碾坊等。

清代，归化城土默特蒙古仍旧保持原有的家庭手工作坊。牧民主要用皮毛等畜产品作为原料，制成毛毡、革囊、毛绳、皮桶、皮衣、皮靴。① 随着民人大量涌入该地区，中原地区传统手工业亦传入该地区，这些人中既有随公主下嫁而来到工匠，也有兴修绥远城、召庙、王公府第等雇来的匠人，同时还有因生活无着流入本地的匠人。"归化城在康熙年间已有米面加工行社，即'青龙社'和'福虎社'。散居农村各地的六陈行，亦在乾隆以后雨后春笋般的涌现出来。随着土地的大量开垦，为农业服务的农具制造业也在城乡兴盛起来。其他手工业如造纸、生皮、木工、毡毯、制碱和皮硝等也相继出现。"② 在《归绥识略》卷35《土产》中载"碱、皮硝，两种俱起地之卤土熬成者，与煮盐略同；纸，近城惟制麻纸、草纸；羊皮、皮帽、皮靴、皮箱、皮绳，各色皮张，数种，因近外番故作坊极多，其实非尽土产也。余不悉识。……毛毯……牛毛毯极粗，用以缝袋盛菽麦用；毡，有羊毛、牛毛、驼毛数种。"③《土默特志》对铸造行业进行论述道："造业亦有一定水平，如美岱召内的一口大铁锅。花纹精致、字迹清楚，用蒙汉两种文字铸着'乾隆五十四年（1789）'，'毕克齐金火匠人德力图、子取金架、永木架、打堡进、各登刀尔计'字样。……在归化城三道巷附近有一家蒙古铸铁作坊，名'旺义炉'，在1764年前就已开业，世代相传，全家老少皆操此业，其铸造技术精湛，生意十分兴旺，其后代传人吉林太在打南阵前仍开有大型铸造场，专制召庙的大香炉、大锅及大钟，打南阵立功归来，当了参领，仍继续经营铸造业，其炼铁炉的风箱需十几个人拉。后来吉家将炼铁炉转卖给山西浑源铁匠继续经营。"④

《绥远通志稿》卷41《工业》载：

> 清初商务勃兴，久为藩部皮毛集中之地。每年所产养驼毛绒极多，质佳而价廉，来源无虞匮乏。以是本省历来较可称述之工业，则以制革、毛织二业为最。……归包两地手工业中，首以皮靴、皮毡、毛单、毛毯、皮袄、皮裤、毡帽袜各业为巨擘，……他项工业不见焉。靴、鞜、鞦、辔各件用牛、马皮、裤皆用羊皮、毛毯、

---

① 土默特左旗《土默特志》编纂委员会：《土默特志》（上），呼和浩特：内蒙古人民出版社，1997年，第265页。
② 土默特左旗《土默特志》编纂委员会：《土默特志》（上），呼和浩特：内蒙古人民出版社，1997年，第265页。
③ 绥远通志馆：《绥远通志稿》第12册（附册）《归绥识略》，呼和浩特：内蒙古人民出版社，2007年，第470—471页。
④ 土默特左旗《土默特志》编纂委员会：《土默特志》（上），呼和浩特：内蒙古人民出版社，1997年，第265页。

袜、帽皆用羊毛,……驼毛织物,未有起而提倡者也。坐使大好原料,贱价包购以去,而本地普通御寒之具,始终以老羊皮衣为主,……栽绒毛毯分地、炕二种,早年来自新疆,色质胜而织工甚粗,俗谓之西营毯。当地有织者,旧多为辛集一派,迨清宣统间,萨县教堂生徒,延师学习制宁夏织法成功,渐至归包,各地亦起仿造,然皆小本经营也。……溯本省之于纺织工业,远在清季,已有所提倡。光绪三十一年,归绥道胡孚宸创设归绥工艺局,道厅皆任督办委员,负责办理,延织布、织带、染色各师,教练工徒五十人。……作为官商合办。①

《绥远通志稿》所述同《归绥识略》和《土默特志》所载相似。同时也说明,归化城、包头的工业基础是非常薄弱的。

外国的一些文献,亦对归化城的手工业进行了叙述。如古伯察在《鞑靼西藏旅行记》中,虽然没有对归化城的皮匠作坊进行描述,但却叙述了皮匠街的环境:"我们越向前走,这条小巷就变得越泥泞难走了,它很快就变成了一个遍布黑色的令人窒息的污泥和泥坑。我们进入了皮匠街,只得缓步和不停地战栗着前进,因为泥水有时淹没了一块大家必须奋力蹬上去的巨石,有时又掩盖了一个突然间会被陷进去的深坑。"② 这其实是制皮作坊的污水导致道路泥泞难走,同时亦说明制皮工艺的低下。这一点从阿·马·波兹德涅耶夫在《蒙古及蒙古人》的描述也可得知:

> 从呼和浩特所消费的牛羊身上剥下的皮几乎不外运,而是就地在城北和城西的皮革厂加工。据说,这种大小作坊共约三十五家,……所有这些工厂的鞣革槽都是在地面挖坑,用砖砌成的。皮上的毛用石灰去除,而不是用灰烬去除,为了使皮子柔软,在鞣制时放少量的面粉和碱,然后把皮革放一段时间,等到碱从皮革里渗出来,皮革就变白了。③

用这种方法鞣制皮革,需要大量的水,因此皮匠街遍布黑色的令人窒息的污泥和污水也就非常合理了。《支那别省全志》第17卷《山西省》所载威镇社为制革行社;集义社,到口外收买生皮鞣制加工,主要有羊皮、马皮、水獭皮、狼皮、貂皮等;衡义社从事生皮、鞣皮及革带等贩卖;生皮社主要是屠杀、剥皮的屠户及生皮贩卖组织。兴隆、玉龙义等十数户。

和制皮行业密切相关的,是利用制革时去除的毛,加工毛毡和马衣的行业。阿·

---

① 绥远通志馆:《绥远通志稿》卷41《工业》(第49册),内蒙古自治区图书馆藏(稿本),第1—3页。
② 古柏察著,耿昇译:《鞑靼西藏旅行记》,北京:中国藏学出版社,1991年,第138页。
③ 阿·马·波兹德涅耶夫著,张梦玲等译:《蒙古及蒙古人》(第2卷),呼和浩特:内蒙古人民出版社,1983年,第99页。

马·波兹德涅耶夫在《蒙古及蒙古人》亦对此予以描述：

> 制革时去除的毛在呼和浩特加工成各种产品。例如用牛毛——有时也掺一些驼毛、羊毛下脚料——制作马衣用的毛毡。……呼和浩特这种马衣用的毛毡制造业可以说是一种家庭手工业，……今年最多只剩下二三十家了，每家有四个、八个，甚至十个帮工。织工把织好的单幅毛毡整幅的出售给专门卖马衣的店铺，这些店铺又把毛毡裁成几段，再把它们缝成三幅宽的马衣，主要是运往张家口……制作这种产品的匠人近年来已大大减少。六七年以前，由于生活费用暴涨，工匠就少收徒弟。这样一来，学会这门手艺的新手就少了，而老匠人中有的已经死去，有的则因为年老或有病也不能干活了。①

《支那别省全志》对归化城的毡毯社也进行了描述：

> 毡毯社，绒毡毯条（毛布）等纺织组织，有天元成、晋丰永、中元永等约十数户。……由天津、太原人出资在口外购买骆驼毛、羊毛等原料。②

和皮匠作坊相关的行业还有制靴业，归化城的制靴行业，亦是当地的主要手工业。据《支那别省全志》载，集义社为皮靴铺组织，有永德魁、奥盛正、泰和德、三义兴等十数户。阿·马·波兹德涅耶夫在《蒙古及蒙古人》对永德魁商号进行了描述：

> 永德魁在呼和浩特仅经营鞋业，并附设皮靴作坊，经常有四十至六十名鞋匠在里边做工。③

据阿·马·波兹德涅耶夫《蒙古及蒙古人》载："鞋类、皮制品，以及木器、铁器、铜器和银器，还有药材和器皿，通常都是由专门的店铺出售，而且这些店铺几乎总是和制造这些物品的作坊相连。"④《支那别省全志》载："醇厚社，洋货铺、估衣铺。洋货铺约三十户，主要有聚生泰、聚生厚、万顺恒、永顺恒等，都是山西人经营。估衣铺、古着商有天顺泰、巨生泰、聚兴庆等二十余户。……青龙社，面粉及纸张。二十户，万盛六、丰盛魁、长泰涌等。祁县、榆次商人经营。……福虎社，制粉业。碾房，其数约四十户。……铁行社，金属冶炼业。福盛隆、恒裕昌、恒裕丰等十数户，本地人经营。铁铺、银铺等。……金炉社，此社有二十户，天元炉、泉德炉等。主营金属加工、茶壶、

---

① 阿·马·波兹德涅耶夫著，张梦玲等译：《蒙古及蒙古人》（第 2 卷），呼和浩特：内蒙古人民出版社，1983 年，第 100—101 页。
② 东亚同文会：《支那别省全志》第 17 卷《山西省》，1898 年，第 740 页。
③ 阿·马·波兹德涅耶夫著，张梦玲等译：《蒙古及蒙古人》（第 2 卷），呼和浩特：内蒙古人民出版社，1983 年，第 98 页。
④ 阿·马·波兹德涅耶夫著，张梦玲等译：《蒙古及蒙古人》（第 2 卷），呼和浩特：内蒙古人民出版社，1983 年，第 104 页。

勺子、铁器、农具的制作。……染房社，永吉昌、永昌义、永泉义等，专营土布染色。……蜡行社，蜡烛、纸银、线香等，专营供佛教徒使用的物品，德宝义、万义永、大元昌等二十余户。……银匠行、首饰店：万福兴、福兴永、三合义等十余户，专营银器加工。"①

阿·马·波兹德涅耶夫对归化城染坊进行了描述：

> 绝大多数的麻布和棉布运到呼和浩特时都是没有染过的白布，到这里以后才染色，多半是染成蓝色、红色和褐色。因此呼和浩特有不少染坊，不过营业额大的只有三家。②

有关归化城的碾坊，阿·马·波兹德涅耶夫亦进行了描述：

> 呼和浩特唯一的一座水磨房，不过它只在夏天使用。大概是由于大西河本身的水量不大，而又不能像在山中的小河那样在上面筑起一道坝。水磨用的水是由沟渠引进来的，建了三个支架，下面是三个大轮子，水冲击这些轮子。支架上面还安装了一个带有几个铁凸轮的轮子，推动磨盘的就是这个轮子，完全不用齿轮。……输出的面粉几乎全是用马推磨的磨坊来加工，这种磨坊在呼和浩特有二十家左右。③

除了上述手工业，还有食品加工业。如居住在归化城的回族人从事清真食品糕点加工，他们一般自产自销，在当地有一定的知名度，如清光绪年间的隆兴元和兴隆元。④还有一些人从事肉食加工，如上面提到的"肉铺"。而居住在归化城的回族人经营肉食生意是较为有名的。据记载，归化城的回族屠宰户最多时有108家，且有固定的专门屠宰加工的场所："旧城大什字的白怀信、刘忠义，大召前的马大旺、郭三仁、赵祯、丁三保、尹于山、马玉春、白瑞，旧城牛桥的张存、张富，旧城礼拜寺巷的张二富、白六二，旧城人市的杨万、张玉宝、杨二宝，旧城南柴火市的杨高，大御史巷的丁亮，五塔寺后街的李盛清，新城南街的张元、张兴旺、刘俊，火车站前的梁贵、金二等。"⑤熟肉店以创始于道光年间的万胜永酱牛肉铺最负盛名。⑥

归化城地区的手工业种类较多，仅对上述几种手工业情况的简单描述，虽然很难说明归化城手工业的全貌，但可从这几种手工业的描述，窥知归化城的手工业是和归化城

---

① 东亚同文会：《支那省别全志》第17卷《山西省》，1898年，第737—743页。
② 阿·马·波兹德涅耶夫著，张梦玲等译：《蒙古及蒙古人》（第2卷），呼和浩特：内蒙古人民出版社，1983年，第95—96页。
③ 阿·马·波兹德涅耶夫著，张梦玲等译：《蒙古及蒙古人》（第2卷），呼和浩特：内蒙古人民出版社，1983年，第125页。
④ 马珍：《呼和浩特回族经济考》，呼和浩特回族史料（第5辑），2003年，第13页。
⑤ 马珍：《呼和浩特回族经济考》，呼和浩特回族史料（第5辑），2003年，第24页。
⑥ 马珍：《呼和浩特回族经济考》，呼和浩特回族史料（第5辑），2003年，第25页。

的商业贸易和居民生活息息相关的。归化城土默特地区的手工业受制于技术、资金等客观因素的影响，并没有发展成近代的工业。

（二）煤矿开采业

除了上述手工业外，归化城土默特地区的矿业开采业，在清代亦有一定规模。早在顺治年间，就有从山西逃到大青山万家沟的万氏族人在此开挖煤窑。① 而大青山煤矿大规模开采，应从雍正年间开始，"1724年9月，归化城都统塔勒玛善及丹津，以'城周围无可拣之粪、可砍之树，致使蒙民买柴烧用'为理由，恳请清政府准予开挖煤窑，奉旨恩准。当时开挖煤窑6座，每百斤煤受价20文"。② 乌仁其其格在《清代大青山各沟煤矿概述——以归化城副都统衙门矿务档案为例》中写道："据有关资料：雍正二年（1724）九月初八日交乾清门二等侍卫阿必达转奏，奉旨：应照彼等所请准挖，若收税则非好事，惟此煤窑断不可被民人霸占。从此，归化城土默特两旗派巴尔米特等二十人挖煤窑……，共挖煤窑六座……查得，因建城驻军，来到之人比先前成倍增加，烧用甚缺，除先前所报之六窑外，现自煤山挖十六座窑……共有二十二煤窑出煤。"③ 据此可知，在雍正年间，归化城土默特地区煤矿被政府允准进行开采。乾隆三年（1738）十二月一日，归化城都统《为请开原禁二十余所煤矿札付归化城同知等》中载："哈马尔等地开煤窑五座，珠勒固尔、阿利玛图等三处开煤窑六座，大必车奇等地开煤窑七座，翁衮岭北六岭沟开煤窑二座，鄂博图等地开煤窑二座，共二十二座煤窑外，其余煤窑皆永远查封……嗣后断勿私自多开煤窑。将此严加晓谕众民，贴出告示，永行禁止。"④ 从此，开挖煤窑者日渐增多，煤窑数量也有大量增加，据统计，"煤窑数量从乾隆八年（1743）的46座增至乾隆六十年（1795）的229座"。⑤

煤窑开采者，要办理开采执照，据乾隆八年（1743）二月五日，户司《为查看私自开煤窑事的呈文》载："自愿挖掘煤窑者，由同知衙门把他们的姓名、年龄造册登记、

---

① 卢承业原编，马振文等增修：《偏关志》卷上《人物志》，台北：成文出版有限公司，1968年，第188页。
② 土默特左旗《土默特志》编纂委员会：《土默特志》（上），呼和浩特：内蒙古人民出版社，1997年，第273页。
③ 乌仁其其格：《清代大青山各沟煤矿概述——以归化城副都统衙门矿务档案为例》，见齐木德道尔吉：《蒙古史研究》（第9辑），呼和浩特：内蒙古大学出版社，2007年，第250—263页。
④ 土默特左旗档案馆藏：归化城副都统衙门档案，归化城都统《为请开原禁二十余所煤矿札付归化城同知等》，（译文2份），档案号：80—23—868。
⑤ 乌仁其其格：《清代大青山各沟煤矿概述——以归化城副都统衙门矿务档案为例》，见齐木德道尔吉：《蒙古史研究》（第9辑），呼和浩特：内蒙古大学出版社，2007年，第250—263页。

上报工部。工部同意并转发给同知衙门。同知衙门把开煤窑者的姓名、年龄造册登记、上报工部，工部同意并转发给同知衙门。同知衙门把开煤窑者的姓名、年龄以及他们所开之……煤窑地点等一并交由巡逻煤窑的参领。"①

归化城副都统衙门档案中，载有挖煤者窑姓名、籍贯等的记载，如乾隆九年（1744）七月十七日，归化城同知《为民人王奇等申请于诺尔苏沟挖煤窑的呈文》中载：

> 王吉，太原人，七十三岁，身躯端正，面部紫色，小须。石景，榆次县人，四十六岁，身躯端正，黄脸，小须。②

在归化城副都统衙门档案中亦有挖煤地点、煤窑数目等的记载。如乾隆四十年（1775）六月，伊希格《为在清水河之黑范毛沟开矿的呈文》载："小民拟在城南三百余里地区清水河属里范毛沟地方开挖煤矿一座，待出煤后，再请领卖煤营业执照并照章交纳捐税。"③ 乾隆四十六年（1781）九月二十九日，纳孙俄尔科图《为大斗林沁窑请发执照的呈文》载："小民现准备在苏尔真沟喀拉托海地方范围为百步内挖掘煤窑，挖出煤后再呈请领取正式采煤营业执照，照章交纳捐税。"④ 同时，开窑者还需向政府具保，如"按原规定，相距百步以外者准许挖煤窑，假若相距百步以内者就不准许开挖煤窑""与众人风水无妨，才具保准挖""系安分守己之人，非肇事之人"等条件，才给予执照，准许开挖。开矿者，凭开矿执照进行开挖，开矿执照如下：

> 农工商部为发给开矿执照事，光绪三十三年八月十三日本部会同外务部具奏核议矿物章程一折，奉旨：依议。钦此钦遵。并刊印原奏章程咨行各省遵照办理在案。兹据矿商户司轮派系骁骑校色尔古楞人禀请，开采土默特右翼六甲音德贺里佐领下所属山厂前坝沟地方矿产。本部核与矿章相符，应准具禀人在领办矿界四至之内开采。矿章所载第三类煤矿质，该矿商务须遵照部章，妥慎办理。为此发给执照，以资信守。须至执照者。计开：坐落矿地计六百亩分厘毫折合四十。矿界四至：东至山凹成，西至小牛林沁东界，南至石头滩，北至分水岔业主官地。保单又给户司轮派骁骑校色尔古楞收执。

> 宣统三年四月十五日

---

① 土默特左旗档案馆藏：归化城副都统衙门档案，户司《为查看私自开煤窑事的呈文》，档案号：80—23—880。
② 土默特左旗档案馆藏：归化城副都统衙门档案，归化城同知《为民人王奇等申请于诺尔苏沟挖煤窑的呈文》，档案号：80—23—886。
③ 土默特左旗档案馆藏：归化城副都统衙门档案，伊希格：《为在清水河之黑范毛沟开矿的呈文》，档案号：80—23—1061。
④ 土默特左旗档案馆藏：归化城副都统衙门档案，纳孙俄尔科图：《为大斗林沁窑请发执照的呈文》，档案号：80—23—1091。

郎中单镇

员外郎玉贵

给照官郎中柏锐

主事郝树基①

而更多的开挖煤窑者，是无票开挖。据道光十一年（1831）五月九日，调查五当沟委员《各煤窑花名册》共载有50座煤窑，其中无票的煤窑竟达44座②；光绪三十一年（1905）十月二十八日，调查万家沟委员《各煤窑名册与甘结》载有"有票窑口三十一座"，以及无人窑口。票主均为蒙古人，窑户均为民人。所载甘结书有29份。③ 光绪三十一年（1905）十一月，调查巴图沟委员《各煤窑花名册与甘结》共载有煤窑73座，无票煤窑竟有36座。④ 这两件具有甘结的档案，其甘结格式如下：

> 具甘结人万家沟所属一前晌山主民人田二厮，今于与甘结事。依奉结得委员老爷案下。缘小的山厂内有民人窑户田二厮、田光辉等开采中等煤窑一座，开采下等煤窑一座，既之实无越界私挖弊实。再委员老爷亲诣切实查勘窑口，并无骚扰情事。所具甘结是实。
>
> 光绪三十一年十一月初七日山主民人田二厮
> 右手大指头⑤

据上可以推知，虽然清政府对开挖煤窑者进行了种种规定，但是亦有不遵守规定而私自开挖者。据《立合伙开煤窑人契约》中亦可得知，当时开煤窑技术十分低下：

> 立合伙开采煤窑人，蒙古袄木栋系把什扎布佐领下人，民人陈如明。前在东梨树沟内柜房沟，合伙采煤，永成煤窑一座。袄木栋在于都统大人衙门请领照票。袄木栋收取窑租。今奉改议，令其票头蒙古与民人以二八分利。所有陈如明原建房屋并原置窑内锹斧筐担等项家具，异日陈如明各自收管。其窑内使用家具如有损坏者，公中补修。窑上公用米面人工木植等项，俱系陈如明垫费。言定日后获利除清陈如明一切垫

---

① 土默特左旗档案馆藏：归化城副都统衙门档案，《农商部发给色尔古楞之开矿执照》，80—图表类—11。亦见陈志明：《土默特历史档案集粹》，呼和浩特：内蒙古人民出版社，2007年，第108页。

② 土默特左旗档案馆藏：归化城副都统衙门档案，调查五当沟委员《各煤窑花名册》，档案号：80—7—38。

③ 土默特左旗档案馆藏：归化城副都统衙门档案，调查万家沟委员《各煤窑名册与甘结》，档案号：80—7—39。

④ 土默特左旗档案馆藏：归化城副都统衙门档案，调查巴图沟委员《各煤窑花名册与甘结》，档案号：80—7—40。

⑤ 土默特左旗档案馆藏：归化城副都统衙门档案，调查巴图沟委员《各煤窑花名册与甘结》，档案号：80—7—40。

费外，下余利息，陈如明分利八股，袄木栋分利二股。恐后无凭，立合伙约为照用。

乾隆三十七年正月二十一日立（半字）合同为照①

  契约所载开挖煤窑的工具仅有"窑内钁斧筐担等"物品，正如《土默特志》所载："开采方法一直为镐采人背，每人日背10背左右，约300至500斤，以木轮车、驼、驴、骡等运出山外销售。煤分烟煤、无烟煤两种。"②这种技术低下的开采方法，其煤炭开采量亦十分低下。据统计，"其产煤量亦因季节而不同，如1766年十二月，百余座煤窑共售出26万3千余斤，平均每月售煤2万2千余斤。而1794年十月，44座煤窑共售280万斤，平均每座窑月售煤6万4千余斤。自乾隆年间至清末，本境煤窑一直开采未停，煤窑数和产煤数亦略有所增。"③

  在归化城副都统衙门档案中，即有关于申解煤窑税银的档案，如乾隆三十八年（1773）十月十日，绥远城粮饷同知《申解煤窑税银》载：

> 绥远城粮饷理事同知为解送事。乾隆三十八年九月十八日蒙都统大人清文内开户司案呈，案查煤窑所收钱文至乾隆三十七年九月底止，换银一千两，解交绥远城粮饷同知贮库外，余剩钱六百九十五千文，业经存库记档在案。今于乾隆三十七年十月起至三十八年六月底止，共收到钱一千二十八千零十一文。以上旧管新收钱共一千七百二十三千零十一文。据此遵照原奏换银，查按时价。今据归化城同知辙臣报称充入兵饷五十两之元宝，按时价每两制钱一千零十文，现今合计一千五百两，按时价市平换元宝三十锭，每锭五十两八钱以上至五十一两以下不等，共添戥头银二十七两三钱五分。除共用钱一千五百四十二千六百二十三文，下余仍存库钱八十千三百八十八文，按月所收千文，合计至千两者换银解交外，现今将所换银一千五百两，交付本衙门佐领达拉吗扎布、骁骑校巴吐扎布等解交绥远城粮饷同知贮库外，并取具该同知收到库收之处，再行报部可也等因。蒙此遵将委员解交到煤窑税银一千五百两，照数查收贮库讫。俟请领兵饷之日，批解藩库外，拟合将查收过数目缘由，具文申报。都统大人查核，除价报将军外，为此备由具申，伏乞照验施行。须至申者。
>
> 右申
>
> 归化城副都统管绥远官兵副散秩大臣子加一级记录一次伯

---

① 铁木尔：《内蒙古土默特金氏蒙古家族契约文书汇集》，北京：中央民族大学出版社，2011年，第2页。
② 土默特左旗《土默特志》编纂委员会：《土默特志》（上），呼和浩特：内蒙古人民出版社，1997年，第273页。
③ 土默特左旗《土默特志》编纂委员会：《土默特志》（上），呼和浩特：内蒙古人民出版社，1997年，第273页。

乾隆三十八年十月初十日粮饷理事同知记录二次功一次噶尔炳阿解送事①

在乾隆时期，每年的煤窑税银即达到一千五百余两，可见煤窑的开挖量已经具有一定规模。作为政府一项重要财政收入的煤窑银的征收，是由土默特派骁骑、前锋两校征收。据《土默特志》卷5《赋税》载：

> 旗境内各沟，若大青山哈莫尔、阿利莫图、清水河、喀喇乌克尔图四处，产煤炭之窑，向由土默特派参佐各一员，骁骑、前锋两校坐收额税，以资办公，年终咨报户部理藩院。②

虽然说煤窑银是"以资办公"，但其支出却是多方面的，同书卷7《政典考》载：

> 煤窑二十二座，每年共征钱千余串不等，所征钱文内，十分中三分作为管理煤窑之官兵盘费外，其余支给远方出差之官兵盘费二百串，其每年年终赏给勤勉官方五百串作为三等奖赏，其余易银存贮归化城副都统衙门以备修理军器之用。③

在同书卷5《法守·附学校考》载：

> 今以旧章寖革，露积云虚，有存焉者，则旧都统堂东一库囊存房地租银，煤炭税银，以备春秋祭祀，将军、都统廉俸，官学膏奖及修补军械操演公费、缮书铺司、台站差使工食，一切赏恤之用。④

《东方杂志》第5期《财政·各省财政汇志》中载：

> 归化城土默特属境内万家沟、五当沟、巴图沟一带有煤炭五处。该窑户向由归化城副都统衙门领照挖取。一应征收煤炭税钱，照例开支，按年报部，核销。……其从前陋规概行裁革。厘分为三成，以一成作为各处公费，一成作为学堂经费，其一成另款存储，俟积有成数，专作推广矿务，请领部照之需。⑤

据上可知，清代归化城土默特地区的煤矿开采已经初具规模，政府所征收煤窑税银，已经成为政府的一项重要财政收入。这项收入被政府用作各处办公经费、优恤和学堂膏火，虽然用途有所变化，但对促进本地区经济文化的发展亦起到一定作用。

综上，清代归化城地区的工业，是一家一户的手工作坊式的手工业，在清初，具有繁荣市场，拉动经济发展的作用。但是随着科技水平的发展，清末，中国闭关锁国的大门被列强打开后，先进的工业化产品迅速占领中国市场，这就对中国传统的一家一户手

---

① 土默特左旗档案馆藏：归化城副都统衙门档案，绥远城粮饷同知《申解煤窑税银》，档案号：80—6—2439。
② 清光绪年间刊本影印：《土默特志》，台北：成文出版有限公司，1968年，第82页。
③ 清光绪年间刊本影印：《土默特志》，台北：成文出版有限公司，1968年，第129页。
④ 清光绪年间刊本影印：《土默特志》，台北：成文出版有限公司，1968年，第79页。
⑤ 《东方杂志》第5期《财政·各省财政汇志》，1907年，第83页。

工作坊式工业造成严重的冲击。这种冲击对于摇摇欲坠的清政府来讲是致命的——导致了清政府经济的崩溃,加速了清政府的灭亡。对于归化城土默特地区的手工业者来讲,其分散的经济形态、落后的生产技术,无法同资本雄厚、技术先进的西方工业相抗衡,故濒于破产的境地。

第二节 归化城土默特地区的教育

有关清代归化城土默特地区的教育问题,虽然没有相关研究专著的出现,但却是学者们较为关注的问题之一,如陈超英、蒙林《清代绥远城的旗学》①,牛敬忠《绥远地区教育近代化初论》②,齐瑜、李玉伟《绥远地区的新学创办》③,刘丽君《清代归化城土默特地区教育事业刍议》④,梅花《清至民国时期土默特旗教育研究》。在一些论著中,对归化城土默特地区的教育亦有所涉及,如《内蒙古教育志》编委会编写《内蒙古教育史志资料》,土默特左旗《土默特志》编纂委员会编《土默特志》第11卷《教育志》,晓克《土默特史》等。这些研究成果多从教育政策措施,官学、书院、义学、私塾、学堂(新式学校)设立及演变、教育内容、新学等几个方面进行论述。笔者拟在上述研究成果的基础上,对归化城土默特教育概况予以简要叙述。

清代归化城土默特地区的学校,包含有绥远城官学、归化城土默特官学、书院、义学、私塾及清末新式学堂。由于归化城土默特地区寺庙林立,因此归化城的寺庙教育亦在归化城土默特地区占有十分重要的地位。

一、绥远城官学

绥远城官学,及绥远城旗学,这是针对绥远城驻防八旗而设立的学校。绥远城,在建城之初,就对绥远城官学进行了规划。据《清高宗实录》卷200,乾隆八年(1743)九月壬午条载:

> 绥远城建威将军补熙等奏:绥远城请照归化城之例,两翼设立官学。于土默特二旗内选蒙古教习二人,每学选兵丁子弟十人,令其教读。教习每月给银一两五钱,学生每日给大钱十文,在公用房租内支给。⑤

---

① 陈超英、蒙林:《清代绥远城的旗学》,前沿,1996年,第3期,第53—58页。
② 牛敬忠:《绥远地区教育近代化初论》,内蒙古大学学报,1998年,第5期,第9—16页。
③ 齐瑜、李玉伟:《绥远地区的新学创办》,蒙古学,1999年,第3期,第34—38页。
④ 刘丽君:《清代归化城土默特地区教育事业刍议》,内蒙古师范大学,2004年硕士学位论文。
⑤ 官修:《清高宗实录》卷200,乾隆八年九月壬午条,北京:中华书局,1985年,第565页。

在绥远城建威将军补熙的奏请之下，在绥远城设立八旗两翼官学。官学的教习从土默特二旗内选蒙古教习二人，每学选兵丁子弟十人。其经费是从公用房租内支付。归化城土默特档案中即有关于满蒙学堂借用人员的记载，如乾隆十一年十二月，归化城都统上报，已将绥远城满蒙学堂借用人员大齐芳扎布等退还的呈文。[①] 此借用人员即为满蒙学堂的教学人员。

《清高宗实录》卷274，乾隆十一年九月己亥条载：

> 礼部议覆：建威将军补熙等奏称，各省驻防将军之随印笔帖式，例于本省考取。臣现将绥远城八旗兵丁内，考试满汉翻译，就中拣阅，只有三卷粗通，此皆由未谙汉文之故。臣前奏请城内设立蒙古学将近三年，俱各发愤勤学，甚属有益。请于绥远城内照蒙古学之例，设立满汉翻译官学，令其教习等语。应如该将军等所请，于绥远营八旗左右两翼，各设教习一员教导。从之。[②]

据此所载，绥远城八旗两翼官学和满汉翻译官学是两个不同类型的学校。其设立的时间亦是不一样的，绥远城两翼官学设立的时间为乾隆八年（1743），而绥远城满汉翻译官学设立的时间则是乾隆十一年（1746）。陈超英、蒙林等在《清代绥远城的旗学》中写道："乾隆八年（1743），绥远城翻译官学始创，经将军奏准，八旗左右两翼各设官学一所。"[③] 该文所说的绥远城翻译官学，应是八旗左右两翼官学，据"臣前奏请城内设立蒙古学将近三年"可知，绥远城八旗两翼官学主要教授蒙古学，其目的是培养满蒙翻译人才。设立"满汉翻译官学"则是培养满汉翻译人才，虽然均为官学，其出发点也均是语言文字翻译，但针对的语种是不同的。《绥远城驻防志》亦是将此官学与满汉翻译学校分开。据《绥远城驻防志》卷4《学房》载：

> 八旗满洲、蒙古，原设官学五所。乾隆五十年，前任将军积福奏准，裁汰原设五学外，设立满汉翻译学一所。将军衙门十五间空闲房内，设立满洲官学五所，曰：兴、校、庠、序、熟。厢黄、正白二旗一所，曰兴学；正黄、正红二旗一所，曰校学；厢白、正蓝二旗一所，曰庠学；厢红、厢蓝二旗一所，曰序学；两翼蒙古一所，曰熟学。各旗每佐领下，挑选闲散幼丁，年十五以上，二十岁以下，能习汉书者，各十名，按旗入学。每学，二旗官学生共四十名。[④]

《绥远城驻防志》卷4《教习》载：

---

① 土默特左旗档案馆藏：归化城副都统衙门档案，归化城都统《为绥远城满蒙学校已将借用人员大齐芳扎步等退还的呈文》，档案号：80—31—5。
② 官修：《清高宗实录》卷274，乾隆十一年九月己亥条，北京：中华书局，1985年，第583页。
③ 陈超英、蒙林：《清代绥远城的旗学》，前沿，1996年，第3期，第53—58页。
④ 佟靖仁校注：《绥远城驻防志》，呼和浩特：内蒙古大学出版社，1991年，第112—113页。

翻译教习,由部请题本城将军、归化城副都统,率同本城协领、佐领、防御、骁骑校、笔帖式等官,监场考取二员入学,三年期满。如果行走勤慎、教导有成,该将军等出具"教导有方"考语,保题以骁骑校用。五学教习,每学二名,由八旗领催、前锋、马甲内挑取。六学一体承领公费银两数目,各学各领(翻译学生主稿,五学出领咨)。春冬,每季公费银一十三两五钱,夏秋各学四季共领公费银四十三两八钱二分。①

在这两段记载中,有"原设五学外,设满汉翻译学一所"和"六学一体承领公费银两数目",据此可知,两翼官学和满汉翻译官学是两个机构,均为官学,其办学地点为绥远城将军衙门十五间空闲房内,其经费是政府公费银。其生源为八旗两翼子弟。这项公费银来自政府官房租银、地租银,据《归化城厅志》卷4《学校》载:

绥远城取租铺面房除变价空闲外,现存房一千一百六十余间,每月约收银三百五十余两。自乾隆六十年起征,收拆毁房空闲地基、菜园租银每年约收银二百余两,官学公费即由此出。②

绥远城旗学的考试亦有一定的规定,据《绥远旗志》卷5《学制》载:

绥远城驻防附归化厅考试,无定额。科场条例内载,嘉庆四年礼部议准于考试五六名内取进一名。……绥远城驻防翻译童生,由将军、副都统考试,均无定额。科场条例内载各省驻防翻译童试三年两考,岁试于八月内考试,将取进试卷送部。科试于乡试前一年预期考试,如岁试恭遇恩科,亦于乡试前一年预期,均限定乡试年三月内,将取进试卷全行送部,照京旗办理。录科及童试均由该将军、副都统、城守尉等造办,令该士子前期十日投卷,亲身书写蹋免,填明年岁及满洲、蒙古、汉军佐领兵注明应满洲翻译试字样,钤用印信关防。由将军、副都统先考骑射,合式者方准与考。驻防翻译童生,满洲、蒙古进额均各五六名取进一名,至多不过五名,应试人数如在一百十名以上,酌加进额一名,一百三十名以上,酌加进额二名,一百五十名以上,酌加进额三名,毋论人数增多,总不得过八名。③

该规定不仅规定了录取比例,同时载明绥远城驻防翻译童生考试由绥远城将军和归化城副都统主持。由此可见,绥远城将军和归化城副都统对考试的重视程度。

二、土默特官学

土默特官学设立于雍正年间,据《土默特志》卷2《源流》载土默特官学为丹津在

---

① 佟靖仁校注:《绥远城驻防志》,呼和浩特:内蒙古大学出版社,1991年,第113页。
② 刘鸿逵:《归化城厅志》卷4《学校》,内蒙古自治区图书馆藏(稿本)(第4册),第86—87页。
③ 高赓恩:《绥远旗志》卷5《学制》,内蒙古自治区图书馆藏(第5册),第1—2页。

雍正元年（1723）奏请，在归化城建设文庙，并设官学，设教官一员。①

有关文庙设立的时间《土默特志》所载前后是不一致的，在卷2《源流》载雍正元年（1723）奏请在归化城建设文庙，而在卷6《祀典》中则载雍正五年（1727），通智与丹津等人请建圣庙于城南门外。为何会出现这样前后不一的记载呢？据现有材料无法推知。据雍正十三年（1735）的《文庙官学碑记》所载因归化城都统丹津深受归化城民众爱戴，"众民欢与丹大人建修祠堂，各出物料，鸠匠兴工"，而丹津则认为"内地各省皆建有文庙，设立官学。归化城虽系口地，赤向化日久，何不将现修未成之祠堂，稍加展修，改为文庙。设满洲、蒙古教习，恭祀至圣先师，教良人之子弟"，因此在雍正二年（1724）陈情奏请，政府批准，设"文庙官学"。②可知，修建文庙是在雍正二年（1724）之前，文庙官学获准则在雍正二年（1724）之后。《文庙官学碑记》为雍正十三年（1735）所立，距雍正二年（1724）不远，所载当较上文所在"雍正元年"或"雍正五年"为确。但基本可以确定归化城土默特两翼设立官学的时间为雍正初年。在乾隆年间，屡次对文庙官学进行修缮，如乾隆四十九年（1784）五月，旗务衙门上报《文庙新立官学修理房舍料估册》载修理房舍花费"以上通共合钱五千五百四十四文，每千以九百五十文作银，共作银五两七钱三分"③。

阿·马·波兹德涅耶夫在《蒙古及蒙古人》对学校进行了叙述：

> 孔庙和与其相连的土默特官学……它大概建于雍正年间，至少学堂的看管人说它是从那时才有的。雍正十三年，根据当地阿里哈昂邦屯济的奏请，决定从土默特的六十个苏木中，各选出两名聪慧的男童到呼和浩特上学；并命令抽调四名有尉官官衔，但等级是苏木的下级军官的官员去充任教习。这所土默特官学的基础就这样奠定了。④

关于学校师生公费银两、学额，阿·马·波兹德涅耶夫在《蒙古及蒙古人》亦进行了叙述：

> 至于学堂的经费，起先学堂每天拨给学生的伙食费是十二文钱。在乾隆年间这个标准有所提高：教习在任教期间，每月拨给他们每人的伙食费是一千二百文，每个学生每人每日十六文。从那时起，这个标准就没有再变动。这些钱每月初十由旗的财库支出，不需向部里报告。学生共有六十人，至今没有变动过；然而每个苏木须抽出两

---

① 清光绪年间刊本影印：《土默特志》，台北：成文出版有限公司，1968年，第34页。
② 《文庙官学碑记》，土默特文史资料（第1辑），1986年，第118—119页。
③ 土默特左旗档案馆藏：归化城副都统衙门档案，旗务衙门《文庙新立汉官学修理房舍料估册》，档案号：80—12—3471。
④ 阿·马·波兹德涅耶夫著，张梦玲等译：《蒙古及蒙古人》（第2卷），呼和浩特：内蒙古人民出版社，1983年，第117—118页。

人的规定却早就不执行了。①

据归化城副都统衙门档案所载，土默特官学生名单，亦没有达到60人。② 这同阿·马·波兹德涅耶夫所述是可以相互印证的。

《归化城厅志》卷4《学校》载：

> 雍正十三年，经尚书通智等奏定由六十佐领下拨送英俊孩童二名，由佐领以下官员内选派教习四员，每教习月给饭钱一千二百文，每学生日给饭钱十六文，每月初十日由银库散给。③

办学经费，主要来自官铺的租金和地租收入，"这些房屋的租金收入就用以供养学堂的人员。乾隆年间，在规定人员定额的同时，也确定了租赁章程。每年的租金款额规定为三十二万余文。……除此而外，学校人员的经费的另一个来源是每年的地租收入。按规定，这笔租金总数应为三十八两白银，而实际得到的也比规定的数目至少多一半"④。在归化城土默特档案中，有数十件关于官学周围店铺租银入库的记载，如乾隆十六年（1751），户司为官学周围店铺租银入库的呈文⑤，这些房租银入库后，按月支给官学师生钱粮，如乾隆三十一年（1766），户司为由学校地方房租钱内支给本年四月官学生饭银移文银库的呈文⑥。这些记载，同阿·马·波兹德涅耶夫的记载是相同的，师生膳食银从官学周围官铺租金中支付。当然官学的支出并不仅仅只有师生的膳食银，还有各种杂费支出，据光绪十四年（1888）《文庙官学帐》载，其支出有"买办器物等项钱""书童饭食钱""买煤铲火钳钱""煤炭钱""节礼钱""水夫工钱""担水钱""糊沙窗工料钱""柴木钱""豆青茶扣碗""豆青茶樽""白站""褥凳子""铁锅、勺子、铁盆""白铁酒壶""饭碗酒樽筷子""笼床""白纸""簸箕扫帚""煤铲火柱""铁茶壶""切刀""案板锅盖""水缸""盆子""油缸""白铁灯台""爨壶""花布包""鸡

---

① 阿·马·波兹德涅耶夫著，张梦玲等译：《蒙古及蒙古人》（第2卷），呼和浩特：内蒙古人民出版社，1983年，第118页。
② 土默特左旗档案馆藏：归化城副都统衙门档案，乾隆十六年，户司《官学师生饭钱事呈文》，载在校学生共计45人，档案号：80—31—9；嘉庆十八年，户司《为由库动支旗校师生饭钱的呈文》，载在校学生38人，档案号：80—31—77。
③ 刘鸿逵：《归化城厅志》卷4《学校》，内蒙古自治区图书馆藏（稿本）（第4册），第86页。
④ 阿·马·波兹德涅耶夫著，张梦玲等译：《蒙古及蒙古人》（第2卷），呼和浩特：内蒙古人民出版社，1983年，第118页。
⑤ 土默特左旗档案馆藏：归化城副都统衙门档案，户司《为官学周围房屋店铺租银入库的呈文》，档案号：80—24—1370。
⑥ 土默特左旗档案馆藏：归化城副都统衙门档案，户司《为由学校地方房租钱内支给本年四月管学生生饭钱移文银库的呈文》，档案号：80—31—37。

毛代子"等项，共计花费889220文铜钱①，可见各项花费还是比较大的。

三、归化城厅学

归化城厅学较土默特官学和绥远城旗学要晚的多，其在光绪年间设立。光绪三年（1877），山东道监察御史王赓荣上奏："（七厅民人）二百年来，农工商贾均各安本业，唯有志读书者恒多郁郁，缘厅民本系侨居，如欲考试，无论远近，均须各归本籍，及归籍后，仍需有籍可稽，方能应试……盖离乡即久，井里生疏……竟有废书不读者。同为率土之民，独抱向隅之憾……如能七厅各设一学督课，固为甚便。万一创举维艰，可于归绥五厅酌定庠额，先总设一学以统之。"②这应是创设归化城厅学之开端。

《土默特志》卷4《法守·附学校考》载：

光绪十年九月十一日，署巡抚奎彬等奏七厅尚难遽定学额，拟请援案酌量取进，请设土默特翻译学额，现在汉学既归，专设是否一律举行，应候部议。九月十八日，奉旨，该部议奏至十一年正月二十二日，礼部等部议奏前折内称土默特翻译学额。据升任抚臣张之洞奏请额设二名，由归化城副都统考□，咨送学政随棚考试等语。经臣部议，俟汉民学额□定后，查照翻译童试章程，举行在案。今七厅汉民□准其就近应试，酌量取进，该蒙古系属土著，更未便独令向隅，亦应自下届岁试为始，由归化城副都统查明该处，如实有翻译精通者，准其一体考试，遵照定例，每五六名取进一名，并照前奏，以二名为限。如报考人数不敷，即行停止。其考试事宜应详查翻译童试例，案由该副都统遵照办理。毋庸咨送学政考试。奉旨：依议。③

《绥远旗志》卷5《学制》亦对归化厅学的设置进行记载：

光绪九年巡抚张之洞奏绥远城驻防旧有学额，向随右卫考试，今归化厅既已设学，自应归归化厅。一切章程及取进学额，仍照旧例。十年，署巡抚奎等奏七厅尚难遽定学额，拟请援案酌量取进，内称绥远驻防向随右卫考试，今归化城既有专学，自应即予改归。十一年，礼部等部议奏，前折称查绥远城驻防向随右卫，附朔平府棚考试，今归化等厅文童既准就近应试，所有绥远驻防文童亦应如该署抚等所奏，改归归化厅考试，一切考试章程及取进学额仍照旧例办理。④

据此亦可知归化厅学设立后，绥远城驻防旧有学额"向随右卫考试"改为在"归化

---

① 土默特左旗档案馆藏：归化城副都统衙门档案，《文庙官学帐》，档案号：80—6—2667。
② 土默特左旗《土默特志》编纂委员会：《土默特志》（上），呼和浩特：内蒙古人民出版社，1997年，第757页。
③ 清光绪年间刊本影印：《土默特志》，台北：成文出版有限公司，1968年，第64—67页。
④ 高赓恩：《绥远旗志》卷5《学制》，内蒙古自治区图书馆藏（第5册），第1页。

厅"考试，归化城等厅"文童"就近考试。

《土默特志》第11卷《教育志》载：

> 1884年（光绪十一年），礼部议准，设归化厅学，其总学教谕管归化、萨拉齐、丰镇、宁远、托克托、和林格尔、清水河七厅。每厅应试文童人数，各至20名以上取进一名，每厅取进文武生至多不得超过2名。如人数不敷取进，即分别停考缺额。1897年（光绪二十三年），又奉准部议分为两学：归、萨、托、和、清五厅为一学，丰、宁2厅为一学。每学仍按20名取进1名。文生每学不得超过7名，武生不得超过4名。每学添设廪生各两名，廪生5年，每学一贡。新补廪生食饩10年后，方得出贡。绥远城旗籍学生亦附归化厅学。①

在光绪二十三年（1897）之前，归绥道所属七厅共设一厅学，在光绪二十三年（1897）之后，分为两学，归化城、萨拉齐、托克托、清水河、和林格尔五厅，共设一厅学。丰镇、宁远二厅设一厅学。

四、文昌庙官学

随着汉文公文的增多，归化城土默特部在文昌庙内设立蒙古书房一所。"蒙古书房"又称之为"文庙官学"。蒙古书房，专门学习汉文、汉学。归化城土默特12参领重金从山西聘请儒士在文昌庙执教。文昌庙官学设立之后，"道厅衙门的掌案、归化城的税吏、富商大贾也把子弟送入蒙古书房就读。在古丰书院未成立之前，这里便是西口外最高汉文学府。同治年间考中殿试榜眼（进士第二名）的王赓荣，还有1885年（光绪十一年）至1905年（光绪三十一年）共计7科的归化城秀才，多数为文昌庙官学的学生"②。

五、书院

归化城土默特地区的书院创建于清末，主要有古丰书院、启运书院、启秀书院。据《绥远通志稿》卷50《教育》载：

> 其书院设于归绥两城者，有古丰书院，汉学也，在归化城北太平召前。启运书院，蒙学也，在归化城南柴火市街。启秀书院，旗学也，在绥远城内南街。启秀学制与古丰略同，启运则专学满蒙文。③

---

① 土默特左旗《土默特志》编纂委员会：《土默特志》（上），呼和浩特：内蒙古人民出版社，1997年，第757页。
② 土默特左旗《土默特志》编纂委员会：《土默特志》（上），呼和浩特：内蒙古人民出版社，1997年，第762—763页。
③ 绥远通志馆：《绥远通志稿》卷50《教育》（第59册），内蒙古自治区图书馆藏（稿本），第26页。

古丰书院为汉学,为光绪十一年(1885)归绥道安祥创建。其办学经费为"借押荒生息银两"。①《归化城厅志》卷4《学校》载:"光绪十一年(1885)同知恩因奉部文,先设归化总学,并定七厅学额,禀请各宪创设书院,借动闲款三千八百余两,发交乡耆承领,按月一分生息,借充书院经费,借用官房、延请山长,作为古丰书院。"②据此可以推知,古丰书院是在归绥道安祥提议创建,归化城同知奉部文,创设归化总学,禀请创设书院。而经费来源两者是不同的,一为"押荒生息银两",一为"闲款"。在《归化城厅志》中,其息本共有四宗,有二宗为押荒生息银两,共计一万一千六百两,一宗为"原借四旗租厂采买米石银二千四百两,并本厅闲款三千八百余两,共六千二百余两",一宗为"历年剩余银两九百九十七两四钱",其中一万两以月利一分发商生息作为书院的"息本"、六千九百九十七两四钱以月利一分发商生息,作为书院每年的经费③,即古丰书院的办学经费不仅仅来自押荒生息银,还有闲款及每年剩余银两的生息银用来充作办学经费。

古丰书院初创时没有校舍,借用"刘明经"的房屋暂作校舍,光绪十五年(1889),归化城同知炳同刘教谕、候补从九李鸣和在太平召东南购买旧房一所,为古丰书院。④《绥远通志稿》载:"延聘院长(当时通称山长)以课士子。"⑤《归化城厅志》载:"光绪十一年(1885)初次延请崞县申孝廉印际昌主讲,……二十二年申山长作古,以申山长之弟岁贡生申奋西,暂代主讲半年。二十三年,延请盂县张孝廉、印祖配主讲。"⑥其考试前后亦有变化,"初设止课童生不课生员,每月六次,官课、堂课各三次,住院童生以二十名为额,每月各给膏火银六钱。嗣后又兼课生员。……十八年九月监院禀请更订课期,每月官课二次,初一、十五。堂课二次,初六、二十一官课,每次生员取超等四名,第一名给银一两五钱,二三四名各给银一两;特等六名,各给银七钱。童生取上取四名,第一名给银八钱,二三四名各给银六钱,中取八名,前四名各四钱,后四名各二钱。堂课,生童各取五名,生第一名六钱,余四钱,童第一名六钱,余二钱。"⑦官课为大课,初一、十五两日,"初一由归绥道,十五日由归化厅命题考试。率为经、史、论、议、时务、条对等。或限日缴卷送阅,或临时扃试之,无定例也"⑧。小课为堂课,

---

① 绥远通志馆:《绥远通志稿》卷50《教育》(第59册),内蒙古自治区图书馆藏(稿本),第27页。
② 刘鸿逵:《归化城厅志》卷4《学校》,内蒙古自治区图书馆藏(稿本)(第4册),第80页。
③ 刘鸿逵:《归化城厅志》卷4《学校》,内蒙古自治区图书馆藏(稿本)(第4册),第80页。
④ 刘鸿逵:《归化城厅志》卷4《学校》,内蒙古自治区图书馆藏(稿本)(第4册),第81页。
⑤ 绥远通志馆:《绥远通志稿》卷50《教育》(第59册),内蒙古自治区图书馆藏(稿本),第26页。
⑥ 刘鸿逵:《归化城厅志》卷4《学校》,内蒙古自治区图书馆藏(稿本)(第4册),第82页。
⑦ 刘鸿逵:《归化城厅志》卷4《学校》,内蒙古自治区图书馆藏(稿本)(第4册),第82—83页。
⑧ 绥远通志馆:《绥远通志稿》卷50《教育》(第59册),内蒙古自治区图书馆藏(稿本),第27页。

"由院长命题试之"①。

启运书院为蒙学，位于归化城南柴火市街。据《土默特志》卷6《祀典》载：

> 惟是雍正五年，尚书通智与都统丹津诸人请建圣庙于城南门外，其规制、祀典如他郡县。又置官学于其旁，选子弟之秀者，入学教以满蒙及汉文字，教习与学生皆予费，又立旗官学，曰启运书院。俾诸生学文兼习弓马。②

土默特官学在光绪十二年（1886）改名为启运书院，其意思为启边疆文运之意。书院共设2个班，学生60名。《绥远通志稿》载："教习及学生各给膳费，按月由本旗旗库请领。学生成绩较优者，则挑选其优，拨入兵、户两司署当差，练习公务。教习有劳绩者，按级提升。其所定课程，除满、蒙文籍外，《圣谕广训十六条》亦为必修之科。程度较高者，则授以满蒙三合四书文等。惟同光以后，蒙人风气大开，虽官学定制如旧，而外间渐多习汉文者。故至清末，遂有与汉籍文童一体应试之举，盖向慕汉化，浸淫于文教久矣。"③

启秀书院，旗学，位于绥远城内南街。始于同治十一年（1872），时任绥远城将军定安所创建的"长白书院"。光绪五年（1879），时任绥远城将军瑞联易名为启秀书院。"院制古丰书院略同，亦定月考之制，以课八旗士子学业，汉籍生童，亦准其一律与考，以收互相观摩之效。惟课期与古丰分别规定，大课每月初三、十六两日，小课每月初八、二十二两日。大课由将军命题开卷，小课由院长考试。生童各卷，择其优者，则给以奖赏银两。"④ 其经费来源，据《归化城厅志》卷4《学校》载："光绪十三年（1887），绥远城将军克蒙额折开同治十一年（1872）前任绥远城将军定安令八旗官兵捐资于城内东南隅创建长白书院，即于所捐款内发交本城铺商银五千两，以一分生息，为书院经费。光绪三年（1877）将军庆春因书院经费不足，以余款发交本城铺商二千两内，仍以一分生息，以补不足。五年将军瑞联又饬归绥道阿克达春集商捐银四千两发交归化城十五社铺商，以一分生息，充备书院公费，并更名启秀书院。据情奏明立案，所有前后发商银一万一千两，每月应交息银该商按照定期均交绥远城旗库兑收专作书院经费。"⑤

六、义学

有关归化城土默特地区义学设置时间，史料并无记载。《土默特志》卷4《法守》

---

① 绥远通志馆：《绥远通志稿》卷50《教育》（第59册），内蒙古自治区图书馆藏（稿本），第27页。
② 清光绪年间刊本影印：《土默特志》，台北：成文出版有限公司，1968年，第98页。
③ 绥远通志馆：《绥远通志稿》卷50《教育》（第59册），内蒙古自治区图书馆藏（稿本），第27页。
④ 绥远通志馆：《绥远通志稿》卷50《教育》（第59册），内蒙古自治区图书馆藏（稿本），第28页。
⑤ 刘鸿逵：《归化城厅志》卷4《学校》，内蒙古自治区图书馆藏（稿本）（第4册），第84—85页。

载:"自建□文庙,设义学以来,则渐习汉文矣。"① 似乎在文庙官学成立之时,义学就已经设立。据《归化城厅志》卷4《学校》载:"归化初有义学而无书院"②,"在学校未设、书院未建之前归绥道设有义学,创始无所考。至嘉庆八年(1803),始复兴建,于归绥道署后设置一所,自是遵行历久弗替,规模课程,略与书院相仿。非尽蒙学也。光绪十一年(1885),该在城四隅各设一所。"③ 可知,义学设立早于书院。而据"学校未设、书院未建之前归绥道设有义学"可知当在归绥道设置之时,归化城地区即有义学。嘉庆八年(1803),始复兴建,在归绥道署后设置一所,光绪十一年(1885)在归化城四隅各设一所。即光绪十一年(1885),归化城有义学五所。在书院创建之后,义学改为蒙塾,"迨后建立书院,而各义学遂为蒙塾之称矣"。④《归绥识略》卷13《义学》载:

> 古丰义学,创始无所考。嘉庆八年,长白德公纶以礼部郎中简任归绥道,念义学废弛日久,乃自捐廉俸,于署西北隅重建学舍一所,中楹奉至圣先师神位。东西各五楹,为生徒肄业所。时归化城理事同知西理纳、绥远城同知塔清阿、和林格尔通判继昌、萨拉齐通判札勒罕、清水河通判伊克坦布、托克托城通判善宝、绥远库大使周大鼎、归化巡检葛瀛三、萨拉齐巡检程天麟等,亦各输廉俸,共襄厥成。于九年春,延师主讲,取生徒三十人入馆受业,立定规条。每岁延两师主讲席,月各奉修脯银十两。学徒茶水,每月银三两。考课奖赏,每季八九两不等。德公又以需用颇多,恐难经久,因具禀抚宪伯公,议定规定岁捐银五十两,绥、和、萨、清、托五厅岁各捐银三十两,归萨二巡检岁各捐银十两,其余不敷银两,由归绥道自行捐足,毫不派累商民,并将条约碑文刊发各厅。……道光元年,归绥道岳任内,因包头巡检设立,将萨拉齐巡检应捐银十两,自二十年为始,著两巡检分摊,岁各捐银五两。二十五年十月,归化城钱行总领并散户四十九家,捐钱一千缗,为义学膏火之需。经护理归绥道潞安府知府多公慧等议,以义学赁宪居住,究非良策,即将钱易银四百两,价典本城西门外杨家巷路北房院一所,正房三间,有抱厦,东厨房三间,西厢房七间,东南房三间,西南房四间,大门一间。内除西套房三间,原典主自占。如蒙古原地主及原典主备价赎回,即禀明归绥道,饬归化厅验收银两,另行典买房院,典约存案。至行归

---

① 清光绪年间刊本影印:《土默特志》,台北:成文出版有限公司,1968年,第63页。
② 刘鸿逵:《归化城厅志》卷4《学校》,内蒙古自治区图书馆藏(稿本)(第4册),第80页。
③ 刘鸿逵:《归化城厅志》卷4《学校》,内蒙古自治区图书馆藏(稿本)(第4册),第87—88页。
④ 绥远通志馆:《绥远通志稿》卷50《教育》(第59册),内蒙古自治区图书馆藏(稿本),第30页。

化厅。①

据上所述,可知,归化城土默特地区义学创设时间由于文献记载缺失,无从考证,但是其创设时间应早于书院,可能早在乾隆时期就已经创设。而古丰义学的创设经费主要来自各厅官吏捐款,并将捐款发商生息,以作为办学经费。义学校舍原为租赁房屋,道光二十五年(1845),在西门外杨家巷典买房院一所,作为古丰义学校舍。该文献,同光绪十年(1884)十月十九日《申报》刊登《奎斌片》中有关于归化地方义学的记载其事是相合的:

> 归化地方旧有义学一处……因经费支绌,年久废弛,不足以训养童蒙……该道首先倡捐银五百两,并所属各厅同通佐杂,绅耆以及宝丰社钱商等均各踊跃捐助,前后共捐集银二万一千二十八两零。当就杨家巷义学旧基,添买隙地,重加修建。……又于城内四隅资赁庙房,公设义学四处。②

亦说明道光二十五年(1845),已经将古丰义学迁到杨家巷。而杨家巷由于年久失修,因此在杨家巷义学旧基,添买隙地,重新修建。又在城内四隅资赁庙房,公社义学四处。

《土默特志》第11卷《教育志》载:

> 义学是书院未设以前道、厅官员捐资兴办的免费学塾。1741年(乾隆六年)曾设古丰义学,后因经费不济"久废不举"。1803年(嘉庆八年)德纶以吏部郎中简任归绥道,念义学废弛日久,乃自捐廉俸,于署西北予隅重建义学一所,收生徒30名,延聘两师主讲。古丰义学起初在归绥兵备道后院(呼市一中校址),1812年(嘉庆十七年)迁往范家巷,1845年(道光二十五年)又迁往杨家巷,1877年(光绪三年),于义学地址改建文庙,义学迁至偏院。1885年(光绪十一年)改在城四隅各设义学一所,地址、规模无考。《重立归化城义学碑》说:"规模课程略于书院相仿,非尽蒙学也","其长者课以文艺,勉之黜华崇实……其幼者与之释经义,评记诵。"③

笔者按,《钦定大清会典事例》卷1135载《绥远城义学》:

> 绥远城义学:雍正元年议准,归化城土默特两旗,共设立学堂一所,教导兵丁子弟学习翻译。乾隆八年奏准,绥远城八旗左右翼,各设立义学一所。每翼于兵丁子弟内选取十人入学读书。以通晓蒙古言语翻译者二人为教习。十一年覆准,绥远城八旗

---

① 引自绥远通志馆:《绥远通志稿》卷50《教育》,内蒙古自治区图书馆藏(稿本)(第59册),第30—31页。
② 《申报》(上海版),1884年12月6日,星期六,清光绪十年甲申十月十九日,第9版。
③ 土默特左旗《土默特志》编纂委员会:《土默特志》(上),呼和浩特:内蒙古人民出版社,1997年,第763页。

义学，各增设清文教习一人。①

此处所载，应不是"义学"，而是土默特官学和绥远旗学。故《钦定大清会典事例》所载"绥远城义学"应为"绥远城官学"之误。

七、私塾

有关归化城土默特地区的私塾教育问题，晓克认为："土默特两翼文化知识的传播方式，当为对前代榜什（先生、老师）们教授生徒的教育传统的继承"，"有地位或财力雄厚者礼聘榜什教授本家子弟读书，颇与家塾相类似；殷实人家则数户合聘一位榜什向子弟传道授业，近似内地的私塾。除此之外，有些人家的尊长识文字，懂掌故，则自编教材教其子弟学习，系家学传承。"②《土默特志》卷11《教育志》载：

> 土默特地区的私塾约始于嘉庆年间（1796年前后）。归化城、绥远城以及各厅厅城，乃至土默川的一些较大村镇，都有私塾，……私塾情况多有不同。一些豪绅富户，独家聘用"冬烘"（塾师），教授自家孩子；一村之内，有时三五户小康之家，共聘一位塾师，开办村塾，一切费用（包括先生吃住费用）各家均摊；个别家境较宽裕的读书人，自家开办村塾，吸收附近蒙童入塾，借收学费；也有外地先生（多为山西人）来本地择地租房办塾的。……农村并非每村皆有私塾，因贫困无力延请塾师。塾师亦有能体谅学生而热忱教学的。道光中叶，山西平鲁人韩亨旋（恩贡生）来绥执教，1872年（同治十一年）病故，其门生与友好在归化城南茶坊为他立碑。1874年（同治十三年），山西代县廪贡生吴晓峰游历归化，1876年（光绪二年）设私塾，晚年主讲于土默特启运书院。1909年（宣统延年）其旅绥同乡及弟子于南茶坊为他树碑。③

私塾只教汉文，按不同程度可分为识字读物、启蒙读物、四书、五经、诗赋等。其教授方式主要为诵读和背诵。在一些资料中亦有关于归化城地区私塾师的记载，如《归绥县志·金石志》载《韩亨轩先生德教碑》载：

> 先生姓韩氏，讳嘉会，亨轩其号也，本省朔平府平鲁县恩贡生，因曾祖就馆兹土，遂家焉……二十二岁遂设教于本城玉皇阁……至于教授生徒，不计贫富，不论智愚，但有愤悱，即尽力启发……即为讲说，并于孝、悌、忠、信数大端，借篇章为捷

---

① 昆冈等修，刘启端等纂：《钦定大清会典事例》卷1135《绥远城义学》，续修四库全书（第813册），上海：上海古籍出版社，2002年，第634页。
② 晓克：《土默特史》，呼和浩特：内蒙古教育出版社，2008年，第389页。
③ 土默特左旗《土默特志》编纂委员会：《土默特志》（上），呼和浩特：内蒙古人民出版社，1997年，第768—769页。

劝。晚年从者益众……总计三十八年，教人子如己子，莫不望其上达，而恶其下流，所以门声中蒙古人固多显达。①

八、新式学堂

光绪二十七年（1901）清政府制定新学制，正式颁布《钦定学堂章程》，又称"壬寅学制"，将全国书院改为学堂，"设在省城的改为大学堂，设在府、厅及直隶州的改为中学堂，设在州县的改为小学堂。土默特地区的书院亦于1903年（光绪二十九年）先后改为学堂"。②《土默特志》卷4《法守》载：

> 绥远将军贻谷新开学堂，亦招蒙人，附课其中。……其学堂，经将军贻谷所筹。三十年，因新法起……是谓小学堂。三十一年，又设蒙养学堂一所，生额五十名，其经费自都统就地筹役外，由将军查有蒙旗欧脱地中，为四子王、察哈尔所争田，并达旗四成地又濒临黄河，最窊下之地二十顷，而汉民私垦，蒙民禁格者，均议作绥远学费，批归蒙学公费。③

据《绥远通志稿》卷51上《学校·省学》载：

> 光绪二十九年秋，古丰书院改为归绥中学堂，七厅儒学暂仍旧制，至宣统元年始裁撤。古丰书院，自光绪二十七年秋，盖顶月考课程，废止八股文、试帖诗，以经义、史论及时务策出题课士。并遵照新定学堂章程，就书院扩充斋舍，招生肄业。二十九年九月，归绥道朴寿就古丰书院地址款目，改设归绥中学堂，事属草创。规模狭小，仅收学生三十名，即以旧有院长为堂长，由道署派员督办。三十二年，归绥道胡孚宸到任，自兼督办，大加扩充。而归绥中学堂之始基以奠。本省学校，实权兴于此。书院既改学堂，月课之制仍旧举行，所以体恤寒士也。至三十一年底，岁科考场停止。宣统元年，最后拔贡试场后，七厅儒学始奉裁。盖为本省学务结束旧制开始新制之时期也。当中学堂开办后，并于中学内附设师范学堂，以养成校学之师资。附设模范高等小学堂，以作各厅办理小学之表率。而归、萨、托、和、丰、宁、清、五、兴、陶各厅，亦皆成立初高等小学堂，或就旧有义学改设，或则筹款创设。④

据此可知，归化城土默特地区书院改成学堂之后，其传统旧学依然存续了一定的时

---

① 郑植昌修，郑裕孚纂：《归绥县志》，中国边疆史志集成（第37册），北京：全国图书馆文献缩微复制中心，2002年，第464—465页。
② 土默特左旗《土默特志》编纂委员会：《土默特志》（上），呼和浩特：内蒙古人民出版社，1997年，第770页。
③ 清光绪年间刊本影印：《土默特志》，台北：成文出版有限公司，1968年，第63—64页。
④ 绥远通志馆：《绥远通志稿》卷51上《学校·省学》（第60册），内蒙古自治区图书馆藏（稿本），第1页。

间。这主要是因为,清末改定学制,使得本就缺乏的新学师资更加缺乏,且归化城土默特地处塞外,聘请能够传授近代科学知识的教师是非常不易的。因此虽然改定学制了,但是并不容易立刻改弦更张,而是要有一个过渡期,这个过渡期的长短,同本区域所能聘请到的师资有很大关系。

清末改定学制后,归化城土默特地区的书院进行改制,如启运书院改为土默特高等小学堂、文昌庙官学(蒙古书房)改为土默特第一初等小学堂、古丰书院改为归绥中学堂、启秀书院改为绥远中学堂。另外新建了一些新式学堂,如土默特蒙养学堂、土默特蒙小学堂、土默特第一初等小学堂、土默特第二初等小学堂、土默特第三初等小学堂(包头镇半日初级小学堂)、归化高等小学堂(归绥中学堂附设)、绥远城高等小学与初等小学堂(绥远中学堂附设)、归化回部学堂、绥远武备学堂、陆军小学堂、左右翼五路蒙养学堂等。①

另据署归化城副都统三多《奏筹设土默特两等小学堂情形折》也可看出其在归化城土默特地区学堂设置的大致情形:

> 奏为筹设土默特高等、初等小学堂、半日学堂,谨将办理情形,恭折具陈。仰祈。……前副都统文哲珲于光绪三十二年六月间,改归化城文庙旁满蒙官学为蒙小学堂一所,学额四十名,延聘监督一员,满蒙文教习各一员,司事一员,常年经费银九百两。……嗣改为高等小学堂,学额增至六十名。另在城东文昌庙内添设蒙小学堂一所,学额四十名,常年经费尚未筹妥。奴才去年抵任后,逐细考核,诸多阙略。且该旗广袤千里,户口繁衍,调查学龄儿童不下二千人,小学二所焉能普及。因于光绪三十四年七月间,将高等小学堂学额增至七十名,……常年经费约需银二千六百余两。又将蒙小学堂改名第一初等小学堂,增添学额,照章规划。并在城东关帝庙内添设第二初等小学堂一所,当年经费各需银四百余两。又恐离城窎远,就学为难。有距城三百里之包头镇,地处要街,人烟稠密,于光绪三十四年八月间,创设半日学堂一所,本年正月因学生年龄、功课均合小学堂之程度,遂改为初等小学堂。当年经费与城内初等小学堂相等。同时,又在萨拉齐厅暨毕克齐镇、察素齐镇设立半日学堂三所,以便贫苦儿童半耕半读,为教育普及之嚆矢。开办以来,生徒日众,固知雄边子弟非不乐收甄陶。至经费一项,除萨拉齐厅等半日学堂三所当年经费银各二三百两,均由就地筹款外,归化城高等小学堂一所,初等小学堂两所,包头镇初等小学堂一所,常年

---

① 土默特左旗《土默特志》编纂委员会:《土默特志》(上),呼和浩特:内蒙古人民出版社,1997年,第770—773页。有关上述各学堂学制、经费、教员、监督、课程等情况,可参阅高赓恩:《绥远旗志》卷6《绥远城各学堂表》,内蒙古自治区图书馆藏,第8—11页。

经费共需银四千两之谱。……仅有高等小学堂经费九百两不敷甚钜,拟由该旗煤炭窑厘项下照案动支,以济要需。①

在新式学堂成立之后,归化城土默特要求将在私学就读的生童转入新设的小学堂,如光绪三十四年(1908)十一月,学务股长《移请兵司转饬在私学就读之学生一并转送第二初小的咨文》,载:

> 学务股长奉领都为移请转饬遵照事,曾蒙大人面谕,现在添设土默特第二初等小学堂,拟于冬月二十六日开学,所有本旗官员、兵丁之子弟在私学读书者,届期一并传送本旗第二小学堂以便肄业等因。奉此,刻今第二小学堂设在小东街关帝庙内,校舍一应均已齐备,除将查明私学读书学生二十一名开单移请转传外,惟望届期学生早来入学,方不负恩宪整顿学务之至意。拟合移付。为此合移贵兵司,请烦查照,希即转传,勿致届期旷学。望速切速。须至移付者。右移付兵司。

光绪三十四年十一月十八日②

宣统元年(1909)间,归化城副都统三多要求十二参领转饬各佐筹设半日学堂,"惟兴学育才为当今之急务,查土默特旗在城虽设有高等、初等小学堂三所,包镇设有半日小学堂一所,止可临近村庄儿童就学,其穹远四邻各村镇之学龄儿童未能一并来城就学,致令向隅,实非教育普及之道,是以本署副都统亟思推广半日学堂,……奉旨允准在案……为此通谕兵户司学务股暨十二参领,转饬所属各佐,速即筹款,设立半日学堂"③。据此可知,归化城土默特地区兴建了许多新式学堂,但大多在城镇,边远各村镇学龄儿童并不能全部来城就读。为了普及教育,就需要在边远村镇设立学堂,考虑到本地生产生活的实际,在边远地区设立半日学堂是可行的,因此各佐筹款设立半日学堂。

其办学经费来自地租银、房铺银、罂粟税、煤炭窑厘、生息银等④,还有"蒙人粜籴粮油抽收斗秤捐"等款项。据光绪末年土默特旗务处《为蒙人粜籴粮油抽收斗秤捐充作学款的告示》载:"土默特旗高等学堂常年经费至数拟请此后各属蒙人在五厅所属粜籴粮油两项,照汉民一体抽捐粮案,每斗买主责主各抽钱五文,油每斛责主捐钱三文,

---

① 京外奏牍:《署归化城副都统三多奏筹设土默特两等小学堂情形折》,载于《学部官报》,1910年,第111期,第2—4页。
② 土默特左旗档案馆藏:归化城副都统衙门档案,学务股长《移请兵司转饬在私学就读之学生一并转送第二初小的咨文》,档案号:80—12—3502。
③ 土默特左旗档案馆藏:归化城副都统衙门档案,归化城副都统《通谕兵户司学务股并十二参领转饬各佐筹设半日小学堂》,档案号:80—12—3507。
④ 土默特左旗《土默特志》编纂委员会:《土默特志》(上),呼和浩特:内蒙古人民出版社,1997年,第768—769页。

将斗称捐由历解交旗库,款充作学分。"① 由于办学规模不断扩大,办学经费日趋紧张。据《土默特志》载:"惟高等小学堂经费由正项,停止巡警盘费项下开支银四百两。又由煤税补修军器项下开支六百串,其余不敷,与各校一并由煤窑厘项下动支。图书馆、阅报社经费由输捐布施项下支,其余半日学堂经费由斗秤捐并察毕二镇社捐项下支用,以上各学堂如有不敷,均由窑厘一成学费项下动发。"②

九、召庙教育

在归化城土默特地区的教育中,召庙教育是不可或缺的组成部分。乌云毕力格认为:"喇嘛教的寺院教育内容兼跨社会科学和自然科学两大类,涉及的学科很多,如语言、文学、哲学、宗教、艺术学、伦理学、义学、兽医学、建筑学、数学、天文、礼法等等,相当广泛。"③ 入清以后,归化城土默特地区寺庙逐渐增多,出家的喇嘛也逐渐增多。这些出家的喇嘛在寺庙中获得了一定的受教育的机会。"蒙地寺庙林立,并且喇嘛的数量出现了一个日趋上升的态势。在大环境的影响下,寺庙里的喇嘛高僧们没有别的选择,只好去弘扬固有的传统,承担了教学科研的重任,培养造就了一批批小喇嘛,有效地延续了黄教的香火。正因为如此,当时的寺庙就成了一座佛教学院,并且聚集了很多聪颖的蒙古少年,向他们传授了高深莫测的佛教理论。"④ 归化城土默特地区的五当召,就是内蒙地区有名的佛学召庙,在召庙中专门设有供喇嘛们学习经典、研究佛学的札仓(学塾)。这些出家为喇嘛的蒙古人大多是家境贫寒,没有条件接受教育的蒙古人,他们"通过一代代地出家为僧的方式学得知识和技能使古老的文化得以延续下来。在古代末期整个蒙古地区的文化和教育史就是在喇嘛教的旗帜下走过来的"⑤。

总之,归化城土默特地区的教育从无到有,从私塾、义学到官学、书院,再到新式学堂,其间经历了一个较为漫长的过程。而这个过程是归化城土默特地区逐渐发展演化过程的一个缩影。归化城土默特地区的教育事业的发展,对本地区文化的发展传承,以及本地区人民物质文化生活水平的提高,都起到了十分重要的作用。而文化教育发展的

---

① 土默特左旗档案馆藏:归化城副都统衙门档案,土默特旗务处《为蒙人粜籴粮油抽收斗秤捐充作学款的告示》,档案号:80—6—1183。
② 土默特左旗《土默特志》编纂委员会:《土默特志》(上),呼和浩特:内蒙古人民出版社,1997 年,第 574 页。
③ 乌云毕力格等:《蒙古民族通史》(第 4 卷),呼和浩特:内蒙古大学出版社,1993 年,第 414 页。
④ 王风雷:《蒙古族全史》(教育卷下)第 17 章《清代蒙地寺庙教育》,呼和浩特:内蒙古大学出版社,2013 年,第 851 页。
⑤ 乌云毕力格等:《蒙古民族通史》(第 4 卷),呼和浩特:内蒙古大学出版社,1993 年,第 414 页。

同时，进一步促进了归化城土默特地区的民族融合。

第三节　归化城土默特地区的司法问题

清代归化城土默特地区是多民族聚居之区，在各族人民交往过程中，难免会发生各种法律问题，这一地区法律问题的处置，关乎本地区稳定的大局。为此清政府在进一步限制归化城都统（副都统）权力的前提下，进一步扩大绥远城将军的职权，归绥道及所属各厅的设置，又进一步加强了山西巡抚的职权。归化城都统、绥远城将军及山西巡抚虽然在本地区法律问题上需要互相配合，但却有一定的互相钳制的因素在其中。

一、归化城土默特司法问题的处理程序及制度

归化城副都统衙门档案中，据笔者统计大约有 4688 件司法案卷，除了土地水利纠纷外（有关水利、土地纠纷详见上文），以偷盗四项牲畜案件居多。如《清高宗实录》卷 115 乾隆五年（1740）四月辛卯条载：

> 绥远城建威将军伯伊勒慎奏，查杀虎口至归化城及绥远城二处，旷野地方，多有奸匪拦路劫夺。而城外关厢左右，贼匪逃匿颇多。当即签差缉捕，内有京中逃犯十九名。又查归化城所属之土默特地方，并有蒙古人潜行窃盗，案件累累。而归化城都统所派之章京等，徇庇蒙古，并不据实办理。以非臣本管，又未便差人缉拿。①

《清高宗实录》卷 115 乾隆五年（1740）四月丁酉条载：

> 朕闻得归化城一带，近来盗案颇多，或于道路肆行劫夺。各案内多系土默特蒙古，该同知间或缉获，而归化城都统等，派出会审之员，又未免袒护蒙古，不据实办理，以致积案未结。嗣后归化城土默特等处盗案，著绥远城建威将军一并管理，务于平时严行查缉，以靖地方。②

据此可知，在乾隆五年（1740）四月以前，归化城土默特地区抢劫、盗案发生十分频繁。对这些盗案的处理，是由归化城都统派出章京审理。由于偷盗案犯多系土默特蒙古，因此归化城都统派出会审人员难免会偏袒蒙古，不据实办案。故乾隆五年（1740）四月，规定归化城土默特等处盗案，由绥远城将军一并管理。笔者认为，虽然可能存在归化城都统派出章京在办案过程中徇私情况，但却是绥远城将军与归化城都统争权的一种反映。也是清政府借此剥夺归化城土默特两翼司法权提供了凭据。绥远城将军乘机扩

---

① 官修：《清高宗实录》卷 115，乾隆五年四月辛卯条，北京：中华书局，1985 年，第 685 页。
② 官修：《清高宗实录》卷 115，乾隆五年四月丁酉条，北京：中华书局，1985 年，第 693 页。

权,不仅将对偷盗、抢劫案进行管理,而且对巡道、同知、协理等官承办案件进行管理。据《清高宗实录》卷163乾隆七年(1742)三月辛巳条载:

> 吏部议覆,山西巡抚喀尔吉善奏称:口外归化、绥远二城,应照内地之例。凡巡道、同知、协理等官承办案件,有应查取职名者,均归巡抚,以一体制,毋庸将军查处。应如所请。从之。①

绥远城将军的扩权行为,不仅影响到归化城土默特两翼,同时对山西巡抚职权的执行亦产生一定影响。鉴于此,山西巡抚喀尔吉善要求凡是巡道、同知、协理等官承办案件,归于巡抚管辖。据《钦定大清会典事例》卷997《理藩院·刑法》载:

> (乾隆)三十五年奉旨,嗣后归化城土默特命盗重案,著绥远城将军亲往归化城覆审后,再行定拟。②

据《土默特志》卷7《政典考》载:

> 归化城各同知、通判承办蒙古与蒙古交涉命盗等案,由该同知、通判处验讯通详,呈请绥远城将军就近与土默特之参领等官会审,起限由将军处咨院,具奏完结。蒙古与民人交涉命盗等案,亦呈请将军就近与土默特参领等官会审,起限由山西巡抚咨会具奏完结,于各扎萨克等旗分行取会审官员之处,永行停止。结案后,将审拟之处,由归绥道衙门行知该扎萨克。③

归化城土默特地区为蒙古、满洲、汉人杂居之处,各民族在杂居相处过程中,难免会产生纠纷,因此有关涉及蒙古与民人交涉命盗等案,需要呈请绥远城将军与土默特参领等官会审。在归化城副都统衙门档案中,具体负责处理案件有兵司、户司、各厅同知、各厅通判、归绥道、归化城都统(副都统)、绥远城将军等。一般而言,驻防八旗兵丁之间的诉讼案件,由绥远城兵司负责审理;旗民交涉案件则由绥远城同知衙门负责审理;汉民之间或蒙汉之间的案件,则由归绥道及各厅衙门审理,有时归绥道及各厅衙门也受绥远城将军及归化城副都统之命审理单独蒙古案件。

审理案件的一般程序,可以分为一般案件和命盗重案。一般案件,"由主管衙门传集原告、被告,主管官员根据例、律做出判决即可结案。唯土地、房产纠纷等案,道厅往往咨文土默特户司,详细查明某地是否是某人之原拨户口地亩,以凭断结。各厅须按

---

① 官修:《清高宗实录》卷163,乾隆七年三月辛巳条,北京:中华书局,1985年,第50页。
② 昆冈等修,刘启端等纂:《钦定大清会典事例》卷997《理藩院·刑法》,续修四库全书(第811册),上海:上海古籍出版社,2002年,第867页。
③ 清光绪年间刊本影印:《土默特志》,台北:成文出版有限公司,1968年,第136—137页。

年（季）将其承办之蒙汉涉讼案件审结情况呈报副都统注销。"① 据乾隆四十二年（1777）十二月，归化城同知《申报办理过蒙民交涉案件清册》载：

> 归化城蒙古民事同知，为详请注销事：遵将阜厅衙门办理过蒙民交涉案件逐一查明，理合造册呈送注销。须至册者。计开：……一件，发审事：乾隆四十一年十月初十日，蒙都统大人饬审民人姚建富偷窃蒙古什拉玛牛只一案，前件业经前厅撤函会审明确，将该犯依照蒙古偷盗四项牲畜一、二匹例，发往山东、河南等省，交驿地充当苦差等情，详解审转去后，于乾隆四十二年八月初一日，奉准部覆。查该犯事犯到官，在乾隆四十一年五月初二日恭逢恩诏，以前所得遣罪减为杖一百，徒三年等情，奉院宪批饬，将该犯押发赵城县驿完结在案，理合注销。②

如果各厅本年（季）度没有蒙民交涉事件，也要申报，如乾隆三十二年（1767）十一月，清水河通判《申报本厅已结未结案件清单》，载："秋季并无已结蒙民交涉案件，无凭造报。"③

命盗则是重案，其审理程序："各厅同知、通判将承办蒙古与蒙古交涉案件验讯通详，呈请绥远城将军，就近与土默特参领等官会审定拟，再由归化城副都统、归绥道员会勘明确，咨报绥远城将军复审。蒙古与民人交涉命、盗案件，亦呈请将军就近与土默特参领等官会审定拟。凡拟斩、绞各犯，属于蒙古，由将军转咨理藩院复核具奏完结；属于民人，则由山西巡抚咨部复核具奏完结。"④ 有关其审理案件程序，《大清现行新律例》之《大清现行刑律案语断狱下》载：

> 一、归化城各协厅所属，遇有呈报命案到官，即令该通判星往，验明填格，录供通详。仍照例详请都统派委蒙古官员，会同审拟，毋庸详派会验，致滋稽延。倘该通判等相验不实，以及迟延贻误，令该管上司，分别参处。臣等谨按，此条系乾隆二十九年山西按察使蓝钦奎条奏定例，专为归化城各厅相验命案而设。查归化各厅向来办法，凡蒙民交涉命案会审而不会验，内地商民在厅犯有命案，即由各该厅自行审办，既不会验亦不会审。应于例内修改明晰，俾资遵守。……又查乾隆二十五年，理藩院覆准。归化城同知、通判，承办蒙古命盗等案及蒙古民人交涉命盗事件，由该厅呈报

---

① 土默特左旗《土默特志》编纂委员会：《土默特志》（上），呼和浩特：内蒙古人民出版社，1997年，第475页。
② 土默特左旗档案馆藏：归化城副都统衙门档案，归化城同知《申报办理过蒙民交涉案件清册》，档案号：80—4—1136。
③ 土默特左旗档案馆藏：归化城副都统衙门档案，清水河通判《申报本厅已结未结案件清单》，档案号：80—4—1100。
④ 土默特左旗《土默特志》编纂委员会：《土默特志》（上），呼和浩特：内蒙古人民出版社，1997年，第475页。

绥远城将军。定案时，分别由将军、巡抚咨院奏结。三十一年，议准归化城土默特两旗命盗重案，由归化城参领会同同知审拟，该参领呈报副都统，该同知申报归绥道。三十五年，又定有绥远城将军亲往审，拟之制，应将都统二字改为该管上司较为核备。至相验不实，律应参处。凡系命案，皆然，不应独见于此。并应节删以及二字亦应删去，分别应改查明。谨将修改例文开列于后。"一归化城各协厅所属，遇有蒙古民人交涉命案，呈报到官。即令该厅员星往，验明填格，录供通详，仍照例详请该管上司，派委蒙古官员会同审拟，毋庸详派会验，致滋稽延。倘该厅员等迟延贻误，令该管上司查明参处。其内地商民在厅犯有命案，即由该厅员自行审办。"①

蒙古地区的司法制度，刘广安在《清代民族立法研究》对"首告和人誓""审断、留养、收赎和遇赦""监禁和递解""疏脱、捕亡和限期"等进行了论述。② 在归化城副都统衙门档案中，亦有相关档案：定期会审如乾隆三十五年（1770）十一月，萨厅通判《为将盗犯董多布所供之色布登查获后再约日会审的呈文》③；"留养"，如乾隆四十六年（1781）十二月，归化城副都统《传刑部对杀人独子留养处理办法的咨文》④；"遇赦"，如光绪三十四年（1908）十二月，理藩部《转法部咨蒙古遇赦酌入缓决人犯查核报部的咨文》⑤；"监禁"，如乾隆五十七年（1792）四月，归化城同知《为查明四子王旗所送偷盗喇嘛纳旺林臣马匹之犯散都克监禁事的呈文》⑥；"递解"，如雍正十年（1732）一月，归化城都统《为会审事请将脑赖等案犯入旗押解来城的咨文》⑦；"疏脱"，如乾隆四十九年（1784）三月，萨拉齐通判《详报会审根栋杀死解永太押解人员疏脱人犯书册》⑧；"捕亡"，如乾隆五十七年（1792）七月，兵司《为追捕逃跑披甲萨音胡比图的呈文》⑨；"限期"，如乾隆五十六年（1791）三月，兵司《为限期查拿盗延寿寺马匹贼的呈文》⑩ 等。审断一般按照上述断案程序进行办理。而留养则是根据犯罪性质的轻重，罪犯家庭情况确定，如果是亲老丁单，则准其留养。而收赎则是准许蒙古地区的犯人，根据其犯罪轻重，准许用财物来抵销其刑罚，一般规定用牲畜（"三九"至"九九"牲

---

① 沈家本：《大清现行新律例》之《大清现行刑律案语断狱下》，清宣统元年排印本，第946页。
② 刘广安：《清代民族立法研究》，北京：中国政法大学出版社，2015年，第32—37页。
③ 土默特左旗档案馆藏：归化城副都统衙门档案，档案号：80—28—1630。
④ 土默特左旗档案馆藏：归化城副都统衙门档案，档案号：80—4—1210。
⑤ 土默特左旗档案馆藏：归化城副都统衙门档案，档案号：80—4—1789。
⑥ 土默特左旗档案馆藏：归化城副都统衙门档案，档案号：80—30—169。
⑦ 土默特左旗档案馆藏：归化城副都统衙门档案，档案号：80—38—641。
⑧ 土默特左旗档案馆藏：归化城副都统衙门档案，档案号：80—4—1269。
⑨ 土默特左旗档案馆藏：归化城副都统衙门档案，档案号：80—29—2318。
⑩ 土默特左旗档案馆藏：归化城副都统衙门档案，档案号：80—30—164。

畜）收赎。"遇赦"是关于蒙古地区犯罪准否减免刑罚方面的规定。

《土默特志》卷7《政典考》对限期和疏脱进行了记载：

地方人命盗劫案内逃脱蒙古人犯，该同知通判详报后，由该副都统委派土默特官兵承缉，自派出之日起，命盗案犯初次勒限六个月，逾期不获，将承缉不力之员记过一次，展限一年，缉捕二次，逾限不获，将承缉不力之员，一年之内应升之处，停其开列，再限一年。缉捕三次，逾限不获，将承缉不力之员罚五牲畜。承缉偷盗等项案内逃脱人犯，初次勒限六个月，逾限不获，将承缉不力之员一年之内应升之处，停其开列，仍报部注册。其未获人犯通行缉捕。如一年之内将原案人犯全行缉获，其停升之处，准予开复，应升之缺，照常列名。其续派接缉之员，逾限不获，亦记过一次。地方各案逃脱蒙古人犯，其不知旗分佐领者，另行派员承缉。如知其旗分佐领实系土默特人犯，即责成该佐领照承缉之例勒限缉捕，逾期不获，亦分别记过停升。既经处分之后，能将原缉人犯全行缉获者，报院开复，免其停升于应升之处，照常开列。如知该犯系别旗之人，一面派员缉捕，仍行令该扎萨克严拿治罪。如人犯在该旗地方藏匿，不行缚送，经归化城官员访获或被他人首出，罚该旗扎萨克一九牲畜，奖赏缉获出力之人。如非别旗人犯，捏报别旗者，俟拿获人犯，审明后，将捏报之员照窝隐盗贼例议处。官员承缉各案蒙古逃犯，逾限不获，应罚牲畜，逐案各限一年交出，将所罚牲畜存公，以备奖赏急公效力之人。该员等虽经处分，如能将原案人犯全行缉获者，其记过之案，准其查销。未纳牲畜，免其交纳。承缉蒙古逃犯之员，初次限内，将盗犯全行缉获者，准其记录三次。如缉获他人承缉之犯，准其加一级。命案人犯全行缉获者，准其记录二次，如缉获他人承缉之犯，准其记录三次。劫窃等案人犯全行缉获者，准其记录一次。如缉获他人承缉之犯，准其记录二次，并一次酌给牲畜以为奖赏。如遇应罚五牲畜之案，一案准其记录一次，抵销四案。准其以加一级抵销一切。升迁准计加级记录办理。内扎萨克喀尔喀等处移覆旗下咨文定限：地方之命盗案内有关提内外扎萨克等旗之人犯及咨查事故，并特令缉拿者，喀尔喀四部落定限六个月，内扎萨克各旗定限四个月。该扎萨克等如逾限推诿，不将人犯解送，不即查覆案情，迁延时日者，由承办官申报该上司，即行指名参奏报院，分别议处。①

疏脱则是关于疏脱人犯、截留奉提人犯、抢夺人犯、隐匿逃人、隐匿人犯、疏纵逃人等方面的规定。捕亡则是追捕、捉拿逃犯的规定。限期是关于蒙古地区缉捕逃犯所作出的期限方面的限定，根据不同的地区作出不同的时间限定，可以有展限。但违限则要对承办人员处以交纳牲畜的处罚。监禁和递解则是关于关押和解送罪犯的制度。在押解

---

① 清光绪年间刊本影印：《土默特志》，台北：成文出版有限公司，1968年，第137—141页。

犯人的时候,要发给押送人员牌照。如乾隆五年（1740）四月,归化城都统《押送犯人进京的牌照》载：

> 归化城都统,为解送犯人事,照得本都统差委骁骑校奔着布、四子部落着委骁骑校萨忽拉押解犯人四名,前往理藩院衙门解送。诚恐道路歇宿处所,倘有疏虞,均干不便,为此给照,仰差员执此前往。凡所经过地方,文官派校四名,武员拨兵四名互相押解,昼则护送,夜则巡逻。勿疏虞。执照官弁亦不许借端滋事,甚切。须至解者。右牌仰骁骑校奔着布、萨忽拉,准此计押解犯人四名荼独忽拉、班第、黑儿章阿第锁镣链俱全都统□（骑缝字）
>
> 乾隆五年四月日①

此为归化城都统将四名犯人押解进京,由理藩院负责审理。该件档案中说明由归化城都统委派一名骁骑校、四子部落委派一名骁骑校,由于在押解过程中需要住宿休息,担心发生意外,故发给骁骑校执照,路经地方,要求"文官派校四名,武员拨兵四名互相押解,昼则护送,夜则巡逻"。但不允许骁骑校借端生事。显然这也是对押解犯人的重视,防止途中出现意外,造成押解犯人疏脱。

二、偷盗四项牲畜案件

本地区的偷盗案件主要表现为偷盗马、牛、羊、驼、驴等牲畜。如乾隆十一年（1746）十二月,归化城都统《为将偷僧徒扣家牛之犯西拉布拟罪的呈文》②；乾隆五十六年（1791）三月,兵司《为限期查拿盗延寿寺马匹贼的呈文》。③ 当然亦有偷盗其他东西的情形,如乾隆三十二年（1767）十月,广福寺《为请拿盗寺内宝瓶贼的呈文》。④ 此类案卷数量甚多。以丁宫小子偷盗牛案为例：在归化城副都统衙门档案中,有关丁宫小子偷牛案有四个卷号,分别为乾隆四十五年（1780）十一月十六日,萨拉齐通判《申报会审盗牛犯丁宫小子盗牛一案》；乾隆四十六年（1781）二月十一日,归绥兵备道《订期会审丁宫小子盗牛案的咨文》；乾隆四十六年（1781）二月八日,萨拉齐通判《呈报丁宫小子盗牛案详情》；乾隆四十六年（1781）二月十六日,归绥兵备道《会审丁宫

---

① 土默特左旗档案馆藏：归化城副都统衙门档案,档案号：80—4—1048。
② 土默特左旗档案馆藏：归化城副都统衙门档案,归化城都统《为将偷僧徒扣家牛之犯西拉布拟罪的呈文》,档案号：80—30—45。
③ 土默特左旗档案馆藏：归化城副都统衙门档案,兵司《为限期查拿盗延寿寺马匹贼的呈文》,档案号：80—30—164。
④ 土默特左旗档案馆藏：归化城副都统衙门档案,广福寺《为请拿盗寺内宝瓶贼的呈文》,档案号：80—30—89。

小子偷牛案并解按察司核审的咨文》等。① 据案卷可知，审理丁宫小子盗牛案，是由萨拉齐通判具体承办，由归绥兵备道订期会审的。关于该案件详情，萨拉齐通判《呈报丁宫小子偷牛案详情》中载：

> 卷查乾隆四十五年十月十六日，据卑属公布村蒙古伍把什禀称：原小的有牛九只，在地撒欢，于本月十一日失去九岁口红花乳牛一只，四处寻找，十二日在托属三间房村，见不识姓名二人在一肉铺将小的失牛业经宰毙剥皮，小的认获牛头，并将不识姓名二人俱交给该村蒙古甲头必力贡、汉甲头崔姓看守，理合禀明拘究等情。据此，除会讯并复审供情备录书册外，该萨拉齐通判智常审得丁宫小子偷盗蒙古伍把什牛只一案，缘丁宫小子籍隶崞县，寄居卑属苏家营村佣趁度日。丁宫小子曾浼崔恒光代为赊取布匹，欠钱一千四百五十文，屡索未还。乾隆四十五年十月十一日将晚时分，丁宫小子路经公布村，瞥见野地牧放牛只无人看守，起意偷窃，偿还布钱。即在牛群内窃得红花乳牛一只，拉至三间房村给与崔恒光作价抵欠。崔恒光因无钱找给，除将牛只卖给董廷举宰割得价，扣除布钱，其余给予丁宫小子收回花用。旋经事主伍把什跟寻，瞥见董廷举宰割原牛，认获具报，移文丁宫小子到案，订期申请委员会讯通详。奉批饬审，遵复提犯研鞫。据供前情不讳。恐有窝移窃劫别案，以及知情分赃各情事，严诘不移，似无遁情。
>
> 查蒙古例载：偷窃蒙古四项牲畜，数止一二者，发山东、河南等省。例应发山东、河南等省，交驿站充当苦差。丁宫小子行窃牛只，该犯之父丁福喜并不知情，此外讯无窝伙窃劫别案并同居兄弟伯叔等知情分赃情事，应毋庸议。该犯在村外野地行窃牛只，并未偷拉回村，甲头张顺无从考察，请免置议。崔恒光、董廷举均讯无知情分赃情事，亦毋庸议。赃牛业已起获给主认领附卷，其丁宫小子所得卖牛钱文在于该犯名下，照追给领。是否允协，除将贼犯丁宫小子详解归绥道审转外，所有招解日期，理合具文详报都统大人查核备案。为此备由另册具申，伏乞照详施行，须至申者。右申归化城等处地方都统。管理绥远城官兵事务加一级记录三次积。
>
> 乾隆四十六年二月初八日
>
> 通判智常、巡检钟鋐、经承毕天成②

档案所载丁宫小子为"籍隶崞县，寄居卑属苏家营村佣趁度日"，其偷盗的牛只为蒙古人所拥有，那么这件案件应为蒙汉交涉事件，应由归绥道统管。档案所载该案件也

---

① 土默特左旗档案馆藏：归化城副都统衙门档案，档案号：80—4—1166、8—4—1173、80—4—1176、80—4—1181。
② 土默特左旗档案馆藏：归化城副都统衙门档案，萨拉齐通判《呈报丁宫小子偷牛案详情》，档案号：80—4—1176。

是由归绥道统管，由萨拉齐通判具体负责审理。

清政府有关偷盗牛只的法律，有"蒙古盗窃四项牲畜例"，凡是类似案件均照此办理。"蒙古盗窃四项牲畜例"亦经过一定的修改。在乾隆二十四年（1759）之前，凡是盗四项牲畜，均为"拟绞立决"。《钦定大清会典事例》卷791《刑部·刑律贼盗》载：

> 凡民人在蒙古地方偷窃四项牲畜者，俱照蒙古例为首拟绞监候，抄没家产，遇秋审一体折枷，为从鞭一百，罚三九牲畜，俱免其刺字。①

此为乾隆十四年（1749）关于偷盗四项牲畜之律例，亦有照此例办理之偷盗四项牲畜罪犯。如《清高宗实录》卷438乾隆十八年（1753）五月辛酉条载：

> 军机大臣奏：张家口牛羊群总管惠色等，审拟蒙古贼犯朋苏克偷盗塞楞达什马匹，贿通汛兵刘成私放进口一案。详核案情，非蒙古积匪，无由熟悉径路；非兵丁通同，不能越进关隘。刘成应照驻扎外边官兵偷盗蒙古马匹例，拟绞立决。朋苏克兼有另案偷窃，应照盗蒙古四项牲畜例，拟绞立决。②

"盗蒙古四项牲畜"则被处以绞立决的处罚，这项法律显然是过于严苛。故乾隆二十四年（1759），对这项律例进行了一定的修改。据《清高宗实录》卷596，乾隆二十四年（1759）九月戊午条载：

> 又谕：蒙古人等皆赖牲畜度日，故定拟偷窃牲只之罪，较内地加重。但今之蒙古律，凡偷窃无多之犯，拟绞监候，数年后仍减等释放，此辈习于为盗，一经释放，仍在蒙古地方，偷窃为害。嗣后此等贼犯，若行窃甚多，情节可恶者，当即入于情实。其情罪尚轻者，亦按偷牲多寡，量其远近，分别发往内地，则蒙古地方，既可肃清，而匪徒亦知警惕。其应如何改拟之处，刑部会同该院议奏。寻会议，嗣后蒙古等除抢夺四项牲畜、杀人伤人者，仍照旧例办理外，如偷十匹以上，首犯拟绞监候，秋审时入于情实，六匹至九匹发云贵、两广烟瘴地方，三匹至五匹发湖广、福建、江西、浙江、江南等处，一二匹发山东、河南等处交驿充当苦差。其民人在蒙古地方偷窃九匹以下者，照此分别充军，为从人犯仍照旧例办理。③

此例改为根据偷盗四项牲畜数量多寡，给与不同的处罚，显然较"绞立决"有很大的进步。同时由于"羊"较"马""牛""驼"等牲畜小，属于"小畜"，对此，在律例中亦规定了一定的折算标准。据《钦定大清会典事例》791《刑部·刑律贼盗》载：

---

① 昆冈等修，刘启端等纂：《钦定大清会典事例》卷791《刑部·刑律贼盗》，续修四库全书（第809册），上海：上海古籍出版社，2002年，第666页。
② 官修：《清高宗实录》卷438，乾隆十八年五月辛酉条，北京：中华书局，1985年，第707页。
③ 官修：《清高宗实录》卷596，乾隆二十四年九月戊午条，北京：中华书局，1985年，第645页。

> 羊只系属小畜，以羊四只作牛马驼一只，计算科罪。①

如果盗羊不足四只，则不能折算成牛、马、驼，清律对此亦有规定。《钦定大清会典事例》791《刑部·刑律贼盗》载：

> 窃羊不及四只者，首犯鞭一百，为从同窃分赃者，鞭九十。其虽曾共谋、未经同行仅于窃后分赃者，鞭八十。②

据相关律例关于偷盗四项牲畜的处罚，丁宫小子偷盗牛一头，故应照例发山东、河南等省交驿站充当苦差。因此萨拉齐通判据例所拟处决是恰当的。档案所载"该犯之父丁福喜并不知情"，亦没有"窝伙窃劫别案"，其"兄弟伯叔"并不知情，因此没有对其进行处置。由于是在野外偷牛，并没有将牛拉回，因此该村甲头张顺免于处置。债主崔恒光、屠牛人董廷举两人并不知道该牛是偷窃的牛，也没有参与分赃，因此没有处分。在偷盗四项牲畜的处罚条例中，关于从犯处置的规定，《钦定大清会典事例》791《刑部·刑律贼盗》载：

> 偷窃蒙古牛马驼羊四项牲畜，如数至三十匹以上者，不分首从，拟绞监候。秋审时俱拟入情实。其为从，未经同行，仅于窃后分赃者，减发云贵、两广烟瘴地方。二十匹以上者，首从俱拟绞监候，秋审时，将为首者入于情实。为从同窃分赃者入于缓决；其虽曾共谋，未经同行，仅于窃后分赃者，减发湖广、福建等处。十匹以上者，首犯拟绞监候，秋审时入于情实。为从同窃分赃者，发云贵、两广烟瘴地方；其虽曾共谋，未经同行，仅于窃后分赃者，减发山东、河南等处。六匹至九匹者，首犯发云贵、两广烟瘴地方；为从同窃分赃者，发湖广、福建、江西、浙江、江南；其虽曾共谋，未经同行，仅于窃后分赃者，鞭一百。三匹至五匹者，首犯发湖广、福建、江西、浙江、江南；为从同窃分赃者，发山东、河南；其虽曾共谋，未经同行，仅于窃后分赃者，鞭一百。一二匹者，首犯发山东、河南；为从同窃分赃者，鞭一百；其虽曾共谋，未经同行，仅于窃后分赃者，鞭九十。③

照办案程序"除将丁宫小子解送归绥道审转外"，"所有招解日期"应当"具文详报"归化城都统查核备案。因此需要另具册报归化城都统（副都统）绥远城将军。

归化城副都统衙门档案中的"偷盗四项牲畜案件"为数甚多，说明此类案件在当地

---

① 昆冈等修，刘启端等纂：《钦定大清会典事例》卷791《刑部·刑律贼盗》，续修四库全书（第809册），上海：上海古籍出版社，2002年，第667页。
② 昆冈等修，刘启端等纂：《钦定大清会典事例》卷791《刑部·刑律贼盗》，续修四库全书（第809册），上海：上海古籍出版社，2002年，第667页。
③ 昆冈等修，刘启端等纂：《钦定大清会典事例》卷791《刑部·刑律贼盗》，续修四库全书（第809册），上海：上海古籍出版社，2002年，第667—668页。

频发，一方面说明人们的生活比较困难，另一方面亦说明清政府对"偷盗四项牲畜"之犯虽然进行了非常严厉的处罚，但是并没有杜绝该类案件的发生。

三、赌博案件

赌博案件，在本地区较为常见，但清政府对赌博是严厉禁止的。自天聪年间，清政府就发令禁止赌博。据《清太宗实录》卷11，天聪六年（1632）正月己卯条载：

> 己卯，谕管刑部事贝勒济尔哈朗曰：近闻游惰之民，多以赌博为事。夫赌博者，耗财之源，盗贼之薮也。嗣后凡以钱及货物赌博者，概行禁止，违者照例治罪。①

此后，康熙朝亦颁布禁止赌博的谕令，《清圣祖实录》卷26，康熙七年（1668）六月丁丑条载：

> 谕刑部：严禁赌博，向有定例。近闻官民有以此为事者，废弃本业，倾败家产，深属可恶。此皆该管官员稽察不严，或徇情护庇，不行发觉所致。嗣后满汉官员、军民人等有赌博者，该管官不行察出，事发审实，作何严处。旁人首告者，作何赏给。至樗蒱等物乃败坏人性，导引为非之具。将此货卖亦属可恶，作何严行禁止之处。一并详议。②

这是康熙皇帝要求刑部制定惩处参与赌博人员及稽查不严之官员的惩处办法。显然，康熙皇帝要对参与赌博之人进行处罚的。虽然颁布严禁赌博的律令，但"赌博虽禁，悠然未止"。③雍正二年（1724），谕令刑部：

> 赌博案内，有将该旗大臣官员一并议处之例。但都统等并无捕役，其该旗人或于僻处赌博，伊等从何知之。若因一人犯赌，该旗大臣官员一并议处，似觉太重。著再议奏。寻议：嗣后失察赌博之都统、副都统至五次者，罚俸一月；三次者，参领罚俸一月；佐领及骁骑校，罚俸一月。包衣佐领下处分亦照此例分别治罪。家人犯赌，其主如系官员，亦罚俸两月，闲散人笞二十五。该管官免其议处。至专司查赌，有捕役之员，其处分仍如旧例。④

雍正年间不仅仅禁止赌博，同时规定："京城内外及各省地方官，将纸牌、骰子悉行严禁，不许货卖。违者重治其罪。尝有窝赌之家，诱人入局以取其利，嗣后准输钱之人自行出首，免其赌博之罪，仍追还所输之银钱""若有司官员斗牌赌博，著该管上司及该督抚指名题参""旗人制造纸牌骰子售卖者，照光棍为从例，拟绞监候""民人之制

---

① 官修：《清太宗实录》卷11，天聪六年正月己卯条，北京：中华书局，1985年，第155页。
② 官修：《清圣祖实录》卷26，康熙七年六月丁丑条，北京：中华书局，1985年，第361—362页。
③ 官修：《清圣祖实录》卷44，康熙十二年十一月辛丑，北京：中华书局，1985年，第583页。
④ 官修：《清世宗实录》卷17，雍正二年三月庚辰，北京：中华书局，1985年，第285页。

卖赌具及赌博者,以充发杖流分别拟罪。至官员赌博者,革职,永不叙用。"① 这从赌具制作渠道、赌具货卖渠道、赌场等方面,对从事相关事项的人员进行惩处。在《钦定大清会典事例》卷131《吏部·处分例·赌博》中,详细记载了有清一代,对赌博行为的处罚条例。据其记载,清政府在1655年、1668年、1676年、1691年1726年、1729年、1732年、1734年、1735年、1739年、1740年、1748年、1753年、1756年、1765年、1766年、1772年、1779年、1786年、1800年、1802年、1865年等年份,均有关于严禁赌博的禁令。② 这一方面说明清政府对赌博严禁,同时又说明赌博事件是屡禁不止的。清廷虽然有严厉的处罚措施,但是并没有很好地执行下去。

在归化城副都统衙门档案中,有22件关于赌博的案卷:雍正年间有2个案卷,分别为雍正十二年(1734)八月,归化城都统《札付理事同知为韩士富并未赌博结案事》、归化城都统《札付理事同知审结王富正等赌博一案》。③ 乾隆年间16个案卷,分别为乾隆元年(1736)三月,归化城都统《为解送赌徒张兴忠等人事札付归化城同知》、归化城都统《为解送赌徒张江等人事札付归化城同知》归化城都统《为解送赌博民人袁五等人事札付归化城同知》;乾隆元年(1736)四月,归化城都统《为解送赌博民人刘早云等人事札付归化城同知》、归化城都统《为解送赌博民人韩志福等人事札付归化城同知》、兵司翼长《为审结蒙古毛沁、巴达礼及民人范贵等赌博事的呈文》、归化城都统《为解送赌徒谢亮福等五人事札付归化城同知》、归化城都统《为解送赌徒张旺等四人事札付归化城同知》、归化城都统《为解送赌徒杨顺喜等事札付归化城同知》、兵司《为审拟杜干所告族兄班弟等赌博并殴打本人事成归化城都统》;乾隆十年(1745)四月,归化城都统《为民人张世美等赌钱事按所审结案的咨文》,乾隆十一年(1746)十二月,归化城都统《解送根杜等赌徒并赌具札付归化城同知审理》;乾隆十五年(1750)五月,巡街佐领班弟《为抓获六名内地赌徒事呈都统》;乾隆十五年(1750)十月,山西巡抚《为佐领班弟查缉乔一贯等制销赌具案有功分别晋升事咨归化城都统》;乾隆二十九年(1764)十一月,理藩院《为承办贩卖赌具之民人张秉成等事咨绥远城将军》;乾隆五十一年(1786)七月,《审办赌徒案》。④ 嘉庆年间2个案卷,分别为嘉庆八年(1803)十

---

① 官修:《清世宗实录》卷48,雍正四年九月壬子,北京:中华书局,1985年,第728—729页。
② 昆冈等修,刘启端等纂:《钦定大清会典事例》卷131《吏部·处分例·赌博》,续修四库全书(第800册),上海:上海古籍出版社,2002年,第256—264页。
③ 土默特左旗档案馆藏:归化城副都统衙门档案,档案号:80—25—3、80—25—5。
④ 土默特左旗档案馆藏:归化城副都统衙门档案,档案号:80—25—9、80—25—10、80—25—15、80—25—16、80—25—17、80—25—18、80—25—21、80—25—22、80—25—25、80—25—27、80—满文补遗—388、80—25—101、80—25—124、80—25—140、80—25—181、80—25—307。

二月，兵司《请会审毕克齐村尼玛因赌被逼自杀的呈文》、兵司《为蒙人违例禁赌博交该同知审拟致归化城同知》。① 光绪年间2个案卷，分别为：光绪十五年（1889）六月，东格尔《呈控王二和子因欠赌资起衅杀人伤人》；光绪三十三年（1906）一月，归化城副都统《转御史李灼华奏严禁官员吸纸烟赌麻雀牌的咨文》。② 这些案卷既有捕获赌博、贩卖赌具人员，又有因赌博杀伤人事件。可见赌博造成的社会危害是比较严重的。

以乾隆元年（1736）四月七日，兵司翼长《为审结蒙古毛沁、巴达礼及民人范贵等赌博事的呈文》为例，来探讨归化城土默特地区如何处理赌博事件，录文如下：

协理同知事务笔帖式富亮、翼长札布、佐领萨罕、署理章京萨音查浑等呈称：

乾隆元年四月初六日，据巡街骁骑校劳吕等来报：今日我等巡街时，查获于太和关街蒙古毛沁家掷注赌钱之蒙古三名，汉人一名，连同其注三个，菜盆子一个、小箩筐一个、钱三百一十文一并解送等因。将此一案已经审讯得，据毛沁供称："我系阿拉布坦佐领下人，居住太和关街。我昨日上街，遇见我相识的土默特赛札尔乎、鄂尔多斯巴达里。我告诉说：'咱们拿上一些钱，掷注赌博。'于是赛札尔乎、巴达里听从我言，一同来到我家里。我又配坐，叫汉人万贵从他家取出三个注、菜盆子，赛札尔乎、巴达里、万贵三人各自出钱赌博。带他们来是我的过错，有何供答之辞等语。"据赛札尔乎供称："我系旺舒克佐领下人，昨日上街，遇见阿拉坦布佐领下毛沁、鄂尔多斯巴达里，言称咱们赌博。时鄂尔多斯巴达里、汉人万贵我们三人在毛沁家掷注赌钱属实，明知禁令而赌，是我的过错，有何供答之辞语。"据鄂尔多斯巴达里供称："我系鄂尔多斯贝勒扎木扬旗协理台吉之诸申，娶土默特萨木巴拉西之妹诺米木苏为妻，现已七年。戌年我娶之妻，曾住于护军根察布家。雍正十三年，不许留住他扎萨克人，尽皆驱逐。我将妻交于其兄萨木巴拉西，我独身回故地。本年正月回来，住于妻兄萨木巴拉西家。昨日我上街闲逛，恰遇上土默特毛沁、赛札尔乎等，叫我到毛沁家赌博。汉人万贵我们三人掷注赌钱是实。我身为鄂尔多斯人，不回故地，又赌博，我有何供答之辞等语。"据汉人万贵供称："小人我系祁县人，在太和关街开酒铺。我邻居蒙古毛沁叫我到他家赌博，我就去毛沁家，两名蒙古我们三人掷注赌博，毛沁带他们来属实。此三注、一菜盆子是住我家之平遥县一张姓汉人带来的，此张姓汉人于去年十二月病故，我得到此注，藏于破房内，我理当该死。张姓将此注由何处带来我不知道等语。"据萨木巴拉西供称："我系阿拉布坦佐领下人，鄂尔多斯巴达里娶我妹诺米木苏为妻。雍正十三年，不让他扎萨克人杂居……巴达里曾将我妹诺米木苏

---

① 土默特左旗档案馆藏：归化城副都统衙门档案，档案号：80—满文补遗—108、80—满文补遗—111。
② 土默特左旗档案馆藏：归化城副都统衙门档案，档案号：80—4—1555、80—4—1748。

留在我家,返回故地,欲带来车畜移走其妻。本年正月,巴达里言称未找到车畜,步行前来,居住我家属实。他如何赌博之处,我不知道。违禁擅自容留他扎萨克人,我有何供答之辞等语。"据参领达尔玛供称:"此索取头钱赌博之房主毛沁,擅自容留鄂尔多斯巴达里之萨木巴拉西等,系我管束下□牌之人,赛札尔乎等如何在毛沁家掷注赌博之处,我不知道。雍正十三年三月,业已驱逐鄂尔多斯巴达里。本年巴达里又返回,居住萨木巴拉西家。未查出我管束下□牌内毛沁家赌博之处,又未驱逐萨木巴拉西容留之鄂尔多斯巴达里,我有何供答之辞。"佐领旺舒克所供与参领达尔玛同。

将此我等会议得:蒙古赛札尔乎、鄂尔多斯巴达里、民人万贵掷注赌博,毛沁索取头钱之处,伊等均各自供认。是故,此案依照奏定归化城赌博、索取头钱人治罪之例,将赌博蒙古赛札尔乎、鄂尔多斯蒙古巴达里各枷号二十天,各笞六十鞭;民人万贵枷号二十天,杖二十板;索取头钱之毛沁枷号三十天,笞八十鞭。鄂尔多斯巴达里俟期满后照例鞭笞,交付容留之萨木巴拉西,连同其妻驱逐出我地界,遣回其故地。萨木巴拉西明知不许容留他扎萨克人起见,屡次下令禁止,且违禁容留鄂尔多斯巴达里,是为过错,是以将萨木巴拉西依照行为无理之轻律,笞四十鞭。对失察之牌头、参领达尔玛、佐领旺舒克严加教训,记注过错。其掷注、菜盆子照例销毁外,查获之钱三百一十文,奖赏拿获兵丁,等因。

乾隆元年四月初七日①

该件档案载巡街骁骑校在太和关街蒙古毛沁家中抓获"掷注赌钱"的蒙古3名、汉人1名,连同"注三个,菜盆子一个、小筐筹一个、钱三百一十文"。这可谓是人赃并获,既有提供场地组织赌博人员、又有参与人员和赌博工具、赌资。对参与赌博的人员进行审讯:毛沁为阿拉布坦佐领下人,居住在太和关街,组织和提供赌博场所;参与赌博的人员有三人,分别为土默特的赛札尔乎、鄂尔多斯的巴达理和汉人万贵。赌博工具则为万贵提供。他们均是"明知禁令而赌"。据赛札尔乎供词,其为土默特旺舒克佐领下人。据鄂尔多斯巴达理的供词可知,巴达里因娶土默特萨木巴拉西的妹妹诺米木苏,曾长期在土默特居住。雍正十三年(1735),清廷颁布"不许留住他扎萨克"的谕令,巴达里因此被驱逐回原籍。万贵为汉人,毛沁的邻居,山西祁县人,在太和关街开设酒铺,其所提供的赌具为山西平遥县已经去世的张姓汉人带来的,张姓汉人由何处带来的则不明。同时对所涉及人员及参佐领进行审讯,据萨木巴拉西的供词,其为阿拉布坦佐领下人,与巴达理所言相符,且在今年正月的时候,巴达里想带来车畜将其妻接走,但

---

① 土默特左旗《土默特志》编纂委员会:《土默特志》(上),呼和浩特:内蒙古人民出版社,1997年,第481—482页。

并没有找到车畜,因此居在其家,对其参与赌博事情并不知情。故萨木巴拉西对擅自容留他扎萨克人认罪。参领达尔玛供称对其属下萨木巴拉西在毛沁家赌博并不知情,且在雍正十三年(1735)三月已经将巴达里驱逐,对其返回并不知情。佐领旺舒克对赛札尔乎参与赌博之事亦不知情。据他们的供词,对于组织赌博、参与赌博及失察之佐领参领予以处罚。根据会审决议,依照奏定"归化城赌博、索取头钱人治罪之例"将他们治罪:蒙古赛札尔乎、巴达里各枷号二十天、笞六十鞭;民人万贵枷号二十天,杖二十板;蒙古毛沁枷号三十天,笞八十鞭。巴达里枷号期满后,连同其妻驱逐回原籍。萨木巴拉西违禁私自容留他扎萨克人,笞四十鞭。对失察之牌头、参领、佐领严加教训、记注过错。对赌具则予以销毁,赌资将赏给拿获对兵丁。

据上可知,清政府虽然对赌博事件是严行禁止的,不仅对组织、参与赌博、提供赌具的人员进行惩处,而且对于失察之牌头、参佐领等人进行惩处。对于抓获赌博之兵丁则予以奖励。虽然清廷严禁赌博,但赌博事件还是屡有发生。这主要是清政府认为赌博事件是严重危害社会之事件,另一方面则是人们"赌"的心态。这就造成虽然政府严行禁止赌博,但民人却在"赌"的诱惑之下参与赌博。同时是因为赌博事件具有一定的隐秘性、突发性和随意性,使政府的监管难以实施,另一方面在某种程度上政府存在监管不力的问题。

四、拐卖人口案件

贩卖人口案件,在归化城土默特地区亦是较为典型的案件,特别是在灾荒发生的年份。如光绪十九年(1893),口外发生大的饥荒,这时口外各地人市林立。据《归化城厅志》卷6《济恤》载:

> 光绪十九年正月……丰镇、归化、阳高等处……人市林立,年轻妇女,价仅大钱一二吊。男孩见有车过,即掷于前,逼令带走,否则压死不顾。①

《绥远通志稿》卷17《城市》载,归化城、萨拉齐均设有"人市"。② 在其他一些资料中,亦有关于归化城"人市"的记载:如马珍在《呼和浩特回族经济考》中提到在归化城人市上有回族屠宰户③;武达平《"反帝大同盟"在绥远省活动点滴》提到他们曾经在"人市"进行抗日宣传。④ 清代,归化城的"人市"在今呼和浩特市玉泉区通顺街西段。说明该地区人口买卖现象是较为常见的,也说明合法的人口买卖是得到政府许可

---

① 刘鸿逵:《归化城厅志》,内蒙古自治区图书馆藏(稿本)(第3册),第29页。
② 绥远通志馆:《绥远通志稿》卷17《城市》(第21册),内蒙古自治区图书馆藏。第9、14页。
③ 马珍:《呼和浩特回族经济考》,呼和浩特回族史料(第5辑),2003年,第24页。
④ 武达平:《"反帝大同盟"在绥远省活动点滴》,内蒙古文史资料(第41辑),1990年。

的。但清政府对非法的人口买卖,即拐卖、诱骗人口的行为是严厉打击的。

归化城副都统衙门档案中,有38件买卖人口案卷,按朝代划分,则分别为:雍正年间1件,雍正十二年(1734),佐领斯仁达希《为买奴仆召宝已登记在案的呈文》①、光绪年间1件,光绪二十八年九月,广子《呈控海旺同伊子天才子拐骗儿媳捏情妄控》②;有2件不知年代,分别为达尔罕贝勒《为会审买来人口之达木巴林等案派出侍卫乌巴西并将有关人一并派往事》《审理拐骗妇女犯阿拉山》③;其余的为乾隆年间的买卖人口案卷,分别为:乾隆元年(1736)4件,分别为毕克齐根扎布《控拐骗胞妹为妻之民人王姓、梁姓的呈文》、归化城兵司《加木森贩卖女人一案应照皇上旨意退还原籍的呈文》④、兵司翼长《为审理博木伯尔等拐卖人口一案的呈文》、正黄旗《为审理多尔济、巴吐孟克合谋拐卖人口案的呈文》⑤;乾隆三年(1738)4件,分别为:绥远城将军《为审理甘珠尔等贩卖男童案咨归化城都统》、镶黄旗《为送回拐卖人口犯额林臣咨归化城都统》、正黄旗《为镶黄旗将拐卖人口额林臣解送我旗事咨归化城都统》、镶蓝旗《为解送拐卖人口犯额林臣事咨归化城都统》⑥;乾隆四年(1739)1件,归化城都统《为严禁买卖鄂尔多斯贫穷人口事咨鄂尔多斯贝子》⑦;乾隆五年(1740)5件,分别为:乌拉特镇国公《为接收被卖一百六十二人事咨复归化城都统》、兵司《为汇报巴苏等拐卖妇女一案事呈副都统》、归化城都统《为多尔济等买下鄂尔多斯驿站幼童事咨归化城都统》、归化城都统《为会议杀虎口驿站沙克都尔转卖乌巴锡母子给纳苏图事咨杀虎口驿站》、归化城同知《为查蒙古劳藏班弟诈骗民人吴万模工本银并拐卖蒙古妇女事呈归化城都统》⑧;乾隆七年(1742)1件,《为派官员查办贩卖人口案事》⑨;乾隆八年(1743)1件,归化城都统《为查还民人所买蒙古人口等事咨文乌拉特镇国公》⑩;乾隆十年(1745)3件,分别为:归化城都统《为会审拐卖女子佟阿拉克之罪犯班弟等人事咨伊盟盟长等》、归化

---

① 土默特左旗档案馆藏:归化城副都统衙门档案,档案号:80—38—647。
② 土默特左旗档案馆藏:归化城副都统衙门档案,档案号:80—4—1683。
③ 土默特左旗档案馆藏:归化城副都统衙门档案,档案号:80—25—402、80—25—409。
④ 土默特左旗档案馆藏:归化城副都统衙门档案,档案号:80—48—857。
⑤ 土默特左旗档案馆藏:归化城副都统衙门档案,档案号:80—48—745、80—48—857、80—25—14、80—25—23。
⑥ 土默特左旗档案馆藏:归化城副都统衙门档案,档案号:80—25—31、80—25—32、80—25—35、80—25—36。
⑦ 土默特左旗档案馆藏:归化城副都统衙门档案,档案号:80—25—38。
⑧ 土默特左旗档案馆藏:归化城副都统衙门档案,档案号:80—39—744、80—25—45、80—25—58、80—25—60、80—25—67。
⑨ 土默特左旗档案馆藏:归化城副都统衙门档案,档案号:80—25—72。
⑩ 土默特左旗档案馆藏:归化城副都统衙门档案,档案号:80—22—14。

城都统《会审阿必达等买卖人口案的咨文》、建威将军《为审理本金巴喇嘛卖人妻子案咨鄂尔多斯郡王》①；乾隆十一年（1746）5件，分别为：绥远城建威将军《为拉布迪之男童被卖案审理结果咨鄂尔多斯贝子》、归化城都统《为会审图萨腾等哄卖逃犯帕穆巴颜等一案咨杀虎口主事》、兵司《为会审批木被卖情形事呈归化城都统》、兵司《为给玛尔图萨腾等哄卖逃犯巴彦一案按蒙古律办结事呈都统》《查核垂拉西买男孩于木楚木事》②；乾隆十五年（1750）1件，正红旗《为罚取霍通等拐卖少女阿毕达所获银两事咨归化城都统》③；乾隆十六年（1751）2件，分别为：兵司《为将贩卖人口犯扎木苏及被贩三诺木齐交还原旗并请额尔德尼系何旗之人的呈文》、察哈尔正黄旗《为照例会审拐卖土默特护军校家人一案致归化城都统的咨文》④；乾隆三十九年（1774）1件，掌印扎萨克达喇嘛那旺丹巴《为骗卖敖云高等之席拉布朋斯格资财仅八两银子的呈文》⑤；乾隆四十六年（1781），户司《为土萨图等拐卖妇女儿童事的呈文》⑥；乾隆四十七年（1782）1件，归化城通判《为任秉昆抢走那旺达木布侄女一案将任治罪遣回原籍严加看管事呈归化城副都统》⑦；乾隆四十九年（1784）3件，分别为：户司《为台吉布木巴扎布贩卖人口的呈文》、乌拉特镇国公《为查处拐骗披甲达赖妻儿事咨归化城副都统》、乌兰察布盟盟长等《为报处理太吉宝玛巴扎布擅卖人子案给归化城都统衙门的呈文》⑧ 等。

据所存档案来看，有合法的人口买卖案卷，如佐领斯仁达希《为买奴仆召宝已登记在案的呈文》，该卷是将所买奴仆登记备案的呈文。绝大多数为拐卖人口案卷，这些拐卖人口案卷可以分为：1. 拐骗妇女，如"海旺同伊子天才子拐骗儿媳""拐骗妇女犯阿拉山""拐骗胞妹为妻之民人王姓、梁姓""加木森贩卖女人""巴苏等拐卖妇女""沙克都尔转卖乌巴锡母子给纳苏图""拐骗披甲达赖妻儿""拐卖女子佟阿拉克之罪犯班弟""劳藏班弟诈骗民人吴万模工本银并拐卖蒙古妇女""本金巴喇嘛卖人妻子""霍通等拐卖少女阿毕达""土萨图等拐卖妇女儿童""任秉昆抢走那旺达木布侄女"；2. 拐卖儿童，如"甘珠尔等贩卖男童案""多尔济等买下鄂尔多斯驿站幼童""拉布迪之男童被卖""垂拉西买男孩于木楚木""太吉宝玛巴扎布擅卖人子"；3. 拐卖人口，如"博木

---

① 土默特左旗档案馆藏：归化城副都统衙门档案，档案号：80—25—89、80—25—411、80—38—91。
② 土默特左旗档案馆藏：归化城副都统衙门档案，档案号：80—38—114、80—25—93、80—25—94、80—25—95、80—25—102。
③ 土默特左旗档案馆藏：归化城副都统衙门档案，档案号：80—25—135。
④ 土默特左旗档案馆藏：归化城副都统衙门档案，档案号：80—25—143、80—满文补遗—17。
⑤ 土默特左旗档案馆藏：归化城副都统衙门档案，档案号：80—38—754。
⑥ 土默特左旗档案馆藏：归化城副都统衙门档案，档案号：80—25—259。
⑦ 土默特左旗档案馆藏：归化城副都统衙门档案，档案号：80—25—272。
⑧ 土默特左旗档案馆藏：归化城副都统衙门档案，档案号：80—25—289、80—38—425、80—48—900。

伯尔等拐卖人""多尔济、巴吐孟克合谋拐卖人口""拐卖人口犯额林臣""贩卖人口犯扎木苏及被贩三诺木齐""拐卖土默特护军校家人""台吉布木巴扎布贩卖人口""阿必达等买卖人口案""民人所买蒙古人口""批木被卖情形";4. 拐卖逃犯,如"图萨腾等哄卖逃犯帕穆巴颜""玛尔图萨腾等哄卖逃犯巴彦"等。据档案所载,在乾隆五年(1740)的案卷中,乌拉尔镇国公接收了162名被拐卖人口。由此可见本地区人口拐卖事件是十分严重的。

据档案所载,被拐卖的人口大多为妇女、儿童。虽然清政府允许合法的人口买卖,但是非法的人口买卖在合法人口买卖市场的掩护下,"通过诱骗良家子女卖与他人,或低价购买贫家子女转手倒卖,或暴力劫掠他人子女进行贩卖。人口贩子四处奔走,嗅捕猎物,拐卖妇女十分猖獗"①。这些人口贩子不仅拐卖妇女儿童,同时还拐卖贫苦人口,如乾隆四年(1739),清政府要求"严禁买卖鄂尔多斯贫穷人口。"其实这在一定程度上说明,"贫苦人口"是人市的主要货源,这些人由于生活无着而被贩卖。贩卖的儿童还有通过"迷拐"的方式进行,据《两江总督部堂刘咨抄件》载:

> 查此等拐匪,大抵皆系邪术,以药迷人,或以食物引诱童男幼女。一近其身,被其用手帕抹,即神色昏迷,不省人事,身不由主,随之偕往,或卖作娼优,或卖为女婢,甚至卖给外洋,图得重价,不顾孩之死活。更有一种毁折肢体者,将孩拐去盛入坛中,使之稍长,数年成为大头矮身,以异相为奇货,带在各处城乡玩耍,名曰"戏法",以取钱财,惨毒情形,殊堪发指。②

在归化城副都统衙门档案中的贩卖人口案件,大多为拐骗人口案件。如乾隆四十九年(1784)六月二十四日,归化城户司《关于托郭奇、祁伦拐骗妇女、男童准行审理的呈文》载被骗妇女巴图的供词"我去包头村探望我妹时,乌尔固玛雇我为其熟皮子,伊是否拿得土萨图之银两之处,我实不知。因土萨图鞭打相威吓,实无法,只得跟伊前走。"③ 这是乌尔固玛以雇人为其"熟皮子"为借口,将巴图及其子骗走卖给土萨图。土萨图则用鞭打威吓巴图及其子,在此情况下他们只能跟随土萨图。据乌尔固玛和布彦图的供词"因家中无使唤之人,前去包头村买人,宿于通海店。此时卫拉特西公旗托郭奇、祁伦二人亦宿于此店,伊等言欲出卖伊等同族包衣之女人及男孩。我与乌尔固玛便

---

① 乔素玲:《清代打击拐卖妇女犯罪之考察》,中国社会经济史研究,2002年,第3期,第67—70页。
② 天津市档案馆编辑:《袁世凯天津档案史料选编》,天津:天津古籍出版社,1990年,第31页。
③ 土默特左旗《土默特志》编纂委员会:《土默特志》(上),呼和浩特:内蒙古人民出版社,1997年,第483—484页。

以五千钱买下"。① 即他们是从乌拉特西公旗托郭奇、祁伦手中购买的"同族包衣之女人及男孩"。这是托郭奇、祁伦以欺骗的手法将巴图母子卖给乌尔固玛、布彦图。据查证巴图母子系乌拉特西公旗人，"属固山那旺牛录台吉沙金格伦之诸申，将其妻巴图、子额尔德尼胡图克着披甲芒阿供养，尔等非因迫于行粮而来。"② 由于乌尔固玛等人以认为托郭奇、祁伦卖的是"族中包衣"，故出价购买，并非是"明知其为诸申而故买"。"包衣"为家奴③，"诸申"为属民或部属。④ 显见出卖奴仆是合法的，而出卖属民则是非法的。由于乌尔固玛并不知情，故对他们是"此勿庸置议"，将"女人巴图、男孩额尔德尼胡图克理应交付所属旗，将出卖银两充官"。⑤ 由于档案中并没有载对托郭奇、祁伦两人的处置，无从得知其处罚。据《钦定大清会典事例卷》996《理藩院·刑法违禁采捕·略卖》载：

  康熙二十二年定：凡蒙古人将内地男妇子女诱骗贩卖或为妻妾奴婢者，不论良贱已未卖成，如被诱之人不知情，将为首诱人者拟绞监候，为从者鞭一百，罚牲畜三九，被诱之人不坐。若被诱之人知情，为首鞭一百，罚牲畜三九，为从及被诱之人各鞭一百。又定：蒙古人诱骗良人为妻妾子孙奴仆贩卖与人者，不论已卖未卖，皆鞭一百罚三九，被诱之人知情鞭一百。乾隆三十七年议准，已入档之蒙古属下人，不准擅行售卖与内地旗人，即未入档之庄头，亦止准本旗互相买卖，不准卖与别旗及内地之人，违者将承买售卖之人罚三九牲畜存公，失察之扎萨克盟长，罚俸三月。协理台吉罚一九牲畜。所卖之人不给原价，撤出交本旗充当差使。⑥

该条所载为蒙古贩卖内地人口的律令。在乾隆三十七年（1772），又颁布了蒙古奴仆只能在本旗内互相买卖，不准卖与别旗的律令。本件档案为蒙古人拐卖蒙古人，显然

---

① 土默特左旗《土默特志》编纂委员会：《土默特志》（上），呼和浩特：内蒙古人民出版社，1997年，第483—484页。
② 土默特左旗《土默特志》编纂委员会：《土默特志》（上），呼和浩特：内蒙古人民出版社，1997年，第483—484页。
③ 有关"包衣"的问题，可参阅孟森：《八旗制度考实》，《清史讲义》，北京：中华书局，2006年；郑天挺：《清代包衣制度与宦官》，《清史探微》，北京：北京大学出版社，2011年；莫东寅：《满族史论丛》，北京：人民出版社，1958年等。
④ 有关"诸申"的问题，可参阅周远廉：《从"诸申"身份的变化看入关前满族的社会性质》，社会科学季刊，1979年，第1起，第115—126页；董万仑：《从满文记载看"诸申"的身份和地位》，满语研究，1986年，第1期，第70—74页；刘厚生：《从旧满洲档看满语"诸申"一词的语义》，史学集刊，1990年，第2期，第30—35页。
⑤ 土默特左旗《土默特志》编纂委员会：《土默特志》（上），呼和浩特：内蒙古人民出版社，1997年，第483—484页。
⑥ 昆冈等修，刘启端等纂：《钦定大清会典事例》996《理藩院·刑法违禁采捕·略卖》，续修四库全书（第811册），上海：上海古籍出版社，2002年，第860—861页。

不适用于蒙古人贩卖内地民人的律令。亦不适于蒙古奴仆只能本旗内相互买卖的律令。

《钦定大清会典事例》卷795《刑部·刑部贼盗·略人略卖人·附律条例》载：

> （雍正三年定）凡诱取妇人子女，或典卖或为妻妾子孙者，不分良人奴婢，已卖未卖。但诱取者，被诱之人若不知情，为首者绞监候，被诱之人不坐。若以药饼迷幼小子女，及一切邪术拐诱子女，为首者绞立决，其为从及和诱知情之人，律应流徒者。其为从及和诱知情之人，律应流徒者，俱发宁古塔给穷披甲人为奴。若系旗人，止将本身发遣；系民，并妻发遣。有服亲属犯者，仍依本律服制科罪。妇人有犯，罪坐夫男。夫男不知情，及无夫男者，仍坐本妇。①

乾隆五年（1740）嘉庆六年（1801）嘉庆十一年（1806）虽然都对该条进行了修订，但变化并不大，对为首者均是处以绞刑。据此可知，拐骗犯托郭奇、祁伦依据清律是要被处以绞刑的。

清政府在严厉打击拐卖人口犯的同时，也处罚在拐卖人口案中办事不力的官员，如《钦定大清会典事例》卷99《吏部·买卖人口》载："各省诱拐等犯。未经审讯，即行远扬。地方官如不实力缉拿，照不实力奉行察访盗窃例，罚俸一年，人犯照例缉拿。"②清政府从立法、司法两方面严厉打击拐卖人口案件，虽然有一定成效，但人口拐卖现象并没有得到遏制。这同清政府允许合法的人口买卖，如奴婢可以合法买卖、灾荒时贫苦人口可以合法买卖有很大关系。在合法人口买卖的外衣之下，人口贩子或者人口"牙人"为了追求利润，从事非法的人口买卖。当时的社会大环境也决定了不可能从根本上杜绝人口贩卖的行为。在剥削阶级残酷的剥削下，广大老百姓只能勉强度日，在生活发生困难时，不可避免的出现卖儿鬻女的行为。

五、诈骗案件

诈骗案件也是归化城土默特地区较为常见的案件之一。笔者对归化城副都统衙门档案中的诈骗案卷进行统计，共有16件案卷。可以分为诈骗银两、诈骗租金、诈骗货物、诈骗土地等形式。按年代划分，则乾隆年间有4件，分别为：乾隆十年（1745）兵司《为缉拿诈骗偷盗察素齐村郭万喜驴子之事札付归化城通判》、乾隆三十年（1765）《喇嘛甘珠尔骗银出逃案》、乾隆四十一年（1776）归化城同知《申报三达尔诓骗吗禄扎布

---

① 昆冈等修，刘启端等纂：《钦定大清会典事例》卷795《刑部·刑部贼盗·略人略卖人·附律条例》，续修四库全书（第809册），上海：上海古籍出版社，2002年，第708页。
② 昆冈等修，刘启端等纂：《钦定大清会典事例》卷99《吏部·买卖人口》，续修四库全书（第799册），上海：上海古籍出版社，2002年，第588页。

草价一案》、乾隆四十八年（1783）石琎《为章噶兰达驾骗银两请迅断的呈文》①；嘉庆年间1件，为色克牙《控告王刚明骗约抗价恳请究追》②；道光年间2件，分别为：道光二十五年（1845）披甲乌拉计《为喇嘛以假约骗租资的呈文》、道光二十七年（1847）归化城厅《为蒋喜控指地骗钱案咨提舍力图召三喇嘛等质讯》③；光绪年间9件，分别为：光绪十一年（1885）孀妇改改《呈控喇嘛达圪登欺哄孤寡诓骗地基》、光绪十一年（1885）杀虎口驿传道《移复蒙妇兰套呈控驿站章京任太预谋诓骗的移文》、光绪十六年（1890）喇嘛设进《呈控本召喇嘛袄力刁诓骗借钱》、光绪二十一年（1895）张金《呈控尔德尼揽运货物中途诓骗》、光绪二十一年（1895）郑二和《呈控蒙古补力格骗钱不给》、光绪二十二年（1896）乌云珠《呈控福音子父子捏造假帖骗钱》、光绪二十六年（1900）延寿寺色孟达《呈控多尔计骗约霸占召产并逞凶恳传案究办》、光绪三十二年（1906）纳李克《呈控黑不楞特租诓骗》④；宣统年间1件，为宣统三年（1911）福连等《范寿昌骗放地亩一案所具甘结六份》⑤ 等。

以光绪二十二年（1896）八月，乌云珠《呈控福音子父子捏造假帖骗钱》为例，阐述归化城土默特地区的诈骗案件：

> 具呈人无量寺喇嘛乌云珠，年三十三岁，为捏造假帖诓骗钱文，屡行推抗，意在坑陷，祈恩迅赐究办追还给领事。缘于去年正二月间，有同召之喇嘛讨不气并其弟根东架向小僧言说，有伊之姑舅福音子在八台营子居住，放厂为生，伊有新城粮店凭帖数张，欲调现钱，向小僧再四调使。小僧二次从讨不气弟兄手中调过伊帖子钱共十二吊，当将现钱亦全交付与讨不气弟兄之手。迨后小僧将此帖钱开付相与去使，而新城粮店将此帖批为假帖无用。小僧闻知，当向讨不气兄弟理论，而讨不气亦无可如何，就去八台营子向福音子讨要钱项，并言假帖之事。那时有福音子之父珠拉满口应承；既然帖子是假，暂迟数日向我取钱十二吊。乃讨不气听伊之言，思在亲戚，不得不应。回召前向小僧交代前言，小僧亦无可如何。自去年至今，半年有余，小僧之现钱十二吊未见分文，而讨不气前往讨要数次，屡推屡抗，诡言支吾，依尊欺卑，连好言亦无有。似此父子诡串，捏造假帖，诓骗钱文，意谋坑陷。若不陈明恳恩迅赐究办，

---

① 土默特左旗档案馆藏：归化城副都统衙门档案，档案号：80—28—1522、80—38—150、80—4—1151、80—4—1130。
② 土默特左旗档案馆藏：归化城副都统衙门档案，档案号：80—5—1957。
③ 土默特左旗档案馆藏：归化城副都统衙门档案，档案号：80—38—778、80—5—1993。
④ 土默特左旗档案馆藏：归化城副都统衙门档案，档案号：80—4—834、80—4—836、80—4—1556、80—4—1578、80—4—1583、80—4—1587、80—5—2218、80—4—1570。
⑤ 土默特左旗档案馆藏：归化城副都统衙门档案，档案号：80—4—925。

则小僧之钱项失无着落矣。为此具呈，叩乞司宪大人恩准作主，迅赐究办，追还给领施行。

光绪二十二年八月日①

该件档案所载为八台营子福音子父子伪造新城粮店凭帖，骗取无量寺喇嘛乌云珠钱财。但案卷没有记载该案件的处理结果。《大清律例》卷25《刑律·贼盗下》载：

> 犯用计诈伪欺官私以取财物者，并计诈欺之赃准窃盗论，免刺。若期亲以下，不论尊长、卑幼、同居各居，自相诈欺者，亦依亲属相盗律，递减科罪。……若冒认及诓骗、局骗、拐带人财物者，亦计赃准窃盗论，系亲属，亦论服递减，免刺。②

《钦定大清会典事例》卷994《理藩院·刑法》载：

> 偷盗牲畜：……诈取发觉者，其诈取之人以盗论。③

据档案所载福音父子伪造凭帖诈骗钱财，依据清律，应是按盗窃罪论处（有关盗窃罪处置，见上文），但是免去刺字。

六、抢劫案件

归化城土默特地区亦是抢劫案高发区域，笔者据归化城副都统衙门档案统计，约有近百件案卷。这些抢劫案件又可以分为：抢劫牲畜，如乾隆十年（1745）十一月，兵司派佐领齐旺扎布散限期查拿抢劫李发财马骡之罪犯；乾隆十四年（1749）七月归化城都统发文查拿抢劫古穆扎布所牧马匹之犯④等。抢劫衣物，如乾隆二十三年（1758）八月，会审抢劫喇嘛布颜达里衣物的贼巴彦；乾隆五十七年（1792）六月，民人三楞抢劫广化寺喇嘛衣物⑤等。抢劫货物，如乾隆元年（1736）三月，抓拿抢劫货物之吴凯广等人；乾隆四年（1739）一月，查拿抢劫商人财物的盗贼⑥等。抢劫官粮，如雍正十年（1732）二月，会审脑赖等抢劫军粮案；乾隆二年（1737）二月，扎布等抢劫官粮⑦等。其中亦不乏因抢劫伤人、杀人的案件，如乾隆四年（1739）一月，缉拿抢劫伤人的蒙古罪犯；乾隆二十七年（1762）十一月，苏克兑等抢劫涅槃寺物件打死事主；光绪二十四年

---

① 土默特左旗档案馆藏：归化城副都统衙门档案，档案号：80—4—1587。
② 上海大学法学院等点校：《大清律例》，天津：天津古籍出版社，1993年，第412—413页。
③ 昆冈等修，刘启端等纂：《钦定大清会典事例》卷994《理藩院·刑法》，续修四库全书（第811册），上海：上海古籍出版社，2002年，第838页。
④ 土默特左旗档案馆藏：归化城副都统衙门档案，档案号：80—27—846、80—27—886。
⑤ 土默特左旗档案馆藏：归化城副都统衙门档案，档案号：80—30—78、80—30—172。
⑥ 土默特左旗档案馆藏：归化城副都统衙门档案，档案号：80—28—1457、80—28—1468。
⑦ 土默特左旗档案馆藏：归化城副都统衙门档案，档案号：80—38—642、80—38—1460。

(1898）九月，三来柱及胞兄抢窃行凶①等。

清政府对抢劫杀人是重罪处以严厉的刑罚。据《钦定大清会典事例》卷994《理藩院·刑法·名例》载：

> （嘉庆二十三年）谕：嗣后蒙古地方抢劫案件，如俱系蒙古人，专用蒙古例。俱系民人，专用刑律。如蒙古人与民人伙同抢劫，核其罪名。蒙古例重于刑律者，蒙古与民人俱照蒙古例问拟，刑律重于蒙古例者，蒙古与民人俱照刑律问拟。②

蒙古人专用蒙古例，民人则用刑律。但是如果蒙古和民人伙同抢劫，则根据蒙古律例和刑律判刑轻重，采用重刑的处罚原则。据《钦定大清会典事例》卷995《理藩院·刑法·盗贼二》载：

> （嘉庆二十四年）谕：蒙古各扎萨克旗与内地州县有间，如遇抢劫盗匪，一体照依内地章程，准其格杀毋论，并拿获者立即讯明正法，恐办理未能详慎，或致妄杀无辜。嗣后蒙古缉捕盗贼，及拿获抢劫重案者，均遵照旧章办理。③

该条律令规定如遇到抢劫盗匪，准许依照内地章程格杀勿论。但是又担心这条律令会导致妄杀无辜，故这一条并没有被清廷采用，而是遵照旧章办理。据《钦定大清会典事例》卷799《刑律贼盗》载：

> （嘉庆二十五年定）凡蒙古、民人、番子人等，有犯抢劫之案，应照蒙古例定拟者，均面刺"抢劫"二字。其蒙古发遣人犯，在配脱逃，面刺"逃遣"二字。至蒙古免死减军人犯，在配脱逃，面刺"逃军"二字。④

显然，犯有抢劫罪之犯面部要刺有"抢劫"二字。同时抢劫犯要对被抢劫之人予以赔偿。据《钦定大清会典事例》卷785《刑部·刑律贼盗》载：

> （顺治）十八年议定：强盗赔偿赃物，应将在外抢劫财物，所娶妻妾，并自置物件，尽数赔偿失主。如不足者，将案内房户、强盗妻、子变价赔偿，其有主之强盗，不在此例。⑤

该条规定，除了将所抢财物归还外，还要将其妻妾和财产进行赔偿。如果还不足以

---

① 土默特左旗档案馆藏：归化城副都统衙门档案，档案号：80—25—37、80—30—80、80—4—1614。
② 昆冈等修，刘启端等纂：《钦定大清会典事例》卷994《理藩院·刑法》，续修四库全书（第811册），上海：上海古籍出版社，2002年，第835页。
③ 昆冈等修，刘启端等纂：《钦定大清会典事例》卷995《理藩院·刑法·盗贼二》，续修四库全书（第811册），上海：上海古籍出版社，2002年，第848页。
④ 昆冈等修，刘启端等纂：《钦定大清会典事例》卷799《刑律贼盗》，续修四库全书（第809册），上海：上海古籍出版社，2002年，第744页。
⑤ 昆冈等修，刘启端等纂：《钦定大清会典事例》卷785《刑部·刑律贼盗》，续修四库全书（第809册），上海：上海古籍出版社，2002年，第607页。

赔偿损失，则要将房户、妻子变价赔偿。显见这种惩罚措施是非常严厉的，且会株连罪犯的妻子及家人。如乾隆二十七年（1762）十一月，将抢劫银两犯马贤龙之妻子充奴。①

抢劫行凶的案件亦较多，如乾隆二十四年（1759）九月，棚头赵泰等《报明王毕斜气三来柱及胞兄抢窃行凶》：

> 具禀报人大同练军分防毕镇棚头兵丁赵奉等为报明事：
>
> 缘有城西北此老尔村民人田明赴营报称：本年八月十七日黄昏时，被贼将伊村外牧放枣骟骗马一匹窃赶逃逸等语。兵丁等当奉营官差派缉捕未获。嗣经兵丁查明，系王毕斜气村久惯上盗之蒙古三来柱所窃。兵丁等往捕，伊即闻风越墙逃逸。不期于本月初四日，兵丁等在路撞获蒙贼三来柱，连事主田明赃马一匹一并扣获，经同失主田明备车送城。是日二更时，方行过王毕斜气村外，不妨三来柱胞兄纳木凯邀集伙党二十余人，分拿器械，预伏截路行凶，即将兵丁等打散，将获贼三来柱同赃马一并恃强夺回，纳木凯尚用屠刀将事主田明套车马一匹扎伤倒毙。兵丁等除报请归府宪严拘究惩外，因贼人系属蒙古，理合报明，伏乞兵司宪案下速拘严惩施行。
>
> 光绪二十四年九月日②

归化城同知饬令蒙兵前往王毕斜气村捉拿三来柱，并且将三来柱提解过府进行讯办。③但档案没载其处置结果。据清律，三来柱为盗马犯，应处以绞刑；其兄纳木凯则是将人犯抢回，并将马匹扎死，应属于抢劫犯，依律应面部刺字，处以绞刑。亦有档案载对抢劫罪犯处死，如乾隆二十五年（1760）十月，户司《为嗣后凡有蒙古行抢拟为死罪者皆押至作案地正法示众事的呈文》，即要求将行抢拟为死罪之犯人押解到作案地正法示众。④

清政府不仅用严刑酷法维持本地区的社会稳定，而且为了加强对本地区的管理，还不许本地居民隐匿容留外人，要求各厅及喇嘛印务处（掌印喇嘛）每年分春夏秋冬四季申报甘结无隐匿内地逃人。如光绪二十五年（1899）四月，托克托通判《申报本境本年春季分无隐匿内地逃犯》，光绪三十一年（1905）五月，喇嘛印务处《本年春季所属各寺喇嘛并无隐匿内地逃犯的咨文》⑤等。各厅及喇嘛印务处不仅有咨文，同时亦需要上

---

① 土默特左旗档案馆藏：归化城副都统衙门档案，档案号：80—28—1616、80—28—1617。
② 土默特左旗档案馆藏：归化城副都统衙门档案，档案号：80—4—1614。
③ 土默特左旗档案馆藏：归化城副都统衙门档案，归化城同知《即饬蒙兵前往王毕斜气拿获三来柱以凭讯办的咨文》，档案号：80—4—1616；归化城同知《再知多派蒙兵将三来柱兄弟拿获以凭讯办的咨文，档案号：80—4—1617；归化城同知《提解蒙古三来柱等过府以凭讯办的咨文》，档案号：80—4—1628。
④ 土默特左旗档案馆藏：归化城副都统衙门档案，档案号：80—29—2008。
⑤ 土默特左旗档案馆藏：归化城副都统衙门档案，档案号：80—4—1634、80—48—1069。

报甘结,申报本地并无隐匿容留外人,如乾隆十八年(1753)四月,托克托通判《呈报境内无隐匿内地逃人的甘结》,格式如下:

> 具甘结人二十家子保正兰发生、土城子保正胡大清、新店子保正田世琦、五素途路保正王建、金坝底保正李贵扬、八十家子保正曹一龙……依奉结得小的等各村乾隆十八年春季分并无隐匿内地外人,不致扶隐,甘结是实。①

综上所述,清代归化城土默特地区的民间纠纷多种多样,既有偷盗、抢劫、杀人的大案,又有赌博、争地、水利纠纷这样的案件。清政府根据蒙古地区的特点,制定了适应蒙古地区的律例。这些律例的内容是非常丰富的,绝非本节所能详尽论述的。清政府虽然制定了较为严苛的律例来治理各种案件,归化城土默特副都统、绥远城将军、山西巡抚及各厅官吏亦依据律例来处理各种案件,但是该地区却是各种案件频发的地区。故,仅仅依靠严苛的律例,并不能降低案件的发生。虽然严苛的律例确实能起到一定的威慑作用,但是在生产力水平较低、人民文化水平亦普遍较低、甚至迷信、愚昧时代,这种威慑的作用显然是不足的。

第四节 归化城土默特地区的婚姻、家庭

归化城土默特地区的婚姻、家庭问题是众多学者所关注的主要问题之一。由于归化城土默特地区是多民族聚居区。有众多学者对蒙古族的婚姻家庭问题予以关注,他们大都从传统家庭伦理、婚姻家庭法律的视角探讨蒙古族的婚姻、家庭问题,其研究对象为整个蒙古族。② 专门对归

---

① 土默特左旗档案馆藏:归化城副都统衙门档案,档案号:80—4—1067。
② 对于蒙古族婚姻、家庭问题研究的成果,可以分为两大类:1. 蒙古族传统婚姻家庭伦理的研究,可参见:萨·巴特尔:《蒙古族伦理思想史》(蒙文),呼和浩特:内蒙古人民出版社,2002年;唐吉思:《藏传佛教对蒙古族家庭伦理的影响》,西北民族研究,2003年,第1期,第119—125页;包玉兰:《成吉思汗的家庭伦理教化四项研究》(蒙文),内蒙古师范大学,2007年硕士学位论文;王莲花:《蒙古族传统家庭教育及其传承研究》,华中师范大学,2008年硕士学位论文。斯仁:《蒙古族传统婚姻家庭伦理研究》(蒙文),北京:民族出版社,2009年;斯仁:《蒙古族传统家庭观念及其民族伦理发生学意义》,伦理学研究,2010年,第3期,第84—87页;王风雷:《蒙古族家庭美的形成发展研究》,呼和浩特:内蒙古教育出版社,2010年;邓永星:《蒙古族传统家庭道德教育及其现代价值研究》,内蒙古农业大学,2011年硕士学位论文。对蒙古古代婚姻家庭法律文献进行研究,可参见:留金锁等:《古代蒙古家庭法》,内蒙古社会科学,1998年,第5期,第32—36页;特木尔宝力道:《从〈卫拉特法典〉看17世纪蒙古族婚姻家庭制度》,内蒙古师范大学学报,2000年,第3期,第51—57页;梅花:《蒙古族家庭财产继承习俗探析》,内蒙古师范大学,2007年硕士学位论文;白军胜:《论蒙古古代婚姻制度——从现代法规视角审视古代蒙古族婚姻制度》,内蒙古民族大学学报,2011年,第4期,第24—27页;乌干宝乐尔:《法律视野下的古代蒙古家庭制度研究》(蒙文),内蒙古大学,2012年硕士学位论文;尚继征:《古代蒙古族婚姻家庭习惯法考察》,西部蒙古论坛,2013年,第1期,第37—42页;道仁图雅:《16至18世纪蒙古族法律文献中的婚姻家庭伦理思想研究》,内蒙古师范大学,2016年硕士学位论文。

化城土默特蒙古的婚姻、家庭问题进行研究的成果主要集中于对土默特婚俗、风俗的研究，如伊锡尼玛《土默特蒙古族的婚姻仪式》①、彭勇《近代土默特蒙古族的风俗习惯》②、《土默特志·风俗习惯志》③、《包头市志》第43篇《民俗》第1章《礼仪习俗》④、段友文《走西口移民运动中的蒙汉民族民俗融合研究》⑤等。本文在参考上述研究成果的基础上，主要依靠归化城副都统衙门档案，探讨清政府对归化城土默特蒙古的婚姻管理和过继制度的问题。

一、土默特蒙古的婚姻问题

（一）蒙汉婚姻

归化城土默特地区是多民族聚居区，多民族在此共同生活，难免会发生通婚现象。但是有清一代，对蒙古与汉民通婚是禁止的。

据《钦定大清会典事例卷》978《理藩院·户丁》载：

> （康熙二十二年）凡内地民人出口，于蒙古地方贸易耕种，不得娶蒙古妇女为妻。倘私相嫁娶，查出，将所嫁之妇离异，给还母家。私娶之民照地方例治罪，知情主婚及说合之蒙古人等，各罚牲畜一九。乾隆五十二年奏准：将禁止民人娶蒙古妇女之例停止。嘉庆六年议准：嗣后将民人娶蒙古妇女之处，严行禁止。其业经娶过者，任伊等两家情愿，均令陆续带回原籍。禁止后，仍有私娶蒙古妇女者，一经旁人告发，将所娶之妇离异，交还母家。将主聘妇女之人枷号三月，满日鞭一百。将违例之民亦枷号三月，满日鞭一百，解回原籍。失察之该台吉罚三九牲畜，该扎萨克罚俸六月。倘该扎萨克、台吉自行查出，免其议处。⑥

据该条所载，清政府禁止蒙汉通婚的政策并不是那么严格的。且在乾隆五十二年（1787），政府曾经废止禁止民人娶蒙古妇女的律令。但是在嘉庆六年（1801）的时候，又严行禁止民人娶蒙妇之例，在此之前已经娶蒙古妇女的民人，根据"两家情愿"的原

---

① 伊锡尼玛：《土默特蒙古族的婚姻仪式》，呼和浩特文史资料（第3辑），1984年，第62—66页。
② 彭勇：《近代土默特蒙古族的风俗习惯》，呼和浩特文史资料（第9辑），1994年，第46—55页。
③ 土默特左旗《土默特志》编纂委员会：《土默特志》（上），呼和浩特：内蒙古人民出版社，1997年，第905—906页。
④ 包头市地方志编纂委员会编：《包头市志》，呼和浩特：远方出版社，2001年，第531—536页。
⑤ 段友文：《走西口移民运动中的蒙汉民族民俗融合研究》，北京：商务印书馆，2013年，第239—248页。
⑥ 昆冈等修，刘启端等纂：《钦定大清会典事例》978《理藩院·户丁》，续修四库全书（第811册），上海：上海古籍出版社，2002年，第701页。

则，令其陆续带回原籍。在嘉庆六年（1801）这条禁令颁布之后，再有"私娶蒙古妇女者"，一经旁人告发，即将所娶的蒙古妇女离异，交还给母家。同时对主聘妇女之人、违例之民枷号、鞭打，并将民人解回原籍。同时对失察的台吉处罚三九牲畜、扎萨克罚六个月的俸禄。此处是对"私娶蒙古妇女"，且被旁人告发或者被扎萨克、台吉等查出时的处置律令。那么是不是有"私娶蒙古妇女"而没有被旁人告发或者没有被扎萨克、台吉等查出的情状呢？这其中存在民不告、官不究的可能。《东华录·嘉庆十六》嘉庆八年（1803）丙寅条载：

> 朕因蒙古地方容留民人租种地亩……其聘娶蒙古之女为妻者，于该民身故后，将伊妻子给与该处扎萨克为奴，其隶呼图克图徒众地方者，即著为其所属所有。①

据此可见，清政府对蒙汉禁止通婚的律令在执行过程中是大打折扣的。且对已经蒙汉通婚之民蒙亦采取了默认的政策。虽然规定"民身故"其所娶之蒙古妇女及生产子女要交给所属扎萨克或呼图克图为奴，但在实际的执行中可能存在很大的偏差。"汉民移住者与蒙人混设村落，从事农牧，此等汉民，其移住之初，多为独身，后娶蒙妇生子。"② 有清一代蒙古与民人通婚的现象是非常普遍的。③

（二）蒙蒙婚姻

蒙蒙通婚是正常的蒙古男女青年婚配现象。"在游牧时代，蒙古人的婚姻制度长期以来是族外婚制，即任何一个男子不能与同氏族的女子结婚，必须与不同血统氏族女子结婚。……清代的蒙古基层组织——佐领，却在很大程度上保持了氏族的特点，……蒙古族在传统的婚制下，其婚姻制度的地理范围与社区都有一定的结构纯化特点。蒙古人以氏族组织为生产生活的中心，各氏族有其共同的牧地。故蒙古人为了结婚，有时不得不到很远的地方求亲。"④

在归化城副都统衙门档案中，多为归化城土默特蒙古与绥远城八旗蒙古通婚的案卷。如蒙古正黄旗马甲吉福聘土默特披甲丹津之女、镶红蒙古旗养育兵春精聘土默特领催巴

---

① 王先谦：《东华录·嘉庆十六》，嘉庆八年丙寅，续修四库全书（第374册），上海：上海古籍出版社，2002年，第575页。
② 王俊敏：《满、蒙、回、汉四族通婚研究——呼和浩特市区的个案》，西北民族研究，1999年，第1期，第157—169页。
③ 余同元：《明清社会与经济近代转型研究》，苏州：苏州大学出版社，2015年；田山茂著，潘世宪译：《清代蒙古社会制度》，呼和浩特：内蒙古人民出版社，2015年；麻国庆《土默特蒙古族的文化变迁》，载于阮西湖：《都市人类学》，北京：华夏出版社，1991年等，均持此种观点。
④ 蒙古人以氏族组织为生产生活的中心，各氏族有其共同的牧地。故蒙古人为了结婚，有时不得不到很远的地方求亲。

彦之女、镶红旗蒙古马甲玉津与土默特披甲马佳西之女定亲、镶红蒙古旗催容青与土默特右翼披甲七十五之女订婚、披甲六十四之女许配新城镶红蒙古旗披甲齐常等。① 这显然是符合蒙古长期以来的族外婚的传统的。归化城土默特蒙古与绥远城八旗蒙古通婚情况，绥远城将军衙署户司是要对此进行统计备案的。一般来讲，由其所在参领核查，然后绥远城右司（户司）据此进行审核备案。如光绪十六年（1890）二月，右翼头甲参领《镶红旗蒙古马甲玉津与土默特披甲马佳西之女定亲属实的咨文》、光绪十三年（1887）三月，绥远城右司《查蒙古正黄旗马甲吉福是否聘土默特披甲丹津之女的咨文》。

清政府对于蒙古的通婚状况是要进行备案核查，这一方面是出于对人口控制的需要，同时也是为了防止蒙汉之间产生通婚的现象。

（三）满蒙通婚

清代，满蒙是通婚的，并且是政府所提倡的，"'满蒙联姻'是清朝的既定国策。'北不断亲'，'世结国姻'，康熙年间推而广之，先后有七位公主下嫁给蒙古王公。其中呼和浩特的公主府就住过三位公主，与喀尔喀蒙古土谢图汗敦多布多尔济祖孙三代联姻。缔结皇亲的虽主要是外藩蒙古，但对整个满蒙贵族、官僚和百姓之间普通通婚则具有积极影响。满蒙联姻与政治上满蒙联盟相表里，比传统的民族和亲更有效，因而也更高明。"② 虽然清政府所提倡的满蒙联姻更多的是在满蒙上层，其目的多是出于政治上的考量，却对满蒙族群之间的通婚产生深远的影响。在归化城副都统衙门档案中的满蒙通婚档案即说明当时政府对满蒙婚姻是提倡的。归化城副都统衙门档案中的满蒙通婚案卷，多为归化城土默特蒙古嫁给绥远城八旗官兵。

根据归化城副都统衙门档案所载，归化城土默特蒙古女孩嫁给绥远城八旗官兵，需要上报到户司备案，并且户司要对此事进行核实。如乾隆十八年（1753）八月，户司翼长阿喇布坦对拉占佐领下披甲达西色楞之女与绥远城披甲巴图孟克定亲这件事进行核查，并确认这是真实的。③ 户司核查的资料应当来自各甲参领上报的资料，如道光二十一年（1841）三月，左三甲参领对本甲科亚克图之女与新城巴夏阿定亲的事情进行核查，并

---

① 土默特左旗档案馆藏：归化城副都统衙门档案，档案号：80—22—105、80—22—106、80—22—119、80—22—92、80—22—93。
② 王俊敏：《满、蒙、回、汉四族通婚研究——呼和浩特市区的个案》，西北民族研究，1999年，第1期，第157—169页。
③ 土默特左旗档案馆藏：归化城副都统衙门档案，户司翼长阿喇布坦《拉占佐领下披甲达西色楞之女与绥远城披甲巴图孟克定亲一事属实的呈文》，档案号：80—22—30。

确认其真实性。① 而这些最终的核查资料最后要上报给绥远城将军，如光绪二十三年（1897）八月，建威将军要求查绥远城披甲佛凌是否与土默特披甲杜噶尔扎布之女定亲这件事情是否属实。② 满蒙通婚案件中，即有嫁女、嫁妹的案卷（见上）。还有嫁侄女案卷，如土默特赛拉扣之侄女许配给镶兰满洲旗玉青佐领下吉玉。③ 寡妇出嫁案卷，如克吉扎布佐领下披甲之姊寡妇聘与新城巴雅纳木图佐领下马甲哈生噶。④

满族上层提倡满蒙通婚，其所起的示范作用是不同小觑的。正是在其影响下，满蒙之间的通婚现象非常普遍。归化城土默特蒙古与绥远城八旗之间的通婚也就造成了"几乎每个满族家庭中都有蒙古族成员，所以有满蒙姑舅亲之说"。⑤

（四）喇嘛结婚案件

在藏传佛教中，"喇嘛除了黄教派外，都可以结婚"⑥。归化城土默特蒙古信仰黄教，但归化城副都统衙门档案中却有 10 卷喇嘛结婚案卷，乾隆元年（1736）六月，喇嘛因结婚而受到惩处。如"惩办大召娶妻喇嘛扎木山""审理大召娶妻喇嘛莫仑""将大召娶妻僧徒阿玉西治罪""将乃莫气召娶妻僧徒车旺多尔吉治罪""查明喇嘛阿拉布坦娶妻并查送失职喇嘛名衔""为杖责娶妻喇嘛扎木扎布并查送失职扎萨克职名""查明喇嘛唐古特等娶妻送查失职喇嘛职衔""会审台什村杜嘎尔扎布之未婚妻被其叔父另许大召沙弥罗卜藏格春""惩办小召娶妻喇嘛西拉布扎木苏并查送失职喇嘛名衔"等。⑦ 从档案内容来看，不仅将娶妻喇嘛予以处理，同时将失职的喇嘛亦予以处理。

但是，归化城土默特地区的喇嘛好像有娶妻的传统，据《蒙古源流》卷7载：⑧

  僧众若违教令而娶妻，则依法以黑灰涂其面，责令其逆转寺庙三匝，逐黜以惩之。

---

① 土默特左旗档案馆藏：归化城副都统衙门档案，左三甲参领《本甲科亚克图之女与新城巴夏阿定亲属实的呈文》，档案号：80—22—58。
② 土默特左旗档案馆藏：归化城副都统衙门档案，建威将军《查绥远城披甲佛凌是否与土默特披甲杜噶尔扎布之女定亲的咨文》，档案号：80—22—38。
③ 土默特左旗档案馆藏：归化城副都统衙门档案，绥远城右司《查土默特赛拉扣之侄女是否许配镶兰满洲旗玉青佐领下闲散吉玉的咨文》，档案号：80—22—60。
④ 土默特左旗档案馆藏：归化城副都统衙门档案，绥远城右司《沙克吉扎布佐领下披甲之姊寡妇是否聘与新城巴雅纳木图佐领下马甲哈生噶的咨文》，档案号：80—22—63。
⑤ 王俊敏：《满、蒙、回、汉四族通婚研究》，西北民族研究，1999年，第1期，第157—169页。
⑥ 中央民族学院研究所编：《西藏社会状况》，中央民族学院研究所，1955年，第121页。
⑦ 土默特左旗档案馆藏：归化城副都统衙门档案，档案号：80—30—245、80—30—246、80—30—247、80—30—248、80—30—249、80—30—251、80—30—252、80—30—283、80—30—243。
⑧ 道润梯步：《蒙古源流：新译校注》，呼和浩特：内蒙古人民出版社，1980年，第387页。

这是三世达赖喇嘛索南嘉措（1543—1588）所定制度，但是在土默特地区并没有能够执行下去。正是因为有喇嘛娶妻这样的事情，所以索南嘉措才会制定这样的制度。"入清以后，有关律例规定：'喇嘛班第等，但宿于无夫之妇人家，无论是否犯奸，均鞭一百，勒令还俗'，'喇嘛住所、庙宇内，不准妇人行走'，更严禁喇嘛娶妻。"① 清政府虽然禁止喇嘛结婚，档案中亦有对喇嘛结婚的处置。但档案所载对结婚喇嘛的处置，则恰恰说明归化城土默特地区的喇嘛并没有严格执行禁止结婚的律令。据嘉庆二十四年（1819）的统计：崇福寺有娶妻喇嘛11人；庆缘寺有娶妻喇嘛2人，崇禧寺有娶妻喇嘛4人；崇寿寺有娶妻喇嘛2人；宏庆寺有娶妻喇嘛1人。② 据《土默特志》载："1819年（嘉庆二十四年），土默特蒙古乌勒吉太控告某寺喇嘛娶妻，绥远城将军禄成就此向朝廷上奏折，提出喇嘛应恪守黄教戒律，禁止喇嘛娶妻的主张。同时鉴于土默特地区喇嘛娶妻由来已久的事实，建议逐步易改。当年二月二十日，嘉庆予以钦准。军机处遂行文绥远城将军、归化城副都统：'缓禁土默特喇嘛娶妻。喇嘛理应恪守黄教戒律，禁止婚娶。惟土默特喇嘛沿袭旧俗，不宜立即查禁。'饬土默特两翼及四子王旗等处喇嘛，务须恪守黄教清规，抵制娶妻旧习。以后'若有逾越黄教戒律，肆意婚娶，决不姑贷'。同时'严禁土默特娶妻属民借故出家当喇嘛；喇嘛亡妻，不准再娶'。"③

据上可知归化城土默特地区，喇嘛娶妻现象是较为常见的，清政府在某种程度上也是予以默许的。故才会"缓禁土默特喇嘛娶妻"。其实蒙古地区喇嘛娶妻现象比较常见。阿拉善和硕特厄鲁特蒙古喇嘛亦有娶妻现象，据道光十年（1830）九月十六日《为所属旗寺院喇嘛等制定戒律的告示》载：

> 御前行走阿拉善和硕特厄鲁特扎萨克加五级和硕亲王之告示：致延福寺达喇嘛莫尔根堪布额尔德尼……为永久作为定规事：前我旗之婚娶妻子的喇嘛俱让他们还俗留发，并宣告日后出家当喇嘛者禁止娶妻。但是，今据查，当喇嘛娶妻的也不在少数。实属违犯正教戒律，可耻之极。因此我旗及两寺沙毕纳尔中娶妻的喇嘛及其他们的子嗣俱还俗，治罪。并把所属佐领章京、骁骑校领催和户籍领催、什长及东西两寺的达喇嘛、商卓特巴、得木齐喇嘛、葛布慧喇嘛等分别追究责任惩处。永久禁止娶妻喇嘛的子嗣出家当喇嘛。今后所属寺院沙毕和庙堂挂名的游僧、喇嘛等禁止饮酒参加宴席

---

① 土默特左旗《土默特志》编纂委员会：《土默特志》（上），呼和浩特：内蒙古人民出版社，1997年，第863页。
② 土默特左旗《土默特志》编纂委员会：《土默特志》（上），呼和浩特：内蒙古人民出版社，1997年，第843—852页。
③ 土默特左旗《土默特志》编纂委员会：《土默特志》（上），呼和浩特：内蒙古人民出版社，1997年，第863页。

婚庆。①

据上可知，蒙古喇嘛娶妻虽然是教令和清代律令禁止的，但却禁而不止。虽然勒令还俗，但并没有严格执行。究其原因，笔者认为：首先由于蒙古人长期出征，导致蒙古男性人口在战争中大量死亡，男女比例失衡；其次，由于蒙古族信奉喇嘛教，导致大量男性信徒出家为喇嘛，这进一步导致男女比例失调。但是蒙古族的人口又需要维持一定的规模，特别是具体每一户蒙古家庭的时候，出家喇嘛往往可能起到其家族延续香火的作用。故喇嘛娶妻在蒙古地区为一种较为常见的现象。因此，在某种程度上讲，归化城土默特地区的喇嘛娶妻的原因可能并不是因为宗教信仰，而是生活所需。

另外，归化城土默特地区还居住一定数量的回族民众。有关回族民众的婚姻问题，王俊敏在《满、蒙、回、汉四族通婚研究》中认为："回族的婚姻以双方都是穆斯林为首要条件，对教外婚一般是禁止的，但不排除回族男子娶改宗伊斯兰教的其他民族的子女为妻的情况。回族的女子，则基本不嫁他族。这一规定和按规定发生的实际情形长期以来似无明显变化，而且对满、蒙、汉三族也没有分别。这容易给人造成一种印象，即回回极少与族外人通婚。其实，具体情况要比这复杂得多。"由于在档案中没有发现回族与蒙、满通婚的记载，故对回族婚姻情况不予论述。

二、归化城土默特地区的立嗣过继问题

立嗣过继问题，是我国古代宗法家族继承、收养制度。立嗣过继是以男性为中心的，其根本目的在于传宗接代，保证宗祀和家统不绝。在古代社会，已婚无子男性或去世成年无子男性，由其妻子、近亲或者宗族为其择立后嗣。一般来讲，有两种情况：其一，已婚男子到了一定年龄，仍然没有亲生儿子，则应从同姓血缘近亲中过继他人之子为己子，称之为立嗣子。其二，已婚男子去世时，没有留下子嗣。其守节妻子则由其亲族安排立嗣。嗣子有从小过继或成人后过继立嗣的。嗣子能够继承所嗣者的财产、身份和地位。

归化城土默特蒙古，由于承担军事义务，因此难免在军事活动中去世。同时亦有部分蒙古婚后无子或是不能生育，因此需要立嗣过继他人子女。据《钦定大清会典事例》卷753《刑部·户律户役》载：

---

① 道光十年九月十六日《为所属旗寺院喇嘛等制定戒律的告示》，阿拉善左旗档案馆藏，编号：101—05—0055—042，转引自胡日查：《试论清代蒙古札萨克旗对寺院与喇嘛的管理机制——以蒙旗印务处档案为中心》，载于乌云毕力格：《满蒙档案与蒙古史研究》，上海：上海古籍出版社，2014年，第316—317页。

> 无子者，许令同宗昭穆相当之侄承继，先尽同父周亲，次及大功小功缌麻。如俱无，方许择立远房，及同姓为嗣。若立嗣之后，却生子。其家产与原立子均分，并不许乞养异姓为嗣，以乱宗族。立同姓者，亦不得尊卑失序，以乱昭穆。谨案：此条系原例。①

这条律令应是针对普通大众，而针对蒙古人，清政府亦有规定。据《钦定大清会典事例卷》978《理藩院·户丁》载：

> （顺治）十八年定：蒙古人恐身后无嗣，于身在时具保呈明该扎萨克王贝勒贝子公等，将族中兄弟之子抚养为嗣者，准其承受家产。如抱养遗失之子、及异姓之子、家奴之子、均不准承受家产。若身在时并无养子者，将家产令其亲族人承受。傥族中并无兄弟之子，身在时曾呈明该旗收养异姓之子为嗣者，亦准其承受家产。若身故后，同姓中尚有可继之人，而其妻收养异姓之子为嗣者，不准承受家产。再正妻无子，将妾所生之子养为己子者，其生子之妾不得嫁卖，嫁卖者其子不得为嗣。若身故之后，既无近族，又无养子，将家产交与该旗王贝勒等以充公用。又定：蒙古人乏嗣，有欲收养他人之子为嗣者，并令呈报该旗王、贝勒，及管旗章京等注册，准其收养，仍造入本旗本佐领下丁册，傥不行呈报，擅自收养者，即将所养之子，撤出交回本家。乾隆四十年奏准：孀妇承继子嗣，除照昭穆次序相当外，仍听孀妇择其属意之人，并问之本房是否愿继，取有阖族甘结，独子亦准出继。②

据上述条例，蒙古人立嗣过继即可以是同宗族之人，亦可以是异姓。其在收养他人为嗣的时候，需要呈报该旗王、贝勒及管旗章京注册，方准其收养，并造入本旗本佐领下丁册，如果不呈报，擅自收养，则将所收养之人交还本家。据清代律令，旗人、蒙古人是不准收养民人的。据《清宣宗实录》卷26，道光元年（1821）十一月己巳条载：

> 谕内阁：文孚等奏，续行查出抱养民人为子冒入旗籍一折。旗人抱养民人为子，前经予限三个月查办。镶蓝旗蒙古马甲莫沁多尔济、护军德通限内未经呈报。兹据该管参领等查出，本应交部治罪，但思法愈重则隐匿愈深。莫沁多尔济、德通俱著革退钱粮，出旗为民，免其治罪。嗣后如系自行呈首者，仍遵照前定章程，另册注明。③

该条律令在一定程度上说明，有部分旗人、蒙古人抱养民人为子。清政府虽然对此予以治理，却禁而不止。同时规定"遵照前定章程，另册注明"，这是在某种程度上是

---

① 昆冈等修，刘启端等纂：《钦定大清会典事例》卷753《刑部·户律户役》，续修四库全书（第809册），上海：上海古籍出版社，2002年，第305—306页。
② 昆冈等修，刘启端等纂：《钦定大清会典事例》卷978《理藩院·户丁》，续修四库全书（第811册），上海：上海古籍出版社，2002年，第701—702页。
③ 官修：《清宣宗实录》卷26，道光元年十一月己巳条，北京：中华书局，1985年，第470页。

对收养民人行为的认可。

在归化城副都统衙门档案中，有二十余件关于过继立嗣的案卷，其中有：1. 异姓之间的过继，如乾隆十三年（1748）"台吉多尔名下男丁哈尔科勤过继给骁骑校班弟"①；光绪十四年（1888）"披甲呼比泰过继领催五十三之子图门为嗣"②、光绪十五年（1889）"世袭佐领永登扎木苏无子嗣将异姓强家锁的儿子实隆嘎过继为子"③ 等。2. 同族之间的过继，如乾隆三十二年（1767）"杜勒玛过继同族张布拉之子"④、光绪二十七年（1901），"世管佐领布额格勒尔出缺无嗣以本支英赫于沙克沙巴特名下嗣"⑤ 等。3. 择婿为嗣，如光绪二十七年（1901）"玉梅子谨遵母命为妹择婿为嗣"等。⑥ 4. 寡妇立嗣，如光绪八年（1882）"海龄收养同族孀嫂次子为嗣"⑦、光绪二十一年（1895）"孀妇双应过继福隆阿"⑧ 等。此外还有因过继而定立和同约的现象，如咸丰三年（1853）"尔吉兔过继到白彦厂汉村周家保为子所立的合同约"、咸丰九年（1859）"狗系子过继给白彦长汗村六十一为子所立的合同约"⑨ 等。在过继的时候，应当将过继文书呈报所管佐领，上报户司备案。在立嗣过继中，亦有因过继立嗣而发生的争产案件，如光绪三十三年（1906），"根旦子呈控什拉尔大领催福和子霸占过继之父财产"⑩。亦有冒认过继的案卷，如"福隆泰冒称过继"⑪。亦有否认过继子的行为，如光绪五年

---

① 土默特左旗档案馆藏：归化城副都统衙门档案，归化城都统《为会审将台吉多尔名下男丁哈尔科勤过继给骁骑校班弟案咨鄂尔多斯贝子等》，档案号：80—25—104。
② 土默特左旗档案馆藏：归化城副都统衙门档案，归化城户司《为披甲呼比泰过继领催五十三之子图门为嗣请记档备查的呈文》，档案号：80—22—109。
③ 土默特左旗档案馆藏：归化城副都统衙门档案，户司《世袭佐领永登扎木苏无子嗣将异姓强家锁的儿子实隆嘎过继为子的呈文》，档案号：80—满文补遗—1033。
④ 土默特左旗档案馆藏：归化城副都统衙门档案，杜勒玛《请恩准过继同族张布拉之子为嗣的呈文》，档案号：80满文补遗—521。
⑤ 土默特左旗档案馆藏：归化城副都统衙门档案，右翼五甲参领《世管佐领布额格勒尔出缺无嗣以本支英赫于沙克沙巴特名下嗣补放的呈文》，80—17—370。
⑥ 土默特左旗档案馆藏：归化城副都统衙门档案，玉梅子《呈请谨遵母命为妹择婿为嗣》，档案号：80—4—1670。
⑦ 土默特左旗档案馆藏：归化城副都统衙门档案，舒噶礼《为族兄海龄收养同族孀嫂次子为嗣出具的保结》，档案号：80满文补遗—124。
⑧ 土默特左旗档案馆藏：归化城副都统衙门档案，孀妇双应《吁恳批饬参佐为继嗣子福隆阿备丁的呈文》，档案号：80—2—571。
⑨ 土默特左旗档案馆藏：归化城副都统衙门档案，档案号：80—15—351、80—15—382。
⑩ 土默特左旗档案馆藏：归化城副都统衙门档案，根旦子《呈控什拉尔大领催福和子霸占过继之父财产》，档案号：80—4—1756。
⑪ 土默特左旗档案馆藏：归化城副都统衙门档案，档案号：80—4—890、80—4—902。

(1879),"孀妇习呼呈控亡夫弟否认过继儿欲谋吞产"① 等。

归化城土默特地区蒙古过继立嗣,基本上是按照清代律令进行的。虽然清政府禁止抱养民人为子的行为,但并没有严格的执行。据档案所见,归化城土默特地区的过继立嗣,并不仅仅局限于同宗族之间进行,同时亦可以在异姓之间过继立嗣,且女婿立嗣的行为也是予以认可的。

小结

归化城土默特地区的工商业在清代有了很大的发展。这一时期,归化城土默特地区各商号云集,这些商号按行业集成社团,组成一定的利益共同体。本地区的工业是一家一户的作坊式的手工业生产,并没有近代化的工业。归化城土默特地区的教育从无到有,从私塾、义学到官学、书院,再到新式学堂,其间经历了一个较为漫长的过程,这个过程是归化城土默特地区逐渐发展演化过程的一个缩影。归化城土默特地区的教育事业发展,对本地区文化的发展传承,以及本地区人民物质文化生活水平的提高,都起到了十分重要的作用。文化教育发展,进一步促进了归化城土默特地区的民族融合。清代归化城土默特地区的民间纠纷多种多样,既有偷盗、抢劫、杀人的大案,又有赌博、争地、水利纠纷这样的案件。清政府根据蒙古地区的特点,制定了适应蒙古地区的律例。这些严苛的律例确实能起到一定的威慑作用,但是在生产力水平较低、人民文化水平亦普遍较低、甚至迷信、愚昧时代,这种威慑的作用显然是不足的。

---

① 土默特左旗档案馆藏:归化城副都统衙门档案,孀妇习呼《呈控亡夫弟否认过继儿欲谋吞产》,档案号:80—4—1509。

第八章 清代归化城土默特地区的环境变迁

归化城土默特地区，因自明代始归化城土默特蒙古在此驻牧而得名。这是一块由黄河及其支流大黑河等冲击而成的平原。整个平原地势平坦，气候条件适宜，土壤肥沃，水源丰富，自古以来就是重要的牧区，亦是多民族共同生存繁衍之区。历史上，这一区域绝大多数时候，是少数民族从事畜牧业的牧场，当然，亦有少量的农业存在，如明末"板升"农业。入清以后，该区域由牧转农，成为重要的粮食产地。这一变化对本区域生态环境造成一定的影响。

第一节 清代归化城土默特地区环境的变化

归化城土默特地区，属温带半干旱性大陆性季风气候，冬寒夏热，年降水量为350~400毫米。清朝统治该区域以前，本地区为北方各民族游牧之区，如匈奴、鲜卑、蒙古等。在历史上也有不少流亡或迁移到该区域的汉人从事农业生产，但该区域的生态环境仍然以草原生态系统占主导地位。虽然本地区历史上也经历了无数次的战争，给草原生态环境造成巨大破坏，但在社会安定以后，本区域的草原生态系统又得以恢复。明代嘉靖时期，归化城土默特地区因是归化城土默特蒙古驻牧之地而得名。明末，由于中原地区连年战乱，归化城一代则相对安定，这就导致一些反明人士（有些为白莲教教徒）和大量的民人流落到归化城土默特地区（见上文），他们向蒙古领主租地从事农业生产（见上文），本地的板升农业因此得以兴盛。归化城土默特蒙古为了自身的发展，在发展畜牧业的同时，亦有零星的农耕。此时，归化城土默特地区已经开始从传统畜牧业转向半农半牧过渡。入清以后，由于民人大量涌入该地区从事农业生产，本区农业得到迅速发展，畜牧业则日趋衰微，到乾隆时期，本地区变成了以农业为主的区域，成为清政府重要的粮食生产基地。

归化城土默特地区由牧业到农业的转变，对本区域的生态系统造成重大影响，同时

对生态环境亦产生重大的影响。这种影响主要表现在以下几点:

一、土地沙化、盐碱化

由于民人大量进入该地区从事农业生产活动,导致本地区的土地被大量开垦。在干旱少雨、多风,以及本区水资源不是十分丰富的情况下,土地的开垦程度远远超过了本区自然环境所能承受的范围。因此,本区域的农业垦殖虽然获得较大的发展,土地沙化问题亦是十分突出的问题。

文献对归化城土默特地区的土地沙化的描述,大多用"沙压""水冲""不堪耕种之地""碱坏""盐碱不堪耕种"等词来描述。如在《清代至民国时期归化城土默特土地契约》中,其退地契约中载有退地的原因有:"碱滩地,至今不能耕种"① "地土荒芜,不能承种""因碱坏不能耕种""因地坏不能耕种""水淤沙间不能耕种""荒碱不长""盐碱不长""荒碱不良"等。② 正是因为碱坏和水淤沙间,导致土地大量毁坏,不能耕种。文献中亦有关于报退土地的记载,如《土默特志》卷5《赋税·附输田》载:

> 按近年有报退及未尽报退各项粮地,萨拉齐厅之所征为多。如包头镇米地二百四十顷尽数报退,萨尔沁村米地三十顷七十三亩,退地四顷。乌尔巴齐村米地二十九顷,退地十九顷六十五亩。磴口村米地十九顷八十亩,退地八顷。巴拉盖村米地十四顷四十九亩,尽数报退。黑训营村米地八顷七十五亩,退地三顷九十五亩。朱尔圪代村,米地四顷,退地八十八亩。乌坝村米地四顷九十八亩,全数报退。什不沁村,米地百一十六顷十九亩,退地三十九顷六十九亩。苏波尔盖村,有豁七缓三地一段,其内亦有报退字样。白彦察汉村,米地三十七顷九十亩,尽数报退。独力坝,米地四十七顷二十七亩,退地二十一顷三十一亩。大代村,米地二十八顷四十八亩,退地十七顷九十八亩。
>
> 和林格尔厅之所征,如巴尔旦村,米地十顷,尽数报退。甲拉尔村,米地六十一顷二十五亩,退地三十五顷六十九亩四分。肯只贝村,米地三十顷,退地十八顷五十亩。公布忽同图,米地二顷五十亩,如数报退。公喇嘛,米地一十顷零十五亩,灯笼素村,米地三十顷,二村开除地九顷五十亩。
>
> 归化厅征收之黑沙、图花沟二村,米地十五顷,尽数报退。麻什村,米地十二顷,退地六顷七十亩。又沙拉乌素、喇嘛营、狼家营、黑土窑、红巧尔村,共五村,

---

① 内蒙古大学图书馆藏、晓克藏:《清代至民国时期归化城土默特土地契约》(第1册),呼和浩特:内蒙古大学出版社,2011年,第26页。
② 杜国忠藏:《清代至民国时期归化城土默特土地契约》(第3册),呼和浩特:内蒙古大学出版社,2012年,第141、149、159、188、191页。

鳏寡孤独地五段，尽数报退。

　　清厅所征八里粮地内，报废地八千五百余顷。镶蓝旗厂地内报废二百六十二顷五十亩。①

据上述可统计的报退的土地就达到9273.224顷，为何会有如此数量巨大的退地呢？笔者认为可能有人弃地，亦有因土地被水冲、沙压，而导致土地不堪耕种。如清水河报废地"八千五百余顷"，如此数量巨大的土地数量，显然不是因人弃地造成的，而应是由于土地沙化，导致土地不堪耕种造成的。上述所载萨拉齐厅、和林格尔厅、归化城厅的土地数量共有742.49顷，报退土地有510.724顷，报退土地占到土地数量的69%，没有报退的土地仅有31%。据此亦可推知归化城土默特地区不堪耕种土地的数量是十分巨大的。这在一定程度上也说明本区域生态环境发生了严重的恶化。

道光四年（1824），绥远城将军德英阿、山西巡抚邱树棠在奏折中写道：

　　右卫城守尉庆禄、归绥道岳祥□□，奉委前往该处督同归化城同知文明逐细勘丈，右卫八旗马厂周围七十六里零，核计共地二千六百二十五顷八十四亩，内除山河、沟渠、沙滩等地一千三百余顷不堪耕种，净有可垦地一千三百余顷。②

右卫八旗马厂供给有地2625.84顷，其排除山河、沟渠、沙滩地1300余顷，净有可垦地1300余顷。在不可耕种的地亩中，沙滩地可能占有很大的比例。这些沙滩地以前可能就是被荒弃的垦地。这一文献或许不能说明问题。再据道光四年（1824）九月，山西巡抚福绵上奏：

　　为委员勘明口外庄头承种地亩沙淤不堪耕种据实复奏。……窃照绥远城将军德英阿等具奏，浑津庄头承种地亩沙淤不堪耕种，恳请豁除粮额酌筹拨补一案。经户部奏明交前任……前往该处详细确勘……该庄头三妞子等五户承种地亩，实被沙淤河占地一百一十五顷一十三亩九分不堪耕种。又查丈该庄头赵承训、吉祥儿二户原报碱废地内淤复可垦地共一十五顷七十亩。……所有委员勘明地亩实在情形理合恭折复奏。③

该文中"沙淤不堪耕种""沙淤河占不堪耕种""碱废地"等，是本地区环境变化，导致土地不堪耕种的原因。"沙淤"即在风的作用下，流沙逐渐侵蚀的耕地，这是本地区土地沙化的一种主要形式。"河占"即河流改道或者冲刷，导致水土流失，而使土地不堪耕种。"碱废地"，就是因为土地盐碱化而导致不能耕种的土地。庄头地因碱坏、沙

---

① 清光绪年间刊本影印：《土默特志》，台北：成文出版有限公司，1968年，第88—91页。
② 中国科学院地理科学与资源研究所、中国第一历史档案馆：《清代奏折汇编·农业·环境》，北京：商务印书馆，2005年，第416页。
③ 中国科学院地理科学与资源研究所、中国第一历史档案馆：《清代奏折汇编·农业·环境》，北京：商务印书馆，2005年，第417—418页。

淤、水浸,在嘉庆、道光年间报部豁免。①

在归化城副都统衙门档案中,亦载有一定数量的土地应水冲、沙压、碱坏而不能耕种。如乾隆三十八年(1773),归化城土默特地区因水冲毁土地六十七亩②;道光二十六年(1846),"回民马成恩供称……嘉庆十一年(1806)(地)被河水侵占,约有一半不堪耕种。……杨根福子孙们只指了荒地一块"③;咸丰六年(1856)"报退毫赖沟村民人崔孚等地五顷五十五亩"④;光绪十一年(1885),"原典与民人租种户口地亩因沙碱不堪耕种,退交蒙古地主承受"⑤;光绪三十一年(1905),"迨至光绪十年(1884),花户报退八顷有余,不堪耕种,……又至二十八年,花户弃地逃走,遗留地五顷六亩,现在小的等承种荒芜者多,耕种者少"⑥等。

《新修清水河厅志》中载有:"嗣因所垦熟地,或被风刮或被水冲,是以口内招来之民弃地逃户原籍者实繁。"这说明开垦的熟地,在水冲、风吹的条件下,沙化,以至于无法耕种。

其他文献中,亦有归化城土默特地区土地不堪耕种的记载,如《晋政辑要》卷10《户制·杂赋十八·归化等厅土默特租》载:"查嘉庆六年(1801),绥远城将军奏准和林格尔民人承种土默特蒙古地一十八顷五十二亩五分,勘明具备沙壅荒芜,开除注册,……又查咸丰六年(1856)奏准归化厅民人承种土默特蒙古七顷八十七亩五分,勘被水冲不堪耕种"⑦;光绪三十四年(1908)四月,文哲珲在奏折中写道:"其不堪耕种者,或令民领,或强令旗认,从中设法逼令报效"⑧等。

据上述,归化城土默特地区的土地,经过一段时间的农业开发后,当地的草原生态环境转换为农业生态环境。由于本区域生态环境遭到一定程度的损坏,导致水土流失、

---

① 彭勇:《清代土默特土地占有方式》,土默特史料(第18辑),1985年,第258—279页。
② 土默特左旗档案馆藏:归化城副都统衙门档案,户司《为将私典土地税银赏给两旗鳏寡孤独等情形造册转送理藩院并移咨绥远将军的呈文》,档案号:80—23—809。
③ 土默特左旗档案馆藏:归化城副都统衙门档案,归化城厅《咨查回民马成恩闲人有无拨过户口地亩》,档案号:80—5—2222。
④ 土默特左旗档案馆藏:归化城副都统衙门档案,户司《咨报十五沟租银错误缘由并将未发银两转饬照旧给领》,档案号:80—8—998。
⑤ 土默特左旗档案馆藏:归化城副都统衙门档案,苏盖营村铁圪旦《控平基村四十八等假冒霸夺户口地亩》,档案号:80—5—2086。
⑥ 土默特左旗档案馆藏:归化城副都统衙门档案,蒙古恩受《为屡欠租银乞饬宁远厅查卷地归蒙古的呈文》,档案号:80—5—2313。
⑦ 刚毅修,安颐纂:《晋政辑要》,续修四库全书(第883册),上海:上海古籍出版社,2002年,第471页。
⑧ 《申报》(上海版),1908年5月12日,星期二,第12673号,清光绪三十四年四月十三日,第10版。

土地沙化、盐碱化程度非常严重，以至于大量的土地因此无法耕种。

除了因土地开垦造成土地沙化外，本地区的过度放牧及药材挖掘，亦是造成归化城土默特地区土地沙化的重要因素。

入清以后，随着归化城商业贸易的兴起，本地区的牲畜、皮毛贸易亦随之发展起来。牧民通过牲畜、皮毛换取货币或其他生活必需品。经济收入的增加，生活条件的改善，极大的刺激了牧民从事畜牧业生产的积极性。而在当时的生产技术条件下，牧民要想获得更高的经济收入，只能靠增加牲畜的数量。归化城土默特地区的草场，在民人大量开垦的条件下日趋减少，最后仅仅局限于一些不堪耕种的土地上。这些不堪耕种之地的草场，其牲畜承载量本就比较低，而牲畜的数量却在不断增加，这就会造成过度放牧。长期的过度放牧，草场因牲畜反复不断啃食而得不到休养和恢复，使得本就十分脆弱的地表因失去应有的植被保护，同时牲畜的践踏又会在一定程度上引起土壤结构的变化。在干旱少雨、风蚀的条件下，很容易引起土地的沙化。有研究认为："当牧草采食率高于55%时，草地开始发生退化，当牧草采食率持续高于70%时，草地迅速退化和沙漠化。……在家畜和风的双重作用下，裸露的沙质地表发生风蚀并形成风沙流，进而引起更大范围的草地沙漠化。定量研究表明，过牧草地49%的裸地是家畜过度啃食引起的，其余51%是风蚀引起的。"① 在商品贸易的刺激下，导致归化城土默特地区仅有的少量草场亦存在过度放牧的情形，由此导致草场沙化。

清代归化城不仅是牲畜、皮毛的交易中心，同时亦是药材交易中心。这就刺激了本地药材采挖业的发展，如甘草、大黄、麻黄、发菜的采挖。以甘草为例：甘草，在归化城土默特地区广泛分布。晋陕民人到归化城土默特地区从事甘草采挖的人口数量十分庞大，据统计"保德每年大约出去3000～4000人，偏关2000～3000人，河曲约4000人。若遇大灾年，每个县都要超过万人，其方式也由春去秋回的雁行转为定居。河曲人主要居住在临河、陕镇、萨拉齐、土默特左旗和乌拉特中、后旗等地。"② 而每个人每天能采挖鲜甘草60～100斤。③ 药材的采挖，比农耕和放牧对土地的危害更大。据研究"每挖1公斤甘草，要破坏10平方米（包括挖洞及挖出的土埋压周围草地），……挖过的地靠自

---

① 王涛等：《中国北方沙漠化过程及其防治研究的新进展》，中国沙漠，2006年，第4期，第507—516页。
② 樊如森：《清代以来北方农牧交错地区的经济发展与环境变迁》，载于安介生、岳仲麟：《边界、边地与边民——明清时期北方边塞地区部族分布与地理生态基础研究》，济南，齐鲁书社，2009年，第216—230页。
③ 陈秉荣：《话说走西口》，山西文史资料（第84辑）。

然恢复植被要 5 年以上，许多滥挖的土地植被尚未恢复就演变成沙漠化严重的沙丘地了。"① 樊如森据此进行计算 "1912 至 1937 年间，天津口岸出口的晒干甘草，共计 110，737，100 斤，折合鲜湿甘草 332，211，300 斤，即 166105650 公斤（3 斤鲜湿甘草折合 1 斤晒干的甘草）直接破坏草场 1，661，056，500 平方米，即 2，490，340 亩。"② 当然出口到天津口岸的甘草并非全部来自归化城土默特地区所产，如果以归化城土默特出产的甘草仅占其中出甘草的 1% 计算，那么直接破坏的草场面积也达到 24903.4 亩，即使以 0.1% 计算，直接破坏的草场面积也达到 2490.34 亩。且这还仅仅是甘草一项药材破坏草场的面积。如果算上大黄、麻黄、发菜等药材，那么被破坏草场的面积将是十分惊人的。

二、森林资源减少

归化城土默特地区草原生态系统转变为农业生态系统的同时，本区域的森林生态系统亦发生了重大变化。明末，归化城土默特地区虽然有一定量的板升农业的存在，修盖住所会消耗掉一部分森林资源，但此时的消耗是少量的，对本区域的森林资源影响不大。在康熙、雍正时期，大青山和山前一代的林木茂盛，树的种类亦十分繁多，但此时，大青山的木材已经开始通过黄河运到其他省区。

有很多文献均载归化城土默特周围森林茂盛，如萧大亨在《北虏风俗·耕猎》中写道："彼中松柏相抱，无所用之，我边氓咸取给焉。则互市之开，其于材木，不可胜用矣。"③《归绥识略》卷 5《山川》载有："大青山也，在归化城北二十里，……高数千仞，广三百里，袤百余里。内产松柏林木，远近望之，岚光翠霭，一带青葱，如画屏森列。"④ 冯一鹏在《塞外杂识》写道："归化城南二十里，及大青山万壑潺潺，群峰叠叠，树木丛茂，烟霞变幻，疑入天台路矣。行过数里，转入一区，则峭壁凌空，青绿之色出自天然。"⑤ 上述记载均说明清初，大青山一代森林是比较茂盛的。《绥远通志稿》卷 45《林业》载：

---

① 李士成等：《宁夏土地沙漠化现状及防治对策》，宁夏农林科技，2000 年，第 4 期，第 39—42 页。
② 樊如森：《清代以来北方农牧交错地区的经济发展与环境变迁》，载于安介生、岳仲麟：《边界、边地与边民——明清时期北方边塞地区部族分布与地理生态基础研究》，济南，齐鲁书社，2009 年，第 216—230 页。
③ 萧大亨：《北虏风俗·耕猎》，见薄音湖、王雄编辑点校《明代蒙古汉籍史料汇编》（第 2 辑），呼和浩特：内蒙古大学出版社，2006 年，第 243 页。
④ 绥远通志馆：《绥远通志稿》第 12 册（附册）《归绥识略》，呼和浩特：内蒙古人民出版社，2007 年，第 26 页。
⑤ 冯一鹏：《塞外杂识》，载于王云五：《丛书集成初编》之《西河记及其他四种》，上海：商务印书馆，1936 年，第 8 页。

北界大青、乌拉诸山，皆有大森林也。有之面积约八十七万六千四百余方里。中间山岭约占全境百分之三十五。在古昔森林极盛，……明初，地属蒙古，经二百数十年之长养。及清入关，首隶版图，辟土命官，农商毕集（筑城建署，设市受廛，土木纷兴，需材甚广。其时乌拉特山以属在藩封，仍其故俗，山林之禁，迄未开放。①

随着民人大量涌入归化城土默特地区，随之而来的就是大量的民人在此居住，因此他们必然要修建房屋，修建房屋所需要的木材便是就地取材，这就进一步破坏了本地的森林生态系统。如雍正十三年（1735）六月二十四日，归化城都统丹津奏请：

> 为修城工程，所用石瓦等已经发来，但建房一万二三千间，需大小木材三十万余根。去年木纳山有大量盗伐木材，请将此木材已存的十万余根运往筑城地，以备修城。②

同年七月，军机大臣允礼奏议丹津所请，认为"筑城需木材三十万余根，现木纳山有盗伐木材，请将用于筑城，并严禁盗伐。"③ 清政府准许了丹津所请。此处之木纳山（穆纳山，即乌拉山）。据此所载，乌拉山上的树木应是十分茂盛的，储量亦是十分充足的。

如乾隆三年（1738）十二月，归化城都统在《为请开原禁二十余所煤矿札付归化城同知》中写道："城周围无可拣之粪、可砍之树，致使蒙民买柴烧用，木价大涨。"④ 在乾隆三年（1738）之前，归化城周围的森林就已经被大量砍伐，以至于在城周围没有"可砍之树"。

在乾隆年间，修建绥远城时，归化城周围已经没有木材可用，因此修建绥远城所需木材，大多来自木纳山（穆纳山），"原议内将窃砍穆纳山之木料，大小共堆积十三万根取用，如不敷用，即于穆纳山采取等语。臣委员前往查缉，现存大小木料三万余根。因与原数不符，复委员查验，该山内堆积木植大率年久朽烂，……饬令率工匠上紧砍采新木，并将旧木选择可用者修断。"⑤ 在此情况下，木纳山（穆纳山）的森林资源遭到严重的破坏。

《绥远通志稿》卷45《林业》载：

> 土默特以输诚内属，遇事每多报效，而大青山之林木，亦于是时开采，以供官民

---

① 绥远通志馆：《绥远通志稿》卷45《林业》（第53册），内蒙古自治区图书馆藏（稿本），第2页。
② 中国第一历史档案馆：《军机处满文月折包》，档案号0754—005，缩微号：017—1122。
③ 中国第一历史档案馆：《军机处满文月折包》，档案号0754—006，缩微号：017—1127。
④ 土默特左旗档案馆藏：归化城副都统衙门档案，归化城都统《为请开原禁二十余所煤矿札付归化城同知》，档案号：80—23—868。
⑤ 中国第一历史档案馆：《军机处满文月折包》，档案号03—1114—008，缩微号：079—0054。

建设之用。今省垣及萨托一带公家廨宇，旧家屋舍，以及各大召庙，类多油松大料。其初，悉就地取材，俗谓之本山货。相传绥远城工竣，而大青山之木遂空。所述虽过当，然自归绥二城及各厅治前后兴筑，与夫民商购用，举一山之储备，开一道之规模，大量松材，采取略尽。①

除了修建绥远城，本地区亦兴起了一些城镇。如萨拉齐厅、清水河厅、和林格尔厅、可可以力更镇、毕克齐镇、察素齐镇等。这些新兴城镇的兴起，不仅成为本区域的商品交换中心，同时亦聚集了大量人口。因此，这些城镇的兴起，亦需要消耗大量的木材。

本地区森林资源遭受到巨大的破坏，在当时的社会条件下，人们对森林资源的保护意识欠缺，且林木被砍伐后，并没有再种植新的树苗。这种涸泽而渔的砍伐林木的方式，是古代中国社会主要的林木砍伐方式。而本地区独特的自然条件——干旱少雨，非常不利于森林资源自身的恢复。森林生态系统的破坏则进一步加剧了本地区生态环境的恶化。

第二节　归化城土默特地区生态环境变化反思

入清以后，归化城土默特地区在民人大量涌入，清政府"借地养民"政策的推动下，农业、商业均取得了较大的发展。清末，清政府的放垦蒙地政策，进一步刺激了本地农业经济的发展。农业经济的发展，进一步压缩了畜牧业的发展空间，由此导致农牧比例失衡。过度的农垦、放牧，则加剧了本区域土地的沙化。尽管相关研究认为"本区域土地沙化的根本原因，源自地质时期青藏高原的剧烈隆起"②，但是人类的活动却在一定程度上加速了本区域土地沙化的进程。

一、归化城土默特生态环境变化的原因

1. 过度垦殖土地。过度垦殖土地，是本区域生态环境变化的因素之一。归化城土默特地区处于干旱、半干旱地区，在水资源比较充足的地区，可以适当地进行农业开垦。最初，本区域农业开垦亦是在水资源较为充足的地方开展的。随着中原农业技术的传入，民人开始开渠、凿井，引水灌溉农业，这进一步刺激了本地区农业开垦——农业开垦规模逐渐扩大，逐渐超出了本地区自然生态环境所能承受的范围。而本区域水资源的缺乏，导致不断垦殖的土地因无水灌溉，被迫撂荒。这些撂荒的土地，在干旱、风蚀的作用下

---

① 绥远通志馆：《绥远通志稿》卷45《林业》（第53册），内蒙古图书馆藏（稿本），第2页。
② 樊如森：《清代以来北方农牧交错地区的经济发展与环境变迁》，载于安介生、岳仲麟：《边界、边地与边民——明清时期北方边塞地区部族分布与地理生态基础研究》，济南，齐鲁书社，2009年，第216—230页。

沙化成不堪耕种之地。

2. 耕作方式。由于归化城土默特地区的土地为蒙古所有，而在归化城从事农耕的则是晋陕民人。晋陕民人租种蒙古的土地维持生计。土地经过3至5年的垦殖后，肥力下降，导致民人收成减少。在此情况下，民人就会弃地另佃。这就形成了归化城土默特独特"游耕"式的土地垦种方式。这些被放弃耕种的土地，加上因其他各种原因的"弃地"，在干旱少雨、风蚀的作用下，很容易变成不堪耕种的土地，直至沙化。同时这些撂荒沙化的土地又逐渐向周边没有沙化的土地侵蚀，导致沙化土地不断增大。不断拓展的沙化土地又进一步加剧了本地区生态环境的恶化。

3. 人口的增加。人口的增加，是土地不断开垦的源动力。清初，归化城土默特地区为归化城土默特蒙古游牧之区，人口稀少。随着人口增加，土地开垦数量日渐增多，归化城土默特地区所承载的人口越来越多。日益增多的人口一方面为本地区的农业开发提供了劳动力，另一方面也加重归化城土默特土地的承载量。甚至远远超过了归化城土默特土地的承载力。为了养活日益增多的人口，在当时的生产技术条件下，只能靠不断开垦土地。不断开垦的土地在水资源不足、干旱少雨、风沙冲压的情况下，逐渐沙化。

4. 人们的环保意识是欠缺的。限于当时人民的文化水平普遍较低，人们的环保意识是缺失的。当时人们为了养家糊口，只能各尽所能从事农业、畜牧业等生产经营活动。在此情况下，土地被盲目的垦殖，草场被过度放牧就成为人们的必然选择。

5. 农业生产技术落后。晋陕民人带来了中原精耕细作的农业生产技术，使归化城土默特地区从传统的牧区变成了农区。当然这种较为先进的精耕细作的农业生产技术较归化城土默特蒙古漫撒式的农业生产技术具有一定的进步性。但这种进步，在某些特定的区域却可能是土地沙化的推手。干旱、多风、沙源丰富的地区，精耕可能会把埋于地表之下的沙源翻起，造成土地沙化——就地起沙。

6. 水利灌溉技术落后。水是农业生产之本。晋陕民人在本区域从事农业生产的同时，亦进行一定的水利建设。相关文献有"穿渠""打井"的记载，这仅是指农田灌溉而言。相关文献所载的"盐碱地"，却可能是水利灌溉技术落后原因造成的。由于本区域雨水稀少，且多集中在夏季。在没有足够的排水设施的情况下，雨水往往容易向低洼的地方汇集。溶于水的盐碱物质则随着水向低洼地区聚集，以至于低洼之区盐分聚集越来越多，形成盐碱地。本区域的所采取的漫灌式的浇灌田地方式，如果没有很好的排水设施，也很容易形成盐分逐渐向低洼的地区汇集，日积月累的盐分，导致土地盐碱化。在当时的社会条件下，并没有很好的改良土壤盐碱化措施。在土地盐碱化后，民人所采取的唯一措施就是抛荒。

7. 清政府的政策因素。自康熙时期起，清政府就在归化城土默特地区圈占了大量的土地进行农业垦殖，这是在政府主导下的农业垦殖。随着清政府"借地养民"，清末的放垦蒙地的政策，进一步刺激了人民开垦土地的热情。清政府对归化城土默特地区的垦殖政策，从禁止—默许到允许—鼓励的转变，加速了本区生态环境恶化的进程。

8. 归化城土默特蒙古生活方式的转变。由于归化城土默特蒙古部众需要承担没有军饷的兵役，因此他们无暇从事传统的畜牧业，为了维持生计，他们需要靠租佃土地维持生计。在归化城土默特地区的一些土地契约中往往出现归化城土默特蒙古"因官差紧急"①"因差事紧急"②"官差紧急，银钱不便"③，而将土地租佃别人。归化城土默特蒙古上层，则看到招民垦殖可以获得较多的经济利益，招民垦殖。因此，随着归化城土默特蒙古生活方式的改变，归化城土默特地区的土地被大量垦殖。

9. 归化城土默特地区的商业贸易。一方面刺激了本地牧民为追求更多的经济利益，过度放牧，另一方面导致大量的晋陕民人涌入该地区从事药材采挖业。由此导致土地大量破坏。

10. 战争因素，亦是本地区生态环境恶化一个不可忽视的因素。清代，大量的归化城土默特蒙古人被征调到各地参加战争，这直接导致归化城土默特蒙古失去可以从事畜牧业生产的壮丁，同时亦导致归化城土默特部众人口的减少。迫于生计，归化城土默特蒙古不得不将土地租佃给晋陕民人。

11. 归化城土默特地区独特的自然地理环境。明清小冰期，进一步加剧了归化城土默特地区的干旱、寒冷的程度。干旱少雨、日照强烈和多风的条件，对本区域的生态环境产生了极大影响，加速了本区域土地风蚀、沙化的进程。

二、对归化城土默特地区生态环境变化的反思

归化城土默特地区地处干旱、半干旱地区，生态环境稳定性较差，恢复能力较弱。在人类不合理的土地垦殖条件下，加上自然因素的影响，导致本区域生态环境进一步恶化。而本区域人口数量自清初开始，就呈现出井喷式的增长，但是本区域脆弱的生态环境所能够承受的人口数量是十分有限的。迅速增加的人口，对生态环境亦产生了极大的

---

① 内蒙古大学图书馆藏、晓克藏：《清代至民国时期归化城土默特土地契约》（第2册），呼和浩特：内蒙古大学出版社，2011年，第451页。
② 杜国忠藏：《清代至民国时期归化城土默特土地契约》（第3册），呼和浩特：内蒙古大学出版社，2012年，第1页。
③ 土默特左旗档案馆藏：归化城副都统衙门档案，自来宝等《租给禄生富道署后空地基2.2亩的永租约》，档案号：80—15—796。

负面影响。这就在人口和生态环境之间产生恶性循环。

我们应当从归化城土默特地区的环境变化中汲取一定的经验和教训，以便更好地为本区域经济可持续发展和和谐社会的构建提供可资参考的意见。

1. 调整产业结构。坚持宜林则林，宜农则农，宜牧则牧，宜荒则荒的原则。从实际出发，科学确定农林牧产业结构。在水资源充足的地区，比如黄河、大小黑河等水资源比较充足的地方，进行水利建设，合理发展灌溉农业。在水资源缺乏的旱地、山地，则退耕还草、还林。

2. 保护现有植被，采取措施种植林、草。加大对现有草原、林场的保护力度，严禁滥采、滥伐。同时在宜林、宜草区域，扩大种植面积。

3. 对荒漠化、盐碱化的土地进行治理。采取防风、固沙的措施，恢复植被。

4. 合理确定本区域人口发展规模。根据本地区的实际，确定本区域的人口承载量，合理规划本区域人口数量。

5. 树立环境保护意识，大力宣传环保理念。杜绝那种先污染后治理或者边污染边治理的思路，树立绿色发展的新理念。

6. 政府除在政策方面对本地区环境发展予以扶持外，还需要进一步提升在教育、科技、文化方面扶持力度。

当然，环境恶化是多种因素造成的，而环境治理更是一项复杂的工程。但是只要对这一问题保持清醒的认识，予以足够的重视，切实树立绿色发展的理念，用科学的方法治理环境，环境恶化问题还是能在一定程度上缓解，甚至得到改善。

参考文献

一、档案

[1] 中国第一历史档案馆藏：《军机处满文月折包》。

[2] 中国第一历史档案馆藏：《中国第一历史档案馆藏录副奏折》，档号：03—0736—0001，缩微号：049—1146。

[3] 巴延山：《奏报查明归化城税务情形事》，中国第一历史档案馆藏，档案号：03—0630—040。

[4] 土默特左旗档案馆藏：归化城副都统衙门档案。

[5] 《奏设政治官报》，台北：文海出版社，1965年。

[6] 故宫博物院明清档案部：《李煦奏折》，北京：中华书局，1976年。

[7] 台北故宫博物院：《宫中档乾隆朝奏折》，第19辑，1982年。

[8] 中国第一历史档案馆：《雍正朝汉文朱批奏折汇编》，南京：江苏古籍出版社，1988年。

[9] 中国第一历史档案馆：《清初内国史院满文档案译编》，北京：光明日报出版社，1989年。

[10] 天津市档案馆编辑：《袁世凯天津档案史料选编》，天津：天津古籍出版社，1990年。

[11] 中国第一历史档案馆、中国社会科学院历史研究所译注：《满文老档》，北京：中华书局，1990年。

[12] 内蒙古自治区档案馆：《清末内蒙古垦务档案汇编》，呼和浩特：内蒙古人民出版社，1999年。

[13] 中国科学院地理科学与资源研究所，第一历史档案馆：《清代奏折汇编——农业·

环境》，北京：商务印书馆，2005年。

[14] 陈志明：《土默特历史档案集粹》，呼和浩特：内蒙古人民出版社，2007年。

[15] 中共准格尔旗委员会等译：《准格尔旗扎萨克衙门档案译编》，第3辑，呼和浩特：内蒙古人民出版社，2010年。

[16] 中国第一历史档案馆：《清宫珍藏杀虎口右卫右玉县御批奏折汇编》，北京：中华书局，2010年。

[17] 江实：《蒙古联合自治政府巴彦塔拉盟史资料集成——土默特特别旗之部》（蒙、汉、满三种文），第1辑，1942年。

二、契约

[1] 甘肃省临夏州档案馆：《清河州契文汇编》，兰州：甘肃人民出版社，1993年。

[2] 张传玺：《中国历代契约汇编考释》，北京：北京大学出版社，1995年。

[3] 陈娟英、张仲淳：《厦门典藏契约文书》，福州：福建美术出版社，2006年。

[4] 内蒙古大学图书馆藏、晓克藏：《清代至民国时期归化城土默特土地契约》，（第1、2册），呼和浩特：内蒙古大学出版社，2011年。

[5] 杜国忠藏：《清代至民国时期归化城土默特土地契约》（第3册），呼和浩特：内蒙古大学出版社，2012年。

[6] 呼和浩特塞北文化研究会、云广藏：《清代至民国时期归化城土默特土地契约》（第4册上、中、下），呼和浩特：内蒙古大学出版社，2012年。

三、方志

[1]《绥远旗志》，内蒙古自治区图书馆藏（稿本）。

[2] 陈宝晋：《和林格尔县志》，内蒙古自治区图书馆藏（稿本）。

[3] 高赓恩：《绥远旗志》，内蒙古自治区图书馆藏（稿本）。

[4] 和珅：《热河志》，辽海丛书，北京：全国图书馆文献缩微复制中心。

[5] 刘汉鼎：《和林格尔县志草》，内蒙古自治区图书馆藏（稿本）。

[6] 刘鸿逵：《归化城厅志》，内蒙古自治区图书馆藏。

[7] 绥远通志馆：《绥远通志稿》，内蒙古自治区图书馆藏（稿本）。

[8] 余卜颐：《左云志》，民国石印本。

[9] 张曾:《归绥识略》,内蒙古自治区图书馆藏(稿本)。

[10] 张树培:《萨拉齐县志》,内蒙古自治区图书馆藏(稿本),小大铅印局承印。

[11] 李维祯:《山西通志》,崇祯二年(1629)刻本。

[12] 汪嗣盛:《朔州志》,雍正十三年(1735)刻本,山西省图书馆藏。

[13] 苏其炤:《乾隆·怀远县志》,乾隆十四年(1749)刻本。

[14] 洪亮吉:《(乾隆)府厅州县图志》,清嘉庆八年(1803)刻本。

[15] 李熙龄:《榆林府志》,道光二十一年(1841)榆林府衙版本。

[16] 金福增:同治《河曲县志》,同治十一年(1872),河曲县署存板。

[17] 方戊昌:《忻州志》,光绪六年(1880)刻本,山西省图书馆藏。

[18] 东亚同文会:《支那别省全志》,第17卷《山西省》,1898年。

[19] 张鹏一:《河套图志》,在山草堂本,1922年,内蒙古自治区图书馆藏(稿本)。

[20] 白文秀:《新修清水河厅志》,台北:成文出版社,1968年。

[21] 克达善:《新修清水河厅志》,台北:成文出版社,1968年影印本。

[22] 卢承业、马振文:《偏关县志》,台北:成文出版社,1968年。

[23] 清光绪年间刊本影印:《土默特志》,台北:成文出版社,1968年。

[24] 托明:《和林格尔厅志》,台北:成文出版社,1968年。

[25] 民国燕京大学铅印本:《神木乡土志》,台北:成文出版社,1970年。

[26] 穆彰阿:《(嘉庆)重修大清一统志》,上海:上海书店,1984年。

[27] 李贤:《明一统志》,影印文渊阁四库全书本(第472—473册),台北:台湾商务印书馆,1986年。

[28] 佟靖仁校注:《绥远城驻防志》,呼和浩特:内蒙古大学出版社,1991年。

[29] 李振刚:《克什克腾旗志》,呼和浩特:内蒙古人民出版社,1993年。

[30] 《阿鲁科尔沁旗志》编纂委员会、阿拉坦格日乐:《阿鲁科尔沁旗志》,呼和浩特:内蒙古人民出版社,1994年。

[31] 《乌拉特中旗志》编纂委员会:《乌拉特中旗志》,呼和浩特:内蒙古人民出版社,1994年。

[32] 崔永峰、贡生淖尔布:《杭锦旗志》,呼和浩特:内蒙古人民出版社,1994年。

[33] 《内蒙古教育志》编委会:《内蒙古教育史志资料》,呼和浩特:内蒙古大学出版社,1995年。

[34] 内蒙古公路交通史志编委会:《内蒙古古代道路交通史》,北京:人民交通出版社,1997年。

[35] 土默特左旗《土默特志》编纂委员会：《土默特志》，呼和浩特：内蒙古人民出版社，1997年。

[36]《内蒙古自治区志·商业志》编纂委员会：《内蒙古自治区志·商业志》，呼和浩特：内蒙古人民出版社，1998年。

[37] 祁县志编纂委员会：《祁县志》，北京：中华书局，1999年。

[38] 包头市地方志编纂委员会：《包头市志》，呼和浩特：远方出版社，2001年。

[39] 杜延年：《绥远垦务调查记》，中国边疆史志集成（第36册），北京：全国图书馆文献缩微复制中心，2002年。

[40] 金志章：《口北三厅志》，中国边疆史志集成（第61册），北京：全国图书馆文献缩微复制中心，2002年。

[41] 郑植昌、郑裕孚：《归绥县志》，中国边疆史志集成（第37册）北京：，全国图书馆文献缩微复制中心，2002年。

[42] 钟秀：《古丰识略》，中国边疆史志集成（第27册），北京：全国图书馆文献缩微复制中心，2002年。

[43] 穆彰阿：《（嘉庆）重修大清一统志》，续修四库全书（第613—624册），上海：上海古籍出版社，2002年。

[44] 谢再善：《伊克昭盟志》，呼和浩特：远方出版社，2007年。

[45] 贻谷：《归绥道志》，呼和浩特：远方出版社，2010年。

[46] 佚名：《归绥厅志稿》（稿本），中国数字方志库，中国籍古轩图书数字技术有限公司发行。

四、文史资料

[1] 包头市地方史志编修办公室：《包头史料荟要》，第1辑，1980年。

[2] 包头市地方志史编修办公室：《包头史料荟要》，第3辑，1980年。

[3] 包头市地方史志编修办公室：《包头史料荟要》，第4辑，1980年。

[4] 内蒙古自治区政协文史资料研究委员会：《内蒙古文史资料》，第12辑，1990年。

[5] 内蒙古自治区政协文史资料研究委员会：《内蒙古文史资料》，第41辑，1990年。

[6] 呼和浩特回族史编辑委员会：《呼和浩特回族史》，呼和浩特：内蒙古人民出版社，1994年。

[7] 呼和浩特市政协文史资料委员会：《呼和浩特文史资料》，第9辑，1994年。

[8] 呼和浩特市政协文史和学习委员会内蒙古土默特文化研究会：《呼和浩特文史资料》，第 15 辑，呼和浩特：远方出版社，2004 年。

[9] 宁夏区政协文史资料委员会：《宁夏文史资料》，第 20 辑，银川：宁夏人民出版社，1997 年。

[10] 土默特右旗志编撰委员会：《土默特右旗史料》，第 4 辑，1984 年。

[11] 土默特志编纂委员会：《土默特史料》，第 8 辑，1982 年。

[12] 土默特志编纂委员会：《土默特史料》，第 17 辑，1985 年。

[13] 土默特志编纂委员会：《土默特史料》，第 18 辑，1985 年。

[14] 政协呼和浩特市回民区委员会：《呼和浩特回族史料》，第 1 集，1989 年。

[15] 政协呼和浩特市回民区委员会：《呼和浩特回族史料》，第 2 集，1990 年。

[16] 政协呼和浩特市回民区委员会：《呼和浩特回族史料》，第 3 集，2000 年。

[17] 政协呼和浩特市回民区委员会：《呼和浩特回族史料》，第 4 集，2001 年。

[18] 政协呼和浩特市回民区委员会：《呼和浩特回族史料》，第 5 集，2003 年。

[19] 政协呼和浩特市回民区委员会：《呼和浩特回族史料》，第 6 集，2004 年。

[20] 政协呼和浩特市回民区委员会：《呼和浩特回族史料》，第 7 集，2007 年。

[21] 政协呼和浩特市回民区委员会：《呼和浩特回族史料》，第 8 集，2007 年。

[22] 政协呼和浩特市回民区委员会：《呼和浩特回族史料》，第 9 集，呼和浩特：内蒙古人民出版社，2012 年。

[23] 中国人民政治协商会议呼和浩特市委员会文史资料工作组：《呼和浩特文史资料》，第 3 辑，1984 年。

[24] 中共呼和浩特市委党史资料征集办公室、呼和浩特市地方志编修办公室：《呼和浩特史料》，第 8 辑，1989 年。

[25] 中国人民政治协商会议内蒙古自治区委员会文史资料编委会：《内蒙古文史资料》，第 39 辑，1990 年。

[26] 中国人民政治协商会议山西省文史资料研究委员会：《山西文史资料》，第 84 辑，1992 年。

[27] 中国人民政治协商会议土默特左旗委员会文史资料研究委员会：《土默特文史资料》，第 1 辑，1986 年。

[28] 中国人民政治协商会议土默特左旗委员会文史资料研究委员会：《土默特文史资料》，第 6 辑，1994 年。

五、古籍

[1] 官修：《蒙古律例》，内蒙古大学法学院藏（刻本）。

[2] 魏源：《圣武记》，清道光刻本。

[3] 许鸣盘：《方舆考证》，清济宁潘氏华鉴阁本。

[4] 祁韵士：《皇朝藩部要略》，中国边疆史志集成（第8册），北京：全国图书馆文献缩微复制中心。

[5] 张鼎彝：《绥乘》，北京：全国图书馆缩微复制中心（影印上海泰东图书局印行本）。

[6] 郑晓：《皇明北虏考》，万历二十七年（1599），郑心材重刻本。

[7] 王庆云：《石渠余纪》，清光绪十六年（1890），龙璋刻本。

[8] 钱良择：《出塞纪略》，小方壶斋舆地丛钞（第12轶），南清河王氏铸版，上海易堂印行，1891年。

[9] 汪灏：《随銮纪恩》，小方壶斋舆地丛钞（第1轶），南清河王氏铸版，上海易堂印行，1891年。

[10] 葛士濬：《皇朝经世文续编》，上海：上海书局石印本，1898年。

[11] 沈家本：《大清现行新律例》，清宣统元年（1909年）排印本。

[12] 冯一鹏：《塞外杂识》，丛书集成初编，上海：商务印书馆，1936年。

[13] 王溥：《唐会要》，北京：中华书局，1955年。

[14] 王毓瑚：《秦晋农言》，北京：中华书局，1957年。

[15] 谈迁：《国榷》，北京：中华书局，1958年。

[16] 朱寿朋：《光绪朝东华录》，北京：中华书局，1958年。

[17] 班固：《汉书》，北京：中华书局，1962年。

[18] 司马迁：《史记》，北京：中华书局，1963年。

[19] 张穆：《蒙古游牧记》，台北：文海出版社，1965年。

[20] 贺长龄：《皇朝经世文编》，台北：文海出版社，1966年。

[21] 张之洞：《张文襄公全集·奏议》，近代中国史料丛刊，台北：文海出版社，1970年。

[22] 魏收：《魏书》，北京：中华书局，1974年。

[23] 张廷玉：《明史》，北京：中华书局，1974年。

[24] 宋濂：《元史》，北京：中华书局，1976年。

[25] 赵尔巽：《清史稿》，北京：中华书局，1976年。

[26] 萨囊彻辰，道润梯步译校：《新译校注蒙古源流》，呼和浩特：内蒙古人民出版社，1980年。

[27] 官修：《明实录》，上海：上海书店，1982年。

[28] 长孙无忌：《唐律疏议》，北京：中华书局，1983年。

[29] 屠寄：《蒙兀儿史记》，北京：中国书店影印本，1984年。

[30] 中国第一历史档案馆整理：《康熙起居注》，北京：中华书局，1984年。

[31] 鄂尔泰等修，李洵、赵德贵点校：《八旗通志》，长春：东北师范大学出版社，1985年。

[32] 官修：《清实录》，北京：中华书局，1985年。

[33] 傅恒等：《平定准噶尔方略续编》，影印文渊阁四库全书（第359册），台北：台湾商务印书馆，1986年。

[34] 官修：《清通典》，影印文渊阁四库全书本（第643册），台北：台湾商务印书馆，1986年。

[35] 官修：《清通志》，影印文渊阁四库全书本（第644册），台北：台湾商务印书馆，1986年。

[36] 官修：《清文献通考》，影印文渊阁四库全书本（第632—638册），台北：台湾商务印书馆，1986年。

[37] 官修：《钦定大清会典则例》，影印文渊阁四库全书本（第620—625册），台北：台湾商务印书馆，1986年。

[38] 温达：《圣祖仁皇帝亲征平定朔漠方略》，影印文渊阁四库全书本（第354—355册），台北：台湾商务印书馆，1986年。

[39] 允裪：《大清会典》，影印文渊阁四库全书本（第619册），台北：台湾商务印书馆，1986年。

[40] 黄时鉴点校：《通制条格》，杭州：浙江古籍出版社，1986年。

[41] 金峰：《卫拉特历史文献》，海拉尔：内蒙古文化出版社，1985年。

[42] 金峰：《呼和浩特史蒙古文献资料汇编》，第1辑，海拉尔：内蒙古文化出版社，1988年。

[43] 金峰：《呼和浩特史蒙古文献资料汇编》，第2辑，海拉尔：内蒙古文化出版社，1988年。

[44] 金峰：《呼和浩特史蒙古文献资料汇编》，第 5 辑，海拉尔：内蒙古文化出版社，1988 年。

[45] 贺长龄：《清经世文续编》，北京：中华书局，1992 年。

[46] 上海大学法学院等点校：《大清律例》，天津：天津古籍出版社，1993 年。

[47] 严从简著，余思黎点校：《殊域周咨录》，北京：中华书局，1993 年。

[48] 李昉：《太平御览》，北京：中华书局，1995 年。

[49] 祁韵士著，包文汉整理：《清朝藩部要略稿本》，哈尔滨：黑龙江教育出版社，1997 年。

[50] 包文汉、奇·朝克图：《蒙古回部王公表传》，第 1 辑，呼和浩特：内蒙古大学出版社，1998 年。

[51] 沙知录校：《敦煌契约文书辑校》，南京：江苏古籍出版社，1998 年。

[52] 上海大学法学院、上海市政法管理干部学院、张荣铮等点校：《钦定理藩部则例》，天津：天津古籍出版社，1998 年。

[53] 杨选第、金峰校注：《理藩院则例（光绪）》，海拉尔：内蒙古文化出版社，1998 年。

[54] 张荣铮等整理：《钦定理藩部则例》，天津：天津古籍出版社，1998 年。

[55] 方龄贵校注：《通制条格》，北京：中华书局，2001 年。

[56] 陈寿朋：《东华续录》，续修四库全书（第 383 册），上海：上海古籍出版社，2002 年。

[57] 刚毅修，安颐纂：《晋政辑要》，续修四库全书（第 883 册），上海：上海古籍出版社，2002 年。

[58] 昆冈等修，刘启端等纂：《钦定大清会典事例》，续修四库全书（第 799—814 册），上海：上海古籍出版社，2002 年。

[59] 刘锦藻：《清朝续文献通考》，续修四库全书（第 815—821 册），上海古籍出版社，2002 年。

[60] 王明鹤：《登坛必究》，续修四库全书（第 961 册），上海：上海古籍出版社，2002 年。

[61] 王先谦：《东华录》，续修四库全书（第 374 册），上海：上海古籍出版社，2002 年。

[62] 魏源：《圣武记》，长沙：岳麓书社，2004 年。

[63] 顾祖禹：《读史方舆纪要》，北京：中华书局，2005 年。

[64] 官修：《钦定大清会典事例·理藩院》，北京：中国藏学出版社，2006年。

[66] 方逢时撰，李勤璞校注：《大隐楼集》，沈阳：辽宁人民出版社，2009年。

[67] 张鹏翮：《奉使俄罗斯日记》，哈尔滨：黑龙江教育出版社，2014年。

六、著作

[1] 山田武彦、关谷阳一：《蒙疆农业经济论》，日光书院，昭和十九年十一月。

[2] 贺扬灵：《察绥蒙民经济的解剖》，北京：商务印书馆，1935年。

[3] 彭信威：《中国货币史》，上海：上海群联出版社，1954年。

[4] 严中平等：《中国近代经济史统计资料选辑》，北京：科学出版社，1955年。

[5] 莫东寅：《满族史论丛》，北京：人民出版社，1958年。

[6] 余元庵：《内蒙古历史概要》，上海：上海人民出版社，1958年。

[7] 韦庆远：《明代黄册制度》，北京：中华书局，1961年。

[8] 杰密托娃、米亚斯尼柯夫编：《第一个到中国来的俄国使节》，莫斯科，1966年。

[9] 内蒙古历史研究所：《蒙古族简史》，呼和浩特：内蒙古人民出版社1979年。

[10] 沈云龙：《近代中国史料丛刊续编》，第11辑，台北：文海出版社，1974年。

[11] 苏联科学院远东研究所：《十七世纪俄中关系》，北京：商务印书馆，1978年。

[12] 道润梯步：《蒙古源流：新译校注》，呼和浩特：内蒙古人民出版社，1980年。

[13] 许涤新：《政治经济学辞典》，北京：人民出版社，1980年。

[14] 戴学稷：《呼和浩特简史》，北京：中华书局，1981年。

[15] 阿·马·波兹德涅耶夫著，张梦玲等译：《蒙古及蒙古人》，呼和浩特：内蒙古人民出版社，1983年。

[16] 阮芳纪：《从清初到五四运动前夕呼和浩特地区商业的发展》，呼和浩特：内蒙古人民出版社，1983年。

[17] 沈斌华：《内蒙古经济发展史札记》，呼和浩特：内蒙古人民出版社，1983年。

[18] 周良霄：《〈出使蒙古记〉注释》，北京：中国社会科学出版社，1983年。

[19] 和田清：《明代蒙古史论集》，北京：商务印书馆，1984年。

[20]《畜牧兽医名词词典》编辑委员会编：《畜牧兽医名词词典》，呼和浩特：内蒙古人民出版社，1985年。

[21]《蒙古族简史》编写组：《蒙古族简史》，呼和浩特：内蒙古人民出版社，1985年。

[22] 吴慧：《中国历代粮食亩产研究》，北京：中国农业出版社，1985年。

[23] 陕西省农牧厅编：《陕西农业自然环境变迁史》，西安：陕西科学技术出版社，1986年。

[24] 浩帆：《内蒙古蒙古民族的社会主义过渡 1947—1987》，呼和浩特：内蒙古人民出版社，1987年。

[25] 孙进己等：《女真史》，长春：吉林文史出版社，1987年。

[26] 田山茂著、潘世宪译：《清代蒙古社会制度》，北京：商务印书馆，1987年。

[27] 唐祈、彭维金：《中华民族风俗辞典》，南昌：江西教育出版社，1988年。

[28] 陈育宁：《鄂尔多斯——河套历史概述》，北京：中国华侨出版社，1989年。

[29] 郑炳林：《敦煌地理文书汇辑校注》，兰州：甘肃教育出版社，1989年。

[30] 刘海源：《内蒙古垦务研究》，第1辑，呼和浩特：内蒙古人民出版社，1990年。

[31] 卢明辉：《清代蒙古史》，天津：天津古籍出版社，1990年。

[32] 叶新民等：《简明古代蒙古史》，呼和浩特：内蒙古大学出版社，1990年。

[33] 张政烺：《中国古代职官大辞典》，郑州：河南人民出版社，1990年。

[34] 古柏察著，耿昇译：《鞑靼西藏旅行记》，北京：中国藏学出版社，1991年。

[35] 柳诒徵：《柳诒徵史学论文续集》，上海：上海古籍出版社，1991年。

[36] 祁寯藻，高恩广、胡广华注：《马首农言注释》，北京：农业出版社，1991年。

[37] 祁美琴：《伊克昭盟的蒙地放垦》，内蒙古近代史论丛，第4辑，呼和浩特：内蒙古大学出版社，1991年。

[38] 阮西湖：《都市人类学》，北京：华夏出版社，1991年。

[39] 邢野等：《呼和浩特千年大事》，呼和浩特：内蒙古人民出版社，1991年。

[38] 袁森坡：《康雍乾经营与开发北疆》，北京：中国社会科学出版社，1991年。

[39] 蒋建平：《清代前期米谷贸易研究》，北京：北京大学出版社，1992年。

[40] 丘光明编：《中国历代度量衡考》，北京：科学出版社，1992年。

[41] 徐杰舜、韦日科：《中国民族政策史鉴》，南宁：广西人民出版社，1992年。

[42] 妙舟：《蒙藏佛教史》，扬州：江苏广陵古籍刻印社，1993年。

[43] 乌云毕力格等：《蒙古民族通史》，呼和浩特：内蒙古大学出版社，1993年。

[44] 亦邻真等：《内蒙古历史地理》，呼和浩特：内蒙古大学出版社，1993年。

[45] 成汉昌：《中国土地制度与土地改革——20世纪前半期》，北京：中国档案出版社，1994年。

[46] 范文澜、蔡美彪：《中国通史》，北京：人民出版社，1994年。

[47] 卢明辉：《清代北部边疆民族经济发展史》，哈尔滨：黑龙江教育出版社，

1994年。

[48] 云峰：《中国元代科技史》，北京：人民出版社，1994年。

[49] 高文德编、蔡志纯等撰稿：《中国少数民族史大辞典》，长春：吉林教育出版社，1995年。

[50] 高延青等：《呼和浩特经济史》，北京：华夏出版社，1995年。

[51] 刘建生等：《山西近代经济史1840—1949》，太原：山西经济出版社，1995年。

[52] 卢明辉：《旅蒙商（17~20世纪中原和蒙古地区的商贸关系）》，北京：中国商业出版社，1995年。

[53] 内蒙古社会科学院历史所：《内蒙古通史》，北京：民族出版社，1995年。

[54] 邢亦尘：《朔漠集》，呼和浩特：内蒙古人民出版社，1995年。

[55] 张正明：《晋商兴衰史》，太原：山西古籍出版社，1995年。

[56] 李希曾：《晋商史料与研究》，太原：山西人民出版社，1996年。

[57] 达力扎布：《明代漠南蒙古历史研究》，海拉尔：内蒙古文化出版社，1997年。

[58] 李罗力等：《中华历史通鉴》，北京：国际文化出版公司，1997年。

[59] 色音：《蒙古游牧社会的变迁》，呼和浩特：内蒙古人民出版社，1998年。

[60] 忒莫勒：《建国前内蒙古方志考述》，呼和浩特：内蒙古大学出版社，1998年。

[61] 成崇德：《18世纪的中国与世界》，沈阳：辽海出版社，1999年。

[62] 勒内·格鲁塞著，蓝琪译，项英杰校：《草原帝国》，北京：商务印书馆，1999年。

[63] 马若孟：《中国农民经济——河北和山东的农民发展1890~1949》，南京：江苏人民出版社，1999年。

[64] 奇格：《古代蒙古法制史》，沈阳：辽宁民族出版社，1999年。

[65] 汤姆·R·伯恩斯等著，周长城等译：《结构主义的视野：经济与社会的变迁》，北京：社会科学文献出版社，2000年。

[66] 王恩涌：《人文地理学》，北京：高等教育出版社，2000年。

[67] 王毓铨：《中国经济通史——明代经济卷》，北京：经济日报出版社，2000年。

[68] 《蒙古族通史》编写组编：《蒙古族通史》，北京：民族出版社，2001年。

[69] 胡日查、长命：《科尔沁蒙古史略》（蒙文），北京：民族出版社，2001年。

[70] 加·奥其尔巴特、吐娜：《新疆察哈尔蒙古历史与文化》，乌鲁木齐：新疆人民出版社，2001年。

[71] 穆雯瑛：《晋商史料研究》，太原：山西人民出版社，2001年。

[72] 牛敬忠：《近代绥远地区的社会变迁》，呼和浩特：内蒙古大学出版社，2001年。

[73] 陈赓雅：《西北视察记》，兰州：甘肃人民出版社，2002年。

[74] 成崇德：《清代西部开发》，太原：山西古籍出版社，2002年。

[75] 孔祥毅、王森：《山西票号研究》，北京：中国财政经济出版社，2002年。

[76] 李根蟠：《中国经济史上的天人关系》，北京，中国农业出版社，2002年。

[77] 萨·巴特尔：《蒙古族伦理思想史》（蒙文），呼和浩特：内蒙古人民出版社，2002年。

[78] 乌云毕力格、成崇德、张永江：《蒙古民族通史》，呼和浩特：内蒙古大学出版社，2002年。

[79] 孔祥毅：《金融票号史论》，北京：中国金融出版社，2003年。

[80] 张正明：《明清晋商及民风》，北京：人民出版社，2003年。

[81] 赵云田：《北疆通史》，郑州：中州古籍出版社，2003年。

[82] 王红谊、王思明：《中国西部农业开发史研究》，北京：中国农业科学技术出版社，2003年。

[83] 陈建华，魏百刚，苏大学：《农牧交错带可持续发展战略与对策》，北京：化学工业出版社，2004年。

[84] 祁美琴：《清代榷关制度研究》，呼和浩特：内蒙古大学出版社，2004年。

[85] 泰亦赤兀惕·满昌：《蒙古族通史》，沈阳：辽宁民族出版社，2004年。

[86] 闫天灵：《汉族移民与近代内蒙古社会变迁研究》，北京：民族出版社，2004年。

[87] 薄音胡、王雄编辑点校：《明代蒙古汉籍史料汇编》，第2辑，呼和浩特：内蒙古大学出版社，2006年。

[88] 廖国强、何明、袁国友：《中国少数民族生态文化研究》，昆明：云南人民出版社，2006年。

[89] 孟森：《清史讲义》，北京：中华书局，2006年。

[90] 芈一之：《黄河上游地区历史与文物》，重庆：重庆出版社，2006年。

[91] 乌日陶克套胡：《蒙古族游牧经济及其变迁》，北京：中央民族大学出版社，2006年。

[92] 乌云毕力格、白拉都格其：《蒙古史纲要》，呼和浩特：内蒙古人民出版社，2006年。

[93] 肖瑞玲等：《明清内蒙古西部地区开发与土地沙化》，北京：中华书局，2006年。

[94] 张利民：《城市史研究》，第24辑，天津：天津社会科学出版社，2006年。

[95] 赵云田点校：《钦定大清会典事例》，北京：中国藏学出版社，2006年。

[96] 《蒙古族简史》，编写组编：《蒙古族简史》，北京：社会科学文献出版社，2007年。

[97] 曹永年等：《内蒙古通史》，呼和浩特，内蒙古大学出版社，2007年。

[98] 郝志成：《清代内蒙古西部后套地区的开垦与社会变迁》，呼和浩特：内蒙古人民出版社，2007年。

[99] 刘子扬、张莉：《康熙朝雨雪粮价史料》，北京：线装书局，2007年。

[100] 民国《伊盟左翼三旗调查报告书》《伊盟右翼四旗调查报告书》，呼和浩特：远方出版社，2007年。

[101] 齐木德道尔吉：《蒙古史研究》，第9辑，呼和浩特：内蒙古大学出版社，2007年。

[102] 王卫东：《融会与建构——1648~1937年绥远地区移民与社会变迁研究》，上海：华东师范大学出版社，2007年。

[103] 暴庆五：《蒙古族生态经济研究》，沈阳：辽宁民族出版社，2008年。

[104] 盖志毅：《制度视域下的草原生态环境保护》，沈阳：辽宁民族出版社，2008年。

[105] 晓克：《土默特史》，呼和浩特：内蒙古教育出版社，2008年。

[106] 《蒙古族简史》，编写组编写：《蒙古族简史》，北京：民族出版社，2009年。

[107] 安介生、岳仲麟：《边界、边地与边民——明清时期北方边塞地区部族分布与地理生态基础研究》，济南：齐鲁书社，2009年。

[108] 胡厚宣：《甲骨文合集释文》，北京：中国社会科学出版社，2009年。

[109] 胡日查：《清代内蒙古地区寺院经济研究》，沈阳：辽宁民族出版社，2009年。

[110] 梁冰：《鄂尔多斯通史稿》，呼和浩特：内蒙古大学出版社，2009年。

[111] 梁卫东：《清末鄂尔多斯基层社会控制研究》，北京：民族出版社，2009年。

[112] 斯仁：《蒙古族传统婚姻家庭伦理研究》（蒙文），北京：民族出版社，2009年。

[113] 王磊义、姚桂轩、郭建中：《藏传佛教寺院美岱召五当召调查与研究》，北京：中国藏学出版社，2009年。

[114] 中国社会科学院经济所编：《道光至宣统间粮价表》，桂林：广西师范大学出版社，2009年。

[115] 珠飒：《18—20世纪初东部内蒙古农耕村落化研究》，呼和浩特：内蒙古人民出版社，2009年。

[116] 李幹：《元代民族经济史》（上），北京：民族出版社，2010年。

[117] 李澜：《巴音塔拉嘎查调查》，北京：中国经济出版社，2010年。
[118] 王风雷：《蒙古族家庭美的形成发展研究》，呼和浩特：内蒙古教育出版社，2010年。
[119] 达力扎布：《蒙古史纲要》，北京：中央民族大学出版社，2011年。
[120] 郝维民、齐木德道尔吉：《内蒙古通史》，北京：人民出版社，2011年。
[121] 李令福：《清代山西城市发展与社会变迁》，北京：同心出版社，2011年。
[122] 铁木尔：《内蒙古土默特金氏蒙古家族契约文书汇集》，北京：中央民族大学出版社，2011年。
[123] 郑天挺：《清史探微》，北京：北京大学出版社，2011年。
[124] 沈健：《历史上的大移民——走西口》，北京：北京工业大学出版社，2012年。
[125] 陈金陵：《清史浅见》，沈阳：辽宁民族出版社，2013年。
[126] 段友文：《走西口移民运动中的蒙汉民族民俗融合研究》，北京：商务印书馆，2013年。
[127] 胡日查：《清代蒙古寺庙管理体制研究》，沈阳：辽宁民族出版社，2013年。
[128] 孔祥毅：《民国山西金融史料》，北京：国金融出版社，2013年。
[129] 王风雷：《蒙古族全史》，呼和浩特：内蒙古大学出版社，2013年。
[130] 吴超：《13至19世纪宁夏平原农牧业开发研究》，长春：吉林大学出版社，2013年。
[131] 徐彦辉：《三教九流全知道》，北京：新世界出版社，2013年。
[132] 杨强：《蒙古族法律传统与近代转型》，北京：中国政法大学出版社，2013年。
[133] 于苏军、奇景阳：《记名扎萨克的家园》，北京：民族出版社，2013年。
[134] 朱珍华：《水权研究》，北京：中国水利水电出版社，2013年。
[135] 钞晓鸿：《海外中国水利史研究——日本学者论集》，北京：人民出版社，2014年。
[136] 刘建生：《晋商五百年·粮油故道》，太原：山西教育出版社，2014年。
[137] 刘蒙林、孙利中：《内蒙古古城》，呼和浩特：内蒙古人民出版社，2014年。
[138] 乌云毕力格：《满蒙档案与蒙古史研究》，上海：上海古籍出版社，2014年。
[139] 肖光辉、毕巍明、占茂华：《中国法制史专题研究》，苏州：苏州大学出版社，2014年。
[140] 赵云田：《清末新政研究》，哈尔滨：黑龙江教育出版社，2014年。
[141] 包庆德：《清代内蒙古地区灾荒研究》，北京：人民出版社，2015年。

[142] 靳怀堾：《中华水文化通论》，北京：中国水利水电出版社，2015 年。

[143] 刘广安在：《清代民族立法研究》，北京：中国政法大学出版社，2015 年。

[144] 田山茂著，潘世宪译：《清代蒙古社会制度》，呼和浩特：内蒙古人民出版社，2015 年。

[145] 肖东发著，张学文编：《养殖史话·古代畜牧与古代渔业》，北京：现代出版社，2015 年。

[146] 余同元：《明清社会与经济近代转型研究》，苏州：苏州大学出版社，2015 年。

[147] 村上正二：《〈蒙古秘史〉译注》，日本平凡社，1976 年。

七、报纸杂志刊文

[1] 贺扬灵：《蒙古人の家庭経済と生活》，蒙古，昭和十四年十二月十二月号。

[2] 《申报》（上海版），1872 年—1911 年。

[3] 《东方杂志》，1907 年，第 5 期。

[4] 《学部官报》，1910 年，第 111 期。

[5] 《政治官报·奏折类》，1910 年 12 月 14 日，第 1156 期。

[6] 《内阁官报》，1911 年 11 月 27 日，第 145 期。

[7] 《归化组织商务会》，山西实业报，第 6 期，1912 年 7 月 1 日。

[8] 《本省纪闻——归化近状》，山西实业报，第 17 期，1912 年 11 月 1 日。

[9] 铁汉：《归化商务之状况》，山西实业报，第 20 期，1912 年 12 月 15 日。

[10] 《归绥现状与将来》，东方杂志，第 12 卷，第 2 号，1915 年 2 月 1 日。

[11] 魏勃、刘驹宾、卓宏谋、徐致善：《调查张家口、归化城开辟商埠》，农商公报，第 7 期（第 1 卷，第 7 册），1915 年 2 月 15 日。

[12] 日本农商务省编：《东部内蒙古产业调查》，日本农商务省，1916 年。。

[13] 寄萍：《古今米价史略》，江苏省立第二农业学校月刊，1921 年，第 1 期。

[14] 应奎：《近六十年之中国米价》，钱业月报，1922 年，第 3 期。

[15] 上海市社会局：《上海最近五十六年米价统计》，社会月刊，1929 年，第 2 期。

[16] 柳诒徵：《江苏各地千六百年来之米价》，史学杂志，1930 年，第 3、4 期。

[17] 龚致林：《绥远各县概况》，西北问题季刊，1934 年，第 1 卷，第 2 期。

[18] 王士达：《民政部户口调查及各家估计（二）》，社会科学杂志，1934 年，卷 4，第 1 期。

[19] 侯汉卿:《察绥工商业概况及其危机》,开发西北,1935年,第3卷,第1、2期合刊。
[20] 蒋学楷:《山西省之金融业》,银行周报,1936年,第20卷,第21期。
[21] 安斋库治:《清末における绥远の开垦》,满铁调查月报,第19卷12号,南满洲铁道株式会社,1939年。
[22] 安斋库治:《清末绥远的开垦》,蒙古史研究参考资料,第6辑。
[23] 吴麟:《清代米价》,中央日报,1948年1月21日。
[24] 中央民族学院研究所:《西藏社会状况》,中央民族学院研究所,1955年。
[25] 安部健夫:《粮食供需研究—视为〈雍正史〉的一章》,东洋史研究,1957年,第4期。
[26] 全汉升:《美洲白银与十八世纪中国物价革命的关系》,收入《"中央研究院"历史语言研究所集刊》(28),1957年。
[27] 和田清:《东亚史研究·蒙古篇》(五),《论达延汗·达延汗的年代》,东京东洋文库,1958年。
[28] 全国人民代表大会民族委员会办公室编辑:《内蒙古自治区巴彦淖尔盟阿拉善旗清代单行法规及民刑案件判例摘译》,1958年。
[29] 王世庆:《清代台湾的米价》(A),台湾文献,1958年,第4期。
[30] 全汉升:《清雍正年间(1723~1735)的米价》,收入《"中央研究院"历史语言研究所集刊》(30),1959年。
[31] 全汉升:《清中叶以前江浙米价的变动趋势》,收入《"中央研究院"历史语言研究所集刊外编》第4种,1960年。
[32] 全汉升:《近代四川合江县物价与工资的变动趋势》,收入《"中央研究院"历史语言研究所集刊》(34),1962年。
[33] 黄时鉴:《论清末清政府对内蒙古的"移民实边"政策》,内蒙古大学学报,1964年,第2期。
[34] 周清澍:《试论清代内蒙古农业的发展》,内蒙古大学学报,1964年,第2期。
[35] 全汉升:《乾隆十三年的米贵问题》,收入《庆祝李济先生七十岁论文集》,1965年。
[36] 佐藤长:《达延汗的史实与传说》,史林,第48卷,第4号,1965年。
[37] 冈田英弘:《达延汗的年代(下)》,东洋学报,第48卷,第4号,1966年。
[38] 全汉升:《清朝中叶苏州的米粮贸易》,收入《"中央研究院"历史语言研究所集

刊》（39），1969 年。

[39] 王业键：《The Secular Trendof Prices During the Ch'sing Period(1644—1911)》，中国文化研究所学报，1972 年，第 2 期。

[40] 岸本美绪：《清代前期江南的米价动向》，史学杂志，1978 年，第 9 期。

[41] 黄时鉴：《清代包头地区土地问题上的租与佃》，内蒙古大学学报，1978 年，第 1 期。

[42] 岸本美绪：《清代前期江南的物价动向》，东洋史研究，1979 年，第 4 期。

[43] 全汉升：《清朝康熙年间（1662~1722）将年及附近地区米价》，香港中文大学中国文化研究所学报，1979，第 10 期。

[44] 周远廉：《从"诸申"身份的变化看入关前满族的社会性质》，社会科学季刊，1979 年，第 1 期。

[45] 周清澍：《元朝的蒙古族》，收入中国蒙古史学会：《中国蒙古史学会论文选集》，呼和浩特：内蒙古人民出版社，1980 年。

[46] 金启琮：《呼和浩特召庙、清真寺历史概述》，内蒙古大学学报，1981 年，第 4 期。

[47] 刘桢：《呼和浩特回族历史及其它》，内蒙古社会科学，1981 年，第 3 期。

[48] 荣祥：《呼和浩特沿革纪要》，内蒙古土默特左旗文化局，1981 年。

[49] 吴传钧：《地理学的特殊研究领域和今后的任务》，经济地理，1981 年，第 1 期。

[50] 岸本美绪：《关于康熙年间的谷贱问题》，东洋文化研究所纪要，1982 年。

[51] 卢明辉：《清代蒙古地区与中原的经济贸易关系》，内蒙古社会科学，1982 年，第 5 期。

[52] 薄音湖：《达延汗生卒即位年考》，中央民族学院学报，1982 年，第 4 期。

[53] 陈支平：《试论康熙初年东南诸省的熟荒》，中国社会经济史研究，1982 年，第 2 期。

[54] 黄时鉴：《清代内蒙古社会经济史概述》，蒙古史论文选集，第 3 辑，1983 年。

[55] 赵云田：《清朝统治蒙古经济政策的几个问题》，中国蒙古史学会论文选集，1983 年。

[56] 刘嵬：《清代粮价奏折制度浅议》，清史研究通讯，1984 年，第 3 期。

[57] 松田吉郎：《广东广州府之米价动向与粮食供需调整》，中国史研究，1984 年，第 8 期。

[58] 赵云田：《清朝统治蒙古经济政策管探》，中央民族学院学报，1984 年，第 4 期。

[59] 白贞：《土默特回回户口地浅证》，内蒙古社会科学，1985年，第2期。
[60] 陈金陵：《清朝的粮价奏报与其盛衰》，中国社会经济史研究，1985年，第3期。
[61] 冈田英弘：《达延汗六万户的起源》，蒙古学情报资料，1985年，第2期。
[62] 况浩林：《评说清代内蒙古地区垦殖的得失》，民族研究，1985年，第1期。
[63] 森川哲雄：《十七世纪前半叶的归化城》，蒙古学资料与情报，1985年，第3、4期。
[64] 则松彰文：《雍正时期粮食流通与米价变动》，收入：《九州大学东洋史论文集》，第14集，1985年。
[65] 赵坤生：《近代外国天主教会在内蒙古侵占土地的情况及其影响》，内蒙古社会科学，1985年，第3期。
[66] 董万仑：《从满文记载看"诸申"的身份和地位》，满语研究，1986年，第1期。
[67] 田仲一：《关于清代浙东宗族组织形态中宗祠戏剧的功能》，东洋史研究，1986年，第4期。
[68] 邢亦尘：《略论清末蒙古地区的"新政"》，内蒙古社会科学，1986年，第3期。
[69] 甄可君：《略论伊斯兰教派之争及呼和浩特地区伊斯兰教传播特点》，内蒙古社会科学，1986年，第3期。
[70] 岸本美绪：《清代中期的经济政策基调》，近代史研究，1987年，第11期。
[71] 龚高法、张丕远、张瑾瑢：《1892—1893年的寒冬及其影响》，收入《地理集刊》，第18号，北京：科学出版社，1987年。
[72] 王道瑞：《清代粮价奏报制度的确立及其作用》，历史档案，1987年，第4期。
[73] 王业键：《十八世纪福建的粮食供需与粮价分析》，中国社会经济史研究，1987年，第2期。
[74] 王致中：《歇家考》，青海社会科学，1987年，第2期。
[75] 薄音湖：《关于明代土默特的几个问题》，内蒙古社会科学，1988年，第6期。
[76] 陈支平：《清代前期福建的非正常米价》，中国经济史研究，1988年，第3期。
[77] 房建昌：《呼和浩特的八座清真寺及其它》，内蒙古社会科学，1988年，第2期。
[78] 马耀圻：《试析回族定居呼和浩特的问题》，宁夏社会科学，1988年，第6期。
[79] 宝日吉根：《土默特扎萨克旗与喇嘛扎布》，蒙古史研究，第3辑，1989年。
[80] 李治安：《元代投下考述》，民族研究，1989年，第3期。
[81] 汪炳明：《是"放垦蒙地"还是"移民实边"?》，蒙古史研究，第3辑，呼和浩特：内蒙古大学出版社，1989年。

[82] 王雄：《察哈尔西迁的有关问题》，内蒙古大学学报，1989年，第1期。

[83] 王业键：《十八世纪中国粮食供需的考察》，收入《近代中国农村经济史论文集》，台北："中央研究院"近代史研究所，1989年。

[84] 邢亦尘：《关于蒙垦分期问题的思考》，内蒙古社会科学，1989年，第3期。

[85] 黄冕堂：《清代农田的单位面积产量考辨》，文史哲，1990年，第3期。

[86] 刘厚生：《从旧满洲档看满语"诸申"一词的语义》，史学集刊，1990年，第2期。

[87] 叶志如：《乾隆朝米粮买卖史料》（上），历史档案，1990年，第3期。

[88] 常建华：《乾隆早期廷议粮价腾贵问题探略》，南开学报，1991年，第6期。

[89] 马永山：《关于清末蒙地开发的两个问题》，内蒙古民族师院学报，1991年，第2期。

[90] 吴传钧：《论地理学的研究核心——人地关系地域系统》，经济地理，1991年，第3期。

[91] 余振贵：《中国西北部回族穆斯林城市定居模式的形成与变化》，宁夏社会科学，1991年，第3期。

[92] 白初一：《清代归化城土默特两旗职官及户口初探》，昭乌达蒙族师专学报，1992年，第1期。

[93] 陈春声：《清代的粮价奏报制度》，见：《市场机制与社会变迁——18世纪广东米价分析》（附录一），广州：中山大学出版社，1992年。

[94] 呼格吉勒：《清代呼和浩特·土默特地区的土地问题》，内蒙古师范大学学报，1992年，第3期。

[95] 马永山、赵毅：《清朝关于内蒙古地区禁垦放垦政策的演变》，社会科学辑刊，1992年，第5期。

[96] 纳古单夫：《内蒙古扎萨克旗制概述》，内蒙古社会科学，1992年，第2期。

[97] 肖瑞玲：《明清呼和浩特地区经济类型的变革》，内蒙古师大学报，1992年，第4期。

[98] 杨选第：《清代呼和浩特地区工商杂税》，内蒙古师大学报，1992年，第2期。

[99] 卜万恒：《清代呼和浩特地区的手工业》，内蒙古师大学报，1993年，第4期。

[100] 吴慧：《清前期粮食的亩产量、人均占有量和劳动生产率》，中国经济史研究，1993年，第1期。

[101] 杨选第：《清前期归化城土默特地区官田租赋征收概述》，内蒙古师大学报，1993

年，第2期。

[102] 赵毅：《清代蒙地政策的阶段性演化》，东北师大学报，1993年，第1期。

[103] 马大正：《清代西迁新疆之察哈尔蒙古的史料与历史》，民族研究，1994年，第4期。

[104] 马明龙、何佩龙：《青海地区的歇家》，青海民族学院学报，1994年，第4期。

[105] 唐文基：《乾隆时期的粮食问题及其对策》，中国社会经济史研究，1994年，第3期。

[106] 赵云田：《清朝政府对蒙古、东北封禁政策的变化》，中国边疆史地研究，1994年，第3期。

[107] 杜晓黎：《归化城与蒙古草原丝路贸易》，内蒙古文物考古，1995年，Z1期。

[108] 龚胜生：《18世纪两湖粮价时空特征研究》，中国农史，1995年，第1期。

[109] 刘潞：《清太祖太宗时满蒙婚姻考》，故宫博物院院刊，1995年，第3期。

[110] 忒莫勒：《清末民国呼和浩特部分召庙房地契约管窥》，内蒙古文物考古，1995年1、2合刊。

[111] 王福才：《河北傩戏〈捉黄龟〉源于山西上党赛社考》，山西师大学报，1995年，第3期。

[112] 陈超英、蒙林：《清代绥远城的旗学》，前沿，1996年，第3期。

[113] 刁书仁：《论乾隆朝蒙地的封禁政策》，史学集刊，1996年，第4期。

[114] 龚胜生：《从米价长期变化看清代两湖农业经济的发展》，中国经济史研究，1996年，第2期。

[115] 韩香：《清代察哈尔蒙古的西迁及其对新疆的开发》，中国边疆史地研究，1996年，第3期。

[116] 吴承明：《利用粮价变动研究清代的市场整合》，中国经济史研究，1996年，第2期。

[117] 白初一：《清代呼和浩特土默特地区行政建置初探》，昭乌达蒙族师专学报，1997年，第4期。

[118] 宝音德力根：《满官嗔—土默特部的变迁》，蒙古史研究，第5辑，1997年。

[119] 杜家骥：《天命后期八旗旗主考析》，史学集刊，1997年，第2期。

[120] 龚建华、承继成：《区域可持续发展的人地关系探讨》，中国人口·资源与环境，1997年，第1期。

[121] 忒莫勒：《清代呼和浩特宁祺寺部分蒙文档案管窥》，内蒙古师大学报，1997年，

第 3 期。

[122] 王俊敏：《呼和浩特市区的民族迁移与居住格局》，西北民族研究，1997 年，第 2 期。

[123] 王俊敏：《呼和浩特市区民族关系研究》，北京大学学报，1997 年，第 2 期。

[124] 王龙耿、沈斌华：《蒙古族历史人口初探 17 世纪中叶—20 世纪中叶》，内蒙古大学学报，1997 年，第 2 期。

[125] 王玉海：《归化城土默特二旗的内属问题》，蒙古史研究，第 5 辑，1997 年。

[126] 段自成：《略论清代乡约领导保甲的体制》，郑州大学学报，1998 年，第 4 期。

[127] 金滢坤：《吐蕃统治敦煌的社会基层组织》，中国边疆史地研究，1998 年，第 4 期。

[128] 李晓霞、呼格吉勒：《清末新政与归化城土默特地区的垦务》，内蒙古师大学报，1998 年，第 1 期。

[129] 留金锁等：《古代蒙古家庭法》，内蒙古社会科学，1998 年，第 5 期。

[130] 栾成显：《明代黄册人口登载事项考略》，历史研究，1998 年，第 2 期。

[131] 牛敬忠：《绥远地区教育近代化初论》，内蒙古大学学报，1998 年，第 5 期。

[132] 杨选第：《清代前期对内蒙古地区的赋役征派及其特征》，内蒙古社会科学，1998 年，第 1 期。

[133] 张永江：《论清代漠南蒙古地区的二元管理体制》，清史研究，1998 年，第 2 期。

[134] 赵秀玲：《中国乡里制度研究及展望》，历史研究，1998 年，第 4 期。

[135] 齐瑜、李玉伟：《绥远地区的新学创办》，蒙古学，1999 年，第 3 期。

[136] 王俊敏：《满、蒙、回、汉四族通婚研究》，西北民族研究，1999 年，第 1 期。

[137] 王业键：《清代中国气候变迁、自然灾害与粮价的初步考察》，中国经济史研究，1999 年，第 1 期。

[138] 王业键：《清中叶东南沿河粮食作物分布、粮食供需及粮价分析》，收入《"中央研究院"历史语言研究所集刊》，1999 年，第 2 集。

[139] 乌云格日勒：《略论清代内蒙古的厅》，清史研究，1999 年，第 3 期。

[140] 吴彤、包红梅：《清后期内蒙古地区灾荒史研究初探》，内蒙古社会科学，1999 年，第 3 期。

[141] 代林：《关于内蒙古回族研究的综述》，内蒙古大学学报，2000 年，第 2 期。

[142] 李士成等：《宁夏土地沙漠化现状及防治对策》，宁夏农林科技，2000 年，第 4 期。

[143] 牛敬忠：《近代绥远地区的灾荒》，内蒙古大学学报，2000年，第3期。

[144] 特木尔宝力道：《从〈卫拉特法典〉看17世纪蒙古族婚姻家庭制度》，内蒙古师范大学学报，2000年，第3期。

[145] 王建革：《定居与近代蒙古族农业的变迁》，中国历史地理论丛，2000年，第2期。

[146] 王卫东：《鄂尔多斯地区近代移民研究》，中国边疆史地研究，2000年，第4期。

[147] 王卫东：《清代归化城土默特地区的移民过程》，历史地理，第16辑，2000年。

[148] 王先明等：《晚清保甲制的历史演变与乡村权力结构——国家与社会在乡村社会控制中的关系变化》，史学月刊，2000年，第5期。

[149] 王晓琳等：《清代保甲制度探论》，社会科学辑刊，2000年，第3期。

[150] 赵丽艳：《清代双城堡地区编查保甲述略》，满族研究，2000年，第3期。

[151] 陈喜波、颜廷真、韩光辉：《论清代长城沿线外侧城镇的兴起》，北京大学学报，2001年，第3期。

[152] 成崇德、孙哲：《论清代前期的西部边疆开发》，清史研究，2001年，第4期。

[153] 李玉伟：《略论清末绥远地区的蒙垦》，内蒙古社会科学，2001年，第3期。

[154] 鲁西奇：《人地关系理论与历史地理研究》，史学理论研究，2001年，第2期。

[155] 麻国庆：《草原生态与蒙古族的民间环境知识》，内蒙古社会科学，2001年，第1期。

[156] 王爱民、刘加林：《我国人地关系研究进展述评》，热带地理，2001年，第4期。

[157] 张双福：《论蒙古语元音的阳性向阴性演化》，蒙古信息，2001年，第2期。

[158] 黄冕堂：《中国历代粮食价格问题通考》，文史哲，2002年，第2期。

[159] 金钟博：《明清时代乡村组织与保甲制之关系》，中国社会经济史研究，2002年，第2期。

[160] 乔素玲：《清代打击拐卖妇女犯罪之考察》，中国社会经济史研究，2002年，第3期。

[161] 王建革：《农牧交错与结构变迁：清代内蒙古地区的农业与社会》，中国历史地理论丛，第3辑，2002年。

[162] 王建革：《农业渗透与近代蒙古草原游牧业的变化》，中国经济史研究，2002年，第2期。

[163] 王业键：《十八世纪东南沿海米价市场的整合性分析》，经济论文丛刊，2002年，第2期。

[164] 赵英霞：《乡土信仰与异域文化之纠葛——从迎神赛社看近代山西民教冲突》，清史研究，2002 年，第 2 期。

[165] 郑度：《21 世纪人地关系研究前瞻》，地理研究，2002 年，第 1 期。

[166] 包庆德：《内蒙古地区灾荒研究的背景及其意义》，黑龙江民族丛刊，2003 年，第 4 期。

[167] 包庆德：《清代内蒙古地区灾荒研究状况之述评》，中央民族大学学报，2003 年，第 5 期。

[168] 金凤、金晨光：《土默特蒙古金姓考》，蒙古学信息，2003 年，第 1 期。

[169] 齐木德道尔吉：《四子部落迁徙考》，蒙古史研究，第 7 辑，呼和浩特：内蒙古大学出版社，2003 年。

[170] 唐吉思：《藏传佛教对蒙古族家庭伦理的影响》，西北民族研究，2003 年，第 1 期。

[171] 王建革：《近代蒙古族的半农半牧及其生态文化类型》，古今农业，2003 年，第 4 期。

[172] 王建革：《清代蒙地的占有权、耕种权与蒙汉关系》，中国社会经济史研究，2003 年，第 3 期。

[173] 王亮：《晋东南明清迎神赛社祭仪及其音乐戏剧》，黄钟（武汉音乐学院学报），2003 年，第 3 期。

[174] 王业键：《清代的粮价陈报在制度及其评价》，收入《清代经济史论文集》，台北：稻乡出版社，2003 年。

[175] 王业键：《清代的粮价陈报制度》，收入《清代经济史论文集》（2），台北：稻香出版社，2003 年。

[176] 王业键：《清代粮价之可靠性检定》，收入《清代经济史论文集》（2），台北：稻乡出版社，2003 年。

[177] 包红梅：《清代内蒙古地区灾荒成因分析》，前沿，2004 年，第 4 期。

[178] 包庆德：《清代内蒙古地区灾荒研究概况》，中国史研究动态，2004 年，第 4 期。

[179] 郝润梅、雷军等：《人类历史时期土默特平原生态环境变迁研究》，内蒙古师范大学学报，2004 年，第 5 期。

[180] 李刚、卫红丽：《明清时期山陕商人与青海歇家关系探微》，青海民族研究，2004 年，第 2 期。

[181] 刘春玲：《试析清代走西口的成因》，阴山学刊，2004 年，第 2 期。

[182] 祁美琴:《关于清代榷关额税的考察》,清史研究,2004年,第2期。

[183] 王来刚:《西口简析》,阴山学刊,2004年,第2期。

[184] 魏光奇等:《清末至北洋政府时期区乡行政制度考略》,北京师范大学学报,2004年,第2期。

[185] 杨选第:《清代归化城土默特地区的汉族移民与"犋牛"村名的产生》,内蒙古师范大学学报,2004年,第2期。

[186] 原彦平:《清代顺康雍乾四朝保甲制的变迁》,青海社会科学,2004年,第2期。

[187] 张淑利:《"禁留地"初探》,阴山学刊,2004年,第1期。

[188] 赵之恒:《清代前期的封禁政策与内蒙古西部的土地资源环境》,内蒙古师范大学学报,2004年,第1期。

[189] 衷海燕:《明代中叶乡约与社区治理——吉安府乡约的个案研究》,华南农业大学学报,2004年,第3期。

[190] 陈晓敏:《清朝保甲吏长的第二身份特征》,山西档案,2005年,第3期。

[191] 雷炳炎:《清初投诚归顺与世爵世职封赠述论》,求索,2005年,第12期。

[192] 雷炳炎:《清代世爵世职承袭制度的几个问题》,北方论丛,2005年,第5期。

[193] 刘淑珍、苏静:《浅析清代鄂伦春满文户籍档案》,满语研究,2005年,第2期。

[194] 那日苏:《清代归化城土默特旗制的演替》,蒙古史研究,第8辑,2005年。

[195] 乔家君:《区域人地关系定量研究》,人文地理,2005年,第1期。

[196] 王德胜:《居归化城之土默特辅国公考述》,内蒙古大学学报,2005年,第4期。

[197] 张世明:《清代"烧荒"考》,清史研究,2005年,第3期。

[198] 陈德顺:《汉族家族与乡里制度关系探析——兼与西南少数民族地区比较》,晋阳学刊,2006年,第3期。

[199] 邓永飞:《米谷贸易、水稻生产与清代湖南社会经济》,中国社会经济史研究,2006年,第2期。

[200] 段自成:《论清代北方乡约和保甲的关系》,兰州学刊,2006年,第3期。

[201] 哈斯巴根:《鄂尔多斯地区农耕的开端和地域社会变动》,清史研究,2006年,第4期。

[202] 胡铁球、霍维洮:《歇家概况》,宁夏大学学报,2006年,第6期。

[203] 雷炳炎:《归降投诚与清初世爵世职封赠简论》,聊城大学学报,2006年,第2期。

[204] 雷炳炎:《清代八旗世爵世职群体的入仕考察》,安徽史学,2006年,第3期。

[205] 雷炳炎：《清代异姓世爵世职封赠的阶段性变化及其特征》，求是学刊，2006 年，第 3 期。

[206] 刘再聪：《从吐鲁番文书看唐代西州县以下行政建制》，西域研究，2006 年，第 3 期。

[207] 柳建明：《清代"户口簿"》，中国商报，2006 年 10 月 26 日，第 11 版。

[208] 栾成显：《康熙休宁县保甲烟户册研究》，西南大学学报，2006 年，第 6 期。

[209] 齐木德道尔吉：《蒙古文档案与 17 世纪呼和浩特史实》，内蒙古大学学报，2006 年，第 3 期。

[210] 王宏伟：《晚清州县保甲组织探析：以直隶为中心》，求索，2006 年，第 3 期。

[211] 王涛等：《中国北方沙漠化过程及其防治研究的新进展》，中国沙漠，2006 年，第 4 期。

[212] 王义民：《论人地关系优化调控的区域层次》，地域研究与开发，2006 年，第 2 期。

[213] 翁道乐、王玉海：《清右卫将军探微》，内蒙古大学学报，2006 年，第 1 期。

[214] 戴云：《旧京赛社一瞥——燕九承应戏〈庆乐长春〉中的赛社场景描写》，中华艺术论丛，第 7 辑，2007 年。

[215] 邓永飞：《清代湖南水稻生产技术探析》，中国社会经济史研究，2007 年，第 3 期。

[216] 樊如森：《清中期以来绥远地区经济开发与土地沙化》，历史地理，第 22 辑，2007 年。

[217] 侯甬坚：《鄂尔多斯高原自然背景和明清时期的土地利用》，中国历史地理论丛，2007 年，第 4 辑。

[218] 胡铁球：《歇家牙行经营模式的形成与演变》，历史研究，2007 年，第 3 期。

[219] 雷炳炎：《清代八旗异姓世爵世职教育述论》，黑龙江民族丛刊，2007 年，第 3 期。

[220] 雷炳炎：《清代八旗异姓世爵世职群体教育述论》，湘潭大学学报，2007 年，第 5 期。

[221] 刘莉：《明清时期保甲制度与家族治理的地方控制》，理论导刊，2007 年，第 7 期。

[222] 骆正林：《中国古代乡村政治文化的特点——家族势力与国家势力的博弈与合流》，重庆师范大学学报，2007 年，第 4 期。

[223] 申丹莉：《潞城东邑村龙王庙建筑及迎神赛社考述》，寻根，2007年，第3期。

[224] 王砚峰：《清代道光至宣统间粮价资料概述——以中国社科院经济所图书馆馆藏为中心》，中国经济史研究，2007年，第2期。

[225] 王忠民：《呼和浩特历史文化撷翠》，呼和浩特：内蒙古人民出版社，2007年。

[226] 乌仁其其格：《清代呼和浩特地区社会救济事业初探》，内蒙古大学学报，2007年，第3期。

[227] 乌云格日勒：《口外诸厅的变迁与清代蒙古社会》，山西大学学报，2007年，第2期。

[228] 阎光亮：《论清代禁垦蒙地政策》，社会科学辑刊，2007年，第4期。

[229] 张蕾：《"俄木布事件"与清初对归化城土默特之政策》，内蒙古师范大学学报，2007年，第1期。

[230] 张秀华：《清末放垦蒙地的实质及其对蒙古经济社会发展的影响》，吉林大学社会科学学报，2007年，第3期。

[231] 常建华：《清代宗族"保甲乡约化"的开端——雍正朝族正制出现过程新考》，河北学刊，2008年，第6期。

[232] 黄鹤绵：《吧国公堂档案所见之18世纪末闽粤出洋人中人制度——以"知见人""挂沙人""唛呾人"为中心》，海交史研究，2008年，第2期。

[233] 黄治国：《试论清代在归化城设置驻防的经济原因》，兰州学刊，2008年，第12期。

[234] 刘亚丽：《清代以来绥远屯垦的沿革》，山西大学学报，2008年，第5期。

[235] 申丹莉：《潞城东邑村龙王庙建筑及迎神赛社考》，文物世界，2008年，第2期。

[236] 田宓：《清代归绥地区的基层组织与乡村社会》，中国社会历史评论，第9卷，2008年。

[237] 晓克：《16~17世纪蒙古土默特驻地变迁探讨》，内蒙古社会科学，2008年，第6期。

[238] 徐畅：《敦煌吐鲁番出土文献所见唐代城主新议》，西域研究，2008年，第1期。

[239] 杨蕤：《论西夏的基层组织与社会》，复旦学报，2008年，第3期。

[240] 张永江：《试论清代内蒙古蒙旗财政的类型与特点》，清史研究，2008年，第1期。

[241] 段琳：《宋代乡村基层组织演变释疑》，西安社会科学，2009年，第3期。

[242] 雷炳炎：《清代世爵世职承袭人择选探论》，求索，2009年，第8期。

[243] 刘文峰、王学锋:《从贾村赛社的变化看非物质文化遗产的保护》,中南民族大学学报,2009 年,第 3 期。

[244] 牛敬忠:《清代归化城土默特地区的社会状况——以西老将营村地契为中心的考察》,内蒙古社会科学,2009 年,第 5 期。

[245] 晓克:《大板升之战及其影响》,内蒙古社会科学,2009 年,第 6 期。

[246] 杨孟衡:《赛社文化深层开掘》,中华戏曲,第 39 辑,2009 年。

[247] 张世满:《清代民族地区平原开发与边疆经略——以内蒙古土默川、后套平原开发为线索》,学术月刊,2009 年,第 4 期。

[248] 曾宪平:《家庭、宗族与乡里制度:中国传统社会的乡村治理》,重庆交通大学学报,2010 年,第 2 期。

[249] 李精华等:《中国乡制的历史沿革与启示》,中国矿业大学学报,2010 年,第 3 期。

[250] 李玉伟:《试论清末绥远地区的蒙垦》,河套大学学报,2010 年,第 3 期。

[251] 路伟东:《掌教、乡约与保甲册——清代户口管理体系中的陕甘回民人口》,回族研究,2010 年,第 2 期。

[252] 斯仁:《蒙古族传统家庭观念及其民族伦理发生学意义》,伦理学研究,2010 年,第 3 期。

[253] 乌仁其其格:《近代内蒙古地区民族关系研究——以土默川蒙汉民族关系为例》,内蒙古师范大学学报,2010 年,第 4 期。

[254] 乌云:《乾隆初年土默特地区寺院香火地亩册探析》,内蒙古社会科学,2010 年,第 3 期。

[255] 许檀:《清代山西归化城的商业》,中国经济史研究,2010 年,第 1 期。

[256] 张德美:《清代保甲制度的困境》,政法论坛,2010 年,第 6 期。

[257] 张铭心等:《唐代乡里制在于阗的实施及相关问题研究——以新出贞元七年和田汉文文书为中心》,西域研究,2010 年,第 4 期。

[258] 朱文广、葛建男:《〈排神簿〉中道教信仰的民间特点——以山西贾村赛社为例》,沧州师范专科学校学报,2010 年,第 4 期。

[259] 白军胜:《论蒙古古代婚姻制度——从现代法规视角审视古代蒙古族婚姻制度》,内蒙古民族大学学报,2011 年,第 4 期。

[260] 杜慧:《村区制:保甲制度的延伸》,兰台世界,2011 年,第 22 期。

[261] 穆臣:《清代雨雪折奏制度考略》,社会科学战线,2011 年,第 11 期。

[262] 唐鸣等:《中国古代乡村治理的基本模式及其历史变迁》,江汉论坛,2011年,第3期。

[263] 王晗:《"界"的动与静:清至民国时期蒙陕边界的行程过程研究》,历史地理,第25辑,上海:上海人民出版社,2011年。

[264] 王晓晖:《西夏河西地区基层社会考察》,西夏学,2011年,第1期。

[265] 衣保中、张立伟:《清代以来内蒙古地区的移民开垦及其对生态环境的影响》,史学集刊,2011年,第5期。

[266] 陈瑞:《明清时期徽州的宗族与保甲推行》,中国农史,2012年,第1期。

[267] 陈瑞:《明清时期徽州境内的保甲制度推行与保甲组织编制》,安徽大学学报,2012年,第3期。

[268] 罗畅:《两套清代粮价数据资料的比较与使用》,近代史研究,2012年,第5期。

[269] 麻国庆、张亮:《都市里的神圣空间——呼和浩特市多元宗教文化的生产与共存》,青海民族研究,2012年,第2期。

[270] 田宓:《清代归化城土默特地区的土地开发与村落形成》,民族研究,2012年,第6期。

[271] 乌仁其其格:《近代归化城土默特蒙古人口问题浅析》,内蒙古大学学报,2012年,第3期。

[272] 乌仁其其格:《清代归化城土默特两翼旗权削弱问题研究》,内蒙古财经学院学报,2012年,第4期。

[273] 常建华:《雍正朝保甲制度的推行——以奏折为中心的考察》,故宫学刊,2013年,第2期。

[274] 江泽慧:《中国西部综合生态系统管理示范点建设》,北京:中国林业出版社,2013年。

[275] 李大海:《清代伊克昭盟长城沿线"禁留地"诸概念考释》,中国历史地理论丛,2013年,第2辑。

[276] 鲁西奇:《买地券所见宋元时期的城乡区划与组织》,中国社会经济史研究,2013年,第1期。

[277] 尚继征:《古代蒙古族婚姻家庭习惯法考察》,西部蒙古论坛,2013年,第1期。

[278] 王玉茹、罗畅:《清代粮价数据质量研究——以长江流域为中心》,清史研究,2013年,第1期。

[279] 郗玉松:《清初土家族地区的保甲制度探究》,湖北民族学院学报,2013年,第

4 期。

[280] 闫鸣：《门牌保甲与清代基层社会控制——以清代门牌原件为中心的考察》，南京大学学报，2013 年，第 2 期。

[281] 云和义：《北元至清代归化城土默特地区由牧转农的政策考探》，内蒙古农业科技，2013 年，第 2 期。

[282] 朱琳：《回顾与思考：清代粮价问题研究综述》，农业考古，2013 年，第 4 期。

[283] 黄忠鑫：《清代图甲与保甲关系新论——基于徽州赋役合同文书的考察》，安徽大学学报，2014 年，第 4 期。

[284] 刘道胜：《晚清祁门县保甲设置与村落社会——以光绪祁门县保甲册为中心》，安徽大学学报，2014 年，第 4 期。

[285] 乔香兰：《探寻隋朝乡里制度的渊源》，兰台世界，2014 年，第 33 期。

[286] 乌仁其其格：《内蒙古人口档案中的边疆村落社会——以察素齐为例》，清史研究，2014 年，第 1 期。

[287] 吴秉坤：《清代徽州基层施行保甲个案研究》，池州学院学报，2014 年，第 4 期。

[288] 徐鑫：《清代归化城土默特地区土地交易中的地谱》，内蒙古大学学报，2014 年，第 3 期。

[289] 余开亮：《粮价细册制度与清代粮价研究》，清史研究，2014 年，第 4 期。

[290] 余开亮：《清代晚期地方粮价报告研究——以循化厅档案为中心》，中国经济史研究，2014 年，第 4 期。

[291] 储建中：《明清以来土默特土地契约文书中的新发现》（一）（二）（三）（四），老年世界，2015 年，第 3、4、5、6 期。

[292] 穆俊：《清代土默特旗与达拉特旗的"滩地旗界"纠纷始末》，历史地理，第 31 辑，2015 年。

[293] 双宝：《近代呼和浩特多元宗教文化共存及成因分析》，大连民族学院学报，2015 年，第 6 期。

[294] 田宓：《清代内蒙古土地契约秩序的建立——以归化城土默特为例》，清史研究，2015 年，第 4 期。

[295] 赵丽琴、卫崇文：《上党地区的赛社文化与民间法》，民族论坛，2015 年，第 2 期。

[296] 宝音德力根：《达延汗生卒年、即位年及本名考辨》，内蒙古大学学报，2016 年，第 6 期。

八、硕博士学位论文

［1］刘再聪：《唐朝"村"制度研究》，厦门大学，2003 年博士学位论文。

［2］王来刚：《清代内蒙古地区的汉人移民史研究》，苏州大学，2004 年硕士学位论文。

［3］王旭：《清代内蒙古土默特地区土地租佃法律问题研究》，内蒙古大学，2004 年硕士学位论文。

［4］白秀琴：《迎神赛社与民间演剧》，中国艺术研究院，2004 年博士学位论文。

［5］刘丽君：《清代归化城土默特地区教育事业刍议》，内蒙古师范大学，2004 年硕士学位论文。

［6］刘玉：《秦汉乡亭治安研究》，首都师范大学，2004 年硕士学位论文。

［7］边晋中：《清代绥远城驻防若干问题考述》，内蒙古师范大学，2006 年硕士学位论文。

［8］邓玉娜：《禁曲六疏的启示——论清代河南粮食贸易发展的影响因素》，中国人民大学，2006 年博士学位论文。

［9］张蕾：《试论清前期对归化城土默特的统治政策》，内蒙古师范大学，2006 年硕士学位论文。

［10］包玉兰：《成吉思汗的家庭伦理教化四项研究》（蒙文），内蒙古师范大学，2007 年硕士学位论文。

［11］冯君：《清代归化城商业贸易的兴衰及其影响》，内蒙古师范大学，2007 年硕士学位论文。

［12］侯春杰：《清代乡规民约对当代村规民约的影响》，中国政法大学，2007 年硕士学位论文。

［13］刘海涛：《光绪十七年—十八年绥远地区灾荒的社会史分析》，内蒙古大学，2007 年硕士学位论文。

［14］梅花：《蒙古族家庭财产继承习俗探析》（蒙文），内蒙古师范大学，2007 年硕士学位论文。

［15］王学锋：《贾村赛社及其戏剧活动研究》，中国艺术研究院，2007 年博士学位论文。

［16］乌仁其其格：《18 至 20 世纪初归化城土默特财政研究》，内蒙古大学，2007 年博士学位论文。

[17] 张信通：《秦汉乡里制度和管理研究》，河南大学，2007年硕士学位论文。

[18] 毕茂荣：《明初里甲制度探微》，贵州大学，2008年硕士年学位论文。

[19] 李阳：《迎神赛社与古剧形态》，山西大学，2008年硕士学位论文。

[20] 赛纳：《清代内蒙古西部城镇发展——以归绥地区为主》，内蒙古大学，2008年硕士学位论文。

[21] 斯日古楞：《清代内蒙古地区寺院土地问题研究》，内蒙古师范大学，2008年硕士学位论文。

[22] 王爱清：《秦汉乡里控制研究》，山东大学，2008年硕士学位论文。

[23] 王莲花：《蒙古族传统家庭教育及其传承研究》，华中师范大学，2008年硕士学位论文。

[24] 张弓：《论清代绥远地区的厅》，内蒙古大学，2008年硕士学位论文。

[25] 赵旭霞：《清代内蒙古地区寺院收支及其管理研究》，内蒙古师范大学，2008年硕士学位论文。

[26] 黄治国：《清代绥远城驻防研究》，中央民族大学，2009年博士学位论文。

[27] 穆臣：《制度、粮价与决策：清代山东雨雪粮价研究》，北京大学，2009年博士学位论文。

[28] 刘源：《西汉乡里官吏与国家建构》，郑州大学，2010年硕士学位论文。

[29] 乌云：《清至民国时期土默特地区藏传佛教若干问题研究》，内蒙古大学，2010年博士学位论文。

[30] 赵奎涛：《明末清初以来大凌河流域人地关系与生态环境演变研究》，中国地质大学（北京），2010年博士学位论文。

[31] 阿如汗：《内蒙古中西部诸厅之研究——以口外十二厅为中心》，内蒙古大学，2011年硕士学位论文。

[32] 邓永星：《蒙古族传统家庭道德教育及其现代价值研究》，内蒙古农业大学，2011年硕士学位论文。

[33] 胡玉花：《清末民初绥远城驻防研究——以绥远城将军的职能演变为主要线索》，内蒙古大学，2011年硕士学位论文。

[34] 李雅璇：《清代归化城土默特地区行政建置研究》，内蒙古师范大学，2011年硕士学位论文。

[35] 孟牧兰：《光绪朝初期达拉特与土默特两旗间的土地纠纷问题探究》，内蒙古大学，2011年硕士学位论文。

[36] 庞建卫：《论秦汉时代的乡官》，山东师范大学，2011年硕士学位论文。
[37] 杨晗：《清代保甲权力的演变》，河南大学，2011年硕士学位论文。
[38] 高景哲：《清末民国土默特右旗的社会状况》，内蒙古大学，2012年硕士学位论文。
[39] 李佳宸：《赛社音乐文化初探——以贾村"四月四"赛社为例》，西北师范大学，2012年硕士学位论文。
[40] 宋文龙：《隋朝乡里制度浅探》，西北师范大学，2012年硕士学位论文。
[41] 乌干宝乐尔：《法律视野下的古代蒙古家庭制度研究》（蒙文），内蒙古大学，2012年硕士学位论文。
[42] 钟佳倩：《蒙古金氏家族契约文书初探——以光绪年间土默特地区契约文书为例》，中国社会科学院研究生院，2012年硕士学位论文。
[43] 晶叶：《乾隆以来归化城土默特蒙古族社会变迁研究》，内蒙古大学，2013年硕士学位论文。
[44] 宋聪聪：《汉代乡里制度的几个问题研究》，南京师范大学，2013硕士学位论文。
[45] 孙丽丽：《从西老将营村地契看清朝土默特地区的地契制度》，内蒙古大学，2013年硕士学位论文。
[46] 徐珍慧：《清代归化城土默特地区的农业地理初探》，内蒙古大学，2013年硕士学位论文。
[47] 白钢：《代善研究》，东北师范大学，2014年硕士学位论文。
[48] 程俊：《归绥地区回民研究（1632~1937）》，内蒙古大学，2014年博士学位论文。
[49] 梅花：《清至民国时期土默特旗教育研究》，内蒙古大学，2015年博士学位论文。
[50] 申轶群：《山西壶关二仙崇拜与赛社演剧研究》，山西师范大学，2015年硕士学位论文。
[51] 道仁图雅：《16至18世纪蒙古族法律文献中的婚姻家庭伦理思想研究》，内蒙古师范大学，2016年硕士学位论文。

索 引

本索引范围为正文,不包括脚注、参考文献、后记部分。

本索引包含正文中的人名、地名、官职等专有名词。

A

阿

阿·马·波兹德涅耶夫 159,163,224,260,266,316,353,366,480,488,489,492,617,652,658,664,670,671,673-678,680,682,683,686-688,697,698

阿阿 469

阿把拉岱村 161,222

阿薄贻尔喀 47

阿必达 689,725,726

阿毕达 725

阿毕合 290

阿弼达 37,66

阿不孩 203

阿布尼 63,194

阿导沁 492

阿道沁 492

阿迪 68

阿第 715

阿尔宾 70

阿尔补腾多尔济 310

阿尔嘎力奇 159

阿尔噶琼 223

阿尔格冲 118,282

阿尔哈图土门 52

阿尔津 43,44,48

阿尔玛格 320

阿尔坦 22,30,74

阿尔坦汗 24

阿古 63,194

阿瑚 82

阿济格洪津村 309

阿济格浑津 160

阿济格诺尔布 82

阿克达春 20,21,150,151,167,324,325,560-562,702

阿克敦 221

阿克苏　680
阿拉布坦　721,722,737
阿拉哈达巴彦河　331
阿拉山　724,725
阿拉善　32,494,657
阿拉善厄鲁特　225
阿拉善和硕特　738
阿拉善旗　494,670,671
阿拉坦汗　75,202
阿拉图　331
阿喇布坦　736
阿喇纳　37,66
阿勒巴图　82
阿勒台　75
阿勒坦汗　41,76,203,252,478,490
阿勒滕　80
阿里哈昂邦屯济　697
阿力玛沙拉乌素　159
阿利玛图　689
阿利莫图　693
阿噜板申　282,531
阿噜乌尔图　288
阿鲁板申　282
阿鲁部　43
阿鲁部拜兴　43,53
阿鲁部喀尔喀　43
阿鲁喀尔喀　43
阿鲁苏木哈达　316
阿鲁乌尔图　288
阿禄　44,194,211
阿禄部落　43,49,194,211

阿禄哈尔噶　46,55
阿禄喀尔喀　29,43,46
阿路板申　262,280
阿满浩赖　160
阿木巴诺尔　82
阿木巴诺尔布　82
阿睦尔撒纳　245
阿南为杜稜洪台吉　43
阿南为杜稜台吉　43,50
阿尼图　320
阿如汗　251
阿什达尔汉　212
阿苏特布木巴　308
阿素特奔巴　160
阿西图　81,82
阿希图　63,194
阿也格沁　164
阿益圪沁　585
阿由什　148
阿玉西　737
阿毓玺　69
阿杂喇　115

爱

爱马克　126

安

安北将军　84-87,92
安部健夫　536
安存　401
安都章盖营村　469
安静社　186,660
安民　164,406,577-579,605

安其俊　545

安祥　701

安兴遵三里　278

安斋库治　249,307,475,481,556,571,582

谙

谙达　28,172,173

俺

俺答　12,21,29,172,173,200,201,203

俺答阿卜孩　203

俺答汗　21,45,97,172,201,202,204

岸

岸本美绪　536

按

按察使　115,672,712

昂

昂希　82

敖

敖包图村　161,222

敖汉　102

敖云高　725

袄

袄儿吉兔　358,385

袄尔圪逊　585

袄尔七了　532

袄力　729

袄木栋　691,692

袄太村　585

奥

奥日给夫　205,225,226

奥盛正　661,687

B

八

八拜　426

八拜村　163,246,247,507

八拜村回回营　246,507

八大股　624

八大庄口　661,663

八分子村　128,160

八沟　102,304

八扣　411,430,442

八里庄　163,164

八旗地　120

八旗马厂　36,274,292,295－299,316,491,515,586－591,594,622

八旗马厂地　34,36,103,292－294,296,299,347,586－588,590,594

八旗牧场　319,496

八十家　288

八十家站　288

八十家子　143,162,672,733

八十家子站　289

八十三村　630

八十五家　288

八台营子　397,729,730

八五钱　353－355

八音尔　146,469

巴

巴达礼　720,721

巴达里　721－723

巴岱板升　159

巴岱村　161,222
巴德玛扣布　255,479,498
巴独乎　326
巴读门邱　256
巴尔丹忽桶图　159
巴尔旦村　386,744
巴尔果素　160
巴尔米特　679,689
巴尔素海　288
巴格杜尔河　290
巴固札布　460
巴汉沁　318
巴俊　420,421
巴克巴海　310
巴克都古　159
巴扣　395,396
巴拉盖村　385,744
巴老爷　433
巴里坤　75,655-657,670
巴禄　93
巴伦明安呼济　495
巴桑　51,66
巴沙尔村　161,222
巴苏　329,724,725
巴图　82,726,727
巴图沟　691,693
巴图吉尔格勒　497
巴图孟克　736
巴图那逊　332
巴图札布　460
巴吐孟克　724,726

巴吐扎布　692
巴夏阿　736
巴雅尔　80,81
巴雅尔图　160
巴雅纳木图　737
巴延山　655
巴颜白克　244
巴颜查罕村　405
巴颜和硕　74
巴彦　254,725,726,730,736
巴彦敖包　316
巴彦布拉克　160,288
巴彦鄂博　159
巴彦河　14,98
巴彦吉日嘎啦　222
巴彦吉日噶勒　218,222
巴彦淖尔盟　494
巴依柯夫　173
巴音嘎查　485
巴音塔拉嘎查　486
巴音塔拉盟　496
巴云氏　427
巴佐领　157

叭

叭要　203

拔

拔要　203

把

把督门叭　396
把独扪扣　401,402
把独蒙扣　139

把尔旦营子 162

把谷图梁村 162

把汉那吉 29

把扣 428,429

把拉盖村 585

把什 414,416

把什板申 585

把什板伸倒布气 447

把什板升 416

把什尔 415,416

把什尔村 415,467

把什扎布 691

把替儿 436,437

把栅村 163

坝

坝底村 162

坝口子 585

坝口子沟水 17

坝泉子 507

白

白道岭 306

白公鸡巷 175

白海秀 153,154

白亨 145

白衡果尔山 13

白洪大 203

白怀信 688

白界地 100

白借地 100

白俊 507

白六二 688

白庙营村 128,160

白庙子 303

白棋窑子村 163

白旗窑子 163

白旗子村 322

白钱 354

白瑞 688

白尚智 532

白石头沟 279

白塔 12

白塔召 314,507

白秀琴 185

白彦 256,741

白彦保什户 433

白彦察汉村 386,744

白彦厂汉村 741

白彦花 75

白彦扣 463

白彦图村 161

白音布拉格 223

白玉孔 132

白云翮 430

白贞 249

白只户沟 17

柏

柏都拉 82

柏锐 691

柏树沟 17

柏兴 23

拜

拜都喇 63,64,194,211,212

拜衡郭尔山　298,589
拜牲　22,28,30
拜牲　74
拜稀郭尔山　274,297
拜兴图　319

　　班
班禅　289
班禅额尔德尼　83
班达尔　38
班达尔什　37,38,65,66
班迪　82
班弟　132,133,720,724,725,741
班弟达召　503
班第　58,99,216,491,505,715,738
班第板升　160
班第达召　315,316,319,496
班定营子　159
班尔什　38
班珠尔　309
班珠尔板升　159

　　板
板定板升　161
板定五把什　439
板申气　585
板升　21,22,29,30,74,97,158,159,172,
　　173,196,201,230,476-478,480,481,
　　483,496,498,506,509-511,608,609,
　　617,743,748
板召儿　146

　　半
半日学堂　707-709

　　包
包尔合少板申　161,209,499
包红梅　627,647
包庆德　627,647,648
包头　15,16,158,177-179,190,191,238,
　　247,249,272,326,344,355-357,379,
　　380,412-414,416,481,565,598,621,
　　624,639-641,651,657,658,660,662,
　　664,667,670,676,682-684,686,703
包头臭屎巷　178
包头村　111,273,286,357,428,726
包头村南官街　178,411
包头大街　178,179
包头东街　178
包头圪料街　178
包头后街　178
包头街　178,426
包头南圪洞　178
包头前街　178
包头市　17,734
包头西阁尔街　178
包头西街　178,441,442
包头镇　12,177-179,191,229,234,331,
　　385,629,636,662-664,683,684,707,
　　744
包头镇半日初级小学堂　707
包头镇初等小学堂　707
包头镇南圪洞　178
包头中街　178
包图村　161,310
包文汉　45,48

包镇车市尔中街　178

宝

宝贝河　16

宝丰社　181,187,392,660,661,663—666,704

宝勒齐老图　159

宝全　130

宝铨　605

宝图村　311

宝义　662

宝音图　458

宝珠村　163

保

保安　512,545

保德　88,314,503,747

保德州　503

保尔此老村　162

保尔汗沟村　162

保正　143,472,733

保子　146,469

鲍

鲍承先　45

北

北不浪村　162

北茶坊　177,186,437,441,671

北茶坊街　175

北茶房　187

北辰氏　402

北倒拉板升　162

北垛村　389

北好群　159

北街　176

北京　173,366,663,670,676,682

北井尔巷　177

北九犋牛窑　161

北马神庙街　176

北门　72,507,616,663,671

北门内街　175

北门外街　175

北门外营房道　246

北牛肉铺巷　176

北沙壕街　175

北舍必崖村　162

北什轴　585

北石嘴子村　162

北水口村　161

北四犋牛窑　161

北窑子村　162

北账房沟　161

北只图　137

北只图村　585

北中呼都克　160

贝

贝勒　23,28,29,33,43,44,46—48,52—56,60,98,99,101,196,256,331,481,482,513,524,719,721,740

背

背锅沟　17

奔

奔砬图哈拉鄂博　13

奔着布　715

本

本达　399

本达赖　383
本金巴　725
本塔尔　32
　　崩
崩巴图　75
　　比
比斯克　683
　　笔
笔帖式　71,73,74,76,80,81,83,84,89,
　　104,105,112,113,452,561,672,695,
　　696,721
　　必
必力格沁　164
必力贡　139,147,428,716
必力古　439
必气沟　408,420,421
　　毕
毕车齐　128,160
毕君达　394
毕克齐　177,190,354,623,683,685,724
毕克齐村　163,721
毕克齐镇　177,419,616,707,750
毕拉尔路　198
毕勒克图　137
毕哩克　82,213,216
毕力克　69
毕齐克　370
毕齐克齐　111
毕齐克图　83
毕天成　716
毕维行　432

毕雅尔　666
毕尧气村　163
毕镇　165,732
　　弼
弼礼克　63,194
　　边
边晋中　91
边宁社　187,660
边宁寺　187
　　便
便宜斋巷　175
　　宾
宾老爷　256,257
宾图车臣俄木布　49
宾图王旗　207
宾珠海乡　504
　　斌
斌仪　596,598,599,603,604
　　兵
兵部左侍郎　88,95,588
兵达营村　162
兵亥州路　177
兵司署　72
兵崖村　163
兵州亥村　585
　　薄
薄音湖　3-5
　　波
波尔克素太沟　279
波里霍少　289
波罗河屯　102

索引

玻
玻璃圪沁村　416
玻璃格沁　164

伯
伯成　71, 81, 82, 285
伯齐　82
伯卿阿　71
伯庆阿　71
伯希　63, 194
伯希和　5

泊
泊头镇　683

亳
亳沁营　164, 584

博
博第　59
博恩金　82
博尔吉特　74
博尔济吉特　22, 66
博尔齐　319
博果达克　316
博金　63, 194
博罗拜升　316
博罗胡扎尔　316
博木伯尔　724, 726
博清额　522
博硕克图　22, 24, 28, 43, 44, 48, 49, 193, 194, 200, 211
博硕克图汗　21, 22, 24, 26, 27, 30, 43-45, 47-51, 57, 61, 63, 64, 66, 74, 75, 194, 196, 211, 212, 252

博斯库板升　159

卜
卜兑钱　391, 392
卜扣　427, 428
卜失兔　200, 201
卜石兔　21, 22, 49, 50, 200, 201
卜矢兔　21
卜万恒　653

补
补额苏克板升　159
补圪图尔　277
补圪图沟门　162
补拉圪　532
补勒　164
补勒克德　397
补力格　729
补退　35, 277
补熙　86, 87, 91, 108, 259, 311, 545, 546, 694, 695

不
不顾　407, 576, 577, 597, 723
不顾孩之死活　726
不扣　432

布
布敦海拉苏台　319, 496
布额格勒尔　741
布尔嘎苏太　160
布尔海　309
布尔尼　32, 45
布尔塔　159
布格拉勒吉图河　289

布拉克 159
布鲁图 319,496
布木巴扎布 725,726
布能奇 159
布什荞果尔 206
布延泰 82,83
布延图 504,613
布颜达里 730
布颜岱 63,194
布彦台吉 75
布彦图 329,726,727
布扬古 52
布庄 180,662,663,669

C

才
才当尔 359
财
财神庙 186-188
财神庙街 176
财神庙巷街 175
蔡
蔡家营村 163
蔡家营子 162
参
参领 20,21,36,38,48,57,59,65-69,71-74,76,79-84,91,108,123-126,129,142,149-152,154,210,212,214-217,221,259,260,276,296-298,312,313,317,319,330,333,334,416,451,452,460,469-471,487,516,517,530,558-560,562,566,567,570-572,574,577,578,587,589,595,596,679,685,690,700,708,711-713,719,722,723,736,740
参赞大臣 75,87,94,602,607,678
曹
曹彬 431
曹定和 398
曹立身 389
曹忙来 223
曹明 371
曹万金 437
曹一龙 143,733
草
草桥街 175
草市 178
草市街 179
草窑子村 162
策
策林拜多布 677
岑
岑春煊 564,565
插
插汉部 21,200
插素齐 128,160
茶
茶独忽拉 715
茶房营子 290
茶庄 180,662,663,667,669
查
查干郭勒 319

查干库棱　276

查干诺尔　75

查格笃尔色楞　223

查汉不浪沟　278,279

查汉哈玛尔　262,280

查汗达坝　370

查汗井儿村　162

查章皋　643

察

察干板升　160

察干额尔果　159

察干鄂尔戈　160

察干胡图克　159

察干库呼　160

察干库特尔　160

察干苏木图　159

察干托罗亥　160

察哈尔　5,12,20,22-24,26-30,32,43,45-49,54,56-58,60,63,64,74,75,78,82,85,104,105,148,151,164,166,193,194,201,211,212,216,217,230,254,257,262,296,320,482,560,562,577-579,589,593,596,598,599,706,725

察哈尔部　21-25,30,32,43,45,54,55,196,200,477

察哈尔都统　93,95,304,560,562,586,593

察哈尔汗　54,57,63,64,194,211,212

察哈尔垦局公司　601

察哈尔蓝旗　12

察哈尔旗　12

察哈尔什喇奇塔特　44

察哈尔石喇祁他特　43

察哈尔镶红旗　31

察罕齐劳　311

察罕苏布日嘎村　504

察罕通格　289

察罕扎达垓　288

察罕札达垓站　291

察汉图拉海　585

察汗此老　311

察汗额尔德尼　58,216

察汗鄂博　12,311

察汗脑包　329

察汗色楞　289

察克都尔色楞　100,581

察齐拉补尔克速　288

察齐鲁木　288

察苏河　17

察素齐　15,17,177,190,227,247,250,413-416,447,507,585

察素齐村　163,227,416,728

察素齐镇　415,507,707,750

察右旗　16

察镇　416

岔

岔河口　526

拆

拆尔登察汗库圹　273

柴

柴邦图　319

柴火铺后巷　176
柴火铺前巷　176
柴六营子　162
柴脑包　329
柴四　341

昌

昌盛当北巷　178

常

常贵　634
常合赖　585
常合理　164
常黑赖　164
常建华　535
常龄　218,410
常龙　384
常平　556,638,639
常青　71
常胜街　177
常在　93

厂

厂汗板申　163
厂汗恼包村　163
厂木哈克　35,277,278

长

长安　247
长安店街　175
长白书院　702
长和廊街　175
长黑浪巷　179
长命　702
长命子　467

长青　71
长胜街　174,178,179
长盛公　662
长盛街　177
长盛馨　662
长寿子　137
长泰　278,662
长泰店　656
长泰县　447,448
长泰涌　661,687
长元太　662

晁

晁错　129

朝

朝尔亥　137
朝圪兔　372
朝号　17
朝和纳　70
朝纳图托亥　326
朝天壕　634
朝旺　148,370-372,441,442
朝旺架　148

潮

潮岱　159

车

车臣　54
车臣济农　54
车店行社　187,660
车汗　399
车市尔中街　179
车市街　178,179

车旺多尔吉　737

扯

扯力克　21,200,201,203

陈

陈爱索　184

陈宝尔　423

陈昌福　443

陈超英　694,695

陈春声　535

陈大受　233

陈夺　383,384,403

陈法常　391

陈赓雅　158,481

陈光　398,399

陈光远　567,599,602,603

陈桂英　643

陈胡窑子　163,370

陈家窑村　162

陈建华　508,557

陈金陵　535

陈宽　383,384,403

陈连　381

陈连璧　451,452

陈罗罗　155

陈如明　691,692

陈善斌　370

陈生林　426

陈寿昌　373,463

陈四　596,598,599

陈万银　674

陈悉荣　404

陈喜波　652

陈银扣　154,155

陈银扣子　154

陈银玉子　154,155

陈英　398

陈永发　397,398

陈有　403,404

陈玉成　366

陈元喜　420,421,424

陈支平　535

成

成保尔　424

成崇德　229,249,475

成都将军　94

成格　294

成衮扎布　75

成汉昌　501

成凯　71,95,274,297,298,318,530,589

成六　198,424

成宁　304

成衣社　181,187,660

成玉　95

诚

诚敬社　181,187,660

诚意社　187,660

承

承德府　130,224,266,480,488,670

城

城防街　176

城隍庙　187,188,616

城隍庙街　175

城钱　321,353,354

城市钱　321,353-355,392,404,665

程

程家益　397

程俊　244

程天麟　703

程志兴　398

澄

澄口村　335,337,585

吃

吃新营子村　163

崇

崇德保安社　187,661

崇福社　187,661

崇福寺　186,187,220,312-315,387,503,505,738

崇明　467

崇善　95

崇尚　94

崇寿寺　220,313,314,326,505,506,738

崇文社　181

崇禧寺　315,316,387,503,738

臭

臭水沟村　163

臭水井　384,385

臭水井村　378,379

臭水井儿村　163,372

出

出旺　357

出堰村　585

初

初等小学堂　707,708

储

储建中　356

楚

楚琥尔　51,59,61,212

楚应　159

褚

褚成博　644

褚成炜　642

褚敦　629,642

褚廷翰　58

褚英　52,53

川

川行巷　179

川陕总督　99

穿

穿行店巷　175

舛

舛六哥　439

吹

吹斯克布　58,216

垂

垂金津布　374

垂拉西　725

春

春精　735

春宁　94,293,304

春泉泰　661

醇

醇厚社　180,186,188,661,663,687

绰

绰尔村　161,222

绰尔亥　159

绰尔济　505

绰尔济喇嘛　57

绰尔济扎克　68

绰和诺　70

绰克图莽奈　330,332

绰克托　289

绰拉西　159

绰依拉西霍通图村　161

绰依拉西营　161

慈

慈灯寺　313,320

鹝

鹝鹝气村　163

此

此劳气　15

此老村　418,585

此老尔村　732

崔

崔草铺　660

崔孚　283,746

崔恒光　147,716,718

崔俊　371

催

催容青　736

翠

翠花宫巷　175,177,436

村

村上正二　4

存

存义公　667

存柱　391,392

D

达

达布库里　219

达布囊　82

达岱　159,538

达尔罕　319,591

达尔罕贝勒　724

达尔罕贝勒旗　316,492

达尔汉贝勒　14,43,50

达尔汉贝勒旗　12

达尔汉郡王　212

达尔汉巧尔济　313

达尔汗贝勒　13,14

达尔汗罕贝勒　13

达尔计　164

达尔玛　276,463,722,723

达圪巴尔　141

达圪登　729

达恒泰　124,570

达拉拜　469

达拉吗扎布　692

达拉特　12,159,320,326-338,343,344,
　　347,457,596,599,604

达喇嘛　42,109,312,313,315,491,503-
　　506,725,738

达赖　313,725,738

达赖营子　162,164

达赖营子村　163,391

达赖庄　303

达兰泰　63,82,194
达力扎布　126
达论泰　396
达玛琳　522
达木巴　75,724
达木巴尔扎木苏　82
达木巴尔札苏　82
达木巴林沁　310
达木气　402,404
达木欠　422
达木憨　409
达穆欠　423,424
达奈　37
达旗　327,329,330,599,706
达泉同　662
达日玛　506
达日玛扎布　218,222
达日扎　219
达什达瓦部　75
达食村　163
达涛海　329
达瓦齐　75
达西色楞　736
达希拜散　219
达希龙　222,225
达锡拉卜坦　99,481,482
达雅齐塔布囊　212
达延汗　5,204,476
达延合罕　204

答
答立汗　378

靰
靰鞡　172,203,652,670,671,684,686

打
打堡进　685
打不忽尔托亥　326
打不素太　624
打圪登　362
打楞太村　162
打牲乌拉　199

大
大爱马克　126
大袄兑村　585
大板升　21
大北巷　175
大贝勒　23
大必车奇　689
大毕克齐　585
大布精　43
大成妣姬　29
大成号　365
大成兴　662
大成永皮房　659
大打墙沟　162
大代村　386,744
大岱焦泥沟　272
大德常　662
大德诚　662
大德恒　667
大德木气　320
大德通　667
大德兴　667

大德咏　662

大东杜尔格　290

大东街　174,177

大东巷　175

大东园巷　175

大斗林沁窑　690

大堆子梁村　162

大范家巷　175

大丰玉　662

大福晋　43

大富三元巷　179

大公馆街　178,179

大公尼富　159

大沟们门　162

大黑河　12,15-17,103,302,303,406,
　　619,648,743

大红城　163

大厚玉　662

大葫芦头村　585

大喇嘛　58,216,401,503

大荔　247

大粮地　34,35,103,109,120,277,347,
　　473,514,515,526,563

大岭社　368

大路新营子　162

大马群山　16

大庙道　178

大庙乡　16,75

大南沟　17,75,345,448,449

大南沟门　163

大南街　174,176,177,186,433,435,663

大南街二道巷　177

大南街头道巷　177

大南巷　175

大挠子　584

大诺尔布　63,64,194,211,212

大齐芳扎布　695

大青山　12,15-18,75,89,109,118,149,
　　159,165,181,182,202,231,232,274,
　　278-280,293,295-298,302-304,307,
　　308,311,316-319,322,470,471,488,
　　489,491,492,496,529-531,553,554,
　　559,561,586-589,591,611,618,620,
　　622-624,628,629,644,666,680,681,
　　689,693,748-750

大庆昌　674

大佘太　637

大牪玉　662

大什字　354,688

大胜德　656

大盛川　667

大盛魁　622,662,673,674

大十字街　174,663

大十字南街　177

大顺恒巷　179

大厅巷　175

大通店巷　178

大同　32,85,92,154,165,166,231,628,
　　630,637,675,676,732

大同府　103,104,108,114,165

大同路　28,29

大湾村　162

大西沟村　163

大西河　688

大西街　174,175,177,663

大西街头道巷　177

大西巷　175

大习尔麻　497

大仙庙街　179

大仙庙巷　179

大小和卓　245

大小黑河　17,290,405,594,753

大小台什　584

大兴当后巷　176

大兴当巷　176

大兴太巷街　175

大兴泰巷　178

大有长巷　179

大榆树滩　313

大御史巷　175,688

大裕当　667

大元昌　662,688

大召　129,132,165,174,177,231,316,
　　324,325,432,503,504,663,688,737

大召后路　177

大召前家庙巷　175

大召前街　174,177,663

大召前路　177

大召西夹道街　174

代

代榜什　705

代林　244

代买米地　34,35,103,109,284-287,515,
　　526

代善　52,53

代州　233

代州社　186,661

代州窑村　162

代州营　584

岱

岱琳布　87

戴

戴廷冕　384

戴学稷　652

戴云　185

黛

黛山湖　17

丹

丹岱村　161

丹府　72,246

丹津　35,37,65,66,82,88,103,104,116,
　　140,147,148,180,213,216,277,278,
　　296,310,323,558,663,689,696,697,
　　702,735,736,749

丹晋　36,103,104,553

丹丕尔　598,601-604

丹则尔巴　136,139,466

单

单宝儿　389

单刀社　187,661

单加阿尔蒲坦　215

单于大都护府　28,29

单镇　691

旦

旦尔达尔　276

当

当行 85，181，667

当行社 661，663

当涧沟村 162

倒

倒儿计 389

倒拉土默村 163

到

到儿计 387

道

道尔吉扎布 469

道尔计沟村 162

道尔计永隆 223

道尔计扎布 223

道台街 175

道员 20，84，107，108，110-112，599，712

得

得计 384，427，428，578

得乐格尔 223

得理笋村 219

得木齐 491

得木齐喇嘛 738

德

德宝义 688

德成号 321，662

德成兴 662

德尔图 141

德合明 662

德和店 661

德和炉 659

德和勇 661

德恒当 184

德厚源 662

德金 81

德锦荣 183，184，669

德锦源 184

德巨炉 656

德聚兴染坊 659

德刻金布 94

德乐格 159

德勒格尔 13

德勒格楞贵 94

德勒克多尔计 95

德力波日 164

德力图 685

德隆阿 124，571

德隆骡店 659

德隆元 662

德纶 704

德茂兴巷 179

德木齐 220，312，503，505

德沛 543

德清街 177

德日新 597

德润泰 662

德生 664

德生昌 662

德生玉店 662，684

德生子 395

德胜 71，637

德胜营 303

德盛号 655

德

德盛肉铺　659

德盛长　675

德太和　662

德通　740

德先社　187,661

德兴店　661

德兴号　662

德义公　662

德义社　188,661

德英阿　94,305,586,745

德永当　661

德裕　595

德裕厚　184

德源成　662

的

的不气　428

灯

灯笼素村　386,744

灯楼素村　161

登

登口村　128,160

登娄苏太　160

登娄素　159

邓

邓充武　634

邓庆麟　678

邓永飞　536

邓玉娜　536

磴

磴口　624

磴口村　385,744

狄

狄安仁　436

籴

籴七六　393

籴五四　393

地

地亩局巷　175

地谱钱　137,361,362,364,365,367,369,
　　　　380,401,402,404,411,425,426,429,
　　　　430,435,436,438-440,444

地商　339,348,361,365-367,376,382,
　　　390,395,445,446,467,484,532,533,
　　　582,589,593,600,654,662,672,680,
　　　684,712,713

第

第二初等小学堂　707

第五图　197

第彦齐　58,216

第一初等小学堂　707

典

典吏　105,111

典什气　585

刁

刁书仁　508

迭

迭力素村　162

迭力素村教堂　345

丁

丁宝铨　605

丁不㘄　359

丁福喜　716,718

索 引

丁

丁宫小子　115,147,715,716,718

丁家圈　303

丁开山　303

丁宽　674

丁亮　688

丁茂盛　302

丁皮巷　179

丁启宇　645

丁三保　688

丁廷善　426

丁益记　398

丁永发　398

丁赵　732

丁贞利　358

钉

钉鞋小铺　660

定

定安　95,702

定边　607,655,679

定边左副将军　94-96,181,655

定福社　187,661

定襄　12,28,29,561

定襄郡　28,29

定襄社　187,661

定襄巷　175,179

东

东巴彦封堆　13

东白石头沟水　17

东北门街　179

东北门巷　179

东菜园　507,616

东菜园巷　175

东仓二道巷　177

东仓五十家街　177

东厂营村　162

东成格尔村　161

东大街　178,179

东得胜街　174

东浮石山　162

东干沟村　162

东圪针沟村　162

东格尔　721

东沟子村　161

东苟家滩　175

东苟家滩街　175

东哈达沟村　162

东哈尔吉尔沟　278,279

东甲兰营　489,620

东街　176,179

东街鞋袜巷　177

东口　379

东喇嘛洞召　315,503

东梨树沟　279,691

东落凤街　176

东马道巷　175

东门内街　175

东明芳　656

东渠　413,619

东三圈　303

东沙滩街　175

东升　662

东升店　658,661

东升店巷　177
东胜直隶厅　28
东石嘴子村　162
东顺成　426
东顺城街　174,177
东四眼井巷　178
东素海　288
东泰店　661
东亭巷　176
东土默特　203,204
东土默特旗　49
东瓦窑沟　178,179
东五道庙巷　175
东五十家街　174,176
东五十家子路　177
东五素儿　132
东五素兔村　616
东五速图　585
东鞋袜巷街　175
东新乡　412-414,416
东一间房村　162
东义和社　181
东义喇嘛　434
东元山村　163
东岳庙　188
东栅街　186
东召黑浪街　175

董
董多布　713
董家营子　162
董廷举　147,716,718
董娃　465
董正威　347

栋
栋素海　288

都
都参领　128,160
都格尔扎布　566
都格尔札布　582,587
都古冷　159
都楞　198,225,226
都楞桑　223
都隆可汗　29
都统　21,28,33-41,57,59,62,65-67,70,72-79,82,83,85-88,90,92-95,97,103-106,108,114-116,119,123,125-127,140,151,152,180,207,212,213,215-217,221,240,241,246,253,258,259,262,264,275,277,278,280,281,285,286,296,302,310,312,318,320,321,323,326,334,338,447,452,461,464,471,487,507,511,516,520,521,553,554,558,560-562,587,601,633,634,655,663,689,691-693,695,697,702,706,710-713,715,716,718-720,724,725,730,749
都统旗　32-34,55,65,119

斗
斗成窑村　162

窦
窦国斌　144
窦容邃　231,611

独

独力坝 386,744

独立坝 164

独石口 511

独石口厅 516

杜

杜度 53

杜尔格 288-290,595

杜尔满 308

杜嘎尔扎布 737

杜噶尔扎布 737

杜干所 720

杜公 431

杜亨公 425

杜恒鼎 389

杜虎子梁村 163

杜家骥 53

杜勒玛 308,741

杜棱汗 74

杜稜汗 22

杜连森 368

杜升高 137,138

杜生智 383

杜万成窑村 161

杜万山 303

杜晓黎 652

杜友芸 358

杜月亮 429

杜庄 303

端

端多普多尔济 300

段

段朝 437

段胡窑村 161

段家园子 162

段永义 184

段友文 508,557,734

椴

椴树背村 162

敦

敦巴 69

敦布多尔济 299

敦多布 115

敦多布多尔济 299,736

敦盛永 656

多

多尔衮 47,54

多尔计 280,729

多尔济 59,61,63,64,69,76,100,128,194,211,212,218,498,499,724-726

多公慧 703

多国 199

多果图 199

多伦诺尔 623

多伦诺尔厅 516

多伦土默特 203

多罗板升 159

多罗郡王 299

多罗土闷 203

E

俄

俄赫楚 66

俄罗斯 75,520,654,670,674,680

俄木布 6,22,24-27,29,30,34,42,44-50,53-56,61,62,65,119,194-196,252

俄木布楚虎尔 24

鹅

鹅钱 354

额

额德尼达尔汉喇嘛 64,212

额恩类 159

额尔德尼 725,738

额尔德尼达尔汉喇嘛 57,63,193,194,211,212

额尔德尼胡图克 727

额尔德尼桑 309

额尔格木布 198

额尔济 71

额尔克白克 245

额尔肯布 225

额尔齐德依 159

额尔奇 71

额尔哲孔果尔哲 54

额吉贤房子 160

额济纳土尔扈特 225

额肯布 219

额乐得放 159

额乐尔得依 159

额勒素图托罗盖 289

额力苏和硕 160

额林布 221

额林臣 724,726

额林沁 116

额璘臣 57

额鲁特 123

额敏 246

额墨勒 160

额色给齐 159

额哲 47,54

厄

厄鲁特 75,85,215,217,244,245,738

鄂

鄂巴尼 82

鄂班 310

鄂板达尔汉 310

鄂宝 294

鄂弼 106,110,279,280,470,471,681

鄂博图 160,689

鄂对 246

鄂尔多斯 12,14,28-33,54,55,57,98,99,104,105,164,230,288,310,326,328-333,335,336,343,482,513,565,657,721,722,724-726

鄂尔多斯左翼前旗 13,28-30,310

鄂尔圪逊 585

鄂尔格逊村 142,460

鄂尔格逊纳木扎尔色令 460,500

鄂尔吉乎 160

鄂尔齐图 53

鄂尔泰 88,130,311,314,496

鄂尔逊村 616

鄂果特尔 160

鄂勒达顺 276

鄂勒吉图　497

鄂木布　310

鄂木布楚琥尔　30,49

鄂钦　146

鄂托克　126

恩

恩出村　162

恩都喇嘛沟　278,279

恩和宝勒格　75

恩科依　63,194

恩克　313

恩克图布升　219

恩克依　68

恩库特　5

恩受　145

恩泽　186,564

鞥

鞥滚岭　117,307

儿

儿鲁　203

尔

尔巴尔济　292

尔的泥　433

尔登毕力　423

尔登山　309,407

尔哈木楞　424

尔吉根板升　159

尔吉扣　398,399

尔吉兔　741

尔克素　288

尔林庆　377

耳

耳沁窑　15

耳只更窑村　162

二

二道沟黑山　161

二道河　637,643

二道河村　162

二道河镇　630

二道罗门巷　177

二道巷　175,179,663

二道巷街　175

二道营村　163

二老明　378

二恼亥　377

二牛台几　396

二十二㧑　307,308

二十家子　107,143,154,155,289,733

二十七都　197,374

二十四顷地　344,346

二眼井巷　176

二营小巷　176

二支树尔村　162

F

法

法库山　206

法起　70,639,706

法院后巷　176

法院街　176

法中庸　662

樊

樊登举烂驰　395

樊

樊家窑村　162

樊如森　10,748

樊应祯　370

范

范德耀　407

范贵　720,721

范胡营村　585

范荣富　656

范如山　377

范寿昌　729

范瑛　407

梵

梵兴苍　385

方

方龙光　303,614

方文正　302

防

防御　73,74,76,79,81,84,91,567,599,602,606,696

房

房建昌　243

费

费公祠　187,188

费扬古　85-87,92

费扬固　86,87,215

汾

汾孝社　188,661

汾州窑村　633

丰

丰备　638,639

丰备仓　638

丰岛静英　410,412,413,416,418,424

丰宁　106,339,340,533,631,644

丰绅　95,150,152,167,329,331,335,337,557,558,560-562

丰绅额　140,558

丰绅泰　152

丰盛魁　661,687

丰裕仓　285,529

丰镇　106,183,184,247,339,340,352,392,533,629,637,638,640,642-644,683,700,723

丰镇厅　184,185,629,642,669

丰镇同知　183,669

丰镇直隶厅　28

丰州　28,29,97,172,230,476,608

丰州川　193,608,609

丰州滩　22,28-30,74,172,173

风

风皮　354

冯

冯达英　469

冯号巷　179

冯君　653

冯明　287

冯庆镛　643

冯耀安　656

冯一鹏　748

冯源巷　175

冯兆周　374

逢

逢昌　568

佛

佛凌 737

佛罗布桑 219

佛爷府 433,434

佛爷沟村 162

佛爷沟元山 162

福

福成元巷 179

福和子 741

福虎社 181,187,661,685,687

福家宝 398,443

福克津额 59,61,212

福勒贺 223

福连 729

福林阿 80

福临阿 81

福隆阿 223,741

福隆锦 184

福隆社 181

福隆泰 128,218,741

福隆羊社 187,661

福禄 70,71,416,447,566,567,581,582,587

福庆社 181,661,663

福庆驼社 186,661

福全 85

福锐 93

福森 223

福森泰 566,587

福盛隆 661,687

福盛社 187,661

福寿 81

福寿当 80

福顺公巷 176

福兴 95

福兴牛社 187,661

福兴社 661-663

福兴羊社 187,661

福兴永 662,688

福音子 729,730

福元楼 656

福征寺 331,335-337

福州将军 93,94

抚

抚民通判 107,111,558

抚民同知 107,111,184,668

府

府谷 314,503,637

府谷县 100,503

府新营村 372,462

辅

辅国公喇嘛 26,51,56,74,194,316,492

付

付亭子 504,613

复

复成公 655,656

复成义 655

复合成 662

复锦帮荣 184

复巨恒 662

复茂泉巷 177

复美成巷 179

复泉茂 662
复圣西店巷 179
复盛全 662,667
复盛西 662,667
复顺成 443
复西公 662,667
复兴隆 662
复兴烟铺 660
复义隆巷 175
复源当 661

副

副都统 13,14,21,29,31,36,38-41,57,
59,65-74,76,80,81,83,85-87,89-
92,94-98,103,107,108,114-116,
119,123,126,129,151,152,166,181,
215,231,246,255,270,271,285,317,
324,327,329-331,333,335,336,376,
472,486,507,517,520,525,560-562,
569,574,575,577,591,598,602,606,
618,632,668,671,672,677,678,696,
699,707,708,710-714,718,719,724,
733

傅

傅成万 144
傅殿美 144
傅国正 139,466
傅良 93
傅玉升 390

富

富昌 87
富成号 655

富尔松阿 71
富克津阿 218
富老爷 378,379,420,421
富勒贺克津 219
富勒珲 71
富勒森 71
富亮 721
富民庄 631,636
富全 371
富三元巷 178
富盛永 674
富锡荣 656
富先子 409

G

嘎

嘎尔兔 443
嘎勒达 73
嘎日迪额和 319

噶

噶尔炳阿 693
噶尔丹 67,85,215,244,245,301
噶尔玛 83
噶尔图 22,30,49,74
噶尔玺 217,259,275,464,487,516,517
噶札尔山 310

改

改改 729

盖

盖城社 188,661

甘

甘国璧 166,231

索引

甘凉道 448
甘肃 11, 247, 536, 540, 678
甘肃提督 94
甘珠尔 724, 725, 728

干

干珠尔巴墨尔根 282
干珠尔巴墨尔根诺门罕喇嘛 531

冈

冈田英弘 5

刚

刚仁阿 567
刚毅 563

缸

缸房窑村 163

高

高步仁 467
高登阶 435
高赓恩 224
高洪 412
高华 144
高焕 146
高会魁 656
高家窑村 162
高进通 144, 385
高景哲 251, 356
高克英 384
高亮 145
高凌珍 435
高龙渡口 624
高密县 199
高面铺 660

高明远 363
高培基 408
高肉铺 660
高肉铺巷 178
高儒林 440
高士林 146
高士宁 146
高士荣 146
高文明 443
高锡嘉 436
高延青 653
高窑子村 162
高芝俊 402

圪

圪报尔村 162, 585
圪捞板申村 163
圪力盖尔 326
圪力更 146, 164
圪力更托亥 326
圪料街 174, 177
圪录克 118
圪斯贵 585
圪速贵 320, 321, 443

格

格布黑 505
格尔根板升 159
格根 22, 28, 128, 161, 227, 316, 447, 492, 505
格根汗 22, 23, 29, 30, 46, 47, 74
格海 157
格隆 220, 503, 505

格鲁派 41
格斯贵 109,220,503,505
格孙 220,315,505
格图肯 136,157

葛
葛布慧喇嘛 738
葛家园 406,407,417,418
葛建男 185
葛盛永 662
葛瀛三 703

各
各大召庙 312,506,681,750
各登刀尔计 685

根
根察布 721
根东架 729
根栋 713
根都 63,82,194
根杜 720
根敦 37,38,66,70,133,296,554
根敦戴青 85
根焕子 422
根丕勒 76
根庆 358
根图格伊布 82
根扎布 724

耿
耿家打尔架 585

更
更根子 384
更虎子 383,384,403

工
工部营子 162

公
公安局前街 175
公布 431
公布村 139,147,716
公布忽同图 386,744
公盖达旺 434
公盖营 585
公合店 381,382
公和店 365
公和泰 662
公和益 662
公和源 662
公恒禄 240
公吉板申 585
公喇嘛 386,744
公如玉 428,429
公义店 174,662
公义局巷 176
公义泉巷 176
公义社 181,187,661
公主地 34,36,103,274,299-301,347
公主府 71,301,410,417,616,736
公主府地 120,473,514,515,566,578

宫
宫天宝 442

恭
恭格巴勒 76

龚
龚建华 1

龚胜生 536
龚致林 501

贡
贡楚克 70,100
贡格巴勒 76

勾
勾子板升 159

沟
沟门 415

估
估衣铺 663,687

孤
孤魂滩街 174
孤雁村 163

姑
姑子板 584

古
古柏察 652
古北口 102,511,512
古伯察 670,671,674,675,684,686
古城 415,416,585,652,674,677,683
古城村 415
古城子 666
古尔巴济 294
古尔板毛独 164
古尔半乌素板申 161,209,499
古尔什村 162
古丰书院 700-702,706,707
古丰义学 703,704
古公太 159
古力半哈力半 162

古力半河 16,17
古力半忽洞 162
古噜 66
古鲁格楚库尔 57
古禄格 24,26-30,36,37,44-47,49-53,
　　55-57,59,61-66,193-195,211,212,
　　252
古禄格楚虎尔 45
古禄克楚琥尔 312
古木布道尔计 218
古睦德 66
古穆扎布 730
古雁沟 17
古英巴图鲁 52

谷
谷海佘 504,613
谷营营子村 163

鼓
鼓楼 176

固
固尔巴勒齐 160
固尔班乌素 159
固尔本阿尔班 159
固噜台吉 57
固鲁 159
固鲁格 308
固录 82
固伦恪靖公主 299,300
固木布 81
固穆色楞 82
固穆色冷 219

固山昂邦 125
固山额真 59,61,63-65,125,211,212
固阳 15,16
固阳县 75,344

顾
顾宝娃 377
顾存 422
顾塄五 423
顾六六 378
顾钱海 423
顾清 411,422
顾文翰 324,325
顾业礼 69
顾银德尔 423
顾祖禹 609

瓜
瓜尔佳氏 48
瓜县 208,255

关
关帝庙 187,366,707
关帝庙梁 290
关谷阳一 251,476,615
关锦春 184
关岳庙街 176

观
观音保 403,404,616
观音庙街 175
观音寺 186,187

官
官坝村 585
官店巷 175

官格 71
官井巷 179
官来 140
官老儿窑村 161
官印保 377,378
官园子街 175
官庄地 120

光
光龙马店巷 175
光绪钱 354

广
广法寺 315,503
广福寺 313,314,715
广和公巷 179
广和元 661
广恒西 662
广化寺 730
广济 294
广觉寺 309,313
广仁号 656
广生店 662,684
广盛公 366
广盛魁 637
广寿寺 320
广顺恒 662
广顺长 662
广泰和 662
广兴亨 662
广兴面铺 659
广兴泰 662
广义成 662

广义公　662

广义和　662

广义恒　662

广义奎　345

广义魁大道　178,532

广义盛　662

广义兴　662

广裕店　365

广州将军　94

广子　724

归

归　12,17,20,22,28,29,74,85,89,
106,108,115,117,118,130,150,151,
153,154,166,172,173,182,188,189,
229,231,232,269-271,273,279,290,
307,353,380,471,473,554,559,560,
578,591,594,595,598,599,606,607,
628,638,640,641,643,644,652,671,
672,676,682,683,699-701,703-705,
711,712,723,746

归化城　1,3,4,6-9,11-14,19-68,72-
81,83-92,96-98,103-117,119-130,
132,133,138-145,148,151-153,155,
156,158,159,163-174,176-182,186,
190,191,193-196,198,200-236,239,
243-267,269-282,284-293,296-
303,306-317,319-330,334,335,339,
342,343,345,347-350,352-369,371,
372,374-376,379-390,393-395,397,
398,400,401,403-408,410-415,417,
419-426,428-441,443-449,451,452,
457,459,461-492,495-521,523-526,
528,529,531-534,536,537,540-547,
550-558,560,561,563,565-567,569-
572,574-577,579,581,582,584-588,
590,593-597,607-610,612-625,627
-665,667-689,693-695,697-700,
702-716,718,720-726,728-730,733
-739,742-753

归化城大道　178,532

归化城副都统　11,20,33,35,40,41,59,
60,67,68,70-72,82,83,87,91,92,
109,114-117,119,128,130,132,133,
136,139,141,143,145-150,152,154,
155,157,159-161,182,183,195,198,
200,205,212,216,218,221,225-227,
246,253,255,256,258,261,262,264,
268,269,271,273-275,277,280,281,
283,285,286,289,296-298,301,307,
308,310,314,318-320,324,326,327,
330-335,337,338,342,345,346,348,
353,355,365,366,372,374,376,400,
418,457-459,465,468,469,486,498,
503,504,513,529-531,536-538,550,
557,560-562,565,575,578,587-589,
591,596,606,607,618,632,645,655,
657,658,668,677,679,689,690,692,
693,696,698,699,707,708,710-713,
715,718,720,721,724-726,728,730,
734-738,741,746

归化城副统　606

归化城高等小学堂　707

归化城将军　84-88,92,96,215
归化城喇嘛印务处　41
归化城旗库　117,118,182,282,531
归化城厅　35,106,119,136,139,143,170,174,180,181,234,235,269,281,286,287,293,302,303,317,372,373,400,462,463,466,545,577,611,631,633,644,655,656,696,698,699,701-703,723,729,745
归化城同知　29,103-105,107,111,116,128,132,145,154,262,264,280,284,286,293,307,320,322,326,416,530,531,537,540,545,549,550,586,607,616,632,633,668,689,690,692,701,712,713,720,721,724,728,732,745,749
归化城协办同知　112
归化城站　290
归化城直隶厅　28,40,107
归化高等小学堂　707
归化回部学堂　707
归化税局　72
归化厅　14,28,111,117-119,168,170,182,191,229,234,235,271,278,281,282,286,293,307,308,318,319,323,386,589,632,639,640,642,696,699-701,703,704,744,746
归化厅同知　148,293,325,334,373,462,602,603
归化五厅　20,139,149-152,279,558,559,562

归绥　28,39,40,48,110,115,122,186,189,195,196,244,247,248,250,251,262,272,379,537,561,589,603,605,617-619,628,637,652,671,676,677,681,683,685,686,699,700,703,704,712,715,716,748,750
归绥道　20,28,29,84,103,104,106-111,113-119,150,155,167,168,171,182-184,224,229,234-237,239,271-273,280,281,317,323-325,339,342,405,406,533,560,561,586,603,606,618,631-633,637,639,644,645,668,671,686,700-704,706,710,711,713,716-718,745
归绥禁烟公所　618
归绥厅　234,235
归绥县　69,145,158,171,175,234,235,243,247,248,265,268,272,301,306,324,325,375,406,417,530,617,621,705
归绥中学堂　706,707

龟

龟令巷　179

柜

柜房沟　691

贵

贵州提督　95

桂

桂成　71
桂春　96
桂林　672

衮

衮布　69

衮呼都克　319

滚

滚布　146

棍

棍楚克策楞　94

郭

郭宝营村　163

郭菜铺　660

郭茶铺　659

郭殿阳　637

郭尔毕良　520

郭发　441

郭富　361

郭家巷　179

郭九成　145,421

郭开瑞　656

郭勒富阿　94

郭勒敏布　332-334,338

郭亮　390

郭林一间房　162

郭明　440

郭皮房　658

郭岐德　437

郭三仁　688

郭盛　401

郭盛都　381

郭世宽　432

郭顺营村　163

郭万喜　728

郭有智　429

郭玉奇　633

郭遇昌　432

郭柱　656

崞

崞县　147,233,701,716

崞县社　187,661

崞县窑子　163

果

果尔班呼都克　160

果齐斯欢　94

果咸营　405

H

哈

哈比尔　505

哈不计　411

哈不什盖　425

哈布尔札布　606

哈达沟门　162

哈达哈少村　161

哈达马拉　316

哈达玛尔　33,310

哈达玛勒河源　13,14

哈达木力河　12

哈达穆尔　273

哈达山　292

哈达图　160

哈达图河　13

哈达图托拉盖　289

哈登哈少　164

哈敦木伦河　202
哈尔嘎台　159
哈尔吉勒　282,470,471,531
哈尔吉力　118,282
哈尔几河　17
哈尔科勤　741
哈芬阿　124,566,571,587
哈奉阿　223
哈古日艾　319
哈呵　165,231,432
哈吉嘎尔　160
哈拉板申　17
哈拉补塔村　161,222
哈拉盖河　289
哈拉更尔　584
哈拉更沟水　17
哈拉哈达　289
哈拉沁　160,469
哈拉沁村　162,584
哈拉沁沟　12,15
哈拉沁沟水　17
哈拉庆村　163
哈拉图　13
哈拉乌素　17
哈喇沙尔　289
哈喇慎　21,200
哈喇乌素　164
哈朗贵　311
哈力色　371
哈力牙　438,439
哈林产阿曼板申　161,209,499

哈林章坝村　163
哈流图　289
哈柳　160
哈隆贵　309,311
哈鲁兀纳山　202
哈录板申　161,209,499
哈略　160
哈略图　160
哈马尔　689
哈毛兔　385
哈密　85,246,657,683
哈密国　246
哈莫尔　693
哈奇板申村　163
哈奇营村　163
哈撒儿　309
哈沙图　159
哈沙土村　219
哈生噶　737
哈素　17,164
哈素海　15,17
哈坦板升　159
哈坦和硕　159
哈通不浪　280
哈要什　432
哈只盖　137
哈只盖村　137,138,163

　　　　海
海宝　361,381
海保　381,382
海参不拉村　624

索　引　823

海岱村　329,330,414,419,499
海都　198
海狗　81,82
海窟　187
海窟上街　175
海龄　741
海留图村　162
海流速太　162
海明子　360
海青　522
海旺　724,725
海召子　360
海子村　128,160,448-450
海子乡　346
　　　憨
憨　21,200
　　　含
含天荣　140
　　　韩
韩伯扬　437,438
韩次君　84
韩度井儿村　163
韩光辉　652
韩亨旋　705
韩家沟门村　162
韩家梁村　162
韩三金　393
韩生海　361
韩士昌　390
韩士富　720
韩文宣　364

韩元福　432
韩泽民　532
韩增科　393
韩振中　344
韩志福　720
　　　寒
寒根　141
　　　罕
罕拉达瓦　289
　　　汉
汉昌玉　662
汉稿房　72
汉口　189,353,676
　　　瀚
瀚海　31
　　　杭
杭高　24,26-30,36,38,44-47,51,55-57,
　　　61,62,64-66,194-196,212
杭古　63,64,194,211,212
杭哈将噶斯　75
杭锦旗　494,495
杭州将军　95
　　　蒿
蒿齐忒　79,214,215
蒿齐特　166,217,482
　　　毫
毫赖　13
毫赖沟村　283,746
毫赖沟门东村　163
毫奇特多霍尔　290
　　　豪
豪格　43

豪赖沟 279

豪赖沟村 163

豪奇特台吉 58,217

好

好尔图 370

好群 159

好依尔呼都嘎图们 494

郝

郝安 441

郝成 362

郝晶 165,231,432

郝敬端 601,603

郝敬瑞 594,595

郝培英 428

郝全福 422

郝容 656

郝润梅 10

郝盛源 184

郝士富 363

郝树基 691

郝天亮 396

郝天申 272

郝万鹏 376

郝维民 627,653

郝鞋铺 660

郝永宽 371

浩

浩赖 160

浩齐特 74,123,215

浩齐特左翼 637

灏

灏来 311

合

合罗川 17

合少塔拉 532

合盛泰 433,434

合盛元 667

合坦村 287

合窑地 344

合窑洋堂 344

合义店 365

合义社 186,661

合只盖村 360

何

何荣枝 357,384

何士善 399

何旺 140

何勇 654,673,676

和

和合堂 365,381,382

和合靴铺 660

和里寺儿沟 633

和林 201,290,343-345,595,601,617,638

和林格尔 12,15,16,28,104-107,111,112,115,116,143,147,149,159,163,168-171,233,239,294,295,308,320,467,526,558,578,586,621,630,631,636,637,640,672,700,703,746

和林格尔厅 106,111,161,191,229,234,238,239,269,278,386,644,744,745,750

和林格尔县 16,161,163,171,233,243,

272,386,503,512

和林格尔直隶厅　28,107

和其衷　106

和盛碾房　656

和硕贝勒　43,50,53

和硕恪靖公主　299

和硕墨尔根戴青　43

和塔赍　100

和田清　200

和希格图木伦河　494

和义昌烟铺　660

和卓　246

河

河北园　406,407,417,418

河槽大道　178

河东二局　341,342,646

河东三局　341,342,646

河东四局　341,342,646

河东乡　17,631

河东一局　341,342,646

河间　102

河口　12,16,623,640,683

河口镇　16,191,239,651

河漫滩　16

河南巡抚　131

河曲　314,503,684,747

河曲县　100,500,501,503

河神庙　418

河神庙鬼君社　188,661

河套　22,32,74,200,203,245,309,310,
　　484,513,585,596,598,604,684

河套平原　14

河西二局　340,342,646

河西一局　340,342,646

河州　364,368,369,393,394

贺

贺俊杰　532

贺老大沟门　163

贺色备　124,226

贺色畚　567,568,571

贺山旺子　396

贺寿　381

贺扬灵　251,484,485,611,615,616

黑

黑不楞　729

黑城　631,636

黑豆壕　624

黑儿章　715

黑范毛沟　690

黑河　12,16,35,278,301-306,405,621

黑界　99,100,604

黑界地　100

黑兰以力更　676

黑龙江　80,198

黑龙江城　198

黑龙江副都统　93

黑龙江将军　94,95,564

黑麻板　585

黑麻板升村　451-453

黑牛沟　279

黑牛沟水　17

黑牌子地　100

黑沙　386，744
黑沙图　301
黑石图村　162
黑炭板申村　163
黑徒　74，109，128，129，132，140，196，220，227，254，312，338，466，492，503-506，558，613
黑土洼村　584
黑土崖村　162
黑土窑　268，744
黑训营村　346，347，385，744
黑训营子　128，160，346

亨
亨泰玉　655
亨兴通　655
亨义兴　656

恒
恒昌店巷　175
恒春　295
恒和祥　662
恒吉昌　662
恒健　306
恒巨涌　661
恒聚泉毡房　660
恒禄　88
恒升昌　662
恒盛张　656
恒寿　95
恒泰梁　184
恒义德　662
恒裕昌　661，687

恒裕丰　661，687
恒云社　187，661

衡
衡义社　181，661，663，686

弘
弘庆寺　313，314
弘晌　93

红
红城瓦窑沟　163
红城西窑村　163
红代尔村　585
红岱　160
红岱谷　16
红格尔苏木　75
红河　12，16，292
红江河　289
红庙子　666
红钱　354
红巧尔村　268，744
红泉口　289
红山口子村　162
红台子北梁　289
红眼窑　329，336
红眼窑村　336，337
红窑子村　161

宏
宏成园　411
宏庆寺　186，738
宏庆招巷　187
宏尚　93

洪
洪巴图鲁　52

洪古尔白 319,496

洪果尔敖包 319

洪润乡 444

洪升 516

洪泰炉 660

鸿

鸿(宏)庆召 314

侯

侯保小子 448-451

侯汉卿 676

侯世盛 438

侯文 443

侯在全 401

后

后把儿栅 178

后白彦不浪 162

后板升召 315,503

后厂汉迟老村 163

后厂汗测涝 381,382

后圪臭沟村 163

后公喇嘛村 162

后肯只背村 162

后猛独牧村 162

后齐僧沟村 162

后巧尔报 584

后赛汗沟村 163

后桑滚村 161

后沙滩街 175

后水泉村 163

后套平原 251,475

后瓦窑沟村 162

后乌素什巴尔太 162

后窑村 163

后原成 391

呼

呼比泰 741

呼弼勒罕 313

呼格吉勒 249,253

呼和郭勒 319

呼和浩特 4,10,15-17,33,57,173,177,
178,202,208,209,212,216,224,243,
244,247,249,250,253,266,353,355,
478,480,488,491,492,496,499,504,
507,617,628,652,653,674-677,679,
680,682,683,686-688,697,723,736

呼和浩特市郊区 171

呼和诺尔 17,75

呼吉日 504

呼伦贝尔 32,309

呼齐力托亥 159

呼图克图 14,315,491,505,523,524,735

呼雅克图敖包 489,620

呼雅克图鄂博 488,489

忽

忽拉格气 489,620

忽剌温 51

忽桶图 159

忽寨沟 279

忽寨召 315,503

胡

胡必泰 80

胡布得沙巴尔太村 161,222

胡成德 184

胡椿 429

胡大清 143,733

胡孚宸 325,618,686,706

胡吉尔讨亥 160

胡计讨亥 309

胡家圈 303

胡建基 303

胡镜 306

胡卢什 146

胡聘之 564

胡日查 495,503

胡图克图 57,216,313

胡文富 404

胡玺 302

胡永兴 184

胡札尔托辉 309

壶

壶关 186

葫

葫芦图 307

湖

湖广总督 543

虎

虎墩兔 21,200

虎盘 354

虎子 384

琥

琥尔 51

户

户司署 72

祜

祜塞 53

扈

扈伦 51

扈伦国 51

花

花匠铺 660

花匠营子 624

华

华凤章 184,416

华山泰 95

化

化柱 674

画

画匠铺 660

桦

桦山 15

怀

怀远县 98

桓

桓额 71

桓格 71

皇

皇太极 27,52,196,254,477

黄

黄草洼 624

黄扶观 368

黄甫川 553

黄桂菜 594,595,603

黄河 11,12,15-18,23,47,88,103,202,
233,266,273,311,320,326-338,344,

470,553,555,609,624,648,683,684,706,743,748,753

黄鹤绵 360

黄花峁 644

黄花台吉村 162,163

黄家水泉村 162

黄家营村 163

黄家营子 160

黄教 41,58,216,227,228,709,737,738

黄静涛 5,127

黄丽生 110

黄连喜 544

黄茂 512

黄冕堂 536

黄钱 354

黄瑞章 434,435

黄时鉴 249,264,355-357,475,565,652

黄树菜 600

黄水 17

黄台吉 28

黄土梁 179

黄土渠街 179

黄治国 91

簧

簧腔巷 175

灰

灰腾梁山 15

徽

徽州 122,197,397

回

回回 246,249,470,739

回回营子 246,507

回塔 678

会

会丰店 661

会仁楼巷 178

会苏板申 161,209,499

会仙楼巷 175,178

会元坊巷 175

惠

惠和药房 660

惠吉 100

惠色 717

惠显 71

惠征 324,325

浑

浑河 12,16,292

浑津 12,35,133,277,278,302,304-306,745

浑津桥村 303

浑源 685

豁

豁罗苏泰 128,160

活

活佛 312,491,492,505,506

火

火筛 203

火神庙 186-188

霍

霍怀礼 443

霍挥 82

霍集斯 246

霍家园村 585

霍拉保山 13

霍拉格气 490,585

霍通 725

霍寨 160

J

鸡

鸡鸣驿 163

积

积福 93,695

积富 70

积善 71,497,681

吉

吉察汉陀罗海 288

吉存湍 602

吉丹达巴 496

吉当阿 258,259,487

吉党阿 66

吉尔半呼都克 159

吉尔达木巴 159

吉尔岱 159

吉尔噶勒 100

吉福 70,93,672,735,736

吉富勒克特 70

吉圪速太 631,644

吉格素特 288

吉古 160

吉忽伦图苏木 492

吉克苏台 288

吉拉敏 219,329,338

吉兰 567

吉兰拖罗海 319

吉勒章阿 71

吉林 70,94,561,592,593

吉林太 685

吉林泰 218

吉蜜刀 357

吉蜜到尔计 371,372

吉木布忽屯图 159

吉囊 29,203

吉能 203

吉庆营沟水 17

吉泉长 662

吉如合 316

吉萨 491,492

吉善 71

吉泰板升 164

吉祥儿 302,305,745

吉兴里街 174

吉雅图 146,219,469,529

吉玉 737

吉长永 370

吉佐领 205,218,223,226

集

集成永 402

集福 71

集锦社 187,661,663

集义店巷 177

集义公 662

集义社 181,187,661,663,686,687

籍

籍田 322-324

计
计然 534

季
季邦桢 643
季海茂 440

济
济尔哈朗 719
济鲁克俄博 245
济南府 221

继
继昌 703

寄
寄萍 534

蓟
蓟镇 21,200

冀
冀秉孝 656
冀珍 362

加
加木森 724,725

佳
佳渠沟 289

家
家鞑子行 661-663
家庙街 176
家室盈宁八里 278

夹
夹道街 174
夹道巷 177

甲
甲布 313
甲尔旦村 163
甲拉尔村 386,744
甲喇板申村 163
甲喇章京 48,63,65,73
甲赖尔村 162
甲兰营子 164
甲头窑坝 370

贾
贾秉瑞 423,424
贾从政 423,424
贾村 185,186
贾德善 402
贾吉善 402
贾家淤地 619
贾启谟 314
贾香书 424
贾有库 680

监
监察御史 678,699
监墙巷街 175

剪
剪子巷 175

建
建设厅街 176
建威将军 29,39,84-92,103,108,215,240,262,285,311,470,623,694,695,710,725,737
建州 21,200

江
江南馆后巷 176
江南馆巷 176

江宁将军　87,93,95
江思桥　394
将
将军沟村　162
将军渠　405
姜
姜环　165,231
姜永广　140
蒋
蒋建平　535
蒋喜　729
蒋学楷　379
交
交城社　187,661
交城县　675
胶
胶泥沟村　161
焦
焦锦社　180
教
教堂地　345,347
藉
藉田　322,324
介
介休社　187,661
借
借牧地　274,309,347,457
借庄　180
金
金巴　460,461,500
金坝底　143,733

金宝　421-423
金保子　453
金报板申　163
金二　688
金峰　5
金富　371
金河　17,227
金河泊　17
金积　247
金家圪堵　624
金聚宝　341
金龙庙　178
金龙社　188,661
金龙王庙街　178,179
金龙王庙巷　179
金炉社　181,186,187,661,662,687
金庙路　178
金启琮　243
金氏蒙古　129,136,264,348,377,378,
　　402,403,411
金台什　50,53
金台石　52
金太窑子村　163
金祥　199
金印　421,422
金州副都统　95
锦
锦丰泰　662
锦荣篓铺　660
锦生润　662,667
晋
晋丰永　661,687

晋魁骡店　659

晋泰玉　597,599

晋阳楼西巷　178

晋阳楼巷　178

晋阳社　187,661

靳

靳学梁　656

京

京都社　187,661

京口将军　91

京师　8,13,28-32,81,180,240,310,605

京羊庄　180,181,682

经

经头　505

晶

晶叶　251

井

井儿沟村　163

井儿巷　175

井守善　184

景

景昌　94

景禔　567,594,595,599-601,603

景兴祐　662

景秀　602,606

警

警察局街　179

警察局巷　179

净

净发社　181,187,661

敬

敬安固伦公主　299

九

九八钱　353-355

九龙湾　187

九龙湾北巷　178

九龙湾村　162

九龙湾街　175

九龙湾南巷　178

九龙湾西巷　178

九龙湾小北巷　175

九十钱　137,353-355

韭

韭菜沟村　162

旧

旧伙盘地　100

旧倨锅　659

巨

巨宝　146,469

巨川汇　662,684

巨隆长街　176

巨生泰　661,687

巨盛店巷　175

巨贞义　662

句

句容　454

聚

聚安堡　419

聚宝庄　318-321

聚恒昌　662

聚锦社　180,187,661-663,684

聚锦堂　597

聚生厚　661,687

聚生泰　661，687
聚仙社　181，187，661，663
聚兴缸房　659
聚兴亨　662
聚兴庆　661，687
聚益当　184

觉

觉罗巴延三　294
觉罗明寿　553
觉罗清　353
觉罗石麟　103，104
觉罗颜寿　87

军

军机大臣　82，88，91，102，104，109，110，240，289，295，317，332，333，447，472，521，522，564，565，644，657，717，749

K

喀

喀尔吉善　74，105，107，108，110，217，218，254，257-259，275，464，482，483，487，516，620，711
喀尔喀　28，32，43，44，46-50，53-55，57，59，62，116，123，194，196，206，211，239，259，275，299，300，316，487，492，516，655-657，670，675，677，682，714，736
喀尔喀部　54，55
喀尔喀亲王　75，299
喀尔喀右翼　12，13，28-33，310
喀尔木哈　44
喀尔沁　102
喀吉拜　159
喀拉托海　690
喀喇沁　22，28，30，74，75，206，276，464，465，515，516，520
喀喇乌克尔图　693
喀勒吉布　199
喀勒吉善　199
喀木戚哈　43
喀木齐哈　43

卡

卡尔吉善　166，231
卡台基　489，620

恺

恺光　368

康

康保　637
康德　402
康三娃　381，382
康台吉村　585
康调元　85
康熙钱　354

亢

亢行财　144

抗

抗高　47，252
抗拘　57
抗老板申　163

靠

靠荣富　137，138，360

柯

柯布尔　159

柯

柯乐库　160

柯伊乐　160

科

科布多　593,666,670,674,677,678,683

科城　564

科尔沁　309,310

科尔沁部　19,27

科亚克图　736

可

可可以力更　651

可可以力更镇　750

可沁　164

岢

岢岚县　501

岢岚窑村　162

克

克抽鄂博　13,14

克抽封堆　13

克吉扎布　737

克克伊尔根　316,492,664,670

克里叶河　319

克力库沟　279

克烈部　5

克鲁库　17

克鲁库谷　306

克略村　161

克蒙额　95,329-338,702

克什克腾旗　495

克希　160

克伊里根　683

肯

肯只贝村　386,744

垦

垦务大臣　20,95,96,124,274,297,298,566,571,572,577,583,584,587,588,596,597,603,605,607

孔

孔果尔额哲　54

孔恢　454

孔家营村　163

孔庙　697

孔献福　390

孔献禄　390

孔献有　390

孔祥毅　653

口

口袋坊巷　175

口外　3,20,28,31,98,99,101-103,105,108,113,120,124,149-151,156,171,188-190,221,229,231,235,243,248,251,261,275,293,295,305,317,324,325,379,481-483,510-516,525,553,554,557-560,570,583,590,593,612,613,620,628-630,635,637,642,643,645,683,686,687,711,723,745

口外七厅　109,114,152,158,557,561,562,644

口外五厅　109,114

口庄　662,663

扣

扣家　715

扣扣板申　141,617

寇

寇禄　391

圈
圈圚气 140

苦
苦儿讨号村 162

库
库布特 160
库布特沙巴尔太 159
库柯额尔济 309
库克板升 159
库克额尔计 117,160,307
库克鄂尔戈 160
库库和屯 41,173
库伦 564,651,670,676,682
库伦办事大臣 95
库苏尔金 460
库特依 118
库谢齐洛萨查鄂博 13

夸
夸兰大查布 69

侉
侉子梁村 161

宽
宽巷子 175

况
况浩林 508

奎
奎彬 699
奎斌 114,150,152,257,332-335,338,561,562,704
奎成 71
奎诚 71
奎俊 638,639
奎隆 662
奎隆店 661
奎隆永巷 175
奎顺 593
奎素沟水 17
奎坦布拉克 160
奎坦浩拉依 160
奎显 594,601
奎英 71,150,331-335,337,338,557,560,561
奎瑛 558

魁
魁伦 447
魁盛义皮房 658
魁星庙巷 175

坤
坤都 288
坤都伦 104

昆
昆都仑 16,105-107,112
昆都仑沟 16
昆都伦 106,117,672
昆都伦大坝 306
昆冈 328,330,331

堃
堃瑞 95
堃岫 80,96

L

拉
拉巴克 504

拉

拉布迪　725

拉布地村　220

拉布坦多尔济　311

拉察布　66

拉都浑　98,99,481,513

拉克齐　336

拉麻扎布　308

拉末明交儿　384

拉什克勒克　218,222,223

拉什色楞　100

拉素　164

拉特纳　219

拉西毕雅尔图　513

拉稀　222

拉占　736

刺

刺麻扎布　76

喇

喇嘛达尔查　159

喇嘛盖西窑门　162

喇嘛湾　624

喇嘛湾村　162,163

喇嘛营　268,744

喇嘛扎布　74,75,284,307

蜡

蜡行　181

蜡行社　662,688

来

来才子　419

来仪　94,316,471,472,524

来柱子　584

赉

赉瑚尔　62

兰

兰存禄　401,402

兰发生　143,733

兰桂窑　624

兰虎圪堵　624

兰如财　401,402

兰如桂　401,402

兰如京　401,402

兰如盈　401,402

兰锁子　372-374,462,463

兰套　729

兰尾巴嘴子村　163

蓝

蓝家房村　162

蓝家窑村　162

蓝钦奎　712

揽

揽地商　365-367

郎

郎瑞生　363

郎谈　85

狼

狼家营　268,744

狼山　15

狼尾巴嘴村　162

狼尾嘴子村　163

劳

劳藏班弟　724,725

劳吕　721

劳

劳萨 23

劳章色楞 457

老

老不散阿尔不唐 435

老不散喇嘛 435

老不省 389

老藏沟村 162

老府店巷 175

老缸房街 176

老缸房巷 176

老候窑村 162

老胡厮 397

老喇嘛盖村 162

老龙不浪村 163

老牛湾 16

老散阿尔不唐 434

老什沟村 162

老鸦里 364

老窑子村 644

老爷庙路 178

老朱窑 644

乐

乐斌 95

乐楼后面巷 178

乐楼后西巷 178

勒

勒内·格鲁塞 5

雷

雷炳炎 76

雷军 10

雷先厮 423

楞

楞五厮 378

梨

梨园社 465

礼

礼拜寺巷街 175

李

李□花 443

李宝板申 161,209,499

李伯棻 404

李仓 322

李成斌 600

李大汉窑村 161

李德兰 372

李二辉 302

李发 322

李发财 730

李丰禄 341

李富 427,428,440

李富仓 340

李弓铺 659

李观宝子 440

李光荣 391,392

李贵扬 143,733

李海明 404

李海珊 643

李海珍 440

李灏恃 418

李鸿章 593,643

李虎圪堵 624

李华 438

李继盛　385

李继万　371

李佳宸　186

李佳氏　53

李家圐圙村　163

李甲三　596,598,599

李京　501

李景欣　595

李悝　534

李朗州　642

李令福　653

李茂林　435

李明山　429

李明珠　536

李鸣和　701

李年庆　594,595

李皮房　658

李岐山　429

李清成　425,426,519

李荣　428

李润隆　429

李尚文　420

李绍钦　6

李生发　402

李生花　391

李盛清　688

李士钰　642

李世俊　656

李树塘　341

李塑　644

李泰山　427,428

李天锦　656

李天万　443

李万禄　393

李文彬　436,437

李希曾　653

李先春　603

李小秀子　395

李煦　539

李延富　443

李阳　186

李仰止　431

李永清　146

李玉伟　250,475,556,694

李载阳　430

李在甲　656

李在荣　656

李之春　656

李之良　302

李之升　656

李治安　126

李灼华　721

李自明　303

李自馨　97,230,476,608

里

里仁乡　197

里素　406

理

理藩院　27,30,34,37-40,46,48,63,64,
　　78-81,83,84,92,93,99-101,112,
　　113,115,118,123,133,140,142,143,
　　150,152,182,206,207,211,212,214,

215,220,233,244,245,253,256,257,
260-262,268-270,274,282,284,285,
288,299,307,310,313,324,328-335,
338,388,452,459,464,491,510,515,
516,518-520,522-524,553,554,558,
559,562,587,588,590,591,610,618,
623,655,671,672,678,693,711,712,
715,720,727,730,731,734,740

理藩院章京　671,672

理事同知　103-109,112,113,115,125,
180,280,302,320,321,372,462,692,
693,703,720

立

立圪镫　140

栗

栗文科　359

联

联知彰　143

良

良缘社　187,661

凉

凉城山　15

凉州　95

凉州将军　88,93

梁

梁尊涵　296,317,529

梁福　440

梁福明　385

梁贵　688

梁家营子　163,381

梁进善　439,440

梁汝范　428

梁山街　175

梁依栋　522

梁玉　431

梁兆　440

梁尊宇　184

粮

粮饷府街　176

粮饷厅　104,108,109,280,281,284,286,
342,668

两

两眼井巷　179

料

料八山　16

林

林丹汉　20,151

林丹汗　20,22-24,26,27,30,45,47,49,
54,55,75,151,196,200,201,477,560,
561

林麻子沟村　162

林毓杜　599,602,603

临

临清州　221

麟

麟寿　72,607

蔺

蔺自来　340

灵

灵武　247

灵佑社　187,661

灵照寺　220,315,387,503,505

凌

凌丹汗　200

凌牙干　289

领

领催　59,79-81,83,127,128,138,157,
212,221,240-242,276,329,334,338,
397,405,470,581,696,735,738,741

领衮　219

领侍卫大臣　87

令

令狐信通　444

令皮窑　163

刘

刘宝窑子沟　15

刘成　717

刘春玲　653

刘词卿　643

刘得礼　341

刘二明骡　137

刘发琦　460-462

刘福贞　360

刘附　656

刘缸房　233

刘光　435

刘光伟　448-450

刘广安　713

刘海满　391

刘海涛　627

刘海吾窑　162

刘海溢　391

刘海源　252,476

刘鸿逵　581

刘继文　142,460,461,500

刘金钟　303

刘晋荣　607

刘景　448-450

刘敬熙　504

刘敬照　613

刘驹宾　652

刘俊　688

刘宽　387

刘魁仕　391

刘礼　428

刘丽君　694

刘潞　53

刘蒙林　652

刘明经　701

刘佩　303

刘皮房　658,659

刘启彤　642,643

刘荣　136,389

刘士公　137,138

刘士龙　137

刘士升　137,138

刘廷旺　395

刘廷勋　656

刘廷章　395

刘王庄　303

刘嵬　535

刘文峰　185

刘孝信　443

刘仰风　407

刘养端　439

刘耀　360

刘影窑村　162

刘永琦　407

刘永通　407

刘永兴　407

刘油坊　136

刘于义　86,259,553

刘玉斌　426

刘早云　720

刘泽熙　598

刘贞一　382

刘桢　243

刘智　399

刘中远　184

刘忠义　376,688

柳

柳卜渠村　163

柳明　378,379

柳青海子堰　644

柳诒徵　534

六

六八钱　353,355,371,409,422-424

六陈行　685

六成地　34,36,103,109,117,183,184,249,326,328,329,338-340,342,343,345,347,457,533,668,669

六分圪尖　383

六格　70

六合社　181,187,661

六家保什户　371

六棋牛村　163

六棋牛窑　162

六马路　643

龙

龙国彪　363

龙门店巷　175,177

龙王庙巷　179

龙王庙巷街　175

隆

隆昌号靴铺　660

隆昌玉　662

隆福寺　313

隆茂巷　175

隆胜　643

隆盛厚　662

隆盛庄　247

隆世丰巷　176

隆寿寺　186,187,313,314,496

隆玉昌　655

娄

娄光成　393

漏

漏泽园　325

卢

卢家窑村　162

卢家窑子　160

卢明辉　610,652-654

卢司马　623

卢宋素　501

芦

芦房沟　17

鲁

鲁班庙　187

鲁班社　181,187,661

鲁布桑　401

鲁敦壁　656

陆

陆朝恩　440

陆军小学堂　707

陆儒生　184

鹿

鹿传霖　207,253,254,584,597,605—607

禄

禄成　94,109,738

禄普　94

碌

碌碡沿村　163

辘

辘轳把巷　176

潞

潞安府　703

潞城　185,186

罗

罗卜藏格春　737

罗卜藏雅林丕勒　503

罗布桑雅木皮勒　312

罗畅　536

罗德建　116

罗固宾　262

罗家营　584

罗士英　437—439

罗吾朝　437

骡

骡店行社　187,661

骡店社　181

洛

洛宾斯克　173

骆

骆驼店　659

骆驼行　181

吕

吕成美　275

吕发　372

吕继纯　567,599,600,602,603

吕家窑村　162

吕酒馆　660

吕生茂　379

吕祖庙街　175,177

吕祖庙巷　179

M

麻

麻富业　507,616

麻国庆　244

麻黑赖村　160

麻花板村　568,584

麻镢巷　179

麻什村　287,386,744

马

马厂村　128,161

马厂河　16

马成恩　246,467,507,746

马成义　467

马慈命　507
马大旺　688
马道巷　175,178
马店社　181,661,663
马东格　393
马尔齐衮布　69
马二圪堵　624
马粉房　660
马福元　443
马负图　396
马复兴　341
马混村　161,222
马佳西　736
马家窑村　162
马甲　80,81,83,212,240,241,308,696,
　　　735-737,740
马鉴　452
马金还　393
马卡达姆德村　161,222
马兰滩　186
马乐奉阿　223
马莲滩街　175
马留尔村　585
马六十二　364
马龙腾　372
马銮山　399
马明沟村　162
马普　656
马桥　671
马圈　179
马税厅街　176

马税厅小巷　176
马王庙街　179
马王社　187,661
马文魁　246
马席希　68
马贤龙　732
马小车铺　659
马耀圻　243
马永山　508
马有福　507
马玉春　688
马元　422
马珍　507,723
马自成　370

玛
玛尔图萨腾　725,726
玛哈撒嘛谛车臣汗　54
玛勒图　374
玛尼吉萨　495

吗
吗禄扎布　728

嘛
嘛圪速贵嘎　401

买
买岱　301

麦
麦令沟村　162

蛮
蛮汗山　15-17

满
满达海　53

满都海哈屯 5

满都勒述克什格 502

满都鲁汗 5

满官嗔 4,203

满官正 4

满冠正 4

满贵子 137

满家喜 329,338,362

满钱 326,353-355,443,641,642

满沁哈屯 173

满扎 205,225,226

芒

芒阿 727

芒干水 17

莽

莽倒图沙拉乌素 164

莽古泰 23

莽官镇 4

毛

毛不浪村 162

毛不陆 411

毛代村 128,161

毛代营子 132,133

毛岱 623

毛道 160

毛顿敖包 319

毛罕 29,43-50,53,54

毛扣鄂 146,147

毛明安 12,30

毛挠尔 321

毛挠亥 585

毛恼亥 362

毛尼 319

毛诺海 329

毛沁 720-723

毛图 47,75

茅

茅隆代 160

卯

卯独沁沟水 17

茂

茂盖图 13

茂海 28,46

茂罕 46,47,55

茂林太村 309

茂明安 12-14,28,30-33,182,310,311,319,488,495,496,532,628

茂明安旗 13,14,32,316,344,347,492,496

茂诺海 128,160

茂胜营 303

茂盛荣 655

茂盛营 303

冒

冒带河 17

帽

帽儿上 624

梅

梅花 694

梅勒章京 63-65,125,211,212

梅楞 100

梅楞棍布 596,598,603

梅

梅林章京 320

煤

煤炭行社 662

美

美岱村 617

美岱尔 159

美岱召 314,315,503,685

美人里街 175

美人桥北街 174

美人桥路东巷 178

美人桥南街 174

门

门德木图 160

们

们肯吉亚 601

蒙

蒙古场巷 176

蒙古村 136,141,150,161,163,170,171,559

蒙古勒津 4

蒙古民事府 141,246,507,540-542,545,617

蒙古社 6,127,136,139,140,187,252,476,491,493,661

蒙古书房 700,707

蒙克架 256

蒙林 694,695

蒙清坝沟 279

蒙养学堂 706,707

孟

孟得勒格尔 529

孟克那逊 329,330

孟良贵 165,231,432

孟牧兰 326

孟昭发 600,603

米

米国正 98,99

米换 141

米努辛斯克 683

米脂 501

密

密云副都统 95

蜜

蜜计 387

面

面换子 374

面铺窑子 163

苗

苗六营村 585

庙

庙尔沟村 163

庙营 585

民

民乐社街 175

民生渠 619

民市北街 174

民市街 174

民厅西河沿街 175

民政厅东沿街 175

民政厅后街 175

敏

敏登额 71

明

明安川 637

明按村 163

明大顺草堰 401

明德府 675

明瑞 75

明素克 313

明远长元记 184

磨

磨栋鄂博 13

蘑

蘑菇窑子 159

莫

莫多图沙拉乌素 159

莫尔浑 70

莫盖图者 329,330

莫勒恰诺夫 678,679

莫龙太 160

莫仑 737

莫洛 245

莫洛克太 160

莫沁多尔济 740

莫士魁 656

莫章诃扎布 276

嘆

嘆七兀登 359

漠

漠北 36,41,42,55,119,201,248,651,
　　671,679,680,682-684

漠南 21,34,41,88,97,126,476,608,
　　651,654,670,673,674,676

漠西 41,42,88,119,248,671

默

默布济吉尔 24

木

木博罗尼都 245

木格单补 223

木架 29,376

木纳山 88,89,749

木苏札 43

木头期 644

穆

穆臣 536

穆尔固沁沙拉乌素 159

穆俊 326

穆纳山 749

穆特布 209,210,255,479,485,498

穆特贺 80

穆雯瑛 653

N

那

那兰保 69

那木查尔色楞罗卜藏 554

那木尔查 160

那木哈 82

那木扎布 222,223

那木扎勒 219

那日苏 7,34,213

那顺 218

那苏图 129,132,256,479,498

那素图 220

那速图 141,617

那旺 727

那旺达木布 725

那旺丹巴 725

那延泰 233

那彦保 94

那彦报 262,280,281

纳

纳班长木素 442

纳本萨赍 329

纳今不浪村 163

纳科依图 308

纳克依图 159

纳喇 50,51,66

纳喇部 51,52

纳李克 729

纳林布禄 52

纳林海拉苏台 319,496

纳木凯 732

纳木恺 732

纳木扎布 118

纳木扎尔色令 142

纳木札尔色令 460-462

纳穆尔扎 470,471

纳穆扎尔 75

纳秦和硕齐 245

纳生 141

纳苏克 566

纳苏图 128,160,724,725

纳素克 587

纳孙俄尔科图 690

纳孙西迪 223

纳旺刀尔计 427

纳旺尔林庆 404

纳旺林臣 713

纳音保 118,282,531

内

内务府 109,199,207,277,302,304,306

内札达海 406,417,616,619

乃

乃莫板申 161,209,499

乃莫齐召 319

乃莫气西夹道街 174

乃莫气召 737

乃穆齐召 496

奈

奈曼部 212

南

南菜园巷 175

南茶坊 186,187,705

南茶坊街 174

南茶房 187,188

南茶房道 177

南柴火市 186,663,688

南柴火市街 174,700,702

南城门西巷 178

南倒拉板升 162

南地村 584

南定襄巷 179

南圪洞 163,178,179,430

南圪洞街 178,179

南圪洞巷 179

南圪尔坝　443

南圪针沟村　163

南哈沟村　163

南海子　17,73,448,624

南好群　159

南黄草凹村　163

南吉泉涌巷　178

南龙王庙　187

南马群沟村　162

南马神庙街　176

南门　117,178,697,702

南牛肉铺巷　176

南偏关窑村　162

南荣寿街巷　178

南三椇牛窑　163

南舍必崖村　163

南什轴　585

南双树　164

南顺城街　174

南头道巷　177

南窝铺村　163

南沿村　162

南一间房子　162

南御史巷　178

南园路　178

南园子村　162

南账房沟村　162

南中呼都克　160

囊

囊囊　160,164

囊苏哥　223

囊素喇嘛　57

挠

挠尔板升　160,162

恼

恼尔报　391

恼木德力盖　391

脑

脑包村　128,161,329

脑儿孟　146

脑尔帽沟村　162

脑赖　713,730

脑木七太村　161

脑木气村　162

脑木图沟村　162

淖

淖尔板升　159

讷

讷论　294

讷沁　222,223

讷赛图村　161

呢

呢玛山　602

尼

尼尔巴　491

尼堪　43,44,47,48

尼玛　721

泥

泥克图　272

泥漠喇嘛　366

腻

腻旦街　174

腻

腻蛋街　177

年

年德　71

碾

碾子房巷　176

廿

廿家子村　163

捏

捏圪登　411

聂

聂圪登　359

聂各兔村　163

聂名标　634

涅

涅尔巴　505

宁

宁宁胡图克图　313

宁祺寺　313,531,532

宁武　682

宁武社　187,661

宁武巷　178

宁武巷街　175

宁武巷路东巷　178

宁夏　11,36,245,512,637,640,683,686

宁夏将军　93,95

宁远　54,106,111,146,339,340,352,533,601,638,640,700

宁远厅　145,146,602

宁远直隶厅　28

牛

牛宝仁　656

牛二窑子　163

牛光　420,421

牛敬忠　10,250,356,627,648,694

牛录　63,64,82,83,125,126,194,211-214,221,269,275,285,546,727

牛录章京　63-65,73,126,211,213,220

牛梅窑村　162

牛牛营村　163

牛皮房　658

牛桥　175,186,406,417,671,688

牛桥草市街　175

牛桥东河沿街　175

牛桥二公馆巷　175

牛桥街　175,177,663

牛锁娃子　395

牛头巷街　175

农

农民社　154,187,661

农圃社　187,413,414,416,661

努

努尔哈赤　52,53

努木齐　160

努图克　159

诺

诺参领　128,160,205,226

诺尔苏沟　690

诺隆　118,282

诺伦　93,285

诺门汗召　496

诺们德勒格尔　222,225

诺们德利格尔　223

诺们罕　282
诺们罕召　317,318
诺们汗　505
诺们汗昭　295,296,317,529
诺蒙德勒尔　219
诺米木苏　721,722
诺民　225
诺莫珲　128,160
诺木果恩　159
诺木齐太　159
诺木奇　309
诺穆齐　219
诺颜和卓　244

O

哦
哦儿吉兔　384,385
哦尔吉拜　427
哦尔居儿　370
哦居儿　371
哦肯　132,133

P

帕
帕拉斯　5
帕穆巴颜　725,726

牌
牌界　99
牌借地　100
牌头　125,142,143,201,232,237,239,
　　　459,472,515,518,722,723

潘
潘美　67,68
潘民表　637,638,643
潘世福　303
潘振声　629,630,642,643
潘庄　303,304

庞
庞式猷　378

沛
沛公　202

佩
佩特林　617

朋
朋松召　314,319,320,366,370,406,407,
　　　417
朋苏克召　316,320

彭
彭大秃　584
彭贵人巷　179
彭顺召　314,315,503
彭锁住　137
彭信威　535
彭勇　249,253,273,279,280,284,291,
　　　292,310,313,325,326,343,361,365,
　　　367,375,443,445,734

棚
棚头　732

批
批木　725,726

皮
皮房　658

皮货行　181
皮匠街　686

偏

偏关　165,233,236,747
偏关县　12,512
偏关营　585
偏头关　165

票

票万顺　184
票庄　180,662,663,666

频

频吉　128,160

平

平安灯社　186,661
平安社　186-188,661
平安义社　187,661
平基村　585
平康里　179
平康里街　174
平康乡　444
平凉　247
平鲁　171,236,705
平鲁卫窑村　162
平鲁县　16,705
平义社　187,188,661

铺

铺司　105,106,111,119,693

蒲

蒲蒲　140

朴

朴寿　706

普

普尔钱　354
普会寺　314,316
普祥　567

Q

七

七登　412
七墩　526
七杆旗　365
七杆旗村　161
七干旗子村　163
七老　136,157
七老爷　460,461
七神庙东道　177
七塔尔　370
七星湖　17
七星湖村　17

期

期成额　672,681
期成格　681

齐

齐布森　218,223,566,587
齐常　736
齐登札布　655
齐格尔　159
齐老气　159
齐噜布　76
齐木德道尔吉　627,653
齐齐尔嘎太　160
齐齐哈尔　87

齐世业　329
齐他特　43
齐托音胡图克图　312
齐旺扎布散　730
齐义礼　438
齐瑜　694
齐佐领　128,160

祁

祁家沟　448-450,644
祁伦　726-728
祁美琴　653
祁他特　43
祁县　233,256,353,479,504,613,663,
　　　667,687,721,722
祁县社　187,661
祁韵士　30,62

奇

奇臣　94
奇福寿　341
奇格　494
奇慎　94
奇塔特　44
奇塔特巴克希板升　159

祈

祈保平安社　186

骑

骑都尉　67,78,79,127

棋

棋杆后巷　176
棋杆巷　176
棋盘街　174,177

旗

旗库　72,73,119,182,221,281,286,287,
　　　342,592,593,668,672,702,709
旗庙　58
旗务衙门　72,73,114,115,117,182,269,
　　　270,282-284,307,531,697
旗下营　16
旗召　314,315,503

乞

乞庆兀鲁思　173

启

启秀书院　700,702,707
启运书院　700,702,705,707

碛

碛口　684

恰

恰克图　678,683

千

千家保　395,430
千千　460
千树背沟　279

谦

谦和当　661
谦恒泰　662
谦益恒　662
谦益永　662
谦益长　661
谦豫和　656

前

前白彦不浪　162
前大街　178,179

前锋 38,79-81,83,221,241,567,693,696
前锋校 73,74,76,79,81,84,221
前锋营 67
前圪臭沟村 163
前公喇嘛村 162
前后豪赖沟 162
前后桥儿沟 162
前后石头新营 584
前甲尔旦村 163
前肯只背村 162
前猛独牧村 162
前齐僧沟村 162
前巧儿报村 163
前赛汗沟村 163
前水泉村 163
前瓦窑沟村 162
前乌素什巴尔太 162
前窑子村 162
前中石门 162

钱
钱良择 520

乾
乾和店 365
乾隆钱 354
乾泰泉北街 176
乾泰泉后巷 176
乾泰泉前巷 176
乾泰泉西街 176
乾泰泉小巷 176

强
强家锁 741

乔
乔安 411,412
乔安立 411
乔家君 2
乔家营子 17
乔晋仪 640,641
乔守旺 360
乔一贯 720
乔樾阴 603
乔樾荫 567,594,601
乔致庸 640,641

桥
桥靠乡 175

巧
巧报村 163,463
巧尔报村 397
巧尔济喇嘛 313
巧尔气 370
巧尔气召巷 175
巧尔什营子 162

秦
秦大鹏 184
秦家营子 17
秦泉盛 184

青
青城 173,507,670
青城公园 616
青衮 75
青衮咱卜 75
青海 27,123,245,497
青龙渠 619

青龙社　181,186,661,663,685,687
青木刀尔计　370
青内　128,160
青州副都统　93,94
　　　轻
轻车都尉　59,66,72,78,79,127
　　　清
清河厅　12
清水河　12,15-17,28,35,104-107,111,
　　113,115,144,167,169-171,237,243,
　　277,294,299,300,526,528,546,578,
　　586,619,621,631,634,636-638,640,
　　690,693,700,703,712,745
清水河厅　12,111,113,144,191,229,
　　234,236,237,269,278,289,292,299,
　　300,448,451,526,633,635,636,644,
　　746,750
清水河县　16,171,272,345,448,450
清水河直隶厅　28,107
清太　52,53,139,466,467
清太宗　43,45,48,59,63,64,194,196,
　　200,211,213,513,719
清真巷　179
清治　567
　　　庆
庆春　95,702
庆复　99
庆合源　184
庆亨泰巷　176
庆恒巷　176
庆禄　586,745

庆如　95
庆生泰　662,684
庆太成　184
庆祥　199
庆兴泰　661
庆仪　71
庆怡　71,304,586
庆缘寺　314,738
庆中长　674
　　　邱
邱树棠　294,586,745
　　　渠
渠镛　370
　　　曲
曲阳县　132
　　　取
取金架　685
　　　全
全汉升　534
全化寺　418
全亮　418
全义号　655
　　　泉
泉成生　184
泉德炉　662,687
泉盛当　184
泉盛永　184
泉源　13,311
　　　却
却扎布　219
　　　鹊
鹊儿气召　434

R

染

染行　181

热

热河　89,90,102,240,242,304,497

人

人市街　174

仁

仁和泰　655,656

仁和玉　655

仁济善堂　643

任

任秉昆　725

任吉禄　439

任九明　378

任肉铺巷　176

任太　729

任玉成　438,439

日

日盛当　661

日盛茂后巷　176

日盛茂街　176,177

日盛茂前巷　176

荣

荣保　93

荣昌　602,606,607

荣丰社　181,187,188,661

荣隆　219

荣茂伟　402

荣木沁　117,307

荣沁　308

荣庆　272

荣升元巷　175

荣世德　402

荣先生　423

荣祥　4,247,248

容

容保　93

如

如松　88

阮

阮芳纪　652

瑞

瑞联　95,702

瑞联易　702

瑞良　96,241,290,305,607

瑞生庆　662

睿

睿亲王　47

若

若宪　124,566,571,587

S

撒

撒刚　219

撒日坛哈达　319

萨

萨尔齐　104

萨尔沁村　385,744

萨哈廉　43

萨忽拉　715

索 引

萨胡拉克　160

萨肯板升　159

萨拉里　70

萨拉齐　15,28,29,104-107,111,112,
　　115,116,138,139,142,147,167,168,
　　170,177,190,233,237,238,271-273,
　　288,312,325,327,334,335,337,339,
　　340,343-345,444,460,513,533,578,
　　581-584,594,619,621,624,629,631,
　　636,637,640,645,646,651,667,672,
　　683,684,700,703,713,715-718,723,
　　747

萨拉齐抚民同知　271,451,583,645

萨拉齐厅　111,113,191,229,234,237,
　　238,269,271,273,275,278,320,327,
　　334,335,339,342,344,385,451-453,
　　461,580-583,630,631,636,644,668,
　　707,744,745,750

萨拉齐厅同知　344

萨拉齐直隶厅　28,107

萨拉素　451,452,587

萨勒沁　288

萨勒庆　595

萨勒庆站　289

萨里沁　128,160

萨力勤　160

萨力沁河　289

萨木巴拉西　721-723

萨耀　128,160

萨音查浑　721

萨音胡比图　713

萨扎布　218

腮

腮忽洞村　162

塞

塞楞达什　717

塞泠伊尔登　310

赛

赛保泰　289

赛必定　245

赛敦板升　159

赛尔呼土克　13

赛吉尔户　451,452

赛拉尔　160

赛拉扣　737

赛纳　251

赛因弼里克图　70

赛因达巴嘎　319

赛因吉雅图　225

赛音弼里克图　38

赛音察浑　128,219

赛音达赖　219,222

赛音吉雅图　222

赛音诺颜部　675

赛札尔乎　721-723

三

三把村　164

三宝　294

三保　438,439

三保岱村　162

三叉口　624

三岔河　406,417,418

三岔口　406,417

三成店巷　179

三成公　366,532,533

三成马店　660

三达尔　728

三大号口　661-663

三道沟黑山　161

三道河村　162

三道巷　175,178,179,685

三道巷街　175

三道营村　163

三道营子河　16

三多　72,618,707,708

三富村　391

三盖村　585

三各尔　383

三公旗　32

三沟泉　309

三官庙　186,187

三官庙街　174,177-179,187

三官庙街北巷　178

三官庙路　178

三官社　186,661

三合村　584

三合公　655

三合和　431,432

三合社　419

三合盛　655

三合义　662,688

三合元　674

三和成　670

三和硕贝勒　43

三架　322,442

三间房村　139,147,163,716

三间房沟村　162

三金　128,160

三喇嘛　469,729

三来柱　731,732

三楞　730

三木登　412

三娘子　29,173

三娘子城　173

三妞子　305,745

三诺木齐　725,726

三十二村　162

三探长木素　370

三贤庙　180,187,188,324-326,664,665

三贤庙巷　177,178,433,435

三星成巷　175

三娅子　302

三义公　441,442,657

三义号　655,656,680

三义社　187,661

三义兴　661,687

三音毕里克图　331

三音诺颜部　675

三玉川　662

三元和　662

三扎布　470,471

三扎布佐领　280

三支树尔村　162

三座塔　102

散

散都克 713

散吉密都布 330

散札布 275

桑

桑厄 69

桑吾特 159

扫

扫独报 412

色

色布登 358,384,713

色尔登沟 279

色尔古楞 690

色尔腾 306

色尔滕 308

色圪登雇清 359

色克精阿 94

色克牙 729

色楞鲁勒精札布 76

色令 399

色令泰 407

色楼 310

色孟达 729

色脑 389

色气村 345

色音 508,557

森

森川哲雄 26

森盖 221

僧

僧额 567

僧格 22,30,74

杀

杀虎口 12,13,16,29,30,57,104,105,
113,166,273,287-291,511,594,595,
671,672,681,710,724,725,729

杀虎口外 107,110,292,294,299,680,
681

沙

沙巴尔台板申 161,209,499

沙巴尔太 159

沙巴图罗盖路 289

沙比纳尔 258,286,316,489,492

沙毕那尔 81,82,216,496

沙毕纳尔 491,492,496,504-506,738

沙弼那尔 166,167,217,218,220,257,
259,275,314,482,487,516

沙布乃 505

沙尔沁 15,616

沙尔沁村 163,275,585

沙尔沁村公社 136

沙尔沁河 12

沙哈孙 245

沙海子 631,636

沙和卓 245

沙河堡 43,44,47

沙河尖子村 335,337

沙忽浪村 161

沙金格伦 727

沙津达赖 317

沙津满达勒 221

沙壳 354

沙克都尔 724,725
沙克沙巴特 741
沙拉布 310,313
沙拉额墨根 159,160
沙拉尔岱 159
沙拉哈达 14,98
沙拉穆塄 320
沙拉穆塄召 317,318,322
沙拉穆楞 109,117,316-322,471,472,524,530,533
沙拉穆楞河 16
沙拉穆楞寺 319,530
沙拉穆楞昭 295,296,317,529
沙拉穆楞召 314,317-319,321,322
沙拉挠亥图村 161,222
沙拉诺亥图 160
沙拉苏 223
沙拉图 14,98
沙拉乌素 160,268,744
沙陵湖 17
沙陵县 17

砂

砂板 354

莎

莎蓬 154,155

筛

筛子铺 659

山

山成玉 428,429
山盖村教堂 345
山海关 102,511
山货行 662
山货社 181
山庙后巷 176
山田武彦 251,476,615
山西 11-13,16,27-31,39,47,84,91,92,100,103,104,107,110,111,115,142,149,150,152,165,168,171,182,185,186,196,232,233,240-242,273,279,314,319,353,380,410,459,471,500,501,503,507,517,553,554,556-559,562,567,603-605,616,618,623,629,632,642-645,653,654,657,661,663,665,669,672,676,679,680,685,687,689,700,705,712,722
山西布政使 545,562,605
山西省 16,103,108,111,114,186,221,233,319,379,661,662,684,686
山西巡抚 20,74,86,103-108,110,113,114,140,148,150,152,155,166,217,229,231,232,254,257-259,262,264,268,275,279-281,294,295,304,305,317,323,332,335,339,452,464,482,483,516,529,533,553,557,558,560,562-564,586,590,610,620,632,633,637-639,645,655,664,672,680,681,710-712,720,733,745
山西右卫 240
山仔社 368

陕

陕西 11,21,22,32,100,142,200,232,247,314,410,459,500,501,503,517,

536,540,553,560,598,602,623

陕西社 187

陕西提督 95

陕西营子村 128,161

善

善宝 703

善岱 35,104-107,277,406,529,630,644

善岱村 163,631

善岱镇 429

善旦路 177

善璟 95

善里九旗四村 405,406

善恰 218

善庆 95

善友喇嘛村 162

缮

缮写 60,105,111,538

膳

膳召地 314

商

商卓特巴 505,738

上

上布岱沟村 162

上党 185

上党社 187,661

上都 29,366,444

上海 353,534,629,642-644,676

上海北市丝业会馆 630

上喇嘛盖村 162

上脑亥村 162

上土城子村 162

上下十里坡 585

上栅子街 174

尚

尚书 35,84,93,99,104,215,233,277,299,300,328,330,331,572,583,588,590,591,618,698,702

尚斯 505

尚铁炉 660

邵

邵进惠 363

邵训 363

邵宗 674

绍

绍祺 327,332-334,336-339

舌

舌尔登察汗库连 12

舍

舍必崖村 163

舍必崖村教堂 345

舍兵崖村 359

舍勒佐布 223

舍力图召 178,314,438,519

舍力兔召大东仓 359

舍力兔召东仓 322,425,438,441

设

设北垛村 163,389

设进 729

社

社外九社 661,663

申

申丹莉 185

申

申奋西　701

申穆德　87

申启贤　681

申轶群　186

绅

绅克图莽奈巴图那逊　332

神

神社　133–138,153–157,360,361,383,387,412

沈

沈斌华　652

沈健　653

沈延潼　643

沈阳　23

升

升恒店巷　179

升恒义　662

升寅　94

生

生盖营　584

生根板什　163

生计会　376

生皮社　181,187,661,686

圣

圣母庙　187

圣母社　187,661

盛

盛川　662

盛京　62,94,102

盛京将军　93–95

盛乐　28,29

盛宣怀　643

盛勋　71

盛燻　71

剩

剩营子　644

什

什报气　585

什兵地村　585

什卜沁　329

什不更村　163

什不沁村　386,744

什大股　624

什第　66

什间房街　175

什拉尔　741

什拉玛　116,712

什拉门更　141,585,617

什拉乌素　35,277

什拉乌素河　12,16

什兰岱村　584

什勒图纳奇拖音　57,216

什力格图村　345

什力图召前路　177

什力兔召　365,429

什尼板升　162

施

施朝殿　656

施祥　374

十

十八家　288

十八台乡　16

十二行社　187,661

十二犋牛营子　128,161

十间房　246

十间房村　163

十犋牛　160

十犋牛窑村　163

十三圈　302,303

十三庄　35,109,302,306

十王庙　186-188

十王庙巷　175

十五道沟　279,280

十五沟　118,262,264,278-284,287,307,531

十五沟粮地　347

十五社　180,181,190,325,640,641,661,663,665,669,684,702

十五峪　232,470,471

十字巷　179

石

石板沟村　162

石北崖儿村　163

石璸　729

石发荣　463

石拐　15

石贵荣　132

石胡同　179

石景　690

石老大营子　163

石老臧营村　128,161

石林太村　161

石门沟水　16

石渠　619,680

石人湾沟水　17

石仁菜园　132,616

石头巷街　174

石头窑村　162

石湾子　644

石有贵　420

石又贵　421

石嘴子　164

实

实隆嘎　741

史

史秉忠　340

史古贤　634

史家巷　175

史来财　340

史述统　257

史应绅　442

矢

矢野仁一　206,519

世

世禄　69

世远堂　656

侍

侍郎　84,98,99,481,513,522,605

首

首饰店　688

寿

寿阳　479

寿阳社　188,661

寿阳县　256

寿阳巷街 175

寿州 221

受

受木气招 313

书

书联 568

书院街 176

书院前巷 176

书院西街 176

叔

叔向 165

舒

舒鲁克 520

舒鲁苏 159

舒明 470

黍

黍人 366,367

栓

栓栓 198

双

双宝 244

双城堡 592,593

双庙子村 161

双盛成 662

双盛全 655

双树村 163

双顺尔 584

双兴德 674

双兴厚 662

双义荣 662

双应 741

双朱子 140

水

水浮钱 354

水光 368

水涧 311

水涧沟 309

水涧沟村 585

水口子 17,75

水磨沟 279,419,616

水磨后 175

水渠巷 175

水泉子 307

水泉子村 137

水社 138,412,413,419,424,425,449

水神社 413,414,418,448

水头 416,424

顺

顺天府 256,479,543

顺兴盛 365

顺义王 12,21,22,28-30,45-48,50,54,56,74,151,172,173,200-202,560

朔

朔平府 29,103,104,107,108,114,306,623,699,705

朔州 215,504,668

司

司狱 111

丝

丝业会馆 629,642,643

斯

斯尔登 118

斯仁达希　724,725

斯日古楞　251,496

死

死人沟　179

四

四厕　141

四川道　201,202

四川提督　94

四大店口　661-663

四道巷　178,179

四圪旦　140

四合公　184

四间房村　162

四盛元　661

四眼井巷　178,434,440

四眼井巷街　175

四柱清册　117,119,182,269,270,282,307

四子部　31-33

四子部落　12-14,28-33,245,715

四子王　13,310,311,591,706

四子王部落旗　12

四子王旗　32,316,485,486,492,590,670,671,713,738

泗

泗水亭　129,130

松

松阿里　124,566,570

松阿哩　87,587

松富　118,182

松筠　14

松拉普　98,99,101,481,482,513

松林　81

松树沟村　162,163

松田吉郎　536

嵩

嵩椿　93

嵩溥　94

宋

宋得胜　303

宋国富　457

宋奎兴　274

宋乃楫　568,582

宋师洛　302

宋庄　303

颂

颂土阿么　319

搜

搜格　160

苏

苏巴尔干村　161

苏巴尔林　159

苏波尔盖村　386,744

苏波罗盖村　287

苏布尔干　128,160

苏布尔日干板申　161,209,499

苏冲阿　81

苏春　124,571

苏大学　508

苏尔通阿　527,634

苏尔哲河　17

苏尔真沟　690

苏盖营　585
苏吉　12
苏家营村　147,716
苏精额　566
苏克兑　730
苏克精额　124,570,587
苏拉喇嘛　505
苏老虎街　176
苏勒哲　311
苏雷　458
苏联泰　566
苏鲁克　491-496
苏鲁克特恩　159
苏鲁克制　493-495
苏满　86,216
苏门　441
苏木被绰尔保村　290
苏木哈登霍少　289
苏木楼图板升村　290
苏木沁　159
苏木图　159
苏木乌尔图萨力沁村　289
苏木雅　422
苏木章盖营子　289
苏木章京　414
苏木珠尔房子　290
苏尼特　31,637
苏尼特右旗　495
苏仁记　368
苏托罗盖　318
苏永祚　69

苏寨　309
苏寨沟　415
苏寨沟门　415
苏寨沟门村　619
苏州　539
苏州码　378,379,382
苏庄　180
苏佐领　128,160,218

素
素尔巴勒济图　75
素囊　22,201
素日穆　506

宿
宿红　584

绥
绥德　501
绥克阁　148
绥远　10,36,108-111,130,166,231,247,
　　249,250,281,284,291,292,294,296,
　　298,302,304,379,410,471,475,481,
　　491,501,515,556,566,578,586-588,
　　590,591,594,605,607,618,622,627,
　　635,648,692,694,695,699,703,706,
　　711,723
绥远城　8,12,29,35,39-41,68,71,81,
　　84,86-92,96,103,104,107-111,119,
　　166,172,176,177,190,193,215,216,
　　229,231,240-243,248,271,274,275,
　　280-282,284-287,292-294,296-
　　299,302,303,305,311,329,334-336,
　　339,406,461,470,478,529,533,537,

566,567,576,577,581,583,586-594,
597-599,606,623,624,632,671,672,
681,685,692,694-696,699,700,702-
705,710,711,716,725,735-737,749,
750

绥远城八旗马厂　587,590

绥远城仓　285,597

绥远城高等小学　707

绥远城将军　20,29,31,41,67,73,74,76,
77,79-84,88,91-93,96,108-110,
112,114,118,119,139,149,150,152,
167,182,183,241,262,264,268,269,
275,281,282,284-286,290,293,294,
296,299,304,305,307,317-320,327,
329-340,342,468,507,513,525,530,
545,557,560-562,577,583,586-588,
590-592,596,597,607,618,632,633,
655,668,674,678,696,702,710-713,
718,720,724,733,736-738,745,746

绥远城粮饷同知　306,342,529,668,692

绥远将军　114,268,269,296,318,334,
405,562,572,605,706

绥远旗　224,241,242,577,696,699,705

绥远厅　28,107

绥远武备学堂　707

绥远中学堂　707

孙

孙德　197

孙奉万　340

孙国珍　197

孙华敦　287

孙进己　51

孙丽丽　251,356

孙利中　652

孙禄　366

孙悯　197

孙儒　197,406

孙绍宇　435

孙有子　359

孙云相　197

孙哲　249,475

索

索家窑村　162

索琳　115

索隆果特　637

索伦　80

索那木彭苏克　331,332

索那木旺札勒　76

索南嘉措　738

索诺木台吉　54

索诺木旺扎勒　75

索特那木绷素克　331,332,334,335

索特那木棚素克　332

锁

锁号村　416,431

锁号儿村　163

锁诺尔　159

锁锁　457

T

他

他塔喇氏　85

塔

塔奔果多力　159

塔宾格尔板升　504,613

塔并格尔　160

塔布板申　160

塔布板申村　485

塔布板升　160

塔布恩板升　159,160

塔布河　16,17,75

塔布囊　60,63,98,524

塔布蠹　194

塔布齐村　161,222

塔布沁沙巴尔太　159

塔布特　159

塔布秃力亥　584

塔尔巴哈台　94,602,606,607,678,683

塔尔浑河　33

塔尔塔拉　495

塔尔札　220

塔哈山　226

塔克尔村　162

塔勒玛山　66

塔勒玛善　69,689

塔木几　602

塔奇布　223

塔清阿　567,703

塔庆阿　581

塔什板申　585

台

台阁斗村　161

台格木　585

台吉　27,33,37,38,43,49,52,53,57,60,74,75,79-82,98,101,126,133,149,173,207,214,244,257,258,261,276,284,308,310,332,333,470,494,510,511,513,522-524,559,596,598,601,725,726,734,735,741

台吉崖村　162

台吉营子　162,164

台什村　161,222,737

台站　105,107,110,287-291,515,564,569,574,594,693

台站地　34,36,103,287,290,291,347,514,515,578,595

台州　504

太

太布精　43,50

太德玉　662

太古　173

太谷　233,380

太谷帮　667

太谷宝　355

太谷社　187,661

太馆巷街　175

太和昌　662

太和关街　721,722

太和馆巷　178

太和居巷　175

太吉宝玛巴扎布　725

太平管巷　179

太平街　175,663

太平街司马巷　175

太平社　186,661

太平招　387

太平召　58,68,212,216,220,314,315,
　　　503,505,700,701

太平召前街　175

太平召前西巷　178

太平庄　301,631,635

太平子　419,420

太仆寺　130,294

太阳社　186,661

太原　29,152,314,503,553,562,605,
　　　663,687,690

太原府　503

太原社　188,661

太原县　504

泰

泰才　602

泰和德　661,687

泰顺　218

泰兴玉　661

谈

谈凤才　395

谭

谭涌发　602

檀

檀莱沁　506

炭

炭市儿大道　178,179

炭市街　179

汤

汤古忒　64,212

汤古忒国　63,194,211

汤象龙　534

唐

唐古特　24,26,49,492,737

唐古特部　63,193

唐洪谟　303

唐鹏寿　568

唐文基　535

糖

糖房巷　176

倘

倘不浪　585

桃

桃尔　154,155

桃尔户　497,498

陶

陶巴扎布　219

陶瑚　82

陶虎　63,64,194,211,212

陶林直隶厅　28

讨

讨不气　729

讨不气村　256

讨号板申村　163

讨合气　585

讨合器　401,403

讨速号村　162,398,584

套

套克都克　219

忒

忒莫勒　237,355

特

特登额　71

特古忒　99

特吉　82

特济　59,61,63,64,194,211,212

特门库珠　160

特墨尔　159

特木尔　89

特穆尔昂力行　35,277

特穆格村　276

特依顺宝　94

滕

滕家营　584

提

提舍力图召　729

剃

剃头楼巷　175

剃头铺　660

剃头桥巷　175,177

天

天才子　724,725

天成当　667

天德军　28,29

天福泰　656

天富成　184

天盖永　366

天沟水渠　361

天合王　184

天和德　670

天亨玉　662

天金　398

天津　102,324,325,353,363,364,368,593,663,676,682,687,748

天聚德　674

天聚和　662

天启恒巷　176

天荣店　661

天瑞泊　17

天生园　412

天盛当　661

天盛玉　661

天盛长　661

天顺成　184

天顺泰　661,687

天喜　140

天兴德　184

天兴店　366,370

天兴恒　658,674

天兴园饭铺　659

天义德　662,674

天益昌　184

天裕德　674

天裕翔巷　175

天元成　661,687

天元德　661

天元号巷　175,177,437

天元炉　662,687

天元巷　179

天源号巷　177

天源巷　441

天主堂　341,344-347

添

添密　490

田

田二厮　691

田光辉　691

田来栓　340

田宓　122,137,250,356

田明　732

田如江　633

田山茂　206,252,267,476,493,511

田世琦　143,733

田万宝　401

田喜　398

田仲一　536

贴

贴写　83,84,111

铁

铁汉　652

铁行　181

铁行社　661,687

铁帽尔村　405

铁木尔　348

铁珊　448

通

通宝　208,255,353

通海店　726

通和店　662,684

通和店巷　179

通判　28,29,103,104,106-108,111-113,
　　115,116,139,142,143,147,149,233,
　　262,294,308,405,452,460,461,515,
　　518,526,527,537,545,558,561,632,
　　634,635,703,711-714,716,732,733

通顺　662

通顺成　662

通顺店　661

通顺街　174,177,186,628,723

通顺社　186,661

通顺西街　174

通顺长　662

通泰　599,603

通天巷　179

通益店　365

通智　35,69,89,90,104,277,296,299,
　　300,697,698,702

通州　467

同

同昌营子　162

同德　657

同德店巷　179

同德堂　656

同隆锦　184

同知　34,40,103-108,111,112,115,116,
　　140,142,149,181,183,184,187,271,
　　285,292,302,303,321-323,325,327,
　　335,373,452,463,515,516,518,520,
　　521,537,558,561,594,599,603,614,
　　632,689,690,692,701,710-714,721

佟

佟阿拉克　724,725

佟噶尔代　244

佟甲氏　52

潼

潼关　553

桶

桶子店巷 175

头

头道巷 175,177,179

头道巷街 175

头二三四铺 162

投

投下 126

秃

秃别干 3,5,6

秃马敦 5

秃马惕 3-6

秃马兀惕 5

秃马亦惕 5

图

图巴 310

图巴额尔赫 310

图花沟 386,744

图拉河 85

图鲁什 23

图美 63,64,194,211,212

图门 741

图们额齐尔 568

图们鄂齐尔 581

图牧 82

图萨 336

图萨拉克齐 100,334

图萨腾 725,726

图桑阿 93

图什业图汗部 95

涂

涂师爷巷 179

涂宗濬 201

屠

屠寄 4

屠实中 581

屠义矩 583,594

土

土不剌 203

土不占村 162

土城子 143,160,289,733

土地祠 187

土尔扈特部 25,26

土圪素 391

土合气村 585

土吉圪兔 399

土吉拉 203

土拉库 553

土绵·秃别干 5

土默川 16,251,319,475,489,620,705

土默特 1,3-9,11-14,16-62,65-69,72-85,91-93,96-98,102-105,107-111,113-116,118-130,132,133,136,138-142,144,145,147-153,155-159,161,163-174,176-184,186,190,191,193-196,198,200-236,239,243,246-281,284-293,296-304,307-319,321-340,342-345,347-350,352-369,371,372,374-390,393-395,397,398,400-408,410-415,419-422,424-426,428-433,435-441,443-449,451,452,457-459,462-492,495-521,523,525,526,528-530,532-534,536-

538,540,541,543-547,549-563,565-568,570-572,574-590,594-596,601,603,607-610,613-625,627,628,630-638,640,642-651,653,654,656-658,660,663-665,667-672,674,676,680-686,689,690,692-700,702,704-714,721-723,725,726,728-730,733-739,742-753

土默特部 3,4,6,12,19-25,27-30,34,38,41,44-48,50,51,53,55,57,61-65,67,68,97,151,164,193-196,198,201,202,204,205,211,212,215,225,226,252,254,255,257-262,264,267,272,278,477,478,480,496,560,648,649,700,752

土默特第二初等小学堂 707,708

土默特第三初等小学堂 707

土默特第一初等小学堂 707

土默特辅国公 8,74-76

土默特高等小学堂 707

土默特蒙小学堂 707

土默特蒙养学堂 707

土默特旗 3,7,8,13,14,25,29,33,39,41,58,59,72,74,75,98,123,150,205,213,224,226,249,252,260,264,266,273,288,301,316,319,326,327,330-333,357,419-421,464,484,488,492,559,577-579,590,633,694,708

土默特右旗 137,251,346,356,360,414

土默特右翼旗 29,225

土默特左旗 59,171,252,476,504,694,747

土默特左翼都统 36,37

土萨图 725,726

土谢图 54,128,160,212

土谢图汗 54,736

土谢图汗部 32,670,671

团

团子巷 179

推

推河阿济 657

讬

讬博克 24,26,36,38,47,49,51,195,252

托

托波克 57

托博克 24,26,27,30,44-47,56,57,59,61,66,68,196

托郭奇 726-728

托亥板升 159

托河 637

托辉特 75

托克托 15,29,105,113,115,143,166,168-170,231,243,344,578,619,621,631,633-637,640,672,700,732,733

托克托城 28,104,106,107,111,112,116,553,632,634-636,640,681,683,703

托克托城厅 12,111,116

托克托厅 191,229,234,239,269,278,633,635,636

托克托县 171,272,345,380

托克托直隶厅 28,107

托明阿　95

托色乎　159

托斯固鄂博　12

托斯和村　129,132

托速图山　13,14

托托拜　147,148

托托城　12

托托户　433,434

托县　17,165,272,326,343,617,624

拖

拖博克　37

驼

驼桥　186,671

驼桥楼儿巷　175

驼庄　180

妥

妥博齐克　159

妥色火　159

妥妥岱　15

妥彦　432

妥伊罗火　160

拓

拓本高度理村　161

W

瓦

瓦·阿尤西苏木　160,485

瓦·阿尤西苏木塔布板申　255,256,479

瓦尔吉颜　199

瓦尔喀　59

瓦房院　164

瓦騳　66

瓦克达　53

瓦洼　82

瓦瓦　63,194

瓦窑沟街　179

外

外罗城路　177

万

万昌咏　662

万成德　662

万成永　184

万福兴　662,688

万贵　721-723

万和号　656

万和生　184

万家宝　136,139

万家保　136,466,467

万家沟　136,165,231,415,616,619,689,
　　　691,693

万胜永酱　688

万盛合巷　175

万盛魁　656

万盛六　661,687

万盛义　661

万寿寺　58,216

万顺店巷　175

万顺和　184

万顺恒　661,687

万顺源　184

万象新　435,436

万义成　184

万义店　662

万义永　662,688

万义张　184

万有孚　165

万中源　183,184,669

汪

汪炳明　508

汪大人巷　179

汪古　5

汪古惕　5

汪灏　482,512,613

王

王爱民　1

王安臣　404

王毕克齐　585

王毕斜乞村　136,139

王毕斜气　159,732

王毕斜气村　732

王昌　86,96,623

王常　86,87,90,91

王常六　656

王成　303

王成山　359

王崇古　172,173

王楮　402

王春沟村　163

王春华　643

王琮　656

王大成　425

王大汉营子　624

王道瑞　535

王德呢玛　596,598,603

王德荣　571,572,575,578,582,583,594

王德小巷　176

王登　442

王恩涌　1

王二和子　721

王发　532

王发申窑村　163

王法升窑子　163

王福才　185

王辅清　430,442

王富正　720

王刚明　729

王赓荣　699,700

王广威　340

王贵　656

王桂窑子乡　16

王国柱　146

王厚甫　382

王胡子村　163

王胡子沟村　164

王吉　690

王辑瑞　678

王家店巷　175

王甲尔拉嗫　372

王建　143,480,733

王建革　138,250,264,381,413,475,480,609,615

王结　402

王进宝　431,432

王居中　302

王君氏　198
王俊敏　243,739
王来刚　229,654
王亮　185
王禄子　339,340,533
王毛邦　208,255
王茂华　674
王铭中　581
王木匠屹堆村　128,161
王奇　690
王泉盛　184
王荣　137,138
王若齐　287
王森　653
王筛子铺　659
王绍民　247
王士达　224,225,227,242
王士公　656
王世庆　535
王泰芝　465
王廷符　656
王廷辅　656
王廷俊　358
王同春　596,598-604
王铜铺　659
王万年　382
王卫东　171,229,234,236,250
王文魁　303
王先谦　69
王宪章　598
王兴　504,613

王雄　21,201
王旭　251,356
王学锋　185,186
王勋　428
王荀汉　501
王砚峰　536
王业键　535,549
王义民　2
王永福　422
王永泰　390
王永业　341
王有功　302
王有顺　679
王有智　377,378
王玉海　296
王玉金　287
王毓铨　367
王璋　656
王兆明　360
王兆岁　398
王直牧　583
王治和　75,616
王庄　303
王祖培　568

旺

旺兑　148
旺舒克　721-723
旺兴　644
旺义炉　685

威

威尔金森　536

威

威风子　402

威镇社　181,187,661,686

韦

韦庆远　197

维

维尔年斯克　683

尾

尾新厝　368

委

委流速太村　162

卫

卫崇文　185

卫拉特　5,726

畏

畏吾儿　203

魏

魏百刚　508

魏勃　652

魏俊村　585

魏良弼　390

魏银喜　580

温

温保柱　302

温布　28,46,57

温春　173

温都尔　13

温都尔户　429,442

温木布　28,46

温尧土　501

瘟

瘟神社　187,188,661

文

文保　324,325

文昌庙　700,707

文孚　304,740

文合公　661

文魁架　460

文庙街　174

文曲巷　179

文瑞　71,578,588,591,592,618

文绶　539

文水社　187,661

文哲珲　72,594,596-598,602,603,605-607,707,746

翁

翁道乐　86

翁衮鄂博冈　306

翁衮岭　160,239,306-309,320,689

翁棍岭　308

瓮

瓮衮山　306

倭

倭伦　680,681

倭什阿　124,570

倭什珂　124,570

乌

乌巴什　504,613

乌巴西　219,724

乌巴西岱　83

乌巴锡　308,724,725

乌把什　66

乌把什板升　159

乌坝村　386,744
乌达　310,311
乌达沟　310
乌达郭勒　319
乌达果多尔　160
乌尔巴齐　311,327,329,330,385,744
乌尔补浪　584
乌尔格逊　160
乌尔贡　218
乌尔贡布　422
乌尔贡额　566,587
乌尔固玛　726,727
乌尔津扎布　219
乌尔隆额齐格达尔汉　49
乌尔隆额齐克达尔汗贝勒　44
乌尔图达赖　469
乌尔图纳逊　81,93
乌尔哲依图　159
乌汉格呼勒　531
乌汉格呀勒　282
乌拉计　729
乌拉山　15,88,272,623,624,749
乌拉特　12,164,182,230,288,309-311,
　　326,724,725,727,747
乌拉特东公旗　12,309,311,312,457
乌拉特前旗　16
乌拉特山　749
乌拉特中旗　316
乌喇　48
乌喇特　31-33,309,311
乌喇特部　31,33,309,310

乌喇特后旗　496
乌兰巴图　160
乌兰拜星　300
乌兰板申　160,585
乌兰补隆　329
乌兰不浪村　162
乌兰布拉克　159
乌兰布通　85
乌兰察布　13,33,34,392,564,565
乌兰察布高原　14
乌兰察布盟　34,75,310,557,567,595,
　　725
乌兰额尔济坡　33
乌兰呼都克　319
乌兰呼土克　14
乌兰霍硕　13
乌兰木伦　16
乌兰诺尔　14
乌兰托罗亥　160
乌蓝布隆　336,337
乌勒河云　223
乌勒吉太　738
乌里雅苏将军　657
乌里雅苏台　75,94-96,181,182,379,
　　651,655-657,666,670,674,677,683
乌里雅苏台将军　94,657
乌力吉图　504,613
乌梁素沟水　17
乌鲁木齐　181,593,655-657,674,680
乌鲁木齐提督　95
乌鲁特　159

乌米泰　93

乌仁其其格　9,10,160,195,196,200,
　　202,203,205,207,209,218,221-223,
　　225-227,250,251,253,283,285,352,
　　354,689

乌日滚　205,226

乌申　160

乌什办事大臣　289

乌什尔卓　70

乌素沙巴尔太　159

乌素图　160

乌素图东召　320

乌素图沟水　17

乌逊图路　159

乌云　220,250,251,315,387,475,503,
　　504

乌云毕力格　709

乌云达来　223

乌云珠　729,730

乌朱穆秦部　43,44

乌珠拉　465

乌珠穆秦部　43,53

乌珠穆沁部　44,54

乌珠穆沁右翼　637

乌佐领　146,373,462,469

无

无量寺　74,186,187,220,312-315,387,
　　503,505,729,730

吴

吴巴岱　82,214,216

吴巴海　43,48

吴巴西　129,132

吴坝　583

吴坝村　582,583,585

吴班札尔固齐　43

吴承明　536

吴传钧　1-3

吴逮棻　596,603

吴道子　188

吴德明　145

吴尔隆额齐克　43,49

吴尔鲁克额齐克达尔汉贝勒　43

吴凤琪　507

吴公坝　306,583

吴慧　555

吴继文　302

吴凯广　730

吴喇忒　309

吴礼布　87

吴良弼　302

吴麟　534

吴玲噶　198

吴禄受　432

吴乾元　581

吴塔子　360

吴泰　397

吴廷锡　598

吴彤　627

吴万模　724,725

吴晓峰　705

吴学智　544

吴永海　381

吴永茂　303

吴永书　395

吴真社　181,188,661

吴庄　303

蜈

蜈蚣坝　306,307,622

蜈蚣坝村　164

蜈蚣坝沟　279

五

五把忽洞村　162

五把什　338,460,461

五宝巷　179

五达不老　624

五当沟　492,616,691,693

五当沟村　163

五当沟河　17

五当沟门　419,420

五当召　313,319,492,493,495,496,709

五道沟　279

五道庙巷　176

五道洼　318

五家房村　162

五里坡　585

五里营子　164

五良速太村　163

五区后街　176

五十家　212-214,288

五十家子村　153,154

五十家子街　177

五十家子路　425,519

五苏土召　128,161

五素图路村　162

五素图召　314

五素途保正　143

五素途路　143,733

五素兔村　132

五塔寺　320,504,613,688

五台　233

五台山　38

五太宝　140

五太保　141,617

五夜地村　164

五原　561,682

五原厅　599,603,684

五原直隶厅　28

五宗代　146

伍

伍把什　115,139,147,165,231,514,716

伍大杜　435

伍宁　232

伍什尔　397

武

武巴海　44

武班札尔固齐　44

武昌　202

武昌府　543

武川　316,578,664,670

武川厅　171,229,234

武川同知　679

武川县　171,683

武川直隶厅　28

武达平　723

武当沟　309,414

武继周　425

武建福　287

武天赐　656

武威　448

武维礼　656

武锡禄　656

武占鳌　420,421,424

兀

兀鲁　203

兀鲁思　173

兀甚　203

兀慎　203

兀顺部　29

勿

勿兰达坝　370

X

西

西安将军　93

西巴古齐村　504

西白里达尔汉和硕齐　244

西白石头沟　17

西班弟苏木　499

西包头　642,672

西包头关帝庙街　178

西包头西街　427

西北门街　179

西仓恼木　359

西藏　492,652,670,671,684,686

西茶坊宽巷　175

西茶坊巷　175

西茶房　187,188,406,417

西厂汗圪洞　162

西成店巷　175

西城　181

西丹林祥　199

西得胜街　174

西尔格　35,277

西尔哈墨哩图　300

西尔塔　69

西番　57

西浮石山　162

西公旗　726,727

西公义社　181

西沟门　12,585

西沟门村　162

西苟家滩街　175

西合巷　175

西河上村　402

西河沿街　175

西河堰　631,636

西夹道巷　176

西甲拉营村　164

西甲喇嘛营子村　164

西甲浪营村　164

西街　176,451

西京　67,68

西京道　28,29

西聚宝庄　117,314,319,321,322,530

西口　379,406,417,470,508,518,653,654,700,734

西口外街　174
西圐圙图　162
西拉布　71，310，715
西拉布扎木苏　737
西拉木伦召　491
西拉乌苏鄂托克　320
西拉乌苏河　320
西老将营村　164，250，251，356，383，439，580
西勒格　316
西理纳　703
西梁村　585
西龙王庙村　164，165，324，325，514
西龙王庙乡　176
西路宝　355
西落凤街　176
西马道巷　175
西马群村　162
西门　178，703，704
西门里　178
西南乡　162，168，170，340，342，646
西南窑子　163
西泥台　335，337
西诺莫果恩村　308
西诺木宏　160
西偏关窑村　162
西人巷　179
西舍必崖村　162
西盛店　661
西盛公　662
西十圈　303

西顺城街　174，177，628
西滩　178
西土格根汗　44
西土根罕　29，46
西土根汗　43，46，47，49
西土默特　28，29，164，204，230
西讬里图地　47
西瓦窑沟　179
西王庄　303
西旺　465
西五十家街　174，176
西五速图　585
西鞋袜巷　178
西鞋袜巷街　175
西营驼户　662
西营子　162
西淤地村　585
西元山村　163
西栅子　164

希

希福　69，85，87
希喇齐他特　43
希蒙阿　568
希日德　315

昔

昔第　362
昔利板申　370

锡

锡布格　160
锡拉布　82，83，214，216，310
锡拉奉阿　567

锡拉木伦召 316

锡喇布 66

锡勒格图 14

锡勒图呼图克图 491

锡勒图库仑喇嘛旗 225

锡勒图召 491

锡良 637-642

锡林 71

锡麟 71

锡呼图呼图克图 109

锡明泰 80,81

锡尼板升 159

锡图根汗 28,46

锡永 656

习

习呼 313,742

席

席达 215

席第 68

席尔塔 69

席拉布朋斯 725

席勒图召 314

席力图格根 316,492

席力图召 315,316,319,491-493,503

席麻沟 449,450

喜

喜峰口 102,203,204,511

喜峰口土默特 203,204

喜蒙额 567

喜佐领 128,160

戏

戏楼后东巷 178

下

下布岱沟村 162

下达赖村 136,157

下喇嘛盖村 162

下脑亥村 162

下沙圪梁 383

下土城子村 162

夏

夏德发 428

夏和义 670

夏人杰 581

夏盛和 670

夏之令 201,202

夏庄社 199

仙

仙翁社 181,187,661,663

咸

咸宁社 187,661

县

县府东街 175

县府后街 175,176

县府马号巷 175

县府前街 175

县府西街 175

乡

乡长 129,130,142,143,163,515,518

香

香坊巷 179

香火地 10,250,312-315,319-322,326,
　　331,335-337,347,363,387,475,491,
　　496,503-505,532,563,566,576

香水巷 179
香香 404

厢
厢蒙后巷 176
厢蒙前巷 176

镶
镶白旗 53,70,71,95
镶红旗 71,87,94,95,736
镶红旗汉军都统 87
镶黄旗 59,68,71,87,94-96,294,724
镶黄旗蒙古都统 94
镶黄旗蒙古副都统 94
镶蓝旗 12,70,94,95,169,262,293,724,740,745
镶蓝旗察哈尔 13,30
镶蓝旗都统 93,94
镶蓝旗富民店 644
镶蓝旗富民庄 634
镶蓝旗护军统领 88

祥
祥康 71

向
向荣枝 384

项
项福生 394
项文甫 394
项羽 202

肖
肖光辉 387
肖瑞玲 249,253,653

骁
骁骑校 58,59,73,74,76,79-81,84,89,91,123,126,128,130,199,212,215,216,219,221,242,272,275,463,690,692,696,715,719,721,722,738,741

萧
萧大亨 477,496,609,748

小
小袄兑村 585
小北街 175,177,178,431
小毕车齐 128,160
小厂圪洞村 162
小厂圐圙村 325
小厂库伦 585
小打墙沟 162
小定襄巷 179
小东街 174,176-178,187,188,663
小东街富荣馆巷 178
小东街关帝庙 187,708
小鄂尔圪逊 585
小二道巷 175
小范家巷 175
小公尼富 159
小沟子 17
小黑河 12,16,17,103,648
小红城 163,377
小花园 175
小浑津村 164
小井尔坪村 272
小里保 159,585
小粮地 35,120,284,347,473,514,515,563,566
小刘庄 303

小骆驼沟村　162
小南沟门　163
小挠子　584
小牛林沁　690
小诺尔布　63,64,194,211,212
小十字街　174,663
小十字南街　174
小万家沟　17
小王子　28,29,172
小乌拉以习盖　163
小五束兔沟村　164,401
小西街　174,186,406,417
小西街翠花宫巷　178
小营村　164
小御史巷　175
小召　178,314,737
小召半道街　174
小召东夹道街　175
小召后北巷　178
小召后街　175,177
小召后街北巷　178
小召前定襄巷　178
小召前街　177

晓

晓克　3,4,7,23,48-50,53-55,62,72,92,
　　109,114,119,195,196,200,217,227,
　　252,261,476,509,556,563,694,705

协

协办大学士　597
协和成　662
协和成烟行　643

协和泰记　662
协理台吉　330-332,334,524,721,727
协理通判　103-107
协领　91,96,297,567,587,588,599,602,
　　606,696
协盛玉　661
协意社　181

谢

谢亮福　720

辛

辛店镇　162
辛圪板申　164
辛文肉铺　659
辛作　360

忻

忻州　233,373,462,512,611,612,663
忻州社　187,661
忻州知州　231,611

新

新安　644
新巴彦布拉克　160
新城　88-90,242,593,688,729,730,736,
　　737
新城道　177
新城道街　174,175
新店　595,601
新店水泉村　162
新店镇　292
新店子　143,160,289,733
新店子站　289
新疆　11,246,247,379,507,603,651,

657,666,678,680,682,686
新疆社　181
新克板申　164
新庙　330
新民堂　345
新平口　21
新万镒隆蜡铺　660
新巷子　179
新兴板申村　324,325
新营子村　164,373,462,463
新召前街　175
新庄子　301
　　　信
信恪　95,298,587-589,591,606
信勤　96,618
信泰恒号　659
　　　行
行高　24,49
　　　星
星根达尔汉　51
星星板申村　325
星星板升　159,160
星星板乡　176
　　　邢
邢家营子村　164
邢满福　441
邢野　652
邢亦尘　249,508,513,521,556,557
邢州　504,613
邢自明　460
　　　兴
兴福　83

兴和直隶厅　28
兴吉苏　199
兴隆馆　365
兴隆美　365
兴隆渠　448-451,619
兴隆社　181,661,663
兴隆巷　175,177,178,443
兴隆义　662
兴隆永巷　175
兴盛店　365
兴盛公　661
兴盛号　662
兴盛魁　656
兴盛明　656
兴盛泰　184
兴盛远　365
兴顺恒　662
兴旺村　161
兴旺社　186,661
兴旺庄　162
兴义永　382
兴义勇　382
兴义元　435,436
兴肇　93
兴州　315
　　　休
休宁县　197,394
　　　徐
徐财　674
徐大　397
徐德　674

徐国义 404

徐家窑村 162

徐锦玉 314

徐士佳 355

徐树璟 321,322

徐四狗子 146,469

徐鑫 251,356

徐彦辉 388

徐珍慧 251,475

徐致善 652

许

许檀 654

许张源 184

许之锦 656

续

续全德 384,385

续全珍 372,442

蓿

蓿麻湾沟水 17

宣

宣大总督 173,201,230

宣府 203

宣化 32,92,629,642,643

靴

靴铺 660,663,687

薛

薛良 507

薛英 463

学

学道巷 175

熏

熏皮房巷 175

巡

巡抚 108,150,259,294,295,317,471,472,525,559,565,610,699,711,713

巡检 106,111,115,187,634,703,716

循

循化厅 544,545

Y

押

押地钱 256,361,362,371,372,374,376,381,382,390,398,399,411,426-428,445,582

押令片尔 320,321

雅

雅达暮村 161

雅朗阿 93

雅木丕勒 275

雅舍泰 132

烟

烟铺 660

延

延福寺 187,738

延寿寺 220,313-315,320,321,387,503-506,713,715,729

延禧寺 313,440

闫

闫格 143

闫弓铺 659

闫明 431,432

闫世全 437

闫玉衡 435

严
严中平 535

盐
盐池村 624
盐水沽 593

阎
阎光亮 508
阎桂房 585
阎锦荣 184
阎有义 140

颜
颜师古 202
颜寿 69
颜廷真 652

彦
彦德 94
彦齐来 160

雁
雁北地区 676
雁平 561

羊
羊岗子 663
羊岗子街 175
羊羔村 585
羊马店 180
羊马行 181
羊桥 671
羊群沟村 162

阳
阳察尔济胡弼勒罕 313
阳高 676,723
阳沟沿街 174
阳泉前巷 176

杨
杨彩福 140
杨崇龙 166,231,514
杨东山 637,638
杨二宝 688
杨二酉 549
杨高 688
杨根福 246,467,746
杨光第 643
杨光彦 411
杨国桢 295,317
杨吉砮 52
杨计金 377
杨继美 147,148
杨加秀 246
杨家堡 585
杨家巷 178,703,704
杨家巷街 175
杨金山 345
杨买牛 137
杨孟衡 185
杨明昱 408
杨庆太 184
杨全 381
杨汝哲 340
杨岫 612
杨世连 359
杨世英 425
杨守性 602

杨寿荣　136
杨寿宗　387
杨树园巷　175
杨澍仁　246
杨顺喜　720
杨四子　67,68
杨万　688
杨万财　341
杨先孝　140
杨小车铺　659
杨选第　229,249,653
杨言凤　409,422
杨应南　154
杨照宽　391

洋

洋河关　629,642
洋货铺　663,687

养

养世福缸房　659
养育兵　240-242,293,296,297,589,735

样

样钱　354

姚

姚建富　116,712
姚文田　549
姚学镜　598-604
姚哲　434

药

药行社　662

野

野马图板申　161,209,499

野马图板升　208

业

业寖落　497

叶

叶赫　51-53
叶赫部　50-53,66
叶赫国　52
叶赫那拉氏　53
叶力兔召　377
叶新民　4

一

一家村　164,397
一间房子村　289
一人巷　175,179
一善堂　658,674

伊

伊·巴伊科夫　617,677,679
伊达木扎布　58
伊都立　553
伊凡·佩特林　173
伊精额　123,566,567,571,587
伊精格　223
伊克垦诺克图梁　289
伊克美　159
伊克坦布　703
伊克图尔根河　16
伊克兴　159
伊克昭　33,484,564,565
伊克昭盟　288,320,327,330,331,333-338,484,485,557,563-565,567,595
伊铿额　399

伊老爷　433

伊勒库善　198

伊勒慎　87,710

伊犁　75,666,680,683

伊玛图梁　289

伊盟　326,327,329,330,565,604,724

伊桑阿用　538

伊苏德尔　63,82,194

伊西　374

伊希格　690

伊锡尼玛　734

伊星阿　71

衣

衣保中　11,229

依

依克图根四子部落　12

仪

仪门　72

贻

贻谷　20,36,95,207,253,290,291,297-299,362,369,407,466,565-567,571,572,576-579,583,584,587-607,618,706

以

以什洛不登　428

义

义成店　662

义成泉后巷　176

义成泉前巷　176

义地　324,325,347,465

义丰店巷　175

义合社　181,187,661

义和当　184

义和敦　674

义和社　187,661

义和堂　656,658

义和珍　656

义和砖窑　660

义生诚店　662,684

义生德　662

义盛宁　428

义盛全　656

义盛泉　184

义盛源　184

义太祥　662

义泰店　662,684

义同厚　662

义万盛店　661

义仙社　181,186,661

义兴魁　658,675

义园　325

义源当　661

义州　32

议

议弗传吾村　140

议事厅　72

议事厅后巷　178

议事厅巷　72,178

议事厅巷街　175

译

译涌发　603

驿

驿站地　34,36,103,120,274,586

奕

奕灏　94

奕兴　94,274,295,297,317,529,589

益

益保　69

意

意诚社　186,661

意和社　181,187,661

镒

镒登架　391

翼

翼长　72,73,221,308,566,567,587,720, 721,724,736

阴

阴山　11,16,201,477,614,616,648

阴山山脉　15,16,493,615,616

音

音德布　218,334

音德贺里　690

音德泰　329

音克把炎　397

音扎纳　70

殷

殷扎纳　70

银

银花尔　374

银匠行　662,688

银匠铺巷　176,177

银恺　447,451-453

银良玉　532

银炉社　187,661

尹

尹龙　550,628

尹有庆　412

尹于山　688

英

英赫　741

英隆　95,318

英山　599

盈

盈宁库　286

营

营房道　584

营房道街　175

营盘街　179

应

应浑社　188,661

应奎　534

应劭　27,323

雍

雍容　223

永

永安市场街　179

永昌　448

永昌义　662,688

永成店　365

永成焕　656

永成煤窑　691

永成泉　662

永德　95

永德恭　329

永德魁　661,687

永登扎木苏　741
永丰当铺　660
永丰店　427
永福寺　280-282
永福寺召　280
永公号　656,657
永公万字源　184
永光店巷　175
永合全前街　178
永合堂　662
永和成地巷　179
永和诚店　662,684
永和公　345
永和号　662
永和魁　656,658
永和岐　656
永积魁　656
永吉昌　662,688
永吉魁木匠铺　659
永琨　93,293
永茂兴　656
永木架　685
永庆　93,293
永庆店　365
永泉义　662,688
永少布氏　198
永邵卜　198
永升远　366
永生魁　656
永胜公　656
永盛成　656

永盛号　656
永盛和　662
永盛君巷　178
永盛玉　345
永盛玉教堂　345
永盛毡房　660
永盛长　658,675
永世易　404
永顺和　656
永顺恒　661,687
永顺渠　619
永太　713
永泰　89
永香馆　660
永馨馆　661
永兴当　184
永兴德　441
永兴发　656
永兴号　662
永兴绍　656
永兴珍　656
永义隆　184
永长成　675

泳

泳禄扎布　272

涌

涌盛堂　429
涌源茂货铺　660

攸

攸攸板申　585

油

油房十八太　162

油房营村　128,161

油房营子　164

油楞　418

右

右卫　84-92,119,216,230,239-242,285,292-294,586,587,632,699,745

右卫八旗马厂　292,586,588,745

右卫左翼护军都统　87

右翼都统　28,29,36-40,51,56,57,62,65,66,194,195

右玉　84,233,243,256,479,507,616,680

于

于和成　662

于木楚木　725

于长久　431

余

余宝滋　594,602,603

余开亮　536,539

余振贵　243

盂

盂兰社　188,661

盂县　501,701

盂县社　187,661

鱼

鱼树沟　443

鱼台县　221

鱼眼　354

榆

榆次　663,687

榆次社　187,661

榆次县　100,690

榆林　99,481

榆林城村　162

榆林府　99,481,482,598

榆树沟　179

榆树梁村　163

榆树塔村　163

榆树湾沟　398

玉

玉丰厚　662

玉贵　691

玉皇阁　186-188,705

玉津　736

玉林　28,29

玉龙义　662,686

玉梅子　741

玉青　737

玉石巷　178

玉有板升　160

育

育生堂　656

蔚

蔚丰厚　667

蔚州宝　355

蔚州社　188,661

御

御史巷　165,178,231

裕

裕格图　124,571

裕盛厚　662

元

元成　184

元成当　184
元成生　662
元德魁　674
元合涌　184
元亨顺　656
元升永　656,658
元盛川　662
元盛德　622,656,662,674
元盛德巷　175
元盛店　662
元盛泰　661
元太祖　30,74
元享西　412
元兴号　656
元兴盛　184
元言太　662
元贞永街　176
元贞永巷　176,177
元中　394

园
园子外　175

垣
垣曲县　255,479

袁
袁德胜　637
袁森坡　652
袁尚林　146
袁五　720
袁兴栈房　660
袁智　402

源
源成泰　656
源巨昌店　661
源茂生　365
源兴聚　435,436
源兴泉　656
源裕泉　433

辕
辕门　72,221

远
远生子　396

岳
岳秉荣　438
岳富　322
岳翰屏　419
岳木沁　308
岳三哥　384
岳讬　43,47
岳托　43,44,47,48,50-56,194,196,211
岳脱　28,29,46,47,55
岳旺荣　184
岳祥　586,745
岳占星　341
岳钟麟　599,601-603

云
云川　28
云和义　4
云隆　59,61,218,498,499
云南　540,603
云骑尉　71,78,79,81,127,137
云山　29
云社堡　411,414,416,423,424
云社堡村　164,359,377,378,415,422

云寿间巷　179
云中　12,28,29,97,166,217,230,254,
　　476,482,561,608
云中郡　12,28,29
云中社　187,661
云中太守　84
云州　28,29

允

允礼　88,749

蕴

蕴春　274,297
蕴柱　93
蕴著　110,298,589

Z

杂

杂雅班第达　57,216
杂营行　181,662
杂营摊　662

栽

栽森村　585
栽生　160

咱

咱雅班第达　315

攒

攒典　111

赞

赞奔儿　147,148
赞布　497

鄫

鄫侯社　187,661

则

则松彰文　536

泽

泽南乡　199

曾

曾国荃　637,645
曾印官　426

增

增盛　427

扎

扎达盖板升　164
扎达海河　17,616
扎恩太　160
扎干多尔济　82
扎格丹　223
扎更忽桶图　159
扎喀寨蒙古　23
扎拉图　160
扎赖力　160
扎兰　319
扎兰板申　161,209,499
扎兰板升　159
扎兰布音太　100
扎兰果勒　160
扎兰沙拉乌素　159
扎兰章京　125
扎劳胡　249,326
扎鲁特　53
扎鲁特部　19
扎木山　737
扎木苏　43,725,726

扎木素　70
扎木扬　721
扎木扎布　737
扎那济尔迪　330
扎萨克　8，13，14，29，33，34，36，42，46，
　　　55，57，58，60，62，75，76，98-101，104，
　　　105，115，116，119，166，207，216，253，
　　　256，257，259，275，276，284，310-313，
　　　320，327，329-331，333，344，381，452，
　　　459，482，487，491，494，505，516，520，
　　　523，524，601，603，657，672，711，714，
　　　721-723，725，727，734，735，737，738，
　　　740
扎萨克喇嘛　312，313，505
扎萨克旗　8，32-34，55，74，115，149，181，
　　　264，558，655，731
扎萨克图汗部　62
扎什布　148

札
札干　62
札拉克图　66
札兰孟伊克那逊　330
札勒罕　703
札麻　505
札那济尔迪　334，336
札什泰　37

栅
栅子外北巷　178

翟
翟凤翱　421
翟林　144
翟鸣山　421

毡
毡毯社　181，187，661，687

詹
詹噶　63，194

瞻
瞻岱　69，90

占
占巴拉　208，209，255

张
张宝山　276，486
张秉成　720
张布拉　741
张曾　189，671
张承德　407
张承业　303
张存　688
张德恒　184
张德金仔　154
张德全　391
张德印　425
张殿华　154
张二富　688
张辅廷　412
张富　688
张富元　656
张盖子　438
张高升　391
张弓　113
张光鼐　567，568，571，575
张洪才　501

张厚 447

张厚小子 451-454,456,457

张辉 358

张吉品 357-359,362

张吉善 358

张家官庄 199

张家口 22,75,102,130,224,245,266,480,488,511,512,520,564,593,600,652,657,663,670,675,682,683,687,717

张家口厅 516

张家桢 640,641

张嘉 313

张嘉桢 325,603

张江 720

张金 132,729

张尽 396

张举才 140

张举礼 140

张举旺 140

张聚益 184

张俊 144

张峻 385

张魁显 359

张立库 440

张立世 326

张立伟 11,229

张凌云 656

张六九 157

张禄 382

张谋 302

张穆 288

张鹏翮 509,520,611,654

张其濬 429

张清福 390,391

张仁 402

张荣华 438,439

张肉铺 660

张如蛟 184

张三营 102

张生富 430

张圣辅 363

张盛和 184

张士修 432

张世恒 656

张世满 251,475

张世美 720

张书丝 437,438

张双福 4

张顺 716,718

张四来朝 154

张天 184

张天益 184

张铁炉 659

张万宝 140,463

张万银 402

张旺 720

张惟汉 146

张汶秉 401

张霞龄 451

张香房 660

张兴朝 155

张兴朝子 154,155

张兴海 501

张兴合 184

张兴旺 688

张兴忠 720

张秀华 508

张煦 645

张以恭 656

张义 377,402

张义和 184

张义全 444

张永江 9,250

张永顺 256

张有成 420,421

张有福 140

张玉宝 688

张钰 184

张元 688

张元忭 172

张元龙 146

张元勤 435

张云英 435

张兆 438

张照富 436

张照万 144

张珍 391

张轸 272

张正明 653

张之洞 20,21,148,150,152,229,557,
　　559,561-563,699

张枝英 384

张执礼 656

张志 357

张志英 656

张庄 303

章

章噶兰达 729

章盖 73,147,148,322

章盖忽通图 162

章盖台路 177

章盖营子 162,290

章圪塔村 164

章嘉 81,82,216

章凯泰村 289

章木素 460,461

章奇塔尔 89

章庆寺 220,315,387,503,505,506

章三 132,133

章子诺尔 159

账

账房村 585

昭

昭君坟 624

昭文沙 467

昭乌达盟 225

召

召□福寺 262,280

召宝 724,725

召大街 179

召河 16,75,489

召梁二道巷 178

召梁头道巷 179

召门头　507

召庙　41,124,138,140,166,177,188,190,227,228,231,235,243,280,281,284,290,296,309,312,314-316,319,320,322,323,336-338,355,370,405,485,486,491,492,494-496,503-506,532,558,563,566,568-570,572-574,576,585,587,595,685,709

召前路　177

召荣栋　276

召上　406

兆

兆庆　208,255

赵

赵承训　305,745

赵城　22,75,116,712

赵大臣　272

赵得胜　302

赵德　425

赵德明　157

赵伏有子　467

赵官保　364

赵国政　86

赵家村　304

赵家屹梁村　128,160

赵瑾　656

赵奎涛　2

赵坤生　343

赵丽琴　185

赵连　441,442

赵梁小子　395,396

赵木匠铺　659

赵全　97,173,230,476,608

赵泰　732

赵天会　306

赵廷相　427

赵万邦　184

赵万国　341

赵万和　184

赵旺　376

赵旺禄　364

赵仙根　184

赵旭霞　251

赵毅　508

赵英霞　185

赵永仓　364

赵永良　364

赵玉刚　303

赵云田　97,508

赵张顺　184

赵祯　688

赵正中　427

赵之恒　250

赵忠义　381

赵庄　303

哲

哲珲　54

浙

浙江布政使　96

珍

珍隆靴铺　660

真

真庆社　187,661

真武庙巷　179
甄
甄可君　243
镇
镇番　448
镇海将军　91
正
正白二甲街　176
正白旗　66,71,72,87,94-96
正红旗　68,71,85,87,95,725
正黄旗　71,87,94-96,198,724,725,735,736
正蓝旗　67,68,70-72,87,93-96,298,589,644
正南乡　341,342,646
郑
郑度　2
郑二和　729
郑老二　377
郑良相　437
郑洛　230
郑天馥　599,603
郑希文　656
郑永发　371
郑兆照　377
芝
芝麻沟水渠　361
直
直隶　20,102,122,149-151,197,240-242,536,543,557-560,593,604,636,637,642,643,657,661

直隶知州　583
直隶州　107,567,571,578,598,603,611,706
旨
旨金　442
纸
纸房社　181,187,661
纸行　181
纸匠公义社　187,661
志
志良　603
郅
郅恒　391
制
制钱　113,118,353-355,392,582,665,666,672,692
治
治兴元　656
智
智常　115,147,716
智成文　426
智彦士　100
智勇　69
中
中孚号　662
中水泉村　163
中泰恒　661
中兴远　365
中元永　661,687
中柱窑村　163
忠
忠相　66

忠义社　187,661

钟

钟鋐　716

钟佳倩　251,356

钟泰　95

钟秀　188,189

钟英　595

众

众佛保　66

周

周达　532

周大鼎　703

周家保　741

周家巷　175

周良霄　4

周清澍　9,208,249,296,475,489,497

周天配　287

周元　97,230,476,608

周纸房巷街　175

朱

朱堡村　164

朱儿沟　279

朱尔圪代　385,585,744

朱尔圪岱　583

朱尔沟　585,616

朱尔沟水　17,616

朱尔固太　160

朱嘎侬　159

朱盖　159

朱根岱　585

朱珪　471

朱贵　268

朱红计　373,463

朱红计子　372-374,462,463

朱计　136

朱家山　449,450

朱琳　536

朱娑　257

朱文广　185

朱珍华　419

珠

珠尔汗白彦　159

珠拉　729

珠拉气　164

珠勒固尔　689

诸

诸申　82,721,727

主

主根岱村　463

祝

祝乐庆　164

砖

砖窑沟村　163

转

转龙藏　413

转世喇嘛　505

庄

庄头地　34,35,103,109,274,292,301-306,347,445,514,515,563,566,745

壮

壮丁营子　595

准

准噶尔　41,69,88,166,172,231,240,

　　　　247,287,596,598,657
准噶尔部　85,245
准噶尔旗　100,327,335
准格尔　12
准提保　70
　　　卓
卓巴　70
卓和纳　72
卓宏谋　652
卓勒布阿　198
卓勒布善　199
卓哩克图　57
卓萧　66
卓索图盟　24,48,57,225
卓特巴　374
卓资县　16
　　　宗
宗光　368
宗申保　69
　　　总
总甲　125,142-145,180,232,429,459,515,518
总局街　176

　　　醉
醉月居巷　178
　　　尊
尊胜寺　220,315,316,319,496,503,505
　　　左
左良玉　202
左侍郎　94
左翼都统　28,29,37,40,51,56,57,62,65,66,103,180,194,195
左云　233,512
左宗棠　678
　　　佐
佐领　37,57-61,65-68,73,74,76-84,86,91,96,108,116,123-129,136,138,141,142,149,154,157,166,180,190,195,198,199,210,212-223,225-227,252,255,257,260,276,280,284,285,288,297,310,311,321,405,469,470,478,482,486,488,517,529,554,559,565-567,570,574,582,587,589,592,610,672,692,695,696,698,714,719-725,730,735,738,740,741

后 记

这部论著，历时六年，终于同大家见面了。一般而言，后记写点创作经历，然后写点感谢之类的话语。再请专家学者给推荐一下，或者写个序。这未免太俗套。所以，后记和序言一样，都由我自己操刀，尝试着不写那些俗套的、故作谦虚的、虚假的后记，力图呈现一个真实的，稍微有点掺杂个人感情的后记，以飨大家。

2004年7月，到包头师范学院工作，2015年9月调离，在包头工作11个年头，常常感叹。人生能有几个十年？转眼间，已过不惑之年。孔子说"三十而立，四十不惑"。想想自己，三十而立之时，并没有"立"；"四十不惑"也并没有"不惑"。想来，这应是"圣人"才能做到的。吾等凡夫、俗辈，是不可能做到的。我也曾想到过奋斗，但是当听到某某人所讲："奋斗的方向，但是最好先定一个能达到的小目标，比方说我先挣它一个亿。你看看能不能用几年，能挣到一个亿。"我的内心是崩溃的！这个小目标，对我来讲，是可望而不可及的。虽然也曾有"世界那么大，我想去看看"的冲动，但养家糊口的现实，又把我从遥不可及的梦想拽回到严酷的现实。现实的我，没有"诗和远方"，只有生活的"苟且"。

俗！俗！俗！真的很俗气，真的俗不可耐！一点点理想、一点点追求都没有的中年大叔，腆着油腻的大肚子，盯着电脑屏幕，练习着"二指禅"。一个个的符号，就这样慢慢在屏幕上堆积、排列，最后形成这本小书。这本小书，是学术书籍？是我的科研成果？是不是还有点心中窃喜？暗自为自己鼓掌？欢呼？似乎都谈不上！

学术，似乎谈不上。这本书的构思和创作，是在阅读大量文献的基础上，粗浅地谈论了一下个人的鄙见。有的观点，仅是个人的一点点推测；有的观点，仅是个人粗浅的理解。很多知识，我是一知半解的，有的知识更是完全不懂的！所以说，把这本书称为学术书籍，真是太抬举我自己了。

科研成果，似乎也谈不上。我所理解的科研成果，应该都是理工农医类的高大上的科研实验结果。这本小书，仅是对文献的梳理和阐述，没有做出可以为社会提供巨大的经济效益成果。因此，也谈不上啥科研成果。

这本小书完成后，没有一点点激动，更没有一丝丝窃喜！而是心里卸下了一副千斤担子。终于可以把这本书打印出来，去申请结项了。结项材料交上去后，在焦急不安中等待结项结果。终于，结项了！终于可以长出一口气了！

我写的是不是多了点自吹自擂，少了点说教或者说自省。后记如何写？其实是颇费脑筋的。有人说："后记很容易写。"我读书少，不要骗我。我写这篇后记，前后历时数月，总是写了删，删了写，不是那么如意。无奈，只能胡言乱语一番，以充数耳！

总的来讲，我既不是学霸，也不是会霸，只是一个普通教书匠、超级宅男。媳妇总让我找朋友喝点小酒，侃个大山。喝酒是我所厌恶的，聊天也是我不喜欢的。每个人都有每个人的事情，总不能因为我的事情，把别人的事情打断吧？

人到中年，上有老需要赡养，下有小需要抚养，生活的压力，让我一直在考虑，如果不做教书匠，我能干啥？手无缚鸡之力的我，肯定是干不了重体力劳动。我所从事的这个专业，又是非常冷、非常冷的专业，想跳槽另谋职业，则面临着很大的风险。自己创业？却又没有一技之长，既不懂金融也不懂市场。媳妇笑我说：那就办个培训班。办啥培训班？国学培训班？别忽悠人了！我自己对国学是什么都一知半解，怎能教人？仔细想想，实在心里没有底气。想去从事编辑工作，却又老眼昏花，力不从心。去开出租、跑嘀嘀，却又腰椎间盘突出，无法坐下。想来想去，如果跳槽，也就只能摆个地摊，聊以糊口了。但是摆地摊，自己的所谓的面子真的能放得下？看到杭州某大学教授辞职跑快递的报道，心有戚戚焉。

所以，还是静下心来，做好自己的本职工作。师曰：板凳要做十年冷。我这个腆着大肚子的油腻、世故的中年大叔，还是要冷静下来，继续修炼板凳功。生活还要继续，路还要走。路，究竟在哪里？谁也没有经历过，因此也就只能慢慢摸索了！

这本书终于可以杀青了。师弟李红权为之默默地做了大量的工作，付出了大量的心血，感动之余，感谢还是要说一声的！

吴超

2019 年 7 月于梅岭